국제정치경제

David N. Balaam · Bradford Dillman 지음

민병오 · 김치욱 · 서재권 · 이병재 옮김

명인문화사

국제정치경제

제1쇄 펴낸 날 2016년 3월 11일
제5쇄 펴낸 날 2021년 2월 22일

지은이 David N. Balaam & Bradford Dillman
옮긴이 민병오·김치욱·서재권·이병재
펴낸이 박선영
주 간 김계동
디자인 박예진, 정은영
교 정 이슬기

펴낸곳 명인문화사
등 록 제2005-77호(2005.11.10)
주 소 서울시 송파구 백제고분로 36가길 15 미주빌딩 202호
이메일 myunginbooks@hanmail.net
전 화 02)416-3059
팩 스 02)417-3095

ISBN 978-89-92803-85-4
가 격 30,000원

ⓒ 명인문화사

이 도서의 국립중앙도서관 출판예정도서목록(CIP)은 서지정보유통지원시스템 홈페이지(http://seoji.nl.go.kr)와 국가자료공동목록시스템(http://www.nl.go.kr/kolisnet)에서 이용하실 수 있습니다. (CIP제어번호 : CIP2016005858)

. . . .

INTRODUCTION TO INTERNATIONAL POLITICAL ECONOMY, 6th ed.

By **David N. Balaam and Bradford Dillman**

Authorized translation from the English language edition published by **Routledge, an imprint of Taylor &Francis Group LLC**, Copyright ⓒ 2014.

KOREAN language edition published by **MYUNG IN PUBLISHERS**, Copyright ⓒ 2016.

간략목차

세부목차

3장 부와 권력: 중상주의적 시각 _ 56

제2부 국제정치경제의 구조 _ 137

제3부 세계경제에 있어 국가와 시장 _ 289

11장 발전의 수수께끼: 제약 속의 선택 _ 291

도해목차

글상자

표

도표

저자서문

이 책 작업을 시작할 때 즈음 우리들 대부분은 마치 글로벌 금융위기의 먹구름이 우리 머리 위에 여전히 드리워져 있는 것처럼 느꼈다. 주요 일간지의 국제면과 경제면을 읽어보면, 그리스나 스페인과 같은 EU 회원국들이 부채의 늪에 빠지고, 유로화를 사용하는 유로존 국가들이 경기침체 국면에 접어들면서 유럽연합의 경제문제가 더욱 심하게 악화되고 있음을 확인할 수 있었다. 실업과 긴축으로 인해 여전히 세계 곳곳의 사람들이 심각한 사회적 고통뿐만 아니라 심지어 정신적 고통에 시달리고 있다. 기후변화를 논의하기 위해 2012년 11월 열린 도하회의는 이산화탄소 배출량의 제한 합의에 실패했고, 이는 큰 나라들이 주요 환경딜레마의 해결보다 경제성장을 여전히 우선시하고 있음을 보여주었다. 그 결과 우리는 되돌릴 수 없는 또 다른 글로벌 비극에 처해질지도 모른다.

오바마 대통령이 재선에 성공했지만 워싱턴 정계의 심한 교착상태로 인해 미국은 자국이 직면한 가장 중요한 문제에 대처하거나 글로벌 거버넌스의 개혁을 위해 세계를 이끄는 일을 하지 못하고 있다. 지배적인 경제적 자유주의 이념과 세계화와 관련된 정책들이 지적으로, 정치적으로 심각한 도전에 직면해 있다. 그럼에도 아직까지는 이 인기있는 이념을 대체하는 새로운 이념이 출현하지 않고 있다.

아프가니스탄, 파키스탄, 기타 이슬람 국가에서 미국의 드론(무인항공기)을 이용한 군사공세가 급격하게 강화되었지만 아프가니스탄전쟁은 여전히 끝나지 않았다. 일부 중동지역 및 소말리아, 수단, 콩고민주공화국 등에서는 민족갈등과 종교분쟁이 여전히 끊이지 않고 있다. 시리아는 7만 명 이상이 목숨을 잃은 끔찍한 내전의 소용돌이에 휩싸여 있다.

다행히 희망의 불빛도 보인다. 아랍의 봄은 이집트, 튀니지, 리비아, 예멘의 독재자를 권좌에서 끌어내렸으며, 아랍세계가 종국에는 민주화가 될 가능

성을 열었다. 월가점령운동과 유럽 및 세계 곳곳에서 일어난 긴축정책 반대
시위로 인해 시민 및 사회단체의 목소리가 더욱 커지게 되었고, 불평등과 빈
곤, 선진국 정치체제에서 기업이 지배적이게 보이는 현상에 대해 새롭게 관
심을 갖게 되었다. 중국, 아프리카, 남미는 여전히 높은 경제성장을 유지하고
있으며, 더욱 많은 시민들이 중산층의 대열에 합류하고 있다.

　어떤 나라는 구렁텅이에 빠지기 직전이고 어떤 나라는 전도유망한 시대의
문턱에 들어서고 있는 현재의 역사적 국면을 우리는 어떻게 이해해야 하는가?
우리는 국제기구에서 더 큰 목소리를 낼 수 있는 중국, 인도, 브라질의 등장과
함께 이제 새로이 모습을 갖추기 시작한 세계정치질서 및 경제질서를 제대로
보고 있는가? 국가, 국제기구, 비정부기구, 글로벌 사회운동은 매우 빠르게
이동하는 자본의 영향에 효과적으로 대처하고, 환경에 지나친 부담을 주지 않
으면서 경제성장을 이룩하고, 정치적 요구를 평화적으로 만족시킬 수 있는가?
이러한 질문들이 우리가 이 책에서 던지고 있는 수많은 질문 중의 일부이다.

　우리의 목표는 학생들이 문제를 더욱 깊이 탐구하고, 자신의 비판적 사고
능력을 개발하고, 글로벌 정치경제의 이론적, 정책적 역학관계를 이해하는데
필요한 도구를 학생들에게 전달해주는 데 있다. 우리는 이 책을 읽는 독자들
이 여러 논쟁적인 문제에 대해 자기의견을 가질 수 있도록 오로지 한 가지 신
념과 설명만을 서술하기보다는 오히려 다양한 관점을 제시하려고 노력했다.
이번 개정판의 각 장은 맨 처음 독자들의 생각을 촉발하기 위한 몇 개의 논제
로 시작하여 똑같은 논제로 끝난다. 바라건대, 학생들이 그 논제들을 발판으
로 삼아 글로벌 문제와 양상에 대해 독자적으로 숙고해 봤으면 한다.

이 책의 특징

최신정보를 더한 이 책은 여러 장에 걸쳐 글로벌 금융위기 및 유럽 재정위기
를 폭 넓게 다루고 있으며, 이들 사건을 미국, 유럽, 중동에서 발생한 사회저
항과 연결시킨다. 우리는 글로벌 거버넌스의 변화를 촉발하고 있는 다양한
남북갈등을 설명하고 해석하는데, 국제정치경제의 이론과 구조가 어떻게 도
움이 되는지를 더욱 더 비중있게 다루었다. 국가 및 국제기구가 심각한 글로
벌 에너지, 식량, 환경문제의 해결에 성공하지 못하는 이유에 대해 더욱 큰
관심을 쏟았다.

원서의 6판에서 각 장별로 추가된 내용은 다음과 같다.

- 제1장 '국제정치경제란 무엇인가?'는 독자들에게 특히 아랍의 봄, 월가 점령운동, 유로존 사태 등과 같은 금융위기의 주요 파급효과를 이해하는 데 있어 국제정치경제학이 어떻게 유용한지를 보여주는 서론에 해당하는 장이다. 제1장은 세계화가 이 책의 많은 주제들을 어떻게 하나로 묶는 지를 이해하는데 도움이 되는 새로운 정보가 담겨져 있으며 좀 더 명확하게 의미가 전달될 수 있도록 하였다.
- 제3장 '부와 권력: 중상주의적 시각'은 신중상주의 정책의 사례 및 희토류 광물을 둘러싼 싸움에 관한 글상자가 덧붙여져 독자들의 이해를 돕고 있다.
- 제4장, '경제결정론과 착취: 구조주의 시각'은 노암 촘스키의 사상에 관하여 글상자를 이용하여 보다 자세히 다루었다.
- 제6장, '생산과 무역의 구조'는 무역과 생산에 관한 새로운 데이터의 분석을 추가하였고, 아웃소싱에 관한 논의를 새롭게 포함시켰다.
- 제8장, '국제 부채위기와 금융위기'는 다수의 새로운 주제에 대한 논의, 다양한 종류의 부채에 관한 내용 포함, 1980년대와 1990년대의 부채위기에 대한 설명을 간결하게 했다. 글로벌 금융위기에 대한 케인즈주의자의 대응과 월가점령운동에 관한 절이 포함되었다. 또한 계속되고 있는 유로존 위기, 긴축정책의 파급효과, 글로벌 금융구조의 개혁 가능성 등에 관한 내용도 설명하고 있다.
- 제9장, '세계 안보구조'는 현실주의 관점을 집중적으로 다루었으며, 냉전의 시작 이후 안보구조의 변화 역사를 폭넓게 살펴보았다. 이 장은 드론(무인항공기)에 크게 의존하고 비전통적 안보위협에 새롭게 관심을 쏟고 있는 오바마 행정부의 안보정책을 개괄적으로 설명한다. 드론(무인항공기) 조종자 및 구 유고슬라비아 국제형사재판소에 관한 글상자를 덧붙였다.
- 제10장, '지식과 기술구조'는 정보통제를 둘러싸고 벌어지고 있는 글로벌 전쟁에 관한 절을 추가했을 뿐 아니라 위키리크스에 관한 새로운 글상자를 추가했다.
- 제12장, '더 완전한 (유럽)통합을 향하여'에서는 유럽통합의 정치경제의 역사에 관한 설명을 강조하고, 이 장의 후반부는 구제금융 프로그램, EU의 제도적 문제점, 부채위기를 다루는 트로이카(유럽중앙은행, 유럽연합, 국제통화기금)의 역할 등 계속되고 있는 유로존 위기에 관해 설명하였다.
- 제13장, '위치 이동: 신흥강대국'은 최근 경제성장과 함께 환경문제의 악

화가 두드러지고 있는 브라질을 덧붙여 설명했다. 인도에 관한 설명은 부패와 불평등 문제에 중점을 두고 새롭게 수정되었다. 중국의 증가하는 중산층에 관한 광범위한 논의와, 중국이 글로벌 규범에 적응하고 있는지 또는 국제협력을 저해하고 있는지 여부에 관한 논쟁이 새롭게 포함되었다.

- 제14장, '중동: 경제개발 및 민주주의 추구'는 아랍의 봄과 아랍의 봄이 민주주의 정치체제의 성립으로 이어질 가능성에 대해 검토하였다. 이 지역의 지정학적 변화에 아랍의 봄에 미칠 영향에 대한 논의도 포함되었다. 또한 이스라엘-팔레스타인 분쟁을 좀 더 심층적으로 깊이 있게 분석하였다.
- 제15장, '불법 글로벌경제: 세계화의 어두운 면'은 깁슨 기타 제조회사와 레이시법(농업법)에 관한 글상자와 목재, 골동품, 동물 등의 불법밀매 사례들을 포함했다.
- 제18장, '식량과 기아: 시장실패와 불의'는 바이오연료에 관한 글상자를 포함했다.
- 제19장, '에너지 자원의 국제정치경제: 이행의 지연'은 전면 개정되었다. 프래킹(수압파쇄), 환경보호 대 화석연료 생산의 충돌, 글로벌 에너지정책의 형성과 신재생에너지로 이행의 지연 관련 대형석유회사의 역할 등에 관한 절을 포함했다. 프래킹(수압파쇄)과 나이지리아의 '자원의 저주'에 대해서도 논의한다.
- 제20장, '환경: 기후변화와 전세계적 재앙 모면'은 지구온난화와 기후변화 문제해결의 시급성에 관해 새롭게 초점을 맞췄다. 최근의 더반 및 도하 기후회의에서 있었던 논쟁에 관해 자세히 설명한다.

많은 장들이 국제정치경제 이론과 이슈의 '볼트와 너트'를 다루는 한편, 독자들이 주제를 이해하도록 역사적 맥락을 제공한다. 무엇보다 중요하게 이 책은, 다른 개론서와 달리, 독자들이 서로 다른 이슈와 정책문제에 이들 이론을 적용하는 한에 있어 비판적으로 사고하도록 도전의식을 북돋운다.

이 책은 국제정치경제를 연구하는데 필요한 몇 가지 기본적인 도구에 관해 설명하는 다섯 개의 장으로 시작한다. 제1장은 국제정치경제 주제의 근본요소와 국제정치경제를 매우 인기 있는 학문분야가 될 수 있게 한 최근의 발전에 대해 소개한다. 우리는 국제정치경제의 주제 범위, 세 개의 지배적인 국제정치경제 이론, 네 개의 글로벌 구조, 분석수준 등 국제정치경제의 본질을 다루는 비교적 간단한 도구와 개념에 대한 논의부터 시작한다. 제2장, 제3장, 제4장은 오늘날에도 여전히 영향력을 유지하고 있는 국제정치경제연구의 3가지 지배적인 분석적 접근법에 대해 탐구한다. 제5장은 최근 그 중요성이 더욱 커지고 있는 두 개의 대안적 관점(구성주의와 페미니즘)을 소개한다.

이 책 제2부는 국가, 국제기구, 비정부기구, 다국적 기업 등 다양한 국제 행위자를 하나로 결합하고 있는 구조 및 관계의 망에 대해 논의한다. 제6장은 생산과 국제무역구조에 초점을 맞추고 있다. 제7장은 국제통화 및 금융구조를 개괄하였으며, 제8장은 제3세계 부채, 글로벌 금융위기, 유럽재정위기에 대해 다뤘다. 제9장은 국가안보 문제에서 개인안보 문제로의 이동과 단극체제에서 다극체제로 세력균형이 바뀔 가능성 등 국제안보구조의 변화에 초점을 맞추었다. 제10장은 지식재산권에 초점을 맞춘 상태에서 지식과 기술을 놓고 싸우는 국제 행위자들 간의 투쟁에 관해 다루었다.

제3부의 제11장은 개발의 문제와 저개발 국가들이 자국의 경제를 '성장'시키고 자국의 정치제도를 현대화하는데 사용한 다양한 전략 중 몇몇에 대해 설명한다. 제12장은 유럽연합을 창출한 통합과정과 유로존 국가들이 직면한 심각한 경제문제에 대해 살펴본다. 제13장은 브라질, 러시아, 인도, 중국 등 '신흥국가'에서 일어나고 있는 정치경제적 변화에 대해 논의한다. 제14장은 갈등이 만연해 있으며 2011년부터 정치변화의 물결에 휩싸여 있는 중동 및 북아프리카 지역에 대해 설명한다.

마지막 제4부에서 제15장은 중요한 글로벌 문제와 이슈들을 이해하기 위한 노력의 일환으로 인신매매, 마약밀매, 여타 다른 상품의 불법매매 등 다양한 불법행위에 대해 다룬다. 제16장은 관광과 이민의 사례를 통해 전 세계 사람들의 이동에 따른 불확실하고 역동적인 이슈에 관해 살펴본다. 제17장은 국제정치경제에서 다국적 기업의 역할이 갖는 중요성에 대해 살펴본다. 제18장, 제19장, 제20장은 이 책의 맨 앞에서 제시했던 여러 분석도구를 이용하여 세계 식량, 에너지, 환경문제 간의상호연계성에 대해 논의한다.

모든 장의 맨 끝에는 각 장의 본문에서 진한 글씨로 되어있는 주요 용어, 토론주제, 추천문헌 등을 제시했다.

역자서문

오늘날 우리는 격변기를 살고 있다. 2008년 글로벌 금융위기 이후 세계경제는 '대불황(Great Recession)'에 빠져있다. 세계경제를 지배하던 미국식 자본주의는 신뢰를 잃은 지 오래지만 아직까지 뚜렷한 대안이 떠오르지 않은 상태로 오늘날 세계경제는 한치 앞을 볼 수 없는 혼란과 혼동 속에 놓여있다. 세계 금융통화시장의 불안, 미국의 양적완화와 금리인상, 유럽의 재정위기와 유로존 붕괴 위험, 일본의 엔저현상, 저성장시대 고용불안과 실업, 인구노령화와 복지정책의 후퇴, 국내외 빈부격차의 확대, 환경변화와 식량부족, 민족주의 부활과 인종갈등, 테러의 확산, 난민수용 문제를 둘러싼 갈등, 북핵문제를 포함한 동아시아 안보갈등, 미국 패권시대의 종말과 중국의 '대국굴기' 등 세계 곳곳에서 발생하고 있는 수많은 현상 어느 것 하나도 가볍게 여길 수 없다. 무엇보다 국내외 정치, 경제, 사회의 변동이 현재 대한민국을 살아가는 우리 모두의 삶에 직간접적으로 적지 않은 영향을 미치고 있다는 점에 대해 주목해야할 필요가 있다. 불확실성이 우리의 행복과 안전을 위협하고 있다.

21세기 거센 폭풍우가 치는 험난한 세상을 살아가야 하는 우리는 복잡한 국제정세와 경제흐름에 대해 반드시 알아야 한다. 어느 누구도 복잡하게 뒤얽혀있는 세계 정치, 경제, 사회에 대한 올바른 이해 없이 다가오는 세계화의 거친 풍랑을 이겨낼 수 없다. 세계정치경제의 변동과 새로운 질서에 대한 충분한 이해와 준비 없이 21세기를 살아간다는 것은 나침판과 지도조차 준비하지 않고 거친 파도가 몰아치는 깜깜한 바다를 항해하는 선박에 비유될 수 있다. 특히 오늘날 정치, 경제, 사회 현상이 서로 복잡하게 뒤얽히고 있으며, 국제와 국내문제는 사실상 구분할 수 없을 정도로 긴밀하게 연결되어 있다. 따라서 그동안 전통적인 정치, 경제, 사회의 구분이 무의미해지고 있으며, 국내정치경제와 국제정치경제의 분리 역시 불가능하게 되었다. 이렇듯 복잡다단한 세계정치경제를 탐구하기 위해 오늘날 강조되는 것은 융합과 다학제적 접근이며, 이를 구체적으로 실천하고 있는 국제정치경제에 대한 학습이 반드시 요구된다.

국제정치경제학에 대한 배움의 중요성과 필요성에도 불구하고 한국의 현실은 입문자가 쉽게 이해할 수 있는 좋은 교과서가 부재한 형편이다. 물론 전혀 없는 것은 아니지만, 다수는 출판이 된지 너무 오래되었으며, 일부는 다양한 글로벌 이슈를 충분히 포괄하지 못하고 제한된 주제만을 다루고 있으며, 대부분이 특정한 관점과 시각에 치우쳐 있는 것이 사실이다. 대학 강단에서 국제정치경제학을 강의하고 있는 우리 번역자들은 이러한 현실을 타개하기 위해 학생들이 이해하기 쉬운 좋은 교재의 출판을 계획하기로 의견을 모았다. 우리는 전 세계 많은 교재를 놓고 여러 차례 비교검토하고, 다른 동료 전공교수들의 의견을 취합하여 미국의 대학에서 널리 사용되고 있는 David N. Balaam and Bradford Dillman, *Introduction to International Political Economy*, 6th ed. (London: Routledge, 2014)을 번역하기로 결정하였다. 무엇보다 이 책은 기존의 다른 책에 비해 다음과 같은 몇 가지 장점을 갖고 있다.

1. 무엇보다 이 책은 최신 내용을 담고 있다. 이 책은 2008년 이후 급변하는 국제정치경제의 최신 동향을 고스란히 반영하고 있다. 이 책의 원서가 2014년에 출판되었다는 사실에서 쉽게 짐작할 수 있듯이 무엇보다 금융위기 및 국가부도위기가 다양한 측면에서 국제정치경제에 끼친 영향에 대해 집중적으로 논의하고 있다.

2. 국제정치경제학의 대표적 연구경향을 포괄하고 있다. 즉, 미국적 학문적 경향과 영국적 학문적 경향의 양대 흐름 어느 한쪽에 치우침 없이 골고루 다루고 있다. 다시 말해, 국제정치경제의 다양한 주제에 대해 체계적이고 분석적인 접근을 추구하면서 동시에 풍부한 역사적 사례의 제시를 통해 학생들의 주제에 대한 쉬운 이해를 도모하고 또한 규범적 가치에 대한 논의를 통해 다양한 주제에 대한 독자들의 독자적 의견 형성을 자극하고 있다.

3. 무척 다양한 주제를 다루고 있다. 국제정치경제학의 전통적인 주제라고 할 수 있는 무역, 금융, 통화, 생산 등 뿐 만아니라 지식구조, 안보구조를 비롯하여 기후, 이민, 인구, 식량, 불법경제 등 세계화시대 다양한 글로벌 이슈까지 오늘날 국제정치경제의 전체 윤곽을 종합적으로 이해하는데 꼭 필요한 다양한 주제를 폭넓게 다루고 있다. 이를 통해 경제학,

정치학, 사회학 등 사회과학의 주요 학문분과가 융합된 진정한 의미에서 다학제적 접근을 실천하고 있다.

4. 학습의 효율성을 높일 수 있도록 편집되어있다. 미국의 다수 대학들이 관련 과목의 교재로 널리 사용하고 있다는 사실이 입증하듯이 이 책은 국제정치경제학을 처음 배우는 학생들을 위한 잘 기획된 교재이다. 무엇보다 다양한 표와 도표, 글상자, 용어해설, 토론주제, 추천문헌 등이 학생들로 하여금 국제정치경제의 다양한 주제에 좀 더 쉽고 재미있게 다가갈 수 있게 해준다.

이 책의 출판을 도와주신 모든 분들에게 감사드린다. 우선 사회과학 출판시장의 어려움에도 불구하고 언제나 그랬듯이 주저하지 않고 흔쾌히 출판을 승낙해준 명인문화사 박선영대표의 '용기 있는' 끝없는 도전에 경의를 표하며 아울러 진심으로 고맙게 생각한다. 또한 책의 편집과 교정을 도맡아 애써주신 명인문화사 편집국의 정은영 디자이너에게도 고마운 마음을 전한다.

이 책의 번역작업은 '진정한' 협업과정을 통해 이루어졌다. 공동번역자들이 각자 다섯 개의 장을 맡아서 책임지고 번역한 후 공동번역자들이 서로 다른 번역자의 번역을 검토하는 크로스리딩 작업을 그 어느 때보다 꼼꼼하게 진행하였다. 물론 그럼에도 불구하고 새 학기 개강을 앞둔 촉박한 원고마감 기한과 번역자의 역량 부족으로 인해 본의 아니게 크고 작은 오류가 없지 않아 있을 수 있다. 미리 독자들의 넓은 양해를 구한다. 혹시라도 있을 오류에 대해 알려주시면 다음 개정판에 반영하여 좀 더 나은 교재로 발전시켜나가겠다. 이 책이 학생과 독자들에게 조금이라도 도움을 줄 수 있다면 이 책의 번역자로서 큰 보람을 느낄 것이다. 아무쪼록 이 책이 유용하게 쓰이길 희망한다.

2016. 2. 20.
번역자를 대표하여
민병오

제1부

국제정치경제학의 시각

PART 1

이 책의 첫 장에서는 국제정치경제학의 기본적인 본질에 관하여 살펴보며, 또한 국제정 치경제학의 다차원적 특성과 연관된 분석문제에 대해 논의한다. 경제적 자유주의, 중상 주의, 구조주의 등 국제정치경제학의 세 가지 지배적 시각과 관련이 있는 역사 및 정책 에 대하여 살펴보는 제2장, 제3장, 제4장은 이 책의 가장 중요한 핵심 장에 해당한다. 이 러한 이론적 도구는 과거 세계경제뿐만 아니라 오늘날 세계경제의 수많은 정치·경제· 사회문제를 이해하는데 매우 유용하다. 제5장은 일정부분 우리가 배우는 국제정치경제 학의 세 가지 주요 시각으로부터 파생한 두 가지 대안적 시각, 구성주의와 페미니즘에 관하여 설명한다.

국제정치경제란 무엇인가?

> "일단 철학자가 선호하는 법칙을 갖게 되고, 그리고 그 법칙이 어쩌면 많은 자연현상을 설명해주는 경우, 철학자는 무척 심하게 불합리한 추론에 의해서일지라도 동일한 법칙을 만물에 결부시키고, 같은 법칙을 모든 현상에 적용한다. 우리의 협소하고 편협한 생각 때문에 우리는 우리 자신의 관념을 다양하고 광범위한 자연에 적용할 수는 없다. …"
>
> 데이비드 흄David Hume, 『회의론』

도시 가장자리의 어둠[i]

몇 년 뒤 여러분이 대학을 졸업한 후 돈을 잘 버는 직업을 갖거나 직장에 취직할 가능성은 얼마나 될까? 여러분의 부모님이나 여러분 주변의 지인 중에 일자리를 잃거나, 집을 압류당하거나, 노후자금을 크게 잃은 사람은 혹시 없나? 여러분은 글로벌 금융위기에 어떤 식으로 대응하고 있나? 어쩌면 아직까지 여러분 자신은 그다지 나쁜 상황에 처해있지 않을 수 있다. 아마도 여러분은 주요 신문의 1면 머리기사를 읽으면서 세계경제가 제2의 대공황, 또는 적어도 글로벌 경제파탄의 위기에 직면하고 있음을 걱정하고 있을 것이다. 글로벌 경제위기의 여파로 인해 많은 사람들이 긴장과 두려움과 우울함에 시달리고 있다.

2007년 미국 주택시장의 붕괴는 미국과 유럽의 몇몇 거대 은행 및 금융기관을 파산위기로 몰고 갔던 신용위기를 촉발했다. 정부지도자들은 다양한 구제금융 대책을 시행하였으며, 경제를 활성화하고자 소위 경기부양책을 사용하였다. 이러한

---

i 〈역자 주〉 '도시 가장자리의 어둠(Darkness on the Edge of Town)'은 미국 로큰롤의 살아있는 전설 브루스 스프링스틴(Bruce Springsteen)의 앨범 제목이자 노래제목이다. 『뉴스위크』지가 '가장 위대한 로큰롤 음악가'라고 칭송하였던 그는 미국 노동계급의 꿈, 고난, 좌절을 노래하고 있다. 전쟁 반대 메시지를 담은 "Born in the U.S.A."가 그의 대표곡이다.

정부개입은 많은 일반국민들의 분노를 야기했는데 국민들은 구제금융이 오히려 위기의 원흉인 은행과 금융기관 경영자들을 도와주는 조치라고 여겼다. 다른 한편으로 세계 곳곳의 수많은 사람들이 살던 집에서 쫓겨나고 일자리를 잃었다. 정부가 긴축재정의 압박에 직면하여 사회서비스, 의료혜택, 교육지출을 줄이자 직접적으로 이들이 타격을 입었다.

우리 저자들이 이 책을 집필하던 2012년 말 당시 경기회복의 전망이 불투명한 것으로 확인되었다. 미국의 실업률은 7.9퍼센트에서 떨어질 줄 몰랐다. 유럽연합EU의 실업률은 11.6퍼센트(청년실업률 23.4퍼센트)로 치솟았다. 주택압류 및 소득정체로 인해 여전히 수많은 가정의 금융상황은 심각한 상태에 처해있다. 유럽연합 역시 또 다른 경기불황에 허덕이고 있다. 그리스, 이탈리아, 스페인, 포르투갈 등은 막대한 국가부채로 인해 심각한 국가부도 위기에 직면하고 있으며, 유럽연합 금융체제의 붕괴를 초래하고 있다. 사람들은 자본주의와 민주주의의 근간을 이루는 국내정치제도 및 국제정치제도를 더이상 신뢰하지 않는 것 같다. 이것은 산업사회에서 후기산업사회로의 대전환Great Transformation을 의미하는가? 세계화 및 새로운 기술의 소위 '창조적 파괴'로 인해 서양세계의 중산층이 감소하고, 경제 역동성이 완전히 아시아 및 라틴 아메리카 국가로 옮겨가고 있는가?

지난 몇 년간 상황을 더욱더 비관적으로 느끼게 만드는 사건들이 세계도처에서 일어났다. 고유가로 인해 소비자가 고통을 당하는 동안 역으로 거대 석유회사는 고유가의 혜택을 톡톡히 누렸다. 대형석유회사 브리티시페트롤리엄BP의 기름 유출 사고는 멕시코 만 지역에 환경재앙을 초래했다.

일본의 후쿠시마 지진과 쓰나미로 인해 원자력 발전소가 망가지면서 방사능 물질이 유출되어 국토의 넓은 지역이 위험한 방사능 물질에 오염되었다. 높은 농산물 가격은 식품비의 증가로 이어졌으며, 그로 인해 세계적으로 기아에 처한 사람의 수가 늘어났다. 화석연료에 대한 의존 감소, 탄소 배출량의 제한, 대체에너지 자원에 대한 투자 등에 있어서 별다른 큰 진전이 없었으며, 기후변화의 위협은 더욱 심각해졌다. 그리고 시리아, 아프가니스탄, 소말리아, 콩고 등에서 발생한 전쟁은 수백만 명의 사람들의 삶을 송두리째 파괴하였다.

희망이 보이는가?

전 세계적으로 오직 암울한 전망뿐인가? 물론 아니다! 제13장에서 논의하듯이 중국, 인도, 브라질, 러시아 등에서는 지난 15년 동안 빈곤자의 수가 대폭 감소하였으며 수많은 사람들이 중산층 대열에 합류했다. 다행스럽게도 이 국가들은 2007년 이후에도 여전히 상당히 빠른 성장을 지속했다. 이들 국가가 창출하는 더 많은 일자리, 투자, 소비 덕분에 세계 다른 나라들이 보다 더 심각한 경기불황의 늪에 빠지지 않을 수 있었다. 지난 10년 동안 사하라사막 이남 아프리카지역은 석유와 원자재의 높은 수출가격 덕분에 놀라울 정도로 급속한 경제성장을 경험하였다. 2012년도 노벨평화상이 유럽연합에게 주어졌다. 유럽연합의 노벨평화상 수상은 유럽공동체가 오늘날 심각한 경제문제 및 사회문제에 처해있음에도 불구하고 지난 60년 동안 끊임없이 '평화와 화해, 민주주의, 인권' 등의 대의를 진전시켜 왔음을 다시 한 번 상기시켜주는 계기가 되었다.

이 책의 시작부분인 본 장에서 이러한 희망의 빛줄기와 더불어 현재 국제정치경제에 중요한 영향을 미치고 있는 세 가지 상호연관된 글로벌 국면에 관하여 논의할 필요가 있다. 즉, 아랍의 봄, 유럽의 국가부채 위기, '월가점령운동OWS: Occupy Wall Street' 등이 그것이다. 2011년부터 각기 다른 3개 대륙에서 발생한 이 세 가지 국면은 정치제도를 뒤흔들고 사회적, 경제적 병폐에 대해 저항하는 정치적 시위의 물결을 일으켰다. 우리 어느 누구도 이와 같은 중요 국면이 어떻게 전개될지 알 수 없지만, 적어도 우리는 이와 같은 세 가지 국면이 향후 몇 년 동안 우리의 일상생활과 가정경제에 적지 않은 영향을 미칠 것이라는 점에 대해서는 확신할 수 있다. 세 가지 국면 각각은 양날의 검이라고 할 수 있다. 긍정적 변화의 가능성에 대한 밝은 전망과 함께 사태가 더욱 악화될 가능성에 대한 암울한 전망이 공존하고 있다. 다시 말해, 각각의 국면은 인간안보가 보다 더 잘 보장되는 좀 더 안정된 세계, 번영된 세계로 나가는데 도움이 될 수 있다. 또는 그와 정반대로 이전에 비해 한 사회 내 분열 및 서로 다른 사회와 사회 간 분열을 더욱 심화시키고, 그 결과 협력관계와 자원의 공정한 분배는 더욱 더 이루기 힘든 목표로 남게 될 수도 있다.

아랍의 봄은 세상을 놀라게 했다. 여전히 사회과학자들은 복잡한 사회체제, 정치체제 내에서 대규모 변화가 언제, 왜 발생하는지를 그럴 듯하게 제대로 설명해주는 좋은 도구를 갖고 있지 못하다. 2010년 12월 17일 튀니지의 부아지지Mohamed Bouazizi라는 이름의 길거리 행상이 경찰관의 만행에 저항하여 스스로 분신자살했다. 그의 죽음이 시위를 촉발하였으며, 한 달 후 튀니지 정부는 권력을 잃었다. 시위는 산불처럼 중동 및 북아프리카 지역의 다른 나라로 퍼져나갔다. 2011년 2월 11일 이집트의 독재자 무바라크Hosni Mubarak 대통령이 사임하고 군사위원회에 권력을 이양했다. 2011년 2월 15일 리비아의 벵가지 주민들이 카다피Muammar Qaddafi 정권에 항거하여 봉기했다. 수개월 간 NATO의 폭격과 반군의 투쟁 끝에 카다피는 같은 해 10월 20일 사살되었으며, 리비아 과도국가위원회National Transitional Council가 권력을 장악했다. 전 세계 텔레비전 시청자와 트위터 팔로워를 매료시킨 이러한 극적인 정치적 시위 덕분에 많은 아랍 국가들이 민주주의국가가 될 기회를 갖게 되었다. 그러나 시리아의 유혈진압은 전 세계 사람들에게 중동의 독재자가 수단방법을 가리지 않고 심지어 자국민 수만 명을 죽이면서까지 자신의 권력을 어떻게 지키는지 적나라하게 보여주었다. 마술램프에서 빠져나온 요정과 같은 아랍지역의 정치적 저항 덕분에 중동 및 북아프리카 지역의 국가들은 빠르게 변화하고 있다. 다행스럽게도 2013년 현재 고유가의 지속과 함께 상대적으로 많은 나라들이 안정을 되찾으면서 상황이 호전되었다.

아랍의 봄과 더불어 2011년 말 오바마대통령은 이라크로부터 미군의 완전 철수를 결정했다. 제국주의적 노력의 수치스러운 종결이었던 미군의 이라크 철수는 미국 일반대중이 미국정부의 재정을 축내는 이라크전쟁에 더 이상 돈을 지불할 의사가 없음을 나타내는 신호인 듯하다. 오바마대통령은 아프가니스탄에서 탈레반에 대항하여 싸우고 이란에 대해 핵무기개발 노력을 포기하도록 압박을 가하는 방향으로 미국의 정책 초점을 재정립하였다. 많은 분석가들의 주장에 의하면, 오바마대통령의 결정은 중동지역에서 미국의 영향력이 크게 쇠퇴하였음을 의미한다. 아마도 이와 같은 미국의 영향력 약화를 상쇄하기 위해 오바마 대통령은 태평양에서의 미군 주둔을 강화하는 결정을 했다. 이를 위해 중국의 부상을 두려워하는 국가들과 관계를 돈독히 하고 2011년 11월부터 2,500명의 미군을 호주 북부지역에 영구 주둔시켰다.

두 번째 국면은 장기 불황에 직면한 2010년 이후 무자비하게 가속화된 유럽 국가부채 위기이다. 불황으로 인해 일부 국가들은 국내외 은행으로부터 빌린 막대한 부채를 갚기 어렵게 되었다. 유럽연합EU 지도자들은 그리스와 아일랜드의 부채문제가 다른 나라로 확산되는 사태를 미연에 방지하려고 했고, 스페인과 포르투갈정부 역시 국채의 신규발행을 통해 새로운 자금을 마련하는데 큰 어려움을 겪었다. 2012년 이 4개국 모두 구제금융을 받는 대가로 높은 실업률을 초래하는 고통스러운 긴축정책을 채택해야만했다. 유럽중앙은행의 도움에도 불구하고 이 국가들은 유럽금융체제의 안정성을 위협하는 무서운 상황에 처해있다.

부채위기에 대한 유럽의 대응은 광범위한 사회적 불안을 야기했다. 가혹한 긴축정책은 유럽대륙 곳곳에 거리시위를 양산하였고, 그리스, 이탈리아, 스페인 등에서는 정권이 바뀌었다. 일부 유럽연합지도자들과 분석가들은 위기 덕분에 유럽 국가들이 더욱 긴밀한 관계를 형성하는데 박차를 가하게 될 것이라고 확신하지만, 또 다른 사람들은 일부 국가가 막대한 부채의 상환을 거부함으로써 유로가 붕괴하고 유럽 국가들이 파산하는 비관적 상황을 전망하고 있다. 프랑스와 이탈리아의 상황이 악화하는 경우 유럽연합이 경제적으로 해체될 것이며, 이는 또 한 번 심각한 글로벌 경제불황을 야기할 것이다. 위기는 독일로 하여금 기꺼이 비용을 분담하여 유럽연합을 더욱 튼튼하게 만들 것인지 또는 그와 반대로 순전히 자국의 국익만을 추구할 것인지 그 여부를 결정할 것을 요구한다. 독일의 결정은 전통적으로 관대한 유럽의 사회복지정책에 변화를 가져올 것이며, 또한 세계차원에서 유럽의 영향력에 변화를 가져올 것이다.

세 번째 국면은 2011년 9월 17일 뉴욕시의 주코티 공원에서 있었던 반(反)월스트리트 시위에서 시작되었다. 2주 후 월가점령운동Occupy Wall Street은 공공장소에서 집단야영과 '총회general assemblies' 개최로 이어졌으며, 미국의 수많은 다른 주요 도시로 급속하게 확산되었다. 이와 유사한 또 다른 '점령운동'이 유럽, 이스라엘, 칠레, 호주 등에서 발생했다. 월가점령운동 시위대의 대부분은 학생, 노조, 진보적 활동가, 실업자 등이었지만, 중산층 상당수가 시위대의 생각에 크게 공감한 듯 보였다. 자신들 스스로를 '99%(미국의 최상위 부자 1퍼센트와 대비)'라고 지칭했던 월가점령운동 시위대는 금융기관들을 비판하였으며, 월가의 탐욕을 비난하고, 민주정치 과정에 대한 기업의 간섭을 축소하라고 요구했다. 월가점령운동 시위대의 집단야영은 끝났지만, 2012년 월가점령운동은 주택압류 중단 노력, 대학생 부채 감소 노력 등 일련의 새로운 운동으로 이어졌다.

이 세 가지 국면에서 찾아볼 수 있는 공통점은 무엇인가? 비록 각기 다른 발생 원인을 갖고 있지만, 공통적으로 각 시위대는 집단적으로 부패한 정부와 점점 더 확대되고 있는 경제적 불평등에 대해 반대 목소리를 높였다. 중동, 유럽, 북미 세 주요지역에서 발생한 이 운동들은 금융 및 문화

세계화로부터의 보호를 모색했다. 금융과 문화의 세계화가 사람들로 하여금 시장의 힘에 저항할 수 없다고 느끼게 만들었기 때문이다. 대부분의 경우 시위자들은 자신들이 부자들을 구제하도록 부당하게 강요받은 반면, 이전 성장의 혜택을 나누어 가질 기회는 갖지 못했다고 생각했다. 2008년부터(심지어 아랍국가의 경우는 그 이전부터) 채택된 긴축정책으로 인해 빈곤층에 대한 교육과 구제 등 공공 사회복지프로그램 상당부분이 중단되었다. 정부규모를 줄이고, 국가균형예산을 집행하고, 경기회복을 자극하기 위해 긴축재정이 필요하다는 정치지도자들의 주장에 대해 불만에 찬 많은 시민들은 동의하지 않았다.

아랍인들이 그동안 수십 년간 독재정권 하에서 억눌려왔던 정치적 목소리를 표출하였다면, 미국인과 유럽인들은 특수이익집단과 부자들의 손아귀로부터 벗어난 새로운 정치를 요구한 것 같다. 세 가지 모든 경우에서 정치엘리트 및 금융업무 전문가들은 자신들이 눈을 시퍼렇게 뜨고 있는 상황에서 사태가 그렇게까지 나빠진 이유를 제대로 설명하지 못했다. 아랍의 정권과 유럽연합의 지도자, 미국의 은행에 대한 신뢰의 상실로 인해 경제적 자유주의와 같은 지배이데올로기에 일정부분 '변형'이 이뤄졌다. 새롭게 민주적 참여와 경제적 형평성이 강조되기 시작했다.

3개 대륙에서 감도는 새로운 **시대정신**zeitgeist에도 불구하고, 낡은 정치제도 및 경제제도는 그대로 온존하고 있다. 중동의 많은 정권이 흔들리지 않았다. 미국의 은행들은 정부의 구제금융이 있은 이후 더욱 거대해졌으며, 이전에 비해 더 많은 돈이 미국 민주당과 공화당 정치후보자의 선거운동 자금으로 사용되었다. 유럽연합의 정치엘리트들은 여전히 일반시민이 아니라 큰 투자자나 은행을 구하는 일에 치중했다. 아울러 이전의 낡은 것을 대치하는 새로운 대안이 언제나 꼭 더 나은 미래를 약속하지는 않았다. 아랍의 봄의 여파로 이집트의 새 대통령 무르시Mohamed Morsi와 같은 이슬람주의자들이 비민주적 정권을 수립했고, 종교적으로 보수적 정책을 강요하였으며, 여성의 권리의 축소를 추구했다. 유럽 내에서 긴축정책에 대한 저항이 그리스와 프랑스의 극우정당의 강화로 이어졌으며, 영국과 카탈루냐 지방의 분리독립 정서에 불을 지폈다. 그리고 월가점령운동 세력은 '일상적' 정치에 참여하고 조직화 하는 방안을 거부하고 해산하였으며, 그 결과 2012년 11월 대통령선거 이후 워싱턴에는 일상적인 민주·공화 양당 교착상태가 여전히 온존하고 있다.

나아갈 길

우리 저자들은 위의 3가지 중요 국면에 관한 논의뿐 아니라 글로벌 경제의 쟁점 및 전망에 관한 논의를 통해 국제정치경제를 이해하는데 있어서 매우 중요한 일부 현상에 대해 여러분이 어느 정도 감을 갖게 되기를 희망한다. 놀랄 일도 아니지만 현재 위기의 원인과 그에 대한 최선의 해결방안을 둘러싸고 치열한 논쟁이 벌어지고 있다. 이 책에서 우리가 주장하고자 하는 바는 현재의 글로벌 금융위기에 대해 또는 또 다른 장에서 다루고 있는 또 다른 이슈들에 대해 적절하게 서술하고 설명하기 위해서는 우리가 역사와 철학에 대한 이해를 바탕으로 경제학, 정치학, 사회학 등에서 파생된 방법론과 통찰을 모두 종합한 분석적 접근법을 사용해야만 한다는 것이다. 이 책의 내용을 더욱 깊이 천착하면 할수록 여러분은 각기 다른 나라의 국가, 시장, 사회 간의 상호관계를 이해하는데 도움이 되는 다양한 이론 및 분석틀을 배울 수 있을 것이다.

국제정치경제학의 연구방법은 물리적 경계 및 지적 경계를 넘나드는 복잡한 현실 문제를 좀 더 잘 설명하기 위해 상이한 학문 분과들을 넘나든다. 지금 당장은 이러한 주장이 다소 형식적이고 혼란스럽게 여겨지겠지만, 우리 저자들은 결코 여러분이 글로벌 금융위기 또는 아랍의 봄의 기본 매개변수를 이해하려면 반드시 경제학 전공자, 금융전문가, 중동전문가가 되어야 한다고 생각하지 않는다는 점을 명심하라. 이 책은 정치학, 경제학, 사회학에 대해 제한적 지식만을 갖고 있는 학생뿐 아니라 대학원 진학을 위해 여러 가지 주제를 종합적으로 검토하고 싶은 학생들을 대상으로 집필되었다.

이어지는 다음 절에서 우리는 국제정치경제를 어떻게 공부할 것인가에 대해 살펴볼 것이다. 즉, 국제정치경제 전공자라면 반드시 잘 알아야만 하는 세 가지 분석시각과 여러 방법론적 문제들에 대하여 학습할 것이다. 이 책의 모든 장 각각은 우리가 위에서 언급한 세 가지 국면과 — 그리고 더 많은 것들과 — 연관된 중요한 이론적·정책적 쟁점을 다룬다. 우리 저자들은 이를 통해 여러분 학생들이 각 쟁점의 각기 다른 차원을 좀 더 잘 이해하고, 그 문제를 해결하는 방법에 대해 합리적인 판단을 내릴 수 있게 되기를 기대한다.

본 장의 뒷부분에서 우리 저자들은 글로벌 금융위기를 일으키는 많은 정치경제적 조건들을 학생들에게 소개하는 방식으로 통상 세계화로 알려진 현상을 설명할 예정이다. 많은 국제정치경제 분석가들은 세계화에 숨어있는 경제적 자유주의 아이디어가 글로벌 금융위기를 초래했다고 주장했다. 그러나 글로벌 금융위기가 자유방임 경제정책의 종식인지 또는 자본주의 자체의 종말을 상징하는지 여부에 관해서는 아직 의견이 엇갈리고 있다.

국제정치경제학 무엇을, 왜, 어떻게

금융위기와 금융위기가 초래한 결과에 대한 우리의 논의는 더 이상 어떤 단하나의 학문분과의 연구방법이나 개념만으로는 오늘날의 복잡한 문제를 쉽게 분석하거나 이해할 수 없다는 사실을 확실하게 보여준다. 요컨대 국제정치경제를 연구하는 사람들은 정치학, 경제학, 사회학 등의 분석적, 개념적 경계를 허물어뜨리고 새롭게 독자적인 고유의 설명방식을 창출하고 있다. 다음은 전통적인 학문분과들이 글로벌 금융위기를 설명하는 가운데 제기할 수 있는 질문의 몇 가지 예들이다. 각 분야는 각기 다른 행위자 및 관심주제에 초점을 맞추고 있다.

- **국제정치**: 글로벌 금융위기로 인해 국가의 국방비 지출 능력은 얼마나 큰 타격을 입었는가? 금융위기는 가난한 나라에서 일어나고 있는 전쟁이나 테러행위에 어떠한 영향을 미쳤나? 유럽, 일본, 미국 등 선진경제가 고전을 면치 못하는 상황 속에서 중국, 인도, 브라질과 같은 신흥경제국이 여러 국제기구에서 더 많은 정치적 영향력을 확보할 수 있을까?
- **국제경제**: 글로벌 금융위기가 외국인 투자와 국제무역, 각 나라의 통화가치에 어떤 영향을 미쳤나?

- **비교정치**: 각기 다른 국가에 있어서 실업자의 요구에 대응하는 정치제도의 능력은 어떤가? 새롭게 부상하고 있는 새로운 정치세력은 무엇이며, 이는 정치연합에 어떤 영향을 미치고 있나?
- **사회학**: 금융위기는 상류층, 중산층, 서민 등 각기 다른 계층의 소비동향에 어떤 영향을 미쳤나? 경제적 불평등의 영향은 인종과 성별에 따라 어떻게 다른가?
- **인류학**: 희소자원의 분배 방식과 관련하여 역사적으로 각기 다른 사회는 위기에 어떤 식으로 대처했나? 위기는 문화, 가치, 사회적 규범 등에 어떠한 영향을 미쳤나?

좁게 한정된 연구방법과 쟁점에 초점을 맞추는 경우 지적 전문화를 강화하고 분석적 효율성을 높이는데 유리하다. 그러나 어떤 하나의 특정 학문분과는 글로벌 사건에 대해 불완전한 설명을 제공할 뿐이다. 전문화는 다학제적 관점에서 가장 잘 설명될 수 있는 매우 복잡한 문제를 단일의 분석방법과 개념을 사용하여 설명하려고 하기 때문에 일종의 학술적 무지 또는 편향된 관점을 강화시킨다.

국제정치경제란 무엇인가?

국제정치경제학을 개념정의 할 때 우리는 '국제정치경제international political economy'와 약어 IPE를 구별한다. 전자는 우리가 탐구하는 대상을 의미한다. 즉, 일반적으로 국가, 시장, 사회적 행위자들 사이의 긴장에 관한 **학문분야**subject area 또는 탐구 영역을 의미한다. 본 교재에서 우리는 주로 다양한 '국제적(민족국가 간)' 행위자나 '초국적(두 개 이상의 국가의 국경을 가로지르는)' 행위자 및 쟁

점에 초점을 맞춘다. 오늘날 점점 더 많은 분석가들이 기후변화와 기아, 불법시장 등처럼 일부 국가에 한정되지 않고 범세계적으로 일어나고 있는 문제를 설명하기 위해 '국제정치경제international political economy'라는 용어 대신에 '세계정치경제global political economy'라는 용어를 사용하고 있다. 이 책에서 우리 저자들은 이 두 용어를 종종 같은 의미로 사용한다.

또한 약어 IPE는 다학제적인 **탐구방법**method of inquiry을 암시한다. IPE는 역사·지리적으로 각기 다른 지역에서 끊임없이 변화하고 있는 정부와 기업, 사회 세력 간의 관계를 좀 더 정확하게 서술하고 설명하기 위해 선행 학문분과들로부터 분석도구를 만든다. 국제정치경제학에 기여한 선행 연구 분야의 핵심요소는 무엇인가?

첫째, 국제정치경제학은 개인, 국내 집단, 국가(하나의 단위로 행동), 국제기구, 비정부기구NGOs, 초국적기업TNCs 등 다양한 행위자의 권력 사용을 설명하는 **정치적** 차원을 포함하고 있다. 이 모든 행위자들은 통화나 상품 등과 같은 유형의 것과 안보나 혁신 등과 같은 무형의 것을 분배하는 일을 결정한다. 대개의 경우 정치는 국가와 사회가 자신의 목표를 달성하는 방법에 관한 **규칙**rule을 제정하는 행위를 포함한다. 정치의 또 다른 측면은 서로 다른 목표를 추구하는 권한을 가진 공공 및 민간 **기관**institution의 존재이다.

둘째, 국제정치경제학은 개인, 집단, 민족국가 사이의 희소자원을 배분하는 방법을 탐구하는 **경제적** 차원을 포함한다. 다양한 공공기관 및 민간기관이 시장에서 매일매일 자원을 배분한다. 오늘날에 있어서 시장은 물건을 사는 사람이 물건을 생산한 사람을 직접 만나서 물건을 사거나 교환하는 물

리적 장소만을 의미하지는 않는다. 또한 시장은 인간행동에 영향을 끼치는 **동인***driving force*으로 생각되어질 수 있다. 소비자가 물건을 살 때, 투자자가 주식을 매입할 때, 은행이 돈을 빌려줄 때 발생하는 비인격화된 거래 각각이 전 세계 경제활동을 조정하는 복잡하고 광범위한 관계망을 형성한다. 정치학자 린드블럼Charles Lindblom은 경제가 실제로 사회적 행동을 조정하는 시스템에 불과하다는 흥미로운 주장을 한다! 사람들이 먹는 것, 사람들의 직업, 심지어 일하지 않을 때 하는 일 등은 모두 각기 다른 농업시장, 노동시장, 휴식시장 등을 중심으로 조직된다. 실제로 시장은 종종 '조정자 없이 조정하는' 사회적 기능을 수행한다.[1]

셋째, 린드블럼과 경제학자 하일브로너Robert Heilbroner, 써로우Lester Thurow 등 유명한 학자들의 저술은 우리로 하여금 국제정치경제학이 여러 다른 국제문제의 **사회적 차원**을 충분히 반영하지 않고 있다는 사실을 깨닫게 해준다.[2] 국가와 시장이 사회적 진공상태에 존재하지 않는다고 주장하는 국제정치경제학 연구자들이 점차 늘어나고 있다. 한 국가 내에는 일반적으로 부족관계, 민족, 종교, 성별 등에 근거하여 정체성과 규범, 집단의식을 공유하고 있는 다양한 수많은 사회집단이 존재한다. 아울러 다양한 초국적 집단(**글로벌시민사회**global civil society라고 한다)이 국가의 국경을 가로질러 국경을 넘어서는 일에 관심을 갖고 있다. 많은 시민단체들이 기후변화, 난민, 이주노동자, 성별기반 착취 등과 같은 문제와 관련하여 국가기관 및 국제기구에 압력을 가하려고 한다. 이들 모든 집단은 자신과 여타 집단 간 긴장을 야기할 수 있는 아이디어를 공급하고 있지만, 전 세계적 행동의 형성에 중요한 역할을 한다.

국제정치경제를 공부하는 방법: 경쟁적 관점 및 방법론

경제적 자유주의, 중상주의, 구조주의가 국제정치경제학의 세 가지 지배적 시각이다. 각각의 시각은 다양한 행위자 및 기관 간의 관계에 초점을 맞추고 있다. 이들 시각을 엄격히 구분한다는 것은 매우 임의적이며, 서로간의 연계성을 가끔 인정하려 들지 않는 분과학문 전통에 의해 그러한 엄격한 구분이 이루어져 왔다. 각각의 시각은 정책적 이슈에 대해 각자 다른 가치와 행위자, 해결책 등을 강조할 뿐 아니라 나머지 다른 두 시각이 강조하는 중요한 요소를 무시한다.

경제적 자유주의economic liberalism (특히 **신자유주의**, 제2장 참조)는 시장에 대한 연구와 가장 밀접하게 연관되어있다. 나중에 우리는 한편으로 자유시장과 자유무역을 옹호하는 **정통 경제적 자유주의자**OELs: orthodox economic liberals와 다른 한편으로 시장을 유지하기 위해 국가의 더 많은 규제와 보호무역을 지지하는 **비정통 개입주의적 자유주의자**HILs: heterodox interventionist liberals 간의 간극이 점점 더 벌어지고 있는 이유에 대해 설명할 것이다. 갈수록 더 비정통 개입주의적 자유주의자들은 시장이 사회에 포함(연결)되었을 때 그리고 시장이 혼자 처리할 수 없는 문제를 해결하기 위해 국가가 개입할 때 시장이 가장 잘 작동한다는 점을 강조한다. 실제로 비정통 개입주의적 자유주의자들은 시장을 많은 문제의 원인으로 인식한다.

많은 자유주의적 가치와 아이디어가 세계화 운동의 이념적 기초가 되고 있다. 자유주의적 가치와 아이디어는 아담 스미스Adam Smith, 리카도

David Ricardo, 케인즈John Maynard Keynes, 하이에크Friedrich Hayek, 프리드먼Milton Friedman과 같은 유명한 경제사상가들로부터 나왔다. 국가는 경제를 그대로 내버려두어야 한다는 자유방임 원칙은 아담 스미스로부터 시작되었다.[3] 최근 경제적 자유주의의 아이디어는 정부가 경제에 대한 관여(개입)를 철저하게 자제할 때 경제성장이 가장 잘 이뤄진다고 주장했던 레이건Ronald Reagan 전 대통령 및 그의 추종자들과 관련이 있다.

순수한 시장 상황(즉, 국가의 개입 또는 사회적 영향의 부재상태)에서 사람들은 '합리적'으로 행동할 것으로 가정된다 (제2장 참조). 즉, 사람들은 물건을 생산 및 판매 할 때 본능적으로 자신의 이익을 극대화하고 손실을 줄이기 위해 노력할 것이다. 사람들은 국내시장 및 국제시장에서 다른 사람과 판매경쟁을 통해 부를 교환하고 창출하려는 강한 욕망을 가지고 있다. 정통 경제적 자유주의에 따르면 사람들은 **경제적 효율성**economic efficiency을, 즉 낭비 없이 자원을 효율적으로 사용하고 배분할 수 있는 능력을 중요하게 여겨야 한다. 효율성이 왜 그렇게 중요한가? 경제가 비효율적인 경우 희소자원이 제대로 사용되지 않거나 또는 사회에 좀 더 유익한 방식으로 사용되지 못한다. 이 아이디어는 새로운 세계경제에 적용되고 있으며 세계화의 기본원칙 중 하나이다.

중상주의mercantilism(경제적 민족주의라고도 한다)는 **현실주의**realism 정치철학과 가장 밀접하게 연관되어 있다 (제3장 및 제9장 참조). 현실주의는 다른 국가의 물리적 위해 또는 영향으로부터 사회를 안전하게 보호하기 위해 부와 힘을 축적하는 국가 활동에 주목한다. 이론적으로 **국가**state는 법적 실체이며 특정 지리적 영토와 '**국민**nation'을 다스리는 기관들로 이루어진 하나의 자치 체계이다. 17세기 중반 이후 국가는 자신의 문제에 대해 **주권**sovereignty(최종 권한)을 행사할 수 있는 권한을 갖고 있다는 원칙에 기초하여 국제사회의 지배적 행위자가 되었다.

국가는 자기 자신을 보호하는데 두 가지 종류의 힘을 사용한다. **하드파워**hard power(경성국력)는 적대국과 경쟁국가에 대해 강요하고, 강제하고, 영향을 끼치고 물리치는데 사용되는 유형의 군사적, 경제적 자산을 의미한다. **소프트파워**soft power(연성국력)는 어떤 한 국가의 문화적 가치와 신념, 이상 등을 반영하고 투사하는 선택적 수단을 포함한다. 영화, 문화의 수출 및 교류, 정보, 외교 등의 사용을 통하여 국가는 자국이 후원하는 아이디어가 정당하며 받아들여져야만 한다고 다른 국가를 설득할 수 있다. 소프트파워는 설득과 상호교환에 의존하기 때문에 여러 측면에서 하드파워보다 좀 더 효과적일 수 있다.[4] 예를 들어, 노벨 평화상 수상자 오바마Barack Obama는 다자간 협력을 강조하는 담론의 제시를 통해 미국에 대한 세계의 지지를 일정부분 회복할 수 있었다.

구조주의structuralism는 마르크스주의적 분석에 뿌리를 두지만 그렇다고 그에 한정된 것은 아니다 (제4장 참조). 구조주의는 주로 지배적인 **경제구조**에 의해 서로 다른 사회계급이 어떤 식으로 형성되는지의 관점에서 국제정치경제의 쟁점을 살펴본다. 구조주의는 많은 사회학자들이 채용하고 있는 분석방법과 밀접하게 연관되어있다. 구조주의자는 동서고금을 막론하고 역사적으로 시장이 사회적 진공상태에서 존재한 경우는 단 한 차례도 없었다는 사실을 강조한다. 사회적, 경제적, 정치적 세력이 결합하여 시장을 형성하고, 규제하고, 보존한다. 우리가 금융위기 사례에서 볼 수 있는 바와 같이 시장체계의 유효성을 판단하는데 사용되는 표준조차 이들 세력의 지배적인 가치와 신념이 반영된 것이다.

국제정치경제학의 강점

국제정치경제학에서 개별 시각은 어떤 문제의 특정 측면을 유독 잘 비춰주지만, 그 밖의 다른 중요

한 측면엔 오히려 그림자를 드리워 잘 보이지 않게 만든다. 국제정치경제학의 세 가지 지배적 연구방법과 개념(표 1.1에서 개괄)을 합쳐서 **혼합**하여 사용한다면 우리는 큰 그림으로 — 즉 글로벌 과정에 대한 강력하고 포괄적인 설명으로 — 나갈 수 있다.

놀라울 것도 없이 경제학, 정치학, 사회학 등 여러 다른 학문분과를 혼합하게 되면 어쩔 수 없이 분석상의 문제가 발생하기 마련이다. 즉, 각

표 1.1 / 자본주의 사회의 국가-시장 관계에 관한 대립적 정치경제 관점

	통화주의 (정통 경제적 자유주의)	케인즈주의 (비정통 개입주의적 경제 자유주의)	발전국가모델 (중상주의)	사회주의 (구조주의)	사회민주주의 (구조주의)
자본주의에 관한 주요 아이디어	'자유방임' 최소한의 국가개입 및 경제규제	국가가 (통화 확대 · 유동성) 경제의 신뢰도를 회복하고 경제를 안정시키기 위해 준비한다.	국가가 주요 산업을 주도하고 보호하기 위해 경제에 있어서 적극적 역할	국가가 경제를 통제, 정부 관료가 가격을 결정, 국가의 계획 및 의제설정 강조	정부는 경제성장과 분배를 촉진하기 위해 기업과 협력
가치	경제적 효율성, 기술, 개방되고 통합된 국제시장	국가의 다양한 정치적 사회적 목적과 혼합된 효율성	국가안보, 국가관리 경제, 상대적 평등	평등	공평과 상대적 평등
사상가	아담 스미스, 데이비드 리카도, 프리드리히 하이에크, 밀턴 프리드먼, '시카고 학파'	존 스튜어트 밀, 존 메이너드 케인즈, 로버트 라이시, 조지프 스티글리츠, 대니 로드릭, 제프리 삭스	프리드리히 리스트, 알렉산더 해밀턴, 장하준	칼 마르크스, 블라디미르 레닌, 마오쩌둥, 피델 카스트로	제임스 갈브레이스, 로버트 커트너
정책수단	국가 개입이 없는 것을 선호, 시장이 제대로 기능하도록 돕기 위해 때때로 통화정책 및 재정정책, 자유무역	국가가 통화정책 및 재정정책을 사용. 일부 보호무역조치를 포함하는 '공정무역'정책을 촉진	자주 시장이 작동하도록 하고 국가의 부와 복지를 향상시키기 위한 목적으로 보호주의적 산업정책 및 보호무역정책	사회 구성원 모두에게 소득을 재분배하는 효과가 있는 통화정책, 재정정책, 공정무역정책	국가는 소득재분배를 위해 통화정책과 재정정책을 사용
무역정책 전문가	더그 어윈, 마틴 울프	디팍 랄, 자그디쉬 바그와티	장하준	월든 벨로, 벤자민 바버	아마르티아 센
국가 사례	홍콩, 미국, 영국	독일, 인도, 멕시코	일본, 한국	구 동독, 1982년 이전 중국	스웨덴

학문분야마다 고유의 분석개념, 핵심 신념, 연구 방법론 등을 가지고 있기 때문에 어떤 하나의 특정 국제정치경제 문제에 대해 단일설명을 수립하는 것은 쉬운 일이 아니다. 이 점으로 인해 국제정치경제학의 유용성이 약화되는가? 전혀 그렇지 않다. 우리는 국제정치경제학이 '자연과학hard science'이 아니라는 사실을 반드시 인식해야만 한다. 어쩌면 국제정치경제학은 쉽게 검증할 수 있는 원인과 결과로 이뤄진 명제에 기초하는 포괄적 이론을 끝내 수립하지 못할 수도 있다. 우리는 세계를 뒤죽박죽 상태의 실험실로 표현할 수 있다. 인간행동을 설명하는데 있어서 사회과학은 언제나 이 점을 감안한다. 오늘날 국제정치경제학은 인간의 사회적 행동에 관한 연구가 사회과학의 개별 학문분야로 세분화되기 이전, 정치이론가 및 철학자들이 했던 유의 분석방식으로 되돌아가고자 하는 노력의 일환을 보여준다. 예를 들면, 아담 스미스와 칼 마르크스 두 사람 모두 자기 자신을 넓은 의미에서 정치경제학자로 생각하였다. 우리의 목표는 여러 다른 학문분야의 다양한 요소들의 혼합을 통해 세계정치경제를 좀 더 잘 설명할 수 있는 방법을 제시하는데 있다.

이 일을 실천하는 한 가지 방법은 국제정치경제학에 앞서 존재해 온 선행 학문분야를 식물의 변종처럼 생각하는 것이다. 여러 부분이 결합하여 새로운 식물 변종이 생겨나는 것처럼 1970년대 초부터 다양한 학문분과의 접근법의 혼합이 점차적으로 국제정치경제의 전통적 아이디어에 대한 인식의 부활에 일조하였으며, 이는 결국 국제정치경제학이라고 하는 생산적이고 강력한 하이브리드 연구분야의 등장으로 귀결되었다.

그렇게 해서 만들어진 새로운 혼합물은 어떤 모습인가? 이 질문에 대한 대답에 도움을 주기 위해 스트레인지Susan Strange 교수는 우리가 학문분과의 경계와 무관하게 존재하는 일군의 공통적인 분석문제 및 개념문제에 초점을 맞추어야 한다고 말한다. 그녀에게 있어서 국가와 시장, 사회 간의 연결과 관계를 연구하기 위한 출발점은 "누가 혜택을 얻는가cui bono?"라는 질문에 집중하는 것이다. 국제정치경제의 복잡한 상호작용으로부터 누가 혜택을 얻는가?[5] '상품 사슬commodity chain'을 검토한 리볼리Pietra Rivoli 교수의 저서 『티셔츠 경제학The Travels of a T-Shirt in the Global Economy』이 좋은 예이다.[6] 리볼리는 목화가 서부 텍사스 지역에서 재배된 시점으로부터 시작하여, 면화가 중국에서 면직물로 제조되어, 미국에서 판매되고, 최종적으로는 수많은 기부 티셔츠가 현지시장에서 판매되고 있는 아프리카로까지 이어지는 티셔츠의 긴 여행을 추적하고 있다. 그녀의 책은 티셔츠가 만들어지고, 운송되고, 판매되고, 재판매되는 과정을 살펴보고 있다. 그녀는 정치(무역 규칙에 영향을 미치는 특수이익집단의 힘), 시장(미국 및 세계 곳곳의 티셔츠 시장), 다른 사회(티셔츠 제조가 중국의 공장노동자와 아프리카 중소상인의 삶을 어떻게 변화시키는가?)에 관해 많은 질문을 던지고 있다. 리볼리는 수많은 구체적 증거로 자신의 주장을 뒷받침하고 있으며, 동시에 그녀는 다양한 윤리문제 및 인권문제를 제기하고 있다.

우리는 스트레인지 교수와 리볼리 교수가 학생들에게 국제정치경제학의 본질과 다양한 차원에 대해 생각하는 출발점으로 삼을 수 있는 두 가지 훌륭한 방식을 제시하고 있다고 본다. 그저 무언가를 몇 가지 다른 각도 또는 시각에서 검토하는 것만으로는 충분치 않다. 우리는 또한 우리가 관찰하는 과정으로부터 누가 혜택을 얻고 누가 손해를 보는지, 또 행위자들은 어떤 식으로 정치권력과 경제적 자원을 획득하고 사용하는지, 또 각기 다른 사회 내의 서로 다른 집단 간의 관계는 어떠한지에 대한 답을 반드시 얻어야만 한다.

국제정치경제학은 어떤 특정 문제에 가장 적합하다고 여겨지는 하나의 분석적 접근법을 선택하거나 또는 여러 접근법을 혼합하여 사용할 수 있는 선택의 자유를 학생들에게 허용하고 있다. 대개의 경우 어떤 하나의 특정문제를 설명하는 방식은 그 문제와 관련하여 제기된 질문, 이용 가능한 데이터, 분석가 자신의 이론적 전망 등에 따라 달라진다는 사실을 인식하는 것은 중요하다. 예를 들면, 대서양을 사이에 두고 미국과 영국의 국제정치학자들 간 **어떤 차이가 존재하는가**에 대해 논의하는 가운데, 코헨Benjamin J. Cohen 교수는 이 문제의 답에 대한 실마리를 제공하고 있다.[7] 미국대학은 인과관계 문제를 중심으로 이뤄진 국제정치경제 이론을 선호하는 경향이 있다. '하드' 데이터의 존재에 관해 질문을 제기하는 것이 강조된다. 특정 '관계의 일정한 패턴'을 유발하는 원인이 무엇인지 판단하기 위해 경험적 증거와 통계적 기법을 활용하여 이론을 검증하는데 목표를 두고 있다. 하지만 영국의 많은 대학들은 국제정치경제학을 계량화 하는 것이 쉽지 않거나 통계적 검증이 그다지 유용하지 않은 문제를 다루는 분야로 생각하는 경향이 있다. 영국대학들의 연구방법은 좀 더 역사적·철학적 이해에 뿌리를 두고 있으며, 윤리와 사회정의 등과 같은 규범적 문제에 치중하고 있다.

요컨대, 우리는 국제정치경제학이 좀 더 전체론적인 설명을 생산하기 위해 별개의 각기 다른 시각을 하나로 혼합하고 있다고 정리할 수 있다. 국제정치경제학에서는 연구자가 무언가를 어떤 식으로 연구할 것인지 어떤 수단을 사용할 것인지 선택해야만하기 때문에 거의 모든 다른 어떤 학문분야보다 좀 더 유연하다고 할 수 있다. 희망하건대 우리는 다차원적 관점을 견지함으로써 세계적 문제에 대한 좀 더 효과적인 해결방안을 마련할 수 있는 보다 좋은 분석을 수행할 수 있다.

네 가지 분석수준

일반적으로 국제정치경제 이론가들은 자신의 연구수행에 다양한 **분석수준**levels of analysis을 사용한다. 자신의 유명한 책『사람, 국가, 전쟁Man, the State, and War』에서 왈츠Kenneth Waltz는 국제분쟁의 원인에 대한 설명은 **점증하는 복잡성에 따라 분석규모**를 달리하는 여러 단계 중 어느 하나에 위치한다고 주장한다. 그 단계들은 개인의 행동과 선택(개인수준)으로부터, 국가 내 요인(국가/사회수준)으로, 다시 국가 간 상호연관에서 비롯된 무언가(국제수준)에 이른다.[8] 좀 더 최근에는 많은 연구자들이 특정 문제의 원인으로 인식되는 네 번째 글로벌 수준에 대해서도 언급하고 있다.

서로 다른 각각의 분석수준이 갖고 있는 특징은 다음과 같다.

글로벌수준. 이는 가장 광범위하고, 가장 포괄적인 분석수준이다. 설명의 초점은 기술, 상품가격, 기후의 변화 같이 중요한 글로벌 요인이 어떻게 모든 정부와 사회를 제약하는지 또는 기회를 제공하는지에 있다. 예를 들어, 원유가격이 심하게 요동치는 경우 국가들은 무조건 경기침체, 갈등, 에너지원 혁신 등에 도움이 되는 방향으로 유가변동에 적응해야만 한다.

국제수준. 이 수준에서는 국가 간의 정치적, 군사적, 경제적 힘의 상대적 차이가 어떻게 전쟁의 가능성, 협력의 전망, 초국적 기업에 관한 규칙 등에 영향을 미치는지를 강조한다. 한 국가가 가진 상대적 힘이 서로 다른 이해관계를 가진 동맹국이나 국가들에 대해 영향력을 행사하는 방식을 좌우한다. 예를 들어, 중국이 더욱 강해지는 경우 일본, 필리핀, 베트남 등 일부 아시아의 이웃국가는 어쩔 수 없이 중국의 잠재적인 공격행위에 대비하는 일종의 보험으로써 미국과 좀 더 긴밀한 관계를 형성할 수밖에 없다.

국가/사회수준. 역설적으로 들리지만, 국내요인에 초점을 한정하기 때문에 오히려 더 많은 인과요인이 설명에 필요하다. 이 분석수준에서 우리는 사회경제적 집단의 로비활동, 선거압력, 문화 등이 어떤 식으로 나라의 외교정책에 영향을 미치는지에 대하여 강조한다. 아울러 우리는 각 국가마다 다른 국가 내부의 정부형태 및 정책결정과정이 그 국가가 다른 국가와 상호작용 하는 방식에 어떤 식으로 영향을 미치는지에 초점을 맞춘다. 예를 들면, 이와 같은 요인들은 민주주의 국가가 다른 민주주의 국가에 대해 전쟁을 도발하지 않는 이유, 또 정치인들이 국내산업을 돕기 위한 노력의 일환으로 높은 관세를 채택하는 이유 등을 설명하는데 유용하다.

개인수준. 이것은 가장 협소한 수준에 해당한다. 그러나 개인(일반적으로 국가 지도자)이 특정 정책을 선택하거나 특정 방식으로 행동하는 이유를 설명하는 요인들을 수적으로 가장 많이 포함하고 있다. 이 분석수준은 특정 정책결정자의 정책결정 **선택**에 영향을 미치는 개인의 **심리**, 성격, 신념을 강조한다. 예를 들어, 우리는 메르켈 Angela Merkel 독일 총리는 국가가 — 가정과 마찬가지로 — 수입의 범위 내에서 생활해야 한다는 그녀의 뿌리 깊은 믿음 때문에 돈을 헤프게 쓰는 그리스와 스페인에 대한 구제금융 지원을 꺼려한다고 추측할 수 있다. 그녀는 검소하고, 허세를 부리지 않고, 균형예산을 유지하는 전형적인 남부독일지방의 주부처럼 행동하기 때문에 '슈바벤지방 주부Swabian housewife'라는 별명을 갖고 있다.[9] 또는 제1차 세계대전 이후 독일이 경험하였던 극심한 하이퍼인플레이션을 촉발할 수 있다는 두려움 때문에 메르켈 총리가 그리스를 돕기 위한 유로통화 공급의 확대를 원치 않는지도 모른다.

4가지 분석수준 덕분에 우리는 어떤 특정 문제와 관련한 다양한 원인, 설명, 처방에 대한 우리의 생각을 쉽게 **정리**할 수 있다. 국제정치경제학의 세 가지 시각과 마찬가지로 각각의 분석수준은 어떤 것이 일어난 이유에 대해 각자 다른 설명을 제시하지만 동시에 **제한적인** 설명에 그친다. 예를 들어, 지구온난화는 늘어나는 세계인구로 인해 에너지에 대한 수요가 불가피하게 증가하고 있다는 사실 못지않게 교토의정서의 이산화탄소 배출 상한제에 대한 미국의 반대와 관련이 있다. 그리고 월가점령운동은 정치적 교착상태와 불평등을 완화할 수 없는 무능을 생산하는 미국헌법의 특정 요소 못지않게 글로벌 금융위기의 영향과 관련이 있다. 그리고 아랍의 봄은 어쩌면 튀니지와 이집트의 지도자들의 인권침해 못지않게 치열한 경쟁적 세계화에 직면하여 발생한 이 지역의 경제침체로 인해 촉발되었을 수도 있다. 요컨대, 분석수준 문제에 있어서 한 가지 역설은 우리가 어떤 특정 문제에 대해 더 크고 더 복잡한 그림을 얻고자 한다면 모든 가능한 답변을 위해 모든 분석수준을 살펴보고 싶어 한다는 점이다. 그러나 분석수준의 혼합은 일반적으로 어떤 하나의 문제에 대해 단 하나의 만족스러운 답변을 생산하지는 않는다. 무엇을 해야 하나? 분석수준 문제는 우리로 하여금 우리가 질문을 표현하는 방식, 우리가 살펴보는 데이터, 우리가 발견할 것으로 기대하는 것 등에 관해 무척 주의를 기울일 것을 가르쳐준다.

도표 1.1은 4가지 분석수준 및 우리가 이어서 소개하는 또 다른 개념 정리 장치와 4가지 분석수준과의 관련을 보여준다.

스트레인지 교수의 네 가지 국제정치경제 구조

본 교재에서 우리는 종종 생산과 무역구조, 통화와 금융구조, 안보구조, 지식과 기술구조 등 스트레인지 교수가 제시한 4가지 국제정치경제 구조를 언급할 것이다. 스트레인지 교수에게 있어서 이들 '거미줄web'은 국제정치경제의 기본토대 역할을 하는 복잡한 배열arrangement을 의미한다. 각각의 구조는 국가기관 및 비정부기관, 단체, 그리고 무역과 금융, 안보, 지식 등에 대한 접근을 제어하는 규칙과 과정을 결정하는 여러 다른 행위자 등을 포함한다. 제6장에서 제10장까지 우리는 각 구조의 규칙과 규범이 무엇인지, 그것들이 어떻게 창출되는지, 그것들로부터 누가 혜택을 보는지, 그것들에 대해 누가 이의를 제기하는지 등에 대해 살펴볼 것이다.

각 구조의 '게임의 규칙'은 서명된 조약, 공식적·비공식적 협정, '거래' 등의 형태를 띤다. 그것들은 네 개의 주요 구조 각각이 함께 유지되도록 하는 대들보와 지붕틀 역할을 한다. 쉽게 예상할 수 있듯이 서로 다른 행위자가 자신의 이익과 가치가 좀 더 잘 반영될 수 있도록 끊임없이 구조의 규칙을 유지하거나 변경하려고 시도하기 때문에 각각의 국제정치경제 구조에는 종종 긴장이 팽배하다. 예를 들어, 행위자들은 때로는 자유무역정책을 추구하지만 또 다른 시점에서는 보호주의 무역장벽을 강화할지도 모른다.

마지막으로, 한 구조의 문제가 종종 나머지 다른 구조의 문제에 영향을 미치며, 행위자 사이에 상당한 수준의 긴장 및 갈등관계를 조성한다. 스

도표 1.1 // 분석수준과 4개 구조

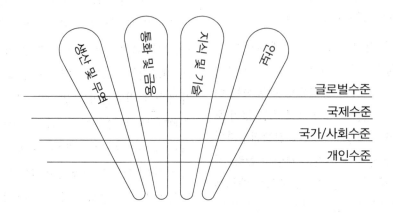

트레인지 교수에 따르면 "다른 국가, 정치기구, 회사...(그리고) 사람들이 움직여야만 하는 세계정치경제구조에 대해 국가들이 영향을 미치고 좌지우지하려고 할 때 많은 분쟁이 발생한다."[10] 아래의 4가지 구조에 관한 우리의 논의에서 여러분은 이들 구조가 앞에서 논의한 분석수준과 어떻게 연결되는지에 관한 예를 볼 수 있다. 우리는 각기 다른 분석수준에서의 인과요인 및 힘을 괄호 안에 표시했다.

네 가지의 **국제정치경제 구조**IPE structures는 다음과 같다.

생산 및 무역 구조. 누가 무엇을, 누구를 위해, 어떤 조건에서 생산하는가의 문제는 국제정치경제의 가장 중요한 사안이라고 할 수 있다. 물건을 만들고 그것을 세계시장에 판매하는 것(**글로벌수준 과정**)은 해당 국가 및 그 나라의 산업으로 하여금 많은 돈을 벌게 해주며, 이러한 돈은 궁극적으로 세계 부의 분배 및 권력 분포를 아주 쉽게 변화시킨다. 우리가 제6장에서 살펴보듯이 최근 수십 년 동안 전자, 가전제품, 의류 등과 같은 소비재의 생산이 미국과 서유럽으로부터 다른 나라로 이동하는 국제무역규칙(**국제수준 요인**)의 극적인 변화가 이뤄지고 있다. 이러한 제품을 생산하는 많은 기업들이 한국, 멕시코, 브라질, 중국, 터키, 폴란드, 베트남 등과 같은 신흥경제로 이동하였다. 1990년대 이후 이들 신흥경제의 정부는 수출상품의 생산을 촉진하고자 외국인투자 유치에 발 벗고 나섰다. 동시에 서양국가의 수많은 노조와 제조업체는 일자리와 이익을 지키기 위해 자국의 정부에게 중국에서 들어오는 값싼 수입품에 대하여 높은 보호주의 장벽을 세워달라고 로비했다(**국가/사회수준의 요인**). 신흥경제국은 더 많은 소득을 올렸지

만 현재의 금융위기에 대처해야만 했으므로 그들 중 일부는 기득권 집단의 압력 때문에(**국가/사회수준 요인**) 세계무역기구WTO: World Trade Organization 회원국 간의 무역협상에서 새로운 자유시장 무역정책에 동의하는데 주저했다.

금융 및 통화 구조. 아마도 이 구조가 가장 추상적인 국가 간 관계라고 할 수 있는데, 이 구조는 누가 어떤 조건으로 돈에 접근하는지를 결정하며, 그 결과 특정 자원이 어떻게 국가 사이에 배분되는지를 결정한다. 이러한 관점에서 돈은 종종 목적 자체가 아니라 수단으로 간주된다. 돈은 사람이나 국가 사이에 의무를 발생시킨다. 국제 자금 흐름(**글로벌수준의 요인**)은 무역 지불수단으로 사용되고 다른 나라의 공장이나 농장에 대한 금융투자의 수단으로 기능한다. 돈이 나중에 갚아야 하는 대출의 형태로 한 나라에서 다른 나라로 이동하는 경우의 금융거래 역시 규칙과 의무를 반영한다.

최근 글로벌 금융구조 및 통화구조는 한 나라에서 다른 나라로 빠르게 이익을 쫓아 움직이는 '투기성 자금(핫머니)'의 이동을 특징으로 한다. 이러한 현상이 나타나게 된 부분적인 이유는 다수의 정치엘리트들이 은행과 기업에 대한 강력한 규제에 반대하는 이데올로기적 신념을 갖고 있기 때문이다(**개인수준의 요인**). 많은 사람들은 규제 없는 금융시장이 현재의 금융위기 뿐만 아니라 1990년대 멕시코, 아시아와 남미 일부, 러시아의 금융위기에 일정부분 책임이 있다고 생각한다. 또한 일부 비평가들은 규제 없는 세계화가 세계 일부 낙후 지역에서 발생한 빈곤과 갈등에도 일정부분 책임이 있다고 비판한다.

안보구조. 아마도 다른 나라 및 비국가 행위자의 위협과 행동으로부터 안전하다는 느낌이야말로 인간의 가장 기본적인 욕구에 해당한다. 글로벌

수준에서 안보구조에는 세계 곳곳 모든 사람들에게 안전을 제공하는 사람, 국가, 국제기구, 비정부기구NGO 등이 포함된다. 소련의 붕괴와 냉전(국제수준의 변화)의 종식이 국가 간 소규모 재래식 전쟁 및 개발도상국 내부 반란의 증가로 이어졌다고 많은 전문가들이 주장하는 이유를 우리는 제9장에서 배울 것이다. 강한 신념을 가진 신보수주의자들이(개인수준의 특성) 장악했던 조지 W. 부시 행정부가 다자주의에서 탈피하여 세계 다른 나라에 대해 미국식의 패권적, 일방적 리더십을 행사하려고 했을 당시 발생한 뉴욕무역센터에 대한 9·11테러공격 역시 안보구조의 비공식적 규칙을 근본적으로 바꾸어놓았다. 어떤 학자들은 중국의 경제력과 군사력의 증가(국제수준 요인)는 중국으로 하여금 인도와 남중국해 주변국가에 대해 자국의 영유권을 단호하게 주장하도록 하여 중국과의 충돌을 야기할 것이라고 주장한다.

지식 및 기술 구조. 지식과 기술을 효율적으로 사용하는 사람들에게는 지식과 기술이 부와 권력의 원천이다. 정보통신기술의 확산(글로벌수준의 요인)은 신흥경제의 산업화를 자극하였으며 아랍의 봄의 경우처럼 권위주의체제 아래 살고 있는 시민들에게 힘을 부여했다. 예를 들어, 과학적 발견, 의료 기술, 새로운 녹색 에너지 관련 산업 기술 등을 제대로 이용하지 못하는 나라는 다른 나라에 비해 상대적으로 불리한 처지에 놓이게 된다(국제수준 현상). 오늘날 세계 안보구조, 무역구조, 금융구조 내에서 이루어지는 거래는 갈수록 점점 더 여러 다양한 형태의 지식의 이용에 의존한다. 지식구조는 지식재산권, 기술이전, 숙련노동자의 이민기회 등에 영향을 미치는 규칙과 일정한 패턴을 포함하고 있다.
기술과 분쟁 간의 연관이 시간이 지남에 따라 강화되고 있다. 신문에는 대량살상무기WMD, 무인항공기, 총기폭력 등에 관한 기사가 가득하다. 새로운 기술(글로벌수준의 요인)은 무기의 크기 및 사용 시 효과 측면에서 가히 혁명적이라고 할 수 있는 변화를 가져왔다. 많은 무기들이 배낭이나 소형트럭을 이용하여 쉽게 운반될 수 있다. 아마도 가장 강력한 소형무기는 더 이상 원자폭탄이나 화학혼합물이 아니라 편지에 묻은 몇 그램의 앤트락스(탄저균)이다. 다른 사람이나 다른 나라를 혐오하는 신념으로 불타는 테러리스트나 국가 지도자(개인수준 요인)의 손에 들어간 첨단기술 무기는 많은 사람들의 생명을 위험에 빠뜨릴 수 있다.

각 조각을 하나로 맞추기: 세계화, 금융위기, 국가·시장·사회관계

본 교재 전체에 걸쳐 여러분 학생들이 접하게 될 용어 중 하나가 **세계화**globalization이다. 이 절에서 우리 저자들은 세계화의 개념을 소개하고, 세계화의 혜택을 받는 사람은 누구이고 현재 금융위기를 포함한 다양한 이슈와 세계화의 관계에 대해 간략하게 설명하고자 한다. 세계화가 중요한 이유는 위에서 설명한 국제정치경제 4가지 구조의 기본 틀을 형성하기 때문이다. 무역, 통화, 기술, 안보와 관련한 규칙 및 과정 대부분이 이 대중화된 개념을 반영한다. 세계화는 전문가 및 관료가 국제정치경제를 생각하는 방식에 유의미한 변화를 가져왔다. 세계화로 인해 많은 기구 및 행위자들의 힘이 강화되기도 하였고 약화되기도 하였다.

'세계화'라는 용어는 디지털 혁명과 서양(미국) 문화의 확산에 따라 전 세계적으로 개인 및 국가 사이에 **상호의존성**interdependence(상호연결성)이 증대된 상황을 묘사하기 위해 1980년대 중반 국제정치경제 사전에 처음 등장하였다. 또한 세계화는 국내총생산GDP에서 나라와 나라 간의 국제무역 및 국제금융거래 비중이 증가한 이유를 설명해준다. 1990년대부터 세계는 국가와 사회를 강하게 연결하는 중요한 변화를 겪고 있는 듯했다. 많은 국제정치경제 분석가들은 국가들이 주로 국가안보 및 전쟁에 몰두하는 군사중심의 세계질서인 냉전(1947~1990)으로부터 경제이슈가 글로벌 의제의 중심인 좀 더 다원적 세계질서에 보다 유사한 무언가로 변했다고 주장한다. 베를린장벽의 붕괴 이후 거의 25년간의 역사적 시기를 학자, 언론인, 관료들은 '세계화의 시대'로 불렀다.

세계화의 기원은 1980년대 초까지 거슬러 올라갈 수 있다. 이때는 미국의 레이건Ronald Reagan 대통령과 영국의 대처Margaret Thatcher 총리가 경제적 자유주의와 자유무역에 관한 사고와 정책을 대중화하던 시기였다. 1980년대 후반부와 1990년대에 걸쳐 동아시아 및 동남아시아의 신흥공업국가 대부분이 지속적으로 급속한 성장을 이룩했으며, 수출주도형 성장전략에 기초한 대외지향 무역정책의 추구를 통해 새로운 '글로벌 경제'에 통합되었다. 이 기간 동안 미국과 영국, 그 밖의 다른 선진국들은 자본주의와 함께 세계화가 전 세계 곳곳에 민주주의의 초석을 놓고 동시에 경제성장을 가속화 시킬 것이라는 전망의 명시적·암묵적 제시를 통해 세계화 운동을 촉진했다.

1990년대 및 2000년대 거의 대부분 기간 동안 선진국의 수많은 정부관계자, 기업인, 학자들은 새롭고, 독특하며, 심오한 방식으로 사람들을 상호연결 함으로써 얻게 되는 잠재적 경제이익에 여전히 열광했다. 한 예로 사람들은 칼럼니스트 프리드먼Thomas Friedman의 세계화에 대한 묘사에서 거부할 수 없는 매력을 느꼈다. 세계화는 일반적으로 다음과 같은 특징을 갖고 있다.

- 새로운 기술과 무역 및 자본의 이동성에 기초하는 밀도 높은 상호연결을 반영하는 **경제과정**.
- 국내시장의 단일 글로벌 시장으로 **통합**.
- 국가권위를 약화시키고 국가권위를 규제받지 않는 시장권력으로 대체하는 **정치과정**.
- 현대사회의 증가하는 복잡한 문화적 상호연결성과 상호의존성의 네트워크를 반영하는 **문화과정**.

추가로 일부 분석가들은 세계화가 다음과 같다고 주장한다.

- 자본주의의 새로운 형태, 즉 하이퍼자본주의hyper-capitalism를 야기하는 **불가피한** 현상이다.
- **누구도 관리하지 않는** 과정이다.
- 모두에게 **혜택**을 준다. 특히 경제적으로 그렇다.
- 전 세계적으로 **민주주의의 확산**을 촉진한다.[11]

세계화는 인터넷, 광섬유, 스마트폰 등의 새로운 디지털 기술을 통해 더 빠르고 더 깊고 더 싸게 전 세계 곳곳의 사람들을 연결한다. 세계화는 증가된 생산과 투자기회 및 새로운 시장을 찾아 전 세계를 돌아다니는 엄청난 규모의 자본의 자유로운 이동을 강조한다. 속도와 거리의 축소는 21세기 통신, 통상, 여행, 혁신의 핵심적 주요 특징이다. 경제가 성장하고 개인의 부가 늘어남에 따라 서구의 (미국의) 대량 소비제품에 대한 수요도 늘어난다.

프리드먼과 자유시장을 신봉하는 정부관리들에게 있어서 세계화는 정치에 휘둘리지 않으며 사회에 큰 이익을 가져다주는 규제받지 않는 통합된 시장의 힘을 보여주는 것이다. 세계화는 생산의 효율성, 돈의 자유로운 이동(자본이동성), 자유무역, 개인의 자율권 증대 등과 같은 의미의 용어가 되었다. 자신의 유명한 저서 『렉서스와 올리브나무The Lexus and the Olive Tree』에서 프리드먼은 세계화가 종종 '황금구속복golden straightjacket'을 — 즉, 국가가 세계화의 이점을 실현하고자 한다면 반드시 이행해야 하는 일련의 정치적 제한과 정책을 — 요구한다고 주장했다.[12] 그에 대한 보상은 전 세계 어디서나 경제적 번영과 민주주의를 생산하는 '시장의 승리'이다.

프리드먼은 자본주의의 경쟁이 치열한 새로운 단계가 — 즉, 하이퍼세계화hyperglobalization가 — 개인, 국가, 초국적기업으로 하여금 새롭고 더 나은 상품을 계속해서 생산하도록 한다고 주장하였다. 자신의 책 『세계는 평평하다The World Is Flat』에서 그는 새로운 기술개발이 개인과 그 개인이 속한 국가의 관계, 그리고 개인과 다른 개인과의 관계를 평평하게 만드는 과정에 있다고 주장한다.[13] 평평하게 만듦으로써 개인은 자신이 속한 사회의 사람들뿐만 아니라 다른 나라 사람들과도 경쟁할 새로운 기회를 갖게 된다. 즉, 몇 가지 단점에도 불구하고 세계화는 우리 생활의 일부로서 반드시 수용되어야만 한다.

놀라울 것도 없이 세계화는 개발도상국의 발전전략에 큰 영향을 미쳤으며, 선진국의 엘리트와 많은 시민들 사이에서 무척 높은 인기를 누리고 있다. 세계화로 인해 모든 나라들이 지킬 것으로 기대되는 — 국제통화기금IMF, 세계무역기구WTO, 많은 유엔기구 등과 같은 국제기구가 집행하고 감독하는 — 일반적인 규칙과 정책의 중요성이 더욱 강조되었다. 세계화가 교역국가 간 보다 평화적인 관계가 구축되도록 도와주리라 기대되었다. 특히 미국 헤게모니(리더십)가 전 세계 가난하고 억압받는 사람들을 돕기 위한 매력적인 대안으로 세계화를 촉진하는 경우 더욱 그러했다. 또한 세계화로 인해 더 많은 사람들이 국경을 넘어 다른 나라로 이동하리라 예상되었고, 그렇게 되면 궁극적으로 서로 다른 집단들 간 상호이해가 증진될 것으로 기대되었다. 세계화가 널리 확산됨에 따라 세계화의 다양한 파급영향에 대한 전통적, 민족적 저항(정치학자 바버Benjamin Barber가 지하드jihad [성전]라고 지칭한 것) 역시 확산되고 있다.[14] 1990년대에는 반세계화 운동이 힘을 얻었다. 많은 시민단체 및 공익단체들은 신문지면과 웹사이트를 통해 자신들이 추구하는 대의명분을 대중들에게 널리 알렸다. 이들 단체들은 주로 가난한 나라의 노동착취 상황, 환경파괴, 소득불평등 등과 같은 세계화가 야기하는 부정적 결과에 초점을 맞췄다.[15] 많은 이 단체들은 노동운동가, 환경운동가, 평화운동가와 연합하였으며 종종 폭력사태로 이어졌던 대규모 시위를 시애틀, 워싱턴 DC, 잘츠부르크, 제노바, 프라하 등과 같은 도시에서 개최했다. 시위대는 WTO, IMF, 세계은행의 정책이 의례 그랬듯이 이데올로기적 강박, 즉 자본주의를 세계로 확산하고 초국적 기업에 대한 통제를 최소화해야 한다는 생각에 사로잡혀 있다고 폄하했다. 심지어 1989년 베이징 천안문광장 민주화시위 및 2012년 '아랍의 봄'조차 어떤 면으로 보면 독재정권이 추진한 세계화 정책에 대한 반발로 해석될 수 있다. 지방선거, 지역선거, 심지어 전국선거에서 세계화를 둘러싼 이슈가 결정적 영향력을 발휘했다. 또한 일부는 심지어 미국에 대한 9·11테러공격의 숨은 동기를 반(反)세계화에서 찾을 수 있다고 주장한다.[16]

비평가들은 세계화가 자유시장 옹호자들만 사용하는 말에 불과하다고 보았는데, 더 나은 생활수준을 약속하지만 많은 사람들을 고통과 가난의 나락으로 떨어뜨리는 엉터리 자본주의를 뜻한다고 보았다. 정치학자 페니취Leo Panitch와 긴딘Sam Gindin은 미국의 경제관행과 제도를 미국이 아닌 다른 나라로 확산하는 과정으로 세계화(부분적으로 미국 재무부와 연방 준비제도이사회에 의해 추동되는 현상)를 묘사했다. "세계화를 가능케 한 것은 미국자본주의의 엄청난 힘이었으며, 미국이 여전히 다른 나라와 구별되는 것은 전 세계적 차원에서 자본주의를 관리 감독하는 미국의 중요한 역할 때문이다."[17] 그러한 과정이 시장으로 하여금 정치를 능가할 수 있게 허용하는 경우 예상되는 결과는 종종 사회에 대한 엄청난 충격이었다. 『르 몽드 디플로마티크Le Monde diplomatique』지의 전 편집장 라모네Ignacio Ramonet에 따르면 사회는 경제에 예속되어버렸다. 경제는 경제적·사회적 진화론에 의해 추동되는 시계처럼 작동하여, 과도한 경쟁과 소비를 낳았고 사람들로 하여금 시장조건에 적응하게 만들었다. 물론 글로벌 경기둔화와 사회부적응자로의 전락이라는 위험이 도사리고 있다.[18]

프리드먼은 세계화가 저절로 모든 사람들에게 성공을 가져다주지 못한다는 점을 인정했다. 사실 그는 세계화로 인해 빈부격차가 확대되거나 또는 너무 많은 사람들이 뒤처지게 된다면, 세계화가 정반대 결과를 야기할 것이라고 주장했다. 더욱이 많은 학자들은 — 심지어 프리드먼조차 — 세계화가 세계 각국의 문화를 동질하게 만드는 효과를 갖고 있다는 사실에 대해 우려하게 되었다. 미국 비즈니스 관행의 확산과 빅맥, 아이맥, 미키마우스 등과 같은 미국 제품 및 상징에 대한 소비의 증가를 장려한 것이 바람직했나? 세계화는 미국이라는 거대제국이 미국의 이상과 문화양식을 전 세계에 전파하는 과정이었나?

21세기가 시작되었을 때 예상대로 대부분의 개발도상국이 성장을 통해 빈곤에서 벗어나려는 시도가 실패했다는 것이 분명해졌다. 중국, 싱가포르, 대만, 한국, 말레이시아, 태국 등 몇몇 신흥공업국가NICs는 엄청난 국가경제 성장 및 일인당 국민소득 증가를 경험했다. 그럼에도 불구하고 아시아 및 세계 다른 지역의 일부 신흥국은 1990년대 후반에 금융위기를 경험했으며, 그로 인해 이들 국가들이 고도성장을 지속할 수 있을지에 대해 의문이 제기되었다. 좀 더 규제가 없는(즉, 자유로운) 시장 덕분에 이들 나라들이 경제적으로 잘 사는 나라가 되었는지 모르지만, 빈부격차 역시 확대되었다.

세계화가 약속한 바를 실현하지 못했음을 암묵적으로 인정한 유엔은 2000년 가난한 나라에 대한 해외원조를 늘리고, 글로벌 기아를 절반으로 줄이고, 국가부채를 줄이고, 에이즈와 같은 질병의 퇴치를 목표로 하는 새천년개발목표MDGs를 제정했다. 세계화로 인해 전 세계적으로 무력충돌이 줄어들 것이라는 예측과는 정반대로 구 유고슬라비아는 1990년대 내내 줄곧 내전에 시달렸고, 르완다는 1994년 인종학살의 피해를 입었고, 콩고민주공화국은 1998년부터 2003년까지 끔찍한 내전을 겪으면서 200만 명 이상이 목숨을 잃었다. 세계화가 남긴 것은 또한 내전이 해당 사회를 송두리째 파괴해버린 수단, 소말리아, 아프가니스탄 등과 같은 수많은 '실패국가failed state'였다. 그리고 나서 9·11테러공격과 테러와의 전쟁 및 이라크전쟁이 발생하였으며, 그로 인해 그 어느 때보다 서구 선진국과 많은 이슬람 국가들이 문화적·경제적으로 가장 밀접하게 상호연결 되어있음에도 불구하고 이들 국가 사이에는 긴장이 더욱더 고조되었다.

제19장과 제20장에서 설명하고 있듯이 많은 국제정치경제학 학자들은 친(親)세계화 정책이 우리가 오늘날 직면하고 있는 많은 지구환경문제의 원인이라고 우려하고 있다. 수익성을 쫓아 이루어지는 근시안적 경제선택을 강조한 결과 생태계는 되돌릴 수 없을지도 모를 재앙에 직면해 있다. 많은 사람들은 자본주의를 개혁하고 세계화를 재설계하여 사람들이 과도한 지구자원의 사용을 줄일 수 있게 되기를 원한다. 우리는 선진국들이 지속가능한 수준으로 자원의 사용을 조정하는데 있어 겪게 될 주요문제들을 예상할 수 있다. 아울러 '지구호'라는 우주선의 원자재에 대한 중국, 인도, 그 외 개발도상국들의 늘어나는 수요로 인해 발생할 주요문제도 예상할 수 있다.

마지막으로 현재의 글로벌 금융위기와 유럽의 곤경은 세계화와 세계화를 뒷받침하는 경제적 자유주의 가치 및 제도에 대한 더욱 강력한 비판을 촉발했다. 우리가 2012년 말 이 책을 집필할 당시 일부 전문가 및 경제 예측가들은 2013년과 2014년 경 경기회복을 예고하는 '푸른 새싹'이 미국, 중국, 브라질 등에서 움트기 시작했다고 강조했다.[19] 하지만 또 다른 사람들은 당분간 회복 가능성이 낮다고 생각한다. 예를 들어, 경제학자 루비니Nouriel Roubini는 두 가지 이상의 악재가 동시에 발생하는 '퍼펙트 스톰perfect storm'을 — 즉, 유로를 사용하는 유럽국가의 경제파탄economic train

wreck 가능성, 미국의 또 다른 경제불황, 중국과 인도의 성장 둔화, 이란에 대한 미국과 이스라엘의 전쟁과 그에 따른 원유가격의 50퍼센트 인상 등을 — 경고한다.[20] 어떤 경우이든 금융위기가 적절히 해소될 때까지 긴축재정 반대 시위자와 학자, 관료들은 좀 더 잘 관리되는 세계화가 모두에게 보다 유익하다고 계속해서 주장할 것이다.

전주곡 및 결론

우리는 여러분이 세계화(이 책에서 논의되는 많은 이슈의 기초가 된다)에 관하여 읽고 난 지금은 국제정치경제학자들이 오늘날 세계의 복잡한 상호관계를 어떻게 연구하는지 그 감을 파악했기를 기대한다. 여러분이 이 책 각각의 장을 천착할수록 여러분은 아직까지는 낯설게 느껴지는 용어, 개념, 나라들이 보다 명확하게 이해될 것이며, 국제정치경제학의 구체적 언어를 좀 더 거침없이 말할 수 있게 될 것이다. 여러분이 배워야 할 이론적, 정책적 이슈가 더 많이 존재하기에 우리는 이 교과서에서 중점적으로 다루고 있는 몇몇 중요한 질문을 일종의 전주곡으로 여기에 소개한다.

- 국가는 세계화의 부정적인 외부효과 및 세계화가 환경, 자원, 사회 등에 미치는 영향을 어떻게 관리하고 있나? (이 교과서 전체에서 논의되고 있다)
- 시장근본주의[ii]와 보호주의 사이에 존재하는 긴장갈등은 무엇인가? 시장은 어떤 식으로 사회

---

ii 〈역자 주〉 시장을 선으로, 국가를 악으로 보는 극단적 시장주의

와 그 사회의 문화제도 속에 재투입되는가? (특히 2~4장)

- 글로벌 **생산**의 증가와 함께 무역과 성장에 의한 이익은 서로 다른 사회집단과 국가 간에 어떻게 분배되는가? (특히 4장, 6장, 10장, 11장)
- 국가는 국제적인 **의무**와 국내의 **정치적 요구** 사이에서 어떻게 균형을 잡는가? (이 교과서 전체)
- 국가안보와 자유가 조화를 이룰 수 있는가? (특히 9장)
- 사회집단이나 아이디어가 어떻게 시장이나 국가에 영향을 미치는가? (특히 5장과 16장)
- 사람들 사이의 관계는 근본적으로 협력적인가 아니면 갈등적인가? (특히 2장, 14장, 16장)
- 국가 내 불평등 및 국가 간 불평등의 원인은 무엇이며 그 결과는 무엇인가? (특히 8장, 11장, 14장)
- 중국, 인도, 러시아, 브라질 등의 부상이 세계경제를 어떻게 재편하고 있는가? (13장)
- 금융위기는 자본주의의 본질 및 시장규제 문제에 대해 무엇을 말해주나? (특히 4장, 8장, 12장)
- 국가는 불법시장과 초국적 기업에 대한 **통제권한**을 잃어가고 있나? (16~19장)
- 기술의 변화가 정치과정, 경제과정에 어떻게 영향을 미치는가? (이 교과서 전체)
- 패권국가와 국제기구는 사회적, 정치적 저항에 직면하여 **글로벌 거버넌스**와 체제질서를 어느 정도까지 제공할 수 있는가? (이 교과서 전체)
- 식량, 에너지, 환경 사이의 **분석적 · 정책적** 연계는 무엇인가? (특히 18~20장).

벼랑 끝 위기

냉전종식 이후 일부 몇몇 국가들이 국가주도 정책 및 자유시장 정책을 혼합해서 사용하여 엄청난 경제개발에 성공했지만 세계 대부분의 나라들은 목표 달성에 실패했다. 특히 매번 더욱더 명백해지고 있는 것은 우리가 일반적으로 생각하는 발전이라는 것이 지구의 자원 압박에 직면한 상황에서 어쩌면 많은 나라가 실현하기 힘든 것일지도 모른다는 사실이다. 더 나아가 발전이라는 것은 어떤 한 나라가 근대화하고 산업화되면 끝나는 그런 것이 아니다. 오히려 발전은 모든 사회에서 부단히 계속 진행되는 정치적, 경제적, 사회적 전환의 과정이다.

아울러 두 가지 주요 글로벌 과정이 30년 전만해도 상상하지 못했던 방식으로 국가와 사회에 영향을 미치고 있다. 첫 번째는 글로벌 부와 힘의 분포상의 변화이다. 정부관료들은 테러와의 전쟁이 어쩌면 현실적으로 '이길 수' 없는 전쟁인지도 모른다는 생각을 가져야만 했다. 위험한 기술의 이용가능성, 곳곳에 구멍이 뚫린 국경선, 경제적 좌절 등과 관련된 다양한 이유로 인해 국가와 개인의 안보불안insecurity이 사실 더욱 더 커지고 있다.

냉전이 한물 간 과거인 듯 간주되고 있지만, 특히 미국, 러시아, 중국, 프랑스, 영국, 일본 등 강대국들은 힘과 갈등을 강조하는 것으로 익히 알려진 현실주의적 관점으로 되돌아가 글로벌 정치경제를 바라보는 경향을 보여 왔다. 흥미롭게도 인도와 중국의 부상으로 인해 국제사회의 세력균형이 예상보다 훨씬 빠르게 남북갈등을 무척 고조시키는 방향으로 변화하고 있다. 이러한 과정으로 인해 테러리즘, 기아, 기후변화 등과 같은 문제의 해결에 있어서 반드시 필요한 글로벌 협력이 이미 약화되고 말았다. 국익에 관한 선진국의 비타협적 태도는 중국, 브라질, 중동국가들과의 장기간 협상을 통해 완화될 수도 있고, 아니면 세계평화를 더욱더 위협할 수도 있다.

글로벌 정치경제의 두 번째 주요 변동은 세계화와 연관된 혜택 및 비용과 관련이 있다. 확실히 글로벌 금융위기는 자유시장에 대한 회의론에 힘을 실어주었고, 국가경제를 구하기 위한 적극적인 정부개입에 대한 지지를 재차 강화시켰다. 그러나 우리는 사회가 규칙 제정과 보상에 있어서 좀 더 민주적인 역할을 수행하지 않은 채, 과연 세계화가 가져다 줄 안보불안과 효율성을 기꺼이 수용할지 여부에 대해 알지 못한다. 국가와 시장의 상호연결성 때문에 국제기구들이 국제문제의 해결에 있어서 반드시 일정한 역할을 해야만 한다는 점은 너무도 자명하다. 글로벌 문제를 해결하기 위해 협력이 필요할 때 역설적으로 **글로벌 거버넌스** global governance를 제공하기 위해 협력하고자 하는 행위자의 동기는 여전히 미약한 상태에 있다. 글로벌 금융위기에 대한 대응이 이에 딱 부합하는 사례이다.

우리가 여러분에게 바라는 두 가지 희망사항을 얘기하면서 이 장을 맺고자 한다. 우리는 희망컨대 인류가 지구 환경, 기후, 생물다양성을 파괴하지 않으면서 생활수준을 향상시키는 방법을 찾아내는데 여러분이 일조할 수 있기를 바란다. 또한 우리는 여러분이 논쟁적인 경제문제 및 정치문제에 대한 해결책을 마련할 때 세계의 가장 취약한 사람들에 대한 연민의 마음을 가슴 속에 품고 있기를 희망한다.

주요 용어

경제적 자유주의(economic liberalism) 10
구조주의(structuralism) 11
국제정치경제 구조(IPE structures) 17
글로벌 거버넌스(global governance) 24
글로벌시민사회(global civil society) 10

분석수준(levels of analysis) 14
비정통 개입주의적 자유주의(HILs: heterodox interventionist liberals) 10
세계화(globalization) 18
소프트파워(soft power, 연성국력) 11
정통 경제적 자유주의자(OELs:

orthodox economic liberals) 10
주권(sovereignty) 11
중상주의(mercantilism) 11
하드파워(hard power, 경성국력) 11
현실주의(realism) 11

토론주제

1. 국제문제 또는 글로벌 문제에 초점을 둔 최근 언론기사를 하나 선택하여 국가와 시장, 사회가 어디에서 어떻게 상호교류하고 때로는 서로 갈등하는지 구체적 예를 제시해 보시오. 그 사례에서 국가와 시장, 사회의 분석적 경계를 결정하는 일이 얼마나 어려운가?

2. 3가지 기본적인 이론적 시각, 4가지 구조, 분석수준, 권력의 유형 등 국제정치경제학 접근법의 기본적 요소 및 특징에 대해 또 한 번 복습해 보시오. 여러분은 개인적으로 어떤 것을 가장 잘 이해하였나? 그리고 좀 더 공부할 필요가 있는 것은 어떤 것인가? 이들 3 가지 시각과 국제정치경제학과 관련하여 여러분이 중요하다고 생각하는 가치들 간의 관계에 관해 논의해 보시오.

3. 세계화의 기본적 특징에 대해 정의하고 개괄적으로 설명해 보시오. 경제적 자유주의 사상과 세계화의 관계에 대해 설명해 보시오. 세계화와 관련하여 3가지 국제정치경제학 시각(또는 여러 시각의 혼합) 중 여러분이 개인적으로 가장 지지하는 시각은 어떤 것인가? 그 이유를 설명해 보시오.

4. 지금까지 이 장에서 배운 것과 신문에서 읽은 것을 기초로 하여 세계화와 금융위기, 자본주의 사이의 연관성에 관하여 여러분이 아는 것을 몇 가지만 간략하게 설명해 보시오. 글로벌 금융위기가 자본주의의 유용성에 대해 심각한 우려를 야기한다는 일부 사람들의 주장에 대해 여러분은 동의하는가?

추천문헌

Thomas L. Friedman. *The World Is Flat: A Brief History of the Twenty-First Century*. New York: Farrar, Straus and Giroux, 2005.

Robert Gilpin. Especially Chapter 1 in *The Political Economy of International Relations*. Princeton, NJ: Princeton University Press, 1987.

William Greider. *One World, Ready or Not: The Manic Logic of Global Capitalism*. New York: Simon & Schuster, 1997.

Pietra Rivoli. *The Travels of a T-Shirt in the Global Economy: An Economist Examines the Markets, Power, and Politics of World Trade*, 2nd ed. Hoboken, NJ: John Wiley, 2009.

Joseph Stiglitz. *Globalization and Its Discontents*. New York: W. W. Norton, 2004.

Susan Strange. *States and Markets*, 2nd ed. New York: Continuum, 1994.

Kenneth N. Waltz. *Man, the State, and War: A Theoretical Analysis*. New York: Columbia University Press, 1959.

주

1) 다음을 참조하라. Charles Lindblom, *The Market System: What It Is, How It Works, and What To Make of It* (New Haven, CT: Yale University Press, 2001), p. 23.

2) 다음을 참조하라. Robert Heilbroner and Lester Thurow, "Capitalism: Where Do We Come From?" in Robert Heilbroner and Lester Thurow, *Economics Explained: Everything You Need to Know about How the Economy Works and Where It's Going* (New York: Simon & Schuster, 1994).

3) 다음을 참조하라. Adam Smith, *The Wealth of Nations* (London: Methuen & Co. Ltd., 1904).

4) 소프트파워 및 소프트파워의 국제정치경제에서 유용성에 관한 자세한 논의에 대해서는 다음을 참조하라. Joseph Nye, *Soft Power: The Means of Success in World Politics* (New York: Public Affairs, 2006).

5) 다음을 참조하라. Susan Strange, *States and Markets*, 2nd ed. (New York: Continuum, 1994), pp. 121, 136, and 234.

6) 다음을 참조하라. Pietra Rivoli, *The Travels of a T-Shirt in the Global Economy: An Economist Examines the Markets, Power, and Politics of World Trade*, 2nd ed. (Hoboken, NJ: John Wiley & Sons, 2009).

7) 다음을 참조하라. Benjamin J. Cohen, "The Transatlantic Divide: Why Are American and British IPE so Different?" *Review of International Political Economy*, 14 (May 2007), pp. 197–219.

8) Kenneth N. Waltz, *Man, the State, and War: A Theoretical Analysis* (New York: Columbia University Press, 1959). 왈츠는 3가지 '수준(level)' 대신 '이미지(image)'라고 했다. 이러한 개념을 논의하는데 두 가지 용어 모두 사용된다. 최근의 세계화에 관한 초점이 글로벌 수준 분석에 대한 높은 관심을 불러일으켰다.

9) Julia Kollewe, "Angela Merkel's Austerity Postergirl, the Thrifty Swabian Housewife," *Guardian*, September 17, 2012.

10) 다음을 참조하라. Susan Strange, *States and Markets: An Introduction to International Political Economy* (New York: Basil Blackwell, 1988), pp. 24–25.

11) 세계화와 세계주의(globalism)에 관한 자세한 개괄과 논의에 대해서는 다음을 참조하라. Manfred Steger, *Globalisms: The Great Ideological Struggle of the Twenty-First Century*, 3rd ed. (Lanham, MD: Rowman & Littlefield, 2009).

12) 다음을 참조하라. Thomas Friedman, *The Lexus and the Olive Tree: Understanding Globalization* (New York: Farrar, Straus & Giroux, 1999).

13) Tomas Friedman, *The World Is Flat: A Brief History of the Twenty-First Century* (New York: Farrar, Straus & Giroux, 2005).

14) 다음의 책은 이 용어를 폭넓게 사용하고 있다. Benjamin Barber, *McWorld vs. Jihad: How Globalism and Tribalism are Reshaping the World* (New York: Ballantine Books, 1996).

15) 다음의 책에 실린 다수의 논문을 참조하라. Robin Broad, ed., *Global Backlash: Citizen Initiatives for a Just World Economy* (Lanham, MD: Rowman & Littlefield, 2002).

16) 일정 측면에서 세계화는 실질적으로 제1차 세계대전 이전, 전쟁기간동안, 이후 더욱 활발했다는 역사학자들의 지적에 대해 주목할 필요가 있다. 또한 일부 학자와 전문가는 우리들로 하여금 세계화를 세계에서 벌어지고 있는 모든 일을 통제할 수 있는 어떤 커다란 결정론적 과정(deterministic process)으로 생각하지 말라고 경고한다. 그 대신 그들은 세계화는 종종 역사적·지역적 상황에 기초하고 있어 몇몇 일반화나 수사적 주장으로 요약될 수 없는 복잡하고 뒤죽박죽인 일련의 경제적·사회적 변화 과정이라고 강조한다. 예를 들어 다음을 참조하라. Michael Veseth's aptly titled *Globaloney 2.0: The Crash of 2008 and the Future of Globalization* (Lanham, MD: Rowman & Littlefield, 2010).

17) Leo Panitch and Sam Gindin, *The Making of Global Capitalism: The Political Economy of American Empire* (New York: Verso, 2012), p. 1.

18) 다음을 참조하라. Thomas Friedman and Ignacio Ramonet, "Dueling Globalization: A Debate between Thomas Friedman and Ignacio Ramonet," *Foreign Policy* 116 (Fall 1999), pp. 110–127.

19) 예를 들어 다음을 참조하라. Simon Kennedy, "Economy Has Green Shoots from China to U.S. as Data Surprise," *Bloomberg*, November 15, 2012, at http://www.bloomberg.com/news/2012-11-14/economy-shows-green-shoots-from-china-to-u-swith-data-surprise.html.

20) Peter Coy, "Nouriel Roubini on Threats to the Global Economy," *Bloomberg Businessweek*, August 9, 2012, at http://www.businessweek.com/articles/2012-08-09/nouriel-roubini-on-threats-to-the-global-economy.

자유방임주의: 경제적 자유주의 시각

국제정치경제IPE에서 사용되는 많은 다른 용어들처럼 '자유주의'도 일종의 성격 장애를 겪고 있다. 이 용어는 상황에 따라 그 의미도 달라진다. 예를 들면 오늘날 미국에서 자유주의자는 가난한 사람들을 도와주고, 사회문제를 해결하기 위한 프로그램에 자금을 지원하는 등 사회에서 국가의 **적극적인 역할**을 신봉하는 사람으로 간주되는 게 일반적이다. 1980년대 중반 이후부터는 좀 더 협소한 의미에서 **경제적 자유주의자**로 여겨지던 어떤 사람들은 거의(그러나 정확하지는 않다) 정반대의 믿음을 지니고 있다. 신자유주의자로도 지칭되는 경제적 자유주의자들에게 있어서 국가는 경제와 사회에서 **제한적인 역할**을 해야 한다.[1] 달리 말하면 오늘날의 경제적 자유주의자들은 미국, 유럽, 캐나다, 호주 등에서 '보수주의자'로 종종 일컬어지는 사람들과 많은 공통점을 지닌다.

이 장은 **경제적 자유주의**economic liberalism의

역사적 기원을 18~19세기 영국과 미국, 그리고 20세기 미국과 유럽에서 찾는다. 자유주의 사고의 초점에 해당하는 자본주의의 기본 요소를 일부 개괄한다. 또 가장 유명한 자유주의 정치경제학자에 속하는 아담 스미스Adam Smith, 데이비드 리카르도David Ricardo, 존 메이너드 케인즈John Maynard Keynes, 프리드리히 하이에크Friedrich Hayek, 밀턴 프리드만Milton Friedman, 그리고 최근의 세계화 지지자들이 갖고 있는 국가-시장-사회 간의 관계에 관한 관점들을 논의한다.

세계화의 인기를 설명하는 것으로 마무리되는 이 장은 **정통 경제적 자유주의**OELs: orthodox economic liberals와 **비정통 개입주의적 자유주의**HILs: heterodox interventionist liberals를 구분하는데 도움을 준다 (제1장 참조). 끝으로, 최근 금융위기를 바라보는 두 시각을 대조하면서, 그 위기로 인해 경제적 자유주의의 교훈과 정책이 얼마나 약화되

었는지에 초점을 맞춘다.

부수자료로서 "시장모델, 시장중심적 자원 배분, 경제적 효율성, 효율성 대 공평성"이 우리의 웹사이트 www.upugetsoundintroipe.com에 실려 있다. 이 부록은 시장모델의 특징을 소개하고 효율성의 개념을 살펴본 다음 효율성과 공평성을 비교한다. 학생들은 시장모델을 좀 더 자세히 검토할 필요가 있는데, 많은 경제학자들이 자유사회에서 시장의 역할에 대해 어떠한 기본 가정들을 하고 있는지 이해하기 위해서다.

이 장은 크게 네 개의 주제로 구성되어 있다. 첫째, 경제적 자유주의 사상은 경제와 권력의 변화상을 반영하고 행위자와 제도의 영향을 받으면서 진화를 계속하고 있다. 둘째, 경제적 자유주의가 다시 인기를 누리고 1990년대 세계화 운동으로 최고조에 이르게 된 이유는 자유방임적인 레이건Reagan 행정부와 대처Thatcher 행정부에 연관되어 있다. 셋째, 1990년대 이후 정통 경제적 자유주의는 금융위기를 예측하지 못하고 저개발국LDCs 빈곤 문제를 제대로 해결하지도 못했다고 점차 공격받았다. 넷째, 우리는 자유방임적 사고와 정책들이 비록 약화되기는 했을지라도 미국과 많은 다른 나라들에서 여전히 인기를 끌 가능성이 있음을 시사하는 것으로 끝맺는다.

경제적 자유주의 시각의 뿌리

오늘날 자유주의 시각은 정치경제에 관해 중상주의자들이 놓치거나 다루지 않은 많은 통찰들을 보여준다. 본질적으로 '자유주의'라는 용어는 '법 아래에서의 자유'를 의미한다.[2] 자유주의는 인간 본성 중에서 건설적인 경쟁, 감정이 아닌 이성의 지도를 받는 측면에 초점을 둔다. 자유주의자들은 사람들이 근본적으로 이기적이라고 믿는다. 하지만 이것이 인간의 단점이라고 보지 않는데, 사회에서 이익의 경쟁은 사람들을 서로에게 도움이 되는 존재로 만들 수 있기 때문이다. 이는 중상주의 시각, 즉 제3장에서 살펴보는 바와 같이 인간본성 중에서 보다 공격적이고 투쟁적이며 의심 많은 측면을 강조하는 입장과 대비된다.

고전경제적 자유주의는 17~18세기 유럽에서 있었던 중요한 유행에 대한 대응에서 유래한 것이다. 케네François Quesnay, 1694~1774는 중농주의자라 불리는 프랑스 철학자 집단을 이끌었다. 케네는 정부는 거의 예외 없이 사회에 해를 끼친다고 주장하면서 시장에 대한 정부의 간섭을 비난했다. 중농주의자들의 좌우명은 **자유방임**laissez-faire, **자유통행**laissez-passer이었으며 그 의미는 "그대로 두고, 지나게 하라let be, let pass"는 뜻이다. 하지만 사실은 "손 떼! 우리를 내버려 둬!"라는 속뜻이 들어있다. 이 말은 케네와 동시대를 살았던 스코틀랜드 사람으로 일반적으로 근대 경제학의 아버지로 여겨지는 스미스Adam Smith, 1723~1790의 주제가 되었다. 스미스와 그 이후 리카르도David Ricardo, 하이에크Freidrich Hayek, 프리드만Milton Friedman 등을 포함한 많은 사람들은 시장에 대해 존경과 숭배, 심지어 애정을 나타냈다. 이들은 정도의 차이는 있지만 국가 또는 적어도 국가의 횡포 가능성에 대한 혐오감과 결합되어 있었다.

스미스는 그의 유명한 『국부론The Wealth of Nations』에서 18세기의 중상주의 국가에 반대했다. 그 중상주의 국가는 국가권력이 더 큰 국력과 국가안보를 가져다주는 부를 창출하는데 사용될 때 국가에게 최선이라는 원칙 위에 수립되었다 (제3장 참조). 고전경제적 자유주의자들에게는, 자원의 배분이나 경제활동의 조직에 관한 한, 시장에서의 개인의 자유가 국가권력의 잠재적 횡포에 맞서는 가장 좋은 대안이다. 그러나 스미스에게 '국가'라는 용어는 영국의회를 의미했고, 이 의회는 신흥 산업중심지의 혁신기업가와 시민의 이해가 아닌 지주 귀족의 이해를 대변했다. 영국의회는 1830년대에 비로소 정치권력을 보다 광범위하게 재분배할 정도로 개혁되었다. 토지를 갖지 못한 스코틀랜드인으로서 투표할 수 없었던 스미스는 당시 권력구조에 대해 문제를 제기할 몇 가지 이유를 갖고 있었다.

스미스는 또한 인간본성의 협력적이고 건설적인 측면을 믿었다. 그는 사회 구성원 모두에게 최선의 이익은 (합리적인) 개인적 선택들을 통해 달성된다고 생각했다. 이 선택들은 약간 거리를 두고 관찰할 때면 경제를 움직이고 공공선을 촉진하는 **보이지 않는 손**처럼 보인다. 그의 글에 의하면,

보통의 시민은 일반적으로 공공 이익을 증진할 의도가 없을 뿐만 아니라, 그가 얼마나 많은 공익을 증진하고 있는지 알지도 못한다. 그는 외국산업을 지지하기보다는 국내산업을 지지함으로써 자신의 안보만을 염두에 둔다. 그리고 마치 자신의 생산물이 가장 귀중한 것처럼 산업을 운영함으로써 자기 이득만을 추구한다. 이처럼 그는 많은 다른 경우에서와 같이 보이지 않는 손에 의해 움직인 결과로서 자신의 의도와는 상관없이 어떤 목적을 촉진하게 된다.[3]

스미스가 글을 쓰던 시기는 자본주의라는 생산체계가 봉건주의를 대체하고 있을 때였다. 그는 원래 1776년에 출간된 『국부론』에서 사상 처음으로 자본주의의 모습을 포괄적으로 그려냈다. 아래에서는 대부분 스미스의 저술에 기초하거나 아니면 적어도 많은 경제적 자유주의자들이 오늘날 스미스의 저작을 해석하는 방식에 따라 자본주의의 이상과 신조에 대해 일부 개관한다.

자본주의의 지배적 특색

자본주의의 다섯 가지 주요 요소는 다음과 같다.

- 시장은 사회의 경제활동을 **조정**한다.
- 광범위한 시장이 존재하여 토지, 노동, 상품, 그리고 화폐의 교환이 이뤄진다.
- 경쟁은 경제활동을 **규제**한다. 소비자의 사적 이익이 경제활동의 동기다.
- 기업의 자유: 개인은 새로운 사업을 국가의 허가 없이 자유롭게 시작한다.
- 사적 소유권: 어떤 자원을 소유한 사람은 그로부터 소득을 얻을 자격을 합법적으로 갖는다.

처음의 세 가지 신조는 시장의 본질과 행태를 다루고 있다. 근대의 시장에서 생산품과 서비스는 상품화되어 있다. 즉 시장가격이 상품과 서비스에 대해 형성되어 있다는 뜻인데, 이 시장가격은 생산자가 자기의 상품에 대해 설정한 가격과 구매자가 지불하는 가격의 결과로서 만들어진다. 정치학자인 린드블롬Charles Lindblom은 시장이 어떻게 과거와 다른 방식으로 오늘날 사회를 **조직**하고 **조정**하는지에 관해 상세한 주장을 제기한다.[4] 자본주의 이전에는 경제가 사회를 위해서 조직되었던 반면에, 오늘날에는 시장이 우리 삶의 대부분을 조직하지만 우리는 그것을 의식하지 못한다. 시장은

우리의 일자리를 결정할 뿐만 아니라 여행, 여가, 음식에 관한 우리의 선택을 좌우한다.

자본주의의 또 다른 특색은 토지, 노동 및 화폐를 위한 시장이 존재한다는 점이다. 경제사학자이자 인류학자인 폴라니Karl Polanyi는 어떻게 근대 자본주의가 17세기 영국에서 탄생했는지 폭넓게 기술했다. 당시 영국에서 토지는 사유화되고, 사람들이 농촌을 떠나 소규모 공장으로 이동했으며, 자본(화폐)은 무역에 의해 만들어졌다. 토지, 노동, 자본 모두가 상품화되었고, 이로써 산업혁명과 오늘날 우리가 인식하는 자본주의 사회를 위한 금융 기반과 노동이 제공되었다.[5]

경쟁이 경제활동을 규제한다는 경제학자들의 주장은 소비자의 사적 이익추구가 시장에 의해서 사회 모든 구성원을 이롭게 할 수밖에 없는 결과를 낳는 방식들을 말하는 것이다. 스미스에 의하면, 개인의 사익 추구는 무질서나 무정부상태로 이어지지 않는다. 오히려 사적 이익은 사회의 이익에 기여한다. 스미스의 유명한 말, "우리가 저녁식사를 할 수 있는 것은 푸줏간 주인이나 양조장 주인, 빵집 주인의 자비심 덕분이 아니다. 그들이 자기 이익을 챙기려는 생각 때문이다. 우리는 인류애가 아니라 자기애에 따라 행동한다. 우리가 그들에게 말하는 것은 결코 우리의 필요가 아니라 그들이 얻을 이익이다."[6]

자본주의 경제에서 사익은 개인들이 자신의 필요와 욕구를 가장 잘 채워주는 합리적 선택을 하도록 유도한다. 그러나 사익을 제약하고 규율하여 다른 사람의 이익을 침해하지 못하도록 막는 것은 바로 경쟁이다. 이상적인 상황이라면, 생산자들은 다른 생산자들과 경쟁해야 하기 때문에 합리적인 가격을 붙이고 좋은 품질의 상품을 소비자에게 공급하지 않을 수 없다. 그렇지 않으면 사업에 실패할 수밖에 없다. 소비자들 역시 어떤 상품에 더 많이 지불할 의향이 있을지도 모르는 다른 소비자들과의 경쟁에 직면한다. 비록 생산자들은 자신들만의 경제적 이익을 충족시키기 위해 가격을 높이려 하고 구매자들은 같은 이유로 가격을 낮추려할 지라도, 경쟁의 힘은 사익 추구가 극단으로 치닫지 못하도록 한다.

가격 경쟁은 또, 서로 다른 용도의 자원을 효율적으로 배분한다고 자본주의는 가정한다. 경제학자들이 시장은 사회의 경제활동을 조정한다고 말할 때 일반적으로 어느 누구(특별히 국가)도 자원이 어떻게 배분되는지를 결정해서는 안 된다는 의미다. 시장 조정은 소비자 개개인의 기호와 선호에 의해 주도되는 탈집중적(분산된) 자원배분 과정을 낳는다.

자본가들에 따르면, 시장에 대한 정부의 간섭은 일반적으로 자원배분을 왜곡하고 지금까지 살펴본 시장의 조정 기능을 방해한다. 경쟁 역시 회사들에게 보다 효율적인 생산을 요구한다. 그 의미는 회사들이 재화를 생산하는데 있어 비용 절감을 위한 혁신을 수용하며, 상품과 생산 공정의 혁신, 서비스 전달, 자원 관리 등의 면에서 최첨단의 상태를 유지하기 위해 노력해야 한다는 뜻이다. 심지어 마이크로소프트Microsoft, 에릭슨Ericsson, 페트로바스Petrobas와 같은 가장 막강한 회사의 경영자들도 시장점유율을 유지하려면 기술혁신으로 무장한 신규 진입자보다 한 발 앞서 있어야 한다.

자본주의의 마지막 두 가지 신조는 기업의 자유와 사유재산권을 확립하는데 있어서 국가의 역할을 다루고 있다. 기업의 자유란 기업들이 해당 산업에서 경쟁 압력을 심화시킴과 동시에 수요가 큰 재화와 서비스의 생산에 자원을 쉽게 투입할 수 있음을 뜻한다. 개인들은 자신의 직업을 자유롭게 선택할 때 가장 큰 생산성을 발휘할 수 있는 일자리를 위해 준비하고 또 그것을 찾게 마련이다. 마찬가지로, 경제사정이 변해감에 따라 각 개인은 새로운 기회를 이용하려 하기 때문에 노동자원은 경제의 성장 부문으로 빠르게 재배치될 것이다.

자본가들은 통상 자본소유자의 소득은 임금에 대비되는 이윤의 형식을 띤다고 주장한다. 자본재 — 공장, 설비, 노동자들이 필요로 하는 도구 — 는 다른 상품들을 생산하는데 요구되는 전체 상품군의 중요한 하위 요소이다. 자본주의 경제에서 소유자는 노동자의 임금, 원료, 그리고 생산에서 사용되는 모든 중간재 등을 포함하는 생산비용을 지불하고, 이어서 완제품을 시장에서 판매한다. 얼마가 남든지 간에 수입과 비용의 차이는 자본소유자의 것이 된다. 이것이 바로 법적인 소유권, 흔히 자본주의적 재산권이라고 불리는 권리이다. 예를 들면, 어떤 자본가가 완전히 소유할 수도 있는 것에는 사업체, 지방 주점, 또는 첨단 신생업체 등이 포함된다. 반면에 주식회사의 소유자들은 그 회사의 주식을 소유한 사람들로서, 이때 주식은 시장에서 매매될 수 있다.

재산권이 분명하지 않을 때 자원을 효율적으로 사용하려는 유인이 감소한다. 사유재산 — 예를 들면 토지권리증서 — 은 소유자가 토지의 품질을 개선하도록 투자를 자극하고, 소유자에게 신용대출에 필요한 담보물을 제공한다. 결과적으로 자원소유자는 자신의 자원이 효율적으로, 다시 말해서 이윤을 창출하게끔 사용되도록 모든 노력을 다한다.

기업의 자유는 기업가들이 새로운 아이디어를 시장에서 시험해보도록 허용한다. 기호와 선호가 변하는 역동적인 세계에서 자원과 신기술을 이용할 수 있다는 사실은 생산품과 생산 공정의 혁신을 촉진한다. 그러한 상황에서 기업가들은 새로운 기회가 찾아올 때 자신의 자원을 변화된 환경에 맞게 신속하게 재배치해야 한다. 또 기업의 자유는 회사들이 필요한 노동력을 증가시키거나 감소시키도록 허용한다. 회사들은 쉽게 사업을 늘리거나 줄일 수 있기 때문에, 이에 관련된 변화의 리스크는 최소화되고 그에 따라 경쟁은 고조된다.

스미스로 인해 가장 유명해진 견해는 이상적일 경우 자본주의 경제가 스스로 동기를 부여하고 self-motivating, 스스로 조정하며self-coordinating, 스스로 조절한다self-regulating는 점이다. 소비자들은 어떻게 자원이 배분될 지 결정한다. 사적 이익은 기업가들에게 개발의 동기를 제공하고, 회사와 노동자들에게 소비자들이 바라는 재화와 서비스를 생산하도록 유도한다. 시장은 끊임없이 변화하는 소비자의 기호와 선호를 생산자에게 전달해줌으로써 경제활동을 조정한다. 그리고 경쟁은 사적 이익의 추구 행위가 사회(소비자)의 이익과 일치하도록 만든다.

스미스, 냉소주의자이면서 도덕주의자

많은 역사가들과 철학자들은 스미스를 『국부론』에서 단 한 차례 사용된 구절인 시장의 보이지 않는 손에만 결부시키기 보다는 좀 더 복합적이고 미묘한 철학자로 보게 되었다. 사실 스미스의 또 다른 주요 저작인 『도덕감정론The Theory of Moral Sentiments』에 나타난 많은 아이디어는 매우 자주 스미스를 연상시킨 정통 경제적 자유주의 사고와 모순돼 보인다. 우리는 자본주의의 교리에 관해 스미스가 제기한 경고 사항을 세 가지 범주, 즉 국가의 역할, 시장의 유지에 관련된 자본가들의 동기와 행태, 그리고 다양한 도덕적 이슈들로 구분한다.

분명히 스미스는 국가가 사회에서 몇 가지 필요하고 정당한 기능을 한다고 본다. 그러한 기능은 국가를 방위하고, 치안을 유지하며, 공공사업을 수행하고, 질병의 확산을 막고, 계약을 집행하고, 시장의 기능을 유지하며, 개인의 권리 실현을 돕는 것이다. 스미스는 또한 사업가들과 자본가들에 대한 불신에 있어서도 꽤 단호하다. 그의 유명한 인용문 중 하나에 따르면, "동일한 업계에 종사하는 사람들은 여흥이나 오락을 위해서도 좀처럼 만나지 않지만, 그들의 대화는 대중에 대한 음모나 또는 가격 인상을 위한 어떤 책략으로 귀결된다."[7] 예를 들어 독점생산자의 사익 추구는 종종 생산량의 제한, 더 높은 상품가격, 그리고 결과적으로 사회후생의 손실을 야기한다. 스미스는 또한 은행가들을 불신했으며 고용주들은 항상 임금을 낮게 유지하려 한다고 지적했다. "규제가 노동자에게 호의적일 때 그것은 항상 정의롭고 공평하지만, 고용주에게 호의적일 때 때때로 그렇지 않게 된다."[8]

사업가들은 어떻게 이러한 이점을 얻는가? 스미스는 상인들이 종종 의회에 과도한 영향력을 행사하며 그들의 '사적 이익'을 관철시킬 수 있다고 믿었다. 이러한 사업가들의 특수이익은 경쟁압력을 무시하기 위해, 그리고 "사업가들이 원하는 것은 일반이익과 똑같다"고 권력자들을 설득하기 위해 국가권력을 활용한다.[9] 제조업자들은 종종 너무나 쉽게 입법부에 영향을 끼친 나머지 인허가, 독점영업권, 관세 및 쿼터 등을 독점적으로 사용

할 수 있었다. 때로 그들의 무역상사들은 독점적인 권리를 얻어 시장가격을 정상가격보다 높게 유지하면서 생산품을 판매했다.

오늘날의 한 예는 지적재산권 영역에서 관찰된다. IBM, 삼성, Pfizer 같은 회사들은 특허를 강력하게 보호해달라고 각국 정부를 설득한다. 특허는 발명자에게 법적으로 부여하는 일시적 독점권으로서, 제조업자는 이를 바탕으로 자신의 허가 없이 다른 업체들이 그 발명품을 사용하지 못하도록 할 수 있다. 2007년 한 해에만 IBM과 삼성은 5,800개 이상의 특허를 획득했다. 1996~2010년 기간 동안 Pfizer는 세계에서 가장 유명한 약품 중 하나인 리피토Lipitor에 대한 특허권을 보유했는데, 이 콜레스테롤 치료제의 누적 판매액은 무려 1,180억 달러에 달했다. 대규모 회사들은 특허와 저작권으로 신상품 시장을 장악하는데 필요한 자원과 권력을 얻으려고 한다. 엄청난 투자와 시차를 감안할 때, 이들에게 독점시장과 소비자의 지지가 보장된다면 신상품 개발에 수반되는 리스크는 완화된다. 이처럼 성공한 많은 회사들은 값비싸고 정교하며 때로는 미묘한 마케팅 전략을 통하여 소비자의 기호와 선호를 만들어가는 데에 엄청난 투자를 한다. 동시에 기업들은 주요 로비회사들을 고용하여 미국의회 혹은 영국의회에 압력을 가해 다른 산업에 대해 자신의 경쟁 우위를 유지하는데 도움을 주는 법을 제정하도록 한다.

스미스가 경제 내에서 국가의 역할에 대해 관심을 갖고 자본가들의 정직성에 대한 불안감을 표출했다는 사실을 포괄적으로 이해하면 일반적으로 스미스와 연관되는 자유방임주의와는 다른, 좀 더 미묘한 점이 나타난다. 다른 한편, 그는 비생산적이고 불필요하다는 이유로 국가가 투자를 지시

하려고 하는 것에 **반대했다**. 그렇지만 그는 국가가 감시자 역할을 하고, 또 경쟁의 유지와 시장의 원활한 작동을 돕기 위한 경쟁정책을 집행하는 것을 지지했다. 오늘 우리는 스미스가 자본주의 경제에서 **지대추구행위**rent-seeking(강력한 경제세력이 높은 가격과 큰 이윤을 얻기 위한 방편으로 시장을 조작하도록 국가를 조종하는 행위)를 염려했다고 말할 수도 있다. 스미스에 의하면, 경쟁이 없는 상태에서 보이지 않는 손은 더 이상 경쟁이 모든 사회의 유익을 위해 작동하도록 만들 수 없다. 스미스는 국가 규제(제3장에서 더욱 자세하게 살펴볼 이슈임)의 방법, 시기, 이유에 대한 구체적인 이슈들에 관한 물음에 답하지는 않는다. 그러나 그가 경쟁이 존재하려면 국가(보이는 손?)가 필요하다고 여겼다는 점은 분명한데, 그래야만 자본가들 혹은 국가로 대표되는 강력한 정치세력이 시장을 파괴하지 못하도록 하기 때문이다.

『국부론』과 달리, 스미스의 『도덕감정론』은 최근까지 대체로 관심 밖에 있었다. 이 책에 나타난 스미스의 견해들은 상업 활동이 올바르고 분별력 있는 사람들을 만들어낼 수 있도록 시장을 적극적으로 조직하려는 그의 야심을 반영한다. 스미스는 노동력의 크기가 커지면 '하인과 노동자들'의 후생이 경제정책의 최우선 관심사가 되어야 한다고 주장했다. 다소 마르크스(제4장 참조)와 비슷하게 보일지 모르지만, 스미스는 "구성원의 대다수가 가난하고 비참하게 사는 그 어떤 사회도 결코 번영하거나 행복해질 수 없다"고 주장했다.[10]

스미스는 사익을 추구하려는 열정 때문에 상인들이 승자가 패자를 만들어내는 격렬한 경쟁을 벌이게 된다고 본다. 다른 한편, 경제적 자유주의자들 역시 사익을 추구하지만, 그들의 열정은 경쟁에 의해 억제된다. 이때 경쟁은 누군가가 강제력에 이를 만큼 지나치게 많은 권력을 획득하지 못하도록 막는다. 경쟁사회에서 자신의 이익을 추구하는 것은 **다른** 사람들의 이익에 가장 잘 이바지하고, 정직하게 행동하며, **공정성**으로 명성을 얻기 위해 경쟁하는 것을 의미한다. 치열한 경쟁의 세계에서 상업사회는 봉건제 시기보다 도덕적으로 덜 타락한 사회로 사적 이익을 유입시키는 한 가지 방편이다.

자유주의 사고와 정책의 변환

스미스Adam Smith의 저작들은 사회에서 격렬한 경제적 정치적 변화를 야기했던 보다 광범위한 지적 운동의 일부분이었다. 일반적으로 고전적 자유주의자들은 영국의 로크John Locke, 1632~1704 그리고 미국의 토마스 제퍼슨Thomas Jefferson, 1743~1826의 저술로 대표된다. 경제이론가들은 자유방임을 시장의 관점에서 생각하는 경향이 있다. 그러나 이 사상은 또 시민들이 일정한 소극적 권리negative right(불법 체포를 당하지 않을 권리와 같은 국가 권위로부터의 자유들), 적극적 권리positive rights(언론의 자유처럼 특정 행동을 취할 수 있는 양도불가능한 권리와 자유를 포함), 그리고 소극적 권리와 적극적 권리를 보장하는데 요구되는 정부에 대한 민주적 참여의 권리를 보유할 필요가 있다고 암시한다.[11] 이러한 고전적 자유주의 정치사상은 미국독립선언과 권리장전에 확고하게 깔려있다. 그것은 같은 시기에 스미스의 소비자 자유의 관념으로 널리 알려지고 있었다.

경제적 자유주의자들은 민족국가가 조화로운

경쟁을 통해서 협력적이고 평화적이며 건설적인 성격을 보이는 영역에 초점을 맞추는 경향이 있다. 제6장에서 살펴보는 바와 같이, 국제무역은 단순히 부와 권력을 향한 유혈 경쟁이 아니라 서로에게 이로운 것으로 여겨진다. 개인들에게 맞는 말은 국가들에게도 맞는 말이다. 스미스에 따르면, "모든 가정의 행동에 분별력이 있다면 거대 왕국의 행동이 어리석을 일은 좀처럼 없다. 외국이 어떤 상품을 우리 스스로 만들 수 있는 것보다 더 싸게 공급해줄 수 있다면, 일정한 이점을 누리는 산업의 생산품 일부를 주고 그것을 사는 것이 더 낫다."[12] 스미스는 자유로운 국제시장에 대한 국가의 규제 대부분에 반대하는 편이다. 그는 중상주의자들이 부와 권력을 집중시키기 위해 사용했던 관세를 비난했다. "그러한 세금은 일정한 수준까지 상승하면 땅이 메마르고 날씨가 험악해지는 것과 같은 저주이다."[13] 하지만 스미스는 중상주의 색채를 띤 항해법Navigation Acts을 실제로 지지했는데, 그 법은 영국상품을 영국식민지로 수송할 경우에는 영국상선을 이용하도록 요구함으로써 영국의 산업을 보호하려 했다 (제3장 참조).

리카르도David Ricardo, 1772~1823는 국제문제에 관한 고전적 자유주의 시각을 채택하고 있다는 점에서 스미스의 뒤를 따랐다. 그는 경영과 경제에서, 또 의회 의원으로서 성공하기를 원했다. 리카르도는 특히 자유무역의 주창자였는데 그로 인해 당시 영국의회에서 소수세력에 속하게 되었다. 그는 농업 무역을 제한하는 **곡물법**Corn Laws(글상자 2.1 '영국의 곡물법' 참조)에 반대했다. 리카르도는 무역에 관한 자연(과학)법칙의 원리를 탐색하는 선구자들 중 하나였다. 그의 주장은 이렇다.

완전히 자유로운 통상체제 하에서 각 나라는 자연스럽게 자신의 자본과 노동을 자국에게 가장 이로운 부문에 투입하게 된다. 각자가 이점을 추구하는 것은 놀랍게도 전체의 보편적인 이익으로 연결된다. 그것은 근면성을 자극하고, 창의성을 보상하며, 천부적인 특유의 능력을 가장 효과적으로 사용함으로써 노동을 가장 효과적이고 경제적으로 배분한다. 아울러 전반적인 생산량을 증가시킴으로써 혜택을 널리 확산시키고, 하나의 공통된 이익과 교류의 끈으로 전체 문명세계에 걸쳐 국가들을 국제사회로 결합시킨다.[14]

리카르도에 의하면 자유로운 통상은 국가들을 효율적으로 만드는데, 효율성은 자유주의자들이 자유만큼이나 중요시하는 가치이다. 개인의 성공은 '보편 이익'에 "놀라우리만치 연결된다." 스미스처럼 이곳에서는 사람들이나 국가들 간의 갈등은 상상할 수 없다. 자유로운 국제시장은 근면을 자극하고 혁신을 장려하며 생산을 늘려서 '일반 혜택'을 창출한다. 국제정치경제학의 전문용어를 빌면, 경제적 자유주의자들은 국가, 시장, 그리고 사회 관계에서 빚어지는 결과는 **포지티브섬게임**positive-sum game(정합게임이라고도 함)이라고 본다. 이 때 모든 사람은 다른 사람들과 거래함으로써 거래하기 전보다 더 많은 것을 얻을 수 있다. 반면에 중상주의자들은 삶을 **제로섬게임**zero-sum game(영합게임이라고도 함)의 시각에서 보는 경향이 있다. 이 경우 어느 한 사람이나 집단이 얻는 이득은 반드시 다른 사람들의 희생을 요구한다 (제3장 참조).

철학자보다는 사회과학자의 한 사람으로 보이게 하는 부분인데, 리카르도는 이러한 포지티브섬게임적인 무역의 이득이 공통의 이익과 교류의 끈으로 세계의 국가들을 결속시킨다고 주장했다.

영국의 곡물법

영국의회는 나폴레옹의 패배로 12년 간의 전쟁이 끝난 직후인 1815년에 곡물법을 제정했다. 곡물법은 일종의 관세와 규제체제로서 영국으로의 식량 수입을 제한했다. 그 도입부터 1846년 최종 폐지 때까지 지속된 곡물법 투쟁은 자유주의 대 중상주의, 시장 대 국가 간의 갈등에 관한 전통적인 국제정치경제 연구주제다.

영국은 왜 미국과 여타 국가로부터 식량의 수입을 제한하려고 했는가? 이에 대한 '공식적인' 견해는 영국이 식량의 자급자족을 원했고 곡물법은 불확실한 외국산 공급에 의존하지 않도록 보장하기 위한 한 방안이었다는 것이다. 이런 종류의 주장은 영국의 전쟁 경험(비록 나폴레옹은 영국으로의 식량 공급을 중단하려고 시도하지 않았음에도)때문에 당시 비중 있게 받아들여졌다.

그러나 영국의회가 곡물법을 지지하게 된 다른 이유들이 있었다. 의회에서 투표권은 모두에게 주어지지 않았고, 의원들은 인구 분포가 아닌 토지 소유에 기초해서 선택되었다. 그 결과 의회는 17, 18세기 권력과 부의 중요한 원천인 농장들의 농업이익을 대변하게 되었다. 19세기에 점차 부의 원동력으로 성장하던 공업 도시와 마을들은 의회에서 합당하게 대표되지 못했다.

이 점에 비춰보면 곡물법은 의원들과 그 우호세력의 경제적 이익에 부합했음이 분명하다. 그러나 곡물법은 신흥 산업세력에게 두 가지 부분에서 해를 입혔다. 첫째, 식량가격을 올림으로써 고용주들이 노동자들에게 지불하는 임금을 간접적으로 상승시켰다. 이로 인해 생산비용이 증가하고 이윤이 축소되었다. 둘째, 다른 국가들로부터 영국의 수입을 감소시킴으로써 이들 시장에 대한 영국의 공산품 수출을 간접적으로 제한했다. 예를 들면, 미국은 공산품 수입 대금을 조달하기 위해서 영국에게 농산물을 팔아야 했다. 농산물 수출이 없었다면 미국은 많은 영국산 수입품을 구매할 여력을 갖지 못했을 것이다.

분명히 산업세력은 곡물법의 폐지를 선호했지만, 그들의 목표를 달성할 정치권력은 부족했다. 그렇지만 1832년 의회개혁법Parliamentary Reform Act of 1832은 의회의 대의제를 수정했고, 이전까지 정부를 지배하던 지주 엘리트의 권력을 축소시켰으며, 신흥 산업지역의 대표들의 권력을 증대시켰다. 1832년 개혁법은 곡물법의 정치적 지지 기반을 약화시켜 궁극적으로 곡물법 폐지로 귀결된 정치과정의 시작이었다.

곡물법은 1846년에 폐지되었고, 한 세대에 걸쳐 영국의 무역정책의 흐름을 변화시켰다. 비록 이 사건이 종종 시대에 뒤떨어진 중상주의에 대한 자유주의의 승리로 여겨짐에도 불구하고, 농업 과두체제에 대한 대중의 승리로 보는 것이 더 적합하다. 영국의 인구는 19세기 전반기 동안 급성장했고, 농업 생산성의 증가에도 농산물의 자급자족은 점차 어렵게 되었다. 1840년대에 아일랜드의 흉작(감자 기근)은 의회에게 선택의 여지를 남기지 않았다. 곡물법을 폐지하느냐, 아니면 기근, 죽음, 그리고 식량 폭동을 맞이하느냐 뿐이었다.

곡물법이 폐지되자 빅토리아 경제의 호황이 뒤따랐다. 더욱 값싼 식량과 더 커진 수출시장은 영국 경제의 급속한 단기 팽창을 촉진했다. 영국은

(계속)

19세기의 나머지 기간 동안 자유주의적 무역관을 수용했다. 영국이 세계의 공장으로서 글로벌 정치경제에서 차지하는 위치에 비춰볼 때 자유주의 정책은 국가의 부와 권력을 구축하는 가장 효과적인 방법이었다. 하지만, 다른 나라들은 영국의 힘에 의해 착취당하고 위협받는다고 느꼈고, 자기방어 차원에서 중상주의정책을 채택했다.

곡물법은 국가와 시장 간의 역동적인 상호작용을 예시해준다. 경제의 부 생산 구조가 바뀌면 (농업에서 공업으로, 시골에서 도시로), 결국 국가 권력의 배분에서도 변화가 발생한다. 그러나 그러한 전환은 순조롭지 않았고 오랜 시간을 소비했다. 오늘날 경제와 사회를 개방하려고 시도해 온 국가들을 고려할 때 기억해야 할 중요한 점이다. 또 곡물법 사건은 시장이 특정 세력에 의해 지배될 수 있다는 점, 그리고 시장은 비정치적이지도 반사회적이지도 않으며 오히려 사회적·문화적 권력을 투영한다는 점을 보여준다.

오늘날 세계화를 지지하는 사람들이 종종 주장하듯이 생산, 금융, 지식에 있어서 개인의 자유로운 행동은 안보동맹을 거의 불필요하게 만들 만큼 상호이익으로 국가들을 강력하게 결합시킨다. 개방된 시장을 통해서 국가들은 '보편 사회'의 일부가 되고 있다. 이 사회에서 국가들은 국가이익에 의해 분리되기보다는 연합되고, 이로써 전쟁의 원인은 약화되거나 아니면 완전히 제거된다.

존 스튜어트 밀과 자유주의 시각의 진화

정치경제는 역동적인 분야이며, 자유주의 시각은 국가-시장-사회관계의 본질이 문화적 가치와 관념의 변화를 반영하도록 변천해가는 시간 속에서 진화해왔다. 자유주의의 지적인 발전과정에서 중요한 인물은 존 스튜어트 밀John Stuart Mill, 1806~1873인데, 그는 스미스와 리카르도의 자유주의를 물려받았다. 그의 『정치경제학 원리Principles of Political Economy』(1848, 마르크스의 『공산당선언The Communist Manifesto』과 같은 해에 출판됨)은 반세기 동안 자유주의를 정의하는데 도움을 줬다.

유럽에서 만개한 자본주의의 이면에 있는 자유주의 관념들은, 비록 미국과 유럽에서 중앙 권위를 약화시키고 개인의 자유를 강화시키는 여러 혁명과 개혁의 지적 기반이었음에도 불구하고, 18세기의 중요한 파괴적인 힘이었다고 밀은 주장했다. 그는 '단순한 부의 축적보다는 도덕적·영적 진보'에 기초를 둔 사회진보 철학을 발전시켰다.[15] 밀이 의심했던 점은, 경쟁과 자본주의의 본질 요소인 경제적 자유가 인간의 가장 강력한 동기인 사익 추구를 사회후생에 기여하도록 어느 정도로 변화시킬 수 있느냐 였다. 당시 많은 사람들은 공장에서 일하고 있었지만 스미스와 리카르도의 시대에 존재했던 사람들보다 훨씬 더 비참한 여건에서 생활했다. 온 가족이 매주 6일, 하루 8시간 이상을 일했다. 많은 사람들은 별다른 통지 없이 해고당하기 일쑤였다.

밀은 시장에 내재되어 있는 결과의 불평등성이 야기하는 문제들을 인정했다. 그는 사회진보를 달성하기 위해서 국가가 시장의 실패와 약점을 바로

잡는 과감한 조치를 취해야 한다고 제안했다. 그는 아동 교육과 빈곤 구제 등 개인의 노력으로 사회후생을 증진하기 어려울 수 있는 일부 영역에서 **선별적 국가역할**을 옹호했다. 일반적으로 밀은 합리적인 효율성만큼이나 분권화를 지지했는데, "정보는 집중시키고, 권력은 분산시켜라"라는 슬로건이 이를 잘 말해준다. 그는 부모가 아이를 교육시킬 의무를 지며 법적으로 그렇게 강제할 수도 있다고 믿었다. 하지만 부모가 가난하다면 자녀 교육비를 부담시키는 것은 용납할 수 없다는 점도 명확했다. 또 국가가 교육을 중앙집권적인 활동 영역으로 떠맡는 것도 위험했다. 이로써 사립학교와 '모범학교' 운영에 지불하는 보조금 같은 일부의 국가 행동이 해결책으로 제안되었다.[16]

교육과 기타 사회문제에 관한 밀의 견해는 당시 자유주의의 진화를 나타낸다. 그 지도원리는 여전히 자유방임이었다. 즉 의심스러운 경우 국가의 간섭은 회피의 대상이었다. 그러나 시장이 개인과 사회에 연결되는 정치경제체제 안에서 일부 제한적인 정부역할은 필요했다. 그 이후의 자유주의 사상가들과 마찬가지로 밀의 물음은 다음과 같다. 언제, 어떻게 그리고 어디까지 정부의 보이는 손은 시장의 보이지 않는 손을 돕거나 대체하는 것으로 정당화되는가? 개인의 권리와 자유에 대한 간섭이 남용되기 전에 국가는 어디까지 나아갈 수 있는가?

존 메이너드 케인즈와 대공황

20세기 가장 유력한 정치경제학자 중 한사람은 케인즈John Maynard Keynes, 1883~1946였는데, '케인스canes' 혹은 당신이 영국인이라면 '케인즈keinz'

로 발음된다. 그가 자유주의의 진화에서 두드러지는 이유는 케인즈 경제이론 또는 종종 **케인즈주의** Keynesianism라 불리는 정교하고 설득력 있는 자유주의 계열의 이론을 개발했기 때문이다. 사회에 대한 시장의 부정적인 영향을 염려한 밀처럼, 케인즈의 관념은 1930년대에 점점 인기를 끌었고 대공황기와 제2차 세계대전을 지나 1970년대 초까지 이어졌다. 1930년대에 그랬듯이, 현재의 금융위기에 직면하여 많은 전문가들은 흔한 자유방임적인 전망을 비판적으로 바라보게 되고, 금융위기를 설명하고 다양한 해결책을 제공하기 위해 케인스의 생각에 눈을 돌린다.

공무원, 작가, 농부, 강사, 영란은행Bank of England 국장인 케인즈는 경제적 자유주의의 기본원칙의 일부에 대해 반박한 것으로 유명하다. 그는 대공황은 시장의 보이지 않는 손이 때로 파멸적인 실수를 범할 수 있다는 증거라고 보았다. 일찍이 1926년에 그는 다음과 같이 지적했다.

때때로 자유방임주의가 발 딛고 있는 형이상학적인 혹은 일반적인 원리들을 근본적으로 제거해보자. 개인들이 경제활동에서 '천부적 자유'를 소유한다는 주장은 진실이 아니다. 항구적인 권리를 선천적으로 혹은 후천적으로 사람들에게 부여하는 '계약'이란 존재하지 않는다. 세상은 사적 이익과 사회 이익이 항상 일치하도록 그렇게 위로부터 다스려지지 않는다. … 사적 이익은 일반적으로 계몽되어 있다는 것도 사실이 아니다. 자신의 목적을 위해 개별적으로 행동하는 개인들은 자주 무지하거나 연약해서 그 목적을 달성할 수 없다. 경험에 의하면, 개인들이 개별적으로 행동할 때보다 사회의 구성단위를 이룰 때 항상 덜 영리한 것은 아니다.[17]

케인즈는 고전적 자유주의의 자유방임 시각은 호황과 불황을 설명할 수 없다고 말했다. 그 모델에 따르면 그러한 혼란은 일어나서는 안 되기 때문이다. 정통 경제적 자유주의자OELs들은 시장이 개별 행위자들(소비자, 노동자, 기업 등)의 합리적이고 이기적인 행태를 사회적으로 최적인 결과로 변환시킨다고 본다는 점을 기억하라. 또 시장은 스스로 교정하는 제도로 간주되는 바, 완전고용으로부터 이탈, 즉 외부적 '충격'에 의해 야기된 현상이 생길 때 임금과 이자율을 비롯한 가격들에 변화가 발생하고, 그 결과 완전고용을 빠르게 회복할 것이다.

케인즈에 의하면, 불황과 침체의 원인은 어떤 경우에 개인들이 현명하지 못한 결정을 내리는 경향이 있다는 사실에 있다. 특히 미래가 **불확실하고**, 리스크를 분산시키거나 아니면 무질서한 행동을 조정할 효과적인 방법이 없는 상황에 직면할 때 그렇다. 케인즈는 개인들이 합리적으로 또 각자의 이익에 부합하여 행동하는 것이 가능하지만, 그 집합적 결과가 비합리적이고 동시에 파괴적인 것일 수도 있다고 강조했다. 이것이 보이지 않는 손의 명백한 실패다. 1929년 주식시장 붕괴, 1997년 아시아 금융위기, 그리고 최근의 글로벌 금융위기는 투자자들이 홀리듯이 시장에서 도망쳐나갈 때 무슨 일이 생길 수 있는지를 보여준다 (제8장 참조).

그러한 상황에서 사람들은 종종 매우 암울한 미래를 예측하거나 적어도 미래에 대해 '합리적으로 생각하는' 것이 어렵다는 것을 안다. 이로 인해 케인즈가 **절약의 역설**paradox of thrift이라고 부르는 현상이 발생한다. 어떤 사람이 실직의 위험에 **빠졌을** 때 무엇이 합리적인 일인가? 당신의 미래

소득의 불확실성에 대한 합리적 대응은 덜 소비하고 더 저축하는 것이며, 나중에 혹 필요할 때를 대비하여 여유 자금을 마련하는 것이다 (마치 많은 사람들이 요즘 금융위기 와중에서 하고 있는 것처럼). 그러나 모든 사람이 덜 소비하면, 그 다음에 판매량이 적어지고, 생산은 줄어들며, 필요한 노동자의 수가 줄고, 소득은 감소한다. 게다가 모든 이가 두려워하는 경기침체와 실업은 곧 지나가기는커녕 개인들이 만일의 사태에서 자신을 보호하기 위해 취한 행동 때문에 더 오래 **지속된다**. 케인즈는 또한 국제경제에서의 투기와 그것에 대한 일정한 규제가 없을 때 나타날 피해에 대해 우려했다. 이러한 조건들은 금융시장을 취약하게 만들고 경제위기가 빈번히 발생하도록 한다.

케인즈가 생각하는 해결책은 국가와 시장의 힘을 결합하는 것이다. 즉 스미스Adam Smith의 정신에 입각하여 보이지 않는 손에 의존하되, **보다 포괄적인 그러나 여전히 제한적인** 영역에서 국가의 건설적인 역할을 지지하는 것이다. 집합적인 비합리성을 상쇄시키기 위해서 사회는 적절한 기관을 활용하여 민간기업의 복잡한 내부사정에 대해 알아야 한다. 그렇지만 여전히 민간의 주도성과 기업의 자유를 보장해야 한다.[18] 케인즈에 따르면, 문제는 "우리가 만족할 만한 생활양식을 침해하지 않으면서 최대한 효율적인 사회조직을 고안해내는 일이었다."[19]

대공황기 동안 많은 국가들은 통화정책과 재정정책을 결합하여 노동 임금의 하락을 막고 경제성장을 자극했다. 기업들은 투자하기를 두려워했기 때문에, 국가들은 인플레이션에 대해 염려하는 대신에 일시적으로 적자를 감수하여 생산과 소비를 진작시켰다. 미국에서 루즈벨트Franklin Roosevelt

대통령은 다른 많은 케인즈주의정책을 채택했는데, 고용 촉진을 위한 공공사업, 실업보험, 은행에 대한 투자자의 신뢰성 개선을 위한 은행예금보험, 그리고 사회보장 등이 포함된다.

케인즈는 또 국가는 공격적이고 민족주의적인 중상주의 노선이 아닌 시장을 개선하기 위해 자신의 권력을 사용해야 함을 분명히 했다. 그는 대공황기의 압박 속에서 사람들은 자신의 문제에 대한 해결책을 찾기 위해 파시즘과 나치즘 같은 이데올로기에 쉽게 기울었다는 사실을 우려했다. 그는 공산주의와 소비에트 정권은 억압적이며 이들의 개인의 자유에 대한 무시는 받아들이기 어렵다고 보았다. 그의 적수인 하이에크와 대조적으로, 케인즈는 자유주의체제가 개인의 자유를 존중하는 체제이지 안전을 위해 개인의 자유를 제한하는 체제는 아니라고 주장했다. 스미스와 매우 유사하게 그는 경제학은 그것이 사회에 어떻게 기여할 수 있는지에 관련된 이슈들로부터 분리될 수 없는 하나의 도구라고 주장했다. 그밖에 케인즈는 도덕적 인본주의자로서, 스스로 '다소 역겨운 질병'이라고 보았던 부의 축적 문제를 뛰어넘어 대부분의 사람들이 선한 삶을 생각하고 또 사는 데에 여가시간을 사용할 수 있는 사회로 나아가길 원했다.

케인즈주의적 타협: 국가이익과 국제이익의 조화

케인즈는 제2차 세계대전 후 서유럽의 재건을 돕고 신국제경제질서를 설립하는데 있어서 두드러진 역할을 수행했다. 1944년 뉴햄프셔 주의 브레턴우즈에서 열린 연합국 회의에서 새로운 두 기구, 즉 국제통화기금IMF과 세계은행World Bank이 전후 경제를 관리하기 위해 창설되었다. 3년 후에는 국제무역을 관리하기 위해 관세 및 무역에 관한 일반협정GATT이 만들어졌다. 케인즈는 영국 대표단을 이끌었고, 회의에서 만들어진 제도들은 비록 그가 계획했던 것은 아닐지 모르지만 많은 부분 그의 아이디어를 반영했다.

브레턴우즈회의에서 대두된 문제 중 하나는 국가들의 전후 복구를 도우면서 국제경제의 안정과 성장을 회복하기 위해 연합국들이 필요하다고 합의한 두 개의 목표를 어떻게 일치시키느냐 였다. 한편으로 케인즈는 국가 내부적으로 보이지 않는 손이 해결할 수 없었던 문제를 다루는 데 적극적인 정부역할이 유용하고 또 필요하다고 믿었다. 동시에 그는 시장의 힘과 자유무역 정책이 각 국가의 대외경제정책 목표에서 중요한 역할을 수행하는 자유주의적이고 개방적인 국제체제를 구상했다. **케인즈주의적 타협**Keynesian compromise은 국제경제의 관리가 3대 브레턴우즈제도에서 대표되는 국가들 간의 평화로운 협력을 통해서 이뤄지는 것을 의미한다. 이 제도들은 국제정치경제에 대한 케인즈주의적 아이디어를 바탕에 깔고 있었다. 국가들은 자국 경제가 회복되고 경쟁력을 갖춰감에 따라 자신의 규제정책을 **점진적으로** 축소하여 국민경제를 개방하기 위해 노력할 수도 있었다. 국제협상의 결과로 자유주의정책에 대한 예외로서 국내적 보호무역과 자본통제가 용인되었다.

내재적 자유주의embedded liberalism에 나타난 케인즈주의 색채 — 국내적 우선순위에 따라 사회적 · 정치적 제약을 받는 강력한 국제시장 — 는 1930년대부터 1970년대까지 선진 세계에서 주류 국제정치경제IPE 시각이 되었다. 많은 선진국들은 자유주의적 브레턴우즈체제 내에서 시장경제를 보완하고 강화하며 안정시키기 위해 국가권력을 사용했다. 냉전 초창기에 국제경제는 엄청난 경제적 생산성과 성장을 창출하기 시작했다. 1960년대 중반은 미국과 서유럽 모두에서 지속적인 경제성장이 이뤄지는 '황금기'로 여겨졌다. 영국, 프랑스, 서독, 스웨덴, 기타 국가들에서는 사회민주주의체제와 비슷한 체제가 만들어질 만큼 국가의 역할이 훨씬 더 강조되었다. 미국 연방정부는 우주탐험, 민권 증진, 위대한 사회빈곤퇴치 프로그램 시행, 노년층 의료보호제도, 그리고 기업규제 등 다양한 영역을 통하여 나라 안팎에서 매우 적극적인 역할을 수행했다.

많은 정치경제학자들은 주장하기를, 이런 전후체제가 잘 작동한 것은 미국이 글로벌 통화체제를 유지하고 각 연합국이 단독으로 지불해야 했던 안보 비용의 많은 부분을 감당했기 때문이다. 결과적으로 일본과 서유럽은 자신들의 경제회복에 더 많은 자원을 사용할 수 있었다. 동시에 모든 곳에서 시장의 성장을 자극했던 자유무역체제, 안전한 통화, 평화와 안보로부터 혜택을 누렸다. 보다 일반적으로 **패권안정이론**hegemonic stability theory은 **패권**hegemon(단 하나의 지배적인 국가)이 자신의 비용으로 국제**공공재**public goods를 공급함으로써 자신과 동맹국 모두가 이익을 볼 수 있도록 시장의 개방성을 유지하는 데 드는 비용을 감당할 때 국제시장이 가장 잘 작동한다는 개념이다.[20]

그러나 시간이 지나면서 미국, 서유럽, 일본의 이해가 변하기 시작했다. 그렇게 되자 패권은 그 유지에 관련된 모든 국가들에게 점점 더 많은 비용을 요구하게 되었다. 1960년대 후반 즈음 국가들은 자국의 산업과 경제를 보호하는 조치를 유지

하거나 강화하기 위하여 국내 아젠다에 몰입했다. 경제성장으로 인해 점차 부와 권력이 미국으로부터 서유럽과 일본으로 이동했고, 이로써 미국과 동맹국 간의 근본적인 (협력)관계가 바뀌게 되었다. 동시에, 미국은 동맹국의 재정적·정치적 지원 없이는 베트남전 비용을 감당하기에 벅차다고 강하게 느꼈다. 이에 따라 국제 무역·통화·금융체제의 개방성을 유지하는 것은 더욱 어려워졌다.

고전적 자유주의의 재부상

1960년대 후반에 닉슨 대통령을 비롯한 여러 사람들은 경제안정 대신에 경제성장을 더 강조하면서 케인즈주의와 존슨 대통령의 위대한 사회 프로그램의 비용에 대해 공격했다. 제7장에서 논의하는 바와 같이 1973년에 미국은 고정환율제를 변동환율제로 대체했다. 그로 인해 통화에 대한 투기가 증가하고 국제경제에서 유통되는 통화량이 많아졌다. 같은 해에 석유수출국기구OPEC는 유가를 인상했는데, 그 결과 선진국에서 경제침체가 야기되고 OPEC의 막대한 자금이 서유럽 은행으로 다시 흘러들어갔다. 한편, 많은 서유럽국가들과 일본, 브라질, 대만, 한국 등은 새로운 무역시장에서 미국과 경쟁하고 있었다. 경제침체를 해결하기 위한 케인즈주의정책들은 스태그플레이션, 즉 저성장과 고물가의 공존이라는 예상치 못한 일을 불러왔다.

경제성장이 둔화되고 경쟁이 심화되는 상황에서 케인즈의 아이디어는 점차 오스트리아의 하이에크Friedrich Hayek, 1899~1992와 프리드만Milton Friedman, 1912~2006의 아이디어로 대체되었다. 이

들의 보다 정통적인 경제적 자유주의 정책이념과 가치는 자본주의에 대한 '구속을 최소화하는' 혹은 경제에서 국가의 역할을 제한하는 특징을 띠었다. 이러한 사고는 점점 인기를 끌기 시작했고, 자유주의의 독특한 변형체라고 할 수 있는 경제적 자유주의 또는 **신자유주의**neoliberalism의 지적 토대를 놓았다.

하이에크의 가장 유명한 저작인 『노예의 길*The Road to Serfdom*』은 개인의 자유에 대해 근본적인 위협을 제기하는 국가의 영향력 증가 현상을 고찰했다. 그의 견해에 의하면, 더 큰 경제적 안전을 제공하기 위한 국가의 역할이 증대되는 것은 사회주의나 파시즘으로 미끄러져 들어가는 첫걸음과 다름없다. 그는 경쟁이 아니라 정부가 생산·가격·재분배를 지시하는 체제를 통해서 경제적 유토피아를 만들겠다고 약속하는 '국가계획자들'에게 의존하지 말라고 경고했다. 하이에크는 고전 경제적 자유주의 이론을 바탕으로, 안전과 자유를 갖는 유일한 길은 정부의 역할을 제한하는 것이며 시장이 자유로운 개인에게 제공하는 기회로부터 안전을 얻는 것이라고 주장했다.

그는 사회주의의 '집단주의' 아이디어와 진정한 자유를 갖는 경제의 미덕을 대비하면서 다음과 같이 말했다.

갈수록 존경받지 못하고 있는 미덕들은 … 앵글로색슨인들이 스스로 자랑스럽게 여기고 일반적으로 뛰어나다고 인정받았던 바로 그것들이다. 이 미덕은 독립성과 자주성, 개인의 주도권과 책임성, 자발적 활동에 대한 신뢰, 자신의 이웃에 대한 불간섭과 다름에 대한 관용, 그리고 권력과 권위에 대한 건전한 의심 등이다. 영국과 미국의 국가적 특색과 전반적인 도덕적 환경을 형성했던 거의

모든 전통과 제도들은 집단주의와 중앙집권화 추세가 진전되면서 파괴되고 있다.[21]

통화주의의 지지자로 알려진 하이에크는 국가가 지나치게 지출을 하거나 너무 많은 화폐를 발행할 때 경제가 파괴되기 쉽다고 경고했다.[22] 그는 복지제도를 확대하는 비용이 곧 정부부채의 증가라는 사실을 인정하려고 하지 않는 사회민주주의자들을 비난했다. 건강한 경제가 되려면 국가가 사적인 경제적 결정에 개입해서는 안 된다. 국가는 고용에 대해 걱정할 것이 아니라, 예산의 균형을 맞추고, 인플레이션이 발생하지 않도록 통화공급을 관리하며, 사람들이 저축하도록 장려해야 한다. 그렇게 하려면 통화 공급의 통제권을 정치인의 손에서 가져와야 한다. 그래야만 다수의 압력으로 정부가 가진 것보다 더 많이 지출함으로써 자유가 사라지는 것을 막을 수 있다.

하이에크가 놓은 기초 위에서 프리드만은 정부가 '우리의 자유를 파괴하는 프랑켄슈타인'이 되지 않도록 하는 문제와 씨름했다. 프리드만에 의하면, 정부는 우리의 **자유**를 실현할 수 있는 수단이지만, 권력을 집중시킴으로써 자유에 대한 위협이 되기도 한다.[23] 그는 『자본주의와 자유*Capitalism and Freedom*』에서 의도적으로 스미스의 고전 자유주의로 돌아갔다. 프리드만은 시장은 자유를 지키고 보호한다는 고전 자유주의 시각을 강조했다. 필요 이상의 행동으로 시민의 자유를 빼앗아가는 국가는 중상주의나 사회주의 또는 파시즘적인 안전 관념에 따라 시민의 자유를 통제하는 국가와 다르지 않다. 자유경쟁시장을 갖는 자본주의는 자연스럽게 권력을 분산시키고, 그 결과로 자유를 보존한다.

많은 하이에크와 프리드만의 아이디어들은 2012년 미국 공화당 부통령 후보였던 라이언Paul Ryan 같은 현재의 경제적 자유주의자들의 관점에 투영되어 있다. 라이언은 보수성향의 『월스트리트저널Wall Street Journal』 기고문에서 높은 세금을 부과하고, 지출을 많이 하며, 부채가 많은 유럽 국가들은 좋은 정부의 모델이 될 수 없다고 주장한다. 그보다는 미국의 자유가 가장 잘 보장될 수 있었던 것은 다른 그 무엇보다도 국가의 규모를 제한하는 대신에 '가정, 공동체, 교회 및 지역기관들에게 의존하고 정부는 최후 수단'으로서만 의지했기 때문이라고 믿는다.[24] "가부장적 정부는 행복과 좋은 삶을 추구하는 것을 방해할 것"이라고 라이언은 역설한다.

레이건, 대처, 그리고 신자유주의자들

1980년대 초에 IPE의 고전 경제적 자유주의 시각은 신자유주의라 불리는 운동을 통해서 훨씬 더 큰 목소리를 냈다. 영국 대처Magaret Thatcher 수상과 미국 레이건Ronald Reagan 대통령은 밀이나 케인스보다는 스미스, 하이에크, 그리고 프리드만으로부터 빌어온 정책을 실행한 대표적인 사람이었다. 대처의 구호인 TINAThere Is No Alternative는 경제적 자유주의정책에 대한 "대안은 없다"는 뜻이었다.

신자유주의는 경제안정보다는 경제성장을 강조한다. 레이건 대통령은 '공급경제학'을 주장했는데, 이는 정부지출을 늘리는 대신 세금을 낮추면 통화 공급을 증가시켜서 그 자체의 수요를 창출하고 자본을 기업과 소비자에게 공급한다는 생각이다. 미국의 최고 소득세율은 1980년 70퍼센트에서 1986년 33퍼센트로 단계적으로 인하되었다.

레이거노믹스Reaganomics의 다른 특징은 은행·에너지·투자·무역 시장에 대한(즉 자유무역을 촉진하는) 규제완화였다. 많은 국유 통신·항공·운송 산업들은 더 큰 경쟁과 가격결정의 자유를 허용하기 위해 민영화(부유한 개인이나 기업에게 파는 것)되었다. 영국에서는 일부 공공주택이 민영화되었고, 미국과 영국 모두에서 복지프로그램들이 '축소'되었다. 많은 자유주의자들이 국가는 지나치게 비대하며 믿을 수 없는 존재라고 주장한다. 스미스의 견해와 마찬가지로, 그들은 국가의 이익은 강력한 특수 이익집단의 이해를 반영한 것인 반면에, 시장은 가장 효율적이고 혁신적이며 열심히 일하는 사람들에게 소득을 재분배해주는 중립적인 수단이라고 주장한다. 비록 자유주의정책들이 소득 불평등을 악화시킬지 모르지만, 사회 상류층의 경제성장은 점차 '아래로 흘러내려서' 노동자와 사회 대중을 이롭게 할 것이다. 마지막으로 이 두 인기 있는 지도자가 견지했던 원칙은, 국가는 두 사람이 강력한 반공산주의 입장을 옹호했던 안보 영역을 제외한 모든 공공정책 영역에서 최소한의 개입만을 해야 한다는 것이다.

제1장에서 논의했듯이, 1980년대 중반에 미국은 세계화 — 경제적 자유주의 원칙이 세계 전역으로 확장되는 것 — 를 촉진하기 시작했다. 세계화는 자본주의체제에 통합된 국가들에게 경제성장을 확대하고 민주주의를 전달하는 과정이다. 구속되지 않은(국가에 의해 제약되지 않는) 시장의 역할을 강조하는 세계화는 생산 효율성을 증가시

키고 새로운 기술 및 통신시스템을 확산시키며 수요의 증가에 상응하는 일자리를 창출할 것이라고 약속했다.

통합된 글로벌 경제는 또한 개도국에서 가난의 덫에 빠진 수백만 명의 사람들에게 도움을 줄 것으로 기대되었다. 1980년대 후반에 자유주의 경제정책과 민주주의의 이점에 관한 '워싱턴 컨센서스'는 관세 및 무역에 관한 일반협정GATT, 국제통화기금IMF, 세계은행World Bank의 정책으로 실행되었다. 이처럼 미국과 영국에서 자유방임 정책의 성공은, 1990년대 동유럽 공산주의의 붕괴와 더불어, 동남아시아와 라틴아메리카에서 경제적 급성장을 이룬 일부 지도자들이 더욱 시장친화적인 정책을 지지하도록 만들었다. 대부분의 구공산권 동유럽 정권들은 중앙집권적이고 비효율적인 국가계획을 보다 시장지향적인 발전 정책으로 대체했다.

1990년대와 2000년대: 신자유주의와 세계화에 대한 공격

많은 사람들은 1992년 이후의 세계적 경제회복이 대부분 지역으로 확산된 것이 규제완화와 민영화 정책 덕분이라고 생각한다. 신자유주의가 실제적으로 또 이론적으로 승리를 거뒀다는 내용을 읽는 것은 흔한 일이 되었다. 클린턴 행정부는 북미자유무역협정NAFTA을 비롯한 수많은 자유무역협정을 협상할 때, 또 세계무역기구WTO를 창설할 때 신자유주의 관념을 계속해서 강조했다 (제6장 참조). 신자유주의적인 자본주의와 개방적인 시장은 미국의 경제적·군사적 이익에 여전히 직결되었다. 일부 중유럽 및 동유럽 국가들은 유럽연합EU

단일시장의 회원국이 되었다. 멕시코, 인도, 중국은 모두 친시장적 개혁을 채택하고, 외국인투자를 장려하며, 미국과의 무역을 대규모로 신장시켰다.

그러나 1990년대 중반에 신자유주의는 점점 비판의 대상이 되었다. 특히 반세계화 시위대는 신자유주의가 인권침해를 야기하고, 환경을 파괴하며, 국제경제기구에서 가난한 나라들의 효과적인 대표성을 박탈하고, 개도국에서 열악한 노동환경을 조성한다고 비난했다. 1999년 봄 '시애틀투쟁Battle of Seattle'을 필두로 주요 도시에서 일어난 대규모 반세계화 시위는 많은 시민사회 단체들이 자유방임적 자본주의에 대한 신뢰를 잃었음을 보여주었다. 1994년 멕시코, 1996년 러시아, 그리고 1997~1998년 동남아시아와 동아시아 전역에 걸쳐 발생한 경제위기는 개도국의 많은 관리들로 하여금 규제 완화와 대규모 국제자본 이동의 이점에 대해 의문을 갖게 했다. 비판가들은 또 세계화는 보다 평화로운 세계를 만드는데 실패했다고 지적하고, 구소련 지역 안팎의 무력분쟁과 소말리아, 콩고민주공화국 같은 '실패국가'에서 벌어진 비전통 전쟁의 확산을 그 증거로 들었다. 그러나 서구의 정책결정자, 기업 엘리트, 경제학자들 사이에서는 세계화에 대한 전반적인 지지세가 여전히 강하다.

2000년대 중반 즈음 세계화를 지지하는 일부 관료들과 지식인들은 급속하고 규제되지 않는 세계화에 관련된 잠재적 문제들을 다루기 시작했다. 상당수 비판가들은 기본적으로 경제적 자유주의 관념에 반대하지는 않았다. 이들은 단지 오늘날의 국제정치경제가 보다 잘 관리되기를 원했다. 예를 들면, 전 세계은행 수석이코노미스트이자 노벨경제학상 수상자인 스티글리츠Joseph Stiglitz는 많은 개도국들이 부채에서 탈출하기 어렵고 세계화의 혜택을 누리지 못하게 된 것은 IMF 정책 때문이라고 비판했다.[25] 경제학자 로드릭Dani Rodrik의 지적에 의하면, 지나친 경제통합과 자유무역, 자유로운 자본이동은 민주정치를 위협한다. 그는 시장이 제대로 작동하기 위해서는 비시장적 제도 내에 '내재화되어야' 한다고 주장한다.[26] 각 국가의 국가적 가치, 사회적 합의, 만연한 불평등과 주권의 제한을 수용하지 않으려는 유권자의 의지 등 정치적 현실을 반영하지 않는다면, 시장은 정당하다고 여겨지지 않을 것이다.

2005년에 출간된 세계화를 위한 승리의 찬가라고 할 수 있는 책인 『세계는 평평하다*The World Is Flat*』의 저자인 토마스 프리드먼Tomas Friedman도 신자유주의의 몇몇 문제들, 특히 환경적인 피해를 지적하기 시작했다. 프리드먼은 개방적인 시장과 기술변화가 중국과 인도에서 신중산층이 부상할 미증유의 기회를 가져왔다는 점을 인정하면서도, 2008년 『코드그린: 평평하고 뜨겁고 붐비는 세계*Flat, Hot and Crowded*』에서 생물다양성의 손실, 기후변화, 그리고 에너지 부족 때문에 발생하는 비용 문제를 다루고 있다. 중상주의자인 것처럼 들리지만, 그는 정부가 재생에너지의 확산을 불러올 기술혁신을 위한 인센티브를 제공할 필요가 있다고 제안한다.[27] 사실 그는 "단 하루만 중국이 된다면China for a Day(But Not for Two)"이라는 장에서 미국이 일일 권위주의 정부가 되어서 중국에게 좋은 에너지 정책과 에너지 효율성 표준을 채택하도록 강제한 다음에 다시 민주주의와 자유시장 자본주의로 복귀하는 것을 생각한다!

지구적 신자유주의의 지속불가능한 결과들을 인정하는 또 다른 학자는 미들배리대학Middlebury College의 경제학자 콜랜더David Colander이다. 그의 주장에 의하면, 경제학자들이 말하는 '단일가격의 법칙law of one price'이 지구경제에서 작동한다는 것은 기술과 자본이 다른 국가들에게 생산과 아웃소싱을 더 많이 확산시킴에 따라 세계의 임금과 가격이 **장기적으로** 더욱 균등화된다는 뜻이다. 그 결과로 미국은 무역의 이득을 점차 덜 얻게 되고, 임금은 부득이하게 하락하며, 성장은 둔화되었을 것이다. 나아가 콜랜더는 **단기적으로** 다수를 이롭게 했던 무역과 아웃소싱이 "장기적으로 미국을 구조적 쇠퇴기에 접어들게 할 것이며, 이 시기에는 경제적인 불안이 나타나고 좋은 일자리가 지속적으로 줄어들 것"이라고 믿는다.[28]

2000년대 중반 즈음에는 심지어 자유주의 발전경제학자들조차 개도국에서 신자유주의가 초래했거나 해결할 수 없는 문제들을 인정하기 시작했다. 이스털리William Easterly 전 세계은행 이코노미스트는 서구 기관들이 최빈국들을 빈곤에서 탈출하는 것을 돕는데 명백히 실패한 정책을 권장하고 해외원조를 제공했다고 비판했다. UN, 세계은행, IMF와 여타 국제기구들은 시장을 잘 작동하게 하는데 필요한 좋은 정부, 책임성 있는 지도자, 부패하지 않은 법원과 같은 사회·정치제도를 결여한 국가들에게 시장중심적인 정책을 강요하고 있었다.[29] 이스털리의 주장에 의하면, 가난한 나라들은 보호주의를 사용하고 혁신적인 비정부기구들에 의지해서라도 시장체제를 떠받칠 자신만의 제도를 개발하도록 허용될 필요가 있다.

다른 시각에서 콜리어Paul Collier 전 세계은행 개발연구그룹 책임자는 세계화가 개도국에서 약 40억 명의 사람들에게 엄청난 기회를 창출했다고 변호한다. 그렇지만 동시에 그는 세계화가 10억

명을 빈곤의 덫에 남겨뒀다고 비판한다. 이들 하위 10억 명은 시장 단독으로는 극복할 수 없는 정치적, 경제적, 그리고 지리적 문제들 — 내전, 민주주의를 약화시키는 풍부한 천연자원, 내륙지역 — 로 가로막혀 있다. 콜리어는 그 탈출구로서 세계화의 심화 대신에 일부 국가개입주의적인 도움을 지지한다. 이를 테면, 몇몇 실패국가의 질서 회복을 위한 군사적 개입, 일시적인 보호무역 허용, 새로운 국제적 협정을 수립함으로써 최빈국 내 개혁가들을 도울 규범과 표준을 (국제적 압력을 통해서) 촉진하는 것이다.[30]

이처럼 2000년대 중반 독특하게도 경제적 자유주의 학자들과 반세계화 활동가들은 공통적으로 신자유주의적인 세계화의 점증하는 문제점과 의도되지 않은 결과들을 지적했다. 이들은 상이한 해결책을 제안했지만, 글로벌 경제가 일종의 더 나은 규제와 거버넌스를 필요로 한다는 생각을 공유했다. 항상 명시적으로 그렇게 말한 것은 아니지만, 그들은 시장이 사회·정치제도에 내재화될 필요가 있다면서 그래야만 정당성을 갖고 근원적인 인간 문제를 해결할 수 있다는 관념을 인정했다. 단기적으로, 규제되지 않는 글로벌 시장은 세계의 극빈자들을 돕지 못했고 환경을 파괴하고 있었다. 장기적으로, 그러한 시장은 아웃소싱과 환경파괴를 통해서 선진국의 번영을 약화시킬 수도 있을 것이다. 2007년에 시작된 글로벌 금융위기로 인해 정책결정자들은 세계화의 심화 혹은 세계화의 점진적인 개혁 그 어느 것도 신자유주의가 만들어낸 경제침체의 쓰나미로부터 각국의 경제를 구출하지 못할 것이라고 믿게 되었다.

글로벌 금융위기: 심장에 비수 혹은 단순한 상처?

이 절은 금융위기 자체의 구체적인 사항이 아닌 정통 경제적 자유주의OELs와 비정통 개입주의적 자유주의HILs 간의 이념적인 논쟁에 초점을 맞추고 있다. 이 절을 읽기에 앞서서 교수자와 학생들은 제8장에서 금융위기에 대한 보다 상세한 설명을 읽어볼 수도 있다.

신자유주의적 세계화에 대한 많은 불만이 있었지만, 최근 역사에서 그 어떤 사건도 대공황 이래 가장 심각한 경제 붕괴를 야기한 글로벌 금융위기만큼 경제적 자유주의를 약화시킨 것은 없었다. 대중들은 그린스펀Alan Greenspan 연방준비제도이사회 의장이 2008년 10월 의회에서 증언할 때, 자유방임 지지자들과 시장개입주의 지지자들 사이의 틈에 말뚝이 더 깊이 박히는 소리를 들을 수 있었다. 그는 금융시장의 자율규제적 본성에 대한 믿음이 잘못된 것이라고 인정했다. "나 자신을 포함한 주주들의 주식을 보호하기 위해 대출기관의 이기심을 바라봤던 우리들은 충격적인 불신상태에 있다"고 말했다.[31] 또 그린스펀은 큰 실수를 저질렀다면서 세계가 어떻게 돌아가는지를 규정하는 (경제)이론의 결함에 대해 무지했던 자신을 비난했다.

심각한 글로벌 경제침체는 자유시장 자본주의에 대한 일부 열렬한 지지자들의 믿음조차 흔들어 놓는 것처럼 보였다. 위기가 있기 전에 그린스펀 자신은 의회에서 규칙적으로 확언하기를, 금융시장과 새로운 복합금융상품(파생상품)은 스스로를 규제하고 있고, 합리적이고 이윤 극대화를 추구하는 금융주체들은 과도한 위험추구행위와 불충분한 (주택담보대출에 관한) 주의력을 용납하지 않기 위해 필요한 모든 예방조치를 취할 것이라고 했다 (그러나 그는 1996년에 주식시장의 '비이성적 과열'에 대해 경고한 것으로 유명하다).

뒤돌아보면, 미국이나 일부 유럽 국가들처럼 자본수지 적자국에 있는 많은 은행과 투자회사들은 과도한 경제적 리스크를 기꺼이 감수하려 했고 많은 기관들, 국가관료, 그리고 개인들은 이들을 부추긴 것으로 보인다. 사실 마구 날뛰는 '야생고양이' 자본주의 같은 환경에서는 고수익 투자상품의 매력은 초기 투자자들은 첫 거래로부터 상당한 이윤을 얻지만, 그 상품에 결부되어 있는 위험은 새로운 투자자와 주택담보대출 소유자들에게 확산된다는 점이다.[32] 이러한 수법은 실제로 작동했고, 값비싼 자산을 구매하는 것이 합리적이고 건실한 것처럼 보이게 만들었다. 이로써 과도한 위험추구행위가 제도화되었다.

금융위기가 있기 전까지 많은 미국과 영국의 관리들은 국가는 규제에 대해 자유방임적인 시각을 견지하며 기본적으로 은행들 스스로 자신을 감독하도록 맡겨두어야 한다고 느꼈다. 오늘날 세계 도처의 많은 국가관료와 전문가들은 은행들과 여타 금융회사들을 구제하는 것 이외에 다른 방도가 없음을 시사해왔다. 분명히 조지 W. 부시 대통령과 오바마 대통령은 그렇게 믿었다. 두 사람은 일이 잘못될 가능성을 감수할 여유가 없다고 느꼈는데, 그 일의 정치적·경제적 의미가 너무 크기 때문이었다. 이들의 과감한 조치들은 비행으로 엄청난 수익을 거둔 탐욕스럽고 비윤리적인 은행관리들을 구제하기 위한 것이 아니라, 금융시스템을 안정시키고 그것을 파괴하려고 위협하는 정책들을 바로잡기 위한 것이었다. 대체로 주요 은행과 금융회사에 대한 국가규제 논의는 여전히 누가 구

제를 해야 하는지, 또 얼마나 많은 돈을 거기에 써야 하는지를 중심으로 이뤄지고 있다.

그러면 이러한 일은 어떻게 발생했는가? 왜 은행들은 그토록 많은 위험을 떠안았는가? 과학적으로 정확한 것으로 증명되고 그렇게 많은 인기를 끌던 신자유주의적 사고들은 어떻게 완벽히 실패하는 것처럼 보였는가? 아니면 실제로 그렇게 되었는가? 이 절에서 우리는 신자유주의 이론, 세계화, 그리고 금융위기 간의 연결관계에 대해 일부 살펴본다.

낡은 경제이론과 이념

앞에서 지적했듯이, 케인즈는 시장이 실패하기 쉽다는 데에 대해 확고했고, 대공황은 그와 같은 현실을 가장 보여주는 대표적인 예이다. 케인즈 시대 이래 많은 정부들은 경기순환의 정상적인 부분으로 간주되던 작은 규모의 불황에 잘 대처하게 되었다. 이들은 다양한 재정·통화정책 수단을 사용했기 때문에 수요와 공급의 조절을 통해 불규칙적인 경기변동을 뚫고 경제를 바로잡을 수 있었다. 밀턴 프리드만과 소위 시카고학파에 관련된 통화주의자들은 한 국가의 통화 공급량이 인플레이션의 열쇠이며 시장은 자기교정적인 장치라고 강조했다. 그와 일종의 병행이론인 '효율시장가설 Efficient Market Hypothesis'은 "주식은 매 순간 그 가치에 관련된 모든 정보를 수집함으로써 시장에서 스스로의 가격을 매긴다"고 역설했다.[33]

규제완화에 의해 보완된 자유시장의 유효성에 대한 이러한 전망에 기초한 정책들은 선진국에서 얼마 동안 잘 작동하는 것처럼 보였다. 그린스펀 연준 의장은 은행에 대한 지나친 국가규제를 비난

했다. 그는 투자자들과 마찬가지로 미국에서의 불황을 과거의 일로 보는 것 같았다. 게다가 그와 많은 은행들은 다른 국가들의 대 미국투자 — 미국의 지출과 무역적자에 자금을 공급하는 — 를 국제경제 전반에 확산된 이념의 정확성을 나타내는 증거로 여기는 듯했다.

위기 여파로 경제적 자유주의 계열의 시사잡지 『이코노미스트*The Economist*』는 경제학이라는 '음울한 과학'이 선호, 기술, 자원 등 기초여건을 현실세계에 맞지 않게 수량화 하는 등 허점으로 가득 찬 모형에 의해 유혹되었다고 평소답지 않게 비난했다. 사실 (케인즈의 주장처럼) 많은 시장이 불확실성(또는 불균형)을 보일 때, 이러한 경제모형들은 본질적으로 시장에서 일정한 균형을 가정한다. 그 결과로, 위험은 조심스럽게 관리될 수 있다는 믿음을 자극하는 수학적·연역적 방법론에 초점을 맞추게 되었다. 이런 생각들은 단순해 보이지만 또한 혼란스러웠다. 그리고 정책결정자들은 종종 최상위 원칙과 가장 포괄적인 추정에 의지한다.[34] 『이코노미스트』에 따르면, 학계와 중앙은행에 몸담고 있는 거시경제학자들은 인플레이션과 싸우는 문제에 너무 집착했고, 시장에서 자산 거품이 만들어지는 것에는 너무 무신경했다.

실제로 어떤 사람들은 주장하기를, 자유시장 이론가들은 시장에 존재하는 여러 왜곡을 과소평가했고, 시장의 자기적응 능력을 과대평가했으며, 시장의 단기적인 동기에 의해서 유발되는 장기적인 문제들을 설명하지 못했다. 또 금융위기는 경제학이라는 학문을 뒤흔들 수 있었고 기본적인 과학적 가정들의 일부를 다시 생각하게 만들었다. 그러나 아직 그렇게 많이 진행되지는 않은 상황이다. 경제학 교과과정에 대한 최근의 연구는 합리

적 선택 가정의 확고함과 자유시장의 이점을 가르치는 편향성을 지적한다.[35] 물론, 많은 정통 경제적 자유주의 지향적인 교수들은 자신들의 학문을 변호하고 시장이론에 대한 대안적인 해석을 제시한다.[36]

글로벌 금융체제의 중대한 붕괴에 직면해서도 왜 자유방임주의 사고는 학계 밖에서는 여전히 인기를 누리고 있는가? 아래와 같이 학자들은 이 질문에 몇 가지 답변을 제시해왔다.

첫째, 행동경제학자인 실러Robert Schiller에 의하면, 금융계와 재계에 있는 정치인들과 관료들은 다른 직업군과 마찬가지로 일종의 '집단사고group think'를 겪는다. 그들은 비슷한 생각을 하는 경향이 있는데, 이것이 쉽게 변하지 않는 이론들을 확고하게 만들어주는 부분적인 이유다. 둘째, 자유방임 정책은 훨씬 이해하기 쉬운 반면에 국가 안에서 또 국가들 간에 자원의 적절한 배분을 결정할 때 정치, 사회적 가치, 시민사회 등의 역할에 관한 논의는 "복잡하다." 많은 사람들은 공공정책을 '시장이 결정하도록 맡기는' 것이 시장에 대한 '객관적인' 연구를 토대로 하는 정확하고 단순한 방안이라고 믿는다.

셋째, 자유시장 모형은 사회적 안정이나 소득분배의 상대적 공평성보다는 경제성장을 강조해왔다. 역설적이게도, 더 많은 부, 더 빠른 성장, 더 좋은 일자리, 그리고 더 싼 가격이라는 약속은 쉽게 대중의 호감을 샀다. 반면 더 많은 사회보장을 위한 세금 인상, 환경의 지속가능성을 위한 성장의 완화, 미래세대를 위한 현 세대의 집단적인 희생 등의 대안들은 그러지 못했다.

넷째, 자유방임 정책은 주로 부유층에 의해 촉진되었는데, 이들은 모든 선진민주주의 국가에서

미디어를 지배하고 정당에 정치자금을 제공한다. 전 IMF 수석이코노미스트였던 존슨Simon Johnson은 워싱턴에서 지배력을 행사하는 민간기업과 사람들을 '금융과두체제'라고 부른다. 이 체제는 정치적으로 막강한 사람들의 집단으로서, 월스트리트와 워싱턴(그리고 일부 대학)을 오가면서 대형 금융회사들과 자유로운 자본시장은 세계에서 미국의 지위를 유지하는데 중요하다는 믿음을 일종의 문화적 자본으로 축적한다.[37] 로이터통신의 국제부문 편집장인 프리랜드Chrystia Freeland는 금융과두집단과 그 국제적 동류세력을 '금권통치체제plutocarcy'로 묘사했다. 이 세력은 세금 감면, 정부 보조금, 납세자가 돈을 낸 구제금융으로 혜택을 본 소수의 수퍼리치 계급을 말한다.[38] 『롤링 스톤Rolling Stone』의 블로거 겸 기자인 타이비Matt Taibbi와 아카데미 수상작 다큐멘터리 『인사이드 잡Inside Job』의 찰스 퍼거슨Charles Ferguson 감독이 그린 바와 같이, 이 수퍼리치 계급의 일부를 구성하는 금융회사 경영진과 로비스트들은 대중을 희생시켜 자신들의 이익을 도모하기 위해 월스트리트와 워싱턴 양면에서 부패 문화를 총지휘해왔다.[39]

이제 우리 모두는 케인즈주의자다 (또 다시! 적어도 잠시 동안만은?)

글로벌 금융위기는 경제적 자유주의자들 간의 분열을 전면에 부각시켰다. 이 절에서 우리는 이들의 주장들을 대조하고 있는데, 그것은 논쟁의 풍부성, 국가 역할과 세계화를 보는 상이한 관점, 그리고 비정통 개입주의적 자유주의자들HILs 사이에서 케인즈주의의 재부상을 보여주기 위해서다. 대부분의 비정통 개입주의적 자유주의자들에게

있어서 케인즈는 핵심 인물이었다. 케인즈는 합리적 기대가 아닌 불확실성을 설명하고, 부유층 대신 사회의 광범위한 이익에 기여하는 방식으로 경제를 관리하려는 노력을 정당화했기 때문이다. 금융위기를 계기로 비정통 개입주의적 자유주의자들은 국가는 금융체제와 심지어 자본주의 자체를 구하기 위해 행동해야 한다고 역설하게 되었다. 흥미롭게도, 일부 정통 경제적 자유주의자들OELs도 동의한다. 예를 들면, 정통 경제적 자유주의자인 울프Martin Wolf는 "자멸의 씨앗The Seeds of Its Own Destruction"이라는 『파이낸셜 타임스Financial Times』 기고에서 "금융자유화의 시대는 끝났으며, 국가는 은행을 구제하고 여타 개입주의 조치를 채택하는 등 더 큰 역할을 할 것으로 기대된다"고 인정했다.[40]

가장 자주 논의되는 비정통 개입주의적 자유주의자들의 (제8장에서 좀 더 상세하게 논의될) 정책제안은 다음과 같다.

- 인플레이션을 너무 걱정하지 말고, 경제성장을 위해 지출을 늘려라. 일자리를 창출하는 것이 더 중요하다.
- 에너지, 교통, 인프라, 교육, 보건 부문의 신기술을 위해 투자를 늘려라.
- 파생상품 관련 은행, 예금 요건, 보수, 보너스 등에 관한 규제를 보다 엄격하게 실시하라.
- 거대 은행을 쪼개어 경쟁을 촉진하라.
- 세계화를 멈추지 않되 더 잘 관리하라.

대다수 비정통 개입주의적 자유주의자들은 정부지출을 늘리고 기존의 국내외 규제기관의 권한을 확대하는 것이 필요하다는 데에 동의한다. 케인스의 제안처럼, 금융체제는 정교하고 효과적인

규제 및 법적 틀을 필요로 한다. 이러한 틀은 국가, 즉 이윤동기, 경제적 자유, 개인의 자유를 질식시키지 않으면서 자신의 법을 집행할 만큼 충분히 강력한 국가만이 제공할 수 있다.

대부분의 비정통 개입주의적 자유주의자들은 세계화 그 자체에 반대하지는 않는다. 하지만 선진국에서는 대중에게 그리고 개도국에서는 가난한 사람들에게 더 많은 부를 재분배하는 정책과 제도를 원한다. 그들은 세계은행, IMF, WTO 등의 국제기구에 대한 개혁 필요성을 인식하고 있다. 이들 기구들이 경제의 작동방식과 국가들이 따라야할 규칙에 관한 '획일주의 사고방식one-size-fits-all mentality'을 버리도록 개혁되어야 한다. 이와 관련하여 (적어도 단기적으로라도) 개도국을 위한 '정책공간'의 필요성이 새롭게 강조되고 있는데, 보다 보호주의적이고 자본이동을 다소 통제하며 지적재산권 규칙을 좀 더 느슨하게 하는 정책들이 포함된다. 아마도 이러한 정책을 통해서 개도국들은 성장이 빨라지고 통화, 투자 이동, 상품가격 등의 글로벌 불안요인으로부터 어느 정도 자신을 보호하게 될 것이다. 비정통 개입주의적 자유주의자들은 중국과 인도가 글로벌 금융위기 동안 다른 국가들보다 좋은 성과를 거둔 이유는 바로 신자유주의를 전면적으로 채택하지는 않았기 때문이라고 지적한다.

또 비정통 개입주의적 자유주의자들은 선진국들이 전에 없던 방식으로 개도국을 적극적으로 도와야 한다고 믿는다. 선진국들은 섬유, 농산물 같은 주요 최빈국 수출품에 대한 보호주의 장벽을 철폐하고, 자국 산업에 대한 보조금을 중단할 필요가 있다. 가난한 국가로부터 오는 이민을 더 허용해야 한다. 가난한 국가들이 지고 있는 과도한 부채를 탕감해주고, 해외원조를 대폭 늘리는 것은 선진국의 이익에 부합할 것이다. 비정통 개입주의적 자유주의자들이 선호하는 바는 압력이 아닌 지원을 제공함으로써 국가들이 자유시장 개혁과 민주주의를 채택하도록 유도하는 것이다.

많은 비정통 개입주의적 자유주의자들은 다른 어떤 경제 및 사회체제를 창설할 가능성에 대해 개방적이다. 이 체제는 국가-시장 공식을 다소 왼쪽으로 이동시키는 것이라고 볼 수 있으며, 서유럽의 사회민주주의체제와 유사하다 (글상자 2.2 '질서자유주의와 사회적 시장경제' 참조). 많은 비정통 개입주의적 자유주의 학자들이 발견해낸 바에 의하면, 북유럽 국가들과 여타 국가들은 국제경제에 대한 최고 수준의 개방성(GDP 대비 무역 비율로 측정)을 보이면서도 사회보장제도에 최고 수준의 공공지출(GDP 대비 정부지출 비율로 측정)을 기록하고 있다. 정통 경제적 자유주의자들과 반대로, 이러한 사실은 글로벌 시장에 대한 개방성을 유지하고 그로부터 이득을 얻는 것이 높은 정부지출과 서로 양립할 수 있음을 의미한다. 또 비정통 개입주의적 자유주의자들은 광의의 글로벌 자유시장 경제의 틀 안에서 상이한 자본주의 모델이 유지되는 것을 수용하고 나아가 정당화하는 경향을 보인다. 이러한 상이한 모형의 자본주의체제 간에 이뤄지는 조정은 이들의 모든 정책과 제도를 하나로 조화시키는 것보다 더 중요하다. 달리 말하면, 글로벌 제도와 규칙에 관한 한, 로드릭Dani Rodrik은 '탈출조항'과 '선택조항'을 유지할 필요가 있다고 강조한다. 이럴 때 각 국가들은 자국의 정치현실, 문화적 필요, 그리고 자원 제약 등에 가장 부합하는 방식으로 세계화의 이득을 얻을 수 있다.[41)]

비정통 개입주의적 자유주의자들이 글로벌 국

글상자 2.2

질서자유주의와 사회적 시장경제[a]

경제적 자유주의는 1920년대 유럽에서 신임을 거의 잃었다. 특히 제1차 세계대전 후 독일 바이마르공화국에서 경제적 자유주의는 경제적 혼란, 정치적 부패, 노동계급에 대한 착취에 연관되었다.[b] 이러한 인식과 더불어 히틀러의 부상에 대한 반응으로, 프라이부르크대학의 일부 학자들은 질서자본주의ordoliberalism라 불리는 새로운 자유주의 개념을 개발했다. 오이켄Walter Eucken, 1891~1950, 뵘Franz Böhm, 1895~1977, 그로스만-되르트Hans Grossman-Doerth, 1894~1944 등이 이 학파의 창설자들이다. 질서자유주의자들은 자유주의의 실패는 19~20세기 자유방임주의 정책결정자들이 스미스Adam Smith의 통찰력, 즉 시장은 법적·정치적 체제에 내재되어 있다는 의미를 이해하지 못했기 때문이라고 믿는다.

질서자유주의 사고는 인간 존엄성과 개인적 자유 등 고전 자유주의의 인본주의적인 가치를 반영하고 있다. 질서자유주의자들은 고전 자유주의의 견해를 지지하는데, 사적인 의사결정에 의해 자원의 할당이 이뤄져야 한다는 점, 경쟁은 경제적 후생의 원천이라는 점, 경제적 자유와 정치적 자유는 떼려야 뗄 수 없다는 점 등이다. 고전 자유주의자들과 마찬가지로, 개인은 과도한 국가권력으로부터 보호되어야 하며 정치권력은 민주적인 과정을 통해서 분산되어 대중의 의사결정 참여를 극대화해야 한다고 그들은 믿는다. 또 질서자유주의자들은 개인의 자유가 시장의 독점적 통제력의 형식을 띠는 사적 권력으로부터 보호되어야 한다고 강조한다. 이러한 통제력은 지배적인 기업들에 유리하게 시장을 왜곡시키는 특권을 만들어내는데 사용되기 때문이다.

질서자유주의자들에 의하면, 시장이 자유주의 가치를 떠받치고 촉진하게 되는 경우는 오직 시장을 규율하는 적절한 규칙 — 재산법, 계약법, 거래법, 경쟁정책 등 — 이 국가에 의해 수립될 때이다. 라틴어 *ordo*는 '질서'를 뜻한다. 시장의 작동을 규율하는 규칙은 사회에서 공유된 자유주의 가치를 반영하는 '헌법적인' 규칙이어야 하며, 정치적 조작으로부터 영향받지 않아야 한다. 그와 같은 틀이 존재할 때 시장은 자유주의적인 좋은 사회상에 필수적인 경제적·정치적 자유를 강화할 것이다. 또 가격통제, 수입제한, 보조금, 인허가 제한 등을 통해 시장을 와해시키려는 힘센 기업들의 노력은 '비헌법적인' 것으로 여겨질 것이다. 정치인들은 강력한 이익집단의 특수한 요청을 거부할 수 있는 유리한 위치에 있게 될 것이다. 또 일반적으로 시장에서의 결과에 영향을 미칠 수 있는 국가 권력도 엄격하게 제약될 것이다. 가장 바람직한 결과는 특권이 존재하지 않는 경제이다.

질서자유주의 사고는 유럽연합EU의 경제적, 정치적 정책에 심대한 영향을 끼쳤다. 현재 유럽의 경쟁정책은 분명히 질서자유주의의 원칙을 포함하고 있다. 특히 중소 규모 경쟁기업들의 시장 진입을 방해하는 지배적 기업의 행동을 엄격하게 억제한다. 시장의 개방성을 유지함으로써 유럽의 경쟁정책 당국은 진입의 자유 형식으로 경제적 자유를 증진하기를 바란다. 이로써 경제적 기회를 향상시키고 경쟁을 촉진하며 경제적·정치적 권력을 분산시키길 원한다. 유럽에서 마이크로소

프트의 반독점 문제는 이러한 관점에서 보다 잘 이해될 수 있다.[c]

질서자유주의는 본질적으로 윤리적인 입장을 지니고 있다. 시장에서의 결과들은 적절한 법적 그리고 정치적 틀 안에서 만들어질 때 비차별적이고 정당성을 갖춘 특권 부재의 결과들이 된다.[d] 그러나 질서자유주의자들은 종종 통제할 수 없는 환경으로 인한 일부 개인들의 생산성 제약을 감안할 때 어느 정도 소득재분배가 필요하다는 점을 인식하고 있다.

뮐러-아르마크Alfred Müller-Armack, 1901~1978를 비롯한 다른 독일 지식인들은 질서자유주의의 주요 원칙을 수용하지만, 시장에서의 결과가 정당한 결과라는 질서자유주의의 관념에 도전한다. 뮐러-아르마크는 시장의 결과가 진정으로 '좋은' 사회에 부합하도록 하려면 보충적인 '사회적' 정책이 필요하다고 주장했다. 나아가, 이러한 보충적인 규칙들은 사회 내 어떤 집단에게 특혜를 주도록 특정 시장 결과에 영향을 줄 수도 있다. 뮐러-아르마크는 많은 현대 유럽국가들의 특징이 된 '사회적' 시장경제의 기초를 개발한 사람으로 인정되고 있다.

참고문헌

a 이 내용은 싱글턴(Ross Singleton)에 의해 작성된 것이다.
b 여기에서 논의하고 있는 질서자유주의 내용은 대체로 다음 자료를 기초로 하고 있다. David J. Gerber, "Constitutionalizing the Economy: German Neo-Liberalism, Competition Policy and the 'New' Europe," *The American Journal of Comparative Law*, 42 (1994), pp. 25~88.
c "Microsoft on Trial," *The Economist*, April 28, 2006, www.economist.com/agenda/displaystory.cfm?story_id=E1_GRSDSRP.
d Victor J. Vanberg, "The Freiburg School: Walter Eucken and Ordoliberalism," Walter Eucken Institute, Freiburg Discussion Papers on Constitutional Economics, November 2004, p. 2.
e Ibid.

가-시장관계에 대하여 좀 더 미묘한 가정들을 받아들이기 때문에, 정통 경제적 자유주의자들은 이러한 케인즈주의로의 회귀 시도를 탐탁하게 여기지 않고 있다. 오바마 행정부는 정통 경제적 자유주의자들보다는 비정통 개입주의적 자유주의자들 편에 서서 국가-시장관계가 '과거로 돌아가지 못하도록' 하는 규제를 채택했다. 왜? 아마도 오바마 대통령은 월스트리트 개혁을 위해 아무것도 하지 않았을 경우 2012년 선거에서 있을 역풍을 두려워했는지 모른다. 그리고 많은 민주당 의원들은 오바마의 개입주의 시각을 공유한다. 그러나 많은 유력한 의원들과 금융계 인사들은 여전히 정통 경제적 자유주의 지향적이다. 베렌슨Alex Berenson은 훨씬 더 나아가, 미국인은 '천성적으로 보수적인 사람들'로서 기본적으로 국가를 불신하지만 '위험 선호 성향'을 가진 사람들이라고 말한다.[42] 유럽 사람들은 사회민주주의를 선호할지 모르지만, 미국의 부유층 엘리트는 보다 야성적인 자본주의를 더 원한다.[43] 대부분의 미국인들이 싫어하는 것은 베네수엘라, 볼리비아, 칠레, 에콰도르 등에 있는 인기영합주의적 사회주의 정권들이다. 이 정권들은 대중에게 재화와 서비스를 더 광범위하게 배분하는 것을 자신의 중요한 정치적 목적의 하나로 삼는다.

이러한 여러 요인들에 비춰보면, 정통 경제적 자유주의자들은 자유시장의 자유방임적인 특색이 유지되는 것을 선호한다. 그들의 제안은 다음과 같다.

- 은행, 인프라 건설사업, 그리고 사회복지제도에 대한 정부의 지원을 제한하라.
- 경제의 많은 세부영역에 대한 규제를 줄여라.
- 부유층과 중산층에 대한 세금을 줄여서 경제성장을 자극하라.
- 세계화를 더 촉진하라. 그것은 미국과 세계 모두에게 좋은 일이다.

글로벌 금융위기에 관하여 많은 정통 경제적 자유주의자들은 은행이 아닌 정부의 잘못이라고 주장한다. 연방준비제도는 이자율을 인하하여 대출비용을 감소시킴으로써 2001년 즈음부터 주택시장의 거품을 만들기 시작했다. 더욱더 많은 돈이 장기적으로 지불능력이 없는 주택구입자의 수중에 놓이게 되었다. 또 정통 경제적 자유주의자들은 그 위기는 자본주의 역사상 예외적인 사건으로서 자본주의 자체의 결함보다는 인간본성의 결함 때문에 발생했다고 주장한다.

세계화는 선진국에서 성장을 가져오고 또 개도국에서 많은 사람들을 빈곤에서 탈출시켰다는 점에서 보면 좋은 것이다. 정통 경제적 자유주의자들은 미국이 도하라운드 무역협상의 재개를 밀어붙여서 농업, 서비스, 정부조달 부문의 무역장벽을 더 낮추기를 원할 것이다. 또 미국은 예산적자를 감축함으로써 무역적자를 줄이고 국민저축을 증가시킬 필요가 있다고 믿는다. 그들은 세계 각국 정부의 지출확대 정책은 인플레이션과 미래세대가 (덜 소비함으로써) 지불해야 할 부채를 더 늘릴 것이라고 걱정한다. 게다가 정통 경제적 자유주의자들은 정부가 은행과 제조업에 대한 재정지원 의무를 덜고, 구제금융을 받은 기업과 자산을 민간인에게 되돌려주기를 바란다.

비록 자본주의의 경제적 자유주의 기초가 지적으로 또 정치적으로 계속 도전받을 것임에도 불구하고 아직까지 그것을 대체할 그 무엇도 나타나지 않았다. 많은 사람들은 그 대안이 더 나쁠지 모른다고 두려워한다.

결론

이 장에서 경제적 자유주의에 관련된 사고와 가치가 주요 역사적, 정치적, 경제적, 사회적 사건을 반영하면서 어떻게 변천해왔는지 설명했다. 스미스, 리카르도, 밀, 케인즈, 하이에크, 프리드만 등 정치경제학자들은 자본주의가 세계 전역으로 확산되면서 지구적 생산과 분배에 심대한 영향을 미침에 따라 국가-사회관계에 관해 논쟁을 벌였다.

대공황기에 경제 내에서 국가의 적극적 역할을 지지하는 비정통 개입주의적 자유주의자들과 국가의 경제적, 사회적 역할을 부정적으로 인식하는 정통 경제적 자유주의자들 간의 틈이 나타났다. 1980년대에는 그 사이가 더욱 벌어졌다. 레이건 행정부와 대처 정부는 국내 복지제도를 감축하고 경제성장을 강조했다는 점에서 결정적으로 보다 정통 경제적 자유주의자 지향적인 정책을 실시했다. 세계화와 글로벌 금융위기는 신자유주의 관념과 시장에 대한 신자유주의적인 신념에 대해 심각한 비판을 가하게 했다. 많은 비정통 개입주의적 자유주의자들은 일부 국가개입은 다원주의적인 글로벌 경제의 부정적인 영향으로부터 사회집단과 국가들을 보호할 때 공공이익에 기여한다고 주장한다. 정통 경제적 자유주의자들은 긴축정책이 지속가능한 경제회복의 기초라고 믿는다.

정통 자유주의자들과 비정통 자유주의자들이 공통적으로 믿는 바는, 세계화를 어떻게 개혁하고 부채와 불평등 문제를 어떻게 해결할 지에 관한 차이점에도 불구하고 자본주의는 유지해야 할 바람직한 체제라는 것이다. 그 점에서 이들은 모두 세계 대부분의 사람들의 가치와 이익을 증진함에 있어서 시장의 능력을 신뢰한다.

제3장과 제4장에서 우리는 또 다른 두 IPE 시각, 즉 중상주의와 구조주의에 대해 살펴보고, 이들이 이 장에서 논의된 이론적인 이슈와 실제적인 딜레마에 대해 제시하는 설명을 검토한다. 여러분도 알게 되겠지만, 그들은 자본주의의 고통스럽고 주기적인 위기들은 피할 수 없으며, 구속되지 않는 시장은 궁극적으로 지구생태계를 파괴할 것이라고 믿는다.

주요 용어

경제적 자유주의(economic liberalism) 27

곡물법(Corn Laws) 34

공공재(public goods) 40

내재적 자유주의(embedded liberalism) 39

레이거노믹스(Reaganomics) 42

비정통 개입주의적 자유주의(HILs: heterodox interventionist liberals) 27

신자유주의(neoliberalism) 41

절약의 역설(paradox of thrift) 38

정통 경제적 자유주의(OELs: orthodox economic liberals) 27

제로섬게임(zero-sum game) 34

지대추구행위(rent-seeking) 33

케인즈주의(Keynesianism) 37

케인즈주의적 타협(Keynesian compromise) 39

패권(hegemon) 40

패권안정이론(hegemonic stability theory) 40

포지티브섬게임(positive-sum game) 34

토론주제

1. 사익, 경쟁, 국가는 스미스Adam Smith의 시장관에서 어떤 역할을 하는가?

2. 스미스는 많은 사람들이 가정하는 것처럼 경제적 자유주의자인가? 다섯 문장으로 답해 보시오.

3. 19세기 영국의 곡물법 논쟁이 국제무역에 관하여 중상주의와 경제적 자유주의 시각 간의 대립을 어떻게 나타내는지 설명하라. 그 논쟁에서 당신은 어느 편을 선호하는가? 설명해 보시오.

4. 밀John Stuart Mill과 케인즈John Maynard Keynes는 시장의 문제점을 해결하는데 있어서 정부가 긍정적인 역할을 한다고 생각했다. 밀과 케인즈가 인식하고 있었던 '시장실패'의 구체적인 유형, 그리고 그들이 옹호했던 정부역할의 유형을 논해 보시오.

5. 레이건과 대처는 종종 신자유주의 지지자로 인용된다. 그들의 정책들을 요약하고, 그들이 이전의 경제적 자유주의자들과 어떻게 다른지 논해 보시오. 끝으로, 그들이 여전히 오늘날에도 인기가 있는 이유는 무엇이라고 생각하는지 설명해 보시오. 아니면 그들은 실제 인기가 있는가?

6. 정통 경제적 자유주의자들과 비정통 개입주의적 자유주의자들을 가치, 관념, 정책의 관점에서 비교하고 대조하라. 당신은 어느 쪽을 선호하는가? 설명해 보시오.

7. 현재의 글로벌 금융위기에 관한 당신의 지식에 기초하여, 그 위기는 경제적 자유주의 사고와 정책을 심각하게 약화시켰다는 주장에 당신은 동의하는가? 설명해 보시오.

추천문헌

Jagdish Bhagwati. *In Defense of Globalization*. Oxford: Oxford University Press, 2005.

Thomas L. Friedman. *The World Is Flat: A Brief History of the Twenty-First Century*. New York: Farrar, Straus and Giroux, 2005.

Robert Skidelsky. *Keynes: The Return of the Master*. New York: Public Affairs, 2009.

Manfred B. Steger. *Globalization: A Brief Insight*. New York, NY: Sterling Publishing, 2010.

Joseph Stiglitz. *Freefall: America, Free Markets, and the Sinking of the World Economy*. New York: W. W. Norton, 2010.

주

1) 이 책에서 '신보수주의자(neoconservatives)' 또는 '네오콘(neocons)'이라는 용어는 조지 W. 부시(George W. Bush) 행정부 및 그 지지 세력을 말한다. 이들은 세계와 그것을 관리하는 미국의 국력과 능력에 대해 매우 일방주의적인 관점을 갖고 있다 (9장 참조).

2) Ralf Dahrendorf, "Liberalism," in John Eatwell, Murray Milgate, and Peter Newman, eds., *The Invisible Hand: The New Palgrave* (New York: W.W. Norton, 1989), p. 183.

3) Adam Smith, *The Wealth of Nations* (New York: The Modern Library, 1937), p. 400.

4) Charles Lindblom, *The Market System* (New Haven, CT: Yale University Press, 2001).

5) Karl Polanyi, *The Great Transformation: The Political and Economic Origins of Our Time* (Boston, MA: Beacon Press, 1944).

6) Smith, *The Wealth of Nations*, p. 114.

7) Ibid., p. 117.

8) David Leonhardt, "Theory and Morality in the New Economy," *The New York Times Book Review*, August 23, 2009.

9) Jerry Mueller, *The Mind and the Market: Capitalism in Western Thought* (New York: Anchor Books, 2002), p. 69.

10) Ibid., p 64.

11) Michael W. Doyle, *The Ways of War and Peace* (New York: W. W. Norton, 1997), p. 207.

12) Smith, *The Wealth of Nations*, p. 401.

13) Ibid., p. 410.

14) David Ricardo, *The Principles of Political Economy and Taxation* (London: Dent, 1973), p. 81.

15) Alan Ryan, "John Stuart Mill," in Eatwell et al., eds., *The Invisible Hand*, p. 201.

16) Ibid., p. 208.

17) John Maynard Keynes, "The End of Laissez-Faire," in *Essays in Persuasion* (New York: W.W. Norton, 1963), p. 312.

18) Ibid., pp. 317-318.

19) Ibid., p. 321.

20) 미국 경제학자 찰스 킨들버거(Charles KIndleberger)는 패권안정이론의 창시자로 널리 인정되고 있다. Charles KIndleberger, *Money and Power: The Economics of International Politics and the Politics of International Economics* (New York: Basic Books, 1970).

21) Friedrich Hayek, *The Road to Serfdom* (Chicago, IL: University of Chicago Press, 1944), pp. 127–128.

22) Robert Lekachman and Borin Van Loon, *Capitalism for Beginners* (New York: Pantheon Books, 1981).

23) Milton Friedman, *Capitalism and Freedom* (Chicago, IL: University of Chicago Press, 1962), p. 2.

24) Paul Ryan "America's Enduring Ideal," *Wall Street Journal*, October 1, 2011.

25) Joseph Stiglitz, *Globalization and Its Discontents* (New York: W. W. Norton, 2002).

26) Dani Rodrik, "Feasible Globalizations," in Michael Weinstein, ed., *Globalization: What's New?* (New York: Columbia University Press, 2005), p. 197.

27) Thomas L. Friedman, *Hot, Flat, and Crowded: Why We Need a Green Revolution—And How It Can Renew America* (New York: Farrar, Straus and Giroux, 2008).

28) David Colander, "The Long Run Consequences of Outsourcing," *Challenge*, 48:1 (January/February 2005), p. 94.

29) William Easterly, *The White Man's Burden: Why the West's Efforts to Aid the Rest Have Done So Much Ill and So Little Good* (New York: Penguin Press, 2006).

30) Paul Collier, *The Bottom Billion: Why the Poorest Countries Are Failing and What Can Be Done about It* (Oxford: Oxford University Press, 2007).

31) "Greenspan Concedes Error on Regulation," *New York Times*, B1, October 24, 2008.

32) Robert J. Shiller, *The Subprime Solution: How Today's Global Financial Crisis Happened, and What to Do about It* (Princeton, NJ: Princeton University Press, 2008).

33) Kevin Phillips, *Bad Money: Reckless Finance, Failed Politics, and the Global Crisis of American Capitalism* (New York: Viking, 2008), p. 74.

34) "The Other-Worldly Philosophers," *Economist*, July 18, 2009, p. 66.

35) Patricia Cohen, "Ivory Tower Unswayed by Crashing Economy," *New York Times*, March 4, 2009.

36) Robert Lucas, "In Defense of the Dismal Science," *Economist*, August 28, 2009.

37) Simon Johnson, "The Quiet Coup," *Atlantic*, May 2008.

38) Chrystia Freeland, *Plutocrats: The Rise of the New Global Rich and the Fall of Everyone Else* (New York: Penguin Press, 2012).

39) Matt Taibbi's blog at http://www.rollingstone.com/politics/blogs/taibblog; *Inside Job*, directed by Charles Ferguson, Sony Pictures Classics, 2010.

40) Martin Wolf, "Seeds of Its Own Destruction," *Financial Times*, March 8, 2009.

41) Dani Rodrik, *One Economics, Many Recipes: Globalization, Institutions, and Economic Growth* (Princeton, NJ: Princeton University Press, 2007).

42) Alex Berenson, "How Free Should a Free Market Be?" *New York Times*, October 5, 2008.

43) Robert Wade, "The Global Slump: Deeper Causes and Harder Lessons," *Challenge*, 52:5 (September–October 2009), pp. 5–24.

CHAPTER 3

부와 권력: 중상주의적 시각

> 우리의 경제적 권리가 약화되고 있다. … 만일 잃어버린 경제적 권리를 되찾길 원한다면 시급히 국가권력을 사용하여 산업을 진작하고, 생산에 기계를 사용하고, 노동자들에게 일자리를 주어야 한다. …[1]
>
> 1920, 쑨원(孫文)

제2장에서 우리는 금융위기가 어떻게 경제적 자유주의자의 관점을 국가가 좀 더 적극적으로 은행, 투기꾼, 그리고 금융시장 전반을 규제하는 역할을 수행해야 한다는 견해로 옮아가게 했는지에 대해 살펴보았다. 각국 정부가 우려하는 바는 고도로 통합된 글로벌 경제에서 금융위기가 국가안보를 위협한다는 점이다. 왜냐하면 금융위기가 다양한 정치적·경제적 위협에 대항해 물리적으로 심리적으로 스스로를 지킬 수 있는 정부능력을 약화시키기 때문이다. 실업, 의료서비스의 붕괴, 환경파괴와 같은 위기로 인해 발생하는 받아들이기 힘든 정치적·사회적 비용을 어떻게 감당할 지에 대해서도 각국 정부는 고민한다.

중상주의mercantilism는 국제정치경제를 이해하는 세 가지 관점 중 가장 오래되고 사람들의 머릿속에 가장 깊이 자리 잡고 있는 관점이다. 중상주의는 모든 사람들과 근대 국민국가의 기본적인 충동을 설명하고 있다. 즉 실재 위협이든 가상의 위협이든 모든 위협으로부터 국가의 안위를 지키기 위해 부와 힘을 창출하고 지탱하고자 하는 본능에 근거하여 설명을 한다. 역사적으로 **고전적 중상주의**classical mercantilism는 수출의 증진과 수입의 억제를 통해 사회 내 특정 집단의 이익을 보호하는 동시에 나라를 튼튼하게 해주는 무역수지 흑자를 실현하려는 국가의 노력을 의미한다.

현실주의realism는 안보를 확보하려는 국가의 노력을 강조한다는 점에서 중상주의와 깊은 연관이 있다 (제9장에서 보다 구체적으로 다뤄질 것이다). 중상주의자들이 주로 나라에 대한 경제적 위협에 초점을 둔다면, 현실주의자들은 보다 광범

56

위한 물리적 위협을 강조하고, 따라서 나라에 대한 공격을 저지하기 위한 군사적이고 경제적인 수단의 사용을 부추긴다. 물론 세계화된 정치경제체제에서 국가에 대한 군사적인 위협과 경제적 위협을 따로 떼어 생각하는 것이 갈수록 점점 더 어려워지고 있다. 오늘날 **신중상주의**neomercantilism는 고도의 상호의존을 특징으로 하는 보다 복잡한 세계를 설명하고 있는데, 각국은 자국의 국내사회를 보호하기 위해 다양한 수단, 특히 경제적 수단을 사용한다.

이 장에서 우리는 고전적 중상주의, 현실주의, 신중상주의와 관련된 다양한 정치철학과 사상을 살펴볼 것이다. 이 장은 16세기로부터 오늘날에 이르기까지 중상주의적 사상이 어떤 이유로 그리고 어떻게 진화되어 왔는지를 시간의 순서에 따라 살펴본 후, 세계화와 최근 금융위기에 직면하여 국가가 시장에 개입해야 하는지 아니면 개입하지 말아야 하는지에 관한 논쟁과 관련이 있는 몇 가지 신중상주의정책에 대해 거론할 것이다.

이 장에서 강조하고자 하는 논지는 다음 다섯 가지이다. 첫째, 역사상 중상주의는 개인과 국가의 자기보호 욕구에 근거하고 있다. 둘째, 중상주의의 역사가 보여주는 것은 국가는 항상 시장을 규제할 수밖에 없고, 시장을 허락, 유지, 관리하려는 국가의 자발적 노력 없이는 시장이 가져다주는 혜택을 기대할 수 없다는 것이다. 셋째, 시장개방과 자유무역을 포함하는 경제적 자유주의를 추구하는 국가는 자유주의적 목표가 국가이익에 부합하는 한에 있어 자유주의적 목표를 추구한다는 것이다. 넷째, 역설적으로 들릴지 모르지만, 세계화는 경제적 자유주의자들이 예견했던 것과는 달리 국가의 자기보호 본능을 누그러뜨리지 못했다. 오

히려 세계화는 각국이 느끼는 불안감을 더욱 **강화시켰는데**, 이는 세계화로 인한 고조된 긴장과 갈등 때문이다. 마지막으로 중상주의자들은 최근 금융위기와 같은 문제를 해결하기 위해 국가와 국가가 협력하거나 국가와 여타 글로벌 행위자가 협력하는 것이 어렵다고 주장한다.

역사와 철학으로서 중상주의

중상주의의 역사는 경제적 자유주의의 역사와 확연히 다르다 (제2장을 참조). 고전적 중상주의의 역사는 16세기에서 19세기에 이르는 동안 유럽 근대 민족국가nation state의 부상과 불가분의 관계가 있다. 이 시기 서유럽의 지배적인 정치경제사상은 민족국가를 확고히 하기 위해 국가를 건설하고 경제영역에 관여해야 한다는 생각이었다. 민족nation은 인종적 배경, 언어, 역사, 혹은 그 밖의 일련의 요인들을 근거로 자신들을 하나의 확대된 정치공동체의 일원으로 인식하는 한 무리의 사람들이다.[2] 국가는 자국 내에서 물리적 강제수단을 독점하고 일정한 영토 내에 거주하는 사람들에 대해 (최상위 정치적 권위인) 주권sovereignty을 행사하는 법적 실체 — 이론적으로 다른 민족에 의한 간섭으로부터 자유로운 실체 — 로 간주된다.[3] 중상주의 정치철학은 민족국가가 왜 그리고 어떻게 외부위협으로부터 자국의 경제와 사회를 보호하는데 필요한 부와 권력을 창출할 수 있었는지에 대해 답하고 있다.

경제사학자인 틸리Charles Tilly는 군주와 관리들로 하여금 사회를 조직하고 민족을 확고히 하는 조치들을 취하게 만든 근본적 원인은 전쟁이었

다고 주장한다. 15세기 경 소규모 봉건제후국들은 다른 국가들에 맞서 스스로를 지키기 위해 보다 큰 단위의 국가를 형성해야만 했다.[4] 전사왕 warrior-king은 예산을 관리하고, 돈을 사용하고, 세금을 걷는 것과 관련한 다양한 기능을 수행하는 관료제적 정부조직을 만들었다.[5] 지방에서 종종 이러한 기능을 수행하는 귀족을 통제하기 위해 왕은 자신이 국가권위 그 자체임을 주장했다 (루이 14세가 내가 곧 국가다 — L'État, c'est moi — 라고 했을 때 그가 의미한 것). 대부분의 왕은 귀족들이 자신의 군대의 참모로 종사하고 세금을 매기고 징수하는 일을 도와주는 것에 대한 보답으로 귀족들의 재산권을 절대적으로 보장했고 귀족들에 대한 힘의 사용을 자제했다. 몇몇 역사가들은 이러한 합의가 마침내 농민들에 대한 권리보장으로 확대되었을 때 근대민주주의와 입헌주의의 기원인 '인민의회people's parliament'의 수립으로 이어졌다고 주장한다.

비록 각기 다른 방식으로 등장했지만 다음 세기에 걸쳐 우리가 흔히 민족국가로 알고 있는 국가들이 나타났다. 예를 들어, 프랑스는 이미 15세기에 '민족국가'를 형성했고, 뒤이어 영국, 네덜란드, 스페인 등이 민족국가를 형성했다 (독일과 이탈리아는 19세기 후반에 이르러서야 민족국가적 실체로 확실하게 자리 잡았다). 캠브리지대학교의 경제학자 장하준은 튜더왕조의 헨리 7세와 엘리자베스 1세가 추구한, 오늘날 우리가 **산업정책** industrial policy이라고 부를 법한 다양한 방법 중 몇 가지에 대해 살펴본다. 여기서 산업정책이란 특정 사업부분을 발전시키기 위해 국가가 기획한 전략을 의미한다.[6] 토지엔클로저법(1760~1820), 특정 사업분야에 대한 독점권과 산업 스파이 활동이

그러한 조치에 해당한다. 네덜란드로부터 모직산업의 지배권을 빼앗으려고 하는 영국 모직산업을 돕기 위해 헨리 7세는 관세정책과 수출보조금정책을 사용했다. 그는 특사를 파견하여 영국 내 모직물 생산에 적합한 장소를 물색토록 하였다. 그 후 100여 년간 영국은 저지대국가들(벨기에와 네덜란드)과 경쟁하고 나아가 의도적으로 이들 국가의 모직산업이 쇠퇴하도록 수입대체산업정책(예를 들어, 국산 모직물의 판매증진을 위한 해외 생산 모직물 손질의 금지)을 채택했다.[7]

1648년 30년 전쟁이 끝난 후 중상주의적 관행은 탄력을 얻어 더욱 성행하게 되었다. 차츰 국가가 영토 내 거주하는 사람들에 대해 최고의 권위를 가지고 있다고 여겨지면서 (민족)국가의 관료들에게 정치적 권력이 집중되기 시작하였다. 늘어나는 안보 수요를 충당하기 위해 마을과 도시는 더 많은 돈과 자원을 제공해야만 했다. 한 세기 전만 하더라도 농업부문이 소득의 대부분을 담당했지만, 더 이상 그렇지 않게 되었다. 점차적으로 군주와 국가관료들은 국가재정의 커다란 수입원인 상인계급과 이들 상인계급이 행하는 무역에 기대를 걸게 되었다. 경제성장을 촉진하기 위해 좀 더 커진 국가관료들은 지방과 지역의 시장을 연결하고, 공통 화폐와 무게단위를 제정하고, 기록을 남기고, 국가 기간시설의 건설을 촉진하기 시작했다. 결과적으로 상인들은 경제영역에 대한 투자를 늘리면서 더 많은 재산권과 더 높은 사회적 지위를 얻게 되었다.

이 시기에 대한 역사적 서술들은 당시 유럽 국가들의 역사가 전쟁과 폭력의 위협을 특징으로 했다고 주장한다. 신생 유럽국가체제에서 어느 나라도 자신의 안보를 다른 나라에 의지해 지켜낼 수

없었고, 따라서 각국은 자신의 영역을 지키기 위해 오직 자신의 힘과 부에만 의지할 수 있었다. 이러한 상황은 종종 **안보딜레마**security dilemma를 야기했다. 안보 딜레마란 전쟁수행능력을 증대하고자 하는 한 나라의 노력이 필시 다른 나라에게 위협이 되는 상황을 말한다. 국가 관료들은 국력에 대해 **제로섬게임**zero-sum game(영합게임이라고도 함)적 견해를 갖는 경향이 있는데, 이러한 견해에 따르면 한 나라가 절대적인 힘을 얻는다는 것은 다른 한 나라가 그 만큼의 절대적인 힘을 상실한다는 것을 의미한다. 영토방어는 국가의 최우선 관심사로 간주되는데, 외부 침략자 혹은 국가를 전복하려는 내부집단으로부터 국가를 보호할 수 없다면 평화와 번영이라는 것이 아무런 의미가 없기 때문이다. 하지만 육군과 해군을 조직하고 무장시키고 유지하는 데는 많은 돈이 들기 때문에 부wealth 또한 국가안보를 달성하고 유지하는데 없어서는 안 될 구성요인의 하나로 간주되었다.

대다수 역사가들에게 있어 중상주의 시대는 신대륙 탐험과 제국주의의 첫 번째 물결과 동의어로 취급된다. 이 시기는 1648년부터 나폴레옹전쟁이 끝난 1815년까지를 말한다. 수많은 탐험가와 정복자들이 엄청난 양의 금과 은을 찾아 국가의 금고를 채웠다. 국가가 무역을 통제하고 국부와 힘을 창출하는데 사용하였던 또 하나의 중요한 수단은 자국의 영토가 아닌 남의 영토 혹은 국가를 군사력을 이용하여 점령하는 것을 의미하는 식민주의colonialism였다. 식민지는 모국 상품을 독점적으로 파는 시장이자, 원자재와 값싼 노동력의 공급처였다. 급성장하던 상인계급은 자신들의 이익을 보호해 줄 강한 국가를 지지했고, 반대급부로 국가는 통상무역을 할 경우 상인과 국가 모두에게 이익이

되는 특정 산업에 대해 해당 상인이 독점적 지배권을 행사할 수 있도록 허가하였다. 대부분의 국가는 수출을 증진하고 식민지 제국의 발전을 도모하기 위해 보조금을 지급하였다. 네덜란드는 이런 면에서 꽤 성공적이었는데, 네덜란드의 뒤를 이어 영국도 특허기업charter company[i]을 설립하고 신기술을 채용하여 시장과 무역을 통해 내다 팔 상품을 생산하는 도심지 상업을 지원하였다.

경제사가 포메란츠Kenneth Pomeranz와 토픽 Steven Topik은 1400년대 발호한 식민국들이 전 지구적 위계구조의 상층부로 오르기 위해 중상주의 정책을 어떻게 구사하였는지 연구해 왔다.[8] 포메란츠와 토픽은 주요 지배국들이 전 세계 시장에서 자국의 무역상과 정부 특허기업이 유리하게끔 지속적으로 폭력과 점령이라는 방법을 사용했다고 주장한다. 신대륙으로부터 면화, 설탕, 담배와 같은 원자재를 얻기 위해 값싼 노동력이 필요하였고, 이를 위해 그들이 구사한 전략의 요체가 노예제였다. 영국은 중국으로 하여금 인도산 아편을 수입하도록 강요하여 인도와의 무역에서 발생한 자국의 무역적자를 메꿀 수 있었다. 유럽열강들은 코코아, 고무, 차, 커피와 같은 원자재에 대한 접근권을 장악하기 위해 서로 경쟁하였고, 의도적으로 이들 상품의 생산을 자신들의 관할권과 과세권 하에 있는 영역에서 확대하였다. 그들은 상업적 이익과 영역 지배를 위해 아메리카대륙과 벨기에령 콩고에서 원주민에 대한 대학살을 저질렀다. 자유로운 국제무역이 평화와 번영으로 이어질 수 있다고 예견한 고전적 자유주의자들을 힐난하는 의미에서 포메란츠와 토픽은 다음과 같이 말한

---

i 〈역자 주〉 왕실 혹은 정부의 허가를 받은 기업.

다. "시장경제의 건전한 파급에 대한 장밋빛 그림은 16세기에서 18세기에 걸친 유럽 근대 민족국가 부상의 역사적 토대가 불행하게도 폭력이었다는 사실을 숨기고 있다."[9] 달리 말하면, 부의 역사적인 축적과 재분배의 시기에 "피 묻은 손과 보이지 않는 손이 종종 협력하였고, 실제로 이 두 손은 종종 한 몸통에 달려있었다."[10]

영국의 월폴 수상Walpole, 1721~1742은 무역과 식민주의를 통한 경제성장을 넘어 또 다른 국가수입원으로 영국의 모직산업을 꾸준히 발전시키고자 하였다. 영국 목양산업과 섬유산업은 토지의 수익성을 높였고 과세대상인 제품의 소비와 아울러 일자리를 창출하였다. 제조업 보호를 위해 영국정부는 자국 상품과 경쟁관계에 있는 상품과 수출보조금을 받는 상품에 대한 수입관세를 올렸다. 인도산 옷감처럼 영국으로 수입될 경우 모국 상품보다 경쟁력이 있는 식민지 생산품의 수입은 금지되었다. 영국산 옷감보다 우수한 인도산 옷감으로 인해 실제로 아일랜드의 면직공장이 쇠퇴하였고, 미국 섬유산업의 성장이 지연되었다. 경제가 더욱 경쟁적이 되고 정치는 갈수록 적대적이 되어가는 상황 속에서 이뤄진 이 모든 노력은 국부와 국력을 증진하기 위한 것이었다. 국가에 의한 보호주의적 조치가 없었더라면 대영제국은 성장하는 경제적 부와 제국을 유지할 수 없었을 것이다.

중상주의에 대한 경제적 자유주의자의 도전

1840년대와 1870년대 사이 영국에서는 아담 스미스Adam Smith와 데이비드 리카르도David Ricardo로 대표되는 경제적 자유주의 사상이 유행하게 되

었고 그 때까지 영국의 정치경제가 나가야 할 방향의 기본으로 여겨지던 중상주의를 점진적으로 대체하였다. 당시에도 상당수의 정책결정자들은 시장이 자기조절적이며 국가의 역할은 **자유방임적**(시장 밖에 머물러 있는)이어야 한다는 생각을 받아들였다. 중상주의에 도전하는 이러한 경제적 자유주의 사상이 등장하게 된 이유는 무엇이었나?

1776년 발간된 『국부론*The Wealth of Nations*』에서 스미스는 중상주의가 경쟁을 제한하고 제한된 경쟁이 생산의 비효율성으로 이어진다고 비판했다. 그러나 나폴레옹전쟁이 끝난 1815년 — 이미 대영제국이 가장 효율적인 공산품 생산자가 되었던 때 — 에 이르러서야 비로소 영국의 공직자들은 자유무역을 요구하게 되었다. 영국은 결국 1840년 자유무역정책을 채택했고, 1860년에 이르러 무역관세를 완전히 철폐했다. 대영제국이 자유무역정책을 채택한 이유는 국가관리들과 이론가들이 중상주의보다 자유무역정책이 대영제국에 유리하다는 사실을 입증했기 때문이라고 한다 (제2장 글상자 2.1 '영국의 곡물법'을 참조). 스미스에 이어 저명한 사업가이자 하원의원이었던 리카르도가 **비교우위**comparative advantage의 개념을 널리 알리는데 일조했다. 비교우위의 개념에 입각하면 타국에 비해 상당히 많은 종류의 상품을 효율적으로 생산할 수 있는 국가라 할지라도 오직 선별된 몇몇 상품의 생산으로 전문화해야 하고 자국이 필요한 여타 물품은 타국과 무역을 통해 조달하여야 한다.

경제적 자유주의의 주창자라는 명성에도 불구하고, 스미스는 그의 추종자들이 생각하는 것과 달리 자유주의적 계획을 교조적으로 수호하려고 하지는 않았다. 그는 개인(소비자)의 자유를 지지하고 국가가 경제를 망치는 것을 우려했지만, 동시

에 보호주의적인 측면도 일정부분 견지했다. 사치성 운송수단, 술, 설탕, 담배에 대한 과세에 찬성했고, 많은 역사가들이 밝혔듯이 영국과 그 식민지간의 화물운송은 영국국적의 배만이 할 수 있다고 규정한 항해법Navigation Act을 지지하였다. 스미스와 리카르도 둘 다 자유무역이 자국 제조업자들로 하여금 모직물을 비롯한 영국산 제품의 시장을 전 세계로 확대하도록 도와주는 정책이라고 여겼다. 리카르도 역시, 만약 필요하다면, 자유무역에 대한 예외조항을 '좁은 범위 내에서' 인정하였다.

분명히 자유무역은 그 자체가 하나의 이념적 목표는 아니다. 저명한 경제사가인 폴라니Karl Polanyi는, 경제적 자유주의가 파악하고 있는 것과는 달리, 경제적 자유주의 노선을 걷고 있는 나라들은 다른 나라들에 대해 비교우위를 차지하려 하는 동시에 단지 자국 산업들을 보호하고 돕기 위한 또 하나의 방편으로 자유무역정책을 취하는 것임을 보여주는 강력한 역사적 증거가 존재한다고 주장한다.[11] 비교우위와 자유무역에 관한 이론은 다른 나라들로 하여금 영국에 수출할 밀을 재배하고 판매하는 것에 특화하고 동시에 영국이 생산한 값비싼 공산품을 구매할 것을 권고할 것이다. 영국은 특히 섬유산업에서 자국의 회사가 타국의 회사에 비해 기술적 우위를 점하거나 유지하도록 도와주기 위해 무역관세의 사용에 반대하였다.[12] 흥미롭게도 1870년대 후반 유럽과 아메리카대륙에서 시장경쟁이 치열해지자 영국의 부유한 금융업자들과 제조업자들은 시장개방정책에 **반대**하고 시장규제와 보호무역을 옹호하는 운동을 전개할 때 노동계급과 힘을 합쳤다. 중상주의적 관점의 역사적 견해는 19세기 후반 보통선거권이 확대됨에 따라 국가는 사회에 보다 많은 혜택을 제공해야

하는 압력에 놓이게 되었다는 사실도 강조한다.

역사가들은 1870년 이후 중상주의를 새롭게 재강조한 **경제적 민족주의**economic nationalism(자신이 속한 민족국가에 대해 사람들이 느끼는 강한 일체감과 충성심)가 국가간의 관계에서 더욱 확고하게 자리를 잡았고 19세기 말에 이르러서는 제2의 제국주의 물결을 일으켰다고 기술하고 있다. 독일, 일본, 이탈리아가 식민지 쟁탈전에 뛰어들었던 것이다. 폴라니는 영국이 경제적 자유주의 노선으로부터 이탈함에 따라 유럽의 세력균형체제가 현저하게 약화되었고, 세력균형체제를 대체한 양극체제는 결국 1914년 제1차 세계대전으로 이어졌다고 말한다.

대서양 반대편: 역사적으로 간과되고 있는 미국의 보호무역주의

19세기 미국과 통일 전 독일의 공국들과 같은 신흥강국들은 영국의 공세적인 자유주의 경제정책으로부터 자국 경제를 보호했다. 당시 중상주의 사상을 발전시킨 대표적인 인물로는 미국의 해밀턴Alexander Hamilton, 1755~1804과 독일의 리스트Friedrich List, 1789~1846를 들 수 있다. 해밀턴은 제1대 미 의회에 제출한 자신의 "제조업에 관한 보고서Report on the Subhect of Manufactures"에서, 토마스 제퍼슨Thomas Jefferson의 생각에 반대하여 농업생산에서의 특화는 미국의 국익에 최선이 아니라고 주장했다. 미국이 농업에 전문화를 꾀한다면, 신생국 미국이 필요로 하는 다양한 공산품과 서비스를 제공하는 영국과 경쟁하는 것은 말할 것도 없고, 잠재적인 적들과 경쟁하기에 충분한 경제력이나 군사력을 갖출 수 없다는 것이다. 오늘

날에도 익숙한 용어로 말한다면, 해밀턴은 미국 **유치산업**infant industries의 보호와 국내산업 진작 시키는데 있어 국가의 강력한 역할에 대해 찬성했 다.[13] 그는 또한 미국제품이 해외에서 보다 경쟁 력을 가질 수 있도록, 그리고 외국 정부에 의해 지 원된 보조금의 효과를 상쇄하도록 수출보조금을 장려했다. 해밀턴은 다음과 같이 썼다.

> 몇몇 나라들이 특정 상품의 수출에 장려금(보조금) 을 지급하여, 자국의 수출업자가 해당 상품이 수입 되는 나라의 모든 경쟁업자들보다 상품을 싸게 팔 아 경쟁에서 이길 수 있도록 한다는 것은 … 잘 알 려진 사실이다. 따라서 새로 제조업을 시작하는 기 업인은 당연히 새로 시작한 사업이 갖는 여러 불리 함과 싸워야 할뿐만 아니라 외국정부가 자국 업자 에게 제공하는 하사금 및 보상금과도 싸워야 한다. 이 싸움에 성공하기 위해서는 정부의 개입과 도움 이 필수불가결하다는 것은 자명한 사실이다.[14]

19세기 독일의 정치경제학자 리스트Friedrich List는 더욱 강력하게 중상주의정책을 지지했다. 얄궂게도 자신의 자유무역에 관한 신념으로 말미 암아 조국인 독일로부터 추방당한 리스트는 1825 년 미국에 건너와 해밀턴의 경제적 민족주의정책 이 낳은 결과를 직접 목격했다. 미국은 강성해져 독립과 안보를 성취했다. "생산력에 관한 이론과 가치론"이라는 자신의 논문에서 리스트는 "경제 적 부 자체보다 생산할 수 있는 능력이 훨씬 더 중요 하다"고 주장했다.[15] 달리 말하면 미래의 생산능 력에 투자하는 것이 현재의 번영이 가져온 과실을 소비하는 것보다 훨씬 중요하다.

리스트는 오로지 농업부문에만 투자하는 것보 다 교육투자 및 신기술개발과 더불어 공산품을 생 산하는 것이 더 중요하다고 생각했다. 다양한 재화 와 서비스를 생산하는 것이 국부와 국력을 신장시 키는 가장 바람직한 방법이라고 생각했기 때문이 다. 리스트는 제조업이 "농업에 비해 훨씬 더 다양 하고 보다 더 높은 수준의 기질과 지능을 발달시키 고 활용하며, 과학과 예술의 산물인 동시에 과학과 예술의 후원자요 양육자"라고 논문에 썼다.[16]

해밀턴과 리스트의 저작은 영국의 경제적 자유 주의사상과 자유무역정책에 대한 반작용이라 할 수 있는 애국적 경제민족주의 정신으로 구체화되었 다. 리스트는 자유주의무역정책이 수출업자와 수 입업자 둘 다에게 똑같이 혜택을 주는 것은 아니라 고 주장했다. 다른 유럽국가들에 비해 영국의 기술 력이 앞서 있었고 노동의 효율성도 높았기 때문에 유럽인들의 입장에서는 영국제품이 자국산 제품보 다 더 매력적이었다. 리스트는 '사해동포주의적인 cosmopolitan' 세계였다면 국가들이 서로 **대등하게** 경 쟁할 수 있을 때까지 자유무역은 없었을 것이라고 주장했다. 영국이 중상주의정책을 반대하는 만큼, 영국은 과거 자신들이 부와 힘을 얻기 위해 펼쳤던 정책들을 다른 나라들이 활용해서 발전이라는 사다 리를 오르지 못하도록 "사다리를 걷어찼다." 리스 트는 영국을 '따라잡을' 때까지 영국과 겨룰 운동장 을 평평하게 만들기 위한 일환으로 자국의 유치산 업을 보호할 것을 미국과 유럽 나라들에게 권유했 다. 그는 또한 프러시아와 독일의 도시국가들이 통 일을 이룬다면(약 40년 후 통일이 이루어진다) 큰 이득을 얻을 수 있다고 주장했는데, 이들의 경제 적·군사적 힘을 합치면 영국의 국력에 맞설 수 있 기 때문이었다. 제2차 세계대전 이후 유럽경제공동 체를 창설하게 된 동기 중 하나가 미국, 일본과 경 쟁하기 위함이었다는 사실은 아이러니이다.

19세기 기간 중 미국정부는 미국국민들에게 서

부로 가서 열심히 일하여 재산을 마련하라고 독려했다. 명백한 운명Manifest Destiny[ii]과 신이 허락한 경제적 팽창이라는 생각이 당시 새로이 형성되고 있던 민족정신에 큰 영향을 미쳤다. 1812년 전쟁 기간 동안 미국의회는 관세를 두 배로 올렸고, 이는 제2차 세계대전 때까지 미국의 경제개발계획의 한 부분으로 유지되었다. 1800년부터 1848년까지 미국은 일련의 영토조약, 전쟁, 협상을 통해 루이지애나, 플로리다, 오리건, 텍사스, 멕시코로부터 얻은 할양지역 등을 합병하여 영토를 확장했다. 링컨 대통령은 운하를 건설했고 관세를 50퍼센트까지 인상했는데, 이 관세율은 제1차 세계대전 시기까지 그대로 유지되었다. 남북전쟁 기간 중 제정된 1862년의 홈스테드법Homestead Act은 160에이커의 토지를 개간하여 5년간 경작한 사람들에게 그 토지에 대한 소유권을 인정하였다. 미 육군은 서부 거주 원주민 인디언 부족에 대해 인종청소를 자행하였다. 미 의회는 제조, 석탄, 철강, 제철, 은행, 부동산 산업의 발달에 필요한 철도건설에 보조금을 지급했다. 미 육군 공병부대가 국가 기간시설 건설을 지원하는 동시에 정부의 관대한 이민정책은 주로 백인의 정착을 독려했고 정착민들에게 보상도 하였다. 이와 같은 모든 정부 지원 개발사업 덕분에 미국은 경제적으로 번영을 누리게 되었고, 1880년대에 이르러 미국은 세계 무대에 주요 경제대국으로 부상하였다.[17]

무역정책 측면에서 1913년 미 의회는 관세를 인하했으나 1925년까지 공산품에 대한 관세를 다시 37퍼센트까지 인상하였으며, 그 덕분에 미국

은 세계에서 가장 빠르게 성장하는 나라가 되었다. 다른 나라들(독일, 오스트리아, 스웨덴) 역시 관세장벽의 보호 하에서 성장하고 있었다. 대공황이 발발하자 스무트−헐리 관세법은 미국의 평균 관세율을 역대 최고수준인 48퍼센트로 인상했다. 많은 나라들이 자국의 산업을 보호하고 육성하기 위해 유사한 정책을 채택하면서 마치 '이웃국가를 가난하게 만드는beggar-thy-neighbor' 방식으로 각국의 이익이 충돌할 수밖에 없었다. 많은 이들은 스무트-헐리 법이 대공황의 발생과 그에 이은 제2차 세계대전의 발발에 일정부분 책임이 있다고 비난한다. 그러나 장하준에 따르면 역사적으로 볼 때 무역관세는 흔한 것이었다. 미국을 비롯한 많은 나라에서 시장이 완전하게 개방된 적도, 무역이 완전히 자유로웠던 적도 결코 없었다.[18]

케인즈, 대공황, 그리고 전후 질서

오늘날 많은 이들이 2007년 글로벌 금융위기를 낳은 원인으로 규제되지 않는 시장의 힘market forces, 탐욕, 어리석음을 비난하는 것과 마찬가지로 1929년 주식시장 붕괴와 뒤이어 세계 도처에서 발생한 실업과 빈곤의 원흉으로 은행과 투기꾼들을 비난했다. 사람들은 시장자본주의에 대한 믿음과 신뢰를 잃었고, 이는 점차 파시즘과 나치즘에 대한 지지로 이어졌다. 독일은 걷잡을 수 없이 지독한 실업을 경험하였고, 이러한 경험이 경제적 민족주의와 공직자들의 타국을 악으로 여기는 성향을 강화시켰다.[19] 유럽, 라틴아메리카, 아시아에서는 다수의 혁명운동이 발생했다.

이 책 제2장에서 다룬 바와 같이 1930년대에 국가는 보다 많은 수의 유권자와 한층 높아진 기

---

ii 〈역자 주〉 19세기 후반 미국의 영토확장 정책을 지지하는 신념·주의.

대에 부응해야만 했기 때문에 케인즈John Maynard Keynes의 사고가 대중의 지지를 받게 되었고, 그로써 자유방임사상이 더 이상 정치적으로 받아들여질 수 없게 되었다는 점을 상기하라. 케인즈는 어떻게 산업 국가들이 경제를 재시동하고 경기침체의 사회적 악영향을 해소할 수 있는가에 대한 질문에 보다 긍정적인 발상을 제안했다. 케인즈는 시장이 때때로 실패할 수 있을 뿐만 아니라 경기후퇴와 침체가 장기간 지속될 수 있다고 생각했다. 사람들이 권위주의적 정치지도자를 지지하는 경향을 약화시키기 위해 국가는 국가경제에 개입하여 고용을 촉진하고, 경기침체가 사회에 미치는 부정적인 영향을 해소하며, 자본주의체제에 대한 신뢰를 회복하는 등 국가경제를 활성화시킬 필요가 있었다.

제2차 세계대전이 끝난 후, 브레턴우즈체제를 떠받치는 세 가지 제도의 — 즉, GATT, IMF, 세계은행 등의 — 설계와 역할도 대부분 케인즈의 생각에 근거하였다. 경제적 자유주의자들은 제2차 세계대전이 끝난 후 미국과 미국의 동맹국들이(소련과 중국을 제외) 자유주의적 경제목표를 지향하는 국제정치경제 질서를 수립했다고 주장하는 경향이 있다. GATT는 무역장벽을 낮췄다 (흥미롭게도 케인즈는 영국과 영국식민지들의 재건을 위해 영국정부가 높은 관세를 계속 유지하는 것에 찬성했다). IMF는 통화차별currency discrimination을 없앴다.[iii] 세계은행은 유럽의 전후 복구를 도왔고 나중에는 저개발국가LDCs: least developed countries의 경제개발을 지원했다. 미 정부관리들은 미국이 주도하는 국제시장의 **점진적인** 개방이 제2차 세계대전 발발 직전 많은 국가들을 괴롭혔던 일종의 중상주의적 갈등을 피할 수 있게 해 줄 것이라고 제안했다.

다른 한편, 중상주의자(그리고 그 사촌격인 현실주의자)들은 브레턴우즈체제를 떠받치는 세 가지 제도가 달성하고자 하는 정치경제적 목표에 주목한다. 그 목표란 친서방 산업화국가들 내에서 자본주의를 **유지**하고 소련과 국제공산주의 운동을 '봉쇄'함으로써 이들 자본주의 국가들을 **수호하는** 것이었다 (제9장 참조). 더욱이 경제적 자유주의 질서는 그것을 지탱해줄 군사력 없이는 유지될 수 없었을 것이다. 미국은 자국 화폐인 달러를 기축화폐로 사용함으로써, 또한 대서양 동맹국Atlantic Alliance들에게 유동성, 금융, 원조, 군사적 보호 등을 제공하는 패권국의 역할을 수행함으로써 이득을 보았다. 냉전기 동맹국들의 지지를 얻기 위해 미국이 자신의 동맹국들에 제공한 집합재collective goods로는 무역 상의 양보(예컨대 수입관세 인하)와 식량원조 등이 있었다.

대부분의 중상주의자와 현실주의자는 미국이 대서양 건너편의 동맹국들(일본과 훗날 한국을 포함)과 **정치적 거래**(보이는 손의 역할)를 했다는 사실에 동의할 것이다. 여기서 거래란 동맹국들이 공산주의를 봉쇄하는데 해야할 바를 다하는 경우 동맹국들이 경제적으로 보호주의적 태도를 취한다고 하더라도 미국이 그것을 용인하는 것을 말한다. 미국의 경제적 양보에는 전쟁이 끝난 후 유럽과 일본이 복구되어감에 따라 일부 일자리를 점차로 유럽과 일본의 저임금 노동자들에게 내주는 형태의 희생내지 비용이 포함되었다. 당시 동맹정책

---

iii 〈역자 주〉 IMF의 주요 역할 중의 하나는 국제수지적자를 겪고 있는 나라에 긴급자금을 지원함으로써 고정환율제도를 유지하는 것이다. 화폐 간 고정환율을 일정하게 유지한다는 것은 화폐에 대한 차별을 없앤다는 의미이기도 하다.

을 다루는 대다수 정책결정자들의 큰 고민 중 하나는 너무 급속하게 국제경제에 개방할 경우 유럽과 일본의 전후 복구가 차질을 빚어 자칫 공산주의가 이곳 국가에 교두보를 마련할 수 있다는 점이었다. 유럽과 일본이 국제무역과 국내경제 상 보호주의 조치를 계속해서 사용할 수 있고, 미국과 경쟁할 수 있을 때까지 자국의 국내시장을 점진적으로 개방하는 것이 용인된 이유는 바로 이러한 고려 때문이었다.

신중상주의의 확립

1973년 석유생산국가의 카르텔인 **석유수출국기구**OPEC: Organization of Petroleum Exporting Countries는 하룻밤 사이에 유가를 네 배 올리고, 미국과 네덜란드에 대한 석유수출을 금지하고, 그 외의 지역에 대한 석유수출 또한 25퍼센트 감축함으로써 국제정치경제의 판도를 완전히 뒤집어 놓았다 (제19장을 참조). 유가상승 — 1979년 한 차례 더 유가파동이 있었다 — 과 산유국으로의 막대한 통화유입으로 인해 서방세계가 약화되고 OPEC은 정치적, 경제적 힘을 갖게 된 것으로 여겨졌다. 대부분의 산업화국가들과 개발도상국들은 심각한 불황을 겪었고, 서방세계가 적나라하게 보여준 OPEC에 대한 종속성이 낳은 결과를 목격한 석유수입국들은 **경제안보** 관련 이슈를 최우선적 정책의제로 삼았다. 갑작스럽게 석유와 석유제품에 대한 통제여부가 NATO 회원국 간의 단결만큼 중요하게 되었다 (석유위기의 극복 방법을 둘러싸고 북대서양조약기구 회원국 간 의견이 갈라졌다).

석유에 대한 의존이라는 문제 말고도 적어도 또 다른 두 가지 요인이 1970년대 초 국제정치경제에 중대한 변화를 가져왔다. 그 중 하나는 전 세계 권력구조가 양극체제에서 다극체제로 변화한 것이었다 (제9장을 참조). 1973년 미국이 베트남에서 철수한 후 닉슨 행정부는 부분적으로 각국 국가경제가 더욱더 서로 **상호의존**interdependence 하게 된 것에 기초하여 5대국 세력균형 구도를 형성하였다. 동시에 선진국들은 경제안정에 관한 케인즈의 생각으로부터 벗어나 좀 더 시장주도적 경제성장 전략으로 전환하였다.

석유파동과 경제후퇴에 대한 대응으로 미국과 그 동맹국들은 GATT체제 하 다자협상 및 국가 간 쌍무협상을 통해 세계 시장을 개방하는데 더욱 치중했다. 미국의 부채가 늘어남에 따라 수출을 늘리고 일자리를 창출하는 방법으로 종종 무역이 관심의 대상이 되었다. 일본과 한국 같은 국가들은 수출주도 성장에 초점을 두는 방향으로 국가성장전략을 조정하여 개방된 국제경제의 더 큰 시장이 주는 기회를 적극 활용했다.

제2차 세계대전이 일어나기 직전 많은 나라들은 다른 나라의 중상주의정책에 대한 대응으로 관세장벽을 높게 세우거나, 다른 나라의 수출을 배척하거나, 심지어 전쟁을 벌이기조차 했다. 그러나 1970년대에 들어 이러한 조치들은 사회적으로 고비용을 초래하기 때문에 정치적으로 유용하지 못하여 받아들여지기 어렵게 되었다. 많은 국가들의 경제적 및 군사적 이익이 더욱 (복잡하게) 서로 상호의존적이 되어있기 때문에 어떤 한 나라가 지나치게 보호주의적이거나 고립주의적인 입장을 취할 수는 없다. 자국의 생산자와 다양한 국익을 지키기 위해 국가들은 신중상주의neomercantilism

로 전환했다. 신중상주의란 GATT체제 하에서 자유무역을 확대하기로 한 전반적인 약속을 어기지 않으면서도 국제무역경쟁에서 자국의 취약성을 줄이는 효과를 가진 좀 더 정교하고 교묘하게 설계된 일련의 정책을 의미한다. 국제무역협정이 상당수의 신중상주의적 기법을 명시적으로 금지하고 있지는 않았다.

경제성장을 자극하고, 경기순환을 관리하고, 실업을 없애기 위해 국가는 다양한 신중상주의적 정책을 사용했다. 다양한 정책프로그램에 대한 정부지출, 산업규제, 자본통제, 이자율변화 등이 그러한 조치들에 해당한다. 또한 다양한 국가 산업전략은 연구개발을 위한 보조금, 국영기업, 국가보증 신용대부state-distributed banking credit 등을 포함하였다. 몇몇 국가는 수출보조금의 지급을 통해 자국 수출제품의 가격을 낮추어 자국 제품이 수입업자들에게 보다 매력적으로 보이게끔 하였다. 미국과 유럽공동체는 관행적으로 자국 농민에게 보조금을 지급하였고, 상품의 공급과잉을 줄이는 동시에 수출시장의 점유율을 높이기 위해 수출보조금을 사용하였다 (제6장을 참조). 1980년대에 이르러 신중상주의적 조치는 국내사회를 보호하고 국익을 지키기 위해 국가가 취할 수 있는 정책수단으로서 갈수록 더욱 중요한 역할을 수행하였다.

1970년대 신중상주의정책의 중요한 하나의 사례로 선진국의 경제안보를 강화하기 위해 OPEC에 대한 석유의존도를 줄이고자 했던 미국 주도의 조직적 움직임을 들 수 있다. 미국은 '전략적 석유비축기지'의 개발을 후원하고 알라스카 북부해안 지역의 노스슬로프 유전개발을 촉진하였다. 또 다른 신중상주의 국가정책으로는 가정용 에너지 사용을 줄이는 기술을 채택한 사람에 대한 세금감

면, 시속 55마일로 자동차 운행속도제한, 일광절약시간제, 대체에너지 자원개발에 대한 국가의 자금지원 등이 있었다. 미 의회는 자동차 제조회사로 하여금 보다 에너지 효율성이 높은 차를 설계하도록 연비요건을 강제하였다. 심지어 오늘날에도 대다수 국가는 가정집의 단열조치를 유도하고, 대중교통 이용을 권장하고, 바이오에너지, 천연가스 혹은 전기를 사용하는 자동차 제작의 지원 등을 통해 외국산 원유에 대한 종속 문제와 계속해서 씨름하고 있다.

1970년대 신중상주의정책의 또 다른 예는 **비관세장벽**NTBs: nontariff barriers 사용의 확대이다 (제6장을 참조). 보건과 안전기준에 관한 복잡한 정부규제, 특허와 상표표시 요건, 국산물품 사용의무규정domestic content requirement을 통해 특정 수입품 유입의 차단 등이 이에 해당된다. 마찬가지로 특정 제품의 수입 양의 한도를 정하는 **수입쿼터**import quotas 역시 비관세장벽에 해당한다. 미국과 유럽은 자국의 국내 생산자들이 해외 생산자와 경쟁할 수 있도록 도와주기 위해 아직까지도 설탕과 같은 많은 농산물 품목에 대해 수입쿼터를 적용하고 있다. 수출자율규제협정VEA: Voluntary Export Agreement은 수입을 제한하는 또 하나의 방법이다. 이는 협상을 통해 타협한 쿼터(할당제) 혹은 수출국과 수입국 간 '신사협정'으로, 수출국이 수출을 제한해 달라는 수입국의 '요청'에 '자발적'으로 응하는 것을 말한다. 수출국이 그렇게 하는 이유는 만약 수출국이 그렇게 하지 않을 경우, 수입국이 수출국 제품에 대해 보다 높은 비용을 요구하는 보호주의적 조치를 취할지도 모르기 때문이다.

일본은 신중상주의정책을 통해 **경제기적**을 이루는데 크게 성공했다. 1970년대 후반 대다수 경

제발전 전문가들은 일본이 수출주도 성장에 성공할 수 있었던 것은 일정부분 국가가 경제에 적극적으로 개입했기 때문이라고 보았다. 정부가 — 특히 통상산업성MITI: Ministry of International Trade and Industry이 — 산업발전을 세심하게 지도하기 위해 기업경영자 및 자민당LDP: Liberal Democratic Party 소속 정치인과 긴밀하게 협력하였다.[20] 몇몇 일본 기업은 국가와 은행으로부터 보조금을 지원받은 덕분에 미국이나 유럽의 다른 기업들에 비해 상대적으로 더 높은 경쟁력을 갖출 수 있었다.

일본은 해외투자와 국내기업 및 산업에 대한 소유권 보유 등으로 보호주의 무역조치를 보완하였다. 프레스토위치Clyde Prestowitz는 일본이 자국의 가장 경쟁력 있는 산업을 지원하는 것 이상의 정책을 폈다고 주장한다. 즉 일본은 또한 공격적인 전략적 무역정책을 의도적으로 채택했다. 일본은 어떤 상품의 생산에 대한 자연적인 비교우위를 결여하고 있었기 때문에, **의도적으로** 자국 산업에 유리한 방향으로 비교우위를 창출하기 위해 해당 산업의 노력과 국가의 지원이 결합된 무역정책을 사용했다.[21] 훗날 성공한 신흥국가, 특히 아시아의 호랑이들(한국, 홍콩, 싱가포르, 대만)과 중국은 일본의 성공을 모방한 것으로 볼 수 있다.

신중상주의와 세계화 캠페인

제1장과 제2장에서 밝힌 바와 같이 1980년대와 1990년대는 국가 간의 상호의존이 심화되고 경제적 자유주의 이념에 대한 사람들의 관심이 고조되는 시기였다. 이러한 변화로 인해 전 세계적 자본주의 경제구조에 개별 국가를 통합시키려는 노력을 포함하는 세계화 운동의 출범을 위한 기틀이 마련되었다. 레이건과 대처는 시장지향적 정책에 초점을 맞추고 국내경제에 있어서 국가의 역할을 차츰 줄이는 한편, 세계경제에서 자국의 이익을 증진하는데 정치적·군사적 힘을 사용하였다. 세계 각국은 세계화에 적응하면서 동시에 세계화가 일자리와 일부 국가산업에 미칠 부정적인 영향을 완화해야 하는 모순적 상황을 잘 해결해야 하는 처지에 놓여있다.

세계화 현상과 더불어 무역은 갈수록 더욱더 정치적으로 민감한 사안이 되었다. 무역이 GDP의 상당부분을 차지하고 국가경제의 다양한 부문에 영향을 미치기 때문이다. 이러한 정치적 민감성을 고려하여 국가들이 채택하는 정책들은 종종 무역상대국들과 분쟁을 야기했다. 저명한 정치경제학자인 길핀Robert Gilpin은 어떤 한 국가가 다른 국가의 정책적 의도를 모르는 상태에서 적절한 대응조치를 취하는 것은 쉬운 일이 아니라고 말한다. 길핀은 중상주의적 위협이 진짜 상대방을 해치려하는 것인지(**악의적 중상주의**malevolent mercantilist) 아니면 궁극적으로 상대방을 해치려는 의도가 없는 것인지(**악의 없는 중상주의**benign mercantilist) 여부를 구분하는데 유용한 기준을 제시하였다. 악의적인 중상주의는 경제전쟁의 보다 호전적인 변형이며 자기보호를 위해 타당하다고 여겨지는 선을 넘어 다른 나라를 희생시켜가며 자신의 영토를 확장하거나 혹은 정치·경제적 영향력을 확대하는 정책을 취하는 것을 의미한다. 대조적으로 악의 없는 중상주의는 본질적으로 보다 방어적인데 '불길한 정치적·경제적 세력에 대항하여 경제를 지키려는 시도'이기 때문이다.[22] 물론 양자 간의 차이가 어찌 보면 종류의 차이가 아니라 정도의 차이에서 비롯되는 것으로 보이는 상황에서 이 두 가지를 어떻게 구별할 것인가는 여전히 문제로 남는다.

레이건대통령은 1970년대 닉슨-키신저의 다극체제를 소련을 '악의 제국'으로 규정한 과거의 양극체제 질서로 되돌린 일로 유명하다. 이러한 안보목표와 더불어 레이건독트린은 저개발국가들로 하여금 반공산주의 신조뿐만 아니라 IMF, 세계은행, GATT가 규정하는 경제적 자유주의 정책노선을 채택할 것을 독려했다 (혹자는 강제했다coerced고 말한다. 제6~8장 참조). 레이건 행정부와 많은 학계인사들은 개발도상국들이 국제경제에 좀 더 긴밀하게 통합하게 되면 경제적으로 좀 더 빠르게 성장하고 정치적으로 좀 더 민주화될 것으로 예상했다.

또한 레이건 대통령은 1985년 다자간 무역협상인 우루과이라운드를 시작할 당시 경제적 자유주의와 중상주의적 목표를 혼합하였다. 이 협상의 목표 중 하나는 비관세장벽과 여타 무역규제의 완화를 통해 '기울어진 운동장을 평평하게 만들어' 국가들이 동일한 규칙을 따르고 동일한 정책을 추구하면서 서로 경제적으로 경쟁할 수 있도록 하는 것이었다. 1980년대와 1990년대 일본은 계속해서 엄청난 무역수지 흑자를 냄으로써 다른 나라들과 때때로 첨예한 갈등관계에 놓이곤 했다. 미국과 유럽은 자국의 무역수지 적자가 일본의 공격적인 수출주도 성장전략과 수입규제 때문이라고 비난했다. 일본은 자신들이 악의 없는 신중상주의 산업정책을 통해 단지 국가안보를 강화하려고 했을 뿐이라고 주장했다.

레이건 대통령은 과잉생산된 제품을 시장에 너무 싼 가격으로 내다팔거나 미국과의 불공정한 경쟁을 부추기는 보조금을 지급한 일본과 브라질에 대해 슈퍼 301조(제6장 참조)를 적용할 것이라고 종종 위협했다. 그는 또한 NATO 동맹국들이 계속해서 소련의 천연가스를 수입한다면 NATO 동맹국에게도 무역제재를 가하겠다고 위협했다. 미국은 일본과 신흥국들이 무역장벽을 낮추고 외국인 투자와 경쟁에 시장을 개방하도록 차츰 압력의 수위를 높였다. 이 책의 이어지는 장에서 알게 되겠지만, 이러한 미국의 노력이 결코 성공했다고 보기 어렵다. 왜냐하면 미국의 장기 무역 적자와 대조적으로 이들 국가는 지속적으로 무역수지 흑자를 기록했기 때문이다.

미국은 주요 동맹국들에게 행사할 수 있는 압력이 제한적이라는 사실에 자주 직면했다. 오늘날 중국과의 관계 및 사우디아라비아와의 관계와 마찬가지로 (제7장 참조), 당시 미국은 미국제품을 수입하고 미국 재무부 발행 장기 채권과 증권에 투자하던 일본에 의존하고 있었다. 소련에 대한 의존을 근거로 NATO 동맹국들에게 압력을 가한 행위는 단지 미국의 유럽외교정책에 대한 비판만 더욱 커지게 했다.

미국과 일본은 자동차, 쌀, 쇠고기, 반도체와 같은 품목을 둘러싼 무역분쟁으로 거듭 충돌했다. 어떤 한 나라가 악의 없는 행위로 생각하는 것을 다른 나라는 악의적인 행위로 해석할 수 있다. 만약 전자의 국가가 후자의 국내사회에 상당한 정도의 스트레스와 걱정을 끼치고 있는 경우라면 더욱 더 그러하다.

신중상주의와 금융위기

1990년대 초 이후 몇몇 국가들의 신중상주의 정책은 여타 다른 나라들의 촉각을 곤두세우게 했다. 왜냐하면 후자의 경우 실업과 가정의 붕괴, 의회에 대한 유권자 불신의 증가, 실제이든 상상이든 국부와 국력의 쇠퇴 등과 같은 문제의 해결을 위해 씨름해야 했기 때문이다. 세계화와 복합적 상호의존이 가져온 혜택은, 경쟁상대방으로부터 국내사회가 취약하게 되고 쉽게 영향을 받게 되는 부작용보다 크지 않다. 사람들은 세계화가 가져온 혼란과 시장의 불안에 적응하는 일이 갈수록 점점 더 힘들다는 사실을 깨닫게 되었다. 이러한 상황에서 정부관료들은 시기를 놓치지 않고 — '쇠가 뜨거울 때 때리기 위해' — 자신만의 대응책으로 맞서야 한다는 중압감에 종종 시달린다. 그렇게 하지 않은 경우 해외 경쟁자들이 자신을 약하거나 무관심한 존재로 생각하지 않을까 하고 우려하기 때문이다.

국가간 정치적 경쟁 및 경제적 경쟁은 사라지지 않았다. 사실 세계화가 진행되면서 경쟁은 더 치열해지고 있다. 대부분의 경우, 기업들은 원료, 시장, 값싼 노동력을 찾아 해외로 진출하지 않을 수 없다는 사실을 통감하고 있다. 노동력의 아웃소싱이 경제적으로 효율적이고 합리적인 관행이 되었다. 중상주의자들은 한 걸음 더 나아가 세계화는 자기파괴적이라고 주장한다.[23] 부와 힘이 전 세계적으로 분산되면서 세계화의 부정적인 효과로부터 자신을 보호하거나 세계화가 가져온 긍정적인 효과를 이용하기 위해 국가는 부득불 자신의 힘과 권위를 (다시) 강화해야만 한다.[24]

중상주의자들은 최근 글로벌 금융위기가 자유방임 사상과 세계화가 얼마나 파괴적인지를 보여주는 좋은 예라고 말한다. 금융위기는 세계 도처에서 국가간 긴장을 고조시켰고, 여러 정치·사회적 제도를 뿌리째 뒤흔들었고, 보호주의와 국가안보지향적 관점에 대한 새로운 관심을 불러일으켰다. 금융위기로 인해 지하경제가 확대되었고 미국의 중국에 대한 의존도가 높아졌다. 미래에 재앙을 초래할지도 모를 환경변화의 추세에 대한 공동대응이 필요함에도 불구하고, 금융위기를 핑계로 많은 나라들은 공동대응에 미온적이었다. 금융위기는 세계질서를 미국 패권체제에서 좀 더 다자적인 체제로 바꿔놓았다.[25] 또한 금융위기는 미국경제가 세계경제의 모델이라는 기존의 생각을 약화시켰다.

저개발국가의 신중상주의정책

이 책의 다른 장에서 보게 되겠지만, 선진국들이 그랬던 것처럼 개발도상국들도 시장의 이익뿐만 아니라 사회와 국가의 이익에도 부합하는 보다 실용적이고 정교한 전략적 배합을 모색해 왔다. 개발도상국들은 국제적 경제경쟁 및 몇몇 국가 관리자들이 악의적인 위협이라고 간주하는 것에 대한 대응으로 신중상주의 조치들을 계속해서 취해왔다.

정치경제학자 웨이드Robert Wade는 자신의 책 『시장 다스리기Governing the Market』에서 일본, 한국, 대만이 경제발전의 '기적'을 이룩하는데 있어서 정부의 산업정책이 결정적인 역할을 했다고 주장했다.[26] 이들 동아시아국가의 정치지도자와 정부 관료들은 조선과 컴퓨터 정보저장매체 부문과 같이 각국이 경제체질개선의 열쇠로 간주하는 산업부문으로 국내투자가 이루어지도록 유도했다. 그들은 저축을 장려했고, 유치산업을 지원하기 위해 시장가격을 조작했다. 그들은 또한 민간투자를 보완하기 위해 대규모 공공투자를 단행했고, 거대 복합기업(재벌)의 출현을 용인했다. 또한 그들은 기업으로 하여금 제품의 질을 개선하고 완제품의 상당 부분을 수출하도록 독려했다. 브라질, 멕시코, 아르헨티나와 같은 나라들도 이러한 신중상주의정책을 — 웨이드가 명명한 '**발전국가**developmental state'의 특성을 — 따라 했지만 항상 긍정적인 결과를 낳진 못했다.

　마찬가지로 컬란직Joshua Kurlantzick도 이러한 정책을 **국가자본주의**state capitalism를 구성하는 요소로 본다. 국가자본주의란 국가가 많은 기업을 소유하거나 또는 적어도 국가가 "기업을 지원하고 지도하는데 주된 역할을 담당하는" 경제체제를 의미한다.[27] 국가는 자본주의를 약화시키지 않는다. 오히려 국가는 시장이 국가의 장기적 이익에 좀더 잘 부응할 수 있도록 그 활로를 터준다. 컬란직은 국가자본주의가 기업가정신과 혁신을 촉진할 수 있다고 주장한다. 그는 30여 년 전 브라질정부가 정부보조금, 은행대출, 조달계약을 통해 개인투자자들이 자본투자를 꺼렸던 소규모 비행기 제작사인 엠브레어Embraer를 지원한 사실을 예로 든다. 현재 엠브레어사는 세계에서 가장 큰 중단거리 상용제트기 제조사이다. 싱가포르정부도 소규모 창업에 '엔젤투자angel investment'를 제공하고 창업자들이 신기술에 투자하도록 하는 유인책의 제공을 통해 동일한 역할을 수행하고 있다.

　캠브리지대학의 경제학자 장하준은 한 걸음 더 나아가 '성공 가능성이 높은 산업을 가려내는 일'을 오히려 정부가 더 잘 할 수 있다고 주장한다. 특히 정부가 민간회사들과 함께 협력하여 일을 추진하는 경우 더욱 그렇다. 정부는 성공하기 위해 애를 쓰고 있는 기업들로 하여금 단기수익에 연연하지 않고 대신 장기적인 시장점유율 확대에 주안

점을 두는 '참을성 있는 자본patient capital'이 될 수 있도록 도와주었다. 예를 들어, 1960년대 한국 기업 LG는 원래 섬유제조를 희망하였지만 정부가 LG로 하여금 전선을 생산하게 하였다. 이는 훗날 LG가 세계적인 전자제품 생산기업이 되는 토대를 마련해 주었다.[28]

　장하준은 말레이시아, 브라질, 중국과 같은 개발도상국이 자국의 경제개발 운동의 일환으로 신중상주의적 무역정책을 계속해서 채택하고 있는 몇 가지 이유에 대해 설명한다. 개발도상국들은 자신들보다 경제적으로 부유하고 기술적으로 앞서 있는 나라들을 '따라잡길' 원했다. 하지만 '발전의 사다리를 올라가면서' 선진국들이 따르는 규칙을 똑같이 지킨다면 개도국은 결코 사다리 꼭대기에 오를 수 없다는 사실을 깨닫게 된다. 이 책의 제2장에서 개관하고 있듯이 강대국들의 이익을 대변하고 있는 많은 국제기구들은 다양한 보호주의적 조치들을 없애기 위해 노력해 왔다. 리스트와 마찬가지로 장하준은 한시적이나마 개발도상국에게 유리하도록 선진국에게 일종의 핸디캡을 부여할 필요성이 있다고 믿는다.

　장하준은 스포츠에 관한 비유를 통해 주장의 핵심을 지적한다. 경쟁하는 팀 간에 선수 혹은 경기조건이 불평등하면 우리는 경기가 불공정하다고 하며 '경기장 고르기'의 필요성에 대해 말한다. 선수들의 나이나 체급을 기준으로 나누어 따로 경기를 벌이듯이 개발도상국들이 좀더 '공정하게' 선진국들과 경쟁할 수 있도록 일부 수단을 사용할 수 있게 해 주어야 한다. 왜냐하면 선진국들은 이미 유리한 위치를 점하고 있고 애초에 경기규칙을 자국에게 유리하도록 만들어 놓았기 때문이다.

　개발도상국 입장에서 보호무역정책은 소득을

창출하는데 있어 없어서는 안 될 역할뿐만 아니라 외국의 경쟁자들로부터 자국 내 생산자들을 보호하는 역할도 담당한다. 그러나 이 책의 제6장에서 밝히고 있듯이 개발도상국들은 제2차 세계대전 직후 관세 및 무역에 관한 일반협정GATT: General Agreement on Tariffs and Trade을 만들었던 다자간 협상에서 거의 아무런 역할을 하지 못했다. 초기 GATT협정문의 무역규칙이 선진국의 이익을 반영하였다는 사실에 주목할 필요가 있다. 이 무역규칙은 공산품에 대한 수입관세의 사용을 점진적으로 줄이면서도 몇몇 보호무역 조항은 그대로 유지하는 내용을 포함하고 있다. 개발도상국들은 1986년부터 1994년까지 진행된 우루과이라운드를 통해 1990년대 초 GATT체제가 WTO체제로 전환하는데 일정 역할을 담당했다. 그러나 당시에도 국제무역 레짐의 기본원칙은 이미 정해져 있었고 변경하기 어려웠다.

1994년 대부분의 개발도상국들은 농산물 무역보조금에 대한 신자유주의적 규범, 서비스 산업의 교역, 비관세장벽NTBs, 지적재산권IPRs: intellectual property rights에 관한 규정을 새롭게 도입한 WTO협정에 서명했지만, 당초 기대했던 것만큼 협정으로부터 큰 혜택을 보진 못했다. 나중에 있었던 도하라운드에서 개발도상국들이 새로운 합의에 이르길 달가워하지 않은 이유가 바로 여기에 있었다 (제6장 참조). 개발도상국들은 자신들이 생각하기에 불공정하다고 느끼는 무역규칙을 바꾸기 위해 많은 협상연합을 형성하려는 노력을 배가하기도 했다.

마찬가지로 가난한 개발도상국들은 1990년대에 들어 IMF와 세계은행이 자신들에게 요구한 **구조조정정책**SAPs: structural adjustment policies이 악의적인 중상주의정책처럼 느껴진다고 불만을 토로했다. 중상주의자들은 개발도상국 시장이 개방일로에 있었던 것으로 추정되는 1990년대에 들어 저개발국의 경제성장률이 실제로는 **낮아졌다**고 반박했다. 구조조정정책은 (최소한 노동계급과 빈곤층에겐) 뜻밖의 '임무변경mission creep'이나 신자유주의정책의 시행에 지나지 않았다. 오늘날 리스트Friedrich List가 살아있었더라면, IMF와 세계은행의 구조조정정책은 미국, 유럽, 일본의 부와 힘을 증대하기 위해 국가권력이 사용된 또 다른 사례에 불과할 뿐이라고 주장했을 것이다. 그 유용성은 차치하고서라도, 구조조정정책은 사람들이 주장하는 것만큼 (그 목적이) 고상하지도 않다.

도하라운드의 다자간 무역협상에서 볼 수 있듯이 무역과 구조조정정책 속에 숨겨진 의도가 갈등을 야기하는 경향이 있다. 저개발국들은 새로운 협정이 개발도상국으로 하여금 '유치산업'을 보호하기 어렵게 할 것이라고 비난한다. 저개발국들은 또한 모든 나라에 대해 높은 노동 및 환경기준을 적용해야 한다는 선진산업국들의 주장에는 비효율적 산업부문을 드러내지 않고 보호하려는 의도가 숨어 있다고 의혹을 제기한다. 공식적으론 무역개방을 확대하고 무역장벽을 낮춘다는 국제적 목표의 추구를 약속했음에도 불구하고 WTO 회원국은 경제안보와 독립을 지키는데 있어서 여전히 보호주의적 태도를 취하고 있다.

오늘날의 신중상주의정책

한 나라가 채택하는 신중상주의정책의 종류는 해당 국가의 경제발전 수준과 국제체제에서 차지하고 있는 상대적인 힘의 크기에 따라 달라진다. 앞서 언급한 바와 같이 가난한 나라들은 선진산업국을 '따라잡는데' 특별한 관심을 갖지만, 가난한 나라들은 주요 강대국들과 WTO, 세계은행, IMF와 같은 신자유주의적 제도들이 강제하는 이념적·정치적 제약 하에서 노력해야만 한다. 선진산업국들은 값싼 노동력이 풍부한 신흥국에게 블루칼러 제조산업을 빼앗기지 말아야 하는 동시에 첨단기술과 지식기반산업을 놓고 다른 선진산업국들과 서로 경쟁해야 하는 이중의 도전에 직면해 있다. 세계화와 국제협정들이 모든 나라들을 일련의 경제적 자유주의 원리와 복잡하게 결합시킴에 따라 국가는 새로운 형태의 악의 없는 중상주의정책을 강구하고 쿼터, 관세, 강압 등과 같이 유효성이 입증된 중상주의정책을 사용할 수 있는 영역을 개척하고 있다.

이 절에서는 오늘날 발견되는 신중상주의정책의 두 가지 유형에 대해 살펴본다. 그 중 하나는 산업정책 및 산업기반조성정책이고 다른 하나는 전략적 자원정책이다. 비록 여기서는 선진국이 사용하고 있는 두 가지 전략에 초점을 맞추지만 개발도상국들 역시 이 정책들을 사용하고 있다는 점을 염두에 두기 바란다. 사실 저개발국들은 선진산업국들이 과거 자본주의 **역사** 초기 이러한 정책들의 다양한 변형을 사용하였기 때문에, 오늘날에 와서 선진산업국들이 저개발국들에게 이러한 정책을 사용해서는 안 된다고 주장하는 것은 위선이라고 지적한다. 다수의 신흥국들이 원하는 바는 지적재산권 보호의 완화, 자유무역과 보호무역의 혼합, 서구 선진국들의 부당한 압력이 없이 신속히 민주화를 이루고 부패를 척결할 수 있도록 제도를 개선할 수 있는 시간 등이다. 그러나 선진국들은 신흥국들에게 "우리가 했던(때때로 지금도 하고 있는) 대로 하지 말고, 우리가 말한 대로 해!"하고 이야기하고 있는 듯하다.

산업정책 및 산업기반조성정책

상당수 국가는 국가주권과 독립성에 대한 위협을 줄이기 위해 다양한 방법으로 자국 내 외국인투자를 제한한다. 석유회사와 같은 국내기업에 대한 외국인소유 주식비율을 제한할 수도 있고, 천연자원의 채굴, 전력발전, 은행, 미디어 등과 같은 전략 산업에 대한 외국인의 투자를 제한할 수 있다 (글상자 3.1 '중국 대 UNOCAL' 참조). 공장 건립, 서비스망 구축, 사무공간 마련을 위해 외국인이 토지나 부동산을 구입하기가 쉽지 않은 것이 일반적이다. 이러한 정책이 의도하는 바는 종종 내국인들이 소유하는 회사에게 이점을 제공하거나 외국인들이 현지 회사에 협력하게 함으로써 외국자본이 자국 경제의 특정 부문에서 과도한 통제력을 행사하지 못하도록 하는데 있다.

장하준은 20세기까지도 미국과 유럽의 여러 나라들이 이와 같은 외국인투자에 대한 제약을 많이 갖고 있었다고 말한다. 마찬가지로 일본, 한국, 핀란드와 같은 나라들도 1980년대까지 외국인직접투자에 대한 많은 공식·비공식 제약을 두었으나 급속한 성장을 꾸준히 유지하였다.[29] 예를 들면, 제2차 세계대전 이후 유럽 여러 나라들은 외환에 대한 접근을 통제하고 현지 생산자의 물품을 구매하도록 요구함으로써 외국인 회사를 규제했다. 일본은 국가 중추산업에 대한 외국인직접투자FDI: foreign direct investment를 금지했고 여타 산업에 있어서도 외국인의 회사소유 지분율을 50퍼센트로

글상자 3.1

중국 대 UNOCAL[a]

2005년 4월 미국에 본부를 두고 있는 거대 정유 회사 기업집단인 셰브론은 미국 내의 소규모 경쟁회사인 UNOCAL의 지배지분을 확보하기 위해 현금과 자사 주식을 포함해 16억 5천만 달러를 제시했다. 금융 분석가와 주요 이해관계자들이 이 제안에 대해 고민하던 와중에 또 다른 거대 다국적 에너지 회사가 청하지도 않은 수정입찰가격을 제시하면서 게임에 뛰어들었다. 중국정부가 70퍼센트의 지분을 갖고 있는 중국국영 연안석유회사CNOOC: Chinese National Offshore Oil Corporation가 막강한 재정수익을 이용해 첫 눈에 보기에도 아주 매력적인 제안 — 현금 18억 5,000만 달러 — 을 했다.

그러나 UNOCAL의 주주들 입장에서는 이 매력적인 제안을 수락하는 것이 무척 복잡한 일이 되고 말았다. CNOOC가 아주 매력적인 제안을 했다는 소문이 퍼지자 미국사회 내에서는 외국정부가 자국 내 중요 자원생산을 통제하게 되는 것은 아닐까 하는 우려의 목소리가 터져 나왔고 이 거래는 국가안보의 문제로 급속히 비화하였다. 2005년 6월 27일 의회 에너지 관련 위원회의 주요 의원들은 조지 W. 부시George W. Bush 대통령에게 서한을 보내 미국 내 에너지 공급을 장악하려는 중국의 "공세적 전술이 미국의 국익을 위협할 수 있다"[b]는 사실을 환기시켰다. 40명이 넘는 의원들이 연명한 비슷비슷한 서한들이 미 재무부에 전달되었고 국가안보상의 이유로 해당 거래를 재심의할 것을 권고하였다. 또한 전 CIA 국장이었던 울시James Woolsey는 공공연히 CNOOC의 제안이 미국의 에너지 자원을 장악하려는 중국의

'의식적이며 장기적인 노력의 일환'[c]이라고 언급했다. 며칠 후, 미 하원은 압도적인 표차(398 대 15)로 결의안을 통과시켜, 대통령에게 이 거래를 국가안보에 대한 위협으로 간주하여 중단시킬 것을 요구하였다.[d]

의회결의안이 하원을 통과하자마자 중국외교부는 미국정부가 기업이 하는 사업을 방해하고 있다고 비난하는 성명서를 발표했다. 성명서에서 중국은 "미 의회가 경제적 사안이자 무역에 관한 사안을 정치화하는 실수를 바로잡을 것과 두 나라의 기업 간 일반적인 통상거래에 대한 간섭을 중단할 것"[e]을 요구하였다. 이렇듯 강경한 발언을 쏟아냈음에도 불구하고, 결국 CNOOC는 제안을 철회하였다. 미국정부가 이 거래를 직접적으로 저지한 것은 아니다. 왜냐하면 하원이 통과시킨 결의안이라는 것이 구속력이 있는 것도 아니고 상원을 통과한 것도 아니었기 때문이다. 궁극적으로 논란이 만들어낸 정치적 장벽 때문에 CNOOC가 UNOCAL을 효율적으로 운영할 수 있는 기회를 얻지 못하게 되었다. 월스트리트 주요 투자회사의 재정고문들이 대체로 동의하였듯이 CNOOC이 추가적으로 제안한 2억 달러의 가치보다 그 제안이 초래한 번거로움으로 인한 비용이 더 컸다고 할 수 있다.[f]

중국/UNOCAL 사태에 대한 중국과 미국의 접근법은 근본적으로 중상주의적 사고에 근거했지만 두 나라 모두 그 의도를 겉으로 드러내진 않았다. 미국은 국가안보를 고려하는 현실주의를 겉으로 내세워 이 문제를 틀짓기 하였고, 중국은 시장 간섭에 관한 고전적인 경제적 자유주의의 언

(계속)

어로 미국에 반격을 가했다. 결국 이러한 정치적 요인들은 경제적 함수의 일부로서 셰브론의 제안을 유리하게 만들었다.

비록 UNOCAL이 세계 석유산업에서 그리 영향력이 있는 행위자는 아니었지만 — 전 세계적으로 하루 20만 배럴 미만을 생산한다 — UNOCAL의 노른자위 사업은 대체로 아시아지역에 기반하고 있었고 지역발전에 있어서는 아시아 최대 생산회사임을 자부했다. 독립 기업으로서 미국증권거래위원회SEC: Securities and Exchange Commission에 제출한 4/4분기 사업보고에 따르면 UNOCAL 매출의 57퍼센트는 태국, 인도네시아. 미얀마, 방글라데시 등 아시아지역의 사업으로부터 발생한다.ᵍ 중국이 이 지역 에너지 자원을 통제하고자 하는 동기는 분명하다. 신흥공업국 중국은 늘어나는 국내 원유수요를 충족시키기 위해 외국산 에너지 자원 수입에 의존해야 하는 사상초유의 경험을 하게 되었던 것이다. CNOOC 내부의 이해관계를 통제하면서 중국 정부는 급속히 성장하는 자국의 경제를 위해 원유공급선을 확보하려고 하였다. 신중상주의적 원리가 작동하고 있는 하나의 실례로 이해되는 대목이다.

미국 역시 중상주의적 동기에 입각해 거래를 저지했다고 볼 수 있다. 미국 내에서 논란이 한참 벌어지고 있을 때 많은 에너지 전문가들은 논란의 이면에 드러난 국가안보에 대한 염려가 석연치 않다고 여겼다. UNOCAL에 대한 CNOOC의 제안이 미국의 적대국인 중국의 군수전략의 일환이라는 주장에 대해 에너지 전문가들은 비판하였다. 구체적으로 에너지 전문가들은 원유수요를 가장 많이 촉발하는 중국의 산업 성장은 중국 제품을 가장 많이 수입하고 있는 미국에 종속되어 있다고 지적하였다. 실제로 미국의 입장에서 더 큰 고민거리는 바로 미·중 간 무역상황이다. CNOOC가 UNOCAL에 제안을 했을 무렵 미국은 이미 중국과의 교역에서 160억 달러의 적자를 기록하고 있었다.ʰ 급속히 확대되는 무역불균형을 바로잡고 중국이 전략적 상업자산을 획득하는 것을 저지하기 위해 의회지도자들은 국가의 교역상 중대이익이라는 미명 하에 자신들의 정치권력을 사용하였던 것이다.

참고문헌

a 라이언 커닝햄(Ryan Cunningham)이 연구를 수행하여 이 주제에 대한 논문초고를 완성했다. 이 저자들은 그에게 고마움을 전한다.

b Paul Blustein, "Many Oil Experts Unconcerned over China Unocal Bid," *The Washington Post*, July 1, 2005, p. D1.

c John Tamney, "Unocal Hysteria," *The National Review*, June 30, 2005.

d Peter S. Goodman, "China Tells Congress to Back Off Business," *The Washington Post*, July 5, 2005, p. A1.

e Ibid.

f "Why China's Unocal Bid Ran Out of Gas," *Business Week Online*, August 4, 2005, www.businessweek.com/bwdaily/dnflush/Aug2005/nf20058084_5032_db0lb.htm?chan-search (accessed March 19, 2007).

g Unocal Corporation Form 10-Q, filed August 4, 2006, p. 29.

h Goodman, "China Tells Congress to Back off Business," p. A1.

제한했다. 외국계 회사가 현지회사를 직접 인수하게 하기보다는 현지회사에게 외국계 회사의 기술을 사용할 수 있도록 강제하여 현지회사가 새로운 생산기술을 배울 수 있도록 하였다. 이러한 제약의 흔적이 오늘날에도 역력하게 남아있다. 2011년 일본에 대한 총 외국인직접투자는 GDP 대비 3.8퍼센트였다. 반면에 미국이 19.4퍼센트, 독일은 25.2퍼센트, 프랑스가 34.3퍼센트였다.[30] 핀란드는 1980년대까지 외국인직접투자를 철저하게 제한했다. 무엇보다도 외국인은 한 회사의 지분을 20퍼센트 이상 소유할 수 없었고, 외국계 은행의 설립은 철저히 금지되었다. 일본과 핀란드식 성공모델은 외국인직접투자에 힘입은 바 없다는 것이 확실하며, 이러한 사실은 자본이 자유롭게 유입되어만 한다는 경제적 자유주의자들의 주장과 상충된다.

오늘날 상당수 선진산업국들이 채택하고 있는 정부의 시장개입정책은 악의적인 보호주의 색채를 띠지 않으면서도 국가경쟁력을 제고할 수 있도록 설계되었다. 정부는 기업의 성공에 필수불가결한 공공기간시설과 연구에 대한 대규모 투자를 효과적으로 지원한다. 국가가 도로, 발전소, 교통시스템을 건설하는 경우, 정부지출은 주로 국내 노동자와 자본소유자의 혜택을 증대시켜, 결과적으로 노동과 자본을 보다 효율적이고 생산적으로 만든다. 주 경계 밖 수백 마일 떨어진 곳으로부터 물을 끌어오기 위해 수십 년에 걸쳐 관개시설에 대규모 공공투자를 한 결과, 캘리포니아는 농산물을 대량으로 생산하고 수출하는데 성공할 수 있었다. 투자은행에 종사했던 로하틴Felix Rohatyn은 최근 발간한 자신의 책에서 기간시설과 교육에 대한 미국의 대규모 공공투자가 미국이 강력하고, 혁신

적인 자본주의 국가가 되는데 가장 결정적인 역할을 했다고 주장한다. 이들 공공투자 프로그램에는 이리운하, 대륙횡단철도, 무상토지불하 대학land-grant college[iv], 파나마운하, 제대군인 원호법[v], 아이젠하워의 주간 간선도로시스템 등이 있다.[31] 마찬가지로 역사학자이자 경제학자인 레빈슨Marc Levinson은 1913년 이전 대도시 상점으로부터 물건을 주문하길 원하는 농촌거주 미국인들은 오직 철도화물운송을 통해 소포를 받을 수 있었고 민영철도는 그들에게 엄청난 운송비를 요구했다고 설명한다. 1913년 미 연방의회는 우정국으로 하여금 11파운드(약 5킬로그램) 이하 — 후일 50파운드까지 올렸다 — 에 해당하는 소화물을 저렴한 가격에 취급할 수 있도록 허가했다. 결과적으로 "소화물 취급과 관련된 정부의 새로운 역할 덕분에 전국 방방곡곡의 미국인들은 우편을 통해 집 근처에서 사는 것보다 훨씬 저렴한 가격으로 물품을 구입할 수 있게 되었다"고 레빈슨은 결론을 맺는다. 정부는 유통비용을 줄임으로써 대규모 소매업과 전국적 시장의 급속한 성장을 가능하게 하여 '상업의 대변혁'을 불러왔다.[32]

게다가 많은 나라들이 공교육의 실시와 고등교육에 대한 투자를 통해 경제적 혜택을 얻는다. 인도와 중국은 교육과 특히 연구개발에 집중 투자해

---

iv 〈역자 주〉 1862년 대학에 대해 연방토지를 허여하는 것을 규정한 모릴법(Morrill Act)에 따라 연방정부의 지원을 받을 수 있는 대학. 모릴법은 각 주가 연방의회에 보내고 있는 의원 1인당 3만 에이커에 해당하는 국유지를 무상으로 주어 그 토지의 총수익 90%를 농학, 공학 관련 강좌가 있는 주립대학의 기금 또는 유지비로 사용하도록 규정한 법률.

v 〈역자 주〉 제대군인에 대한 교육 자금이나 주택 자금 등의 지급을 정한 법률.

왔다. 의료과학, 공학, 자연과학 분야의 연구개발은 자국 내 회사들에게 대규모의 파급효과를 갖는다. 선진국들은 이미 교육과 연구개발에 대한 투자를 통해 기술혁신과 '지식기반경제'의 발전을 촉진시킨 바 있다 (제10장 참조).

정부구매 또한 외국인의 접근이 허용되지 않는 현지기업들에게 혜택을 주는 강력한 신중상주의적 수단이다. 정부는 대체로 국내 개인기업과 노동자들에게 도움이 될 수 있는 방향으로 재화와 용역에 대한 대규모 정부지출을 시행하기 원한다. 예컨대 미국의 방위비 지출의 파급효과는 상용 항공기 제조산업부문에서 에어버스사에 비해 상대적으로 보잉사가 보다 강한 경쟁력을 갖출 수 있게 해 주었다 (제17장 참조). 호주의 정치경제학자 와이스Linda Weiss와 터본Elizabeth Thurbon은 미국이 정부조달정책을 통해 어떻게 '국가지원 전략기업'을 키웠는지, 즉 록히드, 모토로라, IBM, 마이크로소프트 같이 세계적으로 경쟁력 있는 거대기업이 어떻게 정부계약에 의존하여 성장했는지 보여준다. 미국은 심지어 정부구매에 있어서 '물산장려운동' 정책 — 2009년 경기촉진 법안이 가장 최근임 — 의 일환으로 다른 나라들이 자국 내 공공건축물 프로젝트를 발주하는 경우 미국 기업에게도 입찰기회를 주도록 압력을 넣는다. 와이즈와 터본은 "비록 다자주의 원칙에 의해 제약을 받지만, 경제적 개방의 시대에 정부구매는 국가경제를 촉진하기 위한 강력한 수단을 제공한다"고 결론을 맺는다.[33]

보다 광범위하게, 학자들은 첨단제품의 대규모 국내생산을 가능케 하는 국가혁신체계를 육성하기 위해 정부구매가 다른 공공정책들과 융합되어야 한다고 주장한다. 중상주의 성격이 강한 최근

의 한 보고서에 따르면, 만약 미국 민간기업이 저리대출, 정부보조금, 세금우대를 받는 외국기업과 경쟁을 해야 한다면 연방정부와 주정부가 적극적으로 민간산업을 지원해야 한다고 미국 국가조사위원회US National Research Council가 주장했다.[34] 독일, 대만, 한국, 핀란드정부가 하고 있듯이 미국정부도 적극적으로 지원을 해야 한다는 것이다. 즉 정부지원 응용연구기관으로 하여금 민간기업이 획기적 기술을 이용해 대규모 양산능력을 갖출 수 있도록 돕게 하는 것이다. 위원회는 또한 미국이 전통적인 방식으로 세계적인 수준의 경쟁력을 유지할 수 있다고 지적한다. 즉 연구개발에 대한 정부지출을 더욱 늘리고 대학의 학비를 낮추는 것이다. 또한 위원회는 보다 중요한 반도체, 태양열 발전, 첨단전지, 제약과 같이 전략적 신흥산업에 미국정부가 직접적인 지원을 해야 한다고 주장한다. 이 모든 조치들은 현대 중상주의자들의 견해를 반영하고 있는데, 즉 정부가 의도적으로 그리고 대규모로 **국내** 제조업의 발전을 촉진함과 더불어 사회기반시설과 교육에 충분한 지출을 동시에 하지 않는다면 해당 국가는 세계시장 점유율에서 밀리고 급기야 국력의 쇠퇴에 직면하게 된다는 생각이다.

마지막으로 캐나다의 정치학자인 고프Patricia Goff는 한 나라가 자국의 회사나 산업을 돕는 것은 단지 일자리를 창출하거나 수출을 장려하고 혹은 외국인들에게 피해를 주기 위해 그러는 것이 아니라는 점을 상기시킨다.[35] 사실 그 목적은 지극히 방어적이고 경제와 무관할 수도 있다. 고프는 지난 60년에 걸쳐 캐나다와 유럽연합이 어떻게 미국의 맹공격으로부터 자신들의 문화산업을 — 음악, TV, 라디오, 영화, 잡지 등을 — 굳건하게 지

커왔는지에 대해 연구했다. 캐나다와 유럽연합은 몇몇 문화산업을 공기업 형태(공영방송과 같이)로 관리하고, 영화제작에 대한 지역투자가 시행될 경우 세제혜택을 주고, 예술인에게 공공대출과 보조금을 지원하고, (TV와 라디오 프로그램편성에서) 일정분량의 지역콘텐츠 방송을 의무화하고, 자국 내 문화산업 종사자를 보호하고 양성하기 위해 저작권 및 소유권에 관한 규칙을 마련했다. 캐나다와 유럽연합이 그러한 규칙을 마련한 것은 외국산 문화상품을 자국에서 몰아내기 위해서라기보다는 자신들 고유의 민족정체성, 문화적 다양성, 사회적 응집력을 고양하기 위해서였다. 세계화가 가져오는 동질화의 효과에 맞서 '문화주권'을 보존하려는 것은 야심찬 정치적 목적을 띠게 되는데, 이는 자신들의 역사와 가치에 대해 잘 아는 민주적 시민을 양성하는데 꼭 필요하다.

전략적 자원정책

신중상주의자들은 국가간 상호의존이 항상 대칭적이지는 않다고 생각한다. 즉 상호의존하는 국가들이 항상 서로 동등한 것은 아니라고 본다. 석유와 같은 **전략적 자원**strategic resources과 원자재를 공급하는 나라들은 자원과 원자재를 제공할 수 있는 자신들의 능력과 그로 인해 다른 나라들이 자신들에게 종속되는 것이 자신들의 힘과 안보상황을 개선하는데 긍정적인 효과를 가져 온다고 여긴다. 대부분의 경우, 자원생산국이 자원소비국에게 생산량을 줄이겠다고 위협하는 행위와 더불어 석유를 사기 위해 비산유국들이 지불해야 하는 비싼 가격은 자원에 대한 종속성 혹은 자원생산국에 대한 취약성의 문제를 국가안보에 대한 위협으로 확

대시킨다. 이상적으로 말하면 원자재에 대한 완전한 자급자족만이 어떤 한 나라를 정치적·경제적으로 안전하게 해 준다. 하지만 현실세계에서 국가들은 타국이 자신에게 종속되는 여건을 조성하면서 동시에 자신들은 타국에 종속되지 않으려고 부단히 노력한다.

이러한 예들은 흔히 발견된다. 1973년 석유파동 이후 프랑스는 일부러 엄청난 규모로 원자력발전 산업을 확대했다. 중국은 아프리카 및 라틴아메리카의 여러 나라들과 장기 석유공급협약을 체결하고 있으며, 글로벌 차원에서 거래되는 원자재를 자유공개시장에서 사는 대신 직접 자원개발에 투자함으로써 누구보다도 '한발 앞서' 원자재를 확보하려고 한다. 미국은 높은 비용을 지불하고서라도 석유, 탄탈륨(휴대전화와 전자제품의 주요성분), 전자제품과 무기제조에 필요한 여러 광물과 금속을 전략적으로 비축해 왔다. 심지어 미국 질병통제예방센터Center for Disease Control and Prevention조차 전략적 국가비축량Strategic National Stockpile을 관리하고 있는데, 이는 테러와 전염병과 같이 국가위기 발발 시 사용할 의약품 보유량을 비축하고 있음을 의미한다.

이러한 종류의 악의 없는 신중상주의정책을 펴게 되는 이유는 대체로 다른 나라들의 악의적 중상주의정책에 의해 자국이 해를 입을지도 모른다는 정당한 두려움에서 비롯된다. 오늘날 이러한 두려움이 사실무근은 아니다. 주요 강대국과 미국은 세르비아, 이란, 시리아, 이라크와 같이 자신들의 국가안보와 정치적 안정을 위협하는 나라들에 대해 시시때때로 경제제재를 가해왔다. 한 나라가 다른 나라의 첨단기술을 훔치는 산업스파이 활동도 여전히 성행하고 있다. 위조와 특허침해를 통해 드러

나듯이 지적재산을 훔치는 일이 점차 전세계적으로 퍼져가고 있으며 이는 한 나라의 기업에게 심각한 손해를 입힐 수 있다 (제10장을 참조).

산업화된 국가에게 **전략적 자원**strategic resources에 대한 접근과 통제는 언제나 가장 큰 고민거리였다. 왜냐하면 에너지, 광물, 금속원료를 얻지 '못하게' 될 경우, 경제가 제대로 작동하지 못하고 전쟁수행능력도 약화될 것이 우려되기 때문이다 (글상자 3.2 '희토류를 둘러싼 투쟁'을 참조). 과거 식민제국은 중요한 천원자원을 보유한 영토를 직접 통제하거나, 자원을 보호하고 경쟁 식민제국이 자원을 위협하지 못하도록 군비를 강화하였다. 오늘날 산업화된 민주주의 국가들은 대체로 사우디아라비아(원유)와 모로코(인산염)와 같은 거대 자원생산국 정부와 — 이 나라들의 정치체제가 민주주의체제가 아님에도 불구하고 — 정치적·군사적 동맹관계를 유지하려고 노력한다. 동시에 선진산업국들은 자원비축량을 늘리거나 자국 생산자에게 보조금을 지급하거나 공유지를 싼값에 빌려주어 국내 자원개발과 채굴을 독려하기도 한다.

또한 선진산업국과 중국처럼 급속한 산업화를 경험하고 있는 국가는 자국 회사가 해외 원료공급자를 다변화하고, 외국 자원채굴회사를 사들이고, 타국의 영토 내 자원개발권과 채굴권을 획득하도록 독려한다. 최근에 외국계 석유회사들은 광대한 양의 원유가 매장되어 있으리라 예상되는 서부 아프리카 연안의 개발권을 획득하기 위해 각축을 벌여왔다. 일본은 에너지 수입을 다변화하고 에너지 수입량을 줄이는데 그리 성공적이지 못했다. 비록 에너지 효율을 높이고 (후쿠시마 원전사고 전까지) 원자력발전에 대한 투자를 꾸준히 늘려왔지만 원유의 90퍼센트를 중동으로부터 수입해 왔

다. 대조적으로 미국은 성공적이었는데, 국가안보 차원에서 계획적으로 원유 및 천연가스의 공급처를 다변화해왔다. 미국의 상위 원유수입국을 중요도 순으로 나열하면, 캐나다, 사우디아라비아, 멕시코, 베네수엘라, 나이지리아 순으로, 국제정치적 갈등의 소용돌이인 중동지역에 속한 나라는 오직 사우디아라비아뿐이다. 북극의 얼음이 점차 녹아 없어지면서 북극에 영토를 보유한 북극 이사회 Arctic Council 회원국들 — 캐나다, 미국, 러시아, 스웨덴, 덴마크, 노르웨이, 아이슬란드, 핀란드 등 — 은 상당한 매장량이 예상되는 해안지역의 유전과 천연가스전을 개발하길 원한다.

정책결정자와 기업의 입장에서 보면 상업발달과 국가안보는 점점 더 따로 떼어 생각할 수 없기 때문에 글로벌 차원의 정치경제에는 지속적으로 긴장이 존재한다. 중국과 같은 나라들이 중요한 산업국으로 부상함에 따라 희소 에너지자원을 확보하기 위한 국가간 각축이 더욱 격렬해지고 있다는 사실에는 의심의 여지가 없다. 2005년 중국기업이 캘리포니아 연합 석유회사UNOCAL를 인수하려고 했을 때 (글상자 3.1 '중국 대 UNOCAL' 참조), 미국정부의 반응은 지난 30년간 유지된 경제적 자유주의 기조의 세계화 맥락보다는 훨씬 더 방어적이고 복잡한 — 신중상주의적 — 국제무역의 새로운 패러다임 하에서 좀 더 잘 이해될 수 있다.

결론

국제정치경제를 설명하는 세 가지 이념적 관점 중 중상주의가 가장 오랜 역사를 가지고 있으며 논란의 여지는 있지만 국가관료와 사회내부의 정신세

희토류를 둘러싼 투쟁

2010년 9월 동중국해에 위치한 섬[vi] 인근해역에서 일본 해상경비대가 중국의 트롤어선을 나포할 당시, 일본정가에서는 이 사건이 희토류금속을 둘러싼 전 세계적 차원의 분쟁으로 비화되리라 예상한 이는 거의 없었다. 희토류금속은 아이패드, 평면스크린 TV, 하이브리드 자동차, 무기체제에 사용되는 십여 가지 광물을 말한다. 중국은 일본에 대한 희토류 수출을 잠정적으로 중단한다고 응수하여 일본 제조업체들을 패닉 상태로 몰아넣었고 — 일본은 희토류 수입의 90퍼센트를 중국에 의존하고 있다 — 글로벌 시장에서 희토류의 가격상승을 촉발했다. 2011년부터 중국정부는 이 광물자원에 대한 수출쿼터를 설정했는데, 이는 WTO 무역규칙을 위반하는 조치였다. 일본과 미국은 2010년 전 세계적으로 이 광물 공급량의 97퍼센트를 생산하는 중국에 대한 자원 의존도를 줄이기 위해 새로운 자원을 찾고, 국내 광산채굴을 재개하고, 자원재활용 프로그램을 가동하는 등 정부차원의 조치를 서둘러 시행했다.

시사평론가들은 중국의 의도를 악의적 중상주의의 고전적인 형태로 해석하였다. 경쟁자들을 벌하고 자국의 생산자들에게 혜택을 주기 위해 국가가 전략적 자원에 대한 통제권을 활용하는 것을 말한다. 제인 나카노Jane Nakano는 희토류를 둘러싼 분쟁은 "중국을 적절한 교역 파트너로 받아들이고 있었던 일본의 중국에 대한 신뢰를 심각히 훼손했고 중일관계를 상호 번영하는 경쟁에서 불신에 바탕을 둔 경쟁으로 변질시켰다"[a]고

평가했다. 베이징 당국은 보다 많은 양의 희토류를 국내시장에 비축함으로써 희토류를 필요로 하는 해외제조사들이 공장 일부를 중국으로 이전하도록 압력을 행사하려고 한 듯하다. 그럼으로써 고급 기술력을 가진 이들 외국 제조사로부터 중국으로의 기술이전을 촉진하고 전자산업과 청정에너지 산업에 사용되는 주요 부품의 중국내 생산을 대폭 늘리려고 했던 것 같다.[b]

일본과 미국은 희토류의 시장가격을 조작한 중국의 의도를 국가안보에 대한 잠재적 위협이며 향후 이 부상하는 경제대국이 세계 무역질서를 어떻게 무력화시킬 수 있는지에 대한 경고로 해석했다. 이들 모두 방어적 차원의 중상주의적 대응조치로 중국에 대응했다. 일본정부는 자국 기업으로 하여금 새로운 희토류 재생처리기술을 개발하도록 막대한 지원금을 투입하였고 베트남, 호주, 카자흐스탄과 이 광물자원을 공동개발하기로 협정을 맺었다. 미국에서는 광업회사인 몰리콥Molycorp이 캘리포니아주 마운틴 패스Mountain Pass 소재 거대 희토류 광산에서 채굴을 재개했다. 이 광산은 2002년에 환경보존을 이유로 폐광 조치 되었었다. 국방부는 보다 효율적인 방식의 희토류 사용과 대체광물의 발견을 위한 민간연구를 지원하였다. 2012년 4월 미국은 일본·유럽연합과 공동으로 GATT 규정과 WTO 가입의정서 위반을 이유로 중국을 WTO에 정식으로 제소했다. 한걸음 더 나아가 전세계 민간사업자들은 희토류에 대한 중국의 독점적 상황을 타개하기 위해 육지와 해저에서 네오디뮴과 베릴륨과 같은 희토류의 공급처를 다변화시키는 재빠른 행보를

---

vi 〈역자 주〉 영유권 분쟁 중인 센카쿠 열도.

(계속)

보이고 있다.[c]

  광물자원을 둘러싼 분쟁은 동중국해와 남중국해를 장악하려는 동아시아 국가간의 광범위한 투쟁의 일부로 보일 수 있다. 최근 중국은 이 해역에 있는 다수의 섬에 대한 영유권을 주장하고 있는데 일본, 대만, 필리핀, 베트남 역시 영유권을 주장하고 있는 상황이다. 각국은 이들 도서를 둘러싸고 있는 바다를 자국의 영해로 삼길 원하고 있는데, 이들 섬에는 풍부한 원유와 천연가스가 매장되어 있는 것으로 알려져 있다. 일본 해양경비대가 중국의 트롤어선을 나포한 곳은 1895년 이래로 일본이 관할하고 있는 센카쿠열도 부근이다. 중국의 민족주의자들은 센카쿠열도에 대한 일본의 지배적 위치를 약화시키기 위한 방편으로 희토류 카드를 꺼내들었는지도 모른다. 2012년 일본정부가 센카쿠열도의 개인소유자들로부터 섬을 사들였을 때 중국인들은 거리로 뛰쳐나와 시위를 벌였고, 중국해군은 센카쿠열도 부근에 군함을 배치했고, 일본도 중국에 대한 경고조치로 수척의 해안경비함을 센카쿠열도로 급파했다.[d] 2012년 후반 비공식적으로 일어난 중국인들의 불매운동으로 인해 닛산, 토요다, 혼다의 중국 내 판매실적이 급감했다. 파나소닉은 일본제품에 대한 중국인들의 불매운동으로 인해 수십억 달러에 이르는 손해를 본 것으로 추산했다. 이는 일본기업 역사상 두 번째로 나쁜 최악의 연간 손실액에 해당한다.[e] 희토류를 둘러싼 이야기가 우리에게 일깨워주는 바는 상호의존적이고 세계화된 경제에서도 국가는 전략적 자원에 대해 깊은 이해관계를 가지고 있으며 자국의 경제적 이해와 안보를 증진하기 위해 위험하지만 소규모의 벼랑끝 게임에 기꺼이 뛰어든다는 사실이다.

참고문헌

[a] Jane Nakano, "Rare Earth Trade Challenges and Sino-Japanese Relations: A Rise of Resource Nationalism?" *National Bureau of Asian Research Special Report 31* (September 2011): 65.
[b] R. Colin Johnson, "Rare Earth Supply Chain: Industry's Common Cause," *EETimes*, October 24, 2010, at http://www.eetimes.com/electronics-news/4210064/Rare-earth-supply-chain-Industry-s-common-cause.
[c] Tim Worstall, "Why China Has Lost The Rare Earths War: The Power of Markets," June 24, 2012, at http://www.forbes.com/sites/timworstall/2012/06/24/why-china-has-lost-the-rare-earthswar-the-power-of-markets.
[d] Martin Fackler, "Chinese Patrol Ships Pressuring Japan over Islands," *New York Times*, November 3, 2012.
[e] Jonathan Soble, "Nissan Cuts Forecast after China Boycott," *Financial Times*, November 6, 2012; Bruce Einhorn, "Panasonic Feels Pain of Chinese Backlash," *Bloomberg Businessweek*, October 31, 2012, at http://www.businessweek.com/articles/2012-10-31/panasonic-feels-pain-of-chinese-backlash.

계에 깊게 뿌리내리고 있기 때문에 가장 강력한 설득력을 갖고 있다고 할 수 있다. 19세기 고전적 중상주의자들이나 식민 강대국들과 마찬가지로 신중상주의자들은 경제적 자유주의라는 것이 보다 많은 부와 힘을 갖기 위해 자국의 산업을 보호하기 위한 또 하나의 수단으로써 국가 관료들에 의해 채택된 것으로 보았다. 과거 모든 국가들은 19세기 대영제국이 그랬듯이 자유무역을 옹호하는 경제적 자유주의 사상이 최고조에 달했던 시기에도 중상주의적 정책과 조치를 취했다. 마찬가지로 미국도 20세기 내내 자유무역과 세계화를 옹호하면서도 동시에 중상주의적 정책을 펼쳤다.

중상주의적 사고는 지난 수년 간 진화하여 변화하는 국제정치경제의 조건에 적응해 왔다. 고전적 중상주의는 외국의 군대, 회사, 생산자에 의해, 심지어 국제법과 국제기구에 대한 외국의 영향력으로부터 국가안보가 위협받을 수 있다고 보는 경향이 있었다. 중상주의자와 그 사촌격인 현실주의자 둘 다 본성적으로 보다 많은 부와 권력을 얻고자 하는 국가는 합법적으로든 불법적으로든 경제를 이용한다는 점에 주목한다.

분명히 국제적 갈등의 상당수가 여전히 신중상주의적 정책으로 인해 발생하고 있다. 제2차 세계대전 이후 국가간 상호의존성이 증가하고 국제정치경제가 세계화된 결과, 국가의 부와 권력을 증진하고자 하는 노력이 증가했다. 여전히 국제경제를 관리하는 일은 정치인과 학자 모두에게 쉽지 않은 과제로 남아 있다. 국제경제 분야의 다양한 논쟁들이 보여주는 바와 같이 정통 경제적 자유주의자OELs가 정치와 사회로부터 경제와 시장을 격리하고자 했음에도 불구하고 중상주의자와 비정통 개입주의적 자유주의자HILs는 정통 경제적 자유주의자가 의도한 그러한 구분이 실제로 불가능하다고 믿는다.

1970년대 국가간 상호의존성의 심화와 1990년대 세계화 확산운동이 시작되면서 학계 전문가들은 대내정책과 대외정책이 긴밀하게 연결되어 있다는 사실을 깨닫게 되었다. 또한 1990년대 냉전의 종식은 대부분의 국가에 있어 경제안보와 그보다 더 넓은 의미의 국가안보 간의 구분을 모호하게 만들었다. 그러나 제1장에서 살펴본 바와 같이 1980년대 중반 이후 경제적 자유주의와 세계화에 대한 아이디어가 널리 수용되면서 경제영역에서 국가의 역할이 제한되고 그로 인해 국가간 갈등이 줄어드는 상황을 상상하게 된다. 이상하게도 몇몇 정통 경제적 자유주의자들은 세계경제가 단일 경제 단위로 통합됨에 따라 민족국가는 약화되어 종국에는 사라질 것으로 예견한다.

국가가 존재하는 한, 국가는 자국의 안보와 독립을 최우선시 할 것으로 기대해도 무방하다. 오늘날 모든 국가는 자국의 제조업, 농업, 서비스 부문을 지원하기 위해 보호주의적 조치를 계속해서 취하고 있다. 대체적으로 세계화의 **성공적인 진전**은 또한 국제정치경제의 개방을 저해하기도 한다. 국가 산업이 점차 해외시장과 해외 수입원에 의존하게 됨에 따라 국가 관리들은 자국 정치경제가 더욱 **취약해졌다**고 생각한다. 이는 시장의 힘이 국가의 힘과 권위를 현저히 약화시킨다는 주장으로 이어진다. 그렇지만, 정부가 자신의 권위를 회복하고 국가경제를 보다 더 잘 관리하고자 하는 경우 보호주의정책이 주기적으로 확산되었다.

만약 해밀턴과 리스트가 살아있었더라면, 시장은 국가와 결코 분리될 수 없다고 주장하였을 것이다. 왜냐하면 정치적(주권적) 권위의 최종적 원천이 국가이기 때문이다. 오늘날 중상주의자와 현실주의자가 상정하는 세계는 시장이 모든 것을 오래도록 지배하도록 내버려 둘 준비가 되어 있지 못하다. 세계화와 금융위기는 시장이 사회를 보호하는데 적합하지 못하다는 점을 보여주었다. 시장은 종종 스스로를 규제하고 조절하지 못한다. 하지만 문제가 그리 간단한 것만은 아니다. 국가가 주도하는 정책도 종종 목적을 달성하는데 실패하고 때때로 사회에 커다란 손해를 끼칠 수도 있다. 그럼에도 불구하고 정치는 국가로 하여금 사회를 시장 안에 재위치 시키도록 한다. 유권자와 시민은 시장이 과도하게 사회를 침해할 경우 국가가 자신들을 보호해주길 원하며 동시에 경쟁상태의 시장이 보다 원활히 작동하길 바란다. 앞의 제2장에서 살펴본 바와 같이 비정통 개입주의적 자유주의자는 국가 없는 시장은 존재하지 않는다는, 그리고 보이지 않는 손은 선택된 소수의 이익 그 이상을 꾀해야 한다는 중상주의적 사고에 동의할 것이다.

주요 용어

경제적 민족주의(economic nationalism) 61

고전적 중상주의(classical mercantilism) 56

구조조정정책(SAPs: structural adjustment policies) 71

국가자본주의(state capitalism) 70

발전국가(developmental state) 70

비관세장벽(NTBs: nontariff barriers) 66

비교우위(comparative advantage) 60

산업정책(industrial policy) 58

상호의존(interdependence) 65

석유수출국기구(OPEC: Organization of Petroleum Exporting Countries) 65

수입쿼터(import quotas) 66

신중상주의(neomercantilism) 57

악의 없는 중상주의자(benign mercantilist) 67

악의적 중상주의자(malevolent mercantilist) 67

안보딜레마(security dilemma) 59

유치산업(infant industries) 62

전략적 자원(strategic resources) 77

제로섬게임(zero-sum game) 59

중상주의(mercantilism) 56

현실주의(realism) 56

토론주제

1. 국제정치경제를 이해하는 각각의 접근법은 각자 근간을 이루는 가치와 사상을 포함하고 있다. 중상주의를 이루는 핵심 사상은 무엇인가? 중상주의 시대의 역사, 중상주의 철학, 최근 신중상주의적 정책에 근거하여 그 핵심 사상을 설명해 보시오.

2. 악의 없는 중상주의와 악의적 중상주의는 이론적으로 어떻게 다른가? 실제적으로 양자를 어떻게 구분할 수 있는지 말해보시오. 양자 간의 긴장을 잘 보여주고 있는 신문기사를 찾아보고 기사가 다루고 있는 쟁점이 행위자들에 의해 어떻게 다루어지고 있는지 설명해 보시오.

3. 경제적 세계화는 민족국가에 어느 정도 위협이 되는가? 세계가 보다 더 통합됨으로써 발생하는 긍정적·부정적인 효과에 대한 일람표를 작성해 보고 왜 그렇게 생각하는지 설명해 보시오.

4. 20세기 초의 대공황과 오늘날 글로벌 금융위기의 특징을 비교 및 대조해 보시오. 만약 케인즈

가 살아있었다면 현재의 위기에 대한 국가의 처 방에 대해 어떤 제안을 했으리라 생각하는가?

5. 국가자본주의, 정부가 '우수 기업을 선발하는 행위', 정부가 전략 산업에 대해 대출하고 보조 금을 지급하는 행위는 어떤 부작용을 낳을 수 있는가?

추천문헌

Ha-Joon Chang. *Bad Samaritans: The Myth of Free Trade and the Secret History of Capitalism.* New York: Bloomsbury Press, 2008.

Alexander Hamilton. "Report on Manufactures," in George T. Crane and Abla Amawi, eds. *The Theoretical Evolution of International Political Economy: A Reader.* New York: Oxford University Press, 1991, pp. 37–47.

Friedrich List. *The National System of Political Economy.* New York: Augustus M. Kelley, 1966.

Mark A. Martinez. *The Myth of the Free Market: The Role of the State in a Capitalist Economy.* Sterling, VA: Kumarian Press, 2009.

Felix Rohaytn. *Bold Endeavors: How Our Government Built America and Why It Must Rebuild It Now.* New York: Simon & Schuster, 2009.

주

1) Sun Yat-sen (1920), Robert Reich, *The Work of Nations* (New York: Knopf, 1991), p. 30에서 재인용.

2) 콘(Kohn)의 고전적 저작은 민족과 민족주의 개념에 초점을 두고 있다. Hans Kohn, *The Idea of Nationalism* (New York: Macmillan, 1944) and of Eric J. Hobsbawm's *Nations and Nationalism Since 1780*, 2nd ed. (Cambridge: Cambridge University Press, 1992).

3) 국가에 대한 고전적 정의는 국가의 행정적 · 법적 자질을 강조한 막스 베버의 정의에 해당한다. Max Weber, *The Theory of Social and Economic Organization* (New York: The Free Press, 1947), p. 156 참조.

4) Mark A. Martinez, *The Myth of the Free Market: The Role of the State in a Capitalist Economy* (Sterling, VA: Kumarian Press, 2009), pp. 106–110 참조.

5) 이 절이 다루고 있는 역사는 장하준의 다음 저서에 의거한다. Ha-Joon Chang's *Bad Samaritans: The Myth of Free Trade and the Secret History of Capitalism* (New York: Bloomsbury Press, 2008), pp. 40–43.

6) Ibid.

7) Ibid., 특히 제2장.

8) Kenneth Pomeranz and Steven Topik, *The World That Trade Created: Society, Culture, and the World Economy*, 2nd ed. (Armonk, NY: M.E. Sharpe, 2006) 참조.

9) Ibid., p. 141.

10) Ibid., p. 149.

11) Karl Polanyi, *The Great Transformation: The Political and Economic Origins of Our Time* (Boston, MA: Beacon Press, 1944) 참조.

12) Pietra Rivoli, *The Travels of a T-Shirt in the Global Economy: An Economist Examines the Markets, Power, and Politics of World Trade*, 2nd ed. (Hoboken, NJ: John Wiley, 2009), pp. 207–211 참조.

13) 해밀턴의 저작에 대한 자세한 설명은 Henry Cabot Lodge, ed., *The Works of Alexander Hamilton* (Honolulu, HI: University Press of the Pacific, 2005)을 참조.

14) Alexander Hamilton, "Report on Manufactures," in George T. Crane and Abla Amawi, eds., *The Theoretical Evolution of International Political Economy: A Reader* (New York: Oxford University Press, 1991), p. 42.

15) Friedrich List, *The National System of Political Economy* (New York: Augustus M. Kelley, 1966), p. 144.

본문의 볼드체는 이 책에서 덧붙여진 것임.

16) Ibid., pp. 199-200.

17) 이 단락에 나오는 역사적 사실은 마르티네즈의 저작에 근거한다. Martinez, *The Myth of the Free Market*, Chapter 6.

18) 그 예로써, Chang, *Bad Samaritans*를 참조.

19) Martinez, *The Myth of the Free Market*, p. 150.

20) 예를 들어, Chalmers Johnson, "Introduction: The Idea of Industrial Policy," in his *The Industrial Policy Debate* (San Francisco, CA: ICS Press, 1984), pp. 3-26 참조.

21) 그 예로써 Clyde Prestowitz, *Trading Places: How We Allowed Japan to Take the Lead* (New York: Basic Books, 1988) 참조.

22) Robert Gilpin, *The Political Economy of International Relations* (Princeton, NJ: Princeton University Press, 1987), p. 33.

23) 그 예로써 Tina Rosenberg, "Globalization: The Free Trade Fix," *New York Times Magazine*, August 18, 2002 참조.

24) 그 예로써 Linda Weiss, *The Myth of the Powerless State* (Ithaca, NY: Cornell University Press, 1998)와 Robert Wade, "Globalization and Its Limits: Reports of the Death of the National Economy Are Greatly Exaggerated," in Suzanne Berger and Ronald Dore (eds.), *National Diversity and Global Capitalism* (Ithaca, NY: Cornell University Press, 1996), pp. 60-88 참조.

25) Parag Khanna, *The Second World: How Emerging Powers Are Redefining Global Competition in the Twenty-first Century* (New York: Random House, 2008) 참조.

26) Robert Wade, *Governing the Market: Economic Theory and the Role of Government in East Asian Industri-alization*, 2nd paperback ed. (Princeton, NJ: Princeton University Press, 2004).

27) Joshua Kurlantzick, "The Rise of Innovative State Capitalism," *Business Week*, June 28, 2012.

28) Ha-Joon Chang, *23 Things They Don't Tell You about Capitalism* (New York: Bloomsbury Press, 2010), p. 129.

29) Chang, *Bad Samaritans*에 많은 예들이 소개된다 (특히 제4장 "The Finn and the Elephant" 참조).

30) 이 수치들은 OECD가 2011년 결과를 예비적으로 추산한 것이다. Organisation for Economic Cooperation and Development, "FDI in Figures," (October 2012), at http://www.oecd.org/daf/internationalinvestment/investmentstatisticsandanalysis/FDI%20in%20 figures. pdf 참조.

31) Felix Rohatyn, *Bold Endeavors: How Our Government Built America and Why It Must Rebuild It Now* (New York: Simon & Schuster, 2009).

32) Marc Levinson, "How the Postal Service Revolutionized U.S. Retailing," *Bloomberg.com*, August 23, 2012, at http://www.marclevinson.net/ParcelPost 082312. pdf.

33) Linda Weiss and Elizabeth Thurbon, "The Business of Buying American: Public Procurement as Trade Strategy in the USA," *Review of International Political Economy*, 13, no. 5 (2006), p. 718.

34) National Research Council, *Rising to the Challenge: U.S. Innovation Policy for the Global Economy* (Washington, DC: The National Academies Press, 2012).

35) Patricia Goff, *Limits to Liberalization: Local Culture in a Global Marketplace* (Ithaca, NY: Cornell University Press, 2007)를 참조.

경제결정론과 착취: 구조주의 시각

겉보기에는 평범한 날인 2012년 2월 12일의 『뉴욕타임즈New York Times』의 머리기사들은 다음과 같다. "그리스, 폭동 발생 와중에 긴축안을 통과", "제독ⁱ, 특수부대에 재량권 요구 압박", "롬니Romney, (워싱턴 정가의) 아웃사이더이지만 로비스트들에 여지", "시리아 종파전쟁, 주변국의 개입 유도." 이러한 사건들을 어떻게 이해해야 할까? 경제적 권력과 계급갈등에 초점을 맞추는 구조주의 시각은 이들의 기저에 흐르는 논리를 이해하는 방법을 제공한다. **구조주의**structuralism는 마르크스Karl Marx의 사상에 그 뿌리를 두고 있으나 오늘날에는 훨씬 많고 광범위한 집단의 학자와 활동가들을 포함한다. 대부분의 구조주의자들은 마르크스주의자들이 꿈꾸는 사회주의체제에 대한 헌신

은 공유하지 않지만, 현재 세계 자본주의체제가 불공정하고 착취적이며, 자본주의체제가 경제적 산출을 보다 정당한 방법으로 분배할 수 있는 체제로 바뀔 수 있다는 신념을 가지고 있다. 사실, 구조주의에서 구조는 글로벌 경제구조를 말한다. 글로벌 자본주의 경제는 사회의 추동력이라 할 수 있는 기저에 깔린 체제 혹은 질서로 작동한다. 글로벌 자본주의 경제는 사회의 경제적, 정치적, 사회적 제도를 형성하고, 무엇이 가능한가는 이에 의해 제약을 받는다.

많은 사람들이 구소련이나 동유럽의 사회주의 경제의 갑작스런 몰락과 중국 공산주의가 자본주의와 유사하게 점차적으로 변화하는 것이 '마르크스의 죽음'을 의미한다고 주장한다. 그들은 우리가 구조주의 분석을 폐기하고, 가장 좋은 정치경제체제로서 자유시장을 받아들여야 한다고 믿는다. 그러나 세계적인 금융위기와 연관된 최근의

---

i 〈역자 주〉   윌리엄 맥래이븐 제독(Adm. William H. McRaven).

사태 전개는 자유시장 자본주의의 실패뿐만이 아니라, 경제 엘리트들의 정치적 영향력이 얼마나 큰가를 보여준다. 일반 납세자들은 고통받고 있는데, 경제엘리트들은 구제금융을 받았다. 공권력 밖에서 수백만의 시민들이 자유무역기구와 미제국주의에 반대하는 시위를 계속해서 벌이고 있다. 경제적 향상에서 자신들은 배제되었다고 느끼는 사람들, 자신들의 경제적 파이가 너무 작다고 믿는 사람들, 세계 자본주의 엘리트들의 정당성을 거부하는 사람들로 대표되는 세력을 간과할 수 없는 것이다.

구조주의 시각은 하나의 방법만을 지칭하는 것도 아니고, 통합된 정책 권고사항을 제시하는 것도 아니다. 오히려, 그것은 우리에게 중요한 질문들을 던지도록 하는 활동적이고, 흥미로운 논쟁의 장이다. 자본주의 구조를 창출한 역사적인 사건들은 무엇인가? 세계자본주의체제는 어떻게 작동하는가? 자원의 분배는 어떻게 이루어지는가? 그 분배는 공정한가? 다음은 무엇이고, 어떤 과정을 거쳐 거기에 도달하는가? 게다가, 이 시각은 현재의 상황에 근본적으로 도전하는 비판적인 시각이다.

이 장의 주요 주제는 다음과 같다. 첫째, 많은 사람들은 구조주의가 단지 현존 자본주의질서에 대한 과학적인 분석을 수행하기 위한 도구일 뿐만 아니라 자본주의가 국가 내부나 국가간에 산출해내는 불평등과 착취에 대한 도덕적 비판의 근거를 제공한다고 본다. 둘째, 이 분석틀이 우리가 국제정치경제를 '밑으로부터' 보도록 해주는 유일한 틀이다. 밑으로부터의 시각은 억압받는 계급, 가난한 사람들, 그리고 개발도상국의 시각을 말한다. 중상주의나 자유주의에 반해서, 이 시각은 힘 없는 사람들에게 목소리를 부여한다. 셋째, 이 시

각은 인간의 자유와 국가적, 전 세계적인 제도를 형성하는 데 있어서 이성reason의 사용에 대해서 문제를 제기한다. 끝으로, 구조주의는 국제정치경제에서 동적인 역학에 초점을 맞춘다. 구조주의는 자본주의를 비롯한 여타의 생산양식이 갈등과 위기에 의해서 추동되며 변화하는 것이라고 본다. 현재 존재하는 것들은 특정 시점에 나타난 하나의 체제이고, 구조들이며, 향후 언젠가 다른 정치경제체제에 의해서 대체될 수도 있다.

이 장에서는 마르크스와 레닌과 관련된 주요 생각들, 개념들, 정책들을 개략적으로 설명한 후, 보다 최근의 종속이론, 근대세계체제론, 신제국주의를 다룰 것이다. 또한 최근의 금융위기에 대한 구조주의의 주장을 간단히 논의하고 세계정치경제의 개혁에 대한 시각으로 결론짓는다.

봉건제, 자본주의, 사회주의 – 마르크스의 역사이론

정치경제에 대한 구조적 접근을 처음 창시한 위대한 학자는 마르크스Karl Marx, 1818~1883였다. 독일의 트리어Trier에서 태어난 마르크스는 영국에 살면서 가장 중요한 작업을 했는데, 당시 그는 런던의 대영박물관에서 수많은 시간을 연구에 쏟아부었다. 그의 시각은 대부분 그와 그의 조력자였던 엥겔스Friedrich Engels가 영국의 방앗간과 공장에서 산업혁명의 절정기에 목도했던 것들을 반영한다. 성인과 아동들 모두 열악한 환경에서 노동하였으며, 극심한 빈곤과 불결함 속에서 살았다. 마르크스의 역사이론, 계급투쟁, 자본주의 비판은 모두 19세기 유럽의 문화적, 정치적, 경제적 환경

에 비추어서 이해되어야 한다.

마르크스는 역사를 근본적으로 경제력과 기술력에 의해 결정되는 거대하고, 동적이며, 진화하는 것이라고 보았다. 마르크스는 **유물사관**historical materialism이라 불리는 이 과정을 통해서 이러한 힘들이 다른 자연적인 법칙처럼 객관적으로 설명되고 이해될 수 있다고 믿었다.[1] 유물사관은 **생산력**을 그 출발점으로 삼는데, 그것은 한 사회가 함유한 지식과 기술의 총합이라고 정의되며 전체 정치경제체제의 윤곽을 결정한다. 마르크스에 의하면, "손으로 하는 방앗간은 봉건영주가 있는 세상을 가져오며, 증기방앗간은 산업자본가가 있는 세상을 가져온다."[2] 매우 낮은 기술수준에서는(원시적 생산력), 사회는 사냥-채집체제로 조직된다. 약간 높은 단계에서는 쇠쟁기와 말, 소, 기타 무거운 짐을 질 동물들을 이용하는 농업체제가 나타난다. 이러한 기술적 진보(물론 근대 수준에서 보면 아직 원시적이지만)는 사회 내에서 사회관계의 변화, 특히 봉건제의 출현을 초래했다. 사냥-채집체제에서는 사람들이 상대적으로 평등하게 경제적 산출을 분배하면서 작은 부족 단위로 모여 살았다면, 봉건제에는 농노가 광범위한 층을 형성하고 있었고, 얼마되지 않는 귀족들이 있었다. 마르크스주의의 주요 주장은 기술 변화가 사회체제의 변화를 **초래한다**는 것이다. 따라서 마르크스는 **기술결정론자**로 간주되는데, 최소한 그의 역사이론 내에서는 그렇다.

마르크스는 역사 과정을 기술생산력과 사회관계 혹은 소유관계 사이의 점증하는 모순으로 인해 하나의 경제체제(그의 용어로는 '생산양식')에서 다른 체제로 점차적으로 진화하는 것이라고 보았다. 이 각각의 생산양식에는 **변증법적 과정**dialectical process이 있는데, 본래적으로 불안정한 상반되는 힘과 이에 대한 반발력이 위기, 혁명, 다음 단계의 역사로 이끄는 것이다. 오랜 인간역사에 걸쳐서 생산력은 지속적으로 개선되었는데, 왜냐하면 기술은 인간지식의 한 측면일 뿐이기 때문이다. 일단 하나의 발견이 이루어지면, 그것이 구리와 주석을 혼합하여 청동으로 만드는 것이든 더욱 빠른 컴퓨터 프로세서이든 간에, 그 기술은 보존되고 사용되며 후대에 의해 개선되는 경향이 있다. 인간의 지식과 기술은 래칫[ii]과 같은 성향이 있어서 한 번에 조금씩 앞으로 나가지만 결코 후퇴하지는 않는다.

마르크스에게 있어서 변화의 주체는 인간들인데, 그들은 서로 갈등하는 사회계급을 만들어간다. 계급관계는 기술발전보다 천천히 변화하기 때문에 사회변화가 저해되며, 이는 자본주의 사회에서 점차적으로 부르주아와 프롤레타리아 간의 대결을 만들어낸다. 마르크스에 의하면 **부르주아**bourgeoisie는 생산수단 — 오늘날로 치면 대기업, 은행, 금융기관 등 — 을 소유한 부유한 엘리트이다. 영국사회에서 부르주아는 또한 의회를 구성했고 따라서 정부 — 혹은, 마르크스의 용어로는 국가 — 를 통제했다. 마르크스의 시대에 **프롤레타리아**proletariat는 영국의 모직공장에서 착취받는 노동자들 (및 그들의 가족)이었는데, 그들은 매우 낮은 임금을 받았으며, 작업 중 사망하기 일쑤였다. 마르크스는 노동자들이 점차적으로 자신의 이익을 깨닫고 조직화할 것이며, 보다 높은 임금과 보다 나은 노동조건을 위하여 부르주아를 압박할 것이라고 생각했다.

---

ii 〈역자 주〉 한쪽 방향으로만 회전하게 되어있는 톱니바퀴.

마르크스는 언젠가는 자본주의를 내부로부터 파괴할 세 가지의 객관적 법칙을 발견했다. 첫째, **이윤율의 점증적 저하 법칙**인데, 이는 자본투자에 의해 기계가 노동을 점차적으로 대체하게 됨으로써, 이윤이 떨어지고 궁극적으로는 사라진다는 것이다. 둘째, **불균형의 법칙**(저소비의 문제라 일컬어지기도 하는)인데, 자본주의는 그 무정부적이고 비계획적인 성향 때문에 불안정하게 되기 쉽고 노동자들은 자신들이 만든 것을 살 만한 경제적 능력이 없다는 것이다. 다른 고전경제학자들처럼, 마르크스도 재화의 가치는 그 생산에 필요한 노동의 양과 관련된다고 주장하는 **노동가치론**을 신봉했다. 그는 노동자들이 자신들이 생산한 것들의 완전한 가치보다 적은 임금을 받는다는 것을 보여주려고 했다. 풍부한 노동력 덕분에 (왜냐하면 가난한 사람들이 지방에서 도시로 일자리를 찾아서 이주하기 때문에), 부르주아들은 노동자들에게는 더 적은 임금을 주면서 노동자들이 생산한 물건들을 가지고 자신들을 위해 더 많은 이윤을 창출할 수 있었다. 셋째이자 마지막으로, **집중의 법칙(자본축적)**인데, 자본주의가 소득과 부의 분배를 점증적으로 불평등하게 만들어 가는 경향이 있다는 것이다. 부르주아가 지속적으로 프롤레타리아를 착취하고, 더 강하고 큰 자본들이 상대적으로 약한 자본가를 집어삼키며, 부와 자본의 소유가 점차로 소수의 손에 집중된다. 마르크스는 이러한 과정이 자본주의 생산양식의 객관적이고 불가피한 특징이며, 이로 인해 자본주의체제가 궁극적으로 몰락할 것이라고 예측했다.

마르크스에 있어서 자본주의는 단지 사회주의로 가는 길에 위치해 있는, 어쩔 수 없이 거쳐야만 하는, 행복하지 않은 정거장 이상의 의미를 갖는다. 자본주의는 역사상 **필요한** 단계이고, 부를 형성하고 물질적 생활수준을 향상시킨다. 정치경제의 핵심에 자리잡고 있는 것은 시장경제의 동적인 본성이다. 마르크스에 의하면 자본주의는 두 개의 역사적인 역할을 한다. 첫째, 세계를 변화시키고 그 과정에서 역사적으로 전단계인 봉건제를 몰락시킨다. 둘째, 자본주의는 사회발전의 '보다 높은' 단계인 사회주의로의 궁극적인 이행을 위한 사회, 경제적 기반을 마련한다. 마르크스는 계급투쟁이 심각해져서 인간의 발전을 막는 단계에 이르게 될 때, 사회혁명이 현존하는 법적, 사회적 제도를 일소하고, 그 제도들을 지속적인 사회·기술적 진보와 더 잘 부합하는 제도들로 대체한다고 주장했다. 이런 식으로, 역사는 이미 독특한 시대 혹은 단계를 거쳐 원시 공산주의에서 노예제, 봉건제, 자본주의로 진화해왔다. 1848년에 출판된 마르크스의 『공산당선언Communist Manifesto』은 역사상의 새로운 시기 — 사회주의 — 로 인도하는 혁명을 요구하는데, 사회주의는 한 번의 혁명을 더 거친 후, 결국 순수한 공산주의를 만들어낸다.

다음 절에서 살펴볼 바와 같이 네오마르크스주의자들과 구조주의자들은 여전히 착취 개념을 받아들이기는 하지만, 그들의 착취개념은 노동가치론과 분리된 것이다. 또한 대부분의 네오마르크스주의자들은 자본주의가 언젠가 스스로 파괴될 것이라는 주장을 더 이상 받아들이지 않는다. 오히려 이렇게 예측한 마르크스의 수학적 분석이 틀렸다는 주장이 일반적으로 받아들여진다.[3] 사회주의가 불가피하다고 여겨질 때는 이를 위한 계획을 세우는 것이 의미있는 일이었지만, 자본주의가 생존가능한 경제체제로 인정된 현 시점에서, 사회주의에 대한 전체 논의는 다른 모습을 띤다. 사회주의가 가능한 미래일 수도 있지만, 그것은 마르크스의 결정론적 역사발전론에 의해 사회에 부과되는 것이 아닌 정치적 선택이어야 한다. 그럼에도 불구하고 마르크스로부터 유래한, 그리고 그가 형성한 사상학파들로부터 유래한 많은 생각은 우리가 국제정치경제에서 오늘날에도 여전히 목도하고 있는 현상들을 설명하는데 많은 기여를 한다.

마르크스의 구조주의에 대한 구체적인 기여

마르크스주의의 성격과 마르크스주의와 현대의 구조주의와의 관계에 관해 한 가지 주의사항이 있다. 마르크스는 수없이 많은 글을 썼고, 불가피하게 주요 주제에 대해 중복해서 썼는데, 항상 그 글들이 일관성이 있었던 것은 아니다. 따라서 마르크스가 어떤 흥미로운 주제에 관해 무엇을 "말했다"거나 "생각했다"는 것은 항상 논쟁의 여지가 있다. 동시에 마르크스주의 학자들은 그의 글들을 여러 가지의 다른 방식으로 해석했다. 여기서 우리는 마르크스의 저작에서 다양하게 발견되며, 네오마르크스주의자들, 구조주의자들, 현재까지의 다양한 급진주의자들에 의해 더욱 발전된 네 가지 개념을 탐구하고자 한다. 마르크스에게 중요했던 생각 중 어떤 것들은 현재에는 대부분의 학자들에게 쓸모가 없다. 그리고 그가 제시한 많은 생각들은 후세 학자들에 의해 수정되었는데 (희망컨대 개선되었는데), 이는 어느 학문 분야에서나 있는 정상적인 발전이라고 볼 수 있다.

후술하는 마르크스의 네 가지 생각 — 계급의 정의, 계급투쟁, 노동자 착취, 국가에 대한 자본의 지배 — 은 국제정치경제에 대한 구조주의 분석에서 중요한 부분이다.

계급의 정의

마르크스주의의 계급개념을 이해하기 위해서는 우선 **자본**_capital_을 정의해야 한다. 마르크스가 생산수단이라 지칭한 자본은 한 경제에서 재화를 생산하기 위해 사용되는 사적으로 소유된 자산을 말한다. 자동차 공장도 자본이고, 그 안에 있는 기계와 도구들도 자본이다. 회사가 소유하고 있다면 컴퓨터도 자본이다. 책상들, 파일 캐비넷, 크레인, 불도저, 대형 유조선과 자연자원도 마찬가지다. 거의 모든 생산은 노동자와 실제적 자산을 필요로 하며 근대경제에서 생산과정은 실로 매우 자본집약적이다.

'자본재'란 단순히 그런 생산자산productive asset만을 의미하는 것은 아니다. 인간은 자본주의 출현 훨씬 이전부터 오랫동안 도구를 사용해왔고 사회주의 사회에도 자본주의 사회와 마찬가지로 기계와 공장이 존재한다. 자산asset을 자본이라 부르는 것은 그것이 사적으로 소유된다는 것을 의미하는데, 누군가가 그 자산에 대해 법적 소유권과 효과적인 통제권을 가진다는 것을 의미한다. 현대사회에서 많은 경우에 소유권은 단지 종잇조각이거나 한 회사의 주식을 대표하는 전산계좌이다. 자본주의 사회에서 재산권은 자본의 소유자가 자신이 소유한 자본과 자신이 고용한 노동이 생산한 재화의 판매로부터 얻는 수익을 가져간다는 것을 천명한다.

계급은 자본의 소유권을 가지고 있는가, 그렇지 않은가에 의해 결정된다. 소수의 사람들이 불

균형적으로 사회의 생산자산을 많이 소유한다. 그
들은 자본가 계급을 형성하며, 부르주아라고 불린
다. 예를 들면, 미국에서 부유한 1퍼센트의 인구
가 53퍼센트의 주식을 보유하고, 상위 10퍼센트
가 88퍼센트를 보유하며, 사회의 90퍼센트의 사
람들에게는 금융자산의 나머지 12퍼센트만이 남
게 되는 것이다.[4] 가구의 주거주지를 제외하면,
부동산 역시 비슷한 불균형적 분포를 보여준다.
채권은 더욱 집중되어 있는데, 상위 1퍼센트가 전
체의 거의 2/3를 소유한다. 인구의 대다수는 매
우 적은 자본만을 소유하는데, 사실 많은 사람들
은 생산자산이나 주식을 전혀 소유하고 있지 않
다. 그들은 노동자 계급을 구성하며 프롤레타리아
라고 불린다. 여기서 주목할 것은 노동자들도 자
산 — 집, 자동차, 가구 등등 — 을 소유할 수 있
는데, 그것들은 생산자산이 아니라 단지 소유물일
뿐이다. 소유물은 노동과 결합하여 시장에서 판매
되며 이윤을 남길 수 있는 상품이 될 수 없다. 암
묵적으로 — 명시적이 아니면 — 마르크스주의자
들은 원초적인 자산 분배가 공정하지 않다고 보
며, 역사적으로 적은 수의 사람들이 많은 토지와
다른 자원들을 폭력과 강제적 수단을 동원하여 강
탈했다는 데 주목하는 것이다. 그래서 이러한 불
공정한 분배가 초래한 현재의 결과가 도덕적으로
비판받는 것이다.

계급투쟁과 노동자 착취

자본가 계급의 가구들에게 이윤은 가장 중요한 소
득이다. 예를 들어, 주식시장의 연평균 수익율이 5
퍼센트이고 한 자본가 가구가 다양한 기업에 5,000
만 달러어치의 주식을 소유하고 있다면, 그 소유에
의해서 발생하는 소득은 한해에 250만 달러이다
(5,000만 달러 × 0.05). 이는 원금 5,000만 달러
는 그대로 놓아둔 채 생기는 불로소득이다.

반면 노동자는 거의 혹은 전혀 자본을 가지고
있지 않고, 소득을 얻으려면 자본가에게 노동력을
팔아야 한다. 바꿔 말하면, 기업은 노동자를 고용
하고 임금이나 연봉을 지불한다. 노동자는 소득을
위해 노동을 해야 한다. 마르크스주의자들이 보기
에 이러한 상황은 노동자의 착취로 귀결되는데,
이는 협상에서 노동자들이 취약한 위치에 있기 때
문이다. 자본주의 경제에서는 항상 어느 정도의
실업이 존재한다. 즉, 어떤 노동자들은 자본에 대
한 접근이 거부되고, 따라서 재화를 생산할 능력
도 거부된다 (생산은 물리적 자산과 노동의 결합
을 요구한다는 것을 기억하라). 그들의 생산자산
에 대한 접근을 제한함으로써 자본은 가공의 자본
부족을 실제로 만들어낸다. 실업률이 10퍼센트에
이를 때조차도, 만약 작동시킨다면 모든 사람에게
일자리를 제공하기에 충분한 기계들이 가동되지
않고 있을 가능성이 높다. 그러나 기업 입장에서
는 어느 정도의 실업을 유지하기 위해 자본의 일
부를 작동시키지 않는 것이 실제로는 더욱 이득이
된다. 실업 노동자들의 존재는 고용 노동자들의
임금을 낮게 유지시키는 기능을 한다. 한 사람의
노동자가 현재 시세를 받아들이지 않는다면, 그는
쉽게 다른 노동자로 대체될 수 있는 것이다. 따라
서 실업은 자본가가 노동자를 지배하도록 하고 그
착취를 위한 바탕으로 작동한다.

자본가에 의한 노동자의 착취는 보다 일반적으
로 권력관계의 특수한 경우이다. 행위자 A가 행
위자 B에게 권력을 가지고 있다(혹은 B를 지배할
수 있다)는 것은 A는 B가 A의 이익을 증진시키지

만 B의 이익에는 반하는 방식으로 행동하도록 만들 수 있다는 것을 의미한다.[5] 이것은 반드시 B가 말 그대로 선택의 여지가 없이 모든 선택지가 A에게 유리하도록 구성되어 있다는 것은 아니다. 무장 강도가 재수 없이 강도를 만난 피해자에게 "돈 아니면 목숨을 내놓으라"고 했을 때 피해자가 후자를 내놓는 것을 선택할 수는 있다. 그럼에도 불구하고 그 강도는 총을 가지고 있기 때문에 피해자에게 권력을 가지고 있는 것이다. 왜냐하면 피해자가 돈을 내놓든 목숨을 내놓든 강도는 어차피 돈을 가지고 도망갈 것이기 때문이다. 피해자는 가장 덜 나쁜 선택을 하도록 강요되는 것이다.

많은 노동자들이 비슷한 상황에 처해있다. 저임금을 받아들이든가 아니면 굶어라! 자본주의는 "형식적으로는 자발적으로 그러나 실제로는 기아의 채찍에 의해서 자기 스스로를 제공하는 노동자들의 존재"에 의존한다.[6] 저명한 후기 케인즈주의 경제학자이며 사회주의 성향인 로빈슨Joan Robinson은 자본주의 하에서 착취되는 것보다 나쁜 것은 착취되지 않는 것이라는 말로 노동자들의 지위를 묘사했다. 다른 말로 하면, 노동계급에게 있어서 최악의 상황은 실업이며 노동자들이 낮은 임금이라도 받아들이도록 만드는 것은 실업의 공포이다. 형식적으로는 노동자들은 선택할 수 있지만, 최선의 선택이라고 해봐야 자신들에게 여전히 나쁜 선택(자본가들에게는 좋은 선택)인 것으로 게임의 틀이 짜여 있다. 요약하면, 착취는 자본가들이 보다 더 큰 노동시장 권력을 가지고 있기 때문에, 노동자들의 것이어야 할 경제적 산출의 몫을 갈취할 수 있다는 것이다. 본질적으로 자본가들은 그 노동자들이 나쁜 조건을 받아들이지 않을 수 없도록 하는데 왜냐하면 다른 선택지는 더욱 나쁜 것

이기 때문이다.

여기서 명확히 해야할 것은 계급갈등이 반드시 전쟁상태 혹은 어떤 종류의 적대상태를 의미하는 것은 아니라는 점이다. 사실, 많은 사람들은 자신들과 다른 계급의 관계가 갈등적인 성격이라는 것을 인식조차 못한다. 계급갈등은 보통 한 쪽의 희생을 통한 다른 한 쪽의 이익이라는 결과를 초래한다. 서로 다른 계급에 속한 개인들이 얼마나 이러한 사실에 바탕해서 행동할 지는 예측하기 어렵다. 더욱이 갈등이 인정되더라도 계급들 간의 타협점을 찾을 수 있다. 서유럽의 복지국가들이 그러한 타협의 예로서 간주될 수 있다. 프랑스, 독일, 스웨덴 같은 나라들에서 사회주의 사회라는 목표를 포기하는 대신 높은 임금, 적절한 실업보상, 보편적 건강보험, 풍요로운 연금을 보장받음으로써 기업들과 상대적으로 조화로운 관계를 유지한다.

자본가들은 현상태를 유지하는 것이 이익인 반면, 노동자는 착취당하기 때문에 경제체제를 변화시키는 것이 객관적인 공동의 이익이다. '객관적인' 이익이 있다고 해서 노동자들이 반드시 사회적, 정치적으로 활동적인 집단이나 운동을 형성하는 것은 아니다. 노동자들은 (1) 자신들의 공동의 객관적 이익을 주관적으로는 인식하지 못할 수도 있으며, 혹은 (2) 이익을 인식은 했으나 조직화하지 못할 수도 있다. 첫 번째는 **허위의식** false consciousness('이데올로기적 조작'에서 다룸)의 경우이다. 두 번째는 조직화된 자본자 계급이 노동자들을 — 예를 들면, 노동조합으로 — 성공적으로 조직화하는 것을 방해하는 계급투쟁의 결과이거나 노동자의 조직화를 저해하는 집단행동 collective action의 결과이다 (그리고 이 둘은 복잡한 방식으로 상호 연결되어 있다). 마르크스주의 용

어로 노동자들은 종종 **대자적 계급**_class for itself_이 되지 못하고 **즉자적 계급**_class in itself_에 머무른다.

하지만, 핵심적인 생각은 자본-노동의 관계가 한 사회의 경제적 산출이 임금과 이윤으로 객관적으로 나뉜다는 사실에 기반한다는 점이다. 개별 노동자와 자본가의 행동은 많은 구체적인 역사적 변수에 의존하는데, 이에 따라 내전을, 혹은 혁명을, 혹은 계급타협을, 혹은 주관적 무지로 인한 수동적인 태도를 초래하기도 한다. 그러나 어떤 방식으로 그 갈등이 결말에 이르든지 간에 계급투쟁은 자본주의 사회의 근본적인 객관적 특성이다.

국가에 대한 자본의 지배

국가_state_는 특정 영토 내에서 필요하면 폭력을 사용하여 국민을 통치하는 사회 조직으로 정의된다. 세계화에도 불구하고 근대 국가는 아직은 보통 한 사회에서 가장 강력한 조직이며, 특히 군대와 경찰력이라는 형태로 가장 강력한 억압의 도구를 가지고 있다. 그 힘을 바탕으로 국가는 경제적 승자와 패자를 결정하는데, 조세, 지출, 규제 등을 통해서 엄청난 영향력을 행사한다. 가장 중요한 규제들 중에는 최저임금, 아동노동에 대한 법률 제정 및 강제, 노동조합 구성을 용이하게 혹은 어렵게 만드는 등의 작업장 및 노동 문제에 대한 것들이 포함된다. 국가와 그 지도자들이 전능한 것은 아니지만, 그들은 정말로 자신에 우호적인 사람들에게 도움을 주고 적대적인 사람들을 응징할 수 있는 능력을 가지고 있다. 따라서 자본가와 노동자들 모두가 국가를 '장악'하고, 국가의 능력을 자신들의 이익을 위해 봉사하도록 하려는 것은 합리적인 것이다.

국가를 통제하기 위한 투쟁에서 자본가들과 노동자들은 매우 다른 자원을 가지고 있다. 자본가 계급은 더 큰 금전적 자원을 가지고 있으며, 이는 종종 정치체제에 대한 영향력으로 쉽게 전환된다. 자본가들은 전형적으로 친기업적 후보에게 더 많은 돈을 기부한다. 공직자들이 정책을 만들어내기 위해 사용하는 싱크탱크들 — 브루킹스 연구소나 헤리티지 재단과 같은 — 은 자본주의의 엘리트 기업이나 개인들이 대부분의 자금을 지원한다. 더욱이 국가는 조세수입을 창출하고 시민들의 고용을 위해서 기업들의 투자에 의존한다. 지나치게 반기업적인 분위기는 자본이 다른 곳으로 유출되거나 최소한 투자를 줄이도록 한다. 따라서 자본가가 국가에 직접적인 영향력을 행사하려 하지는 않더라도 어쨌거나 많은 정책들은 그들의 이익을 증진시킨다.

노동자들이 자신들의 수적 우세를 정치적 힘으로 변환시키기 위해서는 강력한 민주주의 제도를 국가가 허용해야 하는데, 이는 노동자들이 조직화해서 정책형성에서 실질적인 역할을 할 수 있는 기회를 부여할 수 있다. 비례대표제를 가지고 있는 서유럽의 국가들에서 노동자정당(사회민주주의 혹은 사회주의 정당)들은 종종 과반 이상의 표를 얻기도 하고 최다 득표를 하기도 한다. 자본가들이 투자를 재배치하거나 감축하는 힘을 가지는 반면, 노동자들은 파업이나 저항을 통해 정치체제에 영향을 미칠 수 있다. 때때로 파업은 한 회사와 관련된 특정한 불만에 대한 하나의 노동조합의 반응일 뿐이지만, 많은 사람들이 총파업에 돌입하게 되면 전체 경제가 멈추고 정부가 노동계급의 요구에 반응해야만 할 수도 있다. 이러한 행동의 효율성은 노동자들간의 연대가 어느 정도 이루어지는

가에 현저히 의존한다. 노동자들이 함께 행동하지 않는다면, 그들은 자본가들에 의해 쉽게 분할, 정복당한다. 총파업 혹은 훨씬 더 제한적인 부차적 파업 혹은 동정 파업조차도 미국에서 불법화되었다는 것은 마르크스주의자들에게는 놀라운 일이 아니다.

구조주의는 국가의 영향력이 반드시 국경 내에 한정되는 것이 아니라는 것을 인정한다. 중상주의자들과 마찬가지로, 그들은 한 국가가 많은 국가들로 이루어진 세계체제에서 하나의 행위자로 간주되어야 한다는 데 의견을 같이 한다. 일반적으로 분쟁에서 승자와 패자를 가르는 것은 상대적인 군사적, 경제적 힘이다. 국가가 휘두르는 힘의 중요성에 대해서는 구조주의자와 중상주의자간에 거의 이견이 없다. 이 두 국제정치경제에 대한 시각의 차이는 국가권력의 행사 뒤에 깔려있는 동기와 관련된다. 중상주의자는 국가를 스스로 이해관계(모든 시민들의 이익을 반영할 수 있는)를 가지는 행위자로 보는 반면, 구조주의자는 국가가 국가를 지배하는 계급 — 전형적으로 부유한 자본가들 — 의 보다 좁은 이익을 증진시키기 위해 행동한다고 믿는다.

이윤을 추구하는 과정에서 부유한 국가의 자본가들은 자국 내 노동자들뿐만 아니라 다른 나라의 노동자들도 착취한다. 한 국가의 자본가들은 자국의 노동자들만이 아니라 타국의 자본가들과도 복합적인 관계를 가지고 있기 때문에 국제환경은 복잡하다. 한편 자본주의 기업은 국내외적으로 다른 기업들과 경쟁하면서, 또 세계자본주의의 작동에 영향을 미치는 이슈들에 관해서는 그 기업들과 연합한다. 그래서 쟁점에 따라서 뉴욕이나 런던의 자본가들은 이윤은 높게, 노동자들은 약하게, 임금은 낮게 유지하기 위해 종종 멕시코시티나 리야드의 지역 자본가 엘리트와 연합한다.

이데올로기적 조작

권력은 자본이나 군대와 같은 경성hard 자원에 대한 통제와 강자에게 유리한 방식으로 약자의 선택을 구조화함으로써 다른 사람의 행동을 강제하는 능력으로부터 나온다 (제9장 참조). 그러나 구조주의자들은 또한 권력이 이데올로기에 의해서도 행사된다는 점을 받아들인다. 자본주의 이데올로기의 주요 목표는 사람들의 마음과 정신을 통제함으로써 자본주의경제체제에 정당성을 부여하는 것이다. 일단 노동자들이 자본주의 경제체제가 정당하다고 믿으면, 그 체제가 적절하고 정의롭다고 믿을 것이다.

약간 역설적으로 군대 혹은 경찰의 무자비한 힘에 의존하는 독재체제는 종종 가장 불안정한 통치체제인데, 권력의 유지를 위해 지속적으로 높은 수준의 감시와 억압을 요구하기 때문이다. 아랍의 봄으로 알려진 봉기는 지도자들이 정당하지 않게 권력을 가졌다고 인식했을 때 시민들이 보이는 반응이다. 민주주의 사회조차도 감시와 억압의 기제를 가지고 있지만 그것들은 권위주의국가에서 사용되는 것보다는 사생활을 덜 침해한다. 민주주의에서는 시민들이 공정한 선거에 참여하기 때문에 지도자들은 일반적으로 국민들의 동의 — 다른 후보자나 정당을 지지한 국민들조차도 포함한 국민들의 동의 — 를 얻는다.

사람들은 민주적인 정치제도가 정당하다고 간주할 때, 자본주의 자체도 적절하고 정당하다고 믿는 경향이 있다. 노동자들이 자본주의가 정당하다고 믿으면 다음의 것들이 보장된다. (1) 노동자들은 자본주의를 다른 체제(예컨대 사회주의)로 대체하려 하지 않을 것이다, (2) 노동자들은 현체제 내에서 열심히 일할 것이며, 따라서 노동계급의 착취를 통해 획득한 부를 보호하기 위해서 일상적 폭력에 의지할 필요가 없게 된 자본가들의 소득을 증가시킬 것이다. 마르크스주의자들은 노동자들이 자신들의 착취에 사실상 동의한 것이라고 말하곤 한다. 정당성의 중요성 때문에, 자본가 계급은 친자본주의 제도에 정당성을 부여하는 이데올로기를 사회 내에 적극적으로 창출한다. (글상자 4.1 '노암 촘스키Noam Chomsky와 이데올로기의 힘'을 참조).

자본가들의 우월한 금전적 자원은 일반적으로 친자본주의적인 메시지들 — 자유무역의 혜택, 부유층에 대한 낮은 세금의 필요성, 제한된 정부가 얼마나 바람직한가, 노동조합의 문제점들 — 이 노동자들이 지지하는 신념들보다 훨씬 더 강력할 것이라는 점을 의미한다. 물론 노동자들이 무기력한 것은 아니고, 그들은 어떤 때, 어떤 쟁점에 있어서는 일반 대중을 성공적으로 설득하기도 한다. 그러나 게임은 자본가들에게 편파적으로 유리하게 구성되어 있는데, 자본가들의 이데올로기는 교육과 커뮤니케이션 매체를 통해 사회에 스며든다. 일단 종속계급이 이러한 세계관을 받아들이면 — 그것이 의도적이든 아니면 스며든 것이든 — 그들의 사상과 행동이 지배계급의 이익과 일치하게 된다.

마르크스주의자들에 의하면 자본가들이 노동자를 착취할 뿐만 아니라 그들의 신념을 조작해서 노동자들이 자신들이 착취당한다는 사실조차 알지 못하거나 혹은 이러한 사실에 무관심하게 되

는 것은 커다란 비극이다. 자본주의의 정당성과 혜택에 대한 노동자들의 믿음은 허위의식이다. 사람들이 자신들의 이해관계에 대해 속는 것이 가능할까? 중세시대의 왕정에 의한 지배가 최소한 부분적으로는 왕권신수설을 설파한 가톨릭교회에 의해 장려되었다는 점을 떠올려야 한다. 귀족의 지배에 도전하는 것은 신에 도전하는 것과 다름없었다. 오늘날에 조차도 태국에서는 국왕 모욕은 중대한 범죄이다.[7]

많은 사람들은 마르크스주의를 사회주의 혹은 공산주의와 동일시한다. 그러나 이제 우리는 마르크스가 그러한 사회주의나 공산주의체제를 자본주의 이후에 도래할 역사적 단계로 보았다는 것을 알 수 있다. 앞에서 논의한 마르크스의 국제정치경제에 대한 네 가지 기여는 마르크스의 유물사관과 사회주의와 그 다음 단계인 공산주의의 불가피성에 대한 그의 예견과는 별도로 다루어질 수 있는 것이다.

레닌과 국제자본주의

레닌V.I. Lenin, 1870~1924는 1917년 러시아혁명과 소비에트연방 창설에서 그가 했던 역할로 가장 잘 알려져 있다. 여러 가지 면에서, 그는 마르크스를 거꾸로 뒤집어 놓았는데, 러시아가 역사적으로 자본주의 단계를 이미 통과했으며 두 번째의 혁명인 사회주의 혁명을 위한 준비가 되어있다고 주장했을 때, 그는 경제보다 정치를 우위에 놓았던 것이다. 레닌은 또한 계급투쟁, 갈등, 착취에 대한 마르크스이론에 기반하여 만든 제국주의론으로 알려져 있다. 명저 『제국주의: 자본주의 최고

글상자 4.1

노암 촘스키^{Noam Chomsky}와 이데올로기의 힘

1928년 필라델피아에서 출생한 촘스키는 우리 시대의 대표적인 구조주의자일 뿐만 아니라, 학자들의 의견에 따르면 현존하는 가장 잘 널리 알려진 세계적 지식인이다.[a] 눈에 띄는 것은 그의 학문적인 훈련과 직책이 정치경제도 아니라는 점이다. 그는 메사추세츠 공과대학의 언어학과 교수이고, 그 분야의 많은 사람들에 의해 20세기의 가장 중요한 언어학자로 간주된다. 그의 생각은 철학과 컴퓨터 과학에 많은 영향을 끼쳤다. 그는 오랫동안 대학에서 교편을 잡았으며, 많은 텔레비전과 인터뷰 — 알리 지^{Ali G}와의 인터뷰를 비롯하여 — 를 했다.

정치경제 분야에서 촘스키의 저작은 군사적인 외교정책과 친기업적인 자본주의에 대한 고발이다. 사실, 그가 출판한 첫 저작 — 10살 때 — 은 파시즘의 위험에 대한 경고였다. 그는 미국의 민권운동, 핵무기 반대 운동, 그리고 베트남, 라틴아메리카, 그리고 중동의 미국의 군사개입에 대한 반대 등에 참여한 정치적인 행동주의자였다. 히브리어만을 사용하는 유대인 가정에서 성장했지만 이스라엘에 대한 대표적인 비판자가 된 그는 팔레스타인사람들에 대한 이스라엘의 대우 및 그 이웃국가들에 대한 공격 모두를 비판한다. 지금 80대인 그는 월가점령운동에 지지를 보내고 있다.

비록 촘스키는 그의 정치경제에 관한 저작과 언어학에 관한 저작 사이에 연관성이 없다고 주장하지만, 그는 자유주의, 자본주의적체제 하에서 지배의 도구로서 언어가 사용된다는 점을 분명히 강조한다. 비록 의견은 글자그대로 사고 팔수는 없는 것이지만, 아이디어의 창출과 유포는 자원을 필요로 하고, 그 생산은 여러 가지 면에서 일상적인 상품과 유사하다. 프롤레타리아가 스스로의 착취에 동의하는 것은 국가와 기업 미디어를 포함한 사회의 강력한 이익에 의해 '만들어져야' 하는 것이다. 촘스키는 "권력의 특권 중 하나는 반대가 거의 없을 것이라는 확신을 가지고 역사를 쓰는 능력이다"[b]라고 한다.

이러한 생각의 유포와 확산을 위한 조건을 지칭하는 용어가 '프로파간다'이다. 예를 들어, 다른 나라의 적들로부터의 위협은 미국의 권력자들에 의해 국내의, 계급에 기반한 갈등으로부터 주의를 돌리기 위해서 사용되어왔다. 20세기 상당 기간 동안, 소련과 공산주의가 그러한 기능을 했다. 보다 최근에는 이라크, 아프가니스탄, 그리고 (이슬람의) 테러리즘 전체가 그 적들이었다. 조지 W. 부시 행정부에 대해 논하면서 촘스키는 "가공된 공포가 이라크정복을 위한 대중적 기반을 충분히 제공했고, 자의적인 침략전쟁에 대한 규범을 만들어냈으며, 그 행정부가 충분한 정치권력을 장악할 수 있도록 했다. 따라서, 냉혹하고 대중적으로 인기없는 국내정책을 추진할 수 있었던 것이다."[c] 프로파간다의 대상으로서 이란이 이라크를 대체했다는 것을 제외하고는 오바마 행정부 하에서 거의 변한 것이 없다. 촘스키와 그의 동료인 허만^{Edward Herman}은 자유주의, 자본주의 사회 — 특히 미국 — 에서 어떻게 소위 '자유 언론'이 궁극적으로는 거대기업과 국가의 이익에 유리한 방식으로 사건들을 보도하는가를 설명하기 위해 프로파간다 모델을 만들어냈다.[d]

(계속)

참고문헌

a For biographical information, see Peggy J. Anderson, "Noam Chomsky," *Great Lives From History: The Twentieth Century* (2008), p. 1, Biography Reference Center, EBSCO host; "Chomsky, Noam," *Britannica Biographies* (2011), p. 1, Biography Reference Center, EBSCO *host*; and *Democracy Now*, "The Life and Times of Noam Chomsky," Interview, November 26, 2004.

b Noam Chomsky, *Hegemony or Survival: America's Quest for Global Dominance* (New York: Owl Books, 2004), p. 167.

c Ibid., p. 121.

d Edward S. Herman and Noam Chomsky, *Manufacturing Consent* (New York: Pantheon Books, 1988).

의 단계*Imperialism: The Highest Stage of Capitalism*』(1917)에서,[8] 레닌은 제국주의를 통해서 어떤 방식으로 선진 자본주의 중심부 국가들이 레닌의 시대에 '후진' 식민지역이라 불리던 지역을 통제하고 착취함으로서 그 지역을 불균등하게 발전시켜 어떤 계급은 번영하고 다른 계급들은 빈곤에 허덕이도록 만들었는지를 설명한다. 19세기 말까지 새로운 식민지들이 중앙아프리카와 남아프리카에 주로 형성되어서, 값싼 노동력, 희귀 자원, 선진 자본주의 국가의 산업투자의 배출구가 되었다. 이 식민지들은 커피, 차, 설탕, 본국에서 생산되지 않는 식품들을 생산했다.

레닌의 견해에 따르면 제국주의를 추동하는 중요한 요소는 몇몇 소수의 '카르텔, 신디케이트, 트러스트 및 그들과 결합하여 수십 억을 조종하는 십여 개의 은행들'[9]의 손에 시장의 힘을 집중시킨 것이다. 자본주의는 자본 집중인 독점으로 이어지기 때문에, 자본주의가 세계의 선진산업화 지역에서 충분한 시장과 투자기회를 찾을 수 있는 능력을 점차로 약화시킨다. 물론, 이윤을 추구하는 자본가들은 잉여 자본을 프롤레타리아의 생활수준을 향상시켜서 그들이 더 많은 물건과 서비스를 구매하도록 하는데 사용하고 싶어하지 않는다. 레닌과 몇몇 사람들은 자본주의가 자폭하지 않기 위해서는 제국주의가 잉여 금융의 필수적인 배출구이며, 제국주의를 통해 자본주의가 살아남는다고 주장했다. 제국주의는 부유한 자본주의 국가들의 이윤율을 지탱시키는 한편, 가난한 국가들이 저발전상태와 부채의 늪에 깊이 빠져 있으면서 부유한 국가의 공업제품, 일자리, 금전적 자원에 종속되도록 유지하는 것이다.

레닌에게 제국주의는 또한 독점자본주의 시기 혹은 '자본주의로부터 더 높은 체제로 가는 이행'을 나타낸다. 독점과 이에 따르는 제국주의의 존재는 또한 자본주의와 사회주의 사이에 존재하는 역사적 시기가 있다는 것을 의미하는데, 이는 마르크스가 설명하지 않았던 부분이다.[10] 끝으로, 제국주의는 가난한 식민 지역을 **국제자본주의**의 새로운 '프롤레타리아'로 변환시키는 데 도움을 주었다. 레닌에 따르면, "독점자본주의의 연합체들 — 카르텔, 신디케이트, 트러스트 등 — 은 우선 한 국가 내의 시장 전체를 자체적으로 분할하고, 다소 차이는 있지만 완벽하게 그 국가의 산업을 통제한다." 그렇게 세계시장을 만들어낸다.[11]

레닌의 제국주의이론이 특히 저개발국의 지식인들 사이에서 매우 영향력이 컸다는 것은 놀라운 일이 아닌데, 저개발국에서는 그의 견해가 국제무역과 금융 일반에 대한 정책과 태도를 형성해 왔다. 제2차 세계대전 이전과 특히 이후에, 자본주의 국가들 간의 먹느냐 먹히느냐의 치열한 경쟁이 국제적 긴장과 분쟁에 기여했다. 가난한 나라의 엘리트들은 자본과 투자 유치를 위해 경쟁했는데, 이는 그들을 생산독점의 쉬운 타깃으로 만들었다. 이러한 지역과 국가들에서 공산주의 혁명가들과 지도자들 — 중국의 마오쩌둥(毛澤東), 베트남의 호치민, 쿠바의 카스트로Fidel Castro와 같은 — 은 반식민주의와 반제국주의 운동을 조직하였고, 자본주의 제국주의 열강에 대해 '민족해방전쟁'을 벌였다.

오늘날, 많은 구조주의자들은 자본가의 이윤율 저하가 자본주의 생산양식의 붕괴를 야기할 것이라고는 더 이상 믿지 않는다. 그러나 제국주의에 대한 레닌의 주장은 중국, 베트남, 쿠바, 베네수엘라 및 현재 활동하는 사회주의 정당을 가지고 있는 몇몇 산업화된 국가들에서 조차도 아직 영향력을 발휘하고 있다. 이 나라들을 비롯한 많은 나라의 지도자들은 여전히 자본가들을 민주적 정치제도와 노동자 계급이 취약한 곳에서 기회를 호시탐탐 노리며 이윤을 추구하는 제국주의자들로 본다.

제국주의 이론을 고려하지 않고 선진국과 개발도상국간의 관계에 관한 정치경제를 고려하는 것은 불완전하다. 마르크스이론과 마찬가지로, 우리는 레닌의 제국주의이론을 '구조주의'라는 커다란 제목 아래 다루고 있는데, 그 이유는 레닌의 분석이 국가들 간의 금융과 생산이 자본소유자에게 유리하도록 왜곡되는 것이 자본주의의 본성에 기인한다는 가정에 근거하고 있기 때문이다. 이론상, 자본이 풍부한 국가들과 자본이 부족한 국가들의 관계는 **상호의존적인 것**interdependence이어야 하는데, 왜냐하면 최대 성장을 위해서 양자는 다른 편을 필요로 하기 때문이다. 그러나 많은 구조주의자들이 보기에 실제로 일어난 결과는 **종속**dependence, 착취, 불균등 발전이다.

제국주의와 세계질서

이 절에서 우리는 보다 최근의 구조주의 이론들인 종속이론, 근대세계체제론, 근대 제국주의 (혹은 신제국주의)를 살펴보는데, 이 이론들은 그 분석적 접근과 정책적 처방을 마르크스와 레닌에게서 찾는다.

종속이론

종속이론dependency theory은 중심부와 주변부의 관계에 주목하고 주변부가 처한 제약constraints에 주목하는 구조주의 시각 중 하나이다. 종속이론에는 다양한 견해들이 포함될 수 있다. 그러나 우리에게 그들 간의 차이는 공통점에 비해 중요하지 않은데, 그 공통점이란 세계 정치경제의 구조가 본질적으로 남반구의 저발전국가들을 북반구의 자본주의 중심부 국가들에 취약할 정도로까지 의존하도록 만들어서 노예화한다는 견해이다. 산토스Theotonio Dos Santos는 근대사에 식민지 종속(18세기와 19세기), 금융산업 종속(19세기와 20세기 초), 전후의 다국적기업에 기반한 오늘날의 종속구조라는 세단계의 종속구조가 있었다고 본다.

프랑크Andre Gunder Frank는 라틴아메리카의 종속에 주목하였으며, '저발전의 발전development of underdevelopment'이라는 명제로 널리 알려졌다.[12] 그는 개발도상국가들은 결코 '후진backward'사회나 전통사회처럼 '저발전underdeveloped'인 상태가 아니라고 주장한다. 대신, 한때는 위대한 문명이었던 세계의 개발도상지역은 서구 산업국가들의 식민화의 결과로 저발전되었다는 것이다. 착취와 더불어 제국주의가 저발전을 만들어낸 것이다. 프랑크를 비롯한 많은 연구자들은 이러한 저발전의 덫에서 벗어나기 위해서는 주변부 국가들이 세계정치경제에서 철수해야 한다고 주장한다. 1950년대와 1960년대에 제3세계의 많은 사회주의운동 지도자들은 그들 사회의 정치경제적 질서만이 아니라 세계자본주의체제의 근본적인 동학을 변화시키기 위해서도 혁명적 전술과 이념적인 대중운동을 선호했다.

최근 몇몇 종속이론가들은 개발도상국들이 산업화하고 발전할 수 있는 다양한 전략들을 추천하고 있다. 아르헨티나의 경제학자인 프레비쉬Raul Prebisch는 유엔무역개발회의UNCTAD의 창설에 중요한 역할을 했다. 이 기구에 가입한 국가들은 북반구의 선진국들과 남반구의 개발도상국들 간에 권력과 소득을 실제로 재분배하는 정책을 감시하고 추천하는 것을 목표로 삼았다. 그러나 많은 종속이론가들은 국제경제를 개혁하는 데 보다 적극적이며, '신국제경제질서NIEO'에 대한 요구를 지지하는데, 이는 1973년 OPEC유가 급등 직후 추진력을 얻었다. 여기서 중요한 것은 중심부 국가와 주변부 국가간의 관계에 대한 비판의 일부로 종속이론이 사용되었다는 점이다. 둘간의 관계가 평등하게 될 수 있을까 혹은 평등하게 되어야 하는가의 문제는 보통 정치영역의 문제이다.

근대세계체제론

현대 구조주의의 한 매력적인 분파는 14세기 중엽 이후 세계체제가 발전해 온 방식에 초점을 맞춘다. 이것은 월러스타인Immanuel Wallerstein이 창시하고 체이스-던Christopher Chase-Dunn을 비롯한 몇몇 학자들이 발전시킨 **근대세계체제론MWS: modern world system**이다. 본질적으로 자본주의인 세계체제가 대략 국내, 국가간, 기타 국제적인 기관들entities 간의 정치적, 사회적 관계를 결정한다.

월러스타인에 있어서 세계경제가 국제체제에서 유일한 조직화의 수단을 제공한다. 근대세계체제는 다음의 특성을 갖는다. 즉, 민족국가들이 경제적 교환에 의해 상호의존하고 있는 단일분업체계, 이윤추구를 위한 생산품과 재화의 판매, 마지막으로 각 국가가 역내 국제경제에서 하는 역할에 부합하는 세 개의 기능적 혹은 사회경제적 단위로 세계를 분할이다.[13] 세계체제론의 시각에서 16세기 북서유럽의 자본주의 **중심부core**는 다른 지역을 자본주의 세계경제로 흡수함으로써 농업 특화에서 고숙련의 산업 및 생산양식으로 옮겨갔다. 이 과정을 통해 동유럽은 농업 **주변부periphery**가 되었고, 곡물, 금괴, 목재, 면화, 설탕을 중심부로 수출했다. 지중해 유럽과 그 노동집약적 산업들은 **반주변부semi-periphery** 혹은 중심부와 주변부의 중개자가 되었다.

각 집단 내에 포함된 국가들의 유형에 따라 중심부, 주변부, 반주변부를 정의하는 것은 쉽다. 각각 미국, 중국, 한국처럼 말이다. 그러나 세계체제론이 민족국가에 주로 기반하고 있는 것은 아니다. 이 이론에서 중심부는 세계체제에서 부분적인 역할을 하는 민족국가들로 구성된 지리적 지역을 대표한다. 부르주아 이익의 힘은 나라마다 다르기는 해도 실재한다. 물론 같은 정도는 아니지만, 각 국가는 중심부, 주변부, 반주변부의 요소들을 가지고 있다. 그래서 마르크스와 마찬가지로 세계체제론은 국제정치경제를 계급관계와 착취의 양상이라는 관점에서 파악한다.

월러스타인에 따르면, 중심부 국가들은 레닌의 주장처럼 단지 잉여생산물 처리를 위한 시장으로서 주변부를 사용하는 대신, 값싼 원재료를 추출해내기 위한 불평등 교환을 통해 주변부 국가들을 지배한다. 중심부는 세계자본주의 구조를 통해 반주변부, 주변부와 상호작용하고, 이 지역을 착취하면서 또한 변화시킨다. 반주변부는 경제적 역할보다는 정치적 역할을 더 많이 수행한다. 반주변부는 착취를 당하기도 하면서 착취를 하기도 하는데, 주변부의 저항을 중심부로 전파한다.

흥미롭게도, 몇 가지 쟁점에 대해 월러스타인은 중상주의(그리고 정치적 현실주의)를 마르크스주의의 정치와 경제에 관한 시각과 연결시키려 했다. 예컨대, 중상주의자가 하듯이 그는 세계가 정치적으로 무정부 상태 — 즉, 국가간의 관계를 통치하는 하나의 주권적인 정치적 권위가 없는 상태 — 라는 견해를 수용한다. 그러나 마르크스-레닌주의자처럼, 그는 자본주의 세계경제의 구조에 의해 권력 정치와 사회적 차이가 결정된다고 주장한다. 월러스타인에 의하면 중심부 국가들 내의 자본가들은 개인적 이익의 극대화를 위해서 국가권위를 사용한다. 역사적으로 국가는 "중심부 국가의 국가기제들이 자본가 토지소유자와 그들의 상인 동맹자들의 필요에 의해 강화되었다"[14]라고 할 정도로 자본가의 경제적 이해관계에 충실했다. 또한 월러스타인은 국가기제는 일단 만들어지면 어느 정도의 자율성을 갖는다고 주장한다.[15] 반면,

정치는 경제구조에 의해 제약받는다. 예컨대, 그는 세계자본주의체제 내에서의 민족국가의 위치가 그 민족국가의 세계적인 역할에 영향을 미치기 때문에 강한(중심부) 국가가 약한(주변부) 국가를 지배한다고 주장한다. 월러스타인이 말하듯이, "자본주의 세계경제의 작동은 집단들이 단일 세계시장 내에서 자신들의 이익을 추구하며, 동시에 국가에 영향력을 발휘하기 위해 조직화를 통해 시장을 왜곡할 것을 요구한다. 이 집단들 중 어떤 집단은 다른 집단들보다 훨씬 강력하지만, 어떤 것도 세계시장 전체를 조절하지는 않는다."[16]

월러스타인의 이론의 한 가지 문제점은 정확히 그 이론을 그렇게도 매력적인 것으로 만드는 것이다. 그것은 포괄적으로, 그러나 지나치게 단순하게 국제정치경제를 특징짓는 방식이다. 많은 사람들은 그의 이론이, 경제적으로나 세계자본주의 체계의 제약 효과라는 측면에서, 너무 결정론적이라고 비판한다. 월러스타인에 의하면 민족국가는 자신의 행동이나 정책노선을 자유롭게 결정하는 것이 아니다. 대신 그들은 경제적으로 주어진 역할을 한다고 격하되어 있다. 끝으로, 월러스타인은 종종 자본주의를 현재 역사의 최종적 산물이라고 보았다고 비판받는다. 이런 의미에서 그는 정치경제체제가 아직 사람들이 가지는 선택의 하나이고 구조적으로 결정된 것이 아니라고 하는 많은 구조주의자들과 구별된다.

신제국주의, 신식민주의, 그리고 제국건설 리덕스Redux

이 책의 몇 장에서 말한 대로 **신제국주의**neoimperialism는 보다 미묘하고, 보다 새로운 형태의 제국

주의를 말하는데, 구조주의자들의 주장에 따르면 미국을 비롯한 선진국들이 1975년 베트남 전쟁 이후 신제국주의를 실행하고 있다. 신제국주의는 국가가 더 이상 착취나 통제를 위해 다른 나라를 점령할 필요가 없다고 보는 데서 고전적 제국주의와 차이가 있다.

사회주의 저널인『먼슬리 리뷰Monthly Review』를 편집했던 맥도프Harry Magdoff, 1913~2006는 미제국주의와 관련된 오래된, 정통적인 형태의 마르크스-레닌주의의 좋은 예를 제공한다. 그의 1969년 책인『제국주의의 시대: 미국외교정책의 경제학The Age of Imperialism: The Economics of U.S. Foreign Policy』에서, 맥도프는 종속이론가들과 세계체제이론가들과 같은 주제들 — 특히 자본주의의 확장적 본성에 초점을 맞춘 주제들 — 을 다룬다. 그는 미국의 GATT, IMF, 세계은행의 경제적 자유주의정책을 증진시키려는 노력 뒤에 있는 동기가 미국의 안보이익과 분리될 수 없다고 주장한다. 냉전시기 미국의 해외개입은 한 사람의 지도자의 결정에 따른 결과가 아니라, 근저에 흐르는 미국외교정책을 지배하는 구조적인 경제적, 정치적, 군사적 세력이 만들어낸 결과였다.

미국이 베트남을 비롯한 여러 나라들에 '공산주의를 봉쇄'하기 위해서 개입했다고 주장하는 현실주의자들과 달리, 맥도프는 독점자본주의의 성장 — 즉, 생산을 집중시키고, 중앙화시키는 대형회사들에 의한 국제경제의 지배 — 과 결합된 영국패권의 붕괴에 미국의 동기가 있었다고 주장한다.[17] 아이젠하워 대통령은 일찍이 인도차이나(베트남, 라오스, 캄보디아, 태국)의 천연자원에 대한 접근 유지와 미국의 안보이익을 연계시켰다. 그러나 퇴임연설에서 아이크(아이젠하워)는 군산

복합체의 점증하는 영향력과 군산복합체가 군비지출을 정당화하기 위해 적의 힘을 과장하는 경향이 있다는 점을 경고했다.

베트남전쟁이 1975년 종식되었을 때, 많은 사람들이 '적나라한' 형태의 고전적 제국주의는 끝났다고 믿었다. 미국의 패권은 미국의 경제성장이 둔화됨에 따라 쇠퇴했고, 미국 달러도 1971년 브레턴우즈체제가 공식적으로 붕괴함으로써 약화되었다 (제7장 참조). 1973년 OPEC 석유위기는 미국과 다른 중심부 국가들의 외국 석유에 대한 의존도를 드러냈다. 미국 대중은 유럽, 일본, 라틴아메리카 등의 미국 '영향권' 바깥에 있는 개발도상국들에 대한 군사적 개입에 반대했다.

그러나 1970년대 말, 카터독트린에서 카터 대통령이 공표한 경제와 군사를 결합시킨 목표에서 보다 고전적인 제국주의가 다시 등장했는데, 이는 미국이 석유 이익을 보호하기 위해서 걸프지역에 개입할 의지가 있음을 천명한 것이다. 1979년 이란혁명은 미국의 지원을 받는 이란의 샤Shah를 몰아냈는데, 이는 석유에 대한 미국의 통제와 중동에서의 미국의 영향력을 위협했다. 곧이어 CIA는 소련의 아프가니스탄점령에 대항하는 무자헤딘mujahedeen의 노력을 지지했다.

1980년대에 미국은 레이건독트린의 일부로서 미국의 경제 및 안보이익을 위협하는 개발도상국들에 대한 개입을 재개했다. 레이건은 이란-이라크전쟁에서 사담 후세인을 도왔고, 1983년과 1984년 레바논에 개입했지만 실패했다. 서반구에서 공산주의를 봉쇄하기 위해서 레이건은 니카라과 반군을 지지했다. 미국은 또한 과테말라, 엘살바도르, 여타 남아메리카 국가들을 지지했다. 이 모든 시기에 레이건은(그 이후의 대통령들도 마찬

가지이지만) 계속해서 석유를 통제하고 중동에 있는 서구의 석유회사들에 도움을 주었다. 그러한 영향력을 유지하는 하나의 방법은 사우디아라비아 같은 국가들에게 군사적 및 다른 형태의 원조를 제공하는 것이었다.

1991년 소련의 몰락과 걸프전 이후, 부시 대통령은 많은 구조주의자들이 '새로운 제국주의의 시대'라고 보았던 것의 길을 열었다. 미국 정책결정자의 시각에서 볼 때 소련의 위협이 사라졌으므로, 세계화로 인해 미국이 다른 나라에 개입할 기회는 냉전시대보다 줄어들게 되었다. 중심부 국가들은 무역과 투자 및 (주변부를) 중심부 국가들에 의존하게 만드는 기타 정책들을 이용해서 주변부로 침투할 수 있었다. 미국을 비롯한 산업화 국가들은 모든 개발도상국들의 성장에 도움을 줄 이로운 정책 패키지로써 세계화를 장려했다. 경제적 자유무역과 투자가 이 목적에 가장 잘 부합한다는 협약인 워싱턴 컨센서스Washington Consensus는 IMF, 세계은행, WTO의 정책들을 정당화하는 근거가 되었다.

많은 구조주의자들은 이러한 금융기관들을 단지 미국의 주변부 — 특히 동남아시아와 중남미 — 착취를 위한 '선봉대'로 본다. 1990년대 내내, 클린턴 대통령은 선택적인 해외 군사개입을 통해 경제적 자유주의 정책목표를 추진했다. 클린턴의 '개입과 확장engagement and enlargement' 캠페인은 강성권력과 연성권력을 혼합하여 다른 나라들을 세계자본주의 경제로 노골적으로 끌어들이는 동시에 민주주의의 범위를 확대하였다. 베트남에서 얻은 몇 가지 교훈에 근거해서 클린턴은 레이건처럼 노골적으로 개입하지는 않았다. 그러나 미군은 많은 지역에 지속적으로 — 단기간 — 배치되었

다. 미국은 수단과 아프가니스탄의 테러리스트 목표물들을 미전함에서 발사한 크루즈 미사일로 공격했다. 르완다처럼 미국의 이익이 명확하지 않은 경우에 미국은 제노사이드에서 사망한 수십만 명을 구하기 위해 개입하지 않았다. 미 동맹국과의 다자적인(상대적으로 평등한) 관계에 대한 클린턴의 선호가 발칸반도에서의 나토합동작전과 1998년의 코소보에 개입의 기조를 결정했다.

우리가 제1장에서 말한 바와 같이, 많은 구조주의자들이 세계 자본주의의 최근의 단계 — 종종 하이퍼자본주의라 불리는 — 에 비판적으로 된 것은 1990년대이다. 이 단계는 초국적기업들을 극도로 경쟁적인 세계 환경에서 새로운 제품을 만들어내도록 몰아붙였는데, 개인들은 더 잘 살게 되었다고 느끼기는 했으나, 실제로 부유해진 것은 아니었다. 많은 반세계화 운동가들에게 자본주의와 세계화는 지역 환경법 약화, 노동 착취, 빈곤의 주요 원인이다. 그리고 많은 개발도상국들에서 자본주의와 세계화는 세계의 부유한 1/5과 나머지 거의 모든 사람들 간의 계급투쟁을 심화시킨다.

1990년대, 제국주의의 생각이 미국 정책결정 집단 내에서 다시 출현했으나 경제적 이익의 보호를 위한 해외 군사개입이라는 **소극적인** 맥락에서 출현한 것은 아니었다. 크라우트햄머Charles Krauthammer와 부트Max Boot와 같은 점차 증가하는 신보수주의자들('네오콘'으로도 알려진)은 소련이 몰락했을 때 미국이 그 (선)의지를 세계 만방에 펼침으로써 '단극의 시기unipolar moment'를 활용할 기회를 놓쳤다는 사실을 개탄한다.[18] 9·11 이후 많은 정책관료들과 학자들은 새 부시 행정부가 기회를 잡아서 미국패권의 유지를 — 특히 '이슬람파시즘'에 대항하여 — 미국외교정책의 주요

전제로 삼을 것을 권고했다. 미국이 "주저없이 단독으로 행동하겠다"거나 혹은 국제법 관행에 제약받지 않겠다고 뻔뻔스럽게 부시독트린을 선언하면서, 2기 부시 행정부는 아프가니스탄과 이라크를 점령하였다.[19] 본질적으로, 안보 문제에 관한 원하는 것은 무엇이든, 언제든지, 어떤 수단을 사용하든 할 수 있었다.

수많은 전문가와 학자들 또한 미제국American empire을 추진한다는 생각을 행정부가 받아들이도록 북돋웠다.[20] 물론 행정부는 공식적으로는 절대 제국건설이라는 정책을 채택하지 않았지만, 많은 사람들은 사실상 미국의 많은 정책이 로마제국과 대영제국과 비슷한 행태를 보였다고 주장했다. 이러한 정책들이 세계 각지에 군사시설 및 군대를 유지하고 자유, 평등, 개인주의라는 미국의 원칙은 의문시될 수 없다는 도덕주의적 생각을 고취시켰다.[21]

많은 구조주의자들은 2기 부시 행정부의 미국패권(과 미제국)에 대한 입장이 이전의 행정부에서 명확했던 보다 '적나라한' 유형의 제국주의인 듯이 보인다고 주장했다. 지리 및 인류학 교수인 스미스Neil Smith는 이라크 및 중동평화를 위한 최근의 노력이 석유만이 아니라 세계경제구조를 통제하려는 보다 큰 전쟁의 일부였으며, 최종단계endgame였다고 주장한다.[22] 이라크와 아프가니스탄에서의 전쟁은 비록 그렇게 이름을 붙이지는 않았지만 몇몇 부시 행정부의 네오콘들에게는 정말로 의식적으로 제국을 추구한 것이었다. 다시 한번 세계화와 미국의 이익이 상호보완한 것이다.

많은 미국인들의 기대와 달리, 버락 오바마의 당선은 세계에서의 미국의 역할에 거의 변화를 가져오지 않았다. 2008년의 선거유세에서 한 약속에

도 불구하고, 오마바는 쿠바 관타나모의 수용시설에 죄수들을 무기한 억류하고 있으며, 행정부에 의해 '비합법전투원'이라고 지정된 사람들에 대해서 군사재판을 계속하고 있다.[23] 부시 행정부의 군국주의를 넘어서 오바마는 군사용 무인비행체의 사용을 불법적 암살 — 미국시민의 불법 암살 포함 — 로 확장했다.[24] 패트리어트 법을 폐기하는 대신, 그는 이를 재승인했다.[25] 팔레스타인 점령지역에 대한 불법 점령에도 불구하고 미국은 이스라엘에 수십억 달러의 원조를 지속적으로 제공했다.[26] 그리고 오마바는 이란의 핵무기개발 방지와 관련하여 "모든 옵션은 테이블 위에 있다"면서 이란에 대한 군사적 타격을 지시할 의지를 보였다.[27] 구조주의는 정치구조가 부와 권력을 가진 사람들을 위해서 작동하기 때문에 군사주의와 제국건설이 미국정체polity에 고유한 질병과 같은 것이라고 주장한다. 제국은 자본가들의 이익을 위해 봉사한다. 수사rhetoric에도 불구하고 공화당과 민주당, 부시와 오바마 사이에 차이는 거의 없다.

평등 혹은 긴축? 대공황으로부터의 정치경제적 교훈

세계경제는 2007년 미국의 주택시장 붕괴에서 촉발된 경기 후퇴로부터 아직 회복조차 못하고 있다. 구조주의 시각에서 본다면, 그 위기는 자본주의 계급이 지난 40년 동안 권력을 확대해온 불가피한 결과이다. 비록 몇몇 사람들은 은행가들과 선출직 관료들이 저지른 다양한 종류의 '악행'을 지적하지만 — '호황'시기에 월가의 많은 사람들이 명백히 사기를 저질렀다 — 구조주의자들은 금

융 위기와 경기 침체를 자유방임 경제정책의 결과
로서 보지, 건강한 체제가 몇 명의 악인들에 의해
왜곡된 것이라고 보지 않는다. 물론 구조주의자는
구조에 문제점들이 내재되어 있다고 본다.

따라서 많은 구조주의자들은 1970년부터 시
작된 미국의 소득 및 부의 불평등의 엄청난 증가
를 지적한다.[28] 1968년 미국의 부유층 20퍼센
트의 인플레이션을 감안한 평균소득은 대략 10
만 2,000달러였다.[29] 2010년에는 16만 9,000달
러로 66퍼센트 증가했다. 같은 시기에 걸쳐, 빈
곤층 20퍼센트의 평균 소득은 9,900달러에서 1
만 1,000달러로 겨우 11퍼센트 증가했다. 미국의
부유한 20퍼센트에게 가는 전체 국가소득의 양
은 43퍼센트에서 50퍼센트로 증가한 반면, 가난
한 20퍼센트에게 가는 양은 4.2퍼센트에서 3.3퍼
센트로 감소했다. 따라서 인구의 부유한 1/5이 국
가의 부의 절반을 차지하고, 같은 수의 사람들이,
즉 가난한 1/5이, 약 1/13을 가져간다. 인플레이
션을 감안해도, 정규직으로 일년 내내 일하는 남
성 노동자 수입의 중간값은 2008년보다 1973년
에 더 높았다.[30] 이 35년의 기간 동안, 경제가 생
산해낸 새로운 소득증가분을 가장 부유한 미국인
들이 사실상 모두 가져갔으며, 자본가들의 권력은
더욱 증가했고, 노동자 착취의 정도는 더욱 심해
지는 결과가 초래되었다.

구매력의 근원으로서, 재분배의 수단으로서,
위기의 촉발제로서 채무가 여기서 커다란 역할을
한다. 궁극적으로, 채무는 현재 현금을 빌리는 것
을 향후 여러 번에 걸쳐 변제하겠다는 약속이다.
제1장과 제8장에서 논의되는 바와 같이, 1990년
대부터 2008년까지, 많은 중산층과 빈곤층의 사
람들이 보다 쉽게 신용카드와 주택담보대출을 받

을 수 있었다. 1989년에서 2007년까지 중산층의
평균 담보대출 채무의 수준은 — 중산층은 소득수
준 40퍼센트에서 60퍼센트 사이에 있는 사람들을
지칭 — 4만 5,000달러에서 10만 4,000달러로 증
가했다.[31] 이러한 형태의 채무는 주택가격이 계속
상승하면 문제가 되지 않는다. 그러나 2006년 주
택가격이 하락하기 시작했을 때, 많은 주택소유자
들은 자신들의 주택을 팔아서 얻을 수 있는 것보
다 더 많은 돈을 주택담보대출에 빚지고 있었다.
반면 신용카드 채무는 어떤 자산에 의해 지지되는
것이 아니고 단순히 미래의 소득에서 갚겠다는 약
속이다. 비록 액수는 더 적지만, 평균 신용카드부
채액balance은 1989년의 2,600달러에서 2007년의
5,600달러로 두 배 이상 늘었다. 전반적으로 중산
층에게 채무가 증가했고, 총채무 대 총자산의 비
율은 1998년에서 2007년 사이에 20.6퍼센트에서
24.3퍼센트로 증가했다.[32]

처음에는, 채무는 경제를 부양시킨다. 돈을 빌
린 사람이 그 돈을 자동차나 다른 소비재에 사용
한다든가, 주택을 개량한다든가, 혹은 휴가를 보
내는 데 쓰기 때문이다. 물론 채무와 이자는 상환
해야 한다. 그럴 때, 채무자는 소비재에 사용할 돈
이 줄어들게 되는데, (부유한) 채권자에게 돈을 갚
아야 하기 때문이다. 하지만, 중산층 가구가 그들
수입의 상당부분을 채무상환에 사용해야할 때 경
제성장이 저해되는데, 이는 소득의 많은 부분을
재화나 서비스 구입이 아니라 부유층에게 이전시
키는 것이다. 구조주의자들은 또한 채권자들이 채
무를 변제받았을 때 그들은 그들의 높은 소득 중
작은 부분만을 소비하는 경향이 있다고 지적한다.
그렇다면, 구조주의자의 관점에서 보면 미국경제
는 채무와 불평등이라는 불안정한 기반 위에서 작

동해 온 것이다. 어떤 종류의 문제 — 예를 들면, 주택가격의 예상치 못했던 하락이라든가 경제의 다른 부문에서의 후퇴라든가 — 는 매우 심각한 경기후퇴를 쉽게 불러올 수 있다. 많은 정부들이 취하는 긴급구제bailout 정책이 은행과 다른 금융기관들의 대차대조표를 개선하려고 하지만, 가구들의 평균 채무의 양은 매우 높은 수준으로 유지된다. 많은 가구들이 예전에는 채무를 통해 주택개량이나 자동차 구입을 위한 돈을 빌릴 수 있었지만 이제는 그렇지 않다.

물론, 미국에서 작동하는 힘들은 세계수준에서도 작동한다. 환언하면, 계급갈등은 국제적이다. 제2차 세계대전 이후, 산업화된 북반구의 중심부 국가들은 IMF, 세계은행, WTO, 초국적기업TNC 등을 통해 세계의 개발도상국가들 구석구석에 신자유주의정책을 확산시켜 나갔다. 국제금융기구를 이용하여, 부유한 국가들은 — 마치 부유한 개인들이 그러하듯이 — 가난한 국가들에게 지속적으로 돈을 빌려줌으로써 자신들에게 돈이 회귀하는 변제의 흐름을 가동시킨다. 이러한 동학은 단순히 남반구의 가난하고 약한 나라들에만 적용되는 것이 아니고 최근의 경제 위기 이후 유럽에도 적용된다. 유로존의 몇몇 작고 덜 생산적인 나라들은 부채 때문에 채무불이행 위험에 처해 있다. 그 나라들은 소득의 부족으로 인해 채권자들, 특히 국가외부에 있는 채권자들에게 변제를 계속할 수가 없다. 예를 들면, 아이슬란드는 금융위기 이전에 외국은행으로부터 많은 돈을 빌렸다. 그 이후 경기 후퇴 때, 아이슬란드는 채무를 변제할 수 없었다. 포르투갈과 그리스도 비슷한 문제에 부딪쳤고, 스페인이나 이탈리아 같은 큰 국가들조차도 위험에 처해 있다.

경제위기에 대한 신자유주의의 표준적인 반응은 신기하게 그 특징을 잘 드러내는 '긴축austerity'이라는 단어이다. Austerity는 austere와 같은 어원을 갖는데, austere는 지나치게 단순한 혹은 과잉이나 사치가 없다는 것을 의미한다. 실제로 **긴축정책**austerity measure은 정부정책의 변화를 통해 사회 및 복지 프로그램의 지출을 줄여서 외국채권자들에게 지불할 돈을 마련하는 것이다. 이러한 조치가 불충분하다고 판명되면 — 그리스의 경우처럼 — 세금이 인상된다. 지배적인 경제세력 및 국제금융기관이 부과한 의무를 다하기 위해서는, 그리스 같은 국가들은 외국의 은행들에게 변제하기 위해 자국민들을 쥐어짜야 한다. 모든 나라들이 이런 조건을 받아들이지는 않는다. 물론, 채무불이행을 선언하거나 최소한 채권자들과 변제의 조건을 재협상하고 변제액을 삭감하는 협상을 할 수도 있다. 이것이 아이슬란드가 취한 방법인데, 아이슬란드 국민들은 긴축조치를 거부했고 채무의 일부만을 변제할 것을 선택했다. 그리스와 달리, 아이슬란드는 현재 건전한 경제회복을 경험하고 있다.

경제위기와 긴축조치의 부과에 대해 대중들이 어떻게 반응하는가는 캐나다에서 시작되었지만, 월가에서 가장 유명해진 다양한 '점령Occupy' 운동에서 볼 수 있다. 정치적 좌파가 다양한 단일쟁점 운동들로 파편화되는 경향이 있는 반면, 점령하라 운동은 대체적으로 계급에 기반한 문제들을 중심으로 통일된다. 99퍼센트 대 1퍼센트(제8장 참조) 점령하라 운동 및 많은 구조주의자들은 부와 소득을 상층계급으로부터 중간계급과 노동계급으로 이전하기 위해 세계경제와 국가경제가 실질적으로 정부를 규제해야 한다고 요구한다. 국가는 그림자 은행과 금융체계를 규제하기 위해 그 능력과 의지를 강화해야 한다. 어떤 사람들은 민간부문과 경쟁하기 위해서는 은행을 국영화하고 더 많은 국가기관을 만들어야 한다는 생각을 지지한다. 많은 사람들은 파생상품, 임원 급여, 내부자 거래 등을 규제하기 위해 보다 더 엄격한 조치들이 필요하다고 본다. 만약 금융체제에 대한 대중들의 신뢰를 다시 회복하려 한다면, 국가는 은행 긴급구제가 탐욕스런 임원들에게 높은 급여와 보너스를 보상으로 주는 것이 아니라는 것을 납세자들에게 확신시키기 위해 더 많은 노력을 해야 한다.

세계수준에서는, 대부분의 구조주의자들은 개발도상국에서 빈곤, 기아, 채무, 질병을 뿌리 뽑기 위한 다양한 노력을 지지한다. 비록 국제기구는 마르크스주의 이론에서 별다른 역할을 하지 않지만, 많은 구조주의적 성향의 비정부기구와 활동가들에게 점점 더 중요해져가고 있다. 많은 UN기구들이 여성문제, 난민구호, 인권, 원주민사회 보존 등을 겨냥한 프로그램들을 장려해 왔다. 또한 초국적기업에 대한 규제를 강화하자는 제안의 뒤에는 구조주의자들이 있다 (제17장 참조).

결론

구조주의를 바르게 보기

몇몇 사람들은 공산주의가 몰락한 시점에 마르크스주의나 구조주의를 공부하는 것이 가치가 있는가 의문을 제기한다. 그러나 자본주의 정치경제체제에 대한 마르크스의 분석의 가치를 보기 위해 반드시 소비에트식 사회주의를 지지할 필요는 없는 것이다. 이 장에서 우리는 국제정치경제에 대한 마르크스의 네 가지 주요 공헌 — 계급의 정의, 계급

갈등과 노동자 착취, 국가의 통제, 이데올로기 조작 — 을 자본주의의 불가피한 몰락과 사회주의로의 이행(궁극적으로는 공산주의로의 이행)을 예측한 그의 역사이론과 분리시켰다. 마르크스주의에서 주요 생각을 가져온 구조주의자들은 현대 국제정치경제의 계급에 기반한 특성을 강조한다. 경제적 산출을 이윤과 임금으로 분할한 소득을 둘러싼 갈등을 인정하지 않고는 국내경제정책이나 국제정치경제를 이해할 수 없다.

구조주의자들은 자유무역과 탈규제화된 시장에 대한 낙관적 자유주의적 해석을 거부하며, 대신 자본가와 노동자 간의, 부국과 빈국 간의 힘의 불평등이 착취, 불평등, 실업, 빈곤을 만들어낸다고 주장한다. 자본주의체제는 스스로 재생산하는 경향이 있어서 애초에 권력과 부를 더 많이 가지고 있던 사람들은 노동과 가난한 사람들의 희생으로 그 지위를 유지할 수 있다. 제국주의, 종속, 근대세계체제에 대한 이론들은 국가들이 처음부터 현격히 다른 출발점에 서 있었다는 점을 고려한다면, 자유시장이 공평한 경쟁의 장이 되어서 어떻게든 빈곤을 종식시킬 것이라는 믿음이 순진하다는 것을 보여준다. 왜냐하면 국가 그 자체가 대체적으로 자본주의 엘리트 계급의 압력에 반응하는데, 자본주의 엘리트 집단은 점차적으로 세계화를 지향하고, 할 수 있는 한 어디서든 이윤을 추구하고, 본국의 국민들에 대한 충성심이란 것은 거의 없다.

세계화에 반대하는 구조주의의 입장은 만국의 노동자들이 더욱 단결할 것과 더 이상 취약한 개발도상국을 중심부에만 우호적인 조건에 노출시키지 않는 국제 무역 및 투자 질서를 요구한다. 이는 적은 경제적 자원을 가진 국가들 간의 상호조정된 정치적 행동을 요구할 것이다. 마르크스조차

도 그가 "인간은 그의 역사를 만든다. 그러나 … 그들은 자신이 선택한 환경 하에서 역사를 만드는 것이 아니라, 직접적으로 맞닥뜨린 과거로부터 주어지고 계승된 상황 하에서 역사를 만드는 것이다"[33]라고 말했을 때, 우리가 집단적으로 모든 결정을 통제할 수 있는 것은 아니라는 점을 암시했다. 따라서 오늘날의 많은 구조주의자들에게, 경제구조에 대한 깊은 이해는 인간의 자유를 행사하도록 하는데, 여기서 자유란 세계를 형성하는데 있어 인간이성을 사용하는 것으로 이해된다. 물론, 모든 변화가 가능한 것은 아니다. 그러나 매우 실질적인 개선 중 어떤 것은 분명히 가능하다. 그러한 행동을 위한 선행조건은 새로운 의식의 발전인데, 그 의식은 세계화의 자유시장 판본이란 것이 단지 현상유지를 영구화시키는 데 경제적 이익을 가진 권력자들에 의한 이데올로기적 조작일 뿐이라는 것을 파악하는 것이다.

주요 용어

구조주의(structuralism) 85
근대세계체제론(MWS: modern world system) 98
긴축정책(austerity measure) 104
반주변부(semiperiphery) 98
변증법적 과정(dialectical process) 87
부르주아(bourgeoisie) 87
신제국주의(neoimperialism) 99
유물사관(historical materialism) 87
종속이론(dependency theory) 97
주변부(periphery) 98
중심부(core) 98
프롤레타리아(proletariat) 87
허위의식(false consciousness) 91

토론주제

1. 마르크스주의의 현대 구조주의에 대한 네 가지 공헌을 요약해 보시오.
2. 마르크스와 레닌의 자본주의에 대한 시각을 비교하시오. 어떻게, 왜 그들의 시각이 다른가? 구체적으로 논하고, 이 장에 나오는 예를 들어 보시오.
3. 신제국주의, 종속이론, 근대세계체제론의 접근법의 기본적인 특징들을 개략적으로 설명해 보시오.
4. 현재의 금융위기에 대한 구조주의적 설명의 핵심요소를 간략히 설명해 보시오.
5. 만약 당신이 (비공식적으로) 미국자본주의를 대체할 만한 새로운 이데올로기를 만들어낸다면, 어떤 구조주의적 요소들이 포함될 것인가?

추천문헌

Jeff Faux. *The Global Class War: How America's Bipartisan Elite Lost Our Future-And What It Will Take to Win It Back*. Hoboken, NJ: John Wiley, 2001.

John Bellamy Foster and Fred Magdoff. *The Great Financial Crisis: Causes and Consequences*. New York: Monthly Review Press, 2009.

Antonio Gramsci. *Selections from the Prison Notebooks*, Quintin Hoare and Geoffrey Nowell Smith., transl. and eds. London: Lawrence and Wishart, 1971.

William Greider. *One World, Ready or Not: The Manic Logic of Global Capitalism*. New York: Simon & Schuster, 1997.

V. I. Lenin. *Imperialism: The Highest Stage of Capitalism*. New York: International Publishers, 1939.

Karl Marx and Friedrich Engels. *The Communist Manifesto: A Modern Edition* (with an introduction by Eric Hobsbawm). New York: Verso, 1998.

Joseph Schumpeter. *Capitalism, Socialism, and Democracy*. New York: Harper & Brothers, 1942.

Immanuel Wallerstein. "The Rise and Future Demise of the World Capitalist System: Concepts for Comparative Analysis," *Comparative Studies in Society and History*, September 1974.

주

1) 마르크스의 방법론에 대한 논의는 Todd G. Buchholz, *New Ideas from Dead Economists* (New York: New American Library, 1989), pp. 113–120 참조.
2) Karl Marx, *The Poverty of Philosophy* (New York: International Publishers, 1963), p. 122.
3) Ian Steedman, *Marx after Sraffa* (New York: Verso, 1977), pp. 170–175.
4) Arthur B. Kennickell, "A Rolling Tide: Changes in the Distribution of Wealth in the US, 1989–2001," in Edward Wolff, ed., *International Perspectives on Household Wealth* (Northampton, Mass: Edward Elgar, 2006), p. 50.
5) Steven Lukes, *Power: A Radical View* (London: MacMillan Education, 1991), p. 27.
6) Max Weber, *General Economic History* (New Brunswick, NJ: Transaction Books, 1981), p. 277.
7) 프랑스 소설가인 해리 니콜라이데(Harry Nicolaides)는 황태자의 구미에 맞지 않는 문장이 그 작품에 포함되어 있다는 이유로 3년형(원래의 6년에서 감형)을 선고받았다. "Thailand's Lèse-Majesté Law: The Trouble with Harry," *Economist*, January 24, 2009, p. 48 참조.
8) V. I. Lenin, *Imperialism: The Highest Stage of Capitalism* (New York: International Publishers, 1993 [1939]).
9) Ibid., p. 88.
10) Ibid., p. 68.
11) Ibid.
12) Andre Gunder Frank, "The Development of Underdevelopment," *Monthly Review* 18 (1966) 참조.
13) Immanuel Wallerstein, "The Rise and Future Demise of the World Capitalist System: Concepts for Comparative Analysis," *Comparative Studies in Society and History*, September 1974, pp. 387–415.
14) Ibid., p. 402.
15) Ibid.
16) Ibid., p. 406.
17) John Foster Bellamy, *Naked Imperialism: The U.S. Pursuit of Global Dominance* (New York: Monthly Review Press, 2006), 특히 pp. 107–120 참조.
18) Charles Krauthammer, "The Unipolar Era," in Andrew Bacevich, ed., The Imperial Tense (Chicago, IL: Ivan R. Dee, 2003) 참조.
19) "The National Security Strategy of the United

States," *The White House*, September 17, 2002, at www.nytimes.com/2002/09/20/politics/20STEXT_FULL.html 참조.

20) 예컨대 Deepak Lal, "In Defense of Empires," in Andrew Bacevich, ed., *The Imperial Tense* (Chicago, IL: Ivan R. Dee, 2003) 참조

21) Chalmers Johnson, *The Sorrows of Empire: Militarism, Secrecy, and the End of the Republic* (New York: Metropolitan Books, 2004) 참조.

22) Neil Smith, *The Endgame of Globalization* (New York: Routledge, 2005).

23) Andy Worthington, "Guantanamo, Torture, and Obama's Surrenders," *CounterPunch*, 18:15 (September 1–15, 2011), p. 1.

24) Ibid.

25) Gail Russell Chaddock, "Patriot Act: Three Controversial Provisions That Congress Voted to Keep," *The Christian Science Monitor*, May 27, 2011.

26) United Nations Security Council Resolutions 242 and 465; Convention (IV) Relative to the Protection of Civilian Persons in Time of War. Geneva, August 12, 1949.

27) "Obama: All Options Remain on the Table to Prevent a Nuclear Iran," Haaretz.com, March 4, 2012.

28) John Bellamy Foster and Fred Magdoff, "Financial Implosion and Stagnation: Back to the Real Economy," *Monthly Review*, December 2008, pp. 1–29 참조.

29) Carmen DeNavas-Walt, Bernadette D. Proctor, and Jessica C. Smith, *U.S. Census Bureau, Current Population Reports, P60–239, Income, Poverty, and Health Insurance Coverage in the United States: 2010* (Washington D.C.: U.S. Government Printing Office, 2011), Table A3, Selected Measures of Household Income Dispersion: 1967–2010. At http://www.census.gov/prod/2011pubs/p60–239.pdf.

30) Carmen DeNavas-Walt, Bernadette D. Proctor, and Jessica C. Smith, *U.S. Census Bureau, Current Population Reports, P60–236, Income, Poverty, and Health Insurance Coverage in the United States: 2008* (Washington D.C.: U.S. Government Printing Office, 2009), Table A-2, Real Median Earnings of Full-Time, Year-Round Workers by Sex and Female-to-Male Earnings Ratio: 1960 to 2008. At http://www.census.gov/prod/2009pubs/p60–236.pdf.

31) U.S. Federal Reserve, "2007 Survey of Consumer Finances Chartbook," www.federalreserve.gov/PUBS/oss/oss2/2007/scf2007home.html.

32) Brian K. Bucks, Arthur B. Kennickell, Traci L. Mach, and Kevin B. Moore, "Changes in U.S. Family Finances from 2004 to 2007: Evidence from the Survey of Consumer Finances," *Federal Reserve Bulletin*, February 2009, Table 12.

33) Karl Marx, *The 18th Brumaire of Louis Bonaparte* (New York: Mondial, 2005).

국제정치경제의 대안적 시각

국제정치경제IPE는 상호 접촉하며 갈등하는 이익, 관점, 또는 가치체계로 인해 많은 경계와 긴장을 분명히 드러낸다. 경제적 민족주의, 자유주의, 구조주의 등 국제정치경제의 주류 이론은 오늘날 국제정치경제의 가장 중요한 요소들 전부가 아니라 (자기 관점에서 중요하다고 생각하는) 일부에 대해서만 말한다. 오늘날 국제정치경제의 지적 프로젝트 중 하나는 세 가지 주류 이론으로는 설명되지 않는 행위자, 사고틀, 사고방식을 포함하도록 연구영역을 확대하는 작업이다. 이 장의 목적은 국제정치경제가 지적 뿌리를 포기하지 않으면서, 오늘날 세계의 광범위한 주요 쟁점과 이론을 진솔하게 다룸으로써 연구영역을 넓히는 — 스트레인지Susan Strange의 표현으로 '울타리를 치지 않는' — 방식을 강조하는데 있다.

이번 장은 주류 국제정치경제 이론에 대한 두 가지 대안적 혹은 보완적 이론, 즉 구성주의와 페미니즘을 소개한다. 각 이론은 우리에게 국제정치경제를 다른 방식, 일반적으로 좀 더 넓은 시각에서 생각할 것을 요구한다. 향후 국제정치경제는 어떻게 발전하든지 간에 이들 두 이론을 필연적으로 반영하고, 이들 이론이 사고하는 방식에 길들여질 것이다.

우리는 먼저 구성주의constructivism에 대해 살펴볼 것이다. 구성주의는 세계체제에서 활약하는 관료, 국가, 국제기구의 견해에 영향을 미치는 신념, 생각, 규범에 초점을 맞춘다. 구성주의는 글로벌 시민사회가 막강한 경제적·군사적·정치적 힘을 휘두르는 행위자들의 정체성과 이해관계를 형성하는데 있어 중요한 역할을 수행하고 있다고 주장한다.

페미니즘 이론feminist theory은 특히 인권과 개발 등 다양한 국제정치경제의 쟁점과 관련하여 여성의 지위 및 여성이 수행하는 역할에 대해 관심을 갖는다. 구성주의와 마찬가지로 페미니즘 이론

은 성과 부, 권력, 권위의 관련성에 초점을 맞춘
다. 페미니즘 이론은 성이 반영된 세계관, 가족안
보, 출산과 같이 오늘날 우리 삶의 중요한 사안임
에도 불구하고 종종 등한시되는 쟁점을 찾아낸다.
지난 20년간 다수의 국제기구IOs와 비정부기구
NGOs는 특히 개발도상국에서 여성의 권리를 신장
시켰다. 많은 경우 국제기구와 비정부기구는 국가
에 정면으로 도전하기보다는 우회적 방식으로 이
목적을 달성한다.

　대안이론을 살펴보기에 앞서 한 가지 유념할
사항에 대해 언급할 필요가 있다. 여기서 소개하
는 국제정치경제의 두 가지 대안적 접근법은 복잡
다단하고 논쟁적이다. 국제정치경제의 지배적인
세 가지 시각의 경우와 마찬가지로 각각의 대안적
접근법 내에도 다양한 관점과 변형이론이 존재한
다. 각 접근법에 대한 우리의 분석은 간략하고, 따
라서 불완전하며, 피상적일 수밖에 없다. 우리의
목적은 학생들이 다양한 분석수단과 시각에 친숙
해져서 국제정치경제의 쟁점들을 보다 깊이 있게
이해할 수 있게 하는 데 있다.

구성주의

구성주의가 흔히 국제정치경제라고 하는 연구영
역에서 자주 간과되는 쟁점이나 행위자에 초점을
맞추고 있기 때문에 많은 학생들이 구성주의 시
각에 흥미를 느낀다. **구성주의**constructivism는 국
제정치경제 및 국제관계 분야의 상대적으로 새로
운 시각이며, 어떤 결과에 영향을 미치는 생각, 규
범, 담론의 역할에 초점을 둔다. 구성주의자는 단
지 물질세계의 군사력과 경제력의 분포에 대한 관

찰을 통해 국가들이 어떻게 상호작용할 것인지를
알 수 있다는 현실주의자의 주장에 반대한다. 국
가, 시장, 국제기구 같은 제도는 그 제도에 의미와
행동 패턴을 부여하는 사회적 맥락 속에서 구성된
다. 권력이 어떻게 행사되는지, 국가가 어떤 목적
을 갖는지, 나라들이 어떻게 상호작용하는지 등은
행위자가 이에 대해 어떤 생각을 갖고 있느냐에
달려 있다. 행위자들은 다른 행위자들과의 상호작
용 속에서 자신의 정체성과 목적의 의미를 창출하
며, 그 의미 역시 바뀔 수 있다. 이 절에서 우리는
구성주의자들의 기본 생각을 살펴보고, 그들이 주
요 글로벌 이슈를 해석하는데 사용하는 도구에 관
한 많은 예시를 들 것이다. 전쟁과 평화에 대한 구
성주의적 이해, 구성주의자들이 중요하게 여기는
국제정치경제의 행위자, 구성주의자들이 사용하
는 분석도구에 대해 알아볼 것이다.

갈등과 협력에 대한 견해

구성주의는 현실주의 및 자유주의의 가정과는 근
본적으로 다른 가정에 입각한다. 현실주의자들은
세력균형이 국가의 행동을 좌우한다고 주장하는
데 반해(제3장과 제9장 참조), 구성주의자들은 복
수의 행위자 간의 갈등이나 협력은 그 행위자들이
갖고 있는 서로 다른 가치, 믿음, 이해관계가 상호
작용한 결과라고 주장한다. 현실주의의 핵심적인
가정의 하나는 '자조(自助)'에 의존할 수밖에 없는
무정부상태로 말미암아 국제정상상의 모든 행위
자는 다른 나라로부터 공격당하거나 침탈당하지
않도록 자신의 안보를 최우선시할 수밖에 없다는
것이다. 정체성과 이익의 형성과 같은 문제는 분
석의 대상으로 적절하지 않다고 생각되었다. 신념

과 가치와 같은 사회적 요인은 인과력causal power
이 없는데 왜냐하면 자조적(自助的) 세계의 구조
적인 현실이 항상 그러한 사회적 요인을 압도할
것이기 때문이다.[1]

경제적 자유주의자들은 무정부적 세계에 관한
현실주의 가정을 공유하지만, 잘 설계된 제도는 각
나라 모두에게 득이 되는 포지티브섬positive-sum적
상황을 만들 가능성을 높인다고 생각한다. 현실주
의자와 마찬가지로 경제적 자유주의자들은 제도
(자본주의와 같은)와 현실적 조건(상호의존과 같
은)이 국제정치경제에 질서를 부여한다고 믿는다.

한편 구성주의 이론가인 웬트Alexander Wendt는
다음과 같이 말한다. "과정과 분리된 구조는 존재
하지 않거나 인과력causal power이 없다. 자조적 체
제와 권력정치는 제도이지 무정부상태의 본질적 성
질이 아니다. 무정부상태는 국가가 만들어내는 것
이다."[2] 달리 말하면 무정부상태가 존재할 수 있다
는 것만으로 자조적 세계가 만들어지는 것은 아니
다 (충분조건이 아니다). 서로 다른 행위자의 정체
성 및 주관적 이익과 관련된 사회적 과정들이 결합
됨으로써, 행위자들은 무정부상태를 혼돈스럽고
무질서한 세계로 인식하게 된다. 웬트는 말하길,
우리는 자조적 세계에 살고 있는데, 그 이유는 오랜
시간에 걸쳐 우리들이 자조적 세계가 무정부상태의
결과라고 '믿어왔기' 때문이다. 국제체제는 꽤 질서
정연하다. 대부분 국가는 공식적이거나 비공식적
인 규칙과 규범에 따라 행동한다.[3] 오늘날 몇몇 국
가가 '불량국가'로 간주된다는 사실은 이들 국가들
이 국민국가들로 이루어진 국제공동체가 받아들이
기 어려운 방식으로 행동하고 있다는 증거이다.

개인수준의 분석과 국가/사회수준의 분석에 좀
더 비중을 두는(제1장을 참조) 구성주의자는 국가

가 정치행위자일 뿐만 아니라, 사회의 가치와 신
념을 반영하는 제도적 구성물과 규범(행위규칙)을
따르는 한에 있어 사회적 행위자라고 주장한다.
왜 어떤 사람들 혹은 국가는 다른 사람 혹은 다른
국가보다 더 잘 협력하는가? 보다 강한 국가가 위
협하기 때문인가? 아마 그럴지도 모른다. 하지만
대부분의 경우 국가는 여타 국가와 함께 일하는
기질이 있기 때문에 서로 협력한다고 봐야 할 것
이다. 국제사회는 협력의 가치를 인정하고 공동의
문제를 해결하기 위해 폭력적 수단보다는 협력적
수단을 선호한다. 국제연합에서 국가들이 '중립
적'이라는 평판을 얻는 것, 분쟁의 평화적 해결을
증진하기 위해 단호히 행동하는 것, UN평화유지
임무 수행을 위해 군대를 자발적으로 파견하는 것
등이 그에 해당하는 좋은 예이다. 또한 이들 유엔
회원국 대부분은 국제관계와 해외정책의 본질에
대한 자국 내 강경론 때문에 군축협정과 인권협정
에 주저하지 않고 조인한다.

구성주의 이론가들이 주장하길, 도덕적 목적을
공유하고 어느 정도의 상호신뢰감을 바탕으로 통
합된 사람들의 집합인 '**안보공동체**security commu-
nity'의 일원이 되어 서로를 이해하게 된다면, 겉
으로 보기엔 인정사정없을 것처럼 보이는 경쟁자
들 간에도 때로는 협력이 이뤄진다고 한다. 이스
라엘의 정치학자 아들러Emanuel Adler는 1970년대
중반 유럽의 안보사안에 대해 냉전의 양 당사국
이 협력을 모색하기 위해 설치한 유럽안보협력기
구OSCE: Organization for Security and Cooperation(이
하 OSCE)가 종국엔 어떻게 해서 언론의 자유, 군
비통제, 인권보호에 관한 자유주의적 사고를 전파
하는 전달벨트가 되었는지 연구하였다.[4] OSCE를
통해 제도화된 국가, 비정부기구, 전문가 간 상호

작용 과정은 한 나라가 자국 영토 내의 시민을 어떻게 처우하느냐에 대해 여타 주변국들도 관심을 갖는 것이 정당하며, 자국 시민에 대한 처우라 할지라도 외교활동과 국제적 논의를 통해 각국이 공유하게 된 원칙에 의해 규율되어야 한다는 새로운 사고를 거침없이 전파하여 참가자들이 공유할 수 있도록 하였다.

이 새로운 사고는 안보현안에 대한 협력의 길을 열고, 바르샤바조약기구 회원국을 제약하고, 심지어 이들 국가 내 민주주의 운동세력을 지원하면서 전통적인 의미의 국가주권과 충돌했다. 베를린장벽이 무너진 후 OSCE는 유럽국가들, 특히 동유럽국가들로 하여금 정부의 투명성, 자유선거, 소수자 권리보호 등에 새로이 헌신하도록 설득하는 데 있어 중요한 역할을 해오고 있다. 구성주의자들이 주장하는 바에 따르면, OSCE는 유럽의 '보통' 국가라면, 자국의 특정한 외교정책 목표, 역사적 경쟁관계, 군사력 등과 관계없이, 다른 나라와 자국의 시민에 대해 져야 할 의무사항이 무엇인지를 규정함으로써 국가행동에 영향을 끼친다. 보다 많은 국가가 공식적으로 이들 의무사항을 지킬 것을 약속하고 그러한 의무사항에 대해 논의함에 따라 이러한 의무사항에 위배되는 대안적 사고는 점점 더 받아들여지기 어렵게 된다. 치러야 하는 '비용' 때문이라기보다는 한 나라의 정체성에 가해질 충격 때문에 대안적 사고를 받아들이기 어렵게 되는 것이다.

단순히 물리적 힘의 분포로 표현될 수 없는 국제적 조건에 대한 설명에 더해, 구성주의 이론가들은 비용-편익 계산이나 합리적 자기이익과는 다른 방식으로 어떻게 국가가 행동하는지 면밀히 관찰한다. 국가는 국제적으로 통용되는 규칙을 어기고 군사력을 사용함으로써 이득을 취할 수 있는 경우일지라도 종종 군사력의 사용을 스스로 자제한다. 예를 들어, 강대국은 약소국을 '따끔하게 혼내주는' 편이 훨씬 편리할 수 있을지라도 흔히 약소국의 주권을 존중한다. 인도양과 아덴만에서 소말리아에 의한 지독한 해적질에 직면했을 때, 주요 군사대국들은 소말리아 해안을 따라 존재하는 익히 잘 알려진 해적소굴에 대한 공격을 시도하지 않았다. 심지어 공해상에서 소말리아 해적으로 의심되는 선박에 대한 수색과 나포에 있어서도 강대국의 해군은 국제규약을 준수했다. 즉 '먼저 사격을 가하고 후에 해적인지 아닌지 확인하는' 편이 보다 쉬운 방법이었지만 그렇게 하지 않았다.

또한 군사강대국들은 기존의 국경이 변경되는 상황을 받아들이길 지극히 싫어한다. 상황을 받아들이는 편이 자국에게 이득이 되는 경우라고 할지라도 그렇게 하길 꺼린다. 1999년 이래로 코소보의 치안을 담당했던 NATO 회원국들은 여러 해가 지나서야 그것도 아주 마지못해 세르비아의 독립을 받아들였다. 내전으로 인해 중앙정부의 힘이 현저히 약화된 소말리아와 이라크에서 소말리랜드(아프리카 동북부 반도)와 이라크 쿠르드자치구와 같은 친서방 자치지역이 각각 독립하려고 하는 경우에도 미국과 유럽연합은 이를 받아들이지 않을 것이다. 주권과 국경불변의 국제규범을 무시한다면 주요 골칫거리를 '해결할' 수 있는 기회가 열림에도 불구하고, 이 국제규범이 너무도 공고하기 때문에, 강대국은 문제해결의 기회를 포기할 것이다.

구성주의 이론가들은 제2차 세계대전 이래로 강대국들이 핵무기와 화학무기와 같은 대량살상무기WMD가 군사적 효용성이 높음에도 불구하고 왜 그러한 무기를 사용하지 않는지 설명한다. 국제관계 연구자인 탄넨왈드Nina Tannenwald는 '**핵사용의 금기nuclear taboo**'를 분석해 왔다. '핵사용의 금기'란 유엔안보리 상임이사국들이 확고하게 지키고 있는 규범으로, 핵무기의 선제적 사용을 결코 고려해서는 안 된다는 규범이다.[5] 지역에서 화해가 불가능한 적과 대치 중인 이스라엘과 인도마저도 핵무기의 사용이 도덕적으로 인정될 수 없다는 규범을 내면화한 듯하다. 탄넨왈드는 국가들이 핵무기의 사용을 자제하는 이유는 적의 보복으로 자신이 초토화될 수도 있다는 두려움 때문이라기보다는 세계 도처에서 일어나고 있는 반핵무기 시민운동이 만들어낸 이 금기를 국가들이 받아들였기 때문이라고 주장한다. 이와 유사하게 국제관계 이론가인 프라이스Richard Price는 어떻게 해서 화학무기의 사용이 거의 고려할 수 없는 선택지가 되었는지 설명한다. 화학무기가 갖는 확실한 효과를 생각할 때, 화학무기를 사용하는 것에 오명을 씌우는 것은 뭔가 좀 모순처럼 보인다. 어떤 나라가 화학무기를 사용하지 않기로 결정하는 것은 그 나라가 스스로를 어떻게 이해하냐에 달려있다고 프라이드는 말한다. "사회 규범을 따를 것인가, 어길 것인가는 하나의 중요한 방식으로서, 우리는 바로 이 방식을 통해 '우리가 누구인지' 가늠한다. 다시 말해 우리가 어떤 종류의 사람이 된다는 것은 우리가 어떤 일은 하지 않는다는 것을 의미한다."[6]

새로운 규범을 전파하고 국가를 '사회화' 시키는 행위자

구성주의자들은 다양한 비국가 행위자들이 국가와 시장의 행태에 어떻게 영향을 미치고 있는지 밝힘으로써 국제정치경제 연구에 중요한 공헌을 해 왔

다. 구성주의자들은 경제적 자유주의자들과 현실주의자들이 사회적 영향력들을 간과하고 저평가했다고 비판한다. 바로 이 사회적 영향력이 세계의 작동방식을 변화시키는 가치, 규범, 사고를 생성하고 퍼뜨리고 있음에도 불구하고 말이다. 우리는 구성주의 저작에서 눈에 띄게 등장하는 세 가지 '행위자'에 초점을 둘 것이다. 초국가적 가치옹호 네트워크transnational advocacy networks, 지식공동체epistemic communities, 국제기구가 그것들이다. 국가가 이들 행위자들과 상호작용함에 따라 국가는 사상을 익히고 사회화되어 새로운 방식으로 행동하게 된다.

구성주의 이론가들은 무엇인가에 대한 한 가지 생각 또는 현재의 믿음이 어떻게 변형되는가에 곧잘 관심을 둔다. 인권의 중요성 증대, 다양한 환경문제(제20장을 참조), 채무경감(제11장을 참조) 등 그에 관한 예는 많다. 이러한 예들에서 구성주의 이론가들은, 종국에 국가가 받아들이고 내면화하고 정책화시키는 새로운 규범을 전파하는 데 있어 비정부기구와 사회운동과 같은 비국가 행위자의 역할이 중요하다는 사실을 발견한다.

예를 들면, 정치학자 켁Margaret Keck과 시킨크Kathryn Sikkink는 **초국가적 가치옹호 네트워크TANs: transnational advocacy networks**에 관해 저술했다. "TANs는 공유된 가치, 공통의 담론, 정보와 서비스를 상호 긴밀히 주고받으면서 하나의 이슈를 중심으로 국제적으로 활동하는 행위자들로 정의된다."[7] 비정부기구, 노동조합, 미디어, 종교조직, 사회운동이 이들과 상호연관된 집단들에 속하는데, 이들은 사상을 국제적으로 퍼뜨리고, 새로운 이슈를 만들어 내고, 국가들로 하여금 '권리(요구)'에 관한 새로운 규범과 이해관계를 받아들이

게 한다. 초국가적 가치옹호 네트워크TANs 영향력의 원천은 그들의 빈약한 경제적 자원이 아닌 그들이 갖고 있는 생각이다. 그들은 '규범 기업가'처럼 행동한다. 정치엘리트와 사회적 행위자들이 공유할 수 있는 믿음을 창출하기 위해 간증, 상징성, 비리 고발 캠페인name-and-shame campaign을 활용한다. 인권보호는 의무사항이다, 고문은 결코 용납될 수 없다, 가난한 나라에 대한 부채경감은 '옳은 일'이다, 혹은 인신매매는 새로운 형태의 노예제이다 등은 이런 방식을 통해 공유된 믿음의 예들이다. 켁과 시킨크에 따르면 TANs는 신속한 정보소통을 통해 자신의 생각을 퍼뜨리는데, 문제로부터 멀리 떨어져 있는 사람들도 납득할 수 있는 이야기를 들려주고 법과 조약을 통해 이미 인준한 원칙들에 대해 국가가 책임질 수 있도록 한다.

국제지뢰금지운동ICBL: international campaign to ban landmines은 이슈 틀짓기issue framing와 정보정치information politics를 통해 글로벌 차원의 변화를 유도하는 TANs의 역할을 잘 보여준다. 지뢰에 관한 글상자에서 논의하고 있듯이 지뢰금지협약Mine Ban Treaty은 역사상 다른 어떤 조약보다도 신속하게 체결되었고 조인국의 비준도 빠르게 이루어졌다. 이렇게 빠른 비준이 이루어질 수 있었던 요인 중 하나는 안보의 토대에 대해 서로 다른 국가들이 갖고 있는 견해와 함께 지뢰의 필요성에 대한 믿음을 변화시키려는 협약지지자들의 다양한 노력이 있었기 때문이다. 지뢰사용이 낳은 결과에 대한 정보와 사진 — 팔과 다리를 잃은 민간인 피해자의 사진을 포함하여 — 은 세계 여론을 극적으로 바꿨다. 지뢰사용금지를 위해 NGOs가 수행한 연구들은 인터넷, 로큰롤스타, 영국 다이애나 왕세자비와 같은 저명인사를 통해 쉽게 전달되어

사람들이 갖고 있던 생각에 큰 반향을 일으켰다.

초국가적 가치옹호 네트워크TANs의 또 다른 예는 많다 — 어쩌면 독자 여러분들도 자기도 모르는 사이 특정 TAN의 회원일지도 모른다. 예를 들자면, 2004년 그린피스, 천연자원보호위원회Natural resources defense council[i], 대학생들, 그리고 다수의 관련단체들이 시작한 풀뿌리 운동은 세계최대 가정용 티슈 제조회사인 킴벌리-클라크로 하여금 자사 제품인 크리넥스, 스코트 종이타월, 코트넬 두루마리 휴지의 제조에 노숙림old growth forests에서 얻은 펄프를 사용하지 않도록 설득했다. 2009년 이 회사는 마침내 원료공급을 위해 버려진 섬유나 종이를 재활용하는 방식으로 전환할 것과 지속가능한 삼림자원의 관리를 지원할 것에 동의하게 되었다.

세계정치경제에 관한 사고를 전파하는 또 다른 비국가 행위자로 **지식공동체epistemic communities'**가 있다. 지식공동체란 특정 영역 내지는 이슈에 관해 전문지식을 갖고 있고 전문가로 널리 인정되어 해당 영역 내지 이슈에 대한 권위 있는 정책적 제안을 할 수 있는 지적 전문인들로 정의된다.[8] 지식 공동체는 전문가(과학자)들의 전 세계적 네트워크로, 이 전문가들은 복잡한 이슈에 대한 상세한 지식을 가지고 자신의 직업적인 표준에 근거해 해당 이슈에 대한 진실을 이해하고 공유한다. 비록 이들 지식공동체 자체가 정치적 동기를 갖고 있지는 않지만, 정치지도자들은 이들이 제시하는 조언, 기술적인 설명, 정책대안에 의지한다. 따라서 무엇이 문제이고, 그 문제가 왜 중요한지, 심지어

---

i 〈역자 주〉 미국 뉴욕에 본부를 둔 1970년 설립된 비영리 국제환경보호 단체로 현재 약 1,400만 명의 회원을 보유하고 있다.

글상자 5.1

지뢰[a]

대인지뢰APLs: Antipersonal Landmines 사례는 개인안전 문제와 신 글로벌 안보구조를 직접적으로 연결한다. 지뢰는 오래전부터 재래전과 저강도 분쟁 시 사용되어왔다. 특히 1970년대와 1980년대에 대인지뢰는 널리 사용되었는데, 당시 내전을 일으킨 집단들이 값이 싸고 사용이 편리한 지뢰를 적극 활용했기 때문이다. 대인지뢰는 하키 경기에 사용하는 퍽 크기의 용기에 담겨 땅 속에 매설된 후, 이것을 누군가 밟거나 혹은 차가 지날 경우 폭발하는데, 제조비는 개당 3달러 정도에 불과하다.

냉전이 끝난 후, 많은 사람들은 대인지뢰를 과도한 무기로 여기게 되었는데, 이것이 "민간인과 전투원을 구분하지 않기 때문이다. 실제 대인지뢰로 인해 군인보다 아이들이 더 많이 죽는다."[b] 대인지뢰의 폐해에 대한 새로운 자각은 1990년대 초 이를 완전히 제거하기 위한 전 세계적 차원의 노력을 촉발시켰다. 다이애나 왕세자비와 린다 매카트니[ii]와 같은 저명인사들이 대인지뢰 이슈에 대해 공공연히 언급하는 등 전 세계적 차원의 지지에 힘입어 1992년에 시작된 국제대인지뢰금지운동ICBL은 대중들 사이에서 급속하게 인기를 얻었다. 현재 약 700만 개의 대인지뢰가 남아있는 것으로 추산되는데,[c] 그 대부분은 앙골라, 아프가니스탄, 캄보디아, 모잠비크 등과 같은 개발도상국에 묻혀있다. 해마다 2만 5,000명의 사상자를 내는데 그 중 3분의 1은 아동이다.

국제대인지뢰금지운동은 많은 시민단체NGO들이 협력하여 지뢰사용금지 옹호운동을 전개하는 일종의 포괄적인 조직이며, 미국 베트남참전재향군인재단Vietnam Veterans of American Foundation과 메디코 인터내셔널Medico International[iii]이 지뢰사용금지 주창운동을 공동으로 지원한다.[d] 6개의 핵심조직으로 시작한 국제대인지뢰금지운동은 1,400여 단체를 포괄할 정도로 확대되었고, 아주 단기간에 지뢰사용을 완전히 금지하는 포괄적 조약을 만들어냈다. UN의 후원 하에 만들어진 이 협약은 체결국으로 하여금 어떤 경우에도 결코 대인지뢰를 '사용'하지 않으며, '개발, 생산, 획득, 저장, 보유 혹은 타인에게 전달하지' 말 것을 요구한다. 또한 협약 당사자들은 모든 대인지뢰를 해체하거나 파괴를 보장할 의무가 있다. 1997년 12월 캐나다에서 122개국이 협약에 서명하였고, 공식적으로 '대인지뢰의 사용, 저장, 생산 및 이전 금지와 제거에 관한 협약Convention on the Prohibition of the Use, Stockpiling, Production and Transfer of Anti-Personal Mines and on Their Destruction' (보다 일반적으로 알려진 바에 의하면 '지뢰금지조약Mine Ban Treaty')으로 명명하였다. 1998년 9월 경 40여개 국가가 조약을 비준함으로써 1999년 3월 국제법의 지위를 얻었다.

국제대인지뢰금지운동 자체가 지닌 흥미로운 특징은 참여한 NGO들이 자신들의 신념을 관철하는 방식에서 발견된다. 국제적십자협의회ICRC는 퇴역한 영국인 공병에게 대인지뢰가 갖는 군사적 가치에 대한 분석을 의뢰했고, 그는 대인지뢰

---

ii 〈역자 주〉 폴 매카트니의 아내.

iii 〈역자 주〉 독일의 인권관련 시민단체.

(계속)

가 불필요할 뿐만 아니라 이제까지 생각했던 것보다 유용하지도 않다는 사실을 밝혀냈다. 많은 NGO들 또한 대중과 공직자들에게 대인지뢰가 초래한 끔찍한 결과를 알리는 광범위한 계몽운동과 로비활동을 펼쳤고, 경우에 따라 지뢰사용을 고집하는 국가와 군 관리자를 모욕하기도 했다.

클린턴 행정부는 지뢰금지조약 지지를 천명했으나, 비무장지대와 접한 한국의 방어수단으로써 대인지뢰를 사용해야할 필요성 때문에 끝내 조약에 서명은 하지 않았다. 2012년 말 현재 러시아, 중국, 인도, 미국 등은 아직도 조약에 서명하지 않고 있다. 지금까지 국제대인지뢰금지운동은 수많은 대인지뢰를 제거하였고, 그 공로를 인정받아 노벨평화상을 수상했다. 지뢰금지 옹호 네트워크advocacy networks와 NGO들이 지뢰제거 임무를 수행하고 있으며, 그 중 영국의 지뢰제거 조직인 위험지역 생명유지기구HALO Trust: Hazardous Areas Life-Support Organization는 창설 이후 줄곧 이 사업의 최일선에서 활약하고 있다.

대인지뢰와의 전쟁에서 국제사회가 가장 시급히 이뤄야 하는 것은 이 사업이 원활히 진행되기 위해 국가와 국제기구 간의 협력을 증진하는 것이다. 특히 관련 정보를 공유하고 지뢰제거 특수부대가 원활히 활동할 수 있도록 협력하는 일이 시급하다.

참고문헌

a   이 문제에 대한 조사를 도와준 우리의 제자 진(Meredith Ginn)과 훼일리(Lauren Whaley)에게 깊은 감사를 표한다.
b   Warren Christopher, "Hidden Killers: U.S. Policy on Anti-Personnel Landmines," *U.S. Department of State Dispatch* 6 (February 6, 1995), p. 71.
c   www.minesawareness.org.
d   국제대인지뢰금지운동의 정치에 관한 뛰어난 논의로는 다음을 참조하라. Richard Price, "Reversing the Gun Sights: Transnational Civil Society Targets Land Mines," *International Organization* 52 (Summer 1998): 613–644.

문제해결을 위해 무엇을 할 수 있는지를 정치지도자들에게 교육함으로써, 이들은 겉으로 확연히 드러나지 않지만 중요한 역할을 수행할 수 있다. 지식공동체는 정책결정자와 국제기구에 자신들의 사상과 가치를 전파함으로써 '힘'을 가질 수 있다.

구성주의자들은 다양한 예를 통해 지식공동체의 지식과 사상이 국제정치경제에 있어 어떤 중요성을 갖는지를 연구해 왔다. 하스Peter Hass는 세계 도처 오존층을 연구하는 대기과학자들이 클로로플루오르카본CFCs[iv]이 오존층 파괴의 주범이라는 것에 뜻을 모았고, 그 증거를 어떻게 유포했는지 밝힌 바 있다. UN환경계획UN environmental programme과 미국환경보호국US Environmental Protection Agency에 일하는 동료들과 함께 관련지식을 산출해 냄으로써, 과학자들은 CFCs 사용금지에 관한 몬트리올의정서Montreal Protocol to ban CFCs 체결을 위한 국제협상에 동력을 제공했다. 하스가 지적하고 있듯이 기후변화와 산성비와 같은 글로벌 차원의 환경문제를 규제하는 많은 국제레짐은 '사회적 학습socal learning' 과정을 통해 생겨났다. 이 사회적 학습에서 지식공동체는 정책엘리트와 국제기구에게 전문가들이 환경문제에 대해 동의한 과학적 증

---

iv 〈역자 주〉 순환성 냉매로 프레온(CFCs)이라고도 불림.

거를 알려준다. 달리 말하면 설령 처음에는 정치 협상자들이 정치적 이유로 인해 그렇게 하는 것을 꺼렸을지도 모르지만, 지식공동체는 그들에게 신뢰할 만하고, 정당하며, 시의적으로 중요한 '사용가능한 지식'을 제공함으로써 그들이 지속가능성과 관련된 조약sustainability treaties들을 채택하도록 설득한다.[9]

군비통제 전문가에서부터 개발 전문가에 이르기까지 세계에는 다양한 지식공동체가 존재한다. 경제학자들 또한 하나의 공동체로 정책결정자들에게 경제에 관한 근본적인 생각을 전파한다. 1930년대와 1940년대 경제학자들 간 네트워크는 케인즈의 사상을 널리 알렸고, 이는 제2차 세계대전 이후 브레턴우즈에서 채택된 무역과 금융정책의 토대가 되었다 (다음 절을 참조). 미국에서 교육받은 라틴아메리카 출신 경제학자들은[v] 1980년대 자신들의 모국에서 신자유주의정책을 수립하는데 결정적 역할을 했다. 정치학자 히라Anil Hira는 이들 라틴아메리카 출신 경제학자들이 미국 대학원 재학 중 사회화를 통해 믿게 된 경제사상을 연구함으로써, 이들이 '지식네트워크knowledge networks'를 어떻게 형성했는지 보여준다. 이 지식네트워크는 칠레와 여타 라틴아메리카 국가에서 구조조정정책의 정당성을 제공하였고, 그 정책을 시행하게 했다.[10]

초국가적 가치옹호 네크워크TANs와 지식공동체에 더하여 국제기구 역시 규범 개척자norm entrepreneur이다. 국제기구는 국가로 하여금 향유해야만 하는 이익, 견지해야 할 규범, 취해야 할 정책을 깨닫게 해 준다. 달리 말하면 국제기구는 국가

가 무엇이며(정체성), 무엇을 원하고(이익), 무엇을 하는지(정책)를 구체화하는 역할을 한다. 구성주의 학자들이 강조하는 것은 국제기구가 어떤 나라의 정치엘리트, 시민사회와의 상호작용과 담론을 통해서 이러한 역할을 수행한다는 것이다. 다시 말해 국제기구가 이러한 역할을 수행하기 위해 반드시 군사력, 경제제재, (국가 간) 융자조건, 물질적 보상에 의존할 필요는 없다는 말이다.

구성주의 학자들이 주의 깊게 연구해온 국제기구의 사례들 중에는 국제적십자협의회ICRC: International Council of Red Cross, 세계은행World Bank, 유엔United Nations이 포함된다. 피네모어Martha Finnemore는 ICRC 인사들이 전쟁 당사국들로 하여금 '인도주의적 (자기)제한humanitarian limit'의 원칙을 준수하도록 설득했다는 사실을 발견한다.[11] 전쟁 시 어떻게 행동해야만 하는가에 대한 이러한 규범을 내면화함으로써, 설령 규범을 어김으로써 이득을 취할 수 있다할지라도 많은 국가들은 이러한 규범을 준수한다. 세계은행과 유엔은 대부분의 선진국들이 의무로써 받아들이고 있는 빈곤의 경감과 새천년개발목표Millenium Development Goals에 관한 규범을 널리 알리고 있다 (제11장 참조).

일반 시민들은 종종 유엔이 힘이 없고 무능하다고 여기지만, UN은 성 평등과 여권신장이라는 규범을 전 세계적으로 퍼뜨리는 데 있어 중요한 역할을 수행해왔다. 유엔이 주관하는 국제회의, 위원회, 의정서 등이 하루아침에 변화를 가져온 것은 아니다. 하지만 유엔은 국가들이 여성의 권리에 관해 토론할 수 있는 자리를 마련해 주었는데, 아마 이런 자리가 아니었으면 국가들은 토론에 참여하지 않았을 것이다. 또한 유엔은 국가들이 정기

---

v 〈역자 주〉 시카고대학 출신으로 종종 '시카고 보이즈'로 불림.

적으로 성관련 정책에 대한 보고서를 작성하게 하였고 여성정책에 대한 유엔의 정기적 사찰을 수용하도록 설득했다. 국제사회에서 존경받을 만한 '근대적'인 구성원이라면 보다 높은 수준의 성 평등과 여성의 권리신장이라는 목표를 받아들여야만 한다는 믿음이 널리 퍼지게 되었고, 그에 따라 고집불통의 국가들마저도 성차별 철폐의 담론에 저항하는 것이 얼마나 많은 비용을 초래하고, 또한 국제적 고립을 자초하는지 알게 된다.

자신의 이익을 추구하기 위해 국가는 때때로 규범과 가치를 국제기구들의 헌장에 반영한다는 현실주의자와 자유주의자의 생각에 동의하는 한편, 구성주의 학자들은 이들 국가들이 바로 그 규범과 가치에 의해 제약된다는 점을 지적한다. 피네모어 Martha Finnemore에 의하면 단극체제 하 미국은 자신의 행동과 국가 목표를 정당화하고, 자신의 소프트파워를 강화하기 위한 노력의 일환으로 자유주의 가치를 전파하고 제도화하였다.[12] 미국은 브레턴우즈체제를 통해 이를 성공적으로 수행하였다. 그러나 자국민과 다른 나라들이 견지할 것을 설득한 바로 그 자유주의 원리를 스스로 어김으로써 미국은 자신의 소프트파워를 약화시켰다. 예를 들자면 미국은 인도주의의 가치를 설파하면서도 1991년부터 2003년에 걸쳐 이라크에 대한 경제제재를 강화함으로써 위선적인 모습을 보였다. 이 경제제재로 인해 수많은 민간인들은 고통을 받아야 했고 죽음에 내몰렸기 때문이다. 또한 국제법의 중요성을 옹호하면서도 1999년 클린턴 행정부는 UN안보리의 공식적인 허가 없이 세르비아에 대한 군사행동을 감행했다 (이는 2003년 이라크 침공으로 반복된다). 국가가 자기원칙을 어김으로써 정당성을 잃어버릴 때, 자기원칙이 계속 발목

을 잡아 대개 그 원칙을 덜 어기게 된다. 구성주의 학자들의 생각에 의하면, 국가들은 다른 국가들이 자신들이 지지하는 행동준칙을 무시했을 때 정당하지 못하거나 '위선적'이라고 비난함으로써 다른 국가들이 책임감 있게 행동하게끔 한다.

분석도구와 분석개념

국제정치경제에 적용한 구성주의의 네 가지 기본 가정은 다음과 같다.

1. 개인·집단·국가의 사상, 가치, 규범, 정체성은 사회적으로 구성된 것이다.
2. 군사적, 경제적 요인만큼 사상과 가치는 중요한 사회적 힘social forces이다.
3. 갈등과 협력은 가치와 신념의 산물이다.
4. 몇몇 국제정치적 변화는 행위자의 가치와 믿음이 시간에 따라 변하기 때문에 일어난다.

구성주의자들은 생각idea의 힘이 수반된 과정을 묘사하는 다양한 개념을 개발했다. 또한 구성주의자들은 세계정치경제에서 발생한 결과를 설명하는 데 있어 생각과 규범이 얼마나 중요한 역할을 하는지 밝혀주는 분석수단을 가지고 있다. 이번 절에서는 이러한 개념 및 분석수단에 해당하는 틀짓기 framing, 문제화problematization, 담론분석discourse analysis, 생각의 생애주기life cycle of ideas에 대해 살펴보기로 한다.

틀짓기framing란 전 세계적 문제의 핵심이 무엇인가를 정의하는 능력을 말한다. 즉 문제의 원인은 무엇이며, 누가 연루되어 있고, 문제가 야기한 결과는 무엇이며, 따라서 그 문제를 완화하거나 해결하는 접근법은 무엇인지 정의하는 능력을 말

한다. 모든 행위자들은 언어적 행위, 보도, 선전, 이야기하기storytelling 등을 통해 틀짓기를 시도한다. 틀frames이란 언제나 복잡한 문제를 분석하는 '옳은 방법'일 수도 아닐 수도 있는 특정 이야기에 초점을 맞춘 정치적 구조물 또는 렌즈이다. 틀은 우리들로 하여금 어떤 문제를 다른 방식과 구분되는 일정한 방식으로 바라보게 만들기 때문에 문제의 인식과 그 해결을 위한 대처방식에 지대한 영향을 미친다. 구성주의자들은 틀짓기와 틀짓는 자에 대한 탐구를 통해 누가 전세계적 의제설정에 영향을 미치고, 시간이 지남에 따라 우리들이 문제에 접근하는 방식이 어떻게 변하는지를 설명한다.

예를 들어, 우리가 산림황폐화 및 생물다양성 파괴 문제를 가난한 나라의 역사에서 발견되는 원주민들의 힘의 상실disempowerment 및 부패문제와 연관된 것으로 틀짓기 하는 경우, 전세계적 차원의 환경파괴가 선진 산업국의 소비패턴에 근본적 원인이 있다는 대안적 설명을 간과하게 된다. 우리가 어떤 틀을 선택하느냐에 따라 자신의 행동을 이해하는 방식과 문제해결을 위해 취해야 할 조치는 극단적으로 달라진다. 유사하게 아프가니스탄에서 미군의 실패가 마약거래를 통해 돈을 벌어 탈레반에게 자금을 제공하는 군벌들을 제대로 통제하지 못했기 때문이라는 식으로의 틀짓기를 통해, 미국정부는 외국군의 영토점령과 죄 없는 민간인에 대한 NATO군의 범죄행위에 대한 저항이 널리 확산되었기 때문에 당연히 실패할 수밖에 없었다는 또 다른 설명을 폄하한다.

아프리카에서 일어난 몇몇 분쟁을 이해하는 새로운 틀로서 '갈등자원conflict resources'이란 개념이 사용되고 있다. TANs는 몇몇 국가들로 하여금 시에라리온과 콩고 등에서 발생한 내전들이 다이아몬드 및 기타 광물과 같은 천연자원을 얻기 위한 투쟁과 밀접한 관련이 있다는 주장을 믿게 만들었다. 교전당사자들은 이들 자원을 통제하기 위해서 뿐만 아니라, 자원을 팔아 얻은 돈으로 무기를 구매하고, 정부를 뒤흔들고 시민들이 공포에 떨게 하기 위해 싸웠다. 우리는 교전당사자들이 다이아몬드로부터 이익을 얻지 못하게 한다면, 즉 교전당사자들이 국제 다이아몬드시장에 접근하지 못하게 한다면 갈등을 줄일 수 있을 것이라고 믿게 된다. 킴벌리 프로세스Kimberley Process는[vi] '피의 다이아몬드'라는 틀짓기로부터 생겨난 그러한 갈등완화책의 하나이다 (제16장을 참조). 비록 '갈등자원'이라는 틀짓기가 세계 여러 나라와 기업으로 하여금 아프리카에 대해 '무언가 하게 했는지' 모르지만 아프리카가 경험한 식민역사, 종족 간 대립, 취약한 거버넌스 등과 같은 보다 중요한 원인에 대한 초점은 흐려지게 되었다고 비평가들은 말한다.

상당수의 학자들은 국가와 국제기구들이 기후변화를 안보위협으로 고쳐 정의했다고 말한다. 1980년대 이후 과학자들의 지식공동체가 신빙성 있는 연구결과를 토대로 기후변화를 환경문제로 규정하는 한편, 기후변화의 '안보화securitization'[vii]는 해당 이슈를 이해하고 대처하는 방식에 변화를 가져왔다. 트롬베타Julia Trombetta가 밝힌 바대로 기후와 안보를 연계함으로써 유럽연합, 미국, UN안보리는 기후변화가 폭력적인 분쟁을 야기하

---

vi 〈역자 주〉 무기구입용 다이아몬드의 불법유통 규제.

vii 〈역자 주〉 한 국가의 일반적인 정치적 절차에 의해 해결이 불가능한 어떤 위협을 안보적 문제로 변화시킴으로써 일반 정치시스템의 범위와 역량을 넘어서는 긴급대책 및 특별조치를 강구하게끔 하는 것.

고, 도서 국가를 위협하며, 대규모 이주를 촉발하고, 식량공급을 저해할 수 있다고 주장한다. 이렇게 틀짓기된 이슈는 기후변화를 완화하기 위한 보다 극적인 조치를 취하게끔 했고, 위험관리, 예방정책, 탄소방출감축에 초점을 두는 국가간 협력을 이끌어냈다.[13] 마찬가지로 정치학자 가르시아Denise Garcia는 국가들이 기후변화를 안보위협으로 재규정함으로써 이처럼 복잡한 문제를 해결하기 위해 다자적 노력을 해야만 한다는 사실을 인식하게 되었다고 주장한다. 그렇게 함으로써 국가들은 새로운 방식으로, 즉 영토에 대한 침공으로부터의 안보라기보다는 상호작용과 상호책임을 통해 전 세계적 인간안보를 확립하는 방향으로 안보를 이해하기 시작했다.[14]

문제화problematization는 국가와 초국가적 가치옹호 네트워크TANs가 조율한 국제적 대응이 요구되는 문제를 구성하는 국내외 과정을 의미한다. 우리가 문제에 대해 말함으로써 문제가 존재하게 된다고 구성주의자들은 생각한다. 여러분 스스로에게 자문해 봐라. 세상의 모든 문제들 중에 여러분의 레이다망에 잡힌 것은 무엇인가? 이 세상에서 여러분이 신경써야 할 것 혹은 염려할 것이 무엇인지 여러분은 어떻게 아는가? 여러분의 나라가 관심을 두어야 할 문제와 그렇지 않은 문제는 무엇인가? 우리가 관심을 두는 것들은 우리가 사회에서 타인과 공유하고 있는 사회적 환경, 문화, 신념 등이 반영된 것이다. 우리가 관심을 갖는 문제들 역시 정치엘리트와 힘 있는 로비집단에 의해 '구성된' 것이다. 그러한 문제들이 여러분이 사용하는 렌즈 혹은 여과장치가 되는데, 여러분 스스로 이 장치들을 직접 선택한 경우는 드물다.

구성주의 이론가들은 '문제'가 문제로 규정되는

과정을 추적한다. 우리가 문제에 대해 어떤 대처방안을 강구하느냐는 그 문제를 우리가 어떻게 인식하느냐에 달려있다. 오늘날 국제 공동체가 지구온난화, 마약밀매, 이슬람 테러리즘, 해외조세피난처, 북한 핵미사일 등을 문제로 규정한다. 이들 '문제들'은 그저 '거기에 존재하는 것'이 아니라 우리가 문제로 삼았기 때문에 문제가 된 것이다. 예를 들면, 독일 정치학자 휠세Rainer Hülsse는 예전엔 범죄수익을 세탁하는 통상적인 관행이 중요 현안으로 인식되어진 적이 없었지만 최근 OECD국가들이 자금세탁을 거론함으로써 문제화되었다는 점을 발견했다.[15] 마찬가지로 안드레아스Peter Andreas와 에단 나델만Ethan Nadelmann은 20세기에 들어서야 비로소 마약밀매와 마약사용이 세계적 차원의 방지체제Global Prohibition Regime를 필요케 하는 범죄로 간주되었다고 말한다.

유사하게 구성주의 이론가들은 누가 우리 편이고 누가 적인지 선택하는 권한을 국가가 갖고 있다고 주장한다. 적은 적으로 규정됨으로써 존재하게 된다. 누가 우리의 적이고 친구인지를 가늠하게 해주는 객관적 규정은 없다. 우리의 문화, 역사, 편견, 믿음 등이 알려주는 정보에 근거한 논증적, 숙고적 과정을 통해 피아를 구분한다. 지난 30년간 이란은 왜 왕따 국가pariah state로 문제시되었는가? 예를 들어, 람Haggai Ram의 연구에 따르면 이스라엘은 이란을 현존하는 위협으로 보는 반(反)이란 혐오증을 구축해 왔는데, 부분적으로 그 이유는 이란과는 아무 관련이 없는 이스라엘 사회 내의 인종적이고 종교적인 변화에 대한 염려 때문이었다는 것이다.[16] 마찬가지 방식으로, 나라들은 자신들이 갖고 있는 공포를 이란과 같은 타국에 투사하고 타국의 지도자를 괴물, 악마, 미치

광이, 새로운 히틀러와 같은 이미지로 묘사함으로
써 적을 만들어낸다.

담론분석discourse analysis은 중요한 개념과 용
어가 어디에서 유래하고, 어떻게 그것들이 때때로
매우 바람직하지 못한 방식으로 국가정책에 영향
을 미치는지를 파악하는 강력한 분석수단이다. 몇
몇 구성주의자들은 국내외적 수준에서 이루어진
주요 공직자나 행위자의 연설 혹은 저작에서 사용
된 언어와 수사적 표현이 어떻게 변하였는지를 추
적한다. 이를 통해 부분적으로 사람들의 생각ideas
이 대외정책 수립에 어떤 역할을 하는지를 이해한
다. 때때로 주요 로비집단 혹은 특정 여론에 반향
을 불러일으키는 담론의 채택을 통해 공직자들은
국익을 언급하여 구체화한다. 대외정책은 한 나라
의 문화로부터 나와 사회적으로 구성된 것으로 볼
수 있다. 구성주의자들이 담론분석을 통해 해석을
시도한 세 가지 외교정책 쟁점, 즉 이슬람 테러리
즘, 고문, 문명의 충돌 등에 대해 살펴보자.

국제정치학 교수 잭슨Richard Jackson은 고위공
직자와 학자들이 문제에 대해 말하는 방식이 의미
를 창출함과 동시에 가능한 조치의 범위를 한정한
다는 사실을 보여주고 있다. 잭슨의 담론분석은
"담론이 특정 엘리트와 국가기관이 사용하는 '상
징적 기술'로서 기능하는 방식을 이해할 수 있다"
고 말한다. "받아들여진 지식, 상식, 기술된 사건
과 행위자에 대한 정당한 정책반응을 조직하고,
대안적 지식과 관행의 적법적 지위를 박탈하여 제
외시키고, 특정한 정치적·사회적 질서가 뿌리내
리도록 하며, 하나의 패권적 진리체계를 구성하고
유지한다."[17] 잭슨의 주장에 의하면, 학자들과 정
치가들은 '이슬람 테러리즘'에 대한 담론을 발전
시켜 왔고, 그러한 담론은 무슬림에 대해 역사적

으로 형성된 고정관점에 근거하되 오히려 그 고정
관념을 강화시키며, 이슬람주의 운동의 작동방식
에 대한 올바른 이해를 방해하고, 이슬람 테러리
즘을 서방문명에 대한 심각한 위협으로 그림으로
써 오직 반테러운동 혹은 근절만이 '적'에 대한 적
절한 대응이라고 여겨지게끔 했다는 것이다.

잭슨은 또한 담론분석을 통해 미국의 정치엘리
트들이 "군인뿐만 아니라 민간인들도 테러 용의
자에 대한 고문을 얼마든지 생각해 볼 수 있게 되
었다"는 식으로 감정이 잔뜩 고조된 표현들을 어
떻게 반복적으로 사용하였는지 설명한다.[18] 달리
말하면 공식적인 공중 담론이 테러용의자를 비인
간화하는 언어를 사용함으로써 미국 내에 '고문을
지속시키는 현실'적인 조건을 만들었고, 소수의
반대에도 불구하고 사람들이 고문의 필요성을 기
꺼이 받아들이게끔 만들었다는 것이다. 미국이 자
신의 도덕적 가치와 모순되는 일련의 관행들을 어
떻게 지속시킬 수 있었는지 설명하려면 이러한 담
론의 힘을 평가해야만 한다.

유사하게 구성주의자들은 정치학자 헌팅턴Samuel
Huntington의 **'문명의 충돌'** 개념이 어떻게 해서 1990
년대 세계적 분쟁의 근원을 설명하는 인기 있는
방식이 되었는지 분석하였다. 이 문명의 충돌이라
는 수사적 표현이 국가간 관계를 묘사하는 데 사
용되면 될수록 이 개념은 더욱더 분쟁을 일으키는
자기 충족적 예언이 되었다. 사실상 문명의 충돌
은 우리가 그것이 있다고 믿고 그러한 믿음에 따
라 행동하기 때문에 존재한다. 종교적 믿음과 테
러리즘 간에 큰 연관성이 없고 '이슬람 세계' 혹은
'서방'과 같은 커다란 인간집단을 하나의 단일 가
치체계로 특징짓는 것 또한 어렵다는 방대한 양의
사회과학적 연구가 있음에도 불구하고 문명의 충

돌 담론은 진실로, 즉 인과적 설명으로 받아들여지게 되었다.

우리가 마지막으로 소개하는 구성주의적 방법은 '**생각의 생애주기**life cycle of ideas'를 추적하여 기술하는 것이다. 생각과 규범이 어디에서 나왔으며, 어떻게 퍼졌으며, 다른 생각과는 어떻게 충돌하며, 어떻게 정책으로 당연시되어 국가와 국제기구에 의해 받아들여졌는지를 밝히는 것이 목적이다. 이를 위해 역사를 거슬러 올라가 그 당시엔 급진적인 것 혹은 순진무구한 것으로 여겨졌을 법한 생각을 널리 퍼뜨린 인물이나 운동을 면밀히 살펴볼 필요가 있다. 또는 국제조약을 둘러싼 협상이나 세계은행과 같은 거대 조직의 내부 심의를 통해 생각이 어떻게 확산되는지 연구할 필요가 있다. 문제의 본질이 무엇이며 그 문제의 해결을 위해 국가가 무엇을 해야 하는가에 관해 세상에는 많은 생각들이 존재하지만, 그 중 국가의 이익과 정체성을 형성하는 생각은 소수에 불과하다. 구성주의 이론가들은 그러한 생각들이 어떻게 제도화되며, 특히 국제기구, 조약, 국가들에 의해 널리 받아들여진 경우, 어떻게 변화에 저항하는지를 보여준다. 전쟁, 경기침체, 베를린장벽의 붕괴, 혹은 광범위하고 지속적인 길거리 시위 등과 같은 충격적인 사건이나 위기는 종종 조직을 뒤흔들어 관례화된 사고에서 벗어나게 하고, 대안적 방식으로 세상을 바라보고 그 안에서 자신의 역할을 규정하게끔 한다. 이 교과서 제1장으로부터 제4장에 걸쳐 우리는 여러 학문적 생각의 생애주기를 살펴보았다. 특히 2007년 글로벌 금융위기가 글로벌 금융시장에 관한 새로운 생각을 어떻게 낳았는지 살펴보았다.

국제관계 이론가인 엡슈타인Charlotte Epstein은 환경과 천연자원의 보존에 관한 생각의 생애주기를 추적하였다. 보존에 관한 생각들은 19세기 미국 낭만주의 작가들과 시에라클럽Sierra Club과 같은 환경보호단체로부터 유래되었다.[19] 이러한 생각들이 전 세계적 차원으로 확산되면서 멸종위기종의 보호에 초점이 맞춰졌고, 선진산업국가들은 고래와 같이 고도의 상징성을 띤 개별 종의 보호를 위해 협력하였다. 북반구 국가들과 그린피스와 같은 비정부기구들은 생물학적 다양성을 가진 남반구 국가들과 과거 식민지 국가를 '사회화'하여 종의 보존을 위한 '녹색 전환green turn'이야말로 국제 공동체의 '선량한' 일원이라면 마땅히 해야 하는 일로 믿도록 하였다. 개별 생명체의 보존에 초점을 두는 이러한 방식은 또 다른 보다 지속가능한 방식, 즉 **전체 생태계**의 보존에 초점을 두는 환경보호주의environmentalism적 방식을 밀어냈다.

다른 구성주의자들은 시간이 지남에 따라 지배적인 경제사상이 학계, 국가, 국제기구 내에서 어떻게 변해왔는지 추적하였다. 케인즈John Maynard Keynes의 생각은 제2차 세계대전이 끝난 후 급속히 퍼져나갔고, 브레턴우즈체제의 근간이 되었다(제2장을 참조). 그러나 발전, 보호주의, 경제에 있어 국가의 역할 등에 대해 다른 견해를 수립한 미국의 경제학자들은 새로운 신자유주의 담론을 전파했으며, 이 새로운 신자유주의 담론이 1970년대와 1980년대 들어 케인즈의 생각에 문제를 제기했다. 특히 IMF의 인사들은 자본계정 자유화, 즉 국가간 자본의 자유로운 이동이 세계경제의 거스를 수 없는 추세이며 급속한 발전을 추구하는 모든 나라에게 필요한 정책이라는 생각을 설파했다. 아시아 금융위기와 같은 충격과 아프리카와 라틴아메리카의 발전 실패에 직면하여 워싱턴 컨센서스의 많은 생각과 함께 신자유주의 사고가 각국 정부에 미쳤던 지적 영향력은 약화되었다.

마찬가지로 TANs의 지속적인 노력에 직면하여 1990년대 세계은행은 발전에 대한 신자유주의적 관점(그리고 정책)을 점차 바꾸기 시작했다. TANs 는 때로는 망신을 주기도 하고, 때로는 스스로의 조직의 정체성과 목적에 반한다고 하더라도 로비를 통해 세계은행으로 하여금 지속가능한 발전, 빈 곤퇴치, 성평등 등과 같은 사회적, 환경적 규범의 고양을 스스로의 임무로 여기게끔 하였다.[20] 정치학자 위버Catherine Weaver는 '좋은 거버넌스'에 관한 생각을 널리 알리는 세계은행의 역할에 대해 연구하였다. 그녀는 세계은행 조직 내·외부의 동인 (動因)으로 인해 발전을 위해 필요한 것이 무엇인가에 대한 세계은행의 생각이 신자유주의적 전통으로부터 어느 정도 벗어나 적합한 정부제도에 관한 생각으로 옮겨지게 되었다고 말한다. 외부적으로 동아시아의 국가개입주의정책의 성공과 더불어 (신자유주의적) 구조조정프로그램의 실패를 나타내는 실증적 증거들이 사고 전환의 계기를 제공하였다. 내부적으로는 조직 아래로부터 하위직원들의 압력과 더불어 울펀슨James Wolfensohn이 총재에 취임하고, 스티글리츠Joseph Stiglitz가 수석 경제분석가에 임명되면서 세계은행은 세계은행 발전정책의 일부로 포함되어야만 하는 부패·법의 지배·공공행정 문제 등과 같은 이슈를 이념적으로 수용하게 되었다. 세계은행의 생각이 이렇듯 바뀌었지만, 위버는 세계은행이 발전의 문화적이고 정치적 측면을 잘 이해하는 비경제 전문가를 고용하려 하지 않았기 때문에 좋은 거버넌스 프로그램의 효과가 제한적이었다고 주장한다.[21]

연구자가 연구하는 주제와 던지는 질문에 따라 구성주의는 국제정치경제의 다른 시각들이 포착하지 못하는 측면에 대해 알게 해준다. 그것만으로도 구성주의에 대해 알아야할 가치가 충분하다.

국제정치경제에 대한 페미니즘의 기여

페미니즘feminism은 국제정치경제 학계의 발전에 다양한 방식으로 기여하였으며, 그 결과 국제정치경제학 전반에 걸쳐 페미니즘이 미친 영향을 찾아볼 수 있다. 1970년대 국제정치경제학이 처음으로 하나의 독립된 학문분과로 발전하고 학제적 접근의 필요성이 더욱 뚜렷해지고 있을 무렵 페미니스트들이 사회과학분야에 대거 등장하기 시작했다. 페미니스트들은 '성차(性差)의 과정gendered process'이 국가권력의 구조로부터 정치적, 경제적 자원의 배분에 이르기까지 국제정치경제의 모든 영역에 영향을 미치고 있다고 주장한다.[viii] 페미니즘 이론과 구성주의 이론은 종종 상호보완적인데, 왜냐하면 두 시각 모두 국제정치경제의 개념은 편파적이지 않고 '가치중립적'이라는 실증주의적 사고에 도전하고 있기 때문이다. 이번 절에서는 페미니즘이 무엇이며, 왜 이것이 중요한지, 그리고 이 분야에서 합의점과 논쟁점은 무엇인지 살펴볼 것이다. 비록 거의 모든 페미니스트들은 여성과 남성이 공히 '소중하고' 성gender이 문제라는 데에 동의하지만, 다른 많은 이슈들에 대해선 서로 의견을 달리한다. 그리 놀랄만한 일도 아닌 것이, 페미니스트라 할지라도 경제적 자유주의, 중상주의, 구조주의 시각

---

viii 〈역자 주〉 이때 성별은 생물학적 의미가 아니라 남녀의 사회적·문화적 의미 차이에 의해 영향을 받는다는 뜻임.

중 어떤 시각을 지지하느냐에 따라 서로 다른 정책을 지지하고 있으며, 연구방식에도 차이를 보인다.

여성이 중요: 성gender이 관건

젠더분석gendered analysis은 생물학적 남과 여를 의미하는 성sex뿐만 아니라 남자다움과 여자다움을 결정하는 **사회적으로 구성된 규범**으로서의 성gender을 고려 대상으로 한다. 간단히 말해 여성이 인간으로서 본질적으로 존귀하기 때문에 **여성은 중요**하다. 국제정치경제학이 다루고 있는 많은 쟁점을 이해하기 위해서는 우리가 갖고 있는 성gender에 대한 가치와 가정이 어떻게 제도에 영향을 미치는지 이해할 필요가 있기 때문에 성gender은 국제정치경제 학자들에게도 중요하다. 여기까진 꽤 간단해 보이지 않는가? 그러나 주류 학계와 정책결정자들에게 이 두 가지 사항을 납득시키기까지는 꽤 오랜 시간이 걸렸다. 이어지는 예들에서 우리는 몇몇 정책들이 어떤 식으로 여성을 무시했고, 또 어떤 불행한 결과를 낳았는지 살펴볼 것이다. 한 걸음 더 나아가 페미니스트들은, 기존의 사고틀에다 '여성을 끼워 맞추려는' 노력은 성차가 이미 전제된gendered 사회규범의 역할을 적절히 설명하지도 못했고, 남성과 여성 모두에게 공정한gender-equitable 결과를 가져다주지도 못했다고 주장한다.

남자와 여자 모두 **똑같이** 소중하다는 믿음이 페미니즘의 결정적 특징이다. 이것이 의미하는 바는 만약 어떤 정책이 여성에게 해를 끼친다면, 설령 그 정책이 남자와 아이들에게 해를 끼치지 않는다 하더라도 페미니스트들은 그 정책을 나쁘다고 주장하리라는 것이다. 예를 들어, 산림자원의 남용은 각국 정부와 세계은행과 같은 국제적 원조공여

자들이 걱정하는 문제 중 하나이다. 효과적인 정책적 대응 중 하나는 기부자들과 환경NGO와 같은 국제적 행위자들이 각국 정부들과 협력하거나, 공동삼림관리JFM: Joint Forest Management 프로그램에서 볼 수 있듯이 지역공동체를 포함시키는 것이다. 지역공동체들은 목재 이외의 필요자원을 공급받는 대신 삼림보호를 위해 불법벌목, 방목, 화전 등을 하지 않을 것을 약속한다. 공동삼림관리 프로그램은 지속가능하고 참여지향적인 정책이므로 모두에게 득이 되는 정책임에 틀림없다. 정말 그런가? 정치인류학자 콘월Andrea Cornwall이 지적하고 있는 바와 같이 인도의 경우와 같은 몇몇 사례를 보면 공동삼림관리 프로그램을 실행에 옮기는 마을위원회에 대표자가 없는 여성들은 여전히 가정에서 요리를 책임지고 있으며, 이는 목재연료가 필요하다는 것을 의미한다.[22] 이 경우 취사를 위한 대체연료를 제공하지 않은 채 산림파괴를 비난하는 것은 여성으로 하여금 (사회적으로 인식되는) 성에 의해 **부여된 여성의 의무**, 즉 가족에게 음식을 제공하는 의무를 다하기 위해 법을 어기고 한밤에 몰래 숲에 들어가 나무를 모아야 한다고 말하는 것과 다름이 없다. 공동체를 위해서는 좋을 수 있지만 여성에겐 좋은 일이 아니다.

공동삼림관리 프로그램과 같은 정책이 미치는 영향은 남성과 여성에게 다르게 나타난다. 사실 사회적으로 인식된 성gender은 매우 중요해서 우리는 식량배급에서 목재수입관세에 이르기까지 **대부분**의 주요 정책들이 남성과 여성에게 다르게 영향을 미친다고 말할 수 있을지 모른다. 2009년 오바마 대통령의 경기부양책에 관한 첫 번째 토론에서 페미니스트들은 (많은 사람들이 지지했던) 건설업 관련 일자리의 촉진은 주로 남성을 위한 일자리 창출

일 뿐이라고 주장했다. 일부는 만약 여성이 남성과 마찬가지로 중요하다면 노동시장에서 여성이 보다 많이 일하고 있는 보건과 교육과 같은 부문으로 경기부양자금이 투입되어야 한다고 말했다. 동일한 질문은 국제무역정책에서도 예외가 아니다. 쌍무적 무역협정은 덜 중요한 경제부문에 종사하는 여성보다는 대체로 확고한 산업부문에 종사하는 남성에게 더 많은 혜택을 줄지도 모른다. 예를 들어, 액션에이드Action Aid와 와이드WIDE와 같은 NGO들은 인도를 상대로 한 유럽의 자유무역협정을 비판한다. 왜냐하면 자유무역협정이 거대기업에게 특권을 부여한 데 반해 여성과 취약집단에 대해 어떤 영향을 미칠 것인가를 고려하지 않았기 때문이다.[23] 이런 종류의 협정이 거대 생산자들과 경쟁할 수 없는 영세농민과 비정규부문 상인에게 어떤 영향을 끼칠 것인가? 여성이 거대 생산자 집단보다는 영세농민과 상인집단에 속하는 경향이 있다는 것이 문제가 되는가?

페미니스트가 아닌 어떤 이는 거대산업과 기반시설에 대한 투자가 정부지출의 주요 유형이며, 비록 새로운 일자리 대부분이 남성에게로 돌아갈지라도 여성 역시 일자리 증가와 경기호전의 혜택을 누리게 될 것이라고 말할지 모른다. 역사적으로 보면 성gender 전문가가 정책 설계에 포함되지 않은 경우 성에 대한 고려는 무시되어 왔다. 이러한 경향은 자주 여성에게 부정적인 영향을 미칠 뿐만 아니라 정책의 전반적인 목표 실현을 저해하는 요인으로 작용한다. 공동삼림관리 프로그램 사례에서 보면, 어떤 정책의 결과가 성별마다 다르게 나타날 수 있다는 사실을 고려하지 못함으로써 여성을 보호하지 못했을 뿐만 아니라, 여성들이 삼림을 계속 황폐화시키는 것에 대한 해결책도 찾지 못했다. 바로 이점이 성이 왜 중요한지의 이유이다.

그래서 페미니스트들은 정책결정자들 뿐만 아니라 국제정치경제 학자들로 하여금 여성이 중요하고, 따라서 성별에 따라 달라지는 정책적 결과도 고려해야 한다는 사실을 받아들이게끔 했다. 그러나 성은 또 다른 이유에서 중요하다. 남성과 여성에게 사회적으로 부여된 역할, 성별에 따라 갖게 되는 자원과 의무, 우리가 구매하는 것, 우리가 일하는 곳, 우리가 버는 돈, 결정과 관련된 운신의 폭 등 성별에 영향을 받는 이 모든 것들이 시장이라는 공간을 이루고 사회 내 권력과 자원의 분포에 영향을 미친다. 성이 국제정치경제의 정책과 여타 이슈에 어떻게 영향을 미치고 있는지 이해하기 위해 우리는 경제적 자유주의, 중상주의, 구조주의 시각에 대한 페미니스트들의 생각을 비교해 볼 필요가 있다. 유념할 사항은 대부분의 사람들이 여러 국제정치경제 시각들 중 어느 하나와 완벽하게 부합하는 것은 아니며, 그 대신 다양한 사조에 영향을 받은 정책 혹은 견해를 지지하고 있다는 사실이다.

자유주의적 페미니즘

심지어 자유주의 전통 내에서도 여성주의자들 간 많은 논쟁이 존재한다. 정통 자유주의 페미니스트들(때때로 자유의지론적 페미니스트로 불림)의 최대 관심사는 개인적 자유, 강압으로부터의 자유, 남성성과 여성성에 대한 '자기소유self-ownership'에 관한 것이다. 정치적으로 그들은 투표할 권리, 계약할 권리, 시장에서 재산을 자유롭게 이전할 수 있는 권리, 피임할 권리, 천부인권이 위협받을 때 국가로부터 보호받을 권리 등과 같은 다양한 권리를 여성이 누리지 못하도록 차별하는 **법에 따른***de jure* 불평등에 대해 주로 관심을 갖는다. 부부 강간, 가정폭력, 여성의 재산에 대한 남성의 통제 등을 용인하는 법들은 모두 차별관행의 예에 해당한다.

개인권리의 측면에서 자유를 정의하고 국가의 강제력에 대한 제한을 모색함에 있어 자유주의적 페미니스트들은 남녀 동등한 급여를 규정한 법이나 여성에게 공직에 진출할 기회를 보장하는 법 등 여성을 특별히 우대하는 법을 지지하지 않는다. 몇몇 자유주의적 페미니스트들은 '공정'한 법이 반드시 실제적 평등을 낳는 것은 아니라고 주장한다. 이는 그들이 직접적인 강압(예를 들면, 사람의 신체와 재산에 대한 위협)으로부터 개인을 보호하는 법만을 지지한다는 의미이다. 이러한 시각에서 보면, 공정하다는 것은 사회가 결과적으로 평등하다는 말이 아니라 국가가 오로지 공정한 수단을 사용한다는 의미이다.

일부 자유주의적 페미니스트들은 개인의 권리와 자유 시장을 지지하는 경향이 있지만, 이들은 남성들이 사회에서 과도한 권력을 장악하고 있다고 주장한다. 이 **제도화된 가부장제**가 국가에 국한된 것이 아니기 때문에, 이들은 법적인 변화와 사회적인 변화 둘 다를 지지한다. 예를 들어, 자유주의적 페미니스트들은 미국의 주립대학교들이 육상경기를 할 기회를 여학생과 남학생 모두에게 똑같이 주어야 한다(타이틀 나인 규정으로 알려진 것[ix])고 주장했다. 그들은 또한 강간, 가정폭력 등 여타 다른 성적 범죄를 저지른 자를 효과적으

로 기소하지 못하는 구조적 문제를 시정하기 위해 '여성폭력에 관한 법VAWA: Violence against Women Act'의 제정을 위해 로비를 벌이기도 했다. 이러한 법들은 태생적으로 성차별적인 법을 억제하기 위한 것이라기보다는 현존하는 사회적 차별을 보상하기 위한 시도였다. 1980년대까지 자유주의적 페미니스트의 주장과 연구는 세계은행과 IMF와 같은 국제기구들이 빈곤국에게 적용한 거시경제정책이 성별에 따라 어떤 효과를 냈는지에 대해 그리 지대한 관심을 보이진 않았다.[24]

그 후 자유주의(그 외 다른 분파의) 페미니스트들은 세계시장과 개발계획이 여성에게 어떤 영향을 미치는가에 대해 많은 연구를 진행해 왔다. 1980년대와 1990년대 개발도상국들에서 시행된 구조조정프로그램SAPs: Structural Adjustment Programs, 특히 그 중에서도 보건, 교육, 기타 사회서비스에 대한 정부투자의 축소가 주로 여성과 아동에게 피해를 입혔다고 비판받았다. 이와 유사하게 개발프로그램과 정부원조는 주로 남성에게 혜택을 주는 것으로 보이는데, 자본, 토지, 정규직, 연금, 정치네트워크에 접근하기 쉬운 사람들이 남성들이기 때문이다. 여성들은 가사, 농사보조, 연료채집, 육아, 병구완, 양로와 같이 임금이 없는 노동에 과도하리만치 시간을 쓴다. 공동삼림관리 초기 프로그램에 대해 자유주의적 페미니스트들은 비판적인데, 그 이유는 여성의 특별한 역할을 고려하지 않음으로써 그 프로그램이 남성과 여성에게 똑같이 영향을 미칠 수 있도록 설계되지 않았기 때문이다.

이와 대조적으로 리볼리Pietra Rivoli는 자유무역이 빈곤국 여성에게 커다란 혜택을 주고 있다고 주장한다.[25] 섬유와 의류의 생산이 중국과 같은

---

ix 〈역자 주〉 타이틀 나인(Title IX)은 미국 닉슨 대통령이 통과시킨 법으로, 정부로부터 재정지원 받는 학교에서의 남녀차별을 금지한 법이다.

나라로 옮겨감에 따라 자유무역은, 만약 생산의 이전이 없었더라면 농촌빈곤에서 헤어 나오지 못했을, 수십만의 젊은 여성들에게 도시지역 내 비교적 고임금 일자리를 제공해왔다. 대부분의 의류 공장들이 착취적인 노동조건과 열악한 노동관행 하에 운영되지만, 이곳에 고용된 여성들은 상대적으로 높은 임금, 경제적 자율성, 심지어 사회적 해방마저도 성취하고 있다. 여성에게 경제적 권한을 부여한 것은 다름 아닌 중국의 산업화와 세계시장에 대한 개방이다. 시간이 흘러 사회의 '하층'이 성장함에 따라 여성도 일자리, 노동조합, 정치적 권리 등의 혜택을 좀 더 누리게 될지도 모른다. 이와 유사하게, 세계은행은 『2012년 세계개발보고서World Development Report 2012』에서 전반적으로 세계화가 남녀평등의 실현에 일조해왔다고 주장했다.[26] 무역개방, 경제통합, 정보기술의 확산은 여성에게 더 많은 일자리를 제공하였고, 성규범에 대한 새로운 생각을 널리 전파했다. 여성을 많이 고용하는 수출장려 산업을 가진 나라들은 여성차별을 줄이지 않으면 국제경쟁력을 잃게 되는 경향이 있다.

마지막으로 자유주의적 페미니스트들은 한 나라에서 여성이 받고 있는 처우와 더불어 여성이 누리는 정치적 권리의 수준이 그 나라 경제전반의 건전성에 지대한 영향을 미친다고 강조한다. 여성의 권리가 높고, 출산율이 낮으며, 소녀들에게 보다 좋은 교육을 제공하고, 보다 많은 여성이 정부에서 일하는 나라는 높은 경제성장률을 실현하고 좀 더 잘 사는 사회를 가지는 경향이 있다.

중상주의 시각에 대한 페미니즘의 비판

중상주의와 현실주의 학자들이 견지하는 이론적 가정과 접근법에 의문을 제기함으로써 페미니스트 학자들은 국제정치경제 연구에서 커다란 역할을 해왔다. 그들은 국제정치에 있어서 힘과 국가안보에 대한 우리의 이해를 새롭게 하고자 했다. 전통적으로 국제정치경제에 관한 연구는 국민국가의 행위, 전쟁과 평화, 국가간 외교, 전 세계적 안보 등 거시적 차원의 쟁점들에 특별한 관심을 보여 왔다. 도시보다는 국가, 소규모 생산자나 풀뿌리 조직들보다는 초국적기업, 가정보다는 나라전체에 연구의 초점을 맞춤으로써 국제정치경제 연구자들은 암묵적으로 거시적 차원의 제도들이 남성 지배적이라고 가정한다. 분명히 사회에 대한 여성의 영향력은 보다 작은 영역에서 확연히 드러난다. 이렇게 국가에 대해 특별히 주목함으로써 국제정치경제 연구자들은 (아마도 부지불식간에) 여성의 공헌이 거의 보이지 않게 만들었다.

일부 페미니스트 연구자들은 종종 가정이나 공동체 수준으로부터 시작하여 다양한 분석수준에서 문제에 접근함으로써 상당히 큰 영향을 미쳤다. 그들은 여성과 남성이 성에 근거해 상이한 의무를 지니기 때문에 전 세계적 과정에서 서로 아주 상이한 역할을 수행하며, 또한 전 세계적 과정이 남성과 여성에게 각기 다른 영향을 미친다는 사실을 발견한다. 더 중요하게는 특정 분석수준의 무시로 인해 그릇된 가정에 도달할 수도 있다는 점도 발견한다. 예를 들어, 페미니스트들은 경제학자들이 예전엔 가구household가 자원을 공동으로 보유한다고 가정했다고 지적한다. 즉, 가정에 돈이나 재물이 생기면 가구 구성원들이 그것을 공유했다는 의미이다. 실제적으로 가구의 보유자산 이용을 둘러싸고 가구 구성원 사이에 종종 갈등과 협상이 발생하며, 또한 그러한 갈등은 흔히 성별을 반영한다.

유사하게 페미니스트 학자들은 국가 중심적 국제정치경제 연구자들이 많은 여성들이 일하고 있는 비공식적 경제, 즉 임금에 근거하지 않는 경제를 간과하고 있다고 지적한다. 이 경제부문은 시장체제 전반을 떠받치는 주요 버팀목에 해당하며, 또한 세계경제에서 국가경쟁력의 핵심 토대 역할을 한다. 가족부양, 가사, 교육, 성적 서비스를 포함해 국가경제의 많은 산업부문들이 '여성화'되었는데, 이 부문에서 여성은 저임금, 소외, 착취에 직면하고 있다. 고객서비스, 관리, 보건을 포함한 기타 서비스 산업을 여성이 주도하고 있다. 이러한 서비스의 일부는 인건비가 아주 낮은 인도로부터 전자통신을 통해 유럽이나 미국에 제공되고 있다.

페미니스트 학자들은 국제관계를 젠더관점에서 바라보고 그간 드러나지 않았던 여성의 역할을 보다 뚜렷이 드러나게 하는 방법의 제시를 통해 안보 개념을 새롭게 재정의 하였다. 동시에 페미니스트 활동가들은 국제외교와 군사안보 영역에 참여하는 여성들의 능력을 제고해 왔다. 전통적 국제관계 이론 및 국가안보 이론들은 젠더를 분석적 도구로 인정하지 않는 경향이 있었다. 다수의 페미니스트들은 이러한 경향이 권력이 있는 자리에서 여성이 배제되고 있기 때문이라기보다는 여성의 역할이 중요하지 않은 것으로 여겨지고 있기 때문이라고 말한다.

예를 들자면, 허드슨Valerie Hudson, 카프리올리 Mary Caprioli, 엠미트Chad Emmett, 발리프-스판빌 Bonnie Ballif-Spanvill 등 정치학자, 심리학자, 지리

학자로 이루어진 연구팀은 여성안보와 국가안보 간 유의미한 상관관계가 있음을 발견했다.[27] 여성을 위한 물리적 보호수준이 높은 국가들은 보다 더 평화적이며 이웃나라들과도 좋은 관계를 유지하는 경향이 있다. 역으로 (여성살해, 강간, 가정폭력, 권리의 불평등뿐만 아니라 비[非]물리적 미소[微小]공격microaggression의 만연 정도로 측정된) 여성에 대한 폭력의 수준이 높은 국가들은 내전에 시달리고 다른 나라들과 폭력적인 갈등을 겪는 경향이 더 많다. 성적 평등수준이 높은 나라일수록 폭력적인 국가간 분쟁과 갈등에 덜 연루된다는 또 다른 연구들도 있다. 사회에서 여성의 지위가 국가간 관계에 중요한 영향을 미치고 있다는 것이 이들 연구들이 밝히고 있는 바이다.

인로Cynthia Enloe는 그녀의 영향력 있는 저서 『바나나, 해변, 그리고 군사기지Bananas, Beaches and Bases』에서 무임금에다 저평가된 여성의 노고에 외교관과 군인들이 어떻게 의존해 왔는지를 보여준다. 외교관 부인의 역할과 군 기지가 요리사, 세탁부, 간호사, 성매매 종사자들에게 의존하는 방식을 연구함으로써 그녀는 사적이고 개인적인 관계가 국제정치 영역에 어떻게 영향을 미치고 있는지를 밝힌다. 국제정치 영역의 정책결정자는 "자신들이 여성근로자로서, 존경할만하고 충실한 아내로서, 교화자로서, 성적 대상으로서, 복종적인 딸로서, 무보수의 농부로서, 커피를 나르는 선거운동원으로서, 소비자와 여행자로서 조력하는 여성들에게 크게 의존하고 있다는 사실을 숨기거나 부정하려고 한다."[28] 매일 반복되는 군사작전 또는 법률제정 상의 실무기능이 (군사와 외교에 관한) 보다 큰 일처리 과정에 직접으로 영향을 미치지 않는다고 주장하기는 쉬울 것이다. 하지만

정치협상과 군사개입의 실제 (여성의 역할이 필연적이었을) 역학관계는 그 결과에 어마어마한 영향을 미칠 수 있다.

페미니스트 안보이론은 전쟁에 관한 이론에서 젠더가 보이지 않음으로써 어떻게 중요한 역학관계가 가려져왔는지를 밝힌다. 이 역학관계에는 사회의 가장 약한 부분을 보호하기 위해 전쟁이 수행된다는 근거 없는 믿음도 포함된다. 예를 들어, 전쟁으로 인한 대량 난민, 그리고 민간인 사망자의 대다수는 여성이며, 대량 강간mass rape은 성폭력의 형태의 하나로 중요성을 띤다. 부하들에게 강간을 허용함으로써 군 지휘관들은 **특정한 남성성을 구축하려한다.** 다르푸르(그리고 다른 어느 곳에서)에서 사람들을 모욕하고, 가정을 파괴하고, 마을에서 사람들을 몰아내기 위해 강간이 사용되었다. 여성성이 중요하며 가정에서 여성은 보호되어야 한다는 사람들의 생각으로 인해 오히려 성폭력은 전략적 군사목적을 달성하는 효과적인 수단이 된다. 이런 식으로 젠더는 국제안보 문제를 이해하는 데 있어 결정적 중요성을 지니게 된다.

구조주의적 페미니즘

마르크스주의 페미니스트들은 거의 모든 경우 자본주의가 여성에게 유익하다는 생각에 이의를 제기한다. 이들은 젠더를 (경제적) 착취에 있어서 요인이 아니라 자본주의체제가 촉진하는 억압의 원천으로 본다. 저명한 마르크스주의 페미니스트인 리드 Evelyn Reed는 1970년 다음과 같이 서술했다. "여성에 대한 비하와 억압의 근본적인 원인은, 계급사회의 최종발전 단계인 자본주의체제에 있다."[29]

흔히 마르크스의 영향을 받은 또 다른 구조주의 혹은 급진적 페미니스트들은 가부장제가 철저하게 정비되어야 할(정비가 반드시 폭력적일 필요는 없는) 착취 체제의 일부분이라고 주장한다. 그들은 아마도 착취를 종식시키는 최선의 방법은 자본주의를 끝내는 것이라는 견해에 대해 양면적인 태도를 보일지 모르지만, 대부분은 리드의 견해에 동의해 국제관계를 결정짓는 권력 메커니즘과 인종, 계급, 성적 관계를 결정짓는 권력 메커니즘이 연계되어 있다고 생각한다. 대부분의 나라에서 빈곤층의 상당수는 여성과 유색인인데, 구조주의자들은 이것이 국가 내 혹은 국가간에 이루어지는 체계적 착취의 결과라고 주장한다.

신자유주의 경제정책이 여성에게 해를 입히는 경우 자유주의적 페미니스트들이 신자유주의 경제정책을 비판한다면, 구조주의 페미니스트들은 신자유주의 경제정책 자체가 보다 큰 문제를 상징적으로 보여준다고 생각한다. 한편, 그들은 미소금융을 비판하는데, 그 이유는 미소금융 프로그램을 통해 대여된 자금으로 인해 여성이 자본주의적 경쟁에 보다 더 적극적으로 참여하게 되기 때문이다. 그들이 보기에 미소금융은 가장 취약한 계층에게 혜택을 주지 못함으로써 여성 간 불평등을 심화시킨다. 구조주의는 젠더 이외의 불평등의 근본원인에 대해 고려할 필요가 있음을 강조함으로써, 페미니스트들로 하여금 국내정책과 가정 내 관계를 넘어 보다 체제적이고 전 세계적 차원에서 의미 있는 주제에 대해서도 관심을 갖도록 했다.

국가 중심 국제정치경제학자들은 어떻게 세계화가 여성에게 직접적이고 구체적으로 영향을 미쳤는지에 대해 큰 관심을 두지 않았다. 많은 신흥공업국들은 많은 여성노동자들을 고용하는 수출지향 제조시설에 대한 외국인직접투자를 유치하

글상자 5.2 //

세네갈의 밀수: 젠더와 무역정책

세네갈은 서아프리카에 위치한 고채무빈국HIPC: highly indebted poor countries 중의 하나로 세계은행과 IMF가 주창하는 다양한 경제적 자유화 조치를 채택해 왔다. 한 가지 예외로 설탕산업(실제로 하나의 회사 Compagnie Sucrière Sénégalaise만이 존재한다)을 들 수 있는데, 이들은 정부로 하여금 설탕수입에 대한 높은 관세를 매기게 하여 설탕수입을 효과적으로 금지시킬 수 있을 정도의 충분한 정치적 힘을 갖고 있다. 세네갈에 둘러싸인 작은 나라인 감비아Gambia는 훨씬 낮은 관세를 유지하고 있고, 정부는 무역업자들이 덴마크와 브라질에서 들어오는 값싼 설탕을 살 수 있도록 허용하고 있다. 여기에 바로 밀수의 비결이 있다.

서아프리카시장의 여인들은 아주 중요한데, 여성이 가질 수 있는 몇 안 되는 직업 중의 하나가 상업이고, 또한 마을들은 (설탕과 같은) 생필품을 구해야 할 필요가 있기 때문이다. 세네갈의 국제무역 정책과 여성에게 사회적으로 부여된 상인의 역할을 근거로 짐작할 수 있는 것은 설탕밀수의 대부분이 여성에 의해 이루어지리라는 것이다. 덴마크와 브라질에서 제조된 설탕은 (대개 남성들에 의해) 포장되고, 육상과 해상을 통해 감비아로 운송된다. 감비아에서 (대부분 남성인) 세관원들은 관세를 물리거나, 아니면 관세와 뇌물을 어떻게 조합할 것인가를 결정한다. 대단위 도매업자가 설탕을 구매하고 저장하며, 역시 모두 남성인 운송업자와 지역 도매업자가 설탕을 사간다. 마지막으로 설탕은 농촌지역 시장으로 가는데 여기서 남성과 여성 상인들은 50킬로그램 설탕자루를 구매한다.

한 가지 이야기를 통해 세네갈로부터 어떤 일이 발생하는지 살펴보기로 하자. 시스Fatou Cisse는 1주일이 한번 씩 장이 서는 국경 근처 한 마을의 중간 상인이다. 그녀는 괜찮은 달에는 약 100달러 정도를 번다. 그녀는 이웃의 스무 살 청년에게 일주일에 세 번 자신을 감비아에 데려다 주는 조건으로 돈을 주고 있다. 감비아에서 그녀는 모리타니아 출신 남성 이주자인 설탕공급자로부터 50킬로그램들이 설탕 한 자루를 외상으로 구입한다. 이웃의 스무 살 청년은 그곳 비포장 지역을 잘 알고 세관공무원들의 차가 쉽게 다니지 못하는 경로를 이용해 그녀를 마을에 데려다 준다. 하지만 이들은 운이 좋진 않다. 인근 마을에 이들의 일정을 잘 알고 있는 전직 상인이었던 한 남성이 세관원의 비밀정보원으로 일하고 있다. 한 세관원이 이내 파투를 발견하고 이들은 흥정을 시작한다. 그녀는 법을 어긴 것에 대해 사과를 하고, 자신이 어려운 시기를 보내고 있으며 가족을 부양하기 위해 돈이 필요하다고 설명한다. 세관원은 그녀의 설탕 반(25킬로그램)만을 압수하기로 한다. 세네갈의 사회적 규범에 따르면 좋은 (젠더를 반영하는) 남성과 좋은 (권위 있는 인물을 반영하는) 세관원은 경우에 따라 융통성이 있고 관대해야만 한다. 세관에 돌아오자마자 세관원, 비밀정보원, 세관장은 압수한 설탕을 10퍼센트(2.5킬로그램)씩 나눠 갖고 17.5킬로그램을 압수한 것으로 보고한다. 이 17.5킬로그램은 정부 관리가 가져가 경매를 통해 재판매될 것이다. 설탕구입에 28달러를 지불한 파투는 남은 설탕을 1주일에 한번 열리는 마을 시장에 17.5달러에 팔 것이다. 다행히도 지난 주에 이문을 충분히 남겼기에 그녀는 설탕공급자에게 지불하고 다시 장사를 할 수 있다.

이와 같은 이야기들은 생산의 세계화가 낳는 복잡성과 성적 특징을 반영한 세계화의 본질을 보여준다.[a] 정부는 자국 경제에 혜택이 돌아가리란 희망을 갖고 국제무역정책을 수립한다. 세네갈에 있어서 강력한 설탕로비의 결과, 남성들이 지배하는 협상은 보호주의로 이어졌음을 의미한다. 남자와 여자는 서로 다른 의무와 기회를 갖기 때문에 그들이 수행하는 역할은 성별로 각기 다른 특징을 갖는다. 그들은 또한 자신들에게 허용된 서로 다른 틈새를 발견할 것이다. 설탕무역 사례에서 남성과 여성은 모두 선택하고, 무역정책이 만들어낸 틈새로부터 자신들이 혜택을 누리는 것을 허용하는 사회규범을 확립한다. 비록 범법을 저지르지만 정부를 포함하여 이야기에 등장하는 모든 이들은 이익을 얻는다. 한편 여성에게 가용한 기회는 남성에게 가용한 기회와 아주 다르다.

만약 여러분이 세네갈의 설탕정책이 어떤 영향을 미치고 있는가에 대해 연구하고자 하는 국제정치경제 연구자라면 아마도 정부와 산업관계자 간의 협상에 초점을 맞춰 연구를 진행할지도 모른다. 하지만 그럴 경우 여러분은 성의 역할을 고려하고 다양한 수준에서 조사를 진행할 때 얻을 수 있는 결론보다 훨씬 제한된 결론에 도달하게 될 것이다.

참고문헌

a 여성 밀수자들에 대한 조사내용을 복합적으로 서술한 것으로 Cynthia Howson, "Trafficking in Daily Necessities: Female Cross-border Traders in Senegal," PhD Thesis, SOAS, University of London, 2011 참조.

려고 한다. 라이트Melissa Wright는 멕시코 북부 (**마낄라도라**maquiladoras 라고 불리는)와 중국남부에 위치한 이러한 공장들이 어떻게 여성들을 장래성이 없는 일자리에서 저임금에 시달리는 '일회용' 노동자로 취급하는지에 대해 연구했다. 비록 세계적 차원의 자본축적에 있어 여성들의 역할이 중요하다 할지라도, 여성들이 고용된 이유였던 숙련도, 인내심, 희생정신 등 육체적, 정신적 능력을 여성들이 상실하게 되면, 터무니없는 가공의 담론이 여성을 '폐기와 대체'가 용이한 '산업 폐기물'로 묘사한다.[30] 라이트와 다른 학자들이 지적하는 바와 같이 많은 여성들은 이와 같은 사회적 소외와 일회용품 취급에 대해 저항하고 있다.

여성들은 또한 세계경제의 구조개혁과 글로벌 경제위기에 대한 조정으로부터 (남성보다) 상대적으로 더 큰 피해를 입는 경향이 있다. 사회서비스와 공공재의 축소로 인해 남성과 여성 모두 실업을 경험하지만, 상대적으로 남성에 비해 여성들이 더 많이 빈곤하게 되었고, 이중의 일을 해야 했으며, 육체적, 정신적 건강을 해치는 매춘과 같은 비공식 활동에 내몰리게 되었다.

페미니스트 학자들은 국제정치경제를 연구하는 방식에 지대한 공헌 — 동시에 중요한 비판 — 을 해 왔다. '페미니스트적 호기심'이 왜 중요한지 가장 명료하게 요약한 이는 아마 인로Cynthia Enloe 일지 모른다. "국제체제가 왜 여성의 삶을 심각하게 고려하지 않는 방식으로 작동해 왔는지 어느누구도 설명할 수 없다. 전문가들은 은행 금리에대해, 석유산업에 대해, HIV/에이즈에 대해 잘 알고 있을지 모른다. 그럼에도 불구하고 만약 이들전문가들이 여성의 삶에 대한 진지한 성찰을 결여한다면, 오늘날 국제정치경제를 이해하는데, 즉설명하는 데 있어 심각한 오류를 범하게 될 것이분명하다."[31]

결론

생각ideas은 매우 영향력이 있고, 따라서 진지하게 받아들여져야 한다. 구성주의 이론과 페미니스트 이론은 우리들이 좀 색다르고 새로운 방식으로국제정치경제에 대해 생각할 것을 요구한다. 케인즈John Maynard Keynes는 자신의 저서 『일반이론General Theory』의 마지막 페이지에 다음과 같은 유명한 말을 남겼다.

경제학자와 정치철학자의 생각은, 그것이 옳건 그르건 간에, 일반인들이 이해하고 있는 것보다 강력한 영향력을 갖는다. 실로 세상은 별것 아닌 것

에 의해 지배되고 있다. 자신은 어떤 지적 영향으로부터 꽤 자유롭다고 믿고 있는 실용적인 사람들은 대체로 어떤 죽은 경제학자의 노예이다. 권한을 갖고 있는 — 허공에서 목소리를 듣는 — 미치광이들은 수년 전으로 거슬러 올라가 어떤 학문적저작으로부터 자기 광기의 정수를 추출해 낸다.[32]

이 장에서 논의된 대안적 시각들은 우리로 하여금 많은 글로벌 이슈를 더 잘 이해할 수 있도록 해주는 분석수단을 제공한다. 이들 대안적 시각들은우리들로 하여금 자유주의, 중상주의, 구조주의시각이 도외시한 행위자와 세력에 대해 관심을 갖도록 한다. 이렇게 함으로써 대안적 시각들은 국가와 시장만이 세계의 형성에 지대한 영향을 미치는 행위자가 아니며, 개인, 여성, 사회운동집단 등과 같은 행위자 역시 세계적 차원의 정책과 투쟁에 커다란 영향을 미치고 있다고 말한다. 또한 대안적 시각들은 국제정치경제 연구가 도덕적, 윤리적 문제로부터 분리될 수 없다는 사실을 상기시켜준다. 개개인들이 세계를 인식하는 다양한 방식들에 대해 치열히 고민해 보지 않는다면 우리는 우리의 행위를 추동하는 것이 무엇인지 설명하기 힘들 것이다.

주요 용어

토론주제

1. 사회과학 이론으로서 구성주의에 보다 많은 관심을 가져야 한다고 생각하는가? 왜 그렇다고 생각하는가? 만약 아니라면, 왜 아니라고 생각하는가?

2. 구성주의에 대해 어떤 비판이 가해질 수 있을까? 구성주의 이론가들은 글로벌 이슈에 영향을 미치는데 있어 물질적 힘의 중요성을 과소평가하고 있는가?

3. 규범이 실제로 행위자의 전망과 행위에 영향을 미치고 있는지 여부를 측정하기 위해 우리는 어떤 수단을 가지고 있는가?

4. 구조주의적 페미니스트들은 빈곤국 노동착취 현장의 값싼 노동력에 기대어 아웃소싱을 하는 기업들에 대해 어떻게 반응할 것 같은가?

5. 페미니스트들은 왜 국가안보에 관한 논쟁에서 성이 고려될 필요가 있다고 주장하는가? 여기에 동의하는가?

추천문헌

Barbara Ehrenreich and Arlie Russell Hochschild. *Global Woman: Nannies, Maids, and Sex Workers in the New Economy*. New York: Henry Holt, 2002.

Cynthia Enloe. *Globalization and Militarism: Feminists Make the Link*. Lanham, MD: Rowman and Littlefield, 2007.

Gender Action. http://www.genderaction.org/

Helen Schwenken and Anna Basten, "Bibliography—Gender in International Political Economy." http://www.garnet-eu.org/fileadmin/documents/news/Bib-GIPE-all_incl_3rd_update-hs-2-2009.pdf.

Margaret Keck and Kathryn Sikkink. *Activist without Borders: Norms and Identity in World Politics*. New York: Columbia University Press, 1998.

Nina Tannenwald. *The Nuclear Taboo: The United States and the Non-Use of Nuclear Weapons since 1945*. Cambridge: Cambridge University Press, 2007.

Jacqui True. *The Political Economy of Violence against Women*. New York: Oxford University Press, 2012.

Alexander Wendt. "Anarchy Is What States Make of It: The Social Construction of Power Politics," *International Organization*, 46 (Spring 1992), pp. 391–425.

주

1) Kenneth N. Waltz, *Theory of International Politics* (Reading, MA: Addison-Wesley, 1979) 참조.

2) Alexander Wendt, "Anarchy Is What States Make of It: The Social Construction of Power Politics," *International Organization*, 46 (Spring 1992), pp. 391-425 참조.

3) Steve Smith, Alexander Wendt, and Thomas Biersteker, *Social Theory in International Politics* (Cambridge: Cambridge University Press, 1999).

4) Emanuel Adler, *Communitarian International Relations: The Epistemic Foundations of International Relations* (London: Routledge, 2005).

5) Nina Tannenwald, *The Nuclear Taboo: The United States and the Non-Use of Nuclear Weapons since 1945* (Cambridge: Cambridge University Press, 2007).

6) Richard Price, *The Chemical Weapons Taboo* (Ithaca, NY: Cornell University Press, 1997).

7) Margaret Keck and Kathryn Sikkink, *Activist without Borders: Norms and Identity in World Politics* (New York: Columbia University Press, 1998).

8) Peter Haas, "Introduction: Epistemic Communities and International Policy Coordination," *International Organization*, 46, no. 1 (Winter 1992), p. 4.

9) Peter Haas, "When Does Power Listen to Truth? A Constructivist Approach to the Policy Process," *Journal of European Public Policy*, 11 (August 2004): 569-592.

10) Anil Hira, *Ideas and Economic Policy in Latin America* (Westport, CT: Greenwood, 1998).

11) Martha Finnemore, *National Interests in International Society* (Ithaca, NY: Cornell University Press, 1996).

12) Martha Finnemore, "Legitimacy, Hypocrisy, and the Social Structure of Unipolarity: Why Being a Unipole Isn't All It's Cracked Up to Be," *World Politics*, 61:1 (January 2009): 58-85.

13) Maria Julia Trombetta, "Environmental Security and Climate Change: Analyzing the Discourse," *Cambridge Review of International Relations* 21 (2008):585-602.

14) Denise Garcia, "Warming to a Redefinition of International Security: The Consolidation of a Norm Concerning Climate Change," *International Relations* 24:3 (2010): 271-292.

15) Rainer Hülsse, "Creating Demand for Global Governance: The Making of a Global MoneyLaundering Problem," *Global Society*, 21 (April 2007): 155-178.

16) Haggai Ram, *Iranophobia: The Logic of an Israeli Obsession* (Stanford: Stanford University Press, 2009).

17) Richard Jackson, "Constructing Enemies: 'Islamic Terrorism' in Political and Academic Discourse," *Government and Opposition*, 42:3 (2007), p. 397.

18) Richard Jackson, "Language, Policy, and the Construction of a Torture Culture in the War on Terrorism," *Review of International Studies*, 33 (2007), p. 354.

19) Charlotte Epstein, "The Making of Global Environmental Norms: Endangered Species Protection," *Global Environmental Politics*, 6:2 (May 2006): 32-54.

20) Susan Park, "Norm Diffusion within International Organizations: A Case Study of the World Bank," *Journal of International Relations and Development*, 8 (2005): 111-141.

21) Catherine Weaver, "The Meaning of Development: Constructing the World Bank's Good Governance Agenda," in Rawi Abdelal, Mark Blyth, and Craig Parsons, eds., *Constructing the International Economy* (Ithaca: Cornell University Press, 2010): 47-67.

22) Andrea Cornwall, "Whose Voices? Whose Choices? Reflections on Gender and Participatory Development," *World Development*, 31:8 (2006): 1325-1342.

23) WIDE, "The EU-India Free Trade Agreement negotiations: Gender and Social Justice Concerns. A Memo for MEPs," (2009). Available at www.boell-india.org/downloads/MEP_Memo_final_ 892009. pdf.

24) Gita Sen, "Gender, Markets and States: A Selective Review and Research Agenda," *World Development*, 24:5 (1996), p. 823.

25) Pietra Rivoli, *The Travels of a T-Shirt in the Global Economy: An Economist Examines the Markets, Power, and Politics of World Trade*, 2nd ed. (Hoboken, NJ: John Wiley & Sons, 2009).

26) 다음 보고서 제6장을 참조하라. World Bank, *World Development Report 2012: Gender Equality and Development* (Washington, D.C.: World Bank, 2011), at http://go.worldbank.org/6R2KGVEXP0.

27) Valerie Hudson, Bonnie Ballif-Spanvill, Mary Caprioli, and Chad F. Emmett, *Sex and World Peace* (New York: Columbia University Press, 2012).

28) Cynthia Enloe, *Bananas, Beaches and Bases: Making Feminist Sense of International Politics* (Berkeley, CA: University of California Press, 2000), p. 17.

29) Evelyn Reed, "Women: Caste, Class or Oppressed Sex," *International Socialist Review*, 31:3 (1970), p. 40.

30) Melissa Wright, *Disposable Women and Other Myths of Global Capitalism* (London: Routledge, 2006), p. 2.

31) Cynthia Enloe, *Globalization and Militarism: Feminists Make the Link* (Lanham, MD: Rowman and Littlefield, 2007), p. 18.

32) John Maynard Keynes, *The General Theory of Employment, Interest, and Money* (New York: Harcourt Brace Jovanovich, 1964), p. 383.

제2부

국제정치경제의 구조

이 책의 처음 다섯 개 장은 국제정치경제학을 수준 높게 이해하기 위한 지적 토대를 제공했다. 우리는 글로벌 금융위기와 같은 IPE 문제를 분석하는데 가장 자주 사용되는 세 가지 주요 시각과 두 가지 대안 시각에 대해 살펴보았다. 이어지는 다섯 개 장은 국민국가들과 여타 행위자들을 한데 묶어주고 국내시장과 세계시장을 연결해 주는 구조에 대해 살펴본다. 제1장에서 언급한 바와 같이 국제정치경제 분야의 선구적 사상가 중 하나인 스트레인지Susan Strange 교수는 국제정치경제 연구의 초점을 네 가지 핵심 구조 — 무역, 화폐와 금융, 안보, 지식과 기술 — 에 둔다.

네 가지 구조는 각각 정치적, 경제적, 사회적 행위자들 간의 관계와 구조별로 구분되는 규칙들(암묵적인 합의도 포함한다)로 구성된다. 우리는 이 구조들이 어떻게 사람들을 연결하고 국가, 시장, 사회의 행태에 어떤 영향을 미치는지 살펴볼 것이다. 이들 구조의 특징을 검토함에 있어, 스트레인지는 "누가 이득을 보는가?Cui bono?"라는 단순한 질문을 던져 볼 것을 독려한다. 이 질문은 우리로 하여금 구조에 대한 단순한 서술을 넘어 각 구조가 어떻게 작동하는지, 구조를 만들기 위해 사용된 힘의 원천은 무엇인지, 오늘날 구조를 관리하는 행위자들에게 그 구조는 어떤 혜택을 가져다주는지 분석하게 만든다. 스트레인지는 또한 구조 간 관계에 대해 질문할 것을 우리에게 권한다.

제6장에서 우리는 글로벌 생산에 어떤 변화가 있는지, 나라들 간 재화와 서비스의 교환에 어떤 거래조건이 지배적인지 설명한다. 생산과 무역은 국제정치경제의 가장 논쟁적인 쟁점들인데, 발전, 통화환율, 금융, 기술, 안보와 긴밀히 연결되어있기 때문이다.

금융과 통화의 구조에 관한 검토는 두 개의 장에 걸쳐 이루어진다. 제7장은 금융과 다양한 국제통화체제의 작동을 이해하기 위해 누구나 알아야 역사, 용어, 기본 개념을 소개한다. 제8장은 글로벌 금융위기와 유럽외채위기를 포함한 몇몇 국제금융위기에 대해 논의한다. 우리는 그러한 위기의 원인과 결과, 그리고 위기에 대처하기 위해 IMF, 미국, EU가 취한 몇몇 조치들에 초점을 둘 것이다.

제9장은 세계 정치경제에서 국가, 집단, 개인의 안보에 영향을 미치는 행위관계와 행위규칙을 살펴본다. 전쟁과 평화를 결정짓는 주요 강대국의 역할과 같은 안보 구조의 몇몇 부분들은 쉽게 인식할 수 있다. 테러리스트들의 역할과 비전통적 안보문제들과 같은 안보 구조의 다른 측면들은 덜 눈에 띄지만 (주요 강대국의 역할과 전통적 안보문제들과) 똑같이 결정적인 중요성을 갖는다.

제10장에서 우리는 누가 지식과 기술을 만들고, 소유하며, 사용하는지. 사용한다면 어떤 조건으로 사용하는지 분석한다. 지식과 기술은 금융, 생산, 안보 영역에서 행위자간 힘의 균형에 심대한 영향을 미치는 무언가를 만들고 실행하는 능력을 결정짓는다. 지적재산권(IPRs)은 지식과 기술 관련 특유의 쟁점으로서, 수많은 제품에 대한 법적 소유권으로부터 누가 혜택을 누리는가에 중대한 영향을 미친다.

생산과 무역의 구조

세계정부가 부재한 상태에서 국경을 넘나드는 무역은 항상 규율을 따라야 한다. 이 규율은 자신의 영토 내에서 최고의 권한을 갖지만 국경 밖에선 그렇지 못한 주권국가들 간 정치적 타협의 결과이다.[1]

로버트 커트너Robert Kuttner

2009년 이후 오바마 행정부는 미국으로 유입되는 중국산 타이어와 태양열 전지판의 수입에 높은 수입관세를 물렸고, 중국이 자국 자동차 제조업체에 보조금을 지급하고 미국산 철강재와 자동차에 대해 관세를 매기는 행위가 불공정 행위에 해당한다고 세계무역기구에 이의를 제기했다. 2012년 미국 대통령 선거기간 동안 공화당 후보인 미트 롬니Mitt Romney는 환율을 조작하고 미국의 특허와 기술을 도둑질하고 있다고 중국을 공격하기도 했다. 칼럼니스트인 로버트 커트너Robert Kuttner에 의하면, 무역은 언제나 정치적인 문제라고 한다. 사실 많은 국제정치경제 이론가들은 국제정치경제 영역의 가장 전형적인 주제가 무역이라고 여긴다. 무역은 국가 관리들에게 지속적으로 중요한 사안일 뿐만 아니라, 냉전이 종식된 이후 국민국가의 외부에서 무역을 행하고 관리하는 정치적 행위자와 기관의 수도 상당히 많이 늘었다.

국제적 생산과 무역 구조는 국가, 국제기구, 기업, 비정부기구 간에 존재하는 일련의 규칙과 관계로 구성된다. 이 규칙과 관계가 어디서 누구에 의해 어떤 가격으로 무엇이 생산되고 판매되는가에 영향을 미친다. 이 구조는 상호의존성과 상호이득을 도모하는 동시에 긴장도 조성하면서 국민국가들과 여타 행위자들을 연결한다.

이 장에서는 주로 제2차 세계대전 이후 생산과 무역의 구조가 어떤 변화를 겪었는지 살펴볼 것이다. 산업혁명 이래로 우리는 이렇게 새로운 방식으로 너무도 많은 신제품과 서비스를 경험해 본 적이 없다. 동시에 경제적 자유주의 사상이 널리 호응을 얻으면서 북반구에 위치한 선진산업국의 무역전문가와 관리들은 무역을 억제하고 왜곡하는 보호주의 장벽을 낮추기 위한 방법을 모색해왔다. 1947년 미국과 그 동맹국들은 자유무역의 가치를 고양하고 미국의 정치적·군사적 목표를 견지하기 위해 관세 및 무역에 관한 일반협정GATT: General Agreement on Tariffs and Trade을 창설했다. 1995년엔 세계무역의 자유화를 촉진하기 위한 노력의 일환으로 세계무역기구WTO가 GATT를 대신하게 되었다.

이 장은 무역과 관련된 여러 다른 쟁점들을 살펴보면서 마무리를 할 예정으로, 여기에는 점증하는 무역권의 지역화와 북반구-남반구 무역분쟁이 포함된다. 이들 쟁점들로 인해 국제무역은 국제정치경제에서 가장 복잡하고 정치적으로 논란의 여지가 많은 연구영역 중의 하나가 된다.

이 장이 제시하고자 하는 논지는 다음의 세 가지이다. 첫째, 생산과 국제무역에 관한 논란은 기업과 국민국가 — 부국과 빈국을 가릴 것 없이 — 의 충동에서 비롯된다. 기업과 국가는 무역이 생산자와 사회에 미칠 수 있는 부정적인 영향을 억제하면서 동시에 무역으로부터 이득을 취하려고 한다. 둘째, 최근 글로벌 금융위기와 결부된 신자유주의와 세계화에 대한 비판은 국제무역 협상의 교착상태를 더욱 악화시키고 있다. 왜냐하면 신흥공업국들이 무역자유화에 저항하게 되었기 때문이다. 마지막으로 셋째, 선진 산업국의 관리들과 사회단체들은 자기 나라의 국익에 맞게끔 생산과 세계화가 잘 통제될 필요가 있다고 주장한다.

글로벌 생산네트워크

무역과의 직접적인 관련으로 인해 국제생산은 국제정치경제 분야에서 점차 그 중요성이 증대되고 있다. 프리드먼Thomas Friedman의 저작이 반복적으로 다루고 있는 주제 중 하나는 세계화와 관련한 생산과정의 변환이다. 『렉서스와 올리브나무 The Lexus and the Olive Tree』에서 프리드먼은 세계 도처의 사람들 — 특히 선진 산업국의 — 이 세련되고, 다기능적인, 후기 산업시대의 생산품과 서비스를 어떻게 이용하고 있는지에 관심을 집중한다.[2] 산업혁명 이후, 비약적 향상과 기하급수적 비율로 일어난 혁신은 모든 것을 급격하게 변화시켜 왔다. 주로 조립라인에 바탕을 둔 생산과정은 로봇을 사용한 다양한 고부가가치 상품생산으로 바뀌었다. 세계화의 본질을 이루는 기술에는 '컴퓨터화, 소형화, 디지털화, 위성통신, 섬유광학, 인터넷'이 포함된다. 이 기술들은, 비록 그 명암이 공존하지만, 이전에는 상상하지 못했던 방식으로 세상 사람들을 연결한다.

이런 일들이 일어남에 따라 **수직전문화**vertical specialization와 **아웃소싱**outsourcing에 힘입어 생산과정은 점점 더 분해되었다. 예를 들어, 보잉이 새로 개발한 상용기인 787 드림라이너 제트기는 워싱턴 주 에버렛Everett, Washington에서 조립되지만, 부품 대부분은 미국 내 다른 주, 심지어 미국 밖에서 제작된다. 비록 많은 회사들이 아웃소싱을 통해 비용을 절감하지만 보잉은 드림라이너 생산에 당초 예산보다 수십 억 달러를 더 들였고 선을 보이기까지 3년의 시간을 더 보내야 했다. 외국의 부품공급자들이 정확한 규격의 부품을 제때 신속히 공급하지 못한 것이 부분적인 이유였다.[3]

자신의 책『세계는 평평하다*The World Is Flat*』에서 프리드먼은 생산과정의 전 지구적 확산(가장 최근엔 중국과 인도로의 확산)으로 인해 사람들이 어떻게 세계적으로 협력하고 경쟁하게 되었는지를 보여준다. 인도에 있는 한 회사의 '상담원'과 대화를 하며 전화상 대기를 해 본 사람이라면 그 진가를 알 수 있듯이, 새로운 위성 커뮤니케이션 네트워크는 제품생산과 서비스의 아웃소싱을 보다 쉽게 해준다. 물론 이 모든 것이 항상 매끄럽고 만족스러운 것은 아니지만 말이다.

프리드먼에 의하면 "소프트웨어에서 모바일 위젯에 이르는 모든 신제품들은 기초연구에서 시작해 응용연구, 기술육성, 개발, 시험, 제작, 제품지원, 마지막으로 개선사항을 보태기 위한 후속 엔지니어링continuation engineering으로 이루어진 하나의 사이클을 거친다."[4] 프리드먼의 **평평한 세계**는 거대한 비디오 화면들과 콜센터들이 존재하고, 노동자들이 세계경제에 참여함으로써 짭짤한 수입을 보장하는 직업을 얻길 원하는 인도와 같은 장소에 소득신고와 항공티켓 예매 업무를 위탁하는 세계이다. 생산과정의 변환과 세계화는 제조업 분야뿐만 아니라 식품, 농업, 수준 높은 국가안보 시스템 산업에서도 일어나고 있다.

생산이 이루어지고 있는 곳에서의 변화는 **외국인직접투자**FDI: foreign direct investment의 패턴 변화와 긴밀히 연관된다. FDI는 대부분 공장, 광산, 토지에 대한 외국 회사의 투자로 이루어진다. 표 6.1이 보여주는 바와 같이 1980년에서 2011년 사이 전 세계 FDI 유입액은 540억 달러에서 1조 5,000억 달러로 늘어났다. 역사적으로 보면, 대부분의 FDI 유입은 선진국들에 집중되었는데, 2000년 말 기준 FDI의 81퍼센트가 선진국으로 흘러들어갔다. 그러나 2011년경엔 투자가 급속히 모든 대륙으로 퍼져나감에 따라 49퍼센트만이 선진국으로 흘러들어갔다. 특히 아시아와 남아메리카로 투자가 이루어짐에 따라 이 지역은 제품과 원자재

표 6.1 // 외국인직접투자의 순유입 (1억 USD)					
지역/분류	1980	1990	2000	2008	2011
동아시아 (중국 포함)	10	90	1,170	1,850	2,190
중앙 및 남아메리카	60	80	770	1,280	1,490
유럽연합	210	970	6,980	5,420	4,210
미국	170	480	3,140	3,060	2,270
아랍 국가들	−30	10	60	960	410
사하라이남 아프리카	3	20	70	370	370
선진국들	470	1,720	11,370	10,190	7,480
52개 최빈국들	5	6	40	180	150
세계	540	2,070	14,010	17,910	15,240

출처: United Nations Conference on Trade and Development, UNCTADSTAT, "Inward and outward foreign direct investment, annual, 1970–2011," at http://unctadstat.unctad.org/ReportFolders/reportFolders.aspx.

의 거대한 공급처가 되었다. 선진국 진영 내에서 대부분의 FDI는 미국과 유럽연합으로 흘러들어갔지만, 2008년 금융위기가 시작된 이후 이 지역으로의 투자는 상당량 위축되었고 그에 따라 제조업 기반도 상실하게 되었다. 1990년대에 기점으로 전 세계 FDI 총액 중 중국, 홍콩, 싱가포르, 브라질, 칠레와 같은 개발도상국으로 유입된 투자액은 눈에 띄게 급증했다. 2000년대 중반까지 인도, 구소련, 중동, 사하라이남 아프리카에는 거의 FDI가 유입되지 않았다. 그러나 2008년에 이르러 투자자들은 인도의 서비스 산업분야, 그리고 급성장하는 러시아의 제조업과 에너지산업 분야에 돈을 쏟아 붓기 시작했다. 최근에는 아프리카에도 보다 많은 투자유입이 이루어지고 있는데, 이는 일정부분 이 지역의 원자재에 대한 중국의 관심 때문에 일어난 현상이다. 그러나 1980년 이래로 최빈국들은 FDI를 유치하는데 실패함으로써 경제발전에 어두운 전망을 드리우고 있다.

툰Eric Thun에 따르면, 이러한 투자양상은 자본을 이동시키고, 개발도상 지역에서 발견할 수 있는 새로운 시장, 값싼 노동력 혹은 기타 생산 상의 이점을 찾아 산업체들이 선진국을 떠나는 경향을 촉진해 왔다 (제17장 참조). 신흥국으로 유입된 개인에 의한 FDI는 지난 20년간 꾸준히 증대된 반면, 공적 개발원조는 늘지 않고 수평을 유지해 왔다. 또한 2000년에서 2007년 사이 개발도상국들은 외국 정부, 국제통화기금, 세계은행으로부터 얻은 차관에 대한 의존도를 급격히 줄였으나, 글로벌 금융위기의 시작과 더불어 새로운 개발 프로젝트에 소요될 투자금을 충당하기 위해 더 많은 차관을 들여왔다. 예상할 수 있듯이, 중상주의자와 구조주의자는 이러한 추세가 노동조건, 환경, 이

책의 후반부에서 다룰 기타 쟁점뿐만 아니라 국제무역에 영향을 미침으로써 부와 힘의 전세계적 분포에 중요한 변화를 야기할 수 있다고 말한다.

글로벌 생산체제에서 일고 있는 변화는 GDP의 변화추세를 보면 확연히 드러난다. 세계은행의 보고에 따르면, 2011년 세계 GDP 총액은 70조 달러에 달하며 이중 46조 6,000억 달러를 고소득 상위 70개국이 차지했다. 이를 퍼센트로 환산하면 67퍼센트에 해당하는데, 2005년도의 78퍼센트보다 낮아진 수치이다.[5] 108개 중진국들은 23조 달러를 차지하는데 이는 총 GDP의 33퍼센트에 해당하며, 최하위 36개국은 겨우 4,740억 달러로 총 GDP의 0.7퍼센트만을 점하고 있다. 의심의 여지없이, 미국, 유럽연합, 일본이 (특히 글로벌 금융위기 이후) 세계 총생산에서 자신들의 몫을 점차 잃고 있는 반면 중국, 러시아, 브라질, 인도와 같은 중진국은 재화와 용역의 세계 총생산 중 자신들의 몫을 급속히 늘려가고 있다. 애석하게도 전세계 국가의 20퍼센트에 해당하는 최빈국들은 재화와 용역의 생산에 있어 글로벌 경제에 이렇다 할 기여를 하고 있지 못하다.

국제무역

재화와 용역이 돈을 대가로 혹은 다른 나라의 재화와 용역을 대가로 국경을 넘을 때 국제무역은 이루어진다. 비록 지역에서 생산된 대부분의 재화와 용역은 한정된 시장에서 소비되지만 글로벌 차원의 수요증대와 생산의 국제화를 반영하여 국제무역은 비약적으로 증대되었다. 예를 들면, 1983년부터 2011년까지 기간 동안 재화에 대한 세계 총 수출

은 1조 8,000억 달러에서 17조 8,000억 달러로 증대되었다. 2000년에서 2011년까지 여행, 수송, 보험과 같은 상용 서비스의 총 수출액은 연간 8퍼센트 이상 신장되어 2011년엔 4조 2,000억 달러에 달했다.[6]

이러한 추세에 따라 국민경제는 점점 더 무역에 의존하게 (달리 말하면 민감하게) 되었다. 세계은행에 따르면, GDP 대비 백분율로 판단했을 때 국제무역은 1995년에서 2009년 사이 비약적으로 증대되었다. 미국은 23퍼센트에서 26퍼센트로, 유럽연합 27개국은 58퍼센트에서 71퍼센트로, 일본은 17퍼센트에서 25퍼센트로 증대되었다.[7] 표 6.3이 보여주는 바와 같이 전 세계를 하나로 하여 GDP 대비 백분율로 계산하면 국제무역은 1990년 38퍼센트에서 2010년 56퍼센트로 증가하였다. 그러니까 무역은 경제적, 정치적, 사회적으로 상호의존하게 함으로써 나라들을 하나로 묶는다. 대부분의 국가는 무역을 통해 소득과 일자리를 손쉽게 창출한다. 개발도상국의 입장에서 무역은 종종 발전계획의 중요한 부분을 이룬다. 따라서 고도로 통합된 국제정치경제에서 무역이 경제에 가져오는 이득을 극대화하고 비용을 줄이고자 많은 국가들은 부득불 무역을 통제할 수밖에 없다. 결과적으로 한 나라의 무역정책으로 인해 여타의 나라들이 사회·경제적 조정의 문제에 쉽게 직면할 수 있다. 일련의 국제적 규칙과 절차가 없다면, 민족주의적 무역정책으로 인해 생산과 무역의 구조 전체가 손상될 수 있다.

생산과 무역의 구조는 국가지도자들, 국제기구 및 비정부기구 요원들, 일반 국민을 한꺼번에 이리저리 끌고 다닌다. 대체로 경제적 자유주의자들은 국가가 국제적으로 공유된 규칙에 동의하는 것이 합리적 행위이며, 상호 경쟁하는 글로벌 경제에서 국가는 이 규칙을 통해 무역을 통한 이익을 극대화할 것이라는 점을 강조한다. 이러한 규칙이 없다면 상당수의 국가들과 국내집단은 상당한 경제적 피해를 볼 가능성이 크다. 중상주의자와 구조주의자는 무역이 가져다주는 경제적 이득이 분명히 존재한다는데 동의하지만 그것이 국력에 이바지하는 방식이나 여타 집단에 비해 특정 집단에 이익을 더 가져다주는 방식이 간단하지 않기 때문에 생각보다 훨씬 더 복잡하고 논란의 여지가 많은 주제라고 말한다.

이어 무역을 이해하는 세 가지 시각에 대해 논의하고 무역의 역사를 간략히 개관해 보기로 하자.

국제무역을 이해하는 세 가지 시각

16세기에서 18세기에 이르기까지, 우리가 오늘날 인지하는 것과 같은, 국제무역을 규율하는 규칙은 존재하지 않았다. 초기 유럽국가들은 지역 생산자, 왕족, 뒤를 이어 관료국가의 부의 원천으로서 무역수지 흑자를 공격적으로 추구했다. 지역 내 생산자의 스타트업을 지원하기 위해 지도자들은 사람들이 지역에서 생산된 제품을 구매하도록 역외로부터 수입을 억제하였다. 중상주의자들은 무역을 통해 국부와 국력, 그리고 타국과의 관계에서 국위를 고양했다. 1400년대 이후의 무역에 관해 쓴 짤막한 글들을 엮어 출판한 자신들의 저서에서 역사학자 포메란츠Kenneth Pomeranz와 토픽Steven Topik은, 경제발전수준과 기술의 변화에 따라 국가는 국익증진을 위해 종종 중상주의적, 제국주의적, 자유주의적 무역정책을 혼합하여 추진하였다고 말한다.[8] 비록 이론상으로 자유무역이 모든 나라들에게 이득을 가져다준다지만 "실제로 '순수한' 자유무역에 입각한 산업화에 성공한 예(혹은 순수 자급자족에 의해 성공한 예)는 없다"고 그들은 주장한다. "심지어 자유무역의 전성기인 19세기 말과 20세기 초, 미국과 독일이 이룩한 인상 깊은 경제성장은 높은 관세를 앞세운 결과였다. 기타 여러 나라들 역시 보호주의적 조치를 취하고 있었다."[9]

경제적 자유주의자들

무역에 관한 자유주의적 경제사상은 스미스Adam Smith와 리카르도David Ricardo의 견해에 뿌리를 두고 있다. 그들은 18세기 말과 19세기 초 당시 남용되었던 중상주의정책에 대해 비판적이었다. 그들의 자유주의 무역이론은 이후 100년을 넘어 오늘날에도 영국의 무역정책에 지배적 영향을 미치고 있다. 일반적으로 말해 스미스는 자유방임정책을 지지했다 (제2장 참조). 리카르도는 한 발 더 나아가, **비교우위의 법칙**law of comparative advantage에 관한 자신의 저작을 통해 자유무역이 효율성을 높이고 모든 사람들을 더 잘 살게 해 줄 수 있다고 주장했다. 비교우위의 관점에서 보면, 개개인이 공개 시장에서 자유롭게 재화를 팔고 살 수 있다면 누가, 어디서, 어떠한 상황에서 재화를 만들었는가는 별로 중요하지 않았다.

비교우위의 법칙의 기본 아이디어는 이렇다. 사람이건 국가건 어떤 재화를 만들 때, 다른 무언가를 포기하게 된다. 이때 다른 무언가는 만들 수도 있었지만 그들이 만들었다면 실제 만든 재화와 비교할 때 좀 더 많은 비용이 들었을 재화를 말한다. 경제학자들은 이를 기회비용이라고 부른다. 비교우위의 법칙에 의거하여 하나의 상품을 직접 만들 때의 비용과 다른 사람이 만들어 놓은 것을 살 때의 비용을 비교하여, 우리는 둘 중 사리에 맞고 효율적인 하나를 선택하게 된다. 제2장에서 살펴본 바와 같이 리카르도가 살았던 시절, 비교우위의 법칙은 영국이 곡물의 대부분을 국내에서 생산하기 보다는 수입해야 한다고 구체적으로 밝혔다. 왜냐하면 현지에서 생산하는 비용에 비해 수입하는 비용이 더 저렴했기 때문이다.

1800년대 후반을 살았던 경제적 자유주의자들은 세계가 전세계적으로 조직된 하나의 작업장이 될 것이며, 여기서 시장의 보이지 않는 손이 이끄는 **자유무역**free trade으로부터 모든 이가 혜택을 누리게 되리라고 여겼다. 가볍게 규제되는 무역은 오늘날 미국과 WTO의 여타 회원국들이 홍보하는 **워싱턴 컨센서스**Washington Consensus의 여러 정책들을 구성하는 필수요소이다. 자유롭고 개방된 국제무역 체제가 가져다주는 긍정 효과는 부정적인 효과를 능가한다는 점에 대해 (보편적 합의는 아니더라도) 광범위한 합의가 존재하고 있다.[10]

중상주의자들

앞의 제3장에서 개관한 대로 해밀턴Alexander Hamilton과 리스트Friedrich List는 훗날 무역에 관한 **경제적 자유주의의 원칙**으로 여겨지게 된 것들을 비판하였다. 중상주의적 관점에서 보면 자유무역정책은 단지 영국이 유럽대륙과 신대륙 측의 교역대상국에 대해 자신의 지배적인 이점을 유지하기 위한 평계에 불과했다는 것이다. 해밀턴의 입장에서 보면,

유치산업을 지원하고 국가의 독립과 안보를 유지하기 위해 미국은 보호주의적 무역조치를 취할 필요가 있었다. 마찬가지로 리스트는 부상하는 경제민족주의의 분위기에서 만약 유럽의 유치산업이 보다 효율적인 영국의 기업들과 대등하게 경쟁해야 한다면 수입관세와 수출보조금과 같은 보호무역정책이 필요하다고 주장하였다.[11] 리스트는 자유무역이 모두에게 제대로 작동하기 위해서는, 자유무역이 시행되기에 앞서 국가간 경쟁의 조건이 보다 공정해지거나, 최소한 자유무역으로 인해 발생하는 이익과 비용을 기꺼이 함께 나누겠다는 무역당사자들 간의 의지가 선행되어야 한다고 말한다.

오늘날 신중상주의자들은 비교우위가 무역에 참여하는 모든 당사자들에게 무조건적으로 이익을 가져다준다는 가정을 비판한다. 국가간 비교우위가 변화함에 따라 서로 다른 산업 혹은 경제부문에 고용된 사람들이 해고되거나 이직을 해야만 하는 경우, 그들이 그런 상황에 저항하리라는 것은 충분히 예상할 수 있다. 대부분의 경우, 국내 생산자에게 저금리로 돈을 빌려주거나 수출보조금을 지급하는 것과 같은 **전략적 무역정책**strategic trade policies을 채택하는 것만으로도 국가는 새로운 재화와 용역의 생산에 있어 비교우위를 계획적으로 **창출**할 수 있다. 새로운 기술과 값싼 노동력에 기댈 수 있다면 한 나라의 새로운 산업은 다른 나라의 산업에 대해 비교(경쟁)우위를 쉽게 획득할 수 있다. 농업과 자동차, 철강, 섬유제조업 분야의 상황은 늘 그래왔다.[12]

더욱이, 대의제에 입각한 입법부를 갖고 있는 민주주의 국가의 정치현실로 인해 국가는 무역이 가져올 부정적 영향으로부터 사회와 자국기업을 보호할 의무를 지게 된다. 정치인들은 해고에 직면하거나 값싼 수입품과 경쟁해야 하는 유권자들의 분노를 무서워한다. 이 때문에 사회집단과 기업이 국가에 대해 보호를 요청할 경우, 국가의 도움을 받을 가능성이 있다. 대부분의 경우, 민주주의체제에 내재되어 있는 특성 중의 하나는 (약자에 대한) 보호이다. 예를 들어, 자유무역 덕택에 수입의류나 수입신차 구입에 돈을 절약한 사람들은 대체로 자유무역으로부터 보호를 원하는 해직 노동자들만큼 큰 목소리를 내지 않는다.

보호무역주의는 또한 특정 재화 — 특히 식량과 국방과 관련된 품목 — 에 있어 다른 나라에게 과도하게 의존하는 상황에 빠지지 않을까 하는 두려움과 관련이 있다. 예를 들어, 일본과 중국은 에너지 수입에 있어 자신들이 다른 나라에 너무 의존적이게 될 경우 정치적으로나 경제적으로 취약해지진 않을까 염려한다. 마지막으로 몇몇 신중상주의자들은 지역무역동맹이 보호무역주의정책을 통해 의도적이건 혹은 비의도적이건 다른 나라를 와해할 수 있다고 염려한다. 북미자유무역협정 NAFTA: North America Free Trade Agreement이나 유럽연합(아래에서 심도 있게 다룰 것이다)은 지역무역동맹으로 지역 내 산업을 지원하도록 되어 있다. 중상주의자들이 인식하고 있는 대로라면, 무역에 관한 자유주의 경제이론은 실재하는 정치세계, 즉 국가들이 지속적으로 생산과 무역을 조작하는 세계를 적절히 설명할 수 없다.

구조주의자들

구조주의자들은 초기 중상주의 시기를 고전적인 제국주의 시대라고 부른다. 주요 유럽열강들의 경제문제는 열강들로 하여금 지구상의 저개발지역

글상자 6.1

국제무역정책과 관련된 용어들

보호주의 조치들 중 중요하다고 여겨지는 몇 가지를 소개하면 다음과 같다.

• 관세*tariffs*: 수입품의 가격을 올림으로써 소비자들에게 덜 매력적이게 하기 위해 수입품에 부과되는 세금. 정부수입(특히 개발도상국의)을 늘리기 위해, 보다 일반적으로, 해외 경쟁자들로부터 국내산업을 보호하기 위해 사용된다.

• 수입쿼터*import quotas*: 한 나라에 수입되는 단일 품목의 양을 제한하는 것. 수입량을 제한함으로써 쿼터는 해당 제품의 가격을 올리는 동시에 시장 내 경쟁을 억제한다.

• 수출쿼터*export quotas*: 한 나라가 단일 품목에 대해 수출할 수 있는 양을 제한하는 조치로서 다른 나라가 수입하는 제품의 가지 수를 제한하는 효과가 있음. 수출자율규제VERs: Voluntary Export Restraints와 자율규제협정VRAs: Voluntary Restraint Agreemet 등이 여기에 속한다. 예를 들어 다자간섬유협정MFA: Multi fibre Agreement은 선진국과 후진국 모두에게 섬유수출쿼터에 대한 일련의 국제적 규칙을 마련했다.

• 수출보조금*export subsidies*: 수출상품의 가격을 효과적으로 줄이는 조치로서 해외 잠재 바이어에게 상품을 보다 매력적으로 보이게 한다.

• 화폐의 평가절하*currency devaluations*: 한 나라의 화폐가치를 떨어뜨리게 되면 (해외로 나가는) 상품의 수출가격을 낮추고 (국내로 들어오는) 상품의 수입가격을 높이는 효과가 있음. 따라서 통화가치의 하락은, 최소한 일시적으로, (수입가격을 올리기 때문에)관세와 (수출비용을 낮추기 때문에)수출보조금 모두의 효과를 내는 경향이 있다. 그러나 통화의 변화는 모든 교역품의 가격에 영향을 미치는 반면 관세와 보조금은 일반적으로 품목마다 따로따로 적용된다 (제7장 참조).

• 비관세장벽*NTBs: nontariff barriers*: 관세 외의 방법으로 수입을 제한하는 것으로 정부가 강제하는 보건과 안전기준, 국산콘텐츠 관련 법률, 허가요건, 라벨링 기준 등이 여기에 속한다. 이러한 조치들은 수입품에 대한 마케팅 활동을 어렵게 하고 수입품의 가격을 대폭 오르게 한다.

• 전략적 무역관행*strategic trade practices*: 무역에 있어 비교우위를 창출하려는 국가 부문의 활동. 여기에는 제품에 대한 연구와 개발에 보조금을 지급하는 것, 보조금 제공을 통해 국내산업이 일정 지점까지 생산을 증가시키도록 도와주는 것 등이 포함된다. 이 지점에 이르러 해당 산업은 (혼자 힘으로) '학습곡선'을 이동시킴으로써 해외 경쟁자보다 높은 생산효율성을 달성할 수 있다. 전략적 무역관행은 국가산업정책, 즉 특정한 산업발전 양상을 촉진하기 위해 국가가 경제에 간섭하는 것과 자주 연관된다.

• 덤핑*dumping*: 국내보다 저렴한 가격으로 해외에서 상품을 판매하는 관행. 일반적으로 독점적 지위를 차지할 목적으로 수출시장에서 경쟁자를 쫓아내기 위해 사용될 때, 덤핑은 불공정무역 관행으로 간주된다.

• 상계 무역관행*countervailing trade practices*: 다른 나라가 보호주의 조치를 취함으로써 얻은 유리함을 상쇄하기 위해 취해진 국가의 방어적 조치. 반덤핑조치와 상계관세 또는 쿼터의 부과

등이 여기에 해당된다.
- 긴급 수입제한조치*safeguard*: 여타 방어적 조치로서, 관세가 줄어든 이후, 한 상품이 지나치게 많은 양으로 수입될 경우 사용된다. 유사상품

또는 경쟁상품을 만드는 국내생산자가 심각한 피해를 받을 정도로 지나치게 많은 양이 들어온 경우에 취해진다.

을 식민지로 삼게 했다. 자본주의 사회가 경제 불황을 경험하면서 수출을 강조하는 중상주의정책이 필요하게 되었던 것이다. 제조업자는 제품을 과잉생산하였고, 금융업자는 과잉자본을 해외에 투자했다. 식민지는 최소한 두 가지 목적을 충족시켰다. 첫째, 잉여제품을 떠넘기는 장소였으며, 둘째, 투자가 이루어지는 장소로서, 투자가 이루어진 산업은 식민지의 값싼 노동력으로부터 수익을 내고 풍부한 (즉, 저렴한) 천연자원과 광물자원으로 쉽게 접근할 수 있었다. 무역은 제국주의 국가가 식민지역의 주민과 경제를 예속시키고 지배하는 주요 수단이었다.

레닌Lenin과 마르크스주의 이론가들은 일국의 무역정책이 대부분 사회 내 지배계급 — 부르주아지 (제4장 참조) — 에게 이득을 가져다준다고 주장한다. 식민지 시대 초기, 지구상의 저개발지역은 유럽열강에게 농산물과 광물을 제공함으로써 국제무역체제의 주변부에 머물러 있었다. 19세기가 끝나갈 무렵 자본주의 국가들은 무역을 수단으로 자본주의를 식민지에 전파했다. 레닌은 과도한 자금을 갖고 있는 국가가 자국 내 혁명을 지연시키기 위해 식민지를 필요로 했던 이유를 설명하려고 했다. 군사적인 정복과 같은 '하드'파워 만큼이나 돈이 갖는 '소프트'파워는 종속과 착취의 제국을 낳는데 일조하였다.

구조주의자들은 중심부 산업국들이 식민지의 자원과 광물을 원료로 완제품과 반제품을 만들어, 다른 열강들에게 많은 양을 팔았고 자신들의 식민지에도 많은 양을 되팔았다고 주장한다. 중심부 경제의 특정 산업부문(지역)은 발달했지만 주변부 국가들과 지역은 산업화된 국가들과 무역으로 연계된 이후 오히려 **후진국화** 되었다.[13]

월러스타인Immanuel Wallerstein은 세계의 중심, 주변, 반주변의 연계를 강조한다.[14] 오늘날 국제무역의 양상은 대체로 이들 세 지역의 국가들 간 분업이 어떻게 이루어지는가에 의해 결정되는데, 자본주의는 이러한 노동의 국제적 분업을 통해 세계적으로 퍼져나간다. 세계시장의 통합과 세계화와 관련된 자유무역은 19세기와 20세기의 제국주의 열강이 가졌던 경제적 동기의 연장선상에 있다.

요약하자면, 무역에 관한 세 가지 IPE 관점들은 각각 서로 다른 이념적 세계관을 담고 있다. 오늘날 연구자와 정책결정자의 대다수는 계속해서 자유화되고 개방될 것으로 기대되는 국제무역체제를 선호한다. 그러나 앞으로 보게 되겠지만, 대부분의 국가는 국익이 위협받게 될 때 중상주의적 방식으로 행동하여 보호주의적 조치를 채택하는 경향이 있다. 몇몇 개발도상국과 선진산업국들은 무역이 서로에게 유익하기보다는 착취적일 수 있다고 우려한다.

GATT와 전후(戰後) 자유주의 무역구조

제2차 세계대전 이전, 무역에 관한 규칙들은 대체로 지배적인 국가들, 특히 대영제국, 프랑스, 독일의 이익을 반영하고 있었다. 자유주의적 경제사상이 지배적이었던 수십 년의 기간이 흘렀음에도 불구하고 당시의 무역질서는 보호주의였다. 1860년대 미국이 일본의 문호를 강제로 개방했던 것과 19세기 유럽열강들이 중국과 오토만제국을 강제로 개방한 것과 같이 무역규칙들은 총을 들이댄 상태에서 강제되었다.

국제무역이 1929년과 1933년 사이 약 54퍼센트 가량 줄어드는 가운데, 1930년대 대공황의 시기에 보호주의 기운은 급상승했다. 미국의 스무트-할리 관세와 세계 도처에서 높아지고 있는 무역장벽이 국제무역의 숨통을 부분적으로 조였던 것이다. 몇몇 역사가들에 의하면, 무역여건과 침체된 국제경제는 절망적인 경제조건을 낳았고, 이러한 절망은 무솔리니와 히틀러와 같은 극우민족주의 지도자들의 등장으로 이어졌다. 한 가지 주목할 사항은 미국이 언제나 자유무역을 지지했으리라는 일반인들의 가정과는 대조적으로, 미국은 1934년에 이르러서야 비로소 자유무역정책을 공식적으로 채택했다는 점이다.

제2차 세계대전 이후 자본주의 세계의 정치경제 구조는 1944년 미국 뉴햄프셔 주의 브레턴우즈에서 열린 브레턴우즈회의에서 확립되었다. 그곳에서 미국과 영국의 동맹국 지도자들은 제2차 세계대전의 원인이 된 전간기(戰間期)의 경제적 갈등과 문제들이 재발하지 않도록 새로운 자유경제질서를 만들었다. 이러한 노력과 더불어 미국은 국제무역기구ITO: International Trade Organization의 설립을 도모하였는데, 이 기구를 통해 새로운 무역 규칙이 제대로 작동해 관세, 보조금, 기타 보호주의조치를 점차 줄임으로써 중상주의적 경향을 상쇄하고자 했다. 그러나 미 의회 내 보호주의적 이해가 결집하여 협정을 철회함으로써 미국은 협정을 사문화시켰고, ITO는 결국 출범하지 못했다. 헨리 트루먼 대통령은 그 대안으로서 무역협상을 위한 한시적 체계를 **관세 및 무역에 관한 일반협정** GATT: General Agreement on Tariffs and Trade이라는 이름으로 출범시킨다. 1948년 GATT는 국제무역을 자유화하는 책무를 수행하는 최초의 조직이 되었다.[15] 라운드라고 불리는 일련의 다자간 협상을 통해 세계 주요 교역국들은 다른 나라 시장에 보다 자유롭게 접근할 수 있는 대신 자신들의 보호주의 장벽은 낮춘다는 것에 합의하였다.

GATT의 두 가지 기본원칙은 **호혜**reciprocity와 **차별금지**nondiscrimination이다. 무역에 관한 양해사항은 상호적이다. 즉 모든 회원국은 무역장벽을 함께 낮추는 것에 동의했다. 이 원칙은 국가들이 일방적으로 무역장벽을 높이지 못하게 하는 방안으로 이해되었다. 국내산업을 보호하지 못하는 대신 해외 시장에 대한 보다 자유로운 접근이 허용되었다. 양국 간 무역전쟁을 방지하고 차별을 금지하기 위해 **내국민대우**national treatment와 **최혜국대우**MFN: most-favored-nation의 원칙이 요구되었는데, 수입된 제품도 국내에서 생산된 제품과 동일하게 취급되어야 한다는 것과 한 나라로부터 수입된 제품이 다른 나라로부터 수입된 제품에 대해 특혜를 받아선 안 된다는 것을 의미한다. 이론적으로 GATT의 회원자격은 모든 나라에 열려있으나 대부분의 공산권 국가들은 GATT가 서방 제국주의의 수단이라 여겨 1980년대까지 가입하지 않았다.

GATT 협상의 초기 라운드가 진행되는 동안, 호혜와 차별금지의 강력한 효과가 입증되었다. 회원국들이 1930년대 자신들이 세웠던 보호주의 장벽을 서서히 허물고 국제무역이 극적으로 확대되었기 때문이다. 그러나 대부분의 경우 무역으로부터 정치를 완전히 분리해 내는 것은 불가능했다. 모든 국가들이 항상 교역상대국에게 자동적으로 호혜의 원칙을 흔쾌히 적용한 것은 아니다. 어떤 국가들은 자신들이 정치적으로 선호하는 국가에 한해 선택적으로 호혜의 원칙을 적용하고 그렇지 않은 나라에 대해선 적용을 보류했다. 이 장 후반에서 미국이 중국에 대해 최혜국 자격을 부여하지 않거나 최혜국 자격을 부여하지 않겠다고 위협함으로써 다양한 외교정책적 목표를 추구한 사례에 대해 논의할 것이다.

유념해야 할 것은 GATT가 하나의 기구로서 자체의 규칙을 강제할 수 없었다는 사실이다. 오히려 회원국들은 신뢰와 외교에 바탕을 두고 상호교역 의무를 충족해야 할 책임을 졌다. 정책결정은 만장일치로 이루어졌고 따라서 정책은 종종 정치적 이익과 경제적 이익이 결합된 방식으로 시행되었다. GATT에는 일반화된 무역규칙에 대한 예외조항이 들어가 있다. 지역무역협정RTAs에 관한 예외조항, 섬유제품과 농산물에 대한 예외조항 등이 그것에 해당된다. 처음에 이 예외조항들은 전쟁으로 황폐화된 국가들이 국제수지 상의 문제를 해결하도록 해주었다. 농업부문의 경우, 농업종사자와 기타 집단들이 금전적인 지원을 필요로 한다는 사실과 유럽이 식량부족 상황에 처해 있다는 사실이 이 예외조항들에 반영되었다.

반발하는 중상주의

1960년대 전반과 1970년대 초에 걸쳐, 전후(戰後) 서구 산업국가들이 줄곧 경험해왔던 경제성장의 속도가 눈에 띄게 느려지기 시작했다. 이어 1973년 OPEC이 초래한 석유파동은 경제침체를 불러왔다. 물론 이 기간에도 국제무역은 계속해서 성장했지만, 이전 시기에 경험한 성장률에는 미치지 못했다. 경제성장을 촉진해야 한다는 중압감 속에 많은 나라들은 관세장벽을 낮추었다. 그러나 동시에 그들은 수출을 지탱하고 수입을 억제하는 새롭고 보다 세련된 방법을 고안했다. GATT의 도쿄라운드(1973~1979)가 진행 중이었을 당시 공산품에 대한 관세수준은 평균 9퍼센트까지 떨어졌다. 도쿄라운드는 점차 수적으로 늘어나는 **비관세장벽** NTBs: Nontariff Barriers을 다루기 위해 노력했다. 당시 사람들은 비관세장벽이 세계무역을 질식시키고 있다고 믿었다. 다양한 차별적 무역관행을 제한하기 위한 규칙과 준칙이 마련되었다. 차별적 무역관행에는 수출보조금 사용, 상계관세, 덤핑, 정부구매 관행, 정부부과 제품표준, 수입업자에 대한 관세평가custom valuation[i]와 허가요건이 포함된다. 몇몇 새로운 규칙은 또한 개발도상국과의 무역을 다루기 위해 마련되었다.

당시 자유주의 무역이론가들은 도쿄라운드가 비관세장벽을 다루거나 GATT의 규정을 강행하기에 충분히 진전되지 못했다고 주장한다. 1970년대와 1980년대, 선진산업국들은 무역과 관련된 많은 문제들을 마주하게 되었다. 이 문제들은 오래된 것

---

i 〈역자 주〉 적정한 수입관세를 부과하기 위해 통관당국이 수입품의 가치를 평가하는 방법.

도 있었지만 새로운 것도 있었다. 1963년과 1973년 사이 선진국간의 무역은 네 배로 늘었으나, 그 다음 10년 동안 무역은 단지 두 배 반 증가했다. 한편, 1980년대 선진국들의 GDP 중 무역이 차지하는 부분이 점차 늘어나게 되는데, 미국의 경우 약 20퍼센트, 일본의 경우 20퍼센트, 유럽연합 회원국들의 경우 평균 50퍼센트를 기록했다. 조심스럽게 말하자면, 무역정책은 계속해서 선진산업국들 간 긴장과 갈등의 심각한 원인이었고, 이 사실은 경제성장을 지속하기 위해 선진국들이 점점 더 무역에 의존하게 되었다는 점을 반영한다.

이 시기 중상주의 국가의 전형인 일본은 국내무역을 장려하고 기타 보호주의정책들을 시행하면서 동시에 자유주의적 국제무역체제의 수혜자이기도 했다. 1970년대에 이르러 일본의 수출주도성장 무역정책은 결실을 맺기 시작했다. 일본의 통상산업성MITI은 국가의 지원에 힘입어 국제경제에서 유망하리라 여겨지는 우수 기업들을 선정해 지원했다. 높은 고용실적을 보이고 첨단 기술력을 보유한 이들 기업들의 미래는 밝아보였다. 자국의 국민기업들과 긴밀히 협력함으로써 일본과 신흥공업국들NICs은 그 기업들이 강한 경쟁력을 갖출 수 있도록 지원하기 시작했다.[16]

'전략적 무역정책'이란 용어는 수출을 촉진하고 국내시장에 대한 외국의 접근을 차단하고자 하는 국가의 노력과 같은 의미가 되었다. 수출보조금과 다양한 수입제한조치는 말할 것도 없고, 전략적 무역정책들은 미래를 내다보고 종종 '유치산업infant industries'에 대한 지원으로까지 확장되었다. '무역체제를 변화시킴으로써 시장에서 자국기업이 점한 위치를 개선하고 이익을 증진할 목적으로 위협, 약속, 기타 협상의 기술을 사용하는 것'도

전략적 무역정책에 포함된다.[17] 예를 들어, 1988년 미 종합무역법Omnibus Trade and Competitiveness Act은 **슈퍼 301조**Super 301를 신설하여, 미 무역대표부가 자국수출을 불공정하게 위협하는 '우선협상' 대상국 리스트를 매년 작성하게 하였다. 법안은 우선협상 대상국에게 일방적으로 압력을 가해 문제시되는 무역정책을 스스로 바꾸도록 설계되었다. 또 다른 예로 1982년 프랑스는 모든 수입 비디오카세트녹화기VCR가 프와티에[ii]에 위치한 작은 세관을 통과하도록 하게 함으로써 자국 VCR 제조업자들을 보호하고자 했는데, 이 세관이 수입품의 통관을 의도적으로 지체했기 때문이다.[18] 또한 1980년대 유럽과 미국은 일본이 자국산 자동차 수출을 제한하도록 만들기 위해 일본과 수출자율규제VERs에 관한 협상을 진행했다.

어느 정도의 무역보호조치를 용인함으로써 보다 자유로운(개방된) GATT체제가 타협에 이른 것으로 보였다. 자유무역이라는 핵심원칙은 점차 **공정무역**fair trade 혹은 '공평한 경쟁의 장level playing field' 개념으로 대체되었다. 공평한 경쟁의 장에서 각국은 교역대상국의 어떤 정책에 대응하기 위한 정책을 채택했다. 무역정책은 GATT의 다자간 협상으로부터 미국과 일본간 협상, 미국과 유럽연합간 협상과 같은 일련의 쌍무적 협상으로 그 무대를 옮겼다.

우루과이라운드

보호주의의 기운이 점차 상승하던 가운데 레이건 행정부는 자유무역의 자유주의적 비전을 다시금

---

ii 〈역자 주〉 프랑스 서부 비엔(Vienne)의 주도(州都).

분명히 하고자 했다. 이에 더해 현실주의적 중상주의자들은 미 행정부가 개발도상국에 대한 '악의 제국'(소련)의 영향에 맞서기 위해 경제적 자유주의사상을 전파하길 원했고, 이로써 GATT의 여덟 번째 라운드 ─ 우루과이라운드가 만들어졌다고 지적한다. 우루과이라운드는 1986년에 우루과이의 푼타 델 에스테에서 시작해 1993년 12월에 끝났다. 일반적으로 말해 경제적 자유주의자들은 이 라운드가 성공했다고 보는 편인데, 국제무역의 양과 가치를 크게 증가시켰기 때문이다. 대다수 수입쿼터가 제거되었고 수출보조금은 통제되기 시작했다. 무역의 증대와 더불어 FDI는 급등했고, 나아가 증대된 FDI는 각국 경제를 상호의존적인 국제무역 네트워크에 단단히 박아 넣었다.

우루과이라운드는 '덤핑'(시장의 공정가격보다 싼 가격에 제품을 파는 행위)과 국가보조금의 사용과 같은 보호주의적 조치를 제한하기 위해 새로운 규칙과 규제를 마련했다. 이전의 무역 라운드를 넘어 우루과이라운드는 섬유제품과 농산품의 시장접근, 지적재산권, 해외투자에 대한 제한, 서비스 무역과 같은 항목을 다루는 15개 조사위원회를 창설했다. 생산이 변화하고 세계 도처로 퍼져나감에 따라 국제무역의 양과 종류 모두 영향을 받는다는 사실을 각국이 인식하게 되면서 이들 쟁점에 관한 논의가 시작된 것이다.

우선적으로 GATT무역협상은 논쟁거리인 농업 관련 쟁점들을 포괄적인 방식으로 다루었다. 농업제품의 주요 생산자와 수입자 모두 경제적 자유주의자들이 농업시장을 왜곡한다고 비판하는 보조금과 기타 수단들을 사용한다. 농업과 관련된 쟁점들은 그 자체로도 첨예한 논쟁거리인데다 자칫 합의가 가능한 부문에서마저 협상의 진전을 방해

하기 때문에 이전 GATT라운드는 의도적으로 이를 배제했었다. 우루과이라운드에 임하는 무역담당 관료들은 농업의 지원과 개혁을 협상의 주요 목표 중의 하나로 삼았다.[19] 미국과 케언즈그룹 Cairns Group(자유무역을 옹호하는 호주와 17개 국가로 구성됨)은 농업 보조금을 완전히 철폐하는 정치적으로 급진적인 노력을 이끌었다. 미국의 몇몇 농민집단과 관료들의 저항이 있은 후, 미국은 자국 내 농업육성 프로그램과 농산물 무역지원 조치를 점진적으로 폐지하는데 동의했다. 유럽연합의 공동농업정책CAP: Common Agricultural Policy은 농업보조금을 현저히 줄이려는 유럽연합의 노력을 복잡하게 만들었다. 왜냐하면 CAP는 공동체기반 농업육성 프로그램으로서 농업지원을 줄이는 노력에 대해 가장 비판적인 프랑스를 포함해 15개 회원국의 통합된 이익을 반영하고 있기 때문이다. 거의 5년의 시간이 걸린 것을 보면, 유럽연합의 농업육성 프로그램을 GATT의 개혁안에 맞추려는 것은 정치적으로 어렵고 복잡한 과정이었을 것이다.

미국의 수출업자들은 새로운 다자간협정을 기대했었다. 협정을 통해 10억 달러 수출증가마다 2만개의 일자리를 창출하고, 미국에서 생산한 반도체, 컴퓨터, 농산물의 해외 판로를 열기 위해서였다.[20] 그러나 농산물무역은 협상의 주요 난제로 남아 수차례에 걸쳐 협상이 결렬되었다. 결국 1993년 11월 협상의 막바지, 농업에 관한 의견일치에 이르렀는데 이것은 국가간 혹은 무역권 간의 수많은 '합의'와 타협을 반영한 것이었다. 새로운 협정 하에서 각국은 향후 수년에 걸쳐 점진적으로 농산물에 대한 수출보조금과 국내지원을 줄이기로 하였다. 각국은 비관세 수입장벽을 관세상당치

tariff equivalents[iii]로 전환할 수 있게 되었고, 관세 상당치는 이후 단계별로 축소되었다. 그러나 대부분이 경우 이들 나라에 있어 농업종사자 압력단체의 로비가 강하고 농업수출이 중요한 의미를 갖기 때문에, 대부분의 경우 관세상당치를 계산하기 위한 방식은 실제로 기존보다도 높은 수준의 관세를 새로이 설정하는 것이다. 이로써 농업에 대한 지원을 줄이려는 노력은 수포로 돌아간다. 무역 관계자들은 우루과이라운드가 농산물 무역자유화에 진전을 이루었다고 주장하지만 현실에서 보호주의는 농산물 무역의 주요한 특징으로 여전히 남아 있었다.

우루과이라운드가 수입제한조치, 원산지 규정[iv], 무역에 대한 기술적 장애[v], 섬유와 의류에 대한 수입규제를 포함하는 60여 개 쟁점에 대한 합의를 이끌어냈다는 점에 주목할 필요가 있다. 또한 우루과이라운드를 통해 WTO가 창설되고 세계 무역에 관한 규칙과 규정이 제도화되었다는 것은 잘 알려진 사실이다. GATT규정과 절차는 WTO의 법적 구성요소가 되었다. 새로이 마련된 **서비스무역에 관한 일반협정**GATS: General Agreement on Trade in Services은 은행·보험·운송·통신 서비스 분야에 내국민대우와 최혜국대우의 원칙을 적용함으로써 무역자유화를 꾀했다. 역시 새로이 마련된 **무역관련 지식재산권에 관한 협정**TRIPs: Trade-

Related Aspects of Intellectual Property Rights은 관계국들이 특허권, 저작권, 상표권 보호를 위한 최소한의 기준을 마련하고 이 기준을 실질적으로 강제할 것을 요구했다. 협상관계자들은 앞으로 있을 무역협상 라운드에서 보다 직접적으로 다룰 의제로 농업, 서비스무역에 관해 남은 문제와 TRIPS로 인해 선진국이 취하게 될 이점에 대한 논쟁을 남기기로 하였다.

세계무역기구WTO

우루과이라운드의 최종 합의는 WTO를 출범시켰고, 2012년경 이 새로운 국제기구의 157개 회원국은 세계 무역의 97퍼센트를 거래했다. 스위스 제네바에 본부를 둔 WTO의 주요임무는 GATT, GATS, TRIPS 협정을 이행하는 것이다. 또한 WTO는 새로운 무역거래에 대한 협상의 장을 제공하고, 무역분쟁을 해결하며, 개발도상국에 대한 기술지원과 연수 프로그램을 제공한다. 이론적으로 WTO의 결정은 여전히 만장일치로 이루어진다. 의사결정구조는 사무국(행정부), 2년에 최소 1회 개최되는 회원국 각료회의, 제네바에서 1년에 수차례 모이는 대사들과 대표단 수석으로 구성된 총회를 포함한다.

WTO는 무역분쟁을 관장하는 **분쟁해결심판제도**DSP: Dispute Settlement Panel를 운영하는데, 이는 GATT체제가 갖지 못했던 강제 메커니즘을 WTO에 제공한다. 전문가로 구성된 공정위원회가 분쟁의 해결을 위해 제출된 사건을 감독하고, 회원국들은 위원회가 내린 결론에 대해 항소할 수 있다. DSP의 결정을 집행하길 거부하는 국가들은 회원국들에 의한 무역제재에 처해질 수 있다. 지

---

iii 〈역자 주〉 농산물협상에서 모든 비관세조치의 관세화를 위한 수단으로 국내외 가격의 차이로 계산한 비관세 보호 효과에 상응한 관세를 말함.

iv 〈역자 주〉 농상품의 원산지국가(the country of origin)를 확인하는 방법이나 절차 등을 규정한 제반 법률이나 규정, 행정절차 등을 총칭함.

v 〈역자 주〉 상품의 기준규격 및 적합성 평가절차(기준인증제도로 총칭) 중 국제무역의 장애가 되는 것을 말함.

난 수년 간 언론의 주목을 받은 몇몇 사건들 중에는, DSP가 호르몬제를 먹인 미국산 소고기에 대해 수입을 제한하려던 유럽연합의 시도에 반하는 심판을 내린 사건이 포함된다. 또 다른 사건으로 유전자변형 식량과 생물GMOs의 생산과 사용에 대한 미국과 유럽의 갈등을 들 수 있다 (제18장에서 논의한다). 가장 최근에는 항공기 제조사에 준 정부지원금에 대한 오랜 논쟁이 DSP의 판결을 받았는데, DSP는 보잉과 에어버스 모두 미국과 유럽연합으로부터 각각 엄청난 지원을 부적절하게 받아온 사실을 발견했다.

WTO의 창설 이후, 대부분의 경우, 무역분쟁은 보다 복잡해지고 정치화되었다. 몇몇 나라들은 DSP의 결정이 자신들에게 불리할 경우 WTO를 탈퇴하겠다는 위협마저도 서슴치 않는다. 그러나 지금까지 대부분의 국가들은 DSP의 조사내용을 받아들이거나 협상을 통해 무역 갈등을 원만하게 해결했다.

도하 '개발 라운드'

다자간 무역협상의 그 다음 라운드는 1999년에 시작되었으나, 길거리 폭동과 대표단의 회의장 진입을 막은 반세계화 시위자들로 인해 시애틀각료회담은 교착상태에서 끝났다. '배틀 인 시애틀 Battle in Seattle'은 노동착취를 통한 인권의 침해, 거대 자본주의식 기업이 환경에 미치는 영향, 개발상국에서의 기업식농업, WTO내 결정과정의 투명성 부족, 그 외 많은 윤리적 쟁점에 대해 격정하는 반세계화 운동가들의 슬로건이 되었다.[21] (경제적 자유주의의) 이념적 설득에 비판적인 사람들은 WTO가 이러한 문제들을 해결할 수 있는

능력이 있는지, 또한 각국의 주권과 경쟁정책에 효과를 미칠 수 있는지에 대해 의문을 제기했다.

9·11테러 이후 무역담당 관리들은 다자간 무역협상이 재개되도록 압박을 가했다. 2001년 카타르의 도하에서 열린 각료회의에서 차기 다자간 무역라운드가 시작되었다. 시작부터 많은 개발도상국들은 우루과이라운드에서 도출한 합의로부터 자신들이 특별한 이득을 취하지 못했다고 불만을 토로했다. 또한 개발도상국들은 새로운 무역협정이 마련되기 전, 선진국들이 협상과정에 개발도상국을 포함시키기 위해 뜻을 모아야 한다고 주장했다. 이 목표를 인정하여 도하라운드는 '개발 라운드'라는 별칭을 갖게 되었다. 국제무역 체제에서 개발도상국들이 점차 그 중요성을 더해가고 있다는 사실을 반영한 것이다.

2003년 멕시코 칸쿤에서 또다시 각료회의는 결렬되었다. 미국 졸릭Robert Zoellick 특별무역대표는 개발도상국과 (특히 반세계화 캠페인과 관련이 되는) 비정부기구들이 새로운 협정에 도달하는 것을 막고 있다고 비난했다. 몇몇 개발도상국들은 WTO의 규칙이 이행된 후로 환경, 사회, 경제적 피해와 더불어 보다 심한 빈곤에 시달리게 되었다고 주장했다. 무역자유화를 포함하여 경제발전을 위해 두루 적용될 수 있는 전략으로서 '워싱턴 컨센서스'를 실행하기 위한 미국, 유럽연합, 일본의 노력은 점차 저항에 직면하게 되었다. 브라질, 인도, 남아프리카, 중국이 주도한 개발도상국 G20(선진국 재무장관과 중앙은행장이 모이는 G20과 다름)은 선진국의 농업보조금 삭감에 초점을 맞췄다. 하나의 경제블록으로서 이들은 선진국들로 하여금 자신의 시장에 보다 더 잘 접근할 수 있게 해 주는 WTO 규칙상의 105개 수정사항을

거부하였다.[22]

대화를 재개하기 위해 미국은 만약 다른 나라들이 동조한다면 보조금을 줄이겠다고 제안했다. 그러나 2002년 미 의회가 가결한 농업법이 농장과 기업농에게 700억 달러에 달하는 보조금을 증액했다는 사실은 무역자유화에 대한 미국의 약속을 공염불처럼 보이게 했다. 비판자들은 이런 종류의 정책들이 공급과잉을 유발하고 세계시장에 과잉생산품을 덤핑판매하게 함으로써, 상품가격을 왜곡하고 개발도상국의 생산활동을 대체하고 지역생산자들이 받을 가격을 하락시킨다고 지적했다. 심지어 조지 W. 부시George W. Bush 대통령마저도 미국과 유럽연합에서 지속되고 있는 농업보조금은 개발도상국의 가난한 농부들을 더욱더 힘들게 한다는 사실을 알고 있었다.

2005년 후반, 개발도상국 G20은 미국과 유럽연합이 국내농업에 대한 지원을 대폭 줄이고 농산물 수출보조금을 줄일 것에 대해 압력을 넣었다. 2006년 여름 러시아의 상트페테르부르크에서 열린 G8 회의에서 주요 강대국들은 도하라운드를 마무리하려는 무리한 합의를 이끌어내려고 하다가 역시 실패했다. 2008년에 이르러 도하라운드는 거의 정지하게 되었다. 선진국들은 비농산물시장에 대한 보다 폭넓은 접근NAMAP: non-agricultural market access을, 다시 말해 개발도상국이 자신들의 공산품에 대한 관세를 낮출 것을 주장했다.

도하아젠다는 개발도상국들이 비난하는 TRIPS를 포함했는데, 이는 미국 제약회사의 특허를 보호함으로써 개발도상국이 일반의약품에 접근하기 어렵게 만들었다 (이 책 제10장의 글상자 10.2 '특허권 대 환자권'을 참조). 미국의 주장은 개발도상국이 생산허가를 반드시 받아야 하는 일반의약품을 값싸게 생산하게 될 경우 주요 제약회사들의 이윤에 막대한 지장을 초래하리라는 것이다. WTO는 (영화와 같은)'문화상품', 보험회사, 증권회사, 국가간 은행거래, '국산부품 사용조건'을 명시한 보호주의적 입법에 대해 어떤 특별한 조치를 할 것인가에 관해서도 의견의 일치를 보지 못했다.

무역관계자들은 도하라운드가 성공적으로 끝나지 못함으로써 종국에 WTO가 완전히 와해되는 것은 아닌가 걱정한다. 몇몇 무역관계자들은 WTO가 개발도상국을 포괄함으로써 너무나 큰 의제를 만들었기 때문에 합의된 입장을 찾는 것이 거의 불가능하게 되었다고 믿는다. 마지막으로 비정통 개입주의적 자유주의자HILs들과 중상주의자들의 주장에 의하면, 패권국이 부재한 상태에서 무역의 세계화가 이루어질 경우, 개별 국가들이 무역자유화의 요구와 무역으로 인한 혼란을 막아달라는 국내적 압력을 화해시키는 것은 어렵다고 한다. 미국 오바마 대통령은 다른 나라들이 도하협정에 서명하도록 적극적으로 강제하지 않고 있다.

지역 무역권

도하라운드를 비판하는 사람들은 다자간 협상보다는 국가가 양자간 혹은 지역무역협정을 추진해야 한다고 말한다. 사실 미국은 이미 다른 나라들과 300개 이상의 양자간 협정을 체결하였고, 더 많은 나라들과 협상을 진행해 오고 있다. 미국은 또한 NAFTA와 APEC과 같은 다수의 **지역무역협정**RTAs: regional trade agreements에 속해 있는데, 이렇게 함으로써 협정의 조건을 좌우하는 것이 보다 용이해진다. RTAs는 또한 관료적 성질이 덜하고, 소수의 회원국으로 구성되며, 따라서 회원국의 특수성을 보다 잘 반영하거나 충돌하는 이익을 지리적으로 근접한 지역수준에서 화해시킬 여지가 보다 더 크다.

지역 무역권은 하나의 지리적 지역에 있는 두 개 이상의 국가간 정부차원의 공식적인 협력으로 정의된다.[23] 이는 자유주의와 중상주의가 혼합된 무역정책을 도모하는데 지역 내 무역장벽은 낮추되 비회원국에 대한 무역장벽은 그대로 유지하는 것을 골자로 한다. 지역 무역권은 냉전이 끝나고 난 후 엄청나게 성장해 왔다. 2010년경 세계 무역의 60퍼센트가 지역 무역권 내에서 이루어진 것으로 추정된다. 가장 잘 알려진 지역 무역권으로는 유럽연합EU과 북미자유무역협정NAFTA을 들 수 있고, 그 외 중미자유무역협정CAFTA, 메르코수르, 동남아시아 국가연합ASEAN, 서아프리카경제공동체ECOWAS가 있다. 아시아 · 태평양경제협력체APEC는 **역내 무역권**intraregional trade bloc으로서 태평양과 아시아에 위치한 18개국을 강제력이 없는 하나의 협정으로 통합시키되 2020년까지 점진적으로 무역장벽을 제거하는 것을 목표로 한다. 이 협정의 주도자로서 미국은 아시아 · 태평양지역의 경제성장을 가속화하는 동시에 회권국간 무역이 보다 자유롭게 되길 희망한다. 2011년 EU 총수출의 71퍼센트, NAFTA회원국 총수출의 거의 절반이 지역 내에서 이루어졌다.[24] 같은 해 EU와 NAFTA는 전세계 상품과 상업적 서비스 (수출+수입=)무역의 49퍼센트를 차지했다. 세계 무역의 15퍼센트를 NAFTA가, 6퍼센트를 아세안이, 1.9퍼센트를 메르코수르가 차지하는 것에 비해 EU는 홀로 세계 무역의 35퍼센트를 담당했다.[25]

왜 이렇게 많은 지역무역협정RTAs이 존재하는가? 지역 무역권은 세계 무역에 기여하는가? 엄밀히 말하면 RTAs는 GATT와 WTO의 비차별원칙을 위배하지만 그럼에도 불구하고 법적 실체이다. GATT 제25조와 서비스무역에 관한 일반협정 5조는 RTAs가 지역 내 무역자유화에 힘을 쓰는 한에 있어 RTAs를 예외로 인정한다. 몇몇 경우 RTAs는 유치산업이 성장하면서, 또는 역외 산업으로부터 보다 강도 높은 경쟁에 대응하면서 지역 내 생산을 좀 더 효율적이게 만든다. 지역 규제와 투자 관련 법령이 간소화되고 단순화될 경우 RTAs는 FDI를 유인한다. 경제적 자유주의자들은 지역 무역권들이 경제통합을 점차 확대하고 심화시키는 한에 있어 그것이 전세계의 자유무역지대화를 실현시킬 디딤돌이라고 여긴다. 그러나 모든 경제적 자유주의자들이 RTAs를 지지하는 것은 아니다. 세계화의 옹호자로 잘 알려진 바그와티Jagdish Bhagwati는 양자간 자유무역협정과 지역자유무역협정이 다중관세와 특혜로 인해 오히려 '스파게티볼 효과'[vi]가 발생함으로써 종국에 보호무역조치를 현저히 줄이지 못하는 결과를 초래할지도 모른다고 염려한다.[26]

중상주의자들은 RTAs가 다양한 정치적 · 경제적 목적에 부합하는 방식과 그 이면에 존재하는 정치적 이유에 주목한다. 어떤 국가들에 있어 RTAs는 초국적기업이 국가간 경쟁을 유발해 자기 이익을 취하는 것을 방지하는 협상수단으로 사용된다. 이를 잘 대변해 주고 있는 예는 클린턴 미

---

vi 〈역자 주〉 여러 국가와 동시다발적으로 자유무역협정을 체결할 경우 각 국가의 복잡한 절차와 규정으로 인하여 자유무역이 오히려 저하되는 현상을 말함. 스파게티 접시에 담긴 스파게티 가락이 엉킨 형상을 비유한 표현임.

국대통령이 NAFTA를 조직하려는 미국의 노력을 지지하기 위해 한 주장으로서, 그는 일본에 앞서 미국이 멕시코를 뚫어 시장을 확보할 수 있어야 한다고 말했다.[27] 만약 1993년 미국이 자신의 무역 궤도상에 멕시코를 재빨리 올려놓지 않았다면, 멕시코에 대한 일본의 투자로 인해 앞으로 있을 멕시코의 무역정책에 대해 미국이 영향력을 발휘하지 못했을 것이다. 이 책의 제3장에서 논의한 바와 같이 국제정치경제에 있어 국가가 지배적인 행위자인 한, 이런 종류의 사례는 항상 존재할 것이다.

현재 미국이 협상하고 있는 가장 중요한 RTA인 환태평양경제동반자협정TPP: Trans-Pacific Partnership의 이면에도 정치적 동기가 존재한다. 원래 브루나이, 칠레, 뉴질랜드, 싱가포르에 의해 시작된 TPP는 현재 미국, 호주, 캐나다, 칠레, 말레이시아, 멕시코, 페루, 베트남을 포함한다. TPP는 농업, 공산품, 서비스 무역의 현저한 자유화, 지적재산권 보호의 강화, 정부조달시장의 공개, 협정을 위반한 국가를 상대로 한 외국기업의 법적 소송허용, 국영기업에 대한 정부의 특혜조치 약화를 목적으로 한다.[28] 왈라치Lori Wallach와 같이 자유무역에 대한 비판자들은 TPP를 '기업의 규칙을 공식화하여 우리 삶의 대부분을 그것에 옭아매려는 은밀하고, 서서히 움직이는 기업이 저지른 쿠데타'[29]라고 불렀다. 지지자들은 TPP를 미국이 아시아에서 일본과 EU에 대해 무역상의 우위를 점하기 위한 한 가지 방법으로 본다. 미국과 대부분의 TPP국가들은 점차 우려되고 있는 중국의 경제적·군사적 부상에 대해, TPP가 전략적 견제수단을 마련하는 한 가지 방법이라고 여긴다.

북-남간 무역 쟁점들

북반구의 선진산업국과 남반구의 개발도상국간 무역을 둘러싼 긴장은 새로운 것이 아니다. 그러나 도하라운드에서 제시된 일부 조치에 대한 저항이 의미하는 바는 국제적 생산과 무역구조에 있어 브라질, 중국, 인도와 같은 신흥국의 중요성과 영향력이 증대되고 있다는 점이다.

1973년 OPEC회원국들이 처음으로 유가를 극적으로 인상했을 때 '그룹77'(G77)로 불리는 개발도상국들 간 동맹은 완전히 신국제경제질서NIEO를 요구했다.[30] 선진국들에게 유리한 교역조건에 대한 불만들을 근거로 하여 G77은 무역정책에 있어 커다란 변화를 모색했다. 당시의 무역정책의 기조는 남반구 개발도상국들의 원자재시장에 대한 북반구 산업국들의 접근을 자유롭게 한 반면 상대적으로 북반구 선진산업국의 시장에 대한 남반구 개발도상국들의 접근은 쉽지 않게 만들었다. G77은 또한 GATT의 의사결정구조 내에서 자신들이 보다 강한 목소리를 낼 수 있도록 하는 것뿐만 아니라, 초국적기업의 '행동강령'을 제정해 개발도상국들이 자기 자원을 직접 통제할 수 있도록 하게 해 달라고 요구했다.

당시의 국제정치적 환경으로 인해 이러한 요구들이 GATT, IMF, 세계은행의 정책을 근본적으로 바꾸진 못했다. 미국과 다른 여러 나라들은 시스템상의 규정과 절차를 바꾸기보다는 개발도상국들이 보다 더 국제경제에 통합되어야 한다고 응수했다. 무역이 '성장의 엔진'이며 발전의 필수요인이기 때문에 개발도상국들이 무역장벽을 내리고 자국의 경제를 외국인직접투자에 개방한다면 무역이 가져오는 효율성으로부터 혜택을 입으리라는 것이다.

이와 같은 경제적 자유주의 사상은 서구 은행과 국제금융기구로부터 돈을 과도하게 차입함으로써 외채위기에 직면한 개발도상국들에게 북반구 선진국이 권고한 내용의 토대가 되었다. 되풀이 하지만 북반구의 선진국들은 국제 생산과 무역구조의 근본적인 변화를 꾀하는 대신 '워싱턴 컨센서스'로 포장된 일련의 정책을 홍보하였다. 개발도상국들은 무역정책을 자유화하고 외국인 직접투자자에 자국 경제를 개방함으로써 외채를 서서히 극복해야만 한다. 이러한 생각은 **구조조정정책** SAPs: Structural Adjustment Policies을 정당화하기도 하였다. 구조조정은 개발도상국이 IMF와 세계은행으로부터 돈을 빌릴 때 이들 기구가 해당 개발도상국에게 요구하는 조건이다 (제8장 참조).

1990년대 세계화 운동이 유행함에 따라 WTO와 세계은행은 대다수 무역전문가들의 견해를 지지했는데, 이들은 강력한 수출성장을 경험한 나라들이 수출감소를 경험하는 나라들에 비해 낮은 수준의 수입장벽을 유지하고 있다고 주장했다. 또한 무역전문가들은 1970년대 이후 개발도상국이 이룩한 경제성장은 대부분 이들 나라들이 수출을 위한 상품제조에 중점을 두었기 때문이라고 주장한다 (표 6.2 참조). 오늘날에도 WTO는 개발도상국이 자유무역에 관한 규칙을 신봉한다면 국내외를 막론하고 여전히 투자를 유인할 수 있다고 주장한다.

표 6.2	세계 상품수출 (지역별)				
	가치 (1억 USD)	세계 점유율 (%)			
지역/나라	2011	1983	1993	2003	2011
세계	178,160	100.0	100.0	100.0	100.0
미국	14,800	11.2	12.6	9.8	8.3
남/중앙아메리카	7,500	4.4	3.0	3.0	4.2
유럽	66,120	43.5	45.4	45.9	37.1
독립국가연합(CIS)	7,890	–	1.5	2.6	4.4
아프리카	5,940	4.5	2.5	2.4	3.3
중동	12,510	6.8	3.5	4.1	7.0
아시아	59,770	19.1	26.1	26.2	31.1
중국	18,980	1.2	2.5	5.9	10.7
일본	8,230	8.0	9.9	6.4	4.6
동아시아 6개 교역국	21,840	5.8	9.7	9.6	9.8

출처: World Trade Organization, *International Trade Statistics 2012*, pp. 24, 26, 211–214, at http://www.wto.org/english/res_e /statis_e/its2012_e/its2012_e.pdf.
주: 동아시아 6개 교역국은 홍콩, 말레이시아, 싱가포르, 남한, 대만, 태국을 말한다.

구조주의와 신중상주의적 관점에서 본 무역과 세계화

구조주의자들은 무역에 대한 자유주의적 사고와 무역이 북-남관계에 미치는 영향에 대한 자유주의적 전망에 대해 비판적이다. 1960년대와 1970년대, 심지어 1980년대에 들어서도 구조주의자들은 개발도상국이 태생부터 착취적인 자본주의 국제무역체제로부터 자신을 격리하고 그것에 대해 저항할 것을 권고하였다. 그러나 냉전이 종식되자 많은 마르크스주의자들은 무역의 필요성을 받아들였고 국제 무역체제를 개혁하는 방향으로 관심을 전환했다.

오늘날 대다수의 구조주의자들은 WTO가 북-남 간 착취관계를 존속시키고 있다고 본다. 비록 무역과 발전정책은 많은 나라들의 성장을 도와왔지만, 동시에 상당수의 가난한 사람들을 여전히 방치하고 있다. 예를 들어, 웨이드Robert Hunter Wade의 면밀한 계산에 의하면, 무역은 많은 국가들, 특히 중국과 인도의 1인당 소득을 증대시킨 동시에 개발도상국간 불평등과 개발도상국 내 불평등을 심화시켜왔다.[31]

다른 수치들은 무역거래상의 변화가 개발도상국에 어떤 영향을 끼치는지에 대해 좀 더 엇갈린 현실을 보여준다. 표 6.2가 보여주는 것처럼 세계 상품수출에서 중국이 차지하는 비율은 1983년 1.2퍼센트에서 2011년 10.7퍼센트로 증대되었는데, 이는 중국이 놀라울 정도로 급속한 산업화를 이룩했다는 증거의 하나이다. 동아시아의 신흥 6개국도 같은 기간 세계 상품수출에서 자신들이 차지하는 비율을 거의 2배로 증대시켰다. 결과적으로 개발도상국들이 세계 상품수출에서 차지하는 비율은 1993년 25퍼센트에서 2011년 41퍼센트로 증가하였다. 그러나 아프리카와 라틴아메리카가 세계 상품수출에서 차지하는 비율은 미미한데, 이는 이들 지역 국가들이 산업화와 경쟁력 면에서 상대적으로 뒤처지고 있음을 보여준다. 대다수의 개발도상국들은 여전히 전세계 제품 무역의 약 5분의 1만을 차지하고 있다. 달리 말하면 모든 상품수출의 84퍼센트를 EU, 중국, 일본, 미국, 남한이 담당한다. 대부분의 개발도상국들은 단순히 제품수출의 주변부에 위치해 있다.

이와는 대조적으로 중동과 아프리카의 수출을 들여다보면 2011년 이 지역 국가들이 수출한 것의 3분의 2가 연료와 광물자원임을 알게 된다. 남아메리카와 중앙아메리카의 경우도, 수출의 3분의 2가 연료, 광물, 농산물이었다.[32] 구조주의자들은 원자재 수출에 대한 이 지역 국가들의 높은 의존도는 식민지시대 기간에 보였던 패턴을 그대로 답습하고 있다고 지적한다.

긍정적인 측면은, 2008년과 2009년 금융위기로 인해 전 세계적으로 원자재 가격이 급락하였음에도 불구하고, 2000년에서 2011년 사이 연료, 광물, 농산물의 전반적인 가격동향은 수출국에 매우 유리하였는데, 해마다 평균 12퍼센트씩 가격이 상승했다.[33] 부정적인 측면은 중동, 아프리카, 라틴아메리카가 1차상품에 대한 세계 수요와 가격변동에 취약했다는 점이다. 개발도상국 외화벌이의 75퍼센트가 무역으로부터 나오기 때문에 변덕스러운 수출가격으로 인해 개발도상국들은 때때로 심한 경기후퇴와 외채위기를 경험했다. 표 6.3이 보여주는 바와 같이 가난한 개발도상국은 부유한 선진국에 비해 무역에 훨씬 더 의존한다. 2010년경 GDP에서 무역이 차지하는 비율은 동

표 6.3	지역별 국내총생산(GDP) 대비 무역규모 (%)			
지역/분류	1980	1990	2000	2010
동아시아 및 태평양연안*	34	43	67	71
라틴아메리카 및 카리브연안	28	32	44	47
남아시아	21	20	29	48
중동과 북아프리카	60	57	64	84
사하라이남 아프리카*	63	52	63	65
고소득 국가들	40	38	49	56
고채무빈국	56	47	58	69
세계	39	38	50	56

주: 무역규모는 재화와 서비스의 수출입 총액을 말한다. * 는 해당 지역에 있는 개도국만을 포함한다.
출처: World Bank, *World Development Indicators* database, November 2012.

아시아의 경우 71퍼센트, 중동의 경우 84퍼센트였다. GDP 대비 무역의 비중이 고소득 국가의 경우 약 56퍼센트인데 반해 빚이 많은 나라들, 특히 아프리카국가들은 69퍼센트를 상회한다.

이러한 수치들은 차치하고서라도, 몇몇 구조주의자들과 중상주의자들은 무역이 초래한 결과에 대한 일반적인 경향 대신 특정한 사회에 미치는 구체적인 영향에 초점을 둔다. 일반적인 경향은 무역으로 초래된 최종결과에 대해 왜곡된 사진을 제공할 수 있기 때문이다. 이 책의 제18장이 좀 더 상세히 논의할 것이지만, 벨로Walden Bello는 농업부문에서의 무역자유화와 세계화가 '덤핑 로비'를 벌이는 미국의 농업부문 이익과 '소수 엘리트로 구성된 아시아 농수산물 수출업자'[34]의 이익을 증진해 왔다고 주장한다. 다른 전문가들은 NAFTA가 멕시코의 영세농에게 끼친 영향은 파괴적이었다고 말한다. 1994년부터 2010년에 걸쳐 농업부문에서 200만 명이, 특히 저렴한 미국산 옥수수의 수입으로 인해, 일자리를 잃었다. 경

제적 자유주의자들에 의하면 이는 농업기반 경제에서 제조업기반 경제로 전환하는 자연스런 흐름 속에서 흔히 벌어지는 결과이다. 그러나 구조주의자들이 문제시하는 것은 이러한 결과가 그 사회의 자기 결정에 의한 것이라기보다는 북반구 선진국들에 의해 부과된 것이라는 점이다.

구조주의자들은(소수의 중상주의자들도) 또한 강력한 북반구 국가들이 자신들의 정치적, 사회적, 경제적 목적을 달성하기 위해 무역을 하나의 수단으로 이용할 경우, 힘없는 남반구 국가들이 직면할 끔찍한 결과에 대해 경고한다. 1980년대 레이건 행정부는 어떤 나라가 공산주의 혁명운동을 지지하거나(예를 들어 베트남, 캄보디아, 니카라과), 테러리즘을 지원하거나(리비아, 이란, 쿠바, 시리아, 예멘), 인종차별을 강제한다고(남아프리카공화국의 인종분리정책) 판단되면 해당 국가에 대해 무역제재를 가했다. 제1차 페르시안 걸프전이 끝난 후 UN은 쿠웨이트침공에 대한 응징으로 이라크에 대한 경제제재를 발의했고 대량살상무기

WMD의 생산을 중지하도록 강제했다. 2006년 가을 UN안보리는 핵무기와 기타 대량살상무기의 생산과 실험을 계속 진행한 북한에 대해 경제제재를 가했다. 이러한 제재는 배, 비행기 혹은 기차를 통해 북한을 드나드는 모든 재화들에 대한 검수를 포함한다. 최근 미국, EU, 그리고 이들의 동맹국들은 종종 UN의 지지를 얻어 이란, 시리아, 가자지구, 버마에 대해 혹독한 경제제재를 가하고 있다.

1990년대 중반, 무역제재로 인해 일반 시민이 겪는 고통을 목도한 대다수 국가들은 무역제재를 도덕적으로 혐오스러운 것으로 보게 되었다 (제14장 참조). 무역제재를 비판하는 사람들은 무역제재가 제재 대상국의 정책을 실질적으로 변화시키지 못하고 있다고 지적한다.[35] 기업과 정부는 무역제재를 회피할 수 있는데, 그 이유는 한 나라에서 생산된 제품이 다른 나라에서 생산된 제품과 명확히 구분되기 어렵기 때문이다. 또한 제재 대상국이 통상금지령 혹은 불매운동에 반항할지 아니면 순응할지 판단하는 것도 쉽지 않다. 1980년대 니카라과, 1990년대 이라크, 2006년 이후 북한, 가장 최근의 이란의 사례에서 볼 수 있듯이 경제제재는 제재를 가한 '제국주의 침략자들'에 대한 저항의 이미지를 통해 의도치 않게 권위주의 정치지도자를 도와준 결과를 초래했다. 이들 사례들이 보여주는 바는 단순히 어떤 국가를 벌하거나 보상하기 위해 무역이란 수단을 사용하는 것 말고도 경제제재의 사용은 예상치 못한 그 이상의 결과를 초래한다는 것이다. 처한 상황에 맞춰 과연 어떤 무역제재를 할 것인가에 관해 긴장상태가 발생하곤 한다. 국내기업들과 대외정책을 담당하는 관리들 간 다양한 이해관계가 서로 충돌하기 때문이다. 대부분의 경우 무역은 한 나라가 다른 나라에게 뚜렷한 메시지를 보내거나 다른 나라를 징계하고자 할 때 사용하는 수단으로 남아있다.

상당수의 중상주의자들은 국익에 부합하는 한에 있어 자유주의 경제정책과 세계화를 옹호하지만, 대부분의 중상주의자들은 무역으로 인한 가장 큰 수혜자는 거대 선진산업국과 산업화 일로에 있는 국가들이라고 믿는다. 아프리카와 라틴아메리카의 많은 나라들은 말할 것도 없고 터키와 인도 역시 만성적 무역적자에 시달리며 막대한 국제채무를 지고 있다. 소수의 중상주의자들은 미국이 자유무역을 선호해 왔지만 자국 생산자의 희생을 대가로 개발도상국의 생산자에게 무역의 혜택이 돌아갈 경우, 미국 역시 자유무역을 선호하진 않았다는 점에 주목한다. 제2차 세계대전이 끝난 후 미국과 그 동맹국들은 GATT와 WTO, 그 외 무역과 금융관련 기구들을 통해 관세장벽을 낮추고 그럼으로써 개발도상국의 유치산업이 선진산업국의 보다 성숙한 산업과 경쟁할 수 있도록 하게 했다.

세계화는 관리되어야 한다고 주장하는 경제학자 로드릭Dani Rodrik은 과거 높은 관세를 유지한 국가들은 관세가 없었던 나라보다 빨리 성장했다고 말한다.[36] 또 다른 경제학자 장하준Ha-Joon Chang에 따르면 현재 선진산업국들은 아래로부터 개발도상국들이 타고 오르려는 '사다리를 걷어차기'(보호장벽을 걷어내기) 원한다.[37] 로드릭과 장하준은 또한 벨로Bello의 주장을 지지할 것인데, 벨로는 보호제도가 "사회의 저소득층 사람들을 위한 식량 확보의 증진, 소작농과 생물다양성의 보호, 식품안전의 보장, 농촌 사회발전의 진작과 같은 사회적으로 가치 있는 다양한 목적에 부합한다"고 보았다.[38]

세계화와 아웃소싱에 대한 비판의 목소리

최근 새로이 전개되고 있는 사안 두 가지가 북-남 관계에 영향을 미치고 있다. **아웃소싱**outsourcing과 공정무역 NGO들의 부상이 그것이다. 구조주의적 관점을 견지하고 반세계화 운동과 밀접히 연관된 수많은 NGO들은 1990년대 이래로 환경, 전지구적 노동조건, 빈곤, 인권과 같은 이슈들과 무역 간의 관련성에 대해 관심을 가져왔다. 옥스팜Oxfam, 세계무역감시Global Trade Watch, 세계교류Global Exchange와 같은 NGO들은 북반구 선진국들의 무역정책이 개발도상국에 어떤 영향을 미쳤는지에 관한 현장체험 정보를 획득하였고, 연설, 신문, 잡지, 자신들의 웹사이트를 통해 이를 널리 알렸다. 어느 정도 구성주의 이론가들(제5장 참조)이 제시한 바와 같이, 이들 시민사회 집단들은 세계화와 '자유무역'에 대한 선진국 일반인들의 사고방식을 변화시켜야 할 책임이 있다. 생산과 무역은 국가와 기업이 전혀 예상하지 못한 방식으로 환경에 영향을 미치고 있다. 왜냐하면 점차 늘어나는 에너지 자원에 대한 수요가 무역에 실제로 드는 비용을 계산할 수 없게 만들기 때문이다. NGO들은 아웃소싱과 일자리 이동이 갖는 윤리적이고 법적인 차원을 조명함으로써 초국적기업TNC이 사회 각 영역에 어떤 영향을 미치고 있는지 감시하는 역할을 하고 있다. 몇몇 경우에 NGO들은 WTO의 분쟁심리에 필요한 정보를 제공해 왔다. NGO들과 대학생들이 대안적인 무역전략을 개발해 왔다. '공정무역' 운동은 그러한 노력의 일환으로써 공정무역 제품으로 인증된 커피, 초콜릿, 수공예품, 목재 등에 대해 개발도상국 노동자들에게 보다 높은 가격을 쳐 주는 것을 목적으로 한다.[39]

미국에서 실시한 여론조사에 의하면 자유무역에 대한 지지는 점차 힘을 잃어가고 있다고 한다. 이는 미국에 자유무역이 가져다주는 이익이 무엇인가에 대한 합의가 부재하기 때문이다. 퓨 리서치센터Pew Research Center의 설문조사에 따르면, 미국인의 44퍼센트는 자유무역협정이 미국에 해롭다고 말하고 있으며, 55퍼센트는 자유무역협정이 실직을 유발하는 한 원인이라고 생각한다.[40] 세 가지 요인이 자유무역에 대한 사람들의 인식을 변화시키는 데 지대한 영향을 끼쳤다. 첫째로 전문가들은 중국과 다른 여러 나라들이 불공정한 다수의 무역장벽을 세웠다고 비난했다. 무역장벽은 재화와 서비스에 관한 미국의 수출역량을 저해함으로써 결국 미국의 고용과 성장에 손해를 끼쳤다는 것이다.[41] 둘째로 중국과 같은 나라에서 외주제작이 이루어짐으로써 선진산업국의 상당수 일자리는 없어지고 있다. 비록 아웃소싱으로 인해 세계적 차원에서 일자리가 줄기보다는 늘어난 것이 사실이지만, 중년의 성실한 미국시민이 갖는 — 중국의 저임금 노동자들에게 일자리를 빼앗길지도 모른다는 — 두려움을 사실로 받아들이기란 정치적으로 쉬운 일이 아니다. 셋째로 글로벌 금융위기는 자국 사회가 겪고 있는 충격에 직면한 많은 국가들이 무역자유화와 세계화에 대해 의문을 제기하게 만들었다.

선진산업사회에서 생산의 아웃소싱 — 기업이 제조공정 혹은 사업의 일부 기능을 해외로 이관할 때 — 은 무역과 고용에 관련된 가장 논쟁적인 이슈 중의 하나가 되었다. 기업들은 1980년대를 시작으로 아시아와 라틴아메리카의 값싸고 풍부한 노동력을 이용하기 위해 공장을 이전하였다. 자유무역협정과 저렴해진 운송비 덕에 의류, 가정용품, 전자제품을 해외에서 생산하여 이를 다시 미국과 유럽으로 수출하는 것이 좀 더 효율적이다. 월마트나 타깃과 같이 급속히 팽창하는 소매유통 체인은 미국제조업자들로 하여금 아웃소싱을 하도록 압력을 행사함과 동시에 중국으로부터 제품을 수입하였는데, 이렇게 함으로써 엄청난 이윤을 남겼다 (2010년 한해 월마트와 타깃은 111만 5,000개 이상의 컨테이너 분량에 해당하는 제품을 선박을 통해 수입하였다). 자유주의 경제학자들은 아웃소싱이 글로벌 차원에서 보면 보다 효율적이고 미국소비자들이 보다 저렴한 가격에 소비생활을 할 수 있게 한다고 그 장점을 내세운다. 하지만 비판자들은 아웃소싱으로 인해 미국의 제조업 기반이 무너지고 블루칼라 노동자들의 임금도 낮아지고 있다고 우려한다. 오늘날 많은 기업들은 서비스관련 업무, 즉 고객관리, 데이터처리, 영업지원업무, 세무대리업무, 보험금청구업무에 이르는 모든 서비스부문도 아웃소싱에 의존하고 있다.

중상주의자와 비정통 간섭주의적 자유주의자들은 아웃소싱에 의해 이루어지는 무역이 미국경제에 초래할 장기적 결과에 대해 우려한다. 전 인텔 최고경영자인 그로브Andy Grove는 공장들이 해외로 떠나버리면 미국 내 혁신은 점차 줄어들게 되고 따라서 일자리도 줄어들게 될 것이라고 경고한다. '대규모화scaling', 즉 새로운 아이디어를 대량생산으로 전환하는 일이 미국 내에서 잘 일어나지 않게 됨으로써 초래되는 결과는, "배터리 산업이 겪었던 바와 같이 오늘의 '상품' 제조를 포기함으로써 미래에 부상하게 될 산업으로부터 스스로를 차단해 버리는 꼴이 될 수 있다."[42] 외주제작을 하는 사람들은 자신들의 지적재산권(특히 영업비밀과 특허권)을 도둑맞기 쉽고, 따라서 중국기업

들에게 자신들의 미래 경쟁력을 잃어버리기 쉽다. 기업들은 또한 품질관리 문제에 애를 먹고 생산 공정에 관한 지식도 잃어버리고 있다.

비즈니스 저널리스트인 피쉬맨Charles Fishman은 새롭게 나타난 반대의 경향, 즉 **인소싱**insourcing[43] 현상을 조사해 왔다. 최근 제너럴 일렉트릭, 애플, 월풀, 슬릭 오디오와 같은 미국기업들은 제조설비 일부를 모국으로 다시 이전하고 있다. 앞서 언급한 요인들에 더해 세계 경제의 변화들이 이러한 과정을 이끌고 있다. 미국 내 천연가스 생산의 폭발적 증대는 공장가동 비용을 줄여 주었고, 다른 한편 고공 행진하는 유가는 중국으로부터 상품운송 비용을 증대시켰다. 중국노동자의 임금은 급속히 상승하였고, 다른 한편 미국 노동조합의 약화현상과 소위 노동권법right-to-work[vii]을 제정한 주의 수가 늘어남에 따라 미국의 노동비용은 현저히 줄어들었다. 또한 미국 내 산업의 기계화와 고효율화는 생산비용 전반에 있어 임금이 차지하는 비중을 줄여주었다. 비록 미국 제조업의 붐을 기대할 수는 없을 것 같지만, 20년 전만 하더라도 아웃소싱을 촉발했던 바로 그 세계화의 힘이 이제는 거꾸로 인소싱을 촉진하고 있다는 것은 아이러니컬하다.

결론

개점휴업 중인 국제생산과 무역구조

제2차 세계대전 이후 줄곧 생산과 무역구조와 관련된 경제적 자유주의의 목표는 꾸준히 달성되어

---

vii 〈역자 주〉 노동조합에 가입하지 않아도 직장을 유지할 수 있게 해 주는 법.

왔다. 그 결과 생산에 있어 극적인 변화가 선진국 내에서 일어났고, 또한 그러한 변화는 신흥국으로 향했다. 이러한 변화는 국제무역의 양과 가치를 증대하는데 이바지했다. 그러나 이러한 자유무역 질서에는 반대의 경향도 공존하는데, 개발도상국들과 NGO들이 보인 바와 같이 자유무역이 가져오는 가치가 반드시 널리 공유되는 것은 아니라는 점이다.

산업국들은 일련의 다자간 협상라운드를 통해 제조상품과 몇몇 서비스에 대한 국제무역을 자유화하도록 압력을 행사해 왔다. 통상전문가들은 여전히 자유주의적 무역규정이 세계경제를 좀 더 통합하고 세계적 수준에서 소비를 진작시킬 것이라고 주장한다.

그러나 도하라운드에서 많은 나라들은 이러한 자유주의적 정책에 저항했다. 북반구에 위치한 선진산업국의 입장에서 개발도상국들에 대해 어떤 '담합'을 했어야 하는가는 민감한 정치적 쟁점이었다. 이들 선진산업국은 농업, 몇몇 서비스업, 정부구매와 관련된 보호주의 조치를 제거하길 거부하고 있다. 정보관련 제품, 의약품, 지적재산을 포함한 다양한 쟁점들에 대한 협상은 지지부진한 상태이다.

다자간 협상의 어려움은 북반구 선진국과 남반구 개발도상국 간의 긴장을 반영한다. WTO의 무역 규정은 북반구의 이해를 압도적으로 반영하고 있다. 신흥국들은 다자간 협상에서 영향력을 증대시키고 있다. 자신들이 선진산업국의 소비시장이자, 초국적기업이 필요로 하는 노동력의 원천이며, 에너지의 공급처로서 중요하다는 사실을 깨달았기 때문이다. 반(反)세계화 그룹과 NGO들은 자유무역이 가정한 혜택에 의혹을 제기해 왔다. 결과적으로 북반구 선진국들은 다자간 무역체제와 WTO로부터 보다 쌍무적이고 지역적인 무역협정으로 관심을 옮기게 되었다. RTAs는 자유무역의 원칙과 보호주의의 실용적 필요를 동시에 포괄함으로써 중상주의자와 경제적 자유주의자에게 모두 받아들여질 수 있다.

이어지는 2개의 장에서 보겠지만 2008년 이래로 화폐와 금융 구조는 위기에 처해 있다. 현재 생산과 무역구조는 최근의 금융위기로부터 경제가 회복되기를, 그리고 신흥국 연합이 새로운 세계 질서에서 자신들의 위치를 찾기를 기다리고 있는 것처럼 보인다. 따라서 WTO 회원국들이 경제적 자유주의, 중상주의, 때때로 구조주의적 무역관행을 뒤섞어 따르고 있다는 사실로 볼 때 작금의 상황은 **관리무역체제**managed trade system로 묘사된다.

많은 경우 국가는 사적인 이익이 국내적 이익과 국제적 이익 간 문지기 역할을 하도록 기꺼이 내버려 둔다. 동시에 많은 국가들은 국제적인 재앙에 직면해서도 여전히 강하기 때문에 국력을 약화시킬 수 있는 많은 힘들을 충분히 막아낸다. 생산과 무역구조가 대대적 개혁을 경험하지 못한다면, 이 구조는 역설적이게도 보호주의적 조치만을 요구하는 경제적 힘에 의해 와해될지도 모른다.

주요 용어

공정무역(fair trade) 150

관리무역체제(managed trade system) 163

관세 및 무역에 관한 일반협정 (GATT: General Agreement on Tariffs and Trade) 148

구조조정정책(Structural Adjustment Policies) 157

내국민대우(national treatment) 148

무역관련 지식재산권에 관한 협정 (TRIPs: Trade-Related Aspects of Intellectual Property Rights) 152

분쟁해결심판제도(DSP: Dispute Settlement Panel) 152

비관세장벽(NTBs: Nontariff Barriers) 149

비교우위의 법칙(law of comparative advantage) 144

서비스무역에 관한 일반협정 (GATS: General Agreement on Trade in Services) 152

수직전문화(vertical specialization) 140

슈퍼 301조(Super 301) 150

아웃소싱(outsourcing) 140

역내 무역권(intraregional trade bloc) 155

외국인직접투자(FDI: foreign direct investment) 141

워싱턴 컨센서스(Washington Consensus) 144

인소싱(insourcing) 162

자유무역(free trade) 144

전략적 무역정책(strategic trade policies) 145

지역무역협정(RTAs: regional trade agreements) 154

차별금지(nondiscrimination) 148

최혜국대우(MFN: most-favored-nation) 148

호혜(reciprocity) 148

토론주제

1. 국제적 생산과 무역구조에 있어 생산과 무역의 역할을 설명하고 그 역할에 대해 토론해 보시오. 무역은 왜 그리도 논쟁적인가?

2. 중상주의자, 경제적 자유주의자, 구조주의자가 무역을 어떻게 바라보는지 그 기본 방식에 대해 개관해 보시오 (무역을 둘러싼 정치와 경제 간의 긴장에 대해 생각해 보시오).

3. GATT와 WTO의 기본적인 특징은 무엇인가? 도하라운드는 왜 실패했는가?

4. RTA의 기본적인 특징을 개관해 보시오. 본질적으로 RTA는 자유주의적인가 아니면 중상주의

적인가? 최근 RTA가 확산하고 있는 이유는 무엇인가?

5. 세 가지 국제정치경제 접근법 중 어떤 접근법이 북반구 선진산업국과 남반구 개발도상국간 무역관계를 가장 잘 설명하는가? 설명하고 토론해 보시오.

6. 미국과 다른 나라들은 대외정책목표를 달성하기 위한 수단으로 무역을 어떻게 사용해 왔는가? 모든 것을 감안할 때 아웃소싱은 미국에게 좋은 것인가?

추천문헌

John H. Barton, Judith L. Goldstein, Timothy E. Josling, and Richard H. Steinberg. *The Evolution of the Trade Regime: Politics, Law, and Economics of the GATT and the WTO*. Princeton, NJ: Princeton University Press, 2008.

Ha-Joon Chang. *Bad Samaritans: The Myth of Free Trade and the Secret History of Capitalism*. New York, NY: Bloomsbury Press, 2008.

Brian Hocking and Steven McGuire, eds. *Trade Politics: International, Domestic and Regional Perspectives*, 2nd ed., London: Routledge, 2004.

Douglas A. Irwin. *Free Trade Under Fire*, 3rd ed., Princeton, NJ: Princeton University Press, 2009.

Kenneth Pomeranz and Steven Topik. *The World That Trade Created: Society, Culture, and the World Economy, 1400 to the Present*. Armonk, NY: M.E. Sharpe, 2013.

Dani Rodrik. *The Globalization Paradox: Democracy and the Future of the World Economy*. New York: W.W. Norton, 2011.

Joseph Stiglitz. *Making Globalization Work*. New York: W. W. Norton, 2006.

주

1) Robert Kuttner, *The End of Laissez-Faire: National Purpose and the Global Economy after the Cold War* (New York: Knopf, 1991).

2) Thomas Friedman, *The Lexus and the Olive Tree: Understanding Globalization* (New York: Anchor Books, 1999).

3) Michael Hiltzik, "787 Dreamliner Teaches Boeing Costly Lesson on Outsourcing," *Los Angeles Times*, February 15, 2011; Kyle Peterson, "A Wing and a Prayer: Outsourcing at Boeing," Reuters, January 2011, at http://graphics.thomsonreuters.com/11/01/Boeing.pdf 참조.

4) Thomas Friedman, *The World Is Flat* (New York: Farrar, Straus & Giroux, 2005), pp. 3–47.

5) 2012년 9월 18일 기준, 세계은행(World Bank)의 World Development Indicators database에 근거한 수치이다. http://databank.worldbank.org/databank/download/GDP.pdf.

6) World Trade Organization, *International Trade Statistics 2012* (Geneva, Switzerland: World Trade Organization, 2012), pp. 24, 146 참조. at http://www.wto.org/english/res_e/statis_e/its2012_e/its2012_e.pdf.

7) 이들 수치는 재화와 서비스의 수출입 시가 총액을 국내총생산(GDP)에 대비하여 백분율로 표시한 것이다. World Bank, *World Development Indicators database*, No-

vember 2012 참조.

8) Kenneth Pomeranz and Steven Topik, *The World That Trade Created: Society, Culture, and the World Economy, 1400 to the Present* (Armonk, NY: M.E. Sharpe, 2013).

9) Ibid., p. 248.

10) Douglas A. Irwin, *Free Trade under Fire*, 3rd ed. (Princeton, NJ: Princeton University Press, 2009)은 이러한 주장을 잘 요약하고 있다.

11) Friedrich List, "Political and Cosmopolitical Economy," in *The National System of Political Economy* (New York: Augustus M. Kelley, 1966) 참조.

12) 예를 들어, Pietra Rivoli, *The Travels of a T-Shirt in the Global Economy*, 2nd ed. (Hoboken, NJ: John Wiley, 2009) 참조.

13) Andre Gunder Frank, *Latin America: Underdevelopment or Revolution* (New York: Monthly Review Press, 1970).

14) Immanuel Wallerstein, "The Rise and Demise of the World Capitalist System: Concepts for Comparative Analysis," *Comparative Studies in Society and History*, 17 (September 1974), pp. 387–415.

15) 엄밀히 말하면, GATT는 국제기구라기보다는 일종의 '신사협정(gentlemen's agreement)'이었다. 즉 GATT에 의거해 회원당사자(국민국가)들이 서로서로 무역협정을

체결하였다.

16) Chalmers Johnson, *MITI and the Japanese Miracle: The Growth of Industrial Policy, 1925–1975* (Palo Alto, CA: Stanford University Press, 1982)는 일본의 중상주의에 관한 고전적인 연구이다. 남한과 대만의 '관리무역(managed trade)'에 대한 고찰로는 Robert Wade, *Governing the Market: Economic Theory and the Role of Government in East Asian Industrialization*, 2nd paperback ed. (Princeton, NJ: Princeton University Press, 2004)를 참조.

17) Robert Gilpin, *The Political Economy of International Relations* (Princeton, NJ: Princeton University Press, 1987), p. 215.

18) World Bank, *World Development Report 1987* (Washington, DC: World Bank, 1987), p. 141.

19) 우루과이라운드에서 농업부분이 차지했던 역할에 대한 보다 구체적인 논의는 David N. Balaam, "Agricultural Trade Policy," in Brian Hocking and Steven McGuire, eds., *Trade Politics: International, Domestic, and Regional Perspectives* (London: Routledge, 1999), pp. 52–66에서 볼 수 있다.

20) "U.S. GATT Flap Reverberates Around the World," *The Christian Science Monitor*, November 23,1994, p. 1.

21) 예를 들어, Janet Thomas, *The Battle in Seattle: The Story behind and beyond the WTO Demonstrations* (New York: Fulcrum, 2003)를 참조.

22) Lori Wallach, "Trade Secrets," *Foreign Policy* 140 (January/February 2004), pp. 70–71.

23) 지역주의와 자유무역협정에 관한 보다 구체적인 논의로, John Ravenhill, "Regional Trade Agreements," in John Ravenhill, ed., *Global Political Economy*, 3rd ed. (Oxford: Oxford University Press, 2011), pp. 173–211를 참조.

24) World Trade Organization, *International Trade Statistics 2012*, p. 13, http://www.wto.org/english/res_e/statis_e/its2012_e/its2012_e.pdf.

25) World Trade Organization, *International Trade Statistics 2012*, pp. 209210, http://www.wto.org/english/res_e/statis_e/its2012_e/its2012_e.pdf 에 근거해 계산된 것이다.

26) Jagdish Bhagwati, *In Defense of Globalization* (Oxford: Oxford University Press, 2004).

27) John Dillin, "Will Treaty Give U.S. Global Edge?," *The Christian Science Monitor*, November 17, 1993 참조.

28) Congressional Research Service, "The Trans-Pacific Partnership Negotiations and Issues for Congress," November 21, 2012, at http://www.fas.org/sgp/crs/row/R42694.pdf 참조.

29) Lori Wallach, "Can a 'Dracula Strategy' Bring Trans-Pacific Partnership into the Sunlight?" *Yes! Magazine*, November 21, 2012.

30) 신국제경제질서(NIEO)에 대한 보다 구체적인 논의를 살펴보기 원한다면, Jagdish Bhagwati, ed., *The New International Economic Order: The North South Debate* (Cambridge, MA: MIT Press, 1977)를 참조.

31) Robert Hunter Wade, "Is Globalization Reducing Poverty and Inequality?" *World Development*, 32 (2004), pp. 567–589.

32) World Trade Organization, *International Trade Statistics 2012*, p. 62, at http://www.wto.org/english/res_e/statis_e/its2012_e/its2012_e.pdf.

33) World Trade Organization, *World Trade Report, 2012* (Geneva, Switzerland: WTO, 2012), Table 1.2, p. 21. http://www.wto.org/english/res_e/booksp_e/anrep_e/world_trade_report12_e.pdf 참조.

34) Walden Bello, "Rethinking Asia: The WTO's Big Losers," *Far Eastern Economic Review*, June 24, 1999, p. 77 참조.

35) Dani Rodrik, "Goodbye Washington Consensus, Hello Washington Confusion?" *Journal of Economic Literature*, XLIV (December 2006), pp. 973–987.

36) Ha-Joon Chang, *Kicking Away the Ladder: Development Strategy in Historical Perspective* (London: Anthem, 2002) 참조.

37) Bello, "Rethinking Asia," p. 78 참조.

38) Pew Research Center, "Americans Are of Two Minds on Trade," November 9, 2010, at http://www.pewresearch.org/2010/11/09/americans-are-of-two-minds-on-trade.

39) Ed Gerwin and Anne Kim, "Why We Need Fairer Trade: How Export Barriers Cost America Jobs" (July 2010), http://content.thirdway.org/publications/318/Third_Way_Report_-_Why_We_Need_Fairer_Trade-How_Export_Barriers_Cost_America_Jobs_.pdf 참조.

40) 공정무역운동에 대해 개관하고자 한다면, April Linton, *Fair Trade from the Ground Up: New Markets for Social Justice* (Seattle: University of Washington Press, 2012)를 참조.

41) Andy Grove, "How America Can Create Jobs," *Bloomberg Businessweek*, July 1, 2012.

42) Charles Fishman, "The Insourcing Boom," *The Atlantic Monthly* (December 2012), at http://www.theatlantic.com/magazine/archive/2012/12/the-insourcing-boom/309166.

43) 이러한 주장에 대한 자세한 설명은 Meghan O'Sullivan, *Shrewd Sanctions: Statecraft and State Sponsors of Terrorism* (Washington, D.C.: Brookings Institution Press, 2003); Richard Haas, "Sanctioning Madness," *Foreign Affairs*, 76 (November/December 1997), pp. 74–5를 참조하라.

국제통화 · 금융체제

1990년대 이래로 국제정치경제의 세계화는 국가간 자본이동의 속도를 가속시키고 그 범위를 확장시켰다. 3개의 여타 국제체제와 마찬가지로, 통화 · 금융체제는 종종 효과적인 관리를 어렵게 만드는 긴장상태에 휘말리곤 한다. 한 전문가의 지적대로, "모든 근대사회에서 통화와 신용을 발행하고 관리하는 권한은 권력의 주요 원천이자 격렬한 정치적 투쟁의 대상이었다."[1]

1980년대 이후 글로벌 경제의 세계화와 탈규제가 진행되면서 통화의 교환과 초국경적 금융거래가 증가하게 되어 고용, 무역, 외국인직접투자뿐만 아니라 국가정책과 안보에 영향을 끼치게 되었다. 이 장의 중심 주제 중 하나는, 비록 경제적 자유주의 사고에 의해 국가들이 경제에 대한 규제를 완화하고 또 글로벌 경제의 개방을 위해 다른 나라 및 국제기구들과 협력했지만, 최근의 글로벌 금융위기를 비롯한 세계화의 몇몇 부정적 결과 때문에

많은 국가들은 그들의 사회와 통화 · 금융구조를 다시 규제하지 않을 수 없게 되었다는 점이다.

우리는 이 장에서 6가지의 서로 연결된 주장을 제기한다. 첫째, 제2차 세계대전 후 미국과 그 동맹국들은 꽤 엄격하게 통제된 국제통화 · 금융체제를 구축했다. 이를 통해서 공산주의를 봉쇄하고 통화 및 금융시장에 대한 규제를 점차 완화하다는 공통의 목표를 달성하려고 했다. 이 조치들은 미국이 '저비용으로 패권'을 추구하고, 서구 자본주의 경제의 안정을 도모하며, 공산주의를 봉쇄할 수 있었던 상황을 잘 나타내준다. 둘째, 서구 동맹국의 안보 및 경제적 이익이 일부 변하고 나뉘면서, 환율과 자본통제 정책은 시장의 여건을 반영하도록 점차 허용되었다. 그러나 1970년대와 1980년대의 특징은 OPEC의 유가 인상, 국가간 상호의존의 증가, 세계화, 그리고 국제통화 및 금융시장을 개방하려는 많은 노력들이 있었다는 점

이다. 동시에, 많은 국가들은 국제통화·금융체제를 약화시키는 방향으로 자신의 경제성장을 직접 통제하려고 노력했다.

셋째, 냉전이 종식된 이후 그리고 국제정치경제에서 줄곧 패권국의 역할을 수행함에 따라, 미국은 막대한 경상수지 적자를 이어갔다. 최근 중국과 사우디아라비아 같은 신흥경제들은 그들의 잉여자본을 미국과 여타 경상수지 적자국에 투자해왔다. 이로써 미국은 자신의 국제수지 적자를 메울 수 있었다. 넷째, 현재의 금융위기는 이러한 미국의 전략을 위험에 빠뜨리고, 현 통화·금융체제에서 미국 달러화와 리더십을 지속적으로 약화시키고 있다.

다섯째, 글로벌 금융위기는 채무국의 문제를 해결하고 개도국들이 빈곤을 극복하도록 도우려는 국제기구IOs, 여타 국가들, 많은 비정부기구들NGOs: Nongovernmental Organizations의 노력을 심각하게 위축시켰다. 끝으로 여섯째, 글로벌 통화·금융체제는 여전히 시장 상황의 급격한 변동에 취약하다. 이러한 취약성은, 만약 해결하지 못하면 글로벌 금융 붕괴를 초래할 수도 있는, 많은 문제를 다루기 위한 국가간 협력의 증대로 이어져야만 한다.

이 장은 국제통화·금융체제의 기본 요소를 서술하는데, 그 체제를 누가 관리하는지, 그 규칙을 누가 결정하는지, 이러한 규칙들은 어떻게 그리고 왜 변하는지, 그리고 이 체제의 수혜자는 누구인지 등이다. 이 주제는 고유의 전문용어가 사용될 것이다. 일단 이 퍼즐의 기본 조각들이 하는 역할을 이해하게 되면 학생들은 국제정치경제에 관련된 여타 중요한 개념들을 쉽게 파악하게 될 것이다.

이 장은 국제정치경제에서 환율의 역할을 설명하는 것으로 시작된다. 그 다음, 19세기 이래 존재했던 3개의 국제통화·금융체제를 논의한다. 이러한 역사는 학생들에게 특히 유용한데, 그 이유는 그것이 전체 주제를 이해하기 쉽게 해주기 때문이다. 이 장에서 각 시기마다 주요 행위자, 시장-사회 상호작용과 그 정책적 결과, 한 체제에서 다른 체제로 이동하는 원인 등을 탐구한다. 첫 번째와 두 번째 시기를 잇는 고리로서, IMF의 역할과 왜 IMF의 일차적 기능이 시간이 지남에 따라 변화하게 되었는지도 설명한다. 또 국제수지 문제와 이에 관련된 IMF의 관리 기능을 살펴본다.

이어서 오늘날 국제정치경제에서 미국 달러화의 역할을 논의한다. 일부 전문가들은 세계 최강 통화인 달러화에 대한 신뢰성이 글로벌 금융위기의 여파로 부분적으로 악화되었다고 우려한다. 국제통화·금융체제의 관리에 대한 평가는 이 책의 결론부에서 시도된다. 이러한 논의는 장단기 국제 부채, 최근 글로벌 금융위기를 포함한 두 차례의 금융위기를 분석하는 제8장의 길잡이다. 이 책 전반에 걸쳐 시도되고 있는 것처럼, 우리는 국제통화·금융체제의 몇몇 논쟁적인 측면을 이해하기 위해 3대 IPE 시각을 활용한다.

환율 이해의 기초

외환 또는 통화의 **환율**currency exchange rates은 한 국가가 국제시장에서 사고파는 모든 것의 가치에 영향을 준다. 또 환율은 신용과 부채의 비용, 국유 및 민간 은행에 보유한 외환의 가치에 영향을 끼친다. 통화 또는 외환의 교환을 논의할 때에 전문용어가 사용된다. 마치 다른 국가 출신의 사람들이 서로 다른 언어를 사용하는 것처럼, 사람들은 각자 다른 통화로 경제활동을 하기 때문에 (다른 언어를 통역을 통해 이해하는 것처럼) 통화 간의 교환이 요구된다. 여행자들과 투자자들은 종종 통화를 교환해야 하는데, 이때 이들은 다른 나라의 통화를 사거나 투자하는데 얼마의 자국통화가 필요한지 결정한다. 여행자들은 현지 은행, 환전소, 자동인출기ATM에 가서 직불카드를 집어넣고 필요한 양의 현지 통화를 인출할 수 있다. (후원은행을 명시해 놓은) 이 기계는 자동으로 환율을 계산

해 준다. 표 7.1은 특정 시점 지역 화폐의 미 달러당 환율을 예시한 것이다.

환율은 여행자들보다는 은행과 투자자들에게 더 중요하다. 그들은 매일 수백만의 달러, 영국 파운드화, 엔화, 유로화 및 여타 통화를 매매하고 있다. 어느 한 통화의 가치 변화는(표 7.1에서 2009년과 2012년을 대비해보라) 통화들의 시장가격이 최근에, 또 미래에 얼마나 많이 변하느냐에 따라 엄청난 이득과 손실을 의미할 수 있다. 나중에 자세하게 논의되겠지만, 국가들의 최대 관심사는 특

표 7.1 환율의 예시

국가	통화	달러당 환율[a] (2009년 11월 2일)	달러당 환율[b] (2012년 11월 2일)
영국	파운드(Pound)	0.61	0.62
EU	유로(Euro)	0.68	0.77
스웨덴	크로나(Krona)	7.07	6.66
일본	엔(Yen)	90.00	80.02
멕시코	멕시코 페소(Mexican Peso)	13.29	13.04
캐나다	캐나다 달러(Canadian Dollar)	1.07	1.00
중국	인민폐(Renminbi)	6.83	6.30
한국	원(Won)	1,182.50	1,090.60
러시아	루블(Ruble)	29.19	31.37
인도	인도 루피(Indian Rupee)	47.04	53.78
남아공	랜드(Rand)	7.91	8.68
말레이시아	링깃(Ringgit)	3.43	3.05
인도네시아	루피아(Rupiah)	9,610.00	9,628.00
이스라엘	셰켈(Shekel)	3.78	3.87
브라질	헤알(Real)	1.74	2.03

[a]. IMF, "Representative Exchange Rates for Selected Currencies for November 2009" at http://www.imf.org/external/np/fin/data/rms_mth.aspx?SelectDate=2009-11-30&reportType=REP.
[b]. IMF, "Representative Exchange Rates for Selected Currencies for November 2012" at http://www.imf.org/external/np/fin/data/rms_mth.aspx?SelectDate=2012-11-30&reportType=REP.

정 통화들의 상대 가치에 있어서 단기 및 장기적인 변화다.

다음 논의로 나아가기 전에, 환율이 어떻게 작동하는지 살펴보자. 대부분의 사람들은 이러한 거래 이면에 있는 수학에 더 이상 많은 관심을 기울이지 않는다. 하지만, 본국의 자기 은행계좌에 있는 돈과 외환 간의 연결성에 대해 배우는 것은 중요하다. ATM이 나타나기까지, 대부분의 여행자들은 한 통화를 다른 통화로 바꾸는데 사용되는 환율 수학에 곧 익숙해졌다. 만약 환율이 영국 1파운드 당 1.5달러라면(1990년대에 자주 그랬듯이), 런던 웨스트엔드West End의 10파운드짜리 극장표는 미국통화로 15달러가 된다 (1파운드 당 1.5달러 = 15달러). 마찬가지로, 엔-달러 환율이 1달러 당 100엔이라면, 동경공항에서 1,000엔짜리 카페라떼를 사려면 10달러가 필요하다 (1,000엔 ÷ 1달러당 100엔 = 10달러). 오래지 않아 여행자들은 환전이라는 복잡하고 어려운 논리적 사고과정을 수행해내는 자신을 발견했다. 타국 방문 기간이 길어질수록 특히 더 그러했다.

그러나 외환의 또 다른 중요한 특징은 통화가 얼마나 경성인지 연성인지 여부에 관련된다. **경화**hard currency는 믿을만하고 예측가능한 안정성을 갖춘 정치경제를 가진 대국들이 발행하는 통화다. 이 법정 통화는 널리 거래되고 미국, 캐나다, 일본, 영국, 스위스, 유로존(유로화를 사용하는 유럽 국가들을 말함 – 제12장 참조) 등 같은 많은 선진국의 부와 권력에 결부된 가치를 바탕으로 한다. 경화를 발행하는 국가는 일반적으로 자국통화를 다른 경화 및 외국의 재화와 서비스와 직접 교환할 수 있는 독특한 장점을 누린다. 그러므로 미국 달러화USD, 유로화, 또는 엔화 같은 경화는 국

제결제를 위해 쉽게 받아들여진다.

연화soft currency는 그렇게 널리 받아들여지지 않고, 대개 본국이나 지역에 국한된다. 타국과의 거래 부재나 정치경제적 안정성에 대한 의구심을 자아내는 여건으로 인하여 연화의 가치는 매우 불확실하고 그 거래량도 불충분하다. 많은 저개발국LDCs: Less Developed Countries은 연화를 보유하고 있는데, 다른 나라의 경제보다 상대적으로 작고 덜 안정적이기 때문이다. 연화를 발행하는 국가는 보통 (수출이나 차입을 통해) 경화를 획득한 다음에 다른 나라로부터 재화나 서비스를 구입한다. 연화의 또 다른 문제점은 대개 국제대부자들은 연화로 결제하는 것을 수용하지 않으려 한다는 점이다. 이들 국가들은 경화로 표시된 부채를 갚기 위해서 경화를 벌어들여야 한다. 오직 경화만이 국제적으로 통용되기 때문에, 우리는 이 장에서 경화에 초점을 맞춘다.

꼭 기억해야할 점은 환율은 단지 어느 한 나라의 측정단위를 다른 나라의 측정단위로 바꾸는 방식이라는 것이다. 사실 어떤 단위가 **사용되느냐**는 중요하지 않다. 진정으로 중요한 것은 측정된 가치가 해당 시점에서 거래에 참여하는 다른 행위자들(타국의 은행, 여행자, 투자자, 국가관리들)에게 얼마나 수긍가능한지 그리고 시간의 경과에 따라 그 가치가 얼마나 **변하느냐**이다. 통화에 대한 수요에 영향을 주는 환경의 변화에 의해, 환율 변동은 시점에 따라 달라질 수 있다. 많은 정치적, 경제적 요인들이 환율에 영향을 끼친다. 그 요인들은 다음과 같은 것을 포함한다.

- 통화 가치의 절상 및 절하
- 환율 조작

- 한 통화의 가치가 다른 통화의 가치에 고정되어 있는지 여부
- 이자율과 인플레이션
- 투기

어떤 통화의 교환가치가 상승할 때, 다시 말해서 다른 통화에 비해 더 귀중해질 때, 우리는 통화가치 **절상**appreciation이라고 말한다. 어떤 통화의 가격이 하락하여 다른 통화에 비해 덜 귀중해질 때 우리는 통화가치 **절하**depreciation라고 말한다. 예를 들면, 미 달러화는 2009년과 2012년 사이에 일본 엔화보다 평가절하되었다. 미국의 1달러는 2009년 11월에 90엔 그리고 2012년 11월에 80.02엔으로 교환되었다. 미국 달러화가 엔화에 대해 절하되었다는 사실은 엔화가 달러화에 대해 절상되었음을 의미한다. 또는 간단히 말해서 미국 달러화를 기준으로 보면, 이 시기에 엔화의 가격은 1.11센트에서 1.24센트로 상승했다. 무역의 경우, 환율의 변화는 국가간 경쟁력의 균형을 변화시키고, 어느 한 나라의 재화의 가치를 다른 나라 재화의 가치보다 더 크게 만든다.

통화가치의 변화는 심대한 정치적, 경제적 결과를 수반한다. 통화가치가 변화하면 항상 승자와 패자가 있다. 예를 들면, 제6장에서 알아본 바와 같이, 어느 한 국가의 통화가치가 절상되면, 재화와 서비스를 수출하는 기업들은 그들의 상품이 국제적으로 경쟁력을 잃게 되어 피해를 입을 것이다. 하지만, 같은 나라의 수입업자들(외국 상품의 소비자들, 생산과정에서 외국산 생산요소를 사용하는 기업들)은 수입품의 가격이 싸지기 때문에 이득을 볼 것이다.

종종 환율은 수요와 공급이라는 시장의 힘에 의해 결정된다. 그러나 이 장의 뒷부분에서 우리는 원하는 결과를 얻기 위해 국가들이 의도적으로 통화가치를 조작할 유혹이 존재함을 알게 될 것이다. 때때로 국가들은 외환시장에 (비밀리에) 개입해서 자국 통화를 매매함으로써 환율을 변화시키려 한다. 중앙은행은 환율을 변화시키기 위해 충분한 양의 자국 통화를 사거나(수요) 판다(공급). 자국 통화에 대한 수요가 감소할 때, 중앙은행은 외환보유고를 사용하여 자국 통화를 사들이고(수요), 이로써 자국 통화의 가치를 다시 반등시킨다.

시장의 여건을 불문하고, 수입을 감소시키고 수출을 증가시키는 **저평가된 통화**는 많은 국가들에게 있어서 일부 국내산업을 위해 정치적으로 또 경제적으로 좋은 것일 수 있다. 통화의 저평가는 생산과 국제무역을 그 국가에게 유리한 방향으로 바꾼다. 통화가치 절하의 단점은 식품이나 석유 같은 재화가 수입되어야 하는 상황에서 통화가 저평가되면 수입품 가격이 비싸진다는 점이다. 또 저평가는 생활수준을 하락시키고 경제성장을 저해할 뿐만 아니라 인플레이션을 초래할 수 있다. 우리가 중국의 사례(글상자 7.1 '중국 환율조작의 난맥상' 참조)에서 알 수 있듯이, 중국은 통화를 저평가 상태로 유지함으로써 잃는 것보다 얻는 것이 더 많을 것이라고 많은 사람들은 느낀다.

때때로 저개발국들은 자국 통화를 **고평가되도록** 함으로써 기술, 무기, 공산품, 식량, 석유 등 수입품의 가격을 낮추려 한다. 이를 통해서 부유층은 이득을 보고, 교역조건을 유리하게 바꿀 지도 모른다. 비록 이들의 수출품은 국제경쟁력을 덜 갖게 되지만, 저개발국들은 적어도 일부 수입품을 저렴하게 소비할 수 있다.

실제로, 저개발국들은 그들의 통화가 대개 연화이고 국제거래와 금융에서 많이 사용되지 않기

때문에 고평가의 혜택을 거두기는 어렵다. 정치상황에 따라서 이들은 고평가의 이득을 얻으려고 시도한다. 그러나 많은 경우, 이러한 시도는 하나같이 국내생산을 위축시키고 외국의 판매자와 대부자에 대한 의존도를 높이고 만다. 농업은 특히 이 문제에 민감한 것 같다. 몇몇 경우에서, 고평가된 통화를 보유한 개도국들은 의도하지 않게 자국의 농업을 파괴하고 인위적으로 저렴해진 식품에 의존하게 되었다.

1990년대에 미국 달러화의 가치는 많은 개도국들의 통화가치에 대비해 꾸준히 상승했다. 이것은 신흥국가의 수출에 도움을 줬지만, 이들 국가의 소비자들은 많은 기술제품을 수입하고 부가가치 상품을 사는데 더 높은 비용을 지불했다. 미국 달러화와 여타 통화 간의 가치를 안정시키기 위해 많은 나라들은 자국 통화를 달러화에 고정시키기로 결정했다. 중국은 미국 달러 당 8.28로 위안화를 고정했다. 미국과 EU는 중국상품의 주요 수입국이기 때문에, 미국 달러화가 유로화나 대부분의 세계 통화에 대해 평가절하되면 위안화도 역시 절하되었다. 이러한 개도국의 약세 통화는 미국 달러화와의 관계에서 어느 정도 안정성을 얻을 수 있었던 반면, 미국의 경제국면은 개도국으로부터 통화환율의 융통성을 박탈함으로써 개도국으로 쉽게 이전되었다.

기타 두 가지의 중요한 이슈는 인플레이션과 이자율이다. 다른 조건이 일정하다면, 어느 한 나라가 다른 나라보다 더 높은 인플레이션을 겪을 때, 그 나라의 통화는 평가절하되는 경향이 있다. 인플레이션, 즉 전반적인 물가 상승은 자국에서 통화의 실질 구매력이 하락한다는 의미다. 이로 인해 그 통화는 외국 구매자에게 덜 매력적인 것이 되고, 본국에서 발생한 실질 가치의 하락을 반영하기 위해 외환시장에서 평가절하되는 경향이 있다.

마찬가지로, 이자율과 투자수익률은 일반적으로 특정 통화로 구입할 수 있는 투자상품의 가치와 매력에 영향을 준다. 예를 들어, 만약 1990년대와 2000년대에 그랬던 것처럼 미국에서 **이자율이 하락하면**, 미국정부채권과 이자지급형 투자상품을 구입하기 위한 달러화 수요가 감소하고 달러화 가치는 낮아지게 된다. 이자율이 상승하면 달러화 수요가 증가하게 되는데, 달러화로 표시된 투자상품이 외국인에게 보다 더 매력적이게 되기 때문이다.

마지막으로, 케인즈John Maynard Keynes가 크게 염려했던 통화·금융 이슈 중 하나는 **투기**speculation다 (제2장 참조). 투기는 통화의 가치 혹은 특정 물품이나 서비스의 시장가격이 상승하여 그것을 팔면 이윤을 얻을 수 있다고 돈을 거는 행위다. 일반적으로 통화는 자국 시장에서 구입할 수 있는 재화, 서비스, 그리고 투자 상품 등의 가치에 따라서 그 가치가 오르고 내린다. 만약 통화에 투자를 한 사람들(투기자들)이 (외환시장 모형과 다양한 수요공급 결정요인의 변화에 관한 이해를 바탕으로) 페소화 같은 통화의 가치가 장차 절상될 것이라고 믿는다면, 환율 변동에 편승하기 위해 페소화를 지금 사들이길 원할 것이다.

그러나 페소화에 대한 수요 증가는 페소화 가치를 쉽게 상승시킬 수 있다. 이는 멕시코경제가 꾸준히 성장하고 바하 캘리포니아Baja California에서 새로운 유정이 발견되었기 때문에 페소화 가치가 상승할 것으로 예상한 투자자들의 투기로 인한 직접적인 결과다. 이러한 종류의 투기는 2001년 이후 미국 부동산시장에서 발생했는데, 어떤 품목의 가치를 끌어올림으로써 정상적인 시장가격과 앨런 그린스펀이 명명한 '비이성적인 풍요'를 반영한 새로운 가격 간의 큰 격차(거품)를 만들어낼 수 있다. 대부분의 부동산 중개업자들은 사실 더 높은 시장가치가 실제 가격이라고 말하곤 했다. 어떤 사람들은 그 가격에도 부동산을 구입할 의향이 있을 정도였다.

하지만, 아시아 금융위기와 현재의 글로벌 금융위기의 사례(제8장 참조)에서 알 수 있듯이, **단기투기자금**hot money(국가에 의해 규제되지 않은 주식과 채권에 투자된 외국인 투자자금)이 어떤 국가로 빠르게 유입될 때 거품이 형성될 수 있다. 투자자들이 시장가격의 하락을 예상하고 자신의 자금을 빠르게 회수할 때 거품은 꺼지게 된다. 과거에 거품은 많은 사람들에게 어려움을 야기한 반면에, 현재 글로벌 금융위기의 혹독함은 많은 사람들로 하여금 국가들과 IMF가 글로벌 자본이동을 더 이상 규제해서는 안 되는지 의문을 제기하게 만들었다.

3대 환율체제

19세기 이래로 환율에 관련하여 세 가지 유형의 규칙체계가 있었다.[2] 그 첫 번째는 **금본위제**gold standard로서 제1차 세계대전이 끝날 때까지 존재했던 매우 긴밀하게 통합된 국제질서였다. 두 번째는 브레턴우즈 **고정환율제**fixed-exchange-rate system로서 제2차 세계대전이 끝나기 전에 미국과 그 동맹국에 의해 창설되고 IMF에 의해 관리되었다. 현 체제는 '변동'환율제다. 우리는 이들 체제의 기본 특징을 살펴보면서 통화 교환에 직결된

이슈인 초국경 자본 이동성을 조명할 것이다.

고전적 금본위제: 제1단계

우리는 상호의존, 통합, 세계화 같은 이슈를 탈냉전기의 현상으로 생각하는 경향이 있지만, 19세기 말부터 제1차 세계대전 종식 때까지 세계는 오늘날보다 훨씬 더 연결되어 있었다. 무엇보다도 다른 나라의 이자율과 인플레이션에 반응하여 자금의 초국경적 이동이 증가했다. 선진 유럽열강들은 자신의 식민지에 막대한 투자를 했다. 이들의 통화는 그 가치가 금 가격에 연결된 고정환율제, 즉 '금본위제'에 속해 있었다. 오늘날 유럽연합과 비슷하게, 일부 국가들은 자신들의 통화가 유통되는 '통화동맹'을 만들었다.[3]

당시 지배적인 경제적 자유주의 이론 하에서 금본위제는 **자기규제적인** 국제통화질서였다. 서로 다른 통화들의 가치는 금 가격에 고정되었다. 만약 어느 한 나라가 국제수지 적자를 겪고 있다면, 다시 말해서 벌어들이는 것보다 무역, 투자 및 여타 품목에 돈을 더 많이 지출한다면, 이 적자는 임금과 가격 조정을 통해서 거의 **자동적으로** 시정되었다. 한 국가의 금은 적자를 지불할 자금을 얻기 위해 매각되곤 했다. 그 결과로 보다 긴축적인 통화 환경이 만들어짐으로써, 화폐의 발행을 억제하고, 이자율을 상승시키며, 적자에 상응하여 정부지출을 감축시켰다. 이어 이자율의 상승은 적자를 충당하는데 도움을 줄 단기자본을 유인할 것으로 기대되었다. 국내 통화 및 재정 정책은 "자국 통화의 금 태환성을 유지하는 대외적 목표에 맞춰져 있었다."[4] 제1차 세계대전 전에 영국의 파운드화는 세계 최강의 통화였다. 경제성장이 둔화될 때

무역을 자극하기 위해서, 영국은 세계 최대 채권국으로서 다른 나라들에게 자금을 대출해줬다.

금본위제는 당시 국제통화·금융체제의 안정과 균형, 그리고 신뢰형성 효과를 발휘했다. 금본위제는 대공황기인 1930년대 초에 잠시 부활되었지만, 제1차 세계대전이 끝날 즈음 생명을 다했다. 제1차 세계대전 후 영국은 채무국이 되었고, 미국 달러화는 영국 파운드화를 대신하여 세계에서 가장 강력하고 믿을만한 통화의 자리를 차지했다. 많은 패권안정이론가들에 의하면, 금본위제가 끝난 것은 미국이 자신의 이익을 위해 행동하고 경제적·군사적 능력에 비례하는 국제적 책임을 다하지 않았기 때문이다.

다른 주장에 따르면, 엘리트들은 경제적 자유주의 가치를 고수하고 있었지만, 공공정책은 종종 노동조합, 빈곤층, 그리고 식민지 통화정책을 좌우하던 외국인 투자자들의 점증하는 영향력을 반영했다. 선거권의 확대는 더 많은 정부 개입을 초래했으며, 금본위제 하에서 국내적 필요를 충족시키는 데 필요한 자동적인 정책조정을 회피하도록 정부에게 압력을 가했다. 일부 국가들은 자국 경제의 성장 둔화나 정부지출 감축보다는 무역창출을 위한 통화가치 절하를 선호했다. 이들 중 상당수는 자국 경제를 더욱 보호하려는 움직임으로 **자본통제**capital controls, 즉 자본이 한 나라 안팎으로 드나드는 것을 제한하는 정책을 채택했다. 심지어 케인즈조차도 이러한 조치를 지지하면서 "금융은 일차적으로 국경 안에 머물도록 해야 한다"고 말했다.[5]

중요한 점은 많은 국가들이 점차 자율규제적 경제라는 '내재적' 자유주의 개념이 잘 작동하지 않는다는 점을 발견했다는 것이다. 구조주의 경제

사학자이자 경제인류학자인 폴라니Karl Polanyi는 제1차 세계대전 막바지에 세계적인 사건과 여건 하에서 경제적 자유주의 관념이 더 이상 적절하지 않게 보였을 때 100년 간의 정치적·경제적 안정은 종말을 고했다고 기술했다.[6] 유럽과 미국의 경제들이 더욱 산업화되고 (오늘날보다 훨씬 더) 상호의존성을 띰에 따라, 고정환율제 규칙 하에서 살기 위해 서로 기꺼이 협력하려고 했다. 그러나 자본주의의 부정적 결과들은 여러 나라들에서 더 많은, 그리고 다른 유형의 보호 조치에 대한 수요를 증가시켰다. 많은 사회들은 대공황기에 증명된 바와 같이 주기적인 실패를 경험했던 종류의 자본주의에 의지하려 했다.

브레턴우즈체제: 제한적 금본위제와 고정환율제: 제2단계

대공황기 동안 국제통화·금융체제는 큰 혼란에 빠졌다. '근린궁핍화beggar-thy-neighbor' 무역정책은 국가이익을 국제사회의 이익보다 앞세우면서 역사상 최고의 무역관세율을 야기했다. 통화의 불태환성은 유럽열강 간 적대감의 증가 원인이 되었고, 결국 제2차 세계대전으로 이어지고 말았다.

1944년 7월에 미국과 동맹국들은 뉴햄프셔 브레턴우즈에 모여 유럽의 부흥 계획을 고안하고, 성장과 개발을 촉진할 수 있는 새로운 전후 국제통화 및 무역체제를 수립했다. 참가한 55개 나라 대부분은 협력적인 분위기에서 대공황기의 고실업과 1930년대 악의적인 **경쟁적 통화가치 절하** 문제를 해결하고자 했다. 영국의 대표를 맡은 케인즈는 국가들이 서로를 이롭게 하기 위한 정책조율을 하지 않으면, 경쟁국을 희생시켜서 이득을 얻

으려는 개별적인 노력은 끝내 스스로에게 피해를 입힐 것이라고 믿었다.

브레턴우즈에서 열강들은 국제통화기금IMF, 세계은행World Bank, 그리고 나중에 관세 및 무역에 관한 일반협정GATT이 될 제도를 수립했다 (제6장 참조). 많은 사람들의 주장에 의하면, 이 제도들은 단지 주요 강대국, 특히 미국의 가치와 정책선호를 대표하는 빈 껍데기였다고 한다.[7] 세계은행은 전쟁 직후에는 경제회복, 그 다음에는 개발 이슈를 맡도록 되어 있었다. IMF의 일차적 역할은 국제통화체제와 투자정책의 안정성과 질서를 증진하는 것이었다. 지금도 IMF의 역할은 국제무역을 촉진하고, 환율을 안정시키며, 국제수지 문제를 갖고 있는 회원국을 단기적으로 돕는 일이다. 그러나 오늘날의 IMF는 최근 개도국에서 발생했던 외환위기와 금융위기를 예방하고 해결하려고 시도한다 (제8장 참조).

상이한 두 IPE 시각은 IMF의 제도적 디자인과 임무에 대한 일차적 책임이 서로 다른 회의 참석자에게 있다고 본다. 경제적 자유주의 시각에서 보면, 당시 자유주의 사고에 기초하여 신국제경제질서를 구축하도록 연합국들을 설득하는 데 있어서 케인즈John Maynard Keynes의 영향이 지대했다. 그렇지만 '케인즈주의적 타협Keynesian Compromise'은 개별 국민국가들이 자신의 지리적 경계 안에서 국내적 경제활동을 규제하도록 **계속** 허용했다는 점을 유념하자. 국제적 영역에서 IMF는 또 다른 대공황을 피하기 위해 금융정책을 집단적으로 관리하려고 했는데, 이를 통해 결국에는 금융시장과 무역을 자유화하려는 데에 목적을 뒀다. 글로벌 금융위기와 붕괴는 각국의 금융체제를 고립시킨 다음 국제적인 여건과 상황을 고려하여 그것을 규제함으로써 예방되어야 했다.

회의에서 케인즈 자신은 세계은행을 설립하는 일을 하고 있었다. 그는 제2차 세계대전 후 전승국과 패전국 모두에게 관대한 원조를 제공할 어떤 제도를 수립하려고 했다. 그는 특별히 제1차 세계대전 말미에 승자들이 패자들에게 부과했던 야만적이고 파괴적인 전후처리 조건이 반복되는 것을 막고 싶었다. 그는 채권국들이 채무국들을 도와줌으로써 채무국 경제를 구조조정하도록 해야 **한다**고 단호히 말했다. 한편, 미국 재무성 관료인 화이트Harry Dexter White의 계획은 구조조정에 관련된 거의 모든 부담을 채무국에게 지우고 채권국에게는 그에 상응하는 희생을 요구하지 않았다.

IMF의 경우에 있어서 화이트의 제안은 미국의 최선의 이익을 반영했는데, 당시 미국은 제2차 세계대전 때부터 세계 최대의 채권국으로 부상했고 그 역할을 포기할 계획을 갖고 있지 않았다. 미국 의회는 미국에게 희생을 강요하는 조약을 승인하지 않으려 했는데, 단순히 영국이나 다른 채무국들이 그들의 빚을 갚지 않았다는 이유였다. (사실 미국의 단호한 입장은, 영국은 전쟁이 끝나면 자신의 전시 부채를 감당해야 한다는 것이었다.) 당시 IMF는 새로운 국제경제에 맞춰 경제구조를 조정하는 것을 대가로 모든 채무국에게 일시적인 지원을 제공하도록 고안되었다. 구조조정의 부담은 결국 채무국에게 떨어졌고, 이것은 채무국과 채권국 모두에게 부담을 분담시키려는 케인즈의 의도와 다른 것이었다.

전쟁 직후에 많은 현실주의자들은 미국을 **부상하지만 주저하는** 강대국으로 바라보았다. 미국은 19세기 영국이 수행했던 패권적 역할을 떠맡고 싶지 않았다. 미국은 당시 IMF 준비금의 31퍼센트를 차지함으로써 정책결정에서 가장 많은 투표권을 가지고 있었고, 간접적으로 IMF를 활용하여 질서있는 자유주의 금융체제를 추구했다. 이 체제가 제대로 작동한다면 통화의 태환에 있어서 비차별, 새로운 질서에 대한 신뢰, 그리고 궁극적으로 유동성의 증가를 수반했을 것이다. 이러한 목표들은 미국의 자유주의적 가치, 신념, 그리고 정책선호를 적은 비용으로 보완해 주었다.

중상주의자들과 현실주의자들은 공통적으로 IMF의 제도적 구조와 규칙은 당시 열강들의 이해를 반영했다고 본다. 미국의 압력에 의해 IMF는 이전 시기 금본위 **고정환율제의 수정판**을 채택했는데, 시장의 힘에 더 개방된 반면 정치로부터는 단절된 제도였다. 이 수정 금본위제의 중심에는 금 1온스의 가치를 35달러로 고정시키는 고정환율제도가 놓여 있다. 다른 나라들의 통화의 가치는 수요와 공급의 변화에 따라 달러화에 대비해서 변동하도록 했다. 각 정부들은 (고정환율)액면가의 상하 1퍼센트 내에서 자국 통화의 가치를 유지하기 위해 외환시장에 개입하는 것에 동의했다.

다른 통화들에 대한 수요와 공급 여건이 변할 때, IMF가 설정한 환율 변동폭은 환율이 오르내릴 수 있는 범위를 규정했다. (이 제도의 예시는 IPE 웹페이지 www.upugetsoundintroipe.com 의 그림 7.6을 참조하라.) 어떤 통화가 변동폭 이상 또는 이하로 움직인다면, 그 통화를 보증하는 중앙은행은 시장에 개입해서 잉여 달러를 사들이거나 자국 통화를 매각해야 한다. 이를 통해서 통화가치가 원래 변동폭 이내로 되돌아가 수요-공급의 균형(액면가)을 다시 달성하도록 해야 한다. 이전의 체제에서처럼, 중앙은행들은 대금 청산을 위해서 금을 매매할 수 있었는데, 미국이 종종 그렇

게 하곤 했다. 관리들이 이 체제를 좋아했던 이유는 이 체제가 각국 경제의 다양한 성장 수준을 감안한 준(準)자기조절적 기제를 갖고 있었기 때문이다.

이 체제에 대한 신뢰성은 달러화가 일정한 가격에 금으로 태환될 수 있다는 사실에 달려있었다. 제2차 세계대전 말미에 미국은 막대한 양의 금으로 달러화 가치를 떠받치고 있었다. 이 제도는 통화체제를 정치적·경제적으로 안정시켰는데, 이 통화체제는 회원국의 신뢰와 유럽경제회복 실현을 위한 유동성 자원을 절실히 필요로 했다. 1947년에 냉전이 시작되자 미국은 동맹국들에게 안보라는 공공재를 공급하는 패권적 역할을 의식적으로 수용했다. 이 제도 덕분에 서유럽과 일본의 전후 복구가 촉진되었고, 서유럽에서 무역과 외국인 투자에 필요한 환경이 유지되었다. 이들 정책은 또한 동맹국들을 미국이 지배하는 자유주의적이고 자본주의적인 통화·금융체제에 결속시켰고, 소련이 지배하던 동방진영으로부터 서유럽을 분리시키려는 미국의 노력을 보완해주었다. 공산국가를 대상으로 하는 자본이동은 엄격히 제한되었다.

이러한 통화체제에서 미국 달러화는 패권적 통화, 즉 국제무역 및 금융거래에서 자주 사용되고 수요가 매우 큰 **최상위 통화**top currency가 되었다. 패권통화로서의 지위는 달러화를 외교정책 수단으로 사용할 때에는 미국에게 많은 특권을 부여했지만, 동시에 많은 관리책임도 부과했다. 미국은 이 체제로부터 경제적으로 또 정치적으로 이득을 얻었다. 이는 전후 복구과정의 일환으로서, 대부분의 서유럽과 세계의 여타 국가들에서 달러화에 대한 수요가 컸기 때문이다. 무역과 투자에 관한 한, 다른 국가들은 자국 통화를 미국 달러화

로 태환해야 했다. 이로 인해 미국은 외환 거래에서 많은 돈을 절약했고 타국 통화에 대한 달러화의 영향력을 유지할 수 있었다. 또 국제시장가치가 금에 고정되었기 때문에, 달러화는 중앙은행들이 가치저장 수단으로 보유하는 **준비통화**reserve currency이기도 했다.

IMF와 국제수지

브레턴우즈에서 IMF는 안정적이고 반응적인 국제금융관계를 창출하기 위해 수립되었다. 마치 중앙은행이 각 국가의 국경 안에서 좋은 금융환경을 조성하기 위해 만들어지는 것과 같다. 2012년 8월, IMF는 188개 회원국, 156개국 출신 2,475명의 직원, 그리고 3,600억 달러의 준비금을 보유하고 있었다. 2012년 10월, IMF는 46국에게 630억 달러를 대출해 주었다(그리스, 포르투갈, 아일랜드는 총 대출금의 53퍼센트를 차지한다). IMF 총재는 이사회의 의장으로, 이사회는 출신국이 다른 24명의 이사로 구성되고 매년 두 차례 소집된다.

비록 회원국들은 합의에 의한 결정을 하려고 하지만, 주요 정책결정은 가중투표제에 기초하여 이뤄진다. 회원국의 투표 가중치는 IMF 준비금에 대한 기여분에 비례한다. 현재 미국은 16.8퍼센트로 가장 많은 투표권을 보유하고 있다. 일본은 한참 뒤진 2위로 6.2퍼센트, 그리고 독일은 5.8퍼센트, 영국과 프랑스는 각각 4.3퍼센트를 차지하고 있다.

국제수지balance of payments는 해당 연도에 한 국가의 주민들과 다른 국가의 주민들 간에 이뤄진 모든 국제자금거래의 회계 기록이다. 그것은 어떤 나라가 무엇을 생산하고 소비하는지, 또 자신의 돈으로 무엇을 구매하는지를 나타낸다. 마치 개인 수표 장부처럼(표 7.2 참조), **경상수지**는 '예금' 또는 돈의 입금을 기록한다. 각 국가에게 있어 예금은 생산된 재화와 서비스의 판매(수출), 해외투자로부터 얻는 이윤과 이자 수입, 타국으로부터의 일방적인 자금이나 소득의 이전 등에서 얻어진다. 이전소득은 한 국가가 받은 해외원조, 민간원조, 그리고 이민자들이 가족과 친지에게 보내는 송금을 포함한다. IMF에 따르면, 이러한 소득의 유입

표 7.2 국제수지 계정의 구성요소	경상수지	자본·금융수지
경상수지 흑자의 예: 일본, 중국	해외수출 소득, 투자소득 수입(이자와 이윤), 그리고 이전거래 소득이 대외 지급보다 크다.	해외 자산에 대한 내국인의 소유가 증가함: '채권' 국가. 경상수지 흑자에 균형을 맞추기 위해 자본 및 금융수지 적자를 기술적으로 정의함
경상수지 적자의 예: 미국, 멕시코	해외수입 대금, 투자소득 지급(이자와 이윤), 이전거래 지출이 수입보다 크다.	국내 자산에 대한 외국인의 소유가 증가함: '채무' 국가. 경상수지 적자에 균형을 맞추기 위해 자본 및 금융수지 흑자를 기술적으로 정의함

은 자금의 유출과 **일치해야 한다**. 자금의 유출은 다른 나라로부터 재화와 서비스의 구매(수입), 외국인 투자자에 대한 이윤과 이자의 지급, 타국으로의 일방적인 이전 등으로 발생한다.

　어떤 국가가 **경상수지 흑자**를 기록하고 있을 때 그 국가의 수입 혹은 소득은 '인출(지출)'보다 크게 되고, 국제적 거래는 국가소득을 증가시킨다. 그러나 어느 국가가 유출이나 인출이 유입 또는 입금보다 커서 **경상수지 적자**라면, 국제거래의 순효과는 그 적자국의 국민소득을 감소시킨다.

　흔히 **무역수지**라고 지칭하는 것은 경상수지에 포함된 항목들과는 **별도로** 정의되고 분석된다. 무역수지는 재화와 서비스의 교환을 위한 지급과 수입만을 기록한다(수출 소득에서 수입 대금을 뺀 값). 그러므로 무역수지는 그 나라의 경상수지를 **일부분만** 반영하고, 그 때문에 그 국가의 재정 사정 변화에 대해 어렴풋이 보여줄 뿐이다. 무역수지가 중요한 이유는 고용에 직접적인 영향을 미치기 때문인데, 대부분의 경제에서 많은 일자리가 무역에 의존하고 있다.

　국제수지에 있는 다른 계정으로서 **자본·금융수지**는 해외투자, 차입과 대출, 주식·부동산·천연자원 등 자산의 판매와 구매에 관련된 장기적인 경제거래를 포함한다. 자본수지는 타국과의 관계에서 한 국가의 자산 또는 부의 보유량 변화에 국제거래가 미치는 영향을 나타낸다. 만약 자본 및 금융수지에 과잉(잉여) 또는 자금의 순유입이 있으면, 외국인들이 그 국가의 자산을 순매수했다는 뜻이다. 만약 자금의 순유출(적자)이 있으면, 그 국가는 해외자산을 순매수했다는 의미다.

　정상적인 경우, 한 계정에서의 흑자는 다른 계정에서의 적자에 의해 상쇄됨으로써 회계상의 수지는 영zero이 되어야 한다. 그러나 국제수지의 기술적인 용어들이 꽤 혼란스럽기 때문에 한 국가의 '**국제수지 적자(혹은 흑자)**'는 보통 '**경상수지 적자(혹은 흑자)**'를 뜻하며, 재화와 서비스의 이전을 위한 지급이 수입보다 많음을 의미한다. 어떤 국가가 빚을 지게 될 것인지를 결정할 때, 국가 관리들은 자본수지보다 경상수지를 더 중요시하는 경향이 있다. 경상수지 적자를 보이는 국가는 국제청구금액을 결제하고 전반적인 수지 균형을 맞추기 위해 외국으로부터 자금을 빌려오거나 외국인에게 자산을 매각해야 한다. 또 경상수지 적자는 두 계정의 수지를 맞추기 위해 자본수지 흑자를 **필요로 한다**. 마찬가지로, 경상수지 흑자는 외국 자산을 구입할 수 있는 잉여 자금을 만들어낸다. 어느 국가든 국제수지 상태는 많은 정치적 결과를 수반한다. 예를 들어, 한 국가가 대규모의 해외부채를 지니고 있다면, 더 많은 수출을 위해 국내생산을 증가시키거나 수입품의 소비를 감소시킬 필요가 있다.

　경제적, 정치적 혹은 사회적인 측면에서, 각 상황마다 이득과 손해를 보는 사람들에게 미치는 결과를 감안하면 이러한 선택은 쉽지 않다. 예를 들면, 생산을 증가시키는 것은 노동자들에게 더 낮은 임금을 받도록 요구하고, 기업들에게 조세 인센티브를 제공하며, 혹은 보다 효율적인 생산의 걸림돌인 규제를 제거하는 것일지도 모른다. 소비를 감소시키는 것은 소비자들에게 더 높은 세금을 부과하고, 정부보조금을 감축하며, 정부지원제도를 축소하고, 혹은 이자율을 올려서 소비를 억제하는 대신에 저축을 장려하고 국내경제에 대한 외국인투자를 늘리는 것일 수 있다. 이러한 상황에 비춰보면, 통화의 저평가가 국가들에게 왜 그렇게 매력적인 것인지 그 이유를 쉽게 알 수 있다. 즉 저평가는 재화의 가격을 낮추기 때문에 수출을 신속하게 증대시킬 수 있다. 그러나 앞에서 살펴본 바와 같이, 그러한 움직임은 다른 국가의 보복적인 '방어' 조치를 유발함으로써 저평가된 통화를 보유한 국가의 경제적 이득을 제거하고, 양차대전 사이 동안 그랬듯이 국가간의 긴장을 초래한다.

예를 들어, 멕시코와 미국은 경상수지 적자를 보이는 경향이 있다. 현재의 글로벌 금융위기는 미국이 수입, 외국인에게 주는 투자 소득, 아프가니스탄에서의 전쟁을 위한 이전거래 등을 위해 지불하는 돈이 수출, 투자 수입, 국제이전 등으로부터 얻는 돈보다 어느 정도로 많은지를 잘 보여준다. 그와 같은 청구를 결제하기 위해 보통 멕시코와 미국은 해외부채를 늘리고 해외로부터 투자자금을 끌어들임으로써 자본·금융 계정에 자금을 조달해야만 한다. 실제로 미국은 최근까지 이렇게 해왔다 (제8장 참조).

표 7.3은 여러 국가들의 경상수지 흑자 현황과 **국부펀드**SWFs: sovereign wealth funds 금액을 보여준다. 이 장 후반부에서 논의하듯이, 국부펀드는 국가들이 국제적 거래(특히 석유 수출)로부터 얻는 소득으로서, 해외자산을 구입하거나 과거에 진 해외부채를 갚는데 사용된다. 늘어나는 부채에 대한 자금조달을 위해 미국은 자신과의 무역을 통해 엄청난 자본을 축적한 중국, 일본, 독일, 사우디아라비아, 기타 수출국들이 미국국채, 자산 및 기업을 구매해 줄 것을 주로 요구해 왔다.

이상적으로 말해, IMF는 각국의 국제수지가 균형을 이루길 바랄 것이다. 이론적으로 보면, 국가들은 벌어들이는 양만큼만 소비해야 한다. 그러나 기업의 확장과 경제의 성장을 위해서 은행들은 대출을 뒷받침하는 예금보다 더 많은 자금을 빌려준다. 그래서 국제경제는 새로운 투자와 생산을 위한 (현금화할 수 있는 자산인)유동성 재원을 필요로 한다. 국제경제상의 유동성 재원은 어떤 나라가 경상수지 적자를 겪게 될 때 마련된다. 브레턴우즈 통화·금융체제 하에서 미국은 2년을 제외한 전 기간에 걸쳐 경상수지 적자를 경험해야만 했다. 이처럼 국제체제의 나머지를 위해 공공선을 행하는 국가를 흔히 패권국이라 하며, 이런 상황에서는 종종 '기관차'로도 불린다. 패권의 경제가 호황일 때 다른 국가들을 이롭게 하는 성장을 창출한다. 다른 한편, 만약 미국이 자동차 구매를 줄여서 적자를 축소한다면, 아마도 일본은 자동차 생산을 줄이고 사우디아라비아는 석유 생산을 줄일 것이다. 기본적으로 한 나라의 적자 감소는 다른 나라의 흑자 감소와 일치할 것이다. 이처럼 우리의 정치적, 경제적 긴장 상황은 흑자국과 적자국 간의 긴장이 된다. 그리고 제2장에서 지적했듯이, 패권국의 경제적·정치적 역할과 책임은 정치적 비용과 편익에서 떼어내기 어렵다.

타협의 완전한 실패

전체적으로 패권국으로서의 역할과 제2차 세계대전 후 동맹국에게 공공재를 제공하는 일은 미국에게 싸게 먹혔다. 1956년부터 1964년까지 브레턴우즈체제의 전성기 동안 통화·금융체제의 규칙은, 미국-서유럽 간 통화 및 안보 관계에 관한 한, 미국에게 많은 혜택과 이점을 주었다. 미국은 단순히 돈을 더 많이 찍어냄으로써 위대한 사회와 같은 다양한 국내 사회제도와 베트남전쟁에 필요한 비용을 충당했다. 이러한 프로그램의 비용은 금의 가치에 대한 달러화의 가치를 약화시키지 않

표 7.3	//	경상수지 균형과 국부펀드		

경상수지(2011)[a]		국부펀드[b]		
G20 주요 경제	10억 달러	국가	10억 달러	펀드 수
독일	204	아랍에메리트	1,623	7
중국	202	중국	1,147	4
사우디아라비아	158	노르웨이	593	1
일본	119	사우디아라비아	538	2
러시아	99	싱가포르	405	2
한국	27	쿠웨이트	296	1
인도네시아	2	홍콩	293	1
아르헨티나	0	러시아	150	1
유럽연합	−6	카타르	100	1
멕시코	−9	미국	86	6
남아공	−14	호주	80	1
호주	−32 (2010)	리비아	65	1
영국	−46	카자흐스탄	58	1
캐나다	−49	알제리	57	1
인도	−52 (2010)	한국	43	1
브라질	−53	말레이시아	37	1
프랑스	−54	아제르바이잔	30	1
이탈리아	−72	아일랜드	30	1
터키	−77	브루나이	30	1
미국	−473	프랑스	28	1

a. International Monetary Fund, *Principal Global Indicators Dataset − IMF.Stat*, accessed July 25, 2012.
b. Sovereign Wealth Fund Institute, July 2012.

있는데, 당시의 규칙 하에서 달러화 가치가 고정되어 있었기 — 달리 말해 금에 대비해 가치가 절하될 수 없었기 — 때문이다. 그러나 인위적으로 고평가된 달러화는 미국수출품에 대한 수요를 감소시켰고, 이는 일본과 서유럽을 유리하게 했다. 미국이 서유럽과 일본에 비해 무역의존도가 낮

은 점을 감안하면, 미국의 사업 손실은 여타 정치적·경제적 목적을 성공적으로 달성하기 위해 필요한 정치적으로 수용가능한 대가였다.

미국의 지속적인 지출과 국제수지 적자는 사실 국제통화체제를 통해서 인플레이션(달러의 과잉 공급)을 동맹국으로 수출했다. 그 체제의 일부

로 서유럽은행들은 잉여달러를 사들임으로써 자국 통화의 가치를 환율 (액면가 대비) 변동폭 안으로 복귀시켰다. 하지만 미국이 유럽에 더 많이 투자하고 베트남전 비용을 더 많이 지출할수록, 여타 국가들은 미국의 특권에 불만을 표시했고, 이로 인해 동맹국 간의 정치관계가 약화되었다. 점차 미국은 정부지출을 감축하거나 잉여 달러를 재구입하기 위해 자신의 금을 판매하라는 압력을 받게 되었다. 어느 순간 프랑스 드골Charles DeGaulle 대통령은 달러를 금으로 태환하는 대신에 은행에 보유함으로써 미국의 베트남전쟁 비용을 대주고 있다고 불평했다. 실제로 프랑스가 달러의 금 태환을 요구했다면 미국의 금 보유고를 거의 바닥낼 수도 있었을 것이다.

게다가 서유럽경제는 충분히 회복되어 더 이상 많은 미국 달러화를 필요로 하지도 원하지도 않게 되었다. 코헨Benjamin Cohen의 말대로, 그 결과 미국이 모두의 이득을 위해 통화·금융체제를 관리하기로 하며 제2차 세계대전 후 미국과 동맹국 사이에 맺어졌던 '정치적 타협'은 와해되었다.[8] 사실, 고정환율제는 미국 동맹국들의 경제성장을 제약하고, 정치적으로 감내하기 어려운 방식으로 국가 관료들의 선택을 제한하고 있었다. 또 고정환율제의 **성공**으로 인해 미국 달러화 가치가 떨어지고, 국제통화체제의 많은 제도와 규칙들이 약화되었으며, 그 체제 내 미국의 리더십도 쇠퇴되었다. 그 체제는 지나치게 경직된 나머지, 국가들이 자신에게 맞는 속도로 성장하고 또 자신의 이익과 가치를 증진하는 것을 어렵게 만들었다.

1971년 8월에 리처드 닉슨Richard Nixon 대통령은 국내경제의 침체를 막기 위해 **일방적으로**(다른 국가들과 협의하지 않은 채) 달러화의 금 태환을

중지했다. 미국은 달러화 가치를 절하하고, 국제수지 적자를 보정하기 위해 모든 일본산 수입품에 10퍼센트의 과징금을 부과했다. 일부 학자들은 미국이 호의적인 패권으로서의 역할을 자신의 이익을 위해서 의도적으로 포기했다고 말했다. 미국과 서유럽 모두는 고정환율제를 유지할 만큼 충분한 희생을 하지 않는다고 서로 비난했다. 미국의 시각에서 보면, 서유럽은 미국산 상품을 더 많이 구매함으로써 무역수지와 국제수지 문제를 해결하도록 도와야 했다. 반면 유럽인들은 무역은 일차적인 문제가 아니라고 주장했다. 대신에 미국은 베트남에서 철수하고 국내지출을 줄임으로써 자국 경제를 개혁할 필요가 있었다고 말한다. 그러나 그 두 가지는 당시에 미국행정부 입장에서 정치적으로 받아들일 수 없었다.

변동환율제: 제3의 국면과 변화하는 경제구조

1973년에는 보통 **변동환율제**flexible-exchange-rate system 또는 **관리변동제**managed float system라 불리는 새로운 체제가 부상했다. 주요 국가들은 통화가치의 변화가 보다 쉽게 시장 요인에 의해 결정되도록 환율 변동폭을 더욱 확대하는 권한을 IMF에 부여했다. 일부 국가들은 독자적으로 자국 통화의 환율을 변동시켰으며, 유럽경제공동체 EEC: European Economic Community에 가입한 국가들은 지역 차원의 정책조정을 촉진했다. 여전히 많은 국가들은 국제수지 문제를 해결해야 했지만, 집단적인 관리제도는 그들의 경제와 사회를 덜 제약하는 것이어야 했다.

몇몇 사건들은 고정환율제의 종식을 초래했다.

브레턴우즈체제 초기 단계에 투자자금은 더 높은 이자 및 투자수익률을 얻기 위해 국가간에 이동하는 것이 쉽지 않았다. 자본통제(국가 안팎으로 이동하는 자금에 가하는 제한 조치)와 고정환율은 국가들이 환율의 불안정성을 야기하지 않고서 국내 정치세력의 요구에 부응할 수 있도록 조작되었다. 정책결정자들은 1920년대나 1930년대와 같은 금융위기가 어느 한 국가에서 많은 국가들로 쉽게 전이되는 것을 두려워했기 때문에 국가간에 자금과 자본이 움직이는 것을 의도적으로 제한했다. 자본통제가 철폐되고 돈이 국제경제에서 자유롭게 이동할 수 있게 된 것은 (1958년 경 달성된) 광범위한 통화 태환성, 미국의 경상수지 적자를 통한 국제경제로의 달러화 대량 투입, 그리고 서유럽에 대한 미국 초국적기업의 투자 확대 등 때문이었다.

1960년대 말에 많은 관리들과 기업들은 새로운 시장과 투자처를 찾아 밖으로 향했다. 그로 인해 민간자본 이동이 증가했고, 그 형태는 초국적기업의 직접투자, (국제뮤추얼펀드의 외국 주식 구매와 같은) 포트폴리오 투자, 상업은행 대출, 비은행권 대출 등이었다. 변동환율제는 자본통제의 완화를 보강해주었는데, 다시 말해서 국가간의 대출과 IMF, 세계은행, 그리고 지역은행의 대출금에 더해 추가적인 글로벌 유동성을 공급했다.

변동환율제를 채택한 것과 그 구조는 다른 몇 가지의 중요한 정치적, 경제적 사건들을 반영한 것이었다. 여기에는 일본과 서유럽경제의 영향력 증가, 석유수출국기구OPEC의 부상, 다극적 안보구조로의 이동(제9장 참조) 등이 포함된다. 1970년대 초 일본은 생활수준 향상과 경제적 고도성장 덕분에 국제통화 및 금융 이슈에서 중요한 행위자가 되었다. 길핀Robert Gilpin을 비롯한 현실주의자들은 당시 경제적 성장 및 부의 국제적 확산과 새로운 다극적 안보구조의 출현 간에 상관성이 있음을 강력히 주장한다.[9] 변동환율제는 미국, EU, 일본 그리고 (나중에) 중국에 의해 협력적으로 관리되는 다극적 국제안보구조를 견고하게 해줬다.

OPEC의 부상, 그리고 1973~1974년과 1978~1979년의 유가상승 후 국제금융거래에서 일어난 엄청난 변화 때문에 금융네트워크가 세계화되었다. OPEC국가들이 석유 결제대금으로 달러화를 요구하면서, 거의 하룻밤 사이에 수십억 달러가 과거에는 존재하지 않았던 금융 채널을 통해 이동했다. 이로 인해 국제경제에서 미국 달러화에 대한 수요가 증가했고, 최상위 통화로서 달러화의 지위는 유지되었다. 서구 은행에 예치된 OPEC '석유달러'의 많은 양은 개도국에 대한 융자 형식으로 재순환되었다. 이 개도국들은 소비재와 천연자원(특히 석유)에 대한 수요 증가 때문에 좋은 투자 기회로 여겨졌다. 그러나 1973년과 1979년 사이 개도국의 부채는 1,000억 달러에서 6,000억 달러로 증가했고, 그 결과 제8장에서 자세히 논의할 부채위기가 초래되었다.[10]

1980년대 초에 선진국들의 무역불균형은 스태그플레이션, 혹은 경제성장 둔화와 물가상승이 결합되는 현상을 낳는데 기여했다. 이 두 현상은 대개 동시에 일어나지 않는다. 석유위기가 잦아들자, 미국 달러화의 가치도 하락했다. 미국관리들은 국내 인플레이션을 해결하는데 집중했고, 통화공급을 축소하기 위해 이자율을 인상했다. 이는 미국경제의 성장을 둔화시켰고 국제적 경기침체에 일조했다. 당시 정치경제사상에서의 변화가 영국과 미국에서 발생했다. 지배적인 케인즈주의는 완전히 무시되었고, 그 대신 제2장에서 논의된 스미스Adam Smith, 프리드만Milton Friedman의 고전적 자유주의 관념이 인기를 끌었다.

영국 대처Margaret Thatcher 수상과 미국 레이건 Ronald Reagan 대통령이 이끄는 정부들은 국유산업을 민영화했고, 금융 및 외환시장에 대한 규제를 완화했으며, 자국에서 세금을 축소했고, 무역정책을 자유화했다. 이론적으로 말하면, 이러한 조치들은 저축과 투자의 증가를 유발함으로써 경제성장을 자극할 것이다. 1983년에 경제가, 특히 미국에서, 회복되기 시작했는데, 그 원인은 높은 소비율, 덜 긴축적인 통화정책, 인플레이션 퇴치에 대한 관심 등에 있었다. 이러한 정책들은 주로 부유층을 이롭게 했다. 그러나 많은 전문가들은 다른 어떤 것보다도 세계 유가의 인하가 선진국에서 경제성장을 자극했다고 말한다.

자유방임주의적인 수사에도 불구하고, 레이건의 국방예산은 제2차 세계대전 이래 최대 규모였고, 소련과 공산주의의 팽창을 봉쇄하려는 서구의 노력을 재개하고자 했다. 이러한 지출과 달러화 강세로 인해 미국 수출품 가격은 상승하고 수입품 가격은 하락했다. 그 결과는 미국의 기록적인 (특히 일본에 대한) 무역적자였다. 레이건 행정부와 1차 부시 행정부는 미국의 무역적자를 축소하기 위해, 정부지출을 감축하거나 세금을 인상하는 대신에 일본과 여타 국가들에게 압력을 가해 엔화 가치 절상을 포함한 조정 조치를 채택하도록 했다. 많은 중상주의 성향의 통상관리들도 일본, 브라질, 한국 등이 수입장벽을 낮추지 않거나 수출보조금을 감축하지 않았다면서 공정한 경쟁을 하지 않는다고 비난했다 (제6장 참조).

역설적이게도, 오늘날 중국의 경우와 비슷하게, 이러한 상황은 미국을 **이롭게 했는데**, 미국의 높은 이자율이 미국기업과 부동산에 대한 외국인 투자를 유인했을 정도다. 레이건 식 '저렴한 패권'은 미국의 경상수지 적자를 바로잡아주고 달러화 가치를 떠받쳐주었다. 더 중요한 것은 달러화 강세 덕분에 미국의 패권과 레이건 행정부의 '악의 제국' 소련에 대한 대결이 지속될 수 있었다는 점이다. 과거에 그랬던 것처럼, 많은 미국 동맹국들은 이러한 전망에 동의하지 않았고 미국의 정책에 반하는 통화 및 금융 정책을 추구했다.

1985년에 미국은 세계 최대의 채무국이 되었다. 그때 국제수지 적자는 대략 5조 달러 정도였다.[11] 많은 국가들과 대미 수출업자들은 달러화가 고평가되었다고 불평했다. 빠르게 이동하는 자본은 이제 환율의 변동성을 자극했고, FDI와 국제무역에 영향을 끼쳤다. 20년 전과 마찬가지로, 미국은 자신의 경제회복을 위협하고 국방지출 감축을 초래할 수 있는 통화가치 조정이라는 힘겨운 선택을 거부했다. 그 대신, 미국은 1985년에 다른 G5 국가들(영국, 서독, 프랑스, 일본)에게 압력을 가해 뉴욕에서 회의를 소집하도록 했고, 그 자리에서 환율을 **집단적으로** 관리하기 위해 화폐시장에 (레이건 행정부가 선호하는 불개입 정책에 반하여) **개입하기로** 합의했다. 플라자합의Plaza Accord는 달러화 가치를 공동으로 '재조정'하기 위한 것이었는데, 다른 통화에 대해 달러화 가치를 평가절하했고 이에 따라 다른 나라에서 이자율을 상승시켰다.

광란의 90년대: 세계화와 달러화 약세

레이건 행정부의 자유주의 사고는 인기를 더해갔고, 1990년대와 2000년대 초 국제금융·통화 체제의 전개 과정에 계속해서 영향을 미쳤다. 경제적 자유주의정책과 발전전략은 '워싱턴 컨센서스'와 세계화 운동(제3장 참조)의 기초로 기능했다. 1990년 냉전의 종식과 함께 많은 자본통제 정책이 철폐되었다. 민간자본이동이 공적자본이동을 압도하게 되었다. 예를 들면, 1997년에 순 민간자본이동은 2,850억 달러에 달한 반면, 순 공적자본이동은 400억 달러였다. 이 민간자본은 동남아시아 및 동아시아의 신흥경제들을 지탱해줬는데, 이들은 수출 판매를 강조하고 수입을 제한하며 저축을 장려하고 소비자 만족을 우선시하지 않았다.

1980년대와 1990년대에 전자, 컴퓨터, 위성통신의 혁명적인 혁신 덕분에 국민경제 간의 통합은 증가했고 통화 및 금융체제는 더욱 세계화되었다. 공적자금과 민간자금의 증가로 인해 국제무역도 양과 가치 면에서 엄청나게 늘어났다.

1990년대 초에 달러화는 지속적으로 가치를 잃어갔는데, 미국 주요 무역상대국의 통화 대비 평균 15퍼센트 평가절하되었다. 미국 연방준비제도이사회는 이자율을 내려서 수출을 진작하고 성장을 촉진하려 했다. 1990년대 중반 미국경제는 회복되었다. 인플레이션은 하락했고, 소비자들의 소비는 증가했으며, 외국인 투자자들은 달러화 표시 자산에 대한 수요를 늘렸다. 새로 창설된 유럽중앙은행ECB: European Central Bank은 회원국들을 위해 가격 안정성을 유지했고, 미국 달러화의 영향으로부터 유럽통화들을 보호해줬다.

환율을 국가이익에 기여하도록 활용하려는 이러한 정책 변화들은 여러 모순을 낳았다. **먼델의 트릴레마**Mundell Trilemma는 국가들이 세 가지를 동시에 바랄 때 전형적으로 나타나는 혼란스러운 상황을 설명한다. 그 세 가지는 (1) 국내정치세력의 요구를 충족시키는 능력(흔히 통화정책의 자율성으로 정의됨), (2) 국제적 자본 이동성(효율적인 국제금융을 위해 필요함), (3) 환율 안정성(원활한 국제무역 및 투자를 위해 바람직함) 등이다. 문제는 이 목표들 중에서 오직 두 가지만 동시에 가능하다는 점이다. 어떤 세 번째 목표를 선택하면 다른 두 가지의 효과성을 항상 무효화하기 때문이다.

예를 들면, 미국과 일본은 국내경제에 비해 상대적으로 작은 국제무역 수준을 전통적으로 유지해 왔다. 이들에게 더 중요한 것은 환율 안정성 대신에 국내 경제정책의 자율성과 국제자본시장에 대한 접근성이었다. 그러나 아르헨티나와 홍콩은 둘 다 국제경제에 더 의존적인데, 자국 통화를 미국 달러화에 고정시킴으로써 환율의 안정을 도모할 수 있었지만 국내경제·정치 문제에 대응하는 능력을 제한했다. 먼델의 트릴레마가 보여주는 것처럼, 국가들은 단순히 통화 및 금융 제도에 대한 규제를 완화하는 것만으로 그들이 원하는 결과를 얻을 수는 없었다.

글로벌 금융위기: 흔들리는 미국 달러화

1990년대 말과 2000년대 초에 세계화와 폭주 자본주의에 대한 비판이 거세어졌다. 2001년 닷컴dotcom 기술벤처의 몰락 후, 투기적인 부동산 거품은 2007년 금융위기를 빚어냈고, 그 위기는 미국으로부터 유럽과 오세아니아로 확산되었다. 미국은 계속해서 엄청난 국제수지 적자를 기록했고, 중국, 일본, 독일, 사우디아라비아 같은 국가들이 미국의 자산과 정부채권을 구입해주는 데에 의지하여 늘어나는 부채를 충당했다. 표 7.3에서 알 수 있듯이, 국부펀드들SWF과 외환보유고 잉여 국가들은 미국 기업에 투자하고 미국의 주식, 재무성 채권, 기타 증권을 구입함으로써 미국이 국제수지 적자 문제를 바로잡는 것을 도왔다.

글로벌 금융위기는 타국 통화 대비 미국 달러화 가치의 약세에 관련된 많은 이슈를 제기했다. 위기 발발 이전에도 많은 관리들과 전문가들은 유럽의 시장과 인구를 감안할 때 결국에는 유로화가 글로벌 정치경제에서 미국 달러화의 패권적 역할을 떠맡을 것이라고 확신했다. 유로화는 2002년에 공식 출범 당시 미국 달러화에 대해 거의 일대일의 가치로 책정되었다. 2007년 즈음 유로화 대비 달러화의 가치는 대략 1.80달러 수준으로 떨어졌다. 2000년대 초에 OPEC은 거래에서 약세 달러화를 사용하는 것에 불만이었다. 같은 양의 돈을 벌기 위해 더 많은 석유를 팔아야 했기 때문이다. 2007년에 일부 OPEC회원국들, 특히 베네수엘라와 이란은 여러 통화의 바스켓(평균가격)으로 표시되는 유로화로 석유 가격을 매기는 것을 추진했다. 사우디아라비아가 미국을 대신해서 개입해서야 비로소 이러한 사태를 막았다.

일부 전문가들이 역설한 바에 의하면, 미국은 계속 막대한 국제수지 적자를 기록하고 높은 수준의 국가부채를 지니고 있었기 때문에, 달러화는 다른 무언가에 의해 대체될 운명이었다 (이에 대한 논의는 뒤에 나올 것이다). 다른 사람들은 그렇게까지 비관적이지는 않았다.

특히 2000년대 초 이래로 달러화 약세의 원인에 대한 다양한 설명이 존재한다. 그 중 일부는 다음과 같다.

- 미국국제수지 적자의 지속적인 증가
- 특별히 중국 등에 대한 미국의 지속적인 무역 적자
- 미국의 과도한 국내지출
- 미국의 과도한 군사비 지출

앞서 지적했듯이, 미국은 수출을 주요 우선순위로 삼지 않는데, 국내시장이 거대하고 소득 이상으로 소비하기를 원하며 많은 미국산 제품에 대한 외국의 수요가 상대적으로 약하기 때문이다. 무역은, 1980년대 초와 2008년 이후처럼, 실업이 증가하는 경기침체기에 관심사가 될 뿐이다. 환율과 통화정책은 종종 미국과 다른 국가들 간의 무역분쟁에서 일정한 역할을 한다. 환율의 작은 변화만으로 수입과 수출에 큰 영향을 미칠 수 있다.

그 예는 미국이 중국에 대해 미국 노동자를 희생시켜 수출을 증가시키기 위해 위안화 가치를 의도적으로 낮게 유지한다고 비난한 데서 볼 수 있다. (미국의 연방준비제도에 준하는) 중국인민은행People's Bank of China은 위안화(그 공식 명칭은 인민폐)의 가치를 미국 달러화에 고정시켰기 때문에, 투자와 수출소득의 형태로 중국에 들어온 달러화를 위안화로 사들여서 '인위적으로' 환율 하락을 막을 수 있었다. 경제 내에 위안화가 많아질수록 중국수출품의 가격은 내려간다. 1994년과 2010년 사이 미국과 여타 국가들은 위안화를 달러화에 고정시키는 관행을 포기하도록 중국에게 압력을 가했다. 몇 차례에 걸쳐서 중국은 위안화 가치를 재평가했지만, 중국에 대한 미국의 무역적자에 중요한 변화를 가져오지는 못했다. 글로 벌 금융위기가 2008년에 시작되었을 때 중국관리 들은 또다시 위안화 가치를 달러화에 고정시킴으 로써 경제회복을 도모했다. 이때에도 외국 관리들 은 중국이 달러화 대비 위안화 가치를 — 무려 40 퍼센트 가까이 — 낮게 억제하는 등 '불공정한 경 쟁'을 한다고 비난했다. 소위 경쟁적 평가절하에 맞서기 위해, 일부 미국의원들은 중국이 환율 조 작을 그치지 않으면 미국에 들어오는 모든 중국산 상품에 대해 관세를 부과하는 법안을 제출할 것이 라고 위협했다.

2010년에 중국은 고정환율을 포기했으나, 미국 관리들은 IMF와 미 재무성에게 압력을 가해 중국 을 '환율조작국'으로 지정하도록 했다. 그렇게 되 면 중국의 행동으로 피해를 입은 국가들은 구제조 치를 취할 자격을 얻게 된다. 오바마 대통령은 러 시아 블라디보스토크에서 열린 2012년 APEC회 의에서 중국관리들과 그 문제를 의제로 다뤘다. 롬니Mitt Romney 후보도 2012년 선거에서 대통령 에 당선되면 중국을 환율조작국으로 지정할 것이 라고 약속했다.

그러나 상황은 경제학자들과 정치인들이 생각 하는 것보다 훨씬 더 복잡했다. 특히 현 상황으로 부터 '누가 이익을 보는지cui bono, who benefits' 그리 고 언제 환율이 변동되도록 허용해야 하는지의 문 제를 다루려 할 때 그러했다. 신자유주의자들은 말 하기를, 미국의 일자리 손실은 미국소비자를 위한 중국산 제품의 싼 가격과 비교해서 측정되어야 한 다. 중국에서 영업하고 있는 많은 미국기업들도 현 상황으로부터 이득을 보고 있다. 다른 사람들의 견 해에 의하면, 미국이 중국을 지목하는 이유는 중국 의 막대한 대미 무역흑자와 국제경제 문제에 대한

중국의 소극적 협력 때문이다. 끝으로, 일부 전문 가들은 이스라엘, 스위스, 프랑스, 대만, 일본 등 도 중국과 동일한 이유로 종종 그들의 통화를 저평 가한다고 지적한다. 대부분의 경우, 환율조작의 이 면에 있는 방어적 의도와 악의적 의도를 구별하기 어렵다. 오바마 행정부는 큰 문제점이 있을 수도 있기 때문에 중국에 대해 보복하는 것을 꺼리는 것 같다 (글상자 7.1 '중국 환율조작의 난맥상' 참조).

다른 사람들이 우려하는 바는, **부실자산구제 프로그램**TARP: Troubled Asset Recovery Program, 세 차례의 **양적완화**QE: Quantitative Easing, 높은 수 준의 국내지출, 아프가니스탄과 이라크에서의 전 쟁 비용 등은 불가피하게 극심한 인플레이션, 부 채 증가, 달러화 가치 하락을 초래할 것이라는 점 이다. 현재 미국은 지출을 급격하게 줄이기보다 는 주로 외부의 재원에 의지하여 예산적자를 충당 하고 있다. 이것은 바로 신자유주의자인 버그스텐 Fred Bergsten이 말하는 위험하고 지속가능하지 않 은 일이다.[12] 구조주의자들은 '경제적 과대팽창' 또는 '과잉확대overstretch' 관점에서 과도한 지출 은 종종 제국주의정책을 수반하고 점차 제국의 능 력을 약화시킨다고 믿는다.

그럼에도 불구하고 금융위기 동안에 많은 투자 자들은 미국경제를 좋은 자산 투자처로 여기는 데 에 변함없었다. 독일 『슈피겔Der Spiegel』지의 현실 주의자 슈타인가르트Gabor Steingart는 "우리는 미 국에서 정치적 불안이 발생할 가능성을 완전히 배 제할 수 있기 때문에" 미국은 안전한 곳으로 간주 된다고 주장한다.[13] 많은 국가들과 개인들은 '미 국 재무성 채권T-bills'을 안정적인 구매상품으로 여기는데, 미국정부가 부채에 대해 지급불능을 선 언할 것 같지 않은 점을 감안한 것이다. 또 미국채

중국 환율조작의 난맥상[a]

2010년 4월 오바마 행정부는 환율조작 문제와 관련하여 중국에 대해 단호하게 보이고 또한 그렇게 행동할 것인지 아니면 중국에 양보할 것인지 사이에서 아슬아슬한 줄타기를 시도했다.[b] 오바마 행정부와 IMF가 환율조작 문제에 있어서 중국을 더 밀어붙이려고 서두르지 않는 많은 이유가 있다. 요컨대, 많은 전문가들과 정책담당자들은 그렇게 하는 것은 미국과 중국 모두에게 상당히 위험할 수 있다고 우려한다.

첫째, 중국은 인민은행에 보유 중인 1조 5,000억 달러의 미국 재무성 채권을 내다팔지도 모른다고 암시해왔다. 악몽같은 이 시나리오는 미국 달러화 가치의 추가 하락을 압박하고(이로써 최상위 통화로서 종말을 고하게 하고), 중국이 미국에서 보유하고 있는 자산의 가치를 떨어뜨리며, 글로벌 금융시장을 더 큰 혼란에 빠뜨릴 수 있다. 그러한 움직임으로 나타나는 즉각적인 충격은 더 이상 국제수지 적자와 부채를 충당할 자금을 미국이 조달할 수 없게 되는 것이다. 설사 중국이 달러화를 내다팔지 않더라도, 중국은 수입관세나 수입량 할당 등 다른 조치를 사용하여 보복할 수 있다. 둘째, 중국산 수입품에 대한 미국의 의존도를 감안할 때, 중국산 상품의 가격을 끌어올리는 것은 미국에서 급속한 인플레이션을 촉발할 수도 있다.[c] 이러한 일이 발생하면 연방준비제도는 이자율을 올리게 되고, 그 결과 미국경제의 회복은 더욱 지체될 것이다.

셋째, 일부에서는 미국의 무역적자에 대한 중국의 책임이 과장되어 있으며, 큰 폭의 위안화 절상도 무역적자를 줄이는데 별 도움이 되지 않을 것이라고 주장한다. 요점은 이렇다. 2005년 이후 위안화 절상은 미-중 무역격차를 좁히는데 그렇게 크게 도움이 되지 않았다.

마지막으로, 일부 전문가들에 의하면, 중국 중앙은행은 여하튼 달러화 대비 위안화 가치가 점진적으로 절상되기를 바라지만, (수출업체와 제조업체의 이익을 대변하는) 중국 상무부는 위안화 가치를 현재의 수준으로 유지하려고 한다. 실제로 정책면에서 중국은 미국을 닮았는데, 위협이나 협박으로도 쉽게 변하기 어려운 강력한 국내기업이익과 여론을 반영하고 있다는 점에서 그렇다. 하버드 법대 우Makr Wu 교수는 중국은 2010년에 달러화 대비 위안화 가치를 3.6퍼센트 인상했음을 지적한다. 그러나 중국은 위안화 절상을 천천히 진행함으로써 수출을 조정하고 일자리 손실을 줄이며 사회적 불안을 억제하고자 한다.[d] 자유지상주의자인 휘트니Mike Whitney는 많은 미국 다국적기업들이 수출의존적인 중국기업에 투자하고 있기 때문에 위안화 절상을 원하지 않는다고 주장한다.[e]

중국에게 환율조작의 책임이 있는지의 여부 못지않게, 현재의 환율 수준에서 **누가 이익을 얻고 있느냐**cui bono의 문제도 중요하다. 미국과 중국은 고도의 상호의존 관계를 맺고 있다. 이는 환율문제가 고위급 외교 차원에서 해결될 가능성이 있음을 뜻한다. 미국이 북한, 이란, 테러리즘, 탄소배출, 그 외 주요쟁점에 관하여 중국의 협력을 얻고자 한다면, 미국은 중국과 거래를 하지 않을 수 없다. 통화가치 절상은 본질적으로 경제적인 것만큼 정치적 성격을 띠기 때문에, 꼭 합리성에

(계속)

기초하여 결과가 결정되지는 않는다. 또 어느 한 쪽이 모든 이슈에서 압도할 가능성도 높지 않다.

참고문헌

a 제4판에서 이 부분에 대한 연구와 초안 작업을 도 와준 조쉬 앤더슨(Josh Anderson)에게 감사한다. 데이브 발람(Dave Balaam)과 브래드 딜만(Brad Dillman)은 이번 판을 위해 이전 내용을 보충했다.
b Sewell Chan, "U.S. Will Delay Report on Chinese Currency, While Urging an End to Intervention,"
New York Times, April 4, 2010 참조.
c 미국의 예산적자와 소비 간의 관계 및 미국의 대규 모 무역적자에 의해 제기되는 위험성에 관한 연구 는 Menzie D. Chinn, "Getting Serious about the Twin Deficits," *Council on Foreign Relations*, September 2005.
d Mark Wu, "China's Currency Isn't Our Problem," *New York Times*, January 17, 2011.
e Mike Whitney, "China's Flawed Economic Model," April 6, 2010, at www.counterpunch.org/whitney 04062010.html를 참조.

권은 이자를 지급하고, 쉽게 현금화 될 수 있는 유동성이 매우 높다. 이로 인해 미국채권은 준비금으로써 자산구성이 용이하고, 시간이 흘러도 가치가 하락하지 않는 장점을 갖는다. 다시 말하자면, 글로벌 패권이라는 점과 세계의 준비통화를 보유하는 것으로 누리는 특권 중 하나는, 미국 재무부가 자국 통화와 국내부채를 사용하여 국제 부채를 갚을 수 있다는 점이다.

동시에, 슈타인가르트는 미국의 경기부양책이 더 많은 차입과 부채를 필요로 하고, 이 때문에 달러화 가치에 하락 압력을 가한다고 지적한다. 그는 자본 잉여국의 투자라는 주사에 의존하는 미국 경제를 '스테로이드에 의지하는 경제 거인'으로 비유한다. 그렇지만, 냉전기 미국과 동맹국 간의 '대타협'이 그랬듯이, 미국은 테러와의 전쟁을 수행함으로써 여전히 국제공동체에게 공공재를 공급하고 있다. 다른 국가들은 미국에 투자하고 미국산 재화와 서비스를 구매함으로써 그 서비스에 대한 대가를 지불하고 있다. 과도한 부채보다 더 큰 우려는 미국의 군사력이 심각하게 약화되면 미국에 대한 신뢰와 투자를 손상시키는 임

계점이 도래할 것이라는 점이다. 슈타인가르트가 잘 지적했듯이, "신뢰하는 사람들이 불신하는 사람들보다 수적으로 더 많은 한, 모든 것이 순조롭다. … 이 관계가 변하기 시작하는 그날, 문제는 시작된다."[14]

크루그만Paul Krugman 같은 학자들은 전반적인 사정이 그렇게 나쁘지 않다고 믿는다. 글로벌 금융위기와 과도해 보이는 부채에도 불구하고, 달러화 약세는 적어도 **아직까지는** 중요한 문제가 아니다. 인플레이션은 낮고, 또 사실 더 높은 인플레이션이 현 상황에 다소 도움을 줄 수도 있다.[15] 나아가, 연방준비제도가 '돈을 찍어낼 때' 인플레이션을 초래한다는 주장은 신용을 확대하고 통화의 유통을 유지하는 연준의 역할을 잘못 이해한 것이다. 실제로 기록적으로 낮은 이자율과 양적완화는 신용의 양을 그렇게 많이 증가시키지 않았기 때문에, 미국은 1990년대 일본처럼 **디플레이션**을 경험할 수 있었다.

지금 현재 많은 투자자들은 미국을 세계에서 가장 좋은 투자처로 삼고 있다. 의아스럽게도 미국 달러화가 신뢰성 결핍으로 인해 급속히 **평가절**

하되면, 외국인 투자자들은 스스로 손해를 볼 뿐이다. 대공황기에 발생한 것처럼, 다른 국가들은 수출 경쟁력을 위해 자국 통화가치를 지속적으로 낮게 유지할 필요성을 느끼고 있었고, 이것은 무역전쟁의 출발점이었다.[16] 많은 사람들은 달러화가 여전히 세계의 기준통화로 남을 것이라고 믿는다. IMF에 따르면, 2012년 중반 공식 외환보유고의 62퍼센트는 달러로 이뤄져 있으며, 이 수치는 1999년 71퍼센트에서 약간 하락한 것에 불과하다. 미국에게 유리하게 작용하는 다른 글로벌 요인들은 중국경제의 둔화, 2011년 3월 쓰나미 여파로 인한 일본 후쿠시마원전 폭발사고, 유로존에서 진행되고 있는 부채위기 등이다. 미국은 유럽에서 경제성장을 자극하는 (비록 느리게 움직이기는 하지만) 새로운 기관차일 수 있다.

달러화가 아니라면, 그 다음은 무엇인가?

2009년 10월에 중국, 프랑스, 일본, 러시아, 그리고 일부 페르시아만 국가들은 달러화로부터 벗어나서 복수의 통화와 금으로 구성되는 바스켓을 도입해서 달러화를 대체하는 방안을 논의한 것으로 알려진다. 정치경제학자인 아이켄그린Berry Eichengreen은 많은 국가들이 이것을 포함한 다른 대안들을 고려해왔다고 지적했다.[17] 가장 유명한 제안들 중 일부는 다음과 같다.

- 미국 달러화가 준비통화로 남는 경우
- 유로화나 중국 위안화가 미국 달러화를 대체하는 경우
- 특별인출권SDRs: Special Drawing Rights 같은 초국적 통화가 달러화를 대체하는 경우
- 통화바스켓체제가 부상하는 경우

아이켄그린과 그 외 사람들이 보기에 유로존이 처한 난관 때문에 유로화는 EMU의 준비통화 그 이상의 통화가 될 가능성은 없다. 이 책 제12장에서 우리는 현재까지 왜 오직 독일만이 (EMU)체제 유지와 관련된 일부 책임을 떠안고자 하는지에 대해 논의한다.

중국의 경우, 2012년 초 공식 외환보유고의 54퍼센트는 달러화로 채워졌다. 한때 중국 중앙은행 총재는 SDRs이 준비통화로서 달러화를 대체하도록 하자고 제안했다. 현재 중국 위안화는 여전히 어디에서도 태환되지 못하고 있다. 초국경 무역과 중국에서 물품을 구매하는 용도로만 사용되고 있다. 이 때문에 다른 국가들은 외환, 무역, 은행결제 등을 위해 위안화를 사용하지 않는다. 이런 상황을 변화시키기 위해서 중국은 시장을 더 개방하고, 은행들을 상업화하고 감독하며, 은행대출과 고정환율에서 벗어난 새로운 성장전략을 모색해야 할 것이다. 글로벌 금융위기로 인하여 중국은 해외 은행과 공사에 투자하기보다는 경제회복과 고용을 위해 더 많은 지출을 해야 했는데, 이것은 많은 미국관리들과 전세계 은행가들에게 걱정을 끼쳤다. 하지만, 2012년에 경제가 둔화되면서 중국은 아시아지역에서의 주요한 역할 그 이상으로 위안화의 입지 강화를 추진하려고 서둘지 않았다.[i]

스티글리츠Joseph Stiglitz가 이끄는 UN 산하의 한 위원회는 초국가적 준비통화 역할을 SDRs에 맡기자고 제안했다. 이 방안은 대량의 자본을 차입하고 국내정책으로 조정 문제를 다른 나라에게

---

i 〈역자 주〉 2015년 11월 30일에 국제통화기금(IMF) 집행이사회는 중국 위안화를 2016년 10월 1일부터 특별인출권(SDR) 바스켓에 편입시키기로 결정했다. 이로써 위안화도 국제 기축통화 대열에 합류하게 되었다.

부과하는 미국과 같은 국가들의 특권을 제거할 것이다. 그러나 현재 문제는 SDRs이 외환으로 받아들여지지 않는다는 사실이다. SDRs은 매매의 대상이 될 수 없으며, 국가, 기업, 그리고 은행들이 사용할 만큼 충분한 유동성을 갖고 있지 않다. 그것을 사용하려면 높은 비용을 치러야 하고, 시장의 구조조정이 요구된다. IMF가 SDRs 시장 창출을 도울 수도 있지만, 회원국들로부터 그럴 수 있도록 권한을 부여받아야 한다. 또 IMF는 결핍의 시기에 추가로 SDRs을 발행해야 할 것이다.

체제관리와 대안적 준비통화

현재 글로벌 통화·금융체제의 관리는 여전히 취약하고 모호하다. IMF와 세계은행은 외환을 규제하고 자금을 대출하는 역할에 있어서 중요성을 잃어가고 있다. IMF의 역할이 크게 약화된 것은 아시아 금융위기를 다루는 과정에서 일본과 서유럽 회원국들의 제안을 거부했기 때문이다. 최근의 금융위기 동안 IMF는 자신의 후원자인 미국의 정책을 진단하는 일에 심하게 저항했다. 그러나 IMF는 지금 그리스, 아일랜드, 스페인 등 유로존의 일부 선진국들을 돕기 위해 노력하고 있다.

1970년대 이후 G8(미국, 영국, 독일, 프랑스, 일본, 이탈리아, 캐나다, 그리고 나중에 러시아)은 재무장관과 중앙은행 총재들이 참여하는 힘겨운 협상을 진행해왔다. 이밖에도 국제금융 및 은행 이슈에 관해 협력하는 덜 알려진 국제기구들이 있다. 바젤위원회Basel Committee on Bank Supervision는 27개 회원국으로 구성되어 있는데, 자본적정성 기준을 설정하고 은행들의 영업을 감독한

다. 국제증권관리위원회기구IOSCO: International Organization of Securities Commissions는 증권에 관한 표준을 설정한다. 국제결제은행BIS: Bank of International Settlements은 주요 국가의 중앙은행과 회원국이 추천하는 회원으로 구성되어 있다.

글로벌 금융위기는 재무장관급 G20(WTO의 G20이 아님)의 발달을 자극했다. G20은 통화 및 금융 규칙에 관한 협상에서 더 큰 역할을 하고자 하는 더 많은 신흥경제들을 대변한다. 브라질, 러시아, 인도, 중국 등BRICs은 일부 협상에서 비타협적 태도를 보이고, 보다 자유주의적인 정책과 발전 전략에 대한 지지를 주저했기 때문에 관심을 끌었다. 인도네시아, 말레이시아, 태국, 필리핀 등 동남아시아국가들은 보다 길들여진 형태의 자본주의와, FDI 및 외환에 관련된 국제협상에서 신흥국(심지어 가난한 나라들)의 다양한 이익을 지지한다.

2012년 11월 초 멕시코시티에서 열린 G20 재무장관회의에서, 대부분의 국가들은 유럽의 부채위기가 곧 해결되지 않으면 또 다른 대침체가 발생할 수 있다고 우려했다. 미국정치인들이 2013년 초 세금의 자동인상과 지출감축(소위 재정절벽)이 발효되지 못하도록 하는 정치적 타협에 이르지 못할 경우, 또 다른 경기침체를 초래할 수 있다는 우려도 있었다. 이러한 종류의 사건들은 세계 주요 경화들의 가치를 쉽게 상승시키거나 하락시킬 수 있고, 이를 통해 부와 권력의 지구적 분포에 변화가 일고 있음을 알려준다.

결론

미국과 서유럽에서 대공황에 대한 생생한 기억은

전후 통화 및 금융 정책에 지대한 영향을 끼쳤다. 정책결정자들은 각국의 금융체제를 격리하고 규제함으로써 또 다른 글로벌 금융 위기와 붕괴를 피하려 했다. 브레턴우즈체제(1947~1971) 하에서, 투자 자금은 높은 수익률을 얻기 위해서 국가들 사이를 쉽게 이동할 수 없었다. 체제에 대한 신뢰성을 확립하기 위해서, 미국 달러화 가치를 금에 고정시켰고 환율변동폭을 제한함으로써 외환거래의 변화폭을 좁히려 했다. 서구 경제가 회복되었을 때 국제금융체제의 구조와 규칙들은 더 높은 경제성장을 원하는 국가들에게 제약을 가했다. 브레턴우즈 고정환율제는 변동환율제로 이행했고, 환율과 자본이동에 대한 통제가 완화되었다.

1970년대의 특징은 상호의존의 증가 현상과 고유가로 인한 두 차례의 국제적 경기침체였다. 1980년대에는 신자유주의정책과 신자유주의운동이 대두되면서 금융·외환·무역 부문의 탈규제화가 가속화되었다. 냉전이 종식된 후, 자유방임적 국내정책과 세계화는 더 큰 인기를 누렸고, 기록적인 양의 지구적 자본이동을 초래했다. 브라질, 중국 등 많은 신흥경제들은 선진국에 대한 수출로부터 막대한 자본을 획득했다. 1990년대 중반 무렵, 세계화와 폭주 자본주의는 글로벌 금융 및 통화체제와 미국의 리더십 지위를 점차 약화시켰다. 아시아와 미국의 외환·금융위기(제8장 참조)는 미국의 패권적 특혜를 존속시켜주었던 그 체제에 대해 심각한 도전을 제기했다. 미국은 지속적으로 자본잉여국으로부터의 차입을 통해 적자와 높은 국내 소비수준을 충족시켰다. 그로 인해 최근에는 부동산 거품이 가중되고, 2008년에는 글로벌 금융체제의 붕괴 직전까지 이르게 되었다.

또 다시 미국의 패권적 책임들은 재정적·정치적 비용을 증가시켰다. 환율 변동성과 자본이동이 국내의 고용과 투자에 심대한 영향을 줄 수 있기 때문에, 미국은 계속 다른 국가들에게 의지해서 자신의 적자를 충당하려 했다. 그리고 그것은 역설적이게도 글로벌 통화·금융체제의 안정성을 더욱 약화시켰다. 경제적 자유주의 사고의 인기에도 불구하고, 국가들은 자신의 국가적 목적을 달성하기 위해 여전히 외환시장과 금융시장에 개입하지 않을 수 없다.

금융위기로 인해 미국 달러화의 지위가 약화된 것은 분명하지만, 현재로는 미국 달러화만큼 강력하거나 믿을만한 다른 통화의 존재를 상상하기 어렵다. 미국 주도의 국제정치에서 혜택을 누리는 국가들과 미국 간에는 여전히 협력이 이뤄지고 있다. 결과적으로 국제통화·금융체제는 케인즈주의적인 타협의 관점에서 국내적인 고려사항이 국제사회의 이익보다 여전히 중요시되는 상황을 반영한다. 오늘날의 글로벌 정치경제는 25년 전보다 훨씬 더 통합되어 있다. 상호의존과 세계화는 부와 정치권력을 재분배해왔다. 그로 인해 최강의 선진국들을 제외한 모두의 이익을 증진하는 방향으로 금융·통화체제를 관리하기가 특히 더 어려워졌다.

점점 신흥경제들은 통화 및 금융에 대한 관리권을 더 이상 미국에게 양보하지 않으려 할 뿐만 아니라, 글로벌 경제에서의 영향력과 역할을 감안하면 그들이 양보할 것으로 기대해서도 안 된다. 이러한 상황은 국제금융체제를 관리하는 일을 번거롭고 어렵게 만들었다. 그와 같은 이유 하나만으로, 더 다극적이고 다자적인 체제는 국가들에게 협력을 강요할 것이다. 그래야만 자신들의 이익을 만족시키는 새로운 질서를 창출할 수 있고, 역사의 예측불가능한 손이 그들을 대신하여 선택하지 않도록 할 수 있다.

다음 장에서 우리는 이 장에서 다뤄진 국제통화·금융체제의 구성요소들을 사용하여 부채위기의 여러 유형을 논의한다. 이어서 과거의 위기를 촉발했던 거의 동일한 조건에 의해 발생한 미국과 EMU에서의 최근 금융위기를 살펴본다. 우리는 부채와 금융 문제를 해결하기 위한 몇몇 인기 있는 제안들을 간략하게 검토함으로써 결론을 맺는다.

주요 용어

토론주제

1. 금본위제, 변동환율제, 고정환율제 등의 정치적, 경제적, 제도적, 절차적 특징을 요약해 보시오. 각 체제의 정치적, 경제적 장점과 단점은 무엇인가?

2. IMF의 제도적 특징 및 경상수지 적자를 해결하는 데 있어서 IMF의 역할을 요약해 보시오.

3. 만약 미국 달러화가 중국 위안화에 대해 급격하게 평가절하된다면, 각국의 소비자와 기업에게 어떤 효과가 미치겠는가? 달러가치의 하락은 언제 미국에게 독 혹은 약이 되는가? 설명해 보시오.

4. 세계화와 경제적 자유주의 사고는 어떻게 국제 금융·통화체제의 전개과정에 영향을 끼쳤는가? 이 장과 신문기사에서 구체적인 예를 인용하여 설명해 보시오.

5. 미국은 다른 국가들의 투자 자금에 의존하는 막대한 경상수지 적자를 겪어왔다. 어떤 정치적, 경제적 요인들이 이러한 상황에 기여했는가? 미국은 자국에 투자하는 국가들 중에서 누구에게 가장 의존했는가? 이들 국가들이 미국에 투자하는 행위는 합리적인 것인가? 이와 같은 상황이 미국 달러화의 가치에 어떤 충격을 미치는가?

추천문헌

Benjamin J. Cohen. *The Geography of Money*. Ithaca, NY: Cornell University Press, 1998.

Barry Eichengreen. *Globalizing Capital: A History of the International Monetary System*. Princeton, NJ: Princeton University Press, 1996.

Barry Eichengreen. "The Dollar Dilemma: The World's Top Currency Faces Competition." *Foreign Affairs* 88 (September/October 2009), pp. 53–68.

Robert Wade. "The First-World Debt Crisis of 2007–2010 in Global Perspective." *Challenge* 51 (July/August 2008), pp. 23–54.

주

1) Eric Helleiner, "The Evolution of the International Monetary and Financial System," in John Ravenhill, ed., *Global Political Economy*, 3rd ed. (Oxford: Oxford University Press, 2011), p. 216.

2) 국제통화·금융체제의 역사에 관한 보다 자세한 논의는 Helleiner, "The Evolution of the International Monetary and Financial System," pp. 215–243를 참조하라.

3) 통화동맹의 두 예 중에서 라틴아메리카동맹(Latin American Union)은 1865년에 프랑스, 스위스, 벨기에, 이탈리아를 포함했고, 스칸디나비아동맹(Scandinavian Union)은 1873년에 스웨덴, 덴마크, 노르웨이 등을 포함했다. Helleiner, ibid., p. 153.

4) Ibid., p. 155.

5) Ibid., p. 156.

6) Karl Polanyi, *The Great Transformation: The Political and Economic Origins of Our Time* (Boston, MA: Beacon Press, 1944)를 참조하라.

7) 예를 들어 Oswaldo De Rivero, *The Myth of Development: Non-viable Economies and the Crisis of Civilization*, 2nd ed. (New York: Zed Books, 2010), pp. 31–41를 참조하라.

8) Benjamin J. Cohen, "The Revolution in Atlantic Relations: The Bargain Comes Unstuck," in Wolfram Hanrieder, ed., *The United States and Western Europe: Political, Economic, and Strategic Perspectives* (Cambridge, MA: Winthrop, 1974).

9) Robert Gilpin, *The Challenge of Global Capitalism* (Princeton, NJ: Princeton University Press, 2000), p. 6를 참조하라.

10) Thomas Lairson and David Skidmore, *International Political Economy: The Struggle for Power and Wealth*, 3rd ed. (Belmont, CA: Wadsworth, 2003), p. 104에서 보고되었다.

11) Gilpin, *The Challenge of Global Capitalism*, p. 6.

12) C. Fred Bergsten, "The Dollar and Its Deficits," *Foreign Affairs* 88 (November/December 2009).

13) Gabor Steingart, "Playing with Fire," Spiegel Online, www.spiegel.de/international/0,1518, druck-440054,00. html를 참조하라.

14) Gabor Steingart, *The War for Wealth: The True Story of Globalization, or Why The Flat World Is Broken* (Emmeryville, CA: McGraw Hill, 2008), p. 87 를 참조하라.

15) Paul Krugman, "Not Enough Inflation," *New York Times* (April 5, 2012).

16) James Rickards, *Currency Wars: The Making of the Next Global Crisis* (New York: Penguin, 2011).

17) Barry Eichengreen, "The Dollar Dilemma: The World's Top Currency Faces Competition," *Foreign Affairs* 88 (September/October 2009), pp. 53–68를 참조하라.

CHAPTER

8

국제 부채위기와 금융위기

신문 독자들은 국가부채 문제와 현재 진행 중인 글로벌 금융위기에 관한 1면 머리기사에 익숙해 졌다. 2007년 미국주택시장 거품의 붕괴는 세계적 경제침체를 야기했으며 수많은 사람들의 생활수준을 악화시켰다. 우리가 2012년 말에 쓴 바와 같이, 새로운 금융위기의 먹구름이 잔뜩 몰려오고 있다. 여전히 미국의회는 이미 16조 달러에 이르는 장기 국가부채가 더 이상 크게 늘어나지 않도록 하려고 지출삭감과 세금인상 둘 다를 통해 연방예산의 매년 적자규모를 축소하려 하고 있다. 지겨운 그리스 부채위기는 많은 경제학자들이 그리스가 차라리 유럽통화동맹EMU에서 탈퇴하는 게 낫겠다고 생각하는 지경에 이르렀다. 이탈리아, 스페인, 포르투갈, 아일랜드 등과 같은 또 다른 유로존 회원국들은 여전히 높은 수준의 국가부채를 갖고 있다. 이들 국가는 유로존에 잔류하고 국가부도 사태를 피하기 위해 유럽중앙은행에게 추가대출을 구하면서, 인기 없는 긴축정책을 국민들에게 더욱 강요하고 있다. 한편으로 EMU 전체 경제가 적어도 2013년까지 지속될 것으로 예상되는 또 다른 경기침체에 빠졌다.

여러분과 여러분의 가족도 부채위기에 시달리고 있을 지도 모른다. 2000년대에 주택을 구입한 많은 사람들은 소유한 집값보다 더 많은 빚을 은행에 졌으며 주택압류를 당할 처지에 있음을 나중에 깨닫게 되었다. 많은 사람들이 일자리를 잃었으며, 새로이 돈을 많이 받는 좋은 일자리를 얻을 수 없었다. 2012년 9월 기준으로 미국국민의 신용카드 빚 규모는 가구당 평균 7,150달러였다. 미국대학협의회College Board에 의하면, 2010~2011년에 공립대학 졸업생의 57퍼센트는 1인당 평균 2만 3,800달러의 빚을 지고 있었다. 2011년 9월말 기준으로 학생들 중 13.4퍼센트가 학생대출 상환이 개시된 후 3년 이내에 채무불이행 상태에 놓였다. 일부는 자포자기하는 심정으로 재정적 고통을 조용히 감내했지만, 일부는 2011년 말에 발생한 '월가점령운동Occupy Wall Street' 시위에 가담하거나 또는 정부에게 구제를 요구하기 위해 유럽에서는 2012년 내내 파업과 긴축정책 반대시위를 벌였다.

금융 및 부채이슈는 보통 사람들이 이해할 수 없을 만큼 너무 복잡해서 수수께끼와 '검은 그림자'에 싸여있는 것처럼 여겨진다. 최근까지만 해도 '전문가들'이 모든 사람에게 최선의 이익이 되도록 국가 및 글로벌 금융을 관리하는 올바른 결정을 내릴 것이라고 가정하는 것은 쉬웠다. 지금은 그 정도로 어리석지 않다. 그린스펀Alan Greenspan 전 미국 FRB 의장은 2008년 10월 금융위기를 조사하는 의회 위원회에서 "주주들(특별히 내 자신)의 주식을 보호하기 위해 대출기관의 이기심에 의지했던 우리들은 충격적인 불신감에 빠져있다"라고 실토했다.[1] 다른 중앙은행 관계자와 금융산업 경영자들 역시 자신들이 그릇된 이념적 가정과 불완전한 정보를 기초로 잘못된 결정을 내렸다고 고백했다.

우리는 어떻게 이러한 혼란에 빠지게 되었는가? 혼란을 해결하는 것이 왜 그토록 어려운가? 우리는 그와 같은 일의 재발을 어떻게 예방하고 있는가? 우리는 1980년대 이래 부채위기와 금융위기의 일부 원인과 각국 정부가 그 위기들을 해결하려고 시도하는 과정에서 직면했던 여러 상충관계의 검토를 통해 이 질문들에 대한 답을 제시할 것이다. 금융위기는 항상 자원의 재분배를 둘러싼 투쟁을 야기한다. 국가가 채택한 개혁조치들로 인해 일부 사회집단은 커다란 혜택을 누리는 반면 또 다른 사회집단들은 꿈을 잃게 된다. 정치적 대응은 보호주의 강화로부터 보호주의 약화까지, 긴축으로부터 경기부양까지, 재정통합 확대로부터 국가주권 확대까지, 정치적 포용으로부터 억압까지 등 무척 다양할 수 있다. 또 위기는 국가-시장 관계 및 사회적으로 무엇이 공정하고 정당한지에 관한 우리들의 관념을 장기적으로 변화시킬 수 있다.

오늘날 글로벌 금융위기가 갖고 있는 가장 중요한 특징 중 하나는 자본의 세계화이다. 하루 24시간 국가, 은행, 기업들은 수입 대금을 지불하고, 투자를 하고, 자금을 대출해주고, 해외원조를 제공하여 세계 곳곳에 돈이 돌게 한다. 예를 들면, 2012년 9월 **매일같이** 5조 달러의 외환이 글로벌 통화시장에서 거래되었다. 자본 이동성과 환율 변동성의 증가로 인해 글로벌 금융체제의 상호연결성과 불안정성이 더욱 커졌다.

제7장에서 소개한 몇몇 주제를 기반으로 우리는 1980년대 제3세계 부채문제로부터 유럽의 국가부채 위기까지 중요한 위기들을 살펴보고자 한다. 첫째, 우리는 부채의 다양한 원인 및 금융위기의 상이한 특징들을 개관할 것이다. 개인, 기업, 국가는 소비·투자·지출 등 다양한 이유로 빚을 진다. 그 부채를 갚지 못하는 경우 국제수지 문제, 부채의 덫, 신용경색, 그리고 심지어 경제공황을 야기할 수 있다.

둘째, 1980년대와 1990년대 중반 개도국들(특히 멕시코)을 집어삼킨 부채위기와 그 위기로부터 국가들을 구해내기 위해 정책변화를 강제하였던 IMF의 역할에 대해 살펴볼 것이다. 셋째, 우리는 태국의 외환위기를 초래한 투기적 자본의 공격에 의해 일정부분 촉발된 1997~1998년 아시아 금융위기의 동학에 대해 살펴볼 것이다. 자유로운 자본

이동의 시대는 1998년 러시아 및 2001년 아르헨티나의 경제파탄으로 이어졌다. 두 나라의 주식시장과 통화가치가 폭락하였으며, 이들은 대외부채에 대한 채무불이행을 선언하지 않을 수 없었다.

넷째, 우리는 2007년 미국 주택담보채권의 거품 붕괴로 인해 촉발된 글로벌 금융위기에 대해 논의할 것이다. 위험하게 투자한 은행들은 파산 직전에 몰렸고, 세계가 경제침체에 빠지면서 정부의 구제금융이 불가피하게 요구되었다. 다섯째, 우리는 그리스의 국가부채 위기가 어떻게 다른 유럽국가들로 확산되었는지 설명할 것이다. 그리스위기는 유럽경제통화동맹EMU: Economic and Monetary Union의 와해를 위협할 만큼 금융위기 및 은행위기를 광범위하게 야기했다. 끝으로 여섯째, 우리는 국가들과 국제기구들이 현재의 위기를 해결하고 미래의 위기를 예방하기 위해 글로벌 금융구조를 보다 잘 규제할 수 있는 방법에 관한 몇몇 제안들을 살펴볼 것이다.

이 장의 전체를 관통하는 핵심 논지는 다음과 같다.

- 지난 30년 동안 일어난 사건들은 금융위기와 부채위기가 진귀한 '검은 백조black swan'가 아님을 말해준다. 오히려 위기는 시장주도형 세계화에서 반복되는 고질적 현상이다.
- 위기는 지리적으로 더 넓은 지역에 걸쳐 더 오랜 시간동안 지속되었으며, 미국과 유럽의 경제적 안정 및 정치적 안정을 그 어느 때보다 더욱더 심각하게 위협했다.
- 글로벌 금융의 복잡성과 상호연결성으로 인해 국가 및 국제기구들이 국제금융체제를 관리하는 일이 더욱 어렵게 되었다. 미국과 유럽의 정치엘리트들이 분열되고, 유로존 내에서 이

해관계가 첨예하게 갈라지면서 극단적인 금융정책이 등장하고 있다.
- 점차 의견이 모아지고 있는 것은 경제적 자유주의자들이 제시한 — 워싱턴 컨센서스의 긴축정책과 구조조정에 기초한 — 부채위기 해결책이 효과가 없을 뿐 아니라 오히려 경제회복을 지연시킬 수 있다는 점이다. 안정성을 제고하고 세계 빈곤층에 대한 금융시장의 충격을 완화하기 위해서는 좀 더 효과적인 글로벌 거버넌스체제 및 국가차원의 은행규제가 필요하다.
- 구조주의 시각에서 보면, 자본주의는 자멸의 씨앗을 뿌리고 있는 것 같다. 전통적인 복지국가는 내부에서부터 붕괴하고 있다. 불평등이 확대되고 있으며 계급투쟁이 늘어나고 있다. 독일 언론인 쉬닙벤Cordt Schnibben은 "시장의 합리성 및 시장과 민주주의 공생에 대한 신뢰가 순식간에 사라졌다"고 주장한다.[2]
- 1980년대와 1990년대에 겪었던 경험과는 아주 대조적으로 브릭스BRICs(브라질, 러시아, 인도, 중국)와 일부 개도국들은 2007년 금융위기 당시 상대적으로 별 피해를 입지 않았는데, 부분적으로 그 이유는 이 국가들에서 중산층이 증가하고 석유, 광물, 식량 및 기타 수출원자재의 글로벌 가격이 강세였기 때문이다.

부채와 그 결과

부채는 자본주의 경제체제에서 매우 중요한 기능을 한다. 부채는 경제의 성장과 생산성의 증가에 일조하는 새로운 투자를 촉진한다. 부채는 다양한 형태를 띠고 있다. 개인들이 신용카드를 사용하고, 자동차 대출을 얻고, 주택 융자를 받을 때 발생하

는 가계부채에 우리는 아주 익숙하다. 우리는 소비하기 위해 돈을 빌리며, 그리고 나서 빚을 갚지 못하는 경우 우리는 파산하거나 자산을 압류당하게 된다.

민간기업들 역시 여러 가지 이유로 빚을 진다. 가장 중요한 이유는 공장과 설비에 새로운 투자를 하는데 쓸 자금을 구하기 위해, 다른 회사를 인수하기 위해, 단기적인 비용을 충당하기 위해서 빚을 진다. 기업들은 주식이나 채권을 발행하거나 금융회사로부터 차입을 통해 자금을 조달한다. 또한 기업들은 다양한 이유로 부채상환 문제에 직면한다. 그 이유로 경쟁력의 상실, 경기하강으로 인한 수익의 감소, 그리고 환율의 변화 등을 들 수 있다. 어떤 기업들은 파산에 처하는데, 이는 채권자에게 부채를 상환할 가망이 거의 없음을 의미한다. 어떤 기업들은 유동성 문제에 직면하며, 이는 단기적인 자금 흐름 문제를 겪지만 여전히 생존가능한 기업임을 의미한다. 마찬가지로 국유기업들도 자국 정부나 공공개발은행으로부터 자금을 차입한다.

국가들 역시 새로운 인프라 건설 자금을 조달하고 재정적자나 무역적자 등을 메우기 위해 정기적으로 돈을 차입한다. 전형적으로 정부 증권과 채권의 판매를 통해 자금을 모은다. 국가에게 돈을 빌려주는 국내외 채권자(대부자)로는 외국 정부, 기업, 은행, 헤지펀드, 연금펀드 등을 들 수 있으며, 이들의 일부는 기업한테도 돈을 빌려준다. 대부자들은 얼마 만큼의 금액을 또 어떤 이자율로 얼마동안 빌려줄지 결정할 때 해당 정부가 채무에 관한 약속을 이행할 가능성을 평가한다.

정부들은 단지 더 많은 돈을 찍어내서 자국의 통화로 부채를 상환할 수 있지만, 통화가치가 떨어지고 인플레이션이 유발되는 대가를 치러야 한다. 은행과 투자자들은 돈을 빌려줄 곳을 찾아 세계를 끊임없이 둘러본다. 그들은 잠재적 환율 변동성, 글로벌 수요의 변화, 정치적 불안정 등이 예상되는 위험을 고려하여 최고의 수익률을 얻을 수 있는 곳을 대개의 경우 찾아내곤 한다. 부채 규모가 너무 커서 추가의 자금 대출이 위험하다(더 높은 이자율의 경우는 예외)고 채권자들이 생각하지 않는 한, 정부와 기업들은 흔히 기존 부채의 상환기한을 연장하거나 새로 돈을 찍어내거나 빌려서 빚을 갚는다. 이쯤 되면 부채는 파괴적인 힘을 갖게 되어 채무자들은 비용이 계속 늘어나는 '부채의 덫'에 빠지거나 파산상태에 처하게 되며 향후 자금의 차입이 어려워진다.

국제부채 문제는 종종 국제수지 위기로 이어진다 (제7장 참조). 예를 들면, 어느 한 국가가 무역적자를 기록하고 있다면, 그 국가는 더 많은 재화와 서비스를 수출하기 위해 노력해야 한다. 아니면 다른 국가들의 투자를 유치하여 무역적자를 상쇄해야 한다. 외국인투자가 부족하면 종종 자본수지 적자, 또는 금융부채가 발생한다. 이 국가가 좋은 조건으로 해외에서 자금을 차입할 수 없는 경우, 그 나라의 국제무역은 붕괴될 것이다. 왜냐하면, 필요한 수입상품의 가격이 너무 높아서 살 수 없기 때문이다.

그와 같은 상황은 자본도피 현상을 초래할 수 있는데, 투자자들이 어떤 한 나라의 경제를 더 이상 신뢰하지 않게 되면서 은행계좌를 그 나라에서 소위 '피난처' 국가로 옮기는 경우이다. 이어서 채무국 은행들은 극심한 자금 부족을 겪게 되고 이자율이 급격히 치솟는다. 또 국가들은 그 나라를 빠져나가면서 그 국가의 통화를 내다파는 사람들에게 강세 통화를 제공하여 자국 통화가치를 방어해야 하는 부담을 떠안는다. 통화가치 방어에 실패하는 경우 관리들은 통화를 평가절하하지 않을 수 없고, 이로 인해 경제와 사회는 불안정해지기 쉽다.

투기와 자본도피에 의해 초래된 국제수지 위기와 관련이 있는 부채 문제는 무역 및 국제금융관계를 교란시킬 수 있다. 1930년대 대공황 시절에 그랬듯이, 한 국가의 위기가 추가적으로 다른 나라의 위기를 촉발할 수 있다. 그로 인해 발생하는 경제적인 문제는 정치적인 문제가 된다. 왜냐하면 국제수지 균형을 회복하기 위해 IMF와 같은 '최종 대부자'로부터 구제금융을 얻는데 필수적인 혹독한 정책을 시행하는 일은 국가와 지도자들의 몫이기 때문이다.

1980년대 및 1990년대 초 부채위기

멕시코는 자국 은행의 부채에 대한 채무불이행 선언을 통해 1982년 저개발국 부채위기를 가장 먼저 일으켰고, 브라질과 같은 다른 채무국 역시 멕시코의 뒤를 따를 것이라는 우려를 낳았다.[3] 멕시코위기는 1970년대로 그 연원을 거슬러 올라갈 수 있는데, 당시 OPEC 석유수출국들은 석유달러를 서구 은행과 금융회사에 재투자했고, 다시 이 돈은 새로운 투자기회와 높은 수익률을 저개발국에서 찾았다. 상대적으로 작은 규모의 공적개발원조ODA를 제공하고 있었던 서구 관리들은 개도국들에게 차입을 장려했다. 왜냐하면 특히 물가상승률이 대출이자율보다 높아서 전통적으로 차입자

에게 유리한 음(−)의 실질이자율이 형성되었기 때문이다.[4] 이러한 대출은 급속한 경제성장을 가져오기보다는 금융시장의 불협화음으로 인해 채무국과 채권자 양자 모두를 부채의 덫에 빠뜨렸다.[5] 뒤돌아보면, 너무 많은 돈이 너무 많은 나라들에게 대출되었다.

런던과 뉴욕 등에 본사를 둔 국제은행들은 상황이 나빠진 이후에도 계속 돈을 빌려주었는데, 이는 채무국 정부들이 기존 대출금에 대한 이자를 계속 지불할 수 있도록 하기 위해서였다. 결국 너무 많은 부채로 인해 은행들은 채무국만큼이나 큰 어려움에 처하게 되었다. 전형적으로 케인즈주의자들이 우려하는 사태가 벌어졌다. IMF는 세계은행World Bank과 조율하여 채무국들에게 신규 대출을 제공하고, 그 대신에 무역자유화와 정부의 재정지출 축소를 요구했다. 일단 IMF 정책권고안이 제시되자, 상업은행들은 부채 상환일정을 재조정하고 서구 정부들은 신규 대출을 확대했다. 기본적으로 채무국들은 새로운 대출로 기존 대출을 갚아갔고 상환기한을 연장했다. 한국, 터키 등 소수의 국가들은 경기를 회복하고 수출을 통해 새로운 소득을 창출했지만, 다른 국가들의 적자 폭은 더욱 커졌다.

1985년에 이러한 문제들을 해결하기 위해 베이커James Baker 미국 재무장관은 소위 베이커플랜Baker Plan을 내놓았다. 베이커플랜에 의하면, 상업은행과 서구 정부들은 15대 채무국에게 더 큰 규모의 더 오랜 장기 대출을 확대하고 그 대신에 채무국들은 시장지향적인 구조개혁을 단행하여 부채 탈출에 필요한 경제성장을 도모하도록 했다. 그러나 베이커플랜은 작동하지 않았는데, 상업은행들과 세계은행World Bank이 제공하는 추가 신용

이 제때에 이뤄지지 않고 지연된 데 일정부분 그 이유가 있었다. 게다가 국가들이 동시에 자신의 수출을 늘리려고 시도하는 동안 원자재 가격 및 유가가 붕괴했고, 그로 인해 일부 국가들의 경우 상황이 훨씬 더 나빠졌다. 저개발국 상품의 수출시장을 위축시킨 선진국의 경기침체가 이 문제를 더욱 복잡하게 만들었다. 어떤 경우, 대출금이 수익성이 없는 사업에 사용되거나 부패한 지도자들에 의해 빼돌려졌다.[6]

1980년대 말에 이르러 채무국들은 국제부채 관리에 대한 불만에서 비롯된 첨예한 사회적·정치적 긴장에 직면했다. 많은 라틴아메리카국가들은 일방적으로 부채 상환을 전면적 혹은 부분적으로 중단하겠다고 위협했다. 레이건 행정부는 **부채교환**debt swap과 같은 몇몇 교묘한 금융구제 조치를 제기했는데, 일부 부채를 채무국의 토지나 자산과 교환할 수 있게 하는 것이었다. 비록 이 방안이 은행들의 부실 대출을 없애주기 때문에 채무국들이 전적으로 채무불이행을 선언하는 위험을 줄여줄 수도 있었지만, 은행들은 '죄수의 딜레마' 상황에 빠지게 되었다. 각 은행은 다른 은행들이 부채의 일부를 포기하기를 원하면서도 스스로는 그렇게 하고 싶지 않았다. 이 문제의 해결에 드는 비용을 다른 은행들은 지불하지 않고 자신만 감당하게 되는 것을 우려했기 때문이다.

1989년에 조지 부시George H.W. Bush 대통령은 브래디플랜Brady Plan이라는 또 다른 계획을 제안했다. 브래디플랜에 의하면, 은행들은 채무국에게 부채 경감을 해주는 대신, 채무국들은 미국재무성 채권을 담보로 하는 저위험 채권을 발행한다. 미국의 개입 덕분에, 멕시코와 같은 국가들은 (추가의 경제개혁을 그 대가로 치르면서) 일부 부채경

감 혜택을 누렸고, 은행들은 상당한 액수의 원금을 되돌려 받을 수 있을 것이라고 확신했으며, 미국정부는 국제금융이 더욱 불안정해지는 것을 피할 수 있었다. 채무국, 패권국들이 서로 위험과 책임과 의무를 공유하는 이 해결책 덕분에 개도국들은 부채상환의 부담을 덜었으며 부채의 덫에서 벗어날 수 있었다.

IMF의 새로운 역할

1980년대 중반 미국은 IMF에게 세계은행과 긴밀히 협력하여 저개발국 부채 문제를 해결하라고 압력을 가했다. 이 시기 동안 점차적으로 워싱턴 컨센서스가 개도국에게 권고되는 전략으로 떠올랐다 (제11장 참조). 신자유주의적인 레이건 행정부는 경제가 개방되고 글로벌 경제에 더욱 통합되면 부채를 해결할 수 있을 것으로 보았다.

회원국의 국제수지 문제의 해결을 돕는 일에 더하여, IMF는 국가들이 부채 부담을 덜도록 도와주는 국제경제의 '최종 대부자'가 되었다. 세계은행과 IMF가 제공하는 대출은 **구조조정정책**SAPs: structural adjustment policies을 조건으로 삼았는데, 이는 차입국들이 대출을 받기 전에 동의해야 하는 일련의 정책조치였다.

이러한 IMF **대출지원조건**conditionality은 논쟁거리가 되고 있는데, 경제가 균형을 회복하도록 고안된 많은 구조조정정책이 정치적으로 인기가 없는 데 그 이유가 있다. 그러한 정책으로는 수출을 위한 **통화가치 절하**, 인플레이션 억제와 저축장려를 위한 **물가안정**, 국유산업의 민영화와 정부지출 및 보조금 삭감을 위한 **긴축재정**, 국내경제의 경쟁 촉진을 위한 **관세 자유화**, 단기적인 투자

유치를 위한 **높은 이자율**, 수입가격 상승과 보조금 감소, 세금인상 등을 상쇄해 줄 저소득층 대상의 견실한 **사회보장제도** 등을 들 수 있다.

IMF의 정책권고는 수출증가와 수입감소를 통해 경상수지 적자를 완화하고자 하였다. 동시에 자본이탈의 억제와 새로운 차입수요의 억제를 통해 자본수지 개선을 꾀했다. 장기적으로, 이러한 정책들은 각국의 경제성장을 자극하여 기존의 부채를 상환케 하고 향후 부채에 대한 의존도를 줄여줄 수 있을 것으로 기대되었다. 단기적으로 이러한 정책들은 국민 대부분의 생활수준을 떨어뜨렸으며, 특히 빈곤층의 어려움을 가중시켰고, 그로 인하여 일부 국가에서 소요사태가 발생했다. 비록 이론상으로는 IMF와 채무국 정부들이 협력했지만, 실제적으로 양측은 종종 마찰을 빚었다. IMF가 국제금융의 안정을 책임지고 있는 반면, 채무국 정부들은 구조조정정책에 반대하는 국내 세력을 억눌러야 했기 때문이다.

1994년 페소위기

1994~1995년 멕시코위기는 글로벌 금융거래의 변동성이 증가하고, 국내적으로 **글로벌** 금융거래의 규제가 어려워진 것을 특징으로 하는, 새로운 글로벌 금융 및 투자의 시대에 발생한 최초의 위기였다. 경제학자 크루그만Paul Krugman은 전 세계적인 경제침체를 유발할 만큼 국제적으로 확산되는 금융위기를 묘사하는데 '전염위기'라는 용어를 사용했다.

멕시코가 1994년 북미자유무역협정NAFTA 가입을 추진하는 과정에서 투기성 투자로 인해 거품이 발생했다. 벤처자본가들과 대형투자자들은 멕시코가 NAFTA에 가입하게 되면 멕시코의 정치적 안정과 경제성장 전망이 좋아질 것이라고 확신했다. 은퇴자, 작가, 성직자, 할머니들의 돈을 굴리는 연금펀드를 포함하여 다양한 투자원의 자본이 멕시코로 유입되었다. 모든 사람들이 높은 수익률을 가져다줄 '신흥시장'의 새 시대가 도래했다고 믿었다. 뒤이어 펀드매니저들 및 서양세계 선진국 중산층의 경제적 야망이 정치적·경제적 현실에서 동떨어져 있음을 보여주는 행복에 도취된 언사들이 쏟아졌다. 많은 투자자들이 처음에는 상당한 돈을 벌었다. 소문이 퍼지자, 더 많은 투자자들이 뛰어들었고, 멕시코의 부동산, 주식, 채권의 가격이 치솟았다.

설상가상으로 1994년에는 가난한 치아파스 지역에서 반란이 발생했고, 집권당의 대통령 후보가 암살당했다. 별안간 외국인 투자자들은 멕시코의 정치적 안정에 대해 의구심을 갖게 되었다. 외국인 투자자들이 멕시코에 투자한 돈을 빼내기 시작하자, 미국 달러화에 고정시킨 고정환율제를 유지하길 원하던 멕시코관료들은 큰 압력을 받게 되었다. 투자자들이 멕시코의 주식, 채권, 페소화를 파는 경우 멕시코정부는 이들 투자자에게 미국 달러화를 지불할 의무를 갖고 있었다. 이로 인해 달러화의 가치가 상승했기 때문에 멕시코정부는 멕시코은행들이 보유한 달러화가 곧 바닥날 것이라는 것을 알고 있었다. 다른 한편, 멕시코정부 관료들은 멕시코로부터 자금이 빠져나가는 것을 막고 싶었다. 그렇게 하려면 이자율을 올려서 외국인투자의 수익률이 더욱 높아질 수 있도록 해야 했다. 하지만 이자율 인상은 멕시코 사람들이 은행에서 돈을 빌리는데 더 많은 대출비용을 지불해야함을 의미하였으며, 그로 인한 멕시코경제의 둔화 문제를 피할 수 없었다.

결국 국내이해관계가 우선시 되어 페소화가 평가절하되었는데, 이는 외국인 투자자들이 투자금의 상당부분을 잃게 될 것임을 알려주는 신호였다. 투자자들은 상황이 더 나빠지기 전에 앞다퉈 멕시코에서 투자금을 회수했다. 인플레이션이 두 배로 뛰었고, 실업률은 1995년 8월에 7.6퍼센트까지 치솟았다. 멕시코의 GDP는 1995년에 급격히 줄어들었는데, 사실상 NAFTA 호황 덕분에 단기적으로 늘어났던 GDP 증가분이 몽땅 사라지고 말았다. 수출은 페소화의 저평가 덕분에 회복되었지만, 높은 이자율과 신용경색, 높은 빈곤율 등으로 인해 멕시코는 비판자들이 얘기하는 소위 '데킬라 숙취'에 시달리게 되었다.

아시아 금융위기

멕시코위기 이후 채 2년도 지나지 않아 아시아 금융위기가 발생하여 세계 전체의 금융안정을 위협하고 그 이후 동아시아와 동남아시아에서 수년 동안 지속되는 경제적 피해를 야기했다.[7] 아시아 금융위기는, 글로벌 시장 행위자들이 금융을 관리하고 외부의 기대에 부응하는 정부의 능력을 신뢰하지 않는 경우 위기가 얼마나 쉽게 — 심지어 건전한 경제정책을 가진 국가들에서조차 — 발생하는지를 보여준다.

아시아 금융위기는 태국의 통화인 바트화가 1997년 7월 2일 갑자기 폭락하면서 시작되었다. 처음에 세계 신문들은 태국의 **외환위기**currency crisis를 금융면 한 구석에 다루었다. 그러나 태국 외환위기는 경제적, 정치적, 사회적 파급효과를 수

반하는 연쇄반응을 촉발했고, 인도네시아, 말레이시아, 대만, 홍콩, 한국에까지 전염병처럼 퍼져나갔기 때문에 **아시아 금융위기**로 통칭되었다.

태국정부는 미국 달러화 대비 태국 바트화 환율을 1달러 당 25바트로 **고정**시키겠다고 장담했었다. 태국의 이자율이 미국보다 **높았기** 때문에 자본이 태국으로 유인되었다. 태국정부의 통화가치 안정 약속은 태국 금융회사들로 하여금 글로벌 시장에서 달러화를 빌려서 빌린 달러화를 고정환율제 하에서 바트화로 교환한 후 더 높은 이자율로 대출하도록 부추겼다. 은행들과 대출자들은 그 자금을 사용하여 사업을 확장하고 부동산을 구입했으며 심지어 태국주식을 사는데 투기했다. 결과적으로 태국 및 역내 다른 나라들에서 경제거품이 커지기 시작했다.

문제의 발단은 태국의 은행들이 기한 내에 상환이 어렵거나 어쩌면 영원히 상환되기 어려운 많은 부실대출을 보유하고 있는 것이 밝혀지면서부터 시작되었다. 이 부실대출의 일부는 **정실자본주의**crony capitalism — 정부가 은행들로부터 뇌물이나 대출을 받은 대가로 일부 태국은행들에게 특혜를 제공하는 체제 — 때문이었다. 달리 말하면, 정부 관료와 기업엘리트들은 서로의 등을 긁어주듯이 상부상조했다. 부실대출이 드러나자 국제투자자들은 태국경제의 건전성을 우려하게 되었고 태국에 투자한 자금을 회수하기 시작했다. 이것은 25바트가 인출될 때마다 태국정부는 1달러를 지불해야 함을 의미했다. 태국으로부터 자금유출이 급격하게 늘어나면서 태국정부의 외환보유고가 바닥났다. 태국정부가 환율고정 약속을 지킬 수 없을 것이라는 — 달러가 고갈되면 태국정부가 취하게 될 조치에 대한 — 추측이 제기되었다.

이러한 추측은 곧 일종의 자기실현적인 예언이 되었다. 모든 사람이 신속히 갑작스럽게 돈을 인출하려고 하자 태국정부는 모든 사람들에게 달러를 지불할 수 없었다. 이 상황은 **투기적 공격**speculative attack에 안성맞춤인 상황이었다. 기본적으로 투기적 공격은 한편으로 자국의 환율을 특정 수준에서 유지하기로 약속한 중앙은행과, 다른 한편으로 중앙은행이 환율 목표치에 대한 약속을 완벽하게 지킬 수 없을 것이라는 데에 돈을 거는 국제 외환투기자들 양자 간의 대결이다.

외환투기자들은 막대한 규모의 현지통화를 차입하여 이를 외환시장에서 매각하는 방식으로 현지통화를 공격할 수 있다. 중앙은행은 외환보유고를 활용하여 투기자들이 매도한 현지통화를 사들여서 환율방어 약속을 지킬 수 있다. 만약 중앙은행이 약속을 지킨다면, 투기자들은 별로 잃을 게 없다. 왜냐하면 그들은 현지통화를 다시 사서 자신들이 팔았던 동일한 환율로 대출금을 상환하면 되기 때문이다. 그러나 만약 중앙은행이 자국 외환시장 안정을 위한 개입을 할 의지가 없거나 혹은 만약 시장개입에 필요한 외환보유고가 거의 바닥났다면, 국제 외환시장에서 현지통화의 가치는 떨어질 것이다. 투기자들은 이제 낮은 가격으로 현지통화를 되사들일 수 있게 되고, 그 현지통화로 대출금을 상환한 후에도 큰 이윤을 얻을 수 있다.

일반적으로 중앙은행들은 수십억 달러 규모의 외환보유고를 갖고 있고, 타국 은행과의 협정을 통해 상당히 많은 자금을 추가로 조달할 수 있다. 그런데 어떻게 '중앙은행을 그렇게 쉽게 무너뜨릴 수' 있는가? 그 이유는 어느 한 국가나 산업에 비교하면 글로벌 금융시장이 훨씬 더 큰 자원을 보유하고 있기 때문이다. 헤지펀드는 상이한 곳에서 상이한 가격으로 거래되고 있는 주식, 채권, 통화 등과 같은 자산들 간에 존재하는 작은 이례적인 가격변화 동향pricing anomalies에 돈을 투자하여 수익을 얻는 민간투자자금이다. 투자된 달러로부터 작지만 신속하게 수익을 올리는 헤지펀드는 엄청난 규모의 — 수억 달러에서 수십억 달러 규모의 — 돈을 동원할 수 있어야 한다. 대규모 투자금액으로부터 얻는 작은 수익들이 모여서 큰 수익을 이루는 셈이다. 정치적, 경제적 여건에 비하여 과도하게 더 높은 가격에 거래되는 것으로 보이는 어떤 한 통화에 투기가 집중되는 경우 헤지펀드는 논란의 대상이 된다. 또한 헤지펀드는 투기적인 통화공격에 가담할 수 있다. 1997~1998년 인도네시아 루피아화와 말레이시아 링기트화, 1992~1993년 영국 파운드화와 이탈리아 리라화 등이 헤지펀드의 공격으로 통화가치가 폭락했다. 투자자본이 국가간의 경계를 넘나들며 자유롭게 이동하는 한, 투기적 공격과 투자 거품으로 인한 외환위기가 일어날 가능성은 높다.

태국정부가 1997년 7월에 달러당 25바트의 고정환율을 어쩔 수 없이 포기하자 바트화 가치는 며칠 사이에 달러당 약 30바트로 폭락했다. 태국의 위기를 목격한 투자자들은 아시아의 다른 국가들로부터 투자자금을 회수하는 등 "아시아를 팔아치웠다." 아시아 외환위기는 그 해 여름 내내 계속되었고 가을까지 이어졌다. 혼란이 가라앉았을 때, 태국통화의 환율은 달러당 약 50바트가 되었으며, 다른 아시아국가들에서도 비슷한 통화가치 폭락이 있었다. 그로부터 수많은 심각한 파급효과가 나타났다. 태국시민들에게 미친 가장 직접적인 파급효과는 외국산 상품이 갑자기 비싸졌다는 점이다. 보통 250바트 하던 10달러짜리 미국산 처방약품 1병의 가격이 이제 약 500바트로 올랐다. 그러나 미국시민들은 이득을 보았는데, 100바트짜리 태국 재스민 쌀 한 포대의 가격이 과거 4달러에서 2달러로 떨어졌다. 물론 이것은 저렴한 태국쌀과 경쟁하는 미국쌀 농가들에게는 부담을 안겨주었다.

그러나 경영을 잘하고 자금을 효율적으로 빌려줬던 태국사업가들조차도 미국 달러화 빚을 상환할 수 없게 된 금융부문이 가장 큰 타격을 입었다. 달러로 환산된 빚은 예상 금액보다 두 배나 많은 바트화를 요구했기 때문이다. 많은 기업들이 파산했다. 동남아시아의 많은 사람들은 합리적으로 행동했고 열심히 일했지만, 깊은 빚의 수렁에 빠지고 평생 저축한 돈을 날렸으며, 단기적으로 회복할 가망이 보이지 않는 상태에 처하게 되었다. 태국에서 발생한 손실은 한해 만에 태국인의 일인당 평균소득을 25퍼센트 가량 하락시켰다. 많은 사람들에게 있어서 당시의 경제적 붕괴는 대공황과 비슷했다.

아시아 금융위기는 수년 동안 아시아지역뿐 아니라 전 세계에 영향을 미쳤다. 우리는 글로벌 금융 환경에 미친 세 가지의 중요한 영향을 간략하게 서술하고자 한다. 첫째, 다음 차례로 러시아가 1998년 위기를 맞았다. 러시아는 공산주의의 붕괴로 여전히 씨름하고 있었고 정부지출을 충당할 만큼의 세금을 걷는 데 어려움을 겪고 있었다. 러시아는 체첸의 분리운동을 진압하느라 많은 돈을 써왔는데, 아시아위기로 인해 석유수출을 통해 얻는 수입이 줄어들었다. 외국 및 국내투자자들은 러시아의 경제적 안정에 대해 우려하고, 정부채권과 루블화를 팔아치우고 러시아로부터 자금을 회

수했다. 48억 달러 규모의 IMF구제금융도 도움이 되지 못했다. 주식시장은 1998년 처음 8개월 사이에 75퍼센트가 폭락했고, 러시아중앙은행은 루블화 가치를 떠받치기 위해 250억 달러 이상의 외환보유고를 모두 소진했지만 결국 실패하고 말았다. 루블화는 폭락했고, 인플레이션은 폭증했으며, 러시아정부는 해외부채 상환을 일시적으로 중단했다. 그러나 통화가치의 평가절하가 제조업에 도움을 주고 세계 유가가 반등하면서 러시아는 일년 만에 경제를 회복했다.

둘째, 아르헨티나는 1999년부터 2002년까지 위기를 겪었다. 1991년 이후 아르헨티나는 인플레이션을 억제하기 위해 페소화를 달러화에 고정시켰지만, 위험하리만치 많은 해외부채를 갖고 있었다. 1999년에 시작된 경제침체 때문에 아르헨티나정부는 향후 2년 동안 일련의 예산감축과 IMF가 요구한 긴축정책을 시행해야만 했다. 2001년 말 실업률이 20퍼센트에 이르렀고, 정치적 불만은 폭발 직전에 도달했다. 예금인출 사태와 자본이탈로 인해 아르헨티나정부는 모든 은행 예금 인출을 1년 동안 동결하는 조치를 어쩔 수 없이 선언할 수밖에 없었다. 아르헨티나정부는 페소화를 평가절하하고, 은행계좌에 있는 달러화를 새로운 환율을 적용하여 일방적으로 페소화로 환전해버렸다. 그 결과 예금자들은 많은 돈을 잃게 되었다. 2002년에 정부는 1,000억 달러 이상의 공공부채에 대한 채무불이행을 선언했다. 그 중의 많은 액수는 해외채권자들에게 아예 상환조차 되지 않았다. 2003년경에는 원자재 수출가격이 오른 덕분에 빠른 경제성장을 회복했다.

셋째, 이 모든 위기들로 인해 IMF와 여타 국제금융기구의 명성이 심각하게 손상되었다. IMF구

제금융은 그 규모가 너무 작고, 시기적으로 늦었으며, 대출지원 조건은 경기하강을 더욱 악화시켰다.[8] 신흥국가들은 긴축, 세율인상, 금융거래의 탈규제, 민영화 등이 금융위기를 겪고 있는 국가에게 맞지 않는 잘못된 처방이라고 확신하게 되었다. 비록 이러한 조치들이 장기적으로 이익이 될지 몰라도, 단기적으로 경제적 고통과 정치적 불안정은 어느 한 국가가 감당하기에는 벅찼다. 2000년대 대부분 동안 개도국들은 혹시 있을 금융위기에 대비하여 외환보유고를 늘리는 등 IMF를 최선을 다해 피하려고 했다. 글로벌 금융위기가 발생해서야 비로소 선진국들은 신흥국가들이 워싱턴 컨센서스와 신자유주의 처방을 거부한 이유를 납득하기 시작했다.

2007년 글로벌 금융위기

현재의 글로벌 금융위기는 특이한 사건이라기보다는 금융위기의 오랜 역사 속에서 찾아볼 수 있는 수많은 금융위기 중 가장 최근의 것이다. 2008년 9월 미국 부동산 담보대출(모기지) 문제가 글로벌 금융 붕괴로 이어졌고 결국 국내외 신용시장의 경색을 초래했다. 2009년 여름, 세계적인 거대 금융회사들 일부가 파산하여 국유화되거나 정부로부터 구제금융을 받았다. 동시에 금융 붕괴는 대량 실직, 기록적인 수준의 주택 압류, 엄청난 빈곤의 증가와 함께 글로벌 경제침체를 초래했다. 정부의 경제문제 처리 능력에 대한 대중의 신뢰는 크게 흔들렸는데, 아이슬란드, 라트비아, 일본 등에서 집권당과 연립정부가 정권교체를 당할 정도였다.

이와 같은 일이 — 특히 세계에서 가장 잘 규제되는 경제제도를 갖고 있다고 생각되는 선진국에서 — 발생한 이유는 무엇인가? 위기의 원인에 관한 열띤 논쟁이 관계, 언론계, 학계 등에서 벌어졌다. 일부 자주 인용되는 원인은 다음과 같다.

- 미국의 국제수지 문제에서 비롯된 글로벌 경제 불균형
- 은행, 모기지회사 및 기타 금융회사의 과도한 부채와 무분별한 대출을 야기한 미국 규제체계
- 시장실패와 금융회사에 대한 탈규제가 가져올 영향을 제대로 고려하지 않은 채 세계화와 '시장의 마력magic of the market'을 강조한 근시안적 이데올로기
- 일부 개인과 회사들의 비합리적, 비윤리적, 심지어 불법적인 행태
- 허약한 글로벌 거버넌스

이어지는 다음 내용은 위기의 원인과 그에 결부된 주요 행위자들에 관한 연대기적 서술이다.

미국금융위기의 전야

경기순환적인 경기침체는 자본주의가 갖는 부작용 중 하나로 간주되어왔다. 제2장과 제3장에서 지적했듯이, 1930년대부터 1960년대까지 미국과 유럽의 관리들은 자국의 경제를 케인즈주의 시각에서 바라보았다. 사회경제적, 정치적 안정을 추구하기 위하여 국가들은 재정정책을 활용하여 인플레이션을 억제하고 경기침체를 최소화하며 임금상승을 유지했다. 1960년대 말부터 보다 정통적인 경제적 자유주의 견해가 케인즈주의 견해를 대체하기 시작했다. 정통 경제적 자유주의는 '최소한으로 규제

되는' 자본주의 또는 경제에서 국가의 제한적 역할을 특징으로 했다 (제2장 참조).

1980년대 초 미국의 레이건 대통령과 영국의 대처 수상은 세금을 낮추고 은행부문을 포함한 많은 경제부문을 **탈규제화** 했다. 이들은 소득을 가장 효율적이고 혁신적이며 열심히 일하는 사람들에게 가장 잘 재분배하는 것은 국가가 아니라 시장이라고 주장했다. 1990년에 냉전이 종식되었을 때 많은 서구의 지배엘리트들은 구소련 공산권 국가들과 개도국들에게 민주주의를 채택하고 시장을 개방하며 민영화하라고 주문했다.

클린턴 대통령 집권 하에서 호경기를 누렸던 1990년대 내내 주식 가격은 치솟았고 새로운 정보통신기술이 시장을 활성화시켰다. 많은 개도국들은 엄청난 규모의 규제받지 않는 단기투기자금인 '핫머니'를 놓고 유치경쟁을 벌였다. 위에서 논의했듯이, 핫머니는 1994년에 멕시코경제를 불안정하게 하고 1997년에 많은 아시아경제를 붕괴시키는데 일익을 담당했다. 1999년에 미국의 회는 대공황 시절 제정된 글래스-스티걸법Glass-Steagall Act의 폐지를 통해 연방예금보험공사FDIC가 보증한 예금을 수탁한 상업은행들이 많은 고위험 상품에 투자하는 투자은행과 제휴할 수 있도록 허용했다. 2000년과 2001년 인터넷 벤처기업에 대한 닷컴 투자 거품이 꺼지면서 기술 주식의 주가가 폭락하여 7조 달러의 자산이 사라졌음에도 불구하고, 부시 행정부와 그린스펀Alan Greenspan이 이끄는 연방준비제도는 여전히 탈규제의 필요성에 대한 입장을 견고히 유지했다. 그들은 시장은 효율적이며 자기규제력을 갖고 있고, 금융리스크를 평가하고 가격을 설정하는데 능하다고 믿었다. 그러나 이와 같은 믿음은 노벨

경제학상 수상자인 크루그만Paul Krugman이 회고하면서 말한 '위험하리만치 단순하고, 순진하며, 몰역사적인' 믿음이었다.[9]

미국경제의 증가하는 구조적인 문제들이 2007년 금융위기를 촉발하는 데 일정 역할을 했다. 첫째, 미국은 막대한 무역적자를 기록하고 있었는데 중국이나 일본 같은 주요 수출국이 미국의 주식, 재무성 채권, 기타 증권 등의 매입을 통해 미국에게 돈을 융통해주었다. 요컨대 무역흑자국들이 값싼 수입상품과 투기에 눈이 먼 미국사람들에게 돈을 빌려주고 있었다. 2001년에 접어들어 연방준비제도는 이자율을 인하했고, 미국인들은 더 많은 돈을 쉽게 빌려서 지출을 늘릴 수 있었다. 그러나 미국인들의 평균소득은 1999년 이후 정체되어 있었다. 점차 미국의 개인부채와 공공부채는 지속가능하지 않은 수준으로 늘어났다.

뉴욕증권시장을 지배하는 많은 모기지회사들과 거대 은행들은 급성장하는 주택시장에서 이윤을 얻기 위해 1990년대에 처음 시작한 대출프로그램을 확대했다. 이들은 새롭게 변동금리 모기지ARMs 같은 '색다른' 새로운 대출상품과 '미끼금리teaser rates' 또는 주택자금 전액no down 대출상품의 개발을 통해 처음으로 집을 사는 사람들과 특히 다른 때라면 집을 사기 어려웠던 사람들(소득이 없고 직업도 없으며 자산도 없는 소위 NINJAsno income, no jobs, no assets)을 대출시장으로 끌어들였다. 정부가 감독권의 행사를 원치 않고 느슨한 대출기준의 금지를 꺼리는 가운데, 대부회사들은 의도적으로 매월 모기지 대출금을 갚기 어려울 수도 있는 모기지대출을 해주었다. 특히, 비우량 주택담보 대출인 **서브프라임 모기지 대출**subprime mortgage loans(흔히 대출기간 초기에

는 이자만 지불하기로 한 저신용 고위험 차입자들에게 제공하는 대출)이 많은 주택 구매자들로 하여금 종종 불완전한(숨겨진) 정보에 기초하여 비이성적인 결정을 내리게 한 것으로 믿어진다. 은행들은 종종 차입자들의 자격조건에 대하여 신경쓰기보다는 '거래를 성사'시켜 모집 수수료를 챙기고 투자자들로부터 좋은 평가를 받는데 더 관심을 기울였다. 게다가 많은 차입자들은 경제가 계속 성장하면 주택의 시장가치가 상승할 것이고, 그러면 주택의 높아진 미래 가치에 맞춰 차입하거나 혹은 집을 팔아서 막대한 이윤을 남기기에 좋은 입장에 놓이게 될 것이라고 믿었다.

은행들과 대부회사들이 고위험 주택대출을 한데 묶어서 증권 형태로 다른 은행, 헤지펀드, 외국 금융회사에게 되팔면서 상황이 복잡해지고 불투명해졌다. 국제금융체제 곳곳의 투자자들은 이러한 증권을 고수익 잠재력을 갖춘 좋은 투자 상품으로 여겼지만, 이 증권들은 선순위 담보가 갖고 있는 많은 약점을 숨기고 있었다. 글로벌 투자자들은 안전하면서도 '잃을 수 없는' 내기를 하고 있다고 잘못 생각했다. 또한 투기는 영국, 스페인, 아일랜드, 리투아니아, 에스토니아 등의 국가들에서 점차 고위험 모기지 및 여타 자산에 대한 수요 증가로 이어졌다.

큰 돈을 벌 것이라는 기대 속에 은행들과 금융회사들(헤지펀드, 사모펀드회사, 보험사 등)은 계속해서 더 많은 돈을 빌려 위험도가 더 높은 대출을 하고, 더 큰 모기지 묶음들을 사들였다. 골드만삭스, 메릴린치, 리만브라더스, 베어스턴스, 모건스탠리 등 대형 투자은행들은 자기자본보다 더 많은 빚을 지게 되었다. 즉 자신이 보유하고 있는 자금 규모 대비 전체 대출 규모의 비율이 전례 없는

수준으로 상승했다. 파생상품과 연관이 있는 수학적 모델에 기반하여(글상자 8.1 '돈 나무 해독하기'를 참조) 이들은 모기지 증권과 여타 투자상품을 묶어서 구입했는데, 이 상품들의 진정한 가치는 거의 측정 불가능하였다.

거품의 붕괴

조지 W. 부시 행정부 시절, 루비니Nouriel Roubini 뉴욕대 교수와 쉴러Robert Schiller 예일대 교수 등을 비롯한 많은 전문가들이 부동산 거품이 커지고 있다고 공무원들에게 경고했다. 그러나 2006년 서브프라임 모기지 시장이 붕괴되기 시작할 때까지 전문가들의 예언은 별다른 관심을 끌지 못했다. 2007년 초 미국 주택대출의 20퍼센트에 해당하는 13조 달러어치의 저우량 채권을 보유한 다수의 거대 모기지회사들이 파산을 신청했다. 영국과 일본 등 다른 나라의 모기지 시장 역시 미국시장과 동일한 흐름을 보이기 시작했다.

버냉키Ben Bernanke 미 연방준비제도 의장과 폴슨Hank Paulson 미 재무부장관은 결국 2007년 전 세계의 많은 금융회사들의 문제들에 대해 경보음을 울렸다. 메릴린치, 시티그룹, 여타 대형 금융회사들이 서브프라임 모기지 투자에서 수십억 달러의 손실을 입었다고 발표했다. 여러 나라의 정부들은 이 문제들에 대해 임시방편으로 대응했다. 2007년 말까지 미국 연방준비제도와 유럽중앙은행은 이자율을 인하했고, 은행들이 낮은 이자율로 돈을 빌릴 수 있도록 수천억 달러의 돈을 투입했다. 동시에 일부 중동과 아시아의 **국부펀드** sovereign wealth funds는 2007년 한 해 동안 적어도 690억 달러어치의 금융회사 주식의 매입을 통해

돈 나무 해독하기[a]

비록 광범위한 자산의 부도 위험을 분산시켜 투자의 안정성을 높이기 위한 목적으로 만들어졌음에도 불구하고, 제대로 규제되지 않은 파생상품은 금융위기를 야기하는데 일조했다. '돈 나무'라는 속담은 가상의 것이지만, 고객의 투자금보다 자신의 이윤을 더 많이 생각하는 은행들이 파생상품을 이용했다.

파생상품은 처음에 금융수학 연구 학과들에서 만들어졌다. 오신스키Michael Osinski는 파생상품의 생산을 간소화하는 프로그램을 가장 먼저 만든 사람이었다. 오신스키는 자신의 일을 회고하면서 말한다. "낯선 사람들은 나를 악마라고 부르고 친구들은 '촉진자'라고 불렀다. 내가 하던 일을 그들에게 말했을 때 사람들은 내게 죄책감이 들지 않느냐고 묻곤 했다. 나는 죄책감을 느낀다."[b] 가상 장부거래자들은 처음에는 부도 위험이 미미하고 엄청난 고수익을 보장하는 유동성이 큰 투자 상품을 제공할 수 있었다. 그러한 상품을 싫어할 이유는 없었다. 곧 모든 사람들이 그 상품을 원했다. 이러한 투자 상품은 복잡한 단기수익용 상품에서 위험하고 변동성이 심하며 가격이 잘못 매겨진 금융무기로 변질되었다. 1990년대와 2000년대 처음 10년 동안 이런 자산에 대한 수요가 무척 많았기 때문에, 투자은행들은 더욱더 한번 쓰고 버리기 용이한 고객들을 끊임없이 찾을 수 있었다. 은행과 증권 매매업자들은 부동산과 같이 리스크가 훨씬 큰 투자영역으로 사업을 다각화했다.

은행들이 서브프라임 주택시장으로 사업을 확장했을 때, 모기지 증권이 부도가 날지 그렇지 않을지, 그리고 언제 부도가 날지 결정하는 일은 어려운 과제가 되었다. 왜냐하면 특히 신용평가기관들이 많은 AAA 등급을 부여했기 때문이다. 오신스키에 의하면, "논문에서 몇 가지 수학 기호를 사용하고, 이름 뒤에 박사학위를 내걸어라. 그러면 당신은 미래를 예견하는 전문가이다." 이러한 진언이 파생상품에 대한 우려를 상당부분 불식시켰고, 오신스키의 프로그램을 월스트리트 전체에 퍼트렸다.

개인들의 합리적 선택이 집단적인 실패로 귀결될 때 규제에 대한 요구가 발생한다. 이러한 특정 사례에서 개인, 은행, 투자회사들에게 최선의 선택은 단기이윤을 추구하는 것이었다. 규제당국은 파생상품을 제한하기 위해 더 많은 규제가 필요하다고 믿지 않았다. 그러나 규제기관에서 일하는 많은 사람들은 시장 가격이 쉽게 떨어질 수 있음을 망각한 것 같다. 많은 파생상품들이 부도가 나면서 글로벌 경제가 불안정해졌다. 언론매체들은 처음에는 금융기법을 개발한 금융수학자들과 은행들을 비난하고, 그 다음에는 파생상품을 남용한 증권 매매업자들을 탓했고, 이어서 시장은 자기교정 능력을 갖고 있다는 이데올로기를 퍼뜨린 경제학자들을 비난했다.

그러나 어쩌면 규제당국자들과 공무원들이 너무 복잡해서 규제할 수 없다고 보았던 금융기법을 은행들이 남용했다고 비난해서는 안 될지도 모른다. 프레디맥의 전 수석이코노미스트인 클링Arnold Kling은 언젠가 한 번 자신이 아는 모든 거래자 중에서 단지 소수만이 파생상품을 이해하고 있다고 언급했다.

(계속)

정부관료들은 많은 것을 걱정해야 한다. 사적 이익이 사회에 피해를 입히지 않도록 방지하기 위해서는 어느 정도의 국가 규제가 요구되는가? 일부 금융기법들은 너무 복잡해서 규제할 수 없는가? 민간금융행위자들이 저지른 실수를 수습하는데 들어가는 비용을 사회 전체가 부담해야 하는가? 그 대답이 무엇이든지 간에, 우리는 대담한 금융혁신의 새로운 세상에는 우리가 불가피하게 직면할 더 많은 예기치 않은 일들이 일어날 것임을 확신할 수 있다.

참고문헌

a 이 내용은 조던 안톤(Jordan Anton)이 조사하여 작성하였다.
b Michael Osinski, "My Manhattan Project: How I Helped Build the Bomb That Blew Up Wall Street," *New York Magazine*, March 29, 2009.

시장에 자본을 공급했다.

2008년 전반기에 변동성이 심한 미국주식시장은 큰 손실을 입었다. 연방준비제도는 JP모건체이스가 월스트리트 5대 은행이자 자기자본 대비 부채 비율이 높은 베어스턴스Bear Stearns를 인수하도록 도와주었다. 거대 은행들이 서로 밀접하게 연결되어 있었기(상호의존적이었기) 때문에, 미국 모기지 증권 및 여타 고위험 투자상품과 관련이 있는 손실이 세계 은행체계 전반으로 번졌다.

2008년 여름, 많은 분석가들은 은행들이 결국에는 '부실 유가증권toxic securities'을 감당할 수 없을 것이며 그로 인해 점점 더 고위험 투자를 늘려갈 것이라고 판단했다. 기업과 소비자의 부채가 증가한 것도 근심을 더해주었다. 부동산 거품은 2008년 7월에 꺼지지 시작했는데, 공황상태에 빠진 투자자들은 정부가 후원하는 페니메이와 프레디맥 대출기관의 주식을 내다팔기 시작했다. 이 두 회사는 미국의 12조 모기지 시장에서 6조원을 소유내지 보증한 상태였다. 의회는 서둘러 '구제계획안'을 통과시켜, 투자자들에게 그 대출기관들이 파산하지 않을 것이라고 안심시키려 했다. 그러나 많은 투자자들이 자신의 돈을 투자할 좀 더 안전한 투자처를 찾기 시작했다. 투자자들이 석유, 금, 쌀, 밀 등 인기 있는 상품에 집중하면서 인플레이션 상승과 성장률 둔화에 대한 우려가 커졌다. 석유가격은 2008년 7월에 배럴 당 147달러까지 올랐고, 이로 인해 소비자와 기업의 에너지 비용 증가에 대한 걱정이 비등하였다.

9월에는 일련의 금융위기가 이어지면서 거의 하룻밤 사이에 주식시장이 곤두박질쳤고 글로벌 신용시장이 얼어붙었다. 1997년 아시아 금융위기 때처럼, 많은 투자자들은 이전에는 위험을 추구했지만 이제는 공황에 빠졌고, 그 결과 많은 주식형 펀드 및 연금펀드들은 큰 폭의 가치 손실을 입었다. 9월 7일 미국정부는 페니메이와 프레디맥을 '법정관리'하겠다고 — 국유화를 의미함 — 발표했다. 미국정부가 거대 투자은행인 리만브라더스에 대한 구제금융을 거부하자 리만브라더스는 붕괴했고 파산을 신청했다.

곧이어 미국 연방준비제도는 세계 최대 은행보험사 중 하나인 AIG 구제에 나섰으며 850억 달러를 쏟아 부어 그 회사 지분의 80퍼센트를 소유하게 되었다. AIG는 **신용부도스와프**CDSs: credit default swaps의 발행에 깊이 개입하고 있었다. 신용부도스와프는 차입자의 채무 불이행에 대비하는 보험을 은행에게 제공하는 계약이며, 금융회사들이 그들의 대출금에 부도를 맞을 가능성에 대해 투자자들이 돈을 걸 수 있도록 하는 계약이다. 서브프라임 부도와 파산이 증가하자, AIG는 45조 달러가 넘는 규모의 신용부도스와프 보험청구에 지불해 줄 돈을 갖고 있지 못했다. 연방준비제도가 AIG에게 거의 1,500억 달러에 이르는 구제금융을 제공한 것은 AIG의 실패로 인해 글로벌 금융체제 전체가 붕괴할 가능성을 미연에 방지하기 위한 것이었다.

거대 은행들은 합병하거나 다른 은행들의 잔여 자산을 사들였다. 뱅크오브아메리카가 메릴린치와 베어스턴스를 인수했고, JP모건체이스가 워싱턴뮤추얼을 흡수했으며, 와코비아는 웰스파고와 합병했다. 역설적이게도 이러한 과정을 통해서 대마불사형 은행들이 더욱더 커지게 되었다. 이들 대부분은 장부상에 수십억 달러의 부실 자산(주로 주택 모기지)을 보유하고 있었다. 마찬가지로 그들 중 많은 은행들은 과도한 레버리지, 즉 보유하고 있는 자기자본에 비해 너무 많은 돈을 차입한 상태였다. 이들은 지역 사업체와 주택 판매를 위해 자금을 대출해주는 '메인스트리트Main Street'의 소규모 은행들 또는 서로에게 돈을 빌려주기를 꺼렸다.

제조업과 서비스업 회사들은 자본 조달이 어려워지자 사람들을 해고하기 시작했다. 조세 수입의 감소는 주정부 및 지방정부들이 학교와 사회서비스에 대한 지출을 삭감할 수밖에 없음을 의미했다. 개인소득이 줄어듦에 따라 소비자들은 지출을 큰 폭으로 줄였고, 소득 감소분을 메우기 위해 신용카드를 사용하여 개인 부채를 키웠으며, 남은

현금을 쓰지 않고 아껴두었다. 미국의 주택소유자 10명 중 한 명은 주택 대출금을 갚을 수 없었다. 또한 모기지와 은행의 부도가 영국, 아일랜드, 이탈리아, 동유럽에서 기록적인 수준으로 증가했다. 은행들은 큰 손해를 보고 경매에 넘겨야 하는 부동산에 묶이게 되었다. 신용시장의 경색과 경제적 하향곡선은 멈출 수 없는 것처럼 보였다.

이제 우리 모두는 케인즈주의자다

경기침체와 제2의 대공황에 대한 우려가 커지자, 널리 존경받는 그린스펀 전 연방준비제도 의장을 포함한 많은 공직자들은 프리드만 식의 정통 경제적 자유주의보다는 케인즈주의적인 비정통 개입주의적 자유주의에 좀 더 치우친 발언을 하기 시작했다 (제2장 참조). 관리들과 학자들 간의 일시적인 연합세력은 미국 연방준비제도와 타국의 중앙은행들이 '최종 대부자'가 되어야 한다는데 의견일치를 이뤘다. 많은 정통 경제적 자유주의자들은 시장 스스로에게 맡기고 수많은 거대은행들을 도태시키는 것을 선호한 반면, 대부분의 비정통 개입주의적 자유주의자들과 중상주의적 정책결정자들은 새로운 국가 자금을 신속하게 풀어서 금융시장의 경색을 해소하는 것을 지지했다. 부시 행정부(그리고 후임 오바마 행정부)는 만약 미국 정부가 무언가 조치를 취하지 않으면 글로벌 금융체제가 완전히 붕괴될 것이라고 생각했다. 미국의 격려를 바탕으로 많은 국가들은 자국 경제를 회복시키기 위한 다양한 조치(소위 '경기부양책')를 채택했다. 이러한 구제 프로그램들은 1980년대 초부터 국가-시장 관계를 지배했던 경제적 자유주의 이념에도 불구하고 실시되었다. 또 이 정책들은

구제금융이 처음 금융위기를 초래한 바로 그 금융엘리트들을 보상해준다고 느끼는 일반인들을 화나게 만들었다.

2008년 10월 3일 조지 W. 부시 대통령은 긴급경제안정화법Emergency Economic Stabilization Act에 서명하여 **부실자산구제프로그램**TARP: Troubled Assets Relief Program을 도입했다. 부실자산구제프로그램은 헨리 (행크) 폴슨 재무장관에게 신용의 흐름을 유지할 수 있도록 7,000억 달러의 세금을 사용하여 은행의 부실자산을 사들일 수 있는 권한을 부여했다. 곧 미국관리들은 2,500억 달러의 부실자산구제 자금을 미국은행들에게 투입했다. 금융위기가 다가오자, 일부 금융회사들은 돈을 대출해주기보다는 현금 보유고를 늘렸으며 경영진에게 계속 많은 보너스를 후하게 지급했다. 2008년 말부터 폴슨 재무장관은 구제금융을 AIG, 크라이슬러, GM, GMAC(GM의 금융회사) 등에게 제공했다. 중요한 점은 TARP는 정부가 거저 주는 선물이 아니라 일차적으로 연방정부가 회사의 주식과 지분을 구입해주는 것이었다. 2010년 말 종료되었을 때 TARP는 4,150억 달러만 지출되었다. 이 중 2,450억 달러는 은행, 680억 달러는 AIG, 그리고 800억 달러는 자동차산업에게 제공되었다. 미국정부는 은행의 구제금융 상환과 주식 판매를 통해 그 돈의 상당부분을 회수했다. 의회예산국Congressional Budget Office에 따르면, 2012년 말 현재 정부의 TARP 손실은 대략 240억 달러에 불과했다.

전염의 개시

2008년 10월 미국, 유럽연합, 캐나다, 중국, 스웨덴, 스위스 등의 중앙은행 관리들과 재무장관들이 모임을 갖고 세계경제를 부양하기 위해 이 자율을 추가 인하하기로 합의했다. 한편, 미국 다우존스지수는 22퍼센트 떨어졌는데, 이는 2007년 최고점과 대비하면 8조 4,000억 달러의 주식가치가 감소한 것이었다. 11월 중순 세계 주요 경제대국들의 모임인 새로운 G20(WTO의 G20과 혼동하지 말 것)이 미국수도 워싱턴에 모였다. 이곳에 모인 국가들은 국제금융시장을 '개혁'하기 위한 상세한 방안의 합의에 이르지는 못했지만, 중국, 한국, 사우디아라비아 등의 국가들이 협상에 포함되었다는 사실은 관리들이 미국과 여타 선진국에 투자하기를 원한다는 것을 암시했다. 사실 세계화가 반대방향으로 작동하고 있었다고 볼 수 있는데, 세계화는 선진국들의 개도국에 대한 의존도를 높이는 동시에 선진국을 구제하는데 도움을 줬다.

11월에 미국 연방준비제도는 '최종 대부자'가 되어 약 700개 은행에게 막대한 긴급대출을 제공했다. 이 새로운 자금이 은행들의 주택대출, 학생대출, 자동차대출, 중소기업대출을 증가시켜 주기를 바랐다. (그 프로그램이 2010년 7월 완료될 때까지 자그마치 15조 달러가 저금리 단기 대출 형태로 — 의회가 알지 못하는 가운데 — 미국과 유럽의 은행들에게 제공되었다.) 연방준비제도는 결국 이자를 받고 대출금을 회수했고 돈을 잃지 않았다. 그러나 중앙은행의 개입 규모는 금융시장이 정부에게 얼마나 깊이 의존하고 있는지를 보여준다.

2008년 12월 글로벌 경제는 분명히 침체에 빠져있었다. 연방준비제도와 영란은행은 **양적완화**quantitative easing 정책을 시작했다. 이것은 수천

억 달러의 채권과 여타 자산을 금융회사로부터 구매하여 통화량을 늘리는 정책이다. 그러나 유럽과 미국의 주식시장은 주가지수가 거의 40퍼센트 떨어진 채로 그 해를 마감했다. 2009년 1월 미국과 유럽의 기업들은 대량해고를 발표했다.

성벽을 사수하라

2009년 1월 취임 연설에서 오바마 대통령은 '경제를 거의 망가뜨린' 은행들에게 엄격한 제재를 가하겠다고 말했다. 또한 그는 사람들에게 일자리를 되돌려주고, 새로운 인프라를 구축하며, 교육과 의료보호와 관련한 중산층의 관심사항에 대해 지원하겠다고 말했다. 오바마 행정부는 부시 행정부가 크라이슬러, GM, GMAC(GM의 금융회사)에게 제공했던 지원금을 250억 달러에서 2009년 말 750억 달러로 크게 늘렸다. 2009년 2월에 미국의회는 오바마의 핵심 법안인 미국경제회복 및 재투자법American Recovery and Reinvestment Act을 통과시켰다. 작은 뉴딜정책이라고 할 수 있는 7,870억 달러 규모의 경기부양책에는 일자리 창출과 소비 수요 진작을 위한 대규모 (또는 큰 액수의) 인프라 지출 예산이 포함되었다.

예상한 대로 수많은 공화당 지지자와 보수적 Blue Dog 성향의 민주당 지지자들이 오바마의 이러한 정책을 공격하였으며, 그로 인해 이미 크게 벌어져있던 이들과 온건-자유주의 민주당 지지자들 간의 이념적 간극이 더욱 커졌다. 여전히 지배적 이념인 신자유주의와 새롭게 힘을 회복한 케인즈주의 간의 충돌은 의회의 교착상태를 초래했다. 그 이유는 무엇이었나?

미국의회의 공화당 의원들은 흔히 다음과 같은 '재정적 보수주의fiscal conservatism' 정책을 지지해왔다.

- 국가부채의 감축과 예산적자(조세와 지출 간의 차이)의 축소
- 정부 규모의 축소
- 의료보호와 사회보장에 대한 지출 감축
- 금융회사에 대한 새로운 규제의 도입 반대
- 국방예산의 대폭 삭감에 대한 반대
- 세금인하 및 인플레이션 억제

공화당 의원들은 오바마의 경기부양책을 낭비적인 정부지출의 전형적인 예에 해당한다고 비판했다. 예를 들면, 2009년 오바마 행정부는 5억 3,500만 달러를 태양광판 제조업체인 솔린드라에 대출해줬다. 2011년 8월에 이 회사는 파산을 신청했고 대출금은 한 푼도 상환되지 않았다. 재정적자에 반대하는 강경파들은 경제성장을 위해서 정부는 공공부문 인력감축, 사회복지예산 삭감, 너무 많은 비용이 들어가는 퇴직 및 의료보호 정책의 축소 등의 긴축정책을 실시해야 한다고 믿는다.

같은 맥락에서 미국의회의 공화당 의원들(그리고 티파티 극우 보수주의자들)은 주택거품의 책임을 준국가금융기관인 페니메이와 프레디맥의 탓으로 돌리면서, 이 두 기관의 느슨한 대출기준이 은행들로 하여금 너무 많은 무자격 대출자들에게 대출을 하도록 유인하였다고 비난했다. 그들은 주택시장의 문제를 일소하는 최선의 방법은 '시장 스스로 해결하도록' 맡기는 것이라고 주장했다. 역설적이게도, 이 보수주의자들 중 많은 수는 부유층을 위한 조세 감면, 높은 국방비 지출, 에너지·농업·첨단기술 분야에 대한 정부의 보

조금 지원에 찬성한다. 달리 말하면, 그들은 친기업적 정부지출에는 찬성하지만 정부규제에는 찬성하지 않는다.

대항운동

역사가 폴라니Karl Polanyi는 경제적 자유주의 정책들은 항상 자유주의정책 자체의 쇠퇴를 야기하는 상황을 낳기 때문에 반드시 자유주의 정책에 대한 대항운동이 등장할 것임을 기대할 수 있다고 주장했다. 정부가 규제받지 않는 자본주의의 근본적인 결함을 바로잡는 역할을 해야 한다고 생각하는 크루그만Paul Krugman, 라이시Robert Reich, 드롱Brad DeLong, 스티글리츠Joseph Stiglitz 등과 같은 신케인즈주의 경제학자들은 다음과 같이 주장하곤 한다.

- 긴축정책은 소득을 감소시키고 수요를 약화시킴으로써 경제회복을 저해한다.
- 정부의 재정적자는 수요를 진작하고 일자리를 창출한다.
- 적절한 인플레이션은 단기적으로 문제가 되지 않는다.
- 국가는 교육, 인프라, 신기술 산업에 집중적으로 투자해야 한다.
- 부유층과 주요 기업들로 하여금 높은 세금을 내도록 해야 한다.

정치경제학자 파렐Henry Farrell과 경제학자 퀴긴John Quiggin에 의하면, 금융위기의 확산이 경제전문가 네트워크로 하여금 케인즈주의 아이디어를 다시 받아들이도록 하였으며, 이들의 정책제안은 미국, 유럽연합, 독일로 들불처럼 번져갔다.[10]

미국 경제학계를 지배하던 신고전파 경제학자들은 별안간 방어적인 입장으로 돌아섰고, 펠드스타인Martin Feldstein과 서머스Larry Summers를 비롯한 수많은 저명 학자들은 재정확대 정책을 공개적으로 지지했다. 적자 지출과 중앙은행의 대규모 금융시장 개입을 지지하는 쪽으로 갑자기 입장을 바꾼 유럽인 중에는 스트로스-칸Dominique Strauss-Kahn IMF 총재와 유명한 울프Martin Wolf 『파이낸셜타임즈』 칼럼니스트도 있었다. 심지어 보수적인 유럽중앙은행조차 경기부양을 위한 재정지출 확대를 용인했다.

그러나 많은 자유주의자들과 진보주의자들은 대항운동이 강해지지 않고 곧 소멸될 것으로 여겼다. 오바마는 지나칠 정도로 정치적 실용주의자의 모습을 보였다. 2010년 그는 실업급여 혜택을 불과 몇 달 연장하는 대가로 부시의 세금감면을 2년 연장하기로 공화당과 합의했다. 비정통 개입주의적 자유주의자들은 특히 오바마가 경제엘리트에 영합한다고 비판했다. 오바마가 전 뉴욕연방준비은행 총재인 가이트너Timothy Geithner를 재무장관으로 임명하고 또 서머스Larry Summers를 국가경제위원회 위원장으로 선택한 것은 대통령의 금융개혁에 대한 의지를 의심케 했다. 대통령을 보좌하는 이들은 일반인들을 돕기보다는 금융안정을 재확립하는데 더 큰 관심을 갖는 듯했다. 연방예금보험공사FDIC 사장이었던 베어Sheila Bair는 2012년 출판된 자신의 저서 『황소의 뿔을 잡다Bull by the Horns』에서 가이트너를 '구제금융 사령관bailouter in chief'이라고 칭했다. 그녀에 의하면, 가이트너는 은행에 거의 아무 조건 없이 돈을 쏟아 부었고, 어려움에 처한 주택소유자들을 위한 모기지 조정에 찬성하지 않았으며, 나중에는 도드-프랭크법

Dodd-Frank Act의 개혁조치들을 희석시켰다.[11]

정부의 구제금융을 받는 대가로 경영진의 연봉과 보너스를 엄격하게 제한하는 방안은 전혀 시행되지 않았다. 경영진의 보수는 오바마의 대통령 임기 내내 지속적으로 상승했다. 2011년 미국 경영진 상위 200명의 임금 중앙값median은 1,450만 달러였다.[12] 한편, 힘겨운 싸움을 하고 있던 주택소유자들은 원금 감축 등과 같은 모기지 구제를 받지 못했다. 2008년 9월부터 2012년 9월 사이에 미국의 주택소유자 380만 명이 압류를 당하여 집을 잃었다.

또한 정부는 위기 발생에 앞서 또는 위기 진행 동안 확실히 불법적인 잘못을 저지른 월스트리트 내부자들에 대한 처벌을 거부했다. 아주 보기 드문 예외로 백만장자 투자가인 매이도프Bernie Madoff가 폰지Ponzi 사기를 벌여 소비자들로부터 500억 달러 이상을 속여 빼앗은 혐의로 2009년에 유죄를 받았다. 2008년 이후 은행들은 가짜 서류나 확실치 않은 서류를 가지고 주택소유자들에게 담보권을 행사하는 부실 차압 절차인 로보사이닝robo-signing과 같은 불법적인 관행을 계속 저질렀다. 연방정부와 주 검찰총장이 이러한 사기 관행에 대해 250억 달러를 지불하기로 미국의 5대 은행과 협상한 것은 2012년에 이르러서였다.

비평가들의 입장에서 보면, 의회가 채택한 은행부문 및 금융부문 개혁조치들은 무척 소극적인 것이었다. 공화당 상원의원들의 반대에도 불구하고, 금융체제의 리스크를 평가하기 위해 소비자보호금융국CPFP: Consumer Protection Financial Bureau이 결국 설립되었다. 2010년에 의회는 도드-프랭크법을 통과시켰는데, 이 법은 다른 무엇보다 은행들에게 더 많은 자본과 담보 보유를 의무화하였고, 상품선물거래위원회에게 일부 파생상품의 거래를 규제할 수 있도록 허용했다. 이 법에서 가장 논쟁적인 내용 중 하나는 은행들이 헤지펀드를 소유하지 못하게 하고 또 특정 고위험 거래에 참여하지 못하도록 하는 **볼커룰**Volcker rule이다. 이러한 일견 전면적 변화에도 불구하고 JP모건체이스는 끝내 실패하고만 복잡한 헤징전략으로 2012년에 최소 62억 달러의 손실을 보았다. 이 은행의 런던사무소에서 이뤄진 거래들은 2008년 금융위기를 초래한 신용부도스와프와 똑같은 유형의 거래였다. 최고경영자 다이몬Jamie Dimon은 파생상품의 사용을 제한하는 은행 규제에 강력히 반대하면서 한때 그러한 은행규제가 '비미국적'이라고 주장했다. 나중에 그는 JP모건체이스가 '무모하게 위험감수dump risk-taking'를 추구했음을 인정했다.

우리는 오바마 대통령 정부 하에서 금융개혁이 상대적으로 미약했던 이유를 어떻게 설명할 수 있는가? 케인즈주의자들은 부분적으로 은행들의 로비를 탓한다. 존슨Simon Johnson과 곽James Kwak이 6대 거대은행이 지배하는 '새로운 미국 과두체제'라고 명명하였던 이러한 은행들은 강력한 규제에 반대하는 로비에 수천만 달러를 사용했다. 존슨과 곽에 의하면, "심지어 도드-프랭크법이 시행된 이후에도 갈수록 더욱 더 이해하기 어려운 복잡한 금융상품을 판매하는 거대 은행들이 어떤 점에서는 일반 사람들에게도 유익하다는 견해의 금융 이데올로기가 비록 흔들리기는 했지만, 여전히 미국을 지배하고 있다."[13] 구조주의자 맥체스니Robert McChesney의 지적에 의하면, 대부분의 정치인들은 기득권에 의지하여 선거자금을 조달하고, 그 결과 비민주적인 권력남용 체제가 — 달러 지배체제가

— 등장한다. 이를 통해서 기업 로비스트들은 의회의 의원들로부터 우호적인 대우를 받으며, 이는 정치적, 경제적 불평등을 악화시킨다.[14]

또 다른 이유는 미국의 정치문화일지도 모른다. 자유시장 관념은 잠재적으로 권위주의적인 정부가 될 수 있는 '큰 정부big government'를 두려워하도록 교육받은 공공엘리트 및 민간엘리트들로부터 큰 반향을 불러일으킨다. 역사적으로 미국대중들은 국가의 주어진 역할 범위를 넘어서는 '과보호국가nanny state'에 대해 강력하게 반대하였다. 그러한 역사적 반대와 연결된 것이 1980년대 초 이후 널리 만연하였던 세금인상에 대한 저항이었다. 같은 맥락에서 미국은 사회적 이동성이 높은 '기회의 땅'이라는 관념이 — 비록 2007년 이후 대체적으로 현실과 동떨어진, 신화가 되어버린 관념이지만 — 저변에 흐르고 있다. 과거 공화당 대통령 후보였던 허먼 케인Herman Cain은 2011년에 "월스트리트를 비난하지 말라, 거대은행들을 비난하지 말라, 당신이 일자리도 없고 부자도 아니라면 당신자신을 스스로 비난하라"고 말했다.

월스트리트를 점령하라: "우리는 99퍼센트이다"

월가점령운동OWS: Occupy Wall Street이 "우리는 99퍼센트이다"라는 핵심 구호로 신자유주의의 인기를 떨어뜨린 것이 비정통 개입주의적 자유주의자와 구조주의자들을 기쁘게 했다. 2011년 9월 뉴욕에서 일어난 거대은행 반대시위로부터 시작된 월가점령운동은 시카고, 애틀랜타, 오클랜드 등과 같은 미국의 다른 도시들로 확산되었으며, 나중에는 런던, 로마, 산티아고, 마드리드, 아테네, 시드니,

토론토 등 전 세계 거대도시들로 확산되었다. 아랍의 봄Arab Spring의 대중시위에서 영감을 얻은 월가점령운동이 주장한 가장 중요한 정책제안은 다음과 같다.

- 부유층에 대한 증세 및 부의 재분배를 통해 불평등을 축소하라.
- 은행들에 대한 규제를 다시 강화하고 기업의 돈이 정치에 미치는 영향력을 제한하라.
- 일반 가정과 노동자들에게 구제금융(주택대출 경감, 세금감면, 실업수당, 학생대출 탕감 등)을 제공하라.
- 복지국가 및 노동자 권리를 확대하라.
- 직접적인 정치행동을 지지하기 위해 선거정치를 거부하라.

인기영합주의, 무정부주의, 반자본주의 이상들을 거칠게 대충 결합한 월가점령운동의 주장은 정치적 교착상태와 경제적 불평등의 심화로 인해 좌절한 미국의 중산층과 노동자 계급 일부로부터 공감을 불러일으켰다. 운동을 이끈 지도자가 따로 없는 사회운동이었던 월가점령운동은 '대마불사too-big-to-fail' 은행들의 해체를 요구했다. 미국은행들 중에서 5대 은행이 2011년 말 기준으로 미국 은행산업 총자산의 절반에 해당하는 액수인 8조 5,000억 달러를 지배했다. 구조주의자들과 마찬가지로, 월가점령운동 참여자 상당수는 민주당과 공화당 둘 다 자본주의의 생존과 성장에 필요한 조건을 재생산하는 일종의 기업국가를 운영하고 있다고 주장했다. 대중적 지식인 헤지스Chris Hedges에 따르면, 얄궂게도 지배엘리트는 "쾌락주의로 도피하고", "자신의 제도를 약탈하며", "될수록 더 많이 더 빠르게 도둑질하고 착취하는데 에너지를 쏟음

으로서" 자기 자신의 체제를 약화시키고 있다.[15]

월가점령운동을 지지하는 학자들에 따르면, 이와 같은 자기파괴적인 경향은 지배엘리트들이 보다 공정하고 도덕적인 정치경제의 필요성을 인정하기를 꺼리는 데서 대부분 유래한다. 라이시Robert Reich는 미국의 경제적 부의 40퍼센트 이상을 지배하고 국민소득의 20퍼센트 이상을 차지하는 상위 1퍼센트에게 소득과 부, 정치권력이 유례없이 집중되어 있다고 지적한다.[16] 연방준비제도이사회에 의하면, 2007년과 2010년 사이 가구당 평균 자산이 14.7퍼센트 감소했고, 같은 기간 동안 가구당 평균 소득은 11.1퍼센트 감소했다.[17] 게다가 미국 인구센서스국은 2011년 기준으로 4,700만 명의 미국인들이 빈곤선(연간 가구소득 2만 2,400달러) 이하에서 살고 있다고 보고했다.[18]

유럽 부채위기: 유러피언 드림은 끝났는가?

2012년 말 유럽통화동맹EMU과 유로화를 화폐로 사용하는 17개 회원국들은 전환점에 서있었다. 거의 지난 5년 동안 많은 유럽국가들은 국가부도로 — 채권자들에게 수백억 유로를 상환하지 못하는 사태로 — 쉽게 전이될 수 있는 심각한 부채문제에 시달리고 있다. 특히 포르투갈, 아일랜드, 그리스, 스페인, 키프로스 등 5개 EMU 국가들은 유럽중앙은행ECB, 유럽집행위원회European Commission, 국제통화기금IMF으로 이뤄진 '트로이카'에게 의지해서 자국의 부채를 갚고 자국 은행들을 구제하려고 했다 (제12장 참조). 그리스는 2010년 5월 첫 EU-IMF 구제금융으로 1,100억 유로를 받았다. 2010년

11월에 아일랜드는 850억 유로의 EU-IMF 대출을 받았다. 2011년 5월에 포르투갈은 780억 유로의 EU-IMF 대출을 받았다 (표 8.1 참조). 그러나 민간투자자들은 포르투갈, 이탈리아, 그리스, 스페인이 발행한 정부채권의 이자율을 높였으며, 그로 인해 이들 국가들이 차입하는데 드는 비용이 더 커졌다.

트로이카는 포르투갈, 아일랜드, 그리스에게 무엇보다 우선적으로 세금을 인상하고, 공무원의 수를 대폭 줄이고, 연금과 교육, 사회서비스 등에 대한 정부지출을 대폭 삭감하라고 요구했다. 예를 들면, 2012년 2월 1,300억 유로 규모의 제2차 구제금융을 제공하는 대가로, 그리스정부는 공무원 15만 명 이상을 감축하고 최저임금을 20퍼센트 이상 인하하라는 요구를 받았다.[19] 심지어 이탈리아와 프랑스조차 예산적자를 줄이기 위해 어쩔 수 없이 지출축소에 나서야만 했다 (글상자 8.2 '긴축의 쓴 약' 참조). 독일과 많은 민간대부기관들은 긴축이 국가부채 수준을 낮추고 투자자의 신뢰를 회복하는 최선의 약이라고 주장해왔다.

그러나 예상한 대로 대중은 이러한 귀찮은 정책들에 대해 강력하게 저항했다. 2010년과 2012년 사이에 17개 유로존 회원국에서 11개 정부가 붕괴되거나 선거에서 패배했는데, 이는 유권자들이 얼마나 화가 났는지를 잘 보여준다. 국제대부자들이 그 위기에 책임이 없는 사람들에게 심한 사회경제적 고통을 가하고 있다는 인식이 널리 퍼져있다.

유럽에서 벌어지고 있는 사태의 전개 양상이 역사상 가장 큰 찬사를 받고 있는 지역통합 실험에 결정적 영향을 미칠 것이다. 한 가지 중요한 사안은 현대 복지국가의 생존가능 여부이다. 2011년 11월에 중국 국부펀드 의장인 진 리쿤Jin Liqun은 유럽국가들은 "부지런히 일하기보다는 나태와 게

글상자 8.2

긴축의 '쓴 약'a

2012년 4월 4일에 크리스툴라스Dimitris Christoulas가 그리스의회 의사당 근처에서 자살했다. 그는 유서에서 그의 연금이 깎였으며 쓰레기통을 뒤져서 먹고 살 수는 없다고 말했다. 2012년 5월 24일에는 실직한 음악가 페리스Antonis Perris와 알츠하이머를 앓고 있는 90세 노모가 아테네 아파트 지붕에서 함께 투신하여 사망했다. 페리스는 온라인 유서에서 현금이 바닥났다고 적었다.b 2012년 11월 9일에 바스크 마을에 사는 에가나Amaia Egana라는 한 여성은 주택대출금을 갚지 못하여 집에서 쫓겨나게 되자 아파트에서 뛰어내려 사망했다. 그녀가 자살한 지 몇 시간 후에 수천 명의 시위자들은 그녀가 살던 마을을 행진하면서, "은행은 기억하라 — 우리에게 로프가 있다," "그것은 자살이 아니라 살인이다." "우리는 금융 테러리즘을 막아야 한다"고 외쳤다.c 이 시위와 일련의 자살사건에 반응하여, 11월 15일에 스페인정부는 주택대출금을 갚을 수 없는 가난한 사람들에 대한 퇴거 조치를 2년 동안 유예시켰다.

비슷한 사건들이 유럽전역에서 일어났고, 많은 빈곤층과 노동자층 시민들은 그들이 지금 견디고 있는 엄청난 고통이 긴축정책 탓이라고 비난했다. 그 유명한 유럽식 사회안전망은 일자리를 찾을 때까지 건강보험과 공공지원의 제공을 통해 일자리가 없는 사람들을 돕기 위해 만들어졌다. 그러나 이제 그 복지국가가 공격받고 있다.

정부부채를 줄이는 방법 중 하나는 공무원들을 대량 해고하고 남은 공무원들의 혜택을 줄이는 것이다. 동시에 많은 국가들은 '노동시장 유연성'을 도입했는데, 이는 임금을 삭감하고 노동자 복지를 축소하며 고용과 해고를 용이하게 하는 것을 의미했다. 긴축의 여파로부터 상대적으로 영향을 크게 받지 않은 것으로 생각되었던 국가들조차도 압박을 받았다. 예를 들어, 프랑스에서는 좋은 복지 혜택이나 충분한 임금을 받지 못하는 단기계약직 노동자의 수가 급증했다. 마찬가지로 일자리를 잃은 일부 사무직 노동자들은 프랑스의 공원에서 자동차가 끌고 다니는 이동식 주택인 트레일러에서 사는 처지로 내몰렸다.

교육, 노년층 보호, 교통, 쓰레기 청소 등 많은 종류의 공공서비스가 축소되었다. 각 지역의 무료 급식소 앞에 많은 사람들이 줄지어 서 있는 모습을 쉽게 찾아볼 수 있다. 2012년 10월에 스페인 적십자사는 "아오라 + 께 눈까Ahora + que nunca"(어느 때보다도 지금Now More Than Ever)이라는 공익 캠페인을 시작하여 빈곤층에게 나눠줄 식료품을 마련하는데 필요한 자금을 모금했다. 스페인 텔레비전에 방영된 어느 한 광고는 텅 빈 냉장고를 여는 아버지가 계란 하나로 만든 오믈렛을 두 아이와 나눠먹는 모습을 보여주었다.d

노동자 계급과 빈곤층은 세금인상을 감당해야 했다. 그리스는 모든 사람의 전기세와 수도세 고지서에 새로운 세금을 부과하여 세수 확대를 꾀했다. 때로는 공공요금을 절약하기 위해 그리스 사람들은 친척이나 친구 집으로 거처를 옮겼다. 포르투갈에서는 판매세의 대폭 인상으로 외식 비용이 비싸지면서 종업원들이 집에서 요리한 음식을 가져오는데 사용되는 '마르미타marmita', 즉 도시락이 갑자기 유행했다.e

유럽의 정치엘리트들이 긴축 반대시위를 극복

하고 사회적 고통의 긴 터널을 벗어날 수 있을지 여부는 두고 볼 일이다.

참고자료

a Matthew Pedro, Dave Balaam, and Brad Dillman 등이 이 사례를 연구하고 글을 작성했다.

b Ariana Eunjung Cha, "'Economic Suicides' Shake Europe as Financial Crisis Takes Toll on Mental Health," *Washington Post*, August 14, 2012.

c Anne Sewell, "Protest in Barakaldo, Spain over Suicide of Evicted Woman," *Digital Journal*, November 10, 2012, at http://www.digital journal.com/article/336545.

d "Red Cross Issues First Appeal in Spain to Help Those Affected by Crisis," *El Pais*, October 10, 2012, at http://elpais.com/elpais/2012/10/10/inenglish/1349869331_462240.html.

e Raphael Minder, "Austerity Protests Are Rude Awakening in Portugal," *New York Times*, October 14, 2012.

으름을 권장하는" 노동법을 가진 '낡은 복지사회' 를 가지고 있다고 말했다. 또 학자인 라이트Thomas Wright 역시 유로화의 붕괴는 국제사회에서 유럽의 소프트파워를 약화시키고, 장기간의 글로벌 공황 을 초래하며, 범대서양 동맹체제의 다자협력을 종 식시킬 수 있다고 예측한다.[20]

EMU 부채의 덫: 그리스를 조심하라

EMU 15개 회원국들이 2002년 공동통화로서 유 로를 채택한 후, 이들 국가들은 은행과 민간투자 자들의 자본이 대량으로 자국 경제에 유입된 덕분 에 높은 경제성장률을 기록하기 시작했다. 그러나 2007년 미국에서 주택 거품이 터지고 경기침체가 서양세계 전체에 퍼지면서 국가부채 문제가 등장 했다. 유럽국가 부채위기의 원인은 무엇인가? 많 은 신자유주의 분석가들은 즉각적으로 그리스와 이탈리아 같은 국가들의 무분별한 정부지출, 부 패, 느슨한 조세 징수 등을 탓한다. 그러나 유럽의 부채 문제는 단순히 과도한 정부 차입의 탓으로만 돌릴 수 없다. 실제로는 EU제도의 구조적 결함, 정치적 제약, 무모한 **대출** 등 좀 더 복잡한 이야기

가 있다.

첫째, 유로화를 도입하기 전에 유럽각국은 자신 의 경쟁력을 올리기 위해 자국 통화가치를 절하할 수 있었다. 그러면 수출증가를 통해 부채를 갚는 데 쓸 수 있는 소득을 얻었을 것이다. 그러나 17개 유로존 회원국들은 하나의 통화동맹에 가입함으 로써 더 이상 개별적으로 화폐를 찍어낼 수 없었 고, 각국은 자국의 부채문제를 해결하는데 평가절 하 수단을 사용할 수 없었다. 대신에 프랑크푸르 트에 본부를 둔 유럽중앙은행이 모든 회원국을 대 신하여 통화정책을 마련했다. 유럽중앙은행은 친 자유시장 성향을 갖고 있었고 인플레이션의 지나 친 상승을 내버려두지 않으려 했다.

비록 1992년의 마스트리히트조약이 모든 EMU 회원국들에게 예산적자 및 정부부채의 규모에 관 한 구체적인 기준을 충족할 것을 요구했음에도 불 구하고, 회원국들은 그러한 규정을 엄격하게 지키 지 않았다. 회원국들이 경제적으로 잘나가는 상 황에서 그러한 규정에 대해 신경쓸 이유가 있었을 까? 예를 들어, 한때 유럽에서 가장 가난한 국가 의 하나였던 아일랜드는 1994~2007년 동안 급 속하게 성장하여 세계에서 가장 높은 1인당 GDP

를 가진 국가 중 하나가 되었다. 다자금융기구와 민간투자들은 유럽의 IT산업, 부동산, 관광, 녹색에너지사업, 인프라 등에 돈을 대주었다. 런던, 파리, 바르셀로나, 밀라노 등이 호황을 누리는 거대도시들이었다. 통일을 통해 새롭게 다시 태어난 베를린은 유럽에서 가장 부유하고 가장 문화적인 도시가 되고자 했다.

둘째, 유럽의 부채위기는 부분적으로 이탈리아와 그리스 같은 국가들이 생산성과 경쟁력 향상을 위한 경제개혁을 원하지 않은 탓일 수도 있다. 이들 국가들은 경제적 상황이 좋은 시절 동안 잠재된 문제점을 간과하고 안일해졌다. 현재 어려움을 겪고 있는 국가들의 기록들을 간략히 살펴보자 (표 12.2의 데이터를 보여주고 있는 표 8.1을 참조).

- 돈을 빌려오기 쉬운 상황에서 그리스는 공식 은퇴연령을 58세로 유지한 채 복지혜택을 확대했다. 2004년 아테네올림픽을 포함하여 많은 새로운 인프라 사업에 투자했다.
- 켈트호랑이Celtic Tiger로 불리는 아일랜드는 마이크로소프트, 인텔, 구글, 시티 등 거대 외국인 투자자를 유치하기 위한 정책을 채택했다. 그러나 아일랜드 사람들은 새로운 사무실, 주택, 아파트 등을 너무 많이 지었고, 2007년에 터지게 되는 투기 거품을 만들어냈다. 2008년 9월에 아일랜드 정부는 부동산 거품의 자금줄인 6대 대형은행들의 부채 1,060억 유로 전액

표 8.1 일부 유럽국가의 부채규모 및 경제지표

	GDP (1억 달러, 2011년)	GDP 대비 정부 부채 비율 (%, 2012년 2분기)	총외채 (1억 달러, 2012년 1분기)	EU-IMF 구제금융 (1억 달러, 2010–2012년)	실업률 (%, 2012년 3분기)	GDP 성장률 예측치(%, 2013년)
유로존						
그리스	2,990	150	5,210	3,170	25.1	−4.8
포르투갈	2,380	118	5,080	780	15.7	−2.7
이탈리아	21,950	126	25,140		10.7	−1.8
스페인	14,910	76	23,830	1,300	25.5	−1.7
프랑스	27,730	91	51,300		10.7	−0.3
아일랜드	2,170	112	22,140	675	14.8	1.0
독일	35,710	83	57,980		5.4	0.4
비교국가						
미국	150,940	73	154,810		8.1	1.9
멕시코	11,550	42	3,090		4.8	3.4

출처: World Bank Indicators; Eurostat News Release 150/2012 (October 24, 2012); World Bank Quarterly External Debt Statistics; OECD Harmonised Unemployment Rates, Updated: November 2012; OECD *Economic Outlook* No. 93 (May 29, 2013).

에 대해 보증을 섰다. 그 다음 정부는 (유럽중앙은행, 유럽집행위원회, 국제통화기금으로 구성된) 트로이카로부터 850억 유로를 빌려서 정부의 재정적자를 메우고 은행채권 보유자에게 지불함으로써 민간부채의 책임을 납세자들에게 떠넘겼다.

• 많은 신자유주의자들은 포르투갈의 사회민주당 정부가 지난 40년 동안 정부를 잘못 운영해왔다고 비난했다. 그러나 2011년 5월 이전까지 포르투갈은 유럽연합에서 경제성장률이 가장 좋은 국가 중 하나였다. 포르투갈은 고등학교 졸업자, 수출, 기업가적 혁신 등의 지표에서 일관되게 다른 국가들보다 상위에 있었다. 그러나 국가는 너무 좋은 보수를 받는 관료들로 가득한 공공부문에 너무 많은 지출을 했다. 채권 거래자들과 투기자들이 이자율을 인상시키자 포르투갈은 부채상환에 필요한 돈을 마련하기 위해 발행한 채권의 이자를 지불해야 했다. 포르투갈은 2011년 5월 EU와 IMF에게 도움을 요청했다.

• 이탈리아는 과잉지출과 광범위한 조세 회피의 역사를 갖고 있었다. 비록 이탈리아은행들이 많은 부실 부동산 대출에 대해 큰 부담을 느끼지 않았음에도 불구하고, 높은 공공부채(GDP의 120퍼센트)로 인해 외국인 투자자들은 더 높은 이자율의 경우를 제외하고 추가 대출의 제공을 꺼렸다. 2011년에 이탈리아정부는 일부 공공부동산을 매각했고, 은퇴 연령을 상향 조정했으며, 일부 공공서비스를 민영화했다.

• 스페인은 2008년까지 건실한 예산흑자를 기록했다. 심지어 국가부채 문제도 없었다. GDP 대비 정부부채 비율은 2012년 중반에 68퍼센트에 불과했고, 이것은 프랑스와 독일의 부채비율보다 낮은 수치였다. 그러나 부동산 거품 때 이루어진 많은 은행대출이 2007년 이후 잘못되기 시작했고 경제를 침체에 빠뜨렸다. 실업률은 2012년 10월에 자그마치 25퍼센트에 달했다. 스페인은 경영난에 빠진 은행들을 구제하기 위해 EU에게 1,000억 유로를 신청했다. 그 결과 GDP 대비 부채비율이 큰 폭으로 상승했다.

포르투갈, 이탈리아, 아일랜드, 그리스가 과잉차입을 했지만 위기가 시작될 때까지는 그 자체가 문제는 아니었다. 그에 앞서 많은 유럽의 은행과 기업의 최고위층들은 말 그대로 "크게 한몫 잡았다." 구조주의자들은 민간은행과 민간채권보유자들이 자신의 손실을 '사회화'하는 모순을 지적한다. 즉, 민간은행과 민간채권자들은 부실 대출의 비용을 유럽납세자들에게 전가하고, 가능한 한 신속하게 남유럽의 자산을 청산하였다. 미국의 경우와 마찬가지로 결국 중산층과 빈곤층이 그 비용을 지불하게 되었다.

유럽국가 부채위기의 세 번째 원인은 과잉차입의 반대 측면인 과잉대출에 있다. 투자의 위험성을 은폐하는 신용평가기관들의 부추김에 현혹된 포르투갈, 이탈리아, 아일랜드, 그리스, 스페인의 국내외 채권자들은 2007년 하락세로 접어들기 이전까지 대출을 연장했고, 정부채권을 낮은 이자율로 구입했다. 그들은 유로존의 체제 전체 위기를 예상하지 못했다. 독일은 수년 동안 남유럽 국가들에 대해 엄청난 무역흑자를 기록하고 있었다. 남유럽 기업들이 유로존 내에서 경쟁력을 잃게 되었지만 남유럽국가들은 자국 통화의 평가절하를 통한 수출 진작을 고려할 수 없었다. 남유럽국가들의 무역적자는 북유럽국가들로부터 유입된 자본으로 충당되

었고, 이것이 과도한 채무의 원인이었다.[21]

유럽의 미래는 어떻게 될까? 우리는 제12장에서 다룰 세 가지 잠재적 시나리오에 주목한다. 첫째, 유럽의 주요 행위자들은 계속해서 더욱 강도 높은 긴축을 그럭저럭 헤쳐 나갈지 모른다. 그러나 이것이 경기침체와 부채위기를 벗어나는 길인가? 예상과 반대로, 포르투갈, 이탈리아, 아일랜드, 그리스, 스페인의 부채 수준이 가혹한 재정지출 감축이 실시된 이후 지속적으로 높아진 것이 사실이다. 그러므로 케인즈주의자들은 유럽 전체가 희생을 분담하면서 성장친화적인 재정지출 확대 경기부양책이 더 나은 해결방안이라고 생각한다.

둘째, 만약 유럽이 '유럽의 문제아'라고 할 수 있는 그리스와 여타 거대 채무국들에 대한 해법을 찾는데 실패하는 경우 사정은 더욱 나빠질 것이다. 그리스는 2012년 2월 자국의 일부 부채에 대해 부도를 냈고, 자국 통화인 드라크마를 다시 사용해야 하는지에 대해 논쟁을 벌이고 있다. 2009년 10월부터 2012년 6월 사이에 그리스인들은 약 720억 유로를 은행에서 인출했다. 이와 유사하게 2011년 7월부터 2012년 7월 사이에 스페인, 포르투갈, 아일랜드, 그리스 등의 국민들은 총 3,260억 유로(4,250억 달러)를 인출하여, 독일, 프랑스, 스위스 등에 있는 더 안전한 계좌로 자금을 옮겼다.[22] EU관리들은 이처럼 느리게 진행되는 예금 인출사태(전문가들은 이를 '은행 조깅'이라고 부른다)에 놀란 나머지 2012년 6월 유로존 내에서 자본통제를 실시하고 ATM 인출한도를 제한하는 내용의 긴급대책을 몰래 준비했다. 전염이 확산되면 일부 국가가 유로존으로부터 탈퇴하거나, 또는 EMU 전체가 붕괴될 수 있다.

셋째, EU제도의 구조적 약점은 극복될 수 있을지도 모른다. 유럽의 정책결정자들은 자신의 역할과 권한을 확장하거나, 아니면 그만 포기하고 통합의 수준과 초국가성이 좀 더 낮은 공동체로 회귀하려고 시도할 수 있다. EU는 ECB와 유럽집행위원회에게 자국의 주권을 좀 더 양도하는 유로존 회원국의 희생을 바탕으로 공동재정정책을 구축하는 조치를 취했다.

결론: 위기, 선택, 변화

알몬드Gabriel Almond 등은 유명한 비교정치 논문 선집 『위기, 선택, 변화Crisis, Choice, and Change』에서 여러 사회들이 간혹 발생하는 위기를 어떻게 다루는지 고찰했다.[23] 어떤 위기는 국가들의 정치적, 경제적, 사회적 제도들을 예기치 못한 방향으로 변화시켰으며, 그리고 일부 국가들은 다른 국가들보다 위기에 좀 더 잘 대처했다. 오늘날 세계는 지구적 재앙으로 쉽게 이어질 수 있는 상황을 맞이하고 있다. 이 결론 절에서 우리는 몇 가지 잠재적 해법과 경로에 대해 논의한다.

글로벌 과잉의 재균형

많은 정통 경제적 자유주의자들(즉 오스트리아학파 혹은 재정적자 강경반대론자들)과 일부 비정통 개입주의적 자유주의자들(즉 케인즈주의자들)은 무역흑자 국가들이 막대한 외환보유고의 비축을 중단해야 한다고 지적한다. 무역흑자국들은 향후 IMF에 돈을 빌리러 가야하는 사태에 대비하여 일종의 자가보험으로 많은 외환을 보유하고 있다. 중국, 일본, 사우디아라비아 등은 자국 화폐의 가치를 절상하고 국내의 지출과 소비를 증가시켜야 한다.[24] 유럽에서 독일은 인플레이션이 오르도록 내버려두거나 또는 유로존 탈퇴와 유로화 대비 새로운 마르크화의 가치절상 등 두 가지 방법 중 하나를 통해 무역흑자를 줄일 수 있을 것이다. 이에 대한 대안으로 많은 오스트리아학파 학자들은 '질서정연하게' 진행될 수만 있다면 그리스의 EMU 탈퇴에 찬성한다. 그렇게 되면 그리스는 자국 화폐의 통화가치를 절하하고, 수출신장을 통해 부채의 덫에서 벗어날 수 있을 것이다.

국제수지 불균형은 시장이 자동적으로 자기조정 기능을 발휘하는 것은 아니라는 점을 보여준다. 요컨대 미국, 이탈리아, 프랑스, 스페인의 산더미처럼 쌓이는 부채를 줄이기 위해 다른 나라에 의존하는 것은 장기적으로 지속될 수 없다.

국내경제의 규제

국내적 규제 또는 규제의 부재가 아시아, 미국, 유럽의 위기들을 초래하는데 일조했다. 대부분의 정통 경제적 자유주의자들은 국가가 시장에 너무 지나치게 많이 개입했다고 주장한다. 정통 경제적 자유주의자들은 아시아의 중상주의 국가들이 투자를 엄격하게 제한하고 승자와 패자를 지정하는 산업정책을 사용하였다고 비난한다. 연방준비제도는 (미국대통령의 지지를 바탕으로) 이자율을 인하하였으며, 대출기관들로 하여금 무분별한 신용대출을 쉽게 확대할 수 있도록 해주었다. 정부는 구제금융을 제한하고, 은행의 파산을 허용하며, 특별히 고소득층에 대한 세금을 인하해야 한다.

이와 반대로, 크루그만 등 케인즈주의자들은 세금인하보다 적자재정이 경제에 미치는 영향의 '비용대비 효과more bang for the buck'가 더 크다고 주장한다.[25] 또한 크루그만은 역사적으로 보면 미국의 GDP 대비 부채 수준은 낮은 편이고, 부채를 감당할 수 있을 만큼 경제가 성장하는 한 인플레이션이 장차 큰 문제가 되지 않을 것이라고 지적한다.[26] 비정통 개입주의적 자유주의자들은 규제를 강화하고, 은행의 '규율을 강화하는 수단disciplining force'으로 경쟁을 제고하기를 원한다. 지대추구 행위를 억제하고 위험추구 행위를 제한하기 위해 거대 은행들은 해체되어야 하며, 자신의 대출금을 뒷받침하기 위해 은행들은 더 많은 자본준비금을 적립해야 한다. 또한 비정통 개입주의적 자유주의자들은 소위 **그림자금융체제**shadow banking system를 규제하는 것이 시급하다고 강조한다. 그림자금융체제는 헤지펀드, 사모펀드, 단기금융투자신탁 등 여신전문 금융기관 전체를 의미하며, 이들은 수조 달러를 빌리고 투자하는 데 파생상품과 증권화 같은 독성 금융기법을 사용한다.[27]

구조주의자들은 정부관료와 정부관료가 규제하기로 되어 있는 은행들 간의 밀접한 유대관계를 끊기 위한 더 많은 노력이 필요하다고 믿는다. 위기가 악화되면서 은행들 사이의 인수합병이 증가했고, 미국에는 주요 은행 5개만 남게 되었다. 그 결과 민주주의에 부정적 영향을 미치는 자본 집중 현상이 발생했다.

경제이념과 불평등 해결

자산 거품이 많은 금융위기를 초래했기 때문에, 많은 비정통 개입주의적 자유주의자들은 인간요소를 포함하는 더 나은 경제이론의 필요성을 역설한다. 경제학자들은 오로지 합리적 선택 방법론에만 초점을 맞출 것이 아니라 불평등이 정치적 정당성에 미치는 효과와 인간심리에 대해 반드시 탐구해야 한다. 경제학자들은 보다 경험적인 연구를 통해 자신의 탐구방법을 현실 세계에서 검증해야 한다. 경제학이 일상적인 삶으로부터 동떨어져 있다고 혹평한 노벨경제학상 수상자 코스Ronald Coase는 경제학이 사회, 역사, 문화, 정치가 경제의 작동에 미치는 영향력을 무시한 채 선택의 자연과학hard science of choice으로 전락하는 것은 자살행위라고 강조한다.[28]

케인즈주의자들은 세계화가 잘 작동하게 할 수 있지만, 개도국들은 적어도 선진국과 동등한 입장에서 경쟁할 수 있을 때까지는 스스로를 보호해야 한다고 믿는다. 중상주의자들과 마찬가지로, 많은 비정통 개입주의적 자유주의자들은 중국과 인도가 다른 국가들에 비해 글로벌 금융체제에 대한 개방정도가 덜했지만, 그럼에도 자국에게 가장 잘 맞는 정책의 '선별적cherry-picking' 시행을 통해 높은 경제성장률을 달성했다는 사실에 주목한다 (제13장 참조).

금융체제의 신뢰성과 믿음을 회복하려면, 지난 30년 동안 서방사회의 불평등을 악화시킨 시장에게 공공이익을 맡겨둘 수 없다. 거의 대부분의 OECD 국가들에서 빈부격차가 크게 벌어졌다. 2007년 독일, 캐나다, 영국, 미국에서는 상위 1퍼센트가 총세전 소득의 11~20퍼센트를 차지했다. 수백억 달러를 모금하여 세계 빈곤층에게 재분배하기 위해 많은 유럽지도자들은 모든 주식, 채권, 파생상품, 통화의 거래에 부과하는 소액 세금인 '금융거래세financial transaction tax'의 도입을 추진하고 있다.

스티글리츠는 미국 내의 불평등이 경제적 역기능, 성장 둔화, 민주주의 약화, 공정한 경쟁의식의 약화 등을 초래하고 있다고 설득력 있게 주장했다.[29] 그는 금융산업이 '지대추구' 산업이 되었다고 주장한다. 즉, 금융산업은 투기를 일삼고 세금을 회피하며 속임수와 도무지 이해할 수 없는 수수료로 사람들을 갈취하는 경향이 있다고 주장한다. 평균임금이 정체되고 부채가 늘어나면서 하류층과 중산층은 경제성장을 가능케 할 총수요를 늘릴 수 없다. 따라서 누진세제를 통해 부를 사회 저변으로 재분배하는 것이 부채와 금융위기를 해결하는 비결이다.

유럽의 케인즈주의자들은 고통스러운 긴축이 아니라 부자와 가난한 사람들 간의 고통분담이 필요하다고 본다. 긴축은 유로존에서 2012년 10월 실업률을 11.6퍼센트, 25세 이하 청년 실업률은 23퍼센트로 상승시켰다. EU의 유럽공동체 전체의 이익을 무시하는 근시안적인 금융정책으로 인해 유럽이 세계에 제시했던 지역협력의 방식이 심각하게 퇴색되었다. 이는 글자 그대로 한 편의 그리스비극에 비유될 수 있다.

글로벌 거버넌스

확실한 것은 글로벌 차원에서 관리의 부재가 금융위기를 직접 초래한 것은 아니지만 그것에 기여했다는 점이다. 많은 정통 경제적 자유주의자들이 글로벌 거버넌스보다는 좀 더 자유방임적인 세계화를 선호하는 반면에, 비정통 개입주의적 자유주의자들은 IMF와 세계은행의 개혁을 통해 더 많은 투표권을 브릭스 국가들BRICs에게 할당하는 것에 찬성한다. 많은 비정통 개입주의적 자유주의자들은 여러 국가들의 다양한 경기부양 조치들을 조정하는 기제로서 EU와 같은 지역제도와 새로운 G20을 원한다. 개혁론자들은 G20의 금융안정기구가 은행들에게 자기자본 요건을 부과하고 파생상품과 헤지펀드를 억제하여, 국제금융회사를 감독하고 규제하기를 바란다.

전 세계적으로 위기에 위기가 이어지면서 IMF는 문제를 더 악화시킨다는 비난을 종종 받고 있다. 그러나 더 큰 문제는 회원국들이 글로벌한 의무와 국내적 이익을 조화시키지 못하고 있다는 점이다. 예를 들면, 각국이 기업의 투자와 은행의 유치를 위해 앞 다투어 너도나도 세금을 낮추는 조세 경쟁을 억제한다면 IMF 회원국 모두가 혜택을 볼 수 있다.

국가들은 위험추구 행위와 투기적 거품을 최소화하는 방법을 결정해야 한다. 배젓Walter Bagehot이 100년 전에 제시한 고전적인 해결책은 어느 누구도 돈을 빌려주려고 하지 않을 때 돈을 빌려줄 글로벌 최종 대부자를 지정하고 토르슐루스파니크Torschlusspanik[i]로부터 자유롭게 하여 공포를 미연에 차단하는 것이다.[30] 분명한 것은 IMF는 글로벌 최종 대부자가 아니며 또 그렇게 될 수도 없다는 점이다. 그리고 높은 수준의 국제적 상호의존과 자본시장 통합으로 인해 글로벌 거버넌스 구조는 시장의 힘에 필적하거나 또는 1930년대에 일어났던 시장의 파멸적인 붕괴를 감당할 수 있는 수준으로 확대되어야 한다.

오늘날 국제정치경제는 안정적이고 융통성 있는 금융체제를 필요로 한다. 거의 틀림없이 현재 세계를 괴롭히는 어두운 그림자를 야기한 원칙과 정책들은 역설적이게도 정책결정자들이 경제회복 프로그램을 통해 보존하려고 했던 원칙이나 정책과 완전히 동일한 것이었다. 만약 케인즈가 오늘날 살아 있다면, 그는 가능성의 예술로서 정치를 실천할 기회를 가졌을지도 모른다. 의심할 여지없이 케인즈는 우리에게 경제가 누구를 위해 — 부유층과 권력층을 위해 아니면 빈곤층과 약자를 위해 — 봉사해야 한다고 생각하는지 물어보라고 제안할 것이다.

---

i 〈역자 주〉 글자 그대로 '닫히는 문의 공포'라는 의미의 독일어. 즉, 시기를 놓칠까 두려워하는 초조함.

주요 용어

토론주제

1. 이 장에서 논의된 여러 유형의 부채문제를 (a) 부채의 근원, (b) 각 상황에서 주요 행위자들의 이해관계, (c) 만약 해결되었다면 그 상황이 해결된 방식 등의 측면에서 비교하고 대조해 보시오.

2. 왜 그렇게 투기 때문에 야단법석 난리인가? 무슨 이유로 여러분은 케인즈가 투기에 대해 우려할 것이라고 생각하는가? 이 질문에 대한 대답에 도움을 얻으려면 제7장을 활용해 보시오.

3. 자금을 빌려옴으로써 발생하는 부채와 국제수지 적자와 관련된 부채 간의 관계에 대해 설명해 보시오. 책에서 읽은 사례를 활용해 보시오.

4. 유럽사람들은 유럽의 금융위기를 해결하는데 도움이 될 수 있는 과거의 위기로부터 어떤 교훈을 배울 수 있었는가?

5. 국제수지 위기의 해결을 돕는 데 있어서 IMF의 역할을 설명해 보시오. 여러분은 IMF가 좀 더 많은 역할을 할 수도 있었다고 생각하는가? 왜 그런가? 왜 그렇지 않은가?

6. 만약 여러분이 현재의 통화위기를 해결하는 방법을 간략하게 제시한다면 여러분은 어떤 조치를 강조할 것인가? 설명해 보시오.

추천문헌

Barry Eichengreen. *Globalizing Capital: A History of the International Monetary System*. Princeton, NJ: Princeton University Press, 1996.

Financial Crisis Inquiry Commission. *The Financial Crisis Inquiry Report*. New York: Public Affairs, 2011.

Joseph Stiglitz. *The Price of Inequality: How Today's Divided Society Endangers Our Future*. New York: W.W. Norton, 2012.

Johan Van Overtheldt, *The End of the Euro: The Uneasy Future of the European Union*. Chicago: Agate Publishing, 2011.

주

1) Kara Scannell and Sudeep Reddy, "Greenspan Admits Errors to Hostile House Panel," *Wall Street Journal*, October 24, 2008.

2) Cordt Schnibben, "Prison of Debt Paralyzes West," *Spiegel Online*, November 16, 2012.

3) 1980년대 부채위기에 관한 좋은 개론서는 Benjamin J. Cohen, *In Whose Interest?* (New Haven, CT: Yale University Press, 1986). 특히 제8장 "Latin Debt Storm"을 참조.

4) 음의 실질이자율은 물가상승률이 대출 이자율보다 높을 때 발생한다. 이것은 차입자에게 유리한데, 대출 상환금이 차입한 금액보다 더 낮은 실질가치를 지니게 되기 때문이다.

5) Susan George, *A Fate Worse Than Debt: The World Financial Crisis and the Poor* (Berkeley, CA: Grove Press, 1988).

6) Carole Collins, Zie Gariyo, and Tony Burdon, "Jubilee 2000: Citizen Action across the North, South Divide,"

Michael Edwards and John Gaventa, eds., *Global Citizen Action* (Boulder, CO: Lynne Rienner, 2001).

7) David Vines, Pierre-Richard Angenor, and Marcus Miller, *Asian Financial Crisis: Causes, Contagion, and Consequences* (Cambridge: Cambridge University Press, 2004).

8) Paul Krugman, "How Did Economists Get It So Wrong?" *New York Times*, September 3, 2009.

9) 신흥시장의 위기에 대한 IMF의 대응에 관해 읽을 만하고 자료가 풍부한 역사서는 James M. Boughton, *Tearing Down Walls: The International Monetary Fund 1990–1999* (Washington, D.C.: International Monetary Fund, 2012), http://www.imf.org/external/pubs/ft/history/2012.

10) Henry Farrell and John Quiggin, "Consensus, Dissensus and Economic Ideas: The Rise and Fall of Keynesianism during the Economic Crisis," March 9, 2012, http://www.henryfarrell.net/Keynes.pdf.

11) Sheila Bair, *Bull by the Horns: Fighting to Save Main Street from Wall Street and Wall Street from Itself* (New York: Free Press, 2012).

12) Nathaniel Popper, "C.E.O. Pay Is Rising Despite the Din," *New York Times*, June 16, 2012.

13) Simon Johnson and James Kwak, *13 Bankers: The Wall Street Takeover and the Next Financial Meltdown* (New York: Vintage Books, 2011), p. 230.

14) John Nichols and Robert McChesney, *Dollarocracy: How the Money and Media Election Complex Is Destroying America* (New York: Nation Books, 2013).

15) Chris Hedges, "Why the Occupy Movement Frightens the Corporate Elite," Truthout, May 14, 2012, http://truth-out.org/opinion/item/9112-why-the-occupy-movement-frightens-the-corporate-elite.

16) Robert Reich, "Washington Pre-Occupied," *Huffington Post*, November 4, 2011, http://www.huffingtonpost.com/robert-reich/occupy-wall-street-inequality-_b_1075775.htm.

17) Jesse Bricker et al., "Changes in U.S. Family Finances from 2007 to 2010: Evidence from the Survey of Consumer Finances," *Federal Reserve Bulletin* 98 (June 2012).

18) Francis Fox Piven, "The War against the Poor: Occupy Wall Street and the Politics of Financial Morality" *Truthdig*, November 7, 2011, http://www.truthdig.com/report/item/the_war_against_the_poor_20111107.

19) Niki Kitsantonis and Rachel Donadio, "Greek Parliament Passes Austerity Plan after Riots Rage," *New York Times*, February 12, 2012.

20) Thomas Wright, "What if Europe Fails?" *The Washington Quarterly* (Summer 2012): pp. 232–241.

21) Andrew Moravcsik, "Europe after the Crisis," *Foreign Affairs* 91 (May/June 2012).

22) Yalman Onaran, "Deposit Flight from Europe Banks Eroding Common Currency," *Bloomberg* (September 19, 2012), http://www.bloomberg.com/news/2012-09-18/deposit-flight-from-europe-banks-eroding-common-currency.html.

23) Gabriel Almond et al., *Crisis, Choice and Change: Historical Studies of Political Development* (Boston, MA: Little Brown, 1973).

24) 이 주장에 대한 상세한 논의는 Martin Wolf, *Fixing Global Finance* (Baltimore, MD: Johns Hopkins University Press, 2008).

25) Paul Krugman, "Bang for the Buck (Wonkish)," *New York Times*, January 13, 2009.

26) Paul Krugman, "Till Debt Does Its Part," *New York Times*, August 28, 2009; and Paul Krugman, "Bad Faith Economics," *New York Times*, January 26, 2009.

27) 그림자은행에 관한 훌륭한 개요는 다음 보고서의 제2장에서 찾아볼 수 있다. Financial Crisis Inquiry Commission, *The Financial Crisis Inquiry Report* (New York: Public Affairs, 2011).

28) Ronald Coase, "Saving Economics from the Economists," *Harvard Business Review* (December 2012).

29) Joseph Stiglitz, *The Price of Inequality: How Today's Divided Society Endangers Our Future* (New York: W.W. Norton, 2012), p. xxii.

30) Walter Bagehot, *Lombard Street: A Description of the Money Market* (Philadelphia, PA: Orion Editions, 1991), p. 8.

CHAPTER

9

세계 안보구조

만약 당신이 1950년대나 1960년대에 미국, 유럽, 혹은 소련에 살았다면 히로시마와 나가사키에 대한 제2차 세계대전 영화를 보았을 것이다. 일본 두 도시에 떨어졌던 것 같은 원자폭탄이 당신을 눈 깜짝할 사이에 공기 중으로 사라지게 할 것이라고 두려워했을 것이다. 이러한 두려움은 1962년 쿠바 미사일위기 당시 미국과 소련이 '정면대치'했을 때 고조되어, 양국은 자신들의 요구가 수용되지 않으면 핵무기를 사용할 것이라며 위협했다.[1] 궁극적으로는 군사력을 사용하지 않았다. 왜 그랬을까? 현실주의자들은 양 초강대국이 어떠한 종류가 되었든 군사력의 사용이 핵전쟁과 엄청난 비용 — 인명손실과 경제피해 — 으로 쉽게 연결될 수 있다는 것을 미리 예측했다고 주장한다. 또한 어떤 현실주의자들은 부와 권력의 **양극**bipolar 분포가 두 나라를 그렇게 행동하도록 한 것이라고 믿는다.

추후에 양 강대국의 관료들과 군사전문가들이 비공식적으로 **상호확증파괴**MAD: Mutually Assured Destruction라는 전략적 독트린을 받아들였는데, 이는 양국이 모두 핵전쟁의 개시로부터 억지(방지)되는 한 다모클레스의 칼(핵전쟁의 위협) 아래서 사는 것이 받아들일만 하다는 것을 의미한다.[2] 베트남전쟁 이후, 양국은 전략적 핵무기고에 있는 무기 숫자의 제한에 합의했는데, 이는 그들의 정치적 관계를 더욱 안정화시키는 데 도움을 주었다.

쿠바 미사일위기는 이 책에서 다루는 주요 주제들과 일치하는데, 이는 세계 안보전략의 다섯 가지 중요한 측면을 조명한다. 첫째, 제2차 세계대전 이후, **현실주의**realism는 전쟁과 평화를 연구하는 학자들과 안보정책 결정자들에 의해 가장 널리 적용된 시각이었다. 그러나, 향후 설명하겠지만, 다른 국제정치경제의 시각들이 안보문제에 대한 보다 포괄적인 설명을 제공한다. 예컨대, 구조주의자들이 주장하듯이, 쿠바에서의 소련 미사일의 존재는 서반구에서의 미 제국-자본주의 영역을 위협했던 것이다.

둘째, 좋든 나쁘든 현실주의는 주요 강대국의 관료들과 국제기구들이 스트레인지Susan Strange가 말하는 네 번째 글로벌 구조 — 우리가 **글로벌 사이버 안보구조**global cyber security structure라고 부르는 — 를 다루는 방식에 여전히 영향을 미친다. 분석을 위해 우리는 글로벌 사이버 안보구조를 세계 각지의 사람들을 폭력적·비폭력적 위협과 행동으로부터 보호하기 위해 마련된 공식적 조약, 협약, 의정서 및 기타 비공식적 규칙과 규범의 망web이라 정의한다. 그 주요 행위자들에는 직·간접적으로 국내외의 안보문제에 관여하는 민족국가, 국제기구, 비정부기구, 초국적기업, 기타 공공 혹은 민간부문의 임원들이 포함된다.

셋째, 미 행정부는 (동맹의 지지가 있건 없건) 일방적으로 그리고 (다른 나라와 협조하여) 다자적으로 안보정책을 추구해왔다. 그들은 양극, **다극**multipolar, 혹은 **단극적**unipolar 권력구조에서 이득을 얻었거나 그런 식의 권력구조를 만들고자 시도했다.

넷째, 오늘날의 글로벌 안보구조의 의제는 군사력 중심의 **냉전**Cold War(1947~1991) 시기의 양극 안보구조에서 벗어나서 오바마 행정부의 훨씬 광범위한 안보문제로 옮겨가는 주요 변화를 반영하는데, 오바마 행정부는 다극적인 체제질서를 구축하려 한다.

다섯째, 최근 미 행정부는 빈곤, 소득 불평등, 환경 훼손, 기후 변화, 이주 등과 같은 약소국과 가난한 나라들의 비전통적 안보이익을 점차적으로 안보의제에 포함시켜왔다. 점차 더 많은 국제기구, 비정부기구, 기타 행위자들이 부와 권력의 구조가 훨씬 더 파편화된 세계를 공동으로 관리한다.

이 책에서 새로운 글로벌 사이버 안보구조에 관해 우리가 하는 주요 주장은 다음과 같다.

- 현실주의는 계속해서 많은 설명력을 갖는다. 그러나 다른 시각들이 많은 글로벌 안보문제에 보다 완전한 이해를 제공한다.
- 냉전시대에 국가적(영토적) 안보에 대한 위협은 주로 핵무기나 재래식 무기였는데, 오늘날 주요 강대국은 점차적으로 드론(무인비행체)과 같은 사이버 기반 무기들에 초점을 맞춘다.
- 점차로 더 많은 이주, 환경, 불법행위 등의 비전통적 문제들이 가난한 나라들로부터 흘러나와서 강대국들의 안보문제를 이전보다 훨씬 더 복잡하게 만든다.
- 개발도상국 사람들은 선진국 사람들처럼 쉽게 이러한 안보문제에 일상적으로 적응할 수 없다.
- 주요 강대국들은 테러리즘과 맞서 싸우기 위해, 석유나 천연가스와 같은 자연자원을 개발하기 위해, 초국적기업의 투자를 보호하기 위해 개발도상국에 지속적으로 개입할 것이다.
- 하지만, 많은 강대국들은 글로벌 안보구조의 조정에 작은 역할만을 하려고 할 것이다. 또한 강대국들이 다른 행위자들, 예컨대 세계 안보체제를 관리하는 데 필요한 권위나 자원이 없는 국제기구, 비정부기구, 다른 행위자들에게 더 많은 권한을 내어 줄 가능성도 없다.

현실주의는 계속 살아남는다:
고전적 현실주의 대 신현실주의

거의 70년 동안, 현실주의는 국내와 국제안보를 다루는 국가관료, 군장교, 학자에게 지배적인 패러다임이었다. 현실주의자는 문제를 외부 위협에 맞서 생존가능성을 결정짓는 군사력에 기반한 국가들의 위계질서로 규정하는 경향이 있다. 1945년 제2차 세계대전이 끝난 이래 미국은 영국, 프랑스, 러시아와 더불어 강대국들의 위계질서의 최상위에 자리잡았는데, 이 나라들은 많은 재래식 무기(육군, 해군, 공군)와 핵무기를 보유하고 있었다. 아래에서 우리는 이러한 강대국들이 어떻게 UN의 기구들, **북대서양조약기구**NATO: North Atlantic Treaty Organization 및 기타 국제기구들에게 오늘날의 글로벌 안보구조에서 군사력을 사용할 수 있는 권한과 자본자원을 부여했는가를 논의한다. 상대적으로 약한 국가들, 권력의 위계질서에서 좀 더 낮은 나라들에는 덴마크, 스웨덴, 이탈리아, 일본 및 브라질, 중국, 인도 같은 신흥국들이 포함된다. 종종 이러한 상대적으로 약한 국가들의 군대가 UN평화유지군이나 강대국들이 조직한 다른 치안부대의 구성원을 이룬다.

위계질서의 바닥에는 빈곤, 기아, 난민, 이주, 전염병, 환경피해 등의 문제로 고통 받는 약한 개발도상국들이 위치한다. 이러한 국가들에서, 대규모 빈곤은 종족적, 종교적 공동체들 간의 긴장을 악화시키는데, 이는 종종 르완다에서 투치족과 후투족 간의 갈등이라든가, 동유럽 발칸반도의 국가들 사이에 있었던 민족분쟁과 같은 인권침해나 집단학살genocide을 초래하기도 한다. UN평화유지군과 국제사면위원회Amnesty International 같은 비정부기구는 이런 수준에서 적극적인 역할을 한다. 이 국가들에게 중요한 문제는 석유 탐사 및 생산, 반테러리즘, 초국적기업 투자 등과 연관된, 소위 안보상의 이유로 강대국이 자신들에게 보이는 지속적인 관심(어떤 사람은 간섭이라 부르는)이다.

다른 국제정치경제의 시각들과 마찬가지로, 현실주의 사상 내에서의 세부적 입장 차이는 안보문제를 설명하고 해결하는 데 중요한 함의가 있다. 쿠바 미사일위기와 같은 사건들은 **고전적 현실주의**classical realism와 **신현실주의**neorealism라는 두 가지 종류의 현실주의에 의해 다르게 표현될 수 있다. 고전적 현실주의는 투키디데스Thucydides, 마키아벨리Machiavelli, 홉스Hobbes, 보다 최근의 케난George Kennan과 모겐소Hans Morgenthau 등의 사상에 연원을 두고 있는데, 그들은 어떻게, 왜 사람들과 정치기구들이 민족국가의 생존을 결정하는 권력을 쟁취하는가를 강조한다.[3] 고전적 현실주의자들의 가정은 다음과 같다.

- 국가의 생존은 제도, 영토, 영공, 국민을 방어할 군사력을 조직하고 통제할 힘에 의존한다.
- 어떤 국가의 국익도 똑같지는 않은데, 이것이 글로벌 안보체계에서 갈등의 바탕이다.
- 안보욕구는 **항상** 이데올로기적 원칙과 동기보다 우선한다.
- 권력은 우선적으로 군사적 능력으로 여겨지고, 특히 국방문제에 있어서, 다른 나라들이 권력을 행사하지 않았으면 하지 않았을 것들을 하게끔 만드는 데 사용된다.
- 한 국가가 사용할 수 있는 무기 중에서 군사적 도구들이 가장 강력하다. 경제도 — 특히 산업 능력 — 중요하지만 군사적 도구들만큼 중요하지는 않다.

- 국제안보구조는 국가행위에 영향을 미친다. 하지만, 안보기관과 국가지도자들의 '선택과 의사결정'만큼 국가행위에 항상 결정적인 것은 아니다.
- 국가지도자들은 전략적으로 사고하며, 종종 실수를 저지르거나 상황을 잘못 파악한다.
- 전쟁은 종종 **세력 균형**balance of power을 재조정하거나 새로운 권력지형을 수립하기 위한 국가지도자들의 선택이다.
- 평화는 국가들의 협력에 의해 달성될 수 있고 한 패권국이 다른 나라에 강요해서는 안 된다. 제국적 권력은 모든 다른 나라들의 적이 된다.

고전적 현실주의자들에게 첫 번째와 두 번째 수준의 분석은 국제적 혹은 세계적 수준의 분석보다 더욱 중요하다 (제1장 참조). 예를 들어, 존 F. 케네디John F. Kennedy 대통령과 로버트 케네디Robert Kennedy 법무장관은 쿠바 미사일위기 해결을 위해서 전쟁을 택하기보다는 '틀을 벗어나 생각'하는 것을 선택했다.

신현실주의자들은 고전적 현실주의자들이 국가와 정책결정자들의 동기를 지나치게 단순화한다고 비판한다. 고전적 현실주의자에 의하면, 국가 및 정책결정자들은 끊임없이 권력을 추구하며, 권력 그 자체를 추구하며, 국가안보를 증진하려한다. 신현실주의자들은 안보구조의 세 번째와 네 번째 수준의 구조적 특성들과 이들이 국가와 개인의 행동을 어떻게 조정하는가에 더 중점을 둔다.[4] 신현실주의자의 가정은 다음과 같다.

- 글로벌 안보구조는 단일 주권자가 없는데, 이는 국가들이 어쩔 수 없이 안보를 자신들의 최우선 목표로 **삼도록 한다.**
- 주권국가는 원할 때마다 무력을 사용할 수 있

기 때문에, 어떤 국가의 **절대안보도** 보장될 수는 없다.
- 오늘날 국제체제의 200여 개의 국가들 각각은 독자적이고 합리적인 행위자이다.
- 민족국가 내의 블랙박스 안에서 무슨 일이 벌어지고 있는지를 과학적으로 이론화하기는 너무 어렵다.
- 글로벌 안보구조의 변화는 국가권력 능력의 이동과 함께 온다.

만약 월츠Kenneth Waltz가 쿠바 미사일위기를 설명했다면, 양극체제의 구조적 조건이 강대국들로 하여금 안보질서에서 자신들에게 부여된 역할을 수행하지 않을 수 없도록 한 것이라고 주장했을 것이다. 무기의 수와 다른 하드파워의 지표들이 그러한 국가능력의 가장 좋은 지표들이다. 미국과 소련의 힘의 **상대적인 균등**이 핵무기의 사용을 억지했다. 국가들이 합리적으로 행동한 결과 그들 스스로와 국제체제를 구했던 것이다.

고전적 현실주의자들은 신현실주의 시각이 두 가지 결함을 가지고 있다고 반박한다. 첫째, 신현실주의는 개별 행위자의 역할을 간과한다. 둘째, 신현실주의는 안보구조의 제약이나 영구성에 의문을 제기하지 않는다. 행위자들은 다른 국가들의 행동이나 능력의 중요성을 예상가능한 방식으로 **인지**하고 해석한다. 그러나, 나중에 논의하겠지만, 어떤 국가들과 개별 행위자들은 안보질서에 있어서 강대국의 숫자를 **변화시키려 하는데**, 이는 행위자의 행태가 가정과 달리 구조 그 자체에 의해 그렇게 많이 좌우되지는 않는다는 것을 보여준다.

이러한 이론적인 쟁점들이 오늘날의 글로벌 안보구조에 많은 실제적인 결과를 초래한다. 고전적 현실주의자에게는 조지 W. 부시George W. Bush 전

글상자 9.1

제2차 세계대전 이후 안보상황 전개의 선택적 연표

1945	샌프란시스코에서 유엔헌장 서명. 미국이 히로시마와 나가사키에 원자폭탄 투하; 일본 항복.
1947~1990	미국과 소련의 냉전.
1949	소련의 첫 번째 원자탄 폭발실험. NATO 창설. 공산당 세력에 의한 중국장악. 양극체제 강화.
1950~1953	한국전쟁. 양극체제 공고화.
1955	바르샤바조약기구 창설.
1956	소련의 헝가리혁명 진압.
1962	쿠바 미사일위기. 상호확증파괴^{MAD}의 전략적 독트린 공고화.
1964	미국이 베트남에 전투부대 배치.
1968	소련이 체코슬로바키아의 반체제인사를 탄압. 남 베트남에서 구정 대공세. 양극체제 약화.
1972	미국과 소련의 데탕트(평화공존) 진입. 전략무기제한협정^{SALT}와 탄도탄요격미사일조약$^{ABM\ Treaty}$ 조약 서명.
1973~1974	석유수출국기구^{OPEC} 유가 인상. 에너지가 주요 안보문제가 됨. 제3세계가 새로운 중요성을 가짐.
1978	중국 경제개혁 시작. 제2차 OPEC 석유위기 시작.
1979	소련이 아프가니스탄 침공. 데탕트 틀어짐. 이란의 샤 실각, 아야톨라 호메이니 집권. 미국 대사관 직원이 이란에서 인질로 잡힘.
1981	이란에 있던 미국 인질을 레이건 대통령 취임 후 석방.
1983	미국이 의대생의 구출과 친사회주의 정부의 전복을 위해 그레나다 침공.
1984	미국과 소련의 주요 군비통제조약 중단.
1987	미국, 소련 및 동맹국들이 유럽에 배치된 공격무기 감축에 동의. 제1차 전략무기감축협정$^{START\ I}$ 회담 계속.
1989	미국이 파나마를 침공. 베를린장벽 붕괴됨.
1990	이라크의 쿠웨이트 침공. 세계화 캠페인 시작. 소련 해체. 발칸전쟁 발발.
1991	걸프전. 미국이 쿠웨이트를 해방시키기 위해 UN의 지지를 받는 군대 주도.

1992	미국이 소말리아의 인도주의적 임무를 위한 다자적 군사개입 주도, 이는 군사 임무로 변모. 1993년 클린턴 대통령 미군 철수.
1993	UN사무총장 부트로스 부트로스-갈리가 국가 통제를 받지않는 UN에 대한 지휘권 요구.
1994	르완다 집단학살. UN이 효율적으로 대처하지 못함.
1992	구 유고슬라비아의 세르비아인, 크로아티아인, 이슬람교도들간의 분쟁 발생.
1999	NATO군의 코소보 개입.
2001	뉴욕의 무역센터 빌딩과 워싱턴 D.C.의 펜타곤에 9·11테러공격. UN과 미국상원 아프가니스탄의 미국-NATO 개입 권한 부여.
2001	부시 대통령 교토의정서와 ABM조약에서 탈퇴.
2003	UN의 승인, 미국 주도의 연합군 이라크 침공.
2007	세계적인 금융위기 미국에서 시작.
2010	미군 이라크에서 철군 시작. 지진/쓰나미 이후 일본 후쿠시마에서 4개의 원자력 발전소 녹아 내림.[i] 튀니지에서 아랍의 봄 시작, 이집트와 중동의 다른 나라들로 빠르게 전파.
2011	리비아 봉기 시작. 카다피Colonel Qaddafi 실각.
2012	시리아의 봉기 내전으로 격화.

---

i 〈역자 주〉 일본의 지진/쓰나미는 2011년에 발생.

대통령과 그의 **신보수주의**neoconservative 참모들이 전쟁을 일으킨 동기는 탐구할 만한 주제이다. 신현실주의자들이 보기에 부시 대통령은 9·11테러 때문에 아프가니스탄과 이라크를 공격하는 것 밖에 선택의 여지가 별로 없었다. 고전적 현실주의자들은 부시 행정부가 같은 목표를 달성하기 위해 다른 목적과 수단을 선택했을 수도 있었을까 하는 의문을 제기한다. 만약 오바마 대통령이었다면 어떻게 했을까? 오바마 행정부는 그 선임자처럼 일방주의 지향인가 혹은 다자주의인가? 미국은 부시 행정부처럼 단극체제를 추구하는, 그리고 경제사가인 퍼거슨Niall Ferguson이 주장하듯이, 제국주의적 모습을 취해야 하는가?[5] 아니면, 부와 군사력의 분배에 있어 어떤 극체제가 가장 적합한가? 이 책에서는 이러한 문제를 비롯한 정치경제의 문제들을 다룬다.

초기 냉전기의 안보구조

많은 고전적 현실주의 성향의 정치사학자들과 정치학자들은 냉전의 기원을 유럽 대부분과 아시아의 상당 부분이 제2차 세계대전 이후 폐허 상태였다는 사실에서 찾는다. 영국과 프랑스제국이 몰락하면서, 미국과 소련 사이에 힘의 공백이 열렸다. 이 두 패권국들은 날카롭게 상반되는 이데올로기(민주주의 대 공산주의)와 경제체제(자본주의 대 사회주의)를 가지고 있었다. 냉전은 필연적인 것이었을까? 많은 신현실주의자들은 그렇다고 대답한다. 다른 대안은 없었다. 마치 배우들이 자신들의 대사를 이미 모두 알고 있는 무대처럼 어떤 결말에 도달할지는 명확했다. 다른 한편, 여긴Daniel Yergin은 기록에 충실한 책『부서진 평화Shattered Peace』에서 이 두 패권국이 냉전을 막을 수도 있었다고 주장한다.[6] 1945년 미국은 동유럽에서의 철수를 놓고 소련과 협상할 것인가 아니면 소련을 몰아내기 위해 미군을 파병할 것인가 중에서 선택해야 했는데, 후자는 전쟁으로 지친 나라로서는 받아들일 수 없는 정치적 선택이었다. 나중에, 소련은 그리스, 이란, 오스트리아에서 대결 없이 철수했다.

그 이후, 양 초강대국은 양극체제를 공고히 하고 자신들의 정치적, 경제적, 군사적 동맹을 결성하는 방식에 있어서 서로 비슷한 모습을 보였다. 1949년 미국은 서유럽 및 캐나다와 함께 NATO라는 군사동맹을 만들었다. 1952년 소련은 중부유럽과 동유럽의 사회주의 국가들과 더불어 바르샤바조약동맹을 결성했다. 아이젠하워 시기의 긴장된 양극화 안보구조에서 미국과 소련은 제로섬zero-sum 방식으로 세계 각지에서 상대방의 힘과 영향력으로부터 벗어난 독립 개발도상국들 사이에 자신들의 정치적, 이데올로기적 '영향권'을 만들어내고자 했다.

미국이 핵무기를 독점했음에도 불구하고 소련은 1949년에 첫 번째 핵실험을 성공시켰으며, 동유럽으로부터의 철군을 거부했다. 미국의 원자폭탄은 소련이 1950년 북한의 남한 공격을 돕는 것 역시 억지하지 못했다. 트루만 대통령은 북한의 공격에 대한 전통적인 방식의 대응 이외의 다른 어떤 반응도 소련의 원자폭탄 사용을 유도할 수 있다고 우려했다. 그는 남한을 방어하기 위한 유엔의 평화유지활동(유엔군)을 이끌어냈다. 마찬가지로, 소련의 핵무기가 점차로 늘어난다고 해서 미국도 중남미, 중동, 동남아시아에 대한 개입을 중지하지는 않았다.

핵무기의 군사적, 정치적 유용성이 제한적이라는 점을 감안해서, 미국은 동유럽에서의 소련의 패권을 **받아들였고**, 만약에 핵무기 공격이 있을 경우 그에 상응하는 대량보복이 있을 것이라고 소련을 위협함으로써 초점을 서유럽에 대한 소련의 침공을 억지하는 방향으로 **의도적으로 전환시켰다**. 1960년대 중반까지, 미국의 주요 전략적 목표는 핵무기와 B-52, 핵잠수함, 단거리 및 장거리 대륙간 탄도미사일ICBMs 등의 전략적(장거리) 플랫폼의 생산에서 소련보다 앞서는 것이었다.

한국전쟁은 미·소의 관료들에게 두 가지 불문율을 일깨워 주었다. 첫째, 다른 패권국의 군대와 직접 전투하지 말라. 왜냐하면 그것은 두 초강대국 간의 전면전으로 확대될 수 있기 때문이다. 둘째, 상대방의 대리국과의 분쟁은 핵전쟁으로 확대되어서는 안된다. 이러한 교훈은 미국의 베트남개입과 1980년대 소련의 아프가니스탄개입에 적용된다.

흥미롭게도, 저명한 역사가이자 외교관인 케넌 — 그의 '봉쇄'에 대한 생각이 1946년 이후 미국 외교정책의 목표를 수립했다 — 은 베를린[ii]과 동유럽을 어떻게 할 것인가라는 본질적으로 정치적인 문제를 해결하기 위해 군비 증강을 추진하는 일방적 결정을 내린 미국외교정책 결정자들을 신랄하게 비판하였다. 이러한 상황전개가 군비경쟁에서 소련의 능력과 이데올로기에 대한 미국의 집착을 초래했는데, 이는 관료사회와 대중들에게 더욱더 많은 공포 — 피해망상에까지 이르는 — 만을 양산했다.

존 F. 케네디, 쿠바 미사일위기, 양극체제의 공고화

존 F. 케네디는 1961년 공산주의에 대해 아이젠하워보다 더 강한 입장과 미·소 간에 존재한다고 알려진 핵능력의 격차를 줄일 것을 약속하며 대통령에 취임했다. 그러나 그는 미 중앙정보부가 후원한 반(反)카스트로 애국자들에 의한 쿠바 피그스만Bay of Pigs 침공을 승인했는데, 이는 실패했고 미국에 모욕을 안겼다. 그로부터 머지않아, 케네디는 미국의 결기와 명성을 회복하고자 하였다. 소련이 중거리 미사일을 플로리다에서 90마일 밖에 떨어지지 않은 쿠바에 배치했을 때 양극체제의 힘의 균형을 깨뜨릴 기회는 찾아왔다. 예상과 달리 케네디 대통령은 쿠바를 점령하고 소련의 미사일 기지를 공격하라는 군사참모들의 조언을 듣지 않았다. 대신 그는 쿠바로 미사일을 이동시키는 소련함정에 대한 해상 봉쇄를 명령했다. 이는

소련에게 봉쇄를 뚫고 진입함으로써 핵전쟁의 위험을 감수하거나, 물러남으로써 약하게 보이는 것 중 선택을 하도록 한 것이다. 긴장된 교착상태는 미국이 터키에서 미사일을 철수하는 대신 소련이 쿠바에서 미사일을 제거하는 데 동의했을 때에야 끝이 났다.

쿠바 미사일위기는 국제안보 구조에 중요한 영향을 미쳤다. 상호확증파괴MAD가 터무니없다는 것을 확인한 듯이 보였다. 어떻게 각 초강대국이 자신이 무기를 사용할 의도가 없다는 것을 상대방에게 확신시키는 동시에 상대방의 무기를 무력화시킬 능력을 유지할 수 있는가? 이 터무니없음이 스탠리 큐브릭Stanley Kubrick의 고전인 어두우면서 우스꽝스러운 영화 〈스트레인지러브 박사*Dr. Strangelove*〉의 바탕이 되었다. 더욱이, 많은 사람들은 비록 그 목적이 적의 선제공격을 억지하기 위한 것이라 할지라도 수백만의 인명을 살해한다는 것은 도덕적으로 끔찍하다고 생각했다. 그럼에도, 쿠바 미사일위기는 미-소관계를 더욱 안정화시키는 기반으로서의 상호확증파괴MAD 개념에 이론적, 정치적 지지를 제공했다. 소련의 전략무기능력이 곧 미국의 핵능력을 따라잡을 것이라는 점은 명백했다. 양극체제는 초강대국을 군비경쟁에서 벗어나지 못하게 했으나, 상호확증파괴체제는 양쪽의 어느 쪽이든 합리적인 지도자라면 전쟁비용이 이익보다 크다면 전쟁을 일으키지 않을 것이라는 점을 명확히 했다. 결국, 초강대국들은 군비지출을 제한하고 억지를 증강시키고 양극체제의 안보구조를 상호관리하기 위해서 협조하기로 합의했다.

---

ii 〈역자 주〉 동독.

베트남전쟁과 다극체제로의 길

베트남을 비롯한 인도차이나 반도에서 공산주의의 확장을 막기 위해서, 린든 존슨Lyndon Johnson 대통령은 1964년 남베트남에 군대를 파병하였는데, 미군은 베트남에 1973년까지 주둔했다. 비록 많은 전투에서 승리를 거두기는 했지만, 미군의 재래식 무기 및 '탐색·섬멸'과 같은 전술에 대한 의존, 사망자 숫자와 국방비 지출이라는 면에서 치른 엄청난 전쟁비용은 남베트남에서 정치적 승리를 가져다주지는 못했다.[7] 한국전쟁 때와 마찬가지로, 북베트남과 소련 및 중국과의 밀접한 관계 등의 정치적 고려 때문에 미국은 핵무기를 사용하지 못했다 (사용에 대한 고려는 했었다). 케난과 모겐소와 같은 고전적 현실주의자들은 베트남전쟁이 미국의 국익에 도움이 되지 않는다고 주장했다.

미국은 또한 한 국가의 분단이라는 정치적 문제의 해결보다는 군사적 승리에 모든 것을 걸었다. '빌어먹을 쓸모없는 나라 하나'가 미국을 방해할 수 있다는 데 좌절한 존슨은 1968년 대통령선거에 출마하지 않았다. 1969년, 닉슨 대통령은 캄보디아 일부를 폭격해서 베트남에서의 전세 역전을 노렸으나, 그는 결국 전쟁을 확대시켰고, 세계에서 가장 강한 국가라는 미국의 이미지를 약화시키고 말았다. 베트남전쟁 후, 베트남신드롬은 많은 인명 피해나 지출 없이 단기간에 승리가 보장되지 않는다면 미국은 베트남 같은 약하고 저발전된 국가에 개입하기를 꺼린다는 함의를 갖는다.

닉슨의 국가안보보좌관이었던 키신저Henry Kissinger는 제2차 세계대전 이후 서유럽과 일본의 회복과 남한과 같은 나라들의 급속한 성장에 수반한 경제적 권력의 재분배 덕분에 국제안보구조가 양극체제에서 다극체제로 이동했다고 믿었다. 19세기의 유럽협조체제를 따른 모델인데, 변화하는 질서에서 주요 강대국에는 미국, 소련, 일본, (하나의 블록으로서의) 서유럽, 중국이 포함된다. 키신저에게 다극체제란, 주도적이며 신중한 패권국(미국)이 점점 더 상호연결되어가는 다양한 정치적, 경제적, 안보상의 문제들에 대한 협력관리를 주도해나가는 것을 의미했다. 다자주의가 작동하기 위해서는 셔틀외교 역시 필요한데, 각국 지도자들의 동의를 구하기 위해 키신저는 각국 수도를 바쁘게 왕래했다.

1973년까지, 미·소 간의 군비통제협상이 양국 간의 핵무기를 대략 균등하게 유지하며 안정을 유지하는 데 매우 중요해졌다. 강대국들은 첫 번째 전략무기제한협정SALT: Strategic Arms Limitations Treaty에 관한 회담을 시작했다. 키신저의 부추김에 의해, 닉슨은 소련과의 데탕트(평화공존)를 받아들였는데, 이는 곡물 판매와 문화교류로 결실을 맺었다. 양측은 비공식적으로 상대방 영향권 내에 있는 개발도상국에는 개입하지 않기로 합의했다.

경제력의 증가, 세계무역에서 차지하는 비중의 증가, 북한 및 중국 양국 모두와의 근접성은 일본을 새로운 안보구조에서 주요 행위자로 만들었다. 게다가, 경제와 정치체제를 통합해감에 따라, 서유럽은 단일 강대국처럼 행동했다. 키신저는 미국과 중국 간의 상호의존을 촉진시키고, 소련에 대한 평형추로서 중국을 이용하기 위해 중국에 문호를 개방하도록 닉슨을 설득했다. 한편, 중국, 인도, 파키스탄, 이스라엘이 핵무기를 가지기 시작했을 때 핵확산은 또 다른 국제안보 문제로 떠올랐다.

1970년대에 석유수출국기구OPEC에 의해 촉발된 1973~1974년의 석유위기가 다른 무엇보다도 국제안보구조를 더욱 불안정하게 만들었다. 별안간, 석유가 풍부한 개발도상국들은 석유수입에 의존하고 있는 선진국들에 대항할 '무기'를 가지게 된 것이다. OPEC은 유가를 극적으로 인상했으며, 이는 국제경기의 심각한 후퇴를 초래했다. 당연히, 미국의 긴급사태 대책은 중동의 유전을 장악하는 것이었다. 자원의존은 국제경제의 상호의존에 대한 인식을 제고시켰으며, 이는 또한 많은 개발도상국들이 국제정치경제에서 더 큰 역할을 하게 되는 길을 열었다. G-77 국가들은 신국제경제질서를 요구했다. 많은 전문가들은 선진국과 개발도상국의 관계를 북-남의 갈등이라는 관점에서 재정립하기 시작했다. 요약하면, OPEC은 1970년대에 국제정치와 경제의 관계를 긴밀하게 만들었고, 미국패권을 약화시킴으로써 양극체제를 느슨하게 만들었으며, 그 와중에 더 많은 권력중심이 제3세계에서 등장하는 데 일조했다.

인권과 '좋은 의도의 지옥'

1977년, 카터Jimmy Carter 대통령은 미국외교정책을 현실주의 지향으로부터 인권 신장 및 개발도상국들과의 관계개선을 특징으로 하는 이상주의 방향으로 명시적으로 전환시키려 했다. 카터는 인권이 유엔의 안보문제 중 하나가 되어야 한다고 주장했다. 문제는 미국의 안보이익을 위협하지 않으면서 어떻게 인권을 외교정책의 수단으로 만들 수 있는가였다. 정치학자인 호프만Stanley Hoffman이 한 유명한 말처럼, 인권이 '좋은 의도의 지옥the hell of good intentions'[iii]으로 변할 위험이 있었다.[8] 네 가지 어려운 문제들이 카터 행정부 시기의 글로

벌 안보질서를 특징짓는다.

- 점차로 세련되어 가는 핵무기
- 제2차 석유위기(1978~1979)
- 소련의 아프가니스탄 침공
- 이란혁명

상대방의 방어용 및 공격용 핵무기를 모두 공격할 수 있는 다탄두각개목표탄도탄MIRVs은 군비통제를 복잡하게 만들었고, 상호확증파괴를 약화시켰다. 강성 현실주의자들은 소련이 선수쳐서 선제핵공격nuclear first strike을 할지도 모른다고 주장했다. 카터 대통령은 1978년의 제2차 석유위기에 대한 대응으로 중동산 석유에 대한 미국의 의존도를 낮추려 노력했는데, 이는 미국 전역에 에너지 절감조치를 부과하는 것을 포함했다. 1979년, 소련은 그들의 후견정권client regime을 지원하기 위해 아프가니스탄을 침공했다. 카터는 소련이 아프가니스탄에서 철군하지 않는다면 SALT II 협정을 상원에 회부하지 않을 것이라고 협박했다. 소련은 철군하지 않았다. 데탕트는 끝나버렸다. 카터의 국가안보보좌관이었던 브레진스키Zbigniew Brzezinski가 옳았다. 소련은 신뢰할 수 없었다. 이슬람혁명가들이 1979년 이란의 샤를 권좌에서 몰아내고, 444일 동안 미국대사관 직원들을 인질로 잡았을 때 카터는 또 한 번 약해 보였다.

레이건과 냉전의 재현

레이건이 1980년 대통령 취임 선서를 했을 때, 이란은 미국 인질을 석방했다. 레이건은 "미국을 다시 한 번 자랑스럽게 만들기" 위해 "말안장에 앉았다rode high in the saddle." 그는 미국의 소련에 대

---

iii 〈역자 주〉 의도는 좋았으나 결과는 좋지 않다는 의미.

한 군사적, 경제적, 정치적 우위를 회복하고자 했다. 소련을 '악의 제국evil empire'이라 부르며, 레이건 행정부는 의도적으로 국제안보 구조에 양극체제의 틀로 재편성하려 했다. '카우보이' 대통령은 많은 강성의, 반공주의 보좌관들로부터 강한 영향을 받았다. 소련군대의 증강 및 현대화에 대응하여 미국은 핵잠수함과 ICBM MX '피스키퍼peacekeepers' 미사일을 현대화했다. NATO와 바르샤바조약기구 국가들은 모두 유럽에 있는 자신들의 중거리 및 단거리 핵무기를 현대화했다. 1984년까지 소련과의 군비통제 회담은 전면 중지됐다.

그의 두 번째 임기에, 레이건은 180도 전환해서 고르바초프Mikhail Gorbachev 서기장과 개인적 친분을 쌓았는데, 이는 일련의 새로운 군비통제 조약으로 귀결되었다. 레이건은 개인적으로 MAD를 혐오했다. 그는 스타워즈 프로그램 — 장거리 전략무기가 궤도에 도달하기 전에 격추시키는 우주무기 방어체제 — 을 개발해서 MAD의 '확증파괴assured destruction' 부분을 손보려했다. 그 계획이 소련을 공포에 떨게 만들었기 때문에, 그는 심지어 소련에게도 비슷한 시스템을 하나 만들 것을 제안하기조차 했다.

레이건의 또 하나의 목표는 베트남신드롬을 극복하는 것이었다. 반공주의에 대한 지원이라는 레이건독트린은 미국의 그레나다 개입, 니카라과, 엘살바도르, 과테말라의 친서방 권위주의 체제에 대한 적극적 지원, 아프가니스탄과 앙골라의 반공주의 세력에 대한 무기 공급 등으로 이어졌다. 전략예산평가센터Center for Strategic and Budgetary Assessments에 의하면 방위산업 로비스트들에 의해 고무되어 방위비는 1980년의 (2005년 달러화로 환산) 3,251억 달러에서 1987년에는 (2005년 달러화

로 환산) 4,565억 달러에 이르러 정점에 도달했다.

경제적 자유주의자들은 레이건이 개발도상국에서 자본주의와 민주주의를 지지했다고 높이 평가했는데, 이는 사실상 세계화의 기반을 닦은 것이었다. 레이건 행정부 이래로, IMF, WTO, 세계은행의 신자유주의정책은 종종 다양한 미국의 경제적, 정치적 목표를 달성하기 위한 도구로서 역할을 해왔다. 국경개방, 자유무역, 변동환율제, 자본 이동성, 시장의 보이지 않는 손의 마술 등에 대한 약속은 많은 저개발국의 경제에 도움을 줄 것이며, 또한 부수적 혜택으로 미국의 안보를 증강시킬 것이라 여겨졌다. 가장 성공적인 것은 동아시아와 동남아시아의 국가 및 경제였는데, 이는 미국기업에게 무역과 투자기회를 열었다.

반면 대부분의 구조주의자들은 레이건 행정부를 경멸했으며 신제국주의정책들이 더 많은 빈곤, 노동착취, 환경피해를 만들어냈다고 주장했다. 레이건의 정책은 개발도상국에서 발생한 비정규전 및 분쟁에 직접적으로 책임이 있다. 레이건의 행동은 또한 자신의 행정부가 세계 각지에서 증진시킨다고 주장하는 바로 그 민주주의 원칙을 스스로 약화시킴으로써 백악관에 권력을 집중시킨 것으로 보였다.[9]

냉전 이후 권력구조

냉전종식은 안보문제에 있어서 경제가 더 커다란 역할을 할 길을 활짝 열었다. 신현실주의자인 미어샤이머John Mearsheimer는 우리가 '곧 냉전을 그리워할 것'이라고 예견했는데, 냉전이 세계안보의 역사에서 합리적으로 안정되고 **상대적으로 평화**

로운 시기 동안에 질서와 목적의식이 뚜렷한 관리 purposeful management의 표준을 제공했기 때문이다.[10] 미어샤이머에게 1991년 소련의 몰락은 냉전 안보구조의 핵심을 무너뜨린 분수령에 해당하는 사건이었다. 레이건과 대조적으로 부시 대통령(아버지)은 세계에서 미국의 역할에 대해 다자적 접근을 채택했다. 그는 기아와 굶주림 문제를 해결하기 위해 미군을 유엔평화유지 임무의 일환으로 소말리아에 파견했다. 그는 또한 그가 '신세계질서'라고 부르는 것의 일부로서 유엔평화유지군이 기타 국제안보 문제에서 보다 큰 역할을 할 것을 구상했다.

몇몇 현실주의 학자들과 관료들은 당시 소련이 사라진 마당에 미국이 세계 각지에서 자본주의와 민주주의를 신장시키는 자비로운 글로벌 패권국으로서 일방적으로 행동할 기회를 최대한 활용해야 한다고 믿은 반면,[11] 다른 사람들은 안보체제가 다극체제로 옮겨가고 있다고 주장했다. 사담 후세인이 1990년 쿠웨이트를 침공했을 때, 부시는 소위 걸프전에서 쿠웨이트를 해방시키기 위해 미국이 주도하는 다국적 군을 UN이 승인하도록 설득했다. 다른 문제들에 대해서는 부시는 다자주의적 견해를 가지고 있지 않았다. 예를 들어, 그는 경제발전과 환경피해를 연결시켰던 1992년의 리우정상회의를 지지하지 않았다.

클린턴 행정부는 국제적 힘의 분포를 다극체제라고 보았고, 동맹국들과의 협력과 중국 및 러시아 같은 '경쟁자들'('적'이 아니라)을 다루기 위한 비군사적 수단의 사용을 강조했다. 분명히 베트남신드롬을 두려워했던 클린턴은 소말리아에서 미군을 철수시켰고 보스니아와 아이티 같은 곳에 UN평화유지군의 배치를 지지했다. 발칸위기 때 미국은 그 상황을 해결하기 위한 유럽의 노력에 미미한 역할만을 했다. 오직 1999년 코소보에서만 세르비아군대와 맞서는데 미군이 직접 개입했다. 클린턴 행정부는 또한 이라크에 대한 엄격한 제재를 유지했고, 남이라크와 북이라크에서 비행금지구역을 군사적으로 강제했다. 케냐와 수단에서 미국대사관에 대한 테러리스트의 공격이 있은 후, 미국은 수단과 아프가니스탄에 있는 테러리스트 근거지로 의심되는 곳에 크루즈미사일 공격을 가했다.

클린턴은 IMF, 세계은행, 새롭게 체결된 WTO 등의 국제기구들을 강력히 지지했다. 그는 NAFTA와 WTO조약의 상원비준을 얻기 위해 열심히 일했다. 미국은 상대적으로 개방되고 최소한으로 규제되는 글로벌 경제로부터 많은 혜택을 입었는데 이는 새롭게 출현하는 세계 안보구조 내에서 안보목표를 보완하는 역할을 했다. 구조주의자들은 선진국들의 신제국주의와 신식민주의가 — 세계화로 포장된 — 개발도상국에서의 폭력분쟁을 유발했다고 즉각 지적한다. 그들은 세계시장의 통합이 동남아시아, 중동, 라틴아메리카, 아프리카에서의 기아, 열악한 건강상태, 부패, 환경훼손, 인권침해 등의 안보문제를 악화시켰다고 주장한다.[12]

새천년 초까지, 통합된 금융시장과 신자유주의 정책은 세계적 부의 대규모 재분배를 촉진시켰는데, 이는 미국의 (패권적) 권력을 약화시켰다. 첫째, 세계화는 미국 및 유럽 시장에 대한 접근을 증가시킴으로써 신흥국들의 경쟁력을 강화했다. 둘째, 미국의 해외원조 감소와 제재의 사용 증가는 때때로 그 타깃이 되는 국가의 가난한 사람들에게 미치는 영향 때문에 미국 및 동맹국들에 대한 적대감을 양산했다. 셋째, 미국은 무역흑자 국가들로부터의 투자로 운용되는 채무를 축적해갔는데,

이는 미국경제를 과잉팽창over-stretching시켰고 심각하게 그 '제국empire'을 약화시켰다. [13]

조지 W. 부시: 단극체제와 신현실주의의 악몽

2001년 9월 11일의 뉴욕의 무역센터건물과 펜타곤에 대한 테러 공격은 부시 행정부의 단극적 세계 안보구조의 추구를 가속화했다. 무슬림 극단주의가 미국의 숙적으로서 공산주의를 대체했다. 따라서 새로운 부시독트린은 테러리스트들을 은닉하는 나라들이나 미국에 해를 끼치려 하는 것처럼 보이는 나라들을 미국이 선제적으로 공격하겠다고 선언했다. 2001년 10월 7일 미국과 몇몇 북대서양조약기구 동맹국들이 아프가니스탄을 공격했고, 얼마 지나지 않아 오사바 빈 라덴과 알카에다를 보호하던 탈레반 대부분을 동아프가니스탄의 구릉지역과 파키스탄으로 몰아냈다.

그 직후, 부시 행정부는 이라크의 권좌에서 사담 후세인을 제거하는 데로 주의를 돌렸는데, 이는 부시가 취임하기 전부터 많은 신보수주의자들이 마음속에 가지고 있던 목표였다. 부시 행정부는 만약 후세인이 잠재적 **대량살상무기**WMD: weapons of mass destruction에 대한 UN의 사찰을 허용하지 않으면 이라크에 무력을 사용한다는 것에 대한 동의를 미 의회와 UN안전보장이사회로부터 받았다. NATO 회원국들 중 몇몇 나라가 이란에 대한 전쟁의 위협에 반대했을 때, 국방장관 럼스펠드는 프랑스와 독일을 온정주의적으로 '늙은 유럽old Europe'이라고 불렀다. 2003년 3월 19일, 미국과 새로운 세력의 '동맹'(주로 동유럽의)은 WMD를 찾는다는 명분으로 이라크를 침공했다.

많은 고전적 현실주의자들은 9·11 공격을 미국에 대한 전쟁의 선포가 아니라 테러리즘의 행동으로 보았다. [14] 그들은 부시 행정부가 보인 글로벌 패권국의 모습과 미국이 세계의 나머지를 테러리스트들로부터 구원하기 위한 십자군을 이끌도록 '신에 의해 선택'되었다는 믿음에 문제를 제기한 것이다. 이라크에서의 전쟁은 반군, 전 바트당원들, 외국인 전투원들, 수니파 및 시아파 민병대들의 예상치 못한 강한 저항 때문에 순조롭게 진행되지 못했다. 미국은 상대적으로 적은 수인 미군을 보충하기 위해 민간군사기업PMC에 크게 의존했는데, 이는 민간군사기업들의 먼저 발포하고 나중에 물어보는 경향(모든 사람들을 적으로 간주하는 경향) 때문에 많은 대가를 치러야 했다. [15] 베트남전쟁에서처럼 미국의 지도자들은 진정한 위협의 본질을 잘못 파악하였으며, '전쟁을 이기기' 위해서 부적절한 군사-정치 합동 전략을 채택했고, 일관된 국가건설 계획을 세우는 데 실패했다.

2006년까지 이라크전쟁은 재난 내지는 수렁이 되어버렸다. 미국의 일방주의가 동맹군 파트너들을 소외시키기 시작했는데, 그들은 이라크나 아프가니스탄에 더 이상의 금전적 지원, 군대, 혹은 외교적 지원을 제공하기를 거부하기 시작했다. 특히 더 문제가 되었던 것은 점증하는 이란의 영향력과 더불어, 수니파, 시아파, 쿠르드족 간의 종파적 폭력이었다. 쿠바의 관타나모 베이Guantanamo Bay에서 알 카에다나 탈레반 전투원들에게 저지른 물고문과 제네바협약 위반인 다른 행위들과 마찬가지로, 이라크 남성들이 아부 그라이브Abu Ghraib 같은 감옥에서 심문받고 고문받았다는 보도는 미국의 위신을 실추시켰다. 미국은 또한 용의자 인도 — 테러리스트 용의자들을 고문금지법이 무시되

고 적십자의 접근이 거부되는 이집트나 동유럽으로 이송시키는 것 — 때문에 비난받았다.[16]

동시에, 부시 행정부는 오랫동안 지켜져 오던 1972년의 **탄도탄요격미사일조약**ABM Treaty: Antiballistic Missile Treaty에서 9·11 이후 탈퇴함으로써 다자주의를 거부했는데, 이 조약의 내용은 우주기반 미사일 방어체제의 개발을 금지시킨 것이었다. 러시아의 반발에 맞서, 부시 행정부는 진입하는 탄도 미사일을 파괴하는 레이건의 국가미사일방위NMD: National Missile Defense와 비슷한 새로운 방어체제를 배치할 것을 제안했다. 미국은 또한 교토의정서Kyoto Treaty (제20장 참조)와 국제형사재판소에 대한 지지를 철회하고, 1972년의 생물학 무기조약을 강제하려는 새로운 노력을 지지하는 데 주저하면서 동맹국들을 짜증나게 했다.

2007년과 2008년 사이에, 부시 행정부는 악화되는 안보조건을 반전시키기 위한 '증파surge'작전의 일부로서 3만 명을 추가로 이라크에 파병했다. NATO는 겨우 5,000명을 증파했다. 동맹국 사상자의 수를 줄이기 위한 노력으로 펜타곤은 테러용의자들의 '표적 살해'를 위해 **합동특수작전사령부** JSOC: Joint Special Operations Command를 활용하기 시작했다. 그린베레, 아미 레인저스, 네이비 씰로 주로 구성되어있는 JSOC는 소규모의 특공습격대를 파병하고 감시와 항공타격을 위해서 드론을 사용했다.

이러한 일방적인 행동이 9·11에 대한 적절한 반응이었는가? 많은 고전적 현실주의자들이 보기에 부시 대통령은 21세기에 적절하지 않은 안보구조를 구축하려고 했다. 많은 현실주의-중상주의자들, 비정통 개입주의적 자유주의자들HILs, 구조주의자들은 부시행정부가 2009년 초 임기를 마치고

물러날 때, 미국이 마치 기름 새는 엔진처럼 그 실질적인 힘을 많이 상실하고 있었다는 데 동의했다. 베트남에서처럼, 미국군대는 장기화된 게릴라전 — 특히 도시지역에서의 게릴라전 — 을 수행하는 데 적합하지 않았다. 2007년 글로벌 금융위기가 닥쳐오기 시작할 무렵 아프가니스탄과 이라크에서의 전쟁 역시 미국의 예산적자와 채무 — 체니Dick Cheney 전부통령이 문제될 것 없다고 한때 말했던 채무 — 를 증가시켰다. 워싱턴의 패권적 야심은 지나치게 컸고, 경제가 이를 감당할 수 없어서 미국은 아이러니컬하게도 전쟁비용을 마련하기 위해 중국의 미국 채권구매에 의존하게 됐다.

구조주의자들은 미국이 이라크의 석유산업을 지배하고 중동에 깊은 '족적'을 남기고 싶어했다고 주장한다. 『제국의 슬픔*The Sorrows of Empire*』에서 존슨Charlmers Johnson은 세계 곳곳에 있는 700개가 넘는 군사시설들과 많은 군대를 볼 때 미국은 이미 하나의 제국이라고 단언한다.[17] 존슨이 보기에 미국의 제국주의적 행동의 근원은 군사무기를 판매하고 대규모의 미국의 방위비 지출을 지속적으로 필요로 하는 '군산복합체'이다. 의회의 위원회들, 국방부의 여러 조직들, 민간 무기생산자들이 합작해서 보다 더 최신의 무기와 기술이라는 '먹잇감에 떼지어 몰려드는 광란상태feeding frenzy'를 만들어냈는데, 이는 종종 무기판매를 정당화하기 위해 긴장을 고조시키고 적에 대한 부정적인 관점을 강화시켰다. 2011년에 미국은 기록적으로 660억 달러 어치의 무기를 해외에 판매 — 이는 전세계 판매의 3/4이었다 — 했고, 그 중 80퍼센트 이상이 개발도상국에 팔렸다.[18]

언론인인 프리스트Dana Priest와 아킨William Arkin 은 9·11테러가 어떻게 미국의 정보기관들과 전 세

계적으로 테러리스트들에 대한 정보를 수집하는 2,000개의 회사들을 확산시켰는지를 보여준다. 많은 보수를 받는 워싱턴 D.C.의 로비스트를 고용해서 민간안보 및 정보 회사들이 많은 정부계약을 따냈다. 예전에는 이라크에서 활동했고, 아프가니스탄에서 여전히 활동하고 있는 민간군사업자에는 지Xe(예전의 블랙워터Blackwater), 록히드 마틴Lockheed Martin, 핼리버튼Hally burton, 케이비알KBR, 다인코프DynCorp, 트리플캐노피Triple Canopy 등이 포함된다.[19]

오바마와 얕은 족적

처음 임기 4년 동안, 오바마Barack Obama는 다양한 안보목표를 달성하기 위해 카터 대통령의 이상주의, 클린턴의 다자주의, 부시의 군사적 일방주의 등을 혼합시킨 대외정책을 추구했다. 그는 전략핵무기 숫자와 대량살상무기WMD의 확산을 중지하기 위해서 러시아와 협력했다. 그는 국제원자력기구IAEA의 핵처리시설 사찰을 허용하도록 이란, 북한과 협상했다. 놀랍게도, 노벨상 위원회는 2009년 그의 '국제외교와 사람들간의 협력을 강화하려는 비상한 노력'을 기려 노벨평화상을 수여했다.

그러나 테러리스트를 추적하는 데 있어서, 오바마는 부시가 상상만 했지 실행하지는 못했던 보안관 역할을 했다. 페트레우스David Petraeus와 네오콘 국방장관 게이츠Robert Gates의 조언에 따라 오바마는 2009년 '일을 마무리하기 위해' 자신의 증파전략으로 아프가니스탄에 3만 명의 미군을 증파하였다. NATO는 5,000명을 증파했다. 그의 전략은 재래식의 대게릴라작전보다 아프가니스탄 사람들의 '가슴과 마음'을 얻는데 초점을 두는 것이었다.

우리가 이 책을 집필하고 있는 2012년, 아프가니스탄에 대한 증파는 거의 끝나가고 있었다. 오바마 행정부와 미국대중은 아프가니스탄 국가의 부패, 연합군의 패배, 증가하는 비용 등으로 인해 환상에서 벗어나고 있다. 정치불안정은 증가했고, 아프가니스탄 지도자들의 신뢰성과 그들의 생존 가능성 조차도 의문시되었다. 민주주의의 신장은 고사하고 말이다. 미군은 2015년 이전에 작전을 중지할 것을 계획하고 있었다.

『뉴욕 타임즈』기자인 생거David Sanger는 그의 책『대결과 은폐Confront and Conceal』에서 오바마의 전략적 사고와 정책결정 능력이 어떻게 아프가니스탄 및 세계 각지에서의 분쟁에 대한 정책을 형성했는지를 기술했다.[20] 오바마 행정부 초기부터, 오바마는 미국이 세계에서 지도적 위치를 견지하는 것과 방위비를 절감하는 것 사이에서 균형을 맞추어야 한다는 압박에 시달려 왔다. 그의 해결책은 일방적 접근과 다자적 접근을 혼합하고 무기를 보다 선택적으로 사용하는 것이었다. 생거에 따르면, "미국의 안보에 직접적인 위협과 직면했을 때, 오바마는 자신이 기꺼이 일방적으로 행동할 것이라는 것을 보여주었다. 그 방식은 어떤 비용을 치러서라도 지난 수십 년 동안 미국의 재정을 축내왔던 복잡한 지상전과 장기적인 점령 등을 회피할 수 있는 목표가 명확한, 도착-철수[iv]의 방식이다."[21]

오바마독트린Obama doctrine은 부시의 깊은 족적에 대비되는 '얕은 족적'에 의존한다. 오바마 행정부는 테러리즘에 대한 전통적인 군사적 해결책이 아프가니스탄, 수단, 말리, 소말리아와 같은 전쟁으로 찢어지고, 파편화된 나라들에서는 점차적

---

iv 〈역자 주〉 주둔하지 않는.

으로 부적절하다고 믿는다. 더욱이, 오바마는 금융위기로부터 회복하는 동안 미국인 사상자를 줄이고 국방비 지출을 삭감하라는 압박을 받았다. 따라서 그는 드론, 통합공격부대Joint Strike Forces, 다양한 공격용 및 방어용 사이버 도구들에 의존해왔다. 또 하나의 잠재적 무기는 많은 사람들이 북한과 이란의 핵시설을 염두에 두고 만들었다고 믿는 소위 '**벙커 버스터**bunker buster'이다. 벙커 버스터는 지하 깊은 곳의 시설물을 핵탄두의 파괴력으로 박살내기 위해 무거운 재래식 탄두를 투하하는데, 이는 말 그대로 지구에 깊은 발자국을 남긴다!

드론과 통합타격부대

드론은 **무인항공기**UAVs: unmanned aerial vehicles라고도 불리는 작은 비행체로서, 공중 정찰, 유도탄을 이용한 테러용의자 제거, 미국 국경 순찰, 국내 법집행 등의 목적으로 사용된다. 2011년, 중앙정보부CIA와 미군은 최소 여섯 개의 나라 — 아프가니스탄, 예멘, 이라크, 소말리아, 파키스탄, 리비아 — 에서 수백 개의 비밀 드론 타격을 가했다. 2005년에서 2012년 9월 사이에, 파키스탄에서만도 2,700명이 드론에 의한 공격으로 사망했다. 드론에 의한 타격으로 무고한 시민이 사망했을 때 — 흔히 발생하는 일이다 — 파키스탄정부는 미국정부에게 드론공격의 전면적 중지를 강력히 요구했다. 미국의 드론들은 세이셸, 아라비아반도, 남아시아와 아프리카에 걸쳐 배치되었다. 최근, 드론은 파키스탄의 오사마 빈 라덴의 은신처 공습을 위한 정보 수집에 도움을 주었으며, 리비아에서 NATO가 제트기 공격을 할 표적을 정확하게 짚어냈다. 이는 2011년 사망 직전 무아마르 엘 카

다피Muhammr el-Qaddafi 대령을 타격했던 것을 포함한다.

드론이 점차적으로 널리 사용되는 데는 몇 가지 요인이 있다. 첫째, 아프가니스탄과 이라크에서의 9년은 미국과 동맹군 군대의 진을 빠지게 했다. 반복되는 파병, 뇌손상, 높은 자살률, 성폭력 등이 미군병력에게 큰 피해를 주었다. 드론의 사용은 필요한 지상군의 수를 줄이고 부수적으로 발생하는 피해collateral damage를 줄인다. 둘째, 금융위기에 처한 상황에서 드론은 군비지출을 감소시키는데 도움을 준다. 셋째, 많은 지도자들과 어떤 대중들은 드론이 '전 세계의 황량한 곳에 숨어있는 악당들'을 제거하는데 완벽한 무기라고 본다.[22] 그러나 글상자 9.2 '조이스틱 전사의 윤리'에서 논의하듯이 드론 사용의 윤리에 대해 점차로 많은 논쟁이 있어왔다.

오바마 행정부는 미국 합동특수부대Joint Special Forces Operations를 테러러스트들에 대한 공격에서 또 하나의 중요한 무기로 만들었다. 드론을 사용하고 정보기관들과 협조하여, 합동특수부대는 작은 규모의 병력을 중동, 중앙아시아, 아프리카에 임무 수행차 배치했다. 여러 보도에 따르면, 합동특수부대는 지Xe(예전의 블랙워터Blackwater)와 함께 일했고, 파키스탄 및 도처에서 '검거 및 암살snatch, grab, and assassinate' 작전에서 드론을 사용했다.

사이버전쟁

2012년 9월, 중동의 해커들이 웰스 파고Wells Fargo, US뱅코프U.S. Bancorp, 뱅크 오브 아메리카Bank of America의 온라인 은행거래에 심각한 문제를 일으켰다.[23] 비록 개인정보의 손실은 없었지만, 그 공

글상자 9.2

조이스틱 전사의 윤리

어렸을 때 컴퓨터 게임을 많이 해보았다면 지금 드론을 조종할 인력을 훈련시키고 있는 45개국에서 병사 혹은 민간업자가 될 자격이 있을지도 모른다. 많은 드론 조종사들은 수천 마일 떨어져 있는 중동이나 아프리카에 작은 로봇인 무인항공기UAVs를 "날린다." 당신의 사무실은 버지니아 주의 랭글리Langley, 네바다 주의 라스베가스Las Vegas, 콜로라도 주의 덴버Denver 혹은 17개의 기타 장소들 근처의 지하벙커일 것이다. 오늘날 미국에서 자주 인용되는 사실 중의 하나는 군용 비행기의 조종을 위해 훈련받는 사람들보다 로봇 드론을 날리기 위해 훈련받는 사람들이 더 많다는 것이다. 당신의 책상에는 세계의 위성으로부터 혹은 지상의 인적 정보원으로부터 정보를 받는 스크린이 있다. 드론을 옹호하는 많은 사람들은 드론이 그 정확성 덕분에 다른 때라면 공격목표로 삼은 테러리스트와 전투를 벌여야 했을 재래식 군병력의 사망을 감소시킨다고 주장한다. 많은 윤리론자들과 구조주의자들은 지상에서 작전을 수행하는 다른 군인들이나 민간업자들과 마찬가지로 당신도 — 비록 당신이 한 일이 초래한 결과로부터 수천 마일이나 떨어져 있기는 해도 — 윤리적 선택의 의무로부터 자유롭지 않다는 것을 알기를 원한다.

임무에 따라, 당신의 드론은 고성능 망원경을 통해 지상의 전개상황을 '깊이' 살펴봄으로써 정보를 수집하는 것일 수도 있다. 당신의 드론이 작은, 고성능의, 유도미사일로 테러용의자들을 '제거'(살해)하기 위해 추적하는 것일 수도 있다. 업무가 끝난 후, 당신은 가상 세계를 떠나서 친구들과 가족에게 돌아간다. 하지만 당신의 임무가 얼마나 충격적이고 불안을 초래하는가에 따라 다르기는 하지만, 당신은 전장의 전투원들과 마찬가지로 심적 외상 후 스트레스 장애PTSD에 상처받기 쉽다. 당신이 가상세계에서 업무를 수행하고 있다는 것과 당신이 살상할 수 있는 사람들은 당신을 볼 수도 없으며 또한 무고한 희생자일 수도 있다는 것을 당신은 알고 있는데, 이 둘 사이에 존재하는 간극을 고려할 때 그렇다. 탐사언론국The Bureau of Investigative Journalism에 의하면 474~884명의 민간인들이 2004년 이래 파키스탄에서 드론에 의해 피살되었는데, 그중 176명은 어린이였다.[a]

드론이 그 사용에 대한 정치적, 심리적 장벽을 낮추었기 때문에, 드론 조종자들은 전투원과 비전투원을 구별해야 한다는 윤리적 의무를 갖는다.[b] 다른 무기의 경우와 마찬가지로, 드론 조종사들은 자신이 참여한 전쟁이 정의로운 전쟁인가를 우선 결정해야 한다. 드론 타격이 파키스탄처럼 전쟁상태가 존재하지 않는 나라에 개입하는 것이라면 드론 조종자들은 전쟁범죄를 범하는 것이거나 국제법을 위반하는 공모자일 수 있다.

드론 사용 및 기타 무기의 사용을 정당화하기 위해 오바마 행정부는 2009년 '테러와의 전쟁war on terror'이라는 표현의 사용을 중단했고, 이제 '국제법상의 문제로as a matter of international law,' 9·11테러에 대한 대응으로 '우리의 고유한 국가방위권에 부합하는 폭력을 사용'할 권리라는 표현을 사용한다.[c] 끝으로, 어떤 사람들은 의회가 (의도적으로?) 드론의 감시에 제한적인 역할만하고, 대통령에게 그 사용에 대한 무차별적인 재량권을 부여한다고 주장한다. 이는 전쟁에서 민간인과 군대의 역할 간의 경계를 불분명하게 하고, 또한 의회가 드론 사용을 감시한다는 헌법상의 명령mandate을 제한하는 것이다.

참고문헌

a John Knefel, "'Whatever is Left is Just Pieces of Bodies and Cloth': New Report Details the Horror of Living Under Drones," *Truthout*, September 25, 2012.

b "The Ethics of Drones," *Religion and Ethics Newsweekly*, August, 26 2011, at http://www.pbs.org/wnet/religionandethics/episodes/august-26-2011/the-ethics-of-drones/9350.

c Michael Gerson, "America's Remote-Controlled War on Terror," *Seattle Times*, May 6, 2012 참조.

격은 국가들로부터, 사이버범죄자들로부터, 테러리스트 집단으로부터 사이버공격이 올 수 있다는 경고를 보낸 것이다. 정보와 커뮤니케이션 기술이 재래식 무기와 대량살상무기WMD만이 아니라 드론과 특수작전부대의 명령과 통제에 있어서 점차 중요한 역할을 한다. 오늘날의 많은 안보전문가들이 보기에, 주요 강대국의 기업과 군대에게 가장 중요한 국내 및 국외 안보문제 중의 하나는 사이버공격과 사이버전쟁의 위협이다.[24]

이러한 위협에 맞서기 위해서는 공공 및 민간기관들 간의 협력을 포함한 방어적, 공격적 정책들 모두가 필요하다. 기업 전문가들은 미국안보의 가장 큰 위협은 중국, 러시아, 조직 범죄로부터 온다고 주장한다. 언론인인 라일리Michael Riley와 월코트John Walcott에 따르면, 2001년 이래 중국이 청정에너지, 바이오기술, 고급 반도체, 항공 및 원격통신 장비, 약품, 의료기기 등에 관한 정보를 훔치기 위해 760개의 미국회사, 대학교, 인터넷 서비스 제공자, 국가기관에 접근했다. 중국은 아시아, 미국, 독일의 많은 기업들을 '테라바이트와 페타바이트 단위로 데이터를 진공청소기로 빨아들이듯이' 해킹해왔다.[25]

2010년, 구글, 인텔, 아도비가 공격을 받았다(회사들은 투자자나 소비자들의 부정적 반응 때문에 이 사실을 인정하고 싶어하지 않는다). 의회는 기업들의 친시장적 목표에 부합하는 국가정책에 합의하는 데 어려움을 겪었는데, 기업들은 자신들이 불신하는 국가정보기관들과의 정보공유를 두려워했기 때문이다. 부시 대통령의 전 안보보좌관이었던 클라크Richard Clarke는 사이버위협이 너무 현실적이고 너무 중요해서 기업의 이해관계에 좌우될 수는 없다고 믿는다.[26]

오바마 행정부는 더 많은 방어적, 공격적 사이버작전을 조용히 발전시켰다. 가장 눈에 띄는 것은 스틱스넷Stuxnet이라는 이름의 이스라엘과 공동개발한 컴퓨터 바이러스였는데, 이 바이러스는 이란의 핵원심분리기를 통제하는 장비를 표적으로 했다. 아프가니스탄에서 해병대는 사이버도구를 이용하여 알 카에다 지휘통제작전의 내부로 침투했다. 또한, 펜타곤의 연구 기관인 미국방위고등연구계획국DARPA: Defense Advanced Research Projects Agency은 '사이버전쟁의 이해, 계획 및 관리를 위한 혁명적 기술' — 플랜 X라 불리는 야심적인 프로그램의 일부 — 을 발전시키기 위해 업자들을 재정지원하고 있다.[27]

국내의 사이버 감시와 개인적 권리

고전적 현실주의자들에게, 국내정치는 외교정책에 관한 행정부의 결정을 복잡하게 만든다. 신현실주의자들에게 국내정치는 닫혀있어야 하는 블랙박스 내에 존재한다. 그러나 아프가니스탄과 이라크전쟁의 경우에, 여기서 초래된 재정적 비용이 미국의 지출 적자와 채무에 심각한 영향을 미쳤다. 대부분의 현실주의자들은 세계화가 대내정치와 대외정치 사이의 가상적 및 실제적 경계를 흐리게 만들었다는 것을 인정한다. 게다가, 9·11테러 이후 많은 미국인들이 글로벌 금융위기, 환경파괴, 사이버감시 등과 같은 문제들이 어떻게 자신들의 안보에 직접적으로 영향을 미치는가에 대해 보다 나은 이해를 가지고 있다.

구조주의자들은 특히 네 가지 상호연관된 감시 문제에 특히 목소리를 높인다. 첫째, 그들은 미국국가안전보장국NSA, CIA, 기타 다른 정보기관들이 미국시민들을 몰래 감시해왔는데, 대통령과 의회가 그 와중에 주요 역할을 했다고 고발한다.[28] NSA에 오래 근무했으며, 내부고발자인 비니William Binney는 국내감시가 조지 W. 부시 대통령 때보다 오바마 대통령 때에 더 광범위하게 이루어지고 있다고 주장한다. NSA는 수조 건에 달하는 전화통화, 이메일, 미국인들이 보내고 받는 기타 형태의 데이터들을 수집한다.[29] 많은 법률 전문가들은 정보기관들이 명백한 권한을 부여받지 않고 활동하거나 NSA조차 정보 수집을 위해 경찰과 협력한다고 고발한다. 그리고 새로운 기술들 — 아프가니스탄이나 이라크전쟁에서 사용된 생체인식 도구 — 이 '월가점령운동' 참가자들, 환경 운동가들, 티파티 멤버들에게 사용되었다.

이는 구조주의자들이 보기에 미국인들이 심각하게 받아들여야 할 두 번째 문제를 제기한다. 공익법 전공 교수인 털리Jonathan Turley는 점증하는 증거들 — 공정한 재판의 결여, 고문, 개인들을 감금하기 위한 비밀증거의 이용 — 이 미국인들이 '자유'롭지 않다는 것을 보여주는데도 불구하고 왜 미국인들이 스스로를 '자유'롭다고 여기는지 의문을 제기한다.[30] 『가디언』 신문의 칼럼니스트인 그린월드Glenn Greenwald는, 또한 9·11테러 이후 미국의 시민권이 국가안보라는 이름으로 축소되었거나 위험에 처했다고 주장하는데, 이는 미국을 더욱더 권위주의적인 국가로 만든다.[31] 증거가 있냐고? 아래는 패트리어트법PATRIOT act과 새로운 국방수권법National Defense Authorization Act이 허용한 몇몇 조치들이다.

- 미국시민의 감시, 암살, 무기한 감금
- 자의적 재판과 영장 없는 수색
- 비밀 증거와 비밀 법원의 사용
- 비정상적인 인도

오바마 대통령은 테러 용의자들에게 물고문을 가한 CIA요원들에 대한 기소를 거부한 부시의 정책을 지속했다. 많은 국제변호사들이 이는 많은 국제법과 조약들을 무효화시키는 것이라고 주장한다. 오바마 행정부는 아프가니스탄에서 미국특수작전부대Special Operations Forces가 운영한 '검은 감옥'에 반란군들을 감금했다고 고발되었다. 오바마 행정부는 2011년 예멘에서 안와르 알 올라키

Anwar al-Awlaqi와 그의 아들 — 둘 다 미국시민이 었다 — 의 살해를 명령했다. 국방수권법National Defense Authorization Act 하에서 테러리즘으로 고 발된 사람들은(미국시민 포함) 감금될 수도 있고, 법적 보호를 박탈당할 수 있으며, 군사법정 혹은 연방법정에서 재판을 받을 수도 있다. 이는 모두 대통령이 결정한 것이다.

패트리어트법PATRIOT Act 하에서, 대통령은 기업들에게 시민들의 금전관계, 커뮤니케이션, 결사에 관한 정보를 제출하도록 강제할 수 있다. 비밀 법정은 적대적 외국 정부나 조직을 돕거나 교사한다고 여겨지는 사람들의 추적을 위해 비밀영장을 발부할 수 있다. 끝으로, GPS장치는 법원 명령이나 심사 없이 시민들을 감시하는 데 사용될 수 있다. 명백히, 이러한 반민주적 정책들은 미국정치 경제의 새로운 특징이 되었다.

구조주의자들로부터 비판을 받는 세 번째 문제는 오바마 대통령 하에서의 군산복합체의 지속적인 확장이다. 국방부 보고서에 따르면, 펜타곤은 지난 10년간에 걸쳐 1조 1,000억 달러를 국방관련 업자들에게 지불했다. 업자들의 사기혐의와 관련된 300개 이상의 민·형사사건들에 대한 판결은 총액이 겨우 100만 달러에 불과했다.[32] 프리스트와 아킨은 공안국가national security state의 일상적인 특징이 되어버린 비효율성, 중복성, 비밀성에 비판적이다.[33] 엥글하트Tom Englehardt는 이러한 경향이 민간 안보업자들과 무기생산자들에게 군사작전에서 더 큰 역할을 부여한다는, 좀 더 광범위한 정치경제적인 목적에 부합한다고 주장한다.[34] 끝으로, 구조주의자들은, 2016년까지 국방비 소비를 780억 달러 삭감하려는 최근의 노력에 대한 방위산업과 의회의 반대가 보여주듯이, 새로운 공

안국가는 국방프로그램 예산의 삭감을 위한 시도를 방어하는 데 뛰어나다고 주장한다. 이러한 삭감은 비효율적이거나 중복되는 무기 체계의 '과잉설비' 영역에 영향을 미쳤을 것이다. 예측컨대, 산업로비, '후한 정치헌금', 방위산업체와 펜타곤의 회전문 인사의 합작이 2011년에 국방비를 놀랍게도 2퍼센트 삭감에 그치게 할 수 있었던 것이다![35]

궁극적으로, 이러한 정책들이 미국의 군사적, 경제적 영향력의 약화와 더불어 해외에서 미군의 안전에 악영향을 미칠 지도 모른다. 네오콘들과 정치적 우파는 보통 이러한 대테러조치의 개발이 필수적이라고 주장하고, 미국이 세계의 패권국이 되는 것을 좌파가 반대하는 것에 분개한다. 많은 좌파 비판자들은 오바마가 미국의 세계에서의 지위를 유지하기 위해 미국의 영혼을 팔아먹었다고 비판한다. 전시건 평시건 헌법과 권리장전이 국가권력을 제한한다. 제2차 세계대전 때의 일본인의 수용소 감금과 같이, 헌법과 권리장전을 약화시키려는 노력은 미국의 가치와 제도를 약화시키는데, 이는 미국을 자신과 UN이 인권침해로 비판하는 권위주의체제와 비슷하게 만드는 것이다.

미래 안보쟁점

오바마 행정부는 세계 안보구조를 재형성하는 다른 문제들도 해결하려 애써왔다. 첫째, 신현실주의자들이 강조하듯이, 러시아 및 중국과의 긴장은 지속될 가능성이 높다. 둘째, 아랍의 봄은 중동을 지속적으로 변화시킬 것이고, 이는 종교와 계급문제를 전면으로 부각시키며 미국이 무시할 수 없는 나라들을 불안정하게 만든다. 셋째, 시민들의 개별 안보에 영향을 미치고 다자 협력을 요구하면서

그 이면에 많은 비전통적 안보문제가 드러난다.

게다가, 푸틴Vladimir Putin 러시아대통령이 다른 나라들과 하는 협력은 예측이 불가능하다. 한편으로 러시아는 테러리즘과 싸우고 핵확산을 금지하는 이익을 공유한다. 그러나, 러시아가 자신의 '가까운 외국' — 중앙아시아 및 러시아어를 사용하는 소수 집단이 존재하고 러시아의 경제적 이익이 있는 구소련 공화국들 — 에 대한 서방의 간섭이라고 여기는 문제와 연관된 긴장은 지속된다. 더욱이, 푸틴은 부패, 에너지 자원의 국가통제, 정치적 반대세력에 관련된 러시아의 국내정책에 대한 미국과 EU의 압력에 분개한다. 외부세계에 대한 러시아의 전략적 위협보다는 민족주의와 정치적 탄압의 치명적 결합이 초래한 내부적 불안정이 더욱 위험하다.

안보구조에 있어 중국의 역할은 각국의 관료들 — 특히 일본, 미국, 호주의 관료들 — 의 뇌리를 떠나지 않는다. 많은 현실주의자들은 중국이 태평양지역에서 미국과 미국의 동맹국들에 군사적으로 맞서려는 경향이 있다고 두려워한다. 반면 경제적 자유주의자들은 세계화가 중국의 군사적 민족주의를 경감시키고 정치적 협력을 강화할 것이라고 믿는다. 2011년 오바마 행정부는 이라크와 아프가니스탄전쟁의 단계적 축소를 예상하고 아시아-태평양지역으로의 전략적, 경제적 '회귀 pivot'를 시작했다.[36] 그 회귀의 정당화는 부분적으로는 아시아의 동맹국들에게 다시 확신을 주고 사활이 걸린 상업 해로에서 항해의 자유를 보장하는 것이었다. 중국은 그러한 회귀가 자신들을 조준한다고 인식했고, 환율과 무역문제에 대한 미국의 압박에 분노했다. 중국은 급격한 군사현대화와 남중국해 — 엄청난 해양 에너지원이 존재할지도

모르는 — 의 대부분의 섬들에 대한 도발적인 주장으로 아시아 주변국가들과 미국을 깜짝 놀라게 했다.

다른 세 가지 구조에서 일어난 몇 가지 상황전개와 발맞추어, 세계화와 신자유주의정책은 세계 안보구조에서 부와 권력의 분배를 변화시켰으며, 미국은 더 이상 과거와 같은 패권적인 군사적, 경제적 힘을 유지할 수 없을 지도 모른다. 중국은 미국에게 계속 채무를 제공해 줄 수도 있고 그렇지 않을 수도 있다 (제8장 참조).

아랍의 봄은 군사적으로 쉽게 관리하기 어려울 잠재적 안보위협을 미국에 제기했다. 비록 2011년 카다피를 몰아낼 때 NATO의 유럽국가들이 주도적인 역할을 했지만, 미국은 시리아나 다른 아랍국가들에 파병하는 데 신중했다. 시리아의 내전은 오래 지속될 것이며, 이슬람 근본주의자들을 끌어들일 것이며, 레바논과 요르단으로 확산되어서 그 나라들에서 종파적인 폭력을 유발할 것이라는 점에서 위험하다. 동시에 시리아분쟁은 아랍지역에 더 깊은 수니파-시아파 갈등을 유발하는데, 수니 다수파 국가인 터키와 사우디아라비아가 반군을 지원하고 시아 다수파인 이라크와 이란이 아사드Assad를 지지한다. 레반트[v]에 있는 수십만의 시리아, 이라크, 팔레스타인 난민들은 수용국가들 host countries에 부담을 준다.

오바마 대통령은 정착지 확장을 중지하고 팔레스타인사람들과 두 국가간 해결책을 진지하게 협상하도록 이스라엘을 압박하는 데 실패했다. 우경화하는 이스라엘사회, 도탄에 빠진 팔레스타인 경

---

v 〈역자 주〉 역사적으로 팔레스타인, 시리아, 요르단, 레바논 등이 있는 지역을 가리키는 말.

제, 가자의 잘 무장된 하마스라는 위험천만한 조합이 더해져서 중동평화프로세스는 빈껍데기뿐이다. 이러한 요인들이 더욱더 많은 지역분쟁을 촉발시킬 텐데, 미국은 한쪽 편을 들 수밖에 없을 것이다.

미국-이란관계의 전망은 나쁘다. 미국은 이란이 어떤 형태로든 핵무기를 제작하는 것을 막기 위해, 유엔의 지지를 받는 국제적 동맹을 구축했다. 이란과학자들의 암살, 이스라엘의 꾸준한 전쟁의 북소리, 오바마 행정부의 이란 타격에 대한 끊임없는 위협("모든 옵션은 테이블 위에 있다")은 이란의 불안감을 증가시켰고, 아마도 이란을 더욱 비타협적으로 만들었다. 이란과의 원대한 정치적 협상을 추구하는 대신, 미국은 가혹한 제재조치를 취했는데, 이는 이란의 일반인들에게 타격을 입히고, 이란의 신정체제를 더욱 대담하게 만들었다.

국제기구

오늘날의 세계 안보구조는 현실주의적 안보위협이라는 의미에서 민족국가에 대한 위협뿐만 아니라, 다른 경제적, 종족적, 종교적, 성적 집단을 폭력과 죽음으로 위협하는 점증하는 전통적, 비전통적인 안보문제로 특징지어진다. NATO, 유엔 평화유지군, 원조 및 개발 기구, **국제형사재판소** ICC: International Criminal Court, 국제사면위원회와 같은 비정부기구, 수천 개의 기타 기구들이 모두이 파편화된 세계 안보구조에서 안보문제를 감독하는 데 점차로 중요한 역할을 한다.

NATO 평화유지

안보는 주요 강대국들에게 신성불가침한 것이기 때문에, 그들은 항상 국제기구들에게 안보문제의 해결은 고사하고 그런 문제를 관리하는 데 많은 권한을 주기를 꺼려한다. 그래서 신뢰도를 높이고 유럽전역의 안정을 강화하기 위한 노력으로 전략무기제한협정SALT, 전략무기감축협정START, 1984년과 1987년의 유럽안보회의CSE: Conference on Security in Europe 회담 등은 단지 두 초강대국이 참여했다 (CSE의 경우는 그 동맹국들도 포함). 평화를 위한 동반자협정PfP: Partnership for Peace의 27개의 회원국들은 일상적으로 평화유지, 군비통제, (대시민) 긴급상황, 지뢰제거 활동 같은 지역적 문제들을 다룬다. 오늘날, NATO는 28개국인데, 7개국이 PfP 출신이다. 위에서 논의한 바와 같이, 9·11테러 이후, NATO 회원국들은 탈레반을 몰아내기 위해 아프가니스탄을 침공했다. 2002년의 이라크공격은 미국 주도의 침공을 지지하는 NATO 신규 회원국들에 의해 수행되었다.

냉전종식 후 많은 NATO 비판자들은 점차 확대되어가는 유럽을 방어하고 핵억지를 확대하는 데 소요되는 비용과 정치적 부담에서 미국이 벗어나야 한다고 주장한다. 다른 사람들은 NATO가 변화하는 안보환경에서 명확한 군사전략이나 정치적 목표를 가지고 있지 않다고 비판한다. 여론은 때때로 인권탄압이 자행되고 있는 경우에 NATO의 군사력 사용을 선호했지만, 최근 예멘, 리비아, 시리아의 경우에는 많은 동맹국들의 지도자들이 직접적인 개입이나 혁명세력에 대한 군사적, 경제적 지원으로 인해, 자국민의 안보상황을 악화시킬까 우려하여 이 국가들과 다른 나라들에

지상군 파견을 꺼린다는 것을 보여준다.[37]

NATO의 군사적 역할과 재원에 관해 많은 문제들이 남아있다. NATO는 또한 터키와 그 동쪽 국경을 맞대고 있는 NATO 회원국이 되기를 기다리는 국가들처럼 회원국내에서 민족주의 및 종족적, 종교적 대결이라는 문제에 직면한다. NATO가 마약, 테러리즘, 무기 확산, 이주, 기타 급박한 안보 위협을 적절하게 다룰 수 있을지는 아직 알 수 없다.[38] 이주나 테러리즘과 같은 문제들은 NATO의 계획과 작전에 있어서 분명 다른 문제들보다 많은 주목을 받는다.

유엔과 UN평화유지 활동

UN안전보장이사회는 UN헌장에 따라 평화와 안보를 위협하는 어떠한 문제도 다룰 수 있는 권한이 부여되어 있다. 그러나, 핵보유고의 내용과 크기, 안보독트린, 혹은 개발도상국에 대한 개입 등과 같은 미·소간의 주요 안보문제의 경우 UN은 거의 혹은 전혀 역할을 하지 못했다. UN은 의도적으로 그렇게 구성되어 있었다. 안전보장이사회의 5개 상임이사국들간의 안보문제는 항상 거부권 행사의 가능성이 있다. 실제로, 많은 분쟁에서 주요 강대국들의 제한된 역할은 이사회의 상임이사들이 탈퇴하는 것을 ─ 아무런 행동도 취하지 않는 대가로 ─ 막았다. 안전보장이사회는 제2차 세계대전 이후 단 두 번의 군대 사용을 승인했는데, 그것은 1950년 한국전쟁 때와 1990년 연합군이 쿠웨이트에서 이라크를 몰아냈을 때였다.

그러나 미·소간의 안보조약을 진척시키는 데 있어서 UN의 역할은 1970년대 중반 베트남전쟁이 끝날 무렵 나아지기 시작했다. 초강대국들은 ABM

과 SALT 회담에서 합의에 이르렀으며, UN과 협력하여 핵무기와 다른 대량살상무기WMD의 확산을 다루기 위한 여러 개의 협약, 조약, 의정서들을 만들었다. 1960년대 이래 더 빈번히, 많은 약소국들은 재래식 무기와, 보다 최근에는 대량살상무기WMD와 그 부속품들의 생산, 배치, 판매와 관련하여 새로운 규칙과 관행을 수립하려는 공세적 노력을 UN과 함께 하고 있다. 유엔은 협상을 위한 장으로도 기능했는데 이는 상업적, 비상업적 경로를 통한 (주로 재래식) 무기획득과 관련된 몇 가지의 안보조약으로 귀결되었다. 이러한 조약과 협약은 몇 가지 도전에 직면했는데, 이는 무기획득에 대한 제한에 분노한 개발도상국들로부터 온다. 몇몇 현실주의자들과 구조주의자들이 주목하듯이, 비확산의 목표는 종종 두 개의 정치적, 경제적 목표와 상충된다. 이 두 가지 목표란 미사일을 비롯한 무기생산기술의 판매와, 파키스탄, 북한, 이란의 경우에는, 원자력을 에너지 용도로 개발할 권리를 유지하는 것과 자위의 목적으로 핵무기를 유지하는 것이다.

그러나 더 주목할 만한 것은, 특정 경우 안전보장이사회와 총회가 충돌 당사자들간의 긴장을 완화시키기 위해 **평화유지활동**PKOs: peacekeeping operations을 배치할 권한을 갖는다는 점이다. UN 평화유지는 세계 안보구조의 필수불가결한 부분인데, 이 활동은 분쟁해결과 갈등해소를 위해 회원국의 군대를 정기적으로 이용하는 것을 포함한다. 이는 종종 국가들이 비효율적일 때 중요한 관리기능을 하는데, 냉전 초기처럼 안전보장이사회가 언제 군대를 사용할 것인가에 대해 교착상태에 빠져있을 경우에 그렇다. 평화유지군은 초강대국들이나 안전보장이사회의 다른 상임이사국들이 직접적으로 연루되지 않는 공격과 분쟁을 다루기 위한 메커니즘으로 작동했다. UN평화유지군은 전쟁 중인 국가들 사이에서 중립적인 군대로, 정전을 감시하고, 국경을 통제하고, 국가들의 요청이 있을 때는 질서를 유지시키는 활동을 했다. 물론, 63개의 평화유지활동 중에서 초기의 활동은 캐나다, 아일랜드, 스웨덴 같은 '중립'국가들로부터 온 특수훈련을 받은 군인들로 구성되었다. 냉전 종식 이후, 평화유지활동에 가장 큰 기여를 한 나라는 인도, 파키스탄, 방글라데시, 네팔, 나이지리아 등 개발도상국들이었다. 이 국가들은 미국을 비롯한 강대국들에게보다는 국제기구와 지역기구에 더욱 긍정적으로 비추어지는 경향이 있는데, 이 국가들이 주요 강대국의 이해관계가 아닌 다른 이해관계를 반영하는 규범, 규칙, 안보기준을 만들어 냈기 때문이다.

1992년, UN사무총장 부트로스 부트로스-갈리 Boutros Boutros-Ghali는 푸른 헬멧을 쓴 평화유지군이 냉전 이후에 점증하는 극심한 민족주의적, 종족적, 종교적 분쟁을 다루기 위해서는 보다 공격적이고 적극적인 역할을 해야 한다고 제안함으로써 새 시대를 열고자 노력했다. 그는 "국가의 근본적인 주권과 보전에 대한 존중은 여전히 중요한 것이기는 하지만, 몇 세기나 낡은 절대적이고 배타적인 주권 원칙이 더 이상 버틸 수 없다는 것은 부정할 수 없는 사실이며, 실제에서는 이론에서처럼 그 원칙이 절대적인 것은 아니었다"고 말했다.[39] 그는 또한 사무총장이 모든 국가들에게 유엔이 이끄는 군대를 위해서 군인을 제공할 것을 요청할 수 있어야 한다고 제안했는데, 대부분의 주요 강대국들은 이러한 생각을 쉽사리 수용하지 않았다. 그러나 그의 리더십 하에, 유엔은 앙골라, 라이베리아, 아이티, 타지키스탄, 소말리아, 캄보디아를 비롯한 가

난한 국가에서의 평화구축 활동을 증가시켰다. 그러나 NATO의 노력을 승인하는 것 이외에는, UN은 르완다, 코소보, 동티모르, 그리고 최근에는 이라크, 리비아, 시리아 등의 분쟁에서 단지 작은 역할만을 했다.

점차로, 비판자들은 UN이 내전 상황에서 평화를 이루어내는 능력이 있는가에 대해 의문을 제기했다.[40] 그들은 예를 들어 르완다의 경우처럼, 어떤 UN활동은 국내 분쟁을 해결하기에는 너무 늦었다고 주장한다.[41] 게다가, 비용은 추정치를 초과했고, 회원국들은 비용이 많이 드는 UN활동에는 자국의 군대 대신 유엔군을 사용했다. 이를 비롯한 많은 한계들로 인해 UN평화유지군들의 지역 분쟁에 대한 정치적, 군사적 문제 해결능력은 발휘되지 못했고, UN의 명성이 훼손되었다.

UN은 종종 테러리즘과의 전투에서 비효율적이라고 비판받아 왔는데, 테러리즘이 한 국가에 의해 저질러지는 경우는 거의 없다. 소위 국가가 지원하는 테러리스트들은 종종 다른 나라에 영향을 미치려는 정부로부터 돈을 받거나 지원을 받는다. 북한, 수단, 시리아는 테러리즘의 국가적 지원자로서 악명을 얻었다. 모든 테러집단의 1/4을 종교 테러리스트가 차지한다. 그들은 알 카에다의 초국가적 활동처럼 종교적인 반대를 자결권과 같은 이데올로기적 정당화와 혼합시킨다.[42]

최근 들어, 많은 국가들, 국제기구들, 비정부기구들이 테러리즘에 맞서는 데 협조할 것을 약속했는데, 이는 무엇보다도 테러리스트들이 주로 치명적이고 세련된 무기들을 쉽게 사용하기 때문이다. 많은 비정부기구는 긴급구호를 제공하고, 구 전투원들을 해산시키고, 대인지뢰를 제거하고, 선거를 조직하고 실시하고, 지속가능한 발전 관행을 장

표 9.1	대량살상무기(WMD) 관련 국제조약들		

조약	효력발휘	주요관심
핵확산금지조약(NPT Treaty): 국가들간의 핵무기 이전을 금지하기 위해 창설; 핵무기 감시를 위해 국제 원자력에너지 기구(IAEA) 창설	1970	핵보유국인 인도, 파키스탄, 이스라엘 서명하지 않음. 북한 1993년 탈퇴, 이란과 마찬가지로 핵개발 프로그램 진행.
생물학 및 독성무기조약(BTWC): 생물학적 무기 연구를 국방에 제한.	1975	미국, 소련, 이라크, 이란, 시리아, 러시아 등 100개국이 서명; 최소 16개의 다른 국가들이 생물학적 무기 연구중이거나 생산 중이라고 의심됨.
포괄적핵실험금지조약(CTBT): 핵무기 실험을 금지	1996년 창립, 아직 효력발휘 못함	157개국 비준; 25개국 서명 그러나 비준은 받지 못함. 원시적 핵무기를 만들 수 있는 44개국이 서명 및 비준을 할 때까지 효력 미발휘. 미국, 중국, 인도, 이스라엘, 이란, 파키스탄이 동의에 미온적.
화학무기금지협약(CWC): 2007년까지 모든 화학무기 제거 서약	1997	러시아, 이스라엘, 이집트, 시리아, 리비아, 북한, 이라크 미서명.
미사일기술통제체제(MTCR): 미사일 기술 수출 금지	1987년 창립	이란, 이스라엘, 사우디아라비아, 파키스탄, 인디아, 북한(미서명국들) 단거리 및 중거리 탄도미사일 개발 중. 파키스탄에 미사일 판매했던 중국과 인도는 이 자발적 조약을 따르라는 압력을 받음.

려한다. UN기구들은 국가들에게 테러리스트들에 대한 재정적 지원과 안전한 피난처 제공을 거부하고, 다른 나라들과 정보를 공유하고, 테러리즘 규약과 의정서에 참여할 것을 촉구하는 결의안을 통과시켰다. 구체적으로, 국가들에게 다음의 것들을 촉구한다.

- 테러리즘에 대한 자금지원을 범죄로 간주한다.
- 테러리즘 행위에 연루된 사람들과 관련된 어떠한 자금도 지체없이 동결한다.
- 테러리스트 집단을 위한 모든 형태의 재정적 지원을 거부한다.
- 테러리스트들을 위한 안전한 피난처, 생계수단, 혹은 지원의 제공을 금지한다.

- 그러한 행동에 연관된 사람들을 조사, 색출, 체포, 인도, 기소하는 데 다른 나라 정부에 협조한다.
- 국내법으로 테러리즘을 위한 적극적, 소극적 지원을 범죄화하고 위반자들을 법의 심판을 받게 한다.

1990년대 후반 이후의 평화유지활동은 현지 정부 및 집단과 더불어 활동하는 군대, 민간경찰, 기타 민간인력이 포함된 다차원적인 문제로 한정되었다. 현재 진행 중인 16개의 평화유지활동 중, 남소말리아, 수단, 콩고, 아이티, 레바논, 코소보 등에서 활동하는 평화유지활동가들은 현지 고유 문화를 존중하면서 하루하루 다양한 종류의 비전통적인 안보문제와 싸워야 한다. 예를 들면, 평화유지활동가들이 어떻게 품위decency의 문화를 침범하지 않으면서 여성들이 니캅niqab 아래 무기를 숨기지 않았다는 것을 확인할 수 있는가? 또한 경쟁 집단들은 습관적으로 종교적인 휴일이나 성지순례기간 동안에 서로 폭력적으로 공격한다. 공격을 막기 위해서는 성지, 종교 달력, 구체적인 관행 등에 대한 지식이 요구된다. 평화유지활동가들이 현지 관습을 존중할 때만이 휴전이 유지될 수 있다.

UN헌장 하에 부여된 권위에 의거해서, 안전보장이사회는 종종 교전 당사자들이 평화적인 방법을 통해 합의를 도출할 것을 권고한다. 안보리가 조사나 중재는 할 수 있다. 예컨대, 전 사무총장 부트로스-갈리와 코피 아난Kofi Annan은 소말리아와, 최근에는 시리아의 교전 당사자들의 교전 중지를 위한 노력의 일환으로 특별 UN대표로 활약했다. 끝으로, UN활동가들은 종종 비정부기구 활동가들과 함께 기아, 빈곤, 인권침해, 이주, 난민, 환경 훼손 등과 같은 비전통적 안보상황을 다루기 위한 노력을 기울인다. 대부분의 경우, 강대국들을 비롯한 여러 나라들은 모두 이런 문제들을 다루는 데 UN과 다른 비정부기구들(다음에 논의)에 의지한다. 그러나 UN은 이러한 문제를 해결하기 위한 충분한 인적, 경제적 자원이 없는 경우가 많다.

인권과 국제형사재판소

안보와 인권문제의 관련성은 새로운 국제안보구조와 국제정치경제 연구에서 점점 더 커져가고 있다. UN회원국들은 자위권을 중시하지만 다양한 인권침해 — 특히 '전쟁범죄war crimes'와 '반인도적 범죄crimes against humanity' — 를 다루기 위해서는 몇 가지의 권한을 점점 더 기꺼이 UN에 이양하려 하고 있고 그래야만 한다고 생각하기조차 했다. 이러한 움직임은 독일 뉘른베르크에서 제2차 세계대전 이후 열렸던 나치 전범재판으로 거슬러 올라간다. 1990년대에 UN은 발칸반도와 르완다에서의 잔혹행위를 다루기 위한 두 개의 진정한 의미의 국제전쟁범죄재판소를 설치했고, 나중에 시에라리온에서의 잔혹행위를 다루기 위해 또 하나를 추가했는데, 이는 국가와 개인들이 전쟁에서 저지른 행위에 대한 국제적인 합의가 있었음을 반영했다. 네덜란드의 헤이그, 케냐, 시에라리온에 위치한 이 법정들은 용의자들을 체포하기 위한 자금과 권한이 부족하다.

그러나 개인의 권리 및 처우와 관련하여 자행된 전쟁범죄에 대해서는 많은 기소가 이루어졌다. 세르비아 대통령 밀로셰비치Slobodan Milosevic는 코소보에서의 반인도적 범죄와 기타 전쟁범죄로 기소되었고, 2005년 감옥에서 사망했다. 르완다의 총리였던 캄반다Jean Kambanda는 1994년의 르완다에서의 집단학살genocide로 인해 종신형을 선고받았다. 2012년 헤이그법정은 전 라이베리아 대통령인 테일러Charles Taylor에게 1990년 시에라리온에서 자행된 잔혹행위를 돕고 부추겼다는 혐의로 50년형을 선고했다.

상설 국제형사재판소가 2002년 이후 일어난 세계 각지의 집단학살, 전쟁범죄, 반인도적 범죄 사건들을 처리하기 위해 138개 국가가 체결한 조약에 의해 2000년에 창립되었다. 클린턴 행정부는 그 조약에 서명했으며, 두 번째 부시 행정부는 미국관료들이 전쟁 중의 행위로 전범으로 기소될

글상자 9.3

구 유고슬라비아의 국제형사재판소에서 일하기[a]

국제정치경제 분야의 학위를 가지고 졸업한지 거의 10년이 되어가고 있었고, 나는 드디어 내가 공부하면서 배웠던 많은 이론들이 실제로 적용되는 곳에 일자리를 구했다. 나는 구 유고슬라비아의 국제형사재판소의 법률 보조인데, 네덜란드 헤이그의 라도반 카라지치Radovan Karadzic의 변호 팀에 속해있다. 구 유고슬라비아국제형사재판소ICTY: International Criminal Tribunal for the Former Yugoslavia는 국제형사재판소가 창설되기 9년 전인 1993년에 창설되었다. ICTY는 구 유고슬라비아에서 벌어진 전쟁 기간 중 심각한 범죄를 저지른 가해자들을 사법처리하기 위해서 만들어졌고, 명령권의 위계질서상 밑바닥에 있는 사람들로부터 전 총리와 대통령에 이르기까지 161명을 기소했다. 국제형사재판소와 마찬가지로 반인도적 범죄, 전쟁범죄, 집단학살genocide을 사법처리했다.

당신이 특별국제재판소에서 일하기 위해서는 장기적인 시각을 가질 수 있어야 한다. 예를 들면, 카라지치 재판은 4년째 진행되고 있는데 2년 더 걸릴 것으로 예상된다. 국제형사재판소 창설 이래 10년 동안, 겨우 한 명만이 선고를 받았다. 출근길에 당신은 고발된 사람의 감금에 반대하는 시위대 옆을 지나쳐야 한다. 점심시간에, 시리아의 공포스러운 상황에 대한 CNN 방송을 본다. 종종 이런 일들이 의미있는 일일까, 혹은 국제협력이 정말로 가장 혐오스러운 종류의 범죄를 방지할 수 있는가에 대한 의문을 가지게 된다.

재판소 입구에 다음과 같은 글귀가 있는데 기본적으로 재판소의 임무를 말하는 것이다. "전범들을 정의의 심판대로, 정의를 희생자에게로 Bringing War Criminals to Justice, Bringing Justice to Victims." 그것은 고귀한 이상이며, 재판소가 국제안보와 국제인권에서 할 역할에 대한 비전을 반영한다. 재판소가 많은 전범들에게 선고를 내린 것도 사실이지만, 그것이 발칸반도의 평화와 안보에 어떤 영향을 미쳤는가라는 질문은 남는다. 그 지역 — 특히 크로아티아, 세르비아, 보스니아 내의 세르비아 장악 지역 — 의 많은 사람들은 재판소를 신뢰하지 않고, 종종 편파적이라고 비난한다. 전쟁이 시작된지 20년이 지났지만, 구 유고슬라비아 지역의 민족집단들간의 긴장은 아직도 남아있다.

물론, 국제정의와 세계안보를 넘어서, 법정의 실제적 기능을 기억하는 것이 필요하다. 법정의 기능은 공정한 재판이다. 이는 달성하기 어려울지도 모른다. ICTY에서 변호팀의 급여는 유엔이 지급하는 것이 아니다. 유엔은 변호팀을 제외한 재판소의 모든 것에 대한 재원을 제공한다. 변호팀들은 사무실 하나를 공유하는데, 2005년에 나온 20여 대의 컴퓨터 중 하나를 차지하려고 경쟁한다. 이렇게 자원의 분배가 불공평한데, 진정한 '공정성'이 가능한지는 면밀히 살펴보아야 한다.

레바논특별법정Special Tribunal for Lebanon이 2009년에 세워졌을 때, 가해자 변호 역시 그 기관의 일부로 포함되었다. 마찬가지로 국제형사재판소에는 변호를 위한 공적 상담 사무국이 있다. 이런 조치들은 법정의 장기적인 생존능력과 국제법의 지속적인 발전을 보장하기 위해서 필수적인 조치들이다. 과정이 공정할수록, 국가들이 자발적으로 자신들이 사법처리할 수 없는 사건들을 법정에 제출하고 법정과 협력할 가능성이 높아진다. 개별 시민들이 자신들의 지도자가 국제법정에 의해서 선고를 받는 것을 받아들이는 데는 시간이 좀 걸리겠지만, 더욱더 공정한 재판이 법정의 정통성에 도움을 줄 것이다. 그리고 법정의 지위가 올라가면 올라갈수록, 우리는 국제안보에 대한 그들의 진정한 효과를 보기 시작할 것이다.

---

a 이 글상자에 있는 자료는 쉴레위츠(Kristen Schlewitz)가 작성했다.

수도 있다는 이유로 반대했다. 영국, 프랑스, 독일은 새 법정에 자금을 지원하고 인적자원을 제공하고 있다.

현실주의 비판자들은 새로운 법정이 위반사항에 대해 국가나 집단에 대한 실제적인 처벌권을 가지고 있지 않기 때문에 국제법과 전쟁 규약을 따를 것을 강요할 권한을 가지고 있지 않다고 지적한다. 다른 사람들의 눈에는, 법정의 설립은 전시의 행동과 정의가 국가들의 논의주제에서 순위가 올라갔다는 점과 집단학살이나 인권침해와 같은 경우에는 권한이 민족국가를 넘어 국제기구로 이동했다는 것을 보여주는 것이다. 비록 이러한 기구들 중 몇몇은 아직 강대국에 그 권한을 의지하고 있기는 하지만, 점차로 많은 힘을 획득해왔다. 비록 강대국들의 이익을 반영하기는 하지만 말이다.

비정부기구들: 무방비 상태인 빈국과 실패한 국가

학자들은 기후변화, 빈곤, 자원부족 등의 문제들이 어떻게 최근 들어 국가 및 세계적 안보에 대한 위협으로 인식되었는가를 묘사하기 위해 '안보화'라는 용어를 사용해왔다. 인도주의적, 이데올로기적, 실천적인 관심에 기반한 비정부기구들 — 적십자Red Cross 및 적신월Red Crescent, 국제사면위원회, 그린피스, 국경없는 의사회, 월드비전 등 — 이 세계 안보구조에서 점차 커다란 영향력을 얻어가고 있다. 대인지뢰 금지를 위한 국제적인 캠페인은 비정부기구의 연합이 어떻게 안보관행을 바꿀 수 있는가의 좋은 예이다 (제5장의 글상자 5.1 '지뢰' 참조). 아프가니스탄, 파키스탄, 팔레스타인, 이라크, 예멘, 소말리아, 남수단, 북수단, 나이지리아, 콩고와 같은 나라들에서 여성과 난민들에 대한 폭력은 늘 발생하는 일이다. 이러한 국가들은 폭력을 경감시키기 위해서 종종 UN 평화유지군과 비정부기구들에 의존한다.

많은 연구들이 분쟁 및 많은 비전통적인 안보문제의 원인을 개발의 결핍에 돌린다. 어떤 사람들은 착취, 빈곤, 억압적인 형태의 신식민주의의 원인이 초국적기업, 자연자원 추출, 개발도상지역에서의 시장 및 값싼 노동력 추구에 있다고 비난한다.[43] 리우데자네이루, 멕시코시티, 나이로비, 라고스, 마닐라의 대형 슬럼들은 심각한 도시 폭력으로 고통받는다. 많은 테러리즘 전문가들은 이러한 도시들과 아프가니스탄, 소말리아, 나이지리아와 같은 실패한 국가들의 빈민가들*favelas*이 종족적, 종교적 분쟁의 온상이라고 주장한다. 동시에, 기업형 농업과 단일작물재배(제18장 참조) 때문에 생물학적 다양성은 훼손되고 개발도상국의 식량생산이 식물병 확산에 취약하게 된다. 경작가능지, 물, 에너지의 부족은 미래에 '자원전쟁'을 촉발하여 적자생존이라는 다윈주의의 결과로 귀결되거나 혹은 페루 학자 리베로Oswaldo de Rivero가 경고하듯이 세계의 많은 빈곤한 지역에서 물리적-사회적 불균형을 초래해 '국가해체의 대재앙'을 초래할 것이다.[44]

오늘날 세계 안보구조는 이러한 문제들에 대한 대응을 조정할 강력한 제도를 가지고 있지 않다. 그리고 어떤 유권자들도 세계의 문제들을 해결하기 위해 자신들이 소비를 줄이거나 높은 세금을 내야 한다는 말을 듣고 싶어하지 않는다. 그러나 세계 각지의 비전통적인 안보문제의 확산은 다자적인 협력과 정치적인 위험 감수를 통해서만이 멈출 수 있다. 미국의 예산 제약, 미국의 약한 국제적 신뢰도, 글로벌 금융위기는 모두 문제해결에 대한 공조에 방해가 될 것이다. 만약 열강들이 이러한 문제들을 군사적으로 혹은 일방적으로 해결하려고 한다면, 실패할 것이다. 우리는 공통의 희생을 요구하는 해결책들이 때때로 정치적으로는 지탱하기 어렵다는 것을 안다. 왜냐하면, 그 해결책들은 주권에 대한 침해로 인식되기 때문이다. 그 결과는 세계가 문제들을 그럭저럭 헤쳐 나가는 것일 수도 있고, 혹은 그 문제들이 전면적인 위기로 다가올 때까지 그 중요성을 계속 무시하는 것일 수도 있다.

결론: 더욱 어두운 미래?

제2차 세계대전 이후 일부 미국행정부는 그 명확한 구조적 배치 때문에 미국과 소련 사이의 냉전기 양극체제 세력균형을 선호했다. 다른 행정부는 두 초강대국들로부터 신흥국들로 부와 권력이 이동하는 것을 보여주는 것이기 때문에 다극화된 안보체제를 선호했다. 각 행정부의 권력분배에 대한 성향과 상관없이 다음의 교훈이 적용되는 듯이 보인다.

- 현실주의는 아직도 많은 설명력을 가지고 있으나 정책결정자들은 이를 정치-경제적 시각 — 특히 구조주의와 구성주의를 포함한 시각 — 으로 보완해야 한다.
- 어떤 상황에서는 작은 국가들이 큰 국가들을 이길 수 있다. 혹은 최소한 한국, 베트남, 이라크, 아프가니스탄과 같은 곳에서 싸우고자 하는 의지를 약화시킬 수 있다.
- 미국대중들은 점차로 세계의 가장 강력한 군사력에 수반되는 경제적 및 정치적 비용을 감당하고 싶어 하지 않는다.
- 이러한 두 가지 요인을 고려할 때, 이란과 시리아에 대한 미국의 군사적 개입에는 주요 장애물과 비용 문제가 있다.

세계화로 인해 개방시장과 경제적 경쟁이 강조되었으나, 이와 더불어 세계화가 개발도상국에서 민주주의와 평화를 가져올 것이라는 희망도 가져왔다. 그러나 세계화는 양극체제를 약화시키고 국제안보 구조를 좀 더 유연한 규칙과 규범을 가진 덜 질서정연한 구도로 변화시키는 데 기여했다. 1990년대 중반까지 기술적 혁신은 재래식 무기를 보다 더 치명적으로 만들었고, 핵무기 및 생물학적, 화학적 무기들을 더욱더 강력하게 만들었다. 동시에, 세계화는 이러한 무기들이 공적, 사적인 군대로 확산되는 데 기여했는데 이는 많은 개발도상국들을 불안정하게 만들었다.[45]

9·11테러 이후 부시 행정부는 미국을 세계 유일의 패권국으로 한 단극적 안보구조를 재정립하려 했다. 테러리즘이 공산주의를 주요 외부의 적으로서 대체하면서, 이라크와 아프가니스탄 같은 나라들에 민주주의와 안정을 가져오려는 미국의 노력은 예상치 않은 엉뚱한 결과를 가져와서, 미국과 연합군의 (계획된) 철수를 초래했다.

오바마 행정부는 재래식 무기에 덜 의존하고 드론과 특수작전부대를 채택하는 일방적인 타격에 더욱 의존하는 미묘한 차이가 있는 전략을 추구했다. 이러한 야누스의 얼굴을 한 전략의 다른 면은 NATO연합국에게 아프가니스탄, 파키스탄, 일부 아프리카지역에서 테러리즘과 싸우는 부담을 분담시키려는 다자주의이다. 오바마는 또한 개선된 정보와 통신체제, 문화적 세계화, 다양한 국가들과의 외교적 협력 등과 같은 연성권력의 도구들을 사용하는 것을 선호한다.

현실주의자들은 갈등이 어떤 집단이나 안보질서의 근본적인 요소라는 믿음을 가지고 있기 때문에 이러한 상황 전개에 별로 놀라지 않는다. 그러나 현실주의의 약점은 취약하고 가난한 나라들의 점증하는 문제들이 강대국들과 별다른 연관이 없다고 믿는 경향이 있다는 점이다. 오늘날 점차적으로 파편화되어가는 안보구조에서 강국들은 세계적 테러리즘과 금융위기로부터 회복하는 데 몰두해있다. 한편, 빈곤, 이주, 마약밀매, 환경파괴와 같은 문제들은 점차적으로 서양 강대국의 안보에 악영향을 미치고 있다. 현실주의 관점에서 보면, 국제기구와 비정부기구들은 강대국들이 이 기구들을 허용하는 만큼만 효과가 있는 것이다. UN과 국제기구가 후원하는 조약들이 준수될 것인가, 된다면 언제 준수될 것인가는 국가들에 달려있다.

미국이 세계적인 패권국으로서 남을 것인가와 상관없이, 만약 세계안보를 의미있게 달성하고자 한다면, 현재의 세계 안보구조가 더 이상 하나의 강대국에 의해 관리될 수는 없는 것이다. 현실주의자들은 단극체제가 불안정하다는 것을 누구보다도 먼저 지적할 것이다. 세계적인 위협부터의 보호를 위해, 미국을 비롯한 강대국들은 의식적으로 국제기구들, 지역 조직들, 세계 시민사회의 이익을 반영하는 비정부기구들과 안보관리를 공유할 필요가 있다. 정책결정자들은 표준적인 관행과 생각에 그대로 부합하기보다는 좀 더 자신들의 옵션과 선택을 넓히는 데 초점을 맞추어야 한다.

주요 용어

토론주제

1. 새로운 글로벌 사이버 안보구조의 주요 구조적 특징을 생각해 보시오.

2. 지난 20년 동안의 경제 발전이 미국의 군사적, 경제적 힘의 약화를 가져온 방식을 몇 가지 생각해 보시오.

3. 오바마 행정부가 다른 국가들과의 권력공유에 관해서 보이는 다자주의적 모습과 결합된 일방주의적 군사력 사용의 장점과 단점을 몇 가지 개략적으로 설명해 보시오.

4. 국제기구와 비정부기구가 다루는 안보위협과 문제에 대해 개략적으로 토론해 보시오. 그들이 이 문제들을 해결하는 데 성공적이지 못한 이유를 몇 가지 논해 보시오. 그들이 더 성공적이기 위해서는 무엇이 필요한가?

5. 중요한 안보사건을 하나 골라서 현실주의자와 신현실주의자가 그 사건을 어떻게 설명할지를 논해 보시오. 당신의 견해와 어떤 것이 더 가깝고, 왜 그러한가를 생각해 보시오.

추천문헌

David Calleo. *Follies of Power: America's Unipolar Fantasy*. New York: Cambridge University Press, 2009.

Amy Chua. *World on Fire: How Exporting Free Market Democracy Breeds Ethnic Hatred and Global Instability*. New York: Anchor Books, 2003.

Oswaldo De Rivero. *The Myth of Development: Non-Viable Economies and the Crisis of Civilization*, 2nd ed. London: Zed Books, 2010.

Chalmers Johnson. *The Sorrows of Empire: Militarism, Secrecy, and the End of the Republic*. New York: Metropolitan Books, 2004.

Thomas E. Ricks. *Fiasco: The American Military Adventure in Iraq*. New York: Penguin, 2006.

David Sanger. *Confront and Conceal: Obama's Secret Wars and Surprising Use of American Power*. New York: Crown Publishers, 2012.

주

1) Robert Kennedy, *Thirteen Days: A Memoir of the Cuban Missile Crisis* (New York: W.W. Norton, 1969).

2) 핵전략에 대한 읽을 만한 설명은 Edgar Bottome, *The Balance of Terror: Nuclear Weapons and the Illusion of Security, 1945–1985* (Boston, MA: Beacon, 1986) 참조.

3) 현실주의 원칙에 대해 개략적인 설명을 하는 고전적 연구는 Hans Morgenthau, *Politics among Nations: The Search for Power and Peace*, 3rd ed. (New York: Knopf, 1960).

4) 예컨대, John Mearsheimer, *The Tragedy of Great Powers* (New York: W. W. Norton, 2001) 참조.

5) Niall Ferguson, *Colossus: The Rise and Fall of the American Empire* (New York: Penguin Books, 2005).

6) Daniel Yergin, *Shattered Peace: The Origins of the Cold War and the National Security State* (Boston: Houghton Mifflin, 1977).

7) Frances Fitzgerald, *Fire in the Lake: The Vietnamese and the Americans in Vietnam* (Boston: Little, Brown, 1972).

8) Stanley Hoffmann, "The Hell of Good Intentions," *Foreign Policy* 29 (Winter 1977–1978), pp. 3–26 참조.

9) Chalmers Johnson, *The Sorrows of Empire: Militarism, Secrecy, and the End of the Republic* (New York: Routledge, 2005) 참조.

10) John Mearsheimer, "Why We Will Soon Miss the Cold War" *Atlantic Monthly* (August 1990), pp. 35–50.

11) Robert Kagan, "The Benevolent Empire," *Foreign Policy* (Summer 1998), pp. 24–49 참조.

12) Neil Smith, *The Endgame of Globalization* (New York: Routledge, 2005).

13) Ibid.

14) Thomas E. Ricks, *Fiasco: The American Military Adventure in Iraq* (New York: Penguin, 2006) 참조.

15) Jeremy Scahill, *Blackwater: The Rise of the World's Most Powerful Mercenary Army* (New York: Nation Books, 2007) 참조.

16) Maggie Farley, "Report: U.S. Is Abusing Captives," *Los Angeles Times*, February 13, 2006 참조.

17) Chalmers Johnson, *The Sorrows of Empire*, p. 182 참조.

18) 예컨대, William Hartung and Michelle Ciarocca, "The Military-Industrial-Think Tank Complex," *Multinational Monitor*, January/February 2003 참조.

19) Dana Priest and William Arkin, *Top Secret America: The Rise of the New American Security State* (New York: Little, Brown and Company, 2011).

20) David Sanger, *Confront and Conceal: Obama's Secret Wars and Surprising Use of American Power* (New York: Crown Publishers, 2012).

21) Ibid., p. xiv.

22) Tom Englehardt, "The Arrival of the Warrior Corporation" *TomDispatch*, February 24, 2012, at http://www.tomdispatch.com/archive/175507.

23) Andrew Tangel and Mim Puzzanghera, "Biggest U.S. Banks Fail to Repel Cyber Threat," *Seattle Times*, September 28, 2012.

24) Jeffrey Carr, *Inside Cyber Warfare: Mapping the Cyber Underworld*, 2nd ed. (Sebastopool, CA: O'Reilly Media, 2011) 참조.

25) Michael Riley and John Walcott, "China-Based Hacking of 760 Companies Shows Cyber Cold War," December 14, 2011, at http://www.bloomberg.com/news/2011-12-13/china-basedhacking-of-760-companies-reflects-undeclaredglobal-cyber-war.html.

26) Richard Clarke, *Cyber War: The Next Threat to National Security and What to Do About It* (New York: HarperCollins, 2010)

27) Scott Shane, "Cyberwarfare Emerges From Shadows for Public Discussion by U.S. Officials," *New York Times*, September 26, 2012.

28) Shane Harris, "Giving In to the Surveillance State," *New York Times*, August 23, 2012 참조.

29) Amy Goodman and Juan Gonzalez, "Whistleblower-the NSA Is Lying: The U.S. Government Has Copies of Most of Your Emails," *Democracy Now*, May 20, 2012 참조. 또한 "The Spy Factory," Nova, PBS, February 3, 2009 참조.

30) Jonathan Turley, "Ten Reasons the U.S. Is No Longer the Land of the Free," *Washington Post*, January 13, 2002.

31) 글렌 그린월드의 칼럼들은 http://www.guardian.co.uk/profile/glenn-greenwald 에서 읽을 수 있다.

32) Mike Ludwig, "US Military Paid $1.1 Trillion to Contractors That Defrauded the Government," *Truthout Report*, October 20, 2011 참조.

33) Dana Priest and William Arkin, *Top Secret America*.

34) Tom Englehardt, *The United States of Fear* (Chicago, IL: Haymarket Books, 2011).

35) Aprille Muscara, "Defence Contractors Insulated from Budget Cuts," *IPS Inter Press Service*, January

19, 2011.

36) 미국의 아시아로의 이동에 대한 개관은, Mark Manyin et al., "Pivot to the Pacific? The Obama Administration's 'Rebalancing' toward Asia," (Congressional Research Service), March, 28, 2012 참조.

37) 예컨대, Joseph S. Nye, "The Intervention Dilemma," *Al Jazeera*, June 15, 2012 참조.

38) 이 문제는 Moisés Naím, "The Five Wars of Globalization," *Foreign Policy*, 134 (January/February 2003), pp. 29-39에서 길게 다루어졌다.

39) Boutros Boutros-Ghali, "Empowering the United Nations," *Foreign Affairs*, 71 (Winter 1992/1993), pp. 98-99 참조.

40) David Rieff, "The Illusions of Peacekeeping," *World Policy Journal*, 11 (Fall 1994), pp. 1-18 참조.

41) 르완다에서의 유엔의 역할에 관한 훌륭한 읽을거리는 Michael Barnett, *Eyewitness to Genocide: The United Nations and Rwanda* (Ithaca, NY: Cornell University Press, 2000).

42) 테러리즘에 대한 보다 자세한 개관은 Brigitte Nacos, *Terrorism and Counterterrorism: Understanding Threats and Responses in the Post-9/11 World, 3rd ed.* (New York: Pearson Longman, 2009) 참조.

43) 이러한 주장에 대한 좋은 개관은 Oswaldo De Rivero, *The Myth of Development: The Non-Viable Economies of the 21st Century*, 2nd. ed. (New York: Zed Books, 2011) 참조.

44) '자원분쟁' 예측에 대한 좋은 예는, Michael T. Klare, *The Race for What's Left: The Global Scramble for the World's Last Resources* (New York: Metropolitan Books, 2012); Oswaldo de Rivero, The Myth of Development 참조.

45) Amy Chua, *World On Fire: How Exporting Free Market Democracy Breeds Ethnic Hatred and Global Instability* (New York: Anchor Books, 2003) 참조.

지식과 기술구조

당신은 노래, 영화, 또는 비디오 게임을 불법적으로 내려 받은 적이 있는가? 그렇더라도, 걱정할 필요 없다. 당신만 그런 것이 아니다. 스웨덴에 본부를 둔 더 파이어리트 베이The Pirate Bay에는 2003년 창립한 이래 저작권 보호를 받는 자료들을 무료로 얻는 방법을 찾는 수백만의 인터넷 서퍼들이 몰려들었다. 해당 사이트는 비트토렌트 기술을 이용해서 디지털화된 파일들을 찾아내고, 그 파일들을 세계 도처의 거의 모든 사람들과 공유하기 쉽게 만들었다. 2008년까지, 그 사이트는 세계에서 가장 인기 있는 100대 사이트 명단에 올랐는데, 하루 사용자가 평균 2,500만 명에 달했다. 헐리웃 스튜디오와 세계적인 엔터테인먼트 산업이 몹시 싫어하는 존재가 되어서 소송에 끊임없이 휘말렸다. 2009년 4월 스웨덴 법원은 그 사이트를 운영하는 무모한 청년 몇 명에 대해 유죄판결을 내리고 피해보상과 징역형을 내렸다. 그 이후로, 더 파이어리트 베이는 해커들의 공격, 몇몇 정부들에 의한 접근 제한, 해당 사이트에 접근하기 어렵게 하려는 구글·페이스북·마이크로소프트의 노력 등에 맞서서 근근이 버텨왔다. 더 파이어리트 베이에 대한 법원의 판결에 시민들이 분노한 가운데, 신생 스웨덴 파이어리트 당은 선거에서 전국적으로 7퍼센트의 표를 얻어 유럽의회에서 하나의 의석을 배정받는다. 이 당은 저작권을 5년으로 제한하고 특허를 폐지할 것을 주장한다. 2012년에는 정치적 투명성 및 인터넷 자유를 증진하는 독일 파이어리트 당이 주의회에 의석을 획득했고, 10여 개의 나라에서 소규모의 파이어리트 정당이 출현했다.

더 파이어리트 베이의 이야기는 경쟁, 자유, 안보의 미래를 점점 변화무쌍하게 만들어 가고 있는 지식과 기술을 둘러싸고 벌어지는, 중대한 이해관계가 걸린 전세계적 투쟁의 많은 예들 중 하나일 뿐이다. 이 장에서, 우리는 국제 지식구조 — 지식과 기술을 누가 어떤 조건 하에서 소유하고 사용할 수 있는가를 결정하는 일련의 규칙, 관행, 제도 — 를 살펴본다. 그것은 자본의 흐름 — 여기서 재화와 서비스가 생산된다 — 과 국가가 자신을 적들로부터 보호하는 능력에 영향을 미침으로써 우리가 지금까지 살펴본 다른 구조들 — 무역과 생산, 금융, 안보 — 을 근본적으로 결정짓는다.

첫 번째 절에서 지식구조, 그 안의 행위자들, 현재 쟁점인 몇 가지 문제를 정의한다. 그 다음 국가와 회사가 어떻게 그 안에서 정보 흐름을 통제하고, 기술발전을 이루어 가는지를 분석한다. 이와 관련하여, 국가가 고도로 숙련된 노동자들을 유인하기 위해 어떤 노력을 하는가를 살펴본다. 이 장의 중반 이후 초점은 **지식재산권**IPRs: Intellectual Property Rights, 특히 특허권, 저작권, 상표권으로 옮겨간다. 개발도상국들이 세계의 경제적 강대국들을 따라잡기 위해서 이러한 규칙들에 어떻게 이의를 제기하는지를 분석한다. 끝으로, 지식재산권을 통제하는 체제가 통제를 하지 않는 체제보다 상대적으로 유익하고 공정한가에 대한 서로 다른 시각들을 비교한다.

아는 것(지식)이 힘이라는 말이 있다. 우리는 당신의 삶과 당신 나라의 운명을 뒤흔들지만, 잠재적으로는 해방시키는 방식으로 영향을 미칠 지식구조의 네 가지 중요한 흐름이 있다고 주장한다.

첫째, 자유주의자들과 중상주의자들은 지식과 기술이 점차적으로 권력의 중요한 결정요인이 되어간다는 데 동의한다. 경제적 성공과 군사적 힘은 영토나 자연자원의 통제에 더 적게 의존하고, 공학, 정보, 커뮤니케이션 체계, 기초과학연구 등의 영역에서 인적자원과 역량에 더 많이 의존한다.

둘째, 기술변화의 속도가 빨라졌다. 세계경제에서는 이윤 발생이 제조업자들로부터 생산**방법**에 대한 지식을 통제하는 사람들, 신제품 재원조달·디자인·마케팅 하는 사람들, 지식집약적인 재화와 서비스의 분배를 통제하는 사람들로 옮겨가고 있다.

셋째, 지식이 점차로 확산되지만 상호연결되어 가고 있으며, 따라서 어느 한 국가가 통제하는 것이 점점 더 어려워지고 있다. 재화와 아이디어의 세계적인 흐름에 문호를 열어두는 나라들은 — 경제적 자유주의자들이 옹호하듯이 — 경제적인 혜택을 받을 가능성이 높다. 그러나 정부들이 종종 특정 정보의 흐름을 제한하려 하고, 보조금, 선택적 보호주의, 지식재산법 등을 이용해서 상호연결된 지식으로부터 누가 혜택을 보는가에 결정적인 영향을 미치려한다는 중상주의자들의 주장은 옳다.

끝으로, 지식재산권 소유자들과 많은 형태의 지식이 '공짜free'이거나 공공영역public domain[i]에 있어야 한다고 믿는 사람들 사이에 존재하는 긴장이 점증하고 있다.[1] 싼 가격이거나 공짜인 음악, 소프트웨어, 영화, 뉴스, 약품들에 대한 사회적 요구를 무시하는 국제적인 지식재산 규칙을 강제하기는 실제적으로 불가능할 것이다. 보다 엄격한 통제를 원하는 지식재산 소유자들은, 사용할 자유와 기술이 가져다주는 사회적 혜택을 재분배하기를 원하는 지식재산 소비자들과의 엄청난 전투에 직면한다.

---

i 〈역자 주〉 특허권이나 저작권이 소멸한 저작물.

국제지식구조: 행위자와 규칙들

국제지식구조는 지식이 어떻게 생산되고, 상업화되며, 통제되는가를 결정하는 규칙과 관행의 그물망이다. 지식은 우리가 아이디어, 기술, 정보, 지식재산 등을 포함하는 다양한 많은 것들에 적용하는 포괄적 개념이다. 아이디어는 공기같은 것이어서, 언어, 교육, 문화적 관행을 통해 사람들 사이에서 교환될 수 있다. 기술은 재화와 서비스를 생산하는 과정과 어떻게 과학을 유용한 상업적 목적에 사용할 것인가에 관한 특정한 종류의 지식이다. 정보는 경제적, 문화적, 정치적 목적을 달성하기 위해 사람들이 생산하고, 공유하고, 재조합하는 데이터와 뉴스라고 생각할 수 있다. 지식재산은 발명품, 예술작품, 정부가 제한된 기간 동안 독점권을 부여하는 상징들로 구성된다.

상상할 수 있겠지만, 지식의 흐름에 관한 규칙은 국가, 기업, 소비자에게 권리, 인센티브, 금지사항을 만들어낸다. 많은 경우 이런 규칙은 자신들의 정당성을 다른 나라에 확신시키려 하는 강대국과 다국적기업에 의해 만들어진다. 동시에 사회세력들은 정치적 행동과 로비를 통해 지식통제에 저항한다. 때로는 자신의 몫이라 믿는 것을 얻기 위해 기꺼이 법을 위반한다. 우리가 보는 규칙에는 다음의 것들이 포함된다. 정보의 자유와 지식재산권을 지배하는 국내법, 한 국가가 다른 국가의 특허 및 저작권을 보호하기 위해 가지는 의무를 결정하는 양자 및 다자간 조약들, 지식의 생산자와 소비자의 도덕적 의무에 관한 공유된 규범들이다.

개인은 독학을 위해, 엔터테인먼트 생산품을 즐기기 위해, 정치적 행동에 개입하기 위해 지식구조의 세계를 항해한다. 그들은 지식에 대한 상대적으로 제약 없는 접근을 기본권 중 하나로 보는 경향이 있다. 이윤을 만들어 내는 존재로서, 회사는 자신이 만들어내는 지식을 상업화하고 통제하는 데 민감하고, 성공적으로 경쟁하기 위해서 끊임없이 새로운 기술을 필요로 한다. 국가는 자신의 기술적 발전을 고양시키기를 원하고, 다른 나라들이 특정 규칙에 따를 것을 강제한다. 글로벌 수준에서, 국제기구는 지식과 관련된 협상 규칙들을 강제하고, 국가들에게 어떻게 상호협조할 것인가를 가르친다. 또한, 많은 비정부기구들은 가난한 사람들과 착취받는 사람들의 이익에 보다 잘 봉사하기 위해서 규칙을 변화시키려 한다.

국제지식구조는 생산, 무역, 금융, 안보를 포함하는 모든 국제정치경제의 관계를 조정한다. 예를 들어, 미국은 전후 초기에 핵억지전략을 선택했는데, 그 부분적 이유는 기술 덕분에 핵무기가 재래식 무기보다 비용이 덜 들어 보였기 때문이다. 기술경쟁이기도 했던 고비용의 군비경쟁은 1980년대 말 냉전을 종식시키도록 압박을 가했다. 정보 및 커뮤니케이션 기술ICT의 진보는 파생상품과 같은 복잡한 도구들을 사용하는, 국경에 제한받지 않는, 약하게 규제되는 글로벌 금융시스템을 가져왔다. 새로운 에너지 기술을 개발하기 위한 경쟁은 어떤 나라가 전기자동차와 태양광 패널의 생산을 지배하는가를 결정할 것이다. 콘테이너화와 같은 운송기술의 혁신은 많은 제조업 과정을 아시아로 이동시키는 것을 가능하게 했다. 분명히, 글로벌 경쟁의 게임에서 승리 — 혹은 남들만큼 해서 살아남기 위해서 — 하고 싶은 국가들과 초국적기업들은 최고 기술을 이용할 수 있어야 할 것이다.

정보, 혁신, 기술진보의 정치경제

이 절에서 우리는 국가들이 어떻게 정보를 규제하고, 혁신을 고취하고, 지식을 글로벌 경제에서 비교우위로 전환시키려 하는가를 고찰한다. 우리는 **연구개발**R&D: research and development을 시장행위자들과 제휴하는 데 있어 국가가 놀랍도록 큰 역할을 하는 것을 발견한다. 어떤 개발도상국들은 세계생산에서 점점 더 많은 비중을 차지해가는 동시에 부유한 국가들과의 지식 격차를 줄여가고 있으나, 미국과 유럽연합은 세계의 가장 숙련된 노동자들을 유인하기 위해 힘들여 싸우고 있다.

혁신과 지식의 축적을 고무하는 데 있어서 정부와 시장행위자들의 적절한 역할은 무엇이었는가? 이것은 역사적으로 이론적으로 중요한 질문이다. 우리가 현재의 금융위기, 무역정책, 환경에 대한 논의에서 보았듯이, 스티글리츠Joseph Stiglitz, 장하준, 로드릭Dani Rodrik을 비롯한 많은 정치경제학자들은 점차로 국가가 독특한 국가적 필요에 맞춰서 정책을 만들어낼 유연성을 가질 필요가 있다고 믿는다. 지식 거버넌스와 관련하여, 그들은 모두에게 적용될 수 있는 획일적인 정책이 있는 것은 아니라고 주장한다. 어떤 국가는 기술개발에 있어서 민간부문을 대신하려 하고, 어떤 국가는 여러 가지 방식으로 민간부문과 파트너가 되려하며, 또 어떤 국가는 단순히 민간혁신자들을 가로막는 장애물을 제거하려고만 한다. 국가는 지식의 생산자들과 소비자들 간의 이익 균형을 맞추기 어렵다는 것을 안다. 국가는 기술적 혁신을 수지가 맞는 수출품으로 전환시키는 사람들을 키워내고 싶어 한다. 국가는 또한 자국의 대학에서 외국인들을 교육시키고 자국의 초국적기업에 의한 아웃소싱을 장려함으로써 세계 각지에 지식을 기꺼이 확산시키고자 한다. 그러나 동시에 많은 국가들은 혁신적 분야와 군사기술에서 경쟁국들보다 한걸음 앞서 있기 위해 노력을 기울인다.

정보: 양날의 칼

디지털 혁명은 개인들이 잠재적으로 이용할 수 있는 정보의 양과 질을 근본적으로 변화시켰다. 정보는 사람들에게 능력을 부여할empower 수도 있고, 그것을 앗아갈disempower 수도 있다. 정보는 시민들의 손에서 정치혁명의 연료가 될 수도 있고, 정부의 손에서 사회를 감시하고 치안을 유지하는 데 사용될 수도 있다. 전세계적으로 정보를 둘러싼 투쟁이 있어왔던 몇 개의 영역을 간단히 살펴본다.

사회미디어의 확산은 국내는 물론 국경을 넘어서는 새로운 통신을 열어놓았는데, 이 새로운 통신은 블로그, 팟캐스트, 가상현실virtual 게임, 스카이프, 유튜브, 페이스북 등을 통해 이루어진다. 교환의 수단뿐만이 아니라 교환의 내용 및 속도도 변하고 있다. 2011년 초 아랍의 봄에서 사회미디어의 정치적 힘은 명백히 나타났다. 인터넷에 대한 접근과 광범위한 휴대전화 보유 덕분에, 수백만의 이집트인들이 페이스북과 문자메시지를 통해 정보를 공유할 수 있었는데, 이는 정부의 검열을 피하고 시민들을 동원하는 데 도움이 되었다. 시위자들은 이 모든 도구들을 동시에, 도처에 퍼져있으나 조화로운 방식으로 사용했는데, 무바라크Hosni Mubarak체제는 일주일 동안 이동식 전화와 인터넷을 차단함으로써 대응했다.[2] 튀니지, 리비아, 시리아의 반정부세력들은 유튜브에 비디오를 올리기도 했는데, 국제적인 뉴스매체가 이를 선택해서 실시간으로 사건을 보도했다. 휴대전화로 찍은 흔들리는 비디오와 사진은 체제탄압을 노출시켰고, 체제지도자들의 굴욕을 영상으로 남겼으며, 보통 사람들을 순교자로 만들었다. 이러한 사회미디어를 이용하는 사이버 활동가들의 능력은 체제의 정보독점을 무력화시켰고, 현장의 정치적 행동주의를 지속시켰다. 권위주의체제는 약화되었으며, 다른 한편 서방 정부와 국제기구들 또한 트위터, 블로그, 위성텔레비전으로부터 실시간 정보를 얻는 자국 시민들과 이주민 공동체의 분노에 반응하지 않을 수 없다는 것을 알게 되었다.

이에 맞서 권위주의체제들도 기술진보를 활용한 정보 통제 및 억압을 이용해서 싸운다. 중국은 상대적으로 성공적이었는데, 정치적으로 민감한 정보에 대한 접근을 차단하기 위해 '거대한 방화벽Great Firewall'을 설치했다. 경찰과 정보기관이 광범위한 휴대전화 감청과 통신 기간시설의 감시에 개입한다. 텔레비전이나 신문 같은 전통적인 매체들에 대한 완벽한 국가적 통제가 이루어지지는 않는 러시아나 이란 등의 나라에서 정부는 민간 미디어 회사를 통제하기 위해 법적 제재를 가하고 언론인을 탄압한다. 위키리크스의 경우(글상자 10.1 참조)는 민주국가의 정부조차도 비밀정보를 통제하고 내부고발자를 처벌하기 위해 기꺼이 많은 노력을 기울인다는 것을 보여준다.

민주주의체제와 권위주의체제 모두 기술을 활용하여 정보를 수집하고 조작한다. 그들은 범죄를 예방하기 위해서만이 아니라 시민들의 통신을 감시하고, 해외 정보를 수집하고, 국경통제를 강화하기 위해서라도 초현대식 데이터 수집과 감시체제를 점점 더 많이 설치한다. 폐쇄회로 TV와 생체인식기술biometrics은 국가가 국내정보를 수집하는

수단 중 개인정보를 위협하는 두 개의 수단일 뿐이다. 아주 작은 나라인 카타르의 지배가문은 자신의 소유인 아랍 전역에 걸쳐있는 위성 네트워크인 알 자지라Al-Jazeera를 사용하여 아랍의 여론을 형성하고 미국을 비롯한 다른 나라들에게 압력을 가한다. 2005년 이래 러시아정부는 친정부적인 국제 텔레비전 네트워크인 러시아 투데이RT: Russia Today에 자금을 지원했는데, 이 방송은 케이블 TV 가입과 유튜브를 통해 많은 나라에서 시청가능하다. 이러한 채널들과 더불어 영국의 BBC나 독일의 도이체벨레Deutsche Welle와 같은 유럽의 오래된 국영방송사들도 시장점유율을 높여가고 있다.

디지털 혁명은 또한 민간기업들이 공익에 반해 사용할 수도 있는 소비자 정보를 전대미문의 규모로 수집하는 것을 가능하게 한다. 이러한 정보를 어떻게 사용할 것인가를 둘러싼 국가와 초국적기업간의 싸움은 시장의 규제를 둘러싼 더 큰 싸움의 일부이다. 어떤 정부는 기술의 민간통제가 얼마나 반경쟁적인 행위, 사생활에 대한 위협, 권력의 집중을 초래할 수 있는지 우려한다. 예를 들어, EU집행위원회는 마이크로소프트가 컴퓨터 소프트웨어에 대한 지배를 남용하는 것을 막고, 구글이 경쟁자들을 약화시키지 못하도록 하고, 페이스북이 사용자의 개인정보를 보호하도록 강제하는데 선도적인 노력을 기울여 왔다. 국가마다 다른 법적 의무와 문화적 기대치 때문에 전세계적인 표준을 만들기가 어렵다. 어떤 국가는 외국의 경쟁자들에게 해를 입히기 위해서 IT기업들의 힘을 빌리려 한다. 예를 들어, 미국은 이란이나 중국 같은 나라에서 시민사회를 활성화시킬 수 있으리라는 희망을 갖고, 미국 기반 초국적기업들이 지배하는 비교적 제약 없고, 검열 없는 개방형 정보서비

글상자 10.1

위키리크스

당신이 만약 전쟁수행, 외교, 대외정책의 이면에서 이루어지는 실상을 보고 싶다면, 아마도 위키리크스가 공개한 수백만 건의 비밀문서를 살펴보고 싶을 것이다. 인간에 대한 믿음과 당신 나라의 도덕적 정당성에 대한 믿음이 흔들릴지도 모른다. 2007년 바그다드에서 미국의 아파치 무장헬리콥터가 10여 명의 비무장 민간인을 무자비하게 살해하는 비디오를 볼 수도 있다.[a] '전세계 수니파 테러리스트 집단의 가장 중요한 자금줄'[b]이 미국의 가까운 동맹인 사우디아라비아에 있다는 힐러리 클린턴의 평가를 읽을 수도 있다. 2000년대 초반 국제적십자사가 인도의 카슈미르의 죄수들을 광범위하게 학대하고 고문했다는 증거를, 인도정부가 고문을 허용했다고 결론에 이르렀다는 것을 읽을 수도 있다.[c] 미국이 조사하지 못한 이라크군대의 광범위한 인권 탄압과 미군이 아프가니스탄 민간인을 살해한 많은 사례들을 보여주는 문서들도 살펴볼 수도 있다.[d] 서양의 회사들과 세계에서 가장 억압적인 정부들 간의 상업적 거래를 보여주는 수천 개의 파일들을 볼 수도 있다.[e] 또한 예전의 튀니지의 지배가문을 부패하고, 연고주의적이고, 마피아 같고, 돈을 방탕하게 쓴다고 판단한 미국의 외교 전문을 읽을 수도 있는데, 이 전문은 튀니지의 2011년 자스민혁명의 불꽃을 일으키는 역할을 했다.[f]

위키리크스 뒤의 지도적인 힘은 정부의 투명성과 권력자들의 음모를 밝히는 데 헌신하고 있는 무모한 호주인 어산지Julian Assange에게서 온다. 사실, 그는 대외문제에 대한 정부의 설명을 석연치 않도록 보이게 하는de-naturalize 작업을 하는 것이다. 어산지는 자원봉사자들과 내부고발자들의 네트워크에 의존해 비밀문서들을 수집하여 여러 나라들에 위치한 서버들의 미러 사이트를 통해 전자본 비밀문서를 공표한다. 이는 어떤 특정 국가가 비밀문서에 대한 접근을 차단하는 것을 미연에 방지하기 위함이다. 그의 영향력이 가장 컸을 때인 2009년에서 2012년 사이, 어산지는 거의 10년 이상 거슬러 올라가는 수만 개의 미국의 군사문서 및 외교 전문을 공개했는데, 이는 미국의 군인 매닝Bradley Manning이 유출시킨 것이다. 어산지는 개인 회사, 정치가, 국제연합, 시리아 정부가 보낸 수천 건의 민감한 문서들과 이메일도 공개했다. 어산지는 또한 구글 및 야후와 같은 미국 회사들이 개인에 관한 정보를 수집한다고 비난하고, 주요 미디어들이 주기적으로 거짓과 정부 프로파간다를 전파하고, 페이스북을 '지금까지 발명된 가장 혐오스러운 스파이 기계'라고 지적했다.[g] 위키리크스를 약화시키기 위한 치열한 노력의 일환으로 미국정부는 페이팔, 비자, 마스터카드, 미국의 은행들이 지지자들의 기부금을 전달하지 못하도록 하는데 성공했다. 스웨덴에서 두 건의 강간사건으로 고발된 어산지는 영국으로 도망쳤다. 법원이 그의 이송명령을 내렸을 때, 그는 런던의 에콰도르 대사관으로 도주했으며, 거기서 정치적 망명허가를 받았다.

위키리크스의 이야기는 소수의 사이버활동가와 내부고발자가 디지털 기술을 이용하여 한 국가 안보를 위협하고, 초국적기업의 명성을 약화시키거나 잠재적으로 개인의 생명에 위협이 되는 유례없이 많은 분량의 민감한 정보를 퍼뜨릴 수 있는 능력이 있다는 것을 보여주었다. 이 이야기는 시민활동가들이 명시적인 정치적 아젠다를 위해 정보를 퍼뜨리는 데 주요 매체를 통하지 않은 하나의 사례일 뿐이다. 국가가 사이버공간에서 점점 더 정보를 통제하기 어려워지고 전통적인 주권을 행사하기 어려워진다는 것을 보여준다. 스미스 이후 고전적 자유주의자들이 경고해왔던 정부 권력의 남용과 사익을 눈감아주는 행위를 연상시킨다. 위키리크스가 사라진다 할지라도 유출된 문서나 민감한 정보를 담고 있는 기밀해제 정부기록을 대중에게 알릴 국가안보기록보관소National Security Archive, 크립톰Cryptome, 오픈시크리트OpenSecrets 같은 많은 경쟁자들이 여전히 존재할 것이다.

참고문헌

a http://www.collateralmurder.com 참조.
b http://www.guardian.co.uk/world/us-embassy-cables-documents/242073 참조.
c http://www.guardian.co.uk/world/us-embassy-cables-documents/30222 참조.
d http://wikileaks.org/afg/ 와 http://wikileaks.org/irq/ 참조.
e http://wikileaks.org/the-spyfiles.html 와 http://wikileaks.org/syria-files/ 참조.
f http://www.scribd.com/doc/44262151/Tunileaks 참조.
g "WikiLeaks Revelations Only Tip of Iceberg–Assange," May 3, 2011, at http://rt.com/news/wikileaks-revelations-assange-interview/.

스 구조를 활발히 추진한다. 한편, 미국 하원 정보위원회는 2012년 10월 화웨이와 ZTE라는 두 개의 대형 중국회사를 미국의 국가안보에 위협이 된다는 이유로 고발했는데, 이 회사들은 전세계적으로 텔레커뮤니케이션과 이동전화 장비를 공급하는 회사들이다. 하원 정보위원회는 중국정부가 이 회사들을 이용해 미국소비자들을 염탐하고, 미국 회사들의 지식재산권을 훔치고, 분쟁발생 시 사이버전쟁을 수행할 수 있다고 주장했다.[3]

구조주의자인 포스터John Bellamy Foster와 멕체스니Robert W. McChesney는 기업들이 통신혁명이 가진 해방적 잠재력을 파괴하고, 인터넷을 자신들이 엄청난 이윤을 뽑아낼 수 있는 소수 과점의 영역으로 변질시키고 있다고 우려한다. 이 기업들은 민주주의에 위협이 될 뿐만 아니라 '한줌의 거대한 초거대기업들이 사적 제국을 지배하는 디지털 봉건주의'의 형태를 확산시키고 있다.[4] 망 중립성, 질 좋은 언론, 공공영역public domain 등은 세계의 관심 밖에 있다.

그러나 세계 시민사회는 이에 맞서 싸우고, 이 기업들이 특정 종류의 소비자 데이터를 수집하고 저장하는 것을 허용하지 않는 등의 새로운 프라이버시 규범을 촉진시킨다. 지식에 대한 접근A2K: Access to Knowledge 운동에 느슨하게 연결된 초국가적 가치옹호 네트워크는 지식재산권을 약화시키고 정부가 지원한 모든 형태의 연구의 결과들을 무료로 사용할 수 있게 하려고 한다. 심지어 회사들의 특정 시장에 대한 독점을 방지하기 위해서 회사의 생산품이 다른 경쟁자들의 생산품과 호환되도록 강제하기도 한다. 그리고 벤클러Yochai Benkler는 그가 '연결망화된 제4의 권부(權府)'라고 부르는 새로운 세계적 정보생태계를 기술하는데, 그 안에서는 전통적인 매체들이 비영리기관, 블로거, 시민기자 등과 같은 저비용의 탈중심화된 뉴스 생산자들과 상호작용한다.[5]

슈카바투르Jennifer Shkabatur에 의하면 새로운 정보 기술에 힘입어 국제기구들이 환경, 공중 보건, 인권 보호라는 의무를 준수하는지를 좀 더 쉽게 감시할 수 있게 되었다고 한다.[6] 인터넷 검색엔진, 전문가들의 온라인 연결망, 일반인들이 온라인에 작성한 데이터를 이용하여, 국제기구들은 자신들이 독자적으로 만든 정보와 국가들이 제공한 정보를 비교함으로써 국가의 행위가 국제규약체제의 기대에 부합하는지를 검증할 수 있다. 국가들에 요구하는 투명성과 책임감 제고에 대한 압력을 극적으로 증대시키는 효과를 낼 수 있다.

마지막으로, 정보의 정치는 한 국가의 소프트 파워의 행사와 해외의 상업적 이익 보호에 중요한 함의를 갖는다. 최근 들어, 유럽과 미국의 민간 매체들은 무슬림들이 불쾌하게 여긴 자료들을 출판했다. 2005년 덴마크의 한 신문이 예언자 모하메드를 조롱하는 만화를 발간하자 무슬림이 다수인 국가에서 폭력적인 반서방주의 시위들이 촉발되었다. 중동지역에서 잇달아 발생한 덴마크제 물건 불매운동은 덴마크의 낙농제품 및 의약품 수출업자들에게 심각한 손실을 초래했다. 마찬가지로, 2012년 9월 '무슬림의 순수Innocence of Muslims'라는 이슬람혐오 성향 영화의 예고편이 유튜브에 게재되자, 무슬림 세계에서는 이슬람근본주의자들에게 힘을 실어주고 미국 공공외교를 약화시키는 반서방 폭동이 일어났다. 극단주의자들에 의한 미디어 생산품의 빠른 전파는 아랍의 봄 이후의 민주화 과정 및 서방과 중동의 관계에 영향을 미칠 잠재력을 가지고 있다. 이 때문에 민주주의국가는 표현의 자유와 혐오발언 금지라는 규범 사이에서 균형을 추구할 수밖에 없다.

더욱이, 2012년 9월 일본이 분쟁 중인 남중국해의 세 개 섬에 취한 행동에 관한 정보가 중국인들에게 널리 알려짐으로써, 무역관계는 위협을 받았고 군사적 긴장은 고조되었다. 일본정부가 그 섬들을 민간소유자들로부터 구매한 후 중국 수십 개 도시에서 여러 주 동안 벌어진 적의에 찬 반일 시위는 일본기업들의 주가하락, 일본항공의 중국행 비행편 취소, 파나소닉·소니·혼다와 같은 일본 제조사들의 중국 현지생산 일시 중지 등을 초래했다. 이 모든 예들이 정보의 세계화가 양날의 칼이라는 것을 보여준다. 그것은 국가들을 서로 연결시킬 잠재력과 동시에 국제적 긴장과 의도치 않은 문화적 오해를 유발할 잠재력 또한 가지고 있다.

선진국에서의 정부혁신정책

기술 선진국들은 '따라잡는 것'이 아니라 '계속 유지하는' 게임을 하고 있다. 그들은 지식기반 산업에서 계속 경쟁력을 유지하고, '창조적인 산업'을 양성하기를 원하는데, 이런 부문이 노동자 일인당 부가가치가 높고 다른 경제 분야로의 확산효과도 크다. 이러한 독특한 산업에는 디자인, 예술과 엔터테인먼트, 바이오기술, 건강보험, 국방 등이 포함된다. 혁신은 정치적 개방성, 넓은 교육적 기회, 노동 이동성, 단지 소수의 국가들만이 신속하게 자신들의 이점으로 전환시킬 수 있는 기타 특색을 전제로 한다.

이러한 국가들은 기술적 성장이 역사적으로 경제적 성장의 주요 결정요인이라는 것을 인정한다. 예를 들어, 19세기에 미국정부는 농업, 산업, 공학 등의 변화를 촉진시키기 위해 전국에 걸쳐 토지공여 대학교land-grant college들을 설립했다. 보다 최근에, '지식의 진보'는 1929년부터 1982년 사이 미국 노동 생산성 증가의 68퍼센트(추정치)를, 미국 소득 성장의 28퍼센트(추정치)를 설명한다. 기술혁신은 대개 개별 회사들의 연구개발에 대한 투자의 결과이지만, 정부는 공공 지출과 보조금 및 지식재산권 강제를 통해 기술혁신을 양성시키려 해왔다 (뒤에서 논의). 역사적으로 보면, 종종 국가적 비상상황이나 국가간 경쟁상황일 때, 많은 국가들은 기술 기간산업을 설립해 왔다. 제2차 세계대전 당시 맨해튼 프로젝트에 대한 엄청난 투자 덕분에 미국은 핵기술에 있어서 우위를 차지했다. 냉전시기 소련과의 정치적 경쟁의 일부로, 미국은 아폴로 계획과 위성체계에 대한 군비지출을 통해 우주기술에서 선도적 위치를 점했다. 1990년에서 2003년까지 미국 에너지부와 미국건강연구소는 인간 게놈프로젝트를 재정지원했는데, 분자의학과 생명과학 산업 분야의 상업적 혁신이 재정지원의 주요 수혜자였다.

정부는 종종 새로운 연구개발의 필요를 찾아내고 에너지 및 의학연구와 같은 분야에서의 커다란 전진을 위한 자원을 제공한다. 이것은 대학, 정부 연구소, 민간회사들에 대한 직접적인 재정지원으로 이루어질 수 있다. 사회학자인 에지코위츠Henry Etzkowitz는 이런 재정지원이 '3중 나선triple helix'을 만들어낼 수 있다는 것을 강조하는데, 3중 나선이란 혁신을 가속화하는 대학-산업-정부의 관계를 말한다.[7] 예를 들어, 1980년 통과된 바이-도일법Bayh-Doyle Act은 미국대학들과 연방연구소에 공공기금으로 재정지원을 받은 발명에 대해 특허를 취득할 권리 및 민간기업에 이러한 지식재산권을 팔거나 사용허가를 줄 수 있는 권리를 부여했

다. 미국정부의 지원을 받은 혁신의 예는 (플로리다 대학교에서 개발되고 현재 퀘이커 오츠에 사용허가권이 있는) 게토레이드, (스탠포드 대학교에서 기획된) 구글 온라인 검색, (MIT에서 개발된) 스톰 추적 레이다 등이 있다.

이와 관련하여, 정부는 미래 유망 신기술을 가지고 있는 작은 민간회사들에 '벤처 자본'을 제공한다. 1958년 미국정부는 산업체와 대학의 연구를 군대에 유용한 기술로 전환시키는 데 재정지원을 제공하기 위해 국방부 내에 미국 방위고등연구계획국DARPA: U.S. Defense Advanced Research Project Agency이라는 부서를 만들었다. 정부의 지속적인 연구지원에서 파생된 기술에는 인터넷, 가상기억장치, 컴퓨터 네트워킹, 집적회로 디자인, 음성을 텍스트로 변환시키는 소프트웨어 등이 포함된다.

제2차 세계대전 이후 미 연방정부는 미국 연구개발의 약 2/3를 지원했으나, 최근 몇 십 년 동안 민간산업체들이 투자를 증가시키면서 정부지원의 비중이 1/3로 감소되었다. OECD국가들에서 이루어지는 연구개발의 약 70퍼센트를 기업이 지원한다. 미국은 50여 년 동안 전체 정부-민간 통합 연구개발 부문에서 세계 1위였다. 2009년에 세계 연구개발비 지출의 31퍼센트(4천억 달러)를 미국이 차지한다. 반면 중국은 12퍼센트, 일본은 11퍼센트, 독일은 6퍼센트(PPP[ii] 조정)를 차지한다.[8] 한 국가가 얼마나 미래의 혁신에 헌신하는가를 이해하기 위해, 연구개발비 지출 대 GDP를 측정할 수 있다. 미국의 2009년의 양호한 수준인 2.9퍼센트는 일본의 3.3퍼센트보다는 뒤처지지만, G20 국가들의 2퍼센트나 중국의 1.7퍼센트보다는 훨씬

---

ii 〈역자 주〉 구매력평가(purchasing power parity)

높다.[9] 이는 중국의 연구개발비 지출이 훨씬 빠른 속도로 증가하고 있기는 하지만, 미국과 일본이 오랫동안 기술적 우위를 유지할 가능성이 높다는 것을 의미한다. 2000년의 '리스본 전략'과 2010년의 '유럽 2020' 성장전략에서 제시한 바와 같이, 유럽연합 역시 연구지출비가 EU GDP의 최소 3퍼센트에는 이르도록 증가시키려 해왔다. 이 수준은 (유럽연합) 27개국 중 4개국만이 2010년까지 이르렀던 수준이다. 1990년 이래 초국적기업들이 중국이나 인도 같은 큰 시장과 숙련된 저비용 연구자들이 많이 있는 곳으로 부분적으로 이전하면서 연구개발은 더욱 국제화되었다.

학자인 에들러Jakob Edler와 조지우Luke Georghiou에 따르면, 공공조달은 정부가 그 제품의 직접적인 구매자('선구적 사용자lead user')가 됨으로써 혁신적인 제품에 대한 수요를 창출할 수 있는 중요한 수단이었다.[10] 정부는 또한 혁신적인 제품을 구매하는 소비자들과 기업들에게 세금감면 혜택을 주고, 그렇게 함으로써 보다 빠른 상업화를 장려한다. 이것의 한 예가 소위 '녹색 구매green procurement'인데, 에너지 절약형 가전제품을 설치하기 위해 장기 대출이나 리베이트를 받거나 청정한, 기름절약형 차로 교환하는 데 현금 리베이트를 받는다. 2004년 이래 독일은 태양열이나 풍력 생산자들이 전력망에 기여하는 에너지에 대해 시장가격 이상을 보장함으로써 재생가능한 에너지의 발전을 가속화시켰다. 보조금은 각 가구의 전기세에 붙는 수수료에서 온다. 일본은 2012년 비슷한 가격체계를 도입했는데, 후쿠시마 재난 이후 핵발전소의 폐쇄로 인한 공백을 메우기 위한 재생가능한 에너지원의 보급을 장려하기 위한 것이었다.

혁신을 고무하는 동시에, 선진국들은 특정 첨단기술들이 다른 나라로 확산되는 것을 막고자 한다. 냉전 기간 중, 미국은 무기체계(및 관련 정보), 핵기술, 민군겸용기술의 소련에 대한 수출을 금지했다. 미국에서 일하거나 공부하는 외국인들에게 수출통제 품목이나 보호된 기술정보의 이전을 금지하는 '간주수출 규제deemed export controls'제도를 만들었다. 대학교나 민간업자가 외국인에게 이러한 정보에 대한 접근을 허용하기 위해서는 허가를 받아야 했다. 특히 그 기관이 연방정부로부터 재정지원을 받고 있다면 더욱 그러했다.

특정 수출품에 대해 허가 및 동의를 요구함으로써, 미국은 다른 나라의 군산 잠재력을 증진시킬 수 있는 기술의 전파를 지연시켰다. 일본, 영국, 독일과 같은 밀접한 동맹국들과 첨단기술을 공유할 때, 미국은 동맹국들이 기술을 재수출하지 못하도록 제한할 것을 보장받았다. 다른 수출규제들과 상충되지 않도록 이러한 재수출 제한 규정은 긴밀한 다자간 협력, 특히 NATO회원국들간의 협력을 요구했다.

그러나 1990년 이래의 지정학적, 경제적 변화는 서양의 기술적 과점을 약화시켰다. 프랑스 정치학자인 메이어Hugo Meijer가 주장하듯이, "냉전 이후, 공통 안보위협의 부재, 수출통제를 관장하는 느슨한 다자적 틀, 군사관련 기술의 세계화와 상업화라는 세 가지 요소의 상호강화 경향 때문에 민군겸용기술이 잠재적인 적들에게로 이전되지 못하도록 하는 국가의 능력이 심각하게 침식되었다."[11] 정보통신기술ICT의 첨단에 있는 민간회사들은 지속적으로 이윤을 내기 위해 민군겸용 생산품을 위한 수출시장을 찾을 필요가 있다. 수출통제는 그들이 세계적으로 경쟁하고 다른 나라의 민간회사들과 합동연구를 수행하는 것을 저해한다.

지식과 기술의 격차 줄이기

혁신은 수백만 개의 회사들의 개별적인 결정이거나 세계 자본주의에 내재한 과정의 결과로서 일어난다. 예를 들어, 하이테크(지식) 산업은 경제학자인 슘페터Joseph Schumpeter, 1883~1950의 이름을 따서 **슘페터식 산업**Schumpeterian industries이라고 불린다. 슘페터는 어느 정도의 독점력을 가지고 있는 회사들만이 위험하고, 고비용의, 장기적인 연구개발 프로젝트에 투자할 **인센티브**(모방에 오랜 시간이 걸리기 때문에 회수액이 큼)와 **능력**(독점이윤의 형식)을 가질 가능성이 높다고 믿었다. 결과적으로 주요 산업들은 독점적으로 구조화될 가능성이 높았다. 그러나 시간이 지나면서, 기술적으로 대담한 신진기업들이 한때 지배적이었던 기업들을 대체한다. '창조적 파괴의 강풍'이 기성 독점기업들을 파괴하고 새로운 지배적인 기업들을 창조한다.

(네트워크 경제를 포함한) 큰 규모의 경제 때문에, 오늘날 많은 산업에서 경쟁은 시장점유율이 아니라 시장 그 자체를 위한 경쟁이다. 경쟁은 '승자독식' 혹은 최소한 '승자다식'의 명제가 된다. 이러한 현실은 명백한 정치경제적 함의를 갖는다. 슘페터식 산업을 지배하는 국가지원전략기업들national champions을 발전시키기 위해서, 중상주의적 마인드를 가진 정책입안자들은 국가의 자원과 권력을 이러한 목적에 동원할 산업정책을 입안한다. 자유주의 성향의 정책입안자들마저도 자국 내에서 슘페터식 산업에서 경쟁력이 있는 기업가들을 장려할 수 있는 조건을 조성하는 것이 중요하다는 것을 인정한다. 이는 포터Michael Porter가 그의 베스트셀러인 『국가경쟁우위*The Competitive* *Advantage of Nations*』에서 설명한 조건이다.[12] 21세기의 국제경쟁의 중심은 기술을 획득하고, 창출하고, 통제하는 능력이다.

정치경제학자인 버논Raymond Vernon은 시장이 기술을 전세계적으로 확산시키는 다른 하나의 방법을 논의한다. 그는 미국이 한때 생산했고 수출했던 제품들이 결국에는 해외에서 생산되고, 미국의 수입품이 된다는 것을 관찰했다. 이러한 제품 수명주기(수출품에서 수입품으로)는 부분적으로 제품 혁신과 생산공정 혁신의 상호작용에 기반한다. 미국은 오랫동안 제품 혁신에 있어서 — 새로운 제품발명, 내수시장을 위해 그것을 개발하고, 궁극적으로 비슷한 요구를 가진 다른 나라로 수출 — 강점을 가지고 있었다.

일본과 같은 다른 나라들은 생산공정 혁신에 있어서 성공적이었는데, 이는 더욱 효율적이고 비용이 덜 드는 저비용의 생산기술을 개발하는 것이다. 생산공정 혁신이 적용됨으로써, 제품생산은 미국에서 해외로 옮겨간다. 새로운 생산자는 일본의 특별히 혁신적인 어느 회사일 수도 있고, 혁신이 그 생산품을 표준화하거나 그 구성을 단순화한다면, 어느 신흥공업국NIC의 저비용 생산자일 수도 있다. 제품주기는 미국이 한때 수출했던 품목을 낮은 가격에 수입하게 될 때 완성된다.

버논이 묘사한 수명주기는 지난 20년간 가속화되어서 우리가 생산의 세계화라고 부르는 것을 산출해냈다. 이는 본질적으로 시장이 추동한 과정이지만, 개발도상국의 정부는 이제 그 관리에 훨씬 더 직접적인 역할을 하고 있다. 많은 생산 및 생산공정 혁신자들이 중국과 인도 같은 곳에서 급격히 성장하고 있다. 정부와 기업 간의 동반자 관계, 교육에 대한 투자, 해외의 원천기술 획득을 통해서

아시아의 '호랑이'들은 이제 고부가가치 품목에서 세계시장을 놓고 미국 및 유럽의 기업들과 머리를 맞대고 경쟁하고 있다.

게레피Gary Gereffi와 같은 정치경제학자들은 **글로벌가치사슬**global value chains이라고 불리는 보다 복잡하고 현대적인 형태의 제품 주기를 연구하는데, 이는 '회사와 노동자들이 한 제품의 구상에서부터 최종 사용 및 그 이상에 이르기까지 취하는 모든 범위의 행동'을 말한다.[13] 많은 회사들이 글로벌 관계망(혹은 분업)으로 연결되어 있다. 이 관계망에서 서양의 회사들은 금융, 기초연구, 디자인, 제품 상표부여, 마케팅과 같은 높은 가치 기능에 참여하고, 개발도상국들은 저임금 제조, 하청생산, 원재료 추출 및 가공 등의 낮은 가치 기능에 관여한다. 저개발국들은 가치사슬의 위로 올라가서 좀 더 많은 이윤이 나는 활동을 하기를 원하는데, 그러기 위해서는 노하우가 그들 사회로 빨리 이전되도록 함으로써 선진국과의 기술격차를 줄일 필요가 있다.

대만과 한국은 보다 많은 이윤을 창출하기 위해 가치사슬에서 어떻게 올라가는가에 대해 일본의 예를 따랐다. 그들은 무엇보다도 신중한 산업정책과 전략적인 무역정책을 통해 국가지원전략기업national champions을 만들었다 (제6장과 제11장 참조). 국가지원전략기업들은 글로벌기업들을 위해 부분품과 부품들을 생산하고 조립함으로써 시작했다. 그 다음 이 회사들이 제품 디자인에 참여하기 시작했고 생산기술을 업그레이드 시켰다. 끝으로, 특허를 축적하고 자신들만의 브랜드를 생산함으로써 몇몇 산업에서 선도기업이 되었다. 이 단계에서는 대만의 에이서, 한국의 삼성, 엘지, 현대에서 보듯이, 그 나라의 기업들은 국가의 도움 없이 자신의 능력으로 전세계를 무대로 활동한다.

중국은 신중한 산업정책을 통해 국가의 수출주도산업을 만들어낸 일본과 한국의 모델을 따르고 있다. 중국은 국책기업들이 더욱 연구개발을 수행하고, IBM의 PC부문 같은 해외의 하이테크 자산을 구매하도록 — 2004년 이래 레노버Lenovo로 불리는 — 장려하고 있다. 중국인들, 인도인들, 다른 아시아인들은 첨단 연구소를 끌어들이려고 한다. 싱가포르는 생물의학 연구의 중심이 되어가고 있다. 중국은 태양열 패널의 주도적 생산자 중의 하나이다. 고급기술과 중급기술 생산품들은 중국과 브라질의 수출품의 상당 부분을 차지한다. (일본, 독일, 아일랜드, 미국의 경우도 마찬가지다.) 그리고 초국적기업들은 소프트웨어 개발, 엔지니어링 서비스, 약품실험들과 같은 고급기술 사업을 이런 나라들에 아웃소싱한다.

교육과 숙련노동자들을 얻기 위한 투쟁

혁신적인 사회는 좋은 제도와 연구개발비 지출만으로 이루어지는 것이 아니라, 잘 교육된 노동자들과 숙련된 전문가들을 필요로 한다. 미국, 유럽, 다른 많은 OECD국가들은 제2차 세계대전 이후 이 두 가지 면에서 가장 좋은 조건을 갖추었다. 사람들 안에 구현된 기술을 얻기 위한 투쟁은 고등교육과 비자정책으로 확산된다.

노동 이동성은 혁신적인 사회에 크게 기여하는데, 특히 개인들이 한 회사에서 다른 회사로 이직하고 새로운 사업을 창업하는 능력이 그렇다. 경제학자들은 실리콘 밸리나 노스캐롤라이나의 리서치 트라이앵글 같은 높은 노동 이동성을 가진 지역적 첨단기술 클러스터에서 많은 혁신이 일어난다는 것을 발견했다. 마찬가지로, 혁신은 다른 나라로부터의 이민, 즉 국제적 노동 이동성에 의해서도 촉진된다.

미국의 고등교육기관은 재능 있는 많은 외국 학생들을 유인한다. 2011~2012년에 76만 4,000명의 외국인 학생들이 미국대학교에 재학했는데, 이는 기록상 가장 많은 숫자이다.[14] 이 학생들의 거의 47퍼센트가 유학생 송출국 상위 세 나라(중국, 인도, 남한)에서 왔다. 거의 절반 정도가 경영, 공학, 자연과학 및 생명과학을 공부하고 있었다. 미국 대학원생의 상당수는 외국인 학생들이 차지하고 있다. 2009년 과학 및 공학분야 박사학위 취득자의 1/3이 외국인 학생들이었으며, 공학, 물리학, 컴퓨터 과학의 경우 박사학위 취득자의 절반 이상이 외국인 학생이었다.[15]

미국경제는 미국에 남아서 노동력에 편입되는 — 종종 영주권을 가지고 — 이들 졸업생들의 기술을 활용함으로써 혜택을 받았다. 인텔 사장인 그로브Andrew Grove는 정부가 미국의 모든 외국인 대학원생들의 졸업장과 함께 영주권을 수여해야 한다고 말함으로써 그들의 중요성을 역설했다! 와두와Vivek Wadhwa에 따르면 "20세기의 마지막 10년 동안, 과학science, 기술technology, 공학engineering, 수학mathematics(STEM) 분야에서 미국 박사학위를 받은 중국인과 인도인의 약 80퍼센트가 미국에 남았고, 미국경제에 중요한 동력을 제공했다."[16] 그는 많은 이민자들이 소프트웨어 생산이나 혁신/생산 관련 서비스를 제공하는 회사에 고용된다는 것을 발견했다. 특히 실리콘밸리에서, 1995년에서 2005년 사이에 공학이나 기술 분야에서 새로 창업한 회사의 절반은 최소한 한 명 이상의 외국태생 창업자를 포함하고 있었다.[17]

또 다른 지표는 미국 내에 있는 외국인 과학자 공동체가 첨단기술 및 전문 분야에서의 생산품들의 혁신과 상업화에 얼마나 중요한가를 보여준다. 미국 내에 있는 외국 국적자들이 미국특허를 많이 취득했다. 인구 데이터에 의하면, 미국 소프트웨어 개발자의 30퍼센트가 외국 국적 소지자이다.[18] 미국 기술자 및 건축가의 20퍼센트, 간호사의 15퍼센트가 외국에서 태어났다. 그리고 과학과 기술 분야의 학위를 소지한 40만 명 이상의 유럽인들이 유럽연합과 비교하여 더 많은 연봉, 더 많은 재정 지원, 승진을 위한 더 많은 기회 등에 이끌려 미국에서 일하고 있다.[19] 그러나, 미국산업체들은 미국정부가 숙련된 외국인들에게 충분한 H-1B 취업비자를 주지 않는다고 불평한다.

그러나 변화하는 글로벌 경제는 미국이 최고의 학생들과 전문가들을 끌어들이기 위해 전보다 더 많은 경쟁을 해야 한다는 것을 의미한다. 중국과 인도는 이제 공학, 정보기술, 컴퓨터과학 분야에서 미국보다 더 많은 학부생들과 대학원생들을 대량 배출한다. 중국에서는 1998년에 겨우 340만 명이었던 대학생들이 2008년에 이르러 2,150만 명에 이르렀다.[20] 같은 시기인 2009년 유럽연합은 고급인력지침Directive on Highly Qualified Workers을 통과시켰는데, 이는 미국, 캐나다, 혹은 호주에서 취업할 수도 있는 고급기술을 가진 이민자들을 유인하기 위한 것이었다.

많은 학생들은 미국에서 공부하거나 일을 하고 고국으로 돌아오는데, 이는 이전의 두뇌부족 문제를 완화시킨다. 그들의 귀국은 기술이전의 매우 중요한 메커니즘의 하나이다. 많은 사람들은 IBM, GM 혹은 시스코Cisco 같은 회사들이 신규로 설립한 연구소에서 일한다. 2008년과 2010년에 와두와가 미국에서 일하거나 공부하고 고국으로 돌아간 수백 명의 인도 및 중국의 젊은 전문 인력을 대상

으로 설문조사를 실시했다. 설문 응답자의 대다수
는 직업상 승진을 위한 기회는 고국이 더 나으며,
미국보다는 고국에서 보다 높은 질의 삶을 누리며,
더 나은 가족의 가치를 찾을 수 있다고 응답했다.[21]
이는 아시아 신흥국의 상류계급의 생활수준이 상
승했음을 보여준다 (제13장 참조). '기회의 땅'은
이제 많은 새로운 경쟁자들을 상대해야 한다.

장기적으로 볼 때, 한 국가의 혁신 능력은 지식
집약적인 산업에 필요한 기술을 자국민들에게 가
르칠 수 있는가에 달려 있다. 고등교육을 받는 학
생 수만이 아니라 그들이 무엇을 공부하는가, 얼
마나 잘 배우는가, 졸업할 때의 그들의 재정상태
도 관건이다. 중국과 같은 신흥국들의 전망은 밝
아 보이는데, 미국은 나빠지고 있는 듯하다. 2002
년에서 2010년 사이에, 미국의 공립 연구 중심 대
학교의 학생 일인당 주정부의 지원은 입학생의 증
가에도 불구하고 20퍼센트 줄었다. 2011년까지
— 금융위기의 와중에 — 학생 일인당 주정부 지
원은 20년 이래 가장 낮은 수준으로 떨어졌다.[22]
또한 오르는 등록금, 제자리인 가족 수입, 늘어나
는 학자금 대출체납 등은 미국대학체제가 침식되
고 있다는 것을 보여준다. 비록 미국이 아직은 전
체 GDP 중 교육이 차지하는 비율이 가장 높은 나
라들 중 하나이지만, 2000년에서 2009년 사이에
그 비율이 거의 증가하지 않았다. 하지만, 한국,
러시아, 멕시코, 영국에서는 그 비율이 급상승했
다. GDP 대비 교육지출의 평균증가율은 미국보다
OECD국가들에서 빠르게 늘어났는데, 이는 다른
나라들이 미국과의 격차를 줄이기 위해 애쓰고 있
다는 것을 보여준다.[23]

지식재산권의 정치경제학

연구개발과 기술에 더해, 지식재산권은 오늘날 지
식구조의 주요 구성부분이다. 지식재산권의 주요
형태는 특허권, 저작권, 상표권이지만, 국가들은
지리적 표시, 산업디자인, 업무상 비밀 같은 것들
에도 권리를 부여했다. 지식재산권은 발명품, 창조
적 작품, 상업적 이름과 상징들의 사용을 — 제한
된 기간 동안 — 통제하기 위해 정부가 부여한 권
리이다. 지난 200년간 국가가 권리를 부여할 만한
가치가 있다고 여긴 것들은 보호의 강도와 기간이
변한 것만큼이나 심각한 변화를 겪어왔다. 정부 관
료들은 언제, 어떤 조건 하에서 일반 대중을 보호
하기 위해 이 권리들을 무효화시킬 수 있는지를 놓
고 서로 싸워왔다. 아이디어 및 이와 연관된 생산
품의 통제는 혁신과 부의 분배에 중요한 효과를 가
진다.

국가들간의 지식재산권정책을 조정하는 다양
한 방법이 있는데, 예컨대 최소 수준의 지식재산권
보장과 강제를 요구하는 WTO의 **무역관련 지식
재산권에 관한 협정**TRIPS: Trade-Related Aspects of
Intellectual Property Rights 같은 것이다. 그러나 개별
국가들이 지식재산권을 법적 전통과 정치적 진화
의 역사적 차이에 따라 다르게 정의한다는 것을 기
억하는 것이 중요하다.

특허권patents은 한 발명품을 만들거나, 사용하
거나, 판매할 배타적인 권리를 (출원한 날로부터
계산해서) 보통 20년간 부여한다. 이러한 권리가
없다면 많은 회사들이 연구개발비 지출의 혜택을
받을 수도 없고, 따라서 과학적 연구 및 혁신이 투
자가치가 있다고 생각하지 않을 수도 있다. 특허
권 취득을 위한 기준은 나라마다 다르지만, 일반적

으로 발명은 새롭고, (산업에 적용할 수 있는 종류의) 유용하고, 그 분야에 숙련된 사람이 보기에 자명하지는 않아야한다. 발명품을 일시적이지만 독점적으로 사용하는 대신, 발명가는 발명의 세부사항을 일반 대중에게 문서형태로 공개해야 한다. 회사들은 특허권으로 보호받는 제품을 만들 수도 있고, 다른 회사에게 특허권 사용을 허가할 수도, 혹은 특허권을 팔수도 있다.

국가들은 특허권에 많은 제약을 가한다. 예를 들어, EU회원국들은 발명품이 컴퓨터 프로그램이거나 인체 치료법이거나 혹은 상업적 개발이 공공정책과 충돌하는 경우에는 특허를 부여하지 않는다. 정부는 경우에 따라 특허권을 무효화시킬 권리를 보유하는데, 특허권 보유자가 독점이나 카르텔처럼 행동함으로써 자신들의 시장권력을 남용할 때와 같은 경우가 그렇다. 정부는 강제실시compulsory license를 발행할 수 있는데, 이는 한 회사가 특허보유자에게 일정한 액수를 지불하는 대신 그 사람의 특허권을 허가 없이 사용할 수 있도록 하는 것이다. 그리고 정부는 때때로 전쟁 같은 국가긴급상황의 경우에는 특허권을 무효화할 수 있다. 미국, 일본, 유럽연합은 해마다 세계에서 등록되는 가장 가치 있는 특허권들의 대략 30퍼센트를 각각 차지한다.

저작권copyrights은 생각 그 자체가 아니라, 생각의 **표현**을 보호한다. 저작권은 책, 영화, 텔레비전 프로그램, 음악, 잡지, 사진 등과 같은 예술품 — 점차로 많은 나라들에서는 소프트웨어도 포함하여 — 의 저자들에게 제공된다. 저작권은 일반적으로 저작권 소유자가 자신의 작품을 재생산, 분배, 판매를 방지하는 것을 허용한다. WTO의 무역관련 지식재산권에 관한 협정TRIPS은 회원국들에게 최소한 저자 사후 50년은 저작권 보호를 제공할 것을 요구한다. 미국과 유럽에서 저작권은 저자 사후 70년 동안 — 미국에서 기업의 저작물(업무상 저작물)은 95년 동안 — 보호된다. 지난 100년 동안 저작권으로 보호된 제품의 무역가치가 급증하는 동안 보호기간도 점차로 늘어났다. 그토록 많은 창의적인 작품이 그렇게 오랫동안 공공영역public domain에서 벗어나 있어야하는가에 대해서는 점차 많은 논쟁이 벌어지고 있다. 미국에서 주요 저작권 산업들(영화, 음악, 도서 출판, 소프트웨어)은 전체 GDP의 약 6.4퍼센트(연간 9,300억 달러 이상)를 차지한다.[24]

정부가 저작권에 예외를 두어서, 특정 상황에서는 우리가 저작권 보유자에게 돈을 지불하거나 허가를 받지 않아도 저작권 보호를 받는 자료들을 사용할 수 있다. 예를 들어, 많은 나라에서 비판, 패러디, 뉴스 보도, 혹은 교육의 목적으로 어떤 작품의 일부를 재생산하거나 사용하는 것은 '공정한 사용fair use'으로 간주된다. 마찬가지로, 개인적, 비상업적 목적으로 책, 노래, TV프로그램을 재생산하거나 녹음하는 것은 대개 합법적이다. 결국, 이것이 복사기, DVD 버너, 티보TiVo가 대부분 사용되는 용도이다! 그리고 우리는 일단 저작권 보호된 물건의 물리적 복제품을 합법적으로 구입하면, 누구에게든 그것을 팔거나 빌려줄 자유가 있다.

상표권trademarks은 생산자나 상인이 제품과 서비스를 나타내기 위해 등록하는 표시나 상징(로고나 이름포함)이다. 상표권 보호는 보통 10년 동안 수여되고 갱신가능하다. 상표권은 회사에게 다른 사람들이 자신의 상징, 이름, 표현, 혹은 슬로건을 사용하는 것을 금지시킬 권리를 준다. 상표권의 예는 나이키 부메랑 모양 로고, 크리넥스 상표명, MGM의 사자 포효 등을 들 수 있다. 많은 나라들에서, '훌륭한excellent', '추가의extra', '저렴한cheap', '노르웨이의Norwegian' 등과 같은 종류, 질, 가치, 혹은 원산지를 나타내는 용어에 대해서는 상표권을 얻을 수 없다.

상표권은 시장의 효율적인 작동을 위해 필수적이다. 상표는 모방자들의 불공정한 경쟁과 생산품의 진정한 원천에 대한 소비자들의 혼란을 방지하는 데 도움을 준다. 상표는 믿을만한 고급제품을 선택하는 데 도움을 준다. 적절한 상표권 보호 체계가 없다면 소비자들이 질의 차이를 구별하는 데 보다 많은 시간을 들여야 하고, 생산자들은 좋은 제품과 서비스의 생산에 투자하려는 의욕이 꺾일 것이다. 상표는 구매자와 그 사회적 지위에 대한 정보를 알려주기도 한다.

선진국 지식재산권의 정치학

미국, 유럽연합, 일본이 주로 지식재산권을 지배하는 세계적인 규칙을 형성해왔다. 그들은 지식재산권의 범위를 규정하고, 국제조약에 서명하고, 국제관계의 규칙들을 간직하고 있는 다자적 기구들을 설립했다. 그들은 정치적 로비와 국제외교를 통해 이러한 규칙들을 강제하려 한다.

미국은 지난 25년 동안 강력한 기업들로부터의 거센 압력 하에서 지식재산권의 보호를 증진하는 데 지도적인 역할을 했다. 지식재산권위원회IPC: Intellectual Property Committee는 지식재산권의 보호와 미국의 국제경쟁력 간에 관계가 있다고 주장했는데, 이 위원회는 12개의 주요 미국기업들로 구성된 임시적인 연합으로서 1986년에 설립되었다. 적절한 보호 없이는 미국의 회사들이 생산 및 공정 혁신으로부터 이윤을 얻기 어려울 것이다. 지식재산권을 침해하는 외국기업들은 원래의 기술혁신을 단지 베끼기만 하면 되기 때문에 개발비용이 낮다. 결과적으로, 지식재산권을 침해하는 이런 회사들은 원래의 개발비용을 지불해야 하는 미국회사들보다 낮은 가격을 책정할 수 있다. IPC 회원들은 또한 오락 매체에 대한 해적행위가 만연해 있는 상황을 묘사하고, 외국에 의한 지식재산권 침해로 발생하는 미국기업들의 전체 손실이 매년 수백억 달러에 이른다고 추정한다.

정치학자인 셀Susan Sell과 프라카시Aseem Prakash가 기록한 바와 같이, 친지식재산권 운동은 주로 소프트웨어, 비디오, 음악, 농약품, 제약산업에 종사하는 회사들의 네트워크에 의해 시작되었다. 그들은 또한 유럽의 유사한 회사들과 연합을 형성했는데, 그 목적은 지식재산권을 정부에 의해 부여된 특권이 아닌 권리로서 성공적으로 표현하고, '해적행위'가 자유시장에 끼치는 위험에 관한 논의를 확산시키기 위한 것이었다.[25]

그들의 가장 중요한 목표는 국제적으로 강제할 만한 지식재산권의 최소 기준을 만드는 것이다. 1980년대에는 이미 다자적인 지식재산권 협약이 이미 존재하고 있었는데, 여기에는 100년 이상 된 특허권에 관한 베른협정과 특허권 및 상표권에 관한 파리협정이 포함된다. 1967년 UN 산하 기구인 세계지식재산권기구WIPO: World Intellectual Property Organization가 이러한 협정들의 준수를 감시하기 위해 창립되었다. 그러나 비즈니스 네트워크와 미국 및 유럽의 정부들은 그 협정들이 기준이 낮고, 강제 기제를 가지고 있지 않았으며, 많은 개발도상국들을 포함하고 있지 않았기 때문에 만족하지 못했다.

1986년에서 1994년까지의 우루과이라운드 무역협상이 진행되는 동안, 미국과 다른 선진국들은 무역관련 지식재산권에 관한 협정TRIPS이라는 이름의 새로운 조약을 설립할 것을 주장했는데, WTO회원국들은 새로운 서비스 교역에 관한 일반협정GATS 및 수정된 관세 및 무역에 관한 일반협정GATT와 더불어 이 조약을 받아들일 의무가 있었다. TRIPS는 국가들이 최소 수준의 지식재산 보호를 제공할 것과 베른협정과 파리협정을 준수할 것을 요구한다. 최소 수준에 맞추기 위해서 지식재산권을 수정할 시간이 필요한 개발도상국들은 특별한 양해를 구했고 협상결과 동의를 얻어냈다.

TRIPS는 주요 지식재산 생산자들에게는 하나의 쿠데타였는데, 왜냐하면 그것은 지식재산 보호를 자유로운 국제 무역체제에 대한 참가에 연계시켰으며, 구속력 있는 분쟁해결을 위한 기제를 설립했기 때문이다. 많은 개발도상국들은 그 협약을 특별히 좋아하지도 않았고, 설립 과정에서 거의 역할을 하지도 못했으나, WTO 내에서 다른 무역 혜택을 위해 치러야할 대가로 받아들였다. TRIPS는 또한 보호될 지식재산의 종류를 확장시켜서 **지리적 표시**GIs: geographical indications, 식물품종, 업무상의 비밀(예를 들면 코카콜라의 성분, KFC 커널 샌더스Colonel Sanders의 비밀 레시피, 고객 명단)이 포함된다.

선진국들은 또한 단순히 TRIPS만이 아니라 이를 넘어서는 국제적인 지식재산권의 보호 증진을 위한 미국의 노력을 지지하는데, 이는 놀라운 일이 아니다. 그들은 세계지식재산권기구WIPO를 강화했는데, WIPO는 그 협정 자체와 지식재산권에 관한 약 24개의 협약을 관리한다. WIPO는 도메인 이름과 사이버스쿼팅(도메인 사냥)을 둘러싼 민간 사이의 분쟁을 해결하기 위한 중재조정센터 Arbitration and Mediation Center, WIPO center를 가지고 있다. WIPO는 1996년 인터넷 상의 지식재산권들을 서로 충돌하지 않게 하고, 국제적인 전자상거래 증진을 위해 두 개의 조약을 만들었다. 2000년에 WIPO는 또한 각국의 특허 신청 과정을 서로 상충되지 않게 만들기 위해 특허법조약Patent Law Treaty을 채택했다.

미 무역법 하에서, 미국정부는 지식재산권을 적절히 보호하지 않는 나라들에게 일방적 행동을 취할 수 있다. 1988년의 종합무역 및 경쟁법Omnibus Trade and Competition Act의 특별 조항 301조는 미국무역대표부가 해마다 지식재산권의 보호에 문제가 있는 국가들에 대해 '감시 목록'과 '우선감시목록'을 만들 것을 요구한다. 위반 국가의 정책을 조사한 후, 미국무역대표부는 양자 간의 협약을 협상하거나 무역제재를 가하기도 한다. 미 무역대표부의 2012년 특별 301 보고서는 77개국의 지식재산 보호의 효과에 대한 평가를 포함하고 있다. 39개국은 우선감시목록이나 감시목록에 올라있는데, 미국을 제외한 다섯 개의 큰 국가들(중국, 인도, 인도네시아, 브라질, 파키스탄)과 미국의 3대 무역파트너(캐나다, 중국, 멕시코)가 포함되어있다. 과거와 마찬가지로, 미국이 자체적으로 선언한 지식재산권 기준을 충족시키는 주요 국가는 얼마되지 않는 듯이 보인다.

일방적 무역제재를 무기로 삼아 미국은 많은 나라들과의 양자 협약 혹은 지역 협약을 성공적으로 협상해냄으로써 지식재산권 보호를 증진시켰다. 미국은 또한 중앙아메리카와 칠레, 페루, 콜롬비아, 한국, 싱가포르, 모로코를 포함한 10여 개의 국가들과 TRIPS가 요구하는 최소 수준을 넘어서는 수준의 지식재산권 보호를 포함하는 자유무역협정을 체결했다.

선진국들은 또한 지식재산권법을 국경을 넘어서 '조화harmonize'시키려 해왔다. WIPO 및 WTO와는 별도로 선진국들은 위조품 및 저작권을 위반하는 행위자들에 대한 싸움을 — 특히 세관을 통한 국경통제나 강제를 통해 — 본격적으로 한 단계 높이기 위해 위조 및 불법복제 방지 협약ACTA: Anti-Counterfeiting Trade Agreement이라 불리는 자발적 협약을 협상했다. 이러한 행동은 셀Susan Sell이 강력한 정치행위자들과 비즈니스 집단들이 글로벌 지식재산권의 강제를 강화하고, 위조행위 및 해적행위를 안보문제, 비즈니스 수익손실, 세금손실 등과 연계시키려고 진행시키는 지속적인 전투라고 묘사한 것의 일부이다.[26] 비록 ACTA 조약이 미국, 일본, 유럽연합, 기타 국가들에 의해 2011년과 2012년에 체결되었지만, 2012년 초의 유럽의 반대 시위는 그 비준을 지연시켰다. 동시에, 온라인 저작권 위반의 처벌을 극적으로 확장시킬 미국 의회의 두 개의 법안 — 온라인 저작권 침해 금지법안SOPA: Stop Online Piracy Act과 지식재산권보호법안PIPA: PROTECT IP Act — 이 유례없는 사회적 반대를 불러일으켰다. 위키피디아Wikipedia, 레딧Reddit, 보잉보잉BoingBoing은 2012년 1월 18일에 자신들의 사이트 접근을 차단했고went dark, 한편 구글, 페이스북, 크레이그리스트와 같은 대형 인터넷 회사들은 수백만의 사용자들에게 소위 검열 법안들에 반대하는 로비를 하도록 종용했다. 두 법안은 모두 유례없는 인터넷 '정전blackout'을 맞이하여 철회되었다.

지식과 기술이 경쟁우위에 갖는 중심적인 역할을 감안할 때, 비록 선진국들이 중요한 문제에서는 협력하기는 하지만, 그들 간의 지식재산권을 둘러싼 분쟁도 아직 상당히 존재한다. 예를 들어, 미국은 데이터베이스 생산자들에게 지식재산권 보호를 부여하지 않는 반면, 유럽연합은 15년 동안 데이터베이스의 허가받지 않은 '추출' 및 '재사용'을 금지한다. 일본과 유럽연합은 패션 디자인(옷, 가방, 액세서리)에 대해서도 각각 3년 및 10년 동안 지식재산권 보호를 제공하지만, 미국은 패션 디자이너들에게 지식재산권을 부여하지 않는다. 미국은 세계의 어느 나라보다도 소위 **인격권**publicity rights을 강력하게 보호한다. 유명인들과 명사들은 자신들의 이름, 이미지, 자신의 고유한 특성(뉴스 보도와 같은 행위는 제외)을 허가 없이 사용하지 못하도록 할 수 있다. 이 권리는 마케팅을 위해 사용하고 싶어 하는 제3자에게 상속하거나 팔 수 조차 있다. 예를 들어, 아인슈타인Albert Einstein의 인격권은 이스라엘의 히브리 대학교가 가지고 있는데, 히브리 대학교는 그의 이름과 이미지의 사용을 디즈니에게(베이비 아인슈타인 제품에), 네슬레에게(일본 커피에), 애플에(초기의 "다르게 생각하라" 광고 캠페인에), 10여 개의 미국의 싸구려 수집품의 생산자들에게 허가해 주었다.

지리적 표시는 구세계와 신세계 간 분쟁의 새로운 쟁점으로 떠올랐다. TRIPS 협정은 지리적 표시를 "한 제품이 한 회원 국가의 영토, 혹은 그 영토 내의 한 지역 또는 한 장소에서 기원한다고 확인해주는 것이며, 그 제품의 질, 명성, 또는 기타 특성이 본질적으로 그 지리적 기원에 기인할 수 있는 경우"로 정의한다. 예로는 샴페인, 로크포르(치즈), 스카치, 비달리아 양파, 플로리다 오렌지, 아이다호 감자, 나파 밸리 와인이 있다. 지리적 표시는 종종 명확한 지역에 위치하고 특정 성분이나 생산방식을 사용하는 생산자들에게 특정한 이름에 대한 집단적 독점권을 부여한다. 지리적 표시를 정당화하는 것 중 하나는 지리적 표시가 일반 대중들이 한 생산품의 산지나 질에 대해 오도되는 것을 방지한다는 것이다.

유럽의 국가들은 강력한 지리적 표시 보호를 주장하는데 ― 특히 와인과 주류에 ― 왜냐하면 유럽이 역사적으로 널리 알려진 생산품들을 많이 가지고 있기 때문이다. 그들은 지리적 표시를 원조 생산품을 모방하려는 저비용의 미국, 호주 및 신세계의 농업 경쟁자들로부터 보호하기 위해서 사용하려고 했다. 유럽연합은 심지어 파마산 치즈, 페타 치즈, 샤블리를 비롯해서 총칭어generic word로 여겨지는 수십 개의 고기, 치즈, 주류들의 이름을 지리적 표시로 '**환수**claw back'하려 하고 있다. WTO 내에서 유럽연합은 지리적 표시의 국제적 등록과 현재 와인과 주류에 적용되는 강력한 지리적 표시를 음식과 같은 다른 생산품에도 적용시키도록 확대하기 위해 협상하고 있다.

최근 들어, 유럽 이외의 다른 많은 나라들이 국내법과 양자 조약을 통해 자신들의 고유한 지리적 표시를 증진시키는 데 열을 올리기 시작했다. 글로벌 시장의 크기가 증가하면서, 바스마티 쌀, 테킬라, 다즐링 홍차, 워싱턴 주 사과와 같은 지리적 표시의 잠재적 시장가치도 상승했다. 지리적 표시는 잠재적으로 기능보유(장인) 시장에서 혁신을 고무하고, 역내 산업을 증진하고, 지속가능한 농업방식을 고무시킬 수 있다. 어떤 사람들은 이런 것들을 획일화된 세계 브랜드에 저항하고 '유산heritage' 및 제품 다양성을 보호하는 방법으로 본다.[27] 법학자인 선더Madhavi Sunder는 지리적 표시가 농부 및 숙련공의 집단적 기여에 보다 더 많은 가치를 부여함으로써 가난한 사람들에게 도움을 줄 잠재력을 가지고 있다고 지적한다.[28]

지식재산권에 대한 남북분쟁

개발도상국들은 점차적으로 선진국들이 추진하는 지식재산권 규범과 정책에 반발하고 있다. 일부 반발은 TRIPS가 요구하는 지식재산권 보호의 최저 수준에 대한 것이다. 저개발국가는 자신들의 고유한 국가적 필요에 부합하는 지식재산권 수준을 만들기 위해 보다 많은 유연성을 원한다. 그들은 필수의약품들에 대한 강제실시와 같은 TRIPS에 이미 존재하는 유연성을 활용할 자신들의 권리를 인정해줄 것을 강력하게 요구한다. 그들은 또한 인권신장, 공중위생, 교육, 문화 자율성을 포함시키기 위해 지식재산법의 원칙을 재정의하고자 한다. 끝으로, 어떤 나라는 지식재산권을 생물 다양성 및 전통 지식에도 확대하기를 원한다.

비록 최빈국들이 TRIPS 필수조건을 이행해야 하는 2016년까지는 시간이 있지만, 아르헨티나와 브라질은 2007년 WIPO 총회에서 공식적으로 채택된 WIPO 발전의제Development Agenda를 선도했다. 발전의제는 WIPO가 개발도상국으로의 기술이전을 장려하고, 지식재산권의 규칙들이 다른 개발 수준도 고려해야 한다는 것을 인정하고, 지식재산권이 경제성장에만 초점을 맞추는 것이 아니라 사회의 다양한 목표에 봉사하도록 하는 45개의 권고사항들이다. 개발 및 지식재산권 위원회CDIP: Committee on Development and Intellectual Property라 불리는 기구가 이러한 권고사항의 이행을 감시하는 역할을 한다.

비록 개발도상국들이 자신들의 지식재산권체제를 강화함으로써 혜택을 보리라는 보장은 없지만, 중국, 인도, 브라질은 점차적으로 자국의 회사들의 특허와 저작권을 보장할 필요를 인정하고 있다. 그리고 수출지향적 발전전략을 따르려는 나라들에게, 무역보복의 위험과 해외직접투자를 유인할 필요성은 선진국들의 지식재산권 요구에 부응할 강한 인센티브를 제공한다. 지식재산권 강제에 주저하는 몇몇 저개발국들의 움직임에 대응해서, 선진국들은 TRIPS에서 요구되는 것보다 높은 수준의 지식재산권 보호에 동의하는 나라들과 양자간 자유무역 조약을 체결하였다. 다자수준에서, 미국은 2009년 이래 강력한 지식재산권 보호에 대한 요구도 포함하는 환태평양 경제 동반자 협정 TPP: Trans-Pacific Partnership이라고 불리는 협약을 태평양 연안 국가들과 협상하고 있다.

특허 의약품을 둘러싼 논쟁

TRIPS에 대한 가장 성공적인 도전 중 하나는 의약품에 대한 강제실시 및 접근의 영역이었다. **강제실시**compulsory license는 국가가 국내의 민간 회사나 정부기관에, 그 특허권 보유자의 동의를 얻거나 혹은 얻지 않고, 특허를 받은 제품을 생산하고 판매하도록 부여하는 허가이다. 비록 정부가 특허권 보유자와 우선적으로 협상을 한다면 강제실시가 TRIPS 하에서 허용 가능하지만, 1994년 이후 많은 나라들은 TRIPS가 특허권 하에 있는 구명 약품들의 생산을 위해 강제실시를 발부할 수 있는 자신들의 능력을 부당하게 제한했다고 믿었다. HIV/에이즈 전염병에 직면해서 남아프리카공화국정부는 1997년 인도로부터 값싼 제네릭 항

레트로바이러스 약품[iii] 수입을 허용하고, 남아프리카공화국의 특허받은 항레트로바이러스에 대한 강제실시를 허용하는 법안을 통과시켰다 (글상자 10.2 '특허권 대 환자권' 참조).

비정부기구들과 개발도상국들이 주도하는 필수의약품 접근성 캠페인Access to Medicines campaign이라고 불리는 새로운 세계적 연합은 HIV/에이즈 위기를 맞이하여 지식재산권에 대한 논의를 재구성했다.[iv] 그들은 대형 제약회사들이 인명구제보다는 특허 독점에 집중한다고 의문을 제기했다. 그들은 국가적 비상사태 때에는 국가가 특허보유자의 권리를 무시할 수 있다는 것을 지적했다. 한편 미국은 이 캠페인에 반발하면서도, 미국의회는 다른 한 편으로 탄저균에 대한 공포에 휩싸여 있던 2001년 씨프로Cipro 생산의 강제실시를 발부할 것이라고 위협하는 위선적 행동을 했다. 그 항생제의 특허를 보유한 바이엘은 급격히 가격을 인하하고 생산을 증가시키는 데 동의했다.

'약품에 대한 접근성Access to Medicines' 활동가들로부터의 집중적인 압력 하에 제약회사들은 개발도상국들의 HIV/에이즈 지원에 수억 달러를 지원할 것을 서약했다. 항레트로바이러스의 주요 생산자들은 디스카운트, 차등가격제, 자발적 실시 프로그램과 같은 다양한 기제를 통해 특허 받은 HIV/에이즈 약품들의 투여 당 가격을 빈국들에

---

iii 〈역자 주〉 제네릭 의약품이란 특허가 만료됐거나 특허 보호를 받지 않은 국가에서 생산한 원의약품을 동일한 분자구조로 생산한 것으로서 원의약품과 효능·효과가 동등하다는 것을 인정받은 의약품. '카피약'이라 불리기도 함.

iv 〈역자 주〉 정식명칭은 'The Campaign for Access to Essential Medicine'이며 국경 없는 의사회(Médicins Sans Frontières)가 개발도상국의 필수의약품에 대한 접근성을 향상시키기 위해 시작. 1999년 노벨 평화상 수상.

특허권patent rights 대 환자권patient rights

1998년 남아프리카공화국에서는 대략 어른 다섯명 당 한 명 꼴로 HIV/에이즈에 감염되어 있었다. 불행하게도, 특허권으로 보호되는 HIV/에이즈 억제용 항레트로바이러스 약품 '칵테일'은 미국에서 환자 한 명 당 연간 1만 5,000달러가 들었다. 결과적으로 남아공의 부유한 사람들만이 그 치료를 받을 수 있었다. 이 약값에는 정부 보조금이 포함된 것인데 이는 이미 예산을 초과했다. 치료약물 칵테일과 같은 효능을 가진 인도에서 생산된 제네릭 의약품의 가격은 겨우 200달러였다. 인도는 의약품에 특허를 부여하지 않으며, 이런 식으로 경쟁력 있는 제네릭 의약품 산업을 발전시켰다. 반면 남아공의 특허법은 매우 강력했다.

이 비극적인 공중보건 위기에 직면해서 남아공 정부는 1997년 제네릭 의약품 수입의 허용 및 이러한 약품의 '강제실시'를 허용하는 법안을 통과시켰다. 세계 도처의 39개의 제약회사들이 남아공의 약품법Medicine Act에 대해 법안저지 소송으로 맞섰다. 이러한 법적 행동에 자극받은 세계 각지의 활동가들은 그 소송에 반대해서 "특허권 위에 환자의 권리Patient Rights over Patent Rights"라는 슬로건으로 시위를 벌였다. 그 소송이 결국 2001년 3월 법정에 이르렀을 때, 제약회사들은 대외홍보 상의 재앙을 피하기 위해 소송을 취하했다.[a]

2001년 11월 도하에서 있었던 장관급 회담에서 개발도상국들은 WTO 관리들에게 압력을 가해서 강제실시를 — 특히 국가적 비상사태나 광범위하게 퍼진 HIV, 말라리아, 폐결핵, 기타 전염병 등과 같은 국가적 긴급상황에 — 부여할 권리를 인정하도록 하는 데 성공했다. 도하 선언이라 불리는 이러한 TRIPS 해석은 빈국들에게는 하나의 돌파구였다. 하지만, 지식재산권과 건강에 대한 권리와 관련된 많은 분쟁들은 아직 해결되지 않았다. 많은 국가들은 자국 내 시장을 위해 강제실시에 의한 제네릭 의약품을 생산할 충분한 기술력을 가진 회사들을 가지고 있지 않다.

개발도상국들은 자국 내에서 무역법 위반 없이 강제실시를 발부하는 것의 대안으로, 인도나 브라질과 같은 나라들로부터 특허 약품들의 제네릭 의약품을 수입할 수 있어야 한다고 주장한다. 미국, 유럽연합, 대형 제약회사가 많이 주저했지만 결국, 2003년 WTO회원국들은 이러한 유예조항에 동의했고, TRIPS 협정에 대한 변경으로 2009년 12월 그 유예조항을 공식적으로 받아들였다. 브라질은 강제실시의 위협을 통해 특허권 보유자들로부터 가격 인하를 얻어내는 데 매우 적극적이었다. 그러나 몇 가지 항에이즈 약품, 항암약품, 심장약 플라빅스에 2006년과 2007년 강제실시를 부여한 데 대한 응징으로, 태국은 미국의 301조 우선감시국 명단에 올랐다.[b]

참고문헌

[a] 이 문단과 다음 문단에 있는 이 사건들에 대한 기술은 Amy Kapczynski, "Strict International Patent Laws Hurt Developing Countries," *YaleGlobal*, December 16, 2002, at http://yaleglobal.yale.edu/fr/node/285 에서 차용했다.

[b] 이 논쟁의 배경에 대해서는 Mishka Glaser and Ann Marie Murphy, "Patients versus Patents: Thailand and the Politics of Access to Pharmaceutical Products," *Journal of Third World Studies* 27:1 (Spring 2010), pp. 215-234 참조.

게는 현저히 낮추었다. 민간회사들은 에이즈 · 결핵 · 말라리아 퇴치를 위한 글로벌 펀드Global Funds to Fight AIDS, Tuberculosis, and Malaria(건강보험에 대한 재정과 접근성 증진이 목적) 및 세계백신면역연합Global Alliances for Vaccines and Immunization('방치된' 질병들에 대한 연구와 저렴한 가격으로 특허 백신의 보급 확대가 목적)과 같은 다자적 방안들을 통해 비정부기구들 및 정부와 협력했다. 보다 많은 제네릭 의약품, 보다 많은 강제실시, 보다 많은 대규모 제약회사의 자발적 협력, 보다 많은 해외 재정지원, 보다 유연한 지식재산권법의 조합이 필수적인 약품들을 세계 전체에 보다 더 쉽게 접근할 수 있도록 만들 수 있다.

전통지식을 둘러싼 투쟁

남(개발도상국)과 북(선진국) 사이에 또 하나의 지식재산권 투쟁이 **전통지식**TK: traditional knowledge을 놓고 벌어지는데, 이는 식물, 식물 이용, 농업, 토지 이용, 민간전승, 영적인 문제에 관한 원주민 공동체의 축적된 지식과 관행이다. 세계 각지의 원주민들은 오랫동안 그들의 자연환경과 식용 및 약용으로 쓰이는 식물들에 대한 깊은 이해를 발전시켜 왔다. 추수와 교배 관습을 통해서 식물 다양성을 발전시키고 보존해왔다. 사실, 북아메리카와 유럽의 많은 주요 식량작물들은 원래 이런 토착 공동체로부터 온 것이다.

북의 회사들은 종종 전통지식을 자신들의 이기적인 목적을 위해 전용한다. 선더Madhavi Sunder가 지적하듯이, "가난한 나라의 지식은 단지 발견된 자연의 혜택일 뿐이라고 여겨지는 경우가 종종 있다. 놀랍게도 수천 년 동안 변화없이 유지되어서

기업가들, 주로 선진국의 기업가들에 의해 '지식재산'으로 전환되기를 기다리고 있는 '원재료'인, 전해 내려오는 지식으로 여겨진다."[29] 전통지식의 잠재적인 경제적 가치는 매우 높다. 매년 수십억 달러어치가 팔리는 처방 약제들은 열대식물에서 추출되는데, 그 의약적 특성은 원주민들로부터 알게 된 것이다. 브라질, 인도, 필리핀, 인도네시아 같은 나라들은 씨앗 표본 채취나 약품용 화학물질을 함유한 식물을 찾으려는 사람들은 허가를 받아야 하고, 추후 특허를 취득하게 될 경우 재료의 원천을 인정하며, 처음에 자신들이 의존했던 전통지식을 가진 현지 공동체와 특허의 혜택을 공유할 것을 요구하기 시작했다. 선진국들은 전통지식 보호에 반대하는데, 이는 부분적으로는 전통지식이 역사적으로 지식재산의 정의와 충돌하며 글로벌 혁신에서 발생하는 이익을 가난한 나라들에게 재분배하겠다고 약속하기 때문이다.

남이 생물적 다양성 및 의약용 식물 이용 통제에 가격을 매기려고 하면서, 많은 국가들은 또한 전통지식을 원주민이 아닌 사람들이 전용expropriation하거나 남용하려는 시도로부터 보호하려 한다. 이는 원주민들에게 새로운 문화적 권리를 부여하려는 노력이다. WIPO를 통해서 혹은 캐나다와 같은 개별 국가들에서도, 원주민들에게 그들의 민간전승 및 예술품들에 대한 — 세대에 걸쳐 전승된 이야기들이나 성스러운 문서들을 포함 — 저작권을 부여하려는 운동이 있다. 뉴질랜드의 마오리족이나 아메리카 원주민들은 자신들과 관련된 상징이 학교나 민간기업에 의해 사용되지 못하도록 하기 위해 투쟁해왔다. 마찬가지로, 어떤 원주민 공동체는 집단 상징에 대한 자신들의 상표권을 확립하고, 수공예품과 카펫에 디자인 보호를 적용

하려 하고 있다. 인도는 재빠르게 그 전통지식 — 1,300개의 요가 자세도 포함 — 에 대한 디지털 도서관을 만들고 있는데, 인도인이 아닌 사람이 특허를 받거나, 저작권을 획득하거나, 상표를 얻지 못하도록 하려 것이다.

지식재산권에 대한 시각들

지금까지 논의한 지식재산권을 둘러싼 투쟁에 비추어서, 우리는 지식재산권 및 그것의 세계 지식구조에 미치는 효과에 대한 몇 가지 주요 이론적인 주장들을 비교함으로써 결론을 맺고자 한다.

경제적 자유주의의 관점에서 볼 때, 재산권은 시장체제 작동의 근본인데, 효율적인 자원 이용에 대한 인센티브를 제공하고 노력과 보상 간의 직접적인 연결고리를 만들기 때문이다. 지식은 만드는 데 많은 잠재적 비용이 들지만, 사람들이 그것을 값싸게 복제하는 것을 막기는 힘들다. 한 회사가 이용하는 지식은 다른 회사들에 의해서도 이용될 수 있다. 이는 시장 실패로 연결될 수 있는데, 왜냐하면 대가를 지불하지 않고 지식을 사용하는 무임승차자가 있을 것이기 때문이다. 결과적으로, 기업이 새롭게 창출한 지식을 다른 기업들이 사용하지 못하도록 법으로 제한하지 않는다면, 다른 기업들의 급속한 모방 때문에 연구개발에 재투자하기 위해서 필요한, 혁신으로부터 생기는 이윤을 얻지 못하게 될 것이다.

정부가 지식창출자들에게 일시적이기는 하지만 합법적인 독점을 제공하면, 지식창출자들은 대가를 지불하지 않고 자신들의 지식에 접근하려는 사람들을 배제시킬 수 있다. 지식창출자들은 합당한 이득을 취함으로써 자신들이 지식재산을 만들어내는 데 투자한 노력을 보상받는다. 결국, 세계각지의 소비자들은 보다 다양한 새로운 제품을 합리적인 가격으로 얻게 된다는 것이다. 또한 지식재산권 강제는 소비자들이 그 강제가 없을 때와 비교해서 더욱 양질의, 더욱 안전한 생산품을 얻게 되는 것을 보장하는 것이다. 그리고 지식재산을 보호하는 나라들이 보다 많은 해외직접투자를 유치하고, 보다 많은 기술이전을 받는 경향이 있다.

중상주의자들은 기술혁신 과정을 상당히 다른 관점에서 본다. 국가들은 다른 나라들의 기술을 획득하는 동시에, 자신의 기술을 개발하고 긴밀하게 지켜야 한다. 국내기업들을 위한 지식재산권의 보호는 명백히 국내의 기술혁신을 증진시키기 위해 적절하지만, 외국 기업들이 소유한 기술에 대해서도 동등하게 보호하는 것이 항상 국익에 부합하는 것은 아니다. 초기 중상주의자인 리스트Friedrich List와 해밀턴Alexander Hamilton이 주장했듯이, 자유무역은 저개발국들의 희생을 대가로 가장 발전한 생산국들이 혜택을 보는 것이다. 마찬가지로, 지식재산권을 보호하는 국제협정은 기술적으로 덜 발전한 나라들의 희생을 대가로 최첨단의 기술을 가진 나라들에게 혜택이 돌아가는 것이다. 이러한 측면에서 중상주의자와 구조주의자들의 생각이 비슷하다.

지식재산법 학자인 유Peter Yu는 기술적으로 뒤처진 나라의 경우 지식재산권의 더 넓은 '정책 공간'을 위해 싸울 필요가 있는데, 즉 스스로의 '조건, 능력, 이해관계, 우선순위'에 따라 자기 자신의 지식재산을 만들어내는 능력을 위해 싸울 필요가 있다고 주장한다.[30] 중상주의적 시각에서 보면, 많은 나라들은 지식재산을 훔침으로써 자신들의 제한된 자원을 가장 잘 사용할 수 있다. 왜? 그 나라의 기업은 연구개발비를 절약하고, 기술을 더 빨리 흡수하기 때문이다. 그 나라의 시민들은 훨씬 저렴한 생산품을 얻는다. 또한 그 나라의 정부는 외국인들의 지식재산권 보호를 위해 관료들에게 돈을 쓸 필요가 없다. 이전 세대에 일본인, 한국인, 미국인들이 그랬듯이, 중국인들도 이러한 교훈을 마음속 깊이 새긴 듯하다.

구조주의자들은 선진국들이 세계시장을 독점하고 제3세계 국가들로부터 잉여이윤을 추출하려고 지식재산권을 사용한다고 주장한다. 지식재산권을 가진 자본주의자들은 국제 독점가들과 카르텔처럼 행동한다. 그들은 사실 경쟁에는 관심이 없으며, 경쟁을 지대추구 및 소송의 제단에 제물로 희생시키곤 한다. 국제관계학자인 버크벡Carolyn Deere Birkbeck이 지적하듯이, 전세계적으로 국가간 지식재산권 로열티 및 기술 허가 수수료의 90퍼센트가 겨우 10개의 선진국들에게 돌아간다.[31]

경제지리학자인 젤러Christian Zeller는 자본가들은 지적 창의성이 존재하는 곳에서는 어디서나 그것을 전용하고, 통제하고, 상품화하기를 원한다고 주장한다.[32] 그들은 항상 '사회적으로 생산된 지식'으로부터 사적재산권을 창출하려 한다. 자본가들은 '연구자, 숙련노동자, 농촌 공동체'로부터 '그들이 집단적 작업으로 만들어 낸 지식과 정보'를 빼앗아서, 지대rents를 '벤처 자본, 투자 펀드, 허가 회사들'에게 이전한다.[33] 이러한 구조주의 시각에서 보면, 지식의 진정한 창출자들 — 농부, 원주민, 학자, 열심히 일하는 고용인 — 은 결코 자신들의 창의성이 가져다주는 열매를 거두지 못한다.

지식재산권의 다른 시각

이러한 세 개의 시각을 넘어서, 다른 복잡하고 중첩되는 지식재산권에 대한 시각이 있는데, 구성주의, '균형론'과 '폐지론'이다. 구성주의는 우리의 사회 세계를 구성된constructed 것으로 보는데, 우리가 가치있다고 여기는 것과 우리가 가진 관심은 그것들에 대해 우리가 공유하는 담화에 의해 정의된다고 파악한다. 우리는 '지식재산'이라 불리는 것이 진짜 '재산'과 유사하며 그 지식재산에 귀속시켜야 하는 '권리'가 존재한다는 담화를 구성했다. 오늘날에는 창조적인 생각들과 지식기반의 생산품들이 자신들에게 부여된 권리를 가지고 있다고 보는 것이 자연스럽지만, 역사적으로는 그렇지 않았다.

구성주의자들은 우리가 지식재산권을 어떻게 정의하고 어떻게 말해왔는지를 역사적으로 추적한다. 그럼으로써 우리는 이러한 정의 및 담화가 누구의 이익에 봉사하는지에 대해 보다 나은 이해를 갖게 된다. 1980년대 이래 강력한 경제 로비들은 지식재산권을 국제무역 문제 중의 하나로 규정해왔다. 그들은 지식재산을 자신들의 노력에 대한 정당한 대가를 추구하는, 창조적이고 열심히 일하는 사람들에게 속한 것으로 규정한다. 창조하는 사람들은 남의 것을 부당하게 취하고 정직한 사람들과 회사들에게 해를 끼치는 '해적들'과 '위조자들'로 묘사되는 세력들에게 대항한다. 대조적으로, 선더는, 우리가 지식재산을 문화적 시각을 통해서 바라보면, 지식재산의 목적은 가난한 사람들에게 힘을 부여함으로써 그들이 생계를 영위하게 하고, 문화생산에 공평하게 참여하도록 하며, 이윤추구에 매몰된, 세계화된, 대중문화의 공습으로부터 자신들의 문화적 다양성을 보존할 수 있도록 재규정할 수

있다고 주장한다.[34]

구성주의자들은 또한 여타 사회 세력들이 지식이 만들어지고 세계적으로 순환되는 방식에 대해 다른 생각을 제시하려 한다고 말한다. 예를 들면, 법학자인 보일James Boyle에 따르면, 포스트모더니스트들은 "모든 창조는 재창조이다", "독창성과 같은 것은 없다. 다만 끝없는 모방일 뿐"이라는 주장을 한다.[35] 이러한 담화에서는 어느 누구도 자신의 창조적인 산출물을 진실로 소유하는 것이 아니다. 왜냐하면 그것은 그 이전의 다른 사람들의 생각 위에 만들어진 것이기 때문이다. 뉴턴이 말했듯이, "내가 더 멀리 보았다면, 그것은 단지 내가 거인들의 어깨 위에 서있었기 때문이다." 만약 창조가 누적되는 것이고, 우리 주변의 모든 사람들, 우리들 앞의 모든 사람들로부터 정보를 얻는 것이라면, 공통의 지식을 원료로 만든 것을 우리가 소유해야 한다고 주장하기는 어렵다.

지식재산권에 대한 다른 시각은 개인의 권리와 공동체 권리의 적절한 균형을 취하고자 하는 '균형론자'로부터 온다. 그들은 개인이 다른 사람들의 정당한 경제적 권리와 프라이버시 권리를 존중하면서 창조적이고 자유로울 수 있다는 것을 분명히 하기를 원한다. 예를 들어, 보일은 하나의 커다란 '공공영역' 및 많은 '공정 사용'의 보장이 사회 내의 창조적 활동을 장려한다고 강조한다. 마찬가지로, 매클리오드Kembrew McLeod와 디콜라Peter DiCola는 예술적 창조성은 항상 차용borrowing, 샘플링sampling, 리핑ripping, 모방imitating에 의존한다고 주장한다. 그러므로 '허가'없이 일어난다고 해서 이러한 행동들을 범죄시하는 것은 예술적 창조 그 자체를 저해하는 것이다.[36]

균형론자들은 지식재산권 보유자들이 경쟁을

질식시키는 것과 침해혐의에 대한 과도한 고소를 하는 것을 방지하고자 한다. 보일은 많은 저작권 산업들이 과거에 신기술 — 예를 들면 제록스 기계, VCR, 카세트테이프, 티보 — 에 저항하려 했다고 지적한다. 왜냐하면 신기술이 그들의 비즈니스 모델을 위협했기 때문이다. 보다 최근에, 케이블 회사들과 모든 주요 방송사들이 혁신적인 에레오Aereo라는 창업회사를 저작권침해로 고소해서 압살하려 하고 있다. 에레오는 고객들이 TV방송 신호를 포착해서 인터넷을 통해 자신의 집의 컴퓨터나 이동통신 기기로 스트리밍하도록 하는 서비스를 저렴한 월정료에 제공한다.

균형론자들은 지식재산권의 기간과 범위를 제한하기를 원한다. 그들은 '허가사회permission society'를 혐오하는데, 허가사회에서는 개인이 저작권 소유자에게 거의 모든 문화 생산품들의 이용에 대한 허가를 끊임없이 받아야한다. 대신, 볼리어David Bollier와 같은 균형론자들은 사회가 누구나 자유롭게 가져갈 수 있는 커다란 지식 공유지 혹은 공적 영역을 보존할 필요가 있다고 말한다. 그는 억압적인 저작권법이 강제될 수 없는 네트워크를 통한 공유 및 공동협조생산peer production에 의한 가치있는 콘텐츠의 집단적 생산을 널리 알리고자 한다.[37] 현존하는 지식재산권법에 대한 이러한 저항은 크리에이티브커먼스Creative Commons 운동, 오픈 소스Open Source 운동, 매시업mashups, 블로그, SNS 등을 포함한 많은 형태로 나타난다.

마지막 주요 시각은 '폐지론'인데, 이는 지식재산권의 제거 혹은 급격한 축소를 원한다. 경제학자인 볼드린Michele Boldrin과 레빈David Levine은 지식재산권이 시장을 왜곡시키고, 경쟁을 약화시키고, 혁신을 축소시킨다고 주장한다.[38] 그들은 지식재산권이 없다 하더라도, 시장은 재화 및 서비스를 생산하는 혁신자들에게 합리적인 소비자 가격으로 보상할 수 있다고 한다. 많은 경제학자들에 따르면 지식재산권이 경쟁을 더욱 촉진한다는 증거가 거의 없고, 패션 산업, 데이터베이스 서비스, 소프트웨어 개발, 농업과 같은 세계경제의 많은 부문에서 중요한 기술은 지식재산권 보호 없이도 획기적으로 발전해 왔고 시장은 번영해 왔다.

결론

자유주의, 중상주의 혹은 구조주의의 어떤 시각에서 보든 지식과 기술은 부와 권력의 기반을 형성하는데, 이는 점차로 중요해지고 있다. 글로벌 경쟁의 시대에 회사들과 정책결정자들은 지식과 기술이 경쟁력의 우위를 부여한다는 것을 깨닫고 있다. 미국, 유럽, 일본에서 지식재산권의 보호가 외교정책의 주요 관심사의 지위에 올랐다는 것은 놀라운 일이 아니다. 지식구조는 명백히 행위자들의 선택을 제약하고 행동을 좌우한다. 지식구조는 어떤 회사와 경제단위가 혁신을 더 높은 생산성, 시장점유, 수출증가로 전환시키게 될지에 영향을 준

다. 지식구조는 가격, 생산능력, 재화와 서비스의 질을 형성함으로써 혜택의 분배를 결정하는 데에도 도움을 준다.

지식재산권을 둘러싼 논쟁과 투쟁은 오랫동안 지속될 것이다. 너무 많은 지식재산권은 발전과 공공영역에 부정적인 결과를 가져올 것이라는 점은 누구보다도 먼저 자유주의자들이 인정한다.[39] 사람들은 콘텐츠를 공유하고 세계 각국의 사람들과 연결될 수 있기를 요구한다. 그것도 즉각적으로 말이다. 정부는 지식재산권의 엄격한 강제를 통해서 이 요정을 호리병 속에 다시 집어넣으려는 거의 불가능한 작업을 하려한다.

지식구조에 관한 주요질문은 다음과 같다. 세계화의 힘이 어떻게 지식의 창조와 전파에 영향을 미칠 것인가? 지식재산권의 더 엄밀한 강제가 세계의 최빈국을 도울 것인가 저해할 것인가? 해적행위와 위조가 혁신의 인센티브를 약화시킬 것인가? 과학과 기술에 있어서 미국의 지배력이 계속될 것인가, 아니면 중국과 인도에 의해 심각하게 침식될 것인가? 신기술에 대한 경쟁이 새로운 경제적 민족주의의 시대를 열 것인가? 이러한 질문들에 대한 대답이 현재와 미래 세대의 삶에 심대한 영향을 미칠 것이다.

주요 용어

강제실시(compulsory license) 278

글로벌가치사슬(global value chains) 270

무역관련 지식재산권에 관한 협정 (TRIPS: Trade-Related Aspects of Intellectual Property Rights) 272

상표권(trademarks) 273

슘페터식 산업(Schumpeterian industries) 269

연구개발(R&D: research and development) 262

인격권(publicity rights) 276

저작권(copyrights) 273

전통지식(TK: traditional knowledge) 280

지리적 표시(GIs: geographical indications) 275

지식재산권(IPRs: Intellectual Property Rights) 260

특허권(patents) 272

환수(claw back) 277

토론주제

1. 지식재산권이란 무엇인가, 그리고 오늘날의 세계 시장에서 왜 중요한가?

2. 미국과 같은 선진국들이 자신들의 기술과 지식 재산에 대한 다른 나라들의 접근을 제한하거나 통제하려고 하는 이유는 무엇인가? 이러한 행위가 전통적인 자유주의 원리와 모순되는가?

3. 무역관련 지식재산권에 관한 협정TRIPS의 조항의 성격에 대해서 논해 보시오. 가난한 나라들에서 지식재산권을 더욱 강력하게 보호해야 한다는 주장에 대한 찬성과 반대 입장을 제시해 보시오.

4. 어떤 국가들이 해적판이나 위조본의 주요 원천으로 확인되었는가? 선진국들이 지식재산권의 위반에 대처하는 가장 좋은 방법은 무엇이라고 생각하는가?

5. 한 국가가 혁신적이고 기술적으로 발달한 사회를 양성하는 가장 좋은 방법은 무엇인가?

추천문헌

William Baumol, Robert Litan, and Carl Schramm. *Good Capitalism, Bad Capitalism, and the Economics of Growth and Prosperity*. New Haven, CT: Yale University Press, 2007.

Michele Boldrin and David Levine. *Against Intellectual Monopoly*. Cambridge: Cambridge University Press, 2008.

Creative Economy Report 2010. UNCTAD, 2010. At:http://unctad.org/en/Docs/ditctab20103_en.pdf.

Carolyn Deere. *The Implementation Game: The TRIPS Agreement and the Global Politics of Intellectual Property Reform in Developing Countries*. Oxford: Oxford University Press, 2008.

Peter Maskus. *Private Rights and Public Problems: The Global Economics of Intellectual Property in the 21st Century*. Washington, D.C.: Peterson Institute for International Economics, 2012.

Susan Sell. *Private Power, Public Law: The Globalization of Intellectual Property Rights*. Cambridge: Cambridge University Press, 2003

주

1) 프로그래머이자 디지털 활동가인 슈워츠(Aaron Schwartz)는 인터넷 검열에 반대하는 운동을 전개하고 법원의 문서와 학술지를 무료로 대중에게 제공하기 위해 투쟁하는 사람이다. RSS 웹 피드의 공저자 중 한 명이고 나중에 레딧(Reddit)이 된 회사의 창립자이기도 한 그는 2013년 자살했다.

2) Sahar Khmais, Paul Gold, and Katherine Vaughn, "Beyond Egypt's 'Facebook Revolution' and Syria's 'YouTube Uprising:' Comparing Political Contexts, Actors and Communication Strategies," *Arab Media and Society* 15 (Spring 2012).

3) Siobhan Gorman, "China Tech Giant under Fire," *Wall Street Journal*, October 8, 2012.

4) John Bellamy Foster and Robert W. McChesney, "The Internet's Unholy Marriage to Capitalism," *Monthly Review* 62:10 (March 2011).

5) Yochai Benkler, "A Free Irresponsible Press: WikiLeaks and the Battle over the Soul of the Networked Fourth Estate," *Harvard Civil Rights-Civil Liberties Law Review* 46:2 (2011), pp. 311-397.

6) Jennifer Shkabatur, "A Global Panopticon? The Changing Role of International Organizations in the Information Age," *Michigan Journal of International Law* 33:2 (2011), pp. 159-214.

7) Henry Etzkowitz, *Triple Helix: A New Model of Innovation* (Stockholm: SNS Press, 2005).

8) National Science Board, *Science and Engineering Indicators 2012* (Arlington, VA: National Science Foundation, 2012), p. 4-41.

9) Ibid., p. 4-45.

10) Jakob Edler and Luke Georghiou, "Public Procurement and Innovation-Resurrecting the Demand Side," *Research Policy* 36 (2007), pp. 949-963.

11) Hugo Meijer, "Controlling the Uncontrollable? U.S. Dual-Use Exports in the Post-Cold War Era," *Fiche de l'Irsem* no. 10 (December 2011).

12) Michael Porter, *Competitive Advantage of Nations* (New York: The Free Press, 1990).

13) 글로벌가치사슬에 대한 배경설명은 http://www.global-valuechains.org/concepts.html. 참조.

14) 미국 내의 외국 학생들에 관한 자세한 정보는 http://opendoors.iienetwork.org 참조.

15) National Science Board, *Science and Engineering Indicators 2012* (Arlington, VA: National Science Foundation, 2012), p. 2-29.

16) Vivek Wadhwa, "A Reverse Brain Drain," *Issues in Science and Technology* (Spring 2009), pp. 45-46.

17) Vivek Wadhwa, *The Immigrant Exodus: Why America Is Losing the Global Race to Capture Entrepreneurial Talent* (Philadelphia: Wharton Digital Press, 2012).

18) "Immigration and Jobs: Where U.S. Workers Come From," *New York Times*, April 7, 2009, http://www.nytimes.com/interactive/2009/04/07/us/20090407-immigration-occupation.html.

19) Jeff Chu, "How to Plug Europe's Brain Drain," *Time (Europe)*, January 11, 2004, http://www.time.com/time/magazine/article/0,9171,574849,00.html.

20) Ian Johnson, "China Faces a Grad Glut after Boom at Colleges," *Wall Street Journal*, April 28, 2009, p. A1.

21) Vivek Wadhwa, *The Immigrant Exodus*, pp. 39-40.

22) National Science Board, *Diminishing Funding and Rising Expectations: Trends and Challenges for Public Research Universities* (Arlington, VA: National Science Foundation, 2012), p. 10.

23) OECD, *Education at a Glance 2012: OECD Indicators* (OECD Publishing, 2012), p. 236.

24) Stephen Siwek, *Copyright Industries in the U.S. Economy: The 2011 Report* (International Intellectual Property Alliance, 2011), at http://www.iipa.com/pdf/2011CopyrightIndustriesReport.PDF.

25) Susan Sell and Aseem Prakash, "Using Ideas Strategically: The Contest between Business and NGO Networks in Intellectual Property Rights," *International Studies Quarterly* 48 (2004), p. 157.

26) Susan Sell, "The Global IP Upward Ratchet, Anti-Counterfeiting and Piracy Enforcement Efforts: The State of Play" (June 2008), at http://www.twnside.org.sg/title2/intellectual_property/development.research/SusanSellfinalversion.pdf

27) Kal Raustiala and Stephen Munzer, "The Global Struggle over Geographic Indications," *European Journal of International Law* 18:2 (2007), pp. 337-365.

28) Madhavi Sunder, *From Goods to a Good Life: Intellectual Property and Global Justice* (New Haven: Yale University Press, 2012), pp. 141-142.

29) Madhavi Sunder, "IP: Social and Cultural Theory-A Reply to the Question 'Why Culture?'" March 13, 2009, http://uchicagolaw.typepad.com/faculty/2009/03/ip-social-and-cultural-theory-a-reply-to-the-question-why-culture-madhavi-sunder.html. 또

한 Madhavi Sunder, "The Invention of Traditional Knowledge," *Law and Contemporary Problems* 70 (2007), pp. 97–124 참조.

30) Peter K. Yu, "Intellectual Property Rulemaking in the Global Capitalist Economy," 2008, http://www.peteryu.com/andersen.pdf.

31) Carolyn Deere, *The Implementation Game: The TRIPS Agreement and the Global Politics of Intellectual Property Reform in Developing Countries* (Oxford: Oxford University Press, 2008), p. 10.

32) Christian Zeller, "From the Gene to the Globe: Extracting Rents Based on Intellectual Property Monopolies," *Review of International Political Economy* 15:1 (February 2008), p. 91.

33) bid., p. 110.

34) Madhavi Sunder, *From Goods to a Good Life*, pp. 94–100.

35) James Boyle, *The Public Domain: Enclosing the Commons of the Mind* (New Haven, CT: Yale University Press, 2008), p. 154.

36) Kembrew McLeod and Peter DiCola, *Creative License: The Law and Culture of Digital Sampling* (Durham. N.C.: Duke University Press, 2011).

37) David Bollier, *Viral Spiral* (New York: The New Press, 2008).

38) Michele Boldrin and David Levine, *Against Intellectual Monopoly* (Cambridge: Cambridge University Press, 2008).

39) Peter Maskus, *Private Rights and Public Problems: The Global Economics of Intellectual Property in the 21st Century* (Washington, D.C.: Peterson Institute for International Economics, 2012).

세계경제에 있어 국가와 시장

제3부는 국제정치경제 분석의 네 가지 사례연구 — 개발도상국, 유럽연합, 브라질·중국·인도와 같은 신흥국, 중동과 북아프리카 국가들 — 를 소개한다. 비록 이 사례연구들이 네 개의 중요 국가집단에 대한 유익한 정보를 제공하기도 하지만, 이 사례연구들은 세계도처에 적용되는 특정한 질문과 주제를 탐색해 봄으로써 바로 그 사례가 보다 광범위하게 응용될 수 있도록 계획되었다. 학생들은 구체적으로 그것들이 어떻게 응용되는지 완전히 인지하고 동시에 그 질문과 주제로부터 도출될 수 있는 보다 일반적인 주제가 무엇인지 인식하게 될 것이다.

제12장은 유럽연합에 초점을 두어 지역통합에 대해 살펴볼 것이다. 지역통합은 현대 국제정치경제에서 가장 중요하다고 여겨지는 정치적·경제적 추세의 하나이다. 제2차 세계대전 후 6개 나라로 시작해, 유럽연합은 현재 27개국으로 이루어져 있으며, 그 중 몇몇 나라는 냉전기간 동안 소련이 이끌던 바르샤바조약기구의 회원국이었다. 유럽연합 17개국은 현재 2001년 도입된 공동화폐를 사용하고 있다. 이민과 국방과 같은 많은 정책적 문제를 해결하려고 노력 중인 EU 기구들은 지금까지 경험한 가장 혹독한 시련을 현재 마주하고 있다. 어떻게 하면 통화동맹을 와해시키지 않으면서 그리스, 스페인, 포르투갈의 경제를 구할 것인가?

제13장은 점점 더 시장지향적으로, 경우에 따라, 보다 더 민주적인 정치경제로 옮아가고 있는 브릭스BRICs(브라질, 러시아, 인도, 중국)를 분석한다. 그들은 세계화된 시장으로의 방향전환을 어떻게 관리해 나가고 있는가? 경제개혁은 정치적 결정에 어떻게 영향을 미치는가? 이들 신흥국들과 과거 소련이 지배하던 몇몇 탈공산주의 국가들이 직

면하고 있는 발전의 모순과 사회문제도 검토할 것이다. 이 나라들이 미국과 그 동맹국들에 어떻게 도전하고 있는지에 대해 다양한 견해가 존재한다. 이 서로 다른 견해들을 비교대조해 볼 것이다.

　마지막으로 제14장은 중동과 북아프리카 국가들의 정치 · 사회 · 경제관계의 패턴을 탐구한다. 비록 이 국가들이 공통된 제도 · 종교 · 문화적 특징을 공유한다고 하더라도, 이 국가들은, 대중매체를 통해 자주 알려지지 않은 방식으로, 서로 다르다. 따라서 제14장은 이 지역에 대한 근거 없는 믿음 몇 가지를 떨쳐버릴 수 있도록 도움을 주고자 한다. 이 지역이 어떻게 세계경제에 통합되어 있는지, 그리고 아랍의 봄 이후 이 지역이 어떻게 급속히 변하고 있는지 살펴볼 것이다.

PART 3

발전의 수수께끼: 제약 속의 선택

아이들이 4초에 한 명꼴로 빈곤과 관계된 질병으로 죽고 있다. 인류의 80퍼센트가 일일 10달러 미만의 돈으로 하루하루 연명하고 있다.[1] 이러한 사실들이 강조하는 바는 세계 인구의 대부분이 경제적 번영을 경험하기는커녕 여전히 그들 삶의 기본적인 필요조차 충족시키지 못한다는 말이다. 이어질 질문은 자명하다. 세계적으로 매년 창출되는 어마어마한 양의 부를 생각하면, 도대체 왜 많은 나라들이 빈곤상태에, '저발전'의 상태에 혹은 '미개발'의 상태에 머물러 있는가? 이번 장에선 저개발국들LDCs이 해결하고자 하는 다양한 정치경제적 딜레마에 대해 살펴본다. 발전은 개선된 생활수준, 길어진 수명, 향상된 사회적 지위를 약속하지만 종종 이러한 희망과 관련된 비용과 과정에 대해 우려를 불러일으키는 냉혹한 측면도 갖는다.

발전을 추구하는 데 있어 마땅히 치러야 할 비용과 희생에 대해 논하는 것은 잠시 미룬다하더라도, 저개발국들은 자신들이 국제정치경제 분야의 열띤 논쟁의 한가운데에 있음을 발견하게 된다. 그 논쟁은 성공과 행복의 나라에 다다르기 위한 필수 전제조건에 관한 것이다. 경제적 자유주의가 가난한 사람들을 높은 생활수준에 올려놓을 수 있는가? 또는 시장과 세계화에 대한 유혹은 번영이 바로 임박해 있다는 기대를 갖게 하지만 결국 실망으로 끝나는 또 하나의 신기루가 아닐까?

발전의 수수께끼를 보다 잘 간파하기 위해, 이번 장은 개발도상국의 공통적인 특징을 묘사하는 것에서 시작한다. 그리고 난 후 1950년대와 1960년대를 걸쳐 우리가 '독립과 저발전'으로 명명한 시기를 대략적으로 살펴본다. 이 시기에는 많은 저개발국들이 식민주의의 굴레를 벗고 나와 시장이 성장하고, 초국적기업이 활약하고, 냉전이 횡횡하던 세계로 나왔던 때이다. 저개발국에게는 당시 국제체계의 현실을 받아들이든가, 그것을 바꾸든가, 아니면 국제체계에서 벗어나든가 세 가지 선택이 주어졌다. 발전전략은 경제적 자유주의, 중상주의, 구조주의와 관련된 가정과 정책에 의해 영향을 받았다. 이 장에서 소개될 자립self-reliance 전략은 다른 두 가지 시각에서 비롯된 요소를 실용적으로 혼합한다. 이 장의 핵심은 이러한 전략들에, 그 허점을 포함해, 초점을 맞추는 것이다. 새천년개발목표MDGs: Millennium Development Goals 를 다루고 있는 이 장 마지막 절은 최빈국을 위한 UN의 목표에 대해 논의한다. 또한 발전 전문가인 삭스Jeff Sachs의 몇몇 아이디어도 살펴보는데, 그는 대안적 발전모델을 적극적으로 모색하고 있다. 그의 대안적 발전모델은 경제적 자유주의 사상과 정책에만 근거한 것이 아니다.

어떤 나라가 개발도상국인가?

저개발국, 남반구, 개발도상국으로 일컬어지는 나라들은 다양한 역사와, 문화, 경제, 정치체제를 갖고 있다. 그러나 이들 나라가 공유하는 특징들은 중요하다.

- 높은 빈곤율
- 충분한 중산층의 부재
- 상대적으로 낮은 문자해득률
- 부적절한 의료서비스
- 기아
- 높은 유아사망률
- 사회기반시설의 부족
- 약한 정부
- 해외원조와 인도적 지원에 대한 의존

이 국가들의 공통점은 파괴적이고 지속적인 빈곤상태에 놓여 있다는 점이다. 수천만의 사람들이 끊임없이 자연적 위험과 인간이 만들어 낸 위협에 노출되어 있다. 식량, 주거, 의료보건, 교육 등에 하루 한 사람에게 쓸 수 있는 소득은 한 나라의 물질적 생활수준을 측정하는 기준의 하나이다. 산업화된 나라에서 이 수치는 비교적 높다. 예를 들어, 미국의 일인당 소득은 하루 한 사람당 평균 약 115달러이다. 하루 115달러에 해당하는 소득은 전세계적 기준으로 봤을 때 안락하고 건강한 생활양식을 제공할 수 있다. 이와는 대조적으로 남반구의 많은 나라들은 하루 2달러 혹은 그보다 낮은 일인당 소득을 보이고 있으며 수억 명의 사람들은 하루 1달러도 못되는 돈으로 연명하고 있다.

표 11.1은 지구 남쪽에서 발견되는 극심한 빈곤의 사례를 보여준다. 표의 첫 3열은 1990년, 1999년, 2008년 미화 1.25달러 이하의 소득으로 하루를 연명하는 인구의 비율을 보여준다. 하루 1.25달러는 실질 빈곤을 논함에 있어 결정적인 지점을 의미한다. 이보다 적은 소득은 부적절한 식사, 높은 유아사망률, 평균수명의 단축을 의미한다. 가장 뿌리 깊고 꾸준히 지속되는 빈곤은 사하라이남 아프리카와 남아시아에서 발견된다. 몇몇 지역, 가장 눈에 띄게 동아시아에서 빈곤이 줄어들고 있다는 것은 반가운 소식이나, 표에서 보이는 대체적인 수치가 아직 전반적으로 높다는 것은 달갑지 않은 소식이다. 저개발국의 부모들이 자기 자식에게 먹일 수 있는 것보다, 이 책의 대다수 독자들은 자기 애완동물을 훨씬 더 잘 먹일 수 있을 것이다.

표 11.1의 그 다음 3열은 1990년, 1999년, 2008년 하루 2달러 미만의 소득을 버는 인구비율

표 11.1	극한 빈곤의 발생정도 (1990, 1999, 2008년)					
	일일 생계비 1.25달러 이하로 생활하는 인구의 비율(%) (2005년 구매력 기준)			일일 생계비 2달러 이하로 생활하는 인구의 비율(%) (2005년 구매력 기준)		
지역	1990	1999	2008	1990	1999	2008
남아시아	54	45	36	84	78	71
동아시아와 태평양	56	36	14	81	62	33
라틴아메리카와 카리브해	12	12	7	22	22	12
사하라이남 아프리카	57	58	48	76	78	69
유럽과 중앙아시아	2	4	1	7	12	2
중동과 북아프리카	6	5	3	24	22	14
합계(전 세계)	37	34	25	58	56	47

출처: Shaohua Chen and Martin Ravallion, "More Relatively-Poor People in a Less Absolutely-Poor World," *Review of Income and Wealth* 59:1 (March 2013): 1–28.

을 보여준다. 하루 1.25달러와 2달러 간의 차이는 확연하다. 하루 1.25달러 혹은 그 미만의 소득으로 사람은 살아남기 위해 애써야 한다. 현재 여기서 논의하고 있는 빈곤의 조건을 감안할 때 하루 2달러는 최저생계 수준보다는 소비를 약간 더 할 수 있으므로 보다 좋은 보건과 인간다운 생활을 제공한다. 물론 하루 2달러는 선진 산업사회에 사는 사람의 입장에선 너무나 적은 액수이기에 부적절한 목표처럼 보일지도 모르지만, 개발도상국에 사는 인구의 절반에 가까운 사람들은 이보다도 적은 액수에 의지해 근근이 살아가야만 한다. 이 지표에 따르면 빈곤의 발생은 지리적으로 꽤 광범위하게 퍼져있으며, 남아시아와 사하라이남 아프리카뿐만 아니라 동아시아와 라틴아메리카도 높은 빈곤율을 보이고 있다는 사실에 주목할 필요가 있다. 그럼에도 불구하고 (주로 중국의 성과에 힘입은 바 크지만) 동아시아국가들은 용케도 1990년에

서 2008년 사이 극심한 빈곤에 시달리는 사람들의 비율을 거의 반 이상 줄였다.

세계인구 상당수의 생활수준을 개선해야 한다는 필요성에 대해 많은 사람들이 동의한다. 경제 발전의 바람직한 일면은 빈곤으로부터의 탈피이지만, 이 목적을 달성하기 위해 경제적, 사회적, 정치적, 문화적, 환경적 측면에서 치러야할 비용도 만만찮게 존재한다.

독립과 저발전

20세기 중반 식민주의가 해체될 즈음, 미국을 주축으로 한 민주주의 동맹국들(소위 1세계)과 소련과 그 동맹국들(소위 2세계)간 냉전은 당시 국제질서를 규정했고, 그 국제질서 내에 신생국들이 등장했다. 아시아, 라틴아메리카, 아프리카에서 새롭게 형성된 국가들에게 있어 경제발전은 사실

상 보편적인 목표였다.

1960년대 마르티니크[i] 태생의 정신과의사인 파농Frantz Fanon의 논쟁적 저서 『대지의 저주받은 사람들The Wretched of The Earth』은 식민주의의 족쇄에서 벗어나려는 식민지 사회의 투쟁을 다룬 영향력 있는 논문으로 부각되었다.[2] 이 책에서 파농은 제국주의와 민족주의에 관한 담론에 입각하여 식민지 억압에 대한 투쟁을 분석했다. 학생들과 학자들 다수는 파농의 저술이 제3세계 사람들로 하여금 서방 지배자들의 억압에 대해 투쟁 — 심지어 폭력적으로 반항 — 할 것에 대한 설득력 있는 요구로 간주했다. 이 책의 목적에 맞춰 파농이 신생독립국의 엘리트도 비판했다는 사실을 밝힐 필요가 있다. 하나의 사회계급으로서 신생국 엘리트들은 부패한 듯 보였고, 나라전체의 발전을 진정으로 추구할 것 같지도 않았다.

파농은 제3세계 문화해방에 대한 관심을 강조했는데, 제3세계에서는 무엇보다도 과거 식민사회가 받아들일 수밖에 없었던 식민지배자의 언어가 남아 강력하고도 지속적인 영향을 미치고 있었다. 제3세계 신생국들이 발전에 관한 긴급한 사안에 직면했다는 것은 이러한 문화적·정치적 배경에 반하는 것이었다.

신생독립 저개발국들은 종종 과거 식민지배세력을 경멸과 의심의 눈으로 바라보았다. 많은 이들은 자신들이 견뎌왔던 착취의 원인이 자신들이 세운 국민국가의 경제적 '후진성'에 있었다고 느꼈다. 민족정체성을 확립하고 정치적 안정을 확보하기 위해 발전 — 성장하고 번영하는 경제로 특징지어지는 — 은 필수불가결 했다. 그러나 많은 저개발국들은 복잡한 감정을 갖고 발전에 접근했다. 발전이 약속한 바는 가난의 종식과 개선된 생활수준이었다. 한편 발전은 착취, 속임수, 지속적인 예속을 의미했다. 이러한 패러독스는 저발전국들을 끌어들이는 동시에 밀어내기도 했다. 이러한 불협화음은 저개발국들이 풀어야 할 발전의 수수께끼를 만든 세 가지 주요한 힘에서 명확히 드러난다.

첫째, 저개발국들은 식민주의에 대한 반응으로서, 그리고 서양의 문화적 지배에 대한 저항으로서 발전에 대해 접근했기 때문에 발전에 대한 서구의 전망을 받아들이기에 앞서 신중을 기했다.[3] 이 영향력 있는 견해는 1970년대 개발도상국들을 서구에 대항해 단결케 하였다 (뒤에서 다룬다). 둘째, 미국에 대한 근접성 혹은 이전 식민모국에 대한 역사적 연관성은 저개발국이 채택하는 정치적·경제적 발전전략을 형성했다. 냉전시기에 서방의 시장지향적 발전전략을 추구한다는 것은 서방진영을 지지한다는 암묵적인 신호를 보내는 것이었다. 많은 경우, 서방의 제도/기구와 관련을 맺는 것은 선진산업국들과 동반자 관계를 맺는 실질적인 기회를 제공했다. 마찬가지로 동구권을 지지하는 저개발국들은 비서구적 발전전략을 선호했다.

셋째, 역설적이게도 선진국의 경제적 성공은 몇몇 저개발국들이 선진국의 발자취를 따르거나 최소한 경제발전을 위한 시장지향적 처방을 채택하는 강력한 근거를 제공했다. IMF, 세계은행, GATT와 같은 새로운 국제기구의 등장은 세계경제에서 시장이 갖는 중요성을 확대했다. 사람들이 보기에 이러한 국제기구들은 대개 선진국들에 의해 통제되었다.

---

i 〈역자 주〉 서인도제도 남동부의 프랑스령 섬.

발전을 강구하는 저개발국

개별적인 행동으론 국제체제와 국제기구에 영향을 미칠 수 없다는 점을 인지하고 있는 저개발국들은 하나의 집단 정체성을 고양하고자 했다. 1955년 인도네시아에서 개최된 아프로-아시안 반둥회의는 개발도상국들의 시각을 처음으로 표출한 계기라고 여겨지며, 이는 1961년 급기야 비동맹운동 NAM: Nonaligned Movement의 결성으로 이어진다. 이 운동은 당시 (특히 아프리카에) 남아있었던 유럽식민지들의 정치적 독립을 추구하였고, 냉전의 시나리오가 존재하는 영역 밖에 비동맹국들을 자리매김하는 수단이 되고자 했으며, 저개발국의 이익을 도모하려고 했다.

비동맹국들의 주된 염려 중 하나는 신식민주의 혹은 저개발국에 대한 선진산업국가들의 계속되는 경제적 지배였다. 몇몇 정치지도자와 지식인들이 주장하길, 대체로 식민지 시대는 종식된데 반해, 선진국에게 유리한 제도가 지배하는 자본주의 체제가 저개발국들을 여전히 옭아매고 있다는 것이다.[4] 예를 들어, 다국적기업과 그 자회사들은 저개발국의 자원을 통제했다. 모국 정부의 지원을 받는 다국적기업의 부와 영향력에 힘입어 선진 산업국들은 저개발국에서 생산되는 원자재를 거래하는 국제시장에 영향력을 행사했다.

예를 들어, 서방국가들의 석유회사를 생각해 보라. 20세기의 대부분 세계 주요 7대 석유회사는 매장량이 풍부한 다수의 지역에서 원유의 시추, 처리, 공급을 통제했다. '세븐시스터즈'로 알려진 이들 7개 주요 석유회사는 시장점유율을 배분하고, 공급을 조절하고, 개발도상국의 자원에 대한 자신들의 통제력을 유지하기 위해 협력했다. 모국 정부의 지원에 힘입어 이들 주요 석유회사들은 국제시장에서 배급과 원유개발에 대한 자신들의 지배를 공고히 하는 (유전의 사용료를 포함한) 계약조건도 유치국 정부와 직접 협상했다.[5]

이러한 신식민주의의 존재를 주장하는 이들은, 다국적기업의 지배와 더불어 무역, 금융, 기술이전을 제약하는 체제는 저개발국을 경제적으로 더욱더 취약하게 만든다고 믿는다. 제6장에서 우리는 국제교역조건이 자신들을 원자재와 원료의 생산자로 한정한다는 저개발국들의 주장에 대해 논의했다. 부가가치 제품의 생산과 보호주의 무역정책의 광범위한 사용에 있어 선진국이 주도권을 행사함으로써 저개발국들은 불이익을 당했다. 기술적 혁신과 그로 인한 생산성의 향상은 주로 선진국에서 이루어졌고, 저개발국들은 새로운 생산영역에서 경쟁력을 갖출 수 없다는 사실을 깨달았다. 엄격한 법적규제, 특허권과 사용허가권은 저개발국들이 이들 신기술에 대해 접근하는 것을 가로막았다. 선진국의 세계금융시장에 대한 통제력과 더불어 다국적기업의 재정적인 힘이 의미하는 바는 저개발국들이 경제발전기금에 접근할 수 있는가의 여부를 다국적기업들이 좌지우지할 수 있었다는 말이다.

집단행동을 통해서도 국제체제에 영향을 미치지 못하게 되자 몇몇 저개발국들은 현존하는 국제구조 안에서 과연 발전이 가능한 것인가에 대해 의문을 갖기 시작했다. 예를 들어, 아르헨티나의 경제학자 프레비쉬Raul Prebisch는 라틴아메리카가 겪고 있는 발전의 딜레마가 지역 밖의 요인과 불가분의 관련을 맺고 있다고 주장했다.[6] 국제적 노동분업에 대해 비판적이었던 그와 다른 학자들은 국제무역체제가 저개발국으로 하여금 원료와 원자재를 수출하는 역할을 맡도록 강요하는데 반해 선진국은 공산품의 생산자로서 계속해서 번영할 수 있게끔 한다고 주장했다. 한걸음 더 나아가 생산의 전문화는 자본과 기술을 얻기 위해 저개발국들이 지속적으로 선진국에 의존하게끔 했다고 주장했다.

저개발국에서 저발전을 초래했다는 점에서 종속은 중요한 의미를 갖는다. 초기 종속이론가들은 미(未)발전undevelopment과 저(低)발전underdevelopment을 구분했다. 전자가 발전이 안 된 상태를 말한다면, 후자는 저개발국의 약화된 경제를 더욱 더 약화시키면서 동시에 산업화된 세계는 보다 더 번영시키는 과정이 만들어낸 결과이다. 프랑크Andre Gunder Frank도 저개발국들의 저발전은 산업화된 지역에서 일어난 발전과정의 부산물이라고 주장했다.[7] 썬켈Osvaldo Sunkel과 파즈Pedro Paz에 의하면 "저발전과 발전은 모두 같은 현상의 다른 면이며, 역사적으로 동시적이며, 기능적으로 연관되어 상호작용하고 서로 영향을 주고받는다."[8]

이 기본적인 논지는 1960년대와 1970년대 기간동안 종속이론가들이 행한 비평의 요체에 해당했다. 프랑크가 보기에 저발전은 20세기 이전에 존재했던 식민지 시대의 질서에서 유래했다. 정치적 지배를 통해 식민세력들은 자신들의 식민지를 황폐화시키면서 발전에 필요한 원자재와 자원을 성공적으로 추출해 갔다. 비록 탈식민지화가 식민지 개척자들의 정치적 지배를 제거했지만, 식민지와 식민모국간의 기본적인 경제적 관련과 노동 분업은 그대로 남아 신식민주의neocolonialism를 초래했다. 프랑크는 세계 자본주의 질서가 마치 대도시-위성도시 체제를 좇아 조직된다고 주장했다. 이 체제에서 대도시에 해당하는 국가는 위성도시에 해당하는 국가의 경제적 잉여와 부를 추출해 감으로써 착취하는 것이다.

종속이론가들은 이러한 관계를 재생산하는 몇 개의 메커니즘이 있다고 주장한다. 첫째, 다국적 기업을 통해 저개발국에서 발생한 이익을 이들 국가 밖으로 이전한다. 적절히 이루어지지 못하는 기술과 기타 혁신에 대한 투자는 저개발국의 경쟁력 증진에 기여하지 못한다. 다국적기업은 정부의 규제조치를 모면할 수 있을 정도로 광범위한 자원을 보유하고 있다. 종속적 관계를 재생산하는 또다른 메커니즘은 불평등한 교환관계이다. 저개발국이 1차 상품과 원자재에 대해 갖는 '비교우위'는 국제시장에서 결정되는 가격에 취약한데, 왜냐하면 저개발국들이 수입해야 하는 공산품에 대한 국제시장 가격은 일반적으로 (저개발국들의 수출품 가격이 상승 속도보다) 더 빨리 오르기 때문이다. 이로써 저개발국에서 선진국으로 이익의 순유출이 발생한다.

다른 종속이론가들은 국제금융과 해외원조도 착취적이라고 말한다. 예를 들어, 외국계 은행은 어떤 나라의 발전에 관심을 갖기보다는 자금대여로부터 많은 이익을 챙기는데 더 관심이 있다. 이로써 채무국은 장기적인 재정의존성을, 외국계 은행은 넉넉한 이자수입을 갖게 된다. 종속이론가들은 해외원조에 대해서도 비관적인데, 이들 지원에 따라붙는 정치적·경제적 조건들이 선진국과 저개발국 간 지배-복종의 관계를 강요한다고 믿기 때문이다.[9]

UN무역개발회의와 신국제경제질서: 체제변화를 위해 조직화하는 저개발국들

보잘 것 없는 성공에 좌절한 많은 저개발국들은 국제정치경제 구조를 변화시키기 위해 국제기구의 도움을 구했다. 1964년 훗날 G-77로 알려지게 되는 저개발국 77개 나라가 주도하는 **유엔무역개발회의**UNCTAD: United Nations Conference on Trade and Development가 결성된다. 저개발국들은 UNCTAD — 주요회의는 4년에 한번 열림 — 를 무역, 금융, 기타 개발 이슈에 관해 저개발국과 선진국 간 대화와 협상이 이루어지는 하나의 메커니즘으로 만들고자 했다. 대부분의 경우 선진국들은 UNCTAD의 계획에 반대했다. 그럼에도 불구하고 UNCTAD를 통해 저개발국들은 선진국으로 향하는 자신들의 수출에 대해 선진국으로부터 양보와 특혜관세를 점진적으로 확보할 수 있게 되었다.

1974년 저개발국들은 UN총회에서 **신국제경제질서**NIEO: New International Economic Order를 세우기 위한 역사적인 시도를 했다. 이 계획은 발전의 속도를 높이고 저개발국과 선진국 간의 경제적 균형을 맞추기 위해 설계되었다. 국제경제질서를 정교하게 조정하고자 했던 이전의 노력과는 달리, 저개발국들의 입장에서 볼 때 NIEO는 저개발국의 발전이라는 관점에 보다 부합하는 제도적 구조를 만드는 노력의 일환이었다.

선진산업국들은 NIEO에 대한 요구를 시장지향 세계경제체제를 와해하고 세계의 부와 힘을 재분배하기 위한 몇몇 급진적 저개발국들의 전략적 행보로 보았다. 이러한 곱지 않은 시각에 직면해 1970년대 체제를 변화시키려는 저개발국들의 노력은 실패에 그쳤다. 저개발국들은 지역수준에서 자율적 발전을 도모하든가, 아니면 세계시장을 받아들이든가 선택의 기로에 놓이게 되었다. 후자의 선택은 종속된 발전의 가능성을, 그것과 관련된 난제들을 받아들인다는 의미이다.

고삐 풀린 시장

1980년대 레이건 행정부는 저개발국들이 자유시장 이념과 미국의 대외정책 목표에 부합하는 정책들을 지지하게 하도록 IMF, 세계은행, GATT를 통해 영향력을 행사했다. 이 기간 중 구조조정프로그램SAPs이 도입되는데, 단기의 경제적·재정적 문제를 해결하기 위해 IMF의 지속적인 지원을 확보하려는 저개발국이라면 받아들여야만 하는 엄격한 요건을 포함하고 있었다. 많은 저개발국들이 이행해야 했던 조치들 중 논란의 여지가 많던 몇 가지를 나열해 보면 다음과 같다.

- 통화의 평가절하
- 이자율 인상
- 공기업 민영화
- 재정적자의 축소
- 자유무역정책의 채택

1990년대 무렵 공산권의 와해는 워싱턴 컨센서스와 서구의 자유시장 이념에 힘을 실어주었다. 대부분 국제무역·금융·기술적 상호관련성에 의해 이루어지는 세계화는 미국이 주도하는 주장을 타당한 것으로 만들었다. 이 주장이 담고 있는 바는 민영화와 자유무역에 방점을 둔 경제성장이 바람직하다는 것이다. 실제로 1990년대 초 인도, 중국, 동남아 '아시아의 호랑이들'은 혼자 힘으로 경제성장을 이룩함으로써 부상하기 시작했다. 그러나 다음 단락에서 논의하겠지만 이 나라들이 이 시기에 어떻게 경제성장을 이룩했는가에 대해선 논란의 여지가 상당히 있다. 즉 이들 나라들의 발전전략에 있어 자유시장 정책이 핵심을 차지하는 것은 아니라는 점이다.

당시 지배적인 견해였던 워싱턴 컨센서스는 개발도상국들이 세계 자원과 시장잠재력을 이용할 필요가 있다고 단언했다. 발전을 위한 재원들이 공적 원조가 아닌 금융시장으로부터 점점 더 많이 나왔다. 이자에 함께 부채를 상환하기 위해 국가들은 수출을 통해 (수입을 통해 쓴 돈보다) 더 많은 돈을 벌어야만 했다. 그러나 문제는 어떤 교역조건에서 그렇게 할 수 있는가?

1970년대 초 저개발국들은 국제무역과 금융조직에 관한 규정들이 자신들의 이익에 불리하게 작용한다는데 의견일치를 보았다. 여러 가지 중에서도 농업수출을 발전시키려는 저개발국은 좌절을 맛보아야 했다. 농업부문에 어마어마한 **국가보조금**을 제공하는 미국과 유럽연합의 정책들이 저개발국에게 결정적인 중요성을 갖는 농업 수출을 가로막기 때문이다. 위선적이게도 선진국들은 개발도상국들에게 서비스와 공산품의 수입에 대한 관세를 낮출 것을 요구하면서 동시에 자국의 설탕, 쇠고기, 면직물, 신선상품 시장은 보호했다. 중국과 멕시코와 같은 나라들이 공산품의 주요 수**출국**이 되자 저개발국들은 부유한 나라들에게 공산품 시장과 농산물 시장을 좀 더 개방해 줄 것을 요구하기 시작했다.

저개발국들은 자신들의 요구사항을 1999년 시애틀 WTO회의에 가져갔고, 그 후 2001년 도하 회의에선 보다 강력하게 요구했다. 그들은 자신들이 세계시장에서 그냥 퇴장할 수 없다는 사실뿐만 아니라 자신들의 이익에 보다 더 유리한 규칙의 필요성도 깨달았다. 그러한 규칙은 선진국의 농업보조금 정책과 양립할 수 없었다.

자유무역을 증진하는 것에 대해 워싱턴 컨센서스는 자본의 이동성을 통한 경제발전을 강하게 주장하였다. 이 때, 자본의 이동성은 어떤 나라에서 투자자금이 쉽게 들어오고 나갈 수 있음을 의미한다. 이들 투자자금은 외국인직접투자, 상업은행대출, 주식과 채권의 구매를 포함해 다양한 형태로 유입된다. 어떤 것은 장기적이고 안정적이며, 어떤 것은 단기적이며 변덕스럽다. 어떤 것은 단지 투기적인데 반해 어떤 것은 생산을 위한 자산의 구매에 쓰이고 회사의 사업 확장 자금으로 사용되기도 한다. 자본의 이동성이 의미하는 바는 상대적으로 안전한 형태의 투자와 더불어 잠재적으로 위험하지만 충분한 보상이 따르는 투자를 허용한다는 것이다. 왜냐하면 위험한 것은 못하게 하면서 안전한 것을 관리하기란 힘들기 때문이다. 위험은 단기적 투기자금 — 케인즈가 '핫머니'라고 부른 — 이 빠르게 들어오고 빠져나감에 따라 호황과 불황의 주기가 불규칙하게 만들어지는 것이다. 자본의 이동성과 더불어 재정불안정과 IMF 구제금융을 필요로 하는 엄청난 위기가 찾아왔다.

장기외채의 부담

워싱턴 컨센서스의 세계적인 확산에도 불구하고 1990년대까지 대다수 가난한 나라들은 워싱턴 컨센서스가 약속한 어떠한 이득도 수확하지 못했다. 오히려 세계 40개 (주로 아프리카에 위치한) **고채무빈국들**HIPCs: heavily indebted poor countries 은 세계은행, IMF, 몇몇 국제은행으로부터 빌린 장기 채무의 덫에 걸렸다. 간단히 말해 이 국가들은 채무상환을 지속할 수 없었다. 이 국가들 중 몇몇은 **부당채무**odious debt, 또는 이전 부패한 정부가 약속해버린 국외기관에 대한 의무에 대해 불만을 토로했다. 이미 알려진 바와 같이 이라크의 후세인Saddam Hussein, 에티오피아의 마리암Mengistu Haile Mariam, 칠레의 피노체트Augusto Pinochet가 부당채무를 발생시킨 사례에 해당한다.[10] 세계금융과 통화기구의 채무구제 메커니즘은 최빈국들을 위해 설계되지 않았다.

1990년대 후반 이래로 UN, 비정부기구들, IMF, 세계은행의 관계자들, 개발 전문가들, 심지어 록스타들은 이 문제를 바로잡기 위한 캠페인을 벌여왔다. 1996년 북반구와 남반구국가들 모두에서 일어난 민중운동의 압력을 받은 후 채권자들은 세계은행의 지휘 아래 **고채무빈국 이니시어티브** HIPC Initiative를 발의했다. 세계에서 가장 가난한 나라들의 채무를 탕감해 주는 것을 목적으로 했으나 1999년까지 오직 네 나라만이 채무구제를 받았고 그 외 이니시어티브로 인해 입은 혜택도 채무원금에 붙는 이자 지불금의 상승으로 인해 사라져버렸다.

1999년 독일 쾰른에서 열린 G7정상회담 기간 중 발생한 대규모 시위에서 주빌리 2000Jubilee 2000의 지지자들은 신자유주의적 발전정책과 특히 IMF와 세계은행 관행의 부적절함에 대해 공격했다. 주빌리 2000은 발전지향 비정부기구들, 교회, 노동단체들이 연합하여 전세계적 차원의 정의실현을 위해 2000년까지 선진 산업국들이 40개 채무국의 부채를 탕감해 줄 것을 촉구한 운동이었다. G7정상회담에서 국가지도자들은 가난한 나라들의 부채 1조 달러를 탕감해 줄 것을 약속했다.

이 장의 후반부에 언급할 것이지만 돈을 자유롭게 하여 빈곤퇴치에 사용될 수 있도록 하려는 이러한 노력은 소기의 성공을 거두고 있다.

어떻게 발전할 것인가? IPE 발전전략

IPE 관련 저작들은 적절한 발전전략을 어떻게 결정할 것인가에 대해 여전히 열띤 논쟁을 벌이고 있다. 표 11.2는 사람들로부터 가장 많은 주목을 받고 있는 세 가지 발전전략의 주요 요소들을 정리한 것이다. 이 세 가지 전략은 세 가지 주요 IPE 시각과 조응한다는 점에 주목하라. 네 번째 전략인 자립self-reliance은 그 자체로서 발전의 이론적 모델은 아니지만 앞의 세 가지 전략에 기인한 실패를 바로잡기 위한 대응이다. 자립은 발전을 이룩하는 것에 관한 한 각국의 장점과 약점을 모두 감안하려는 시도이다.

경제적 자유주의 시각

발전에 관한 경제적 자유주의 시각은 저개발국이, 특히 무역을 통해, 세계시장경제에 통합될 것을 요구한다. 무역에서의 비교우위에 방점을 둠으로써 저개발국들은 국제무역의 혜택을 기회로 삼아 튼튼한 경제를 건설할 수 있다. 무역은 가난한 나라들이 천연자원과 (주로) 농산물을 수출할 수 있게 하고 동시에 해외에서 생산된 공산품에 접근할 수 있게 해 준다. 수출을 통해 번 돈으로 경제가 성장하게 되면서 이들 나라들은 점진적으로 제조업에 대한 신규투자를 촉진할 해외기술과 지식을 좀 더 많이 획득할 수 있게 될 것이다. 이러한 시각에 의하면 저개발국은 '후발주자'로서 현재 발전된 상태

| 표 11.2 | IPE의 고전적인 발전전략 + 1 | | | |

	경제적 자유주의	구조주의	중상주의	자립(self-reliance)
전략 목표	경제성장; 농업보다는 제조업과 공업	빈곤퇴치와 평등한 소득분배	국부와 복지 증진을 위한 경제성장	경제성장, 그러나 대중을 희생시켜서는 안 됨.
정책 수단	'성장 동력'으로서 무역; 공업발전; 국가가 우선 변화를 주도하기 위해 강해야만 함.	국가주도 발전; 복지 정책; 수입대체	건강한 산업을 목표로 하는 국가의 산업정책; 수입대체와 수출주도 성장	공식적인 전략은 없으나, 가능한 경우 자유 시장을 포함한 국가의 산업정책과 무역정책
부작용	일반대중은 경제적 만족감을 조금 기다려야만 함; 민주주의는 나중에 옴	느린 경제성장	국가정책이 종종 보호주의적이고 타국에 대해 공격적이라고 여겨짐; 국가에 의한 투자는 특수이익을 반영함.	계획을 하기 힘듦; 공직자는 어떤 수단이 언제 가장 좋은지 판단할 수 있을 정도로 현명해야만 함.
사례	미국, 영국, 일본, 아시아의 호랑이들, 홍콩	쿠바, 1978년까지의 중국, 탄자니아, 1990년까지의 체코 공화국, 오늘날의 베네수엘라	일본, 한국, 말레이시아, 인도네시아	오늘날 대부분의 신흥국으로, 중국, 인도, 브라질, 인도네시아

에 있는 선진국의 정책적 실수를 배우는 동시에 발전과 산업화를 위해 시장을 이용할 수 있다. 이렇게 일의 경과를 다 지켜본 후 방법을 깨닫게 됨으로써 후발주자는 발전의 과정을 가속하는 동시에 자원을 덜 허비하고 보다 효율적으로 사용할 수 있게 된다.

자유주의적 시각에서 보면 다국적기업MNCs은 자본, 일자리, 기술의 주요원천 중의 하나이다. 세계도처의 각국 정부들은 외국인직접투자FDI를 끌어들이기 위해 지속적으로 경쟁하고 있다. 부유한 나라들과 국제기구로부터 받는 해외원조도 경제기반시설을 건설할 수 있는 빈곤국의 능력을 강화하는데 결정적인 역할을 한다. 비평가들은 개발도상국들이 FDI를 유인하기 위해 경쟁함으로써 실제로는 제 살 깎아먹기를 하고 있다고 주장한다. 왜냐하면 아주 저렴한 임금과 덜 엄격한 규제의 형태로 해외 투자자들에게 아주 유리한 조건을 제시함으로써 투자유치를 받기 때문이다. 이는 임금과 노동조건의 '하향평준화race to the bottom'를 초래하는데, MNCs와 투자자들이 좀 더 '투자자 우호적'인 장소로 자신들의 영업활동을 이전하지 못하게 하기 위함이다. 섬유, 가죽제품, 신발을 생산하는 가난한 나라에서 저임금과 고된 노동으로 착취당하는 공장노동자들의 흔한 이미지는 다국적기업MNCs과 외국인직접투자에 대한 진실을 말하고 있는 비판의 한 실례이다.[11]

자유주의 모델에 의하면 저개발국의 경제발전을 가로막는 주된 장애물은 자본, 생산성, 과학 기술적 기초의 빈약성이다. 그 외의 장애물에는 빈약한 기간시설, 취약한 교육체계, (일수도 아닐 수도 있지만) 전통적 가치체계가 포함된다. 이런 식의 추론에 따라 신자유주의 시각은 대체로 저개발국들이 상대적으로 덜 발전된 상태를 탈피하는 데 있어 글로벌 차원의 구조적 조건은 그리 중요하지 않은 것으로 간주하며, 대신 앞서 말한 내부적 조건에 초점을 둔다. 자유주의 시각의 다른 변형들은 교육, 훈련, 기술개발과 같은 발전의 사회적 측면을 강조한다. 이 장의 말미에 삭스Jeff Sachs의 저작에 대해 논의할 것이지만, 삭스는 발전의 과정에 보다 더 사회적 요인을 결합시키고자 노력해 왔다.

1850년대 영국 내 노동착취(제4장 참조)에 대해 서술한 마르크스Marx는 노동착취가 21세기에도 여전히 존재한다는 사실에 그리 놀라지 않을지도 모른다. 저개발국들에게 있어 노동착취형 산업은 발전의 난제 중 가장 다루기 힘든 진실이다. 이 나라들은 일자리, 투자, 기술, 수출로 얻는 이익이 필요하며, 다국적기업MNCs은 작업환경을 위험하고 착취적이게끔 만든다. 그러나 모란Theodore H. Moran이 설명하는 바와 같이, 하향평준화 시나리오가 MNC투자에 대한 이야기의 전부는 아니다. MNC투자의 대부분은 우리가 예상하는 바와 같이 북에서 남으로의 방향이 아닌 북에서 북으로, 즉 선진국에서 다른 선진국의 방향으로 이루어진다. (대부분의 MNCs는 저개발국의 노동착취 현장에서 지불되는 임금보다 높은 임금을 지불하는 사업에 투자한다. 자신들의 투자가 저임금 미숙련 산업에 투입될 때마저도 외국의 MNCs는 노동착취형 작업장을 직접 운영하지 않고 노동착취형 작업장을 운영하는 현지 하청업자와 계약을 함으로써 열악한 노동조건에 대한 책임을 모면한다.)

모란은 저개발국들에서 노동조건을 개선하기 위한 다양한 전략들에 대해 논의한다. 여기에는 보편적인 근로기준을 채택하고 착취형 작업장에

대한 고려를 WTO협정에 반영하는 것이 포함된다.[12] 모란은 열악한 작업환경에서 번 돈에 의존하는 소극적인 전략, 즉 그 돈이 '낙수효과trickle down'를 내서 경제를 성장시키리라고 기대하는 전략은 잘못된 것이라고 주장한다. 대신 그는 노동자의 숙련도를 개선하고 고도의 기술산업과 일자리를 적극적으로 유인하기 위해 부분적으로 MNCs가 제공하는 자원을 사용하는 '축적buildup' 전략을 제안한다. 이 축적전략은 단지 MNC의 자금을 끌어오는 것에 그치지 않고 광범위해야만 한다. 모란은 필리핀, 코스타리카, 도미니카공화국의 경험을 그 증거로 제시하는데, 정부 프로그램을 통해 이 나라들은 착취형 작업장을 벗어날 수 있었다.

경제적 자유주의의 전망은 서구의 전략을 포함하며, 빈국과 부국 간의 관계는 서로에게 이롭다고 가정한다. 이러한 전망이 갖는 매력은, 미국과 다른 선진산업국들이 일련의 성장단계를 거쳤으며 이 성장단계설이 발전의 난제를 풀어야 할 저개발국의 정책결정자들에게 기준점을 제공한다는 해석에 있다. 경제적 자유주의의 가정에는 저개발국들도 서구 선진국들과 같이 개방시장체제의 작동을 통해 발전할 것이고 유사한 '성장의 단계'를 경험하리라는 것이 포함된다. 발전에 관한 가장 영향력 있는 자유주의 경제이론들 중의 하나는 로스토우W. W. Rostow에 의해 제시되었다. 그는 케네디 대통령의 자문으로 활동했다.

로스토우에 의하면 저개발국들은 사회경제적 체제에 있어 일련의 변화를 겪어야만 발전할 수 있다.[13] 이 '진화적' 변화는 발전으로 향하는 사회가 거쳐 가는 '(경제)성장의 단계'라는 일련의 과정으로 대표된다. 전통사회는 엄격한 사회적 목표와

운명론적 가치에 의해 개인이 제약되는 전통적 사회체계이고, 기술혁신이 일어나지 않기 때문에 경제생산성이 낮은 수준에 머물러 있다. 교육과 문자 해득률의 증대, 기업가 정신의 출현, 원자재와 사회기반시설에 대한 투자는 상업 활동을 확대한다. 상당한 불협화음이 발생함에도 불구하고 사회는 발전과정과 양립할 수 있는 변화를 겪는다.

'도약' 단계에서 기업가 정신이 보다 팽배해짐에 따라 새로운 산업이 급속하게 늘어난다. 부상한 자본가 계급은 경제적 혁신을 받아들이고 산업화를 추진함으로써 변화에 속도를 높인다. 역으로 전통적인 사회적 가치의 영향은 감소한다. 발전의 후반부 단계는 첨단 기술의 사용과 저축과 투자의 증대(대략 GNP의 15내지 20퍼센트)로 특징지어지며 이로써 경제를 성숙시키는 추진력이 유지된다. 저축과 투자가 높은 수준으로 유지되는 나라들은 낮은 수준의 저축을 보이는 나라들에 비해 보다 빠른 속도로 발전할 것으로 여겨진다. 경제의 주요부문들이 인구 전체에 재화와 용역을 제공할 수 있을 때 대량 소비와 지속가능한 성장이 이루어지는 마지막 단계에 이르게 된다.

로스토우의 이론은 대체로 서구 선진국들이 경험한 역사적 궤적에 근거하고 있다. 그는 발전의 단계를 보편적인 것으로 인식하여, 장기적으로 보면 북반구 선진국은 남반구 개발도상국이 거칠 발전과정의 견본을 보여줄 수 있다고 주장한다. 기술의 역사적 진전과 확산은 불가피하게 변화를 불러오는데, 이 변화는 경제발전 과정의 초기 단계에 있는 저개발국에서 필연적으로 일어나야 하는 것이다. 이러한 경제모델의 지지자들은 개발도상국들이 영국 혹은 미국과 같은 근대적이고 산업화된 나라가 될 것이라고 암묵적으로 가정한다. 또

한 저개발국 경제가 성장하고 활력적인 중산층이 등장함에 따라 민주주의에 대한 요구와 같은 비경제적 변화도 수반될 것이라고 가정한다.

이 발전전략은 개방시장과 자유무역에 우선순위를 두며, 따라서 저개발국들이 타고난 비교우위에 근거해 수출지향 성장정책을 채택할 것을 장려한다. 수출은 보다 효율적인 자원의 배분이 이루어지도록 경제를 이끄는 국가에게 '성장의 원동력'을 제공한다. FDI가 활력적인 경제활동을 촉진한다면 해외원조는 중요한 전략적 필요를 충족시키는 데 일조한다. 세계화의 과정과 그로 인한 연관효과가 점점 더 두드러지게 나타남에 따라 이 경제모델의 지지자들은 개발도상국과 선진국들 간 보다 높은 수준의 상호의존이 가져오는 이점을 환기시켰다. 그들은 발전의 초기단계엔 오직 소수 엘리트만이 자유무역의 이득을 향유할 가능성이 크다는 사실을 인정하면서도, 경제가 성숙해 감에 따라 그 경제적 이득은 낙수효과를 통해 사회 전반에 혜택을 돌려줄 것이라고 확신한다. 이러한 접근법에 있어 빈곤의 확산을 막는 목표가 가장 중요한 당면과제는 아닐지 모르지만, 장기간에 걸쳐 이러한 낙수효과가 결핍의 상태를 완화시켜 줄 것으로 기대한다.

경제적 자유주의 사상은 부분적으로 많은 국가들이 성취한 경제발전과 관련하여 지대한 관심을 받아왔다. 그러한 국가들엔 일본, 아시아의 호랑이들(대만, 한국, 홍콩), 중국, 말레이시아, 태국, 인도네시아가 포함되는데, 이들은 약간의 변형은 있지만 수출지향정책을 채택했다. 하지만 지금까지 논의한 바와 같이 이들 나라들이 경제적 자유주의 모델과 정확하게 일치하는 접근법을 취했는지에 대해서는 이견이 다소 존재한다. 더욱이 반세계

화운동과 글로벌 금융위기가 던지는 의문은 과연 이 모델이 최빈개발도상국들에게도 적용가능한 발전전략을 제공해 줄 수 있는가의 여부이다.

구조주의적 시각

발전의 문제에 대한 마르크스주의자와 초기 구조주의자들의 비판은 중심부 국가들이 주변부 국가를 지배하고 종속관계를 조성한다는 주장으로부터 시작한다. 이러한 비판에 따르면 서구의 산업화 모델은 저개발국들에게 부적절한데, 무역, 원조, FDI를 통해 선진국이 주변부와 맺는 '신제국주의적' 연관은 자주 이중 구조의 경제를 낳는다. 저개발국 경제의 일부는 중심부의 초국적 엘리트들과 잘 연관되어 있는 부유한 엘리트로 구성되는 반면 나머지 부분은 미래가 암울하고 현지의 관습과 가치에 얽매여 있는 민중들로 구성된다. 열정적인 마르크스주의적 구조주의자들이 보기에 자유주의적 낙수효과 시장모델은 궁극적으로 엘리트들과 중심부 국가들에게 혜택을 줄 뿐이며 전반적인 사회발전으로 이어지지 않는다.

마르크스주의적 구조주의 모델은 냉전기 친소련 모델과 밀접한 관련을 맺고 있었다. 이전 소련의 위성국들과 북한, 쿠바, 베트남과 같은 저개발국들은 산업화를 최우선의 과제로 삼았던 동시에 자급자족과 세계 자본주의 경제와의 단절을 강조했다. 저개발국들은 경제를 폐쇄하고(경제자립정책), (종속을 부추기는)국제원조를 거부하고, 초국적기업의 현지 재산을 국유화함으로써 대외적인 종속을 극복하도록 권고되었다. 수출을 위한 생산을 하는 대신 저개발국들은 현지 생산자를 보호하기 위해 관세를 부과하고, 값비싼 상품의 수입을 제한하고, 현지 산업에 대한 보조금을 지급해야 했다. 한걸음 더 나아가 국가는 자유무역으로 인한 낙수효과를 기다리기보다는 보다 평등한 소득분배를 실행하고 기초 의료와 보건 프로그램을 강력히 후원함으로써 빈곤을 퇴치하도록 요구되었다.

1950년대 라틴아메리카의 학자들은 '비교우위'에 입각한 발전경로에 대해 점차 의구심을 갖게 되었고, 종속에 관한 비판은 남반구에 있어서 발전을 위한 영향력 있는 사고체계가 되었다. 자유시장체제는 일종의 위협이라는 믿음에 따라 몇몇 라틴아메리카 국가들은 **수입대체산업화**ISI: import-substituting industrialization 전략을 선택했다. 구조주의자들은 주변부에 위치한 국가가 외국자본, 기술, 시장에 종속되는 부작용을 최소화할 수 있는 방법의 하나로 내부지향적이고 민족주의적인 수**입대체산업화** 전략을 꼽는다. 주변부에 있는 개발도상국들이 1차상품의 생산에 특화하는 것은 원래부터 불리한 것이라고 많은 사람들이 믿게 되었다. 불리한 교역조건으로 말미암아 공산품의 수입은 저개발국의 외환보유고를 고갈시키는 주요 원인이었다. 이러한 상황을 변화시키기 위해 브라질과 멕시코와 같이 상대적으로 약한 산업기반을 가진 저개발국들은 실행 가능한 국내기반 제조업 부문을 건설하기 위해 매우 중요한 조치에 착수해야만 했다. 이들 나라들의 거대한 국내 소비시장을 감안하면, 소비재 공산품의 수입에서 현지 생산으로의 전환은 경제전반에서 일자리를 창출하고, 무역수지 적자상황을 개선하고, 발전을 촉진했을 것이다.

수입대체산업화 전략의 첫 번째 단계는 1950년대 동아시아 신흥공업국들이 수행했던 것과 유사했다. 1950년대 즈음 브라질과 멕시코는 가공식품, 섬유, 신발과 같은 소비재의 현지 제조를 촉진하고 해외 수입을 축소하는 과정을 잘 수행하고 있었다. 그러나 동아시아와 라틴아메리카가 처한 상이한 상황은 이들의 수입대체산업화 전략에도 영향을 미쳤다. 역사적으로 자연자원과 농산물이 풍부한 라틴아메리카경제는 대만과 한국과 같은 동아시아경제에 비해 1차 상품의 수출에 점점 더 의존하게 되었다.[14] 이렇게 깊숙이 자리잡은 1차 상품위주 경제로부터 빠져나오기란 쉬운 일이 아니었다.

더욱이 브라질과 같은 나라에서는 소비재시장에서 외국인 점유율을 낮추기 위해 보호주의정책이 과도하게 사용되었다. 이에 반해 동아시아에서는 같은 목적을 위한 정책의 초점이 현지 생산된 상품의 국제적 경쟁력을 높이는 것에 맞춰졌다. 이런 이유로 1960년대 말경 한국은 수입장벽을 유지한 채 자국의 수출을 증진하고 있을 때, 브라질과 멕시코는 수입대체산업화 전략을 강화하는 다음 단계에 접어들고 있었다. 아이러니하게도 외국자본에 대한 종속을 줄이는 대신 이들 나라들은 수입대체산업을 심화시키기 위해 해외로부터 자금을 들여와야만 했다. 수입대체산업화 전략의 이 두 번째 단계는 자본집약적 상품의 다각화와 더불어 노동집약적 소비재 제조업의 확대를 수반했다.[15] 이 단계에서 정부와 국영기업의 역할은 확대되었다. 증대되는 국가의 존재감은 (흔히 국가가 소유한) 소수의 회사들에 의해 관리되는 생산의 집중화와 관련이 있었는데, 이들 소수의 회사들은 개인회사만큼 생산적이지 않았다.[16]

그러나 이러한 경제가 이룩한 성과는 수출지향적 동아시아 신흥국의 성과만큼 탁월하지 못했다.

1960년대부터 1980년대까지 브라질과 멕시코는 국제시장 대신 국내소비시장에 심하게 의존했다. 성장을 지속하기 위해 생산은 구매력을 가진 사람들의 소비패턴을 반영했다. 이렇게 함으로써 빈부격차는 더욱더 심화되었다. 대조적으로 동아시아 신흥공업국에서 소득불평등 격차는 줄어들었다.[17]

오늘날 대다수 구조주의자들은 저개발국의 중심부 국가와의 경제적 연계에 대해 그렇게 비관적으로 생각하지 않으며, 수출지향 성장전략과 무역에 대한 적극적인 태도가 개발도상국에게 중요한 이익을 가져다 줄 수 있다는 생각에 귀를 기울인다. 실제로 수십년 간 내부적으로 집중해 왔던 중국과 인도는 외부지향적 정책에 보다 수용하며 변화했다. 다른 구조주의자들은 저개발국들이 보다 나은 교역조건과 적절한 투자를 확보하기 위해 점차 힘을 합하여 국제무역협정과 금융기구에서 영향력을 얻으려고 노력하고 있다는 점을 강조한다.

중상주의적 시각

중상주의자들은 국제무역을 국가발전에 필수적이라고 본다. 그러나 그들은 일반적으로 자유주의적 시각과 관련된 자유방임이나 제한된 정부에 대한 원칙에 대해 그리 열정적인 반응을 보이지 않는다. 그들은 국가가 무역전략을 조직하는데 있어서 결정적인 역할을 수행한다고 믿는다. 동아시아의 몇몇 나라들은, 꽤 다양하지만, 일반적으로 **수출지향 성장**export-oriented growth으로 일컬어지는 전략을 채택했다. 이 중상주의지향 전략은 국가로 하여금 선택된 경제부문의 비교우위를 적극 활용하고 이 부분의 수출을 증진할 것을 요구했다. 그러나 동아시아 신흥국들은 불간섭주의 국가와 자유무역정책에 의존하는 대신에 자국 경제의 기본구조와 기능을 변화시켰던 특유의 국가정책과 국제정책을 공격적으로 추구했다.

첫째, 수출지향 동아시아 신흥국들은 생산의 핵심적인 구성요소를 바꾸었다. 1960년대 이전 여타 개발도상국들과 마찬가지로 한국과 대만은 노동집약적 소비재에 중점을 두는 제조업을 촉진하기 시작했다. 이를 달성하기 위해 각국 정부는 해외경쟁으로부터 '유치'산업을 보호하고 고용을 늘리는 중상주의 스타일의 정책을 수립했다.

1960년대 후반 경 한국과 대만은 재구조화의 다음 국면을 시작했다. 국내에서 생산된 내구재의 수출을 촉진함으로써 국제시장 점유율을 늘렸다. 국가에 의한 개입은 다시 이러한 수출촉진 노력을 출범시키는 데 있어 전략적인 역할을 했다. 비록 제조업에 필요한 원자재의 수입은 장려되었고 수출을 고무하기 위한 재정적 유인이 엄선된 국내 제조산업을 겨냥하고 있었지만, 수입품에 대한 선택적인 장벽은 그대로 유지되었다. 자국 통화를 평가절하 함으로써 이들 동아시아 국가들은 국제시장에서 자국의 수출이 보다 경쟁력을 갖출 수 있게 했고, 수입이 국내 소비자들에게 덜 매력적이게 만들었다.[18] 그러므로 동아시아 신흥공업국들은 이러한 보호주의적 조치를 통해 자국산 제조상품의 비교우위를 의도적으로 **창출**했다.

1970년대 기간 동안 한국의 제조부문은 철강, 석유화학, 자동차를 포함하는 (기술집약형) 중공업으로 확대되었다. 재구조화를 위한 이러한 노력들은 결실을 맺었다. 한국의 GDP에서 제조업이 차지하는 비율은 1960년 14퍼센트에서 1980년경 30퍼센트로 상승했고, 그 후로도 안정적으로 이 수준을 유지했다. 농업이 차지하는 비율은

같은 기간 37퍼센트에서 15퍼센트로 감소하였고, 2012년에 이르러서는 GDP의 3퍼센트로 하락했다. 대만의 GDP에서 제조업이 차지하는 비중은 1960년 26퍼센트에서 1980년대 중반 최고 약 40퍼센트로 상승했고, 2000년 이후로 25퍼센트에 머물러 있다. 상대적으로 GDP에서 농업이 차지하는 비율은 29퍼센트에서 2012년 고작 2퍼센트로 하락했다.[19]

높은 수준의 저축과 투자 증진은 수출주도 성장전략의 또 다른 주요 구성요소였다 (연구와 개발에 대한 엄청난 노력도 주요 구성요소였다). 여러 요인들이 섞여 이 과정에 기여했다. 한국에서 이자율의 상승은 가계저축을 늘렸다. 정부는 또한 개인은행과 금융기관의 설립을 지원함으로써 그간 소비자와 영세 개인회사가 널리 사용한 전통적이고 비공식적인 단기금융시장을 무색하게 만들기 시작했다. 이 정책은 경제운영상 저축에 대한 정부의 감독권을 증대시켰다.[20] 싱가포르와 홍콩에서 금융기관의 성장은 자본형성 — 한 나라가 보유한 설비, 기계, 건물, 기타 생산적 자산을 축적하는 과정 — 에 있어 결정적인 요인이었다. 흥미롭게도 싱가포르는 정부가 금융기관을 엄격히 통제하는 접근법을 발전시킨 반면 홍콩은 반대로 금융부문에 대한 최소규제 방식으로 기울었다.[21]

동아시아로 유입된 외국 자본과 원조는 자본형성과정에 영향을 미쳤다. 1950년대 한국동란 이후 한국의 해외원조에 대한 의존은 특히 중요한 의미를 갖는다. 한 추산에 따르면 한국의 국내 자본형성의 대략 70퍼센트는 1950년대 이루어진 해외원조로부터 비롯됐다고 한다.[22] 대만의 국내 자본형성도 같은 기간 동안 유입된 해외자본에 심하게 의존했다. 약 40퍼센트가 해외로부터 조달되

었다. 자본을 형성하는 시기가 국내 신흥 경공업 제조산업을 해외경쟁으로부터 격리하기 위해 한국과 대만이 보호주의 조치를 사용함으로써 구조적 변환을 겪고 있을 때였다는 사실을 기억하라.

교육과 인적자원 개발은 발전에 관해 되풀이되는 주제들이며, 그래서 동아시아 신흥공업국의 성공이 이 주제에 대해 보다 많은 관심을 불러일으켰다는 것은 그리 놀랄만한 것도 아니다. 교육과 직업훈련에 대한 복합적인 투자에 힘입어, 산업과 투자 정책의 성공에 필수적인, 글을 읽을 줄 아는 숙련된 노동자들이 배출되었다. 이로 인해 생산성 향상, 산업 적응성의 증진, 평등의 확대가 이루어졌다.

그러므로 동아시아의 호랑이들은 단순히 '국가가 밀어붙이지roll back the state'도, 자유주의적 발전전략이 주장하는 바대로, 자유경쟁이 지배하도록 내버려 두지도 않았다. 국가는 산업화의 이득을 극대화하기 위해 수출지향 발전전략을 수립하는 도구였다. 세계시장이 제공하는 기회를 활용하기 위해 호랑이들은 국내의 경제적·정치적 분열을 막는 강한 국가정책을 필요로 했다.

자립

앞서 말한 대로 지금까지 소개된 세 가지 발전모델은 서로 다른 이념적 전망, 역사적 상황, 국가정책을 반영하고 있음이 분명하다. 자립전략은 전문가들과 정부 관리들이 도달한 결론, 즉 발전을 위한 '마법의 특효약'은 없다는 점을 반영한다. 어떤 표준모델을 엄격하게 따르는 것은 동그란 구멍에 네모난 말뚝을 박으려는 시도, 다시 말해 맞지 않는 시도이다. '발전: 맞춤형 접근법'이란 제목의 글상자 11.1은, 서로 다른 발전전략에 대해 말하고 있는 생각과 태도의 보기로서, 저명한 저널리스트와 대학교수 간에 있었던 발전에 관한 최근의 논쟁을 소개한다.

자립은 지금까지 언급한 세 가지 학파별로 정리된 전략들에 대해 논의하는 것으로부터 사례별로 작동하는 전략을 찾는 것으로 논의의 초점을 옮긴다. 자립모델은 적절한 발전전략의 조합을 고려할 때 각국이 처한 독특한 상황, 경제적 어려움, 보유한 자원을 감안하는 것이 중요하다고 강조한다. 자립은 다양한 결과가 나올 가능성에 대해 열려있다. 경제성장의 달성이라는 한정된 목적을 정책의 1차적인 목표로 삼지 않을 수도 있다. 그러나 대부분의 경우 정부 관리의 입장에서 그러한 목표를 거부하거나, 그러한 목표와 다양한 사회·문화적 복지목표가 균형을 이루게 만드는 것은 어려운 일일 수 있다.

에너지, 환경, 정치적 현실, 재정적 이슈와 관련해 가난한 나라들이 직면한 문제는 점차 증가하고 있으며, 늘어나는 문제의 수에 따라 그들이 선택할 수 있는 행동방침에도 제약이 따르게 된다. 어떤 전략을 선택할 것인가는 이론적 기반에만 근거해서 결정되기보다는 특정 저개발국이 맞닥뜨리고 있는 복합적인 국내외 요인들을 평가함으로써 정해져야 한다. 그러므로 몇몇 무역정책과 사회정책이 한국 혹은 대만에서 제대로 된 효과를 냈을지라도, 이들 정책들이 감비아와 가봉에도 적용된다고 단언할 수는 없다. 마찬가지로 강한 정부가 주도하는 산업화 전략이 베트남에서 제대로 작동하지 않을 수도 있지만, 다른 상황에 처한 또 다른 나라에서 그러한 전략이 적절하고 효과적일 수도 있다.

글상자 11.1

발전: 맞춤형 접근법

『파이낸셜 타임즈Financial Times』의 경제담당 수석 해설자인 울프Martin Wolf는 캠브리지 대학교 경제학 교수인 장하준의 논쟁적인 저서 『나쁜 사마리아인Bad Samaritans』(Bloombury Press, 2008)을 논평했다.[a] 장 교수의 주장에 따르면, 신자유주의자들은 개발도상국의 내부로 들어오는 직접투자를 규제하지 못하게 하고, 민영화의 필요에 집착함으로써 개발도상국에 피해를 입혔다. 신자유주의자들은 또한 부패, 민주주의의 부재, 변화에 대한 장애물로 짐작되는 여러 문화적 쟁점들을 과장했다. 다른 한편, 신자유주의자들은 중국과 같은 나라들이 보호주의적 산업 및 무역정책에서 180도 선회하여 수출을 위해 시장을 개방하려는 의도로 자유무역정책을 증진했다는 점을 지적한 것으로도 잘 알려져 있다. 이러한 정책들은 공산품 수출에 있어 중국이 갖고 있는 비교우위를 활용하였고 나라의 성공을 가능하게 했다. 마지막으로 신자유주의자들은 대체로 수입대체가 소규모의 비경쟁적이고 지대추구적인 독점(시장)을 만들었기 때문에 좋은 정책이 아니었다고 주장한다.

장하준의 저서에 대한 논평에서 울프는 한 가지 질문을 던진다. "발전을 위해 훨씬 긴 시간을 쓰고 있는 인도와 달리, 한국은 어떻게 그렇게 빠른 속도로 발전할 수 있었는가?" 울프는 한국이 '유치산업'을 보호하는 동시에 수입대체정책을 거부하고 일련의 외부지향 무역정책, 즉 자신을 세계시장에 개방하는 정책을 채택했기 때문이라고 말한다. 1990년대까지만 해도 인도는 국제경쟁으로부터 완전히 차단된 상태에 있었고 보다 내부지향적이었으며 정부가 직접적으로 현지산업

을 보호하였다. 그러나 계속되는 울프의 주장에 따르면 각국은 발전을 이룩하는데 도움이 되는 상황과 장점 면에서 서로 달랐다. 홍콩, 중국, 한국, 아일랜드, 싱가포르, 대만, 일본, 핀란드 모두가 결코 자유무역국가가 아니라는 점을 그는 인정한다. 몇몇 국가들은 다른 국가들에 비해 외국인직접투자FDI에 보다 더 과도하게 의존했다. 그러나 모든 국가가 자신에게 유리하게끔 국제경제를 이용했고, 내부지향적이기보다는 외부지향적이었다.

울프에 대한 답변으로 장하준은 다음과 같이 밝힌다. 자신은 자유무역을 나쁘다고 주장하는 것이 아니라, 자유무역정책이 반드시 다양한 보호주의적 정책(수입대체를 포함하여)과 함께 사용되어야 한다고 주장한다는 점이다. 보호주의적 정책을 통해 "국내 생산자들이 해외의 보다 우수한 생산자들과 경쟁하기 전에 스스로 생산능력을 배양할 수 있는 공간을 만들어 주는 것이다."[b] 일본이 자동차산업 육성을 위해 거의 40년을 이런 방식으로 해 왔고, 한국도 철강·조선·자동차·전자산업 육성을 위해 이런 방식을 택했다. 경제적 자유주의가 항상 제대로 작동하는 것은 아니다. 많은 가난한 나라들이 자유무역을 시행하면서도 저성장으로 고생했다. 예를 들어, 1960~1970년대 보호주의가 팽배하던 '힘들었던 옛날' 시절 라틴아메리카에서 1인당 국민소득이 평균 3.1퍼센트씩 성장했던 반면, 신자유주의가 팽배하던 '그리운 옛날'인 1980~2004년 사이 일인당 국민소득 성장률은 0.5퍼센트로 둔화됐다.

본질적으로 장하준과 울프는 다음의 사항에 의

(계속)

견의 일치를 보인다. 첫째, 개발도상국들은 급속한 경제성장을 원하고, 둘째, 대부분의 가난한 나라들에게 산업화는 자본과 기술, 경영능력을 발전시킬 수 있는 최선의 기회를 제공하며, 셋째, 상이한 발전전략이 가져다주는 혜택에는 미묘한 차이가 있지만 그럼에도 불구하고 어떤 한 가지 전략 또는 여러 전략을 혼합하여 제대로 움직이게 만드는 '마법의 해결책'은 존재하지 않는다. 자유무역과 경제적 자유주의 사상만이 문제를 푸는 유일한 해결방법은 아니다. 한국과 대만이 자유주의 원칙의 예외일지는 모른다. 무엇보다 중요한 것은 각각의 경우에 포함되어 있는 구체적인 도전을 인식하고, 그 상황에 적절한 옵션들 간의 올바른 균형과 조합을 채택하는 것이다.

참고문헌

a Martin Wolf, "The Growth of Nations," *Financial Times*, July 21, 2007 참조.
b Ha-Joon Chang, "Response by Ha-Joon Chang," *Financial Times*, August 2, 2007 참조.

동아시아의 기적과 금융위기

수입대체산업화와 수출지향성장 간의 논쟁으로부터 우리는 무슨 교훈을 얻었는가? 누구에게 이 질문을 하는가에 따라 대답은 언제나 다르다. 1990년대 초의 증거에 따르면 수출지향전략이 우세해 보이는데, 동아시아의 호랑이들과 동남아시아의 '새끼 호랑이들'(태국, 인도네시아, 필리핀, 말레이시아)의 다양한 성장 경험에 근거한 것이다. 팰로우즈James Fallows는 자신의 책 『태양을 보아라*Looking at the Sun*』에서 국가주도, 수출지향 경제성장의 동아시아시스템이 수입대체전략과 자유방임주의 정책보다 우수한 것으로 드러났다고 주장한다.[23]

라틴아메리카에서 나타난 결과들은 그만큼 좋지 않았다. 국제무역과 금융이 뒤엉키는 상황을 모면하기란 불가능하다는 것이 밝혀졌다. 국내산업을 건설하기 위해 외국에서 차관을 도입하는 전략은 라틴아메리카에서 지독한 부채위기를 낳았다. 종속을 피하기 위해 채택된 강력한 통제는 오히려 부패가 발생하고 특수집단에 의해 이익이 조작될 기회를 만들어주었다. 라틴아메리카는 저성장과 심화된 불평등을 경험했다.

세계은행은 『동아시아의 기적*The Asian Miracle*』이라는 제목의 연구보고서를 발간했는데, 수입대체산업화와 수출지향성장을 비교하여 그로부터 얻은 교훈을 평가하고자 했다.[24] 불평등을 심화시키지 않으면서 고도성장을 이룩한 '아시아의 기적'은 두 가지 기본적인 요인에 근거한다고 한다. 첫째, 동아시아 국가들은 '기본부터 제대로getting the fundamentals right', 예를 들어 경제수지와 물가상승률과 같은 거시경제지표를 올바로 유지하는데 성공했다. 이 말은 라틴아메리카 국가들이 내부지향적 발전을 모색하기 위해 도입해야만 했던 엄청난 경제적 왜곡을 피하기 위해 발전전문가들이 만들어낸 용어이다. 이와 대조적으로 동아시아 국가들은 임금, 가격, 환율을 비효율적으로 왜곡하지 않았다. 그들은 높은 저축률(이로 인해 외채를 많이 지지 않고도 투자가 가능했다), 높은 수준의 교육과 훈련, 안정적인 거시경제정책을 유지했다. 둘째, 몇몇 국가정책들이 성장을 효과적으로 이끌었는데, 특히 '수출장려' 정책이 그러했다. 세계은행에 따르면 국가주도 수입대체산업화와 국가주도 수출지향성장 간 정책적 경쟁이 보여주었던 것은 정부가 무엇을 했는가라기보다는 정부가 무엇을 하지 않았는가에 성공의 열쇠가 있었다는 것이다. 국가가 수많은 결정적인 실수를 범하지 않는다면 발전의 기회는 상당히 많다.

동아시아의 많은 학자들은 국가정책이 성공의 열쇠였다고 믿었다. 그들은 세계은행 보고서가 모든 실패의 책임을 국가에 돌리고 모든 성공은 자연적인 시장의 힘에 돌리고 있다는 데 주목했다. 그들은 아시아의 경제발전에 있어 많은 긍정적인 요인들, 예를 들면 높은 저축률, 건실한 교육체계, 상대적으로 낮은 소득불평등이 국가의 부재라기보다는 국가의 작용에 의해 좌우되었다는 점을 지적했다. 달리 말하면, 동아시아의 경제발전은 정교하게 만들어진 중상주의정책의 바로 그 결과였다.

1997년 시작된 아시아 금융위기는 발전전략에 대한 논쟁을 재개시켰다. 위기가 국가의 현명하지 못한 경제적 간섭(종종 정경유착의 정실자본주의라고 불리는)에 의해 야기되고 악화되었다고 보는 이도 있는 반면, 워싱턴 컨센서스의 성급한 채택, 특히 자본시장 자유화에 책임이 있다고 보는 이도 있다. 후자는 '때 이른 세계화'가 아시아 경제를 이상하리만치 금융위기에 쉽게 빠져들게 만들었다고 보는데, 국내적으로 필요한 기관과 규제가 제대로 갖춰지기 전에 국내 금융시장을 세계 금융시장에 개방한 것이 주된 원인이라는 것이다.

이것은 해결되어야 할 중요한 쟁점이었다. 세계은행 보고서가 제안했던 대로 자유방임정책을 추진하여 급속한 성장을 이루는가? 아니면 1997년 아시아 금융위기가 예시한 바와 같이 자유방임

정책들은 경제를 불안정과 위기에 노출시키는 것인가? 세계은행은 2011년 이 중요한 질문들을 다룬 『동아시아의 기적에 대한 재고*Rethinking the East Asian Miracle*』라는 제목의 연구보고서를 발간했다.[25] 이 보고서를 읽은 이들은 기적과 위기가 지나치게 단순화 될 수 없고, 되어서도 안 되는 복잡다단한 현상이라는 점을 제대로 인식하게 된다. 아시아 금융위기는 시장의 불완전성, 재정확대를 조장하는 정부-기업관계, 효과적인 규제와 사회안전망의 부재가 복합적으로 얽혀 만들어진 것이었다.

이에 더하여 몇몇 학자들은 오늘날 선진국들이 저개발국들에게 전수한 방법을 통해 과거 자신들이 성공을 거두었다고 말하는 것은 사실무근인 신화라고 주장한다. 그 대신 장하준이 적고 있는 바와 같이 "오늘날 부국들은 거의 대부분 자국산업을 발전시키기 위해 보호관세와 보조금을 사용했다. 흥미롭게도 자유시장과 자유무역정책을 통해 세계경제의 정상에 위치하게 되었다고 여겨지는 영국과 미국도 실제로는 가장 공격적으로 보호관세와 보조금을 사용해온 나라였다."[26]

달리 말하면, 역사적으로 볼 때 제대로 작동했던 것 ─ 아울러 최근 동아시아 신흥공업국들의 경험이 보여준 것 ─ 은 발전의 과정에 국가의 역할을 효과적으로 통합시켰던 발전전략이었다. 저개발국에서 발전의 핵심은 정부 역할의 비중이라기보다는 얼마나 좋은 정부인가에 달려 있다. 만약 정부가 사회적 목적과 제도를 해친다면 그것이 (시장규제를 덜 하리라고 여겨지는) 작은 정부라 할지라도 반드시 좋은 정부라고 할 수 없다. 마찬가지로 정부가 거대하다는 것만으로도 성공적인 발전에 많은 걸림돌을 조성한다. 아주 작은 것들이 큰 문제를 일으킨다.

발전과 세계화

21세기에 접어들어 세계전체가 겪고 있는 변화는 저개발국의 경제발전을 보다 달성 가능한, 그러나 보다 위험하고 복잡한 것으로 만들었다. 이러한 변화들을 한마디로 요약하면 바로 세계화이다. 저개발국들에게 있어 세계화에 직면한다는 것은 문제와 기회의 복잡한 배열에 직면하게 된다는 것을 뜻한다. 발전의 딜레마는 더 이상 수입대체산업화와 같이 하나의 거대한 발전전략을 선택하는 일이 아니라, 오늘날 발전의 밝은 면과 어두운 면을 함께 만들어내는 정책 선택과 그 주요 세부사항을 어떻게 다룰지 분석하는 일에 관한 것이다.

비공식 경제, 미소금융 그리고 자본의 미스터리

미소금융은 가난한 사람들에게 **비공식적 경제**informal economy라 일컬어지는 것을 통해 시장경제에 참여할 기회를 제공한다. 비공식적 경제란 경제체제의 일부로서 정부의 직접적인 통제 밖에서 작동하는데, 민초들의 기업가 정신이 발현될 기회를 제공하는 중요한 원천이다.

그러나 대다수 나라에서 규제와 법률적 쟁점은 사람들이 비공식적 경제에서 일을 시작하여, 그 기회를 적극적으로 활용하고, 성공을 극대화하는 것을 어렵게 만든다. 『자본의 미스터리The Mystery of Capital』라는 저서에서 페루의 경제학자 드 소토 Hernando de Soto는 민초수준에서 경제성장 가능성의 물꼬를 트는 데 자본이 필수적이라고 주장한다. 이는 미소금융microcredit 지지자들도 동의하는 바이다.[27] 드 소토는 저개발국의 가난한 사람들이 사용하지만 소유하지 않는 토지와 재산의 형식으로 자본에 접근하고 있다는 사실에 주목한다. 예를 들어, 영세농은 부재지주의 거대 사유지 중 유휴 토지를 경작하고 거기에서 살 수도 있다. 또한 도시의 노점상은 길거리 인도에 서서히 구조물을 지을 수도 있다.

그의 말대로 문제가 되는 것은 가난한 사람들의 자본이 비공식적이고 때때로 불법적으로 사용되기 때문에 **재산권**이 인정되지 않는다는 점이다. 이러한 자본은 쉽게 박탈될 수 있으며, 공식적인 법적 소유권을 획득하는 것은 어려울 뿐만 아니라 비용도 많이 든다. 물론 사업 확장을 위해 혹은 영구주택을 짓기 위해 자본을 담보로 사용할 수도 없다. 가난한 사람들은 아마도 10조 달러에 해당하는 자본을 가지고 있으나, 선진국 국민들이 이용하는 방식대로 그 자본을 사용할 수 없다. 드 소토의 주장에 의하면, 만약 자본주의가 가난한 사람을 위해 작동하려 한다면 가난한 사람들이 자본가가 될 필요가 있으며, 그렇게 되기 위해선 그들이 이미 사용하고 있는 자본에 대해 권리를 가져야만 한다.

발전에 성공하려면 모든 수준에서 발전이 동시에 진행되어야만 한다는 인식이 최근에 퍼졌다. 다시 말해 **오직 세계은행과 IMF가 제안하는 정책에만 초점을 맞춘다거나 또는 국가발전전략에만 초점을 맞춘다면, 저개발국들은 경제성장을 기대할 수 없다.** 두 유형 모두의 계획을 동시에 가동해야만 하며 심지어 그 이상의 뭔가가 일어나야만 한다. 즉 민초들에게까지 발전의 기운이 미쳐야만 한다는 것이다. 대규모 발전전략 상의 큰 과오 중 하나는 (미소금융에 반대되는 개념인) '거대금융 macrocredit'이 재원을 조달한 발전을 통해 부가 국제자본기구 혹은 수행기관으로부터 마을과 도시 거리로 이전될 것이라고 생각하는데 있다. 미소금융에 관한 발상은 발전이 밑바닥으로부터 확대될 가능성에 대한 관심을 새롭게 했다.

돈이 빈민층에서 부유층으로 이전되는 방식의 접근법trickle-up approach으로 혜택을 본 것 중의 하나가 **미소금융**Microcredit이다.[28] 소액금융지원은 소규모 자영업을 시작하려는 사람들에게 돈을 빌려줌으로써 가난한 사람들이 자발적으로 빈곤에서 탈피할 수 있도록 하는 것을 목적으로 한다. 이들이 돈을 갚으면 다른 사람들이 다시 이 돈을 빌려 갈 수 있게 된다. 가장 잘 알려진 미소금융의 예는 **그라민은행**Grameen Bank으로 1976년 유누스Muhammad Yunus 교수에 의해 방글라데시에서 설립되었다. 미소금융에 의한 대출은 아주 소액으로 고작 20달러 혹은 50달러 정도지만 그 잠재적 영향력은 크다. 사업이 시작된 이래로 그라민은행의 총 여신은 110억 달러를 넘어섰으며 대출자의 95퍼센트가 여성이다. 미소금융기관이 성공한 이유 중 하나는 **비대칭정보**asymmetric information라고 불리는 경제문제를 극복했기 때문이다. 문제는 바로 아무리 작은 돈이라 할지라도 빌린 돈을 갚으리라고 누구를 믿을 수 있냐는 것이다. 만약 당신이 믿을 만한 사람을 알고 있다면 그에게 저리의 이자로 돈을 빌려 줄 수 있을 것이다. 그러나 만약 당신이 누구를 믿어야 할지(혹은 신용할 수 있는지) 알 수 없다면 예상되는 손실을 보상하기 위해 모두에게 높은 이자를 물려야만 할 것이다. 그러나 높은 이자율은 믿을만한 사람이 돈을 빌려 쓰지 못하게 하며, 따라서 그들이 사업을 시작하거나 확장할 가능성을 줄이게 된다. 누가 믿을만한 사람인가 분별하는 문제와 대출자들을 감독하는 비용은 돈을 절실히 필요로 하는 가난한 사람들에게 신용대출을 어렵게 하거나 비싸게 만듦으로써 민초들의 발전을 제한한다.

미소금융기관들은 대체로 여성으로 구성된 작은 집단에 돈을 빌려줌으로써 이러한 문제를 해결한다. 집단의 각 구성원이 집단이 받은 대출금을 갚는데 개별적으로 책임을 지게 하는 상황에서 같은 목적을 공유하는 생산적이고 믿을만한 동료와 함께 일하는 것은 집단 구성원의 주된 관심사이다. 이리하여 "당신은 누구를 믿습니까?"라는 정보 문제가 대출기관으로부터 각 집단의 구성원에게로 옮겨간다. 돈을 대여해줘도 될 사람인지 판단하는 부담을 은행에서 돈을 대출받을 집단으로 넘김으로써 미소금융기관들은 여신금융에 기반한 민중경제가 발전할 가능성을 열었다.

융자가 언제든지 가능한 사회에서 줄곧 살았던 사람들은 작은 돈이라 할지라도 그것이 아주 가난한 곳에 살고 있는 사람들에게 얼마나 큰 혜택을 가져다 줄 수 있는지 알지 못한다. 여성들로 이루어진 작은 집단은 대출금으로 직물 혹은 원재료를 사서, 그것을 가공해 현지 혹은 지역 시장에 내다 팔 수 있다. 원재료 구매에 쓸 자금이 없었더라면 그들의 노동은 시장에 통용되는 가치로 실현될 수 없었을 것이다. 이렇게 창출된 작은 소득은 해당 가구의 경제적 지위와 여성의 사회적 지위 모두를 변화시킬 수 있다.

비록 미소금융기관들이 사회경제적 변화를 위한 의제에서 출발하지만, 비평가들은 재정적으로 지속가능할 필요성 — 즉 이자수입을 얻고 높은 대출 상환율을 달성하는 — 이 때때로 이러한 우선순위의 변경을 초래한다고 비판한다. 비평가들의 우려는 경제적으로 지속가능해야 한다는 중압감으로 인해 이들 미소금융기관들이 가난한 사람 중에서도 극빈자에 대한 대출을 기피한다는 것이다. 사실 신용에 대한 접근이 가장 필요한 사람들이 바로 이 극빈자인데도 말이다. 또 다른 우려는 미소금융기관이 성공적이라면 자본주의적 관행과 가치를 토착사회에 들여올지도 모른다는 것이다.

새천년의 발전

서로 경쟁하는 모델과 전략에 대해 수년에 걸쳐 논쟁해 왔음에도 불구하고 빈곤은 세계 도처에 여전히 고질적인 문제로 남아있다. 보노[ii]와 같은 록스타들은 최빈국의 심각한 상황을 좀 더 심각하게 다루자는 캠페인을 공격적으로 전개해 왔다. 특히 사하라이남 아프리카의 빈곤, 아동 영양실조, 질병에 대해 집중 조명함으로써 발전의 지형이 지난 수년간 상당부분 변화되었지만 세계의 빈곤지역은 여전히 가장 기본적인 필요마저도 충족시키지 못하고 있다는 사실을 분명히 상기시켰다.

의료서비스에 대한 접근에 대해 생각해 보자. 과학자와 공중 보건관계자의 활약에 힘입어 선진국에서는 말라리아, 천연두, 결핵과 같은 전염병이 사실상 퇴치되었다. 저개발국에 사는 엄청난 수의 사람들은 그렇게 운이 좋지 못하다. 연구에 돈이 많이 들고 잠재고객의 소득이 낮기 때문에 적도지역에서 만연하는 질병에 대한 의료연구는 덜 이루어진다. 의약품이 가용되고 의학적 치료가 널리 알려진 곳마저도 공중보건 프로그램을 운용하는 비용은 엄청나다. 부패하지 않은 정부마저도 공중보건을 힘겹게 우선순위에 놓는다.

그러나 사하라이남 아프리카에서 에이즈 창궐이 보여주는 바와 같이 공중보건 이슈를 무시함

으로써 치르는 비용은 엄청나다. UN에이즈프로그램UNAIDS: Joint United Nations Programme on HIV/AIDS의 보고에 따르면, 지난 10년간 HIV 감염률은 계속해서 내려갔지만 사하라이남 아프리카는 여전히 AIDS에 의해 혹독하게 영향을 받고 있는 지역으로 남아있다. 예를 들면, 2011년 알려진 HIV 감염의 69퍼센트는 사하라이남 아프리카 지역에 집중되어 있으며, 새로 감염된 HIV의 71퍼센트가 이 지역에서 발생했다. 문제는 예방, 치료, 교육에 필요한 돈이 부족하다는 것이다. 그 외 상황을 악화시키는 요인에는 정부관계자의 태도와 병을 퍼뜨리는 사회적·성적 관행이 포함된다. 이렇게 엄청난 문제를 해결하기 위해서는 시민들이 해외로부터 지원을 구하고 자신들이 지금까지 해왔던 관행에 대해 반성할 필요가 있다.

어떤 면에서 보면, 빈곤과 보건관련 문제에 대한 관심은 2000년 UN이 마련한 새천년개발목표MDGs: Millenium Development Goals를 쫓아 꾸준히 증가했다. 이 계획은 최빈국이 처한 심각한 경제적·인간적 조건을 개선하기 위해 국제공동체가 어떻게 헌신해야 하는가에 대해 다시금 생각할 수 있게 해 주었다. 밀레니엄 발전프로젝트는 크게 다음의 8가지로 규정된 목표를 추구한다.[29]

1. 빈곤과 극심한 기아를 반으로 줄이기
2. 보편적인 초등교육을 실시하기
3. 양성평등 실현과 여성의 권리 신장하기
4. 2015년까지 아동사망률을 2/3만큼 줄이기
5. 산모사망률을 2/3만큼 줄이기
6. 2015년까지 HIV/AIDS와 말라리아의 확산을 반으로 줄이기
7. 환경적 지속가능성 확보하기
8. 개방되고, 규정에 근거한, 비차별적 무역과

---

ii 〈역자 주〉 록그룹 U2의 리드보컬.

금융 시스템을 포함하여 발전을 위한 동반자 관계 만들기

저명한 미국의 경제학자 삭스Jeffery Sachs가 UN의 자문으로 기용되었다. 세계 여러 정부들을 자문하면서 그는 산업국들이 앞서 언급한 목표를 달성하는데 보다 강도 높게 헌신할 것을 주장해 왔다. 삭스는 세계은행과 IMF와 같은 국제기구와 부유한 나라들이 민영화에 치중하면서, 빈곤축소와 빈국에 대한 재정지원의 중요성은 간과하고 있다고 주장한다. 그는 다음과 같이 적고 있다.

늘어나는 해외 재정지원이 필요한 방향으로 이루어지진 않았다. 실제로 가난한 나라에 대한 1인당 해외원조는 1980년대와 1990년대 기간 동안 급격히 줄었다. 예를 들어, 2002년 고정 달러로 환산하면, 사하라이남 아프리카에 대한 일인당 원조는 1980년 32달러에서 2001년 겨우 22달러로 하락했다. 이 기간은 아프리카에서 세계적 유행병이 만연했고 공공지출을 늘릴 필요성이 명백했던 시기였다. 대다수 아프리카 국가들은 세계은행으로부터 공공의료서비스의 민영화, 또는 최소한 보건과 교육에 대한 사용료를 받으라는 잔소리를 들어왔다. 그러나 세계은행의 주주격인 대부분의 고소득 국가들은 일반시민 모두에게 허용된 보편적 공공의료체계와 공교육체계를 유지하고 있다.[30]

시장지향 발전모델에 있어서 결정적으로 중요한 것으로, 삭스는 부유한 국가들이 최빈국들에게 원조를 제공할 수 있고 그렇게 해야 한다고 믿는다. 표 11.3은 특히 2000년 이래로 주요 원조국들이 순정부개발원조를 늘려가고 있다는 사실을 보여준다. 이러한 증가의 동인 중 하나는 이들 국가들이 수행하고 있는 테러와의 전쟁을 지원하기 위

함이다. 원조가 부패한 관리들의 수중으로 들어가거나 혹은 저개발국의 상황을 악화시킬 수 있다고 염려하는 사람들에 대해, 삭스와 UN은 저개발국 스스로 노력하여 정부가 가난한 사람들의 필요에 좀 더 신속하게 반응하도록 만들어야 한다고 말한다.[31] 그러나 가난한 나라에서 질병예방, 농업생산, 기반시설 증대와 같은 이슈들이 중요한 만큼, 그도 UN도 발전에 관한 문제를 해결하기 위해 오로지 (부패하지 않은) 좋은 정부에 의존하진 않는다. 삭스는 또한 극빈국의 외채탕감을 강력하게 주장하고 있는데, 심지어 부유한 나라들이 부채를 탕감해 주지 않을 경우 고채무빈국은 그들이 지고 있는 터무니없는 부채에 대해 이자납부를 거부해야 한다는 제안까지도 한다.

2000년 이후로 IMF, 세계은행, 선진국들은 삭스와 같은 사람들이 옹호하는 채무구제의 목표에 응답하고 있다. 2005년 6월 스코틀랜드의 글랜이글스에서 열린 G8 정상회담(러시아 포함)에서 참가국들은 세계에서 가장 가난한 18개국(이중 14개국은 아프리카에 있다)의 부채를 100퍼센트 탕감해 주기 위해 자금을 댈 것을 약속했다. 세계은행의 정책이 '일률적인' 신자유주의정책에 대한 지지에서 발전에 대한 혼합형 접근법으로 바뀌게 됨에 따라 채무구제를 받는 것은 점차 쉬워졌다.[32] 그러나 몰도바와 같이 과거 소비에트 블록에 속했던 나라들은 신청자격이 없었던 반면, 인도네시아와 같이 구제제도를 이용할 수 있었지만 충분히 가난하다고 인정받지 못한 나라들도 있었다. 그럼에도 세계은행은 2008년이 끝날 무렵 고채무빈국 외채경감 계획HIPC Initiative에 포함된 35개 빈국이 진 채무의 50퍼센트 이상이 줄었다고 추산한다. 글로벌 금융위기의 영향에 관한 UN의 2009년 보고서

표 11.3		순정부개발원조 지출액(1억 USD)			

기부국	1988~1989년 평균	2000년	2004년	2010년
미국	89	100	197	266
독일	48	50	75	80
영국	26	45	79	80
프랑스	56	41	85	78
일본	90	135	89	73
네덜란드	22	31	42	46
스페인	4	12	24	40

출처: Organisation for Economic Co-operation and Development, *Statistical Annex of the 2005 Development Co-operation Report* (2006), at http://www.oecd-ilibrary.org/development/development-co-operation-report-2005_dcr-2005-en; Organisation for Economic Co-operation and Development, *Development Aid at a Glance 2012-Statistics by Region* (2012), at http://www.oecd.org/investment/aidstatistics/42139479.pdf.

에 따르면 국제공동체는 "개발도상국의 외채부담을 줄이는 데 있어 커다란 진전을 이루었다"고 한다.[33] 표 11.4가 보여주는 바와 같이 세계에서 가장 가난한 10개국의 부채를 국민총소득의 백분율로 표시하면 현재는 상대적으로 낮은 수준이다.

새천년개발목표MDGs에 대해 삭스가 지지를 보내는 이유는, 부분적으로 IMF가 추진했던 구조조정프로그램과 같은 과거의 전략에 대한 비판에 근거하고 있다. 자신의 저서 『빈곤의 종말*The End of Poverty*』에서 삭스는 "IMF가 주로 재정적 긴축을 처방하는데, 이는 너무 가난해서 벨트를 갖고 있지도 않은 환자에게 허리띠를 졸라매라고 하는 것과 같다. IMF가 주도하는 긴축조치는 자주 폭동, 쿠데타, 공공서비스의 붕괴로 이어져 왔다"고 말하면서 지금까지 당연한 것으로 여겨져 왔던 경제논리와 워싱턴 컨센서스를 논박한다.[34] 그는 발전전문가들이 의료행위상의 **임상적 접근법**을 모방할 필요가 있다고 생각한다. 사람과 마찬가지로

경제도 '복잡한 체계'이며 따라서 설령 어떤 증상이 두 개 이상의 사례에 공통적으로 존재한다 할지라도 질병 간 혹은 질환 간 구분을 하는데 있어 '감별진단differential diagnosis'은 필수적이다. 경제문제에 대한 진단가능성에 대해 '감별진단'을 수행하는 것은 결정적이며, 그에 따라 구체적 사례에 필요한 적절한 처방이 이루어지는 것도 매우 중요하다. 삭스의 입장에서 보면 '임상 경제학clinical economics'[35]은 새천년개발계획이 명시한 광범위한 목표를 달성하는데 도움을 줄 수 있다.

현재 IMF와 세계은행은 발전에 관해 삭스의 몇몇 제안을 지지한다.[36] 세계은행은 항상 발전에 관한 이슈에 대해 IMF보다는 더 많은 관심을 보였으며, 점차 '하향식' 산업발전과 시장지향 프로그램에 의지하는 것에서 가난한 사람을 직접 겨냥하여 발전을 도모하는 것으로 그 초점을 옮겼다. 현재 IMF와 세계은행은 고채무빈국 외채경감프로그램을 통해 채무면제뿐만 아니라 원조를 원하

표 11.4	극빈국의 외채와 국민총소득(GNI)		
나라	외채비율 (2010년 GNI 대비, %)	GNI (2010년, 1억 USD)	1인당 GNI (2010년, USD)
콩고민주공화국	47	123	320
라이베리아	28	8	340
부룬디	34	16	400
에리트레아	48	21	540
니제르	21	55	720
중앙아프리카공화국	19	20	790
시에라리온	41	19	830
말라위	19	49	860
토고	61	28	890
모잠비크	44	94	930

주: 예시된 국가들은, 구매력 평가(PPP)로 측정된 1인당 국민총생산(GNI)을 으로 보았을 때, 세계에서 가장 가난한 나라들이다.
출처: World Bank, *Global Development Finance Online*; World Bank, World Development Indicators Online (accessed June 8, 2012).

고 있는 나라들로 하여금 빈곤퇴치를 위한 전략보고서PRSPs: Poverty Reduction Strategy Papers를 작성하도록 요구하고 있다. PRSPs는 향후 수년간 어떻게 빈곤을 타파할 것인가에 대한 윤곽을 제시해야 한다. PRSPs가 정부, 시민사회집단, IMF, 세계은행이 참여한 결정과정을 걸쳐 작성되었기 때문에, PRSPs는 좋은 거버넌스good governance[iii] 를 지지할 것으로, 그리고 구조조정프로그램 하에서 흔히 목격된 바와 같이 사회적 지출의 급작스런 삭감으로 인해 가난한 사람들이 타격을 받는 것이 아니라 IMF-세계은행 기금으로부터 혜택을 받을 수 있게끔 보장할 것으로 기대된다.

결론

이번 장은 제2차 세계대전 이후로 경제발전이 다양한 나라들, 국제기구들, 최근에는 비정부기구들의 목적이었다는 사실을 보여줬다. 미묘한 정책조합에 근거하여 만들어진 서로 다른 전략들은 일정부분 성공을 거두었고, 특히 동아시아 신흥국의 경우가 여기에 해당된다. 그러나 발전문제에 대한 단일한 해결책을 찾는 노력은 점차 모든 개발도상국에 맞는 아주 간편한 전략은 없다는 깨달음으로 대체되었다. 나라가 성공적으로 발전할 수 있게 해 주는 몇몇 요인들에는 그 나라의 지정학적 위치, 식민지로서의 과거 혹은 역사, 국제경제에서의 위치(무엇을 생산하고 교역을 하는가?), 무수한 국내적 요인들이 포함된다.

---

iii 〈역자 주〉 민주주의 법의 지배, 투명한 회계제도와 공무원제도 등 행정부문의 효율화, 부패방지, 과다한 군비지출의 억제, 인권보호 등을 특징으로 통치제도를 의미한다.

세계에서 가장 가난한 나라들, 특히 사하라이남 아프리카 나라들의 경제발전은 그리 주목받을 만한 것이 못된다. 이들 나라 대부분은 주요 강대국, WTO, IMF, 세계은행, 심지어 UN이 부과한 엄격한 요구들과 연관된 문제에 직면해 있다. 더욱이 사회 내부의 많은 요소들이 장애요소로 작용하게 되는데, 이에는 지리적 위치, 물에 대한 접근, 정부의 부패, 사회집단 간 인종적·종교적 차이 등이 포함된다.

아프리카의 극심한 빈곤과 정치적 갈등을 통해 우리는 발전의 목적이 높은 소득을 얻는 것뿐만 아니라 권리와 기회가 있는 보다 좋은 삶을 누리는 것이라는 점을 깨닫는다. 어쩌면 우리는 희망을 버리지 말아야 할 것이다. 다양한 기법과 방법을 적용하면서 많은 국가들, 국제기구들, 비정부기구들은 개발도상국에 유의미한 변화를 도모하는데 엄청난 투자를 하고 있다. 실제로 몇몇 진전이 이루어졌고 분명히 교훈도 얻었다. 그러나 발전은 여전히 복잡하고 불만스러운 도전으로 남아있다. 발전의 난제는 여전이 거부하기 힘든 현실로 남아있다.

주요 용어

고채무빈국 이니시어티브(HIPC Initiative) 299

고채무빈국(HIPCs: heavily indebted poor countries) 298

그라민은행(Grameen Bank) 311

미소금융(microcredit) 311

부당채무(odious debt) 299

비공식적 경제(informal economy) 310

비대칭정보(asymmetric information) 311

수입대체산업화(ISI: import-substituting industri-alization) 303

수출지향성장(export-oriented growth) 304

신국제경제질서(NIEO: New International Economic Order) 297

유엔무역개발회의(UNCTAD: United Nations Conference on Trade and Development) 297

토론주제

1. 오늘날 전세계적 빈곤의 문제는 얼마나 심각한가? 이 장에 제시된 데이터를 인용하여 설명해 보시오.

2. 저개발국의 발전과정에 영향을 미치는 네 가지 힘은 무엇인가? 이 힘들은 저개발국들 간에, 그리고 저개발국과 선진국들 간에 긴장을 어떻게 조성하는가?

3. 1950년대와 1960년대 초, 탈식민지 시기 이래로 경제발전에 관한 이슈들이 어떻게 변화되어 왔는지 간략히 그 과정을 기술해 보시오. 특히 UNCTAD와 NIEO 간에, 수입대체산업화와 수출지향성장 간에, '아시아의 기적' 지지자와 워싱턴 컨센서스 옹호자 간에 존재하는 긴장관계에 대해 논해 보시오.

4. 이번 장은 개발도상국들에게 있어 그들에게 정부가 덜 필요한가 더 필요한가의 문제라기 보다는 좋은 정부가 필요하다는 주장을 하고 있다. 경제발전의 측면에서 좋은 정부란 어떤 특징을 가지고 있는가? 왜 그런지 설명해 보시오 (힌트: 이 장의 마지막 절에서 논의한 요인들에 대해 생각해 보시오).

추천문헌

Paul Collier. *The Bottom Billion*. New York: Oxford University Press, 2008.

Ha-Joon Chang. *Kicking Away the Ladder-Development Strategy in Historical Perspective*. London: Anthem Press, 2002.

Ha-Joon Chang. *Bad Samaritans: The Myth of Free Trade and the Secret History of Capitalism*. London: Bloomsbury Press, 2008.

Hernando de Soto. The *Mystery of Capital: Why Capitalism Triumphs in the West and Fails Everywhere Else*. New York: Basic Books, 2000.

Theodore H. Moran. *Beyond Sweatshops: Foreign Direct Investment and Globalization in Devel-*

oping Countries. Washington, DC: Brookings, 2002.

Oxfam. *Paying the Price: Why Rich Countries Must Invest Now in a War on Poverty*. Oxford: Oxford International, 2005.

Jeffrey D. Sachs. *The End of Poverty: Economic Possibilities for Our Time*. New York: Penguin Press, 2005.

Jeffrey D. Sachs. *Common Wealth: Economics for a Crowded Planet*. New York: Penguin Press, 2008.

Joseph E. Stiglitz. *Making Globalization Work*. New York: W. W. Norton, 2006.

주

1) http://www.globalissues.org/article/26/poverty-facts-and-stats 참조.

2) Frantz Fanon, *The Wretched of the Earth* (New York: Grove/Atlantic, 1961)참조.

3) Daniel Chirot, *Social Change in the Twentieth Century* (New York: Harcourt Brace, 1977), p. 173 참조.

4) 신식민주의 반대운동에서 주도적인 역할을 인사 중의 하나로 콰메 은크루마(Kwame Nkrumah) 전 가나 대통령을 들 수 있다. 그는 자신의 책 *Neo-colonialism: The Last Stage of Imperialism* (London: Nelson, 1965)에서 이러한 주장을 피력했다.

5) Joan Edelman Spero, *The Politics of International Economic Relations* (New York: St. Martin's Press,

1981), pp. 246-247 참조.

6) Raul Prebisch, *The Economic Development of Latin America and Its Principal Problems* (New York: United Nations, 1950).

7) Andre Gunder Frank, *Capitalism and Underdevelopment in Latin America* (New York: Monthly Review Press, 1967).

8) Osvaldo Sunkel and Pedro Paz, *El subdesarrollo latinoamericano y la teoría del desarrollo* (Mexico: Siglo Veintiuno de Espana 1970), p. 6. J. Samuel Valenzuela and Arturo Valenzuela, "Modernization and Dependency," *Comparative Politics* 10 (1978), pp. 543-557에서 재인용.

9) 이 점에 대한 보다 상세한 논의를 접하고자 한다면, Teresa Hayter, *Aid as Imperialism* (Middlesex, England: Penguin, 1971) 참조.

10) Joseph Stiglitz, *Making Globalization Work* (New York: W. W. Norton, 2006), pp. 228–229.

11) 이 쟁점을 잘 다룬 비디오로, "Free Trade Slaves" (1999) 참조.

12) Theodore H. Moran. *Beyond Sweatshops: Foreign Direct Investment and Globalization in Developing Countries* (Washington, DC: Brookings, 2002).

13) Walt R. Rostow, *The Stages of Economic Growth: A Non-Communist Manifesto* (London: Cambridge University Press, 1960).

14) Jorge Ospina Sardi, "Trade Policy in Latin America," in Naya Miguel Urrutia, Shelley Mark, and Alfredo Fuentes eds., *Lessons in Development* (San Francisco, CA: International Center for International Growth, 1989), p. 289 참조.

15) Stephan Haggard, Pathways from the Periphery: The Politics of Growth in the Newly Industrializing Countries (Ithaca, NY: Cornell University Press, 1990), p. 26.

16) Youngil Lim, "Comparing Brazil and Korea," in Naya et al., eds., *Lessons in Development*, pp. 102–103.

17) Nigel Harris, *The End of the Third World* (New York: Meredith Press, 1986), pp. 90–91.

18) 예를 들자면, Wontack Hong, *Trade, Distortions, and Employment Growth in Korea* (Seoul: Korea Development Institute, 1979) 참조.

19) 다음의 글에서 보다 상세한 자료를 볼 수 있다. Seiji Naya, et al., *Lessons in Development: A Comparative Study of Asia and Latin America* (San Francisco: International Center for Economic Growth, 1987), p. 287; *World Bank, World Development Report 1997* (New York: Oxford University Press, 1997); Carl J. Dahlman and Ousa Sananikone, "Taiwan, China: Policies and Institutions for Rapid Growth," in Danny M. Leipziger, ed., *Lessons from East Asia* (Ann Arbor, MI: University of Michigan Press, 1997), p. 85; CIA *World Factbook*, at https://www.cia.gov/library/publications/the-world-factbook/index.html.

20) William E. James, Seiji Naya, and Gerald M. Meier, *Asian Development: Economic Success and Policy Lessons* (Madison, WI: University of Wisconsin Press, 1989), pp. 69–74.

21) Ibid, p. 81.

22) Haggard, *Pathways from the Periphery*, p. 196.

23) James Fallows, *Looking at the Sun: The Rise of the New East Asian Political and Economic System* (New York: Vintage, 1995).

24) The World Bank, *The East Asian Miracle: Economic Growth and Public Policy* (New York: Oxford University Press, 1993).

25) The World Bank, *Rethinking the East Asian Miracle* (New York: Oxford University Press, 2001).

26) Ha-Joon Chang, "Kicking Away the Ladder: How the Economic and Intellectual Histories of Capitalism Have Been Re-Written to Justify Neo-Liberal Capitalism", http://www.paecon.net /PAEtexts/Chang1.htm. 또한 그의 *Bad Samaritans: The Myth of Free Trade and the Secret History of Capitalism* (London: Bloomsbury Press, 2008) 참조.

27) Hernando de Soto, *The Mystery of Capital: Why Capitalism Triumphs in the West and Fails Everywhere Else* (New York: Basis Books, 2000).

28) Muhammad Yunus, *Banker to the Poor: Micro-lending and the Battle against World Poverty* (New York: Public Affairs, 1999) 참조.

29) United Nations, http://www.un.org/millenniumgoals/.

30) Jeffrey D. Sachs, *The End of Poverty: Economic Possibilities for Our Time* (New York: Penguin Press, 2005), p. 82.

31) Jeffrey D. Sachs, "Institutions Matter, but Not for Everything," *Finance and Development*, June 2003 참조.

32) Dani Rodrik, "Goodbye Washington Consensus, Hello Washington Confusion," *Journal of Economic Literature XLIV* (December 2006), pp. 973–987 참조.

33) The United Nations, "Strengthening the Global Partnership for Development in a Time of Crisis," *MDG Gap Task Force Report* (New York: United Nations, 2009) 참조.

34) Sachs, *The End of Poverty*, Chapter 4, pp. 74–89 참조.

35) Ibid, p. 74.

36) The World Bank, *Economic Growth in the 1990s: Learning from a Decade of Reform* (Washington, DC: The World Bank, 2005) 참조.

더욱 완전한 (유럽)통합을 향하여

유럽연합EU: European Union이 2012년 노벨평화상을 수상했다. 개인이 아니라 여러 나라들의 국가 집단이 권위 있는 노벨평화상의 수상자로 선정된 것에 대해 많은 사람들이 놀라움을 금치 못했다. 일부 사람들은 유럽인들이 역사상 가장 위대하면서도 가장 흥미로운 실험, 즉 유럽의 정치, 경제, 사회제도의 통합에 성공한 것을 높이 산 것으로 보았다. 그러나 또 다른 사람들은 혹시 노벨평화상이 금융위기 동안 도래할 결정적 순간에 유럽인들로 하여금 유럽연합이 원래 의도했던 바가 무엇이고 어디까지 와있는지에 대해 다시 한 번 상기하라는, 즉 통합노력을 중단하지 말라는 신호라고 생각하였다.

　제2차 세계대전이 끝났을 때 철학자 칸트Immanuel Kant, 1724~1804로부터 영감을 얻은 유럽인 몇몇은 다수의 민주공화국들로 이뤄진 연방이 영구평화(즉, 20세기 전반부의 전쟁과 정반대)의 기틀

이 될 수 있기를 희망했다. 영국 총리 처칠Winston Churchill은 전후시대 미합중국의 영향력을 상쇄할 수 있는(그리고 아마도 미국의 지배를 저지할 수 있는) '유럽합중국United States of Europe'을 상상했다. 프랑스 대통령 드골Charles DeGaulle은 유럽국가들의 주권과 위상을 강화시켜줄 '유럽국가Europe of States'를 마음 속에 그렸다. 특히 프랑스 사람들을 비롯하여 많은 유럽인들은 '독일문제'의 해결에 도움이 될 것이라 생각하여 이에 동조했다. 즉, 유럽인들은 독일이 다른 나라를 지배할 수 없도록 독일을 일련의 지역 기반 초국가적 기구들의 통합기구 속에 꼼짝 못하게 묶어두려고 했다.

　프랑스 정치경제학자 모네Jean Monnet가 가장 먼저 유럽국가들에게 느슨한 연합체의 건설을 촉구했다. 모네는 아마도 유럽합중국의 건설을 위해 오늘날 우리가 EU로 알고 있는 연합체를 제안하지는 않았다. 오히려 전쟁복구를 촉진하고, 경

제성장을 지속하고, 지난 31년 동안 두 차례의 오랜 전쟁으로 황폐화된 유럽대륙의 평화를 유지하는 것이 모네가 추구했던 직접적인 목표였다. 당시 많은 유럽국가들이 민주주의제도와 함께 현대자본주의 경제체제를 수립하고 있었으며, 바로 이 점이 유럽연합의 창설자들이 상호공동이익의 실현을 위해 공동의 경제기구 및 정치기구를 창설하는데 함께 힘을 합칠 수 있다고 확신할 수 있었던 이유였다.[1]

1950년대 초 이후 냉전체제 하에서 동유럽국가들을 제외한 서유럽국가들끼리의 **통합**integration(개별 국가의 제도와 과정을 단일 지역기구와 기관으로 합치는 것)은 여러 발전 단계를 거쳤는데 대체적으로 성공적이었다. 일반적으로 정치통합, 사회통합에 비해 경제통합이 상대적으로 수월했다. 통합에 참여한 회원국의 수가 늘어나면서(도표 12.1 참조), 무역 등과 같은 분야에서의 경제적 성공이 정치적, 사회적 쟁점에 관한 다양한 협정체결로 이어지는 '파급효과spilled-over'를 낳았다. 유럽집행위원회, 유럽각료이사회, 유럽의회, 유럽사법재판소, 유럽인권위원회 등과 같은 새로운 정치기구가 창설되었다. 1997년 EU법의 일부가 된 쉥겐협정으로 인해 회원국 국민들은 서로의 국경을 통제 없이 자유롭게 무비자로 통과할 수 있게 되었다. 그러나 아직 EU의 안보구조는 다른 기구에 비해 상대적으로 덜 발달되어있다. 그 이유는 무엇보다 북대서양조약기구NATO: North Atlantic Treaty Organization가 EU안보구조와 상당부분 중첩되어 있기 때문이다.

유럽공동체가 과거 여러 차례에 걸쳐 위기를 겪었지만, 미국에서 시작된 2007년 금융위기가 EU 대부분 국가로 확산되면서 오늘날 EU는 또 한 번 심각한 위기에 직면하고 있다. 특히 EU의 **경제통화동맹**EMU: Economic and Monetary Union(흔히 **유로존**Euro Zone이라고 한다) 가입국들은 심각한 위기상황에 처해있다. 우리가 이 책 제8장에서 이들 국가 상당수가 큰 규모의 국가부채를 갖고 있으며 부도위험에 직면해 있다고 언급하였던 것을 상기하라. 이 국가들은 진정으로 통합된 EU의 실현을 목적으로 공동재정정책의 도입을 통해 금융통합을 추구하고 있는 상황에서, IMF 및 EU금융기구가 이들 국가에게 요구하는 **긴축정책**austerity policies에 따른 국내 복지프로그램의 대대적 축소를 감내할 수 있는 묘안을 찾아내야만 한다. 한편, 공동화폐 유로를 사용하고 있는 그리스 등과 같은 EMU 가입국 일부는 경제회복의 가능성을 높이기 위해 유로존에서 탈퇴하여 다시 자국 고유화폐의 사용으로 되돌아가는 것을 검토하고 있다.

또한 안전하고 풍요로운 유럽의 건설을 목표로 지난 60년 이상 동안 진행되어 온 정치적, 경제적 협력이 위태로운 상황에 놓여있다. 2014~2020년도 새로운 EU예산안 협상 당시 많은 **유럽연합회의론자들**Euroskeptics은 EU의 유지를 위해 너무 지나치게 많은 비용을 지불해야 한다고 EU를 비판하였다. 독일과 덴마크 등 북유럽 유로존 국가 일부는 그리스에게 EMU 탈퇴를 권고하였다. 스페인 역시 유로화 사용의 중단을 검토하였다. 심지어 EMU 가입국이지만 유로화를 사용하지 않고 있는 영국조차 EMU의 탈퇴를 고민하였다. 또한 3개의 영어사용 EU 회원국의 통합반대론자들은 카메론David Cameron 영국총리에게 영어사용 회원국이 모두 함께 EU에서 동반 탈퇴할 것을 요구했다.

오늘날 EMU 위기에서 독일이 핵심적 역할을 수행하고 있는 것은 역사적 아이러니라고 할 수

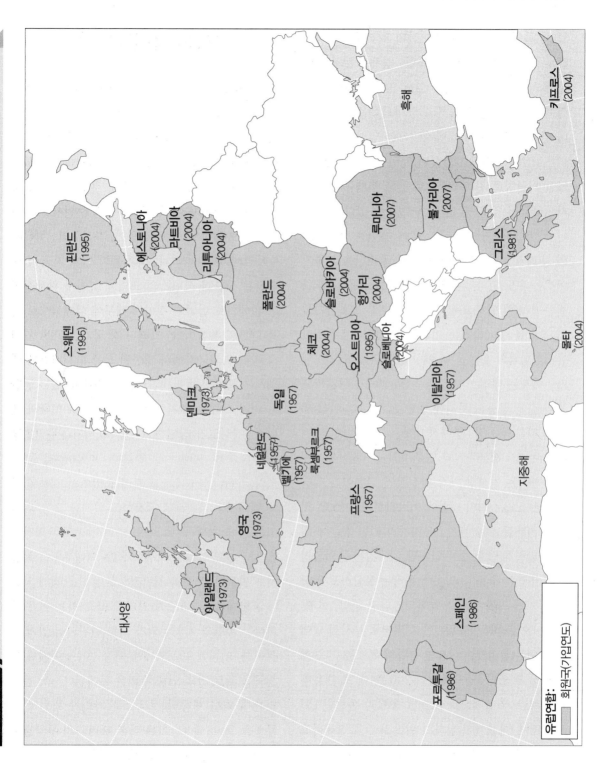

도표 12.1 유럽연합 회원국과 가입연도

키프로스 (2004)

흑해

루마니아 (2007)

불가리아 (2007)

그리스 (1981)

핀란드 (1995)

에스토니아 (2004)

라트비아 (2004)

리투아니아 (2004)

폴란드 (2004)

슬로바키아 (2004)

헝가리 (2004)

스웨덴 (1995)

체코 (2004)

오스트리아 (1995)

슬로베니아 (2004)

몰타 (2004)

덴마크 (1973)

독일 (1957)

이탈리아 (1957)

네덜란드 (1957)

벨기에 (1957)

룩셈부르크 (1957)

지중해

영국 (1973)

프랑스 (1957)

아일랜드 (1973)

스페인 (1986)

대서양

포르투갈 (1986)

유럽연합:
회원국(가입연도)

있다. 독일은 제2차 세계대전의 패전국이었지만 전후 오랜 기간 동안 정치통합, 경제통합의 혜택을 무척 많이 누려왔다. 오늘날 많은 사람들은 독일이 부채문제를 처리하고 경제회복을 촉진하는데 긴축정책이 최선의 방책이라는 입장을 고수하여 EMU위기를 장기화시키고 있다고 비난한다. 많은 사람들은 긴축정책으로 인해 부채규모가 큰 가입국들이 EMU를 탈퇴하게 될 수 있다고 우려한다. 더 나아가 영국과 더불어 독일은 훗날 EU의 붕괴에 일정부분 책임이 있다는 비난을 피하기 어려울 수도 있다. 본 장에서 우리는 다음 몇몇 큰 질문에 대해 답하고자 한다. 즉, 일부 EU 국가들이 통합을 중단하려는 이유는 무엇인가? 진정한 유럽연합국의 실현은 더 이상 공동의 목표가 아닌가? 이제는 테러, 이민, 소수집단 동화, 환경파괴 등과 같은 공동의 문제에 대한 협력은 더 이상 통합에 따른 정치적, 경제적 비용을 치를 만한 가치가 없는가? 자본주의와 민주주의 둘 다를 동시에 촉진하려는 역사상 가장 혁신적인 실험이라고 할 수 있는 EU는 이미 정점에 이르러서 더 이상의 진전을 기대할 수 없는가? 우리가 이러한 질문에 대해 간단하게 답할 수는 없지만 이어지는 논의과정에서 여러분이 볼 수 있듯이 우리는 통합하고자 하는 동기가 과거에 비해 약화되었다고 본다. 한편, EU는 오늘날의 금융위기를 그럭저럭 무사히 넘어가고 있는데 이것이 어쩌면 통합의 목표를 더욱 훼손시킬 수 있다. 경제통합이 2000년대 초 대유행하였지만, 역설적으로 오늘날 통합과 관련한 EU의 수많은 목표를 실현하기 위한 노력을 방해하고 있는 것은 바로 경제적 상호연계 그 자체이다!

통합의 국제정치경제

EU의 역사와 EU의 기구를 살펴보기에 앞서 우리는 먼저 특히 유럽의 경우처럼 지리적으로 인접하여 있는 나라들이 선택할 수 있는 경제통합의 단계를 소개하고자 한다. 공동시장이 가져다주는 경제적 효율성은 상대적으로 정치적, 사회적 제도가 상호연계된 체제가 야기하는 부분적 주권상실과 저울질해 보아야 한다. 예를 들어, 자유무역연합FTA: Free Trade Association은 국가들이 단지 자국이 생산하는 상품과 서비스의 교역에 있어서 관세장벽을 없애기로 합의한 것이기 때문에 상대적으로 낮은 단계의 통합이다. 그러나 각 국가는 FTA 가입국 아닌 역외국가에서 생산된 상품과 서비스에 대해서는 독자적인 관세장벽을 사용할 수 있는 권한을 각자 그대로 유지한다. FTA의 예로 미국과 캐나다, 멕시코가 참여하고 있는 북미자유무역협정NAFTA: North American Free Trade Agreement을 들 수 있다. FTA 역내 국가간 거래에 있어서 일부 상품에 대해서는 무관세를 적용하고 있지만 그 외 나머지 상품에 대해서는 다양한 다른 방식의 무역장벽을 사용하고 있다는 사실이 FTA 역내무역을 복잡하게 만들며 그 결과 전반적으로 통합을 저해한다.

통합이 높은 대중적 인기를 끌고 있는 이유 중 하나는 통합과 지역주의가 서로 연관되어 있기 때문이다. 이론적으로 역내 무역장벽이 낮아지면 회원국들 서로 간의 역내 무역은 확대된다. 즉, 장벽 없는 무역이 제공하는 새로운 기회가 회원국 간 무역을 '창출'하며, 이는 다른 나라와의 무역감소를 초래하지 않는다. 그러나 중상주의자들은 일부 새로운 무역이 실제로는 다른 비회원국과의 교역이 방향을 바꾼 무역전환에 불과하다고 지적한다.

예를 들면, 멕시코가 NAFTA에 가입하면서 멕시코의 대미수출은 늘어났지만(무역창출), 일부 다른 개발도상국의 대미수출은 감소하였다 (무역전환). NAFTA 가입으로 멕시코는 여전히 대미 수출 상품에 관세를 내야하는 NAFTA 비회원국의 생산자들에 비해 상대적으로 유리한 입장에 놓이게 되었다. 이는 다른 대책을 강구할 수 없는 일부 NAFTA 비회원국에게는 비효율성과 경제적 손실을 초래했다.

경제적 자유주의자들은 경제통합이야말로 국가들이 희소자원의 사용에 있어서 효율성을 높이고 경제성장을 촉진하는 방안이기 때문에 경제통합은 초창기에는 매력적이라고 주장한다. 경제학적 설명에 따르면 통합은 두 가지 방식으로 정적 효율성static efficiency의 향상을 촉진한다. 첫째, 완전한 자유무역 하에서 각 회원국은 자국의 입장에서 가장 효율성이 높은 상품과 서비스를 생산하는 방향으로 특화할 수 있다. 비효율적인 산업을 보호하고 중복과잉을 조장하는 회원국 각국의 보호무역장벽이 제거된다. 둘째, 통합되어 더 커진 시장은 대규모 생산이나 장기적 생산의 특성을 가진 산업의 효율성을 촉진한다. 이러한 규모의 경제가 주는 혜택이 상품의 생산단가를 더욱 떨어뜨리고 경쟁력을 높인다.

그러나 통합이 가져다주는 더 큰 이득은 장기적으로 동적 효율성dynamic efficiency이 경제성장을 촉진하게 될 때 발생한다. 더 큰 규모의 시장, 더욱 경쟁적인 시장이 혁신을 추동할 가능성이 높다는 논리이다. 이론적으로 회원국 간 무역장벽이 제거되면, 종전까지 보호를 받던 회사들이 다른 회사들과 경쟁을 해야하는 상황에 내몰리게 된다. 회사들은 좀 더 효율적이 되고 '민첩하게nimble'

된다. 경제성장률이 더욱 높아질 가능성이 크며, 이는 결국 생활수준의 향상으로 이어진다. 요컨대, 신자유주의자들은 통합이 장기적으로 국민의 생활수준에 상당한 영향을 미치기 위해서는 단지 1~2퍼센트 정도의 아주 작은 추가 성장이면 충분하다고 가정한다. 효율적 특화가 주는 이러한 이득 때문에 관료들은 통합과정을 더욱 가속화 하려고 한다.

통합으로 인해 발생하는 가장 근본적인 정치적 문제는 국가들이 EU와 같은 지역경제 블록을 형성할 때 발생하는 주권상실의 문제이다. 때때로 각 회원국들은 지역적 의무를 지키기 위해 어쩔 수 없이 정치적, 경제적, 사회적, 문화적 차원에서 어쩔 수 없이 자국의 국가이익을 간과할 수밖에 없는 곤경에 처하게 된다. 이와 같은 상충관계는 안보와 자주를 그 어떤 가치보다 가장 중요하게 여기는 경향이 큰 국가들로 하여금 심각한 딜레마에 빠지게 한다. 어떤 한 국가가 지역기구에 가입하고 지역통합조직의 회원국으로서 감당해야 하는 경제적, 정치적 비용을 지불해야 할 때, 주권을 희생할 뿐만 아니라 사람들의 선택을 제한하는 '민주주의 결핍democracy deficit'을 스스로 택하는 이유는 무엇일까?

여러 가지 주장이 존재한다. 첫째, 회원국 경제에서 통합된 글로벌 시장의 역할이 더욱 커지면서 많은 국민국가들은 자신들의 능력이 너무나 영토적 경계선 내로 한정되어 있어서 글로벌 시장의 영향력을 제대로 관리하거나 통제하지 못하고 있음을 깨닫게 되었다. 둘째, 현실주의자들은 통합이 '편승효과bandwagon effect'를 크게 만들며 일부 국가로 하여금 안보동맹의 회원국이 된 덕분에 더 큰 정치적 힘을 갖게 해준다고 주장한다. 예를 들면 벨기에는 국제정치경제에서 자국이 나갈 방향을 스스로 알아서 택하는 작은 독립국가일 때와 비교하여 EU 회원국으로서 정치적으로 좀 더 강한 힘을 갖게 되었다. 마찬가지로 통합은 안보문제에 있어서 동맹국들 간의 역할분담을 강화시켜준다. 예를 들면, NATO에서 미국은 주요 핵강대국인 반면, 다른 약소국들은 각기 다른 무기보유 능력 및 전문기술과 외교적 입장에 기초하여 다양한 역할을 담당한다. 마지막으로 통합은 국내 특수이익집단의 영향력을 무력화시킬 수 있는 방법이기 때문에 매력적이다. 예를 들어, 어떤 한 나라에서 중공업 부문이 환경법의 도입을 가로막고 있는 경우 환경규제 책임이 국제지역차원으로 옮겨갈 수 있다. 역으로 경제블록 내의 다른 회원국에도 힘 있는 '녹색' 정당이 존재하는 경우 국내 환경보호 목소리는 좀 더 큰 영향력을 갖게 될 것이다.

공동체 건설 프로젝트

통합에 대한 여러 가지 희망과 두려움이 동시에 교차하고 있었다는 점을 고려할 때, 서유럽(1947년 냉전으로 인해 동유럽과 분리되었던 서유럽)은 무척 경이로운 수준의 협력을 어떻게 실현할 수 있었을까? 앞에서 언급하였듯이 냉전과 경제적 이익이 협력을 가속화하는 촉매 역할을 했다. 분명히 경제적, 기술적으로 엇비슷한 수준의 국가들 간의 자유무역이 주는 장점이 서유럽국가들이 통합을 추진하게 했던 주요 유인동기였음에 틀림없다. 현실주의자들은 마침내 서유럽국가들이 하나로 합치게 했던 것은 제2차 세계대전의 재앙을 야기했던 과도한 민족주의에 대한 정치적 해결방안

을 마련해야할 필요성 때문이었다고 강조한다. 아울러 현실주의자들은 서유럽의 경우, 소련이 동유럽에 수립한 전체주의적 안보구조에 맞서 안보와 평화, 정치적 자유를 촉진하고자 하는 정치적 동기를 가지고 있었다고 말한다.

미국은 전후 유럽통합이 힘센 반공주의적 동맹국들의 정치적, 경제적 복구에 도움이 될 것으로 생각하였기 때문에 전후 시기 유럽통합을 지지했다. 1947년부터 1951년까지 미국의 마셜플랜은 유럽국가들이 협력적으로 사용할 인프라 및 산업을 재건하는 데 거의 130억 달러(이는 오늘날 900억 달러에 해당한다)에 이르는 막대한 규모의 원조를 여러 유럽국가들에게 제공했다. 또한 마셜플랜은 고통받고 있던 유럽대중을 돕기 위해 인도적 지원도 제공했다. 이는 일정부분 일반대중 사이에서 친공산주의 정서가 확산되는 것을 차단하기 위해서였다. 미국은 원조를 주면서 부대조건으로 유럽국가들에게 화폐의 유통을 도와줄 유럽결제동맹European Payment Union을 창설하라고 요구했다.

모네Jean Monnet는 궁극적으로 유럽합중국의 건설을 꿈꾸었지만 처음에는 기능적 경제노선에 기초하는 훨씬 제한적인 동맹을 제안하는 것으로 유럽합중국 건설 프로젝트를 시작했다. 즉, 이전의 전쟁에서 서로 빼앗기 위해 다투었던 프랑스와 독일의 국경 부근에 위치한 중공업지대들을 하나로 묶는 자유무역지대의 수립을 제안하였다. 1952년 창설된 유럽석탄철강공동체ECSC: European Coal and Steel Community는 향후 프랑스와 독일 간의 경제적·정치적 협력을 가늠하는 중요한 시범사례였다. 대체적으로 유럽석탄철강공동체는 무척 큰 성공을 거두었으며, 이는 서유럽통합을 향해 더욱더 많은 노력을 하도록 자극하였다.

1957년 로마조약에 따라 프랑스, 서독, 이탈리아, 벨기에, 네덜란드, 룩셈부르크 등이 유럽경제공동체EEC: European Economic Community를 수립하면서 좀 더 완전한 경제협력이 실현되었다. 로마조약의 즉각적인 경제적 목표는 FTA 수준에서 **공동시장**Common Market 수준으로 통합의 수준을 높이는 것이었다. EEC는 세 가지 요소로 이뤄진 **관세동맹**customs union의 형성을 통해 이를 실현했다. 첫째, EEC 회원국들은 회원국간의 관세를 완전히 철폐하는 **한편**, 비회원국에 대해서는 공동역외관세정책을 시행하기로 합의했다. 그 결과 통합된 무역구조를 갖게 되었으며, EEC 회원국 서로의 국경에서 요구되던 검사비용 및 세관비용이 필요 없게 되었다. 둘째, EEC 회원국들은 상품의 완전한 자유로운 이동을 보장하고자 양적 무역규제(쿼터) 및 그와 비슷한 효과를 가진 일체의 규제조치를 철폐한다는 목표를 채택했다. 셋째이자 마지막으로 EEC 회원국들은 사람(특히 노동자), 서비스, 자본의(일정 한도 내에서) 자유로운 이동을 추구하기로 합의하였다.

물론 실제적으로 무역장벽은 이론에서 제시된 것처럼 완전히 제거되지는 않았다. 즉, 일부 국가들은 보건 및 안전기준 등과 관련된 비관세장벽을 그대로 유지했다. 우리가 아래에서 논의하듯이 1990년대 이르러 유럽연합이라는 목표로 대체되기 전까지 EEC의 목표는 진정한 공동시장의 형성에 있었다. 대체적으로 관세동맹은 시장규모를 확대하고 성장과 효율성을 촉진하였으며, 이를 통해 효과적인 통합 단계임을 증명하였다. 보다 중요한 것으로, EEC의 새로운 회원국들은 공동의 목표를 실현하는 데 반드시 필요한 정치적 협력의 확대를 위해 기꺼이 더 많은 주권을 포기하였다.

점진적 경제통합이 낳은 회원국 간 협력을 통해 어느 한 국가가 홀로 처리하기에는 무척 어려운 다양한 문제들을 해결하였다. 이는 EEC의 제도적 설계에 반영되었는데, EEC는 주요 집행부로 유럽집행위원회('조약의 수호자')뿐만 아니라 회원국의 대표자들로 구성되는 공동의회(1962년 이후 유럽의회라고 부른다)를 두었다. 향후 유럽공동체의 입법기능, 행정기능, 심지어 사법기능을 확대한다는 감춰진 의제에 부합하도록 이들 기구를 설계하였다. 더 나아가 정치적, 경제적, 사회적 협력이 이민, 인권, 국방, 환경 등과 같은 정책 문제에 있어서 공동협정을 촉진하는 '파급효과spill-over'를 낳을 것으로 기대되었다.

영국은 로마조약 협상에 참여하였으나 EEC에는 가입하지 않기로 결정했다. 결국 1973년에 결정을 번복했지만 당시 영국이 가입하지 않기로 결정한 데는 몇 가지 이유가 있었다. 첫째, 영국은 통합에 따라 수반되는 정치적, 경제적 자율성의 상실에 중점을 두었다. 영국의 정치인들(그리고 아마도 대부분의 영국시민들)은 정책결정 권한을 다른 나라에게 양도하거나 프랑스와 독일과 공유하는 것을 꺼렸다. 영국은 자결, 국내민주주의, 경제성장 사이에서 얻는 것과 잃는 것을 불가피 저울질 할 수밖에 없었는데, 이것이 경제통합에 있어서 끊임없이 긴장을 조성한다. 또한 영국은 '제국적 선호imperial preference', 즉 영연방국가들과의 특혜무역관계를 포기하거나 또는 무척 중요한 미국과의 '특수관계'를 포기하고 싶지 않았다. 영국은 EEC에 가입할 수 있었던 첫 번째 기회를 거부하였지만, 유럽의 자유무역으로부터 고립되기를 원치는 않았다. 따라서 영국은 유럽자유무역연합EFTA: European Free Trade Association이라는 이름의 좀 더 약한 형태의 무역동맹을 만들었다. 그러나 EFTA는 EEC가 약속했던 것처럼 경제성장을 추동하지는 못했다. 오늘날에는 단지 아이슬란드, 리히텐슈타인, 노르웨이, 스웨덴만이 EFTA 회원국으로 남아있다.

공동농업정책: 공동체의 결속을 유지시켜주는 접착제

유럽의 통합과정이 정치적 협력을 창출하는데 엄청난 성공을 거두었지만 그렇다고 유럽의 통합과정을 장밋빛 안경을 쓰고 보아서는 안 된다. 이미 앞에서 언급하였듯이 회원국간 무역은 결코 완전한 자유무역이 아니었다. 비관세장벽이 계속해서 등장했다. 자국 내 이익집단의 압력 때문에 회원국들은 때때로 로마조약을 위반하면서 다른 나라의 특정 상품 수입을 차단하였다. 통합을 계속 추진하기 위해 정부관료들은 자유무역을 추구하는 집단의 이해관계와 보호무역을 외치는 노조 및 다른 집단의 이해관계가 조화를 이루도록 조정해야만 했다.

이렇듯 어려운 문제를 잘 해결한 좋은 예가 **공동농업정책**CAP: Common Agricultural Policy, 즉 EU 회원국들이 부과하는 세금으로 자금을 조달하는 유럽연합 차원의 농업보조금제도였다.[2] 1962년 이래 공동농업정책은 유럽연합EU의 예산지출 항목 중에서 다른 어떤 항목보다 월등하게 높은 비중을 차지하고 있으며 유럽연합 회원국 간의 관계에 있어서는 물론, 회원국과 비회원국 사이의 관계에 있어서 핵심 쟁점사안이다. 제2차 세계대전이 끝난 직후 유럽국가의 정부들이 '농업문제'를 논의하기 위해 모였을 때 공동농업정책이 처음 시작되었다. 농업문제는 사실상 하나가 아니라 두 가지였다. 첫 번째 관심사는 식량안보와 관련이 있었다. 즉, 농업식량의 충분한 공급을 보장할 필요가 있었다. 두 번째 문제는 대공황, 제2차 세계대전, 전후 경제상황 등으로 인해 농민들의 소득이 심각하게 줄어든 것이었다. 유럽국가들이 서로 높은 수준으로 상호의존 되어있기 때문에 한 나라의 농업정책은 다른 모든 나라에 영향을 끼쳤다. 어느 나라도 자국의 문제를 홀로 해결할 수 없었다. 예를 들어, 프랑스는 독일에 비해 좀 더 효율적인 농업부문을 갖고 있었다. 프랑스 농민들은 더 큰 규모의 식료품 시장을 창출하는 관세동맹을 원했던 반면, 독일농민들은 EEC에 가입 후 자신들이 경쟁에서 밀리는 상황을 두려워했다. 그렇다면 독일농부가 농토에서 쫓겨날 수 있는데 독일은 왜 EEC에서 탈퇴하지 않았을까? 간단히 말해 독일산업이 프랑스산업에 비해 우위에 있어서 독일산업이 자유무역으로부터 이익을 얻을 수 있기 때문이었다. 요컨대, EEC 가입을 통해 양국의 지배적인 특수이익 집단들은 좀 더 잘 살게 되었다.

먼저, EEC는 농민에게 높은 가격을 보장하는 가격보조제도 및 외국 농산물에 대한 보호장벽에 동의했다. 이와 같은 정책 덕분에 농민들은 좀 더 합리적인 농업정책의 추진과정에서 불가피하게 요구되는 구조조정으로부터 살아남을 수 있었으며 식량안보 문제를 해결할 수 있었다. 그러나 수년에 걸친 공동농업정책의 보장은 사실 유럽농민들로 하여금 농산품을 **증산하도록** 유도하였으며, 덴마크의 잉여 유제품의 '산더미'와 이탈리아, 그리스, 스페인의 잉여 와인 및 올리브 오일의 '호수'를 초래했다. 가격하락 없이는 잉여생산을 없앨 수 없었다. 1990년대에 이르러 공동농업정책은 적어도 다음의 세 가지 점으로 인해 공격을 받았다.

- 첫째, 공동농업정책이 더 이상 가능하지 않게 되었다. 여기에 2001년 400억 유로 이상을 지출했다. 이는 EU 전체 예산의 거의 절반에 해당하는 액수이다.
- 둘째, 공동농업정책의 막대한 보조금으로 인한 농업부문의 과잉생산은 예산만큼이나 환경에 부담이 되었다. 농민들 일부는 보조금을 지원받는 산출을 확대하기 위해 꾀를 부려 비용을 무리하게 절감하였다. 식품의 품질, 식품 안전, 특히 환경의 지속가능성 모두 악화되었다.
- 셋째, 공동농업정책으로 인해 가난한 나라의 농부들이 피해를 입었다. 공동농업정책이 가난한 최빈국 농민들의 EU시장 진출을 어렵게 했다. 그리고 유럽연합(EU)의 잉여농산품은 해외시장에서 대량매각 내지 '덤핑'으로 팔렸는데, 이는 국제시장의 농산물 가격을 떨어뜨렸으며, 어떤 경우에는 가난한 나라의 농민들을 파산으로 내몰았다. 최빈국의 식량안보가 타격을 입은 덕분에 EU의 농민들이 더욱 안락한 삶을 누릴 수 있었다고 언급된다. 유럽연합 이외 다른 나라의 농업보조금 역시 이러한 글로벌 문제의 해결을 어렵게 하였다.

1992년과 2000년에 공동농업정책에 대한 개혁을 시도하였지만 농부들이 받는 보조금의 수준은 크게 달라지지 않았다. 2003년 6월 EU 농업장관들은 2005년부터 2012년까지 기간 동안 단계적 변화를 촉진하기로 합의하였다. 유럽연합 농민들은 보조금을 받는 대신에 단일농가지급Single Farm Payment이라고 하는 일괄보조금을 받았다. 유럽농민들은 소비자 수요에 맞추어 생산할 것이

장려되었다. 농업정책은 생산과 지급으로부터 농촌지역 보존에 더욱 초점을 두는 방향으로 바뀌었다. 우유가격 하락으로 인해 2009년 농민시위가 발생하였으며, EU는 2010~2013년 사이 낙농업에 1,790만 유로를 지원하기로 합의하였다.[3]

공동농업정책의 예산규모는 2013년 유럽연합 전체 예산의 31퍼센트(438억 유로) 수준을 유지할 것으로 예상되는데, 이는 1984년 71퍼센트에 비해 줄어든 수치이다. 영국은 이를 위해 유럽연합에 100억 유로를 낼 예정인데, 이것이 영국은 자국 농민들이 공동농업정책 자금을 많이 받지 못하는 상황에서 다른 유럽국가의 농민들을 보조하고 있다고 주장하는 이유 중 하나이다. 새로운 제안은 대규모 농장에 대한 자금지원을 줄이고 농촌개발예산의 규모를 늘릴 것을 골자로 하는 단일직접지불제Single Payment Scheme를 포함하였다. 또 다른 제안으로는 바이오연료 작물에 대해 보조금을 지급하고 농민들의 과잉생산을 방지하기 위해 농지 일부를 농사짓지 않고 방치하는 '휴경지 set aside' 제도를 폐지하는 것 등을 포함하였다. 환경단체들은 휴경지에 살고 있는 야생동물의 생존을 위협할 수 있기 때문에 '휴경지' 제도의 폐지에 반대하고 있다. 또한 공동농업정책 개혁안은 농민 소득보장제도를 포함할 가능성이 높으며, 혁신과 기후, 에너지 등에 더 많은 돈을 지출할 가능성이 높다.

여러 해 동안 공동농업정책을 반대하는 설득력 있는 주장이 많이 있었다. 특히 프랑스농민을 비롯하여 유럽연합 농민들은 지속적으로 정치적 영향력을 유지했고 공동농업정책을 지지했다. 프랑스는 공동농업정책 보조금의 대부분을 받았는데, 이는 부분적으로 프랑스농민들이 언제든지 파리

샤넬터널과 한 겨울 스키 리조트에서 도로를 차단하고 시위를 벌일 수 있는 유럽에서 가장 목소리가 크고, 활발하고, 조직이 잘 되어있고, 정치적으로 강력한 이익집단이었기 때문이다. 또한 공동농업정책은 세계무역기구 무역협상을 교착상태에 빠뜨린 주범으로 비난받고 있다 (제6장 참조). 미국은 유럽연합이 공동농업정책을 계속 유지하는 한 미국 내 농업보조금 축소에 반대하고 있다. 유럽연합과 미국 사이 계속되고 있는 교착상태는 이들 국가의 납세자와 일부 농산물을 유럽연합에 수출할 수 없는 개발도상국의 가난한 농민들에게는 좋지 않은 일이다.

지리적 확대

1967년 EEC는 ECSC 및 또 하나의 범유럽기구인 유라톰(유럽원자력공동체)과 통합하여 유럽공동체 EC: European Community라고 하는 보다 더 광범위한 임무를 수행하는 기구를 창출했다. 이름의 변경은 비록 여전히 EC 논의의 중심은 경제문제이지만 단지 경제 문제에 한정되지 않으려는 의도를 암묵적으로 시사한 것이다. 확대된 정치적 의제는 때때로 유럽 지역주의의 **자전거론**bicycle theory으로 요약되는 유럽사회의 지배적인 생각을 반영한다. 자전거는 계속 달리는 동안에는 안정을 유지하지만, 멈추게 되면 안정을 잃고 쓰러진다. 마찬가지로 EC 초대 의장 할슈타인Walter Hallstein에 따르면 오직 유럽국가들이 지속적으로 '그 어느 때보다 긴밀한 동맹'을 갈구하는 경우에만 유럽의 단결이 유지될 수 있을 것이다. 모네Jean Monnet는 통합된 시장을 통한 경제적 번영의 목표를 제시하였고, 그것은 유럽 지역주의의 자전거가 계속 달리도록 하는 데

충분했다. 그 후 유럽은 일련의 새로운 도전에 대한 대응을 통해 유럽통합의 모멘텀을 유지하고자 했다.

EC는 여러 단계에 걸쳐 지리적으로 확대되었다. 표 12.1은 로마조약에 서명한 최초 6개국으로부터 현재 유럽연합의 27개국[i]으로 늘어난 유럽 지역주의의 확대를 보여준다. 마침내 1973년 1월 영국은 아일랜드 및 유럽자유무역연합EFTA 회원국인 덴마크와 함께 EC에 가입했다. 영국은 두 차례의 논란이 많았던 국민투표와 수차례의 고통스러운 협상을 거쳐 EC가입을 확정지었다. 전반적으로 영국은 1957년 제시되었던 가입조건에 비해 상대적으로 훨씬 나쁜 조건으로 1973년 EC에 가입했다. 영국이 유럽국가인 것은 확실했지만, 영국은 유럽과 애매모호한 관계를 유지했다. 그리스는 1981년 EC에 가입했으며, 그 뒤를 이어 스페인과 포르투갈이 1986년 EC에 가입했다. 이 3개국 모두 일정부분 권위주의 정부를 물리친 민주주의제도의 승리에 대한 보상차원에서 EC 회원국 자격이 부여된 경우라고 할 수 있다. 자유무역과 긴밀한 경제적 유대관계는 민주주의를 공고히 하고 잠재적인 공산주의 영향으로부터 보호하고자 하는 의도를 지니고 있었다.

그러나 더 큰 시장이 모든 점에서 더 나은 시장을 의미하는 것은 아니다. 아일랜드, 그리스, 스페인, 포르투갈(소위 '가난한 4개국')의 EC 가입은 EC 회원국 사이에 다양한 갈등을 야기했다. 이들 저개발국가가 범유럽시장의 일부인지 확실하지 않았다. 이들 국가의 낮은 생활수준으로 인해

---

i 〈역자 주〉 2013년 크로아티아의 가입으로 회원국의 수는 28개국으로 늘어났다.

표 12.1		유럽공동체/유럽연합의 연대기
년	**월**	**사건**
1951년	4월	베네룩스 3국(벨기에, 네덜란드, 룩셈부르크), 프랑스, 독일, 이탈리아는 유럽석탄철강공동체(ECSC)을 창설하기로 하는 조약을 체결하였으며, 이 조약은 1952년 7월 발효되었다.
1952년	5월	파리에서 유럽석탄철강공동체 6개 회원국들은 유럽방위공동체(EDC) 조약을 체결하였다. 1954년 8월 프랑스 국회는 이 조약의 비준을 거부하였다.
1957년	3월	ECSC 6개 회원국은 유럽경제공동체(EEC) 및 유럽원자력에너지공동체 (EURATOM)를 창설하기로 하는 로마조약을 체결하였으며, 이 조약은 1958년 1월 발효되었다.
1960년	5월	유럽자유무역연합(EFTA)이 발효되었다.
1963년	1월	프랑스 대통령 드골은 영국의 EEC 회원국 가입에 대해 거부권을 행사하였다.
1965년	7월	1966년 1월까지 프랑스(드골대통령이 집권시절)는 초국가적 발전안에 대한 반대의사 표시로 유럽기구에 참여하기를 거부하였다.
1968년	7월	관세동맹이 완성되었다. 모든 역내 관세 및 무역쿼터(할당제)가 사라졌다. 공동의 역외 관세 세율을 도입했다.
1973년	1월	덴마크, 아일랜드, 영국이 EC에 가입했다.
1981년	1월	그리스가 EC에 가입했다.
1985년	12월	유럽이사회(유럽정상회의)는 단일유럽법(Single European Act)의 도입에 합의했으며, 이는 1987년 7월부터 효력이 발효되었다.
1986년	1월	스페인과 포르투갈이 EC에 가입했다.
1989년	9월~12월	중부유럽 및 동유럽의 공산주의 정권이 붕괴되었다.
1990년	10월	독일의 통일. 동독은 통일독일의 일부분이 되어서 EC의 회원국이 되었다.
1992년	3월	마스트리히트에서 유럽이사회는 유럽연합과 (유럽연합의 일부로서) 유럽통화동맹을 창설한다는 내용의 유럽연합 조약에 서명하였다.
1995	1월	오스트리아, 핀란드, 스웨덴이 EU에 가입했다.
	3월	쉥겐협정(협정국 간의 국경통제를 완전히 없애기로 하는 협정)이 독일, 프랑스, 베네룩스 3국, 스페인, 포르투갈 등 7개 회원국 사이에 체결되었다.
1997년	6월	유럽이사회는 EU 기구를 강화하기로 하는 암스테르담 조약에 합의하였다.
2000년	12월	유럽이사회는 EU의 확대를 대비하기 위한 니스조약에 합의하였다.
2002년	1월	유로 통화 및 지폐가 사용되기 시작하여 각국 화폐를 대체하였다.

(계속)

표 12.1	유럽공동체/유럽연합의 연대기 (계속)	
년	**월**	**사건**
2004년	5월	새로운 회원국이 EU에 가입하였다. 즉, 키프로스, 체코공화국, 에스토니아, 헝가리, 라트비아, 리투아니아, 몰타, 폴란드, 슬로바키아, 슬로베니아 등이 가입하였다.
	10월	유럽이사회는 유럽헌법을 제정하기로 조약을 체결하였다.
2005년	5월	프랑스와 네덜란드에서 유럽헌법의 제정을 약속한 조약의 비준을 위해 실시된 국민투표가 부결되었다.
2007년	1월	불가리아와 루마니아가 EU에 가입하였다.
	여름	유럽 금융위기가 시작되었다. 아이슬란드와 헝가리가 제일 먼저 타격을 입었다.
2009년	12월	27개국 의회와 국민들에 의해 비준된 리스본조약이 발효되었다.
2010년		EC, ECB, IMF(트로이카)는 긴축재정을 아일랜드, 그리스, 이탈리아, 스페인, 포르투갈의 늘어나는 부채를 다루기 위한 최우선적 목표로 삼았다. 그리스는 채무불이행(국가부도)을 위협하여 EU와 IMF로부터 1,100억 유로 규모의 구제금융을 받았다.
2011년		독일 등 여러 나라들은 그리스가 'EMU로부터 질서 있는 탈퇴'를 선택해야 한다고 주장했다.
2012년		그리스와 트로이카는 2월 두 번째 구제금융에 합의하였으나, 그리스는 11월 말 시점까지 약속된 구제금융을 모두 받지 못했다.

출처: Neill Nugent, *The Government and Politics of the European Union* (Durham, NC: Duke University Press, 2006); 유럽연합 홈페이지 http://europa.eu

더 잘 사는 부자 회원국과의 무역확대 효과는 크지 않았다. 마지막으로 농업국가인 4개국이 EC에 가입하면서 공동농업정책을 비롯한 EC제도가 나머지 다른 회원국들에게 심각한 재정적 압박을 가하게 되었다. 더 큰 시장이 장기적으로 EC에게 이익인 것은 틀림없지만, 단기적으로는 심각한 압박을 야기했다.

단일유럽법과 경제통합

이외 같은 경제문제 및 정치문제는 1980년대 중반 최고조에 이르렀다. 농업부문에서처럼 EC정책

프로그램의 높은 비용은 특히 영국한테 지나치게 큰 부담을 안겼으며, 영국으로 하여금 EC에서 탈퇴하도록 자극하였다. 유럽집행위원회 위원장으로 새롭게 임명된 들로르Jacques Delors는 EC의 회원국 정부들과 국민들이 다시 결속을 강화하고 계속 통합을 추진시키는 방안을 모색하고자 각 회원국의 수도를 순회 방문했다. 결국 들로르는 모네가 제일 처음 EC를 하나로 결합시키는데 사용하였던 국제무역이야말로 다시 유럽통합에 활력을 불어넣어 줄 가능성이 가장 큰 요인이라고 결론지었다. 1985년 들로르는 1992년까지 단일통합시장의 수립을 제안하는 내용의 '백서white paper'를

발표하였다. 그의 주도 하에 EC는 진정한 공동시장을 실현하기 위해 '지시directives'에 대한 (회원국간) 합의가 필요한 200개 일반 부문을 골라냈다. 유럽이사회는 **단일유럽법**SEA: Single European Act을 통과시켰으며, 단일유럽법은 1987년 7월 발효되었다.

경제동맹economic union에서는 더욱 통합된 시장을 창출하기 위해 관세 및 비관세 장벽을 완전히 철폐한다. 더 나아가 경제동맹에 참여한 국가들은 상품, 서비스, 사람, 자본 등 4가지 요소의 '자유로운' 이동에 합의하는데, 그 결과 국가의 주권이 심각하게 약화된다. EU는 아직 완전한 경제동맹의 단계에 이르지 **못했다**는 사실을 잊어서는 안 된다. 여전히 다양한 부문에 있어서 상품 및 서비스의 이동에 많은 규제가 존재한다. 예를 들면, 상품의 자유로운 이동은 단순히 관세 및 쿼터의 철폐만으로는 충분하지 못하다. 반드시 처리해야만 하는 수백 개의 비관세장벽이 존재한다. 보건기준, 안전기준, 기술표준 등 이 모든 것이 다른 나라로부터의 수입을 가로막고 국산품의 소비를 장려하는 데 사용될 수 있다. 경제적 자유주의자들은 경제동맹 가입국 어디에선가 판매되는 상품을 경제동맹 가입국 다른 어느 나라에서나 판매가 허용될 수 있도록 하려면 최대한도로 이러한 기준 및 표준이 균일화(또는 **통일**)되어야만 한다고 생각한다. EU는 공동의 (유럽)표준이 존재하지 않는 경우 '상호인정원칙principle of mutual recognition'을 적용한다. 즉, 한 나라의 제품 표준을 모든 다른 나라들이 반대하지 않고 수용해야만 한다.

세계무역에서 그 비중이 점점 더 늘어나고 있는 서비스의 자유로운 이동 역시 겉으로 보기보다 훨씬 더 복잡하다. 은행, 금융, 보험 등과 같은 서비스는 전통적으로 심각하게 규제되었으며, 그 규제방식 또한 나라마다 무척 다르다. 사람의 자유로운 이동은 통일된 이민정책을 필요로 한다. 경제동맹 가입국 어느 한 나라에 자유롭게 입국하여 일을 할 수 있는 사람은 이론상 가입국 어느 나라에서나 마음대로 거주하면서 일을 할 수 있다. 마지막으로 자본의 자유로운 이동은 한 나라의 돈의 유입과 유출에 영향을 미치는 자본통제 및 투자규제의 폐지를 전제한다. 많은 나라들은 전통적으로 국내투자를 촉진하고, 금융안정성을 높이고, 외환변동성을 줄이기 위해 자본통제를 실시하고 있다. 비록 경제동맹이 이러한 통제 모두를 제거하지는 않는다고 하더라도 이러한 통제들이 '조화롭게' 되어서(또는 상호인정 되어서) 경제활동을 가로막는 장애물이 되지 않도록 해야 한다. 요컨대, 경제동맹을 실현하려면 유럽집행위원회와 같은 공동행정기구가 불가피하게 필요하다.

경제통합은 일정 수준의 정치통합을 필요로 한다. 단일유럽법은 EC의 경제적 자유 확대에 머물지 않고 커다란 정치적 진전을 준비하였으며, 이는 결국 1990년대 초 마스트리히트 조약으로 실현되었다. 단일유럽법은 단일시장에 관한 대부분의 입법안을 통과시키는 데 요구되었던 만장일치 조항을 변경하였다. '만장일치' 의결은 유럽공동체 각료이사회(회원국 각료들로 구성된 회의체)의 모든 각 회원국에게 사실상 거부권을 부여하는 것이기 때문에 유럽법안의 통과를 무척 어렵게 하였다. 단일유럽법은 **가중다수결**QVM: qualified voting majority 규정을 도입하였는데, 이는 EU각료이사회의 87표 중 최소 62표(=71.26%)가 찬성하는 경우 의결이 가능하다는 것을 의미한다. 투표권은 회원국의 크기에 기초하여 12개 회원국에 할당되었다. 가중다수결제는 현실적인 장점 이외에도 커다란 상징적 의미를 가졌다. 이는 일부 회원국의 반대에도 불구하고 의사결정을 내릴 수 있게 되었기 때문에 적어도 단일시장 입법에 있어서 유럽기구가 중요하게 되었음을 의미했다. 또한 단일유럽법은 유럽집행위원회, 유럽의회EP, 유럽사법재판소 등 범유럽기구(이 장의 뒷부분에서 논의)에게 더 많은 권한을 부여하였다.

들로르의 단일시장 제안은 EC 회원국들에게 진짜 어려운 도전을 제기했다. 4가지 이동의 자유를 성취하기 위해서는 각국의 상당수가 국내정치에 영향을 미치는 수백 개의 작은 이슈에 있어서 자국의 국익을 포기할 것을 요구하였다. 국가주권과 경제성장이 종종 충돌했다. 예를 들면, 독일에서는 환경보호가 사회적으로 중요한 가치이고, 녹색당이 일부 이슈에 있어서 강력한 정치적 영향력을 발휘하고 있다. 독일은 EC의 모든 차량에 자국의 높은 환경기준을 적용하고 싶었지만 그리스나 포르투갈 같은 가난한 나라들은 높은 비용을 요구하는 이러한 환경규제에 반대했다.

마스트리히트조약과 리스본조약

1989년 및 1990년 유럽정치에 예기치 않은 변화가 발생했다.[4] 베를린장벽의 붕괴와 중부유럽 및 동유럽 사회주의 정권의 붕괴로 인해 서유럽국가는 두 가지 도전에 직면하게 되었다. 즉, 1990년 10월 3일 독일연방공화국과 구 사회주의 독일민주공화국의 통일이 그 하나였고, 중부유럽 및 동유럽국가 대부분이 EC 회원국 가입을 신청한 것이 또 다른 하나였다. 1992년 유럽연합EU을 설립하기로 한 **마스트리히트조약**Treaty of Maastricht은

주로 독일통일과정에서 이뤄진 협상의 결과물이었다. 영국 대처총리와 프랑스 미테랑대통령은 과거 독일의 유럽지배에 대한 기억을 떠올렸으며, 독일의 통일을 인정하기를 주저했다. 프랑스는 공동화폐라는 강력한 연결고리로 독일을 나머지 유럽국가들과 하나로 묶음으로써 독일문제를 해결할 수 있는 통화동맹을 제안하였다. 유럽 공동화폐로 인해 독일은 자국의 경제력을 가장 잘 보여주는 상징물인 독일 마르크화를 포기해야 할 것이다. 독일과 프랑스가 공동으로 제안한 두 번째 계획은 유럽의 정치적 통합을 촉진하는 것이었다. 프랑스는 독일을 좀 더 잘 통제할 것으로 기대되는 유럽연합에게 자국의 주권 일부를 기꺼이 포기하고자 했다. 마찬가지로 독일은 통일에 대한 프랑스의 신뢰를 얻는 대가로 자국의 주권 일부를 기꺼이 포기하고자 했다.

1991년 12월 마스트리히트회의는 이 두 가지 계획을 모두 실현하는데 성공했다. 12개 회원국의 지도자들은 1999년까지 통화동맹을 설립하고 자국통화를 하나의 공동통화(1995년 12월 '유로'로 명명되었다)로 교체하기로 결정했다. 12개 회원국은 다른 유럽기구와 회원국 중앙정부로부터 독립적으로 통화정책을 수립하고 물가안정에 최선을 다할 **유럽중앙은행**ECB: European Central Bank의 설립에 합의했다. 또한 12개 회원국은 낮은 인플레이션, 낮은 금리, 적은 국가부채 등 소위 수렴기준을 충족한 국가에 대해서만 유로존 가입을 허용하기로 합의했다. 1997년 유럽집행위원회는 유로화를 강화시키기 위한 또 다른 결정을 내렸다. 즉, 유로존 가입국이 유로존에 가입 후 정부재정지출 규율을 지킬 것을 요구하는 '안정과 성장 협약Stability and Growth Pact'에 합의하였다. 그

때부터 유럽집행위원회는 유로존 전체에 **인플레이션**을 유발시킬 위험성이 있는 국가부채가 늘어난 회원국을 처벌할 수 있는 권한을 갖게 되었다. (현재의 금융위기에서 인플레이션은 높은 수준의 부채 때문은 아니다.)

단일통화에 합류할 수 있는 자격기준이 매우 엄격한 것으로 평가되었음에도 불구하고 1998년 당시 유럽연합EU 15개 회원국 중 12개 국가가 통화동맹을 체결하였다. 끝까지 덴마크, 영국, 스웨덴은 유로존에 불참하기로 결정했다. 1999년 1월 1일 ECB가 유로존의 통화정책을 주관하게 되었으며, 3년 후 새로운 지폐와 동전이 도입되었다.

마스트리히트에서 실현된 두 번째 계획은 마침내 경제공동체에서 정치동맹으로 이동하는 것이었는데, 이러한 정치동맹은 1986년 단일유럽법에 이미 마련되었던 사안이었다. 정치동맹은 세 가지 분야에서 협력을 도모하기 위한 단일한 법적, 제도적 구조를 창출했다.

- 1957년 EEC조약에서 출발하였고 1986년 단일유럽법이 공식적으로 채택한 '단일시장'.
- 1970년에 시작되었지만 오늘날에도 여전히 어려운 과제로 남아있는 '외교안보정책' 협력. 유럽연합이 한 목소리로 말하는 경우 세계정치에서 더 큰 영향력을 가질 수 있겠지만, 큰 회원국들 각각의 국가이익은 종종 똑같지 않다. 이라크전쟁에 대한 유럽국가들의 서로 다른 입장이 이 점을 잘 보여준다. 즉, 프랑스와 독일은 미국의 이라크침공에 반대한 반면, 영국, 이탈리아, 폴란드는 군대를 파병하여 미국의 이라크점령을 도왔다.
- 대부분의 회원국 간의 국경을 개방하고 1995년부터 시작된 새로운 형태의 경찰협력을 규

정한 쉥겐협정 하에서 확대된 '내무사법' 협력. 2006년까지 독일, 프랑스, 벨기에, 네덜란드, 룩셈부르크, 오스트리아, 이탈리아, 스페인, 포르투갈, 그리스, 덴마크, 핀란드, 스웨덴 등이 이 협정에 서명하였다. 영국과 아일랜드는 이 협정에 조인하지 않았다. 아이슬란드와 노르웨이는 유럽연합의 회원국이 아니면서도 이 협정에 조인했다.

유럽연합의 '세 기둥'이라고 부르는 세 가지 영역별로 정치적 의사결정 과정은 무척 상이했다. 단일시장(기둥1)에서 유럽연합 기구들은 마치 단일국가 정치체제처럼 움직인다. 유럽집행위원회가 행정부의 역할을 하고, 의회의 상하 양원처럼 입법과정에서 서로 협력하는 유럽연합 각료이사회와 유럽의회가 입법부의 역할을 맡고 있다. 외교정책(기둥2) 영역과 내무사법(기둥3) 영역에서는 유럽연합 각료이사회가 핵심 정치기구이며, 그리고 만장일치(가중다수결제가 채택되지 않았다)로 의사결정을 내리기 때문에 사실상 각 회원국 정부는 거부권을 보유하고 있다. 이 점이 바로 기둥1은 '초국가적'이라고 얘기하고, 기둥2와 기둥3은 '정부 간'이라고 말하는 이유이다. 기둥1은 국민국가를 초월하여 하나의 정부처럼 활동하는 반면에 기둥2와 기둥3은 각 국의 정부가 서로 정책을 조율하는 하나의 국제기구처럼 일을 수행한다.

유럽통합의 '심화'과정에 이어서 유럽통합의 '확대'과정이 이뤄졌다. 2004년(15개 회원국에서 25개 회원국으로 늘어남)과 2007년(불가리아와 루마니아가 추가로 가입하여 총 27개 회원국으로 늘어남)에 유럽연합이 확대되었다. 6개 회원국에 기초하는 1957년의 제도설계가 27개 회원국으로 구성된 유럽연합에는 적합하지 않은 것이 명

백하였다. 2002년 유럽연합은 유럽회의European Convention에게 유럽헌법의 초안을 작성하는 일을 맡겼다. 18개월 동안 유럽연합 회원국(2004년과 2007년 가입할 예정이었던 나라들 포함)의 105명 의원들이 유럽연합의 제도적 미래를 논의했다. 2004년 유럽회의 의장인 전 프랑스 대통령 데스텡Valéry Giscard d'Estaing이 그 결과물을 발표했다. 즉, 의사결정 과정을 간소화 할 필요성, 정치적 통합의 심화에 대한 바람, 유럽연합에게 자국의 주권을 너무 많이 포기하는 데 따른 두려움 등을 적절히 반영한 유럽헌법 초안을 발표했다. 2005년 여름 국민투표에서 프랑스 유권자의 54.5퍼센트와 네덜란드 유권자의 61.6퍼센트가 반대하여 유럽헌법초안을 부결시켰다.

반드시 필요한 개혁을 실현할 새로운 방식을 모색하는 '심사숙고'의 시간을 가진 후, 2007년 6월 유럽연합은 헌법이라는 상징적 표현을 사용하지 않지만 유럽헌법 초안의 내용 상당 부분을 그대로 반영하는 새로운 조약안을 마련하기로 합의했다. **리스본조약**Treaty of Lisbon(2007년 12월 리스본에서 체결되었고, 2009년 11월에 비준되었다)이 2009년 12월에 발효되었다. 이 조약은 또한 3개 기둥을 포기하고 유럽연합을 자체의 법적 장치로 만들었다. 리스본조약에 규정된 또 다른 주요 변화는 다음과 같다.

- 6개월 임기로 돌아가면서 대통령직을 담당하는 대신에 유럽연합은 2년 반 동안의 임기(1회 중임 가능)로 선출되는 대통령을 둔다. 이러한 변화는 EU정치가 더욱 연속성과 효율성을 갖게 되었음을 의미한다.
- 유럽연합 외교안보정책고등대표Higher Representative of the Union for Foreign Affairs and Security Policy라는 명칭을 가진 새로운 자리가 외교정책을 둘러싼 유럽인들 사이의 빈번한 의견 차이를 조정하기 위해 신설되었다. 새로운 유럽각료이사회의 대통령과 함께 고등대표는 외교정책 분야에 있어서 EU 회원국들의 협력을 강화시켜주고 전 세계적으로 EU의 얼굴 역할을 할 것이 기대되었다. 이 두 자리는 1970년대 키신저Henry Kissinger가 했던 잘 알려진 질문에 대한 대답을 의미했다. "내가 유럽에 전화통화하고 싶은 경우 누구에게 전화를 걸어야 합니까?"
- **유럽의회**EP: European Parliament는 대부분의 사회정책, 경제정책, 환경정책(이전의 기둥1)에서 유럽연합의 각료이사회와 대등한 지위를 갖는다. 유럽의회의 목적은 이들 정책분야에서 양원제를 정립하는데 있다. 유럽의회와 유럽각료이사회가 일반국가의 상하양원처럼 활동하고 유럽집행위원회가 일반 국가의 행정부처럼 작동한다. 이렇듯 유럽의회의 역할 강화는 민주적 결핍의 문제에 대한 대응이었다.
- 2014년 11월 이후 가중다수결은 이중다수제를 활용한다. 즉, 의사결정을 위해서는 전 회원국의 55퍼센트, EU 전체 인구의 65퍼센트 이상의 동의를 얻어야만 한다. 대부분의 경제적, 사회적 결정은 가중다수결로 이루어진다.

EU 정치기구

유럽통합 과정은 항상 경제적 과정이었으며 또한 동시에 정치적 과정이었다. 1950년대 이후 유럽의 엘리트들은 정책을 만들고, 분쟁을 해결하고, 유럽공동체의 가치와 목표를 설정하는 기능을 수행하는 매우 놀라운 일련의 정치기구를 고안하였다. 이들 정치기구는 유럽 전체의 이익과 회원국 각자의 국가이익 사이에서 절묘한 균형을 이루었다. 정부간 특성 및 초국가적 특성을 갖고 있는 EU기구들은 어느 하나의 강대국이나 소수의 회원국이 독단적으로 지배할 수 없도록 설계되었다.

- 모든 회원국의 국가원수 및 정부수반으로 이루어진 **유럽이사회**European Council는 매 6개월마다 최소한 두 번 이상 회의를 갖는다. 유럽이사회는 EU의 우선순위의 결정, EU조약의 협상, EU의 예산에 대한 동의 등과 같은 중대한 의사결정을 담당한다.
- 2년 6개월 임기로 선출되는 유럽이사회 상임의장은 유럽이사회의 회의를 주재하고, EU의 합의 도출을 위해 노력하고, 대외관계에서 (유럽연합 외교안보정책 고등대표라고 불리는 유럽 '외무장관'과 함께) EU를 대표한다.
- 각 회원국마다 한 명의 대표자로 구성된 **유럽연합이사회**Council of the European Union(또는 각료이사회)는 EU의 주요 입법기구이다. 유럽연합이사회는 흔히 유럽집행위원회 및 유럽의회와 협력하여 주요 입법결정을 내린다. 또한 유럽연합이사회는 외교정책, 재정정책, 경제정책의 결정과정에서 중요한 역할을 한다. 각 EU 회원국은 각료이사회에 제출할 결정사항을 마련하는 일상적인 정치적, 기술적 업무를 처리하는 상주대표를 브뤼셀(EU의 '수도')에 두고 있다.
- 대통령과 27명의 위원(각 회원국마다 한 명씩)으로 구성된 **유럽집행위원회**European Commission가 EU의 내각 역할을 한다. 개별 국가의 장관과 마찬가지로 각 위원은 5년 임기로 경제정책, 무역, 농업 등과 같은 특정 '분야' 장

관직을 담당한다. 의사결정에서는 절대다수제가 사용된다 (**사실상** 합의 도출 경향이 강하게 존재한다). 집행위원회는 정책프로그램과 예산안을 작성하고 EU법의 이행여부를 감시하고, 국제기구에서 유럽을 대표한다.

- 5년 마다 유럽시민이 직접 선출하는 의원들로 구성된 유럽의회European Parliament는 기존의 전통적인 의회와 비슷하게 되었다. 유럽의회는 국적에 따라서가 아니라 정당노선에 따라 조직된 754명의 의원들로 구성되어 있다. 유럽의회는 정책 프로그램 초안 및 유럽법률안 초안을 마련하고, EU 예산안을 의결하고, 유럽집행위원회의 활동을 승인하거나 감시한다.
- **유럽사법재판소**ECJ: European Court of Justice는 6년 임기로 임명되는 27명의 재판관과 8명의 법률심의관으로 구성된다. 유럽사법재판소는 EU 기구들 사이 및 EU와 회원국 사이의 법적 갈등문제에 대해 판결을 내린다. 유럽사법재판소의 판결은 일반적으로 국내법에 대한 유럽법의 우위를 강조하기 때문에 유럽사법재판소는 유럽통합을 촉진하는 결정적 역할을 수행한다.
- 유럽중앙은행ECB은 유로존의 통화정책 및 물가안정을 책임지고 있다. 유럽중앙은행은 유로존 회원국의 외환보유고를 관리하고 유로존의 결제제도가 원활하게 작동하도록 촉진한다.

지난 25년 동안 EU의 확대와 강화는 다소 다루기 힘든 유럽연합 제도의 내구력을 일상적으로 시험하는 새로운 현실적 정치문제를 야기했다. EU의 강화는 각 회원국으로 하여금 많은 경제적, 정치적 권한을 이들 기구에 양도하도록 하였으며, 유럽법과 개별 국가의 국내법 사이의 복잡하고 혼

란스러운 관계를 야기했다. 유럽연합 회원국의 수적 확대는 기존 회원국의 영향력을 감소시키는 경향이 있으며, 이들 국가는 EU정책프로그램과 관련하여 자국이 돌려받는 것보다 더 많은 돈을 부담해야하는 것에 대해 불만을 토로한다. 마찬가지로 일부는 회원국 수의 증가로 인해 투표에 있어서 자국의 영향력 및 정치적 영향력이 상대적으로 약화되었다고 불평한다. 앞에서 설명한 바와 같이, 그럼에도 불구하고 일부 주권을 포기한 개별 국가들은 여전히 자국 고유의 정치적, 경제적 이익은 그대로 유지하면서 동시에 정치적·사회적 협력의 강화가 제공하는 경제적 효율성 및 이득의 혜택을 누리고 있다.

이러한 손해와 이익의 교환관계trade-offs가 이론적으로는 괜찮아 보이지만, 이러한 교환관계는 여전히 문제를 야기하고 있다. 현재 EU 자체의 붕괴가 아니면 적어도 EMU의 붕괴를 위협하고 있는 금융위기보다 더 큰 문제는 없다.

유로존의 금융부채위기

지난 몇 년 동안 유로존의 금융부채위기가 EU 역사상 가장 암울한 시기에 대한 전반적 대응을 상호조율 하는 유럽공동체의 능력을 테스트하였다. 세계 주요 은행 및 경제가 상호연결 되어있기 때문에 2007년 미국에서 시작된 금융위기가 급속하게 유럽으로 확산되었다. 2008년 9월 미국의 리먼브라더스 파산으로 인해 유럽은행체계의 상당부분이 심각한 금융위기에 빠졌다. 아이슬란드의 은행시스템이 하룻밤 사이에 붕괴되었으며, 그 때까지 높은 이자를 주는 아이슬란드은행들을 안전

한 투자처라고 생각했던 유럽대륙의 예금자들은 분노하였다. 일부 영국의 은행들 역시 파산하였으며, 영국경제를 위협하였다.[5]

처음에 유럽의 많은 국가는 금융위기로부터 자기들은 무관하다고 느꼈다. 2008년 후반까지도 다수의 전문가와 해설자는 여전히 유로화를 '놀라운 성공'으로 칭송했다.[6] 하지만 많은 유럽의 은행 및 금융기관이 서로 돈을 빌려주기를 꺼렸기 때문에 신용경색이 발생하면서 유럽에도 경고등이 켜졌다. EU 회원국으로 금융위기가 퍼지는 것을 차단하거나 또는 금융위기가 회원국 경제에 미치는 충격에 대응할 수 있는 수단을 EU가 갖고 있지 못하다는 것을 정부관료들은 깨닫게 되었다. 1992년 마스트리히트조약은 이에 대한 지침을 거의 규정하고 있지 않았다. 사실 마스트리히트조약은 회원국에 대한 구제금융을 금지하고 있었다. 마스트리히트조약은 각 국가의 부채 규모가 GDP대비 일정 비율을 넘지 않도록 제한하였지만, 1999년 EMU의 출범을 위해 한시적으로 이 규칙의 효력은 중지되었다. 이탈리아, 독일, 프랑스는 다른 나라들의 부채규모를 정기적으로 살펴보았다. 처음에 은행이 열심히 기업에 자금을 대출하고, 가난한 국가가 투자자를 유치하기 위해 국채를 발행하였을 때 이를 우려하는 사람은 거의 없었다.

2008년 위기가 악화되면서 유럽공동체 전체로 위기가 확산되자 유럽 각국의 정부들은 자국 은행을 지원하기 위한 비상 입법안을 서둘러 마련하였다. 예를 들어, 2008년 말 독일, 영국, 프랑스는 프랑스의 소시에떼 제너랄르 은행과 독일의 코메르츠방크 및 하이포 리얼 에스테이트[ii] 등과 같이 파

---

ii 〈역자 주〉 주택금융대출 전문은행.

산위기에 몰린 금융기관에게 은행거래에 대한 지급보증으로 1조 유로(1조 4,000억 달러), 구제금융으로 1,850억 유로(2,370억 달러)를 지원하기로 결정하였다. 또한 프랑스와 영국은 GDP가 2009년 추정치인 5퍼센트보다 더 많이 줄어드는 것을 방지하기 위한 대책으로 대규모 경기부양책을 내놓았다. 부동산 거품이 터진 후 아일랜드와 스페인에서는 자국의 투자시장을 진정시키기 위해 자국 대형은행들의 부채를 국가가 떠안았다.

2008년 12월 EU는 2,000억 유로 규모(EU 전체 GDP의 약 1.5퍼센트)의 경기부양책을 결정했다. 이는 대부분이 개별 국가 부양책이었고 여기에 유럽집행위원회European Commission가 재할당한 일부 자금이 더해졌다. 아울러 독일, 영국, 프랑스, 이탈리아 등과 함께 EU는 글로벌 금융시장에 대한 규제조치를 바꾸기 위해 'G20' 회의에 참석했다. 그러나 위기를 처리하는 방안을 둘러싸고 국가들 간 의견차이만 더욱 확연하게 드러나고 말았다. 많은 사람들이 EU 회원국 및 EU 기구가 금융위기에 효과적으로 대응할 수 있을지 의심하기 시작했다. 독일과 프랑스는 금융시장에 새로운 엄격한 안전장치의 도입을 촉진하였던 반면, 영국은 강력한 금융시장인 런던 '금융가City'에 대한 외국의 강력한 통제를 피하려고 했다. 독일은 국가부채의 과도한 증가를 방지하기 위해(즉, 독일은 국가부채의 과도한 증가가 거품위기를 또 다시 촉발할 수 있다고 주장) 온건한 조치를 선호하였다.

2009년 말에 이르러 투자자들이 그리스가 대규모 공공부채 부도위기에 직면할 수 있음을 우려하기 시작하면서 그리스는 심각한 위기에 빠졌다. 우선 독일, 네덜란드, 핀란드, 오스트리아 등은 그리스에 대한 구제금융에 반대했다. 그 대신

이들 국가는 그리스가 정부부채 규모를 줄이기 위해 사회복지 프로그램에 대한 정부지출을 삭감하고 세금을 인상하는 긴축정책의 도입을 의무화하는 1,100억 유로구제금융 방안을 마련했다 (구체적 내용은 제8장 참조). 향후 3년 동안 그리스 및 다른 4개 부채국가(이탈리아, 스페인, 포르투갈, 아일랜드)는 재정운용이 방만하다고, 즉 세입보다 세출이 더 많다고 비난받았다. 일부는 아일랜드를 제외한 이들 모두가 지중해와 국경을 접하고 있기 때문에 '클럽메드Club Med' 국가들로 불렀다. 또 비판자들은 이들 국가를 'PIIGS[iii]'로 명명했다.

제도적 취약성: 미완성의 통합

시장상황을 고려한다면 그리스 구제방안은 (EU의) 종합적인 해결대책이 아니었다. 다른 EMU 국가들 역시 잠재적으로 위험한 수준의 국가부채 문제를 갖고 있었다. EMU가 심각한 금융위기에 아무런 대응도 하지 못했다는 것은 분명하다. EMU는 단일통화를 사용하였고, 유로존 국가 중 가장 강한 경제력을 가진 독일이 유럽중앙은행의 정책을 주도하였기 때문에 다른 국가들은 개별적으로 자국의 파산을 막거나 자국의 경제회복을 돕기 위해 사용할 수 있는 수단이 별로 없었다. 유로존의 17개 국가 중 어느 나라도 자기나라의 수출을 늘리기 위해 자국 통화를 평가절하 할 수 없었다. 이러한 상황에서 유로존 국가들은 EU-ECB-IMF(유럽연합-유럽중앙은행-국제통화기금) **트로이카**troika의 구제금융에 의존하게 되었으며, 이

---

iii 〈역자 주〉 각 국가 이름의 첫 알파벳을 합친 것으로 동시에 게으른 '돼지'라는 비난의 의미를 담고 있다.

느슨한 금융기구 연합이 EMU 금융위기에서 주도적 역할을 담당하게 되었다. 우리가 아래에서 설명하고 있듯이, 이 금융 트로이카는 각기 다른 고유의 임무와 고객층, 부채문제에 대한 전망 등을 가지고 있었으며, 그로 인해 이들 트로이카는 부채위기 전반에 대한 통일된 해결방안을 도출하는데 어려움을 겪었다. 국가 지도자 및 트로이카 지도자들이 EMU와 글로벌 시장 사이에 방화벽을 만들고 새로운 기구를 만들기 위해 애를 썼다는 사실은 유로존 실험이 갖고 있는 태생적 결함을 암시한다. 즉, 유로존은 시스템 위기systemic crisis[iv]의 가능성 및 회원국의 탈퇴 가능성을 미리 예상하지 못했다.

2010년 5월 유로존 17개 회원국과 트로이카 대표들은 새로운 국가채무 위기에 좀 더 직접적으로 대처하는 3층 구조의 계획을 새롭게 마련하기로 하는 또 다른 대책을 통과시켰다.[7] 이 계획의 최상층은 4,400억 유로를 대출할 수 있는 유럽금융안정기금EFSF: European Financial Stability Facility 및 유럽집행위원회가 관리하는 600억 유로 규모의 유럽금융안정메커니즘EFSM: European Financial Stability Mechanism이었다. 2012년 9월 EFSF와 EFSM은 국가부도 위기의 어려움을 겪고 있는 국가를 돕기 위해 5,000억 유로를 빌려줄 수 있는 '바주카포'라고 불리는 새로운 기금, 즉 유럽안정화메커니즘 ESM으로 대체되었다. 이 계획의 두 번째 층은 유럽안정화메커니즘에 더하여 IMF가 2,500억 유로를 구제금융자금으로 지원하는 것이었다.

이 계획의 세 번째 층은 국가부도가 임박할 경우 유럽중앙은행이 개입할 것을 약속한 것이었는데, 독일이 가장 큰 영향을 미쳤다. 유럽중앙은행은 유로존의 통화안정 및 가격안정을 책임지고 있다. 그러나 EMU조약의 규정에 따르면 유럽중앙은행은 할 수 있는 것이 제한되었으며, 항상 기본적으로 인플레이션과 금리조정에 치중했다. 재정적자 강경파deficit hawk인 유럽중앙은행 전 총재 트리셰Jean-Claude Trichet는 유럽중앙은행이 EU의 '최종대부자' 역할을 떠맡는 것을 원치 않았다. 트리셰 총재는 재정규율과 긴축정책이 신뢰를 제고할 것이며 (투자를 통해) 성장으로 이어질 것이라고 주장했다. 2000년대 상반기 독일이 성공적으로 부채를 줄이고 경제를 개혁했기 때문에 트리셰에게 독일은 추종해야 할 모델국가이었다.

위기에 대응하는 또 다른 간접적인 조치로는 EU 전체의 금융 안정성을 지속적으로 모니터하는 역할을 담당하는 유럽시스템리스크위원회ESRB: European Systemic Risk Board를 포함한 유럽금융감독시스템ESFS: European System Financial Supervision의 수립을 주요 내용으로 하는 2011년 1월 통과된 법률안을 들 수 있다. 또한 유럽시스템리스크위원회 법은 기존의 세 개 EC 위원회를 은행, 보험, 증권에 대한 자문권한을 가진 세 개의 유럽감독당국 ESAs: European Supervisory Authorities으로 탈바꿈시켰다. 유럽중앙은행과 EC에 대해 구제금융자금을 제공할 수 있는 능력 때문에 독일이 위기 해결에 대한 핵심열쇠를 쥐고 있다고 말할 수 있다. 트로이카는 아일랜드, 그리스, 포르투갈, 스페인 등과 구제금융 협상을 진행하고 있다 (표 12.2 참조). 흥미롭게도 아일랜드와 포르투갈은 한 때 긴축정책이 얼마나 잘 작동하는지를 보여준 모델이었다. 하지만 그리스의 경우는 좀 다르다. 그리스가 2012년 2월 유럽위원회, 유럽중앙은행, IMF와

---

iv 〈역자 주〉 한 국가의 위기가 연쇄적으로 다른 국가로 확산되는 현상을 의미한다.

표 12.2 // 일부 유럽국가의 부채 및 경제지표

나라	GDP (2011년, 미화 1억 달러)	GDP 대비 정부부채 비율 (2009년, %)	GDP 대비 정부부채 비율 (2012년 2/4분기, %)	총대외부채 (2012년 1/4분기, 미화 1억 달러)	EU-IMF 구제금융 (2010년~2012년, 미화 1억 달러)	실업률 (2012년 3/4분기, %)	추정 GDP 성장률 (2013년, %)
유로 지역							
그리스	2,990	130	150	5,210	3,170	25.1	−4.8
포르투갈	2,380	83	118	5,080	780	15.7	−2.7
이탈리아	21,950	116	126	25,140		10.7	−1.8
스페인	14,910	54	76	23,830	1,300	25.5	1.7
프랑스	27,730	79	91	51,300		10.7	−0.3
아일랜드	2,170	65	112	22,140	675	14.8	1.0
독일	35,710	75	83	57,980		5.4	1.4
비교 국가							
미국	150,940	90	107	154,810		8.1	1.9
멕시코	11,550	45	42	3,090		4.8	3.4

출처: World Bank Indicators; Eurostat News Release 150/2012 (October 24, 2012); World Bank Quarterly External Debt Statistics; OECD Harmonised Unemployment Rates, Updated: November 2012; OECD *Economic Outlook No. 93* (May 29, 2013); Eurostat, "Government Finance Statistics: Summary Tables—2/2012" (2012).

두 번째 구제금융 방안에 합의하자 시위대가 아테네 시의 110개 이상의 건물에 불을 질렀다. 그 이후 채무국가, 트로이카, 개인투자자 사이에 채무국에게 부과되는 구제금융 조건을 둘러싸고 치열한 논쟁이 벌어졌다.[8] 독일이 주도하였던 긴축정책 찬성론자들은 그리스와 같은 채무국들이 연금, 의료, 다른 복지제도의 축소를 통해 국가부채를 스스로 줄여야만 한다는 입장을 고수했다. 독일과 마찬가지로 네덜란드, 핀란드, 오스트리아 등과 같은 북유럽국가들 역시 만성적인 도덕적 해이를 초래할 수 있고 채무국들의 긴축조치 시행이 느슨해질 것을 우려해서 허약한 회원국들을 구제하는 것을 탐탁하지 않게 여겼다.

2011년과 2012년 메르켈Angela Merkel 독일총리, 파판드로George Papadreou 그리스총리, 베를루스코니Silvio Berlusconi 이탈리아총리, 사르코지Nicolas Sarkozy 프랑스대통령 사이의 의견대립과 갈등에 관한 언론보도가 엄청나게 쏟아져 나왔다 (후자 세 명은 권좌에서 물러났다). 부채협상에서는 종종 구제금융을 싫어하고 재정긴축을 선호하는 북부국가들과 부채문제를 처리하고 경제성장을 할 수 있도록 추가 지원을 하는 케인즈식 접근방식을 선호하는 클럽메드 국가들이 서로 대립하였다. 일부 전문가들은 비록 인플레이션의 증가를

의미하지만 독일이 EU상품의 수입과 공공프로그램에 대한 지출을 늘린다면 채무국에게 도움이 될 것이라고 주장한다.[9] 아직까지 그런 일은 일어나지 않았다.

2011년에 이르러 일부 독일인을 포함한 관료와 전문가 일부는 그리스와 스페인, 포르투갈, 이탈리아 등과 같은 국가들이 유로존에서 탈퇴해야한다고 주장했다. 그에 따라 많은 부채를 갖고 있는 나라의 관료들은 그렇게 하는 것을 고려하였다. 즉, 그들은 그렇게 한다면 자국이 위기에서 벗어나기에 더 나은 입장에 놓이게 될 수 있다고 생각했다. 예를 들어, 그리스가 자국의 화폐 드라크마로 되돌아간다면 화폐가치의 평가절하를 추진할 수 있을 것이며, 그 결과 수출이 늘어나고, 실업이 감소하고, 경제성장이 실현될 수 있을 것이다.

많은 비판자들은 긴축이 사회적, 정치적 재앙과 부채함정을 의미할 뿐이라는데 동의했다.[10] 또한 표 12.2는 2009년과 2012년 중반 유로존 국가들의 GDP 대비 부채비율을 비교하고 있다. 대부분의 국가들이 긴축정책을 채택하였기 때문에 국가 부채비율이 크게 늘어난 것이 분명하다. 대부분 EMU 국가의 재정지출 축소는 성장을 저해하고 실업률을 악화시켜 부채상환을 더욱 어렵게 한다고 주장하는 경제학자 및 관료들이 갈수록 많아지고 있다. 많은 국가들이 경제가 수축되고 있는 상황에서 차입을 통해 부채를 더욱 늘리며, 즉 GDP 대비 부채비율을 더욱 악화시키며, 그 결과 투자자들은 더욱 해당 국가를 신뢰하지 못하게 된다. 이는 부채비용의 상승을 초래하며, 트로이카로부터 추가 구제금융을 받아야할 필요성을 야기한다. 이는 악순환인 듯이 보인다.

트로이카 회원국들은 클럽메드Club Med 국가에 대한 추가지원 협상을 진행할 때 긴축을 요구하는 독일국민의 여론을 의식해야만 했다. 메르켈 총리는 그리스 및 다른 나라들의 방만한 재정지출을 처벌하기 위해 고통이 따르는 방안을 선호하는 독일국민의 여론을 따라야만 했다. 독일인들은 그리스가 너무 과도하게 정부지출을 늘렸고, 부자에 대한 세금인상에 실패하였으며, 민영화를 일부러 지연시켰다고 주장한다. 정치인들이 친성장 시장 개혁에 전념하겠다는 것을 약속하는 조건으로, 그리스는 간신히 도움을 받을 수 있었다. 흥미롭게도, 많은 비판자들은 독일이 오로지 관심을 끌기 위해 그리스, 포르투갈, 스페인 등에 타격을 입히려 하는 것처럼 보인다고 반박했다! 트로이카 안에서 메르켈 총리는 마지막 순간까지 치킨게임을 하였다. 합의 실패가 EMU 전체를 약화시켜 독일 경제에 부정적 영향을 미치거나, 특히 유럽연합이 또 다른 경기침체에 빠질 가능성에 부딪치는 경우에만 메르켈 총리는 긴축을 완화했다.

트로이카는 무엇을 할 수 있나?

설령 트로이카가 독일과 의견 차이를 좁힌다고 하더라도, 트로이카는 또한 위기의 전염을 차단하고 부채에 허덕이는 회원국을 구제해야 할 필요성이 있는 것이 분명하다. 즉, 트로이카의 역사는 EMU 및 유럽연합의 역사와 긴밀하게 연결되어 있다. 트로이카가 유럽위원회, 유럽중앙은행, 국제통화기금 등으로 이뤄져있음을 기억하자. 전 포르투갈의 바로소Jose Manuel Barroso 총리가 수장으로 있는 유럽집행위원회가 유럽연합의 정책집행과 재정지출을 담당한다. 유럽연합이 부채국가에게 돈을 빌려줄 수 있는 능력은 제한적이다. 유럽연합은 국가 정부관료들이 EU로부터 돈을 빌리고자 하는 나라에게 주어지는 대출조건을 결정하는 것을 도와준다. 유럽연합은 유럽안정화메커니즘ESM에 자금을 출연하고 있다. 유럽연합은 그리스와 같은 나라들을 도와주는 것에 대해 반대하지만, EMU 국가의 국가부채를 처리하기 위한 방안으로 유로본드를 발행하자는 제안에 대해서는 찬성한다.

2011년 11월 이탈리아의 드라기Mario Draghi가 유럽중앙은행의 총재로 취임하였다. 여러 인터뷰에서 드라기 총재는 인플레이션에 강력 반대하는 입장인 것으로 보였다. 비록 개인적으로 긴축정책을 선호함에도 불구하고, 드라기는 유럽중앙은행의 도움이 없이는 EMU가, 그리고 아마도 유럽연합이 붕괴할 것이라고 단호하게 주장했다. 드라기 총재는 EMU를 구하기 위해 '모든 조치'를 취하겠다고 선언하고 유럽중앙은행을 정반대 방향으로 이끄는 한편, 계속해서 정치지도자들과 중앙은행의 지지를 이끌어냈다. 그는 유럽중앙은행의 주요 금리를 적어도 두 차례에 걸쳐 인하하였으며, 소리 소문 없이 유럽은행에 긴급대출 자금을 제공하기 시작했다. 그 결과 "지역의 국가채무가 주요 금융쇼크로 연결되지 않도록 하기 위한 마지막 필사적인 시도(하지만 성공가능성은 매우 낮은)로 금융시장에 많은 유로화가 쏟아져 나왔다."[11] 드라기는 1990년대 일본의 '좀비 은행'처럼 장부상 지나치게 많은 부실대출을 갖고 있는 은행이 되지 않도록 유럽은행들에게 유럽중앙은행이 값싸게 자금을 제공하여 대출활동을 지속할 수 있도록 도와줄 수 있다고 주장하였다. 그러나 일부 경제전문가들은 유럽중앙은행이 너무 지나치게 큰 도박을 하는 것이며, 몇 년 내에 또 다른 금융위기 상황을 초래하게 될 것이라고 우려했다.

오늘날 드라기 총재는 국가차원이 아닌 유럽차원에서만 대형은행에 대한 규제조치에 찬성하고 있다. 또한 드라기는 유럽중앙은행 총재의 권한을 강화하고 유럽중앙은행을 미국의 연방준비제도이사회FRB처럼 만들기 위해 노력하고 있다.[12] 드라기는 그리스와 스페인 등이 긴축예산 및 경제구조조정 약속을 지키는 경우 유럽중앙은행이 이들 나라들을 돕기 위해 이들 국가의 국채를 매입하는데 유럽중앙은행의 기금을 사용하는 것에 찬성한다. 끝으로, '슈퍼마리오' 드라기는 또한 유럽에서 가장 큰 영향력과 카리스마를 가진 사람 중 한 명이 되었다. 많은 사람들은 드라기의 실용적인 태도 및 정치적 압력을 견디는 그의 능력에 대해 칭찬을 아끼지 않는다. 그렇지만 그는 여전히 유로존 국가의 부채를 대폭 줄이는데 필요한 권한을 충분히 갖고 있지 못하다.

2011년 칸Dominique Strauss Kahn 총재가 성폭행 사건으로 기소되어 자리에서 물러나자 라가르드 Christine Lagarde가 국제통화기금IMF 총재가 되었다. 일반적으로 라가르드는 EMU 회원국이 IMF의 조건을 충족한다면 EMU에 대해 외부의 구제금융을 제공하기를 원한다. 우선 그녀는 G8국가들에게 몇몇 EMU 국가의 국가부도위기 해소를 돕기 위한 목적으로 IMF 기금의 증액을 요구했다.

IMF 전체 및 그녀의 개인적 친구 메르켈 총리와 마찬가지로 라가르드는 긴축재정을 지지하는 권고와 EMU의 생존가능성을 높이기 위해 긴축재정의 영향을 완화하라는 권고 사이에서 왔다 갔다 하는 경향이 있다. 그녀는 세계 곳곳의 정부들이 긴축정책이 성장에 미치는 부정적 영향을 조직적으로 과소평가했다고 경고했다.[13] 그녀는 또한 경제성장을 촉진하고 일자리를 창출하는 개혁과 규제에 찬성했다. 그러나 2012년 5월 『가디언*The Guardian*』 신문과 가진 한 시간 동안의 인터뷰에서 라가르드는 긴축의 영향으로 인해 고통을 당하고 있는 그리스에 대해 어떻게 생각하는지 질문 받았다. 그녀는 그리스사람들이 "세금의 납부를 통해 그리스인 전체가 스스로 자신들을 도와야 한다"는 의견을 제시했다. 그녀는 "아테네 주민들보다 오히려 니제르의 작은 아이가 도움이 더 필요하다"고 냉담하게 말했다.[14]

일반적으로 IMF는 유럽국가의 부채위기에 너무 깊숙이 개입하기를 원치 않으며 구제금융 자금을 많이 제공하지 않고 있다. 그러나 라가르드는, 특히 과거 위기 때 IMF의 역할에 대한 비판을 의식하여, 부채위기 해결에 IMF가 결정적 역할을 수행하기를 원한다 (제8장 참조). IMF는 계속해서 주로 개발도상국들에 대해 지원하는 역할로부터 산업화된 국가들도 도와주는 방향으로, 즉 마치 글로벌 '최종대부자'로서의 역할로 서서히 옮겨가고 있다.

지뢰지도의 작성

2012년 우리가 이 책을 집필할 당시 그리스는 마침내 그 해 초 협상한 구제금융의 마지막 할부금을 받았다. 스페인은행은 한 해 내내 큰 어려움에 시달렸다. 일부 관료들은 자국의 은행들이 살아남도록 유럽안정화메커니즘의 5,000억 유로 바주카포를 사용하기를 원한다. 그러나 얼마나 많이, 또 어떤 식으로 기금을 늘릴 것인지에 대해 의견이 엇갈리고 있다.[15]

많은 경제학자들은 EMU를 구하기 위해 할 수 있는 현실적 조치가 여전히 많이 있다고 주장한다.[16] 유럽중앙은행이 혼자서 금융위기의 전염을 차단할 수 없을지라도, 유럽중앙은행이 이탈리아, 스페인, 그 밖의 다른 심각한 부채위기에 직면한 나라들의 국채를 사줄 수 있다.[17] 그러나 독일과 네덜란드, 핀란드는 이러한 조치에 찬성하지 않는다. 즉, 이들 국가의 입장에서는 유럽중앙은행이 클럽메드 국가의 국채를 매입한다면 이는 정도에서 벗어난 행위가 될 것이다. 유럽중앙은행이 대출 조건상 보장되는 위험이 높지 않은 채권을 매입할 수 있다. 긴급대출을 권장할 수 있으며, 실제로 그리스와 아일랜드에게 그렇게 했다. 부채상환 시점에 이르러 상환기한을 연장시켜줄 수 있다. 또 유럽중앙은행은 담보로 인정되는 증권의 범위를 확대할 수 있다. IMF는 부채위기에 대해 다른 종류의 해결책을 제시했다. 2012년 2월 그리스가 추가 구제금융자금을 받기 위해 트로이카와 민간투자자가 요구한 조건을 수용하였을 때, 민간투자자는 75퍼센트의 '머리 깎기haircut(투자손실)'를 받아들였다. 즉, 대부분의 나라에 있어서 단기적으로 부채규모를 줄이는 현실적 방법은 오직 추가의 '머리 깎기'뿐인지도 모른다.

일부는 정치인들이 인플레이션과 무책임한 남부유럽국가들에게 구제금융을 주는 것을 무척 우려하는 독일의 눈치를 보아야 하기 때문에 이러한 해결방안들이 시도되지 않았다고 주장한다. 하지만 사안이 매우 심각하며 그 어느 때보다 선택의 폭이 넓지 않다. 유로존 국가들은 좀 더 적극적으로 협력을 모색하는 대신에, 구조적이고 정치적인 문제에 대해 실질적으로 EMU가 일회용 반창고식 해결방안을 추구하면서 그럭저럭 시간을 벌고 있는 듯하다.

트로이카에 관한 3가지 관찰결과를 얘기할 수 있다. 첫째, 제도가 무척 중요하지만, 그 제도를 운영하는 사람들 역시 마찬가지로 중요하다. 일부 관료들은 관료제의 규정에 무척 얽매이고 있다. 유럽중앙은행 드라기 총재 같은 사람들은 위기 시 기꺼이 틀에서 벗어난 사고를 하려고 한다. 둘째, 이 세 기관이 EMU의 생존여부를 결정하는데 있어서 핵심 역할을 할 것이지만, 트로이카는 단지 EMU의 근저에 깔려있는 구조적 문제를 해결할 수 있는 권한을 갖고 있지 못한 비공식 위원회에 불과하다. 셋째, 트로이카는 부채국가가 채무에서 벗어날 수 있게 할 모든 조치에 반대하고 있는 독일과 협상해야 한다. 그러나 EMU가 해체될 경우 트로이카와 독일은 EMU 실패의 책임을 함께 져야할 것이다.

세계정치의 도전과제

EU는 종종 글로벌 정치경제에서 EU가 직면하고 있는 새로운 경제적, 정치적 문제에 대한 대응이 느리고 미온적이라고 비판당한다. 오늘날 EU의 주요 외교문제는 무엇인가? 앞에서 논의했듯이 EU가 갖고 있는 주요 경제문제는 과도한 국가부채를 갖고 있는 국가들의 파산을 위협하는 금융위기이다. 금융위기에 대한 국내수준에서의 대응에 더하여 EU는 특히 G20를 통해 이 문제 및 이와 유사한 사안에 대한 글로벌 대응에 관여하고 있다. G20 협상에 있어서 EU의 목표는 IMF의 역할을 강화하고 글로벌 금융시장에 대한 규제를 강화하는데 있다. 예를 들어, EU는 헷지펀드에 대한 엄격한 규제와 역외금융에 대한 철저한 통제를

추진했다.

또 다른 문제는 인도와 중국 같은 나라들로 인한 글로벌 경쟁의 심화이다. EU가 기계 장비, 조립금속, 화학 등과 같은 부문에서 기술적 우위를 유지하려면 무엇보다 R&D 국제협력에 초점을 맞추고 더욱 R&D 연구개발에 박차를 가할 필요가 있을 것이다.

주요 정치적 영향을 가진 세 번째 경제적 문제는 에너지정책이다. 미국과 마찬가지로 EU는 주로 화석연료에 의존하고 있다. 대략 EU 전체 에너지 소비 중에서 석유가 37퍼센트, 가스가 24퍼센트, 석탄이 18퍼센트, 원자력이 14퍼센트, 신재생에너지가 7퍼센트를 차지하고 있다. EU가 사용하는 가스의 대부분을 러시아가 공급하고 있으며(약 42퍼센트), 최근 러시아는 가스수출 중단을 정치적 압박에 사용하는데 주저하지 않을 것임을 보여주었다. 러시아가스는 우크라이나를 통과하는 가스관을 통해 유럽으로 운반된다. 최근 겨울에 러시아는 우크라이나가 가스를 훔치고 가스수입 외상부채를 제때 갚지 않는다고 거듭해서 비난했다. 우크라이나를 압박하기 위해 러시아는 여러 차례 가스수출을 중단했다. 이는 우크라이나뿐만 아니라 유럽 다른 국가들에게도 큰 타격을 입혔다. 특히 불가리아와 루마니아에서는 수천 가구들이 한 겨울에 한동안 난방 없이 살아야했다. EU는 중앙아시아 천연가스를 러시아 영토를 거치지 않고 조지아(그루지야)와 터키를 통과하여 유럽으로 운반하는 나부코Nabucco라는 이름의 새로운 가스관의 건설을 통해 가스수입의 다변화를 모색했다. EU는 또한 회원국들에게 새로운 기술의 사용과 신재생에너지로의 전환을 통해 에너지 소비를 줄이라고 압박하였다.[18]

또한 EU는 러시아의 정치적 상황에 대해 우려한다. 1990년대 민주화 시기 이후 푸틴 지배 하에서 러시아민주주의는 권위주의체제로 변질되었다. 2008년 8월 조지아와의 전쟁에서 러시아는 무자비하게 자국의 국익을 챙겼으며, 이웃국가를 러시아의 배타적 이해관계 지역으로 간주하고 공개적으로 주변국가의 주권에 대해 이의를 제기하였다. 수십 년간 러시아의 속국으로 고통을 당했던 EU 회원국 폴란드와 발틱국가들은 러시아가 잠재적 위협으로 간주하는 요격미사일시스템의 배치 등과 같은 문제에 있어서 러시아로부터 자국의 독립성을 지키고자 하였다.

안보정책에 있어서 또 다른 주요 문제는 국제테러리즘이다. 많은 EU 회원국들이 아프가니스탄, 아프리카의 뿔(소말리아 반도) 지역, 좀 더 최근에는 리비아 등에서 테러리즘에 맞서는 NATO의 활동에 동참하였다. 그러나 아프가니스탄에서의 상황이 악화되자 미국에서처럼 군대의 파병에 대한 대중의 지지는 약화되었다. 일반적인 문제는 안보정책에 있어서 EU가 어떻게 미국으로부터 독립할 수 있는가의 문제이다.

EU가 직면한 또 다른 문제는 이슬람국가와의 관계 및 자국의 이슬람 인구와의 관계를 정의하는 것이다. 이것은 외교정책의 문제만은 아니다. 즉, 독일, 네덜란드, 영국 등과 같은 나라의 경우 전체인구의 5퍼센트에서 10퍼센트가 무슬림이다. 독일에는 터키출신 이민자들이 많이 살고 있다. 프랑스에는 북아프리카 출신 이민자들이 많다. 영국에는 대규모 인도인 공동체 및 파키스탄인 공동체가 존재한다. 많은 EU국가들은 덴마크 신문에 실린 선지자 마호메트Prophet Muhammad에 관한 만화를 둘러싼 2006년 논란 등 이민자 공동체와 연관된 종교의 자유 및 표현의 자유에 대해 격렬한 논쟁을 벌이고 있다.

마지막으로 터키의 EU 가입여부를 둘러싼 논쟁의 핵심은 EU와 이슬람의 관계에 있다. 터키는 1999년부터 EU 가입 공식 후보국이 되었다. 2005년부터 EU와 터키는 가입협상을 시작하였다. 터키의 유럽연합 가입을 지지하는 사람들은 터키의 유럽연합 가입이 유럽국가들과 이슬람국가들 간 유대관계를 형성하는데 일조할 것이라고 주장한다. 반대자들은 향후 10년 후에는 터키인구가 독일인구를 능가할 것이며, 그 결과 터키가 유럽연합 회원국 중 가장 인구가 많은 회원국이 될 것이라고 경고한다. 그들은 또한 그 동안 일련의 정치개혁에도 불구하고 터키의 정치제도 및 사법제도는 법치와 종교적 자유, 특히 기독교인에 대한 차별 등의 측면에 있어서 여전히 유럽의 기준에 훨씬 못 미친다고 강조한다.

결론

EU는 스스로를 글로벌 평화건설자 및 세계 다른 지역의 통합모델로 묘사하는 것을 좋아한다. 제2차 세계대전 이후 유럽통합의 성취는 확실히 인상적이다. 즉, 과거 역사 그 어느 때에도 유럽이 현재와 같이 상당히 오랜 기간 평화와 자유, 번영을 경험한 적이 없다. 통합을 처음 시작하게된 것은 경제적 동기만큼 정치적 동기 때문이었다. 처음부터 자유시장과 시민의 자유로운 이동이 비록 반드시 미국과 유사한 형태까지는 아니더라도, 동맹형태의 정치통합을 가속하는데 도움이 될 것이라고 가정하였다. 또한 EU는 특히 발칸반도와 아프리카지역의 국제분쟁에서 협상자의 역할을 수행하여 이들 지역에 정치적 안정을 가져다주었다. EU는 최근 금융위기에서 IMF와 같은 국제기구를 강력히 지지했다.

반면 국제분쟁에서 EU의 역할은 종종 미약한 것으로 드러났다. 최근 EMU의 부채위기와 관련된 상황전개를 예외로 한다면, 2008년 러시아와 조지아 간의 전쟁기간 동안 EU는 러시아의 전쟁행위를 자제시킬 수 없었다. 석유가격을 둘러싼 러시아와 조지아간의 전쟁기간 동안, EU는 동유럽국가 상당수 시민들에게 안정적으로 가스를 공급하지 못했다. EU회원국들 간의 의견불일치와 군사무기의 부족으로 인해 특히 발칸반도와 아프리카지역의 많은 국제분쟁에서 EU의 역할은 제한적이다.

구조주의, 현실주의, 신중상주의 모두 유럽통합을 설명하는데 도움을 준다. 유럽통합 과정은 냉전시대 NATO와 미국이 만든 글로벌 안보구조 덕분에 가능했다. 소련의 침략위협 및 서유럽으로 공산주의의 확산 위협이 없는 상황에서는 협력하고자 하는 마음이 생겨나지 않았을 것이다. 다시 말해, 냉전 종식 이후 EU의 정치적 협상은 더욱 복잡해졌다. 이는 회원국의 수가 늘어났기 때문만 아니라 민족주의의 부흥 때문이었다. 예를 들면, 2009년 6월 유럽연합 선거에서 유럽회의주의자Eurosceptic가 전체 736석 중 거의 4분의 1에 해당하는 189석을 차지했다. 부채위기와 함께 많은 문제 국가에서 극우, 극좌 정당들의 부상에 대해 우려하는 경고의 목소리가 나왔다. 예를 들어, 2012년 6월 그리스 의회선거에서 긴축정책에 반대하는 시리자당Syriza Party이 27퍼센트 득표하였으며, 극우 과격 민족주의 황금새벽당Golden Dawn Party이 7퍼센트를 얻었다.

유럽연합 회원국들은 현재 7년마다 한 번씩 진행하는 새로운 예산안 협상과정의 와중에 있다. 많은 사람들은 금융위기에 직면하고 있는 상황이기에 농업보조금 및 다른 지역사회 프로그램이 대폭 삭감될 것으로 예상한다. 영국의 카메론David Cameron 총리는 EU예산을 1,000억 유로 증액(2014년에서 2020년 사이 총 예산규모는 1조 유로)하라는 EC의 권고안에 대해 비판적이다. 카메론의 보수당 의원들 다수와 노동당 및 자유당 일부 의원들 역시 영국이 유럽연합에서 탈퇴하거나 유럽연합과의 관계를 축소하기를 원한다.

금융위기는 현재 EU가 직면하고 있는 가장 큰 문제이자 동시에 오늘날 글로벌 정치경제가 갖고 있는 가장 큰 문제이기도 하다. EU의 모든 역사적 노력에도 불구하고 통합에 대한 동기가 사라지고 있다고 생각할 수는 없다. 전체적으로 유럽연합에는 구제 해결방안이 완전히 만족스럽지 않은 한 끝까지 협력을 거부하고 스스로 해결방안을 강구하는 국가들이 남아있다. 다시 말해, 공동체가 제공하는 공공재를 위해 각 국가가 지불해야 하는 비용이 지나치게 크거나 또는 협력을 통해 얻을 수 있는 이득이 각 국가들을 게임에 남아있게 할 만큼 충분치 않다. 확실히 독일 및 다른 북부국가들은 크게 보면 자신들이 많은 것을 위태롭게 한다는 사실을 깨달아야 한다. 즉, 또 한 번의 주요 경기침체, 무역의 감소, 테러, 이민, 에너지, 환경 등과 같은 주요 문제를 해결하기 위한 협력의 약화 등을 초래하고 있다. 통합된 공동체에서는 어떤 국가도 혼자서 성공할 수는 없다.

얄궂게도 1990년대 초 원-윈 주장으로 경제통합과 유로를 촉구했던 자유주의자들은 목소리를 낮추고 있다. 그들은 통합과 세계화의 이득에 관해 자신들이 그토록 열정적으로 설교했던 이상을 더 이상 지지하지 않는가? 많은 보수주의자들은 부채를 줄이기 위한 긴축재정을 지지하는 반면, 현실주의-중상주의자와 구조주의자는 더욱 통합된 EU가 여전히 많은 가치 있는 정치적, 경제적 목표의 실현에 도움을 준다는 주장을 펼칠 가능성이 높다.

우리는 유럽연합이 국제기구(독립국가 간의 협력이라는 측면에서)도 아니고 연방국가도 아니라는 점을 잊지 말아야 한다. 오히려 유럽연합은 독특한 실체이다. 즉 초국가적 요소와 정부 간 요소가 독특하게 결합된 것이다. 많은 사람들이 상상해 왔던 것과는 상당히 다른 무엇이 이미 출현한 것인지도 모른다. 세계 다른 어떤 지역보다 가장 많이 통합되어있다. 하지만 더 이상의 통합은 불가능한지도 모른다. 즉, 많은 사람들이 말했던 것이 되는 것은 실현 불가능한 꿈인지도 모른다. 유럽연합이 더 나은 북부의 국가들과 더 이상의 경제통합을 준비하지 못한 약한 국가들 등 두 개의 집단으로 쪼개질 가능성이 존재한다.

이는 만약 EU 회원국들이 여전히 더욱 통합을 진전시키고자 한다면 많은 정치적 · 경제적 장애물을 극복할 수 있는 좀 더 강력한 리더십과 '정치적 의지'가 반드시 필요하다는 것을 말해준다. 현 독일총리 메르켈Angela Merkel은 과거 들로르Jacques Delors, 전 독일총리 슈미트Helmet Schmidt, 전 프랑스대통령 지스카르 데스탱Valéry Giscard d'Estaing만큼 열렬한 통합 지지자는 아니다. 정치적으로 메르켈총리의 비타협적인 태도는 EMU와 EU에 추가로 독일의 돈을 투입할 가치가 있는지에 대해 독일이 의구심을 갖고 있음을 상징적으로 암시한다. 공동재정정책과 같은 정치적으로 받아들일 수 없는 제안으로 인해 유럽연합은 막다른 골목에 도달할 수 있다.

독일의 지지 없이 EMU가 통합을 더욱 진전시키는 것은 사실상 거의 불가능하다. 그렇지만 EMU 회원국 모두가 엄청난 경제적 대가를 치르지 않고는 과거로 되돌아갈 방법도 없다. 어떤 사람들은 독일이 입장을 바꿀 것이라고 생각한다. 경제적 이유뿐만 아니라 EMU와 EU 둘 다의 안정을 유지하는 것이 여전히 독일에게는 주요 국가이익이기 때문이다. 정치는 아직 경제보다 우선될 수 없는지도 모른다. 메르켈총리가 자기 눈앞에서 EMU가 붕괴하고 자신이 유럽을 배신했다는 비난을 감당하길 원한다고 상상하기는 어렵다.

주요 용어

토론주제

1. 이 책의 한 가지 주제는 경제적 통합과 정치적 통합 간의 갈등에 관한 것이다. 경제적 통합과 정치적 통합이 서로 충돌하고 긴장을 야기하는 방식에 대해 논의해 보시오.
2. 정적 효율성과 동적 효율성의 차이점에 대해 설명해 보시오. 이 두 가지 효율성은 각각 통합과정에서 어떤 영향을 미치는가?
3. 공동농업정책CAP: Common Agricultural Policy이 무엇인가? 공동농업정책이 본 장의 주제를 어떻게 설명하고 있는지, 공동농업정책이 어떤 식으로 유럽연합 회원국과 회원국 사이에 그리고 유럽연합과 유럽연합의 국제무역 대상국들 사이에 긴장을 야기하는지 설명해 보시오.
4. 금융위기가 EMU 국가들에 끼친 영향 및 EMU 국가들이 계속 유로화를 사용할 가능성에 끼친 영향에 대해 논의해 보시오. 여러분은 더 많은 회원국이 유로존을 탈퇴하면 할수록 유럽연합의 붕괴 가능성이 더욱 커질 것이라고 생각하는 사람들의 의견에 동의하는가?
5. 그렇게 많은 전문가와 중앙정부 관료 및 지역기구 관료들이 금융위기 상황에서 독일의 역할에 집중하는 이유를 5~6개 정도 말해 보시오.

추천문헌

유럽연합의 공식 웹페이지 http://europa.eu
John Newhouse. *Europe Adrift*. New York: Pantheon, 1997.
Andrew Staab. *The European Union Explained*, 2nd ed. Bloomington. IN: Indiana University Press, 2011.

Johan Van Overtveldt. *The End of the Euro: The Uneasy Future of the European Union*. Chicago: Agate Publishing, 2011.
Antje Wiener and Thomas Diez. *European Integration Theory*, 2nd rev. ed. Oxford: Oxford University Press, 2009.

주

1) 유럽통합, 제도, 정책쟁점 등의 역사에 관한 간단한 개괄로는 다음을 참조하라. Andrew Staab, *The European Union Explained*, 2nd ed. (Bloomington, IN: Indiana University Press, 2011).

2) 초기 공동농업정책 역사 및 정책쟁점에 관한 간단한 개괄로는 다음을 참조하라. Wyn Grant, *The Common Agricultural Policy* (New York: St. Martin's Press, 1997).

3) 다음을 참조하라. "Common Agricultural Policy" at http://www.civitas.org.uk/eufacts/FSPOL/AG3.htm.

4) 냉전종식 시 EC가 직면하였던 딜레마에 관한 좋은 개괄로는 다음을 참조하라. John Newhouse, *Europe Adrift* (New York: Pantheon, 1997).

5) 금융위기가 아이슬란드에 끼친 영향에 관한 개괄로는 다음의 비디오를 참조하라. *Inside Job* (2010).

6) 다음에서 인용. Johan Van Overtveldt, *The End of the Euro: The Uneasy Future of the European Union* (Chicago: Agate Publishing, 2011), p. 77.

7) Ibid, pp. 97-98.

8) 유로 부채위기와 개별국가에 관한 유튜브 동영상이 굉장히 많다. 예를 들어, 다음을 보아라. http://www.youtube.com/watch?v=Ahnyd7oZvjw; http://www.youtube.com/watch?v=HZc6oD0WfW8; http://www.youtube.com/watch?v=yRT3HeQ-fLI; http://www.youtube.com/watch?v=n6ImKVM_eZU; and http://www.youtube.com/watch?v=W0AaQrykoH0.

9) 다음을 참조하라. Paul Krugman, "Crash of the Bumblebee," *New York Times*, July 29, 2012.

10) 다음을 참조하라. Robert Reich, "The Austerity Death-Trap," October 19, 2011, at http://robertreich.org/post/11660232763.

11) 다음을 참조하라. "Mario Draghi," *New York Times*, November 24, 2012.

12) 다음을 참조하라. Nicholas Kulish and Jack Ewing, "Europe Increases Power of Central Bank's Chief," *New York Times*, July 7, 2012.

13) Claire Jones, "Lagarde Calls for Caution on Austerity," FT.com, October 11, 2012.

14) Decca Aitkenhead, "Christine Lagarde: Can the Head of the IMF save the Euro?" *Guardian (UK)*, May 25, 2012.

15) 다음을 참조하라. James Kanter, "Europe Still at Odds over the Workings of Its Bailout Fund," *New York Times*, October 7, 2012.

16) Jack Ewing, "Economists Warn of Long-Term Perils in Rescue of Europe's Banks," *New York Times*, February 12, 2012.

17) 이와 같은 종류의 미시정책 권고사항에 관한 자세한 논의는 다음을 참조하라. Landon Thomas, "Economic Thinkers Try to Solve the Euro Puzzle," *New York Times*, August 31, 2012.

18) EU의 에너지 정책에 관한 다음의 인터넷 웹페이지를 참조하라, at http://europa.eu/pol/ener/index_en.htm.

위치 이동: 신흥강대국

2009년 11월 중국을 처음 방문한 오바마Barack Obama 미국대통령은 미국경제와 세계경제에 있어서 중국이 좀 더 중요한 나라가 되었음을 인정했다. 오바마대통령은 중국의 보호무역과 인권침해에 대해 일절 언급하지 않았으며, 그 대신 핵문제 관련 이란과 북한에 대한 압박, 기후변화의 완화, 중국의 대규모 대미 무역흑자를 줄이기 위한 중국 화폐가치의 평가절상 등에 있어서 중국정부의 협조가 꼭 필요하다고 강조하였다. 그러나 그로부터 2년 후 오바마는 아시아지역의 미 군사력 강화 정책의 일환으로 호주 다윈에 미 해병대 2,500명이 영구주둔한다는 계획을 발표하여 중국을 화나게 했다. 2012년 재선을 위한 대통령선거운동 과정에서 오바마는 거듭해서 중국의 불공정 무역관행을 비난했다. 오바마대통령의 중국에 대한 이처럼 상반된 태도는 우리로 하여금 중국의 급속한 성장이 기존의 세계 초강대국에게는 이익이자 동시에

도전이라는 점을 새삼 깨닫게 해준다. 오늘날 세계 제2위 경제대국으로 철강, 석탄, 섬유, PC 등의 세계 최대 생산국인 중국은 미국의 소비자를 도와주지만, 동시에 많은 미국노동자들에게 피해를 입히고 있다. 중국의 군사력 증강은 미국의 태평양지역 동맹국에게 잠재적 위협이 되고 있다. 향후 중국이 협력과 대립 둘 중 어느 하나를 선택할 것인지 여부와 무관하게 우리는 미국의 일방주의 및 패권을 특징으로 하는 탈냉전시대가 빠르게 끝나가고 있음을 확실히 알 수 있다.

중국, 인도, 브라질, 러시아 등이 세계경제 관계 및 지정학적 관계를 변화시키고 있다. 시장지향적인 경제체제로 전환하는 과정에서 이들 신흥강국은 세계적 차원에서 제품의 생산지역, 글로벌 빈곤 추세, 자본의 흐름 등을 근본적으로 바꿔놓고 있다. 이들 신흥강국의 천연자원 및 소비물품에 대한 엄청난 수요로 인해 글로벌 원자재 가격

이 오르고 환경파괴가 가속화되고 있다. 이들 신흥강국은 좀 더 다극적인 세계를 창출하고 있으며, 다극적 세계가 평화의 시대를 열 것이라는 희망과 함께 새로운 군비경쟁과 에너지 및 식량의 확보를 둘러싼 심각한 갈등을 촉발할 것이라는 두려움이 동시에 공존하고 있다. 이들 신흥강국의 경제발전은 수억 명의 사람들이 더 나은 미래를 갖게 될 수 있을지의 여부와 이전에 그들이 향유하지 못했던 글로벌 부를 이제는 공유할 수 있을지의 여부를 결정할 것이다.

어느 한 국가의 정치경제체제의 복잡한 전환은 개인수준, 국가수준, 국제지역수준, 글로벌수준 등 모든 수준에서 긴장과 압박을 유발한다. 구소련 국가들은 공산주의체제로부터의 급격한 체제전환에 수반되는 수많은 문제에 부딪쳐서 허우적거리고 있다. 브라질은 1960년대와 1970년대에 걸쳐 급속한 경제성장을 실현했지만 1980년대 엄청난 부채로 인한 몰락을 경험했다. 오늘날 브라질은 거의 20년 동안 계속해서 성장을 지속하면서 경쟁력 있는 수출국가의 자리를 차지하려 하고 있다. 공산국가 중국은 국가가 중앙통제권한을 유지하면서도 민간경제활동을 강력하게 권장하는 **시장사회주의** market socialism 혼합체제로 전환 중에 있다. 인도는 오랜 역사를 가진 민주주의 정치체제 하에서 신자유주의적 개혁의 추진을 통해 가혹한 빈곤을 극복하려고 하는 독특한 사례에 해당한다.

이 장에서 우리는 신흥강국과 관련한 일련의 주요 논제를 제시하고자 한다. 첫째, 각 나라는 역사, 크기, 정치체제, 정책결정 등에 있어서 서로 다르기 때문에 이들 신흥강국 각각의 경로는 매우 다르다. 둘째, 체제전환 국가들의 경험은 우리로 하여금 우리가 이 책의 앞 장들에서 논의하였던 많은

국제정치경제 이론의 주장에 대해 의문을 갖게 한다. 예를 들어, 중국은 자본주의와 자유가 함께 한다는 경제적 자유주의자의 신념이 항상 맞는 것은 아니라는 점을 보여준다. 반면에 일부 국가의 시장친화적 정책을 통한 경이적인 성장은 중상주의자들이 경제에 대한 국가의 보호가 갖는 긍정적 결과를 지나치게 과대평가하고 있음을 말해준다. 빈곤의 급격한 감소는 세계자본주의가 가난한 나라들을 저발전의 악순환에서 벗어나지 못하게 한다고 믿는 구조주의자의 신념이 틀렸음을 말해준다.

셋째, 대부분의 국가에서 체제전환 과정은 적어도 단기적으로는 소중한 사회제도를 파괴하고 사회안정을 저해하는 고통스럽고 혼란스러운 과정이었다. 세계화는 제도와 문화적 관습, 많은 사람들이 소중하게 여기는 삶의 방식 등에 위협을 가하는 동시에 높은 생활수준에 대한 희망을 갖게 한다. 자본주의는 상당히 많은 사람들에게 희생, 범죄, 절망 등을 가져다주었다. 끝으로 신흥강국은 불가피하게 유럽과 미국, 일본 등의 선진국과의 치열한 경쟁을 촉발했다. 선진국들은 노동집약적 제조업 상당부분을 잃었으며 국제기구에 대한 지배력을 일정부분 상실했다. 궁극적으로 무역, 금융, 안보 등에 영향을 미치는 '게임의 규칙' 상당부분이 신흥국의 이익을 반영하기 시작할 것이다.

구공산국가의 체제전환

소련의 경우는 1917년에 건국되었지만, 그 밖의 대부분 다른 공산주의 정권 내지 사회주의 정권은 동유럽 및 중부유럽, 북한, 중국, 베트남, 쿠바 등에서 제2차 세계대전이 끝난 후 등장하였다. 이들

국가의 경우 비록 전체 인구 중 공산당원의 숫자보다 훨씬 더 많은 일반국민들이 공산당이 주도하는 프로그램과 운동에 참여하였지만, 정치권력과 경제권력은 일반적으로 전체 인구의 5~10퍼센트 정도가 당원으로 가입하고 있는 하나의 단일정당에서 나왔다. 공산당의 공식적 이데올로기는 불평등의 제거와 중공업 및 인프라, 보건시설의 급속한 성장 촉진 등과 같은 혁명성과를 설파하였다. 일부 국가는 제국주의의 손아귀로부터 벗어나 독립국가를 수립하고, 영웅적 행동을 하고, 그리고/또는 급속한 경제개발의 길을 닦았다는 이유로 추앙되었던 스탈린, 마오쩌둥, 카스트로, 김일성 같은 지도자 개인에 대한 '개인숭배'를 강화했다.

전체 국민을 대신하여 국가가 공장, 토지, 재산 등 생산수단 거의 대부분을 소유하였다. 정당국가가 고용을 보장하였다. 거대한 국가관료체제가 어떤 원자재와 재화, 용역 등을 생산할 것인지, 얼마나 생산할 것인지, 어떤 가격에 생산할 것인지, 어떤 소비자를 대상으로 생산할 것인지 등을 결정하였다. 대부분의 소비상품은 품질이 떨어졌다. 이러한 성가신 중앙계획체제는 결국 일부 상품의 과잉생산, 또 다른 일부 상품의 부족, 국가자원의 비효율적 분배 등 수많은 문제를 야기했다. 또한 코나이János Kornai가 '소프트 예산 제약soft-budget constraints'이라고 표현했던 것으로 인해 타격을 입었다. 즉, 국가가 제공하는 저금리 대출이 계속 있을 것이고 부채를 영원히 껴안고 갈 수 있다고 확신하는 국영기업들은 진짜 이익을 추구해야 할 유인동기가 없었다.[1]

1930년대부터 1970년대까지 이들 국가의 전성기 시절, 사회주의/공산주의 경제체제 상당수가 성공적으로 높은 성장률을 기록했다는 사실을 기억할 필요가 있다. 소련은 두 세대가 채 지나지 않은 기간 동안 산업화되지 않은 농업사회로부터 군사 및 산업 강국으로 탈바꿈하였다. 많은 개발도상국 및 과거 식민지 국가들은 자급자족, 산업화, 교육기회, 농민 및 도시빈민의 계층상승 등을 위한 모델을 소련으로부터 발견했다 (제11장 참조).

1970년대와 1980년대에 걸쳐 소련체제에 내재하는 모순이 더욱 심각하게 증폭되었다. 생산성의 감소와 서구의 기술혁신 속도를 따라갈 수 없었기 때문에 소련 서기장 고르바초프와 같은 공산국가의 지도자들은 1980년대 중반부터 약간의 개혁을 모색하기 시작했다. 고르바초프의 **글라스노스트**glasnost(개방)와 **페레스트로이카**perestroika(구조개혁) 정책은 공산주의체제 자체의 폐기가 아니라 공산주의체제의 개혁을 의미했다. 동유럽의 일부 지도자들과 마찬가지로 고르바초프는 제한적인 정치적·경제적 자유화가 공산주의체제 하에서 일반대중이 좀 더 많은 몫을 차지할 수 있게 해줄 것으로 기대했다. 하지만 그 대신 일반대중의 정치적 요구 및 공산당 엘리트 내부의 분열이 — 그리고 핵심 정치엘리트 및 군사엘리트들의 널리 확산된 시위와 파업을 적극적으로 억압하겠다는 의지 부족이 — 1989년부터 시작된 공산정권의 와해와 붕괴를 가속화시켰다. 1991년 소련은 붕괴되어 15개의 독립국가로 쪼개졌다.

그때부터 두 가지 힘든 경제전환이 시작되었다. 즉, **시장화**marketizaion(수요와 공급에 기초하는 시장의 힘을 재창조하는 것)와 **민영화**privatization(국가소유 재산을 민간에게 넘기는 것)가 그것이었다. 공장, 상점, 토지, 아파트 등을 민영화하기 위해 탈공산주의 정권은 자산의 실제 가치가 얼마나 되는지와 누가 소유할 것인지에 대해 판단을 내리고 결정해야 했다. 하지만 그 결과는 종종 공정하지 못하고 비민주적이었다. 국가는 또한 재산, 노동, 상품, 서비스 등의 가치를 결정하는 시장을 재창출해야만 했다. 일부는 사회적 혼란을 최소화하기 위해 점진적인 변화를 주장했다. 또 일부는 가격의 신속한 자유화와 중앙계획 및 국가보조금의 빠른 중단 등의 **충격요법**이라고 불리는 정책을 선호했다. 많은 서구 고문들이 선호했던 충격요법은 제일 먼저 폴란드에서 시행되었고 나중에는 러시아에서도 도입되었다.

새로운 정치 및 경제상황

지난 25년 동안 이러한 시장지향적 개혁은 얼마나 성공했나? 대부분의 구공산권 국가들은 2008년 금융위기가 발생하기 전까지 지속되었던 급속한 고도성장기로 접어들었던 1990년대 말 이전까지 심각한 경제후퇴와 정치적 격변을 경험했다. 2005년까지 이들 국가의 실질GDP 평균은 1989년 수준조차 회복하지 못했었다.[2] 세계은행은 2008년 금융위기가 시작되었을 당시 구공산권 국가(그리고 이에 더해 터키) 국민의 최소한 40퍼센트가 빈곤상태에 처해있거나 빈곤에 취약한 상태에 있었다고 추정하였다. 즉, 그들은 하루 평균 5달러 미만의 돈으로 생활해야만 했다 (글상자 13.1 '몰도바 코스카리아에서 고도를 기다리며' 참조). 유럽부흥개발은행EBRD: European Bank for Reconstruction and Development이 2010년 3만 9,000가구를 대상으로 실시한 여론조사결과는 2년 이상 지속된 글로벌 금융위기 이후 가계 소득이 형편없음을 보여주었다. 구공산권 국가에서는 실업이 증가하였으

며, 많은 사람들이 임금 감소를 경험했다. 그 결과 38퍼센트의 가구는 식료품소비를 줄여야만 했으며, 60퍼센트 이상의 가구는 일가친척으로부터 돈을 빌려야만 했다.[3]

구공산국가의 다양한 모습에 대해 좀 더 잘 이해하고자 우리는 러시아와 과거 소련의 공화국이었던 일부 나라에 대해 살펴보려고 한다. 에스토니아, 라트비아, 리투아니아 등 발트국가들은 2004년 유럽연합에 가입했으며, 경제적 자유주의와 사회적 민주주의를 공고히 하였다. 2007년 말 발트국가의 평균GDP는 1989년 수준보다 약 50퍼센트 더 높은 수준이었다. 그러나 발트국가는 글로벌 금융위기로부터 심각한 타격을 입었다. 예를 들어, 발트국가에서는 민주주의와 시장경제의 조합이 가장 바람직한 체제라고 여겨졌음에도 불구하고, 라트비아의 GDP는 놀랍게도 2009년 18퍼센트, 2010년 15퍼센트 감소하였다. 이러한 경제후퇴에도 불구하고 발트국가들이 일반적으로 성공할 수 있었던 데에는 여러 이유가 있었다. 즉, 공산주의체제 이전시기 국가의 역사 및 상당한 수준의 경제발전, 서유럽과의 역사적 유대관계, 시민사회 및 민주주의를 지향하는 정당들의 급속한 성장 등이 그것이다. 유럽연합 가입의 가능성이 개혁을 가속화하는데 매우 중요한 역할을 했다. 유럽연합은 1989년 이후 이들 국가들과 신속하게 긴밀한 무역, 원조, 정치, 군사 관계를 수립함으로써 이들 국가의 순조로운 경제전환을 도와주었고 개혁세력이 좋아할만한 명확한 규정과 벤치마크를 제공했다.[4]

러시아, 벨라루스, 우크라이나, 아르메니아, 아제르바이잔, 카자흐스탄, 키르기스스탄, 몰도바, 타지키스탄, 투르크메니스탄, 우즈베키스탄 등 옛 소

글상자 13.1

몰도바 코스카리아에서 고도를 기다리며[a]

몰도바는 1991년 독립국가가 되었지만, 몰도바 시민들은 여전히 외부 구세주를 기다리고 있다. 430만 명의 몰도바국민 대부분은 문화적으로 자신들 스스로가 이웃한 나라인 루마니아 사람과 같은 민족이라고 생각한다. 같은 언어를 사용하고, 같은 동방정교회 성인의 축복을 기도하고, 같은 옥수수 죽과 소시지 요리를 먹는다. 그러나 몰도바 산업기반의 대부분이 위치하고 있는 드네스트르강 동쪽의 트란스니스트리아라고 하는 지방이 떨어져 나갔던 1990년 몰도바의 구소련으로부터 독립은 불길한 출발의 시작이었다. 재창당한 공산당이 2001년부터 2009년까지 정권을 장악하였으며 민주정치를 훼손하였다. 전미공공방송National Public Radio의 특파원 와이너Eric Weiner는 자신의 2008년 베스트셀러 『행복의 지도Geography of Bliss』에서 몰도바를 '세상에서 가장 불행한 곳'으로 다루었다.

코스카리아의 농촌마을은 몰도바의 문제를 연구하는데 아주 좋은 사례이자 동시에 소련 붕괴 이후 많은 농촌 마을이 직면한 어려움을 잘 보여주는 사례이기도 하다. 수도 키시나우에서 남동쪽으로 한 시간 거리의 구릉지역에 위치한 코스카리아에는 공식적으로 700개의 가구에 2,000명의 주민이 살고 있다. 코스카리아의 주택에는 전기가 들어오고 위성TV가 있지만 상수도는 없다. 이곳 주민의 옥수수와 밀 베이스 위에 집에서 만든 사우어크림과 치즈를 위에 얹은 상대적으로 단조로운 요리에 계절야채가 풍미를 더해준다. 식사에는 집집마다 지하 커다란 오크통에 저장해 놓은 와인이 곁들여진다. 많은 가족들의 경우 가

장 가치 있는 자산이 한 마리당 1,000달러 하는 젖소이다.

코스카리아에서는 즉각적으로 뭔가 이상함을 느낄 수 있다. 시장에 수많은 노인들이 지팡이와 막대기에 의지한 채 밝은 노란색 해바라기 기름 또는 다른 필수품을 흥정하고 있으며, 한 달에 40달러 내지 그 미만의 연금수당을 받고 있다. 노동연령인구가 거의 없다. 마을은 어린이집과 양로원으로 넘쳐난다. 16살 때까지 지역에서 학교를 다닌 후 많은 젊은 남성과 점점 더 많은 여성들이 노동자의 한 달 수입이 400달러인 모스크바로 떠나거나 가정에서 노인을 돌보는 일로 한 달에 800달러를 벌 수 있는 이탈리아로 이민을 간다. 운이 나쁜 여성은 다른 수천 명 몰도바인과 마찬가지로 이탈리아, 터키, 독일 등의 매춘부로 전락하고 만다.

코스카리아 주민들은 자신들 전체의 운명을 나아지게 하는 것이 무척 어렵다는 것을 깨달았다. 젖소는 마셔서 소비할 수 있는 양보다 훨씬 더 많은 양의 우유를 생산하기 때문에 여름철에는 우유를 치즈로 가공하여 소비한다. 남은 우유는 버려진다. 주민들은 이 문제를 인식하고 우유를 인근 치즈 생산공장에 넘길 때까지 차갑게 보관할 수 있는 우유 보관창고의 건설이 해결책이라는 데 의견을 같이했다. 그러나 신뢰의 결핍으로 인해 지역주민으로부터 이 사업을 추진하는데 필요한 자금을 마련할 수 있는 방법은 없었다. 마침내 마을 주민들은 마을 외부의 기부자를 찾아내는데 성공했지만, 동유럽에서 흔히 있는 조작 때문에 전체 지역사회가 아니라 한 명의 수혜자만이 기

(계속)

부금이 가져다주는 대부분의 혜택을 독차지했다.

대부분의 주민들은 하고자 하는 정신을 갖고 있다. 이는 우물처럼 함께 이용하는 성격의 공공시설에서 확연하게 드러난다. 주말시장의 판매자에게 땅바닥 위나 울타리에 걸어놓고 상품을 파는 대신에 콘크리트 위의 테이블에 상품을 전시할 수 있도록 허용하고 아주 약간의 세금을 부과하는 방안을 실시할 수 없었다. 주민들은 현재 가장 부유한 사람들은 공산주의 시대 협동조합을 가지고 장난질을 쳤던 사람들이라는 점을 기억하기 때문에 오늘날에도 여전히 협동조합을 싫어한다. 코스카리아는 발전하기가 무척 어렵다는 점을 냉정하게 기억하고 있다. 문맹퇴치, 송금, 원조에도 불구하고 아직 코스카리아 마을은 어려운 상황에 처해있는 시골지역들을 위한 희망의 등대가 되지 못하고 있다.

몰도바 사람들 전체는 작업을 지시하고 빵을 주었던 공산주의 지도자에 대한 향수와 해방된 생활의 자유를 즐기고자 하는 욕망 사이에서 왔다갔다 흔들리고 있다. 이 세상에 완전히 고립되어 사는 나라는 단 한 나라도 없다. 몰도바 사람들은 매일같이 EU국가를 자유롭게 여행할 수 있는 루마니아 사람들이 향유하는 경제적, 정치적, 사회적 성공을 바로 옆에서 지켜보고 있다. 몰도바 사람들은 독일어, 이탈리아어, 러시아어, 영어로 방송되는 라디오, TV, 언론기사 등을 듣고 볼 수 있다. 그러나 코스카리아의 더 나은 삶에 대한 꿈이 현실이 되기 위해서는 여전히 몰도바는 신뢰와 비전을 필요로 한다.

참고문헌

a   마틴(Jess Martin)이 이 글상자의 내용을 집필했다. 우리 저자들은 그녀에게 감사의 마음을 전한다.

련의 공화국 대부분을 포함하는 독립국가연합CIS: Commonwealth of Independent States에 있어서 체제전환의 결과는 더욱 복잡하다. 평균적으로 이들 국가의 실질GDP는 2007년이 되어서야 비로소 1989년 수준을 회복했다. 좀 더 나쁜 경우로 우크라이나의 2011년 GDP는 1989년 GDP의 60퍼센트에 불과했는데, 이는 우크라이나의 장기 경기후퇴를 반증한다.

CIS국가와 유럽연합 비회원국인 유럽의 구공산국가에서는 실업률이 1999년 12.4퍼센트에서 2007년 약 8.4퍼센트로 크게 하락하였지만, 2012년 8.2퍼센트로 떨어지기에 앞서 2010년에는 10.2퍼센트로 상승하였다.[5] 이 국가들의 경우 대규모 외국자본 유입이 이뤄지고 있지만, 세계 무역체제에 잘 통합되어 있지 못하다. 이들 국가 중 많은 나라들은 여전히 세계무역기구WTO에 가입하기 위해 협상을 벌이고 있다. 즉, 우크라이나와 러시아는 각각 2008년과 2012년이 되어서야 비로소 세계무역기구에 가입했다. CIS국가들은 **정실자본주의**crony capitalism로 인해 성장이 저해되고 있다. 정실자본주의에서는 많은 사람들이 생활수준의 후퇴를 경험한 반면에 종종 정부와의 유착 및 부패행위를 통해 일부 기업인은 엄청난 부자가 되었다. 부분적으로 오랜 기간 소련지배의 유산과 에너지 집약적 중공업의 절대적 우위로 인해 민주주의는 제대로 제도화되지 않았거나 또는 존재하지 않는다. 미국의 인권기관 프리덤하우스는 소련연방의 일부였던 이들 8개 나라를 '권위주의체제가 공고화된' 나라로 평가하였다.[6]

러시아는 독립국가연합CIS이 갖고 있는 많은 문제의, 그리고 약간의 성공의, 대표적인 사례에 해당한다. 푸틴Vladimir Putin의 2000년 대통령선거는 러시아의 한시적인 민주주의 실험이 끝나게 만들었다. 정치학자 피시M. Steven Fish에 따르면, 러시아에서 민주주의의 실패는 불완전한 경제개혁, 약화된 입법부, 천연자원이 주는 부의 저주에 주로 기인한다.[7] 푸틴은 반정부시위를 억압하는 한편, 독립언론과 시민사회를 탄압하였다. 자신의 후임 메드베데프Dmitry Medvedev 대통령 밑에서 2008년부터 2012년까지 총리직을 수행한 후 푸틴은 2012년 다시 대통령에 선출되었다. 푸틴은 비밀경찰 및 정보부에서 일한 경력을 갖고 있는 크렘린의 관리들을 의미하는 **실로비키**siloviki라고 하는 힘 있는 정치적 동맹자들에게 둘러싸여 있다. 동시에 푸틴은 국내외 문제에 있어서 강력한 형태의 민족주의를 촉진하고 있다. 이러한 민족주의는 체첸에서 반정부세력에 대한 잔인한 공격, 2008년 그루지야 침공, 때때로 우크라이나에 대한 가스공급의 중단 등으로 표출되었다. 반정부세력에 대한 악명 높은 탄압사례가 정교회 내부에서 푸틴반대 비디오 촬영을 했다는 이유로 경찰이 펑크 록밴드 푸시라이오트Pussy Riot 멤버 3명을 체포하였던 2012년 발생했다. 스팅, 마돈나, 레드 핫 칠리 페퍼스, 폴 매카트니 등과 같은 전 세계 음악가들이 해당 여성들을 석방하라고 탄원하였음에도 불구하고, 러시아 법원은 징역 2년형을 선고했다.

러시아경제의 중요 부문은 1990년대 초 정부 및 구 **노멘클라투라**nomenklatura(소련 고위관료)

와 밀접한 관계가 있는 소수의 러시아인 투자자에게 매각되었다. 그 결과 경제, 정부, 언론 등에 막강한 영향력을 가진 소수의 사람 '**올리가르히** oligarchs[i]'가 출현하였다. 1990년대 러시아 국민들이 모아놓은 저축을 모두 소진하고, 소득이 물가상승을 따라가지 못하면서 러시아는 생활수준의 급격한 감소를 경험했다. 결국 하이퍼인플레이션이 진정되었지만, 1999년 당시 러시아 전체 인구의 3분의 1이 빈곤에 시달렸다. 평균수명이 급격하게 낮아졌으며 '사망률 위기'라고 얘기할 정도였다. 2009년 러시아 남성의 평균 수명은 겨우 62세에 불과하였는데, 이는 중국의 72세, 미국의 76세와 비교된다.[8] 남녀 합친 평균수명이 2011년 70세로 늘어났고 출산율 역시 증가하였지만, 정치경제학자 에버스타트Nicholas Eberstadt는 '죽어가는 곰'의 '인구학적 재앙'이 미래 경제적 성과와 군사적 능력을 향상시키는데 무척 필요한 인적자원의 부족을 초래하고 있다고 주장한다.[9]

새천년이 시작되면서 러시아경제는 호전되었으며, 1998년에서 2008년 사이 매년 거의 7퍼센트의 성장률을 기록하였다. 그러나 이와 같은 성장은 다양한 시장경제의 발전에 기인하기보다는 대부분 석유와 원자재의 수출에 기반했다. 많은 민간중소기업들은 파산위기에 직면하였고 정부관료의 간섭에 시달렸다. 조직폭력단의 범죄와 부패가 심각한 문제로 남아있다. 푸틴은 낭비적인 정부보조금을 없애는 것이 쉽지 않다는 사실을 발견했다. 러시아정부는 석유 및 가스 부문 대부분을 효과적으로 다시 국유화하였으며, 국가 소유의 대기업들이 자동차산업, 항공우주산업, 방위산업 부

---

i 〈역자 주〉 러시아판 재벌.

문을 지배하고 있다. 소수 독과점기업들이 여전히 에너지, 광물, 철강, 금융 부문을 지배하고 있지만, 이들 다수는 러시아 중앙정부에게 서양의 채권자에 빌린 거대한 부채의 상환을 도와달라고 요청했다.

다가오는 몇 년 동안 러시아는 좀 더 다극적인 세계에서 러시아의 역할을 주장하면서 동시에 국내사회의 경제문제 및 사회문제를 해결하기 위해 분투해야할 것이다. 세계 에너지 가격의 변동성과 민간부문 제조업에 대한 방치를 고려할 때 에너지 및 광물 부문에서 '국가대표기업national champions' 으로서 국영기업을 육성한다는 푸틴의 전략은 무척 위험한 발상이다. 다국적기업들이 크렘린의 시장개입과 법치의 결여에 대해 신물을 내게 되면서 러시아는 잠재적 외국인직접투자를 많이 잃었다. 예를 들면, 스웨덴의 유통업체 이케아Ikea는 2000년부터 14개 대중쇼핑몰을 건설하는데 40억 달러를 지출했지만 정부의 부패와 부정에 너무나 진저리가 났기 때문에 2009년 러시아에 대한 추가 투자를 전부 중단하였다.

학자들은 구소련국가들이 세계경제에서 다른 역할을 하고 있음을 인식하고 있다. 경제적 자유주의자의 입장에서 유럽연합으로 일부 구소련 국가의 통합은 민주주의, 자본주의, 평화 등 3인조가 승리했음을 말해주는 증거이다. 구소련공화국 대부분이 1990년대 말부터 2008년까지 급격한 경제성장을 누렸다. 구조주의자는 정반대로 러시아, 우크라이나, 몰도바 등의 나라들이 민영화와 시장화에 따른 국가와 사회의 붕괴로 인해 오늘날이 공산정권 시절보다 더 나쁜 상황에 있다고 주장한다. 개혁은 기존의 기대와 삶의 방식을 뒤바꿔놓았다. 많은 나라의 유권자들은 개혁의제에 반

발하여 봉기하였으며, 외국인 혐오와 권위주의적 요소가 득세하게 되었다.

현실주의자는 자국 국경 주변국가를 자국의 영향권으로 주장하고, 자국의 석유 및 가스 자산을 사용하여 유럽의 이웃국가를 압박하고 있으며, 또한 부패한 친크렘린 엘리트의 손에 경제력을 집중시키고 있는 권위주의국가 러시아의 안보위협에 대해 여전히 우려한다. 한 때 자부심이 강한 초강대국이었던 러시아는 현재 세계GDP의 3퍼센트를 차지하고 있는데, 이는 세계GDP의 22퍼센트를 차지하고 있는 미국에 비하면 상대적으로 작은 수준에 불과하다. 현실주의자는 러시아가 더욱 중요한 에너지 생산국이 되면 될수록 더욱 더 다른 나라들과 협력하지 않을 것이라고 걱정한다. 쿠친스Andrew Kuchins와 애스룬드Anders Aslund 는 러시아지도자들이 냉전 이후 자국에 대한 서양의 간섭에 대해 강한 불만을 갖고 있으며, '초주권hypersovereignty' 및 약한 이웃국가와의 '특권 관계'를 다시 주장하고 싶어한다고 지적한다.[10] 푸틴은 미국의 힘이 약화되고 자부심 강한 러시아가 단순히 글로벌 자유주의 규범을 따르기보다는 자국의 이익을 주장할 수 있는 그런 세계를 원하는 것 같다.

심지어 경제학자 루비니Nouriel Roubini조차 핵무기와 에너지에도 불구하고 더 이상 러시아를 신흥국 브릭스BRICs(브라질, 러시아, 인도, 중국)의 하나로 간주해서는 안 된다고 주장한다. 즉 "사양화된 공업지대rustbelt 인프라의 부담을 떠안고 있는 러시아는 제대로 기능하지 않는 보복적인 정치와 거의 종말적인 감소를 보이고 있는 인구추세 때문에 자격을 상실했다."[11] 루비니는 러시아 대신에 브라질, 인도, 중국과 함께 가장 경제가 강해질 가

능성이 높은 나라로 인도네시아와 한국 또는 터키를 언급했다. 이들 국가 모두 경쟁력 있는 제조업을 갖고 있는 민주국가이며, 인도네시아와 터키의 경우에는 풍부한 천연자원과 늘어나는 인구를 갖고 있다.

브라질: 성공의 비용

어떤 사람들은 브라질하면 하얀 모래해변, 삼바음악, 화려한 카니발, (프랭크 시나트라의 노래 속에 죽지 않고 영원히 살아있는) 이파네마에서 온 비키니 입은 여자의 이미지를 떠올린다. 또 다른 사람들은 브라질을 빈번한 총기폭력의 발생, 극심한 빈곤, 세계에서 소득불평등이 가장 높은 나라 중 하나로 알고 있다. 브라질에 대한 이와 같은 이상형의 양극단적 이미지 둘 다 브라질의 복잡한 정치, 경제, 문화의 역사를 이해하기 어렵게 만든다. 거의 미국의 영토 크기에 버금가는 큰 영토를 가진 브라질은 180개 이상의 서로 다른 언어를 사용하는 220개 이상의 서로 다른 토착민 집단이 존재한다. 그러나 브라질인 중 원주민은 전체인구의 0.4퍼센트에 불과하다. 미국의 경우와 마찬가지로 브라질은 유럽, 아프리카, 일본, 중국, 심지어 북미로부터 계속 이어진 이민물결 속에 브라질로 이주해 온 사람들이 대다수를 이루는 이민자의 나라이다. 비록 브라질은 문화적 '용광로melting pot'이지만, 불평등은 심각한 문제이다. 브라질의 바뀌고 있는 지정학적 위상 덕분에 종종 불평등은 크게 완화되었다. 예를 들면, 리우데자네이루 시는 2014년 월드컵 개최와 2016년 올림픽 개최를 준비하면서 관할구역 내 빈민가(판자촌)의 일부

주민들은 퇴거해야 할 상황에 직면하고 있다. 일부 사람들은 이것을 이 도시의 악명 높은 위험한 빈민가에 꼭 필요한 '청소'라고 얘기하며, 또 다른 사람들은 진정으로 '현대적' 리우의 이미지를 창출하기 위한 노력의 일환으로 가난한 사람들이 쫓겨나고 있다고 주장한다. 게다가 브라질은 **신흥경제**emerging economies가 갖고 있는 공통적인 모순을 보여주고 있다. 오늘날 신흥경제는 엄청난 경제성장 덕분에 세계무대에서 더 큰 영향력을 발휘하고 있지만, 그럼에도 불구하고 아직도 계속 남아있는 착취와 빈곤의 유산을 극복해야 하는 과제를 떠안고 있다.

식민지에서 현대화로

16세기부터 19세기까지 브라질은 포르투갈의 식민지이었으며, 해안지역 대규모 농장의 설탕, 커피와 **반데이란찌스**Bandeirantes[ii]가 광대한 야생 내륙에서 채굴한 금이 포르투갈 왕실을 부유하게 해주었다. 1822년 브라질은 포르투갈로부터 독립을 선언했으며, 대서양 연안 리우데자네이루를 수도로 정했다. 대부분의 경제활동은 해안지역에 집중되어 있었다. 브라질 내륙은 (상대적으로) 인구밀도가 낮았다. 풍부한 문화적·경제적 역사를 가진 수천 개의 토착 원주민 마을이 존재하는 브라질 내륙은 광산 채굴자 및 가축 목장주에게 도전과 기회 둘 다를 제공했는데, 그들은 멀리 떨어져 있는 이 지역을 연방정부의 손이 닿지 않는 곳으로 엄청나게 큰 잠재적인 부의 원천으로 생각하였다.

1930년부터 브라질은 수입대체산업화의 원칙

---

ii 〈역자 주〉 대륙의 밀림을 개척해 나간 브라질 개척자들.

에 기초하는 성공적인 개발 프로그램을 시작하였다 (제11장 참조). 1945년부터 1980년까지 브라질의 연평균 경제성장률은 7퍼센트를 기록했다. 1956년 쿠비체크Jucelino Kubitschek 대통령은 수도를 1,000킬로미터 안쪽 내륙지역으로 이전하여 '현대적' 해안도시와 광대한 시골지역을 통합하라고 하는 자신에게 주어진 사명을 실천에 옮겼다. '5개 50년'이라고 명명한 그의 야심찬 계획은 사막 한 복판에 브라질리아라고 하는 새로운 수도를 대통령 임기 내에 건설하는 것이었다. 유명한 건축가 니미어Oscar Niemeyer가 설계한 초현대적 도시는 멋진 풍경뿐만 아니라 동시에 브라질국민의 집단의식에 결코 지워질 수 없는 뚜렷한 자국을 남겼다. 내륙지역의 건설은 근대화의 원칙에 기반하는 개발주의 시대의 시작을 의미했다.

그러나 10년 후 군부가 민주선거를 통해 선출된 골라트João Goulart 정부를 쿠데타로 전복하였으며, 1985년까지 독재정부가 브라질을 지배했다. 정치적, 문화적 억압이 있었지만, 브라질은 1960년대와 1970년대 경제호황을 경험했다. 튼튼한 제조업, 농업, 기술부문을 창출했다. 그러나 이러한 경제성장은 국제금융기관으로부터의 과도한 차입 덕분이었다. 1980년에 이르러 브라질은 남미 전체의 다른 나라들과 마찬가지로 외채위기 상황에 직면했다. IMF는 전통적인 협상안을 브라질에게 제시했다. 즉, 엄격한 구조조정을 대가로 하는 구제금융이었다.

1980년대는 소위 잃어버린 10년이었다. 브라질의 연간GDP 성장률은 7.5퍼센트에서 2.5퍼센트로 뚝 떨어졌다. 일부 국영기업은 민영화되었고, 수입대체 구조는 해체되었다. 높은 물가상승률과 고금리에 시달렸지만, 브라질은 결국 엄청난 부채로부터 간신히 벗어날 수 있었다. 브라질의 경제력 회복에 도움이 되었던 것은 역설적으로 수입대체 기간 동안 구축되었던 경제 인프라였다. 산업, 농업, 에너지 부문에 대한 국가의 대대적인 투자 덕분에 1990년대 세계경제가 반등하여 원자재와 공산품에 대한 수요가 늘어났을 때 발전의 기틀이 된 튼튼한 기초가 형성되었다. 그 후 1994년 민주적으로 선출된 과거 종속이론가 카르도소Fernando Henrique Cardoso 대통령은 자신의 '진짜 계획'으로 개혁을 가속화 했다. 그의 진짜 계획은 성공적으로 브라질의 통화를 안정시키고, 인플레이션을 누그러뜨리고, 국영기업을 추가로 민영화하고, 국가의 독점을 끊었다. 그럼에도 불구하고 특히 재정긴축과 세금인상을 포함하였던 이 개혁은 브라질 근로빈곤층을 더욱 힘들게 했다.

1998년 카르도소가 재선에 성공하면서 브라질은 남미지역 내에서 안정과 성공적인 민주화의 모델로 인식되기 시작했다. 브라질은 농산물과 에탄올의 세계 최대 수출국가 중 하나로 떠오르기 시작했다. 브라질이 국내 산업발전 및 사회발전을 목표로 하는 정책을 결합한 브라질에 맞는 맞춤형 자유화를 추구하였던 시절이었던 이 시기는 경제발전을 통해 여러 해에 걸쳐 확실한 부의 증가를 기록했다. 또한 브라질은 세계 무역레짐에 자국의 입장을 반영하려고 노력했다.

1999년 12월 시애틀에서 열린 세계무역기구 WTO의 회의에서 브라질외무장관 람프레이아Luiz Felipe Lampreia는 남아프리카공화국, 케냐, 인도, 태국 등과 같은 다른 커다란 '신흥시장' 국가의 지도자들과 함께 연합하여 미국과 EU의 무역협상에 대한 지배를 비판하였다. 그는 공식성명에서 "만약 자유무역 및 공정무역이 게임의 이름이라면

— 우리 대부분이 그렇게 되어야만 한다고 생각한다면 — 우리는 여전히 게임 규칙을 개선하기 위해 해야 할 일이 많다. 우리 모두는 세계가 공평한 경쟁의 장이 아니지만, 최소한 게임에 참여하는 선수 모두에게 비슷하게 적용되는 규칙, 약자로부터 강자를 보호하기 위해서거나 약자가 자신의 강점을 활용하지 못하도록 방지할 목적으로 만들어지지 않은 규칙이 존재한다는 점을 믿는 것은 절대적으로 중요하다"라고 말했다.[12] 람프레이아는 구체적으로 부자나라들이 자국 내 농업보조금을 유지하고 농산물의 수입으로부터 자국 시장을 보호하면서 위선적으로 신흥국가들에게 더욱 시장개방을 하라고 요구하고 있다고 언급했다. WTO 회의장 바깥에서 벌어진 '시애틀 전투' 거리시위가 WTO회담을 종료시키는 한편, 1994년 세계무역기구가 출범한 이후 협상을 지배했던 무역의제를 처음으로 변경케 하였던 주체는 WTO회의 내부의 시위자들 — 브라질이 주도한 G20라고 불리는 동맹세력 — 이었다.

룰라대통령 집권시절 브라질의 부상

브라질이 신흥강국의 위치에 오른 시점은 노동당 후보 룰라Luiz Inácio Lula da Silva가 승리했던 2002년 대통령선거와 시기적으로 일치했다. 오랜 세월 노조지도자로 살았던 룰라는 신자유주의적 경제정책이라고 생각할 수 있는 카르도소의 정책과 극명하게 대조되는 대중영합적 정책에 기초하여 국정을 운영하였다. 정규교육을 거의 받지 못했고 상파울루의 빈민가에서 수년 동안 단순노동자로 살았던 룰라는 브라질 도시빈민들의 존경의 대상이었다. 잘 알려져 있듯이 룰라는 14살 때 자동차부품 공장에서 선반에 손가락 하나를 잃기조차 했다. 룰라의 선거승리는 베네수엘라의 차베스Hugo Chavez, 1999년 선출, 볼리비아의 모랄레스Evo Morales, 2006, 아르헨티나의 키르치네르Cristina Fernandez de Kirchner, 2007, 파라과이 루고Fernando Lugo, 2008 등 노동자 계급과 농촌의 빈곤층으로부터 인기가 높은 좌파 남미대통령들의 선거 승리 물결의 하나였다.

확실히 대중영합적 포퓰리즘에도 불구하고, 룰라는 또한 조용히 자유무역과 자유시장을 받아들였다. 룰라정부는 미국과 유럽이 시장을 더욱 개방하고 무역장벽을 없애야 한다는 주장을 통해 농업 관련 협정의 경우처럼 WTO협정 내에 온존하고 있는 보호주의에 반대하는데 WTO를 슬기롭게 활용했다. 이렇게 하여 룰라는 룰라의 브라질 정부가 경제적 자유주의에서 벗어난 사회민주주의 정부를 추구할 것으로 예상하였던 많은 분석가들을 놀라게 했다. 룰라정부는 사회복지프로그램에 아낌없이 재정을 지출했을 뿐만 아니라 민영화 및 수출주도 성장을 추진했으며, 2004년에서 2008년 사이 연평균 4.8퍼센트의 성장률을 기록했다.[13]

그러나 국내적으로 그의 대표적인 경제업적은 포메제로Fome Zero(기아 근절) 정책프로그램이었다. 이 정책프로그램은 빠르게 세계에서 가장 유명하고 가장 포괄적인 공공지원프로그램으로 알려지게 되었다. 포메제로에는 **볼사 파밀리아**Bolsa Familia(가족 보조금)라고 하는 조건부 현금 이전 프로그램이 포함되어 있었는데, 이 프로그램은 자녀의 학교출석, 예방접종, 정기적 의료진료 및 치과진료 등의 특정조건을 충족한 가난한 가족에게 현금을 지원하는 제도였다. 이 프로그램은 절대빈곤을 감소시키고 청소년의 건강 및 교육을 향상시켰다.

2010년 『타임Time』지는 룰라를 '세계에서 가장 영향력 있는 지도자' 중 한 명으로 언급했다. 룰라의 8년 집권기간 동안 브라질은 글로벌 사회에서 브라질의 정치적 운명을 걸고 '개발도상국' 전체를 대신하여 미국과 유럽에 대해 공개적으로 반대 주장을 하였다.[14] 그 결과 미국의 오바마대통령과 영국의 캐머런David Cameron 총리 같은 지도자들은 전략적 동반자 관계를 통해 브라질의 새로운 지정학적 지위를 인정했다. 2012년 브라질은 영국을 제치고 세계 제6위 경제대국이 되었다.

경제성공의 비용

이러한 진전에도 불구하고 브라질의 경제성장은 불가피한 갈등과 모순을 동반했다. 농업성장이 환경과 인권에 끼친 영향이 특히 논란의 대상이 되었다. 브라질은 커피와 열대과일, 쇠고기 등의 주요 생산국이 되었지만, 룰라의 경제발전 전략은 수출지향 농업의 확대를 장려했다. 주로 동물사료용 콩과 에탄올 생산용 사탕수수의 재배를 확대했다. 2003년 이래 이 두 작물의 재배면적은 30퍼센트 이상 확대되었다. 그 대부분이 세라도cerrado(疎林)의 파괴되기 쉬운 생태계fragile ecosystem와 아마존 열대우림의 서식처인 브라질 중서부 및 북부지역에서 늘어났다. 삼림 벌채가 브라질농지의 확대와 농산물 수출의 증가를 위해 지불한 대가였다. 또한 토지 사용권한을 둘러싸고 대규모 생산자와 농촌지역 농민 사이에 폭력적 충돌이 빈번하게 늘어났다. 브라질정부는 종종 그나마 있는 미약한 환경규제마저 제대로 시행하지 않았다.

세계 최대 규모 '탄소 싱크대'인 아마존 열대우림의 국가 브라질은 주요 국제환경 논쟁의 중심에 놓여있다. 많은 환경운동가는 브라질의 토지 이용 결정이 열대우림이 제공하는 '생태계 서비스ecosystem service'를 고려해야 한다고 확신한다. 일부 과학자들은 '세계의 허파lungs of the world'인 열대우림 숲이 매년 대기 중 전체 탄소가스의 약 20퍼센트를 흡수한다고 추정한다. 열대우림 숲의 파괴는 지구 기후변화를 엄청나게 가속화 시킬 수 있다. 그러나 많은 브라질 사람들은 과거 자기나라의 산림을 크게 훼손했었던 선진국들이 이제 와서 브라질에게 경제자원의 이용을 자제하라고 요구하는 것은 형평성에 어긋나는 위선적인 태도라고 주장한다. 브라질 사람들은 미국과 유럽이 먼저 솔선수범해서 탄소배출량을 줄여야만 한다고 생각한다.

그럼에도 불구하고 대대적인 목재생산, 농업확대, 축산농업 성장 등이 심각한 삼림파괴의 원인인 것은 분명한 사실이다. 국제사회의 압력에 직면하여, 서부 브라질 지역의 콩 가공과 수출의 거의 대부분을 책임지고 있는 다국적 농업회사 공동체는 '지속가능한 콩' 정책프로그램에 자발적으로 동참했다. 2006년부터 삼림을 파괴하여 개간한 땅에서 재배된 콩의 구매에 대한 지불유예가 이 정책프로그램의 핵심내용이었다. 다국적 콩 중개상 간의 자발적 협약의 효과에 대해 의문을 제기하는 회의론이 널리 퍼져있지만, 최근 불법벌채에 대한 연방정부의 단속 강화 덕분에 2004년 이후 삼림파괴의 속도가 약 75퍼센트 정도 감소하였다.

또한 콩 생산을 둘러싼 환경논쟁의 대부분은 1978년 이후 브라질 자동차의 연료로 사용되고 있는 에탄올과 관련이 있다. 브라질은 현재 세계에서 두 번째로 에탄올을 가장 많이 생산하는(그리고 가장 많이 수출하는) 나라이다. 브라질의 에탄올 생산회사들은 사탕수수를 원료로 사용하는데, 재배작물의 에이커(약 4,000평방제곱미터) 당 순에너지 생산량의 측면에서 사탕수수가 옥수수보다 훨씬 더 효율성이 높다. 사탕수수로 만든 에탄올은 신재생연료이며 휘발유보다 적은 온실가스를 배출한다. 바이오연료는 일반적으로 식량체계와 무관한 방향으로 토지와 작물을 바꾸어 놓았으며, 식량생산에는 적은 자원만이 남게 되었고, 간접적으로는 식량가격 상승에 일조한 것으로 비판받았다 (제18장 참조). 특히 브라질의 사탕수수 농장과 공장들은 식량생산에 이용할 수 있는 농토의 축소를 촉발하고, 브라질의 가장 중요한 유역으로부터 엄청난 양의 물을 소비하고 있다는 비난을 받게 되었다.

농업개발정책은 종종 생계가 달려있는 토지를 갖지 못하는 소규모 생산자와 토착민 지역공동체를 방치한다. 이에 대한 대응으로, 풀뿌리 시민운동단체인 토지가 없는 농촌노동자운동Landless Rural Workers Movement은 부재지주가 소유하고 있는 놀고 있는 땅을 점유하고 그 땅에 정착할 수 있는 법적, 초법적 방법을 모두 강구하고 있다. 국내 사회 내에서 땅에 대한 권리를 둘러싼 갈등은 종종 폭력을 야기하였으며, 지난 20년 동안 1,000명 이상의 농촌운동가들이 이러한 갈등 때문에 목숨을 잃었다. 브라질의 인상적인 경제통계에도 불구하고, 수백만 명의 브라질 사람들이 브라질 국가의 엄청난 경제성장으로부터 소외되어있다.

브라질의 추가 경제발전을 가로막는 주요 장애물 중 하나는 열악한 교통 인프라이다. 필요한 새로운 도로를 모두 건설할 수 있을 만큼 충분한 공공자금이 없기 때문에 정부는 민간기관과 계약을 체결한다. 민간기관이 노반(토지, 건설, 땅고르기)을 만드는데 드는 비용을 지불하고, 정부가 도로포장 비용을 감당한다. 2012년 호우세피Dilma Rousseff 대통령은 민간기업들에게 수천 킬로미터의 도로와 철도를 구축하고 운영하도록 인허가를 내준다는 야심찬 계획을 발표했다. 비판자들은 이 방식이 가난한 지역사회의 인프라 개선을 회피하며, 브라질의 악명 높은 경제적 불평등 비율을 더욱 악화시킨다고 주장한다. 농업 최일선의 불평등이 가장 심하다. 마투 그로수Mato Grosso 주의 광대한 **세라도** 평원을 가로질러 자동차를 달리는 경우 대규모 콩농장을 통과하는 도로는 최상의 상태이지만, 아스팔트 포장은 글자 그대로 원주민 보호구역 입구 바로 앞에서 끝난다.

브라질의 경제는 2008년 글로벌 경기침체 이후 부침을 겪었다. 2009년 룰라는 잘 알려졌듯이 금융위기의 책임을 '글로벌 금융위기 전에는 글로벌 경제에 관해 모든 걸 알고 있는 척하였지만 지금은 글로벌 경제에 관해 아무것도 모른다는 것이 확실하게 입증된', '푸른 눈을 가진 백인들'에게 돌렸다. 부분적으로 원자재 가격과 지속적인 외국인 투자가 비교적 빠르게 회복된 덕분에 2010년 브라질경제는 다시 성장세로 돌아섰다. 의심의 여지 없이 항공기와 식량, 철광석, 에너지 등 기초 원자재에 대한 글로벌 수요의 증가는 브라질의 수출 증가에 큰 도움이 되었다. 2009년 중국이 미국을 제치고 브라질의 가장 중요한 무역대상국이 되었다. 또한 브라질은 상대적으로 국제금융시장으로부터 분리되어 있으며, 국내은행을 철저히 규제하고 있다. 2012년 브라질의 외환보유고는 3,700억 달러가 넘었다.

브라질은 자유시장과 외국인투자를 적극 받아들이면서도 석유와 전기, 통신, 농업연구 등과 같은 전략적 산업부문에 대하여 대규모 국영기업을 유지하고 있는 자국의 경제모델에 대해 큰 자부심을 갖고 있다. 대형 국영개발은행인 브라질경제사회개발은행BNDES은 큰 공기업 및 민간기업에게 장기신용대출을 해주고 있다. 2006년 대서양 연안의 해저에서 막대한 석유 및 천연가스 매장량이 발견되자 국영에너지회사 페트로바스Petrobas는 앞장서서 해당 유전개발에 수백억 달러를 투자하고 있으며, 여전히 외국 에너지 기업들의 참여를 권유하고 있다. 브라질은 4,000억 달러 이상의 투자를 통해 2020년까지 세계 제5위 석유수출국이 될 수 있을 것으로 기대하고 있다. 브라질은 볼사 파밀리아Bolsa Família 같은 사회정책을 통해 빈곤율을 2001년 38퍼센트에서 2009년 25퍼센트 수준으로 줄일 수 있었다. 점점 늘어나는 중산층이 브라질 상품과 서비스의 내수시장을 강력하게 형성하였다. 본 장에서 소개되고 있는 다른 나라들과 마찬가지로 브라질은 워싱턴 컨센서스 원칙의 완전한 수용 없이도 경제발전이 가능하다는 것을 실제로 보여주었다.

하지만 브라질의 가까운 미래는 여전히 짙은 먹구름이 끼어있다. 중국의 수요가 둔화되고 제조업이 하락하면서 브라질의 경제성장은 2011년 감소하였고 2012년 0.9퍼센트로 둔화되었다. 이는 BRICs 국가 중 최악의 성적이었다. 경제적 불평등은 여전히 높은 수준으로 계급갈등을 야기하고 있다. 얄궂게도 브라질은 현재 풍요로 인한 질병 중 하나인 비만문제에 직면하고 있다. 2012년 정부조사에 따르면 브라질 성인의 15퍼센트가 비만이며 성인 절반이 과체중이다. 이는 의심할 여지 없이 일정부분 맥도날드(700개 매장)와 코카콜라(2010년 87억 달러 청량음료 판매규모) 같은 패

스트푸드가 많은 브라질 대중 사이에서 큰 인기를 얻게된 데 기인한다.[15] 구조주의 비판자들은 삼림파괴와 토지집중 등 브라질의 경제적 성공의 사회적, 환경적 비용이 경제적 성공이 가져다준 대부분의 이익을 능가한다고 주장한다. 우리 어느 누구도 미래를 내다보는 마법의 수정 구슬을 가지고 있지 못하기 때문에 예측을 장담할 수는 없지만, 우리는 브라질이 다가오는 2016년 리우올림픽에서 세계 사람들에게 브라질의 성공을 보여주기 위해 최선을 다할 것임을 예상할 수 있다.

인도: 또 다른 아시아 호랑이

러시아가 때때로 화난 곰an angry bear으로 간주된다면 인도는 흔히 상상할 수 없는 높은 수준의 경제도약을 준비하고 있는 우리에 갇힌 호랑이caged tiger로 묘사된다. 1947년에 독립한 이후 인도는 너무 자주 엉거주춤한 입장을 취했다. 즉, 도약을 준비하지만 그렇다고 적극적으로 도약을 추구하지 않았다. 최근 많이 나아졌지만 여전히 인도의 12억 인구는 대규모의 비효율적인 정부관료와 형편없는 공공인프라 때문에 손해보고 있다. 인도는 자국이 갖고 있는 성장잠재력을 최대한 끌어올리려면 무역장벽을 낮추고, 공업제품의 수출을 확대하고, 민간부문의 역량을 폭발시켜야 한다.

독립에서 혼합경제로

식민지배 초기 영국은 인도의 제조업 성장을 억제하였고, 그 대신 영국의 동인도회사는 인도를 영국공장들에게 원료를 공급하는 종속국으로 만들

었다. 그런 다음 1858년부터 1947년까지 영국이 인도를 지배했던 브리티시 라즈British Raj 시대 영국은 주로 영국으로 수출하는 엄청난 양의 원자재를 운송 및 관리할 목적으로 철도, 도로, 운하, 교량, 전신선 등의 대규모 네트워크 건설에 집중 투자했다. 재산권과 영어, 다양한 정치구조와 사법구조 등의 확산은 궁극적으로 인도 민주주의제도의 성립에 도움을 주었다.

1947년 독립한 후 인도의 첫 총리 네루Jawaharlal Nehru는 외국자본으로부터 최대한 독립을 유지하기 위해 자립과 수입대체주도 성장을 추진했다. 글로벌 자본주의체제를 불신하였던 네루는 소련으로부터 많은 영감을 얻었으며 산업화를 통한 근대화의 길을 선택했다. 비록 인도가 외국의 경제모델을 선택했지만, 인도지도자들은 기본적으로 민족주의적 동기를 갖고 있었다.[16] 인도지도자들이 인도경제의 '최고 지휘부' 역할을 맡았고, 산업화에 반드시 필요한 철강, 엔지니어링, 물, 전기, 광업, 심지어 금융부문 등 거의 모든 산업부문을 공기업이 지배했다. 소련과 달리 인도는 민주주의와 사유재산 제도를 유지했다. 그러나 중앙계획과 대규모 관료제가 민간부문을 질식시켰다. '라이센스 라즈License Raj'로 알려지게 된 성가신 보호주의 정책, 인허가, 규제 등으로 기업환경은 나빴다. 인도는 농업부문의 발전을 위해 노력하고 있다. 인도 사람들에게 있어서 농업부문은 정부세입과 식량안보의 주요 원천일 뿐만 아니라 최대 고용부문이기도 하다.

네루는 사회주의 개발전략의 추구를 통해 충분한 자본을 축적하고 인프라를 구축하게 되면 인도가 세계적으로 경쟁할 수 있게 될 것이라고 기대하였다.[17] 그는 경제를 산업화하는데 외국인투자

와 외국의 기술이전이 불가피하게 꼭 필요함을 깨달았으며, 외국인투자와 기술이전이 인도의 국가이익에 도움이 되도록 유도하였다. 이런 것들이 결합하여 혼합경제를 형성했다. 1960년대 초 심각한 식량부족을 경험한 후 인도는 록펠러재단이 부분적으로 자금을 지원하여 개발한 새로운 다수확품종HYV: High Yield Variety 밀 씨앗을 농사에 사용하기 시작했다. 농업생산성을 대폭 늘릴 수 있다고 확신한 인도정부는 멕시코 HYV 씨앗 1만 8,000톤 이상을 수입하여 편잡지역 일대에 나눠주었으며, 농업기술 연구에 공공자금을 대대적으로 투자했다. 그 결과는 매우 성공적이었다. 마침내(1970년대 초 수확실패로 인한 일시적 하락 이후) 기근에서 벗어난 인도는 식량자급자족 국가가 되었을 뿐만 아니라 잉여농산물을 수출하는 농업강국이 되었다. 이와 같은 **녹색혁명**Green Revolution은 높은 수확량 이외에도 농업용수 관개, 교통, 비료 및 농약의 제조 등과 같이 인도경제의 농업연관 부문이 활기를 띠는데 결정적 역할을 했다. 아울러 녹색혁명은 인도의 생계형 농업을 좀더 자본주의적 형태의 농업으로 탈바꿈시켰다.

비판자들은 네루가 이미 산업화된 군사대국 소련의 정책 일부를 모방하여 근대화를 시도한 것에 대해 비난한다.[18] 인도가 독립한 이후 40년 동안 지속된 인도정부의 경제계획은 민간부문의 경제활동 의욕을 약화시켰다. 비효율적인 공기업과 그리고 수입대체 과정에서 민간기업에 대한 과도한 간섭이 산업성장률을 둔화시켰고, 이웃국가 파키스탄 및 중국과의 전쟁 역시 경제성장을 저해했다. 독립 후 처음 30년 동안 대대적인 투자가 이뤄졌음에도 불구하고 인도는 3.6퍼센트의 완만한 연평균 성장률을 기록하였으며, 일인당 GDP의

연평균 성장률은 불과 1.4퍼센트에 그쳤다. 이와 같은 완만한 성장률 수치는 '힌두 성장률the Hindu Rate of Growth'이라고 조롱의 대상이 되었다. 그렇지만 이러한 성장률은 독립 전 영국의 식민통치 하에서 50년 동안의 성장률에 비하면 무려 4배나 더 큰 수치였다.[19]

잘못 관리된 사회주의 경제의 파괴적인 힘을 목도하였던 1980년대 중반부터 간디Rajiv Gandhi 총리가 이끄는 인도정부는 경제자유화에 치중하기 시작했다. 간디는 대기업에 대한 규제를 완화하고, 시멘트와 알루미늄에 대한 가격통제를 제거하고(이는 전국적으로 건설사업의 확대를 가져왔다), 세제를 개편하고, 이전에는 오직 특정 상품만 생산이 허가되었던 공장들에게 다양한 품목의 상품생산을 허용하였다.[20]

포스트 개혁성과

자유화 이후 1980년대 눈에 띄는 급속한 성장과 적당한 수준의 글로벌 경제 참여에도 불구하고 인도는 냉전의 종식과 인도의 주요 무역대상국 소련의 붕괴로 인해 무역 및 원조의 심각한 왜곡에 직면했다. 아울러 1990년 걸프전쟁은 원유가격의 상승을 야기했고, 1991년 중반 인도는 경상수지 적자에 시달리게 되었다. 인도의 대외부채는 720억 달러로 늘어났으며, 그 결과 인도는 세계 제3위 부채대국으로 전락했다.

1991년 위기에 대응하여 인도는 국제통화기금으로부터 60억 달러를 빌렸으며, 그에 따라 워싱턴 컨센서스에 부합하는 일련의 개혁을 도입해야만 했다. 당시 재무장관(그리고 현재의 총리) 싱Manmohan Singh은 인도화폐 루피를 평가절하 하고

공기업의 수를 줄이고, 다국적기업MNCs에게 인도기업의 주식을 51퍼센트(과반수)까지 보유할 수 있도록 허용하였다. 인도의 1991년 자유화 이후 이어진 5년 동안 인도는 연평균 6.7퍼센트 성장률을 기록했다. 당시 활력 있는 세계경제는 서남아시아에 진출하기를 열망했다. 서비스부문이 크게 발전했으며, 이는 당시 산업 성장에 어두운 그림자를 던졌다 (글상자 13.2 '방갈로르 사례: 인도의 이중경제의 전형'을 참조). 2012년 소프트웨어 및 정보통신기술서비스 산업의 연간 수출액이 600억 달러를 능가하게 되었다.

개혁 이후 인도는 자국의 글로벌 영향력을 확대했다. 10억 달러 이상 시가총액에 도달한 인도회사가 100개 이상으로 늘어났다. 인포시스 테크놀로지스Infosys Technologies, 릴라이언스 인더스트리Reliance Industry, 타타자동차Tata Motors, 위프로Wipro, 제트 에어웨이즈Jet Airways 등은 국제비즈니스 공동체의 익숙한 이름이 되었다. 포춘 500대 기업 중 125개 이상이 인도에 연구개발센터를 두었다. 외국인직접투자는 1990년 1억 달러 미만에서 2010년 240억 달러로 증가했다. 인도와 미국과의 재화 및 서비스 무역이 크게 활성화 되었다. 즉, 2011년 인도의 대미 수출액은 530억 달러이었고 수입액은 330억 달러였다.

인도의 새로운 발전모델은 신자유주의적 시장 중심 성장을 보호주의적 국가주도 성장과 느슨하게 결합한 것이었다. 인도는 대체적으로 노동집약적 산업혁명을 건너뛰어 바로 서비스 중심 경제로 이동하였다. 정보통신기술서비스 및 콜센터 산업에서 인도가 갖는 비교우위는 분명히 인도에게 글로벌 수출 틈새시장을 제공하지만, 이들 산업부문이 제대로 교육을 받지 못한 다수의 농민을 흡수

방갈로르 사례: 인도 이중경제의 전형[a]

인도 남부 카르나타카 주에 위치한 방갈로르는 1991년 이후 신자유주의적 개혁 틀 내에서 추진된 인도의 세계화가 가져다 준 성공과 문제점을 제대로 잘 보여주는 사례이다. 방갈로르 시는 주로 정보기술IT 부문의 급속한 글로벌 확장에 힘입어 전례 없는 높은 수준의 성장률을 기록했다. 동시에 방갈로르는 인구과잉과 양극화의 심화, 형편없는 거버넌스의 문제에 시달렸다.

방갈로르는 많은 주요 대학 및 연구기관의 존재, 풍부한 영어사용 노동력, 시정부와 민간부문 사이 긴밀한 관계 등 몇 가지 이유 때문에 소프트웨어 개발 및 IT 관련 아웃소싱에 가장 적합한 지역으로 여겨졌다. 방갈로르에는 100개 이상의 연구대학 및 기술연구소가 운집하여 있으며, 방갈로르 시 외곽에 위치한 경제특구SEZs: Special Economic Zones에 소재한 IT기업들과 클러스터 단지를 형성하고 있다. IT혁명이 서서히 윤곽을 드러내기 시작한 1996년 당시 인도 IT회사 직원의 급여 수준은 미국에 있는 IT회사 직원의 급여 수준보다 평균적으로 6~8배 적었다. 방갈로르는 인도가 가장 비교우위가 있는 생산요소, 즉 영어를 사용하는 값싼 임금의 고숙련 노동자를 바탕으로 외국기업을 유치했다.

방갈로르가 인도 전체 소프트웨어 수출의 3분의 1을 담당하고 있으며, 인도 전체 IT서비스 산업 종사자의 거의 3분의 1이 방갈로르에 소재한 회사에서 일을 하고 있다. 방갈로르는 '아시아에서 가장 빠르게 성장하는 도시'로 언급된다. 그러나 오늘날 방갈로르는 완성되지 않은 고가도로 및 건물, 빈민가의 급속한 확대, 교통체증, 극심

한 환경오염 등의 문제를 동시에 표출하고 있다. 방갈로르의 이러한 양상을 흔치않은 독특한 경우로 가볍게 치부할 수 없다. 다시 말해, 방갈로르는 복잡한 비잔틴식 관료제가 발전을 저해하는데도 불구하고 서비스부문 주도의 빠른 성장으로 요약되는 인도 경제발전의 특성을 전형적으로 보여준다.

방갈로르 시는 급격하게 도시화 되고 있는 나라의 일반적 경향을 잘 보여준다. 방갈로르 시의 거주인구는 1981년 290만 명에서 2011년 960만 명으로 크게 늘어났다. 인구폭발이 경제에 미친 영향은 부동산가격의 급등과 매년 25퍼센트 임금인상이었다. 방갈로르 시에는 매주 평균 3개의 새로운 기업이 생겨나고 있다. 방갈로르의 좁은 도로에는 매일 900대 이상의 새로운 자동차가 추가로 쏟아져 나오고 있다. 어떤 사람들은 이 모든 것을 긍정적 변화로 볼지도 모른다. 하지만 그동안 방갈로르가 성공할 수 있었던 요인이 무엇인지 잘 알고 있는 다국적기업들은 갈수록 방갈로르 시에서의 사업비용이 높아지고 있는 현실에 실망하고 있다. 인프라 정비는 도시화의 속도를 제대로 따라가지 못하고 있다. 세계은행의 『2009년도 인도에서 사업*Doing Business in India*』 보고서에 따르면 방갈로르는 사업을 시작할 때 용이성 측면에서 인도의 17개 도시 중 맨 꼴등을 차지했다.

성난 방갈로르 시민 및 기업 모두 좀 더 편한 미래의 창출을 돕기 위해 정치적 근육을 움직이고 있다. 인도에서 가장 성공한 기업인 중 한 사람인 닐레카니Nandan Nilekani는 1990년대 내내 IT업

(계속)

계가 연간 40퍼센트씩 성장한 결과 '큰 영향력'을 가진 새로운 도시 부유층이 생겨났으며, 그 결과 쇼핑몰 확충, 도로상태 개선, 전력부족 문제 개선 등에 대한 요구가 늘어났다고 지적한다.

참고문헌

a 마드하반(Rahul Madhavan)이 이 글상자의 내용을 작성했다. 그에게 감사를 표한다.

하기에 충분한 만큼의 일자리를 결코 창출할 수는 없을 것이다. 제조공장 및 생산시설이 크게 늘어나야만 가난한 농민들이 고용기회를 가질 수 있을 것이다.

농민은 내팽개쳐졌다. 1990년대 추진된 경제개혁에는 대부분의 농업보조금 철폐, 가격지원 축소, 면화와 같은 환금작물의 재배 장려가 포함되어있었으며, 그 결과 많은 농민들이 시장의 힘에 무방비 상태로 노출되고 말았다. 1995년에서 2010년 사이 많은 농민들이 심각한 부채의 늪에 빠졌을 때 25만 명의 농민이 자살을 선택했다. 이는 "인류역사상 가장 거센 자살 물결이었다."[21]

경제의 자유화에도 불구하고 기업은 엄격한 노동법이 직원의 해고를 법적으로 무척 어렵게 한다고 불만을 호소한다. 형편없는 공공서비스, 부실한 물리적 인프라, 일정치 못한 수도와 전기 등이 추가적인 급속한 발전과 지속가능한 도시화를 제약하는 주요 요인으로 작용하고 있다. 예를 들어, 중국에는 전국을 가로지르는 거의 5만 킬로미터의 고속도로가 있는 반면, 인도에는 겨우 5천 킬로미터의 고속도로가 있을 뿐이다. 그리고 인도는 2012년 7월 하순에 발생한 대규모 정전으로 인해 약 6억 명의 인도 주민들이 일시적으로 전기를 사용할 수 없었다. 인도정부 산하의 한 위원회는 반복적인 정전사태로 인해 매년 경제성장률이 1.2퍼센트 줄어든다고 주장했다. 크고 작은 기업들은 안정적인 전력공급을 목적으로 정전발생 시를 대비하여 고가의 발전기를 설치해야만 했다.[22] 인도의 농촌지역 전력공급 역시 때때로 중단되고 있다.

다른 시급한 과제는 부족한 교육시설이다. 많은 청소년들이 교육을 받을 기회를 얻지 못하고 있다. 1980년대 후반부터 시작된 개혁에도 불구하고 인도가 6세부터 14세의 모든 어린이들에 대한 무상의무교육을 법제화 한 것은 2002년이 되어서였다. 점점 더 많은 다국적기업들이 인도에 투자를 하게 되면서 다국적기업들의 저렴하고 숙련되고, 지식이 있으며, 영어를 사용하는 노동자에 대한 수요가 급속하게 증가하였다. 인도에는 거의 300개의 종합대학과 1만 2,000개 이상의 단과대학이 있으며, 매년 약 200만 명의 대학졸업자를 배출하고 있고, 대졸자 거의 절반은 공학이나 기술 전공 졸업자이다.

향후 전망: 위기와 그 이후

2004년부터 2011년까지 인도의 GDP는 연평균 8퍼센트 이상의 성장률을 기록하였다. 이는 인도가 독립한 후 처음 30년간의 연평균 3.6퍼센트의 성장률과 1980년대 연평균 6퍼센트 성장률에 비해 상대적으로 높은 수치이다. 인도의 경제는 호황을 누렸으며, 일정부분 외국자본의 유입 덕분이었다. 그러나 인도는 여전히 매우 가난한 나라이다. 즉, 2011년 인도의 일인당 국민총소득(구매력지수 기준)은 불과 3,600달러였으며, 인도 전체 인구의 69퍼센트는 하루 2달러 미만의 소득으로 생계를 꾸려가고 있다.

인도와 중국을 비교하는데 널리 사용되는 비교 통계수치 중 하나는 각 나라의 전체인구에서 노동 연령인구가 차지하는 비율이다. 인도의 전체인구의 절반 이상은 25세 미만이며, 대략 전체인구의 40퍼센트 정도가 18세 미만이다. 인도의 노동연령인구의 비율은 향후 수십 년간 계속 늘어날 것으로 예상되는 반면, 중국에서는 역으로 줄어들 것으로 예상된다. 이러한 통계수치는 특별히 의약품이나 화학제품처럼 이미 역동적인 산업부문이외 모든 부문에서 인도의 노동생산성이 더욱 높아질 가능성을 암시한다. 인도 노동자의 60퍼센트 이상은 생산성이 낮은 농업에 종사하고 있는 상황으로 제조업과 서비스 부문에서 더 많은 일자리를 창출하는 것이 필요한 것은 확실하다.

인도는 2008년 10월부터 세계를 휩쓴 글로벌 금융위기 상황에서도 꾸준히 성장을 지속했다. 인도의 금융시스템은 다행스럽게 부실채권 문화를 피해왔으며, 그 결과 인도의 은행은 해외금융시장과 크게 연결되어 있지 않다. 인도정부가 여전히 은행의 소유권 절반 이상을 보유하고 있으며, 은행들은 전체 은행자산의 약 70퍼센트를 운용하고 있다. 역사적으로 보호주의정책을 추진하였기 때문에 인도경제는 상대적으로 수출에 크게 의존하지 않고 있으며, 그 결과 다른 국가 경제에 비해 글로벌 시장의 변동성에 상대적으로 덜 영향을 받고 있다.

인도는 글로벌 금융위기로부터 어느 정도 안전

하지만, 항만이나 공항 등의 인프라에 대한 개선이 반드시 필요하다. 심지어 인도의 안보체제는 허약한데, 2008년 11월 뭄바이에서 발생한 3일간에 걸친 테러공격에서 이 점이 명확하게 드러났다. 세계은행의 2012년도 『비즈니스 환경Doing Business』 보고서에서 인도는 형편없게도 183개 국가 중 132위였다. 이는 인도에서 사업을 시작하고, 허가를 받고, 계약을 집행하는 것이 얼마나 어려운지를 보여주는 증거이다. 만약 인도가 세계를 선도하는 국가가 되고자 한다면 대규모 투자와 수출증대에 유리한 방향으로 기업환경을 바꿔야만 한다.

학자들은 경제발전을 추진하는 데 있어서 인도의 민주주의체제가 중국의 독재체제에 비해 상대적으로 불리한지 여부에 대해 논의해왔다. 인도의 로비단체는 정부관료들에게 큰 압력을 행사하고 있다. 경제학자 팔리트Amitendu Palit는 소매상, 소규모 제조업체, 노동조합 등이 국내경쟁을 촉진하기 위해 보호주의 장벽을 제거하고 경제개혁을 도입하는 것에 반대하고 있음을 지적하였다.[23] 또한 약한 연립정부 및 주 정부에 상당한 권력을 부여하고 있는 연방제 역시 개혁정책의 확실한 추진을 어렵게 한다.[24] 부패가 만연하고 있다. 2010년 이후 하자레Anna Hazare와 요가 전문가 람데브Baba Ramdev 같은 시민운동가들이 반부패 시위를 주도하고 있다.

대부분의 국제정치경제 학자들은 인도가 글로벌 강대국이 되기까지는 오랜 시간이 필요할 것으로 예상한다. 한편, 현실주의자는 인도가 이웃나라 아프가니스탄과 파키스탄의 이슬람 극단주의의 확산을 차단하는 이 지역 완충지대가 되길 바란다. 더 나아가 현실주의자는 인도를 미국의 긴밀한 동맹국이자 중국을 견제하는 나라로 생각한다. 경제적 자유주의자는 인도를 국가지배 경제로부터 변화가 급속한 경제성장으로 이어지는 것을 제대로 보여주는 사례로 생각한다. 또한 경제적 자유의자는 매우 가난한 나라에서조차 어떻게 민주주의와 시장경제가 잘 작동하는지 잘 보여주는 모델이 인도라고 자신한다.

구조주의자는 인도의 경제성장에 관한 부풀린 과대선전을 낮춰서 보는 경향이 있으며, 신분제도와 착취가 여전히 대부분의 인도사람들을 심각한 빈곤 속에서 허덕이게 하고 있는 사실에 주목한다. 인도 전체의 약 2퍼센트를 고용하고 있는 화려한 IT부문은 특히 농촌과 도시 빈민가의 인구 대부분에 대해 나몰라 하고 있다. 다수의 슈퍼부자 사업가의 출현은 경제적 불평등의 확대를 의미한다. 이러한 격차의 상징적인 예가 개인 재산이 200억 달러가 넘는 것으로 추정되는 기업가 암바니Mukesh Ambani이다. 2010년에 완공된 뭄바이에 있는 그의 조화롭지 못한 27층짜리 저택에는 3개의 헬리콥터 발착장과 여러 층의 주차장이 있으며, 600명의 하인이 일하고 있다. 소설가 로이Arundhati Roy는 이 저택을 '낙수trickledown'경제, '분출gush-up'경제의 상징으로 본다. 이러한 경제에서는 "우리의 억만장자가 위치하고 있는 반짝반짝 빛나는 바늘 끝으로 경제적 부가 집중되며, 법원과 의회뿐만 아니라 언론매체와 같이 본연의 기능이 심각하게 축소된 민주주의 기구를 통해 엄청난 돈이 부자에게 몰린다."[25] 심지어 자유주의적인 인도 억만장자 닐에카니Nandan Nilekani조차 대규모 교육과 보건, 환경 실패 등과 함께 일부 이러한 문제를 인식하고 있다. 그러나 그는 최근의 책에서 영어사용, **인구배당**demographic dividend(많은 젊은 인구), 내재적 민주주의, 기술력 등을 이유로 인도의 글로벌 미래가 전도유망하다는 자신감을 피력했다.[26]

중국의 체제이행: 역설에 대한 분석

구조주의자의 공산혁명에 대한 미사여구에도 불구하고 지난 30년간 현대 중국은 제조업 강국 및 글로벌 경제의 주요 경제행위자가 되기 위한 방법으로 더욱더 자유주의 경제정책을 채택했다. 그러나 중국의 역동성은 중국 내 제한적인 사회적·정치적 자유로 인한 내부 긴장으로 인해 그 힘이 약화된다. 외교정책에 있어서 중국은 안보 및 경제전략과 관련하여 치밀하게 계산한 현실주의적 결정을 내리고 있지만, 자국이 과거 그 어느 때보다 더욱더 다른 나라의 성공과 협력에 의존하고 있음을 깨닫고 있다.

이 절은 중국의 발전과정에서 드러난 여러 모순에 관해 분석한다. 첫째, 중국의 지도자는 권위주의적 사회통제와 착취적 관행에 크게 의존하고 있는 상황에서 소비문화를 조성하기 위해 노력하고 있다. 둘째, 중국정부는 대체로 커다란 중상주의적 체제를 총괄하고 있지만 그럼에도 불구하고 글로벌 상호의존이 중국의 중상주의체제에게 연료를 공급한다. 마지막으로, 중국정부는 주요 강대국들과 협력관계를 구축하고 글로벌 규범을 받아들이고 있지만 동시에 서양 국제질서에 대해 도전하려고 한다. 최근 중국모델을 압박할 뿐만 아니라 중국의 국제무역관계를 흔들고 있는 글로벌 금융위기로 인해, 이러한 상반된 정책의 추구로 인해 야기되는 긴장이 더욱 고조되고 있다.

중국의 부상의 뿌리: 시장사회주의로의 전환

고전적 사회주의로부터 시장경제로의 체제전환은 1976년 마오쩌둥Mao Zedong이 사망하면서 시작되었다. 마오쩌둥은 갈수록 힘을 잃었던 공산당 일당지배를 거의 30년 동안 이끌었다. 지방 공업제품 생산을 위한 **인민공동체**people's communes로 시민을 조직하기 위한 시도였던 마오쩌둥의 대약진운동(1958~1960년)은 농업을 파괴하였으며, 수천만 명의 목숨을 앗아간 기근을 야기했다. 이어서 참혹한 문화혁명(1966~1976년)이 일어났다. 문화혁명 기간 동안 마오쩌둥은 당-국가 자체가 너무 지나치게 관료화 되었으며 혁명적 변화를 거부하고 있다고 주장하면서 중국인민들에게 당-국가 자체를 공격하라고 부추겼다. 1970년대 후반 중국경제는 불안정하였으며, 공산당의 정통성은 심각한 위험에 처했다.

마오쩌둥의 죽음은 권력투쟁을 촉발하였으며 결국 덩샤오핑(鄧小平)이 승리하였다. 덩샤오핑은 앞선 수십 년 동안의 소동을 겪은 후 이념만으로는 당-국가를 유지할 수 없다고 결론지었다. 1978년 덩샤오핑은 사회주의적 요소와 시장 및 사유재산의 역할을 결합한 경제개혁프로그램을 발표했다. 농촌의 집단농장은 해체되었고, 재배작물 선택에 있어서 농민의 자율성이 커졌을 뿐만 아니라 농민은 초과 생산한 작물을 자유시장에 내다팔 수 있게 되었다. 식량생산 및 농민의 소득이 증가하였으며, 민간 농촌기업의 성장을 자극했다. 동시에 덩샤오핑은 소위 '문호개방open door'을 제창했다. 국제무역 및 국제금융 장벽을 낮춤으로써 중국을 세계시장, 외국인 투자, 기술 노하우에 개방했다. 이러한 개혁에 따른 불가피한 결과는 사유재산권에 대한 인식의 확산이었다. 농민들은 1980년대 중반 무렵 (제한적으로) 땅을 팔 수 있는 권리를 획득했으며, 민간기업이 점차 합법화되었다.

구소련 공산권 국가들과는 다르게 중국공산당은 권력을 내려놓지 않았다. 경제개발을 촉진하는데 공산당이 중심적 역할을 하고 있기 때문에 중국의 체제전환은 고전적 사회주의에서 시장사회주의로의 전환으로 보는 것이 가장 정확하다.[27] 시장사회주의 체제 하에서 민간기업과 시장은 좀더 자유주의적 거시경제 환경을 즐길 수 있지만, 여전히 중국인들이 소위 '새장 속의 새'라고 하는 것을 유지하고 있다. 즉, 개별기업 수준과 산업정책 차원에서 국가가 여전히 강력하게 통제하고 있다.[28] 많은 국영기업들이 정부의 금융지원 덕분에 파산을 면하였다.

농촌지역으로부터 이주자들이 중국의 호황 경제의 중추인 수출지향 제조업체의 새로운 일자리 대부분을 채웠다. 중국 남동부 광동성은 최대 규모의 공업지대이다. 2007년 『더 애틀랜틱The Atlantic』특파원 팰로우스James Fallows는 진주강 삼각주의 한 지역이 전체 미국 제조업 부문보다 더 많은 공장 노동자를 고용하고 있다고 추정했다.[29] 중국은 값싼 어린이 장난감으로부터 컴퓨터 메인보드에 이르기까지 모든 것을 생산하고 있다. 한참 좋은 때에는 심천 항구도시 혼자 매 1초마다 20피트 길이의 표준 컨테이너 한 개씩의 속도로 이들 상품을 배에 실어 전 세계로 수출했다. 호황 수출경제의 결과는 대규모 경상수지 흑자였으며, 2008년에는 4,260억 달러에 이르렀다. 중국은 미국국채를 매입하고 달러와 유로화 외환보유고를 늘리는데 무역흑자를 사용하였다. 아울러 중국은 해외부동산 및 주식에 투자하였는데, 최근 중국은 아프리카 지역의 새로운 에너지, 광물, 인프라 사업 등에 수십억 달러를 쏟아 붓고 있다. 중국의 이러한 자산 축적은 미국의회 및 기타 국가의 의회와 긴장관계를 촉발하고 있는데, 이 문제는 다음 절에서 논의할 예정이다.

고속성장은 중국 인민과 공산당 지도부 사이에 긴장을 야기했다. 정부는 불만의 표출을 차단하기 위해 전력을 다했으며, 종종 경찰과 군대를 동원하였다. 이는 1989년 천안문광장에서 일어났던 민주화운동 시위대에 대한 무력진압과 1999년 파룬궁 종교운동의 탄압에서 입증되었다. 그러나 중국의 지도자들은 직접적인 억압 이외에 경제성장과 기본 사회서비스의 유지가 정치적 통제를 유지하는 열쇠라는 것을 잘 알고 있다.

2002년 당시 중국 최고지도자의 역할을 맡고 있던 후진타오(胡錦濤)는 절실한 고도성장과 소득불평등 감소 및 환경 보호 목표가 균형을 이루도록 하기 위한 일련의 정책을 추진하였다. 그러나 중국 정부관리들은 2007년과 2008년 중국을 강타한 글로벌 경제침체 때문에 GDP 8퍼센트의 성장률을 지키기 위해 고군분투해야 했다. 글로벌 금융체제 전반에 걸쳐 파급영향을 미친 미국부동산 위기 및 금융위기의 영향으로 인해 중국산 제품에 대한 수요가 감소하였다. 주강삼각주의 수많은 공장들이 폐쇄되었다. 광동을 비롯한 중국 전체 지역에서 약 2,000만 명의 공장 노동자들이 일하던 일자리가 사라졌고, 실직 노동자들을 위한 즉각적인 사회안전망은 사실상 거의 부재했다. 심지어 세계에서 가장 많이 유화 그림을 생산하는 광동의 다펜Dafen 마을조차 미국의 부동산 위기로

부터 타격을 입었다. 즉, 미국인들이 주택담보대출의 부도에 직면하고 새로운 주택건설이 중단되면서 대량생산 예술품 및 유명한 그림의 복제품에 대한 수요가 급감했다.

중국정부는 신속하게 대응했다. 시위대를 무력으로 진압하였으며 아울러 대규모 경기부양책을 통해 내수를 진작했다. 그러나 이러한 대응이 중국의 경상수지 흑자 규모가 2007년 무려 GDP의 10퍼센트에서 2011년 불과 3퍼센트로 급감하는 것을 막을 수는 없었다. 중국의 **교역조건**terms of trade이 — 즉, 수입가격 대비 수출가격의 비율이 — 악화된 이유 중 하나는 수입상품의 가격 및 원자재 가격이 상승했기 때문이었다. 아울러 중국의 임금상승과 중국화폐의 일정정도 평가절상 역시 중국상품의 세계시장에서의 경쟁력을 상대적으로 약화시켰다.

글로벌 경기침체에 따른 경제적 불확실성 때문에 중국의 발전전략에서 발생한 모순의 완화에 착수했다. 중국정부는 중국 자체 소비문화를 육성하고 국내소비를 진작해야만 한다. 즉, 이러한 과제는 정치적 통제를 유지하고 사회변혁을 실행하는 노력과 절묘하게 균형을 이뤄야 한다. 중국은 또한 중상주의적 현실주의 포부와 글로벌 경제적 상호의존에 대한 인식 사이에서 균형을 찾아야 한다. 동시에 중국은 중국 스스로가 강대국이 되는 것을 가로막는 것으로 여기는 글로벌 규범과 제도에 적응해야만 한다. 우리는 이어서 이러한 모순들 각각에 대해 살펴볼 것이다.

모순 I : 억압정책에도 불구하고 소비자 사회를 육성

중국이 글로벌 경기침체 동안 깨달은 바와 같이, 수출에 크게 의존하는 것은 심각한 위험을 가지고 있다. 최소한도의 성장을 유지한다는 중국의 장기 과제는 무역에 있어서 강점을 유지하는 것만큼이나 내수를 확대하는 일이다.

중국정부는 내수시장의 성장을 촉진하는 것에 관심이 많다. 왜냐하면 더 많은 중국 상품을 중국 내에서 판매한다면 좀 더 안정적이고 신뢰할 수 있는 경제모델을 가질 수 있을 것이기 때문이다. 그러나 이의 실현을 위해서는 수많은 장애물을 극복해야만 한다. 애초에 광동 및 기타 생산지역의 공장들 대부분은 중국인 대부분이 구매할 수 없거나 원하지 않는 제품을 생산하도록 설계되었다. 국내에서 생산된 제품의 소비로 변화를 모색하기 위해서는 수출경제의 생산 및 물류 인프라의 조정이 요구되며 이에는 많은 비용이 요구된다.

수출주도 성장에는 사회적 습관과 문화가 배어 있다. 즉 여러 가지 중에서도 무엇보다 온건한 개인적 소비가 가장 중요하다. 30년 동안의 성장에도 불구하고 중국의 소비자는 서양소비자에 비해 상대적으로 소비는 적게 하고 저축을 훨씬 더 많이 한다. 민간 컨설팅회사 맥킨지의 연구는 중국의 가구는 평균적으로 자유재량소득의 25퍼센트를 저축하는데 이는 미국 가구의 평균 저축률에 비해 거의 5배에 이르는 수준이라고 주장한다.[30]

그럼에도 불구하고 중국의 대도시에서는 소비가 급격하게 늘어나고 있다. 1990년대 후반 중국에는 전국적으로 쇼핑몰이 몇 개 없었다. 오늘날에는 전국적으로 수백 개의 쇼핑몰이 존재하며,

대다수 중국 소비자들은 엄두도 낼 수 없는 고급 서양브랜드 제품이 외국에서와 마찬가지로 비싼 가격표를 달고 진열되어있다. 2012년 중반 기준으로 중국에는 스타벅스 매장이 570개 있고, 10만 명의 '일반 직원associate'을 고용하고 있는 월마트 초대형매장이 336개 있는데, 이는 중산층의 소득이 늘어났음을 말해준다. 『중국의 꿈The Chinese Dream』의 저자 왕Helen Wang에 따르면 약 3억 명의 중국인들이 중산층으로 추정되며, 이들 대부분은 중국 동부 및 남부해안에 인접한 대도시에 살고 있다.[31]

소비문화를 발전시키기 위한 노력은 역설적으로 중국공산당의 미사여구와 정책에서 여러 가지 방법으로 추적될 수 있다. 더욱 저렴한 기본적인 사회서비스를 제공하는 것은 장기적으로는 더 큰 국내지출을 선동하는 중국식 방식일 수 있다. 2009년 초 중국정부는 재정확대를 통한 적극적인 경기부양책과 함께 인구의 90퍼센트에 의료서비스를 제공하는 정부지원 진료소 및 병원 네트워크를 구축하기 위해 3년 간 1,250억 달러를 지출할 것이라고 발표했다.

2008년 말 중국은 글로벌 경기침체의 최악의 효과 억제 및 인프라 확대를 목적으로 4조 위안(5,000억 달러 이상) 이상 규모의 경기부양책을 발표했다. 중국은 앞서 1997년 아시아 금융위기 이후 이 전략을 채택했었다. 최근의 경기부양책은 효과가 있었던 것 같다. 2009년에서 2011년까지 9퍼센트를 상회하는 성장률을 기록했다. 그러나 성장률이 2012년 7.8퍼센트로 둔화되고 시중에 풀린 돈이 인플레이션을 자극하면서 문제가 나타나기 시작했다. 이미 많은 부실채권을 떠안고 있던 국유은행들은 위험한 대출자들에게 계속 더 많은 돈을

빌려주었으며, 이는 주택시장의 거품을 초래했다.

이러한 문제에도 불구하고 경제학자 수브라마니안Arvind Subramanian은 2000년대 초부터 중국의 일반 시민들이 소비 증가를 즐기고 있다고 지적한다. 그는 중국의 경제전환이 중단되기 어렵다는 것에 대해 추호도 의심하지 않는다. 기존의 데이터 추세에 따르면 2030년에 이르러 중국은 아마도 세계경제 대국이 될 것이다. 그는 "미국 대신 중국에 의한 세계 경제지배가 더욱 임박하였으며(어쩌면 이미 시작되었으며), 더욱 광범위한 요소에 기반하고 있으며(부, 무역, 외부금융, 통화 등을 포함), 향후 20년 동안에 제국의 태평성대 시절 영국의 경제지배만큼 또는 제2차 세계대전 이후 미국의 경제지배만큼 확대될 것"이라고 예측한다.[32]

반면 구조주의자는 중산층이 농촌인구의 희생 덕분에 성장했음을 지적한다. 중국정부는 도시 발전을 위해 의도적으로 농민을 착취했으며, 그 결과 중국의 해안지역과 내륙지역 사이 사회적·경제적 격차를 확대시켰다. 농촌지역에 무척 역진적인 세제를 부과하였으며, 이것 이외에도 중국정부는 1990년대 초반 이후부터 전혀 보상 없이 4,000만 명의 농민의 땅을 빼앗았다. 2억 명 이상의 농민들이 도시에서 일자리를 찾기 위해 농촌을 떠났다. 이들 '유동인구floating population'는 사실상 자국 내 불법이주자이며, 도시 주민에게 제공되는 많은 사회서비스의 혜택을 받지 못하고 있고, 흔히 법의 보호를 받지 못한 채 고용주에 의해 착취당하고 있다.[33] 세계경제 침체로 인해 광동을 비롯한 중국내 여러 지역의 경제성장이 둔화되면서 2009년 중국은 해고노동자, 정부에게 땅을 회수당한 사람, 일터에서 다양한 불만을 가진 직원들이 일으킨 수만 건의 크고 작은 시위를 경험하였다. 티베트 소수민족의 대대적인 시위와 중국 서부지역에서 발생한 무슬림 위구르족과 한족 간의 충돌 등 민족적 갈등이 격렬하게 분출되고 있다.

또한 구조주의자는 폐질환, 중독, 오염 제품, 수질오염, 산업재해 등의 확산에서 알 수 있듯이 맹목적으로 산업화를 추구하는 중국공산당이 중국 인민의 건강과 안전을 고려하지 않고 있다고 주장한다. 세계에서 공기 오염이 가장 심한 대도시의 4분의 3이 중국에 있으며, 중국 하천의 70퍼센트가 심각하게 오염되어있다. 중국환경보호부는 2010년 한 해에만 오염과 환경파괴로 인한 중국경제의 피해 액수가 2,300억 달러에 — 즉 중국 GDP의 3.5퍼센트에 해당 — 이른다고 추산하였다.[34] 그리고 초음파 및 낙태의 허용과 한 자녀 정책의 결합은 중국 가정의 부부들에게 딸보다 아들이 더 많다는 것을 의미하며, 그러한 남녀성비 불균형은 중국인구 15세 이하 여자 100명 당 남자 120명이라는 심각한 상황에 이르렀다. 남초여빈 현상은 범죄, 보건, 사회 안정 등에 매주 중요한 부정적인 결과를 초래할 것이다.

2008년 올림픽 기간 동안 국제언론보도를 통제하기 위한 천안문광장에서의 군사행동에서 나타났듯이 중국은 공공담론에 대한 엄격한 통제를 유지하고 복종을 유지하는데 필요한 경우 강제력을 행사하였던 악명 높은 기록을 가지고 있다. 중국정부는 광범위하게 인터넷 접속을 제한하고 있으며, 미디어를 검열하고, 휴대전화를 감청하고 있다. 중국이 직면한 딜레마는 미디어 접근에 대한 대대적이고 직접적인 통제가 갈수록 점점 더 교육받은 중산층의 가치와 욕구와 어긋난다는 점이다. 2009년 말 국무원은 정부가 덜 직접적으로 관리하고 좀 더 민간회사들이 참여하는 뉴스 및 오락 회사의 개발에 수십억 달러를 투자한다는 계획을 발표했다. 그러나 자사의 인터넷 검색엔진에 대한 중국 당국의 검열 요구에 직면하게 된 구글은 2010년 중국대륙으로부터 철수하였으며 사용자로 하여금 홍콩에 있는 서버를 통해 검색엔진을 사용하도록 했다.

수십 년 동안의 경제개혁에도 불구하고 정치개혁은 큰 진척이 없었다. 사실 공산당은 경제성장을 유지하도록 하는 공산당 능력과 정치권력을 유지하는 공산당의 능력이 직접적으로 연결되어 있다고 생각한다. 이러한 조건은 국제정치경제 이론에 중요한 질문을 제기한다. 경제적 자유주의는 정치적 자유주의 및 표현의 자유에 의존하는가? 대중소비문화의 발달 및 광범위한 불평등의 확산과 정보통제, 단일정당에 의한 장기집권이 양립할 수 있을까? 2012년 11월 전국대표회의에서 중국 공산당은 후진타오의 후임으로 시진핑Xi Jinping을 당 총서기로 선출했다. 중국 일반대중은 향후 10년 동안 중국의 주석이 될 시진핑의 선출과정에서 아무런 역할도 하지 못하였으며, 다른 한편 공산당은 군부, 마오주의자, 개혁주의자 등 당내 파벌 간 내분을 겪고 있다. 누가 권력을 차지하든 권력을 차지한 사람은 끊임없이 커지고 있는 중산층의 이해관계를 무시해야 하는 쉽지 않은 어려운 시간에 부딪치게 될 것이다. 예를 들면, 2012년 봄 퓨리서치센터의 글로벌 태도 프로젝트의 조사에 따르면 중국 응답자의 절반은 부패한 관리가 큰 문제라고 생각하였고, 5명 중 4명꼴로 "부자는 더욱 부자가 되고 있고, 가난한 사람은 더욱 가난해지고 있다"는 부익부 빈익빈 주장에 동의하였다.[35]

모순 II : 글로벌 상호의존에 기초하여 작동하는 중상주의

또 다른 주요 질문으로는 다음과 같은 질문들이 있다. 즉, 중국은 글로벌 상호의존에 직면하고 있는 상황에서 얼마나 오랫동안 중상주의적 민족주의적 강대국처럼 행동할 수 있을까? 중국은 국제제도에 내재되어 있는 경제적 자유주의 규범을 준수한다는 약속을 유지하면서 동시에 통화조작에 개입하고, 다국적기업의 지적재산권을 침해하고, 군사력을 강화할 수 있을까? 중국의 중상주의정책과 무역결정은 수출시장에 대한 중국의 의존과 긴밀하게 연결되어 있다. 그리고 제한당하고 있다.

많은 서양학자와 정치인들은 인위적으로 위안화 가치를 낮게 유지하고, 수출보조금을 제공하고, 해외시장에 중국상품을 덤핑하는 등 중국의 부당한 행위를 비난한다. 그들은 중국의 이러한 중상주의적 현실주의정책을 미국, 유럽, 일본의 경제이익 및 안보이익에 대한 전략적 위협으로 생각한다. 또한 경제적 부의 증가 덕분에 중국은 환태평양지역 국제문제에 있어서 미국에 대한 잠재적 균형추로 떠오르고 있다. 미국이 자유와 민주주의 가치를 확산하기 위해 글로벌 초강대국의 지위를 사용해야만 한다고 굳게 믿는 신보수주의자들은 이러한 현실상황에 대해 우려한다.

현실주의자들은 자유시장 이론가에 비해 중국에 대해 훨씬 덜 낙관적인 견해를 갖고 있다. 그들은 중국의 군사현대화가 전 세계적으로 미국의 군사패권을 위협하게 될 것이라고 우려한다. 공산품의 '중국 가격'은 섬유, 전자, 녹색기술 등 선진국의 주요산업을 약화 내지 파괴하고 있으며, 이는 좋은 일자리의 대규모 손실을 초래하고 있으며 잠재적 전쟁에 선진국들을 더욱 취약하게 만들고 있다. 프레스토비츠Clyde Prestowitz는 명시적 산업정책, 선택적 보호주의, 교육과 R&D에 대한 더 많은 투자 등 중국의 불공정무역에 미국이 적극적으로 대응하지 않는 한 중상주의 강대국으로서 중국은 미국의 경제적 우위를 위협하고 생활수준을 악화시킬 것이라고 생각한다.[36] 정치경제학자 시소스Derek Scissors는 다수의 가격통제, 국유기업, 외국인투자에 대한 규제 등에서 명백하게 볼 수 있듯이 중국에서는 국가의 보이는 손이 여전히 매우 중요하다고 경고한다.[37]

칼럼니스트 프리드먼Thomas Friedman은 중국과 미국과의 관계를 '중국 저축자 및 생산자와 미국 지출자 및 채무자 사이의 사실상 동반자 관계'라고 말한다.[38] 역사학자 퍼거슨Niall Ferguson과 슐래릭Moritz Schularick은 이러한 현상을 설명하는데 **'차이메리카Chimerica'**라는 신조어를 만들어냈다. 즉, 중국은 미국인이 갈망하는 저렴한 제품을 생산할 뿐만 아니라 중국의 개인 저축문화가 은행의 잔고를 늘어나게 하며, 이 돈이 미국의 차입 부채 문화를 실질적으로 자금 지원하고 있다.[39] 이러한 동반자 관계 및 전 세계 다른 나라로 수출한 결과, 중국은행은 엄청난 외환보유고를 유지하고 있다. 즉, 2012년 말 기준으로 3조 3,000억 달러에 이른다. 2013년 초 기준으로 중국은 전 세계 외국 국가들이 보유하고 있는 미국국채의 5분의 1 이상을 — 1조 2,000억 달러 이상의 가치 — 소유하고 있으며, 중국이 미국의 최대 채권국이다. 그럼에도 불구하고 중국은 달러가치를 떨어뜨리기 위한 이러한 자산의 급속한 매각이 중국 자신의 경제 및 금융재산에 감당할 수 없는 수준의 엄청난 부정적 영향을 미칠 것이라는 점을 잘 알고 있다.

심지어 『파이낸셜타임즈Financial Times』의 기자였던 존퀴레스Guy de Jonquières는 "일반적으로 중국은 전략적 지정학적 이점을 확보하는데 그 돈을 사용하기보다는 안전하고 좋은 수익률 달성에 분명히 더 많은 관심이 있는, 망설이는 대출자의 태도를 보여 왔다"고 주장한다.[40]

중국은 최근 서구열강의 압력을 차단하는데 별로 관심이 없다. 글로벌 경기침체가 시작된 이후 중국은 일부 쟁점에 있어서 좀 더 공격적인 입장을 견지하고 있다. 이는 미국과 유럽연합의 금융문제로 인해 중국이 자국의 경제모델이 더 우수하다고 확신하였음을 암시한다. 예를 들어 이러한 자신감이 2007년에서 2010년 사이 겨우 15퍼센트에 그치는 수준으로 위안화의 평가절상을 늑장부리도록 민족주의자들을 대담하게 만들었다. 좀 더 강력한 경우로 2010년 중국은 가전제품과 하이브리드 자동차, 군사장비에 사용되는 희토류 금속의 수출을 일시적으로 중단하여 많은 나라들을 충격에 빠트렸다 (제3장 글상자 3.2 '희토류를 둘러싼 투쟁' 참조). 전 세계적으로 희토류 생산을 거의 독점하고 있는 중국은 희토류의 가격을 급격하게 올리고 다른 나라들에게 광산을 개발하라고 압력을 가했다. 일부는 이러한 중국의 움직임을 희토류 금속을 손에 넣기 위해서는 중국으로 공장을 옮기라고 해외업체들에게 압력을 가하는 것으로 해석한다. 현실주의자들 입장에서는 이러한 에피소드가 주는 교훈은 중국이 앞으로 세계무역 규칙을 따를 것인지 신뢰할 수 없다는 것이다.

또한 형편없는 품질관리 및 규제 결여에 대한 우려가 있다. 서양세계 소비자들은 때때로 납에 오염된 장난감, 부패한 애완동물사료, 가짜 의약품, 썩은 석고보드, 심지어 법으로 금지된 항생제가 들어있는 꿀 등 위험한 중국산 제품을 구매하고 있다. 중국은 전기 생산의 대부분을 석탄을 사용하는 화력발전소에 의존하고 있는 상황으로, 미국 서부해안 지역의 수은, 오존, 미세먼지 오염의 20~30퍼센트는 중국에서 직접 날아온 것으로 추정된다.

억압적인 정치체제와 인권 관행을 가진 중국의 강대국으로 부상 전망에 대해 많은 현실주의자들이 우려를 하고 있다. 어느 한 국가의 국내정치 상황이 그 나라의 외교정책을 형성한다고 전제하는 현실주의자들은 더욱 자신감을 갖게 된 권위주의 국가 중국이 자연히 더욱 단호한 태도를 취하게 될 것이라고 주장한다. 중국이 주권을 주장하는 독립국가인 대만 등 몇몇 위험한 인화점을 포함하고 있는 아시아의 전략적 상황이 또 다른 두려움을 갖게 한다. 현실주의 정치학자 미어샤이머John Mearsheimer는 중국이 필연적으로 더욱 공격적이 될 것이고 지역 패권을 추구할 것이기에 미국이 중국의 부상을 지연시켜야 한다고 강력히 주장했다.[41] 더 강한 중국은 분쟁을 군사적으로 해결할 수 있는 더 큰 능력을 갖게 될 것이다. 예를 들면, 남중국해에서 중국은 필리핀과 베트남, 말레이시아와 매우 가까운 곳에 위치한 섬들과 영해에 대해 주변국의 의사 따위는 개의치 않고 일방적으로 자국의 영토라고 주장해왔다.

그리고 중국정부가 무슬림 소수민족 및 티베트족의 권리를 인정하지 않는 것과 국외적으로 수단과 북한 등 세계 최악의 인권침해 국가들과 관계를 확대하는 것은 일맥상통한다. 유엔안전보장이사회에서 중국은 다르푸르 지역 인종학살에 대한 혐의를 받고 있는 수단정부와 비밀 핵개발 프로그램을 갖고 있는 혐의를 받고 있는 이란에 대해 외교적 지지를 보내왔다. 수단과 이란 두 나라 모두 중국에 석유를 수출하고 있다.

모순 III : 글로벌 규범과 제도에 순응 (한편으로는 규범과 제도의 변경을 추구)

우리가 살펴볼 마지막 모순은 일정부분 두 번째 모순과 정반대이다. 질문으로 표현하면 이는 다음과 같다. 즉, 중국이 글로벌 강대국이 되고 있는 상황에서 여전히 자유주의 제도의 규칙과 글로벌 거버넌스의 규범을 준수하면서 다른 한편으로는 중국 자신의 규범을 확산시킬 수 있을까? 경제적 자유주의 학자들과 일부 다른 사람들은 우리가 중국을 두려워하지 말아야한다고 주장한다. 오히려 우리는 중국의 성장이 세계 나머지 다른 나라들에게 좋으며 국제협력을 강화시킬 가능성이 크다는 것을 인식해야만 한다고 주장한다. 그들은 발전의 사다리를 올라가는데 있어서 중국의 성공을 자유시장과 자유무역체제가 고속성장과 상호의존성을 낳는다는 자신들의 주장을 입증하는 사례로 생각한다. 중국이 제조업에서 비교우위를 찾고 있으며, 선진경제는 싼 제품의 혜택을 누리고 있다. 더 나아가 팰로우스James Fallows에 따르면 미국이 이익이 낮은 제조업을 잃게 되더라도 미국의 회사들은 여전히 제품 디자인, 상표, 소매, 판매 후 서비스 등의 관리를 통해 큰 이익을 얻고 있다.[42]

정치학자 베클리Michael Beckley는 중국의 경제성장이 반드시 미국의 쇠퇴를 의미한다는 서브래매니언Arvind Subramanian 및 많은 현실주의자들의 논지에 반대한다. 베클리는 미국이 부, 혁신, 군사능력 등의 분야에서 중국에 비해 앞서고 있음을 보여주는 경험적 증거를 제시한다.[43] 예를 들면,

1992년에서 2011년까지 20년 동안 미국의 일인당 GDP(구매력 기준)는 2만 5,000달러에서 4만 8,000달러로 늘어난 반면에 중국은 1,000달러에서 8,000달러로 증가했다. 미국과 중국 두 나라 모두 부가 늘어났지만 실질적으로 두 나라 간의 절대적 부의 격차는 더욱 커졌다.[44]

무엇보다, 중국의 왕성한 원자재 수요는 석유, 철광석, 알루미늄, 구리, 경작지 등이 풍부한 국가에 경제적 호황을 불러일으켰다. 아프리카가 가장 큰 혜택을 보았다. 즉, 현재 중국은 미국 다음으로 아프리카대륙의 두 번째로 큰 무역 대상국이다. 적어도 2000년 이후 중국은 아프리카대륙의 천연자원과 시장에 대한 접근에 대한 대가로 원조, 차관, 채무변제 등을 통해 수십억 달러를 약속했다. 2012년 중국은 아프리카국가들에게 향후 3년 동안 200억 달러 규모의 차관을 약속했다. 중국은 또한 도로, 댐, 병원 등을 싸게 건설해주었다. 비판자들은 중국의 이러한 아프리카 개입이 이 지역에 불안정을 야기하고 이 지역 제조업을 약화시킨다고 생각한다. 그러나 국제개발학자 브로티갬Deborah Brautigam에 따르면 중국을 아프리카대륙을 무자비하게 착취하는 '불량 기부자'로 해석해서는 안 된다.[45] 오히려 중국은 아프리카 국가들과 '윈-윈' 관계를 가지고 있다. 정치적, 경제적 부대조건을 많이 붙이지 않은 원조 및 투자가 천연자원과 건설부문에서 더 많은 사업 기회를 창출한다. 그녀는 중국은 기업의 사회적 책임과 환경 관리 등과 같은 문제에 있어서 서양세계 기부자 및 다국적기업에 비해 일반적으로 더 나쁘지는 않다는 점을 강조한다. 민주주의와 노동자의 권리에 대한 중국의 강조 결여는 단순히 성장과 집단적 희생에 대한 국내 우선순위뿐 아니라 다른 나라에 대한 내정불간섭의 신념을 반영한다.

궁극적으로 글로벌 경제의 상호의존성의 현실은 중국이 자국의 이익을 추구하는데 경솔하고 사악한 행동을 할 수 있는 힘을 제한한다. 세계의 나머지 부분과 깊은 상호관계는 다짜고짜 현실주의-중상주의 의제를 실행할 수 있는 중국의 능력을 약화시킨다. 실제로 중국지도자들은 외교에서 실용주의적 태도를 보여주었다. 적절한 예가 있다. 중국은 실제로 세계가 글로벌 금융위기에서 벗어나도록 도와주었다. 구성주의 관점을 채택하고 있는 학자인 풋Rosemary Foot과 월터Andrew Walter는 대부분의 경우 중국이 창출에 어떤 역할도 하지 않은 많은 글로벌 규범과 제도를 준수하는 방향으로 크게 이동했다고 주장한다.[46] 중국은 크게 보아 핵확산금지, 기후변화 완화, 무역과 금융에 대한 규제 등과 같은 쟁점사안과 관련하여 세계 주류의 입장을 따르고 있다. 풋과 월터는 중국이 환율조작을 금지하는 규칙을 따르지 않고 있으며, 인권향상과 민주주의 증진을 위한 행동을 취하지 않고 있음을 인정한다. 그럼에도 불구하고 풋과 월터는 중국이 일반적으로 글로벌 질서를 따르고 있다고 해석한다. "중국이 거의 영향을 미치지 못하고 있는 글로벌 기관들이 만든 규범과 규칙, 표준절차에 대한 중국의 수용은 사실 놀라울 정도이다."[47]

마찬가지로 많은 진보주의자들은 중국의 부가 세계무역기구WTO, UN, G20 등과 같은 글로벌 거버넌스 기관을 튼튼하게 강화시켜준다고 생각한다. 이러한 시각에서는 중국이 선진국의 컨센서스를 받아들이는 것이지, 선진국이 '베이징 컨센서스'에 굴복하는 것은 아니다. 정치학자 도드니Daniel Deudney 및 아이켄베리G. John Ikenberry는 중국과 러시아 같은 자본주의 독재체제는 궁극적으로 정치적 자유화의 압력을 억누를 수 없을 것이라고 주장한다.[48] 아이켄베리는 개방, 자유시장, 민주주의, 다자주의, 규칙 기반 행동 등의 준수에 기반하는 강력한 글로벌 질서가 존재한다고 강조한다. 중국이 세계적으로 동맹국이 거의 없다는 점을 감안할 때, 이러한 원칙을 파괴하기 위한 일체의 행위는 강력한 저항에 직면하고 중국은 많은 대가를 치러야 할 것이다. 따라서 아이켄베리는 "중국 및 다른 신흥강국들이 자유주의적 국제질서의 기본 규칙과 원칙에 이의를 제기하기를 원치 않는다. 이들 국가는 자유주의적 국제질서 안에서 더 많은 권력과 리더십을 획득하고 싶어 한다"고 결론짓는다.[49]

안보 영역에서, 미 국방부는 중국이 미국이나 중국의 주변국과 군사적 대결의 위험을 기꺼이 감수할 용의가 있다는 근거를 거의 알지 못한다.[50] 대만의 독립을 저지하고 대만해협에서의 군사적 충돌에서 승리 등과 같은 중국의 주요 군사적 관심사는 그다지 타국에 대한 공격에 있지 않다. 중국의 군사 현대화는 바다건너 해외로 군사력의 신속한 투사가 아니라 중국의 즉각적인 주변지역의 잠재적 위협에 대한 대응에 초점을 맞추고 있다. 더 나아가 미국은 군사기술이 엄청나게 앞서 있기 때문에 중국의 군사력 재건 노력에도 불구하고 여전히 향후 여러 해 동안 계속 지배적 우위를 유지할 것이다.

글로벌 상호의존과 글로벌 규범에 대해 중국이 어떤 식으로 적응하든 관계없이 우리는 세계의 다른 경쟁국들이 중국에 대응하는 방식만큼이나 중국 내부의 변화가 중국의 미래를 결정지을 것임을 확신할 수 있다.

결론

대부분의 국제정치경제 학자들은 본 장에서 우리가 논의한 국가들이 글로벌 경제를 새롭게 재편하고 있으며 가까운 장래에 더 큰 역할을 하게 될 것이라는 점에 동의한다. 그러나 학자들은 종종 이들 국가의 역할이 정확히 무엇인지 그리고 이들 국가가 좀 더 안전하고 평등한 세계를 만들 수 있을지의 여부를 둘러싸고 의견을 달리한다. 일반적으로 말해 일부 국제정치경제 이론가들은 이들 야심 많은 강대국들의 부상에 대해 우려하고 있는 한편, 또 다른 국제정치경제 이론가들은 이들 국가의 성공을 세계화가 가져다주는 상호이익을 위한 토대를 놓는 것으로 생각한다.

브릭스BRICS 국가 각각은 글로벌 틈새시장을 찾았다. 서비스 지향 성장모델 때문에 인도는 세계의 '배후 부서backoffice'로 묘사된다. 대규모 외국인직접투자의 유입과 상대적으로 개방적인 무역체제 때문에 중국은 세계의 '생산공장workshop'으로 알려져 있다. 러시아는 에너지 주요 생산국이며 많은 핵무기를 가진 대륙세력이다. 브라질은 식량과 천연자원을 대규모로 수출하는 나라가 되었다. 브라질은 결코 완전한 국가통제를 경험하지 않았으며 상대적으로 효율적인 민주적 통치와 다양한 경제적 기반으로부터 혜택을 얻었다.

이들 신흥강대국이 각자 나름의 독특한 시장지향 개혁을 추진하기 시작한 것은 겨우 1980년대 및 1990년대부터이다. 그 과정에서 브라질은 부채와 빈부격차 문제에 직면하였다. 러시아는 산업 공동화 및 다양한 사회적 병폐에 시달리게 되고, 일종의 지대추구국가rentier state로 바뀌었다. 인도는 여전히 길거리에서 많은 가난한 사람들을 볼

5657

수 있다. 중국은 권위주의체제를 바꿀 수 없다.

그럼에도 불구하고 중국은 1970년대 후반 이후 계속해서 다른 나라들에 비해 훨씬 월등한 성과를 보여주고 있다. 인도에 비해 중국은 좀 더 교육 및 문맹퇴치운동에 힘을 쏟아 부었다. 브라질의 경우에 비해 중국의 농촌개혁은 좀 더 철저하고 즉각적이었다. 민주적이고 다원적인 인도와 브라질의 경우에 비해 중국의 공산당은 하향식 경제개발에 더 많은 영향을 미칠 수 있었다. 중국은 러시아의 충격요법 및 자원의 저주를 피할 수 있었

다. 비록 권위주의와 소비주의, 기업가 정신과 국가개입의 역설적인 결합이 향후 파탄이 나게 될지도 모르지만, 중국은 글로벌 책임을 떠맡을 가장 중요한 나라 중 하나가 될 가능성이 높다. 이들 국가가 각자 가고 있는 경로가 무엇이든 이들 국가의 지도자는 앞으로도 계속해서 자유와 평등, 보호에 대한 요구에, 즉 1917년 러시아혁명 직전 또는 냉전의 종식 무렵처럼 오늘날 압박을 가하는 요구에 직면할 것이다.

주요 용어

교역조건(terms of trade) 370
국가대표기업(national champions) 356
글라스노스트(*glasnost*, 개방) 351
녹색혁명(Green Revolution) 363
민영화(privatization) 351
볼사 파밀리아(Bolsa Família, 빈곤학생 교육지원

프로그램) 359
시장사회주의(market socialism) 350
시장화(marketization, 자유주의 시장경제로의 이행) 351
신흥경제(emerging economies) 357
실로비키(*siloviki*, 새로운 실력자) 355
올리가르히(oligarchs, 러시아판

신흥재벌) 355
인구배당(demographic dividend) 368
정실자본주의(crony capitalism) 354
차이메리카(Chimerica) 374
페레스트로이카(*perestroika*, 구조개혁) 351

토론주제

1. 중국의 개혁 경험은 러시아, 브라질, 인도의 개혁 경험과 어떻게 다른가? 중국은 정치체제의 급격한 개혁 없이 시장을 개혁하는 것을 목표로 삼고 있다. 국가의 변화 없이 시장을 급격하게 변화시키는 것이 가능한가? 설명해 보시오.
2. 세 가지 핵심 국제정치경제 이론들 중 어떤 이

론이 이들 국가 각각의 발전모델이 갖는 역설과 모순을 가장 잘 설명하는가? 왜 그런가?
3. 많은 점에서 중국과 인도는 정반대의 모델 하에서 발전을 추구하고 있는 것으로 보인다. 인도는 튼튼한 민주주의와 함께 서비스산업에 초점을 맞추고 있으며, 중국은 강력한 중앙정부와

함께 수출지향 제조업을 강조하고 있다. 중국과 인도 각각의 발전 모델이 갖는 유사점과 차이점은 무엇인가?

4. 국가의 개입이 어떤 식으로 특히 브라질과 인도 등 신흥강국의 부상을 촉진하거나 저해하는가?

5. 여러분 자신의 옷, 전자제품, 가정물품 등의 'Made in …' 상표를 확인해 보시오. 이러한 상표는 글로벌 상품제조에 있어서 신흥강국의 역할에 대해 무엇을 얘기하는가?

추천문헌

Anders Aslund. *How Capitalism Was Built: The Transformation of Central and Eastern Europe, Russia, and Central Asia*. Cambridge: Cambridge University Press, 2007.

Ivan Berend. *From the Soviet Bloc to the European Union*. Cambridge: Cambridge University Press, 2009.

Andrew Nathan and Andrew Scobell. *China's Search for Security*. New York: Columbia University Press, 2012.

Nandan Nilekani. *Imagining India: The Idea of a Renewed Nation*. New York: Penguin, 2009.

Thomas Skidmore. *Brazil: Five Centuries of Change*. Oxford: Oxford University Press, 2010.

Hugh White. *The China Choice: Why America Should Share Power*. Collingwood, Vic.: Black Inc., 2012.

주

1) 다음을 참조하라. Janos Kornai, *The Socialist System: The Political Economy of Communism* (Princeton, NJ: Princeton University Press, 1992).

2) EBRD, *Transition Report 2008: Growth in Transition* (Foreword), November 2008, http://www.ebrd.com/downloads/research/transition/TR08.pdf.

3) EBRD, *Transition Report 2011: Crisis and Transition: The People's Perspective*, November 2011, http://www.ebrd.com/downloads/research/transition/tr11.pdf; *Life in Transition: After the Crisis*, June 2011, http://www.ebrd.com/downloads/research/surveys/LiTS2e_web.pdf.

4) Ivan Berend, *From the Soviet Bloc to the European Union* (Cambridge: Cambridge University Press, 2009), 특히 제3장.

5) International Labor Organization, *Global Employment Trends-Update*, May 2009, http://www.ilo.org/empelm/pubs/WCMS_114102/lang-en/index.htm; International Labor Organization, *Global Employment Trends 2013*, http://www.ilo.org/global/research/global-reports/global-employment-trends/2013/WCMS_202326/lang-en/index.htm.

6) 다음을 참조하라. Freedom House, "2012 Nations in Transit Data," at http://www.freedomhouse.org/report-types/nations-transit.

7) M. Steven Fish, *Democracy Derailed in Russia: The Failure of Open Politics* (Cambridge: Cambridge University Press, 2005).

8) World Health Organization, *World Health Statistics 2012*, at http://www.who.int/gho/publications/world_health_statistics/EN_WHS2012_Full.pdf.

9) Nicholas Eberstadt, "The Dying Bear: Russia's Demographic Disaster," *Foreign Affairs* 90:6 (November/December 2011): 95–108.

10) Andrew Kuchins and Anders Aslund, *The Russia*

Balance Sheet (Washington, DC: Peterson Institute for International Economics, 2009), 특히 제8장.

11) Nouriel Roubini, "BRICKbats for the Russian Bear," *The Globe and Mail* (Canada), October 16, 2009.

12) 램프레이아의 성명서의 전문은 다음에서 찾아볼 수 있다. http://www.wto.org/english/thewto_e/minist_e/min99_e/english/state_e/state_e.htm.

13) 룰라 시절 브라질의 경제적 사회적 성취에 관한 논의는 다음을 참조하라. Albert Fishlow, *Starting over: Brazil since 1985* (Washington, D.C.: Brookings Institution Press, 2011).

14) Riordan Roett, "Toodle-oo, Lula: Brazil Looks Forward with Dilma," *Current History* 110:733 (February 2011), pp. 43–48.

15) Rachel Glickhouse, "Supersized Brazil: Obesity a Growing Health Threat," *The Christian Science Monitor* (blog), at http://www.csmonitor.com/World/Americas/Latin-America-Monitor/2012/0730/Supersized-Brazil-Obesity-a-growing-health-threat.

16) Paul Brass, *The Politics of India since Independence*, 2nd ed. (Cambridge: Cambridge University Press, 1997), p. 273.

17) 신생 독립 인도의 경제사에 있어서 다른 중요한 사건들에 대한 분석에 관해서는 다음을 참조하라. Arvind Panagariya, *India: The Emerging Giant* (Oxford: Oxford University Press, 2008).

18) Brass, *The Politics of India since Independence*, p. 275.

19) V. N. Balasubramanyam, *The Economy of India* (London: Weidenfeld and Nicolson, 1984), p. 43.

20) Panagariya, *India*, p. 83.

21) P. Sainath, quoted in *Every Thirty Minutes: Farmer Suicides, Human Rights, and the Agrarian Crisis in India* (New York, NY: Center for Human Rights and Global Justice, 2011), at http://www.chrgj.org/publications/docs/every30min.pdf.

22) Mark Magnier, "India's Power Outage Puts Its Superpower Dreams in a New Light," *Los Angeles Times*, August 1, 2012.

23) Amitendu Palit, "Economic Reforms in India: Perpetuating Policy Paralysis," National University of Singapore-Institute of South Asian Studies, Working Paper 148-29 (March 2012).

24) Carl Dahlman, *The World under Pressure: How China and India Are Influencing the Global Economy and Environment* (Stanford: Stanford University Press, 2012), pp. 55, 89.

25) Arundhati Roy, "Capitalism: A Ghost Story," *Outlook* (March 26, 2012), at http://www.outlookindia.com/article.aspx?280234.

26) Nandan Nilekani, *Imagining India: The Idea of a Renewed Nation* (New York: Penguin, 2009).

27) Shangquan Gao, *China's Economic Reform* (New York: St. Martin's Press, 1996).

28) Barry Naughton, *Growing out of the Plan: Chinese Economic Reform, 1978–1993* (Cambridge: Cambridge University Press, 1996), p. 120.

29) James Fallows, "China Makes, the World Takes," *The Atlantic* (July/August 2007), pp. 48–72.

30) McKinsey Global Institute, "If You've Got It, Spend It: Unleashing the Chinese Consumer," McKinsey & Company, 2009, at http://www.mckinsey.com/insights/china/unleashing_the_chinese_consumer.

31) Helen Wang, *The Chinese Dream: The Rise of the World's Largest Middle Class and What It Means to You*, 2nd ed. (Charlesston, SC: Bestseller Press, 2012).

32) Arvind Subramanian, *Eclipse: Living in the Shadow of China's Economic Dominance* (Washington, DC: Peterson Institute for International Economics, 2011): 4.

33) Li Zhang, *Strangers in the City: Reconfigurations of Space, Power and Social Networks within China's Floating Populations* (Stanford: Stanford University Press, 2001).

34) Edward Wong, "Cost of Environmental Damage in China Growing Rapidly amid Industrialization," *New York Times*, March 30, 2013.

35) 여론조사 결과 전체는 다음에서 볼 수 있다. http://www.pewglobal.org/2012/10/16/growing-concerns-inchina-about-inequality-corruption.

36) Clyde Prestowitz, *Three Billion New Capitalists: The Great Shift of Wealth and Power to the East* (New York: Basic Books, 2005).

37) Derek Scissors, "Deng Undone: The Costs of Halting Market Reform in China," *Foreign Affairs* 88:3 (May/June 2009), pp. 24–39.

38) Thomas Friedman, "China to the Rescue? Not!" *New York Times*, December 21, 2008, p. 10.

39) 다음을 참조하라. Niall Ferguson and Moritz Schularick, "'Chimerica' and the Global Asset Market Boom," *International Finance* 10 (2007), pp. 215–239.

40) Guy de Jonquières, "What Power Shift to China?" *ECIPE Policy Briefs* no. 4 (2012): 2.

41) John Mersheimer, *The Tragedy of Great Power Politics* (New York: Norton, 2001).

42) Fallows, "China Makes, the World Takes."

43) Michael Beckley, "China's Century? Why America's Edge Will Endure," *International Security* 36:3 (Winter 2011/2012): 41-78.

44) International Monetary Fund, World Economic Outlook Database (April 2012), at http://www.imf. org/external/ns/cs.aspx?id=28.

45) Deborah Brautigam, *The Dragon's Gift: The Real Story of China in Africa* (Oxford: Oxford University Press, 2009).

46) Rosemary Foot and Andrew Walter, *China, the United States, and Global Order* (Cambridge: Cambridge University Press, 2011).

47) Rosemary Foot and Andrew Walter, "Global Norms and Major State Behaviour: The Cases of China and the United States," *European Journal of International Relations* (February 6, 2012): p. 17.

48) Daniel Deudney and G. John Ikenberry, "The Myth of Autocratic Revival," *Foreign Affairs* 88:1 (January/February 2009), p. 90.

49) G. John Ikenberry, "The Future of the Liberal World Order," *Foreign Affairs* 90:3 (May/June 2011), pp. 56-68.

50) 중국의 군사화와 그 의미에 대한 평가에 관해서는 다음을 참조하라. the *Annual Report to Congress: Military and Security Developments Involving the People's Republic of China 2012*, http://www.defense.gov/pubs/pdfs/2012_CMPR_Final.pdf.

중동: 경제개발 및 민주주의 추구

젊은 청년 부아지지Mohammed Bouazizi는 튀니지의 작은 마을 시디 부지드Sidi Bouzid의 가난한 무허가 과일행상이었다. 2010년 12월 17일 한 경찰이 그의 과일수레 위의 사과를 압수하고 다른 행상들이 지켜보는 앞에서 그에게 심한 모욕을 주었다. 지난 몇 년 동안 그는 경찰들로부터 유사한 모욕을 수차례 당했지만 이번에는 도가 너무 지나쳐서 도저히 참을 수 없었다. 얼마 후 부아지지는 시청 앞에서 자신의 몸에 페인트 시너를 뿌리고 불을 붙였다. 그는 3주 후에 세상을 떠났다. 부아지지의 자기희생이 있었던 다음 날, 시디 부지드에서 발생한 소규모 시위를 찍은 동영상이 페이스북을 통해 널리 퍼졌고 마침내 범아랍 위성텔레비전 방송국 알자지라Al-Jazeera가 이를 방송에서 다뤘다. 튀니지 전국 곳곳에서 시위가 발생했다. 전혀 예기치 않은 방향으로 사태가 급변하면서 2011년 1월 14일 벤알리Zine al-Abidine Ben Ali 대통령이 해외로

도망쳤고 벤알리 정권이 붕괴되었다. 아랍의 봄 Arab Spring의 시작이었다.

일부 폭력시위와 함께 평화적 시위가 아랍세계 전체로 빠르게 확산되었으며, 여러 권위주의 정권을 뿌리째 흔들었다. 가장 오랫동안 장기 집권하였던 아랍독재자 세 명이 추가로 권좌에서 쫓겨났다. 이집트 사람들 수십만 명이 카이로의 타흐리르 광장을 점령하고 18일 간 시위를 벌였고, 2011년 2월 11일 이집트의 대통령 무바라크 Hosni Mubarak가 대통령직에서 물러났다. 2011년 2월 17일에 리비아의 벵가지에서 시작된 시위는 유혈충돌로 이어졌으며, 결국 10월 20일 카다피 Muammar el-Qaddafi가 사망하면서 비로소 끝났다. 2012년 2월 예멘국민들은 살레Ali Abdullah Saleh 대통령을 대통령 권좌에서 끌어내렸다. 한편, 바레인 정권과 시리아 정권은 자국 국민들에 대한 심각한 폭력의 자행을 통해 가까스로 권력을 유지

할 수 있었다. 이 책의 집필 당시 아랍의 봄의 여진이 계속 이어지고 있었는데, 민주주의에 대한 작은 희망의 불빛을 밝혔지만, 동시에 사회를 분열시켰다.[1]

아랍의 봄에 대한 중동의 대응 방식은 내부의 경제적, 정치적, 사회적 요인뿐만 아니라 중동지역과 세계 다른 지역의 관계에 영향을 받는다. 제2차 세계대전이 끝난 후 유럽제국주의 세력이 떠나고 새로운 독립국가들만 남게 되자 미국이 이 지역에서 절대적인 영향력을 휘두르게 되었다. 냉전 초가 됐든, 최근의 '테러와의 전쟁' 기간이 됐든 많은 중동지역 사람들이 세계 패권국가 미국을 불신하였으며, 미국이 중동지역 사람들에게 좋은 일보다는 미국이 자신의 국익을 지키는 데 치중한다고 미국을 맹비난했다. 미국은 자국이 민주주의와 여성의 권리, 평화를 촉진하는 나라라는 이미지를 부각시키는 데 어려움을 겪고 있는 반면, 미국의 이란, 이라크, 시리아, 이스라엘-팔레스타인 정책은 반미감정을 더욱 부추기고 있다.

이 장에서 우리는 맨 먼저 역사적으로 유럽식민통치지배시대 및 냉전시대 동안 중동이 어떻게 국제경제 및 안보구조에 통합되었는지 살펴볼 것이다. 이어서 갈등과 협력의 원인에 대해 논의할 것이다. 그 다음으로 우리는 중동지역이 글로벌 경제로부터 '뒤떨어져' 있다는 주장과 중동지역이 세계 무역, 금융, 지식 구조에 성공적으로 통합되어 있다는 주장 등 두 가지 대립적인 주장에 대해 논의할 것이다. 끝으로 본 장은 2011년부터 시작된 정치혁명의 물결에 휩쓸리고 있는 중동의 국가들이 직면하고 있는 문제에 대해 논의할 것이다. 너무나 많은 나라들이 언급되기 때문에 처음에는 어렵게 여겨질 수 있지만, 여러분이 이 장을 끝까지 읽고 난 후 중동지역의 역동성에 대해 다소나마 더 잘 이해할 수 있게 되기를 기대한다.

이 장은 중동에서의 국가·시장·사회 3자 간의 긴장관계에 관한 여러 다양한 주장에 대해 살펴본다. 국가가 주권의 수호를 위해 안간힘을 쓰고 있고 개인이 세계화의 영향으로부터 자기 자신을 지키기 위해 발버둥치고 있는 상황에서 국제시장은 개방을 요구하고 있다. 아랍의 봄이 시작되기 전까지 중동은 약간의 경제적 자유주의와 정치개혁은 도입하지만 근본적인 변화에는 반대하는 수준에서 어떻게든 그럭저럭 이러한 모순적인 압력에 대응했었다. 무책임한 정부와 사회적 불평등의 오랜 역사를 감안할 때, 오늘날의 자유에 대한 기대가 실현되기는 어려울 것이다. 민주적 거버넌스의 공고화 여부는 이 지역의 **책임 있는** 새로운 지도자의 손에 달려있다. 시리아의 내전, 이란의 핵개발, 이스라엘-팔레스타인분쟁 등에 대해 외부세력이 **군사적** 해결방안을 모색하는 경우, 더욱 끔찍한 문제가 발생할 것이다. 그러나 **협상을 통한** 이들 문제의 해결 역시 불확실하고 위험이 따르기에 꼭 더 나은 미래를 보장하는 것도 아니다.

중동에 대한 개괄

중동은 어떤 나라들로 구성되어 있는가? 본 장은 미국의 사회과학자들이 일반적으로 중동·북아프리카MENA: Middle East and North Africa로 부르는 지역에 초점을 맞춘다. MENA는 역사, 자기인식, 경제적·정치적 상호작용 등의 측면에서 묶여질 수 있는 지역이다. 이 지역은 이스라엘, 이란, 터키(모두 비아랍국가)와 **마슈리크**Mashriq(시리아, 레바논, 요르단, 이라크, 팔레스타인 영토), 아라비아반도(사우디아라비아, 예멘, 오만, 쿠웨이트, 바레인, 카타르, 아랍에미리트), 북아프리카(이집트, 리비아, 튀니지, 알제리, 모로코) 등 수많은 아랍국가로 이뤄져 있다. 이 지역의 한쪽 끝에서 다른 한쪽 끝까지 거리(모로코 라바트에서 이란의 테헤란까지)는 거의 3,700마일에 이른다 (도표 14.1 참조).

중동·북아프리카MENA에는 아랍어, 터키어, 이란어, 히브리어 등의 공식 언어뿐만 아니라, 수백만 명의 사람들(특히 모로코와 알제리)이 사용하는 쿠르드어와 또 다른 수백만 명의 사람들(특히 터키와 이라크)이 사용하는 베르베르어가 있다. 가장 널리 사용되는 언어는 아랍어이며(심지어 이란, 이스라엘, 터키에도 아랍어를 사용하는 소수민족이 존재한다), 대부분의 사람들이 무슬림 회교도이다. 4억 명이 넘는 이 지역 전체 인구 중 1,300만 명이 기독교인이고, 600만 명이 유대인이다. 이집트, 시리아, 레바논에는 기독교인 소수민족이 존재한다. 이스라엘 전체 인구의 75퍼센트가 유대인이지만, 17퍼센트는 무슬림이다. MENA지역 무슬림의 대부분은 수니파이지만, 이란인, 이라크인, 바레인인 대부분은 시아파이다.

MENA국가들의 국가발전 수준 및 글로벌 경제와 관계 정도는 천차만별이다. 예를 들어, 세계에서 가장 가난한 나라 중 하나인 예멘의 일인당 국내총생산GDP은 단지 2,200달러에 불과하며, 반면에 이스라엘의 1인당GDP는 이탈리아 또는 스페인보다 약간 높은 수준으로 3만 2,200달러이다.[2] 이 지역 나라들 전체는 수출, GDP, 인구 등을 기준으로 4개의 그룹으로 나눌 수 있다 (표 14.1 참조). 첫 번째 그룹은 걸프협력회의GCC: Gulf Cooperation Council와 리비아 등 주요 석유수출 국가이다. 비교적 인구규모가 작고, 일인당 국민소득이 높다. 두 번째 그룹은 이란, 이라크, 알제리 등과 같은 주요 석유수출 국가이다. 인구가 많으며, 역사적으로 강력한 보호주의 경제정책을 추구하여왔다. 세 번째 그룹은 이스라엘, 터키, 요르단, 튀니지, 레바논 등 비석유수출 국가이다. 상당한 수준의 농업, 산업수출, 관광, 외국자본에 대한 개방 등을 특징으로 한다. 네 번째 그룹은 이집트, 모로코, 시리아, 예멘, 팔레스타인자치구 등과 같은 나라들이다. 이들 나라 대부분은 많은 인구와 낮은 1인당 GDP, 높은 농촌빈곤율을 갖고 있다.

중동은 전체적으로 세계 다른 주요 지역에 비해 민주주의가 발전되어 있지 못하다. 해마다 개별 국가의 정치적 자유 수준을 평가하고 있는 독립적인 민간기관 프리덤하우스는 중동국가 중에서 이스라엘만 '자유free' 국가로 분류하였다.[3] 선거를 실시하고 있지만 정치적 권리와 시민적 자유가 제한되고 있기 때문에 터키, 레바논, 쿠웨이트, 모로코, 이집트, 리비아, 튀니지 등 7개 국가는 '부분적 자유partly free' 국가로 분류되었다. 나머지 11개 국가(이에 더하여 팔레스타인 지역)는 '비자유not free' 국가로 분류되었다. 아랍의 봄의 여파로 튀니지와 이집트, 리비아는 공정한 자유선거를 실시하였는데, 아마도 자유선거가 이들 국가의 민주화를 추동할 것이다. 그러나 시리아와 이라크 같은 나라에서 발생하고 있는 폭력과 억압으로 인해 이곳 지역의 정치에 대한 미래전망은 어둡고 암울하다.

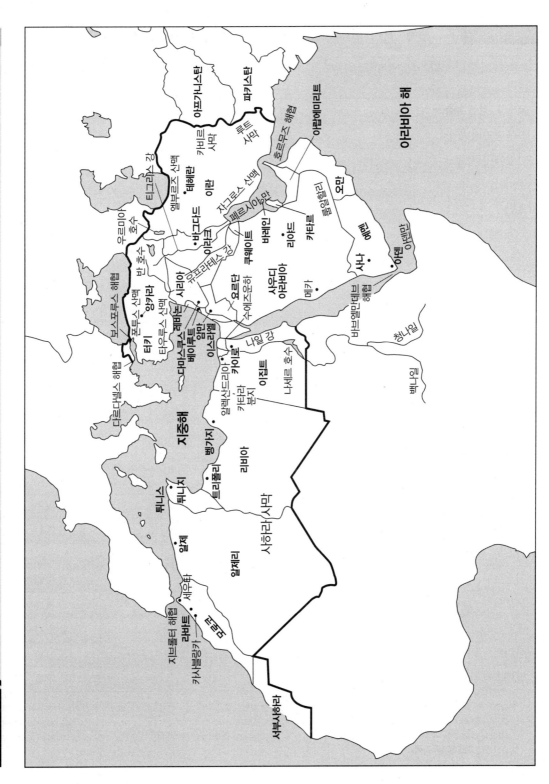

도표 14.1 중동·북아프리카(MENA) 지역 국가

표 14.1 // 중동·북아프리카 국가간의 경제적 차이 및 인구규모 차이		
국가	2012년 중반 인구 (만 명)	2012년 일인당 국민소득 (미국 달러)
고소득 석유수출국		
사우디아라비아	2,870	25,700
아랍에미리트	810	49,000
리비아	650	13,300
오만	310	28,500
쿠웨이트	290	43,800
카타르	190	102,800
바레인	130	28,200
중간소득에서 저소득 석유수출국		
이란	7,790	13,100
알제리	3,740	7,500
이라크	3,370	4,600
다각화된 수출국		
터키	7,490	15,000
튀니지	1,080	9,700
이스라엘	790	32,200
요르단	630	6,000
레바논	430	15,900
저소득, 주로 농업국		
이집트	8,230	6,600
모로코	3,260	5,300
예멘	2,560	2,200
시리아	2,250	5,100
팔레스타인	430	2,900

주: 일인당 국민소득은 구매력평가지수(PPP)를 기준으로 계산하였다. 팔레스타인 지역은 2008년 수치이다.

출처: Population Reference Bureau, *2012 World Population Data Sheet*, at www.prb.org/pdf12/2012-population-data-sheet_eng.pdf; CIA, *World Factbook*, https://www.cia.gov/library/publications/the-world-factbook/index.html, 2013년 3월 30일 접속.

중동의 역사적 유산

오늘날 갈등의 깊은 뿌리와 시장구조를 이해하기 위해서는 중동과 서구열강의 역사적 갈등관계에 대해 반드시 알아야만 한다. 오늘날의 중동국가 대부분(이란과 모로코 제외)이 한 때 오스만제국의 일부였다. 오스만제국은 수백 년 동안 지중해의 무역 강대국이었고 유럽국가들과 군사적으로 대립했다.

오스만 유산

19세기에 이르러 오스만제국은 '유럽의 환자'로 전락하고 말았다. 유럽제국주의 열강은 군사적, 경제적 영향력을 확대하였으며, 오스만제국 전역에 걸쳐 상업적 양보를 얻어냈다. 프랑스는 1832년에 알제리를 식민지로 만들었으며, 그리고 1880년대에 영국과 프랑스는 이집트와 튀니지가 더 이상 유럽의 채권자에게 빚진 채무를 이행할 수 없다는 것을 구실로 이집트와 튀니지를 각각 차지했다. 오스만제국과 중동지역의 통치자들은 통치제체를 재구성하고, 유럽의 군사기술과 법률을 받아들이고, 국영공장을 세우는 등 **'방어적 근대화** defensive modernization'를 통해 유럽 열강의 영향력 확대를 차단하려 했지만 매우 제한적인 성공에 그치고 말았다.

중동은 왜 유럽과 제대로 경쟁하지 못했나? 오늘날 자신들이 기술적 측면에서 서구에 뒤쳐진 이유 및 미국과 이스라엘의 군사적 '침략'에 제대로 대응하지 못하고 있는 이유에 대해 궁금해 하는 아랍인과 이란인들이 비슷한 질문을 던진다. 프린스턴대학교의 역사학자 루이스Bernard Lewis는 자신의 영향력 있는 저서 『무엇이 잘못되었는가?*What Went Wrong?*』에서 무슬림 중동지역의 근대화를 저해했던 요인으로 정교분리의 결여, 문화적 수구주의, 정치적 자유의 결여(특히 여성) 등을 거론했다.[4] 일부 경제사학자들은 오스만의 '치외법권 capitulation', 즉 수세기에 걸쳐 유럽인들에게 양도했던 경제적·법적 특권이 유치산업의 보호를 위해 높은 관세를 부과하는 것을 어렵게 했다고 지적한다. 일부 개혁적인 이슬람 사상가들은 무슬림사회가 이슬람의 후대에 추가된 해석들을 버리고 **이즈티하드***ijtihad*(이슬람 법원[法源, legal source]의 재해석)를 추진할 필요가 있다고 믿었다.[5]

또한 정치학자 브라운L. Carl Brown은 중동이 중동 역외국가가 지속적으로 중동지역에 개입하고 권력을 차지하려고 다투는 **동방문제 게임***Eastern Question Game*이라고 하는 국제외교 시스템 속에서 꼼짝달싹 못하고 있다고 주장한다. 이러한 중상주의적 게임의 결과로 중동의 정치지도자들은 '손쉽게 얻을 수 있는 것들'을 선호하고, 교섭을 기피하고, 정치를 제로섬 게임으로 간주하는 경향을 갖게 되었다.[6] 우리가 본 장의 뒷부분에서 살펴보듯이 여기에 열거한 설명들은 세계화에 적응하기 위한 중동국가들의 노력을 가로막는 장애물에 대한 여러 설명들 중 현재에도 널리 인기를 끌고 있는 것들이다.

20세기 식민과 그 여파

제1차 세계대전이 끝날 무렵 유럽열강은 이 지역을 — 터키, 이란, 사우디아라비아는 제외 — 조각조각 내어 식민지로 나눠가졌다. 유럽열강은 자의적으로 국경선을 그었으며 종종 '보호자' 및 '신탁자'로서 군주국가에 강력한 영향력을 행사하였다. 독립을 갈망하는 주민에 대해 제국주의세력은 무지막지하게 폭력을 사용했으며, 때로는 산업화와 국가형성을 수십 년씩 후퇴시켰다. 예를 들어, 1911년부터 1933년까지 리비아의 '평정' 시기 동안 이탈리아는 이 지방 가축 거의 대부분을 도살하였으며, 주민 대부분을 이주와 감금, 죽음으로 내몰았다.[7]

제2차 세계대전 직후 중동·북아프리카MENA 전지역에 민족주의운동이 꽃을 피웠다. 1948년 이스라엘이 독립을 선언하고 이웃 아랍국가의 침략을 막아내면서, 팔레스타인지역에 유대국가를 세우고자 하였던 시온주의자들의 꿈이 실현되었다. 1950년대 후반에 이르러 이 지역의 대부분 국가들이 식민지배로부터 독립하였다. 그러나 알제리는 1954년부터 1962년까지 프랑스로부터 독립하기 위해 잔혹한 게릴라전쟁을 치러야했으며, 이 전쟁에서 75만 명 이상의 사람들이 목숨을 잃었다 (또한 수많은 사람들이 프랑스인들에게 고문을 당했다).

많은 독립국들은 여전히 계속 남아있는 식민지 착취의 유산과 유럽열강의 존재에 대응해야만했다. 예를 들어, 1956년 수에즈운하 위기 사태에서 나세르 대통령이 수에즈운하를 국유화하자, 이스라엘과 프랑스, 영국이 짧은 기간 동안 이집트를 침공하였다. 서구의 '일곱 자매Seven Sisters'가 석유산업을 지배하였는데, 이 거대 석유회사들은 수십 년 동안 중동국가에게 석유판매수입의 '공정한 몫'을 주지 않았다.

일반시민들은 거버넌스에서 배제되었으며, 도시와 농촌 주민 사이에는 커다란 경제적 격차가 존재했다. 형편없는 보건과 부실한 교육은 쉽게 발견

되었다. 예를 들어, 알제리가 프랑스로부터 독립하였던 1962년 당시 알제리 무슬림 아이들 중 3분의 1 미만만이 초등학교에 다녔다. 심지어 1970년까지 오만에는 병원이 단 하나밖에 없었고, 포장도로의 전체 길이가 10마일에 불과했다.

1950년대 및 1960년대에 동시다발적으로 쿠데타를 일으킨 아랍 사회주의자들과 군장교들은 서구와 이 지역의 하수인들에게 그 책임이 있다고 비난하는 종속과 불평등의 악순환을 끊으려 했다. 그들은 기본 필수품에 대한 보조금, 국유산업, 높은 관세 등을 골자로 하는 근대화 프로그램을 추진했다. 그러나 이 지역에 밀어닥친 냉전으로 인해 그 프로그램은 그다지 성공적이지는 못했다.

냉전으로부터 현재까지 MENA 지역

꼭두각시 정권들은 강대국의 무기 및 경제원조에 의존했다. 미국은 공산주의에 대한 보루로 이란의 팔레비Mohammad Reza Shah Pahlavi 국왕과 같은 독재자들을 주저 없이 지원하였으며, 안정적인 석유공급 확보에 목표를 두었다. 소련은 제3세계 국가가 서구의 영향권에서 벗어나도록 하는 데 열중했다.

냉전은 이 지역에 두 가지 측면에서 지속적인 영향을 미쳤다. 첫째, 냉전은 석유수출국기구OPEC: Organization of the Petroleum Exporting Countries가 석유 생산 및 가격의 통제를 주장하도록 만들었다. 1973년 소련의 동맹국 시리아와 이집트에 맞서 싸우는 이스라엘에 대한 미국의 지원에 대한 대응으로 OPEC의 아랍회원국들은 석유회사를 국유화하고 일시적으로 미국에 대한 석유수출을 중단했다. 그 결과 1970년대 및 1980년대 초 유가가 급등하였으며, 그로 인해 경제적 부가 선진국에서 석유생

산국으로 대거 이전되었다. 둘째, 좌파정당과 소련의 꼭두각시에 맞서 싸우는 과정에서 미국과 중동 동맹국은 종종 보수적인 이슬람운동을 수용하였으며, 심지어 아프가니스탄의 **무자헤딘**mujahideen(자유투사)에게 대량으로 무기를 공급하였다. 이러한 이슬람주의자들과의 전략적 결합의 '역풍'은 1990년대와 2000년대에 서양세계를 괴롭혔다.

1990년 냉전의 종식으로 미국이 타의추종을 불허하는 유일한 역외 패권국가로 부상하였다. 알카에다 및 헤즈볼라와 같은 과격폭력단체가 서구의 새로운 고민거리로 등장했다. 1985년부터 원유가격의 심각한 정체가 시작되었으며, 신자유주의 경제정책이 널리 확산되었다. 1993년 오슬로협정이 이스라엘과 팔레스타인의 평화적 관계를 약속했지만, 걸프지역 국가들 및 이란은 군비경쟁에 돌입했다. 1990년대 중동의 국방비는 전체 GDP의 약 7퍼센트 수준을 계속 유지했는데, 이는 세계 어느 지역보다 높은 비율이었다.[8] 불행하게도 1990년대 군사비 축소를 통한 '평화배당금peace dividend'은 실현되지 않았으며, 오히려 MENA국가들(터키 제외)은 2002년에서 2011년 사이 실질국방비를 62퍼센트나 늘렸다.

2001년 이후 치솟은 원유가격 덕분에 석유수출국의 재정수입은 크게 늘어났으며, 그 덕분에 이들 국가들은 외채를 상환하고 정부지출을 확대할 수 있었다. 중동지역 사람들의 입장에서 좋은 경제성장률은 분명 희소식이었지만, 그렇다고 경제성장이 경제적 불평등 문제를 완화시켜주지는 못했다. 2008년 금융위기의 영향은 그다지 크지 않았던 반면, 아랍의 봄과 이란에 대한 제재가 이 지역 많은 국가들의 경제발전을 후퇴시켰다.

2001년 9월부터 2011년 1월에 이르기까지 이슬람근본주의자들에 대한 강력한 탄압이 MENA 국가들의 지정학적 상황을 만들어냈다. 테러와의 전쟁과 이라크점령에 몰두하던 미국의 도덕적 권위는 바닥으로 곤두박질쳤다. 오바마 행정부는 아프가니스탄으로 관심을 돌렸고 결국 이라크에서 군대를 완전 철수했다. 동시에 이스라엘은 2009년 1월 가자지구의 팔레스타인 이슬람단체 하마스에 대해 대대적인 공격을 개시했다. 2009년 2월 이스라엘 총선결과에 따라 총리 네타냐후Benyamin Netanyahu가 우파정부를 구성하면서 이스라엘과 팔레스타인의 평화과정이 중단될 위기에 처하게 되었다.

이 지역의 새로운 움직임은 레바논, 이란, 이라크의 시아파에 의한 정치적, 군사적 힘의 과시이다. 레바논에서는 강력한 시아파 헤즈볼라 민병대가 2006년 여름에 이스라엘과 32일간 전쟁을 치렀다. 레바논을 회복한 후 헤즈볼라는 군비를 강화하였으며 2009년 6월 의회선거 결과 통합정부 내각의 3분의 1을 차지하였다. 이란은 핵농축기술의 개발을 중단하지 않았으며, 이란과 이스라엘, 미국, 유럽연합 사이에는 긴장이 고조되었다. 이들 국가들은 이란이 핵농축기술 개발을 중단하지 않으면 군사적 공격을 감행하겠다고 위협하였다. 2012년에 이르러 이란은 서방세계의 제재에 직면했다. 서방세계는 이란의 석유수출을 제한하고 글로벌 금융시스템에 대한 이란의 접근을 차단하였다. 이란의 아마디네자드Mahmoud Ahmadinejad 대통령은 서방세계에 대해 반기를 들었으며, 거듭해서 이스라엘을 신랄하게 비난하는 성명서를 발표하였다. 2009년 6월 대통령선거 조작을 통해 재선에 성공한 후, 이란의 강경파 성직자 정권은 개혁파가 주도한 대규모 시위를 잔인하게 진압하였으며, 이는 광범위한 국제적 비난을 불러일으켰다.

아랍의 봄이 여러 측면에서 지정학적 환경을 크게 바꾸어 놓았다.

- 첫째, 미국의 적대국들의 기세가 크게 꺾였다. 즉, NATO의 폭격으로 인해 리비아의 카다피 정권이 전복되었다. 이란은 그 어느 때보다 고립되었다. 무장반란에 직면한 시리아의 알아사드Bashir al-Assad 정권은 붕괴위기에 처했다.
- 둘째, 테러와의 전쟁에 있어서 미국의 가장 가까웠던 동맹국 정부들이 — 이집트와 튀니지의 독재자들이 — 선거에 의해 무슬림형제단 이슬람주의자가 이끄는 정부로 정권이 바뀌었다.
- 셋째, 보수적인 군주정들은 아랍의 봄으로부터 현재까지는 살아남았으며, 수니파 무슬림의 이익 증진에 더욱더 치중하고 있다. 이는 시리아, 이라크, 바레인에서 더욱 극심한 불안을 초래할 가능성이 있다.
- 마지막으로, 일부 국가는 심하게 분열되고 있으며, 이슬람근본주의자들에게 길을 열어주고 있다. 중앙정부 권력의 붕괴로 인한 시리아, 리비아, 예멘 등에서 무장세력의 확산은 더욱더 극심한 종파 간 갈등을 예고하고 있으며, 국제사회의 대응이 요구되는 인도적 재앙 또한 예견된다.

갈등과 협력의 뿌리

중동역사에 정의롭지 못한 일이 비일비재했다는 사실을 감안할 때, 최근의 분쟁의 불씨가 되는 뿌리 깊은 원한이 존재한다는 것은 놀랄 일도 아니

다. 국제적 및 국내적으로 너무 많은 폭력이 발생하고 있는 이유를 이해하기 위하여 우리는 국제수준 및 국내수준에서 활동하는 정치세력들을 중점적으로 살펴볼 것이다. 물론 MENA가 하나의 거대한 '위기 지대arc of crisis'인 것만은 아니다. 다양한 형태의 국제협력을 찾아볼 수 있다. 갈등과 협력의 일정한 양상과 원인에 대한 분석을 통해 우리는 이 지역의 향후 경제성장과 민주주의에 대해 좀 더 잘 이해할 수 있게 될 것이다.

일반 사람들의 통념은 성서 시대와 십자군전쟁, 초기의 수니파-시아파 갈등 등으로까지 거슬러 올라가는 과거의 증오가 갈등의 본질이라는 입장이다. 작고한 정치학자 헌팅턴Samuel Huntington에 의해 일반 대중에게 널리 알려진 이와 같은 세계 문제에 대한 '문명의 충돌' 설명은 우리로 하여금 이와 같은 통념을 인정하고 싶은 유혹을 느끼게 한다. 특히 우리가 오늘날 테러와의 전쟁을 생각하는 경우 더더욱 그렇다. 현대시대 전투원들이 자신들의 투쟁을 정당화하기 위해 빈번하게 종교적 성전의 이미지를 이용하고 있지만, 우리는 갈등을 설명하는 근거로 그들의 세계관을 사용하지 않도록 조심해야만 한다. 오늘날의 세 가지 정치 요인으로 이 지역의 불안정성을 설명하는 것이 좀 더 적절할 것이다. 즉, (1) 이 지역에서 영향력을 발휘하고자 하는 강대국의 움직임, (2) 역내 지도자에 의한 침략, (3) 이슬람폭력을 불러일으키는 억압적인 정권 등이 그것이다.

외부세계의 탓

외부열강의 간섭은 종종 끔찍한 결과로 이어졌다. 한 지역을 여러 나라로 쪼개거나 또는 서로 다

른 인종언어집단 및 종교집단을 하나로 묶어 새로운 국가를 만든 외부열강의 행위는 훗날 갈등의 씨앗이 되었다. 열강 및 열강의 동맹국들은 대량살상무기 및 다른 금지된 무기를 보유하거나 사용했다. 중동지역에서 대량살상무기WMDs를 최초로 사용한 나라는 스페인이었다. 스페인현대사를 연구하는 발포어Sebastian Balfour 교수는 스페인이 1920년대 모로코 북부 리프지역에서 발생한 반란을 진압하는데 화학무기를 — 대부분 겨자가스를 — 대대적으로 사용하였음을 철저한 고증을 통해 밝혀냈다.[9] 1950년대 말과 1960년대 초 프랑스는 핵무기를 개발할 때 알제리의 사하라사막에서 무려 17차례에 걸쳐 핵실험을 실시했다. 1954년부터 1962년까지 알제리독립전쟁 당시 프랑스는 알제리 무자헤딘에게 네이팜탄을 대규모로 사용했다. 이스라엘은 이 지역 국가 중 유일하게 200~300개의 핵무기를 보유하고 있으며 역내 경쟁국들에게 핵미사일을 쏠 수 있는 능력을 보유하고 있는 것으로 알려져 있다. 심지어 미국은 이라크점령 당시 열화우라늄탄과 백린소이탄을 사용하여 국제사회로부터 비난을 받았다.

냉전시대 소련과 미국은 서로 다른 정치세력을 후원했다. 철저한 반(反)이스라엘 정권들은 소련이 자신들에게 군사무기를 팔고 싶어한다는 것을 알게 되었다. 반대진영의 요르단왕과 사우디왕족과 같은 군주들은 범아랍 사회주의정권들에 대항하는 안보우산으로서 미국을 찾았다. 터키와 이스라엘은 공산주의에 대한 투쟁에서 최전선 역할을 맡은 덕분에 미국정부로부터 원조와 무기를 제공받았다. 1970년대 이집트의 사다트Anwar Sadat 정권은 미국에 대해 우호적인 입장을 갖게 되었다. 하지만, 이란은 1979년 이슬람혁명 이후 급격하게 반

미주의 입장으로 바뀌었다. 오늘날 반미주의가 유행함에도 불구하고 이 지역 국가의 정부들은 대부분 미국과 긴밀한 군사동맹을 맺고 있거나 우호관계를 수립하고 있다. 그러나 이란, 시리아, 헤즈볼라, 하마스 등은 '**팍스아메리카나**Pax Americana'에 — 제국주의의 자비로운 형태라고 할 수 있으며, 이 팍스아메리카나 하에서 중동국가들은 이스라엘과 평화관계를 유지하고, 테러를 종식시키고, 미군기지를 허용한다 (또는 적어도 미국과 안보문제를 협력한다) — 대항한다.

오늘날 이라크점령 등 미국이 MENA에 군사적으로 깊숙하게 침투하고 있는 상황에서 패권국 미국의 국익을 무시하는 나라들은 잠재적으로 큰 대가를 치러야한다. 예를 들어, 아랍국가들은 이스라엘에게 패한 여러 차례 전쟁에서 수십억 달러를 소모했다. 아랍과 이스라엘의 세력균형에 근본적인 변화가 일어나지 않도록 지난 40년 동안 미국은 이스라엘에 대하여 무기공급과 경제지원을 지속했다. 2011년 3월부터 10월 사이 NATO는 반군을 돕기 위해 리비아 내의 공격목표에 대해 무려 9,700차례에 걸쳐 공습을 감행했으며, 반군은 마침내 카다피 정권을 전복하는 데 성공했다. 프랑스와 영국이 주도한 (그리고 미국이 지원한) 리비아에 대한 엄청난 폭격은 여전히 벌어지고 있는 아랍의 봄에 대한 서구열강 최초의 직접적 군사개입이었다.[10]

미국과 미국의 동맹국들은 MENA 국가들에 대하여 원조의 중단, 재산동결, 무역통상 금지, 서양세계의 투자 금지 등 다양한 경제제재를 실시했다. 노골적으로 정권교체를 유도하거나 '더 나은 행동'을 촉진하기 위해 마련된 경제제재는 일반적으로 정치적 목적의 달성에는 성공하지 못하고

힘없는 사람들의 삶만 황폐화시켰다. 예를 들어, UN의 가혹한 (그리고 부패한) **석유식량프로그램** Oil for Food Program으로 인해 이라크는 1992년부터 오직 제한된 양의 석유만 수출할 수 있었고, 또한 석유수출 수익을 식량과 의약품의 수입에만 사용할 수 있었다. 이 프로그램은 1991년부터 2003년까지 이라크 민간인 수십만 명을 죽음으로 몰고 갔으며, 그보다 더 많은 이라크 사람들이 영양실조와 질병, 건강악화 등으로 고통을 겪었다. 이 프로그램을 자세히 연구한 철학자 고든Joy Gordon에 따르면, 이 프로그램이 유발한 인도적 재앙은 너무나 끔찍해서 이 프로그램을 기획하고 집행한 미국 관리의 행위는 국제법상 '전쟁범죄에 상응'하는 행위였다.[11] 2006년 이후 유엔안전보장이사회는 이란의 우라늄 농축 프로그램을 중단시키고자 이란에 대한 무기수출 금지 등 이란에 대해 더욱더 가혹한 제재를 가했다. 미국과 유럽연합은 한 걸음 더 나아가 국제금융기구에서 이란의 은행들을 쫓아내고, 이란이 수출하는 석유의 수입을 금지하였다. 이란의 가난한 시민들은 극심한 고통을 겪어야만 했다. 2012년까지 수십만 명이 일자리를 잃었고, 기본 식료품의 가격이 치솟았으며, 이란의 화폐 리알의 가치는 급락했다.[12] 2003년 국제사회의 제재에 리비아만 굴복하였다. 리비아는 1988년 스코틀랜드 로커비 상공에서 발생한 미국 여객기 폭발사건에 자국이 연루되었음을 인정하였고, 초기 단계에 있던 핵무기개발프로그램을 해체하는데 동의하였다.

얼마나 많은 중동 사람들이 이 지역 폭력의 책임이 외부세력에 있다고 비난하는지를 확실하게 보여주는 세 개의 또 다른 측정결과가 있다. 첫째, 보수적인 애널리스트 파이프스Daniel Pipes는 수십

년 동안 이란과 아랍국가에서는 서양세계나 이스라엘의 '숨어있는 손'이 중동지역의 전쟁과 다른 병폐 뒤에 숨어있다고 생각하는 **음모론**conspiracism 정치문화가 널리 퍼져있다고 주장한다. 파이프스는 이러한 사고방식이 극단주의를 부추기고 "강대국과의 관계를 망가뜨리는 불신과 호전성을 낳는다"고 강조했다.[13] 둘째, 일부 이슬람 학자들은 중동지역에서 서양세계의 악의적인 역할을 힐난하는 담론을 공유하고 있다. 예를 들어, 2000년 이집트에서 열린 회의에서 저명한 이슬람 학자는 이와 같은 측면에서 서구를 다음과 같이 특징지었다.

> 비겁한 허풍쟁이 너희들의 세계화는 종교와 양심이 없는 세계화이기 때문에 독단적인 헤게모니이며, 독재적 권력이며, 억압적 불의이며, 칠흑 같은 어둠이다. 너희들의 세계화는 폭력적인 힘, 일방적인 편파성, 이중적 잣대, 만연한 물질주의, 광범위한 인종차별주의, 엄청난 야만, 오만한 이기주의의 세계화이다. 너희들의 세계화는 환상을 파는 세계화이며, 파멸을 초래하고 꿈을 잃게 하고, 배고픈 사람들의 시체 위해 꽃을 뿌린다.[14]

끝으로 셋째, 여론조사 결과는 **심지어 중동지역 미국의 동맹국에서조차** 높은 수준의 대미공포감을 보여주었다. 2009년 퓨리서치센터Pew Research Center의 여론조사 결과는 터키와 레바논, 요르단에서 전체 응답자의 50퍼센트 이상은 미국이 자국에 대해 군사적 위협을 가할 수 있음을 '어느 정도' 또는 '매우' 걱정하고 있음을 보여주었다.[15] 2012년 봄, 퓨리서치센터의 또 다른 여론조사결과는 터키, 이집트, 요르단에서 80퍼센트 이상의 응답자가 미국의 무인항공기 공격에 반대하고 미국을 싫어하는 것으로 나타났다.[16]

'호전적' 지역강대국의 탓

'미친 이슬람 율법학자(이란의 시아파 성직자들)', '바그다드의 도살자(사담 후세인)', '중동의 미친 개(무아마르 카다피)' 등과 같은 어휘의 사용은 갈등 촉발의 책임이 '잔인'하거나 '비이성적'인 이들 지도자에게 있음을 암시한다. 중동지도자를 악마 취급하는 것이 결코 바람직한 사회과학이라고 할 수는 없지만, 초강대국의 간섭이나 초국가적 테러 와 마찬가지로 지역강국들의 침략행위가 이 지역 을 불안정하게 하는 주요 원인인 것은 틀림없다. 지역강국들의 침략행위는 이웃국가에 대한 강제 적 영토점령, 보복공격, 침공위협, 비밀작전 등 여 러 가지 형태로 나타난다. 이러한 행위는 정치적 경쟁자를 불안정하게 만들거나, 국가의 영토를 확 장하거나, 전략적 천연자원에 대한 지배를 공고히 하려는 것을 목적으로 할 수 있다.

예를 들어, 1980년 이라크 후세인의 기회주의 적인 침공은 끔찍한 8년전쟁을 촉발하였고, 이라 크군은 이란군에게 화학무기를 사용하였다. 일정 부분 페르시아만의 항구를 차지하고 석유생산을 지배하고자 했던 이라크의 오랜 숙원에 기인하였 던 1990년 이라크의 쿠웨이트점령은 50만 명의 미군병력이 주도하는 다국적군의 반격을 불러왔 다. 아랍세계의 반대편 서쪽 끝에서는 1975년 모 로코가 지리적으로 광대하지만 인구밀도가 희박 한 서부사하라 사막지역을 차지하였다. 이는 부분 적으로 국내적으로 자신의 정당성을 강화하고 이 지역의 가치 있는 인산염과 대서양 어업을 장악하 고 싶었던 모로코의 왕 후세인 2세의 욕심에서 비 롯되었다.

1979년 이란의 국왕 샤Shah를 쫓아내고 새로

등장한 호메이니Ayatollah Ruhollah Khomeini 정권 은 아랍 걸프 국가들의 불안을 조장하고, 레바논 의 헤즈볼라를 지원하고, 1980년대와 1990년대 테러행위에 대한 지원을 통해 이슬람혁명을 다른 나라로 확산시키려고 했다. 2002년 미국의 부시 대통령이 이라크 및 북한과 함께 이란을 '악의 축 Axis of Evil'으로 규정하면서 이란과 미국의 적대관 계는 더 나빠지면서 새로운 국면으로 접어들었다. 2003년에서 2011년까지 이라크점령 기간 동안 미국정부는 이란이 이라크저항세력과 시아파 민 병대에게 물질적 지원을 하고 있다고 비난했다.

적어도 2008년부터 이 지역에는 이란과 이스 라엘, 미국이 폭력분쟁을 하게 될 위협이 상존한 다. 일부 학자들은 이란의 군사주의 및 국제규범 에 대한 도전이 갈등의 주요 원인이라고 주장한 다. 이란의 핵에너지, 탄도 미사일, 우라늄 농축능 력 등의 개발은 이란이 핵무기개발프로그램을 통 합하고 있음을 의미한다. 이란은 반복적으로 국제 원자력기구IAEA의 활동을 가로막았으며, 무엇보 다 최우선적으로 우라늄 농축작업을 중단하라는 유엔안전보장이사회의 요구를 받아들이지 않고 거부했다. 아울러 이란은 이스라엘을 위협하였으 며, 만약 이란이 공격을 당한다면 세계 원유수송 의 상당부분이 거쳐가는 통로인 호르무즈 해협의 봉쇄를 시사했다.

미국인 대다수는 이스라엘을 침략자로 인식하 지 않는다. 하지만, 아랍인들은 오랫동안 이스라 엘을 팔레스타인과 주변국을 희생물로 삼아 영토 를 확장하려는 지역강대국으로 생각해왔다. 1917 년부터 1948년까지 영국의 보호감독 하에서 팔레 스타인은 유대인 이민자의 대량 유입을 목도했는 데, 이민자의 대량 유입은 위임통치령의 인구구성에 근본적 변화를 가져왔다. 독립전쟁 기간 동안 이스라엘은 아랍군의 침공에 맞서 싸웠으며, 약 70만 명의 팔레스타인 사람들에게 살던 곳을 버리고 딴 곳으로 피난 갈 것을 권유하거나 강요하여 위임통치령의 78퍼센트를 차지하였는데, 이는 유엔분할계획에서 이스라엘에게 할당된 것보다 훨씬 더 넓은 크기의 땅이었다. 이스라엘의 군사적 우위는 1967년 6일의 전쟁(제3차 중동전쟁)에서 확실하게 입증되었다. 이 전쟁에서 이스라엘은 팔레스타인의 나머지 지역(요르단강 서안지구 웨스트뱅크 및 가자지구), 이집트의 시나이 반도, 시리아의 골란고원 등을 차지하였다. 이스라엘은 1973년 이집트와 시리아의 침공을 물리쳤으나, 1979년 이집트와 평화조약을 체결했다. 1981년 이스라엘은 이라크의 거의 완성된 원자로를 파괴시켜버렸다. 이스라엘은 1982년 시나이반도에서 철수하자마자 곧바로 레바논을 침공하여 레바논 남부지역을 2000년까지 점령하였다. 이스라엘은 2006년 짧은 기간 동안 레바논을 재침공하였으며, 레바논에 엄청난 폭격을 감행했다. 한 달 간 지속된 이 전쟁에서 헤즈볼라는 수백 개의 미사일을 이스라엘 북부지역을 향해 발사했다. 2005년 이스라엘은 가자지구에서 철수하였지만, 하마스의 로켓 공격이 있자 2008년 12월 27일부터 2009년 1월 18일까지 가자지구를 재침공하였다. 2009년 9월 유엔진상조사위원회는 가자지구 충돌에 관한 보고서(골드스톤 보고서라고 한다)를 발표하였는데, 이스라엘군대와 하마스가 전쟁범죄를 저질렀다고 비난하였고, 그리고 심지어 반인륜적 범죄를 저질렀을 가능성에 대해서도 비판하였다.[17]

이스라엘은 골란고원을 점령하고 있는 상태에서 이집트 및 요르단과 영속성 있는 평화조약을 체결하였다. 2009년 이후 이스라엘이 이란에 대해 군사적 행동을 위협하고 있기 때문에 일부 비평가들은 이스라엘의 국가간 모험주의와 군사주의 경향이 여전히 건재하다고 확신한다. 반면에 이스라엘의 지도자들은 계속해서 자기방어의 고유권리에 근거하여 자국의 교전을 정당화했다. 오슬로협정을 체결하기 전 이스라엘은 팔레스타인 해방기구의 유관 집단들이 자행한 수많은 테러행위에 직면했었다. 2000년 상반기 일련의 끔찍한 테러공격과 자살폭탄이 이스라엘로 하여금 웨스트뱅크 국경에 총 450마일 길이의 장벽·방어벽을 건설하도록 만들었다.

팔레스타인에 대한 이스라엘의 정책은 시온주의 팽창주의가 분쟁의 해결을 방해한다는 것을 가장 확실하게 보여주는 구체적 증거이다. 이스라엘지도자들은 1967년에 차지한 팔레스타인영토의 장기 점령 및 전환을 승인하였다. 2012년까지 이스라엘은 웨스트뱅크 및 동예루살렘에 50만 명 이상의 유대인을 정착시켰다. 유대국가가 제시하는 안보적 또는 종교적 정당화가 무엇이든 이스라엘의 인정사정 가리지 않는 정착촌 확대는 국제법 위반이다. 비록 효과는 없었지만 심지어 오바마 행정부조차 이스라엘에게 정착촌의 건설과 확대를 중단하라고 압박을 가했으며, 이스라엘을 평화를 가로막는 걸림돌이라고 지칭했다.

사회학자 하자르Lisa Hajjar는 팔레스타인점령지역에서 이스라엘 군사재판제도의 영향에 관해 연구했다.[18] 그녀는 군 규칙과 군식 '사법체계'가 팔레스타인 사람들의 이동을 제한하고, 주민을 체포, 구금, 모욕한다는 사실을 발견했다. 1967년부터 현재까지 웨스트뱅크와 가자지구의 팔레스타인 주민 350만 명 중 50만 명 이상이 군사법원에 의해 기소당했다. 현실은 지속적인 감시와 정상생활의 방해였다. 자신들이 아파르트헤이트(남아공의 인정차별정책)와 유사한 상황에 처해있으며 서서히 이뤄지고 있는 인종청소의 대상이 되고 있다고 생각하는 팔레스타인 사람들은 더욱 거세게 저항하였으며, 1987년부터 1991년까지 그리고 2000년에서 2005년까지 있었던 **인티파다** *intifadas*(봉기)처럼 폭력적으로 되기도 했다.

웨스트뱅크 및 가자지구는 10년 이상 경제적으로 큰 피해를 입었는데, 이는 국제무역으로부터 팔레스타인지역을 격리시키고 팔레스타인 사람들이 이스라엘에서 일하는 것을 가로막은 이스라엘의 의도적 정책이 초래한 결과이었다. 정치경제학자 로이Sara Roy는 통금과 여행금지를 실시하고, 토지를 몰수하고, 민간 인프라를 파괴하고, 수만 그루의 올리브나무와 감귤나무를 뽑아버린 이스라엘의 정책이 초래한 팔레스타인 사람들의 끔찍한 경제적, 사회적 상황에 대해 치밀하게 분석하였다.[19] 이스라엘은 팔레스타인 사람들의 테러행위와 타협거부가 이스라엘의 가혹행위를 유발했다고 주장한다. 2006년 이후 하마스가 장악한 가자지구에 대한 이스라엘의 봉쇄와 2008년 12월과 2009년 1월 있었던 이스라엘군대의 공격은 팔레스타인 주민의 3분의 2가 빈곤에 처하는 인재를 초래했다.

이스라엘-팔레스타인 분쟁이 하나의 동일한 지역에 대한 시온주의자들과 팔레스타인 민족주의자들의 결코 타협할 수 없는 대립적 주장에 뿌리를 두고 있다는 의견에 동의한다면 이스라엘-팔레스타인분쟁의 해결을 위해서는 따로따로 두 개의 국가를 수립하고 서로의 주권을 상호인정하는 방안 밖에는 없다. 1993년 오슬로협정으로 시작된 이스라엘과 팔레스타인해방기구의 평화협상에서 두 개의 국가 해결방안이 도출될 수 있을 것으로 예상되었다. 그러나 지금 많은 사람들은 만약 이스라엘이 정착민의 철수와 점령의 종식을 거부하고, 팔레스타인국가에게 해당 지역의 수자원과 국경, 영공의 관리를 허용하지 않는 경우 현실적으로 생존 가능한 팔레스타인국가를 세우는 것이 불가능하다고 주장한다.

억압(그리고 그에 대한 이슬람의 저항)의 탓

국내에서 일어나는 억압-테러-대게릴라전의 악순환 역시 지역분쟁의 원인이 된다. 이와 같은 끔찍한 악순환을 추동하는 행위자는 주로 지배적인 종족언어집단과 종교집단이다. 이들은 흔히 약한 집단이라 소수집단을 정복하고 '신화'를 통해 자신들의 폭력을 정당화하려 하지만 그 신화는 자기이익추구를 포장하는 것일 뿐이다.

여러 해 동안 세속적인 아랍정권들은 자신들이 퇴행적인 이슬람 근본주의자들 및 테러주의자들과 싸우고 있다고 주장하였지만 실제로 아랍의 봄은 아랍정권들이 그동안 억눌러왔던 공정한 대우와 자유에 대한 대중적 요구가 분출된 것이었다. 이라크 아비자이드John Abizaid 장군의 전 미국고문이었던 하심Ahmed Hashim은 이라크 내 종족집단 사이에 서로에 대한 증오가 급격하게 확산되고 있음을 발견했다. 수니파는 시아파를 "원시적이고 유치하다"고 생각하였고, 쿠르드족은 쿠르드 이외 모든 다른 종족을 경멸하였으며, 시아파는 수니파를 탄압자로 생각하고 쿠르드를 '오만한 배신자'로 생각했다.[20] 이와 같이 세상을 선과 악 두 가지로만 파악하는 시각은 투쟁의 본질이라고 할 수 있는 억압과 저항의 정치를 제대로 설명하지 못한다. 역사적으로 식민지배 및 외부세력으로부터 벗어나고자 하는 독립운동은 폭력을 사용했다. 쿠르드족, 사라위스, 팔레스타인 사람들은 민족자결의 국제규범을 언급하면서 현재 자신들이 억압당하고 있는 특정 영토에서 주권획득을 위해 싸우고 있다. 하마스와 헤즈볼라도 해방이라는 명시적 개념과 연관된 정치적 목표를 추구하기 위해 폭력을 사용한다. 하마스와 헤즈볼라가 그저 테러를 위해 테러를 사용한다거나 또는 외국 점령자들이 '우리의 자유를 싫어하기' 때문에 외국인 점령자를 공격한다는 식의 해석은 그저 편리하게 하마스와 헤즈볼라가 제시하는 목표를 무시하거나 깎아내리는 것일 뿐이다. 사회학자 틸리Charles Tilly가 언급했듯이 "제대로 이해하면, 테러는 전략이지 신념이 아니다."[21]

일부 이슬람주의자들은 '**서구중독**Westoxication'에 물든 문화적 신념을 가지고 있는 지배엘리트들과 싸우고 있다고 주장한다. 서구중독은 유해한 수입 서양문화와 제도에 대한 탐닉을 의미한다. 또 다른 사람들은 이슬람율법에 기초하여 자신들이 주장하는 보수적인 사회정책을 구현할 수 있는 권리를 추구한다. 수니파(또는 마론파 기독교인)에 당한 차별을 역으로 되돌려주려 하는 이라크와 레바논의 (그리고 일부 아라비아 반도의) 시아파는 인구 크기에 비례하는 정치권력을 주장한다. 정부와 점령세력이 상대측을 '테러분자'라고 지칭하든 민족주의적 반란세력과 **무자헤딘**이 상대측을 '국가 테러분자state terrorists'라고 부르든, 틀림없는 사실은 이들 모든 전투원들이 대부분의 경우 다른 무장한 전투원이 아닌 무고한 시민을 살상한다는 것이다.

합리적인 사람들은 극단 이슬람운동 집단 및 테러집단이 이슬람을 잘못 해석하고 있다는 데 동의할지라도, 이들 과격집단들은 정치적 도구로 종교를 사용한다. 역사적으로, 레바논(1975~1990년), 알제리(1992~2000년), 이라크(2003~2011년), 시리아(2011년 이후) 등에서 종교적 극단주의자들이 연루된 내전은 엄청난 손실과 수많은 실향민, 많은 생명 피해 등을 야기했다. 1970년대 이후 실업과 불평등의 확대로 인해 가난한 무슬림들이 전투원이 되었다. 반면에 이러한 급진적 운동을 이끄는 지도자들은 종종 중산층 출신으로 교육을 잘 받은(많은 경우 과학과 공학을 공부) 사람들이었는데, 이러한 사실은 그들 스스로가 부당하게 지배엘리트에서 제외되었다고 느끼는 사람이라는 것을 암시한다.

또 다른 분석수준에서 우리는 이들 집단이 이슬람세계 내부에서 일어난 생각의 변화를 반영한다고 생각할 수 있다. 지난 30년 동안 전투적인 이슬람운동은 지하드식 수사적 표현과 이슬람율법의 적용을 강조하는 매우 엄격한 이슬람해석을 널리 전파했다. 급진주의가 널리 확산되고 지지자를 끌어모을 수 있었던 이유는 무엇일까? 그 한 가지 이유로 1970년대 수백만 명의 아랍인들이 보수적이고 석유매장량이 풍부한 걸프지역 국가들로 이주했으며(종종 일시적으로), 그들은 좀 더 '근본주의적' 이슬람 시각에 노출되었다는 점을 들 수 있다. 둘째, 걸프지역 정부와 부유한 민간인들은 이슬람 세계 곳곳의 **마드라사스**madrasas(이슬람 학교) 및 자선 단체에 자금을 지원하였으며, 이들 무슬림학교와 자선단체는 때때로 광신적 애국주의 형태의 이슬람을 가르쳤다. 셋째, 세계화는 단지 자유주의 운동, 평화로운 운동뿐만 아니라 그와 정반대 운동에도 힘을 실어주었다. 어떤 면에서 극단주의는 미국, 유럽, 이스라엘 등으로부터 자국이 굴욕을 당하고 있다는 인식에 기초하는 반발이다.

그럼에도 불구하고, 중동·북아프리카MENA가 세계에서 유일하게 정치집단이 종교를 도구화 하고 있는 지역이라고 단정질 수는 없다. 파키스탄, 소말리아, 아프가니스탄 등에서 종교 또는 민족의 이름으로 행동한다고 주장하는 집단들 역시 끔찍한 갈등을 야기하고 있다. 미국국립대테러센터U.S. National Counter-terrorism Center에 따르면 2011년 전 세계 테러공격의 대부분이 일어난 것으로 기록된 15개 국가에서 발생한 테러공격 중 오직 27퍼센트만이 중동에서 발생했다.[22] 하지만, 국립대테러센터NCTC에 의하면 2011년 테러사건으로 인한 전 세계 사망자 수의 4분의 1이 이라크에서 발생했다.

국가간 수준에서의 협력

일부 국가가 불안정하지만, MENA시민들 대부분의 일상은 폭력으로부터 자유롭다. 실제로 이 지역에는 (비록 여성과 아동에 대한 가정폭력이 큰 문제로 남아 있지만) 범죄율이 높은 나라가 거의 없다. 그리고 1970년부터 2010년까지 정치적으로 안정을 누렸다. 즉, 단 한 명의 독재자(이란의 샤)만이 국민들의 손에 의해 쫓겨났고, 단 하나의 정권(이라크)만이 외부세력에 의해 전복되었다.[23] 지난 20년 동안 걸프협력회의Gulf Cooperation Council(다만 바레인 제외), 터키(쿠르드 지역 제

외), 이란, 모로코 등에서 대대적인 정치적 폭력은 **없었다**. 아랍의 봄이 유례없는 대중시위를 촉발했지만, 그로 인해 수천 명의 시민이 다치고 목숨을 잃은 곳은 오직 리비아와 시리아뿐이다. 그렇지만, 사람들이 어쩔 수 없이 살던 곳을 떠나 실향민이 되면서 심각한 불안정이 초래되었다는 것을 잊어서는 안 된다. 유엔난민기구United Nations High Commissioner for Refugees에 따르면, 300만 명의 이라크 사람들이 국내 다른 지역으로 피난을 가거나 인접국가에서 난민으로 살고 있다. 2013년 1월까지 거의 100만 명의 시리아 사람들이 고국을 탈출했다.

지속되고 있는 많은 형태의 MENA 내의 국가간 협력 및 MENA와 서구열강과의 우호적 관계는 지역분쟁에 관한 언론보도에 묻혀버린다. 거의 모든 중동국가들이 미국과의 안보관계로부터 언젠가 혜택을 받았던 적이 있다. 1787년 모로코와 미국은 친선우호조약을 체결하였다. 이 조약은 미국이 외국과 체결한 조약 중 깨지지 않고 가장 오랫동안 유지되고 있는 조약으로 오늘날에도 여전히 유효하다. 제1차 세계대전이 끝난 후 윌슨Woodrow Wilson 대통령은 민족자결을 주창했으며, 제2차 세계대전에서 미국은 북아프리카지역이 파시즘으로부터 해방될 수 있도록 도와주었다. 미국은 프랑스로부터 알제리의 독립을 지지하였으며, 수차례의 전쟁에서 이스라엘의 안보방위를 도와주었고, (EU의 지원을 받아) 사담 후세인의 점령으로부터 쿠웨이트를 해방시켜주었다.

의심할 여지없이 NATO는 NATO 창설국가인 터키의 안보를 지켜주었다. 1990년대 중반 이후 유럽연합EU은 남부지중해 국가들과 공식적인 안보협력을 추진했다. 2006년 이스라엘-헤즈볼라 전

쟁의 여파로 프랑스와 이탈리아는 레바논에 파병된 강력한 UN평화유지군에 앞장서서 참여했다. 프랑스, 영국, 미국은 리비아 반군을 소탕하려는 카다피의 노력에 맞서 싸우는 리비아 반군을 돕기 위해 카타르, 터키, 아랍에미리트와 연합했다.

중동국가 간의 협력은 주로 역사적 경쟁관례로 인해 아직 제대로 제도화되어 있지 못하다. 카이로에 본부를 두고 있는 아랍연맹Arab League은 주요 쟁점사안에 대해 쉽게 합의를 이루기 어려운 경쟁적 이해관계를 가진 여러 나라들로 이뤄져있다. 하지만 2000년대 들어서 아랍연맹은 아랍-이스라엘분쟁을 끝내기 위해 두 차례에 걸쳐 이스라엘에게 포괄적 평화계획의 수용을 제안했다. 아랍연맹은 NATO의 리비아개입을 승인했다. 2011년부터 아랍연맹은 시리아에서 적극적인 역할을 수행했다. 평화계획을 제안하였으며, 나중에는 알아사드Bashir al-Assad의 제거를 위한 국제적 지원에 참여했다. 가장 성공적인 지역 국제기구라고 할 수 있는 걸프협력회의GCC는 무역정책과 안보정책을 조율한다. 2011년 걸프협력회의는 시아파 봉기에 직면한 수니파 왕정을 돕기 위해 바레인에 군대를 파병했다.

인적 수준의 협력

일부 가장 강력한 협력은 국가간 인적 네트워크 내에서 일어난다. 개인수준에서 해외이주와 이중국적으로 인해, 수많은 중동 관찰자들이 생각하는 것보다 훨씬 더 미국과 유럽은 중동과 긴밀하게 연결되어 있다. 미국 인구조사국은 2010년 현재 외국에 태어난 미국인구 중에는 이란인 35만 6,000명, 이집트인 13만 7,000명, 이스라엘인 12만 7,000명, 레바논인 12만 1,000명, 터키인 10만 6,000명이 포함되어있는 것으로 추정하였다.[24] 프랑스의 대표적인 인구학자 프라그Philippe Fragues에 따르면 아랍국가와 터키출신 이민 1세대 800만 명이 유럽에 살고 있으며, 이에는 북아프리카인 500만 명과 터키인 300만 명이 포함되어 있다.[25] 예를 들면, 약 73만 8,000명의 모로코인이 스페인에 살고 있고, 110만 명의 알제리인이 프랑스에 살고 있다. 프랑스에서는 인구의 약 8~10퍼센트가 무슬림이며, 이들 대부분이 북아프리카 출신이다. 많은 이민자들은 1950년대에서 1970년대까지 일시적 '방문노동자guest workers(초빙노동자)'로 유럽에 들어왔지만 떠나지 않고 계속 머물면서 가정을 꾸렸다. 미국에서와 같이 많은 이민자는 일가친척과의 관계 및 송금을 통해 계속해서 모국과 관계를 유지한다 (본 장의 다음 절을 참조).

많은 미국시민이 중동지역에 살고 있고, 그곳에서 일을 하고 있으며, 미국 시민권을 취득한 많은 중동사람들이 자신이 태어난 나라의 시민권을 계속 유지하고 있다. 2008년 9월 현재 12만 4,000명 이상의 미군, 민간업체에서 일을 하고 있는 최소 3만 1,000명 이상의 미국시민, 1,000명의 대사관 직원이 이라크에 주재하였다. (역으로 미국정부는 2007년부터 8만 명 이상의 이라크난민에게 미국으로의 이주를 승인했다.) 2012년 초 현재 대체적으로 아랍정부의 동의 아래 3만 5,000명에서 4만 명의 미군이 페르시아만 지역에 주둔하고 있는 것으로 추정된다. 이스라엘과 헤즈볼라 사이에 전쟁이 발발했던 2006년 7월 당시 2만 5,000명 이상의 미국인이 레바논에 살고 있었다. 미군은 두려워하며 살 곳을 잃은 미국인 1만

5,000명을 대피시켰으며, 그 중 상당수는 이중국적자였다. 적어도 16만 명의 미국 국적의 유대인이 이스라엘에 살고 있는데, 이들 대부분은 귀환법Law of Return(세계 어느 곳에서 태어났든 이스라엘에 정착하고자 하는 모든 유대인들에게 시민권을 부여)에 따라 이스라엘 시민권을 획득한 사람들이다. 교육이 어떻게 서구의 시민과 중동의 시민을 하나가 되게 하는지에 관한 설명은 글상자 14.1 '국제교육과 중동'을 참조하라.

글로벌 경제와 교류: 통합 또는 소외?

MENA가 세계화를 '잘 쫓아가고 있는지' 또는 세계 다른 나라에 비해 상대적으로 '뒤처지고 있는지' 여부를 놓고 학자들 사이에서 치열한 논쟁이 벌어지고 있다. 이 절에서 우리는 이 지역의 경제과정에 관한 두 가지 가설을 설명하고자 한다. 첫 번째 가설은 MENA가 성공적으로 글로벌 경제에 통합되어가고 있고 지속가능한 미래를 준비하고 있다는 것이다. 두 번째 가설은 이 지역이 갈수록 경쟁력을 잃고 뒤처지고 있으며, 사회문화적 문제를 해결할 수 있는 고도성장 경제체제로 전환하는데 실패하고 있다는 것이다. 이 장의 뒷부분에서 논증하겠지만, MENA는 글로벌 경제와 수많은 형태의 관계를 맺고 있는 매우 다양한 지역이라고 할 수 있다.

석유, 산업, 성장

MENA 상당 지역의 경제성장은 탄화수소(주로 원유)와 관련이 있다. 1973년에서 1984년까지는 석유수출국가의 황금기로 소득이 극적으로 증가했다. 1985~1999년 인플레이션 조정과정에서 유가가 하락하였으며, 이 지역 전체의 성장률이 감소하였다. 그러나 2000년 이후 OPEC이 석유생산의 감산을 추진하고, 중국의 원유 수요가 증가한 결과 유가는 다시 오름세를 회복하였다. 2012년 말 현재 OPEC의 유가는 배럴당 108달러이다. 세계은행에 따르면 2000년으로부터 2007년까지 MENA(터키, 이스라엘 제외)의 성장률은 평균 5.1퍼센트이었으며, 이는 1970년대 후반 이후 최고의 경제성장률이었다. 글로벌 금융위기에도 불구하고 2009년에서 2010년까지 이란 및 아랍 국가(이라크, 리비아, 팔레스타인, 카타르, 아랍에미리트 제외)는 평균 거의 3.5퍼센트의 경제성장률을 기록했다. 상당 기간 지속될 것으로 보이는 석유와 가스 수익의 호전 덕분에 많은 국가들은 인프라 건설에 다시 착수하고 고용을 늘릴 수 있었다.

사우디아라비아는 에너지 집약 산업을 확대하는데 자국의 풍부한 탄화수소를 적극 활용하고 있는데, 이 산업은 보조금이 지원되는 국내 석유의 덕을 보고 있다. 사우디아라비아는 중국이 엄청나게 소비하고 있는 시멘트, 철강, 특히 석유화학제품을 중국에 수출하고 있다. 또한, 중동지역은 2011년에 미국의 원유 수요의 22퍼센트, 중국의 원유 수요의 51퍼센트, 일본의 원유 수요의 87퍼센트를 공급함으로써 세계경제에서 매우 중요한 역할을 했다.

일부 비석유수출국은 다양한 경로에 기초하는 나름의 성공적인 성장모델을 찾기 위해 노력하고 있는 것 같다. 예를 들어, 20년도 채 안 되는 짧은 시간 만에 두바이는 사막의 변두리 오지를 교통, 금융, 관광의 허브로 변모시켰다. (글상자 14.2

국제교육과 중동

다른 지역의 언어와 문화에 대한 시민들의 지식이야말로 정치학자 나이Joseph Nye가 패권국이 갖고 있는 '소프트' 파워의 원천으로 생각하는 것이다 (제9장 참조). 중동처럼 미국의 입장에서 중요한 지역의 기본언어를 — 아랍어, 페르시아어, 터키어— 배우거나 또는 해당 지역에 가서 유학하는 미국인이 거의 없다는 것은 놀라운 일이다. 2009년 미국 내 대학의 약 3만 5,000명의 학부생이 — 2002년 이후 수적으로 3배 증가 — 아랍어 과목을 수강하고 있지만, 이 숫자는 외국어 과목을 수강하고 있는 전체 학생의 단지 2퍼센트에 불과하다.[a] 부시행정부 2기는 정보기관 요원과 군인력을 대상으로 '전략적' 외국어를 교육을 시키는데 필요한 예산을 증액했지만, 그럼에도 매우 중요한 중동언어를 공부하는 정부 인력의 상당수는 유창한 수준 또는 의사소통이 가능한 수준에까지는 이르지 못하고 있다.

　외국문화에 대한 이해를 증진하는 또 다른 방법은 해외유학이다. 중동에서 유학하는 미국학생의 수가 9·11테러사건 이후 꾸준히 증가하고 있지만, 중동지역에 대해 현지에서 직접 배워보겠다고 나선 미국인의 수는 여전히 많지 않다. 2009~2010학년도에 중동 및 북아프리카 지역에서 유학하는 미국 학생의 수는 겨우 9,803명에 불과했다. 즉, 같은 기간 거의 27만 604명에 이르는 전체 미국유학생 중 대부분이 유럽과 라틴아메리카에서 공부하였으며, 중동에서 유학하는 미국학생의 비중은 겨우 3.6퍼센트에 불과했다.[b]

　미국은 — 유럽과 마찬가지로 — 지난 수십 년동안 고등교육을 받은 수많은 중동사람들을 미국대학에 유치하였다. 이들 학생들 상당수가 학부나 또는 대학원에서 교육을 마친 후 미국에 체류하면서 미국경제에 기여하고 있다. 국제정치 및 국제경제 동향이 중동의 어떤 나라가 얼마나 많은 학생을 미국으로 보내는가에 결정적 영향을 미친다. 1980년대 초 제2차 석유파동이 정점에 이르렀을 때 중동의 석유수출국은 과학과 공학을 공부하라고 (그리고 영어를 배우라고) 수많은 학생들을 미국대학으로 유학을 보냈다. 반면 9·11테러사건으로 인해 단기적으로 미국에서 공부하는 아랍 유학생의 수가 감소하였다. 아랍유학생들은 자신이 환영받지 못한다는 느낌을 받았거나 비자취득이 어려웠다. 2005년 당시 미국에서 공부하고 있는 사우디아라비아 유학생의 숫자는 단지 3,000명에 불과했다. 이는 미국의 안보이익이 미국의 또 다른 국익과 어떻게 상충되는지를 보여주는 예이다. 그러나 엄청난 석유수출 수익이 몇 년 만에 상황을 백팔십도 바꾸어놓았다. 2011~2012학년도미국에서 공부하고 있는 사우디아라비아 유학생은 3만 4,139명에 이르렀다. 이는 미국에서 공부하는 캐나다 학생의 수보다 많은 숫자이다. 또한 미국에서 공부하는 터키 학생은 1만 1,973명이었으며, 중동출신 유학생 전체 숫자는 약 7만 4,000명에 이르렀다.[c]

　미국이나 유럽에서 공부를 마치고 고국으로 돌아간 많은 중동사람들이 정부와 재계에서 중요한 자리를 차지하고 있다. 유럽과 미국은 이들 중 일부가 서양세계의 대리인이 될 수 있기를 바란다. 튀니지의 대통령 마르주키Moncef Marzouki는 프랑스의 스트라스부르대학에서 의학을 공부했다.

이집트의 대통령 무르시Mohamed Morsi는 서던 캘리포니아대학교에서 공학박사학위를 받았다. 그리고 카타르의 국왕 알-타니Sheikh Hamad bin Khalifa Al-Thani는 영국의 샌드허스트 육군사관학교를 다녔다. 아울러 영어를 사용하는 미국식의 대학들이 중동지역에 우후죽순으로 생겨나고 있다. 이 새로운 경향은 고등교육을 현대화하고자 하는 욕망과 자국의 국민들이 세계경제에 참여하는데 필수적인 언어와 기술능력을 습득해야할 필요성으로부터 촉발되었다. 아울러 수십 개의 서구 대학들이 아랍국가에 분교를 설립하거나 중동지역의 고등교육기관과 상호협력 협정을 체결하고 있다. 이러한 모든 교육관계는 장기적으로 서양세계와 중동이 상호협력과 이해를 촉진할 가능성이 있음을 보여준다.

참고문헌

a Nelly Furman, David Goldberg, and Natalia Lusin, "Enrollments in Languages Other Than English in United States Institutions of Higher Education, Fall 2009," December 2010, http://www.mla.org/pdf/2009_enrollment_survey.pdf.

b Calculated from data in Institute of International Education, "Host Regions and Destinations of U.S. Study Abroad Students, 2008/09 – 2009/10," Open Doors Report on International Educational Exchange, 2011, http://www.iie.org/opendoors.

c 다음을 참조하라. Institute for International Education, *Open Doors 2012 "Fast Facts,"* November 2012, at http://www.iie.org/Research-and-Publications/Open-Doors/Data/Fast-Facts.

'두바이: 아라비아의 라스베이거스' 참조.) 튀니지는 아시아 국가를 모방하여 수출주도 산업화전략을 채택하였다. 터키, 튀니지, 모로코, 이집트는 세계 수준의 관광산업을 갖고 있다. 비석유수출국들은 상대적으로 외채규모가 낮은 수준이고 미국의 서브프라임 주택시장에 노출되지 않았기 때문에 금융위기가 이들 국가에 심각한 타격을 입히지는 않았다. 그러나 이들 국가는 오히려 아랍의 봄 이후 수출감소와 관광 침체, 외자유치의 감소 등으로 인해 훨씬 나빠졌다. 세계은행에 따르면 2011년 이집트, 튀니지, 예멘, 시리아 등의 GDP는 마이너스 성장을 기록하였다.[26] 2012년 비석유수출국의 GDP 성장률은 평균 2.5퍼센트 수준으로 좋지 않았는데, 이는 부분적으로 유로존의 위기로 인해 수출이 타격을 입었기 때문이다.[27] 진짜 위험은 불안정한 상태의 지속이 경제회복을 방해할 것이라는 점이다.

이스라엘과 터키는 MENA의 다른 나라에 비해 가장 세계화된 나라이다. 이스라엘은 첨단무기를 비롯하여 대부분 첨단기술제품을 수출하는 다변화된 경제체제로 탈바꿈하는데 성공했다. 1990년대 미국의 과학기술 붐이 일어난 이후 100개 이상의 이스라엘기업들이 뉴욕증권거래소에 상장하여 상당 규모의 자본을 조달했다. 몇몇 이스라엘 기업은 글로벌 기업이다. 예를 들어, 테바는 세계 최대 복제의약품 제조회사이다. 또한 펩시콜라와 제휴하고 있는 이스라엘의 스트라우스 그룹은 무척 큰 대중적 인기를 누리고 있는 사브라 허머스Sabra Hummus 브랜드를 생산하고 있다. 이스라엘은 세계 어떤 다른 나라보다 국민 일인당 엔지니어, 과학자, 특허보유자의 비율이 가장 높은 나라이다. 이스라엘 사람들 사이에서 인기 있는 책인 『창업

글상자 14.2

두바이: 아라비아의 라스베이거스

두 세대 전에는 정치적 소란, 경제적 역동성, 문화적 매력 등 여러 측면에서 중동지역의 소위 '끝내주는' 곳은 다마스쿠스와 카이로였다. 한 세대 전 중동에서 관광과 무역이 활발하게 이뤄진 곳은 이른바 '중동의 파리'라고 불리는 베이루트였다. 오늘날 중동지역 전체에서 가장 역동적인 도시국가는 보수적인 아라비아반도에 위치한 작은 사막지역 두바이이다. 수완이 좋은 사람들을 위한 곳이며, 원대한 야망과 웅대한 계획에 열려있는 곳이다. 어떻게 낙후된 사막의 오지가 단지 30년 만에 가장 빠르게 성장하는 금융, 무역, 관광의 중심지가 될 수 있었나?

두바이는 느슨하게 연합하고 있는 아랍에미리트연합UAE: United Arab Emirates의 일곱 개 토후국sheikdom 중 하나이다. 두바이의 해안선은 45마일 밖에 안 된다. 1971년 UAE가 독립하기 이전 두바이 시는 주변의 베두인 사람들과 연관된 진주조개잡이 다이빙으로 알려진 조용한 마을이었다. 1960년대에 석유가 발견되었고, 당시 수장emir 알막툼time–Sheikh Rashid bin Said al Maktoum은 국제공항에 수익금을 투자했으며 주요 국제무역항을 건설했다.[a] 그는 고층건물과 호텔에 대한 투자를 장려하고 현대적 전화통신망을 구축했다. 그의 아들 — 부분적으로 통치가문 막툼의 일원 — 은 기본적인 인프라 건설에 막대한 정부자금을 투자했다. 매장량이 한정된 석유의 생산량이 빠르게 감소할 것임을 인식한 그들은 자유무역지대를 지정하고, 국제컨테이너 사업에 인센티브를 제공하고, 소득세 또는 법인세 면제를 보장했다. 그들은 글로벌 창고entrepôt의 비전을 가지고 세계 모든 회사들로부터 사업을 유치하였다.

세계를 향한 개방은 도시국가 두바이가 고속성장을 이룩한 여러 비법 중 하나에 불과했다. 개방만큼 중요했던 것은 에미리트 전역에 걸친 막툼가문의 개인적 투자와 국가소유에 대한 강력한 의존이었다. 어떤 저자가 언급했듯이 "두바이는 성공적인 국가 자본주의에 관한 대표적인 연구사례이다. … (막툼 가문이 지배하는) 도시국가는 통치자겸 CEO인 셰이크 모하메드Sheik Mohammed가 경영하는 거대 가족기업이라고 설명하는 것이 적절하다. 그는 투자, 미디어 및 호텔 기업뿐만 아니라 에미레이트 항공 등 두바이 주요 기업에 대한 확실한 비전의 소유자이다."[b]

그 결과 이민자가 증가했다. 아랍 뉴스시장에서 알자지라의 강력한 경쟁사인 알아라비야Al Arabiyya 위성TV 방송사의 본사가 두바이에 소재하고 있다.[c] 세계에서 가장 큰 두 개의 쇼핑몰, 두 개의 실내 스키장, 세계에서 가장 높은 건물(미국 엠파이어스테이트 빌딩보다 두 배 높다)인 버즈 두바이 등이 두바이에 있다. 최소한 두 개의 초대형 부동산개발이 해안가의 거대한 인공섬에서 진행 중에 있다. 그중 하나는 — 속칭 더월드The World — "대륙별로 전 세계 지역을 대표하는 수백 개의 인공섬으로 구성된다. 민간소유 섬, 리조트 섬, (그리고) 공동체 섬 등이 있게 된다."[d] 두바이 인구가 겨우 200만 명(주로 외국인)인데도 불구하고 2012년 한 해에만 930만 명이 두바이를 방문했다. 아울러 두바이는 80억 달러를 투자하여 알 막툼 공항을 건설하고 있다. 이 공항은 아마도 세계에서 가장 큰 여객 및 화물 항공 허브가 될 것이다.

두바이에서 우리는 중상주의적, 자유주의적, 구조주의적 힘이 합쳐지는 것을 볼 수 있다.[e] 국가는 투자와 정책을 통해 성장을 가능케 했다. 두바이의 규제 없는 라스베이거스 스타일의 경제가 갖는 이점을 누리기 위해 국제시장이 대거 몰려있다. 그러나 구조주의가 지적하듯이 이 사회 전체는 노조도, 정치적 권리도 없는 수십만 명의 가난한 아시아 노동자와 수천 명의 매춘부에 대한 착취에 기초하고 있다. 실제로 2007년 이후 글로벌 금융위기가 라스베이거스와 마찬가지로 두바이를 강타했다. 부동산가격이 폭락하고, 많은 대형프로젝트의 건설사업이 중단되거나 연기되었으며, 수많은 노동자가 두바이를 떠났고, 관광객은 눈에 띄게 줄어들었으며, 도시국가 두바이는 빚더미에 앉았다. 세계화와 두바이의 위험한 결혼이 이제 파경 직전에 놓인 것 같다.

참고문헌

a   Jeremy Smith, "Dubai Builds Big," *World Trade*, April 2005, p. 58.
b   William Underhill, "The Wings of Dubai Inc.," *Newsweek*, April 17, 2006, p. 34.
c   Lee Smith, "The Road to Tech Mecca," *Wired*, July 2004.
d   Tosches, "Dubai's the Limit," *Vanity Fair*, June 2006.
e   두바이 성공의 비결에 대한 개괄적 소개는 다음을 참조하라. Martin Hvidt, "The Dubai Model: An Outline of Key Development-Process Elements in Dubai," *International Journal of Middle East Studies* 41: 3 (August 2009), pp. 397–418.

국가*Start-up Nation*』에서 세노르Dan Senor와 싱어Saul Singer는 이스라엘의 이민정책, 개인주의와 평등주의의 독특한 결합, 병역의 효과 등과 같은 요인들이 이스라엘의 경제적 역동성을 추동한다고 보았다.[28]

2002년 이후 터키경제는 눈에 띄게 좋아졌다. GDP성장률이 연평균 5퍼센트 이상이다. 에르도안Recep Tayyip Erdogan 총리 정부 하에서 터키기업들은 중동 및 중앙아시아의 건설사업 및 교통사업에 집중적으로 투자하고 있다. 대유럽 주요 수출국 중 하나인 터키는 가전제품, 텔레비전, 의류, 철강 같은 공산품을 유럽에 수출하고 있다. 2011년 한 해 3,300만 명 이상의 외국관광객이 터키를 방문하였고 — 그 중 1,100만 명은 독일, 러시아, 영국 관광객 — 그 덕분에 터키는 240억 달러의 관광수입을 벌어들였다. 터키의 대표적인 정치경제학자 외니스Ziya Önis(또는 어니쉬)는 터키의 현재 개발단계를 '규제 신자유주의'로 설명한다. 대중으로부터 많은 지지를 받고 있는 여당인 '정의개발당'은 국영기업의 민영화와 같은 거시 경제개혁을 추진하고, 독립 국가기관의 자율성을 보장하고, 적극적으로 외국인 투자를 유치하고, 터키 대기업의 초국적화(해외시장의 확대 및 외국 다국적 기업과 협력관계 구축)를 독려하고 있다.[29] 외니스는 터키가 유럽연합이나 국제통화기금IMF의 도움에 의지하지 않고 금융위기를 무사히 헤쳐 나왔음을 강조한다. 세계경제의 새로운 '신흥 호랑이' 터키는 '젊은 인구구성, 지정학적 위치, 높은 수준의 기업가 정신, 양질의 인적자본' 등의 강점을 갖고 있다. 그러나 외니스는 향후 지속적인 성장을 위해서는 '자유민주주의의 심화'가 필요하다고 주장한다.

세계 다른 나라와 무역 및 투자

중동·북아프리카MENA국가들은 세계무역기구 및 각종 자유무역협정을 통해 글로벌 경제에 통합되고 있다. 전체적으로 현재까지 MENA의 가장 중요한 무역 및 투자 파트너는 유럽연합이다. 1995년부터 유럽연합은 아랍 지중해국가들에 대한 시장개방, 수십억 달러의 원조, 유럽 투자은행의 수십억 달러 대출 등의 제공을 통해 자신의 소프트파워를 활용하기 시작했다. 중국, 일본, 인도, 미국 역시 MENA 국가들의 주요 무역대상국이다. 미국은 요르단과 모로코 등의 가까운 MENA 동맹국 5개 나라와 양자간 자유무역협정을 체결했다. 이 지역 국가는 미국산 기계, 항공, 자동차, 곡물, 엔지니어링 서비스 등의 주요 수입국이다. 마이크로소프트, 시스코, 벡텔, 보잉, 제너럴일렉트릭 등과 같은 기업에게 있어서 MENA는 2011년부터 급격히 커지고 있는 시장이다. 이들 기업들은 새로운 인프라 사업의 공급, 건설, 운영에 관한 계약을 많이 수주하고 있다. 그러나 유로존 위기와 글로벌 금융위기, 아랍의 봄의 효과가 중첩적으로 작용하면서 MENA에 대한 유럽연합의 순외국인투자 규모는 50퍼센트 이상 — 2008년 300억 달러에서 2012년 단지 140억 달러 — 감소로 이어졌다.[30]

또한 중동국가들은 미국산, 유럽산, 러시아산 무기의 주요 수입국이다. 1996년부터 2003년까지 미국의 중동국가와 무기거래 계약규모는 350억 달러에 달했다. 2004년부터 2008년까지 중동정권이 구입한 재래식 무기의 50퍼센트 이상을 미국이 공급했다. 2011년 미국은 사우디아라비아에 전투기 154대를 300억 달러에 판매하기로 합의했다. 마르크스주의 경제학자 닛잔Jonathon Nitzan과 비츨러Shimshon Bichler는 전쟁이 일어나게 되면 유가상승으로 수익성이 향상되기 때문에 미국의 무기판매상 'Arma-Core'과 미국석유회사 'Petro-Core'는 중동지역에서 전쟁이 주기적으로 발발하는 것에 공동의 이해관계를 가지고 있다고 주장한다.[31] 다시 말해, 전쟁으로 인해 유가가 상승하는 경우 중동국가들은 부득불 더 많은 무기를 구입하는데 뜻밖의 횡재를 사용한다. 그로 인해 무역은 늘어나지만 MENA의 경제성장에 반드시 좋은 것은 아니다.

중동의 석유수출국은 석유수익의 일부를 주식시장에 투자, 부동산의 구입, 서구은행에 예금 등과 같은 여러 다양한 형태로 다시 석유수입국으로 순환시킨다. 1970년대에 처음으로 등장한(제8장 참조) 이와 같은 **오일달러의 순환**petrodollar recycling은 2000년 이후 급격하게 늘어났으며, 일부 MENA국가의 경제적 부가 국제금융시스템과 긴밀히 연결되었다. 세계 항만시설을 관리하는 회사인 두바이 소재 두바이포트월드Dubai Ports World는 해외 서비스에서 중동의 역할이 더욱더 커졌음을 보여주는 좋은 예이다. 자원이 풍부한 국가의 정부가 관리하는 대규모 투자풀investment pool(집단투자체)인 **국부펀드**SWFs: sovereign wealth funds가 중동국가 역외투자의 상당 부분을 주도하고 있다. 2012년 기준으로 아부다비, 사우디아라비아, 쿠웨이트, 카타르 등이 관리하는 국부펀드가 전 세계적으로 약 1조6천억 달러 규모의 자산을 관리한다. 예를 들어, 카타르의 국부펀드는 유럽에서 가장 높은 빌딩인 런던의 샤드Shard를 소유하고 있다. 2007년 금융위기가 발생하였을 당시

MENA국부펀드는 서양세계의 은행 및 회사에 수백억 달러를 쏟아 부었다. MENA국부펀드는 바니스뉴욕을 매입하였으며 다임러(메르세데스 벤츠 자동차 제조회사), 폭스바겐, 바클레이즈은행, 메릴린치, 씨티그룹, 뉴욕의 크라이슬러빌딩 등의 많은 지분을 사들였다. 당시 유동성이 무척 필요하였지만, 그럼에도 미국과 EU의 일부 정치인은 — 이미 OPEC석유에 대한 의존을 걱정하던 — MENA정부가 서양세계 국가에 대한 정치적 영향력을 획득하고 잠재적으로 국가안보를 위협하는데 국부펀드를 사용할 수 있다고 우려하였다.

또한 **해외송금**remittances — 외국인 노동자가 고국의 집에 보내는 돈 — 덕분에 유럽 사람들과 중동 사람들은 긴밀하게 연결된다. 북아프리카국가들은 국제수지를 개선하고 서민들의 부족한 소득을 보충하는데 유럽에서 일하는 노동자가 보내는 연간 수십억 달러의 송금에 의존한다. 1960년대 이후 유럽에서 일하는 터키 노동자들은 적어도 750억 달러를 터키에 송금하였으며, 그 덕분에 터키에 있는 많은 가족들이 경제적 안정을 누릴 수 있었다. 유럽, 아랍국가, 북미 등에 거주하는 이집트인들이 2011년 140억 달러, 2012년 180억 달러를 이집트에 송금했다. 레바논은 2011년 해외거주자로부터 75억 달러를 송금 받았는데, 이는 무려 레바논GDP의 20퍼센트에 해당하는 금액이다. 송금이 없다면, 노동력 수출국은 경상수지적자의 극심한 악화에 직면할 것이다.

걸프협력회의 국가의 세계화

걸프협력회의GCC: Gulf Cooperation Council 회원국 6개 나라 — 사우디아라비아, 아랍에미리트, 쿠웨이트, 오만, 바레인, 카타르 — 는 석유수출과 국부펀드를 통해서 뿐만 아니라 자신들의 노동시장을 통하여 세계경제에 깊숙하게 통합되어있다. 자국 주민과 더불어 외국인 노동자들이 있는데, 이들 외국인 노동자는 6개국 전체 노동인력의 70퍼센트를 차지하고, 2011년 6개국 전체 인구 470만 명 중 거의 절반을 차지한다.

외국인들은 주로 어느 나라 출신인가? 1970년대 오일 붐 기간 동안 전체 이주 노동자의 4분의 3은 다른 아랍국가로부터 이주해왔다. 2004년 외국인 근로자의 단지 3분의 1만이 아랍인이었고, 인도, 파키스탄, 방글라데시, 필리핀 등 아시아인이 점점 더 늘어났다. 하지만 2000년 이후 오일 붐으로 인해 아랍노동자에 대한 수요가 증가하고 있다.

걸프협력회의GCC 회원국은 국제화된 노동인력의 기술과 낮은 노동 비용으로부터 혜택을 얻고 있지만, 이 지역의 왕족은 외국인 노동자에 대한 지나친 의존에 따른 정치적, 문화적 위험성에 대해 갈수록 점점 더 우려한다. 외국인 노동자의 불만은 파업과 소요로 이어졌다. 육아도우미 및 가사도우미로 일을 하는 아시아 여성은 종종 고용주에 의한 신체적, 성적 학대에 대해 불만을 토로한다. 걸프지역 지도자들은 아시아인 외국 육아도우미가 양육하고 가르치는 아이들이 아랍 정체성 및 이슬람 정체성을 잃게 되는 것을 우려한다. 또한 걸프지역 지도자들은 상당수의 불법체류자 및 정치적으로 외국에 충성하는 '나라 없는' 거주자들에 대해 우려하고 있다.

걸프협력회의 회원국이 아닌 나라들 역시 일반적으로 국내노동자에 비해 상대적으로 좀 더 손쉽게 이용할 수 있는 외국인 노동자에 의존하고 있다.

미국 전미노동위원회NLC: National Labor Committee 의 광범한 조사에 따르면, 수만 명의 방글라데시, 중국, 인도 출신의 단기체류 '방문 노동자'가 보세 의류를 미국으로 수출하는 요르단의 섬유공장에서 일하고 있다.[32] 많은 이들 회사(주로 아시아인 소유)는 월마트, 타겟, L.L.빈, 기타 미국 소매유통 업체에 제품을 납품하고 있는데, 이들 회사의 노동 자들은 흔히 전미노동위원회NLC가 강제노동에 해 당한다고 주장하는 노동착취공장sweatshop의 상황 에서 착취당하고 있다. 이웃한 걸프협력회의 회원 국과 마찬가지로 요르단은 아시아 노동자(특히 중 국인 노동자)의 수입이 수출증대에 큰 도움이 된다 는 것을 깨달았다. 현재 알제리에는 고속도로와 철 도, 공공주택을 건설하고 있는 4,000명 이상의 — 알제리에 거주하는 전체 외국인의 거의 절반에 해 당 — 중국인 노동자가 체류하고 있다. 2012년 5 월 알제리의 수도 알제에서 한 중국 건설회사는 무 려 12만 명이 동시에 예배를 볼 수 있는 세계에서 세 번째로 큰 대규모 모스크의 건설공사에 착수했 다. 노조에 가입하지 않은 수많은 외국인 노동자의 존재가 중동국가의 시민사회 내에서 노동운동의 발전을 저해하고 있는지도 모른다. 외국인 근로자 역시 아랍의 봄의 혼란으로 인해 피해를 입었다. 즉, 리비아의 외국인 근로자 50만 명 이상이 — 대 부분 튀니지인과 이집트인이 — 리비아를 떠났다.

낙후 논제

중동·아프리카MENA가 세계경제에 성공적으로 통합되고 있는 것처럼 보임에도 불구하고, 현대화 하고 있는 다른 국가들에 비해 상대적으로 뒤쳐져 있으며, 글로벌 위계질서 속에서 상승하는데 실패 하였다는 강력한 반론이 존재한다. 많은 나라의 경우 여전히 효율성이 떨어지는 국영기업과 수익 을 내지 못하는 공공은행이 경제를 여전히 장악하 고 있다. 갈등의 주기적 발생과 산업의 활력 부족 이 외국인투자 유치를 저해한다. 아랍 사회과학자 연구팀이 이러한 문제에 대한 설득력 있는 분석인 "아랍 인간개발보고서 2002 *Arab Human Develop- ment Report 2002*"를 발표했는데, 이 보고서는 지 식, 자유, 여성의 권리 측면에서 아랍 MENA국가 들이 세계 다른 나라에 비해 뒤떨어져 있기 때문 에 손해를 보고 있다고 밝혔다.[33] 최근 UN헤비타 트는 급격한 도시화로 인해 주택 부족 및 심각한 물 부족 등의 문제가 더욱 악화되고 있음을 확인 했다. 농업을 방치한 결과 MENA지역에서 필요 한 식량의 절반가량을 식량수입에 의존하고 있는 데, 이는 MENA국가들이 세계 식량가격의 인상 에 취약하다는 것을 의미한다.[34]

역사적 유산의 도전

이 지역의 일부 과거 유산이 이 지역의 세계화에의 적응을 방해하는 것 같다. 앞서 언급한 바와 같이 식민지 세력은 불행한 유산을 수없이 많이 남겨놓 았다. 일부 국가의 경우, 석유, 면, 인산염 등과 같 은 단일 수출상품에 대한 지나친 의존으로 인해 경 제다각화가 지연되고 있다. 식민지 지배는 교육기 회를 가로막고 토착 민간부문의 성장을 억눌렀다.

독립 후 많은 국가가 개발정책을 채택하였는데, 개발정책은 단기적으로는 도움이 되었지만 1980 년대에 이르러서는 결국 그 유용성이 사라지고 말 았다. 농업개혁과 토지 재분배로 인해 농업생산성 이 떨어졌다. 높은 관세장벽이 효율성이 떨어지는 국내기업을 온존시켰다. 정부보조금, 가격통제, 과대평가된 통화 등 이 모든 것이 자원의 잘못된 분배를 초래했다. 그럼에도 불구하고 1950년대와 1960년대 이스라엘, 시리아, 이란 등과 같은 중동국가의 성장률은 놀랄만큼 아주 높은 수준이었으며, 대부분의 중동국가는 문자해득률과 보건을 극적으로 향상시켰다. 1970년대에는 석유수입에 힘입어 또 한 번 급속한 성장을 기록했다.

신자유주의와 경제개혁이 세계 곳곳을 휩쓸기 시작한 1980년대 초, 개발문제는 중대한 국면에 접어들었다. 1980년부터 2000년까지 MENA(이스라엘, 터키 제외)의 1인당 GDP가 **전혀 증가하지 못한** 반면, 동기간 동아시아국가의 일인당 GDP는 매년 평균 4.1퍼센트씩 증가했다.[35] 서양세계 민간투자는 MENA를 건너뛰어 라틴아메리카와 아시아로 집중되었다. 미국기업이 중동국가에 아웃소싱한다는 신문기사를 여러분이 마지막으로 읽은 것이 언제쯤인가? 1983년 유가가 요동치기 시작하자 MENA지역 국가들은 외채 이자상환에 어려움을 겪었다.

2002년부터 유가의 회복(인플레이션 조정)이 많은 중동국가의 경제성장에 도움이 되었다. 그러나 오늘날 아랍의 봄은 금융위기 이전 늘어난 일인당 국내총생산을 위협한다. 2008년 이후 일인당 국내총생산의 증가세가 둔화되었으며, 2011년과 2012년에는 마이너스로 돌아섰다. 2012년 MENA의 청년실업률은 28퍼센트였다. 국제노동기구ILO: International Labour Organization에 따르면 2012년 북아프리카 및 중동지역의 전체 실업률은 각각 10.3퍼센트와 11.1퍼센트로 세계 다른 지역의 실업률에 비해 상대적으로 높은 편이었다.[36] 이집트나 튀니지와 같은 나라의 새로 선출된 정부는 사회취약계층의 경제상황을 개선하려 하는데 매우 힘든 시기를 겪을 것으로 예상된다.

2012년 중반을 기준으로 여전히 세계 전체 국가 중 오직 소수의 국가만이 세계무역기구WTO에 가입하지 않았는데, 놀랍게도 이들 국가 대다수는 MENA 국가이다. 즉, 알제리, 이란, 이라크, 예멘, 시리아, 수단, 리비아, 레바논 등이 세계무역기구에 가입하지 않았다. 또한 대체적으로 MENA는 평균적으로 높은 관세를 유지하고 있다. 이는 이 지역의 많은 정권들이 국제무역 규정의 신속한 수용을 꺼리고 있음을 단적으로 보여준다. MENA는 수출의 다각화를 추진하지 않았다. 대미수출상품의 80퍼센트가 석유와 가스, 광물이다. 무역개방이 장기적으로는 이익을 가져올 수 있지만, 단기적으로는 부정적인 정치적 결과를 야기할 것이다. 많은 아랍기업의 제품은 — 특히 섬유 및 소비제품 — 유럽산이나 중국산 제품과 경쟁하기 어렵다.

놀랍게도 (비록 걸프협력회의 회원국들이 다른 아랍국가의 주요 투자국이지만) MENA국가간 역내무역은 거의 없는 편이다. 아랍국가의 주요 수출 대상국은 선진국이고, 또 아랍국가가 필요로 하는 주요 제품은 아랍 역내에서 생산되고 있지 않다. 여전히 과거 전쟁과 역사적 원한이 지역 통합을 가로막는 주요 걸림돌로 작용하고 있으며, 아랍국가들은 역내 이웃국가 대신에 서양국가 및 중국과 무역 및 경제협력을 모색한다.

사회적 문제

중동이 다른 나라의 경제발전을 따라잡지 못하는 문제의 원인을 여성 인적자원의 낮은 활용과 같은 사회문화적 요인의 탓으로 돌리는 주장이 갈수록 더욱더 인기를 얻고 있다. 전 세계적으로 아랍 걸프지역 국가들처럼 여성 고용비율이 매우 저조한 나라는 거의 없다. 전체 노동자 중 시민권을 가진 여성의 비율은 겨우 10퍼센트 미만에 불과하다. 심지어 알제리와 이란처럼 인구가 많은 큰 나라조차 상대적으로 낮은 여성 고용률을 기록하고 있다. 2012년 기준으로 MENA 남성의 4분의 3이 일을 하고 있지만, 여성은 단지 4분 1미만이 일을 하고 있다.

그러나 중동지역에 기업가 정신의 문화가 부족하다는 주장은 옳지 않다. 특히 이스라엘, 레바논, 터키, 모로코 등에서는 민간부문의 경제적 역동성이 매우 높다. 이는 어쩌면 이들 국가에서 해외 다른 지역으로 이주한 대규모 이민사회가 세계 곳곳에 존재하며, 이들 이민사회는 '고국'의 협력업체와 견실한 통상 및 투자 관계를 구축하고 있다는 사실이 어느 정도 그 이유일 수 있다.

이 지역 최악의 경제체제는 예멘과 가자지구이다. 예멘과 가자지구는 전쟁과 만연한 빈곤을 조만간 극복하기는 매우 어려울 것이다. 예멘은 대규모의 가난한 농촌인구를 가지고 있다. 예멘남성 대부분이 습관적으로 가벼운 마약 카트qat를 씹고 있는데, 그로 인해 생산성이 낮고 가계는 궁핍한 상황에 처해있다. 그리고 결코 자국 영토를 강력하게 통치해본 적이 없는 예멘정부는 아랍의 봄 이후 심각한 수준의 반정부 무장투쟁에 직면하고 있다. 가자지구는 또 다른 문제에 직면하고 있다. 2007년 이스라엘에 의한(그리고 이집트가 지원한) 봉쇄는 식량과 생필품을 제외한 모든 교역의 급격한 감소를 초래했다. 2010년부터 제한이 일부 풀렸지만 주민의 80퍼센트가 식량원조에 의존하는 이곳 가자지구의 경제재건에는 큰 도움이 되지 못했다.

민주주의의 문제

1970년대부터 1990년대까지 세계 대부분 지역을 휩쓸었던 민주화의 '제3의 물결'로부터 아랍국가들은 무관했다. 2011년까지 MENA국가들 중 이스라엘과 터키만이 유일하게 선거 민주주의를 실현하였지만, 심지어 이스라엘과 터키의 정치체제 역시 서구의 '자유주의적' 모델과는 달랐다. 이란의 신정체제는 선거결과를 조작하였던 2009년 대통령선거 이후 MENA지역에서 맨 처음으로 대규모 민주화운동에 직면하였다. 개혁파에 대한 잔인한 탄압을 통해 정권의 정통성에 대해 심각하게 문제를 제기하는 시위를 가라앉혔다. 그러나 예기치 않은 아랍의 봄의 등장으로 인해 아랍세계는 새로운 정치적 격동기로 접어들었다.

이 지역 대부분의 국가들이 권위주의체제를 그토록 오랜 세월 유지하고 있는 이유를 어떻게 설명할 수 있을까? 그리고 새로운 신생정권이 많은 시위대가 희망하는 역동적인 민주주의 국가가 될 것인지 또는 그렇게 되지 않을 것인지 여부를 좌우하는 결정적 요인은 무엇인가? 학자들은 역사적으로 이 지역의 민주화를 제약하였고 어쩌면 아직도 정치적 자유를 향한 노정을 가로막고 있는 4가지의 주요 구조적 요인을 찾아냈다. 즉, 서양세계, 석유, 약한 시민사회, 이슬람 등이 그것이다. 우리는 아랍의 봄이 어떻게 진행되었고 어떤 방향으로 전개되었는지에 관해 설명할 때 4가지 구조적 요인을 각각 살펴볼 것이다.

대의제 정부의 확산을 가로막는 잠재적 장애물

유럽과 미국은 이 지역에서 권위주의정권이 사라지지 않고 있는 것에 대한 책임으로부터 일정부분 자유롭지 못하다. 결국 유럽열강들은 이 지역을 식민지화하였으며, 수많은 '인위적인 국가artificial state[i]'를 세웠다. 컬럼비아대학교의 역사학자 칼리디Rashid Khalidi는 19세기 말과 20세기 초 유럽열강이 중동지역에 진출했을 당시 입헌정치와 법치의 실현을 추구하던 초창기 토착민들의 운동을 사실상 중단시켰다고 주장한다. 제2차 세계대전 이후 미국은 석유의 안정적 확보 수단으로 이란과 아라비아반도의 비민주적인 왕실과 긴밀한 유대관계를 수립하였다. 냉전체제 하에서 미국은 반공지도자를 지원하였으며, 1953년에 발생한 이란의 **쿠데타**를 뒤에서 조정하기도 했다. 소련의 팽창주의에 대한 공포 때문에 미국은 가까운 동맹국의 독재자를 도와주었으며 독재자의 인권침해 행위에 대해서는 외면했다. 2011년까지 미국은 자신의 중동지역 동맹국 내부에서 일어난 이슬람정당에 대한 탄압을 모르는 척 묵인하였다.

아랍의 봄이 발생하자 서양세계 일반대중과 정부 사이에 존재하는 엄청난 간극이 불거졌다. 유럽과 미국의 일반시민들은 매일 밤 텔레비전을 통해 방송되고 소셜미디어를 통해 인터넷에서 급속히 확산되고 있는 역사적 장면을 보고 무척 놀랐다. 베를린장벽의 붕괴 때처럼 아랍의 봄은 마침내 보통사람들이 자유를 요구하는 것으로 보였다. 서양세계의 시민들은 정치적 타성을 일소하는 직접행동의 힘을 머릿속에 떠올렸다. 그러나 처음에 오바마 행정부와 프랑스정부는 이 지역의 친구와 군사엘리트를 포기하기를 주저했다. 나중에 미국정부 및 프랑스정부와 EU지도자들은 튀니지, 이집트, 예멘, 리비아의 민주화를 지원하였지만, 무참히 진압당하는 바레인 시위대에 등을 돌렸다. 또한 서양세계 지도자들은 모든 군주체제나 이라크와 알제리에게 인권을 존중하고 반정부 정치세력을 공정하게 대하라고 압력을 가하지도 않았다. 비판자들은 바로 이야말로 민주주의 문제에 대한 서양세계의 여전히 위선적인 태도를 반증한다고 주장한다. 즉, 불량정권의 타도를 지지하고 몇몇 국가의 정치적 변화를 수용하였지만, 종전과 다름없이 통치왕가와 긴밀한 유착관계를 그대로 유지하고 있다. 이라크침공과 리비아 목표 폭격, 시리아반군에 대한 무기 및 병참 지원 등 서구열강이 민주화의 변화를 유도하기 위해 군사적 수단을 사용하자 결과적으로 의도치 않게 국내 분파세력 간에 내전이 촉발되었으며, 이는 안정적인 민주주의의 실현 가능성에 대한 전망을 어둡게 하였다.

정치적 변화를 가로막는 또 다른 주요 원인으로 석유에 대한 의존을 들 수 있다. 학자들은 정부재정수입의 상당 비율이 석유수출에 대한 과세에 의존하는 나라를 설명하는데 **지대국가**rentier state라는 용어를 사용한다.[37] 이란, 이라크, 리비아, 알제

---

i 〈역자 주〉 유럽제국주의 열강들은 오랜 세월 유지되었던 종족/인종의 지리적 영역의 경계를 무시한 채 자기들 끼리 협의하여 지도를 놓고 임의로 금을 그어 아프리카 식민지를 나눠가졌다. 그 결과 오랜 세월 함께 했던 종족/인종이 갈라져서 각기 다른 식민지 국가에 속하게 되거나, 또는 어떤 한 식민지 국가 내에 이질적인 여러 종족/인종이 함께 속하게 되었다. 향후 식민지 경계가 그대로 독립한 신생국가의 국경선이 되었기 때문에 특히 후자는 신생독립국가 내부의 서로 다른 종족/인종 간의 갈등과 분열의 씨앗이 되었다. 예를 들면, 영화 〈호텔르완다〉로 잘 알려진 르완다에서 일어난 후투족의 투투족에 대한 대량학살이 대표적인 사례이다.

리, 걸프협력회의GCC 국가 등이 지대국가의 개념에 딱 들어맞는 경우에 해당한다. 이들 국가는 자국 국민에게 높은 세금을 부과할 필요가 없기 때문에 정치적 대표성에 대한 요구가 그다지 높지 않다. 석유는 정치적 충성을 돈으로 매수하고 정치적 종속을 강화하는 소수의 엘리트들의 손에 자원을 집중시킨다. 리비아를 제외하고 아랍의 봄 기간 동안 독재정부가 전복되거나 전복에 직면하였던 나라들 모두는 석유 및 가스의 수출이 많지 않은 나라였다는 사실이 이러한 설명을 뒷받침해준다. 즉, 튀니지, 이집트, 에멘, 바레인, 시리아 등이 그에 해당한다. 석유판매 수익을 관리하고 있는 정부가 민주화의 물결을 잘 피하고 견뎌냈다는 사실은 일종의 '검은 금black gold(원유)'의 저주라고 얘기할 수 있다. 반면 아랍의 봄에 큰 영향을 받지 않은 비석유수출국(이스라엘, 터키, 모로코, 요르단, 레바논)은 민주주의 국가이거나 또는 이미 상당한 수준의 정치적 다원주의를 실현하고 있는 나라들이다.

또한 약한 시민사회는 미국의 민간단체 프리덤하우스Freedom House가 전 세계 모든 국가를 대상으로 매년 평가하는 정치적 자유 및 시민적 자유 등급에서 MENA지역 많은 국가가 낮은 점수를 받고 있는 이유를 설명해준다. 시민사회는 역사적으로 자유화를 추동한 세력인 민간기업, 언론, 노동, 자원봉사단체 등과 같은 자율적 사회집단들로 구성된다. MENA(이스라엘과 터키 제외)에서 이들 사회집단은 상당한 수준의 법적 제약에 직면하고 있으며, 종종 장기간에 걸친 정부와의 대립에 필요한 자금을 충분히 확보하고 있지 못하다. 또한 여성의 취업에 대한 높은 장벽과 종교기관에서 여성의 리더십 역할 부재가 강한 대표성을 갖는 시민사회의 출현을 막아왔다고 주장할 수 있다.

아랍의 봄은 한편으로 강한 시민사회가 가져다주는 이익과 다른 한편으로 시민사회가 약한 경우의 위험을 동시에 보여주었다. 이집트와 튀니지에서 중산층의 성장과 강력한 노조가 민주화의 토대를 형성했다. 더 나아가 2011년 10월에 튀니지에서 자유경쟁선거를 통해 선출된 제헌의회 전체 의석의 거의 23퍼센트를 여성의원이 차지하였다. 이는 놀랍게도 미국의회나 영국의회의 여성의원 비율보다 더 높은 비율이다! 반면에 리비아, 예멘, 시리아 등 매우 약한 시민사회를 가진 나라에서 사람들은 정치적 격변기 동안 부족이나 종족, 종교적 정체성을 추구했으며, 그 결과 민주주의가 실현될 가능성에 비해 내전이 발생할 가능성이 상대적으로 좀 더 높았다.

MENA에서 민주주의가 허약한 것에 대한 종교적, 문화적 설명은 꽤 많이 있지만, 주의해서 보아야만 한다. 가부장제를 재확인하고, 소수민족의 권리를 무시하고, 세속적인 사상을 평가절하 하는 무슬림이 압도적으로 많은 국가의 정치문화가 정치경쟁에 우호적이지 못한 환경을 조성할 수 있다. 정부는 종종 이슬람주의자들이 '한 사람, 한 표, 한 번'을 믿는 비민주적인 세력이라고 주장한다. 다시 말해, 이슬람주의자들은 선거가 자신에게 이로운 경우 자유선거 주장에 대해 지지하지만, 일단 권력을 잡은 후에는 이슬람율법을 가혹하게 집행한다. 그러므로 권위주의체제(그리고 세속 정당)는 이와 같은 비민주적 운동이 민주적 수단을 통해 권력을 잡도록 허용해서는 안 된다고 주장한다. 중동에 대해 가벼운 관심만을 가진 관찰자들은 이슬람정당이 폭력과 반(反)서구주의에 치우쳐 있다고 믿는 경향이 있다. 하마스와 헤즈볼라, 알카에다와 연결된 테러집단, 이라크의 군벌 등은 법치를 파괴하는 수많은 폭력행위를 자행하고 있다.

그럼에도 불구하고 무슬림형제단과 같은 가장 큰 '주류' 이슬람운동 대부분은 세계 곳곳에서 정당처럼 행동하며, 선거승리와 사회개혁을 위해 대연합을 형성하려고 한다. 이슬람운동의 지도자들은 이슬람 언어에 의지하지만, 현대적 정치가이다. 이슬람운동 대부분이 성(性) 문제에 대해 매우 보수적인 입장을 갖고 있고 서양의 해당 정책에 대해 실망을 표하고 있지만, 이슬람운동은 빈번하게 자유선거, 법의 지배, 사회적 형평성을 약속한다. 1980년대 이후 국가가 사회계약을 파괴하면서 남긴 커다란 빈틈을 이슬람운동이 주도하는 민간복지프로그램이 대신 메웠다. 이슬람운동의 지도자는 일반적으로 현대국가를 통치하는데 요구되는 기술적, 조직적 능력을 보유하고 있다.

아랍의 봄은 우리에게 중동지역에서 민주주의체제가 싹트는 데 있어서 온건 이슬람주의자들의 역할을 평가할 수 있는 독특한 기회이다. 이집트에서는 무슬림형제단의 자유정의당이 2012년 1월 선거에서 전체 의석의 47퍼센트를 차지했다. 자유정의당의 무르시Mohamed Morsi 후보가 2012년 5월 대통령선거에서 승리했다. 그러나 이집트 최고군사위원회는 권력을 강화하였으며, 주요 정치적 결정을 장악하기 위해서 아마도 오래 지속될 이슬람주의자들과의 투쟁에 돌입했다. 튀니지에서 오랫동안 억압당했던 가누치Rachid Ghannouch가 이끄는 온건 이슬람정당인 엔나흐다Ennahdha가 2011년 10월 제헌의회 구성을 위한 선거에서 41퍼센트를 득표했다. 엔나흐다는 다른 두 좌파정당과 함께 연립정부를 구성하였으며, 주로 경제개혁과 헌법제정에 집중하였다. 리비아 일반인민의회를 구성하기 위한 2012년 7월 선거에서 리비아의 이슬람정당들은 자유주의 정당과 무소속 후보들에게 참패하면서 초라한 성적을 거두었다.

이집트, 튀니지, 리비아의 결과로부터 이슬람주의자들과 관련하여 세 가지 방향으로 향후의 변화가 가능하다는 것을 볼 수 있다. 즉, 의회의 지배, 연합을 통한 정부에서의 주도적 역할, 공식적인 정치로부터 소외 등이 그것이다. 향후 어떤 방향으로 추세가 쏠릴 것인지 판단하기에는 다소 이른 감이 없지 않아 있지만, 우리는 많은 국가의 이슬람주의자들이 민주적 규범과 절차에 적응할 것이라는 점에 대해서는 확신 할 수 있다. 이슬람주의자들은 일사불란하고 획일적인 운동을 이끌고 있지 않다. 오히려 그들은 내부의 의견 차이로 인해 갈라져 있다. 일부는 정부의 경제규제를 줄이고 부패척결을 강력히 원하는데, 이는 그들을 혁명가보다는 신자유주의자에 가깝게 만든다! 예를 들어, 민주적으로 선출된 터키의 이슬람 성향의 집권당은 유럽연합 가입 조건을 충족하기 위해 소수자 권리의 강화, 종교의 자유, 경제개혁 등에 관한 법률안을 통과시켰다.

낙관론자는 비민주적 가치가 이 지역에 만연되어 있다는 주장에 대하여 이의를 제기한다. 여론조사결과는 가장 적합한 정치제도가 무엇인지에 대해서는 의견이 갈리지만, MENA 사람들 절대다수가 민주주의 기본가치(여성의 동등한 권리 제외) 자체에 대해서는 지지하고 있음을 보여준다. 사회이동성이 민주주의 제도에 대한 지지 확산을 촉발할 수 있다. 세계화와 과학기술의 변화로 인해 그동안 아주 최근까지 정부가 보유했던 정보독점권한이 상당히 약화되었다. 아랍의 봄 초기 소셜미디어, 위성TV, 시민저널리즘 등이 시위자의 시위참여를 촉발하는데 결정적 역할을 담당했으며, 그러한 뉴미디어들은 새로운 정치인들이 좀 더 많은 책임을 지도록 하는데 도움을 줄 것이다.

가장 많이 민주화의 진전을 이룩한 나라들은 대체적으로 서양의 정치적, 군사적 개입 덕분에 그렇게 된 것은 아니다. 외국의 '당근'이 원조 중단 또는 군사적 위협이라는 노골적인 외국의 '채찍'보다 좀 더 근본적인 정치적 변화를 유발했다. 예를 들어, 터키에 대한 유럽연합의 잠정적 EU회원 제안이 터키군부 및 이슬람정당으로 하여금 좀 더 많은 민주주의 제도를 채택하게 하는 유인동기로 강력하게 작용했다. 쿠웨이트, 요르단, 모로코 왕족은 경쟁선거의 도입이 정치안정을 높여줄 것으로 판단한 것 같다. 그리고 이집트와 튀니지 이슬람주의자들은 민주화에 성공할 가능성 있다고 생각하는 서양세계의 인식과 재정 지원 약속에 대해 긍정적으로 화답했다.

결론

MENA의 정치경제에는 많은 모순된 경향이 존재한다. 각 나라는 각자 독특한 국가·사회·시장 사이 긴장관계를 갖고 있다. 이스라엘과 터키와 같은 일부 나라는 다른 나라에 비해 더욱 성공적이며, 현대적 생각 및 글로벌 교류에 훨씬 더 개방적이다. 일부 나라(이라크 등)는 심각한 사회분열 상황에 갇혀서 꼼짝 달싹 못하고 있다. 일부 나라(이란 등)는 과거의 망령에서 벗어나지 못하고 있다. 그러나 이 지역 모든 나라들이 국제사회의 구조적 압력에 직면하고 있다. 일국 내 다양한 사회세력들은 무엇이 이상적인 국가인지에 대해 각자 의견을 달리하면서도 거버넌스의 재편에서 역할을 하기 위해서 아우성치고 있다. 아랍의 봄이 휩쓸고 지나간 국가에서 직접적인 정치참여와 공정한 선거의 요정 지니는 호리병 속으로 되돌아가려 하지 않을 것 같다.

국제정치경제학의 주요 관점 각각은 역사와 행위자들의 동기에 관한 서로 다른 가정에 기초하여 중동의 발전에 대해 각자 다르게 해석하고 있다. 아마도 중상주의는 이 장에서 논의한 많은 갈등과 개발성과를 권력과 국가이익의 보호를 위한 국가들의 투쟁 탓으로 돌릴 것이다. 경제자유주의 이론가들은 글로벌 시장의 힘에 따른 MENA 변화의 필연성을 강조한다. 두바이와 이스라엘의 역동성뿐만 아니라 이집트와 튀니지에서 민주주의의 발전은 전 세계의 아이디어와 제품에 개방적인 사람들이 성공할 가능성이 가장 높다는 것을 증명할 수 있다. 구조주의자는 MENA의 약한 산업화와 커다란 빈부격차를 세계자본주의 속에 내재된 착취를 입증하는 증거로 지적할 수 있다.

국제정치경제학의 각각의 시각은 우리에게 중동에 대한 통찰력을 주지만, 어떤 시각도 우리에게 민주주의, 평화, 개발 등이 얼마나 빨리 그리고 얼마나 멀리 확산될 것인지 설명해주지는 못한다. 시리아와 예멘 같은 곳에서는 더 많은 폭력과 무질서가 발생할 가능성이 보인다. 그럼에도 불구하고 이 지역에 대한 우리의 분석은 우리로 하여금 낙관하게 한다. 역사가 반드시 반복될 이유는 없다. 많은 나라의 새로운 세대는 오래된 불만을 극복할 수 있다. 문명의 충돌civilizational clash에 대한 두려움은 과장되었다. 대부분의 이슬람주의자는 근대성modernity과 화해하고 있으며, 서방과 더욱 밀접해지고 있다. 중동의 미래는 궁극적으로 외국인들의 행동에 달려있지 않다. 중동사람들이 자신들 스스로에 대해, 그리고 자신들 스스로를 위해 무엇을 할 것인지에 달려있다.

주요 용어

걸프협력회의(GCC: Gulf
Cooperation Council) 405
국부펀드(SWFs: sovereign
wealth funds) 404
무자헤딘(*mujahideen*) 389
방어적 근대화(defensive

modernization) 387
서구중독(Westoxication) 396
석유식량프로그램(Oil for Food
Program) 392
오일달러의 순환(petrodollar
recycling) 404

음모론(conspiracism) 392
인티파다(*intifadas*) 395
지대국가(rentier state) 409
팍스아메리카나(Pax
Americana) 391
해외송금(remittances) 405

토론주제

1. 여러 MENA 국가의 경제상황과 개발전략을 서로 비교해 보시오. 세계화가 야기하는 문제에 대해 대응을 가장 잘 준비하고 있는 나라는 어느 나라인가? 왜 그렇게 생각하는지 그 이유를 설명해 보시오.

2. MENA 안보문제의 대부분은 외국의 간섭에 기인하는가? 또는 국내 정치지도자의 잘못된 결정에 기인하는가? 오늘날 고통의 책임을 얼마만큼이나 '역사' 탓으로 돌릴 수 있는가?

3. 아랍의 봄의 특성 중 어떤 것들이 민주주의의 확

산을 촉진하거나 방해할 가능성이 있는가? 서양세계가 민주화를 촉진하는 가장 적절한 방법은 무엇인가?

4. 중동과 세계 다른 지역 간의 가장 중요한 '인적 관계'는 무엇인가? 개인과 비정부기구는 이 지역의 변화에 영향을 미칠 수 있는가?

5. 여러분은 과거와 현재 인류의 비극이 MENA 다음 세대의 인식 형성에 어떻게 영향을 미칠 것이라고 생각하는가?

추천문헌

François Burgat. *Face to Face with Political Islam.* London: I. B. Taurus, 2003.

James Gelvin. *The Israel-Palestine Conflict: One Hundred Years of War*, 2nd ed. New York: Cambridge University Press, 2007.

Clement Henry and Robert Springborg. *Globalization and the Politics of Development in the Middle East*, 2nd ed. Cambridge: Cambridge

University Press, 2010.

Rashid Khalidi. *Resurrecting Empire: Western Footprints and America's Perilous Path in the Middle East.* Boston, MA: Beacon, 2004.

Alan Richards and John Waterbury. *A Political Economy of the Middle East*, 3rd ed. Boulder, CO: Westview, 2008.

주

1) 아랍의 봄과 그 결과에 관한 뛰어난 연구로는 다음을 참조하라. James Gelvin, *The Arab Uprisings: What Everyone Needs to Know* (Oxford: Oxford University Press, 2012).

2) GDP 수치는 구매력지수(PPP)에 기초하여 계산되었다.

3) 다음을 참조하라. Freedom House, *Freedom in the World 2013*, at http://www.freedomhouse.org.

4) Bernard Lewis, *What Went Wrong? The Clash between Islam and Modernity in the Middle East* (Oxford: Oxford University Press, 2002).

5) 다음을 참조하라. Suha Taji-Farouki and Basheer M. Nafi, eds., *Islamic Thought in the Twentieth Century* (London: I. B. Taurus, 2004).

6) L. Carl Brown, *International Politics and the Middle East: Old Rules, Dangerous Game* (Princeton, NJ: Princeton University Press, 1984), pp. 16–18.

7) 이탈리아 지배 시절 리비아에 관한 좀 더 자세한 설명을 보려면 다음을 참조하라. Lisa Anderson, *The State and Social Transformation in Tunisia and Libya, 1830–1980* (Princeton, NJ: Princeton University Press, 1986).

8) Fred Halliday, *The Middle East in International Relations: Power, Politics and Ideology* (New York: Cambridge University Press, 2005), p. 153.

9) Sebastian Balfour, *Deadly Embrace: Morocco and the Road to the Spanish Civil War* (Oxford: Oxford University Press, 2002).

10) 리비아 민간인에 대한 폭격이 가져온 영향에 관한 상세한 서술을 보려면 다음을 참조하라. C.J. Chivers and Eric Schmitt, "Libya's Civilian Toll, Denied by NATO," *New York Times*, December 17, 2011.

11) Joy Gordon, *Invisible War: The United States and the Iraq Sanctions* (Cambridge, MA: Harvard University Press, 2010). 이 글은 이라크에 대한 잔인한 제재를 유지하는데 있어서 미국의 역할에 관한 뛰어나면서도 논쟁적인 분석이다.

12) 이란에 대한 제재에 관한 전반적인 개괄로는 다음을 참조하라. Eskandar Sadeghi-Boroujerdi, "Sanctioning Iran: Implications and Consequences" (London: Oxford Research Group, 2012), at http://www.oxfordresearchgroup.org.uk/publications/briefing_papers_and_reports/sanctioning_iran_implications_and_consequences.

13) Daniel Pipes, *The Hidden Hand: Middle East Fears of Conspiracy* (New York: St. Martin's, 1996), p. 27.

14) 다음에서 재인용하였다. Fauzi Najjar, "The Arabs, Islam and Globalization," *Middle East Policy*, 12 (Fall 2005), p. 95.

15) *Confidence in Obama Lifts U.S. Image around the World* (Washington, D.C.: The Pew Research Center, July 2009), p. 16, at http://pewglobal.org/reports/pdf/264.pdf.

16) *Global Opinion of Obama Slips, International Policies Faulted* (Washington, D.C.: The Pew Research Center, June 2012), pp. 2, 11, at http://www.pewglobal.org/files/2012/06/Pew-Global-Attitudes-U.S.-Image-Report-FINAL-June-13-2012.pdf.

17) 이 논쟁적인 보고서는 다음의 사이트에서 볼 수 있다. http://www2.ohchr.org/english/bodies/hrcouncil/specialsession/9/FactFindingMission.htm.

18) Lisa Hajjar, *Courting Conflict: The Israeli Military Court System in the West Bank and Gaza* (Berkeley, CA: University of California Press, 2005).

19) Sara Roy, *The Gaza Strip: The Political Economy of De-development*, 2nd ed. (Washington, DC: Institute for Palestine Studies, 2001).

20) Ahmed S. Hashim, *Insurgency and Counter-Insurgency in Iraq* (Ithaca, NY: Cornell University Press, 2006), pp. 72–73.

21) Charles Tilly, "Terror, Terrorism, Terrorists," *Sociological Theory*, 22 (March 2004), p. 11.

22) National Counterterrorism Center, *2011 Report on Terrorism*, p. 9, available at http://asdwasecurity.files.wordpress.com/2012/10/2011_nctc_annual_report_final.pdf.

23) 1990년 이라크침공이 발생하자 쿠웨이트 지배자는 외국으로 도망쳤지만, 걸프전쟁이 끝난 후 미국은 쿠웨이트 정부를 다시 복원시켰다.

24) U.S. Census Bureau, *2010 American Community Survey*, at http://factfinder2.census.gov/faces/tableservices/jsf/pages/productview.xhtml?pid=ACS_10_1YR_B05006&prodType=table.

25) Philippe Fargues, ed., *Mediterranean Migration: 2008–2009 Report* (European University Institute, 2009), p. 2, http://cadmus.eui.eu/handle/1814/11861.

26) World Bank, *Global Economic Prospects June 2012 (Middle East and North Africa Index)* (Washington, D.C.: World Bank, 2012).

27) World Bank, *Global Economic Prospects January 2013*

(*Middle East and North Africa Index*) (Washington, D.C.: World Bank, 2013).

28) Dan Senor and Saul Singer, *Start-up Nation: The Story of Israel's Economic Miracle* (New York: Twelve, 2009).

29) Ziya Öniş, "Crises and Transformations in Turkish Political Economy," *Turkish Policy Quarterly*, 9:3 (2010): pp. 45-61.

30) World Bank, *Global Economic Prospects January 2013*.

31) Jonathon Nitzan and Shimshon Bichler, *The Global Political Economy of Israel* (London: Pluto, 2002).

32) Charles Kernaghan, *U.S. Jordan Free Trade Agreement Descends into Human Trafficking and Involuntary Servitude* (New York: National Labor Committee, 2006), at http://www.globallabourrights.org/admin/documents/files/Jordan_Report_05_03.pdf.

33) *The Arab Human Development Report 2002: Creating Opportunities for Future Generations* (New York: United Nations Development Programme, Regional Bureau for Arab States, 2002).

34) United Nations Human Settlements Programme, *The State of Arab Cities 2012: Challenges of Urban Transition* (2012).

35) Dalia S. Hakura, "Growth in the Middle East and North Africa," *IMF Working Papers 04/56* (2004), p. 3, available at www.imf.org/external/pubs/ft/wp/2004/wp0456.pdf.

36) International Labour Organization, *Global Employment Trends 2013* (Geneva: ILO, 2013).

37) '지대국가' 개념을 포괄적으로 다루고 있는 개괄서로는 다음을 참조하라. Michael Ross, *The Oil Curse: How Petroleum Wealth Shapes the Development of Nations* (Princeton: Princeton University Press, 2012).

제4부

초국가적 문제와 딜레마

PART 4

갈수록 분명해지는 것은 국제정치경제의 많은 문제들이 국제적인 것 그 이상이라는 점이다. 그 문제들은 본질적으로 세계적인 것이다. 즉, 이들 문제들은 단순히 민족국가들 간의 충돌이나 긴장만이 아니다. 그것들은 민족국가의 경계를 초월하며 그 효과 면에서 진정으로 세계적인 성격을 띤다. 이 책의 마지막 부는 이러한 글로벌 문제들을 여섯 가지 측면에서 조명한다. 이 측면들은 모두 개인, 시장, 정부, 그리고 국제제도 간의 복잡한 상호작용을 보여준다. 글로벌 금융위기는 이미 이러한 문제들의 일부를 더 악화시켰다. 글로벌 행위자들이 그 문제들을 해결하기 위해 협력을 증가시킬 것인지, 아니면 훨씬 더 갈등적인 정책에 의지할 것인지는 두고 봐야한다.

제15장은 글로벌경제에서 불법적인 거래를 조사하고, 국경을 초월하여 이뤄지는 재화, 서비스, 사람의 비합법적인 거래는 각국 정부에게 중대한 도전을 제기함을 강조한다. 비록 IPE는 국가와 시장에 초점을 맞추고 있지만, 그것은 근본적으로 사람들에 관한 학문이다. 이 점은 제16장에서 밝혀질 텐데, 그 장은 국제정치경제IPE 시각에서 이민, 관광, 인적 네트워크 등에 대해 분석한다.

제17장은 남북문제의 국제정치경제IPE에서 특별히 논쟁적인 측면인 초국적기업TNCs: transnational corporations을 다룬다. 어떤 사람들은 초국적기업을 성장의 동력으로 여기지만, 다른 사람들은 착취의 도구로 본다. 우리는 초국적기업이 과거에 남북논쟁을 어떻게 규정해왔는지 살펴본다. 그 다음 이 틀을 넘어서 오늘날 TNCs를 둘러싼 핵심 이슈를 고려한다.

제18장은 식량과 기아의 국제정치경제IPE를 고찰하면서, 특히 식량과 기아문제를 야기하는 데 일조한 국가와 시장의 역할을 강조한다. 제19장은 석유와 에너지 문제를 조명한다. 이 문제는 지난 10년 간의 유가 상승과 녹색에너지로의 전환 노력 때문에 더욱 논쟁적인 이슈가 되었다. 마지막으로 제20장은 어쩌면 오늘날 가장 심각한 글로벌 이슈인 지구환경의 국제정치경제IPE를 분석한다. 지구온난화와 더불어 산림황폐화와 같이 위협적인 이슈로 논쟁이 일었던 환경정책에 있어 전략적으로 중요한 2009년 코펜하겐기후변화회의도 조망하고 있다. 앞으로 명확해지겠지만, 식량, 에너지, 그리고 환경의 문제들은 갈수록 얽혀서 분리될 수 없게 됨으로써 인류를 위협하고 새로운 국제적 의무를 만들어내고 있다. 이 책에서 사용된 주요 국제정치경제IPE 용어의 해설은 제20장 뒤에서 이어진다.

PART 4

불법 글로벌경제: 세계화의 어두운 면

> 가장 측정하기 쉽고 수량화하기 쉽기 때문에 IPE에는 합법적인 면만 존재하는 것처럼 행동하는 것은, 주정뱅이가 가로등 아래에서 비틀거리며 열쇠를 찾는 이유가 그곳이 그가 볼 수 있는 유일한 장소이기 때문이라고 말하는 것이나 마찬가지다. 우리에게 필요한 것은 세계경제의 어두운 골목에서도 우리의 열쇠를 찾을 수 있도록 해주는 더 좋은 손전등이다.[1]
>
> 피터 안드레아스Peter Andreas

2006년 초에 미국의 이민국 요원들은 멕시코 티후아나와 캘리포니아 오테이 메사에 있는 창고를 서로 연결하는 0.5마일 길이의 터널을 발견했다. 엘 그란데El Grande라 불리는 그 터널에는 전기, 환기구, 콘크리트 바닥, 수도 펌프가 갖춰져 있었으며, 아마도 2년은 걸려서 지었을 것이다.[2] 요원들은 그 터널이 마약 밀수에 사용되었을 것으로 의심했다. 그들은 터널 안에서 2톤의 마리화나를 찾아냈다. 또한 요원들은 불법이민자, 테러리스트, 대량살상무기가 이 80피트 깊이의 통로를 통해서 미국으로 옮겨졌을 수 있다고 우려했다. 2001년 9월 11일 이후 요원들은 미국-멕시코국경에서 수십 개의 터널을 발견했다. 세계의 다른 지역에도

밀수용 터널이 있다. 2007년 7월 이스라엘의 봉쇄에 직면하여, 가자지구의 팔레스타인인들은 이집트접경지역에 수십 개의 터널을 파서 석유와 시멘트에서부터 의약품과 미사일에 이르기까지 모든 것을 가져왔다. 전부 합치면 그 터널은 가자에서 가장 규모가 큰 비정부 고용기관이다.[3] 그리고 2012년 중반에 정부기관들은 작은 열차를 갖춘 700미터 터널을 우크라이나-슬로바키아국경에서 찾아냈다. 260만 개의 밀수 담배가 발견된 것으로 보아 그 터널은 관세를 물지 않고 '죽음의 막대i'를 유럽연합으로 수입하는 길로 사용되었을 것으

---

i 〈역자 주〉 담배를 의미.

로 당국은 의심한다.[4]

엘 그란데와 여타 터널들은 방대한 불법 글로벌경제의 작은 고리에 불과하다. 불법경제는 국제무역관계의 네트워크로서 날마다 국경을 넘어 재화, 서비스, 사람을 이동시키면서 적어도 한 국가의 법을 위반한다. 사법관리들은 불법적인 행위자들의 세계와 그들이 가하는 위협의 일면을 대중에게 가끔씩 보여준다. 그럼에도 불구하고 불법적인 국제교환은 보통 대부분의 소비자들은 결코 직접 볼 수 없는 음침한 세계에서 발생한다.

이 장에서는 전 세계적으로 정부와 정당한 기업들에게 중대한 도전을 가하는 광범위한 불법행위자들과 활동을 분석한다. 불법 글로벌경제는 국가들이 쉽게 규제하거나 과세할 수 없는 시장들로 구성된다. 이러한 종류의 글로벌 시장을 묘사하기 위해 보통 다양한 수식어들이 사용되는데, **불법, 비합법, 비공식, 검은, 회색, 그림자, 국가 밖, 지하시장, 역외** 등이다. 이러한 시장에서 행해지는 활동은 일반적으로 밀수, 밀매, 돈세탁, 탈세, 그리고 위조 등의 범주에 속한다. 이러한 거래를 하는 행위자들이 돈을 버는 방법은 법을 어기고, 정부권위에 도전하며, 국경을 무시하고, 그리고 종종 다른 사람들을 착취하기 위해 폭력을 사용하는 것이다. 앞 장에서 우리는 금융엘리트들의 불법행위(즉, 사람들이 하는 나쁜 짓)가 글로벌 금융위기의 원인 중 하나였다고 지적했다. 의아스럽게도, 글로벌 경제침체로 인해 불법거래가 더 증가했는데, 그것은 더 절박하고 취약한 사람들이 밀매자들의 먹잇감이 되었고 밀수사업이 법을 교묘히 회피함으로써 비용을 줄이려고 시도했기 때문이다.

최근까지 국제정치경제IPE 학자들은 불법 글로벌경제에 대한 연구를 다른 사회과학자들에게 맡겼다. 범죄학자들은 수년 동안 초국적 조직범죄를 연구해왔다. 사회학자들은 마약밀매와 매춘 등 범죄활동의 사회적 효과를 눈여겨보았다. 국제관계 전문가들은 9·11테러 이후 돈세탁과 테러리즘의 상관관계를 면밀히 검토해왔다. 비교정치 전공자들은 부패와 정실주의가 정치발전에 미치는 효과를 연구했다. 인류학자들은 개도국의 비공식시장에 관한 연구를 수행해왔다.

IPE 학자들은 불법영역의 이론적, 실제적 함의를 점차 인식했다. 그들은 다른 학문의 성과를 종합하고, 글로벌경제에서 합법적이고 쉽게 측정할 수 있는 것을 연구하는 것을 넘어 다른 분야로 확장하기 시작했다. 또 불법 글로벌경제를 유심히 살펴보는 것이 국가, 시장, 사회 간의 관계에 관한 새로운 통찰을 얻는 데 유용하다는 점을 인식한다.

정치학자인 안드레아스Peter Andreas는 기존 IPE 시각들이 우리가 그림자 속에서 목격하는 것의 전부는 아니지만 그 일부를 이해하도록 돕는다고 지적한다.[5] 현실주의자들은 안보에 골몰하는 국가들이 왜 그렇게 많은 자금과 자원을 국제법 집행에 투자하는지 그 이유를 이해할 수 있게 도와준다. 자유주의 이론가들은 어떤 조건 하에서 범죄 퇴치를 위한 국제협력이 발생하는지 이해하도록 해준다. 구성주의자들은 초국가적 비정부집단들이 불법거래에 대한 대중의 인식을 바꾸는데 수행하는 역할을 조명한다. 그리고 구조주의자들은 불법 마약과 분쟁광물인 '피의 다이아몬드'의 수출에 의존하는 국가들은 '중심부' 국가들과의 종속적인 착취관계에 매여 있음을 지적한다.

그러나 불법경제는 3대 국제정치경제IPE 시각에게 도전을 제기하기도 한다. 비록 중상주의자들은 민족국가의 우월성을 강조하지만, 불법 글로벌 경제에는 강대국들의 가장 좋은 의도와 제도를 종종 무력화시키는 비국가 행위자로 가득하다. 자유주의자들이 시장의 보이지 않는 손과 개인의 자유에 초점을 맞추지만, 불법 글로벌경제는 강력하고 교묘한 범죄의 손들로 차 있다. 자유주의가 주장하는 개방적인 상거래와 탈규제는 평화와 번영을 가져올 것으로 믿어지지만, 불법영역에서의 자유무역은 끔찍한 충돌, 만연한 강제, 사회적 부패를 확산시킨다. 구조주의자들은 자본주의 선진국을 개도국을 착취하는 국가들로 묘사하는 경향이 있지만, 불법 글로벌경제에서 개도국들은 종종 부유한 북반구에 보복을 가할 수 있다. 예를 들면, 중국은 지적재산권을 몰래 사용하고, 카리브해의 (강력한 은행 비밀 법제를 갖춘) **비밀주의 관할권** secrecy jurisdictions은 부유한 탈세자들로부터 수십억 달러를 끌어들인다.

이 장에서 우리는 몇 가지 주장을 제기한다. 세계화는 암시장 활동을 줄이기는커녕 범죄자들에게 초국경 사업으로 돈을 벌 수 있는 새로운 길을 제공한다. 불법상품의 공급을 차단하려는 정부의 선한 계획들은 종종 득보다는 해를 끼친다. 초국적 범죄에 대항하는 국제협력은 유지되기 어렵고 가끔은 비효과적이다. 소비자들은 불법상거래를 조장하는 데 있어서 국제 공급자들만큼이나 책임이 있다. 국가안보, 사회 후생, 합법적 상거래 등에 대한 위협들은 계속 증가하고 있는 듯하다.

불법경제의 역사

불법거래는 대략 십년 전쯤에 갑자기 나타난 것이 아니다. 역사상 국가간의 관계를 근본적으로 형성했던 많은 불법활동들이 있어왔다. 수세기 전에 유럽의 지배자들과 바르바리 해안의 통치자들은 해적들에게 다른 국가의 배를 빼앗아 전리품을 자신들과 나눌 수 있도록 권한을 부여했다. 유럽 국가들은 세계의 많은 지역을 식민지로 만들어, 원주민의 영토와 재산을 차지했다. 당시에 식민지 열강들은 식민주의를 일종의 문명화 임무로 정당화하려고 했지만, 그들의 활동은 도둑질이나 다름없었다.

역사가인 포메란츠Kenneth Pomeranz와 토픽Steven Topik의 주장에 의하면, 폭력은 세계에서 '비교우위'와 상업적 이득을 얻기 위한 중요한 수단이었다. 영국, 스페인, 기타 유럽국가들과 미국이 개발의 사다리를 타고 올라가게 된 것은 우리가 지금 저개발국LDCs: less developed countries이라고 부르는 곳에서 토지 강탈, 노예, 약탈, 마약밀매 등에 참여함으로써 가능했다. 두 저자는 "피 묻은 손과 보이지 않는 손은 종종 서로 협력했으며, 사실 그 두 손은 동일한 몸에 붙어있었다"고 주장한다.[6] 그들은 어떻게 영국은 한때 중국에게 아편을 구매하도록 강요했는지, 어떻게 벨기에는 수백만의 콩고 주민들을 학대했고 상아를 얻기 위해 코끼리를 학살했는지, 스페인과 포르투갈은 문자 그대로 아즈텍문명과 잉카문명을 약탈했는지, 그리고 어떻게 미국 기업가들은 수십 년 동안 노예밀매를 했는지 이야기해준다.

마르크스주의자들도 자본주의의 발전은 상류층이 강압적으로 또는 폭력적으로 다른 계층의 (토지 같은) 재산을 차지하는 **본원적 축적** primitive accumulation 과정에 뿌리를 두고 있음을 오래전부터 인식하고 있었다. 사회학자인 틸리Charles Tilly는 국가형성은 조직범죄와 상당히 유사하다는 주장을 제기한 것으로 유명하다.[7] 범죄 집단의 우두머리처럼, 수세기 전에 자칭 지도자들은 자신의 경쟁자에 대해 폭력을 사용했고 자신의 영토 확장과 전쟁 수행을 위해 '보호금'을 징수했다. 결국 이들 국가창설자들은 왕으로서 정당성을 확보하고 강탈을 합법적인 조세로 바꿈으로써 때로는 폭력적이고 무자비한 과거를 은폐했다.

역사가 우리에게 보여주는 것은 국가의 지도자들이 종종 폭력적인 불법활동에 가담하거나 승인했다는 점이다. 동시에 이들은 **무엇이** 합법적인지 불법적인지, **누가** 정당한 혁신가인지 불법적인 혁신가인지를 정의하는 권한을 보유한다. 불법활동은 일부 국가들에게 매우 이로울 수 있지만 동시에 다른 국가들에게는 큰 해악을 끼칠 수 있음을 우리는 알고 있다. 자본주의 초기단계는 현재의 잘 계획된 산업단지보다는 와일드 웨스트Wild West에 더 가까웠다.

오늘날 불법거래는 종종 이와 같은 역사적 과정을 반영하고 답습하며 반복하곤 한다. 비록 우리가 종종 근대적인 과정에 새로운 이름을 붙이는 경향이 있음에도 그렇다. 예를 들면, 인신매매는 세계 도처에서 행해지고 있는 노예제의 현대적인 형태이다. 오늘날의 마약 두목들은 농부들과 중독자들을 착취하여, 자칭 왕들이 옛날에 했던 것처럼 자신의 영역과 생산설비를 확장한다. 나이지리아와 이라크와 같은 곳의 부패한 지도자들은, 유럽 열강들이 식민지로부터 훔쳤던 것처럼, 엄청난 양의 공공자원을 도둑질했다. 세르비아의 밀로셰비치Slobodan Milosevic와 라이베리아의 테일러Charles Taylor 등 최근 몇 십 년 동안에 일부 지도자들은 국가를 마치 범죄사업처럼 운영했는데, 외국에 의해 축출당하기 전까지 **마피아**들과 협력하여 자신

의 도둑정치를 유지했다. 이스라엘이 팔레스타인의 부동산과 농지를 수십 년 동안 점령한 것은 수백 년 전 국가의 승인 하에 이뤄진 해적과 제국주의자들의 도둑질과 다르지 않다. 오늘날 국가들과 기업들은 자신의 경쟁자들에게 해를 입히기 위해 여전히 때때로 폭력과 강제력을 사용한다. 과거에 있었던 극단적인 일들이 오늘날에는 국제법, 유능한 정부, 그리고 세계화 그 자체에 의해 제한되고 있다고 생각하고 싶겠지만, 현실에서는 불법의 역사가 반복되고 있다 (물론 새로운 이름, 새로운 모습 그리고 새로운 **운영방식**modus operandi으로 말이다).

이익과 행위자

불법 글로벌경제는 얼마나 크며 얼마나 중요한가? 이 질문에 대한 대답은 분분한데, 불법적인 거래를 측정하기 매우 어렵기 때문이다. 종종 정부들과 다자기구들은 과장을 일삼곤 하는데, 때로 '악당'을 처리한 자신의 업적을 선전하거나 정치적 이유로 위협을 고조시켰다. 캐나다 경제학자인 네일러R. T. Naylor는 우리가 나쁜 정보와 잘못된 가정에 기초해서 추산된 불법경제의 크기를 과신하고 있다고 경고한다. 예를 들어, 그는 가장 널리 인용되는 연간 글로벌 불법 마약거래액인 5,000억 달러는 대중의 관심을 끌기 위해 1989년에 연설을 한 어느 UN관리에 의해서 만들어졌다고 말한다.[8]

2011년 다양한 범죄연구에 대한 메타분석에 기초하여 유엔마약범죄국UNODC: United Nations Office on Drugs and Crime이 추정한 바에 의하면, 연간 마약밀매 및 초국적 조직범죄의 매출액은 세

계GDP의 3.6퍼센트 혹은 약 2조 1,000억 달러에 해당한다.[9] 이러한 추정치는 부풀려져 있을 수도 있는데, 다국적기업 및 투자자들이 자신의 돈을 다른 관할권에 이동시킴으로써 회피한 세금의 양을 포함하고 있기 때문이다. 워싱턴에 있는 국제정책연구소Center for International Policy 연구원인 베이커Raymond Baker는 공적인 부패와 (탈세 이외의) 범죄활동에서 발생하는 '부정한 돈'의 다른 계산 결과를 제시한다.[10] 그는 연간(2005년) 불법 마약 및 위조품의 초국경 판매액은 자그마치 3,200억 달러에 이를 것으로 추정한다. 인신매매 수입은 연간 150억 달러에 달할 것이다. 무기, 담배, 자동차, 석유, 목재, 미술품 등의 국제밀수 금액은 연간 1,100억 달러나 된다.

이러한 수치들은 비록 '추정치'이긴 하지만, 불법거래의 규모가 개발, 민주주의, 그리고 안보에 대해 갖는 중요한 시사점을 보여준다. 걸려있는 이익이 크다. 베이커는 불법성의 증가가 세계의 불평등과 빈곤을 야기하는 주범이라고 믿는다. 즉 "공통적인 기법과 동일한 조직을 사용하여, 마약거래자 및 여타 범죄자, 테러리스트, 부패한 정부 관리, 그리고 기업 최고경영자와 임원들은 자본주의를 남용하는 데 동참함으로서 서방사회의 부유층과 전 세계의 수십 억 빈곤층에게 해를 입힌다."[11] 마찬가지로, 나임Moisés Naím 전 『포린폴리시Foreign Policy』 편집장은 강력한 범죄 네트워크에 의해 지배되는 국가들에서 민주주의가 출현할 수 있으리라고 믿지 않는다.[12] 또 불법경제는 중앙정부의 경쟁자들에게 자금을 공급하고, 사법부와 같은 제도를 부패시키며, 정부 효능감을 감소시킴으로써, 취약한 신생민주주의를 약화시킬 수도 있다. 모든 민주주의에서 불법경제는 시민들

간에 동일한 가치가 공유되고 있다는 믿음과 사회적 신뢰를 떨어뜨린다.

그렇게 큰 이익이 걸려있는 불법네트워크에서 중심적인 행위자들은 누구인가? 우리 모두는 그 중심인물들이 마피아 우두머리, 마약 두목, 조직범죄 인사들이라고 믿는 경향이 있다. 할리우드 영화에 나오는 무자비한 범인들도 물론 존재하지만, 직업폭력배는 보다 광범위한 수수께끼의 일부분에 불과하다. 많은 가담자들은 한 발은 합법적인 세계에, 그리고 다른 한 발은 불법적인 세계에 딛고 있기 때문에 불법행위자들에 관한 전형적인 프로필을 만들기 어렵다. 여기에는 약탈하는 군인들, 강탈하는 정부 관리들, 법인세를 탈세하는 최고경영자들, 제3세계 독재자들에게 대출해주는 은행들, 그리고 가짜 루이뷔통 핸드백을 사는 소비자들이 포함된다. 심지어 전쟁으로 갈라진 아프리카국가들에서 일하는 인도주의 활동가들도 다이아몬드 밀매에 가담한 것으로 알려져 있다.

준법 시민들이 때로 암시장을 이용하는 것처럼, 회계사와 컴퓨터 프로그래머 등 전문적이고 '정상적인' 경제 행위자들도 때때로 자신의 재주를 비윤리적이고 불법적인 사업에 빌려준다. 예를 들어, 인류학자인 노드스트롬Carolyn Nordstrom은 "오늘날 밀수업자들은 공격용 소총보다는 우수한 정보통신기술 및 컴퓨터 기술 전공의 학위로 무장할 가능성이 높다"고 지적했다.[13] 국제무역의 세계에서 필요로 하는 재능은 그림자경제에서도 요구되고 있다.

종종 합법적인 글로벌경제와 불법적인 글로벌경제 사이에는 명확한 구분선이 있지 않다. 구매자들은 공급자들이 그 상품을 누구로부터 얻었는지 알지 못할 수 있다 (아니면 그것을 아는 것에

관심을 갖지 않는다). 어떤 소비자는 밤에는 음악을 불법적으로 다운로드하지만 다음 날에는 비디오게임을 정품으로 구입할지도 모른다. 어떤 다국적기업은 높은 세금을 물리는 본부 소재지 국가에서 거의 세금을 내지 않지만, 자회사가 운영되는 낮은 세금을 매기는 국가에서는 법인세를 양심적으로 낼 수 있다. 처음에는 일종의 불투명한 방식으로 만들어진 상품들이 나중에 '정규' 시장에 종종 진입하기도 한다. 합법적인 시장에서 생산된 (담배와 같은) 품목들이 결국에는 국경을 넘어 불법적으로 밀수될지도 모른다. 어느 국가에서 군대에게 합법적으로 판매되는 자동소총이 이웃 나라에서는 반란군의 무기가 될 수 있다.

불법경제의 연구: 주요 결과

초국경적 불법활동을 연구하는 것은 우리가 글로벌경제에서 보게 되는 문제들에 대한 깊은 통찰력을 제공해준다. 다음과 같은 질문을 생각해보자. 왜 핵확산을 막는 것이 그토록 어려운가? 왜 경제제재는 불량정권들의 행태를 바꾸는 데 실패하는가? 왜 정부는 마약과의 전쟁에서 이기지 못하는가? 왜 1998년 이후 수백만 명의 사람들이 자원부국인 콩고에서 죽었는가? 이 절에서 우리는 불법 글로벌 경제에 관한 6가지의 중요한 분석 결과를 살펴본다. 이 결과들은 앞에서 제시한 질문들을 답하는 데 도움을 주며, 암시장의 성장 과정에서 소비자, 법 집행, 세계화가 수행한 역할을 보여준다. 또한 불법거래가 어떻게 전쟁, 개발, 그리고 국제협력에 영향을 미치는지 설명해준다.

6단계 분리이론

"나는 6명의 사람을 거치면 이 지구상의 모든 사람에게 연결된다." 그웨어John Guare의 희곡 『이별의 6단계Six Degrees of Separation』에 나오는 인물 중 하나는 이렇게 말한다.[14] 불법시장에서 생산자와 소비자들은 세계 여러 곳에 사는 소수의 사람들을 통해서 서로 연결된다. 한 조달자와 한 소비자 사이에는 다른 행위자들, 즉 금융, 가공, 운송, 수입, 물류, 판매 등에 종사하는 사람들이 있다. 만약 우리가 재화와 서비스의 이동에 관련된 국제거래를 본다면, 우리는 세계적인 연결고리를 따라 많은 불법적인 매듭들이 나타나는 것을 보게 된다.

이 고리 속에 있는 사람들의 연결 상태를 보면 우리들 중 어느 누구도 불법적인 세계로부터 완벽하게 분리되어 있지 않음이 드러난다. 시장 거래라는 사슬의 처음, 중간, 아니면 끝부분에 우리는 의도했든지 그렇지 않았든지 상관없이 탈법적인 세계의 한 부분일지도 모르는 과정에 관련되어 있다. 때때로 우리는 그 사슬에서 우리의 자리를 볼 수 있다. 예를 들면, 미국인 부모는 멕시코 출신 불법이민자를 고용하여 아이들을 돌보도록 하지만 피고용인을 위해 지불해야 하는 사회보장세를 지불하지 않는 경우처럼 말이다. 어떤 경우에는 그 사슬에서 우리의 자리가 눈에 보이지 않을 수도 있다. 이를 테면, 누군가 값싼 중국산 가구를 구매했는데, 그 가구에 러시아 극동지방에서 불법 벌채된 목재가 포함될 수 있다. 글로벌 상품사슬의 불법적인 부분으로부터 분리된 정도가 크면 클수록 우리는 그에 대한 책임을 덜 느끼게 된다.

노드스트롬Carolyn Nordstrom은 세계의 평범한 소비자들이 밀수에 깊이 공모하고 있다고 지적한다. 그녀는 자신의 연구를 수행한 아프리카 전쟁지역에서는 쌀, 담배, 채소, 항생제 등 일상적인 상품들이 매일 비공식 교역의 큰 부분을 차지하고 있음을 알아냈다.[15] 사람들은 비공식경제를 통해 밀수 및 탈세 품목을 구입하지 않고서는 이들 지역에서 생존하기 어렵다. 선진국에서는 소프트웨어, 다운로드용 음악, 약품, 자동차, 미술품, 청바지 등을 구매하는 소비자들은 이들 상품이 모조품, 불법복제품, 탈세 품목, 또는 장물임을 종종 안다.

그러나 반대의 경향이 나타나고 있다. 다국적 기업과 소매업자들은 더 많은 소비자들이 자신들과 그 어떤 비윤리적인 혹은 불법적인 관행 간에 분리의 정도를 확대하기를 원한다는 점을 고려하고 있다. 공정무역 커피운동과 노동착취 반대운동은 소비자들에게 자신의 국내소비가 외국 노동자에게 궁극적으로 미치는 효과를 생각하도록 유도했다. 마찬가지로 기업들도 초국적 옹호단체들이 공개하는 해외 불법활동에 연결되어 있다는 오명을 쓰지 않으려고 조심한다. 로우스Lowe's는 목재 조달프로그램을 처음 도입한 주택개선용품 판매 체인점 중의 하나였다. 목재 조달프로그램은 제3세계에서 불법적으로 벌채되고 있는 산림이 아닌 지속가능한 산림으로부터 생산된 목재만을 구입하도록 하는 것이다. 일부 남아프리카국가들에서 생산된 다이아몬드가 전쟁을 부추기고 있다는 비판에 직면하여, 드비어스De Beers 사는 분쟁지역에서 나오는 다이아몬드를 추려서 제거하기 위해서 다이아몬드 원석의 원산지를 추적하는 글로벌 제도에 참여했다 (글상자 15.1 "드비어스와 '피의 다이아몬드'" 참조). 대단히 흥미로운 새로운 세계적 추세는 **사회적**

책임투자socially responsible investing의 부상이다. 이것은 보통의 시민들이 사회적으로 또는 환경적으로 비윤리적인 회사나 국가를 회피하는 투자기금에 돈을 맡기도록 하는 노력이다. 금융시장은 윤리적인 투자자를 위한 새로운 투자 상품을 제공하고 있다. 이와 관련하여, 자본이 독재자나 범죄자를 이롭게 하는 곳에 대한 투자를 막기 위해 일부 지방정부, 연금, 이사회들은 일련의 투자철회 운동을 벌이고 있다. 이러한 종류의 투자철회 전략은 토지강탈, 석유 부패 등 불법활동에 관련되어 있는 회사와 국가들을 종종 간접적으로 겨냥하곤 한다. 때때로 투자철회를 넘어서, 특정 회사와 국가들을 상대로 하는 사업이나 무역을 전면 금지하기도 한다. 투자철회 전략은 기본적으로 무역과 자본이동을 지배하는 경제적 자유주의 원칙에 도전하는 불매운동의 한 형태이다.

공급중심적 정책의 의도되지 않은 결과들

또 다른 양상은 정부들이 불법적인 상품의 원산지를 공격목표로 겨냥하는 정책을 채택하는 경향을 강하게 띤다는 점이다. 이 정책은 차단, 진압, 근절 등으로 묘사될 수 있다. 정치지도자들은 자국에 있는 소비자보다는 외국에 있는 공급자를 겨냥하기를 좋아한다. 그러나 이런 식의 접근은 많은 경우에 비용은 더 비싸고 효과는 더 낮은 것으로 나타났다. 예를 들면, 미국은 불법 이민자들이 멕시코국경을 넘어오는 것을 막으려고 엄청난 돈을 지출하지만, 불법노동자들을 고용하는 미국업체들을 처벌하는데 훨씬 더 적은 돈과 노력을 사용한다. 마찬가지로 남미의 마약 생산과 밀수를 막기 위해 지출하는 돈과 노동시간은 마약 사용자의

글상자 15.1

드비어스와 '피의 다이아몬드'

세계 최대의 다이아몬드 다국적회사인 드비어스 연합광산회사의 수년에 걸친 광고 덕분에 대부분의 소비자들은 "다이아몬드는 영원하다"와 "다이아몬드는 여성의 가장 친한 친구"라는 구절에 친숙하다. 지난 10년 사이에 다이아몬드 무역과 아프리카내전 간의 연계성을 비판하는 비정부기구들은 "신체 절단은 영원하다"와 "다이아몬드는 게릴라의 가장 친한 친구"라는 두 개의 대안적인 슬로건을 확산시켰다. 그들의 주장에 의하면, 다이아몬드 산업은 시에라리온, 콩고, 앙골라 등지에서 반군의 재정에 도움을 주었는데, 이들 나라의 내전에서 수백만 명이 살해되거나, 신체가 훼손되고, 강간당하고, 삶의 터전을 잃었다. 최근 피의 다이아몬드(소위 '분쟁 다이아몬드')에 대한 관심 때문에 다이아몬드 산업, 다이아몬드 생산국 및 수입국 정부, 다자기구들은 국제무역을 더 잘 규제하지 않을 수 없게 되었다.

지난 100년 동안 채굴된 다이아몬드는 500톤이며 그 중 3분의 1은 1990년대에 채굴된 것으로 추산된다.[a] 다이아몬드의 채굴과 판매에서 큰 비중을 차지하는 기업은 드비어스다. 그 회사는 남아프리카에서 상위 10대 다이아몬드 상인조합을 결성한 세실 로즈Cecil Rhodes가 1880년에 공동 설립했다.

드비어스는 런던에 다이아몬드상사DTC: Diamond Trading Company 본사를 설립했는데, 이 회사는 매년 10개의 '사이트sight'라 불리는 유통행사에서 125명의 '사이트보유자sightholder'를 초청하여 다이아몬드 묶음을 판매한다. 이 사이트보유자들은 다이아몬드를 다른 도시들로 가져가고, 그곳에서 다이아몬드를 깎고 광택을 내며 독립 소매상에게 재판매하는 회사들에게 팔기 위해 추가로 재포장한다. 다이아몬드 산업은 상대적으로 비밀리에 운영된다. 2002년 현재 드비어스는 연간 세계 다이아몬드 원석 공급량의 3분의 2를 장악한 것으로 알려져 있다.[b] 드비어스의 시장지배력 수준을 감안하면 세계 다이아몬드의 60퍼센트 가까이는 해마다 드비어스의 다이아몬드상사를 거쳐서 나갈 것이다.[c] 드비어스의 시장점유율은 수십 년에 걸쳐서 하락해왔지만, 여타 다이아몬드 회사들도 다이아몬드를 사게끔 하는 사람이 드문 것처럼 다이아몬드가 희귀하다고 국제소비자를 설득하는 판매기법에 여전히 많이 의존하고 있다.

다이아몬드는 아마도 세계에서 가장 집중도가 높은 형태의 부이다. 특정 다이아몬드의 원산지를 추적하기 어려운 반면에 다이아몬드를 이동시키기 쉽기 때문에, 이 보석은 국제시장에서 불법적인 행위자들 사이에서 일종의 핵심적인 화폐가 되었다. 1980년대까지 드비어스는 시에라리온에 직접 개입해 있었고 프리타운Freetown에서 사무소를 유지했다. 1990년대에 드비어스는 내전 중인 시에라리온에서 밀수된 다이아몬드의 경유지인 라이베리아, 기니, 코트디부와르 등에서 다이아몬드를 구입했다. 시에라리온의 반란군도 레바논, 서아프리카, 동유럽의 중개상을 통해서 보석들을 밀수했다. 때로 다이아몬드 원석은 벨기에 앤트워프에서 주요 국제시장으로 직접 밀수되었다.

다이아몬드는 어떻게 시에라리온의 유혈사태에 기여했는가? 리비아에서 훈련받은 시에라리온 반란군은 1991년에 혁명연합전선RUF: Revolutionary United Front을 결성하고 정부군을 공격하기 시작했다. 그들은 정부 소유의 일부 다이아몬드 광산을 장악하고 그 다음 10년에 걸쳐 불법경제를 운영하면서 다이아몬드를 인접국가에게 밀수출하고 무기와 약품을 얻기 위해 매매했다. 또 RUF는 민간인 수천 명의 팔다리를 절단했다. 1999년에 국제사회는 지구상에서 가장 위험한 곳이 되어가고 있던 이 작은 서아프리카국가를 더 이상 외면할 수 없었다. RUF에 의해 야기된 내전으로 인해 5만 명 이상이 죽고 200만 명 이상이 살 곳을 잃었다. 그 해 1월에 RUF는 시에라리온 수도인 프리타운을 공격하여 생명체전멸작전Operation No Living Thing을 수행하면서 수백 명의 민간인을 살해하고 강간하며 신체를 절단했다.

유엔은 RUF와 시에라리온정부간에 취약한 평화협정을 중재하도록 도왔다. UN안전보장이사회는 다이아몬드 금수조치를 채택함으로써 시에라리온정부가 원산지 증명서를 통해 인가한 다이아몬드 원석의 직간접적인 수입을 금지했다. 2000년 7월부터 10월까지 시에라리온정부와 벨기에 다이아몬드위원회Diamond High Council는 시에라리온에서 앤트워프로 들어오는 다이아몬드에 대해 보안용지에 인쇄된 원산지 증명서, 전자 데이터베이스 등록, 그리고 도착 시 전자 확인 절차를 요구하는 제도를 만들었다. RUF는 이와 같은 새로운 요구조건을 피해가는 방법을 재빠르게 찾았는데, 자신의 다이아몬드를 합법적인 시장에 수출하기 위한 은폐용으로 라이베리아와 기니를

이용했다. 이에 유엔안보리는 2001년 5월 라이베리아에 대해 제재를 가했고, 다이아몬드 원석의 수출에 대한 가혹한 금지조치를 취했다.

피의 다이아몬드 문제에 직면하여 영국 글로벌 위트니스Global Witness와 파트너십 아프리카 캐나다Partnership Africa Canada 등 시민사회단체들은 드비어스, 세계다이아몬드위원회World Diamond Council, 그리고 수십 개의 정부들과 공동으로 2003년 1월에 킴벌리프로세스인증제도KPCS: Kimberly Process Certification Scheme를 수립했다. KPCS회원들은 불법 다이아몬드가 국제무역 네트워크로 흘러들어가는 것을 예방하고, 다이아몬드가 분쟁과 무관하다는 점을 보장할 수 없는 국가나 회사들에게 유입되지 못하도록 하기 위해 자발적으로 협력하고 공조한다. 킴벌리프로세스는 불법활동에 맞서는 글로벌 민-관 파트너십의 중요한 예다. 비록 만병통치약은 아니지만, KPCS는 시에라리온과 앙골라에서 평화를 증진하는 데 기여했으며, 합법적인 수출을 통한 정부의 수입을 증가시키고, 소비자들이 상품의 원산지에 대해 더 잘 알 수 있도록 도왔다.

참고문헌

a Ingrid J. Tamm, "Diamonds in Peace and War: Severing the Conflict-Diamond Connection," *World Peace Foundation Report* (Cambridge: World Peace Foundation, 2002), p. 5.
b Ibid.
c Ibid., p. 4.

치료에 들이는 미국연방지출을 크게 초과한다. 글로벌 성 산업에서 사법 당국이 성 서비스를 구입하는 남성들보다는 매춘부를 단속한 것은 오래된 역사다.

국가들이 대체로 문제의 공급 측면을 뒤쫓는 이유는 사회 내의 강력한 정치적, 경제적, 문화적 이익들과 큰 관계가 있다. 종종 각국 정부는 기득권적인 특수이익과 공익 간에 균형을 맞춰야 한다고 느낀다. 강력한 행위자들이 정부를 압박하여 '남의 뒤뜰에 있는(다른 나라의 영토에서 일어나는)' 불법문제를 공격하도록 강요할 때 효율성과 사회적 목표들이 희생되곤 한다. 사법 당국이 견고한 글로벌 시장의 공급 측면을 차단하거나 간섭하려고 시도할 때, 종종 의도한 결과를 달성하지 못한다. 오히려 가끔 역효과가 나는 게 사실이다. 불법활동의 장소는 간단하게 이곳에서 저곳으로 바뀔 수 있다. 마치 경찰이 국경의 한 부분을 단속하면 밀수꾼들은 좀 더 허술한 국경의 다른 곳으로 이동하듯이 말이다. 공급측면에 대한 단속은 불법활동을 지하화 함으로써 그에 대한 통제를 훨씬 더 어렵게 만든다. 공급자에 대한 대책은 종종 사회에서 폭력과 '영역 다툼'을 증가시킬 수 있다.

윌리엄스Phil Williams는 활동을 제한하려는 노력들이 **제한-기회 딜레마**restriction-opportunity dilemma를 만들어낸다고 지적하는데, 이 딜레마는 국가들이 마약이나 프레온 등 금지물질이나 무기 금수조치를 부과하면 할수록, 그로 인해 "새로운 범죄시장이 열리고 기존 시장이 확장되는 기회를 더 많이 제공하게 됨"을 의미한다. [16] 버트램Eva Bertram과 그 동료들은 **이윤의 역설**profit paradox이라 부르는 의도되지 않은 결과를 비슷한 사례로 보여준다. [17] 국가들이 마약을 금지하기 위해 사법

권을 이용할 때, 공급의 감소는 가격의 상승을 유발하는 경향이 있다. 이로 인해 암시장에 계속 공급하며 리스크를 감수하려는 사람들의 이윤이 증가하게 된다. 그리고 더 높은 가격은 다른 잠재적 범죄자들이 그 사업에 진입하도록 자극한다. 그로 인한 한 가지 결과는 일시적인 소강상태가 지나면 범죄자들이 금지조치를 우회하는, 더 독창적인 방법을 찾기 때문에 공급량은 다시 증가하게 되고 가격은 다시 하락하게 된다는 점이다. 또 다른 가능성은 가장 무자비하고 폭력적인 범죄자들이 불법시장에서 더 큰 지배력을 얻게 되는 것이다. 이러한 딜레마는 많은 영역에서 눈에 띄는데, 어떤 사람들은 특정 유형의 불법활동을 처벌대상에서 제외하자고 주장하기도 한다.

세계화: 양날의 칼

자유주의 이론은 보다 자유로운 국제시장의 긍정적인 측면을 찬양한다. 예를 들면, 칼럼니스트인 프리드만Thomas Friedman은 점차 눈에 보이지 않는 국경을 넘어서 평화롭게 협조하고 경쟁하는 개인과 기업들의 역량이 기술변화로 인해 강화되는 세계화의 새로운 단계를 그린다. [18]

그러나 불법시장에 대한 학습을 통해서 우리는 세계화가 양날의 칼임을 배운다. 개방된 시장은 글로벌 효율성을 증가시킬 수 있지만, 나쁜 사람들의 능력을 강하게 해주기도 한다. 비록 우리는 아직 세계적으로 합법적인 사업 대비 불법적인 사업의 비율이 증가하고 있는지 알지 못하지만, 일부 국가에서 그 비율이 상승해왔음을 확신할 수 있다. 서방사회에서 일종의 숭배의 대상이 된 기술변화 역시 거짓 우상일 수 있다. 신자유주의적

세계화의 잠재적으로 바람직한 모든 측면에는 범죄적인 측면이 있다. 이것이 악이 선보다 우세하다는 것을 의미하지는 않는다. 그보다는 글로벌 변화에 대한 설득력 있는 분석을 위해서는 부정적인 외부성을 감안해야 한다는 뜻이다.

나임Naím은 탈냉전의 어두운 면을 지적한다. 소련의 붕괴와 취약한 탈공산주의 국가들의 확산으로 인해 불법적인 활동의 새로운 터전이 마련되었다.[19] 시장경제로의 이행은 강력한 마피아, 권력남용과 구식 조직폭력을 낳았다. 소련의 붕괴 이후 탄생한 일부 취약국가들은 밀수업자들의 소굴이 되었다. 한 가지 좋은 사례는 몰도바 내의 트란스니스트리아Transdniestra로 1992년에 독립을 주장했다 (그러나 어느 나라도 그 주장을 승인하지 않았다). 그곳은 무기, 밀수품, 훔친 자동차들이 밀매되는 중심 허브가 되었다. 냉전 말미에 과거 바르샤바조약기구 회원국들은 많은 소형 무기들을 제3세계 시장에다 풀었다.

많은 학자들은 글로벌한 탈규제와 민영화가 불법적인 사람들의 증가를 가져온 범인이라고 지적한다. 1980년대 이후 항공 및 운송 산업의 민영화는 몇몇 형태의 밀거래를 부채질했다. 국영기업의 잇따른 매각은 광범위한 부패를 초래했다. 자유무역협정에 기반한 지역통합은 국경 통제를 약화시킨다. 자본시장의 개방은 전 세계에 단기투기자금인 '핫머니'의 흐름을 촉진했다. 라디오 주파수 발신기를 상품에 탑재한다든가 하는 등 밀수에 대한 기술적 해결책을 찾은 기업들도 범죄자들이 더 영리하다는 것을 발견하곤 한다.

세계화의 신기술이 불법적인 행위자들에 의해 사용되는 반면에, 안드레아스Peter Andreas는 국가들도 기술혁신의 이점을 활용하여 범죄자들을 단속하고 있다고 지적한다. 예를 들면, 디지털화를 통해서 정부는 데이터베이스 발굴, 생체인식, 그리고 더 나은 전자 도청을 할 수 있다.[20] 화폐 인쇄기술의 혁신은 정부에게 위조지폐를 막도록 도와준다. 그리고 글로벌 위치추적 시스템GPS: global positioning system 기술은 불법 벌채와 불법 쓰레기 투기 등 범죄활동을 추적하도록 해준다.

국가간 조정 문제

IPE가 탐구하는 가장 중요한 질문 중의 하나는 왜 국가들이 서로 협력하는데 성공하는지 혹은 실패하는지이다. 우리가 앞 장들에서 배운 것처럼, 현실주의자들은 국가를 항상 서로 경쟁하는 존재로 바라본다. 반면에 자유주의자들은 정부들이 그들의 상호작용을 평화롭게 조정할 능력을 지니고 있음을 강조한다. 불법시장에 관한 연구들을 통해서 나타난 또 다른 결과는 국가주권은 불법행위에 대한 정책 조정을 매우 어렵게 한다는 것이다. 그 이유는 무엇인가?

주요 이유 중 하나는 국가들이 그들의 주권을 서로 시기한다는 점이다. 국가들은 국내문제에 간섭하는 것을 좋아하지 않으며, 다른 국가들의 법을 이행할 책임을 지지 않으려고 한다. 사실 그들은 국경 밖에서 벌어지는 불법활동을 때로는 이용할 것이다. 불법시장이 주권을 위협할 수 있음에도 불구하고, 주권은 암시장을 보호해줄 수도 있다. 예를 들어, 일부 국가들은 범죄 활동의 피난처가 되었다. 국가들은 글로벌 범죄자들에게 수수료를 부과하고 그들을 주권의 보호막으로 보호해준다. 이런 종류의 실패국가에 있는 지도자들은 외교관 여권을 수상한 사업가들에게 발급하고, 다른 곳에서 모든 국제영업 행위를 하는 선박과 항공기를 편의상 자국에 등록해주는 **편의치적선제도** flags of convenience 혜택을 부여하며, 인터넷 도박이나 외설물 배포 행위를 하는 서버를 설치하도록 허용한다. 돈을 받는 대가로 국가들은 범죄자들의 재화밀수에 자국의 영토가 이용되는 것을 눈감아준다.

이러한 활동들은 팔란Ronen Palan이 명명한 **주권의 상업화**commercialization of sovereignty라는 현상의 일부다. 이 현상은 상업적인 특권과 보호 혜택을 타국 출신 시민과 기업에게 임대해주는 것이다.[21] 어떤 국가는 부정한 돈의 출처를 위장하는 곳으로 스스로를 판매할 수 있다. 예를 들면, 수십 개의 국가들과 영역들은 **조세회피처**tax havens이다. 이곳은 역외 금융센터 혹은 비밀주의 관할권으로 정의되기도 하며, 여기에서 외국인들은 자신의 돈을 묻어두고 현지 관리들에 의한 별다른 규제 없이 국제금융거래를 할 수 있다. 케이먼제도 Cayman Islands와 같은 지역들은 본국 정부가 전혀 미칠 수 없기를 바라는 돈세탁과 조세회피를 하려는 사람들을 유인한다. 이들 주권관할 지역은 글로벌 범죄(그리고 합법적인 국제영업)로부터 직간접적으로 이득을 얻는다.

색슨Nicholas Shaxon은 그의 책 『보물섬Treasure Islands』에서 이러한 조세회피처는 어디에나 존재하며 글로벌 자본주의의 불가결한 요소라고 강조한다. 조세회피처는 스위스를 비롯한 많은 선진국, 영국령 영토, 델라웨어와 네바다 등 미국에서도 찾아볼 수 있다. 그가 강조하는 바에 의하면 조세회피처는 "부유하고 유력한 엘리트들에게 사회 속에서 살고 또 사회의 혜택을 누리는 데에 수반되는 법과 의무, 즉 세금, 건전 금융규제, 형사법,

상속 규칙 등을 회피하는 온갖 방법과 비밀을 제공한다."[22]

부랑국가pariah state들에 대해 압력을 가하는 것은 불법네트워크를 폐쇄하는 한 가지 방법이긴 하지만 가장 효과적인 방법은 아니다. 그 기법은 때로 역효과를 낳는다. 부랑국가의 지도자들이 불법거래의 제거를 항상 원하는 것은 아니다 (특히 이 지도자들이 불법활동에 참여하고 있는 경우). 비록 이들이 부패나 불법활동을 축소시키는 것을 실제로 원할지라도, 그렇게 할 역량을 갖고 있지 않을지도 모른다. 아니면 그들이 그렇게 하려고 하면 결국에는 전복되고 말지도 모른다. 후자의 경우, 비협조를 이유로 어떤 정부를 처벌하는 것은 가난한 나라들에서 제도 구축을 약화시키는 의도하지 않은 효과를 낼 것이다. 세계은행은 월포위츠Paul Wolfowitz 전 총재 하에서 처벌적인 반부패모델을 제도화했는데, (때로는 간접적으로) 외국 차관과 개발 원조를 빼돌리는 불법활동을 막지 못하는 국가들에 대한 원조를 삭감하는 것이었다. 그 모델은 중단되었는데, 그 부분적인 이유는 자국 경제에 있는 '나쁜 사람들'과 싸우는데 필요한 바로 그 자원과 지원을 허약하지만 선의의 지도자들로부터 박탈할지도 모르기 때문이었다.

그 결과 어떤 조건에서 어느 한 나라는 불법활동이 일어나는 다른 나라에게 폭력을 행사할 '권리'를 갖는지 더 큰 물음이 제기되었다. 만약 한 나라의 정부가 테러리스트에게 자국 은행체계를 이용하여 돈세탁하도록 허용한다면, 그로 인해 피해를 보는 나라는 그 정부에 대해 폭력을 행사할 천부적인 권리를 갖는가? 한 나라는 다른 나라에서 행해지는 대규모의 자국화폐 위조를 막기 위해 폭력을 사용할 수 있는가? 예를 들면, 북한은 미

국화폐를 정교하게 위조하는 국가다. 만약 어느 나라가 지적재산권에 대한 대규모 침해와 불법복제를 허용한다면, 그 국가는 정말 다른 국가의 재산을 훔치고 있는 것인가? 이것은 다른 국가의 영토를 차지하는 것에 버금가는가?

국가들이 범죄 퇴치를 위한 협력에 실패하는 많은 다른 이유들이 있다. 그 하나는 불법적인 초국경 활동이 종종 국가간에 법이 다르다는 이유 때문에 발생한다는 점이다. 이 문제를 해결하기 위해서 국가들은, 정치적으로 인기가 없는 일이지만, 자신들의 법률체계를 보다 잘 조화시킬 필요가 있다. 두 번째는 속임수의 문제다. 어떤 국가가 다른 국가에게 한 약속을 실제로 이행할 것이라고 어떻게 보장하겠는가? 세 번째는 프라이버시의 문제이다. 효과적인 국제협력을 위해서는 자국 시민과 기업들에 대한 정보의 공유가 필요하지만, 이는 국가들이 공개하기를 늘 꺼려했던 일이다. 이는 고전적인 중상주의 사고이다. 처음 협력이 아무리 좋은 의도로 이뤄졌다고 하더라도, 국가들은 경쟁국들이 어떻게 이 정보를 이용할지 우려한다.

넷째, 경쟁국들은 종종 암시장 활동을 장려함으로써 적국을 약화시키려 한다. 예를 들면, 레이건 행정부는 소비에트와 좌파 정권들을 약화시키기 위해 아프가니스탄, 앙골라, 라틴아메리카 등지에 무기를 쏟아 부었다. 그로 인해 비밀 작전이 종료된 후 오랫동안 무기 시장이 남아있게 되었다. 네일러R. T. Naylor는 수백 년 전 중상주의적인 경제전쟁의 일환으로 유럽열강들이 경쟁국을 약화시키기 위해 위조, 해적, 밀수 기지의 발전을 장려했다는 점을 우리에게 상기시킨다.[23] 안드레아스Peter Andreas도 국가들이 자신의 이익을 위해 불법적인 방법을 사용하는 몇몇 방식을 말해주는데,

경제제재 파기(이란), 핵기술 도난(파키스탄), 비밀작전 가담(미국), 위조 묵인(중국) 등이다.

다섯째, 스스로 가끔 불법활동에 공모하는 경찰과 정부들로부터 진지한 협력을 얻어내기는 어렵다. 많은 취약국가들에서 관리들은 월급을 받으면서 범죄 집단을 보호해주거나 일정한 수입을 대가로 그들을 묵인해준다. 때로는 단순히 너무 무서워서 강력한 범죄조직과 마약카르텔에게 맞서지 못한다. 예를 들어, 콜롬비아 마약조직의 중심인물이었던 에스코바Pablo Escobar는 1980년대와 1990년대에 자신의 마약 제국을 추적하는 정부에 대해 폭력 투쟁을 전개했다. 그는 판사, 경찰, 기자 등에 대한 수십 건의 암살과 공공시설의 폭파를 명령했다.

효과적인 국제협력이 없는 가운데, 민간기업과 국제시민사회가 나서서 불법활동에 관련된 규범과 관행을 바꾸고 있다. 이들의 자발적인 노력이 항상 성공을 거두는 것은 아니지만 정부에게 더 많은 일을 하도록 압력을 가하고 여론에도 영향을 미치고 있다. 이 민간 부문은, 악평과 법적인 책임에 대해 염려하면서도, 거대 행위자들을 위한 행동 규범과 표준을 주도적으로 수립해왔다. 예를 들면, 세계 최대 민간은행 몇몇은 돈세탁 및 기타 금융범죄를 최소화하기 위한 규제들을 자발적으로 도입했다. 이러한 움직임은 9·11테러 이후에 다국적기업들이 **고객확인규칙**know-thy-customer rules을 채택함으로써 나타난 보다 광범위한 변화의 일부분인데, 그 규칙은 예금자, 공급자, 계약자들을 더욱 주의 깊게 심사하는 것이다. 그런 경우에도 2011년부터 미국관리들은 시티그룹, HSBC, 스탠다드차터드 등 거대 은행들을 마약밀매자, 잠재적 테러리스트, 그리고 이란정부의

자금을 세탁한 혐의로 기소됐다.

낙인찍기운동name-and-shame campaigns은 불법적이고 비윤리적인 관행에 대해 국제적 관심을 불러일으킨다. 국제투명성기구Transparency International는 연간 부패지수 — 다른 나라에서 영업을 하는 사업가들을 대상으로 한 조사에서 얻어지는 — 를 통해 정부들이 최하위 순위에서 벗어나도록 압력을 가할 수 있는 대표적인 조직이다. 조세정의네트워크Tax Justice Network는 법인세 탈세를 위해 불법적인 글로벌 관행을 이용하는 초국적기업과 조세회피처를 적발하고 난처하게 하는 운동가 연합에 속한다. 다자기구들도 국제금융표준을 채택하지 않는 나라들을 블랙리스트에 올릴 수 있다. 우량목록을 만드는 것은 시민단체와 정부들이 저비용으로 이용할 수 있는 또 다른 방법인데, 청정 기업을 공개함으로써 시장이 그 기업들의 상품과 관행으로 이동하기를 바라는 것이다.

전쟁과 천연자원

1980년대 이래 점차 분명해진 것은 천연자원에 대한 암시장의 영향력이 글로벌 안보구조에 중요한 효과를 미친다는 점이다. 개도국의 허약한 정부와 반란단체들은 무기를 사고, 지지자들을 확보하며 국경 내에서의 활동을 위해서 돈을 필요로 한다. 천연자원의 추출과 수출을 통제하는 것은 일정한 수입을 보장하는 중요한 방법이다. 또 만약 정부로부터 천연자원 통제권을 빼앗는다면 중요한 정치적 목표를 달성할 수 있을 것이라는 점을 반군들도 알고 있다. 일반적으로 국제상품 거래자들은 반란 범죄자나 부패 정부로부터 구입하는 것에 대해 죄책감을 갖지 않는다.

시에라리온에서 내전의 일부 파벌들은 1990년대에 국가를 황폐하게 했는데, 다이아몬드 채굴권을 불법적으로 장악함으로써 전투 자금을 일부 조달했다 (글상자 15.1 "드비어스와 '피의 다이아몬드'" 참조). 캄보디아의 크메르루즈Khmer Rouge는 1980~1990년대 프놈펜Phnom Penh 정부에 맞서 싸우기 위해 자신들이 통제하는 지역에서 생산된 불법 목재와 보석을 수출해서 자금을 조달했다. **콜롬비아 무장혁명군**FARC: Fuerzas Armadas Revolucionarias de Colombia은 반란 자금을 충당하기 위해 마약 무역에 세금을 부과했다.

1998년에 시작된 매우 비극적인 사례로서, 콩고민주공화국은 풍부한 광물 매장지를 장악하려고 다투는 군벌과 이웃나라 군대에 의해 분열되었다. 무장단체들은 더 이상 주권에 대한 합법적인 권리를 갖지 못한 채 콜탄 같은 광물의 불법채취와 수출에 가담했다. 콜탄은 고부가가치 전략 금속인 탄탈륨으로 정제되어 휴대전화, 컴퓨터 칩, 항공기 엔진 등에 사용된다. 글로벌 환경단체와 인권단체의 면밀한 감시에 직면하여, 노키아, 모토롤라, 삼성 등 주요 휴대전화 제조사들은 납품업자들이 콩고산 콜탄/탄탈륨을 구매하지 않도록 압력을 가했다. 이들은 일부 학살에 대해 책임이 있다는 비난을 들을까 우려했다. 학자인 네스트Michael Nest는 우리에게 서구의 거대 전자제품 시장에 있는 소비자의 힘에 대해 일깨워준다. 이 소비자들은 분쟁지역에서 생산된 원료를 구입하지 않도록 다국적기업에게 압력을 가할 수 있다. 그러나 6억 명 이상의 휴대전화 사용자를 보유한 중국은 불행하게도 아프리카의 불법 콜탄 공급업자와 열심히 거래해옴으로써 다국적기업의 노력을 방해하고 있다.[24] 그럼에도 불구하고, 전세계의 더 많은 정부들은 기업에 압력을 가해 분쟁광물을 공급사슬에서 제거하는 것은 아프리카지역에서 폭력과 전쟁을 감소시키는 효과적인 방법이라고 믿는다. 2010년 제정된 도드-프랭크법의 일부로서, 미국기업들은 그들이 판매하는 상품이 분쟁지역에서 생산되었을 가능성이 높은 탄탈륨, 텅스텐, 금, 주석 등을 함유하고 있는지 증권거래위원회Securities and Exchange Commission에 보고할 의무가 있다.

부패는 발전을 저해한다

정치경제학자들은 왜 어떤 국가들은 발전하고 다른 국가들은 낙후되는지 설명하기 위해 노력하면서 수십 년을 보냈다. 그들은 많은 요인들을 발전에 연관지으면서, 무역개방성 정도, 정치적 안정의 수준, 그리고 심지어 '구불구불한' 국경선 등을 꼽았다. 부패는 가난한 나라들의 발전을 가로막는 또 다른 핵심 요인이다. 예를 들어, 인도네시아, 필리핀, 나이지리아 등의 과거 지도자들은 정부 금고에서 수십억 달러를 탈취했고, 그로 인해 자기 나라를 부채의 늪에 빠뜨리고 외국인투자를 유인할 수 없게 만들었다. 특히 심한 예는 독재자 오비앙Teodoro Obiang이 통치했던 자그마한 나라 적도기니Equatorial Guinea다. 70만 명도 안 되는 인구에 아프리카 3대 석유생산국 — 이는 세계에서 가장 높은 1인당 GDP 중의 하나임을 의미한다 — 임에도 불구하고 그 나라의 빈곤율은 75퍼센트를 넘는다. 엑슨모빌Exxon Mobil과 마라톤Marathon에 의해 생산되는 석유로부터 얻는 대부분의 부는 오비앙과 그 가족의 수중에 들어간다. 세계은행은 적도기니와 같은 나라들에서 굿거버넌스good governance를 증진하는 국제적 캠페인을 시작했다.

불법 글로벌경제에 대한 분석가들은 부패가 큰 문제라는 점에 동의하지만, 부패의 원인이 단순히 개도국의 나쁜 지도자들은 아니라고 주장한다. 달리 말하면, 부패는 많은 합법적인 그리고 불법적인 행위자들이 공모하는 초국적 과정이라고 이들은 말한다. 그러므로 부패와의 전쟁은 글로벌 행위자들에게 초점을 맞추어야 한다. 경제학자인 이스털리William Easterly는 그의 책 『백인의 책무The White Man's Burden』에서 해외원조는 종종 부패한 정부가 먹어치운다고 주장한다. 그는 부유한 나라에 있는 '유토피아적 사회계획자들'에게 개도국을 돕기 위한 훨씬 더 현실적인 정책을 채택하라고 요구한다.[25] 베이커Raymond Baker와 네일러R. T. Naylor는 서구 정부들과 기업들이 부패를 조장한다고 비판한다.

불법 글로벌경제의 사례 연구

지금까지 우리는 불법 글로벌경제에 대한 연구를 토대로 6가지의 중요한 분석 결과를 살펴보았다. 또 우리는 불법경제에 연관된 이익과 일부 주요 행위자들을 알아보았다. 이제 우리는 밀수, 마약 밀매, 인신매매 등 몇몇 사례연구를 통해 일반적인 주제를 부분적으로 설명한다. 그리고 불법활동이 어떻게 왜 발생하는지, 사회에 대해서는 어떤 결과를 낳는지 구체적으로 검토한다.

밀수

밀수는 세계에서 가장 오래된 직업 중 하나다. 사업가들은 정치지도자들이 교환에 부과하는 규칙을 무릅쓰고 국경 너머로 재화를 수송함으로써 이윤을 추구한다. 밀수의 대상은 단속을 피하는 기법만큼이나 많다. 가장 중요한 밀수 품목은 석유, 담배, 위조품, 골동품, 동물, 그리고 군사기술 등이다.

초국경 거래는 국가들이 그것을 불법적이라고 말하는 경우에만 불법이 된다. 달리 말해서, 국가들은 무엇이 밀수이고 무엇이 밀수가 아닌지 정의하며, 그 정의는 시간에 따라 변한다. 어떤 상품은 유출국에서 합법적인 것이지만, 유입국에서는 불법적인 것일 수 있다. 혹은 유출국에서는 불법적이지만 유입국에서는 합법적일 수 있다. 또는 두 나라 모두에서 불법적일 수도 있다. 각 사례의 구체적인 상황에 따라 밀수의 규모나 국가들이 밀수를 단속하기 위해 협력할 가능성이 달라진다.

밀수에 가담하는 사람들의 동기는 무엇인가? 탐욕은 명백한 원인이다. 밀수꾼들은 합법적인 무역으로 얻을 수 있는 것보다 더 큰 돈을 벌고 싶기 때문에 위험을 기꺼이 감수한다. 그러나 중상주의 국가들도 안보를 목적으로 밀수에 간여한다는 점을 명심하라. 예를 들면, 미국이 중국에게 첨단기술 판매를 제한하려고 시도했을 때, 중국관리들은 이러한 첨단기술의 절도와 자국으로의 이전을 부추겼다. 또 정부들은 적국이 자국에 부과한 제재와 금수조치를 거부할 권리를 갖고 있다고 느낀다. 엄격한 UN 제재를 받고 있었음에도 불구하고, 후세인Saddam Hussein은 1990년대에 이라크 밖으로 석유를 밀수출해서 수십억 달러를 벌어들여서 자신의 정권을 유지했다.

밀수꾼들은 자신의 행동을 어떻게 정당화하는가? 많은 밀수꾼들은 탐욕적인 동기를 은폐하는 자기만의 합리적 근거를 갖고 있다. 그럼에도 불구하고, 다른 정당화 논거들이 있다. 종종 밀수꾼들은 무역을 규제하는 정치적 권위의 정당성이나 특정 형태의 무역을 불법적인 것으로 정의하는 법의 정당성을 그저 인정하지 않는다. 예를 들어, 세관원에게 제공하는 뇌물에 신물 난 수입업자들은 밀수가 약탈적인 정부를 합법적으로 피하는 길이라고 생각할 것이다. 마찬가지로 일부 밀수꾼들은 수입세가 너무 높다고 느낀다. 어떤 밀수꾼들은 식민지 열강이 그어놓은 국경을 그냥 인정하지 않는다. 다른 밀수꾼들은 자신들이 가난한 사람들에게 상품을 저렴하게 공급하고 있고 일종의 사회봉사를 하고 있다고 믿는다. 실패국가나 전쟁지역에서 밀수는 종종 사람들이 식량, 의약품, 기타 필수품을 얻을 수 있는 유일한 방법이다.

밀수꾼들은 인접국가들 간의 법률과 규제의 차이점을 이용하여 **차익거래**arbitrage — 가격이 낮은 시장에서 상품을 사서 가격이 높은 시장에서 파는 행위 — 를 한다. 이와 같은 밀수의 기회는 가격 격차로부터 발생하는데, 종종 세금, 규제, 이용가능성의 국가간 차이에서 비롯된다. 정부들이 도덕, 공중보건, 환경보호 등의 이름으로 재화와 서비스의 공급을 제한할 때, 그들은 자신도 모르게 밀수를 조장하게 된다. 예를 들면, 미국정부는 캐나다와 멕시코로부터 처방약을 개인적으로 재수입하는 것을 금지하고 있는데, 이는 미국소비자의 안전에 대한 우려 때문에, 또 다른 한편으로는 미국 제약회사들의 이윤을 보호하기 위해서다. 그러나 캐나다와 멕시코의 저렴한 처방약은 미국의 많은 노년층들을 엄밀히 말해 불법 공급처인 남과 북으로 눈을 돌리게끔 하고 있다. 고전적인 사례로 1920년대 미국의 금주령은 캐나다로부터의 주류 밀수를 자극했다. 북미의 국경에는 항상 상당한 틈새가 있었다.

담배는 세계에서 가장 중요한 밀수품 중의 하나다. 세계에서 소비되는 모든 담배의 11.6퍼센트는 밀수되거나 불법적으로 생산된 것이며, 그로 인해 정부들은 약 400억 달러의 세금을 거두지 못하는 것으로 추산된다.[26] 일단 담배가 글로벌 무역체제에서 '이동 가능'하게 되면, 밀수는 담배 유통업자들에게 일체의 세금을 피하여 수익성을 증가시킬 수 있도록 허용한다. 담배는 종종 합법적으로 미국 밖에 있는 무관세지역으로 수출된 다음에 다시 다른 국가들로 방향을 바꾸게 된다. 수년 동안 미국과 유럽의 주요 담배회사들은 그 밀수에 사실상 공모했다고 할 수 있는데, 그것이 새로운 시장을 열 수 있는 한 방법이었기 때문이다.[27] 일부 개도국에서 담배의 제조·수입·유통은 국가 독점사업이다. 이처럼 밀수 담배와의 경쟁은 정부의 재정수입을 감소시킨다. (선진국들은 그들의 국고가 제1차 세계대전 전에 주류와 담배에 대한 '죄악'세에 얼마나 많이 의존했는지 종종 망각한다. 예를 들면, 오늘날 미국의 많은 주정부들은 담배에 대한 세금을 계속해서 올리고 있다.)

미국과 캐나다 사이에서 이뤄지는 담배밀수에 대한 연구에서 비어Margaret Beare는 밀수꾼에는 인디언 부족, 외교관, 군인, 여행객 등이 포함되어 있으며, 이들은 담배 제품을 국경을 넘어 합법적으로 이동시킬 수 있는 법률상의 특권을 이용한다고 밝혔다.[28] 담배에 대한 높은 세금을 부당하다고 보기 때문에, 캐나다소비자들은 적극적인 밀수 가담자였다. 2003년 이후 캐나다 정부와 유럽연합은 미국과 일본의 주요 담배회사들을 제소하여 담배 밀수를 막기 위한 조치를 취하도록 했다. 이것은 도매상들이 담배 제품으로 무엇을 하는지 그리고 공장에서 소비자에 이르는 교역의 연결고

리는 어떻게 되는지 등을 아는 책임을 담배 제조사들에게 더 많이 지우는 조치다. 세계보건기구는 심지어 모든 담배 포장에 전자 표식을 부착하자고 제안했다.

밀수를 부추기는 또 다른 동력은 서로 다른 과세인데, 과세 격차는 동일한 상품에 대한 세금이 국가마다 상당히 차이가 날 때 발생한다. 심지어 미국 내에서 주 간의 세금 차이는 국내적인 암시장이 형성되는 중요한 원인이다. 9·11테러 이후 관리들은 노스캐롤라이나와 버지니아에서 세금이 낮은 담배를 사서 미시간과 뉴욕 등 세금이 높은 주로 옮겨서 암시장에서 높은 가격으로 판매하는 사람들의 많은 고리를 끊었다. 2003년부터 미국의 주류·담배·화기 단속국Bureau of Alcohol, Tobacco, and Firearms은 1,000건 이상의 담배밀매 사건을 수사해왔다.

골동품도 밀수꾼들의 큰 사업품목이다. 그리스, 이탈리아, 볼리비아, 태국 등 많은 나라들은 국가적 유산의 일부분으로 여겨지는 골동품의 수출이나 판매를 엄격히 제한하는 법률을 지니고 있다. 그럼에도 불구하고, 미술품과 골동품에 대한 부유한 국가들의 엄청난 수요로 인해 도난당한 문화재의 초국적 교역이 번창하고 있다. 맥켄지 Simon Mackenzie의 지적에 의하면, 미술품 중개상과 수집가들은 문화적인 품목을 즐기고 보존할 자격을 지니고 있다고 강하게 느끼지만 자신이 구매한 물건의 합법적인 출처를 입증하기 위해서는 불충분한 조치를 취한다.[29]

골동품 약탈을 억제하기 위해 마련된 가장 중요한 국제협정은 1970년 유네스코UNESCO의 문화재 불법 반출입 및 소유권 양도 금지에 관한 협약 Convention on the Means of Prohibiting and Preventing the Illicit Import, Export and Transfer of Ownership of Cultural Property이다. 국제박물관협의회International-al Council of Museums의 멸종위기 고고학 물품 목록을 통해서 암시장 거래를 완화하는 데 일부 진전이 있었다. 최근에 미국은 약탈가능성이 높은 방대한 종류의 고고학 물품의 수입을 금지하는 양해각서를 페루, 중국, 그리스 등과 체결했다. 아직도 국가들은 골동품을 회수하는데 어려움을 겪고 있는데, 부분적으로 그 이유는 그 골동품이 도난당한 것인지 또는 불법도굴이 어디에서 발생했는지 등을 입증하기가 대개 불가능하기 때문이다. 최근에 이탈리아와 터키정부는 게티Getty박물관과 뉴욕시립미술박물관Metropolitan Museum of Art 등 주요 박물관에 공격적으로 압력을 가해왔다. 아랍의 봄Arab Spring의 부작용은 리비아, 이집트, 시리아 등에서 주요 고고학 유적지에 대한 대규모 약탈이 일어난 점이다.

불법 목재무역은 인도네시아, 말레이시아, 남미 등에서 대량의 산림황폐화를 야기하고 있다. 인터폴Interpol과 유엔환경계획UNEP: United Nations Environment Programme의 추산에 의하면, 불법적인 벌목은 지구 전체 벌목량의 15 내지 30퍼센트에 해당하며 열대지역 국가들에서 그 비율은 더 높다.[30] 국유지에서 불법적으로 생산되거나 국가의 규제에 반하는 목재는 일본, 중국, 미국에서 굶주려있는 시장을 발견한다. 세계적으로 종이와 나무에 대한 끝없는 수요가 불법 목재시장을 유발하고 있으며, 이 목재시장은 부패한 정부, 내전, 광대한 산림지대에 대한 느슨한 감시 등을 이용하고 있다. 인도네시아의 야자수 기름 농장과 브라질의 축산업이 확장되는 것도 불법적인 산림황폐화에 기여한다. 많은 불법 목재는 수출될 즈음에는 합법적으로 채취된 나무와 뒤섞이게 되어 수입업자들이 그 목재의 실제 원산지를 추적하기 어렵게 한다.

인도네시아와 태국 같은 국가들에서 가치가 큰 산림이 사라지게 되자, 불법 벌목은 콩고분지, 버마, 파푸아뉴기니 등 새로운 지역으로 이동했다. 이러한 불법시장은 생물다양성의 손실, 세계적 탄소배출량 증가 등 글로벌 공동체가 붙잡고 씨름해야 하는 많은 후속 문제들을 초래한다. 게다가 정부들은 수십억 달러의 조세 수입을 잃게 된다. 불행히도 불법적인 산림황폐화를 진압하려는 국제적 노력들은 제한적인 효과만을 거두고 있다. 그때 국가들이 사용하는 국제협약은 멸종위기에 처한 야생동식물 종의 국제거래에 관한 협약CITES: Convention on International Trade in Endangered Species of Wild Fauna and Flora이다. 이 협약의 체약국들은 특정 유형의 멸종위기 수종(더불어 수천 개의 동식물 종)의 수입과 수출을 규제할 의무를 진다. 미국에서는 오랜 환경보호법의 하나인 **레이시법**Lacey Act을 2008년에 수정하여 해외에서 불법적으로 채취된 나무의 수입을 불법화하고, 수입업자들에게 반입 목재의 유형과 원산지를 밝히도록 요구한다 (글상자 15.2 '깁슨 기타와 레이시법' 참조). 비록 이제 홈디포Home Depot, 월마트Walmart, 이케아Ikea 등 많은 대형 소매상들은 훨씬 더 나은 공급사슬 체계를 갖추고 지속가능한 산림생산자로부터 목재를 수입하고 있지만, 여전히 열대국가 산 목재는 종종 불법적인 방식으로 채취된 것이다.

동물과 동물 부위를 밀수하는 것은 세계적으로 많은 종에 치명적인 영향을 미치고 있다. 야생 동물의 교역을 막기 어려운 이유 중 하나는 그 동물이 멸종위기에 가까울수록 값이 더 높고 밀렵의 유인이 더 커지기 때문이다. 그로 인해 멸종의 속

글상자 15.2

깁슨 기타Gibson Guitar와 레이시법Lacey Act

에릭 크랩튼Eric Clapton, 디 엣지The Edge, 지미 페이지Jimmy Page, 케이스 리처즈Keith Richards, 앵거스 영Angus Young, 닐 영Neil Young 등 록 음악의 몇몇 거장들은 깁슨 기타를 연주한다. 그래서 2009년과 2011년에 미국 어류 및 야생동물관리국Fish and Wildlife Service이 내슈빌에 있는 깁슨 기타의 공장을 급습하여 기타 제작에 사용되는 나무를 압수한 것은 자못 놀라운 일이었다. 미국의 대표적인 기업이 무슨 잘못을 한 것인가? 연방 당국은 깁슨에게 레이시법을 위반하여 흑단ebony과 자단rosewood을 수입한 혐의를 부여했다. 레이시법은 2008년에 개정된 아주 오래된 환경법으로서, 외국에서 불법적으로 생산된 일체의 목재수입을 금지하고 있다.[a] 깁슨의 최고경영자 저스키위즈Henry Juskiewicz는 그 혐의에 대해 강력하게 항의했지만, 그의 회사는 2012년 8월에 법정 외의 화해를 통해 자신의 잘못을 인정하고 벌금 60만 달러를 지불했다. 이 사건은 불법벌목이 미국의 제조업, 환경법, 그리고 미국 국내정치와 어떻게 충돌하는지 드러낸다.

흑단과 자단은 그 내구성과 음질 때문에 오래전부터 기타를 만드는 데에 사용되었다. 불행한 것은 그 수종이 과잉개발과 불법적인 산림황폐화로 인해 지구적으로 멸종위기에 처해있다는 점이다. 깁슨은 마다가스카르에서 흑단을 수입하고, 인도로부터 흑단과 자단을 수입했다. 그런데 이 두 나라는 자국 내에서 불법 벌목을 막기 위해 완제품이 아닌 목재의 수출을 금지해왔다. 다른 무엇보다도, 레이시법은 외국의 산림보존을 지지하고, 국제가격을 낮추는 불법목재와의 불공정한 경쟁으로부터 미국의 지속가능한 산림회사들을 보호하기 위해 제정되었다.[b]

깁슨과 지지자들은 그 사건을 여론재판에 부쳤다. 깁슨은 수입된 목재의 원산지가 어디인지 알지 못했고 합법적인 출처일 것으로 가정했다고 그들은 주장했다. 그들이 어떻게 공급자들 중 하나 혹은 공급자들의 공급자들 중 하나가 세계의 다른 곳에서 법을 어긴 것을 알 것으로 간주되는가? 이들이 지적한 바에 의하면, 레이시법은 완성품으로서 흑단과 자단의 수입을 허용하지만 가공되지 않은 나무 판의 수입을 금지하기 때문에 — 마다가스카르와 인도는 완성품으로서 목재의 수출을 허용하지만 미가공 목재의 수출을 허용하지 않기 때문에 — 그에 따른 순효과는 불법 목재를 사용하는 외국의 목공업자들을 유리하게 하고 미국의 깁슨처럼 목재를 가공하는 회사들을 불리하게 하는 것이다. 이로써 미국회사들은 고숙련 일자리를 잃게 되고, 존재하기는 하지만 강제성은 없는 법과 부패한 정부를 가진 국가들의 노동력은 증가하게 된다. 깁슨은 부당하게 소규모 기업을 겨냥하는 '통제 불능한' 연방정부에 의해 "괴롭힘을 당하고 있다"고 주장했다. 저스키위즈는 보수성향의 라디오 프로그램과 폭스뉴스Fox News에서 자신의 주장을 펼쳤고, 공화당 의원들의 지지를 얻어냈다.[c]

깁슨을 비판하는 사람들은 그 회사가 불법시장에서 돈을 벌고, 고의로 수입 기록을 잘못 기록하고, 편의적으로 공급사슬에 대한 무지를 호소하고 있다고 비난했다.[d] 그들은 재료가 어디에서 오는지 또 다른 국가들이 자국의 산림을 보호하

(계속)

기 위해 제정한 법을 준수하는 것은 어떤 회사든
지 감당해야 할 책임이라고 주장했다. 그러한 책
임을 부인하는 것은 모든 회사들이, 약탈한 골동
품이든지 밀렵한 동물들이든지 아니면 불법적으
로 벌목된 나무든지 상관없이, 외국의 도난 물품
을 수입할 수 있는 문을 여는 것이 될 것이다.

　깁슨이 정부와 해결을 보기 전에 의회 내 보수
주의자들은 레이시법의 일부를 완화하는 법안을
2012년에 제출했다. 환경단체, 음악가, 미국 목
재회사 등은 연합세력을 구축하고 강력한 레이시
법을 유지하도록 로비를 벌였다.[e] 미국 목재산업
은 레이시법을 좋아했는데, 그것이 보호주의의 한
형태로 기능했기 때문이다. 그린피스 등 환경단
체들은 그 법을 산림황폐화에 대한 글로벌 투쟁의
수단으로 여겼다. 심지어 데이브 매튜스 밴드Dave
Matthews Band, 스팅Sting, 잭 존슨Jack Johnson, 제
이슨 므라즈Jason Mraz, 윌리 넬슨Willie Nelson, 마
룬 5Maroon 5 등은 레이시법을 지지하고 악기에
는 합법적이고 지속가능한 방식으로 생산된 나무
만을 사용하는 것을 장려하기로 서약했다.[f] 결국
레이시법은 변경되지 않았다. 대부분의 회사들이
외국 원료의 원산지까지 공급 사슬을 감찰할 자금
과 능력을 지니고 있는지 여부에 대한 질문은 남

아있다. 그리고 대부분의 기타 마니아들은 듣기
좋은 흑단과 자단을 포기하고 단풍나무, 사펠리
sapele, 아프리카 블랙우드blackwood 등 지속가능
한 악기용 목재tonewood를 선택할 것인가?

참고문헌

a　Craig Haviguhurst, "Why Gibson Was Raided by the Justice Department," National Public Radio (August 31, 2011), at http://www.npr.org/blogs/therecord/2011/08/31/140090116/why-gibson-guitar-was-raided-by-the-justice-department.
b　Patricia Elias, "Logging and the Law: How the U.S. Lacey Act Helps Reduce Illegal Logging in the Tropics," Union of Concerned Scientists (April 2012).
c　Jonathan Meador, "Does Gibson Guitar's Playing the Victim Chord Stand Up to Scrutiny?" *Nashville Scene* (October 20, 2011), at http://www.nashville-scene.com/nashville/does-gibson-guitars-playing-the-victim-chord-stand-up-to-scrutiny/Content?oid=2656825.
d　Ibid.
e　Jake Schmidt, "House Committee Votes to Allow Illegal Loggers to Pillage World's Forests: Undercutting America's Workers & Increasing Global Warming," June 7, 2012, at http://switchboard.nrdc.org/blogs/jschmidt/house_committee_votes_to_allow.html.
f　http://www.reverb.org/project/lacey/index.htm.

도가 가속화된다. 불법적인 상아무역은 아프리카
와 아시아에서 코끼리와 코뿔소의 개체를 급격하
게 감소시킨 원인이다. 상아무역을 금지하는 다자
조약이 1989년에 발효된 후 의도치 않게 나타난
결과는 하마와 바다코끼리에 대한 사냥이 이뤄졌
고 이들의 어금니가 상아를 대체하게 되었다는 점
이다.[31]

네일러R. T. Nalyor는 동물 상품을 소비하는 모
든 사람들이 밀렵과 불법거래에 대해서 일부 책임
을 지고 있다고 주장한다. 패션과 화장품 산업, 동
물의 일부로 만들어진 장신구를 사는 관광객, 애
완동물 소유자, 동물원 등도 비난받아야 한다.[32]

　슬픈 사실은 CITES협약 하에서 엄격한 교역 제
한에도 불구하고 세상에서 가장 훌륭한 피조물의

많은 수가 멸종되고 있다는 점이다. 네일러는 그의 책 『무신경한 투쟁Crass Struggle』에서 탐욕과 소유욕은 많은 밀렵을 부추긴다고 주장한다.[33] 예를 들어, 불과 몇 천 마리의 호랑이만이 야생 상태에 존재하며, 이들은 '호랑이 와인(호랑이 뼈로 담근 술)'에 사용되는 가죽과 뼈 때문에 죽임을 당할 위협에 직면하고 있다. 작은 티베트 영양인 우아한 치루chiru는 털 때문에 사냥당하여 멸종되고 있는데, 그 털은 인도와 네팔로 밀수되어 고가의 샤투슈 스카프로 만들어진다. 북미의 흑곰들은 쓸개를 얻기 위해 불법적인 사냥감이 되고 있고, 쓸개의 즙은 아시아로 수출되어 한약재로 쓰이고 있다. 지구상에서 동물과 동물부위에 대한 합법적인 교역이 얼마나 많은지 감안할 때, 사법기관들은 동물의 불법적인 교역을 단속하는 일을 우선순위로 여기지 않는다. 우리들과 동물 종을 파괴하고 있는 사람들은 겨우 몇 단계 떨어져 있을 뿐이다.

마약밀매

마약밀매는 세계에서 가장 깊게 뿌리박고 있는 수익성 높은 불법 활동 중 하나다. 비록 코카, 마리화나, 양귀비 등 많은 마약 식물은 개도국에서 재배되고 있지만, 정제된 마약제품은 대부분 부유한 북반구 국가들에서 소비되고 있다. 그렇지만 마리화나는 캐나다의 최대 현금 작물 중 하나이고, 미국의 일부 주에서도 핵심 작물에 속한다. 유엔 마약범죄사무소Office of Drugs and Crime의 추정에 의하면, 세계 전체 성인 인구의 3.4퍼센트에서 6.6퍼센트가 2010년에 적어도 한번 이상 불법 마약을 사용했다 (이에 비해 담배를 피우는 사람은 20퍼센트였으며, 이러한 수치의 차이는 왜 담배밀

수가 더 큰 시장을 갖는지 설명하는 데 도움을 준다).[34] 마약거래에서 얻어지는 이윤의 대부분은 소매 단계(북반구)에서 발생하는데, 여기서 상품에 대한 가산율이 가장 크다.

글로벌 차원에서 마약과의 전쟁은 그 비용의 막대함과 공급측면 중심 정책의 제한적인 성공을 보여준다. 2000년과 2011년 사이 미국은 콜롬비아에서 코카 생산을 대폭 줄이기 위한 플랜 콜롬비아Plan Colombia에 75억 달러를 지출했다. 대량의 공중 살포와 콜롬비아군대에 대한 지원 덕분에, 콜롬비아에서 코카 재배량이 절반 이상 감소했지만, 페루와 볼리비아에서 재배량이 늘어났기 때문에 세계적인 소비량은 감소하지 않았다.

버트램Eva Bertram은 이와 같이 실망스런 결과를 **히드라효과**hydra effect 탓으로 돌렸다. 이 효과는 단순히 어느 한 지역에서 마약의 생산 및 교역을 막으려는 노력은 다른 어디에선가 마약의 생산 및 교역을 발생시킨다는 의미다.[35] 남미에서 거대 마약카르텔을 깨뜨리는 데 있어서 거둔 성공이 얼마나 크든지 상관없이, 그 성공은 더 많은 수의 소규모 밀매단체를 낳음으로써 상쇄되었다. 콜롬비아의 밀매업자들은 사제 잠수함을 이용하여 막대한 양의 코카인을 미국으로 수송했다. 멕시코도 남미에서의 단속 때문에 마약 생산과 경유 기지가 되었다. 멕시코의 마약카르텔은 현재 미국으로 수입되는 마약의 70퍼센트를 공급하는 것으로 추산된다. 그리고 멕시코 밀매업자들 간의 폭력적인 영역 다툼으로 2006년과 2012년 사이에 멕시코에서 4만 7,000명 이상이 목숨을 잃었다. 마약 거래와의 전쟁은 멕시코군대에게 부담을 주고 있고, 더 많은 범죄를 미국으로 확산시키고 있다. 마약밀매와 함께 다른 사회적 병폐들이 멕시코에서 뒤

따르고 있는데, 광범위한 부패와 착취 등이다.

마약의 생산과 밀매는 개도국에서 (그리고 선진국에서도) 사회, 안보, 정부에 매우 부정적인 효과를 미친다. 콜롬비아 경제학자인 투미Francisco Thoumi는 마약이 안데스국가들(콜롬비아, 볼리비아, 페루)의 경제에 끼친 광범위한 효과를 기록으로 남겼다.[36] 마약으로 얻는 수입은 지속가능하지 않은 부동산 거품과 여타 투기적 투자에 돈을 대준다. 사회적 신뢰가 급격히 하락함으로써 모든 사람들이 정상적인 사업을 하는 것을 매우 어렵게 한다. 마약밀매자들은 동시에 밀수품과 무기를 수입하기 위해 마약 수출네트워크를 이용한다.

투미는 농부들에게 합법적인 대안 작물로 전환하도록 장려하는 프로그램이 대체로 실패했다고 주장한다. 불법 작물로부터 농부에게 떨어지는 수익은 식량 작물에서 얻는 수입을 능가한다. 미국은 2002년 침략 이후 양귀비 생산이 폭증했던 아프가니스탄에서 비슷한 문제를 보았다. 불법산업은 심각한 환경문제를 수반한다. 마약 생산은 열대림의 파괴를 불러오는데, 재배자들이 새로운 영역으로 이동하기 때문이다. 가장 가난한 아랍국가인 예멘에서도 씹으면 환각효과를 내는 잎을 가진 나무인 **카트**qat가 널리 경작됨으로써 수자원이 고갈되고 식량 작물에 쓰이는 토지의 양이 줄었다.

세계 도처에서 게릴라단체와 불법무장단체들은 마약을 중요한 수입원으로 삼아왔다. 콜롬비아, 캄보디아, 아프가니스탄 등에서 반군들은 모두 마약으로 얻은 수입에 의지하여 무기를 구입하고 반란활동 자금을 충당했다. 라틴아메리카 전역에서 마약거래에 연계된 총기 범죄와 폭력이 주요 도시들을 망가뜨렸다. 선진국에서 감옥에 가는 사람들의 상당수는 약물 남용에 일부 연결되어 있다.

마약밀매는 중단될 수 있을까? 아마도 아닐 것이다. 마레스David Mares는 북반구 국가들이 마약단속을 진정성 있게 하지 않는 국가들로부터 원조를 회수하겠다는 일방적인 위협으로 별다른 성공을 거두지 못했다고 지적한다.[37] 미국은 자신의 우선순위에 부합하지 않는 국가들에 대한 '승인을 취소'하고 원조 및 무역특혜를 끊겠다고 때때로 위협한다. 다자경찰협력, 국경 통제, 공중 살포, 반부패 프로그램 등은 일부 미미한 효과를 낼 뿐이며 전반적인 마약거래에 거의 영향을 미치지 못한다. 마약작물에 대한 제초제 등의 공중살포가 성공적으로 이루어지고 범죄자들이 마약공급국의 감옥에 갇히는 경우에도, 부패는 형사사법체제의 작동을 방해하고 이윤 동기는 파괴된 작물과 설비를 재빠르게 다른 곳으로 옮기도록 이끈다.

궁극적으로 마약 생산주기의 구성요소들을 차단하려는 그 어떤 공급측면을 중시하는 시도는 두 가지의 핵심적인 도전에 직면한다. 즉 정책을 이행하고 완수하기 위해 분투하는 허약한 정부들과 불법 공급사슬의 각 단계에서 생산을 지속하도록 부추기는 엄청난 재정적인 동기를 지탱해주는 최종 사용자들의 수요이다. 유럽연합은 많은 정책의 초점을 수요 측면에 맞추면서 마리화나의 소규모 판매와 사용을 불법화했다. 많은 공공정책 전문가들은 보건과 교육에 대한 공공지출을 통한 소비국가에서의 수요 축소 및 피해 축소가 장기적으로 보면 가장 비용이 덜 들고 가장 효과적일 수 있다고 믿는다. 아난Kofi Annan, 볼커Paul Volker, 브랜슨Richard Branson, 그리고 유럽과 라틴아메리카의 전직 국가원수들로 구성된 세계마약정책위원회 Global Commission on Drug Policy는 마약과의 전쟁을 끝내는 대신에 피해 축소, 비범죄화, 합법적인 마약판매 규제 등의 정책으로 대체하는 것을 지지하는 보고서를 2011년에 발행했다.[38] 이러한 생각들은 미국의 지지를 더 받기 시작했는데, 많은 주들이 의료용 마리화나를 허용하고 콜로라도와 워싱턴의 유권자들은 마리화나 소지를 2012년에 합법화했다.

인신매매

국제노동기구ILO에 따르면 지구상에서 2,100만 명의 사람들이 강제노동에 노출되어 있으며, 이 중에서 450만 명은 강제적인 성적 착취의 희생자(대부분 여성과 어린이)들이다.[39] 미국국무부에 의하면, 1만 4,500명에서 1만 7,500명으로 추산되는 사람들이 매년 미국으로 밀매되고 있다. 자그마치 15만 명의 비일본인들이 일본의 성 산업에서 일하고 있다. 조직범죄단체들은 성 산업에서 중요한 역할을 한다. 그들은 러시아 마피아, 중국 삼합회, 일본 야쿠자 등을 포함한다. 공산주의 종식으로 인해 러시아, 우크라이나, 몰도바, 벨라루스의 경제가 갑자기 무너진 이후, 구소련은 밀매여성의 중요한 원천이었다. 버마, 네팔, 인도, 태국 등도 세계 사창가의 중요한 공급자이다. 그 교역에서 대개 유출국은 가난한 국가들이며 유입국은 부유한 국가들이다.

성밀매의 뿌리는 경제적 동기, 가부장제, 그리고 빈곤에 있다. 초국적 범죄에 관한 전문가인 셸리Louise Shelley의 주장에 의하면, "밀매자들이 인간을 거래하기로 선택하는 것은 초기 시작 비용이 적고, 위험은 미미하며, 이윤이 높고, 수요가 크기 때문이다. 조직범죄단체 입장에서 인간은 마약보다 한 가지 더 이점이 있는데, 바로 반복적으로 팔릴 수 있다는 점이다."[40] 여성과 미성년자들은 정치적 권리, 교육, 법적 보호를 받지 못하는 곳에서 조직범죄 네트워크의 희생자가 되는 경향이 있다. 세계적 그리고 국가적 경제위기들은 여성과 아동에게 더 큰 피해를 입히게 되는데, 그로 인해 그들은 자신의 의지에 반하여 국제 성산업으로 떠밀려 들어간다. 아동밀매는 많은 나라들에서 행해지고 있으며, 가난한 가정들은 아이를 부채상환용 노예나 고용계약에 의한 노예로 다른 나라의 고용주에게 맡긴다. 심지어 정부관리와 부패한 사법부 직원들도 성 착취업자들이 여성과 아동을 착취하는 것을 직간접적으로 지지해 왔다. 예를 들어, 쿠바와 버마는 국제관광을 촉진했고, 부수적으로 외화를 벌어들이기 위해 민간 성 산업의 성장을 묵인했다.

불법이민은 인신매매 문제의 또 다른 중대하고 비중이 커지는 부분이다. 카일David Kyle과 데일John Dale은 하나의 역설을 지적한다. 즉, 어느 한 나라가 국경을 더 엄격하게 통제하면 불법이민자들은 국경을 넘기 위해 밀매자들에게 더욱 의지해야만 하고, 전문 밀수꾼들의 이윤은 더 높아진다.[41] 유럽과 미국에서 불법이민자들을 고용하는 사람들은 인신매매에 대한 많은 비난을 받고 있다. 유력한 기업들은 저비용 노동을 필요로 하고, 처벌 위협의 신빙성이 없는 상태에서 기꺼이 법을 어기려 한다. 미국과 유럽은 모순에 빠져 있다. 즉 중상주의자들과 외국인 혐오자들은 이민자의 이동을 제한하고 싶어하지만, 유연한 노동시장과 저임금을 바라는 자유주의자들은 (합법적이든 불법적이든) 더 많은 이민자들을 원한다.

인신매매는 어떻게 줄일 수 있는가? 한 가지 방법은 국경에 담을 세우고 바다에서 차단선을 강화하는 것이다. 불법이민자들에 대한 사면과 폭넓은 '연수 노동자' 프로그램도 가능하다. 매춘 옹호자들의 주장에 따르면, 성 산업에 종사하는 밀매 여성들에게 처벌을 면제해주고 강제출국으로부터 보호해주면, 이들은 조직 범죄자들에게 불리한 수많은 증거와 증언을 제공할 것이다. 어떤 사람들은 성인 간에 이뤄지는 합의에 의한 상업적 성관계를 비범죄화해야 한다고 믿는다. 예를 들어, 네일러R. T. Naylor는 성언들이 자발적으로 저지르는 개인적인 악행은, 그로 인한 뚜렷한 희생자가 있지 않기 때문에, 범죄로 간주되면 안 된다고 믿는다. 그러나 어떤 구조주의자는 개인적인 선택은 사실상 자발적인 선택이 아니라고 주장할 것이다. 소득을 얻기 위해 불법적인 행동에 참여하지 않을 수 없는 가난한 사람들의 경우에는 특히 그럴 것이다. 자유주의 이론가들은 노동자의 이민은 세계화의 본질적인 부분이며 국가들은 단순히 합법적인 이동을 허용함으로써 불법적인 이동을 줄일 수 있다고 주장한다. 노동 수입국들은 젊고 값싼 귀한 노동자를 얻을 것이고, 노동 수출국들은 자국 경제로의 해외송금을 증가시킬 것이다.

국제기구, 각국 정부, 비정부기구NGOs 등은 인신매매에 대처하기 위해 (비록 불충분하지만) 중요한 조치를 지난 10년 동안 취해왔다. 2000년에 유엔은 초국적범죄협약Convention on Transnational Crime과 인신매매방지의정서Protocol to Prevent, Suppress, and Punish Trafficking in Persons, Especially Women and Children를 채택했다. 미국은 이 협약과 의정서를 2005년 10월에 비준함으로써 150개국이 넘는 협약 당사국에 합류했다. 인신매매의 재앙과 싸우기 위해 협력하는 다른 국제기구들에는 ILO, 유럽안보협력기구 등이 포함된다.

각국은 인신매매 문제를 다루기 위해 일방적인 행동을 취해왔다. 2000년 10월에 미국은 인신매매 및 폭력 피해자 보호법Victims of Trafficking and Violence Act을 통과시켰다. 이 법은, 다른 무엇보다도, 인신매매 방지를 위한 최소한의 기준을 충족하지 못하는 국가들에 대해 제재를 가할 수 있는 권한을 대통령에게 부여한다. 2012년에 미국 국무부는 42개국이 중요한 인신매매 문제를 갖고 있는 상황에서, 17개국은 심각한 인신매매 문제를 안고 있고, 인신매매 퇴치를 위한 최소 기준을 충족시키려는 공동 노력을 하지 않고 있다고 발표했다. 오바마 대통령은 그 17개국 중에서 쿠바, 에리트레아, 마다가스카르, 북한에 대해서 전면 제재를 가했으나, 리비아, 사우디아라비아, 알제리, 쿠웨이트 및 다른 3개국에 대해서는 국가안보를 이유로 제재를 면제했다.[42] 미국과 많은 유럽 국가들을 비롯한 30개 이상의 국가들은 역외 적용 법률을 통해 자국 시민이 해외에서 아동과 성관계를 맺을 경우 이를 범죄로 간주한다.

NGO들은 성적인 거래와 성 관광산업에 대해 매우 적극적으로 반대해왔다. 그들은 각국 정부의 저조한 실적을 공개하고, 위험에 처한 여성과 아동을 도와주며, 국가적·국제적 법제의 개선을 위해 로비를 벌인다. 인신매매종식기구End Human Trafficking Now, 국제사면위원회Amnesty International, 반노예기구Anti-Slavery International 등은 세계 전역에서 인신매매에 반대하는 네트워크를 갖춘 중요한 기구들이다. 『뉴욕타임스New York Times』 칼럼니스트인 크리스토프Nicholas Kristof는 2012년에 출간된 베스트셀러 『하늘의 반쪽Half the Sky』 등을 통해 성매매에 대한 각성을 수년 동안 촉구해왔다. 마지막으로 UN.GIFTUN Global Initiative to Fight

Human Trafficking는 반인신매매 정책들을 조정하기 위해 각국 정부 및 NGO들과 협력하고 있다.

결론

이 장은 IPE 학자들이 때로 간과하는 불법 국제거래를 고찰했다. IPE 학자들은 최근에야 비로소 범죄학자, 인류학자, 법학자들의 저작을 원용하기 시작했다. 많은 불법활동들은 글로벌경제의 역사를 형성해왔다. 또한 불법활동들은 때때로 글로벌 자유무역의 예기치 않은 결과들이었으며, 암시장을 차단하려는 정부의 선의는 가끔 의도하지 않은 부정적인 결과를 낳았다. 종종 음지에서 발생하는 끔찍한 인간 착취를 인식하지 않으면, 우리는 세계화의 도적적·윤리적 결과들을 제대로 평가할 수 없다. 나아가, 금융위기가 더 많은 사람들을 빈곤에 빠뜨림에 따라, 그들이 불법행위자들의 수중에서 고통당할 위험성이 증가하고 있다.

불법 글로벌경제는 세계의 안보, 무역 및 성장에 중요한 영향을 미친다. 그것은 주권국가의 권력에 도전하고 글로벌 거버넌스를 더욱 어렵게 만든다. 그것은 광범위한 종류의 상품을 거래하는 일종의 네트워크로서 기업의 중요한 이익과 공중보건을 위협한다. 또 종종 분쟁과 폭력을 부추기며, 발전을 저해하고, 환경에 위협을 가한다. 그것은 세상을 더 평등하게 그리고 덜 공정하게 만드는 힘을 갖고 있다. 불법 글로벌경제는 세계화와 기술혁신이 반드시 글로벌 선global good을 가져오는 힘은 아니라는 점을 우리에게 보여준다.

불법 글로벌경제는 생산, 무역, 유통의 세계에서 합법과 불법의 경계를 흐릿하게 만든다. 이 때문에 국제기구들은 새로운 규제와 행동규범을 수립할 필요가 있다. 불법경제는 기업들에게 묻지 않을 수 없게 한다. 나는 내 고객들이 누구인지 알고 있는가? 나는 어떻게 내 재산과 명성을 보호할 수 있는가? 불법경제는 소비자들에게 질문하도록 강요한다. 나는 내가 산 상품이 어디에서 온 것인지 알아야 할 책임이 있는가? 글로벌 공습사슬 내에서 나와 다른 사람들 사이에는 몇 단계로 분리되어 있는가? 점차 국제시민사회는 불법활동 문제를 해결하기 위해 나서고 있다. NGO들은 풀뿌리 대중과 소비자들의 압력이 있으면 국가들과 기업들이 불법행위자 퇴치에 있어서 더 큰 진전을 이룰 수 있다는 점을 인식하고 있다.

아직도 국가들은 불법적인 문제들에 대해 공급 측면 중심적인 접근법에 의존하는 경향이 있다. 진압과 차단 등 중상주의적인 대응은 시장의 숨은 손과 초국적 범죄자들의 능력과 충돌한다. 그러나 이것이 결코 정치기관들의 무력함을 의미하지는 않는다. 유럽과 북미의 정부들은 비범죄화, 피해 축소, 시민사회단체와의 파트너십 등 새로운 전략에 대해 점차 수용적인 태도를 보이고 있다. 개도국들이 민주주의를 제도화하고, 투명성을 높이고, 시장 규제를 강화함에 따라, 그들은 불법적인 거래를 보다 잘 억제할 수 있을 것이다.

주요 용어

토론주제

1. 사람들은 왜 불법적인 시장에 참여하는지 그 이유를 몇 개 열거해 보시오.
2. 불법적인 거래에 초점을 맞추는 것이 제3세계의 발전 문제를 설명하는 데에 도움을 주는가? 불법활동은 글로벌 자본주의의 본질적인 측면인가?
3. 합법적인 시장과 불법적인 시장은 어떻게 서로 연결되어 있는가? 비록 불법행위에 관여하고 있지 않음에도 불구하고, 불법적인 거래로부터 직간접적으로 혜택을 보는 모든 사람들은 "죄가 있다"고 간주되어야 하는가? 소비자들과 합법적인 기업들은 불법거래와 불법네트워크에 대해 어떤 책임이 있는가?
4. 모든 것을 감안할 때, 기술진보는 불법활동을 더 쉽게 하는가 아니면 더 어렵게 하는가? 정부와 기업들은 불법적인 행위자들로부터 자신을 보호하기 위해 어떻게 기술을 사용할 수 있는가?
5. 불법 글로벌경제에 대한 중요한 발견들은 중상주의, 자유주의, 그리고 구조주의의 핵심 내용을 확인시켜주는가 아니면 반박하는가?
6. 불법 글로벌경제를 규제하려는 노력이 빚어내는 의도하지 않은 결과들에는 무엇이 있는가? 국가들은 어떻게 암시장의 부정적인 결과를 효과적으로 줄일 수 있는가?

추천문헌

Peter Andreas and Ethan Nadelmann. *Policing the Globe: Criminalization and Crime Control in International Relations.* New York: Oxford University Press, 2006.

Kevin Bales. *Understanding Global Slavery.* Berkeley, CA: University of California Press, 2005.

H. Richard Friman, ed. *Crime and the Global*

Political Economy. Boulder, CO: Lynne Rienner, 2009.

R. T. Naylor. *Wages of Crime: Black Markets, Illegal Finance, and the Underworld Economy*. Ithaca, NY: Cornell University Press, 2002.

Carolyn Nordstrom. *Global Outlaws: Crime, Money, and Power in the Contemporary World*. Berkeley, CA: University of California Press,

2007.

Louise Shelley. *Human Trafficking: A Global Perspective*. Cambridge: Cambridge University Press, 2010.

Ian Smillie. *Blood on the Stone: Greed, Corruption, and War in the Global Diamond Trade*. New York: Anthem Press, 2010.

주

1) Peter Andreas, "Illicit International Political Economy: The Clandestine Side of Globalization," *Review of International Political Economy*, 11 (August 2004), pp. 651–652.

2) "Trafficking: 24 Hours on the Border" (Anderson Cooper 360 Degrees), May 19, 2006, *cnn.com*, available at http://transcripts.cnn.com/TRANSCRIPTS/0605/19/acd.01.html.

3) Nicolas Pelham, "Gaza's Tunnel Complex," *Middle East Report* 261 (Winter 2011): 30–35.

4) Martin Santa, "Smuggling Tunnel Found under EU Border with Ukraine," July 19, 2012, at http://www.reuters.com/article/2012/07/19/us-slovakia-ukraine-tunnel-idUSBRE86I0ZO20120719.

5) Andreas, "Illicit International Political Economy," p. 645.

6) Kenneth Pomeranz and Steven Topik, *The World That Trade Created*, 3rd ed. (Armonk, NY: M. E. Sharpe, 2013), p. 161.

7) Charles Tilly, "War Making and State Making as Organized Crime," in Peter B. Evans, Dietrich Rueschemeyer, and Theda Skocpol, eds., *Bringing the State Back In* (Cambridge: Cambridge University Press, 1985).

8) R. T. Naylor, *Wages of Crime: Black Markets, Illegal Finance, and the Underworld Economy* (Ithaca, NY: Cornell University Press, 2002), p. 33.

9) United Nations Office on Drugs and Crime, *Estimating Illicit Financial Flows from Drug Trafficking and Transnational Organized Crimes* (October 2011), at http://www.unodc.org/documents/data-and-analysis/Studies/Illicit_financial_flows_2011_web.pdf.

10) Raymond Baker, *Capitalism's Achilles Heel* (Hoboken, NJ: John Wiley, 2005), p. 172.

11) Ibid., p. 206.

12) Moisés Naím, *Illicit: How Smugglers, Traffickers, and Copycats Are Hijacking the Global Economy* (New York: Doubleday, 2005).

13) Carolyn Nordstrom, "ICT and the World of Smuggling," in Robert Latham, ed., *Bombs and Bandwidth: The Emerging Relationship between Information Technology and Security* (New York: The New Press, 2003).

14) John Guare, *Six Degrees of Separation: A Play* (New York: Vintage, 1994).

15) Carolyn Nordstrom, *Shadows of War: Violence, Power, and Profiteering in the Twenty-First Century* (Berkeley, CA: University of California Press, 2004).

16) Phil Williams, "Crime, Illicit Markets, and Money Laundering," in P. J. Simmons and C. de Jonge Oudrat, eds., *Managing Global Issues* (Washington, DC: Carnegie Endowment, 2001).

17) Eva Bertram, Morris Blachman, Kenneth Sharpe, and Peter Andreas, *Drug War Politics: The Price of Denial* (Berkeley, CA: University of California Press, 1996).

18) Thomas Friedman, *The World Is Flat: A Brief History of the Twenty-First Century* (New York: Farrar, Straus & Giroux, 2005).

19) Naím, *Illicit*, pp. 24–30.

20) Peter Andreas, "Illicit Globalization: Myths, Misconceptions, and Historical Lessons," *Political Science Quarterly* 126:3 (2011), p. 13.

21) Ronen Palan, "Tax Havens and the Commercialization of State Sovereignty," *International Organization*,

56 (Winter 2002), pp. 151–176.

22) Nicholas Shaxson, *Treasure Islands: Uncovering the Damage of Offshore Banking and Tax Havens* (New York: Palgrave Macmillan, 2011), p. 11.

23) R. T. Naylor, *Economic Warfare: Sanctions, Embargo Busting, and Their Human Cost* (Boston, MA: Northeastern University Press, 2001).

24) Michael Nest, *Coltan* (Malden, MA: Polity Press, 2011), pp. 168–172.

25) William Easterly, *The White Man's Burden: Why the West's Efforts to Aid the Rest Have Done So Much Ill and So Little Good* (New York: Penguin, 2006).

26) Luk Joossens and Martin Raw, "From Cigarette Smuggling to Illicit Tobacco Trade," *Tobacco Control* 21 (2012): 230–234.

27) Ibid.

28) Margaret Beare, "Organized Corporate Criminality-Corporate Complicity in Tobacco Smuggling," in Margaret E. Beare, ed., *Critical Reflections on Transnational Organized Crime, Money Laundering and Corruption* (Toronto, ON: University of Toronto Press, 2003).

29) Simon Mackenzie, "Dig a Bit Deeper: Law, Regulation and the Illicit Antiquities Market," *British Journal of Criminology*, 45 (May 2005), pp. 249–268.

30) Christian Nellemann, ed., *Green Carbon, Black Trade: Illegal Logging, Tax Fraud and Laundering in the World's Tropical Forests* (INTERPOL Environmental Crime Programme, 2012), p. 13.

31) R. T. Naylor, "The Underworld of Ivory," *Crime, Law, and Social Change*, 42:4–5 (2004), pp. 261–295.

32) Ibid.

33) R. T. Naylor, *Crass Struggle: Greed, Glitz, and Gluttony in a Wanna-Have World* (Montreal: McGill-Queen's University Press, 2011).

34) United Nations Office of Drugs and Crime, *2012 World Drug Report*, 2012, p. 7, at http://www.unodc.org/unodc/en/data-and-analysis/WDR-2012.html.

35) Bertram et al., *Drug War Politics*.

36) Francisco Thoumi, *Illegal Drugs, Economy, and Society in the Andes* (Baltimore, MD: The Johns Hopkins University Press, 2003).

37) David Mares, *Drug Wars and Coffeehouses: The Political Economy of the International Drug Trade* (Washington, DC: CQ Press, 2006).

38) 다음을 참조하라. Global Commission on Drug Policy, *War on Drugs* (June 2011), at www.globalcommissionondrugs.org/.

39) *ILO Global Estimate of Forced Labour 2012: Results and Methodology*, International Labour Organization (2012).

40) Louise Shelley, *Human Trafficking: A Global Perspective* (Cambridge: Cambridge University Press, 2010), p. 3.

41) David Kyle and John Dale, "Smuggling the State Back In: Agents of Human Smuggling Reconsidered," in Rey Koslowski and David Kyle, eds., *Global Human Smuggling: Comparative Perspectives* (Baltimore, MD: The Johns Hopkins University Press, 2001).

42) "Presidential Determination 2012–16 With Respect to Foreign Governments' Efforts Regarding Trafficking in Persons," September 14, 2012, at http://www.state.gov/j/tip/rls/other/2012/197803.htm.

이주와 관광: 이동하는 사람들

제1장에서 밝힌 바와 같이 국제정치경제IPE는 단지 국가와 시장에 관한 것만이 아니다. 사람들의 이동은 어느 모로 봐도 회사의 주식, 자동차부품, 처방 의약품, 무기의 흐름만큼 논쟁적이고 중요하다. 실제로 사람들이 이동한 결과로 인해 국가, 국제기구, 비정부기구, 현지 공동체가 국경 안과 밖, 사람들과의 관계를 어떻게 인식하고 그들과 어떻게 협상하는가가 달라진다. 세계적 차원에서 순환하는 사람들이 비숙련 이주노동자, 기술산업의 전문직 종사자, 정치적 난민, 여행자, 테러리스트, 또는 NGO 활동가든 간에, 이러한 인적 흐름의 새로운 양상은 국제정치경제IPE의 한 가지 중심 요소이다.

유엔의 추산에 의하면 약 2억 1,400만 명의 사람들, 또는 거의 세계인구의 3.1퍼센트에 해당하는 사람들이 모국을 떠나 생활하는 이주민들이다.[1] 이주의 이유는 다양하다. 정부가 붕괴되어서, 타국에서 '이주노동자'의 특권을 얻기 위해서, 전쟁·빈곤·자연재해를 피하기 위해, 또는 단순히 자유와 번영을 찾아서 사람들은 이동한다. 이주와는 달리 대부분의 관광객들은 여가와 취미생활을 위해 여행한다. 많은 이들에게 여행은 틀에 박힌 일상으로부터의 탈출을 의미한다. 그러나 (개인적 수준을 넘어) 관광산업은 세계 각국의 국내경제에서 그리고 세계경제에서 여러 나라들의 지위를 가늠하는 데 있어 중요한 역할을 하고 있다. 종합해 보면, 이주와 관광은 기회와 불평등에 대해 생각해 보게 하는데, 경제적 불확실성이 팽배한 현재의 상황에서 지역적 발전과 새로운 전세계적 연관성은 바로 기회와 불평등의 양상에 달려있다.

이러한 세계적 차원의 이동형태는 IPE의 기본적인 교훈 몇 가지에 대한 의문을 제기한다. 예를 들면, 초국가적인 사람들의 흐름은 본국과 수용국의 경제에 어떤 영향을 미치는가? 사람들이 점차 자신의 정체성, 공동체, 생계, 정치, 여가활동을 국민국가와 무관한 방식으로 정의한다면 어떤 일이 일어나는가? 이러한 움직임이 IPE의 네 가지 구조(안보, 생산과 무역, 지식과 기술, 화폐와 금융)에 어떻게 영향을 미치는가?

이러한 질문들에 답하여 이 장은 국제적 수준과 국가적 수준에서 이주와 관광이 행위자의 행태에 어떤 영향을 미쳤는지, 그리고 각각의 수준에서 어떤 정책 결과를 낳았는지 살펴본다. 이 장은 세계적인 인적 흐름의 방향과 효과를 지속적으로 구조화하는 불평등과 모순을 강조한다. 또한 사람들이 자신이 태어난 나라가 아닌 다른 곳에서 살고, 일하고, 때론 즐기는 현상이 빈발해짐에 따라 인적 흐름을 통제하기 위해, 그와 반대로, 개인의 권리를 보호하기 위해 사용되는 새로운 전략에 대해서도 살펴볼 것이다.

세계로 향하는 성공가도: 이주의 국제정치경제 IPE

우리는 세계화된 세계가 기동성 있고 진취적인 이주자들에게 그들의 모국에서는 상상도 하지 못했던 자원과 기회를 어떻게 제공해 주었는지에 관해 자주 듣는다. 이러한 이야기들이 취하고 있는 관점은 이민자의 성공 또는 실패, 일체감 혹은 소외감을 개인의 행위와 가치의 탓으로 돌리는데, 이 개인의 행위와 가치가 때때로 전체 종족 혹은 민족 집단에까지 확대 적용되기도 한다. 이 절은 이러한 관점이 취하는 가정과 함의에 대해 질문한다. 예를 들면, 어떤 힘에 의해 누가 어떻게 어디로 이주하는가가 결정되는가? 인종, 성, 교육, 국적에 의해 이주의 경험은 어떻게 만들어지는가?

이주의 특정 양상은 지역 간, 집단 간 불평등을 뛰어넘기보다는 어떻게 해서 불평등을 재생산하는가? 비록 점증하는 국제이주가 개인의 자율성과 이동성의 기회를 확대하는 것으로 보이지만, 이주민의 경험은 온존하는 구조적 불평등에 대해 제고하게 만든다. 이주의 방향과 궁극적인 이주의 결과는 바로 이 불평등이 좌우한다.

우리가 살고 있는 세계에서 사람들이 움직인다는 사실이 특별한 일은 아니지만 **이주**migration라는 말은 한 마디로 정의하기 어려운 무언가를 의미한다. 가장 단순한 의미로 이주는 한 곳에서 다른 곳으로의 움직임을 의미하며, 그 목적지는 인근 도시, 다른 지역, 다른 나라일 수도 있다. 이주는 한시적일수도 영구적일 수도 있다. 이주라는 용어 자체에는 정해진 거주기간이나 이주 목적지에 대한 애착의 강도를 보증하는 어떤 의미도 존재하지 않는다. 이주의 이유는 다양하다. 사람들은 자신들이 원래 살고 있던 환경에서 생계를 이어가는 데 필요한 영구적인 일자리와 충분한 자원을 얻지 못할 수 있다. 보다 좋은 교육과 직업의 기회를 얻길 원할 수도 있다. 스스로의 생각을 표현할 수 없거나 자신들이 선택하는 방식으로 신앙생활을 할 수 없을지도 모른다. 환경적 재앙 혹은 신변의 위협에 직면해 있을지도 모른다. 가족과 떨어져 있을 수도 있다. 따라서 우리가 이주에 대해 말할 때, 이주가 의미하는 바는 상황, 동기, 경험 등 아주 다양하며, 각각의 의미는 다시 개인, 국가, 국제공동체 전체에서 서로 다른 의미를 갖는다.

이주는 오랫동안 개별 국가들과 글로벌 지형에서 그들의 상호관계를 조형하는 하나의 중요한 힘으로 작용해 왔다. **국내이주**internal migration, 즉 농촌에서 도시지역 또는 한 나라의 한 지역에서 다른 지역으로의 이동은 발전에 관한 국제정치경제 IPE이론에서 중심적 요소의 하나다 (제11장 참조). 이러한 이론들은 국가 내에서 발생하는 이주를 근대화로 향하는 결정적인 단계의 하나로 여긴다 (글상자 16.1 "중국: 발전의 기운을 고국으로" 참조).

19세기 말, 세계적인 이주가 사상 초유의 규모로 증가했다. 그러나 세계적인 이주가 이주자의 수, 범위, 속도 면에서 현재와 같은 정도가 된 것은 20세기 후반에 이르러서였다.[2] 미숙련 노동자이건 고학력 전문인이건 간에 **초국적이주**transnational migration는 임시적 일자리나 또는 다른 이유로 사람들이 국경을 넘는 빈번한 과정을 말한다. 기술과 여행에 있어 진보는 다양한 부류의 사람들이 그들의 일상생활의 부분으로써 (또는 그 일상생활을 지키기 위해) 국경과 표준시간대를 넘어 이동할 수 있게 해 주었다. 남성과 여성 모두 새로운 이주의 길을 열었고 세계로 확산되는 활기찬 다문화 공동체의 건설에 이바지했다. 총인구에서 이주자가 차지하는 비율이 가장 높은 나라인 뉴질랜드, 싱가포르, 카타르는 전체 인구 중 이주자의 비율이 각각 22.4퍼센트, 40.7퍼센트, 86.6퍼센트를 차지한다.[3]

지난 40년간 초국적이주의 규모와 빈도의 증가와 더불어 새로운 이동양상도 나타났다. 과거의 이동경로가 동서 방향의 여정 또는 남으로의 식민지 침략으로 특징지어졌다면, 현재의 이주는 보다 남북 방향 심지어 남에서 남으로의 이주로 특징지어진다. 국제적 이주민의 3분의 1은 개발도상국에서 선진국으로(과거 식민지에서 식민모국으로) 이동한 반면, 또 다른 3분의 1은 개발도상국에서 다른 개발도상국으로 이동했다. 열 명의 국제이주자 중 거의 여섯 명이 현재 고소득 국가에서 살고 있

는데, 이들 나라 중에는 바레인, 브루나이, 쿠웨이트, 카타르, 대한민국, 사우디아라비아와 같은 개발도상국도 포함된다.[4] 그리고 인도, 멕시코, 중국과 같은 개발도상국으로부터 온 많은 이주자들은 2008년 이후 모국으로 되돌아가기 시작했다.

이주 목적지에서 영주권을 얻기 위해 사람들이 이주한다고 여겼던 적도 있었다. 이런 목적으로 새로운 나라로 이동한 경우, 즉 정착하여 그 나라의 주민이 되려고 하는 이주를 **이민**immigration이라고 부른다. 그러나 현대의 이주는 (이민과 비교할 때) 덜 단방향적이며 기간 면에서 보다 유동적이다. **순환이주**circular migration란 이주자의 이동이 경제적 기회, 고용조건, 가족 부양의무상의 변화에 따라 일자리가 있는 공동체와 고국 사이를 왔다갔다 움직이는 과정을 말한다. 예를 들어, 매해 9월 말리와 니제르의 청년 수천 명은 해안을 따라 생기는 임금노동의 기회를 얻기 위해 코트디부아르와 기타 서부아프리카 국가들을 향해 떠난다. 이들은 이듬해 봄까지 일하며 그곳에 머무는데, 봄에는 곡물수확을 위해 고향으로 돌아간다.[5] 마찬가지로 필리핀과 중국본토의 여자들은 부유한 전문 직업인 가정의 가사도우미로 일하기 위해 홍콩으로 이주한다. 고용계약이 끝나게 되면 그들은 고향으로 돌아와야만 한다. 하지만 그들은 새 일자리 주기에 맞춰 홍콩을 재방문하고자 새로운 고용계약을 자주 요청한다.[6]

이주자들이 거처와 일자리를 구하기 위해 의지할 수 있는 친척과 이웃의 초국적 네트워크가 성장함에 따라, 일시적인 노동이주의 규모와 빈도 역시 늘어난다. 이러한 양상, 즉 해외의 사회적 네트워크와 이주자가 '연결'되는, **연쇄이주**chain migration는 이주자 공동체들을 소수민족 집단거주

중국: 발전의 기운을 고국으로

중국이 근대화를 향해 걸은 길은 지난 20년간 변화해 온 시민들의 이주경로를 추적해 보면 알 수 있다. 국내적으로 시장경제의 도입과 집단생산체제에서 가내생산체제로의 전환은 중국농촌의 많은 사람들을 '잉여' 노동으로 만들었다. 이러한 변화와 함께 도시지역의 경제적 기회가 증대되자 많은 농촌거주자들은 대규모로 농촌지역을 이탈하기 시작했다. 2003년 경 '부동(浮動)인구'로 알려진 중국의 농촌-도시 이주민은 1억 4,000만 명에 달하는 것으로 추산되었다.[a] 도시지역에서, 성공한 농촌이주자들은 북경의 성장하는 의류산업에서 흔히 볼 수 있는 비공식적 사업을 시작했다. 보다 일반적으로 농촌이주자들은 도시노동자의 자리를 메웠다. 중국의 수출상품이 세계시장에서 경쟁력을 갖는 이유는 바로 이들의 저임금 덕택이다. 중국의 국가발전에 대한 이주자들의 공헌은 2008년 베이징올림픽에서 두드러졌다. 올림픽을 치른 경기장 대부분은 건설업 종사자의 70퍼센트를 차지하는 전직 농부들에 의해 건설되었다.[b]

중국은 많은 전문직 이주자를 전세계적으로 배출해 왔다. 이들은 아주 다른 방식으로 중국 국가발전에 이바지하고 있다. 2006년 미국으로 온 이민자의 4.1퍼센트가 중국인들이다. 전반적으로 이들 중국이민자들은 과학과 공학계열 직업에 종사할 가능성이 좀 더 있는데, 그들 중 4분의 1은 경영, 상업, 금융 또는 정보기술 분야에서 일한다.[c] 높은 교육수준으로 인해 중국이주자들은 미국기술산업의 경제적 성장과 일자리 창출에 있어 중요한 역할을 수행하고 있다 (제10장 참조). 그

러나 그들은 중국의 입장에서 인적 자원의 유출로 여겨지는 대신, 점차로 자신들의 모국에 인적 자본이득과 경제적 자본이득을 가져다주는 원천이 되었다. 2009년 발표된 "미국의 실(失)은 전세계의 득(得)America's Loss Is the World's Gain"이라는 연구가 실시한 인터뷰 결과에 의하면, 당시 미국에서 활동 중인 전문직 종사 중국이주자의 72퍼센트는 일자리 기회 면에서 미국보다 중국이 좋다고 생각했다.[d] 경기침체라는 세계적 맥락에서 많은 중국인 전문직 종사자들은 위축되기보다 여전히 성장하고 있는 중국의 취업시장과 자본시장을 찾아 모국으로 돌아갔다. 이러한 인식의 타당성을 입증이라도 하듯, 많은 역이주자들은 중국에서 관리자로서 거쳐야 할 경력의 사다리를 빨리 오르고, 보다 나은 보수를 받으며, 전문가로 인정받고 있다고 한다. 따라서 현재의 경기침체가 규모 면에서 세계적이긴 하지만, 자유롭게 이동할 수 있는 중국인 전문직 종사자의 입장에서 보면 미국으로의 이주는 경력의 종착지라기보다는 점차 경력우회career detour 그 이상의 역할을 하고 있다. 미국으로의 이주가 고국으로 향하는 번영의 길라잡이 역할을 했던 것이다.

참고문헌

a People's Daily Online, "China's Floating Population Tops 140 Million," July 28, 2005, http://english.people.com.cn/200507/27/eng20050727_198605.html; and Li Zhang, *Strangers in the City: Reconfigurations of Space, Power and Social Networks within China's Floating Population* (Stanford, CA: Stanford University Press, 2001) 참조.

b Xinhuanet, "Beijing Increases Migrant Workers' Salary for Construction of Olympic Venues," January 19, 2007, http://en.beijing2008.cn/27/97/article214009727.shtml.
c Terrazas, Aaron Matteo, and Vhavna Devani, "Chinese Immigrants in the United States,"

Migration Information Source, June 13, 2008, www.migrationinformation.org.
d Wadhwa, Vivek, A. Saxenian, R. Freeman, and G. Gereffi, "America's Loss Is the World's Gain: America's New Immigrant Entrepreneurs, Part 4," March 2009, http://ssrn.com/abstract=1348616.

지 또는 관문도시에 집중시킨다. 이들 이주민 공동체는 이민자 문화와 실용적 필요에 맞추어 형성되어 있다. 소수민족 집단거주지에서는 이주자가 모국어를 사용하고, 가정식 음식을 맛보고, 고향에 있는 사람들에게 빠른 전신 송금을 하며, 자신들의 관습을 행하는 것이 허락된다.

예를 들어, 라우즈Roger Rouse는 멕시코의 미초아칸 주(州) 아길리야와 미국 캘리포니아주의 레드우드시티를 오고간 많은 멕시코인들을 연구했다.[7] 1990년대 중반 경 마초아칸의 작은 마을에서 레드우드시티로의 이주자 집중현상이 너무나 현저해지자 사람들은 레드우드시티의 일부를 아길리야로 부르기 시작했다. 실제로 이들 공동체의 남자 대부분은 본질적으로 아길리야인 두 공동체 사이의 경계를 오고가며 생의 일부를 보냈다. 공동체의 구성원은 사람, 돈, 자원의 지속적인 이전을 용이하게 해주는 깊숙이 뿌리내린 초국적 네트워크에 의지할 수 있었다.

발전을 향한 이주

초국적이주의 순환과 그 순환의 기반이 되는 사회적 네트워크는 세계화와 관련하여 변화하는 경제적 조건과 정치적 관계의 본질적인 부분이다. 자본주의적 글로벌 생산이 좀 더 유동적으로 됨에 따라

이주노동자들은 노동수요가 많고 노동의 국내공급이 적은 노동시장을 향해 움직이는 경향을 보인다. 이러한 이유로 이주자들은 자주 노동시장의 양쪽 끝에 있는 일자리를 메워준다. 엔지니어와 과학자는 기술산업 또는 항공산업의 고도로 전문화된 직위를 차지한다. 미숙련 노동자들은 현지 노동자들이 거의 하지 않는 육체노동직과 서비스직을 채운다. 식품접객업과 의류산업, 육가공, 가사노동, 농업 등이 그 예이다. 더욱이 독일, 이탈리아, 오스트리아, 프랑스 등 다수의 유럽연합 국가와 일본 등의 인구증가율 저하는 근로자에 대한 사회 전반의 필요를 증대시켜 왔다. 따라서 이 나라들은 해외 노동이주자들의 주요 정착지가 되었다.[8] 사우디아라비아에서 스페인, 미국에 이르기까지 경제적·인구학적 조건이 변화함에 따라 대부분의 선진국들은 자국 내에 이주노동자를 위한 일자리와 거처를 마련해야만 했다.

현재 초국적이주의 패턴은 이주자 개인과 국가 모두에게 새로운 기회를 열어주는 동시에 어려움에 처하게 한다. 싱가포르, 쿠웨이트, 독일과 같이 외국인 근로자를 많이 필요로 하는 국가들은 임시 외국인 근로자 또는 **이주근로자**guest worker 프로그램을 개발했다. 이들 국가들은 프로그램을 통해 이주노동자에 대한 한시적 입국승인, 거주, 특정 집단의 고용을 관리한다. 많은 경우 이러한 이주 정

책들은 한 가족 전체의 입국이나 장기 거주는 허용하지 않는다. 대개 이주근로자 프로그램은 국민을 만들기보다는 값싼 노동력을 극대화한 후 이주자를 계속해서 움직이게 하는 것을 목적으로 한다.

이러한 종류의 프로그램의 대표적인 예는 미국의 바르세로Barcero(멕시코인 계절 농업 노동자) 프로그램이다. 1942년에서 1964년 사이 이 프로그램은 멕시코에서 오는 임시 근로자의 입국을 허용하여 전쟁으로 인해 부족해진 미국 농업부문의 노동력을 메웠다. 그러나 1950년대까지 미국은 이민노동이 비농업부문으로 확장되는 것을 방지하고 미국노동자의 실업률 상승을 막기 위해 바르세로 노동자의 영주(永住)와 새로운 멕시코 이주자들의 입국을 저지하려 했다.

이러한 사례들이 보여주는 바와 같이 이주자들은 노동시장을 옮겨 다니는 가운데 정도의 차이가 나는 특혜 또는 편견에 놓이게 된다. 이주근로자들은 그들이 처한 노동조건과 거류민 지위 때문에 노동권의 침해, 차별, 남용에 특히 취약하다. 최근 요르단의 피복봉제 공장들에 대한 연구에서 인터뷰에 응한 방글라데시 노동자들은 고용주가 자신들의 여권을 빼앗고, 48시간 동안 노동을 강요했고, 숙소를 충분히 제공하지 않았으며, 시간 외 근무수당의 지급을 거절했다고 보고했다.[9] 밀입국 노동자들의 상황은 더 안 좋을 수 있는데, 자신을 혹사시키고 임금도 주지 않는 고용주를 고소하려고 해도 그들이 도움을 받을만한 곳이 마땅히 없기 때문이다.

국제적 수준에서 이주자의 권리는 유엔인권고등판무관사무소의 권한 하에 있다. 그러나 사람들이 점차 자신들이 태어난 곳이 아닌 장소에서 삶을 영위해 감에 따라 국가와 국제기구는 인적 흐름을 관리하고 인권을 보호할 새로운 형태의 글로벌 거버넌스가 필요하다는 인식을 공유하게 되었다. 1990년 유엔이 채택한 모든 이주노동자와 그 가족의 권리 보호에 관한 국제협약International Convention on the Protection of the Rights of All Migrant Workers and Members of Their Family 등의 국제조약은 이주노동자의 범주를 명확하게 하고 이주자의 권리를 보호해야 할 책임이 수용국에 있다는 사실을 재확인하려 했다. 이 협약은 '동등한 대우, 동등한 기회, 비차별의 원칙을 지지하는' 국제노동기구ILO가 채택한 결의안을 기반으로 했다.[10] 2006년 유엔은 국제이주와 개발에 관한 고위급 회담High Level Dialogue on International Migration and Development을 후원했다. 이 자리에서 회원국들은 어떻게 하면 국제이주로 인한 개발이익을 극대화하고 동시에 그 부정적인 영향을 최소화하느냐에 대해 열띤 논쟁을 벌였다.[11] 이 회담의 결과 이주와 개발에 관한 세계포럼GFMD: Global Forum on Migration and Development이 출범했다. GFMD는 관련국들이 이주와 관련된 문제를 다루고 동반자관계를 발전시킬 수 있도록 자문하는 역할을 담당한다.

이러한 진전에도 불구하고 이주자의 권리를 보호하고 이주와 관련된 갈등을 해결하는 일 대부분은 특정한 나라들에서 이주자에게 적용하고 있는 거주와 노동조건에 관한 쌍무적이고 지역적인 협상에 의해 이루어지는 경향이 있다. 예를 들면, 이주에 관한 남아메리카 회의South American Conference on Migration(리마 프로세스)와 이주에 관한 지역회의Regional Conference on Migration(프에블라 프로세스)는 라틴아메리카에서 이주자를 보호하고 그들의 해외송금을 도와주는 일을 하는 두 개의 지역기구이다. 아시아에는 해외고용과 계약노동에 관한 장관급 협의Ministerial Consultations on Overseas Employment and Contractual Labour(콜롬보 프로세스)가 합법적 이주와 이를 위한 정부 간 협력을 증진하려는 시도를 해오고 있다.[12] 이러한 협력단체들이 지역적 기준을 마련하고 이주에 관한 협력을 증진하는 가운데, 특정 국적의 이주자 집단에 관한 문제는 여전히 쌍무적 외교수준에서 다뤄지고 있다. 2009년 북아메리카 '3개국' 정상회담"three amigos" summit에서 미국 오바마 대통령이 멕시코 칼데론Felipe Calderon 대통령과 캐나다의 하퍼Stephen Harper 수상을 만났을 때, 회담의 주된 초점은 이주자·화물트럭·유행성 전염병의 흐름을 어떻게 통제할 것인가에 맞춰졌다.

노동자의 특성을 나타내는 스펙트럼의 한쪽 끝에 위치한 교육받은 전문직 종사자들은 이주 송출국과 수용국 모두가 탐내는 노동자들이다. 실제로 많은 선진국들은 초국적이주를 통해 자국의 가장 재능있는 시민들이 유출되는 것을 안타깝게 여기고 있다. 국가발전을 위해 필요한 인적자원이 줄어들고 있는 이유 중 하나는 두뇌유출brain drain에 있다. 두뇌유출이란 사회의 교육받은 구성원이 높은 봉급과 고용기회를 제공하는 보다 발전된 나라로 이주하는 과정을 말한다. 2006년 심각한 간호사 수급난에 대한 대응으로 미국의회는 외국인 간호사에 할당된 입국비자의 수를 제한하지 않기로 결정했다. 그러나 이러한 결정은 필리핀과 피지에 살고있는 사람들에게 좌절감을 주었는데, 그 이유는 자신들의 가장 소중한 의료보건 자원을 미국에게 빼앗길까 우려했기 때문이다.[13] 이와 같은 갈등의 결과로서, 몇몇 개발도상국들은 전문직 종사자들이 해외로 나가지 못하게 하거나, 소중한 지식과 기술의 본국환수를 위해 해외유학 후 자국민이 반드시 귀국하도록 제재를 가했다.

이주가 이주 당사자와 송출국 모두에게 매력적일 수 있는 이유는 아마도 **해외송금액**remittance을 벌 수 있는 기회 때문일 것이다. 해외송금액이란 해외에서 벌어 고국으로 보내어지는 소득을 말한다. 2011년 전세계 송금액은 2010년에 비해 8퍼센트 상승한 3,510억 달러에 달했는데, 이는 글로벌금융위기가 시작된 이후 개발도상 지역들로 흘러들어간 해외송금액이 처음으로 상승한 결과이다.[14] 이러한 흐름 중에서 가장 큰 해외송금액은 인도(580억 달러), 중국(570억 달러), 멕시코(240억 달러)로 향했다.[15] 거시적 수준에서 보면 해외송금은 한 나라의 신용도를 높여주고 국제수지 상의 위기를 피할 수 있는 외환을 제공한다. 미시적 수준에서 송금은 개별 가구소득을 보전할 뿐만 아니라 교육비와 의료비를 충당하는 데 있어서도 중요하다. 더욱이 같은 고향에서 온 이주자들로 구성된 향우회들은 경우에 따라 고향지역의 사회기반시설 건설과 발전프로젝트에 자금을 제공하기 위해 해외송금을 통합하기도 했다.[16] 이러한 이유들로 인해 심지어 유엔과 세계은행과 같은 국제기구들은 세계를 전반적으로 발전시키고자 하는 노력에 있어서 그리 중요한 비중을 차지하지 못했던 이주를 이제는 핵심적인 노력의 일부로 여기는 이주의 '주류화mainstreaming'를 증진하고 있다.[17]

몇몇 국가들은 자국 내 경제적·정치적 과정에 유동하는 인구를 붙잡아 두기 위해 다양한 법적·재정적 유인을 개발하고 있다. 해외에 거주하는 자국 시민들의 나라에 대한 충성을 유지하기 위해 이중국적을 용인하는 나라들이 늘어나고 있는데, 멕시코와 과테말라도 여기에 속한다. 인도는 전적으로 타국으로 떠난 자국민을 위해, 비거주 인도인NRI: non-resident Indian이라는 시민권의 새로운 범주를 만들었다. 해외 거주민들로부터 자본의 유입을 보다 더 독려하기 위해 몇몇 국가들은 외화 보유를 할 수 있게 했고, 고국에 투자하는 이주자들에게 보상해 주는 '매칭펀드' 프로그램[i]을 제정했다. 특히 멕시코정부는 웰즈파고와 뱅크오브아메리카와 협력하여 자국민에게 멕시코국적의 주민등록증으로 이들 미국은행에서 은행계좌를 개설할 수 있게 만들었다. 멕시코출신 이주민들은 미국 내 멕시코영사관을 통해 이 신분증을 취득할 수 있다. 엘살바도르의 중앙준비은행은 엘살바도르 시중은행에 인가를 내 주어 미국 내 지점들을 통해 해외송금대행을 할 수 있도록 했다.

최근 글로벌 경기후퇴는 이주자의 해외송금 소득에 의존하여 지방, 국가, 지역발전의 재원을 마련하는 것에서 비롯될 수 있는 위험을 잘 보여주고 있다. 일본, 한국, 스페인, 두바이와 같이 많은 이주노동자들이 유입되는 국가들은 이주노동자들이 고국으로 돌아갈 것을 독려하는 프로그램을 시행하기 시작했다. 몇몇 경제학자들이 대공황 이래로 '이주흐름의 가장 거대한 전환'이라고 부르는 상황에서 몇몇 이주자들은 자발적으로 해외 이민을 포기하고, 이미 해외에 있는 경우 고향으로 돌아오는 편을 택하고 있다 (글상자 16.1 '중국: 발전의 기운을 본국으로' 참조).[18] 현재 인도의 새로운 산업과 높은 경제성장률은 비거주 인도국적 소유자들과 한때 이주자였던 인도인들에게 해외에 머물기보다는 고국으로 돌아가야 한다는 동기를 강하게 부여하고 있다. 미국에 가장 많은 이주노

동자를 공급하고 있는 멕시코는 이주흐름의 전환을 보여주는 아주 적절한 사례이다. 2009년 발표된 멕시코의 인구조사자료에 따르면, 미국으로의 멕시코이주자 수가 이전 연도와 비교해 2.5퍼센트 감소한 것으로 나타났다. 더욱이 2007년 미국경제를 파탄 낸 경기후퇴는 2009년 말 기준 멕시코로의 해외송금액을 예년에 비해 2.5퍼센트 감소시켰다. 해외송금액은 2010년까지 수평을 유지하다가 2011년 마지막 3분기에 가서야 겨우 회복의 기미를 보였다.[19] 분명한 것은 이주가 가져다 준 새로운 기회는 송금수익에 점점 더 의존하게 된 국가에게 새로운 도전도 제기할 수 있다는 점이다.

초국적이주가 자본주의적 글로벌 생산의 결정적인 성질이 된 것은 틀림없다. 이주가 개별 이주자, 송출국, 수용국에게 가져다 준 경제적 혜택은 전세계적 인적 흐름의 새롭고 상이한 패턴을 만들어냈다. 그럼에도 불구하고 앞서 서술한 바와 같이 경제발전으로 향하는 성공가도는 이동의 주체, 이동의 수혜자, 혜택의 지속가능성 측면의 세계적인 불평등 라인을 따라 만들어진다. 따라서 어떤 힘들이 전세계적 인적 흐름의 성격과 그 결과를 만들어내는지를 이해하기 위해 초국적이주의 사회적·정치적 차원을 탐구하는 것은 중요하다.

시민권과 소속감의 정치학

한 사람이 두 나라 이상의 시민이 될 수 있는가? 만약 그렇다면 그는 (상충될 있는) 다수의 정치적 충성을 어떻게 화해시킬 수 있는가? 시민권의 조건을 형성하는 데 있어 문화적이고 사회적인 차이들은 어떠한 역할을 하는가? 세계적인 흐름을 자세히 살펴보면 우리는 민족정체성, 정치, 심지어

---

i 〈역자 주〉 정부보조금 지급 프로그램으로 개인의 투자금에 해당하는 투자금을 정부가 대는 것을 말함.

발전이 그 민족국가의 영역 내에 뿌리내리고 있다는 가정에 의문을 제기하지 않을 수 없다. 새로운 정보기술과 인구의 높은 유동성에 힘입어 민족정체성의 정치가 세계적으로 벌어질지도 모른다. 더욱이 특정 국가에 얽매이지 않는 신념, 정체성 또는 정치를 중심으로 형성되는 초국적 공동체는 새로운 종류의 인적 상호연계를 반영하며, 이러한 연계는 그 사람들을 포함하고 있는 국가와 국제정치경제 전반 모두에 새로운 문제를 야기한다.

미국과 유럽에서 이주에 관한 가장 열띤 논쟁들 중 몇 가지는 이주자들이 지닌 사회적이고 정치적인 함축에 초점을 둔다. 근대국가의 중요한 기능 중의 하나가 국경을 통제하고 자국민의 권리를 보호하는 것임을 전제할 때, 승인되지 않은 이주자는 국가의 정치적 주권과 안전에 대한 위협으로 받아들여질 수 있다. **불법이주자들**irregular migrants은 입국 전에 필요한 노동허가권을 받기보다는 비자 없이 입국하거나 취업비자가 종료된 후에도 계속 체류하기 때문에 그 나라에 합법적으로 남는 데 필요한 서류를 갖고 있지 않다. 세네갈과 다른 사하라이남 아프리카 출신의 많은 이주자들은 지난 수년 간 카나리제도(스페인령으로 서아프리카 해안 바로 옆에 있다) 또는 말타를 통해 스페인으로 들어왔다. 2006년 이들의 대량유입으로 카나리제도에는 인도주의적 위기가 발생하게 되었고, 이주자를 경제적 안정과 국가안보에 대한 위협으로 인식한 스페인 현지주민들은 시위를 일으켰다. 애리조나와 앨라배마와 같은 미국 남부주(州)들의 반이민법은 어떻게 경제적 압력이 이주자의 유입을 규제하고 국경을 보다 엄격하게 통제하려는 새로운 정책으로 이어졌는지를 보여준다.

유럽연합은 회원국 자격이 구소비에트연방 국가들로 확대되고 현재 터키의 회원국 자격부여를 숙고 중인 가운데 이주문제를 해결하기 위해 노력 중이다. 2004년 가난한 동유럽국가들이 회원국에 포함됨에 따라 유럽연합의 초기 회원국 대부분은 장차 이주의 물결이 서쪽으로 쇄도할 것을 두려워하여 이주제한 정책을 시행했다. 실제로 반이민캠페인은 현지 주민의 일자리를 빼앗아가는 값싼 이민노동자의 상징으로 '폴란드 출신 배관공'을 들먹였다. 연구들에 따르면 동유럽출신 이주자의 숫자가 상당히 늘어난 동시에, 그들이 고용됨으로써 성장은 가속화되었고 걱정했던 것처럼 임금수준이 낮아지지도 않았다.[20] 더욱이 (연구들에 따르면) EU시민권이 없는 이주자의 수가 유럽연합 신회원국에서 구회원국으로 이동한 이주자의 수보다 더 많았다. 그러므로 터키의 EU 가입에 반대하는 요지의 하나는 아시아와 중동으로부터 값싼 노동력이 밀려올 수 있다는 지속적인 우려였다. 이러한 우려는 부분적으로 스페인과 마찬가지로 터키도 더 이상 이주자를 해외로 송출하는 나라라기보다는 자국으로 — 이 경우 구소비에트연방 국가들뿐만 아니라 아프가니스탄, 방글라데시, 이라크, 이란으로부터 — 수용하는 나라로 간주된다는 사실로부터 비롯된다. 이들 비정규 이주자들은 우선 터키와 같은 환승국가로 이동하는데, 이는 보다 부유한 유럽연합 국가들에서 발견되는 더 좋은 경제적 기회로 다가가기 위한 첫 걸음이다. 점증하는 역내이주의 맥락에서 개별 EU 회원국들의 이주관련 정책은 중대 사안이 된다.

시민권citizenship은 한 사람에게 일국 내에서 완전하고 동등한 권리들을 부여하는 법적인 범주로서, 여기에는 어쩌면 가장 중요한 권리라 할 수 있는 투표권이 포함된다. 하지만, 국가는 그 지위를 부여하는 다양한 수단을 갖고 있다. 시민권은 출생, 혈통, 귀화에 근거해 부여될 수 있다. 미국영토 내에서 출생한 자는 누구든 시민권을 신청할 수 있다. 더욱이 미국으로 이민을 온 사람이 '그린카드(영주권)'를 취득하게 되면 결국에는 미국시민으로 귀화할 수 있는 기회를 가질 수 있다. 이민자들에게 영구 거주자가 될 기회를 제공하기 때문에 미국과 호주와 같은 나라들은 **정착민 국가**settler state로 알려져 있다. 이와는 대조적으로 독일 땅에서 태어났다고 해서 모두 독일시민권을 얻는 것은 아니다. 대신 독일시민권은 그 부모의 시민권 소지여부에 근거해 부여된다. 독일국적을 취득하기 위해서는 부모 중 하나가 최소한 독일국적이나 영주권을 갖고 있어야 한다. 일본과 사우디아라비아와 같이 제한적 이민정책을 펴는 나라에서 이주자가 이들 나라의 시민이 되는 것은 한층 더 어렵다.

사람들이 자기 나라가 아닌 곳에서 영주권을 요구할 수 있는 또 다른 방법은 난민 지위 또는 망명을 통해서이다. 실제로 난민은 저개발국가에서 이루어지고 있는 모든 국제이주의 대략 16퍼센트를 차지하고 있다.[21] **난민**refugees은 인종, 종교, 국적, 특정 사회집단의 소속 또는 정치적 견해로 인해 가해질 학대가 두려워서 자신이 태어난 나라로 돌아갈 수 없거나 돌아가지 않으려는 실향민들이다. 수단 내 파벌 간 폭력사태의 발생으로 차드Chad의 임시수용소로 피난 온 수단인은 난민으로 간주될 수 있다. 유엔난민기구는 이 수단 출신 난민의 영구 정착지를 차드 혹은 다른 제3의 나라로 할지에 대한 협상을 책임진다. 2010년 아프간 난민은 가장 큰 난민집단으로 당시 전세계 난민의 29퍼센트를 차지했고, 이라크난민이 그 뒤를 이었다. 그

해가 끝나갈 무렵 개발도상국들은 850만 명의 난민 — 전세계 난민의 80퍼센트에 해당 — 을 수용했다. 파키스탄은 190만 명의 난민을 수용했는데, 단일국가로선 가장 높은 수치이다.[22]

망명asylum을 원하는 사람들 또한 고국에서의 박해에 직면해 있는 영구적인 실향민이다. 그러나 이러한 이민자들은 자기가 거주하기 원하는 국가의 법원에 보호를 요청할 수 있고, 대체로 이들은 이미 자신이 살기 원하는 국가의 영토 내에 있다. 2010년 85만 명이 넘는 사람들이 망명 신청을 했지만, 이 수치는 이전 연도 망명자 수와 비교할 때 10퍼센트가 감소한 결과이다. 남아프리카공화국은 개인 망명신청을 가장 많이 받고 있는 나라이다.

시민권과 망명은 단순한 법적 범주 이상의 의미를 갖는다. 그것들은 고도로 정치화된 지정학적 문제이기도 하다. 최근 한 법제연구에 따르면, 미국정부는 쿠바 망명신청자의 80퍼센트에게 정치적 망명을 승인하였으나 아이티 망명신청자의 경우 10퍼센트만을 승인했다. 망명 비율상의 이러한 차이는 쿠바인을 권위주의 정권을 피해 달아난 정치적 난민으로 인정하는 반면 아이티인은 난민이라기보다는 경제적 이주자로 보는 미국정부의 정책을 반영한다.[23]

외국인이 귀화국에서 법적인 영주권 혹은 시민권을 획득한 경우에도 귀화국 정부는 해당 외국인이 새로운 고국의 사회 구성원으로 통합될 수 있도록 심혈을 기울인다. 이렇게 노력하는 이유는 **동화**assimilation의 과정을 단순히 따르는 대신, 즉 새로이 접하는 지배적인 문화가 제시하는 가치와 관습을 단지 받아들이지 않고, 이민자가 자신의 모국 또는 모국의 문화와 강하게 연결된 상태를 유지할지도 모르기 때문이다. **디아스포라**diaspora

란 (어떤 이유이든 모국에서) 쫓겨나고 이산되었을지라도 모국과 여전히 일치된 정체성을 보유하고 있는 (이주자)공동체를 일컫는다. 기원전 5세기 바빌론에서의 유대인 추방과 16세기에서 19세기 사이에 벌어진 대서양 노예무역은 유대인과 아프리카의 디아스포라를 이주자 공동체의 원형으로 확립했다. 이 두 가지 경우 모두, 사람들은 자신의 모국에서 강제로 축출당함으로써 초국적 공동체를 만들었던 것이다. 비록 이 공동체들이 서로 다른 언어를 쓰며 서로 다른 나라의 시민일지라도 그들은 공통의 역사와 정체성을 근간으로 계속해서 스스로를 동일시하고 있다.

오늘날 디아스포라의 개념은 확대되어 보다 광의의 초국적 공동체를 의미하게 되었다. 우리는 이주와 전세계적 분산의 치열한 과정을 통해 형성된 공동체로서 인도계, 이란계, 필리핀계, 아이티계 디아스포라에 대해 말할 수 있다. 이들 이주자 공동체들은 특정 민족국가와 연계되어 있거나 — 아이리쉬 디아스포라와 같이 — 국가 없는 민족과 연계되어 있을지도 — 쿠르족과 같이 — 모른다. 유형과 상관없이 디아스포라는 그것이 대표하는 새로운 종류의 사회적, 정치적, 경제적 조직과 모국에서 진행되는 정치적 · 경제적 과정에 미치는 영향에 있어 점점 더 중요한 의미를 갖는다. 예를 들면, 뉴욕에 있는 아이티이주자들은 자신들이 해외에서 장기 거주하며 일을 하는 것이 모국을 개선하고 지원하기 위해 벌이는 일종의 협력 캠페인이라고 여기는데, 이것은 글릭-쉴러Nina Glick-Schiller와 푸론Georges Fouron이 말하는 '원거리 민족주의long-distance nationalism'에 해당된다고 볼 수 있다. 이러한 공식화에서 아이티인 공동체는 아이티 땅에 살고 있다는 사실이 아니라 공동체가 공유하는 아이티인의 피와 고국에 대한 의무감에 의해 정의된다.[24]

새로운 정보기술은 디아스포라 공동체를 유지하는 데 있어 중요한 역할을 하고 있다. 이민자들이 모국과 수용국 간을 쉽게 또는 자주 오고가지 못한다 하더라도, 현재에는 온라인 미디어를 통해 모국 현지의 뉴스를 계속 접할 수 있고, 다른 디아스포라 멤버들과 가상 채팅룸에서 대화를 나눌 수 있으며, 인터넷 뱅킹을 통해 개인재정과 단체재정을 관리할 수도 있다. 모국 현지의 많은 공동체들은 현지 행사에 대한 외부 투자와 참여를 촉진하기 위해서 뿐만 아니라 자신들의 필요와 현지에서 일어나고 있는 미심쩍은 일들을 해외에 살고 있는 거류민들에게 알리기 위해 인터넷 웹페이지를 만들었다. 인터넷 화상서비스뿐만 아니라 농촌지역에 대한 휴대전화 서비스가 전세계적으로 확산됨에 따라 이민자들은 멀리 떨어진 지역에 사는 그들의 친척들과 실시간 소통이 용이해졌다. 이러한 기술의 발달은 아무리 멀리 떨어져 있다하더라도 공동체의 언어, 정체성, 정치를 보존케 함으로써 사람들로 하여금 국경을 초월한 사회적 연계를 유지할 수 있게 해 주었다.

이민수용국들은 디아스포라가 초래하는 복잡한 정치적 결과와 싸워야만 했다. 2006년 2월 덴마크의 한 신문이 예언자 무하마드를 풍자하는 만화를 게재했을 때 덴마크의 한 근본주의 무슬림 종교지도자 집단은 가장 무슬림적인 11개국의 덴마크 주재 대사들에게 로비를 하여 덴마크수상과의 회담을 요구하게 했다. 덴마크수상이 회담을 거절하자 중동지역에서는 유럽계 사무실, 미디어, 여행객들에 대한 격렬한 항의뿐만 아니라 덴마크산 제품에 대한 불매운동을 촉발시켰다. 이 사례는 공통의 민족정체성 뿐만 아니라 공통의 종교적 정체성에 바탕을 두고 어떻게 초국적 공동체가 동원될 수 있는가를 보여주고 있다. 유럽에서 가장 빠르게 성장하는 종교인 이슬람교와 더불어, 점차 활발해지고 있는 무슬림 디아스포라가 사회적·정치적으로 어떤 영향을 미치고 있는가는 유럽전역에 있어 주된 논쟁거리가 되었다.

설령 이민자들이 적극적으로 수용국 사회를 받아들인다 하더라도 차별과 불평등으로 인해 현지인들에게 허락된 일상의 특권들이 이주자들에겐 허락되지 않을 수 있다. 이러한 사회적 소외는 언어, 관습, 문화적 가치에 있어 차별이 감지됨과 동시에 발생한다. 경우에 따라 이민자 가족에서 발견되는 높은 인구증가율은 이민자 인구가 본토박이 인구보다 빠르게 증가한다는 의미이며, 이민에 반대하는 유권자들로 하여금 자기 나라에서 자신들이 소수자가 되는 것은 아닐까 우려하게 만든다. 결과적으로 사회적으로 인정받고 정치적으로 그 구성원이 되고자 하는 이민자들의 노력은 최근 들어 사회·정치적 갈등을 부채질하는 꼴이 되었다. **문화적 시민권**cultural citizenship이란 용어는 이러한 갈등 속에서 이민자들의 요구를 아주 적절히 묘사하고 있다. 즉 이민자들은 사회적 소속감을 갖길 원한다. 이 소속감은 이들이 (수용국 사회에) 동화되었는지의 여부가 아니라 다양성에 대한 존중에 근거하여 만들어진 것이다.

2005년 파리근교 청년들이 일으킨 2주간의 폭동은 이 점을 분명히 보여준다. 청년들과 프랑스 경찰이 충돌한 주된 원인은 프랑스시민권을 갖고 있었음에도 불구하고 북아프리카이민자와 그 자손들이 경험한 극도의 사회적 소외와 빈곤에 있었다. 이 모순을 다룬 『뉴욕타임즈』의 기사는 중요

한 질문을 제기한다. "누군가를 프랑스인으로 만드는 것은 무엇인가?"[25] 프랑스인들은 항상 세속적인 민족정체성을 주장하기 때문에 인종과 문화적 차이가 낳은 사회적이고 정치적인 영향에 대해 고심하기 보다는 인종과 문화적 차이 자체를 대충 얼버무리고 넘어간다. 2004년 공립학교에서 머리스카프 혹은 종교용품의 착용을 금지한 프랑스정부의 조치는 문화적 차이를 드러내지 못하게 하려는 시도를 단적으로 보여준다. 그럼에도 불구하고 프랑스를 제외한 유럽의 여러 나라들은 보다 다문화적인 사회를 만드는 동시에 참정권이 없는 이민청년들이 극단적인 또는 근본적인 조직으로 들어가는 것을 막기 위해 다양성을 인정하는 방법을 찾으려고 노력 중이다.

프랑스의 사례가 명확히 보여주고 있듯이 초국적이주에 의해 생겨나는 다문화 사회는 누군가를 그 나라의 진정한 시민으로 만드는 것은 무엇인가에 대한 새로운 사고방식을 요구하고, 따라서 그 국민을 정의하는 데 있어 발생하는 모순에 초점을 맞춘다. 인간이동이 유동적이고 국가의 경계도 넘나들 수 있다는 사실은 근대국가가 주권국이며 구성원 간 공유된 독특한 역사와 문화에 의해 정의된다는 가정에 회의를 품게 한다. 비록 이민이 국가정체성의 핵심적 특징을 이루지만 국가의 개념에 대한 이와 같은 도전은 미국도 예외가 아니다. 예컨대 2006년 한 뮤지컬 공동작업은 미국국가(성조기여 영원하라)의 첫 번째 스페인어 버전을 만들어냈다. 음반 트랙의 제목 그대로 "누에스트로 힘노Nuestro Himno"[ii]는 이민문제에 대한 국

---

ii 〈역자 주〉 '우리의 노래'라는 의미의 스페인어로, 미국 국가를 뜻함.

가적 차원의 논쟁이 한창일 때 등장했다. 스페인어 버전 미국국가의 등장은 사람들이 무엇을 점점 더 다양해지고 정치화되는 미국 국민문화의 현실로 여기는지에 대해 주의를 환기시켰다. 그러나 이는 또한 많은 전문가들을 동요시켰는데, 그들은 이 노래가 미국인의 제1언어인 영어에 대한 공격일 뿐만 아니라, 그들이 주장하듯, 미국의 역사를 정의하는 앵글로적인 가치와 정체성에 대한 공격이라고 보았다.

프랑스와 미국에서 벌어진 이민에 대한 논쟁은 민족정체성과 시민권의 조건을 정의하는 데 있어 문화적 가치의 중요성뿐만 아니라 인종적 중요성도 강조한다. 이민자 집단의 주변화를 설명하기 위해 미국의 이민사를 연구하는 많은 학자들은 20세기 초 유럽이민자들의 경험과 1965년 이후 아시아와 라틴아메리카로부터 온 이민자의 경험을 비교했다. 초기 이민자들이 본래의 독특한 민족 — 아일랜드계, 이탈리아계, 유대계 — 으로서 구분되었지만 그들의 '민족'적 차이는 그들이 앵글로적 가치에 동화되고 상류층으로 이동할 수 있게 됨에 따라 사라져버렸다. 결과적으로 이들 유럽출신 이민자들은 점차 '백인'으로 여겨지게 되었다. 이와 대조적으로 어두운 피부색 또는 외형적 차이를 갖는 20세기 후반의 이민자들은 심지어 '미국적' 가치를 받아들이고, 영어로 말하고, 중산층 지위를 얻을 때마저도 자신의 민족적 정체성을 숨길 수가 없었다.[26] 특정 집단이 문화적 시민권을 결여하고 있는 이유는 문화적 차이뿐만 아니라 또는 그 이상으로 지각된 인종적 차이 때문이다.

전세계적 인적 흐름의 새로운 패턴이 세계화를 통해 사람들이 보다 자유롭게 될 수 있다는 증거로 자주 거론되기도 하지만, 이러한 흐름의 윤곽을 자세히 살펴보면 인종적, 성적, 계급적, 민족적 차이가 어떻게 개인과 집단의 이동성과 그 이동의 결과에 강한 영향을 계속해서 미치고 있는지 알게 된다. 달리 말하면, 많은 수의 도미니카공화국 사람들이 해외로 이주하여 많은 돈을 도미니카 공화국으로 송금한다는 사실은 개인의 자유가 신장되고 있고 국가발전이 세계화된 형태로 이루어지고 있다는 증거인가, 아니면 계속되는 종속과 저발전의 증거인가? 많은 도미니카공화국 사람들과 심지어 도미니카공화국 국가경제 전체는 미국 내 이주노동으로부터 상당한 혜택을 받고 있음이 분명하다. 그럼에도 불구하고 일자리가 부족하고 국가발전을 위해 미국에 의존할 수밖에 없는 도미니카공화국의 현실은 초국적이주를 발생시키는 온존하는 불평등을 더욱더 심화한다. 세계화를 통해 나타난 새로운 형태의 인적 이동과 접촉이 발생시킬 수밖에 없는 모순들이다.

초국가적 인적 흐름의 IPE

새로운 양상을 보이는 세계적 규모의 이주와 정착은 분명 기회인 동시에 도전이다. 정치인, 정책분석가, 학자, 공동체 구성원은 종종 이 기회와 도전 간의 균형에 대해 IPE 이론을 들먹이며 논쟁한다. 예를 들어, 정통 경제적 자유주의자들OELs에 따르면 이주노동자는 자유시장의 자연스런 일부이므로 자유롭게 이동할 수 있도록 놔둬야 한다. 이런 관점에서 보면 외국인 노동자들은 자국 노동자를 고용하기엔 너무 비싸거나 가용할 자국 노동력이 없는 산업의 경제적 성장을 지탱해 준다. 설사 이주노동자가 소수의 국내노동자를 대체하고 국내 임금을 낮추고 실업보조금을 필요로 하게 될지라도, 신자유주의적 시각은 소비자가 누릴 낮은 가격, 고용주가 얻는 높은 이윤, 이민노동자로 인해 달성되는 경제성장 수준의 유지와 같은 이득이 그러한 비용을 상쇄하고도 남는다고 본다. 이러한 견해를 지지하는 최근의 한 연구는 미국 내 1,200만 명 이상의 불법이주자를 합법화함으로써 2007년부터 2016년에 걸쳐 정부보조금으로 대략 540억 달러에 달하는 비용이 발생할 것으로 추정했다. 한편 이 연구는 소득과 근로소득세, 사회보장 원천징수액, 법집행에 소요되는 벌금과 수수료 명목으로 이민노동자들이 미국재무부에 기여하는 660억 달러 상당의 세수가 그 비용을 충분히 상쇄할 것으로 추산했다.[27]

비정통 개입주의 자유주의들HILs은 기본권의 일부로 이동의 자유를 개인의 권리라고 믿기 때문에 역시 이주를 지지하는 경향이 있다. 특히 자신의 나라에서 일어나고 있는 억압이나 폭력을 피해 달아난 이주자의 경우, 이러한 견해는 널리 지지되는데, 왜냐하면 자유주의 정치철학에 의하면 인간으로서 우리가 지는 의무는 국경을 초월하기 때문이다. 다만 비정통 개입주의 자유주의자들은 국경을 넘나드는 이민자들의 흐름을 보다 효과적으로 규제하는 방식을 요구한다. 이러한 규제와 국제기준을 만들려는 노력의 예들은 국제노동기구ILO와 이주와 개발에 대한 UN고위급회담 UN High-Level Dialogue on International Migration and Development에서 찾을 수 있다.

최근 들어 이주에 대한 가장 강경한 반대 목소리는 경제적 민족주의 내지 현실주의로부터 나온다. 이들은 이주가 국내 일자리 상실과 낮은 임금이라는 형태로 국내 저숙련 노동자들에게 특히 위협이 된다고 주장한다. 비평가들은 이민자들이 의료보건, 교육, 기타 국가 서비스에 커다란 짐이라고 생각한다.[28] 이러한 관점은 텍사스와 애리조나의 민병대[iii]와 같은 자경집단을 강화시켜왔다. 이들은 미국과 멕시코국경을 따라 순찰하고 적극적으로 이민을 억지하는 자신들의 노력이 애국심과 미국의 주권방어라는 의미에서 시작된다고 주장한다.[29] 유사하게 유럽의 이탈리아, 프랑스, 네덜란드, 영국에서는 보수정치인들이 토착민 중심정치와 이민에 대한 반대를 선거의 중심적 요소로 만들었다.[30] 이 시각은 중상주의적인 것으로 볼 수 있는데, 그 이유는 경제 민족주의의 정서를 담고 있고 노동의 이동에 대한 제한을 정당화하기 위해 비교우위의 논리를 사용하기 때문이다. 이념적으로 현재 드러내고 있는 바에 의하면, 중상주의적 입장은 이민자들이 정치와 경제 모두에 심각한 균열을 일으킬 수 있다고 우려하면서 국내정치적 안정과 경제안보를 동일시하는 경향을 보인다.

구조주의자들도 이주의 몇몇 차원을 반대할지 모르지만, 중상주의적 반대자들과는 현저히 다른 이유에서 반대한다. 그들은 점증하는 이주를 세계적 차원의 불평등이 양산한 저발전의 결과로 본다. 이러한 입장에서 보면 노동의 국제적 분화가 가난한 나라를 만드는 데 일차적인 책임이 있으며, 그 가난한 나라의 시민들은 가족부양을 위해 하는 수 없이 이주하게 된 것이다. 자유무역 지대의 설치로 인해 현지 시장에 외국산 물건이 넘쳐나게 되고, 그에 따라 현지의 생산기반과 현지기업은 파괴된다. 결국 현지 노동자들은 새로운 노동

---

iii 〈역자 주〉 2008년 8월에 조직된 민간단체로 미국과 멕시코국경의 불법이주자의 흐름을 감시하기 위해 조직되었다.

기회를 찾아 이주를 해야만 한다. 한걸음 더 나아가 구조주의자들은 부유한 나라에서 자행되고 있는 미숙련 이주자들에 대한 착취를 세계 자본주의 생산 및 무역과 관련된 조건들을 재구성할 필요를 보여주는 추가적인 증거라고 비판한다 (제4장과 제6장 참조).

구성주의 이론(제5장 참조)은 이민에 관한 정치적·경제적 논쟁의 주요 요소로서 다문화주의와 시민권을 지목한다. 북아메리카사회는 상당수의 라티노Latino와 아시아이민자들을 동화시키려고 노력했다. 이 일은 새로운 이민자들을 통합하는 데 있어 교회가 수행한 적극적 역할뿐만 아니라 이민자와 원주민간의 공유된 믿음이 있었기 때문에 비교적 수월했다. 유럽에서는 북아프리카와 중동으로부터 온 상당수의 이민자들이 무슬림이었기 때문에 문화적 동화가 쉽지 않았고 9·11테러는 상황을 더욱더 악화시켰다. 북미와 유럽 모두에서 국가와 시민은 인구학적, 문화적으로 변화하는 정치상황에 맞춰 민주주의의 가치를 어떻게 구현해 나갈 것인가에 대해 고민하고 있다.[31]

모바일 시대인 오늘날 국제이주는 분명히 IPE가 다뤄야 할 중요 주제 중의 하나이다. 앞서 언급한 논쟁들이 보여주듯이, 문제는 국제이주의 당위성 자체에 있는 것이 아니라 어떤 조건에서 어떤 목적으로 국제이주가 이루어져야 하는가에 있다. 개인과 국가 모두 초국적 인간의 이동으로부터 수혜를 입을 수 있다. 그러나 그들은 또한 다음과 같은 질문을 제기할 수도 있다. 국경을 초월한 인간 이동은 확대된 자유를 대변하는 것인가, 아니면 안보에 대한 불길한 도전인가? 이주자를 누가 책임질 것인가, 송출국인가 수용국인가? 이주자의 이동과 권리를 효과적으로 규제하는 새로운 글로벌 거버넌스는 어떤 형태인가? 초국적 인적 흐름에 의해 점차 다양해지고 있는 유권자들로부터 생겨나는 문화정치학적 문제, 그리고 경제적 침체로부터 발생하는 경제적 도전을 해결하는 것은 세계화의 인간적 차원이 가진 양면성을 잘 드러내주고 있다.

Going Mobile[iv]: 국제관광의 정치경제

이주와 마찬가지로 관광은 사람들이 한 장소에서 다른 장소로 이동하는 것을 의미한다. 그러나 임시적 이주와 영구적 이주와 달리 대부분의 관광객들은 여가와 레크리에이션 등을 목적으로 여행한다. 자발적 해외여행은 인류의 초국가적 이동 중 가장 큰 부분을 차지한다. 유엔세계관광기구UNWTO: United Nations World Tourism Organization에 따르면, 국제관광으로 입국하는 사람들의 수는 1950년 2천 5백만 명에서 2011년 9억 8천만 명으로 늘었다.[32]

증가하는 관광객의 초국가적 흐름은 상품·사고ideas·화폐의 초국적 흐름과 관련되는 기술적이고 제도적인 합의에서 기인하여 일어난다. 관광으로 인한 혜택과 비용의 배분은 상당부분 개인 간·나라 간 부와 권력의 차이와 국가와 시장 간 상호작용에 의해 결정된다. 더욱이 경제적 자유주의자들은 관광을 발전, 정치적 정당성, 평화로 가

---

iv 〈역자 주〉 Going Mobile은 타운센드(Pete Townshend)가 만든 노래의 제목으로 1974년 록그룹 The Who의 앨범 "Who's Next"에 수록되었다. 노래의 내용은 모바일 홈(캠핑카)을 갖는 즐거움과 마음껏 고속도로를 따라 여행할 수 있는 자유를 예찬한다.

는 길로 묘사하는 데 반해 구조주의자들은 파괴적인 힘으로 본다. 한편 중상주의들은 도덕적 논쟁을 피하는 대신 다른 나라들보다 많은 관광객을 끌어들여 관광수입을 올리면서도 어떻게 하면 국가안보를 증진할 수 있는가에 대해 고민한다. 정치경제학자들이 지적하는 바대로, 관광은 불가피하게 누군가에겐 혜택이 되지만 다른 누군가에게 손해를 끼칠 수 있다. 관광은 이익을 가져다주지만, 여기에는 대가가 따른다. 관광에 참여할 것인가 말 것인가의 선택에 직면하여 세상에서 가장 고립주의적인 나라를 제외하면 대부분의 나라들은 이러한 상충관계를 감내할만한 비용으로 받아들인다. 2000년대 후반 글로벌 경기침체에 의해 국제관광의 성장이 둔화되었음에도 불구하고 세계를 종횡으로 누비는 여행객들의 흐름은 장기적으로 봤을 때 분명히 지속될 것이다.

경제성장의 동력인가 아니면 착취의 수단인가?

제2차 세계대전이 끝난 후 수십 년에 걸쳐, 전쟁으로 폐허가 된 유럽을 재건하고, 북미와 서유럽 중산층이 번영하고, 경제성장을 촉진하기 위한 정책이 시행된 결과에 힘입어 국제관광은 급속히 팽창한다. 근대 관광 붐의 초기에, 경제적 자유주의자들은 각 국이 관광객과 그들의 돈을 유치하기 위해 자신의 문화전통, 사적지, 자연경관 상의 비교우위를 사용해야만 한다고 주장했다. 관광산업이 야기할 수 있는 부정적인 결과에 대해 별로 의문이 제기되지 않았는데, 관광산업 증진이 가져올 경제적 이익이 상당하고 오래 지속될 것처럼 보였기 때문이다.

관광산업이 가시적이고 체감할 수 있는 경제적 이득을 가져온다는 사실에는 의심의 여지가 없다. 세계 각국의 정부입장에서 볼 때, 관광객으로부터 흘러나오는 직접적인 수익의 창출은 가장 확실하고 매력적이다. 관광객들이 관광수용국을 여행하면서 지불하는 세금뿐만 아니라 여행 전과 여행 도중 쓰는 돈이 직접적인 수익으로 들어온다. 세계무역기구에 의해 정의된 국제관광 수입은 국제관광객이 재화와 서비스(식품, 음료, 숙박, 항공료, 기념품, 여흥)를 구입하는데 지불한 총액으로, 2010년 한해 전세계적으로 9,190억 달러에 달했다.[33] 직접적인 수익이 순환하여 현지경제와 국가경제에서 다시 지출됨에 따라 수송업, 건설업, 농업과 같은 여타 경제부문으로의 후방 연관효과도 발생하게 되는데, 이는 관광객들이 특정 재화와 서비스에 대한 수요를 자극하기 때문이다.

관광은 관광수용국 정부수입의 중요한 원천 중 하나이다. 여행과 관광산업은 전 세계 국내총생산의 3퍼센트를 담당한다. 관광이 경제활동에 미치는 간접적인 영향을 감안하면 이 수치는 9퍼센트까지 올라간다.[34] 수입의 대부분을 한두 가지 원자재 수출에 의존하고 있는 저개발국에게 관광은 경제를 다각화할 수 있는 기회를 의미한다. 더욱이 과중한 외채 부담을 지고 있는 경제에 있어 관광은 현지 기업과 다양한 층위의 정부기관에게 직접적인 수익을 가져다줌으로써 외화획득의 소중한 원천이 된다. 국제노동기구에 따르면 관광은 30개의 저개발국에서 수출부문 3위를 기록하고 있으며, 전 세계 저개발국 수출총액의 3분의 1을 담당함으로써 저개발국 서비스 수출을 주도하고 있다.[35]

관광이 가져다주는 중요하고 가시적인 혜택은

고용창출에 있다. 전세계적으로 여행과 관광 산업에 종사하고 있는 사람들은 대략 1억 명에 달하는 것으로 추산된다.[36] 여행과 관광 산업은 대략 전 세계 고용의 3퍼센트를 담당한다. 비록 여행과 관광 산업에 있어 대부분의 고용은 호텔, 관광안내, 항공, 여행사에 집중되어 있지만, 여행자들도 자신들의 필요에 맞는 여타 부문 — 이 부문은 관광업에만 의존하진 않는다 — 에서 간접적으로 고용을 촉진한다. 예를 들면, 호텔업은 마케팅, 보안, 케이터링(음식공급업)을 포함하여 다양한 재화와 서비스를 필요로 하기 때문에 이러한 서비스를 공급하는 회사들이 노동자들을 고용하게 함으로써 보다 많은 고용을 창출한다.

앞서 토론한 경제적 혜택과 관련된 하나의 결과로서 대다수 정부, 조직, 관광객 자신들은 관광을 경제적 만병통치약으로, 그리고 공해를 배출하는 공장을 건설하지 않고도 소득과 고용을 창출하는 무연 산업(굴뚝 없는 산업)으로 본다. 이러한 견해는 관광을 하나의 진보적 힘으로 보는 자유주의적 시각을 대변한다. 공동체들과 나라들은 자신들이 갖고 있는 자연적 또는 문화적 비교우위를 이용하여 관광이 관광객과 관광유치국 모두에게 이득이 되는 포지티브섬게임에 이바지한다. 정통 경제적 자유주의 시각에 의하면 국가는 관광에 대해 자유방임적 접근법을 취해야 하며 여행과 관광 산업이 자연스럽게 발전할 수 있도록 해주어야 한다. 왜냐하면 그렇게 하는 것이 국제관광에 참여함으로써 얻는 경제적 이득을 가장 극대화할 것이기 때문이다. 관광에 대한 이러한 접근법은 세계화가 가난한 사람들과 나라들에게 향상된 재정적 기회를 제공한다는 경제적 자유주의의 주장을 다양한 방식으로 반영하고 있다.

오늘날, 여행사와 관광회사, 그리고 정부 관광청의 마케팅 활동에 있어서 뿐만 아니라 UN세계관광기구UNWTO와 세계여행관광협의회WTTC: World Travel and Tourism Council와 같은 홍보기구에서도 관광에 대한 경제적 자유주의 견해는 여전히 널리 받아들여지고 있다. 정통 경제적 자유주의 시각을 견지하는 사람들은 또한 서비스무역에 관한 일반협정GATS: General Agreement on Trade in Service을 지지하는데, 이 협정은 세계무역기구 협정의 하나로 '관광과 여행관련 서비스' 클러스터를 포함하는 서비스 무역관리 규칙을 제정한 것이다. GATS는 WTO 회원국들로 하여금 외국인 소유 회사가 자유롭게 국내 서비스시장에 접근할 수 있도록 허락하고 외국인 소유 회사보다 자국 회사를 우대하지 말 것을 요구한다.

1960년대 후반과 1970년대 초, 관광을 파괴적인 힘으로 묘사하기 시작한 비평가들은 관광에 대한 경제적 자유주의 접근법에 도전했다. 그들은 관광이 많은 혜택을 기약하지만 실제로는 문제의 해결보다 문제를 야기한다고 보았다. 관광에 대한 비판적 견해를 지지하는 소수 비정통 개입주의적 자유주의자들은 관광산업에 대한 정부의 개입을 통해 자연스런 시장 활동의 결과로 발생하는 비용은 최소화할 수 있다고 본다. 반면, 비판적 견해를 지지하는 대부분의 구조주의자들은 착취적인 자본주의와 불평등한 세계 경제관계가 관광산업, 특히 개발도상국의 관광산업을 오염시키는 것으로 믿는다.

구조주의자들에 의하면 관광산업 성장을 지지하는 사람들이 장점으로 내세우는 (관광으로 인한) 직접 수입은 광고와 같은 직접 지출뿐만 아니라 **수익누수**revenue leakage로 상쇄된다. 수익누수란 본국 이익송금의 형태로 외국계 다국적 관광기업에게 빠져나가는 관광수입액으로, 관광수용국 경제 외부로 돈이 유출되는 것을 말한다. 수익누수는 관광산업(호텔의 욕실비품과 같은) 혹은 관광객들이 필요로 하는(현지에서 생산되지 않는 고급 식재료와 같은) 재화와 서비스 수입에 대한 지불의 형태로도 발생한다. 수익누수가 얼마나 되는지 추산한 바에 의하면 모든 관광 관련 지출의 반 이상이 개발도상국의 관광지로 아예 가지 않거나 또는 그곳으로부터 유출되고 있다고 한다.[37] 한걸음 더 나아가 관광과 관련된 경제적 이득의 대부분은 경제엘리트와 정치엘리트의 손에 집중되는데, 다국적 관광기업의 투자제공 기회를 활용할 수 있는 자본과 정치적 연줄을 갖고 있기 때문이다.

구조주의자들은 관광으로 인해 생겨난 일자리가 저숙련 노동자를 고용하고, 때론 위험하고, 형편없는 임금과 수당으로 인해 경제적 개선의 여지가 거의 없다고 주장한다. 그들은 또한 관광산업은 기복이 심하기로 악명이 높다고 불평한다. 관광객 기호의 작은 변화 또는 정치적 불안정이나 자연재해 같은 여행지 내의 중요한 사건들은 한 나라의 관광산업을 심각하게 손상시킬 수 있다. 대부분의 여행목적지에서 관광이 갖는 계절적, 비정기적, 임시적 성격과 더불어, 수요변화에 대한 관광산업의 취약성은 관광이 과연 발전전략으로서 채택할 만한 것인가에 대해 의구심을 갖게 한다.

구조주의자들은 또한 근대적 국제관광을 신식민주의에 비유한다. 신식민주의란 공식적으로는 독립국가지만 여전히 식민주의와 관련된 불공정한 관계로 인해 고통을 받고 있는 상태를 일컫는다. 종속이론은 산업화된 부유한 세계의 중심부 국가들의 발전을, 세계체제의 주변부에 위치하는 가난하고 약하고 의존적인 과거 식민지에 대한 착취, 그리고 그로 인한 저발전과 관련짓는다. 종속이론적 접근법에 근거하여 구조주의자들은 개발도상 세계에 있는 관광지들이 중심부 국가들을 위한 '쾌락 주변부pleasure periphery'로서 역할을 수행한다고 본다. 저렴한 햇빛 휴가를 즐기려는 북아메리카 관광객들에게 카리브해 지역의 섬들은 '쾌락 주변부' 역할을 한다. 마찬가지로 동남아시아와 지중해 유역(남유럽과 북아프리카)은 일본/호주 그리고 북유럽 사람들에게 각각 쾌락 주변부를 제공한다.

경제적 자유주의자들은 여행이 경제적 번영과 직접적으로 연관된다고 주장한다. 특히 부유하다는 사실은 가구별로 높은 수준의 재량소득을 갖고 있다는 의미이다. 재량소득을 가진 사람들의 수가 늘어남에 따라 여행서비스에 대한 수요도 늘어난다. 최근 중국에서 발생한 국내관광과 중국인 국제관광의 폭발적 증가는 경제적 번영과 여행과의 관계를 분명히 보여준다. 1980년대 이래 이룩한 중국의 급속한 경제성장은 해외로 향하는 관광의 급등뿐만 아니라 국내관광의 극적인 성장을 낳았다. 2020년까지 중국은 세계에서 4번째로 많이 국제관광객을 내보내는 나라가 될 것으로 예상된다.[38] 개선된 기반시설, 바깥세상으로 개방을 독려하는 정부정책, 주변국들의 경제성장은 또한 중국을 주요 관광지로 만들었다. 2010년 중국은 프랑스(7,700만 명)와 미국(6,000만 명)에 이어 세계에서 세 번째로 인기 있는 관광목적지였다(5,600만 명이 중국을 다녀갔다).[39] 2020년까지 중국은 방문객 수 기준 세계 1위의 관광지가 될 것으로 예상되고 있다.

1950년대 이래로 꾸준히 자라온 국제관광은

2000년대 후반에 있었던 글로벌 경기침체로 인해 일시적으로 성장을 멈췄다. 사회가 생산적이고 부유해짐에 따라 여행 빈도가 늘어나듯이 사람들은 경제적으로 어렵거나 불확실한 시기에 항상 여행 빈도를 줄인다. 대부분의 선진산업국들이 경험한 경기침체의 결과, 2008년에서 2009년에 걸쳐 국제관광 입국자 수는 거의 4퍼센트 정도 감소했다. 그러나 2010년 즈음 국제항공 승객 수는 신속히 회복되어 2009년 수준 대비 7퍼센트 성장한 9,400만 명에 달했다.[40] 비록 경제회복에 대한 소비자의 신뢰가 침식되었기 때문에 전 세계 주요 관광지들이 국제관광 수요의 전반적인 감소를 경험했지만, 빠른 성장세를 보였던 정상적인 패턴으로 신속히 되돌아갔다는 사실은 성장을 가로막는 장벽에 직면했음에도 불구하고 관광산업이 탄력성을 가지고 있음을 보여준다. 보다 넓은 수준에서 볼 때, 금융위기가 촉발한 시장 근본주의에 대한 의문은 관광산업에 있어서는 대부분 제기되지 않았다. 즉 관광객 감소에 의해 영향을 받는 국가들은 계속해서 관광에 대한 자유시장적 관점을 견지하고 국가주도 관광정책을 떠받치는 '다다익선'의 철학에 대해 도전하는 어떤 징후도 보이지 않고 있다.

관광에 대한 국가 관리와 홍보

자연이 부여한 특정 위치로 인해 인기 있는 관광지는 보기 드문 지리적 경관 또는 이국적인 문화적 특성을 갖게 되고 이를 이유로 방문객을 유인하지만, 관광지는 자연스레 생겨나는 것이 아니라 사실은 만들어지는 것이다. 달리 말하면 어떤 장소를 매력적이고 접근가능하게 만드는 데에는 국가

와 시장 모두 — 특히 시장의 자기조절력에 영향을 미치려는 국가 — 가 필요하다. 멕시코 유카탄반도 북동부해안에 위치한 유명 휴양지 칸쿤이 그러한 예의 하나이다. 1967년 멕시코정부는 칸쿤을 **성장거점**growth pole으로 지정했다. 즉 주변지역의 경제성장 동력으로 기능하도록 계획적으로 칸쿤을 선택했다는 의미이다. 이 성장거점 전략은 칸쿤을 인구밀도가 희박한 코코넛 플랜테이션과 소규모 마야문명의 유적지에서 거의 50만의 상주인구, 수백 개의 호텔, 매년 300만 명의 방문객을 갖는 세계적인 해양리조트 명소로 신속히 변화시켰다.[41]

거의 예외 없이 각국 정부들은 관광입국자 수와 그들의 지출을 최대화하는 것에 우선순위를 둠으로써, 급속한 관광산업 발전과 관련된 네거티브 비용이 발생함에도 불구하고 관광산업의 성장을 촉진하는 정책을 선호한다. 따라서 국가들은 관광산업을 급속히 육성하는데 도움이 되는 재정적, 규제적, 사회적 환경을 조성하기 위해 직접 경제에 뛰어든다. 이러한 성장일변도 양식에 대한 예외로 히말라야 산맥의 부탄왕국을 들 수 있는데, 부탄은 대다수 국가 특히 대다수의 개발도상국들과 달리 세계에서 가장 부유한 관광객들 외엔 관광입국을 허용하지 않는 정책을 통해 관광산업의 성장을 심하게 억제하고 있다. 부탄정부는 모든 여행객들에게 매일 관세, 할증료를 물리고 하루 밤에 최소한 250달러를 지출하도록 요구하며, 값비싸게 조직된 그룹관광에 한해 비자를 발급해준다. 부자 고객을 향한 맞춤형 관광을 통해 부탄정부 관광청은 관광산업이 국내에 가져올 사회, 문화, 환경적 충격을 제한하면서도 관광객 일인당 보다 많은 수익을 창출할 수 있었다.

관광산업을 증진하는 국가입장에서 보면 관광

목적지로서 자국이 지나치게 인기를 얻을 위험성이 있다. 관광산업의 성장에 대한 국가의 관리와 규제가 없다면, 관광지는 열성 관광객들에게 지독한 사랑을 받는 경향이 있다. 최초 관리나 규제 없이도 관광객을 끌어 모았던 천혜의 관광명소들은 수용능력을 초과한 방문객이 찾아옴으로써 위험에 처하게 된다. 1980년대 정부, 관광객, 관광업자들은 관광이 야기하는 부정적인 영향에 대한 염려에 반응하여 **대안관광**alternative tourism에 눈을 돌렸다. 대안관광은 '해, 바다, 모래'라는 기본 공식에 바탕을 둔 대중들의 관광경험에 대해 대안을 제시하는 관광의 한 형태이다. 가장 널리 행해지고 있는 대안관광의 한 예는 **생태관광**ecotourism으로, 국제생태관광협의International Ecotourism Society의 정의에 따르면, '환경을 보존하고 현지인들의 웰빙을 증진하는 자연지역으로의 책임 있는 여행'을 말한다.[42] 관광이 환경에 미치는 영향을 최소화하기 위해 적절한 법안을 마련하고 기존의 법을 집행하는 것에 더하여 국가는 환경적으로 민감한 지역을 여행하는 관광객의 수를 제한함으로써 생태관광을 증진할 수 있다. 또한 국가는 생태관광 활동을 유치하기 위한 장소를 제공하기 위해 국립공원과 야생보호구역을 지정할 수 있다. 아주 드물게 예외가 있긴 하지만, 관광입국자 수를 늘려 이익을 내는 것과 환경을 보호하는 것의 양자택일 상황에서 불행하게도 정부들은 항상 전자를 선택한다.

국가가 자국 영토 내 여행을 제한하는 방식에 대해 생각할 때 관광에 대한 중상주의적 접근은 중요한 의미를 갖는다. 국가는 어느 나라 사람을 어떤 조건에서(예를 들면, 허용 체류기간) 입국을 허용할지 결정한다. 친밀한 관계 — 대개 시민들 간 높은 빈도의 국경 통행에 반영되어 있는 — 를 향유하는 나라들은 서로의 방문객이 쉽게 입국하도록 허용한다. 2009년까지 미국을 방문하고자 하는 캐나다인들은 단지 유효한 자동차 운전면허증만 소지하면 됐다. 다른 한편 몇몇 국가들은 특정 국적의 사람들이 입국하지 못하도록 하거나 심하게 제한했다. 알제리, 브루나이, 이란, 리비아, 파키스탄, 사우디아라비아, 소말리아, 수단 등을 포함하는 몇몇 나라들은 이스라엘에서 발행한 여권을 인정하길 거부함으로써 이스라엘국적 사람들이 이들 나라들을 여행하지 못하도록 하고 있다. 대체로 관광객들이 다른 나라에 갈 수 있는가의 여부는 경우에 따라 차이를 보인다. 덴마크, 핀란드, 스웨덴의 시민은 173개 나라와 위임통치령을 비자 없이 들어갈 수 있다. 그러나 아프가니스탄, 이란, 레바논, 네팔, 파키스탄으로부터 온 관광객은 이러한 특권을 누릴 수 있는 나라가 40개국이 채 못 된다.[43]

지금까지 관광에 대해 국가가 수행한 가장 중요한 역할은 아마도 국제사회가 자국을 바라보는 이미지를 관리하는 것이었을 것이다. 국제관광객들 사이의 변화하는 기호와 선호는 관광기획자로 하여금 어떤 관광지가 미래에도 인기를 유지할지에 대한 여부를 예측하기 힘들게 만든다. 관광수요는 해당 관광지에 대한 지배적인 인식에 따라 심하게 변한다. 따라서 그러한 인식을 부정적인 방식으로 바꾸는 모든 것이 관광수용국의 여행과 관광산업에 의미심장한 영향을 미친다. 자연재해, 정치적 불안정, 테러리즘은 모두 어떤 관광지에 대한 여행수요를 극적으로 감소시킬 수 있는 영향요인의 예이다. 따라서 국가들은 그러한 사건들이 가져올 부정적인 영향에 대응하는데 많은 에너지와 자원을 집중하고 있다.

자연재해는 신문기사와 텔레비전 뉴스의 인기 있는 표제감이다. 결과적으로 자연재해의 여파가 지리적으로 제한적임에도 불구하고, 재난당사국에 대한 제한된 지식을 갖고 있는 보통사람은 그 나라에 관련된 부정적인 정서를 형성하게 되고 결국 그 나라를 여행할 가능성이 줄어들게 된다. 자연재해에 의해 촉발된 손해는 관광수요 감소에 의한 소득상실로 인해 더욱 가중된다. 예를 들어, 20만 명 이상의 사망자를 낸 2004년 12월 인도양의 쓰나미는 몰디브, 스리랑카, 태국남부, 인도의 안다만과 니코바 제도를 포함하는 관광의존 경제지역의 기반시설을 광범위하게 훼손했다. 이 지역에 대한 관광산업의 즉각적인 수요하락은 상황을 악화시켰는데, 쓰나미로 인해 보다 더욱더 절실해진 관광수익이 하룻밤에 고갈되어 버렸기 때문이다. 보다 최근인 2011년 3월 거대한 지진과 일본 연안을 덮친 쓰나미로 인해 발생한 후쿠시마 다이이치 원전사고는 이어진 달의 관광객 수를 60퍼센트 급감시켰다. 2011년 전체를 기준으로 관광객 수는 전년도 대비 28퍼센트 감소했다.[44]

테러를 자행하려는 의도를 가진 개인 역시 관광객을 한 나라에서 다른 나라로 여행할 때 의지하는 수단으로 사용할 수 있다. 자국민을 대상으로 한 테러조직과 싸우는 것에 더하여 국가들은 자국 관광산업에 피해를 끼칠 테러리즘을 막으려고 한다. 테러리스트들은 몇 가지 이유에서 관광객을 테러대상으로 삼는다. 몇몇 관광객들은 테러집단의 근거지인 외지고 위험한 지역으로 여행한다. 관광객은 견고히 방어되어 있는 군사기지 또는 정치적 거점과 달리 아주 손쉬운 목표이다. 여행객을 살해할 경우 국제적 미디어의 광범위한 주

목을 받게 된다. 테러리즘은 관광수입에 의존하고 있는 경제를 교란시킴으로써 대중의 지지를 받지 못하는 정치권력을 아예 불구로 만들어버린다.[45] 1990년대 후반 이후 관광객들은 테러조직이 유독 선호하는 타깃이 되었다. 1997년 이집트 룩소르에선 60명에 가까운 관광객들이 살해당했다. 1999년엔 우간다의 브윈디 천연국립공원을 방문한 17명의 관광객이 르완다의 후투족 급진주의자들에 의해 납치되었다 (이 중 8명은 살해당했다). 2011년 모로코 마라케시에선 자살폭탄테러로 한 대중 카페에서 11명의 관광객이 사망했다. 2001년 9·11사태 이후 10년에 걸쳐 테러리스트들은 차드, 이집트, 에티오피아, 인도, 인도네시아, 케냐, 말리, 모리타니아, 파키스탄, 필리핀을 포함한 많은 나라에서 지속적으로 관광객들에 대한 공격을 감행했다.

자국 영토 내에서 테러리즘을 경험한 국가들은 관광객을 다시 유인하기 위해 재빨리 국제사회에서 이미지 회복을 꾀한다. 2001년 9·11사태 후 미국만이 예외이다. 뉴욕 세계무역센터와 워싱턴 DC의 펜타곤에 공격을 감행한 19명의 비행기 납치범 대부분이 관광비자로 미국에 입국했기 때문에, 관광객들에게 부여된 미국을 방문할 자유가 미국인을 향해 테러를 자행하려는 자들에 의해 남용될 수 있다는 우려가 제기되었다. 국내정치적 압력의 결과, 미국정부는 미국을 방문하는 사람들을 보다 잘 선별하고 감시하기 위한 몇 가지 조치를 시행했다. 2004년 이래로 비자를 소지하여 하늘과 바다를 통해 미국에 입국하는 모든 방문객들이 지문채취와 사진촬영을 해야만 하는 것은 이러한 조치 중의 하나이다. 미국에 대한 세계인의 인식이 악화되고 미국정부에 의해 방문객들에게 부

과된 보다 까다로운 입국조건으로 인해 2000년에서 2003년 사이 미국을 방문한 국제관광객은 20퍼센트가 줄었다. 9·11사태 이후 미국을 방문한 국제관광객 수가 9·11사태 이전의 수준을 회복하는데 만 6년의 세월이 걸렸다.[46]

경제적 자유주의자들에 의하면, 재난, 발병, 테러리스트 활동과 같은 비극적 사건으로 인한 최초 손실은 기업과 정부가 재빨리 대처함으로써 만회할 수 있다고 한다. 아래의 증거는 이러한 견해를 확증하는 듯하다. 2002년 161명의 외국인 관광객을 죽인 엄청난 테러공격이 발생한 이듬해 관광객 수가 23퍼센트 가량 줄었음에도 불구하고, 인도네시아의 발리섬은 재빨리 폭탄테러 이전의 관광객 수준으로 돌아갔다. 2004년경 관광객 수는 2002년의 국제관광객 수에 비해 13퍼센트가 증가했다.[47] 더욱이 2005년에 뒤이어 일어난 테러공격(이는 2002년에 비해 훨씬 덜 치명적이었다)은 발리의 관광입국자 수를 최초엔 줄어들게 했지만, 2008년경엔 2005년 수준에 비해 관광입국자 수가 42퍼센트 늘었다.[48] 두 번째 테러공격이 있은 지 갓 5년이 지난 2010년경 거의 250만 명에 달하는 국제관광객이 발리를 방문했다. 이는 2005년 수준과 비교할 때 80퍼센트 증가된 수치이다.[49] 경제적 자유주의자들이 찬사해 마지않는 국제관광의 지속적인 성장은 너무나 확고하여, 테러리스트 손에 의한 죽음의 공포마저도 우리의 여행욕구를 꺾지 못하는 듯하다.

여행과 관광의 사회적 · 문화적 차원

토마스 쿡Tomas Cook이 처음 영국의 산업노동자들을 해변의 휴양마을로 데려갔던 1840년대부터,

고고한 취향과 스타일의 표시로써 사람들이 다녀가지 않은 장소를 찾는 현대의 여행자에 이르기까지 줄곧 여행 동기를 뒷받침해 온 것은 사회적 지위였다. 사회적 계급 또한 누가 우선적으로 여행을 할 수 있는가를 결정한다. 문화 역시 다음 두 가지 이유에서 많은 관광지를 여행하는데 있어 중요한 요소이다. 첫째, 역사를 통틀어 보면, 관광객들은 이국적이고 익숙하지 않다고 여겨지는 문화를 탐방한다. 문화적 진정성authenticity에 대한 욕망은 관광의 속성이며, 몇몇 학자들에 의하면, 심지어 현대 관광산업은 진정성의 탐색을 전제로 한다. 서구의 물질문명이 생산한 재화가 세계로 확산됨으로써 문화적 차이가 사라지는 것처럼 보이기 때문에, 관광객들은 일정 수준의 문화적 진정성을 경험하려고 애쓴다. 그 수준의 문화적 진정성은 주로 관광소비를 위해 쇼 출연자들이 공연하는 피상적인 — 아마도 진정하지 않은 — 전면무대 너머에 존재한다. 둘째 외국 관광객들을 유혹함에 있어 문화적 '타자성'이 갖는 역할에도 불구하고 대다수 국제관광객들은 유사한 문화적 특징, 특히 언어 또는 종교가 유사한 나라를 방문한다. 호주로 입국하는 관광객들 중 영국국적의 사람들이 2번째로 많은 이유와 2011년 미국거주자들이 1,150만 번 캐나다를 여행한 이유는 바로 문화적 친밀성 때문이다.[50]

관광수요는 문화적 전통을 다시 살아나게 하고 역사적 건축기념물들의 재건을 촉진한다. 유적지에서 입장료와 기부금의 형태로 모아지는 기금은 그 유적지를 위해 사용될 수 있지만, 보다 중요한 것은, 관광객들이 유적지에 대해 보여준 관심으로 인해 정부가 유적지의 재건과 관리에 자원을 배분한다는 점이다. 관광수입으로 창출된 유

인이 없었더라면 캄보디아 앙코르와트, 페루 마추픽추, 말리 팀북투 고대도시와 같은 유적지들은 허물어진 폐허로 남아있거나 최소한 현재와 같은 관심과 자금을 받지 못했을 것이다. 대부분의 경우, 관광산업 또는 다른 이유로 유적지를 복원하고자 하는 정부는 유네스코UNESCO: United Nations Educational, Scientific, and Cultural Organization로부터 자금을 성공적으로 끌어온다. 유네스코는 세계적 유산 중 극히 중요하다고 여겨지는 문화재와 천연기념물을 수록한 세계유산 목록을 유지·관리한다.

본질적으로 글로벌 관광산업이 규제되기 힘들다고 비판하는 사람들은, 특히 관광객들과 비교할 때 지역주민들이 훨씬 가난한 관광지의 경우, 관광객이라는 사실이 현저히 드러나기 때문에 범죄가 늘어난다고 말한다. 몇 가지 이유에서 관광객은 범죄활동의 좋은 목표가 된다. 관광객들은 실수로 안전하지 못한 지역으로 들어가거나 길을 잃기 쉽다. 현지인과 비교해 관광객들은 쉽게 이용당할 수 있는데 그들이 현지의 규범 또는 절차에 익숙하지 못하기 때문이다. 관광객들이 일반적으로 느끼는 휴일의 정서와 마음가짐은 경계심을 늦추고 뭔가 쉽게 믿게끔 한다. 관광객들은 돈, 보석류, 카메라와 같이 값나가는 물건들을 부주의하게 드러내 놓는 경향이 있다.

부유한 관광객과 가난한 현지인이 교류하기 때문에 발생하는 또 다른 비용은 관광이 **전시효과**demonstration effect를 갖는 경향과 관계있는데, 이는 몇몇 (특히 젊은) 현지인들이 부유한 외국 관광객들의 물건들을 원하게 되고, 그들의 가치, 생활양식, 행동을 모방하게 되는 것을 말한다. 관광객들과 접촉하는 젊은이들은 대개 보다 현대적인 외래의 문화가치를 받아들이기 때문에 지역사회의 원로들과 젊은이들 간에는 사회적 긴장이 발생할 수 있다. 관광객들과 직접 접촉하는 젊은이들은 전통적 문화관행을 거부하거나 수정하기 원하는 반면, 원로들은 전통적 가치의 상실에 대해 우려하기 때문이다. 관광객이 소유한 비싼 물건에 대한 욕망을 갖게 되지만 실제로 그것을 살수 없기 때문에 생기는 열등감은 차치하고서라도, 전시효과는 특히 성적으로 문란하거나 공공연한 음주와 마약을 사용하는 관광객과 현지인이 교류할 때 골칫거리가 아닐 수 없다.

이국적인 것으로 여겨지는 문화공예품과 전통에 대한 관광객들의 수요는 관광지 문화의 특정 부분을 사고 팔수 있는 상품으로 변환시킨다. 관광으로 인해 시작된 문화의 **상품화**commodification는 현지인들이 상업적 압력과 동기에 반응해감에 따라 문화적 대상물, 관습, 축제가 갖는 본래의 의미와 목적을 궁극적으로 잃어버리게 한다. 관광이 초래한 문화의 상품화에 반대하는 사람들은 '공항 예술품airport art'의 생산을 비난한다. 공항 예술품이란 전통 미술품과 공예품을 본떠 만든 다소 조악한 것으로, 공항과 쇼핑몰에서 값싼 장식품으로 관광객들에게 팔리고 있는 것들을 말한다. 원주민의 필요에 따라 진화하도록 놓아두어야 할 문화공연이 내용, 타이밍 또는 공연분량 면에서 패키지 관광객들이 원하는 대로, 또한 그들의 짧은 집중시간에 따라 바뀐다.

구조주의자 대부분은 관광이 평화, 안보, 관용을 증진한다는 장밋빛 견해에 동의하지 않는다. 관광수용국 문화를 정확하고 균형 있게 알려주기보다는 사업이익에 보다 관심을 갖는 거대 다국적 관광회사로부터 대다수 관광객들이 정보를 얻고 있기 때문이다. 국가들이 직접 나서서 자신들에 대한 외국 사람들의 인식을 변화시킬 수도 있지만, 정부가 관광객들의 뿌리 깊은 문화적 선입관을 변화시키는 데에는 한계가 있다. 왜냐하면 문화라는 복잡한 덩어리를 쉽게 알아 볼 수 있고 입맛에 맞는 몇 개의 조각으로 줄이는 관광업자들과 여행사들에 의해 문화적 전형이 만들어지거나 최소한 유지되기 때문이다.

경제적 자유주의자들은 관광객들이 수용국 문화에 대해 부정확하거나 단순한 사고를 할 수 있다는 사실에 동의하지만, 그럼에도 불구하고 여행으로 인한 관광객과 현지인 간의 교류는 보다 나은 문화적 상호이해를 촉진한다고 본다. 다시 말하건대, 구조주의자들은 제대로 된 상황에서는 그것이 가능할지도 모르지만, 실제로 관광객과 현지인은 부와 권력 면에서 불평등한 위치에 놓여있다고 말한다. 특히 부유한 나라의 관광객이 개발도상국의 관광지를 방문할 때 상황은 더욱더 그러하다. 관광산업은 일종의 서비스산업으로 어느 정도의 비굴함을 필요로 한다. 관광산업이 재미와 오락에 초점을 두기 때문에 관광산업 근로자들은 심지어 고객만족을 확실히 책임져야 한다는 중압감마저 느낀다. 더욱이 관광객들은 '환경 버블'ᵛ 속에서 여행을 하는 경향이 있는데, 이 버블 속에서 관광객이 관광산업에 종사하지 않는 현지인을 마주치는 일은 드물며, 만난다 하더라도 지나치며 만

---

v 〈역자 주〉 1972년 사회학자 에릭 코헨(Erik Cohen)이 대중관광(mass tourism)을 설명하기 위해 사용한 용어로, 관광객들이 관광지의 새로운 환경을 경험하기 위해 자신이 이미 익숙한 환경을 포기하기 보다는 자신의 문화로 채워진 환경 버블에 싸인 채로 해외관광을 가는 것을 비유적으로 말하고 있다.

날 뿐이고, 예측가능한 방식으로 만난다. 관광수용국과 현지 관광업자는 자국민들이 비굴하다거나 위신없이 행동한다는 시각에 대해 비판하기보다는 안내책자와 광고를 통해 현지인들이 기분을 모두 맞춰줄 것이라고 관광객들을 안심시킴으로써 이러한 시각을 영구화한다.

매춘은 대다수 관광지가 관광으로 치르는 가장 눈에 띠는 사회적 비용이다. 관광과 매춘의 관계를 설명하는 데 있어 도움이 되는 몇 가지 요인이 있다. 휴가 중인 사람들은 집에 있을 때보다 돈을 덜 조심스럽게 쓰는 경향이 있다. 관광객의 마음속에 자리 잡고 있는 휴가 프레임은 일상의 일과와 행동양식으로부터의 이탈을 골자로 한다. 이 휴가 프레임으로 인해 몇몇 관광객들은 돈을 주고 섹스를 하는 것 같이 자신의 일상생활에선 하지 않을 법한 일들을 저지르게 된다. 관광객들이 소비와 쾌락이 두드러진 장소에 공간적으로 집중하는 현상과 더불어 관광객들의 비정상적 소비와 행동양식은 성적인 서비스 시장을 관광현지에 조성한다. 따라서 사실상 모든 인기 있는 관광지, 특히 가난한 나라의 인기 관광지에서 관광객들이 손쉽게 성을 구입할 수 있다는 사실은 놀랄만한 일이 아니다. 쿠바와 버마와 같이 엄격하게 통제된 사회에서조차도 일부 관광객에 의해 성매매는 부분적으로 유지되고 있다.

관광-매춘의 혐오스런 한 단면에는 아동에 대한 관광객의 성 착취가 있다. 현지인의 성 서비스를 구매한 몇몇 관광객들은 성매매 종사자가 어린 나이임을 몰랐을 수도 있지만, 미성년자와의 성매매를 하는 대부분의 관광객들은 자신들이 무슨 짓을 하고 있는지 충분히 알고 있다. 생존을 위한 대체수단의 부재, 성적 학대, 부패한 공무원과 경찰

의 공모는 성매매를 지속시키는 데 일조한다. 키 큰 서양외국인이 어린 캄보디아인, 코스타리카인, 남아프리카인 소녀(또는 소년)와 손을 잡고 걸어가는 이미지가 불러일으키는 도덕적 비난에 호응하여 미국, 호주, 뉴질랜드 등의 나라들은 자국민들이 해외에 나가 미성년자와 성매매를 했을 경우 그들을 기소하도록 하는 법을 집행하기 시작했다.

요약하자면, 다행히 여유가 있는 사람들에게 여행은 일상생활의 따분함으로부터의 탈출을 의미한다. 그러나 재미를 제공하는 것에 더해 관광산업은 진지한 학문적·정책적 고려의 대상이 되고 있다. 관광의 광범위한 영향이 점차 세계전체에 미치고 있기 때문이다. 관광은 정치적, 경제적, 사회적·문화적, 환경적 관점에서 IPE가 근본적으로 다뤄야 할 이슈이다. 전세계적 차원의 여행과 관광의 양상 및 추세는 세계통합, 불평등, 전통과 현대문화 간의 충돌과 같은 세계체제의 특성을 거의 그대로 반영하고 ― 어쩌면 확대하여 보여주고 ― 있다. 즉, 관광은 세계화와 관련된 상호연관성, 갈등, 혜택이 무엇인지를 온전히 보여주는 전형인 것이다.

결론

이주와 관광은 IPE에 중요한 결과를 초래하는 현대 인간흐름의 가장 영향력 있는 형태이다. 이러한 흐름의 형태는 경제적 이득을 취하고자 하는 이주자의 욕구, 박해를 피해 달아난 난민, 오락과 탐험을 추구하는 관광객의 욕망 등 다양한 동기에 의해 이루어진다. 각 흐름의 형태는 상이한 시간성을 나타낸다. 관광객의 여행은 일시적인 데 반해 이주자의 체류는 수 년, 심지어 평생에 걸쳐 연장될지도 모른다. 그러나 이러한 상이성에도 불구하고 두 가지 현상은 연관되어 있다. 부유한 관광객들이 여가를 즐기기 위해 도망친 산업국가에서 이주자들은 일자리를 구하는 반면, 선진국의 부유한 관광객들이 이국적인 관광지로서 찾아오는 바로 그 곳을 가난한 노동자들이 떠난다는 사실은 단순한 우연의 일치가 아니다. 그러므로 전세계적 흐름은 세계화에 내재하는 다양한 불평등에 관한 생각들을 확고히 한다. 국가안보에 관한 고려, 세계시장, 실용화를 앞두고 개발 중인 기술, 자본의 흐름 등은 두 가지 형태의 인간이동을 구조화한다. 그 결과 이 두 가지 인간이동은 생산과 분배의 지형을 바꾸는 데 있어 노동과 자원의 변화하는 원천에 대해 관심을 기울이게 만든다. 이주와 관광 모두 경제발전의 원천으로 강력한 잠재력을 갖고 있으나, 동시에 경제적 흐름을 촉진하고 국경을 넘는 사람들을 보호하는 거버넌스를 위한 새로운 전략을 요구한다. 이런 사항들을 함께 고려하면, 이주와 관광은 우리에게 인적 흐름이 IPE와 교차하여 국제행위자들에게 어떤 새로운 기회와 도전을 제공하고 있는지 분별할 수 있게 해준다.

IPE 이론들은 세계적인 인적 흐름과 관련된 여러 이해관계를 설명하는 데 유용하다. 경제적 자유주의자들은 온 세계를 넘나드는 이주자와 관광객의 제약 없는 이동이 갖는 장점을 본다. 왜냐하면 이들 이동이 세계 시장에서 중요한 역할을 하고 있고, 이들 이동으로 구체화된 자유를 위해서도 중요한 역할을 하기 때문이다. 다른 한편, 구조주의자들은 이러한 형태의 인간이동이 세계적인 경제 불평등을 반영하고 재생산하는 방식이라 여기기 때문에 이주와 관광에 대해 비판적이다. 중상주의자들은 이주와 관광의 영향을 국가의 정치경제적 이해와 관련하여 평가한다. 구조주의든 중상주의든 간에, 이들은 인적 흐름과 정치경제적 힘들 사이의 상호작용을 강조함으로써 경제적 번영을 가져오는 동일한 글로벌 연결이 어떻게 해서 장기적인 경제발전을 위해서는 보잘 것 없고 잠재적으로 지속가능하지 않을 수 있는지를 깨닫게 한다. 여전히 중요한 사실은 IPE 이론들을 통해 우리는 이러한 인적 이동이 국가와 국제기구뿐만 아니라 불확실성의 시대에 사는, 바로 그 이동하는 사람들에게 어떤 영향을 미치는지 알게 된다는 점이다.

주요 용어

국내이주(internal migration) 448

난민(refugees) 456

대안관광(alternative tourism) 466

동화(assimilation) 456

두뇌유출(brain drain) 453

디아스포라(diaspora) 456

망명(asylum) 456

문화적 시민권(cultural citizenship) 458

불법이주자(irregular migrants) 455

상품화(commodification) 469

생태관광(ecotourism) 466

성장거점(growth pole) 465

수익누수(revenue leakage) 463

순환이주(circular migration) 449

시민권(citizenship) 455

연쇄이주(chain migration) 449

이민(immigration) 449

이주(migration) 448

이주근로자(guest worker) 451

전시효과(demonstration effect) 469

정착민 국가(settler states) 456

초국적이주(transnational migration) 449

쾌락 주변부(pleasure periphery) 464

해외송금액(remittance) 453

토론주제

1. 이주와 이민의 차이는 무엇인가? 어떤 상황에서 이러한 구분이 유용한가?

2. 국가발전전략의 하나로써 '이주의 주류화'에 내포된 혜택과 부작용은 무엇인가? 이와 같은 전략이 필리핀, 세네갈, 인도, 엘살바도르와 같은 나라에 어떠한 이해득실의 상황을 나타내는지 분석해 보시오.

3. 위스콘신에 사는 캄보디아 난민여성과 뉴욕에 살고 있는 도미니카공화국에서 온 비정규 남성 이주자를 비교해 보시오. 그들이 (a)미국에 온 이유를 특징짓는 유사성과 상이성은, (b)미국에서 그들이 찾을 수 있는 경제적 기회는, (c)미국에서 그들이 겪는 문화적 시민으로서의 경험은 무엇인가?

4. 국가에게 있어 관광을 매력적인 선택지로 만든 것은 무엇인가? 어떻게 관광이 국가에 대한 위

기를 만드는가? 관광수용 국가가 관광을 친환경적으로 지속가능하게 만드는 것에 유념해야 하는 이유는 무엇인가?

5. 관광의 혜택과 위험에 대해 자유주의자, 중상주의자, 구조주의자는 어떻게 생각하는가?

6. 관광과 관련하여 정치적, 경제적, 사회적 이해득실은 무엇인가?

추천문헌

이주

Caroline Brettell and James Hollifield, eds. *Migration Theory: Talking Across the Disciplines.* New York: Routledge, 2000.

Stephen Castles and Alistair Davidson. *Citizenship and Migration: Globalization and the Politics of Belonging.* New York: Routledge, 2000.

Monica DeHart. *Ethnic Entrepreneurs: Identity and Development Politics in Latin America.* Stanford, CA: Stanford University Press, 2010.

David Fitzgerald. *A Nation of Emigrants: How Mexico Manages its Migration.* Berkeley and London: University of California Press, 2009.

Ruben Martinez. *The New Americans: Seven Families Journey to Another Country.* New York: The New Press, 2004.

관광

Sharon Gmelch. *Tourists and Tourism: A Reader.* Long Grove, IL: Waveland Press, 2004.

Kevin Hannam and Dan Knox. *Understanding Tourism: A Critical Introduction.* Los Angeles: SAGE, 2010.

Martin Mowforth and Ian Munt. *Tourism and Sustainability: Development and New Tourism in the Third World,* 3rd ed. London: Routledge, 2009.

Richard Sharpley. *Tourism, Tourists and Society,* 4th ed. Huntingdon, UK: ELM Publications, 2008.

David Weaver and Laura Lawton. *Tourism Management,* 4th ed. Milton, Australia: John Wiley, 2010.

주

1) United Nations, Department of Economic and Social Affairs, Population Division (2009), *Trends in International Migrant Stock: The 2008 Revision* (United Nations database, POB/DB/MIG/Stock/Rev.2008).

2) Giovanni Gozzini, "The Global System of International Migrations 1900 and 2000: A Comparative Approach," *Journal of Global History,* 1:3, pp. 321–341.

3) Migration Policy Institute, "Top Ten Countries with the Highest Share of Migrants in the Total Population," http://www.migrationinformation.org/datahub/charts/6.2.shtml, based on figures from the United Nations, Department of Economic and Social Affairs, Population Division (2009), *Trends in International Migrant Stock.*

4) Ibid.

5) T. Painter, S. Dusseini, S. Kaapo, and C. McKaig, "Seasonal Migration and the Spread of AIDS in Mali and Niger," International AIDS Conference, Amsterdam, 1992, 8:D425, www.aegis.com/conferences/iac/1992/PoD5228.html.

6) Nicole Constable, Maid in Hong Kong (Ithaca, NY: Cornell University Press, 1997). 또한 Sze Lai-Shan, "New Immigrant Labor from Mainland China in Hong Kong," Asian Labor Update, no. 53 (October-December 2004), at http://www.amrc.org.hk/alu_article/discrimination_at_work/new_immigrant_labour_from_mainland_china_in_hong_kong를 참조.

7) Roger Rouse, "Mexican Migration and the Space of Postmodernism," Diaspora, 1 (1991), pp. 8–23.

8) Jeffrey Fleischman, "Europe in Immigration Quandry," Seattle Times, June 7, 2006, p. A3. 또한 Edward Alden, Daniel Dombey, Chris Giles, and Sarah Laitner, "The Price of Prosperity: Why Fortress Europe Needs to Lower the Drawbridge," Financial Times, May 18, 2006, p. 13 참조.

9) Steven Greenhouse and Michael Barbaro, "The Ugly Side of Free Trade," New York Times, May 3, 2006, p. C1.

10) 국제노동기구(ILO)의 국제이주프로그램(International Migration Programme)이 제시한 기준을 보라. http://www.ilo.org/public/english/protection/migrant/areas/standards.htm.

11) United Nations General Assembly (2008), "International Migration and Development: Report of the Secretary General," 63rd session, at http://www.unhcr.org/refworld/docid/48e0deca2.html.

12) Ibid, p. 17.

13) Celia Dugger, "U.S. Plan to Lure Nurses May Hurt Poor Nations," New York Times, May 24, 2006, p. A1.

14) The World Bank, Migration and Remittances Unit, "Migration and Development Brief," December 1, 2011, at http://econ.worldbank.org/WBSITE/EXTERNAL/EXTDEC/EXTDECPROS PECTS/0,,contentMDK:21121930~menuPK:3145470~pagePK:64165401~piPK:64165026~theSitePK:476883,00.html.

15) 2005년 8월 27~28일에 호주 시드니에서 열린 '인구학적 도전과 이주'에 관한 G20 워크숍 발표 자료인 Ernesto Lopez-Cordova and Alexandra Olmedo, "International Remittances and Development: Existing Evidence, Policies and Recommendations"을 보라. http://www.iabd.org.

16) Manuel Orozco, "Mexican Hometown Associations and Development Opportunities," Journal of International Affairs, 57 (Spring 2004), pp. 33–34.

17) H. E. Sheikha Haya Rashed Khalifa, "Closing Statement by the President of the 61st Session of the General Assembly," High-Level Dialogue on Migration and Development, United Nations, September 14–5, 2006, at http://www.un.org/migration/gapress-speech.html.

18) Barta, Patrick and Joel Millman, "The Great U-Turn," Wall Street Journal (Eastern Edition) New York, June 6, 2009, p. A–1.

19) The World Bank, Migration and Remittances Unit, "Migration and Development Brief," December 1, 2011,http://econ.worldbank.org/WBSITE/EXTERNAL/EXTDEC/EXTDECPROSPECTS/0,contentMDK:21121930~menuPK:3145470~pagePK:64165401~piPK:64165026~theSitePK:476883,00.html.

20) "EU Thumbs-Up for Polish Plumber," BBC World News, November 28, 2008, at http://news.bbc.co.uk/2/hi/uk_news/7735603.stm.

21) United Nations, Department of Economic and Social Affairs, Population Division, Trends in International Migrant Stock.

22) United Nations Refugee Agency (UNHCR), Statistical Yearbook 2010, p. 8, at http://www.unhcr.org/4ef9cc9c9.html.

23) Rachel Swarns, "Study Finds Disparities in Judges' Asylum Rulings," New York Times, July 31, 2006, p. A15.

24) Nina Glick-Schiller and Georges Fouron, Georges Woke Up Laughing (Durham, NC: Duke University Press, 2001).

25) Craig Smith, "France Faces a Colonial Legacy: What Makes Someone French," New York Times, November 11, 2005, p. A1.

26) Aihwa Ong, Buddha Is Hiding: Refugees, Citizenship, and the New America (Berkeley: University of California Press, 2003) 참조. 또한 Karen Sacks, "How Did Jews Become White Folks?" in Steven Gregory and Roger Sanjek, eds., Race (New Brunswick, NJ: Rutgers University Press, 1994), pp. 78–102 참조.

27) June Kronholtz, "Politics & Economics: Immigration Costs Move to the Fore; Differing Estimates Open New Battleground Over Senate Bill," Wall Street Journal, May 24, 2006, p. A4. 또한 Edurdo Porter, "Illegal Immigrants Are Bolstering Social Security with Billions," New York Times, April 5, 2005, p. A1 를 참조.

28) Ibid.

29) Diego Cevallos, "U.S.-Mexico: 'We'll Do it Ourselves,'

Say Immigration Vigilantes," *Inter Press Service*, June 14, 2006.

30) 그 예로서 Mark Rice-Oxley and James Brandon, in "Britain, Far-Right Push Threatens Tony Blair," *Christian Science Monitor*, May 6, 2004, p. 1; "World Briefing Europe: The Netherlands: Government Resigns," *New York Times*, July 1, 2006, p. A6; Peter Keifer and Elisabetta Povoledo, "Illegal Immigrants Become the Focus of Election Campaign in Italy," *New York Times*, March 28, 2005, p. A8 참조.

31) Alden et al., "The Price of Prosperity."

32) UNWTO, *UNWTO World Tourism Barometer*, June 2012, p. 3, at http://dtxtq4w60xqpw.cloudfront.net/sites/all/files/pdf/unwto_barom12_01_january_en_excerpt.pdf.

33) UNWTO, *Tourism Highlights 2011* (Madrid: UNWTO, 2012), p. 2, at http://mkt.unwto.org/sites/all/files/docpdf/unwtohighlights11enhr_1.pdf.

34) World Travel and Tourism Council (WTTC), *Travel & Tourism 2011* (London, WTTC, 2012), p. 3, at http://www.wttc.org/site_media/uploads/downloads/travel-tourism2011.pdf.

35) International Labour Organization (ILO), International Labour Office Sectoral Activities Programme, *Poverty Reduction Through Tourism* (Geneva: ILO, 2011), p. 1, at http://www.ilo.org/wcmsp5/groups/public/@ed_dialogue/@sector/documents/publication/wcms_159257.pdf.

36) WTTC, *Travel & Tourism 2011*, p. 2.

37) Martin Mowforth and Ian Munt, *Tourism and Sustainability: Development and New Tourism in the Third World*, 3rd ed. (London: Routledge, 2009), p. 186.

38) David Weaver and Laura Lawton, *Tourism Management*, 2nd ed. (Milton, Australia: John Wiley, 2002), p. 90.

39) UNWTO, *Tourism Highlights 2011*, p. 6, at http://mkt.unwto.org/sites/all/files/docpdf/unwtohighlights11enhr_1.pdf.

40) Ibid, p. 4.

41) Laura Del Rosso, "Cancun Airport Sets Arrivals Recordn in 2011," *Travel Weekly*, January 18, 2012, at http://www.travelweekly.com/Mexico-Travel/Insights/Cancun-Airport-sets-arrivals-record-in-2011/.

42) The International Ecotourism Society, "What Is Ecotourism," at http://www.ecotourism.org/what-is-ecotourism.

43) 국제자문회사인 Henley and Partners는 비자제한지수 (Visa Restriction Index) 자료를 축적해 오고 있다. 이 지수는 각 국의 시민들이 향유하는 국제 여행의 자유도에 따라 나라별 순위를 매긴다. http://www.henleyglobal.com/visa_restrictions.htm 참조.

44) Lucy Birmingham, "Is Post-Fukushima Japan Safe for Tourists?" *Time World*, November 10, 2011, at http://www.time.com/time/world/article/0,8599,2099119,00.html; Japan Tourism Marketing, *Statistics of Visitors to Japan from Overseas, 2012*, at http://www.tourism.jp/english/statistics/inbound.php.

45) Weaver and Lawton, *Tourism Management*, p. 104.

46) Office of Travel and Tourism Industries (OTTI), "International Visitors (Inbound) and U.S. Residents (Outbound)—International Travelers to/from the United States, 2000–2008," at http://tinet.ita.doc.gov/outreachpages/download_data_table/2008_Visitation_Report.pdf.

47) Bali Tourism Authority, *Direct Foreign Tourist Arrivals to Bali by Nationality by Month in 2005*, at http://bali-tourism-board.com/files/By-nationality-2001-2005.pdf.

48) Bali Tourism Board, *Tourist Arrival*, at http://www.balitourismboard.org/stat_arrival.html.

49) Ibid.

50) Canadian Tourism Commission, *Tourism Snapshot*, at http://en-corporate.canada.travel/sites/default/files/pdf/Research/Stats-figures/International-visitor-arrivals/Tourism-monthly-snapshot/tourism-snapshot_2011_12_eng.pdf.

초국적기업: 외국인투자 거버넌스

21세기에 초국적기업TNCs은 글로벌 자본주의의 팽창을 떠받치는 주요 동력이었다. 우리는 일상생활 속에서 또 뉴스에서 끊임없이 초국적기업들을 본다. 대부분의 주요 도시들에는 맥도날드, 스타벅스, 월마트, 이케아 등 글로벌 유통업체가 소유한 상점들이 있다. 거대 에너지기업들은 우리에게 휘발유를 판매하고, 2010년 BP의 멕시코만 석유 유출 사고에서 목격되었듯이 환경을 오염시킨다. 제이피모건체이스, 스코틀랜드왕립은행 등 초국적은행과 금융회사들은 글로벌 금융위기를 초래하는 데 기여했다. 애플, 삼성, 소니 등 일류 제조업체들은 우리가 살아가는 데에 필수적인 많은 전자제품을 생산한다. 그러나 활동가들과 일부 국민국가들은 강력한 초국적기업과 자유주의적 자본주의체제 그 자체에 대해 도전하기 시작했다. 예를 들면, 월가점령운동OWS: Occupy Wall Street은 초국적기업의 확산과 자본주의에 대한 약한 규제

가 예외 없이 수반하는 불평등에 대중의 관심을 집중시켰다. 그리고 중국, 브라질, 인도 등 급성장 국가들은 대형 국영기업을 설립했다. 이에 대해 『이코노미스트The Economist』는 이들 기업들은 '국가자본주의'의 한 형식을 나타내며, "지금까지 자유주의적 자본주의가 상대해온 것 중에서 가장 강력한 적수"라고 주장했다.[1] 이러한 도전들의 지속성과 충격이 어느 정도일지는 지금 시점에서 불분명하지만, 초국적기업이 글로벌 경제에서 중요한 행위자로 남을 것임은 의심의 여지가 별로 없다.

초국적기업TNCs은 항상 논쟁의 대상이었는데, 그 세계적인 활동범위로 국민국가들이 초국적기업TNCs을 규제하거나 통제하는 것을 어렵게 했기 때문이다. 국제정치경제IPE: international political economy가 지난 50년에 걸쳐 변화함에 따라 TNCs에 대한 인식도 진화했다. 초국적기업은 자본주의

적 제국주의의 대리인, 미국패권의 수단, 국가와 여타 초국적기업TNCs과 더불어 '삼각외교'에 참여하는 행위자 등으로 인식되었다. BRICs(브라질, 러시아, 인도, 중국)가 중요한 경제강국 및 신흥 TNCs의 본국으로 부상함에 따라 TNCs에 대한 새로운 인식이 나타날지도 모른다.

이 장에서는 초국적기업 투자의 현대적 양상을 살펴보고 많은 중요한 질문들에 답한다. 초국적기업은 정확하게 무엇인가? 그들은 어디에서 활동하며, 그 이유는 무엇인가? 그들은 얼마나 큰 권력을 보유하고 있는가? 그들의 활동과 민족국가 및 노동자와의 상호작용은 어느 정도로 공식 글로벌 레짐에 의해 규제되고 있는가? 끝으로, 우리는 또한 글로벌 경쟁의 심화와 2007년에 시작된 심각한 경제위기가 **외국인직접투자**FDI: foreign direct investment와 거대 글로벌 조직인 TNC에 어떤 영향을 미칠지 고려한다.

이 장의 주요 요점은 다음과 같다. 첫째, 초국적기업은 국제경제에서 매우 중요한 행위자이며, 그 이유는 국가 경계를 가로지르고 종종 개도국에게 꼭 필요한 자원과 노하우를 이전해주는 시장에서 활동하기 때문이다. 둘째, 이 기업들은 다양한 이유로 FDI 활동에 참여한다. 즉 자신이 보유하고 있는 경쟁상의 이점을 이용하기 위해, 무역장벽을 피하고 통화가치 불안정성의 효과를 완화하기 위해, 고객을 더 가까이 하기 위해, 그리고 다른 TNCs의 전략에 대응하기 위해서다. 셋째, FDI는 지난 60년 동안에 급격하게 증가했는데, 국제적인 통신과 수송을 원활하게 해주는 기술변화, 그리고 경제적 자유주의의 세계적 확산에 힘입은 바 크다.

넷째, 제2차 세계대전 후 상당기간 동안에 대부분의 FDI는 부유한 북반구 국가들에서 다른 부유한 북반구 국가들로 이동했다. 오늘날 상황이 변하고 있다. BRICs가 중요한 FDI 유치국이 되었으며, 그들 스스로 외국인 투자자가 되었다. BRICs와 여타 개도국에 본사를 둔 TNCs는 국가들 간의 경제적 경쟁 및 정치적 관계에 상당한 영향을 미치기 시작할 것이다. 다섯째, 많은 TNCs는 국가와 협상을 벌일 만큼 강력하고, 때로는 구조주의자들이 신제국주의적 착취세력이라고 볼만큼 유리한 양보를 얻어낼 수 있다. 마지막으로, 새로운 종류의 TNCs가 나타나고 있는데, 이들은 복잡한 공급 사슬을 통해 더욱 세계적으로 통합되어 있거나 각국 정부에 의해 소유되고 있다.

초국적기업TNCs은 무엇인가

시작하기에 앞서, 우리는 간략하게 용어 문제를 다뤄야한다. 글로벌 시장에서 경쟁하는 기업들은 시기에 따라 또 연구 분야에 따라 서로 다르게 불려왔다. 국내시장에서 활동하는 회사들과 구분하기 위해 단순히 **국제기업**international businesses이라 불린 적도 있었다. 몇몇 나라의 시장에서 활동하는 회사들에게 **다국적기업**MNCs: multinational corporations이라는 용어가 다년간에 걸쳐 사용되기도 했다. 글로벌 시장 및 생산구조가 나타남에 따라 **초국적기업**TNCs: transnational corporations이라는 용어가 점점 더 받아들여지고 있다. **초**trans라는 접두어는 **넘어간다**go beyond는 뜻이다. 이 기업들이 경쟁하는 시장은 북미 혹은 유럽연합EU처럼 지역적이거나, 국가 단위의 시장을 초월한다는 점에서 세계적이다.

예전에 여러분은 어쩌면 초국적기업이라는 용어를 접해보지 않았을지도 모른다. 그러나 여러분은 분명히 그러한 이름을 달고 있는 기업들, 그들이 생산하고 판매하는 물품들, 그리고 그들이 활동하는 시장에 대해서는 익숙하다. 오늘날 전 세계에는 89만 2,000개의 해외지사를 보유한 10만 3,000개의 초국적기업이 존재하는 것으로 추산된다. 이들은 글로벌 GDP의 약 4분의 1, 그리고 세계 수출량의 3분의 1을 차지한다. 표 17.1은 2011년 현재 상위 20대 비금융권 초국적기업 TNCs 목록을 보여준다. 그 자료는 유엔무역개발회의UNCTAD에 의해 수집되었고, 순위는 해외자산 보유액에 따라 매겨졌다. (초국적기업 순위는 연도에 따라 그리고 그 표가 자산, 수입, 종업원 수 중 어느 것에 기초하여 만들어지느냐에 따라 달라진다. 순위는 변하지만, 이름은 대체로 동일하다.)

초국적기업TNCs을 보는 시각

초국적기업TNCs은 수백 년 동안 존재해왔다. 초창기 초국적기업의 일부는 동인도회사처럼 국가인가 조직이었다. 동인도회사는 1600년에 엘리자베스 여왕 1세에 의해 동인도제도와의 무역독점권을 승인받았다. 이 회사들은 거대 기업을 향한 비전과 본국의 제국주의적 영토 야망을 결합했다. 오늘날 TNCs는 일반적으로 지역 및 세계 시장에서 경쟁하는 민간기업들이다. 그들은 해외투자를 한다는 점에서 특징적인데, 이 해외투자도 그들이 수행하는 영업활동의 일부이다. TNCs는 국가들의 경계를 가로지르는 시장에서 활동하기 때문에, 반드시 해외에서 생산, 연구, 유통, 판매 설비에 대

해 투자하고, 그 과정에서 종종 기술을 이전한다.

우리가 여기서 말하고 있는 것처럼 TNCs는 귀중한 FDI 재원을 주무르는 초국적시장이 만들어낸 피조물이라고 말하는 것을 넘어, 10만 3,000개의 TNCs가 무엇인지 또 그들은 어떻게 행동하는지를 일반화하는 것은 매력적이지만 위험한 일이다. 그러나 TNCs의 정형화된 이미지는 언론과 다른 곳에서 형성된다. 그리고 그것을 면밀히 살펴보는 것은 중요하다. 대개 고정관념은 몇몇 예외적인 사례에 기초한 왜곡현상이며, 이것은 TNCs에도 해당된다. 여기에 흔히 TNCs에 관련된 몇 가지 '사실들'이 있다.

- 그들은 전 세계적으로 생산, 투자, 판매, 고용을 지배하는 거대 사업조직이다.
- 그들은 저개발국LDCs의 저렴한 노동과 천연자원을 착취한다.
- 그들은 오늘날 세계에서 가장 강력한 행위자이며, 몇 개를 제외한 모든 국가들을 지배한다.

오늘날 초국적기업 활동의 실제 양상을 이러한 고정관점들이 얼마나 잘 설명하고 있는지 살펴보기로 하자.

얼마나 커야 초국적기업TNCs이라고 할 수 있나?

일부 초국적기업TNCs은 매우 규모가 크지만, 일반적으로 초국적기업은 크기가 다양하고, 그들이 경쟁하는 시장의 규모도 다르다. 예를 들면, 미국에 본사를 둔 제너럴일렉트릭General Electric은 2011년 UNCTAD 순위에서 가장 규모가 큰 초국적기업이며 5,030억 달러의 해외자산을 소유했

표 17.1	20대 비금융권 초국적기업TNCs (2011년, 해외자산 순위)		
순위	초국적기업	본사 소재지	시장
1	제너럴일렉트릭(General Electric)	미국	전기·전자설비
2	로얄더치셸(Royal Dutch Shell)	네덜란드/영국	석유
3	BP	영국	석유
4	엑슨모빌(Exxon Mobil Corporation)	미국	석유
5	도요타자동차(Toyota Motor Corporation)	일본	자동차
6	토털SA(Total SA)	프랑스	석유
7	GDF수에즈(GDF Suez)	프랑스	전기, 가스, 수자원
8	보다폰그룹(Vodafone Group)	영국	통신
9	에넬SpA(Enel SpA)	이탈리아	전기, 가스, 수자원
10	텔레포니카SA(Telefonica SA)	스페인	통신
11	쉐브론(Chevron Corporation)	미국	석유
12	E.ON AG	독일	전기, 가스, 수자원
13	에니 SpA(Eni SpA)	이탈리아	석유
14	아르셀로미탈(ArcelorMittal)	룩셈부르크	금속
15	네슬레(Nestle SA)	스위스	식품, 음료, 담배
16	폭스바겐(Volkswagen Group)	독일	자동차
17	지멘스(Siemens AG)	독일	전기·전자설비
18	앤하이저부시인베브(Anheuser-Busch InBev NV)	벨기에	식품, 음료, 담배
19	혼다자동차(Honda Motor Co Ltd)	일본	자동차
20	도이치텔레콤(Deutsche Telekom AG)	독일	통신

출처: United Nations Conference on Trade and Development (UNCTAD), *World Investment Report 2012: Annex Tables*.

다. 이에 비해 20위에 위치한 독일 도이치텔레콤 Deutsche Telekom의 해외자산은 1,020억 달러에 불과했다. 100위의 초국적기업인 영국 항공기제조업체 BAE시스템즈BAE Systems는 해외자산으로 300억 달러를 보유했다. 만약 그 순위의 아래쪽으로 계속 내려가면 우리는 정말로 매우 작은 회사들을 만나게 될 것이다. 이러한 기업들도 초국적기업일 수 있으며, 현지시장에서 경쟁하는 통상적인 회사들에 비해 규모가 상당히 클 수 있지만, 그들은 '거인들'과는 전혀 다른 규모를 갖고 있다.

우리가 거대 초국적기업에 대해 말할 때, 사실 우리는 일반적인 초국적기업이 아닌 상위 200대 기업에 대해 말한다. 앞서 말한 것처럼, 이러한 사업조직들은 매우 규모가 크다. 그 이유는 이들이 종종 엄청난 투자를 하고, (컴퓨터를 비롯한) 전자 및 전기 설비, 석유와 가스, 통신, 자동차와 부품, 음식과 음료, 그리고 제약 등 세계 재화 및 서비스 시장을 차지하기 위해 경쟁하기 때문이다.

초국적기업TNCs의 상대적 크기를 측정하는 몇 가지 방법이 있다. 이들의 경쟁구도를 보다 더 잘 이해하기 위해 그 중 몇 가지를 살펴보는 것도 유용하다. UNCTAD는 해외자산의 가치에 따라 초국적기업의 순위를 매기는데, FDI의 효과를 강조한다는 점에서 좋은 접근법이다. 그러나 해외에 투자하지 않고 따라서 해외자산을 소유하지 않은 대기업들은 UNCTAD의 표에 전혀 나타나지 않을 것이다. 영국의 특이한 핑크빛 신문 『파이낸셜타임스Financial Times』는 세계 주식시장에 상장된 회사주식의 총 가치에 기초하여 글로벌 500 순위를 발표한다. 이 때 회사들은 꼭 초국적기업이 아니어도 그 표에 등장할 수 있는데, 순위가 FDI가 아닌 주식 가치를 기반으로 하고 있기 때문이다. 그러나 실제로는 그들 중 많은 수가 초국적기업이다. 글로벌 금융위기로 인해 이들 500대 기업의 시장가치는 2008년 26조 8,000억 달러에서 2009년 15조 6,000억 달러로 42퍼센트 감소했다. 그러나 2012년 현재 전체 시가총액은 25조 3,000억 달러로 회복되었다.

표 17.2는 『파이낸셜타임스』의 2012년 표로부터 상위 15개 기업을 추려서 보여주고 있다. 애플은 2009년에 936억 달러의 시장가치로 글로벌 500에서 33위였지만, 2012년에는 아이폰과 아이패드의 놀라운 인기 덕분에 시가총액 5,590억 달러의 1위로 뛰어올랐다. 2003년에 『파이낸셜타임스』의 상위 15위권에 중국기업은 하나도 없었지만, 2012년에는 (2개의 은행을 비롯해) 4개가 포함되었다. 이는 금융위기를 상대적으로 잘 견뎌내는 중국의 능력과 권력의 부상을 분명하게 나타낸다. 그 표에서는 은행, 에너지, 그리고 전자/통신 부문 등 3가지 유형의 TNCs가 지배적이다. 눈에 띄는 대목은 상위 15개 기업 중 미국기업도 아니고 중국기업도 아닌 것은 로얄더치셸Royal Dutch Shell과 네슬레 뿐이라는 사실이다.

마이크로소프트는 『파이낸셜타임스』의 글로벌 500에서 4번째로 가장 가치가 높은 회사로서 글로벌 시장에서 경쟁하고 기술을 선도한다. 그러나 마이크로소프트는 사실 해외투자를 많이 하지 않고, 그렇기 때문에 UNCTAD의 상위 100대 기업 순위에는 등장하지도 않는다. 마이크로소프트는 외국 기업들과 제휴하여 외국 고객들에게 제품을 판매한다. 이것은 FDI와는 근본적으로 다른 전략이다.

월마트는 거대 기업(시장가치 11위)이며 또한 주요 외국인 투자자(UNCTAD 순위 34위)이다. 하지만 월마트가 가장 주목을 끄는 것은 그 거대한 직원 규모 때문인데, 2011년 현재 약 220만 명의 노동자를 고용하고 있는 것으로 추산된다. 그러나 많은 초국적기업TNCs은 사람들이 그 경제규모에 비춰 예상하는 것만큼 그렇게 많은 노동자를 고용하지 않는다. 그들이 중요한 이유는 일자리의 수보다는 기술(마이크로소프트)이나 FDI(엑슨모빌) 때문이다.

결론적으로 가장 큰 TNCs는 매우 규모가 크긴 하지만, 모든 TNCs가 대기업은 아니다. 세계적인 대기업들 중 많은 수는 외국인직접투자를 그리 많이 하지 않기 때문에 상위 TNCs에 포함되지 않는다. TNCs의 핵심적인 측면은 그 크기가 아니라 FDI 공급 능력이라는 점을 기억하자.

| 표 17.2 | 최대 글로벌 기업의 시장가치(2012년) |

회사	국가	시장가치 (1억 달러)	종업원 수
1. 애플(Apple)	미국	5,590	63,000
2. 엑슨모빌(Exxon Mobil)	미국	4,090	82,000
3. 페트로차이나(PetroChina)	중국	2,790	553,000
4. 마이크로소프트(Microsoft)	미국	2,710	90,000
5. IBM	미국	2,420	433,000
6. 중국공상은행(Industrial & Commercial Bank of China)	중국	2,360	409,000
7. 로얄더치셸(Royal Dutch Shell)	영국	2,220	90,000
8. 차이나모바일(China Mobile)	홍콩	2,210	175,000
9. 제너럴일렉트릭(General Electric)	미국	2,120	301,000
10. 쉐브론(Chevron)	미국	2,120	61,000
11. 월마트스토어(Wal-Mart Stores)	미국	2,080	2,200,000
12. 네슬레(Nestlé)	스위스	2,070	328,000
13. 버크셔 해서웨이(Berkshire Hathaway)	미국	2,010	271,000
14. 중국건설은행(China Construction Bank)	중국	1,930	329,000
15. AT&T	미국	1,850	256,000

출처: *Financial Times*, Global 500 2012, March 30, 2012.

초국적기업TNCs의 최근 부상

초국적기업TNCs은 최근에 더욱 확산되었다. UNCTAD에 따르면, 총 FDI 유입액은 1990~1995년 연평균 약 2,250억 달러에서 2007년 1조 9,000억 달러로 급격히 증가했다. 글로벌 금융위기 때문에 FDI 유입액은 2009년에 1조 2,000억 달러로 하락했지만, 2011년에 다시 1조 5,000억 달러로 회복되었다. 이와 같이 초국적기업 투자가 증가한 것은 지역적 그리고 글로벌 시장의 성장을 반영한다. UNCTAD는 이러한 초국적시장의 성장

을 유발한 세 가지 요인을 꼽았는데, 정책 자유화, 기술변화, 그리고 경쟁 증가 등이다.

점점 더 많은 국가들이 일자리 창출과 경제발전을 위해 FDI를 유치하려고 했다. 1980년대 초부터 많은 저개발국 정부들은 '워싱턴 컨센서스 Washington Consensus' 정책을 채택함으로써 개방적인 무역과 자유로운 자본이동을 촉진했다. 이러한 정책들은 TNC 투자를 더욱 자극하는 환경을 만든다. NAFTA와 유럽연합 등 주요 경제통합 체제에 가입한 국가들은 자유주의적인 무역 및 투자 규칙을 채택한다. 2001년 중국의 세계무역기

구WTO 가입은 중국으로의 FDI 유입을 가속화시켰다. 인도, 일본 등 중상주의정책을 쉽게 포기하지 않으려는 국가들은 FDI 유치경쟁에서 불리하다. 하지만 최근 인도의 경우를 보면 이러한 경향은 바뀌고 있는 듯하다. FDI는 여전히 논쟁거리이지만, 사실상 모든 국가들은 자신의 경제적 목표를 달성하기 위해 FDI를 유치하려고 한다.

기술변화도 교통 및 통신 비용을 감소시킴으로써 FDI를 촉진해 왔다. 기술변화와 정책 자유화는 국내시장에 비해 초국적시장의 영역을 확장시켰다. 이것은 기업들이 이전보다 더 큰 경쟁에 직면하고 있으며, 그로 인해 FDI 과정을 더욱 가속화한다는 의미다. 독점력을 이용했던 초창기 TNCs와 달리, 오늘날 대부분의 TNCs가 해외에 투자하는 이유는 초국적시장에서 발견되는 경쟁적 환경, 경쟁을 장려하는 정책 자유화, 그리고 해외투자의 효율성을 높여주는 기술변화 등 때문이다.

초국적기업TNC의 사업 패턴

수 년 동안 널리 퍼져있었던 인식은 대부분의 초국적기업TNCs은 북반구에 본사를 두고 있으며, 저렴한 노동력과 천연자원을 이용하기 위해 생산을 저개발된 남반구로 이동시키는 기업들이라는 것이었다. 그러나 이러한 인식은 사실에 부합하지 않았다. 왜냐하면 제2차 세계대전 후 상당기간 동안 대부분의 TNC 투자는 북-남보다는 북-북 간에 이뤄졌기 때문이다. FDI는 주로 산업화된 북반구에 있는 부유한 국가(미국, 유럽, 일본)에서 유출되어, 대부분 유럽과 미국으로 유입되었다. 1990년의 경우, 선진국은 전체 FDI 유출액의 95퍼센트, 전체 FDI 유입액의 83퍼센트를 차지했다. 이들 국가들은 규모가 가장 크고 최고의 기술력과 경쟁력을 갖춘 기업들의 본국이었다. 이들은 또한 가장 부유한 시장, 가장 숙련도가 높은 노동력을 보유하고 있었고, 노동자들의 고임금은 그들의 높은 생산성에 걸맞았다.

이렇게 오랫동안 확립된 패턴은 급속하게 변하고 있다. 부유한 선진국으로부터 유출된 FDI 비중은 1990년 95퍼센트에서 2011년 81퍼센트로 떨어졌다. 이는 개도국의 기업들이 글로벌 시장에 진입했고 외국 기업의 자산을 인수했기 때문이다. UNCTAD의 상위 100대 TNCs 목록에서 5개는 신흥공업국에 본사를 두고 있다. 이들은 중국의 다각경영기업인 왐포아Hutchison Whampoa와 중국국제투자신탁공사CITIC, 브라질 광산회사 발레Vale, 말레이시아의 국유석유회사 페트로나스Petronas, 멕시코 시멘트회사 시멕스Cemex 등이다. 선진국으로 유입된 FDI 비중이 1990년 83퍼센트에서 2011년 47퍼센트로 하락한 것을 보면 FDI 패턴의 변화는 훨씬 더 극적이다. 아시아, 라틴아메리카, 카리브연안의 신흥경제들은 TNC의 사업지로서 매력적인 곳이 되었다. 예를 들어, 2011년에 중국과 홍콩은 유럽연합에서 유치한 전체 FDI(4,210억 달러)의 절반에 육박하는 양(2,070억 달러)을 끌어들였다. 인도와 러시아는, 여전히 외국인 투자를 차별한다고 인식되는 국내 규제체제를 가지고 있지만, 2007년 이후 꾸준하게 상당한 양의 FDI를 유치해왔다.

브라질, 멕시코 등 다른 개도국들도 많은 양의 FDI(2011년에 각각 670억 달러와 200억 달러)를 유치했다. 그러나 사하라이남 아프리카 전체의 FDI 유치액은 2011년에 350억 달러에 불과했는데, 이는 몇 억 달러 이상의 FDI를 유치한 나라가 거의 없다는 뜻이다. 천연자원 추출에 대한 FDI를 제외하면, 아프리카는 초국적기업TNCs에 의해 무시되고 있는데, 이러한 나라들은 시장과 숙련 노동자의 규모가 크지 않기 때문에 또는 정치적·사회적 불안정으로 인해 바람직한 투자처가 되지 못하기 때문이다.

최근의 변화들에도 불구하고, 많은 양의 FDI는 여전히 지역을 기반으로 움직인다. 즉 EU국가들로부터 나와서 다른 EU국가로 들어가고, NAFTA국가에서 나와서 여타 NAFTA국가로 유입된다. 이런 현상은 TNCs가 특정 시장에서 경쟁하기 위해 발달·확장되는 경향이 있기 때문으로 이해된다. 몇몇 상품시장, 특히 석유와 일부 1차생산물 시장은 정말로 세계적인 반면에, 최근에는 EU와 NAFTA의 팽창에 힘입어 시장의 성장이 지역을 중심으로 진행되어 왔다. 유럽연합과 NAFTA는 2011년 전체 FDI 유입액의 33퍼센트를 차지했다. 미국, 일본, 영국, 독일 등은 오늘날에도 여전히 세계 최대의 투자자로 남아있다.

대부분의 '글로벌' 기업들은 사실 전혀 세계적이지 않지만(그렇게 보인다), 대신에 투자를 특정한 지역의 시장으로 인도하고 그 과정에서 아프리카 등 세계의 많은 지역들을 배제한다. 그러나 지금까지 보아왔듯이, 그러한 북-북 패턴이 변하고 있으며, 이는 아시아와 라틴아메리카의 개도국들이 FDI의 중요한 유치국과 유출국이 되었기 때문이다. 2011년 UNCTAD가 3,000개 TNCs를 대상으로 한 조사에 의하면, **미래 FDI를 위한 가장 매력적인 투자처는 중국, 미국, 인도, 인도네시아, 브라질, 호주 순으로 나타났다.

초국적기업TNCs 투자지역의 결정요인

초국적기업TNCs은 노동력과 천연자원이 저렴한 곳에만 투자한다는 고정관념은, 비록 일부 특수한 경우에 적용되고 있음에도 불구하고, TNC 행태에 대한 일반적인 설명으로 분명히 적절치 않다. 위에서 지적되었듯이, 많은 FDI는 독일처럼 부유한 고임금 국가에서 미국 같은 또 다른 부유한 고임금 국가로 이동한다. 여하튼, TNCs는 임금이 싼 곳으로 간다는 이론은 기껏해야 불완전한 이론이며, 왜 TNCs는 케냐와 같은 저임금 국가 대신에 또 다른 저임금 국가인 중국에 투자하는지 설명하지 못한다. 이처럼 왜 TNCs가 지금 그곳에 투자하는지는 매우 흥미로운 질문이다. 전 세계에 수천 개의 TNCs가 있기 때문에, 단일 이론이 그들의 모든 행태를 설명한다는 것은 있을 수 없다. 여기에 TNC 행태의 여러 측면을 설명하려고 시도하는 몇 가지 이론이 있다.

상품주기이론

왜 초국적기업TNCs은 많은 어려움을 겪게 되는데도 해외에, 특별히 다른 고임금 국가에, 투자하는가? 예를 들어, 프랑스에서 사업을 개시하는 미국기업은 상이한 법률과 규제, 상이한 노동관행과 노동조합 규칙, 상이한 언어와 문화, 그리고 다양한 어려움에 대처해야 한다. '현지 지식'을 이미 갖춘 프랑스회사가 경쟁상의 이점을 누릴 것처럼 보일 것이다. 왜 미국회사는 단순하게 계약을 체결하여 프랑스기업에게 라이센스 하에서 상품을 생산하고 판매하도록 하지 않는가?

TNCs는 표준화된 상품과 기술을 가진 고도의

경쟁시장에서는 큰 이점을 갖지 못한다. 그 상황에서는 모든 기업이 자원에 동등하게 접근할 수 있고, 결정은 오직 비용이나 가격에 기초해서만 내려지기 때문이다. 이와 같은 시장에서는 해외사업의 불이익 때문에 그 어떤 외국기업도 망하게 될 것이다. 그러나 몇몇 특정 지식 또는 여타 불리한 점들을 보충해주는 이점을 보유하고 있다면 TNCs는 의미가 있다. 버논Raymond Vernon의 **상품주기이론**product cycle theory은 TNC의 투자 행태에 대한 한 가지 설명을 제공한다.

버논은 기술적으로 정교한 상품을 생산하는 TNCs와 무역역전이라는 놀랍도록 흔한 현상에 특히 관심을 가졌다. 무역역전은 어느 상품을 발명한 국가가 몇 년 후에 동일한 품목을 외국에서 수입하게 되는 현상이다. 버논의 3단계 상품주기이론은 어떻게 이와 같은 현상이 발생할 수 있는지 그리고 그 과정에서 어떻게 TNCs가 만들어지는지 설명해준다.

상품주기의 제1단계에서, 고소득 국가의 기업은 어떤 필요를 알아채게 되는데, 이는 기술적으로 정교한 상품을 제공함으로써 충족될 수 있다. 예를 들면, 현대의 이동전화는 여러 장소에서 통신할 수 있기를 원하는 사람들의 필요를 충족시킨다. 미국, 일본, EU회원국들은 이러한 종류의 필요를 채울 수 있는 기술자원을 가지고 있고, 초기 단계에서는 매우 비싼 그런 상품을 구매할 수 있는 소득을 갖추고 있다. 그러므로 제1단계에서 모토로라Motorola(미국)나 노키아Nokia(핀란드)와 같은 회사들은 본국에서의 필요를 만족시킬 상품들의 연구 · 개발 · 제조에 수백만 달러를 투자한다.

일단 그 상품이 개발되고 본국에서 시장이 형성되면, 소비자나 기업들이 비슷한 소득과 생활수준을 가지고 있는 다른 국가들로 수출하는 것이 가능하다. 따라서 제2단계에서 이동전화는 아시아, 유럽, 북미에 있는 고소득 지역으로 수출될 것이다. 버논에 의하면, 이 단계에서 그 회사는 다국적기업 혹은 초국적기업이 되는데, 외국에 판매사무소와 일부 생산 또는 유통 설비를 설치하기 때문이다. 앞에서 논의되었던 북-북 FDI의 일부분이 이 단계에서 발생한다. 끝으로, 초기 기술이 표준화되어 그 상품이 멕시코나 말레이시아 등 신흥공업국에서 더 효율적으로 생산될 수 있게 된다. 이 시점에서 생산은 해외로 이동하고, 그 초국적기업은 추가적인 해외투자를 하게 된다.

기술과 시장요인은 TNC 행태를 설명하는 상품주기이론에서 중요한 구성요소이다. 기술이 풍부하고 소득이 높을 때, 상품은 발명되고 개발된다. 상품이 개발되고 나면 시장은 다른 고소득 국가들로 확장되고, 기업들이 더 큰 시장에서 경쟁하려고 뛰어들기 때문에 FDI가 뒤따른다. 마지막으로, 그 기술이 성숙해졌을 때 생산은 FDI 이동을 통해 세계 전체로 확산된다.

전유성(專有性)이론

케이브스Richard Caves 등에 의해 개발된 **전유성(專有性)이론**appropriability theory은 회사들이 왜 현지기업의 라이센스 생산이나 현지 동업이 아닌 해외투자를 행하는지 설명해준다. 전유성이론은 일부 회사들이 TNCs가 되는 이유는 이들이 외국 회사들과 동업하거나 라이센스 협정을 체결하면 (이것은 단순히 금전적인 계산 관점에서 보면 더 유익해보일지도 모른다) 잃을 것이 너무 많기 때문이라고 주장한다. 한 회사가 상표권이나 특허,

신기술, 영업비밀(코카콜라의 제조법처럼), 또는 효율적인 경영기법 등 어떤 특정 '무형 자산'을 보유하고 있다면 특히 그렇다.

우려되는 바는 어느 회사가 이러한 이점이나 기술적인 혁신을 완전히 장악하지 않으면, 경쟁 과정에서 그것들이 도난당하고 복제되거나 또는 다르게 '전용될' 것이라는 점이다. 만약 그 회사가 해외의 생산·유통·판매를 포기하면, 핵심적인 경쟁 이점에 대한 소유권을 상실할 위험이 있다. 예를 들면, 일단 외국의 동업자나 라이센스 생산 업자가 그 제품을 어떻게 생산하고 판매하는지 배우게 되면, 원청 기업과 경쟁관계에 들어가게 될 것이다.

핵심적인 경쟁우위 요소를 보호하는(외국 기업에 의해 전용되지 않고) 유일한 방법은 해외시장에 FDI를 보내고 단독 소유의 자회사를 설립함으로써 생산과정을 완전하게 장악하는 것이다. 이 이론에 따르면, TNCs는 라이센스협정보다는 방어적인 조치로서 FDI를 선택한다.

초국적기업TNCs과 저발전

마르크스주의-구조주의 시각을 가진 정치경제학자인 하이머Stephen Hymer는 초국적기업TNCs은, 위에서 논의된 것처럼, 때때로 자기 고유의 이점들을 보호하고 이용하기 위해 존재한다고 보았던 선구적 학자에 속한다. 하이머의 주장에 의하면, TNCs는 독점력을 유지하고 해외시장을 이용하며 과잉 이윤을 얻으려는 욕망 때문에 해외직접투자를 한다. 그러나 이들의 FDI는 경제발전을 촉진하지 않으며, 오히려 '저발전의 발전'을 초래한다

(제4장 참조).

만약 기업 본사의 경영자들이 자기 회사의 경쟁력 자산이 도용되거나 희석될 것이라고 우려하면, 그들은 그 자산을 본국에서 통제하고 또 전략적인 결정은 외국이 아닌 본국 경영진에 의해 내려지도록 하는 경향을 보일 것이다. 이로 인해 소위 **지사공장증후군**branch factory syndrome이 나타나는데, 그것은 중요한 기술과 가장 생산적인 자산은 본사에서 안전하게 보호하면서 열등한 기술과 덜 생산적인 자산만 해외의 지사공장으로 이전하는 것이다. 이 이론에서도 지사공장을 설립하는 FDI는 기술을 이전하고 일자리를 창출할 수도 있다. 하지만 그 기술은 항상 열등한 것일 테고, 그 일자리는 본사에 있는 일자리만큼은 결코 좋지 않을 것이다.

하이머의 이론은 TNC 전략을 국제노동분업에 연결지음으로써 전유성이론보다 좀 더 나아간다. 이 국제노동분업은 산업화된 중심부에게 특권을 부여하고 주변부 국가들의 추격을 체제차원에서 차단한다. 하이머는 불균등한 능력을 가진 행위자들 간의 이해 충돌의 장으로 국제경제를 개념화함으로써 구조주의적 관점에서 TNC과 FDI를 이해한다.

정치와 보호주의 장벽

정치적인 요인도 초국적기업TNC 전략에서 중요할 수 있다. TNCs는 개방적인 국제시장에 의존한다. 그들은 물론 해외에 투자할 수 있어야 하지만, 수입과 수출도 할 수 있어야 한다. 무역장벽은 국내 사업의 효율성을 떨어뜨리고, TNCs를 보호받는 국내기업에 비해 불리한 위치에 처하게 한다. 이것

은 그토록 많은 FDI가 왜 EU 혹은 NAFTA 등 지역을 기반으로 이뤄지는지 부분적으로 설명한다. 지역블록에서 무역 및 투자 장벽이 더 낮아지면 다른 형태의 FDI에 비해 블록 내 FDI가 촉진된다.

그러나 흥미롭게도 무역장벽은 특정 유형의 TNC 행태를 장려할 수 있다. 어떤 FDI는 외국 상품의 진입을 막으려는 중상주의 정책의 의도하지 않은 결과이다. 외국 기업은 어떤 국가의 관세장벽을 우회하기 위해 그 나라에 공장을 짓는다. 어떤 의미에서 이것은 외국 기업을 국내기업으로 변환시킨다. 예를 들어, 1980년대 초에 미국은 연료 효율이 높은 자동차를 개발하면서 미국 자동차 회사를 보호하기 위해 일본을 상대로 자율적 수출제한협정을 협상했다. 이 협정은 일본에서 미국으로 수출되는 자동차의 수량적 한계를 설정했다. 그러나 자동차 부품의 대부분이 미국산 혹은 캐나다산인 한, 그 수출제한은 미국에서 조립되고 일본기업들에 의해 판매되는 자동차에 대해서는 적용되지 않았다. 혼다Honda, 도요타Toyota, 닛산Nissan 등은 모두 북미에 있는 생산설비에 투자하기 시작했는데, 무역장벽에도 불구하고 이들의 시장점유율을 높이기 위해서였다.

미국-일본 자동차협정의 사례에서, 외국산 자동차의 진입을 막기 위한 정책은 외국의 FDI를 유인했고 더 강화시켰을 것이다. 물론, 보호주의 장벽을 회피하기 위해 FDI를 선택하는 것이 항상 가능하지도 유익하지도 않다. 그러나 그것이 가능하고 수익성이 있는 경우, 우리는 왜 기업들이 해외에 투자하는지 좀 더 쉽게 이해하게 된다.

정치는 다른 방식으로도 FDI 패턴에 영향을 끼칠 수 있다. 예를 들면, 보잉은 상업용 비행기를 많은 항공사들에게 선보인다. 이 항공사들은 정부에 의해 소유되거나 혹은 정부의 정책결정자가 회사의 결정에 강한 영향력은 행사한다. 보잉은 항공기의 대량 주문을 받기 위해 종종 '상쇄조건'을 수용해야 한다. 상쇄조건은 특정 부품이 항공기를 구매하는 국가에서 생산되어야 한다는 합의를 말한다. 때때로 구매 주문의 대가로, 투자가 이뤄지고 기술적 노하우가 이전된다. 이러한 상황에서, 국제정치경제IPE 학자 스트레인지Susan Strange가 지적한 것처럼, TNCs는 국제정치에 깊이 관여하게 됨으로써 여타 TNCs뿐만 아니라 본국 및 유치국과 벌이는 그들의 협상은 단순히 사업이라기보다는 외교행위처럼 보인다.

통화 불안정성

초국적기업TNCs은 불안정한 환율FX의 효과에 특히 취약한데, 비용을 지불하는 통화와 수익을 얻는 통화가 서로 다르기 때문이다. 예기치 못한 환율 변화는 실질 비용을 증가시키고 수익을 감소시킬 수 있다. 어떤 국제기업들은 환율 변동 때문에 이윤이 폭락하고 해외시장이 사라지는 것을 경험한다. 세계 최대 식품회사인 네슬레는 상품 판매량의 증가에도 불구하고 스위스 프랑화의 예기치 않은 평가절상으로 이윤이 절반으로 떨어졌다고 2003년에 발표했다. 네슬레는 판매 증가로 얻은 것을 외환시장에서 여러 차례 잃었다.

복잡한 금융상품을 이용하는 것을 비롯하여, 이러한 환율 리스크를 감소시키는 많은 방법들이 있다. 한 가지 매우 직접적인 방법은 생산 설비를 각 주요 시장에 설립함으로써 비용과 수입이 동일한 통화로 표시되도록 하는 것이다. 통화 불안정성 문제는 TNCs가 세계적인 거대기업이라기보다는 국내기업처럼 행동하도록 유도하는 요인이다.

무역장벽과 환율요인은 복합적으로 기업들로 하여금 단순히 상품을 수출하기보다는 그 상품이 판매될 나라에서 그것을 생산하도록 장려한다. 그러므로 시장의 세계화는 소위 '다국적-현지multi-local' 생산과 그에 상응하는 TNC 투자 패턴에 종종 연관되어 있다. 즉, 그 기업은 지역적 혹은 세계적이지만, 타국에서의 사업 활동은 무역장벽과 통화 문제를 최소화 또는 회피하기 위해 더욱 국내적 혹은 국지적인 계산에 따라 진행된다.

제7장에서 설명된 바와 같이 환율이 제대로 정해지지 못했을 때, 즉 과다 또는 과소평가되었을 때 FDI의 또 다른 움직임이 발생한다. 예를 들어, 어느 통화가 과대평가되어 있을 때, 수입된 상품들이 국내상품보다 좀 더 체계적으로 저렴해진다. 이러한 사실은 기업들에게 외국의 생산설비에 투자할 강한 유인을 제공한다. 해외 공장은 그 효율성이 증가하거나 또는 감소할 수 있지만 유리한 환율로부터 이득을 본다.

예를 들면, 미국 달러화가 1980년대 초에 상당히 과대평가되었기 때문에, 미국기업들은 역외 생산설비를 설립할 동기를 갖게 되었다. 그리고 1980년대 후반에는 일본 엔화의 과대평가를 이르는 엔고endaka(円高) 현상 때문에, 일본기업들은 동아시아와 동남아시아 전역에서 생산 네트워크를 설립하고 일본 소재 공장의 비용을 대폭 감축하지 않을 수 없었다. 엔고 현상은 일본기업들에게 큰 골칫거리였지만, 일본기업들을 초효율적인 초국적기업TNCs으로 진화하도록 했다. 최근에 달러화 약세는(달러화는 2000~2012년 동안 유로화 대비 약 30퍼센트 평가절하 되었음) 많은 유럽기업들이 미국에 사업 시설을 설립하도록 이끌었다.

입지적인 이점

또한 FDI는 입지적인 이점에 의해서도 영향 받을 수 있다. 이러한 이점들의 일부는 명확한데, 특정 지역에서만 얻을 수 있는 천연자원에 대한 접근권이 그런 경우다. 그것은 많은 중국 FDI가 아프리카와 라틴아메리카로 향하도록 하는 강력한 동기였다. 다른 경우에 그 이점들은 좀 더 복잡하다. 예를 들어, 만약 어느 기업이 컴퓨터 소프트웨어 시장에서 경쟁하기를 원한다면, 최고의 전문가들이 있는 곳에서 사업을 시작할 필요가 있다. 이는 다른 많은 기업들이 위치해 있는 곳에 투자하는 것을 의미한다. 그래야만 그 지역의 고도로 훈련된 개인들, 치열한 경쟁, 그리고 이러한 환경에 내장된 지속적인 혁신 등으로부터 이득을 볼 수 있다. 입지적인 이점은 FDI를 워싱턴 레드몬드Redmond(마이크로소프트의 본사), 캘리포니아의 실리콘밸리, 이스라엘, 그리고 인도 방갈로르 등으로 유도할 것이다. 이들 지역과 지구상의 단지 몇몇 다른 장소들만이 회사의 경쟁력을 크게 신장시키기에 적합한 기술적·인간적 환경을 갖추고 있다.

마찬가지로 어느 회사가 디자이너 선글라스 같은 안경류의 글로벌 시장에서 경쟁하기를 원한다면, 아마도 이탈리아 벨루노 근처에 어떤 설비를 열 것이다. 포터Michael Porter가 그의 책 『국가 경쟁우위The Competitive Advantage of Nations』에서 설명하는 것처럼, 북부 이탈리아의 이 지역은 세계 최고의 안경 디자인 및 제조 설비가 있는 곳이며 세계에서 가장 까다로운 안경 소비자들이 살고 있는 곳이다. 이 같은 현지시장에서 치열하고 혁신적인 경쟁에 노출되지 않으면, 글로벌 시장에서 성공적으로 경쟁하는 것은 불가능하다. 세계에서 품질 좋은 안경의 대부분은 적어도 일부 설비를 벨루노에 두고 있는 기업들에 의해 제작된다.

경쟁

마지막으로, 초국적기업TNCs의 초국적성은 그들이 경쟁하는 시장이 세계 도처에 있기 때문임을 기억하는 것이 중요하다. 어떤 경우에는, 기업은 단순히 경쟁 압력 때문에 해외에 투자하게 될 것이다. 어느 한 기업이 이 시장에서 경쟁하지 못하면, 다른 기업들이 경쟁할 것이다. 그리고 그들은 그 과정에서 우위를 점하게 된다. 이러한 점에서 기업들은 합리적인 이윤극대화 기업보다는 중상주의적 국가처럼 행동할 것이다. 적의 이득을 자신의 잠재적 손실로 여긴다는 점에서 그렇다.

요약하면, 일부 TNC 투자는 저임금과 값싼 천연자원을 이용하려는 바람에서 이뤄지지만, TNCs가 제조하는 상품의 유형들과 실제적인 FDI 패턴을 고려하면, 다른 요인들이 훨씬 더 중요하다. TNCs가 해외에 투자하는 원인은 경쟁우위를 보호하고, 독점적 지위를 이용하며, 무역장벽을 우회하고, 통화 (환율)문제를 피하며, 특별한 생산 환경을 이용하기 위해서다. 그리고 여타 TNCs와의 경쟁에 의해 그렇게 하도록 요구받기 때문이다.

초국적기업TNCs은 얼마나 막강한가?

많은 사람들은 초국적기업TNCs이 매우 막강하다고 가정한다. 그들은 거대 조직이고 또 FDI를 통해서 투자와 기술의 세계적인 배분에 영향을 미치기 때문이다. 어떤 사람들은 더 나아가 TNCs는 국가만큼이나 강하거나 아니면 국가들보다 더 강하다고 주장한다.

널리 인용되는 한 가지 '사실'은 상위 100대 '경제주체'의 절반 가량은 기업이고 나머지 절반은 국가들이다. 이 통계수치는 국가들의 국내총생산과 기업들의 총매출액을 비교함으로써 얻어진 것이다. 그러나 이런 식으로 비교하는 것은 무엇이 TNCs인지를 오해하는 것이고 또 무엇이 국가인지 오해하는 일이다.

기술적인 관점에서 보면, 국가와 TNCs를 이렇게 비교하는 것은 사과와 오렌지를 비교하는 것이나 마찬가지다. 한 국가의 GDP는 한 기업의 총매출액에 비견될 수 없다. 월마트는 틀림없이 큰 매출액을 기록하고 있다. 하지만, 왜 매출액은 월마트의 힘을 나타내는 정확한 지표인가? 그러면 왜 임금 지불액, 순이익, 총고용, FDI 자원, 또는 투자유치국에 제공할 수 있는 기술은 그러한 지표가 안 되는가? 사람들은 단순히 총매출액이 월마트를 국가들보다 더 커 보이게 하기 때문에 총매출액이 선택된 것이라고 의심한다. TNCs는 경제적 자원에 엄청난 영향력을 미치지만, 이와 같이 편향된 방법론이 제시하는 것만큼은 아니다.

두 번째 문제는 이러한 분석이 TNCs와 국민국가를 단지 금전적인 관점에서 비교한 나머지, 실제로 더 중요한 많은 요인들을 간과한다는 점이다. 돈이라는 하나의 요인에 초점을 맞추는 것은 역설적인데, TNCs에 비판적인 많은 사람들은 기업들이 안보나 환경 등 중요한 비금전적인 요인을 무시한다고 비판하기 때문이다. 국가들은 영토를 보유하고 법을 제정한다. 국가는 주권, 시민,

군대 및 해군을 보유한다. 그들은 정당성도 지니고 있으며, 이는 국제사회가 중요한 사회적 결정을 내릴 권리를 국가에게 인정한다는 뜻이다. 종업원이나 소비자들이 국가의 시민과는 다른 것이라고 여겨진다면, TNCs는 국가가 보유한 것들 중 어느 것도 갖지 못한다. 사람의 수를 측정단위로 사용하기 원한다면, 심지어 거대기업 월마트(종업원 200만 명 이상임)조차도 대부분의 나라들이 보유한 시민의 수보다 적은 수의 종업원을 보유하고 있다. 국가들은 근본적으로 TNCs와 다르고, 국가의 힘과 영향력을 단순히 수적인 지표에 기초하여 비교하려는 시도는 불가피하게 현실을 왜곡할 수밖에 없다. 국가들과 TNCs는 모두 힘을 지니고 있고, 그렇기 때문에 종종 협상을 벌이고 외교에 관여하기 마련이다. 그러나 그들의 힘은 서로 같지 않으며, 따라서 그들 간의 관계도 복잡하고 시간에 따라 변한다.

초국적기업TNCs에 관한 인식의 변화

초국적기업TNCs의 성장을 지역적·세계적 시장구조의 자연스러운 결과로 보려는 기업 지도자들과 경제학자들과는 다르게, 대부분의 저자들은 TNCs의 팽창을 글로벌 경제 내 세력균형에 있어서 결정적인 변화로 해석한다. 그들은 이러한 변화로부터 누가 또 어떻게 이득을 볼 것인지에 대해 논한다. 이 절에서 우리는 몇 개의 독특한 관점에 대해 토론하게 될 것인데, 자본주의적 제국주의의 한 형식으로서 TNCs, 미국패권의 도구로서 TNCs, 그리고 국가수준의 국제정치경제IPE 행위

자로서 TNCs 등이다.

초국적기업TNCs과 자본주의적 제국주의

초국적기업TNCs과 외국인직접투자FDI는 약 100년 전에 정점에 달하고 제1차 세계대전의 개막으로 끝났던 제1기 근대적 세계화 시대를 특징짓는 요소들이었다. 레닌V.I. Lenin은 이 시기를 그의 책 제목『제국주의: 자본주의의 최고 단계*Imperialism: The Highest Stage of Capitalism*』로 특징지은 것으로 유명하다. 레닌은 TNCs 그 자체가 아닌 '금융자본주의'에 초점을 맞췄다. 하지만 그가 취한 접근법과 그가 내린 여러 결론들은 TNCs에 쉽게 적용된다. 레닌은 식민 제국주의가 경제적 제국주의로 대체되었다고 주장했다. 외국의 군대와 점령군은 더 이상 필요하지 않았는데, 동일한 결과(자본주의 중심부에 의한 착취와 그에 대한 종속)를 이제는 해외투자와 기업들을 통해서 달성할 수 있게 되었기 때문이다.

만약 여러분이 레닌의 제국주의에 관한 유명한 소책자를 읽어본다면, 여러분은 이 책이 특정 시기와 장소의 산물이며 오래전에 잊혀진 사람들과 사건들에 대한 언급으로 가득 차 있다는 사실을 곧 알게 될 것이다. 그것은 시대를 초월해서 쓰여진 것이 아니라, 당시의 특정 상황에 적합한 주장을 하기 위해 쓰여진 것이었다. 그러나 제국주의의 한 형태로서 국제투자의 폐단에 대한 레닌의 지적은 그라이더William Greider의 『하나의 세계, 준비되었는가: 글로벌 자본주의의 병적 논리*One World, Ready or Not: The Manic Logic of Global Capitalism*』를 비롯한 여러 책에서 살아있다.[2]

이 장의 앞부분에서 논의한 것처럼, 하이머 Stephen Hymer는 오늘날 초국적기업TNCs과 제국주의를 직접 연결시킨다. TNC 행태에 관한 하이머의 선구적인 이론은 많은 TNCs가 FDI를 하는 이유는 특허 등 핵심 자산을 지키면서 독점적인 지위를 이용하기 위해서라고 말한다. TNCs의 이윤 극대화 전략은 본국에서의 더 큰 이윤을 위해 해외시장을 이용하는 것이다. 금융전략, 교역조건, 기술이전 등의 관점에서, 하이머는 TNCs가 사실상 제국주의적인 행동 양상을 보일 것이라고 예측한다.

미국패권의 도구로서 초국적기업TNCs

냉전기간 동안 초국적기업TNCs은 미국패권의 수단으로 여겨지게 되었다. 사람들이 이런 연상을 하는 데에는 몇 가지 이유가 있었다. 첫째, 제2차 세계대전 직후 미국의 TNCs는 특히 활발했고 해외진출에 집중했다. 미국외교정책은 자국 기업들이 해외로 뻗어나갈 수 있도록 기회를 만드는 것을 부분적으로 지향하는 듯이 보였다. 그리고 일단 FDI가 이루어졌다면, 미국의 해외투자는 미국 정책에 호의적인 경제적 이해를 창출했다. 그래서 마치 미국은 자국의 TNCs를 지원하고 TNCs는 미국의 정책을 지지하는 것 같았다.

국제정치경제IPE 학자인 길핀Robert Gilpin은 1975년 책 『미국 국력과 다국적기업 *U.S Power and the Multinational Corporation*』에서 미국에 본사를 둔 TNCs는 미국패권의 도구라고 주장했다. 어느 유명한 정치경제학자를 인용하면서, 길핀은 다음과 같이 역설했다.

바이너 Jacob Viner가 지적한 대로, 미국자본과 기업들이 처음 해외로 이동할 때부터 국무부와 백악관은 미국의 외교정책 목표를 달성하는 방향으로 미국의 투자를 유도하려고 했다. 다국적기업의 해외 팽창에 관련하여, 이들 외교정책 목표는 미국의 세계시장 점유율을 유지하고, 해외 경제에서 우위를 확보하며, 미국의 경제적·정치적 가치를 확산시키고, 석유 등 중요한 원료에 대한 접근을 관리하는 것이었다.[3]

길핀의 논지를 잘 보여주는 일례는 보잉이 1970년대 미-중 관계에서 수행한 역할에서 발견된다. 닉슨Richard Nixon 대통령은 소련에 대한 미국의 패권을 공고히 하려는 의도로 1972년에 중국을 방문했다 (이것은 너무나 극적인 사건이어서 심지어 〈스타트랙 제6편 *Star Trek VI: The Undiscovered Country*〉에서 "벌컨 족의 옛 속담에 닉슨만 중국에 갈 수 있었다"고 인용될 정도였다). 또 닉슨은 보잉 707기 등 항공기를 판매하기 위해 중국에 갔다. 비록 미국 관리와 중국 관리들이 끝없는 건배를 했을지라도, 양국이 합의에 이를 수 있게 한 것은 양국 모두에게 중요한 경제적 이익을 제공한 항공기 판매였다. 1970년대 후반에 중국이 미국의 보잉 항공기를 구매한 것은 현대화에 대한 중국의 의지를 그리고 대중관계 강화에 대한 미국의 의지를 상징하는 것이었다. 최고 지도자 덩샤오핑(鄧小平)이 1979년에 시애틀 근처 보잉사 조립시설을 둘러보았던 것이 상징하는 것처럼 말이다.

1970년대 중반 길핀의 책이 나왔을 때 미국패권은 쇠퇴하는 것처럼 보였다. 미국의 부와 권력은 **절대적인** 면에서는 쇠퇴하지 않았지만, 유럽과 일본이 그 격차를 줄이게 되자 미국의 영향력이 **상대적으로** 쇠퇴하는 결과가 초래됐다. 역설적이게도 이것은 미국이 FDI를 전략적으로 이용한 결과라고 길핀은 보았다.

정치적인 시각에서 보면, 자본주의의 본질적인 모순은 자본주의가 세계를 착취하는 것이라기보다는 자본주의가 발전한다는 점이다. 자본주의 국제경제는 자기 파멸의 씨앗을 심는데, 그것은 경제성장, 산업, 기술을 확산시킴으로써 자유주의적 상호의존 경제가 기초하고 있는 권력의 배분 상태를 약화시키기 때문이다.[4]

길핀은 미국패권의 상대적 쇠퇴가 미국 초국적기업TNCs의 팽창과 유럽 및 일본의 재건을 가능케 해준 국제정치적 환경을 더 이상 유지해주지 않을 것이라고 염려했다. 그는 19세기 말 영국패권이 쇠퇴했을 때 발생한 것처럼 보호주의의 회귀를 두려워했다.

길핀의 책이 출간된 지 거의 40년이 지난 후, 미국의 TNCs가 미국의 패권 전략의 수단이라는 견해는 더 이상 지배적인 논점은 아니지만 그렇다고 완전히 사라지지도 않았다. 미국의 미디어 재벌들은 세계적인 영향력을 행사한다. 미국의 영화와 TV 프로그램은 전 세계에서 시청된다. 그리고 미국의 콘텐츠 제공회사와 소셜 미디어 기업들은 인터넷에서 존재감이 크다. 예를 들면, 할리우드 영화사들은 전 세계 영화매출액의 거의 3분의 2를 장악하고 있다. 2013년 초에 캘리포니아 멘로파크Menlo Park에 본사를 둔 페이스북Facebook은 10억 명 이상의 사용자를 보유했으며, 샌프란시스코에 본사를 둔 트위터Twitter는 2억 명의 실사용자와 5억 명의 등록자를 보유했다. 이들 TNCs가 미국의 정책, 가치 및 이익을 호의적으로 조명하는 방식으로 전세계적 사건과 아이디어를 전달

하는 데 있어, 이들은 나이Joseph Nye가 말한 '소프트파워soft power'의 원천이다.[5] 어떤 사람들은 이러한 소프트파워의 이점이 미국외교정책에 있어서 미국 군사력의 우위보다 장기적으로 훨씬 더 중요하다고 주장했다.

국가수준의 행위자로서 초국적기업TNCs

길핀이 우려한 것처럼 미국패권의 쇠퇴가 TNC 팽창의 시대를 끝내지는 않았지만, TNC 패턴을 변화시켰다. 일본, EU, 미국 등 '3대 축'에 본사를 둔 TNCs는 해외투자 활동을 더 강화시켰다. 미국은 자국 TNCs의 '본국'으로서의 지위에 익숙했지만, 이제는 일본과 유럽에 본사를 둔 주요 TNCs에게 투자 '유치국'이 되었다. 과거에 받아들여지던 본국과 유치국 간의 구별은 사라지기 시작했고, 그러한 구별은 이제 모두 유치국이라는 인식으로 대체되었다.

잠재적인 유치국들의 목록은 1989년 공산주의의 붕괴로 급격히 팽창했다. 심지어 러시아를 포함한 많은 나라들이 FDI 및 FDI가 약속한 자원과 기술에 대한 문호를 개방했다. 여타 사건들도 더 많은 국가들이 세계경제에 합류하도록 했다. 예를 들면, 남아공 인종차별정책apartheid의 종식은 FDI 유입을 유인했고, 남아공회사들에게 해외로 확장할 기회를 제공했다. SAB밀러SABMiller라는 남아공 맥주회사는 이제 40개국 이상에 생산설비를 둔 세계에서 두 번째로 큰 맥주제조사가 되었다. 아마도 모든 사건 중에서 가장 중요한 것은 중국과 인도의 경제적 자유화로 인해 세계에서 가장 큰 두 나라가 FDI 유입에 대해 문을 열었다는 점이다.

스탑포드John Stopford와 스트레인지Susan Strange

는 1991년 책 『라이벌 국가, 라이벌 기업*Rival States, Rival Firms*』에서 **삼각외교***triangular diplomacy*라는 용어를 만들어서 부상하고 있다고 여겨지는 국가-TNC 관계의 패턴을 묘사했다. 그들에 의하면, 과거에는 기업들이 다른 기업들과 경쟁했고 국가들은 다른 국가들과 외교활동을 벌였다.[6] 1990년의 경우, 최대의 TNCs는 국가에 비해 그리고 경쟁 시장에 비해 더 큰 힘을 지니고 있었다. 행위자들이 서로를 상대로 협상을 벌이는 외교는 세계가 어디로 향하고 있는지를 더 정확하게 보여주었다. 비록 거대 TNCs은 여전히 서로 경쟁하고 있었지만, 그들은 또한 국가들처럼 종종 서로 협상을 벌였다. 더욱더 자주 TNCs는 동맹이나 기타 사업장치를 형성함으로써 기술을 개발하고 신규 투자의 리스크를 분산시켰다 (이 장의 후반부에 있는 글상자 17.2 '아웃소싱과 글로벌 기업' 참조).

기업 대 기업 외교의 한 예는 치열한 경쟁자인 도요타와 제너럴모터스GM가 함께 세운 합작회사 NUMMINew United Motor Manufacturing Inc.였다. NUMMI는 캘리포니아 프레몬트Fremont에 위치해 있고 가장 효율성이 떨어지는 GM의 공장 운영을 도요타가 인수하기로 함으로써 1984년에 설립되었다. 도요타는 곧 NUMMI 공장을 세계적인 수준의 품질과 효율성으로 가동시켰고, 도요타와 GM 모두를 위한 자동차를 생산해냈다. NUMMI 동맹은, 자동차 회사들 간에 이뤄진 많은 동맹 중 하나에 불과한 것으로, GM과 도요타에게 위험부담을 공유하고, 시장을 공유하며, 동일한 고객을 두고 경쟁할 때에도 강점들을 결합시키도록 해줬다.

국가-TNC 간의 협상은 삼각외교의 세 번째 측면이다. 국가들과 TNCs는 모두 귀중한 자원을 장악하고 있으며, 서로를 필요로 한다. 국가들은

TNCs가 제공하는 투자와 기술을 좋아할 것이다. TNCs 입장에서는 국가들이 통제하고 있는 천연자원과 숙련 노동을 활용하고자 하며, 자신들이 생산하는 재화와 서비스를 팔기 위해 각국의 국내시장에 접근하고자 한다. (어느 국가가 자국 시민을 적절하게 교육시키지 않고 훈련시키지 못함으로써 주로 비숙련 노동을 제공한다면, 그 국가는 협상의 여지가 별로 없고 저임금 노동집약형 FDI를 유치하게 될 것이다.) 국가와 TNCs는 각각 제안할 것과 얻을 이익을 많이 갖고 있기 때문에, 서로에게 이로운 합의가 쉽게 달성될 것처럼 보일지도 모른다. 하지만 그것이 그렇게 단순하지 않다.

TNCs는 초국적시장을 두고 서로 경쟁하기 때문에, 그들은 자신의 FDI 사업을 위해 가능하면 가장 유리한 조건을 협상하려고 시도할 강력한 동기를 갖는다. 일반적으로 TNCs는 우호적인 세금대우, 국가의 자금지원을 받는 인프라, 그리고 어쩌면 심지어 일부 정부규제의 느슨한 집행 등을 추구한다. 약한 국가 혹은 생산자원이 빈약하고 시장체제가 취약한 국가는 TNCs와의 협상에서 매우 불리한 위치에 있게 될지 모른다. 여타 국가들과의 경쟁으로 인해 FDI를 유치하기 위해 많은 양보를 하지 않으면 안 될 수도 있다. 이것은 저개발국LDCs뿐 아니라 선진산업경제에도 해당된다.

예를 들어, 1990년대 초에 독일의 자동차회사 메르세데스-벤츠Mercedes-Benz는 메르세데스 스포츠용 다목적 차량SUV을 생산하기 위해 미국에 공장을 건설할 것이라고 발표했다. 가장 강력한 협상카드는 품질에 관한 명성이었겠지만, 메르세데스-벤츠 사는 이 FDI 사업에 있어 제시할 많은 협상카드를 갖고 있었다. 어느 국가나 지방정부가 메르세데스-벤츠를 만족시킬 능력을 갖고 있다는

것은 다른 회사들에게는 그곳이 높은 품질 기준을 충족시킬 수 있다는 신호가 된다. 그러므로 이 투자에 관한 협상에는 큰 이익이 걸려있었다.

메르세데스-벤츠는 자신의 FDI에 대한 경쟁을 부추김으로써 협상력을 높였다. 메르세데스-벤츠는 FDI 사업의 조건을 공표하고, 수많은 국가 및 지방정부를 초청하여 그 공장에 대해 응찰하도록 했다. 1993년 공장설립 후보지는 사우스캐롤라이나South Carolina, 노스캐롤라이나North Carolina, 그리고 앨라배마Alabama 등 세 곳으로 좁혀졌다. 이 세 주는 모두 노동조합의 힘을 제한하는 (즉 조합에 가입하지 않아도 직장을 유지할 수 있는) 노동권법을 보유하고 있었다. 노스캐롤라이나는 투자 인센티브로 1억 800만 달러를 제안했다. 사우스캐롤라이나는 이전에 BMW 공장을 끌어들이기 위해 제안했던 것과 유사한 정책을 제시했는데, 그 총 가치는 약 1억 3,000만 달러였다. 그러나 앨라배마는 메르세데스에게 2억 5,300만 달러의 인센티브를 약속함으로써 그 입찰에서 낙찰을 받았다.

앨라배마-메르세데스 일화는 초국적기업TNCs이 종종 국가들과 협상을 벌이는 데 있어 보유한 협상력을 잘 보여준다. 앨라배마는 메르세데스에게 기계 및 설비에 대해 세금 감면 혜택을 주고, 그 회사에게 필요한 도로와 기타 인프라를 개선했으며, 또 그 회사에게 이익을 주는 교육 및 훈련 프로그램에 예산을 지출했다. 앨라배마대학University of Alabama조차 특별 '토요학교'를 개설하여 독일 메르세데스 관리자들의 자녀들이 본국의 과학 및 수학의 높은 수준을 따라가도록 돕기로 동의했다. 이 모든 것은 앨라배마의 납세자들의 세금으로 지불되었다. 특히 노스캐롤라이나 주지사는 앨라배마 주의회가 통과시킨 세금감면안(어떤 사람들은 이를 '벤츠법안'이라 부름)에 충격을 받았는데, 그 법안은 메르세데스의 부채를 덜어주기 위해 종업원 임금의 5퍼센트를 원천징수할 수 있도록 허용했다.

메르세데스에 대한 구애는 금전적인 인센티브에 그치지 않았다. 거기에는 주간고속도로inter-state highway의 한 구간을 '메르세데스-벤츠 아우토반'이라고 명명하는 것, 메르세데스-벤츠 임원들을 위한 항공기 및 헬리콥터 투어, 그리고 주지사가 주 공식 차량으로 메르세데스를 타는 것 등의 제안이 포함되었다. 한 메르세데스 임원이 낙찰의 결정적인 요인은 '앨라배마의 열망'이었다고 강조한 것은 놀랍지 않다. 그 대가로, 수천 개의 새로운 일자리가 납품업체, 레스토랑 등등에서 창출될 가능성과 함께, 1,500명의 노동자들이 월급을 많이 받는 일자리를 얻었다.[7]

교훈은 분명해 보인다. 즉 TNCs는 '자유롭게 움직일 수 있고' 많은 투자 선택권을 지니고 있지만, 국가들은 나무처럼 그들이 통치하는 영토에 뿌리내리고 있다. 어떤 TNC가 제안할 수 있는 독특한 자원을 갖고 있는 반면에 국가는 자원을 갖지 못하고, 여타 국가들과의 치열한 경쟁에 직면할 때 그 TNC는 엄청난 우위를 점하게 되고 TNC-국가 간의 외교는 일방적인 것이 될 수 있다. 그러나 일이 항상 그렇게 될 이유는 없다. 만약 국가들이 교육, 자원, 인프라 등에 자체적인 투자를 한다면, 그들은 우위에 설 수 있다. TNCs가 다른 TNC와 경쟁한다면 그들도 양보를 해야 할 것이다. 예를 들어, 몇몇 유럽국가들은 2000년에 사용되기 시작한 3세대3G 무선통신권을 경매에 부쳤다. 최첨단 무선통신 네트워크에 할당된 전자기 스펙트럼에는 한정된 수의 자리만이 있었다.

이 면허를 따내기 위한 초국적 통신기업들의 입찰은 경쟁이 치열했고, 유럽정부들에게 지불된 총액은 천문학적이었다. 그 액수는 네트워크 설립권에 대해서만 약 1,080억 달러였다.

오늘날 분명한 것은 텔레콤 TNCs는 3세대 권리를 얻기 위해 남들보다 더 비싼 값을 제시했다는 점이다. 즉, 그 금액은 기대 수익보다 훨씬 더 많은 액수였다. 국가들은 외교에서 '승리'한 것인가? 그렇다. 금전적인 관점에서 보면 국가들이 승리한 것처럼 보인다. 그러나 장기적으로 보면, 결과는 다소 불분명하다. 그 이유는 TNCs가 국가(그리고 그들의 자원)를 필요로 하는 만큼 국가도 TNCs(그리고 그들의 자원)를 필요로 하기 때문이다. 경쟁으로 인해 협상이 어느 한 쪽으로 기울게 되면, 다른 측은 위험에 빠지고 회사 전체가 별안간 위험에 처하게 된다.

이런 상황은 버논Raymond Vernon이 1998년 책 『허리케인의 눈 속에서In the Hurricane's Eye: The Troubled Prospects of Multinational Enterprises』를 쓸 때 그를 괴롭혔던 문제다. 버논은 TNCs 간의 경쟁은 TNCs가 더 많은 양보를 요구하면서 국가들을 쥐어짜도록 하고 있다고 우려했다. 우리는 국가들이 쥐어짬을 당한다고 말하고 있지만, 높은 세금이나 정부 서비스 감소, 낮은 노동기준, 느슨한 환경규제 집행 등으로부터 압박을 느끼는 것은 당연히 그 국가들의 시민들이다. 시민들의 반응은 어떻게 나타날 것인가? 한 가지 가능성은 시민들이 정부에게 압력을 가해서 보호주의 조치를 전반적으로 채택하도록 하는 것이다. 이것은 버논이 우려했던 바다. 비록 버논은 1999년 WTO 시애틀회의에서 시위가 발생하기 이전에 글을 썼지만, 그와 같은 시위의 혼란상은 다분히 버논이 묘사한 허리케인의 눈에 가깝다.

TNCs는 자유화된 글로벌 환경에서 번창한다. 겐이치 오마에Kenichi Omae의 유력한 책의 제목 『국경없는 세계The Borderless World』[8]와 데이비드 코튼David Korten의 책 제목 『기업이 세계를 지배할 때When Corporations Rule the World』[9]에서 나타난 것과 같이, 많은 관측통들은 TNCs의 끝없는 팽창을 예측하고 있었다. 반면에 버논은 TNCs의 몰락 가능성을 보았다. 『허리케인의 눈 속에서』는 이와 같은 경고로 마무리된다.

전면적인 기술변화는 멈출 수 없고 되돌릴 수 없는 것처럼 보이는 과정을 거치면서 국가들과 그들의 경제를 계속 연결시키고 있다. … 그러나 세계화에 의해 요구되는 기본적인 적응은 정치적 투쟁이 없이는 불가능할 것이다. 민족국가에 대한 너무 많은 관심들은 그러한 적응과정에 결부되어 있는 경제적 리스크와 비용을, 비록 장기적인 관점에서 정당화될 수 있을 지라도, 불공평하게 배분되고 매우 위협적인 것으로 보게 한다. … 그러나 국가들과 기업들 간의 지루한 투쟁은 양측의 효과성을 감소시킬 위험이 있다. 그 결과 이들은 새로운 균형점을 모색할 때 주의가 산만해지고 상처를 입게 된다. 그러한 투쟁을 짧게 하고 그 비용을 줄이는 것은 기업-정부 관계의 양측 모두에게 보통 이상의 상상력과 자제력을 요구할 것이다.[10]

글로벌 FDI 레짐?

1990년대 중반 경제협력개발기구OECD는 다자간 투자협정MAI: Multilateral Agreement on Investment에 관한 '상상력과 자제력'을 갖춘 기업과 정부 지도자들 간의 대화를 후원했다. 그 의도는 FDI를 관리하는 레짐을 창설하는 것이었다. WTO가 국제무역을 관리하듯이 말이다. 어떤 종류의 거버넌스인가? MAI 대화의 목표는 국가-초국적기업간의 협상을 위한 규범과 표준을 설정하는 것이었다.

회의 석상의 양측은 국제투자협정으로부터 얻고자 하는 무언가가 있었다. 예를 들어, 초국적기업TNCs은 '내국민대우'를 보장받고 싶어 했다. WTO 규칙 하에서 국가들은 국경에서 특정 무역제한 조치를 부과할 수 있지만, 일단 어떤 상품이 시장에 들어오면 국내상품에 대비해서 차별할 수 없다. 무역에서 내국민대우는 외국산 상품에 대한 국내적 차별을 금지한다.

FDI에 대한 내국민대우는 국가가 국경에서는 투자 유입을 규제할 권리를 갖는 반면에, 일단 그 투자가 이뤄지면 국가는 외국 TNC의 현지 자회사를 국내기업들과 똑같이 대우해야 함을 의미한다. 비록 국내기업만을 위한 조세상의 특혜와 보조금을 제공한다고 하더라도, TNC 자회사에 대한 국내적 차별이 없어야 한다. TNCs는 이러한 원칙이 승인되면 FDI의 효율성이 증가하고 정치세력에 대한 취약성이 줄어들 것이라고 믿는다.

또한 만약 국가들이 대기업에 대한 규제를 서로 조정하거나 조화시키면, 이로부터 TNCs는 이득을 볼 것이다. 우리가 지적했듯이, TNCs는 다른 TNCs에 대해 경쟁력을 확보하기 위해 더 많은 동맹을 형성하고 사업들을 통합하고 있다. 그러나 사업 범위가 넓기 때문에, 종종 TNCs는 몇몇 국가들에서 반독점 내지 경쟁규제를 받게 된다. 예를 들면, 미국과 유럽연합은 사업 합병에 관한 상이한 규범을 채택해왔다. 그리고 TNCs가 사업을 통합하고자 할 때 미국와 유럽연합 양측 모두의

승인을 얻을 필요가 있다. 1996년에 EU의 경쟁규제기관들은 두 미국계 항공기제조사인 보잉과 맥도넬 더글라스McDonnell Douglas의 합병 승인을 처음에는 거부했다. 그러나 그 합병안은 이미 미국정부로부터 허가를 받은 것이었다. 만약 두 기업이 유럽에 중요한 사업을 하고 있다면 EU는 두 미국기업 간의 합의를 거부할 수 있음이 분명해졌다. 이어서 EU는 2001년에 두 미국계 기업인 제너럴 일렉트릭General Electric과 허니웰Honeywell 간의 합병을 거부했다. 그 이유는, 사전에 미국정부의 승인이 있었음에도 불구하고, EU관리들은 그 합병이 항공 전자제품과 비행기 엔진 시장에서 경쟁을 감소시킬 것이라고 우려했기 때문이다.

비록 TNCs는 인수합병에 대한 승인 등에 관하여 정부규제를 피할 수 없지만, 상충하는 다수의 규칙들보다는 단일한 규칙의 적용을 받는 편이 그들에게 이롭다는 점은 분명하다. TNCs 입장에서 보면, 국가들은 다자간 투자협정으로부터 얻을 수 있는 중요한 이익을 갖고 있다. 그러한 이익에는 TNC 행태에 관한 일련의 표준(예를 들면, 노동권 남용 방지를 위한)과 이전가격 책정에 관한 규칙들이 포함된다. 어떤 TNC가 자원(즉, 자동차 부품)을 한 자회사에서 다른 자회사로 이전할 때, 그 TNC는 **이전가격**transfer price이라고 불리는 내부 가격을 책정해야 한다. 이 이전가격은 이윤을 계산할 때, 따라서 각 나라에서 행한 영업활동에 대해 납세의무를 확정할 때 사용된다. 잘 알려진 대로, 이전가격은 세율이 높은 국가에서는 인위적으로 이윤을 낮추기 위해서, 그리고 세율이 낮은 국가에서는 사업에 대한 과세소득을 인위적으로 높이기 위해서 조작될 수 있다. 기본적으로 이전가격 조작은 TNCs가 자신의 세금 부담을 줄이고 국

가들의 조세수입을 빼앗는 한 방법이다.[11] 투자협정을 통해 이를 방지할 순 있다.

또한 다자간 투자협정은 국가들로 하여금 초국적기업 사업을 위한 입찰 전쟁에 사로잡히지 않도록 하는데 유용할 수도 있다. 만약 국가들이 그들이 제공할 수 있는 투자 인센티브에 관한 규칙을 준수하기로 합의한다면, 장기적으로 모든 국가들이 혜택을 볼 것이다. 일부 연구에 의하면, 국가들이 제공하는 인센티브와 양보는 궁극적으로 FDI 입지 선정 양상에 있어서 그렇게 중요하지 않다. 일반적으로 특정 위치에 해외투자를 하기로 결정하는 데 있어 시장요인은, 국가들이 외국 기업을 끌어들이기 위해 제공하는 온갖 혜택보다 더 중요한 편이다. 결국 FDI는 대개 갈 곳으로 가지만 추가적인 혜택을 누린다. 그러나 이러한 현상을 막는 유일한 방법은 모든 국가들이 스스로의 손을 묶기로 합의하는 것이며, 그것은 국제조약과 협정을 통해서 가능하다.

다자간 투자협정 최종안을 협상하려는 OECD의 시도는 1998년에 실패했고, 이것은 아마도 충분히 예측된 일이었다. 합의할 수 있었던 모든 규칙들은 구속력 있는 규칙이라기보다는 일련의 자발적인 가이드라인이었다. MAI 협상은 왜 붕괴했는가? 이에 대해 간단히 답하면, 국가들은 자신의 국가이익을 추구할 권리를 포기하려 하지 않았다. 국가들은 국내기업을 우대하는 것이 신중하게 행동하는 것처럼 여겨질 때 국가는 국내기업에게 유리하도록 차별조치를 취할 수 있길 원했고, 기회가 주어졌을 때 TNCs 공장을 유치하기 위해 과감하게 내기를 걸고 싶었다.

UNCTAD의 보고서에 의하면, 2011년 현재 단일한 글로벌 FDI협정 대신에, 초국적기업TNCs과 민족국가들 간에 6,000개 이상의 별도 국제투자협정IIAs: International Investment Agreements이 있으며, 그로 인해 규칙과 표준이 복잡하게 뒤죽박죽되어 있다. 이러한 IIAs체제는 '근린궁핍적인' TNCs 유치 전쟁에 국가들이 가담할 동기를 감소시키지 못할뿐더러, TNCs 활동에 관련된 일률적인 노동 및 환경 기준의 집행을 촉진하지도 않는다. TNC의 행태를 규율하는 다자협정 없는 상황에서, 비정부기구들은 그 틈을 비집고 들어왔고 TNCs에게 외국인 노동자들을 공평하게 대우하도록 압력을 가하는 캠페인을 전개했다. TNCs는 기업의 사회적 책임 기준을 더 수용하는 것으로 대응했다. 그 성공 여부는 격렬한 논쟁의 대상인데, 그것은 그 기준에 대한 준수를 감시하고 집행하기 어렵기 때문이다 (글상자 17.1 '초국적기업, 글로벌 상품사슬, 그리고 책임성' 참조).

결론

오늘날의 초국적기업TNCs

변화와 불확실성은 전환기에 놓인 글로벌 경제와 국제관계의 특징이다. 그럼에도 불구하고, 우리는 FDI의 이동 양상과 어쩌면 TNCs의 행태에 영향을 줄 가능성이 있는 몇몇 강력한 조류를 찾아볼 수 있다. 우리가 여기에서 논의한 사건들은 많은 중대한 질문을 제기하는데, 이로 인해 국제정치경제IPE 및 TNCs 연구자들에게 흥분에 찬 시간이 되고 있다.

우리가 이미 암시했듯이, 잠재적으로 판도를 바꾸는 사건은 중국과 인도 등의 눈부신 경제성장이다. 과거에 일본과 신흥공업국의 부상이 서구

초국적기업, 글로벌 상품사슬, 그리고 책임성

전통적으로 많은 TNCs는 두 유형의 조직구조 중 하나를 취했다. 그들은 수직적으로 통합되거나 아니면 수평적으로 통합된 회사들이었다. 최근에는 새로운 TNC 구조가 나타났는데, (글로벌 공급사슬로도 명명된) **글로벌 상품사슬**global commodity chain에 기초한 글로벌 기업이 바로 그것이다. 이때 TNC는 해외 사업부문의 대부분을 소유하지 않는다. 정보기술이 개선되면서 몇몇 TNCs는 핵심적인 기능을 외국 기업으로부터 '아웃소싱' 할 수 있다. 이 TNC는 지역적인 혹은 세계적인 사업 무대를 형성하기 위해 초국적 계약 네트워크를 구축한다.

예를 들어, 나이키는 대표적인 TNC이지만, 여러분은 기업들의 상위 FDI 순위에서 나이키를 찾아보지 못할 것이다. 나이키는 미국 안이든 밖이든 생산 자산을 거의 갖고 있지 않다. 대부분의 나이키 제품은 나이키와의 계약 하에서 외국 기업들에 의해 제작되고 유통된다 (야구 모자는 눈에 띄는 예외임). 나이키는 원료 생산에서부터 의류 재봉 및 유통에 이르기까지 모든 것을 다른 기업들과의 연쇄적인 계약 및 사업 관계를 통해서 조율한다. 나이키가 절대적으로 통제하고 보호하는 자산은 브랜드 이름, 이미지, 그리고 그 유명한 '부메랑' 상표 등이다. 비슷하게 애플은 자신의 대표적인 상품의 디자인과 명성에 대한 확고한 통제권을 유지하면서도 아이폰과 아이패드의 제조와 조립은 중국, 일본, 대만 등에 있는 기업들에게 대부분 아웃소싱하고 있다.

글로벌 상품사슬은 국제정치경제IPE에서 나올법한 모든 종류의 흥미로운 질문을 제기한다.

TNCs는 하청업체에서 행해진 일에 대해 책임을 지는가? 나이키는 자신의 상품사슬에 있는 공장의 노동자 처우 때문에 비판을 받았을 때 결국에는 그 노동조건을 바꾸었다. 최근 애플은 자신의 주요 납품업체 중 하나인 폭스콘Foxconn의 근무여건을 개선하라는 압력을 점점 더 받아왔다. 폭스콘은 대만인 소유 기업으로 중국에서 120만 명의 종업원을 고용하고 있다.[a] 애플, 나이키 등 TNC는 납품업체의 행동에 대해 법적인 책임을 지지 않을지도 모른다. 하지만, 시장에서 신뢰성을 얻기 위해서, 그리고 기업의 사회적 행동에 관심을 두는 여타 행위자들과의 협상을 위해서, TNC는 경쟁적인 시장 환경에서 때때로 기업의 행동에 대한 책임성을 확립해야 한다.

일부 의류의 글로벌 상품사슬에서 열악한 노동조건으로 인한 착취공장sweatshop 이슈는 이러한 점을 잘 보여준다. 몇몇 NGOs는 TNCs에게 납품하는 착취공장을 겨냥하여 그러한 작업조건의 개선에 초점을 맞추고 있다. Global Exchange, Clean Clothes Campaign of Europe, Co-op America, Sweatshop Watch, United Students Against Sweatshops 등이 이들 NGO이다. 몇몇 대학단체들은 110개 이상의 학술기관으로 이뤄진 대규모 네트워크에 속해 있으며, '착취 없는' 의류에만 자기 대학의 이름을 붙이도록 허용하는 규칙을 만드는 데 집중하고 있다. 2002년 9월에 26개 의류회사들은 개도국에 있는 자회사의 작업환경을 감독하는 감시체제 수립을 위한 협정에 서명했다. 애플과 나이키를 비롯한 250개 미국기업들은 납품업체들이 준수해야 할 행동

(계속)

규약을 만들었다.[b]

많은 TNCs는 책임성 이슈를 심각하게 받아들였다. NGO인 Business for Social Responsibility[BSR]는 "윤리적 가치를 존중하고, 사람·공동체·자연환경을 존중하는 방식으로 상업적인 성공을 달성하는 것"을 자신의 목표로 규정하고 있다. BSR은 **기업의 사회적 책임**[CSR: corporate social responsibility]이 기업의 운영비용을 감축하고, 브랜드 이미지를 개선하며, 판매량과 기업 충성도를 높이고, 생산성과 품질을 제고하는 등 기업들에게 긍정적인 효과를 미칠 수 있다고 주장한다.[c] CSR에 대한 약속으로 인정받는 회사들은 Co-operative Bank, 스타벅스, B&Q, Novo Nordisk 등이다.

그러나 CSR 운동이 광범위한 TNC 행태의 변화를 야기할지는 아직 두고 볼 일이다. 어떤 학자들은 CSR의 효과성을 의문시하면서, 그것은 소수 대표적인 TNCs의 겉치레에 불과하며 기업 행태에 있어서 매우 미미한 변화만을 일으킬 것이라고 생각한다.[d] 예를 들어, 라이시[Robert Reich]는 "기업들은 도덕적이지도 비도덕적이지도 않으며", TNCs의 행동을 유발하는 것은 보다 깊은 구조적인 요인이지 최고경영자의 윤리성은 아니라고 주장한다. 라이시 등은 모든 기업에게 적용되는 다자적, 국가적 규제를 지지한다. 글로벌 상품사슬이 초국적 생산에서 더 중요해짐에 따라 기업의 책임성 및 그에 대한 반응 양식은 공공정책 과제에서 중심 이슈가 될 것이다.

참고문헌

[a] Charles Duhigg and David Barboza, "In China, Human Costs Are Built into an iPad," *New York Times*, January 25, 2012.
[b] Robert Collier, "For Anti-Sweatshop Activists, Recent Settlement Is Only Tip of Iceberg," *San Francisco Chronicle*, September 29, 2002; John Miller, "Why Economists Are Wrong about Sweatshops and the Antisweatshop Movement," *Challenge* 46 (January–February 2003), pp. 93–112.
[c] Business for Social Responsibility의 웹사이트 (www.bsr.org) 참조.
[d] David Vogel, *The Market for Virtue: The Potential and Limits of Corporate Social Responsibility* (Washington, DC: Brookings Institution Press, 2005); Robert Reich, *Supercapitalism: The Transformation of Business, Democracy, and Everyday Life* (New York: Alfred A. Knopf, 2007). 하청공장의 감독에 관한 합의를 준수하고 있다는 나이키의 주장에 대한 비판적인 시각은 Richard Read, "Nike's Focus on Keeping Costs Low Causes Poor Working Conditions, Critics Say," *Oregonian*, August 5, 2008.

TNCs의 유력 경쟁자를 낳았듯이, 지금 우리도 브라질, 러시아, 인도, 중국 등 브릭스[BRICs]의 기업들이 서구 TNCs의 지배력에 도전하고 있는 모습을 본다. 보스턴컨설팅그룹의 회원들이 낸 최근의 책에 의하면, 세계화 과정은 너무 멀리 진전되어서 우리는 이제 '세계성[globality]'이라고 부르는 상황에 처해 있다. 과거에는 글로벌 사업이 북반구 TNCs를 이롭게 하는 '일방통행' 식이었던 반면에, 이제는 북반구 TNCs와 브릭스의 TNCs가 '모두에 대해, 모든 것을 위해서, 모든 곳에서 경쟁하는 쌍방향 과정'이다.[12]

이처럼 치열한 경쟁과 교통통신 기술의 변화에 대한 대응으로서, 우리는 팔미사노[Samuel Palmisano] IBM 전 최고경영자가 명명한 **글로벌 기업**[globally

제17장 초국적기업: 외국인투자 거버넌스 **499**
제17장 초국적기업: 외국인투자 거버넌스 **499**

integrated enterprises의 등장을 보기 시작하고 있다. 글로벌 기업은 신상품의 자금조달·디자인·생산을 조율하고 분담하기 위해 여러 동업자와 납품업자들을 한데 연결하는데 능하다.[13] 전유성이론과 지사공장증후군에서 시사하는 기업 활동의 내부화 압력과는 대조적으로, TNCs는 과거에 내부적으로 수행했던 활동의 일부를 점점 외부화 하고 있다.

국제적 생산을 위해 '비지분 방식NEMs: nonequity modes'을 채택하는 몇 가지 이유가 있다. 비지분 방식은 공급 사슬에 있는 기업들의 대부분을 소유하지 않은 채 글로벌 상품사슬을 조정할 때 TNCs가 하는 행동을 서술하기 위해 UNCTAD가 사용하는 용어다. 한 이유는 더 경쟁적이고 불확실한 환경에서 사업을 수행하는 데에 따르는 잠재적 리스크를 분산시키기 위해서다. 다른 이유는 수요 변화에 대응하는 TNCs의 유연성을 증가시키기 위해서다. 종종 납품업체와의 관계를 단절하는 것이 자신이 전적으로 소유한 자회사를 폐쇄하는 것보다 쉽고 비용이 덜 든다. 그리고 상품의 복잡성에 따라, TNCs는 사업의 상당 부분을 아웃소싱 함으로써 비용 및 기술상의 이점을 얻을 수 있다. TNCs는 장난감, 의류 등 단순 상품의 생산을 저비용 납품업체에게 아웃소싱할 수 있다. 정교한 상품의 생산자들은 지구상의 재능 있는 노동력을 활용할 수 있다. 아래 사례연구는 보잉의 새로운 항공기 787의 생산에 초점을 맞춰 이러한 과정이 작동하는 두드러진 예를 제공한다.

몇몇 정치적, 경제적, 기술적인 요인들은 자신의 이익과 본국의 이익을 분리하도록 TNCs를 떠밀고 있는 반면에, 다른 요인들은 글로벌 경제에서 중상주의 혹은 '국가자본주의'의 은밀한 귀환에 대한 우려를 자아내고 있다. 예를 들면, 국유 TNCs는, 그 이름이 암시하는 것처럼, 그 국가에 의해 대부분 또는 전부 소유되고 있다. 중국의 FDI 유출량의 3분의 2는 중국의 국가가 장악하고 있다.[14] 이러한 통제력 덕분에 중국의 국가는 세계 시장에서 전통적 TNCs와 경쟁하는 '국가지원 전략기업'의 발전을 지원할 수 있다. 그리고 해외투자를 자원 부국으로 유도함으로써 중국의 눈부신 경제성장을 위해서 필요한 광물, 에너지, 농산물을 얻을 수 있다.

국부펀드SWFs: sovereign wealth funds와 국유 TNCs의 급속한 성장은 많은 논객들의 우려를 자아내고 있다. 국부펀드의 자산 규모는 1990년에 5억 달러에서 2012년 거의 5조 1,000억 달러로 증가했으며, 국유 TNCs는 2011년 총 FDI의 11퍼센트를 차지했다. 종종 이들은 주주, 규제기관, 유권자에 대한 책임성을 결여하고 있기 때문에, 그들의 비밀주의와 전략산업 투자는 여러 위험을 제기한다.[15] 오바마 행정부에서 국가경제위원회 의장을 역임한 서머스Larry Summers는 외국 정부의 중상주의적인 행동이 자유주의적 글로벌체제에 잠재적 위협이라고 본다. 서머스의 표현에 따르면, 이 외국 정부들은 항공사에게 "자기 나라로 비행하도록 요구하고, 은행에게 자기 나라에서 영업하기를 원하며, 혹은 자기 나라 대표기업의 경쟁자가 무력화되기를 바란다."[16] 국부펀드와 국유 TNCs를 변호하는 사람들은 그들이 한참 동안 사업을 운영해오고 있지만 건전한 금전적인 수익 이외에 다른 것을 추구하고 있다는 증거는 없다고 지적한다.

BRICs, SWFs, 그리고 국유 TNCs가 중요한 FDI 원천으로 등장하는 것은 글로벌 경제에서 민간 소유 TNCs의 역할을 변화시키는가? 여전히

글상자 17.2

아웃소싱과 글로벌 기업: 보잉 787 항공기

선두를 달리는 두 항공기 생산업체 중 하나인 보잉은 새 항공기 787 '드림라이너'를 혁명적인 새로운 사업전략으로 개발하는 프로그램을 개시했다. 보잉 787은 금속이 아닌 복합재료로 제작될 것이며, 그 70퍼센트는 미국과 세계 도처(일본, 중국, 한국, 호주, 러시아, 캐나다, 영국, 프랑스, 스웨덴, 이탈리아 등을 포함한)에 있는 납품업체와 하청업체에 의해서 생산될 것이다. 이 새로운 전략에서 눈에 띄는 대목은 '1단계 납품업체'로 알려진 핵심 파트너들이 항공기의 여러 부분의 디자인, 설계, 제조 및 조립을 담당한다는 것이다. 예를 들면, 보잉이 한때 경쟁우위의 핵심 원천으로 간주했던 비행기 날개는 이제 보잉의 도움으로 일본 회사들에 의해서 생산되고 있다. 이러한 회사들 아래에는 수백 개의 '2단계 납품업체'와 길고 복잡한 글로벌 공급사슬을 구성하는 그들의 하청업체들이 있다. 보잉은 이제 경쟁우위의 원천으로 시스템 통합과 최종 조립을 본다.

웨인Leslie Wayne에 따르면, 아웃소싱은 "너무 광범위해서 보잉은 세계에서 얼마나 많은 사람들이 787사업에서 일하고 있는지 알지 못할 정도다."[a] 보잉에 뒤지지 않으려고 유럽 4개국이 만든 항공기 제조분야 라이벌, 에어버스는 가치 기준으로 새로운 비행기의 60~70퍼센트를 아웃소싱할 계획이다. 그러한 일의 많은 부분과 그에 따른 많은 일자리는 비유럽국가들에게 돌아갈 것이다. 이러한 사업전략이 갖는 이점은 보잉, 에어버스, 그리고 여타 초국적기업TNCs에게 분명하다. 보잉이 모스크바에 있는 러시아 공학자들을 이용하는 것처럼, 그들은 전 세계에 있는 숙련되고 재능 있는 종업원을 때로는 더 저렴하게 고용할 수 있다. 그들은 납품업체들의 기술과 경영상의 전문지식을 쌓아줌으로써 외국 정부와 우호적인 관계를 맺을 수 있다. 이를 통해서 더 나은 국가-TNC 관계를 촉진하고 보잉의 경우처럼 항공기 판매를 증가시킬 수 있다. 그리고 그들은 세계의 동업자들과 비용을 분담함으로써 값비싼 신상품 및 새 사업을 시작할 때 금융 리스크를 줄일 수 있다 (보잉의 개발비용 80억 달러 중 약 40퍼센트는 동업자들이 부담하고 있다).

그러나 본국에 미치는 결과는 덜 확실하다. 보잉의 노동자들은 이처럼 광범위한 아웃소싱이 그들의 일자리에 미치는 영향에 대해 우려한다. 예를 들면, 보잉 노동자에 대한 최근의 연구에 의하면, 엔지니어의 3분의 2는 아웃소싱이 그들의 고용 안정성을 위협한다고 생각했다. 보잉 노동자들을 대상으로 한 인터뷰는 이러한 새로운 사업전략이 그 회사의 미래와 미국인들이 얻을 수 있는 좋은 일자리에 무엇을 의미하는지에 대해 깊은 우려를 드러냈다. 종업원들은 '필요 이상의 비용을 지불하는 것'이나 '어렵게 배운 값비싼 노하우'를 잃는 것에 대해 말했고, 그러한 아웃소싱이 보잉의 장기적인 생존력을 약화시키고 중산층과 '국가적 조세기반'을 위축시킬 것으로 우려했다.[b] 보잉은 아웃소싱을 너무 많이 했으며 공급사슬이 지나치게 복잡하고 광범위하다고 최근 인정했다. 787사업에서 발생한 지연(3년)과 비용초과(수십억 달러) 등을 피하기 위해, 보잉은 장차 생산될 비행기를 위한 아웃소싱을 줄일 것이라고 밝혔다.

그와 같은 글로벌 기업의 등장은 국제정치경제IPE 전공자들에게 몇 가지 질문을 제기하고 있다. 초국적기업TNCs의 이해관계와 본국의 이해관계는 이미 진행된 것보다 훨씬 더 복잡해지고 분리될 것인가? 폭스Jeff Faux가 『글로벌 계급전쟁The Global Class War』에서 주장한 것처럼, 생산과 금융에 있어서 초국적인 사업 파트너십과 공조는 이익과 권력을 공유하면서도 본국 시민들의 필요를 점차 외면하는 신생 '글로벌 지배계급'의 형성을 도울 것인가?[c] 역외 아웃소싱이 비단 육체노동자와 비숙련 노동자뿐 아니라 회계사, 컴퓨터 프로그래머, 엔지니어 등 서비스 노동자와 숙련 전문직 종사자의 일자리를 점차 위협하고 있다는 사실은 정치인들이 아웃소싱을 완화하고 취약계층을 지원하는 조치를 도입할만큼 충분한 정치적 에너지를 만들어내고 있는가? 그리고 글로벌 기업들이 '좋은' 일자리를 전 세계에 확산시키거나 수출하는 것은 개도국의 생활수준을 향상시키도록 도울 것인가, 아니면 계급 불평등을 악화시킬 것인가?

참고문헌

[a] Leslie Wayne, "Boeing Bets the House," *New York Times*, May 7, 2006, p. BU7.

[b] Edward Greenberg, Leon Grunberg, Sarah Moore, and Pat Sikora, *Turbulence: Boeing and the State of American Workers and Managers* (New Haven, CT: Yale University Press, 2010).

[c] Jeff Faux, *The Global Class War* (Hoboken, NJ: Wiley and Sons, 2006).

공산당이 지배하는 중국발 FDI는 아직도 제국주의의 수단으로서 특징지어질 수 있는가? 국유 TNCs는 기존 TNCs에 비해 노동권과 환경권에 더 큰 관심을 갖고 행동할 것인가? 아니면 글로벌 경쟁압력 때문에 여타의 TNCs와 똑같이 행동하도록 강요받을 것인가? 신흥국의 국부펀드SWFs와 초국적기업TNCs이 자유주의적 글로벌체제의 규칙을 결국 다시 쓰게 될지 여부는 모르지만, 그것들이 그 체제에서 권력관계의 재균형을 상징한다는 점은 의심의 여지가 별로 없다.

끝으로, 우리는 2007년 말에 시작된 글로벌 경제침체가 FDI와 TNCs에 미칠 장기적인 충격에 대해 질문해야 한다. 국경 개방성의 하락, 국제무역의 감소, FDI의 감소 등 위축기에 접어들만큼, 세계 도처에서 엘리트와 시민들 사이에서 세계화에 대한 지지가 그렇게 흔들리고 있는가? 월가점령운동OWS 같은 대중시위운동은 TNCs를 비롯한 대기업과 대형 은행들의 행동에 대한 대중적인 회의를 충분히 일으킴으로써 정치인들이 이러한 기업들의 활동을 더 엄격하게 규제하도록 추동하고 있는가? 비록 UNCTAD는 세계 투자 추세에 주요 변환이 나타난 징후를 찾지 못하지만, 최근 상황을 바탕으로 최선의 판단을 내리고 있다. 글로벌 경제가 회복됨에 따라, 아마도 자유시장적 처방에 대한 열의는 덜하겠지만, 우리는 근본적인 경제적·기술적 힘이 FDI와 TNCs의 팽창을 유인할 것으로 기대할 수 있다. 그러나 경제위기가 지속되거나 더 깊어지면 어떤 부작용이 있을지 더욱 불확실해진다. 1930년대의 예처럼, 정치적 힘은 심각한 경제위기에 대응하여 국제질서를 재구축할 수 있음을 역사는 우리에게 상기시켜준다. 그러므로 예언은 위험한 게임이다.

주요 용어

국부펀드(SWFs: sovereign
    wealth funds) 499
글로벌 상품사슬(global
    commodity chain) 497
글로벌 기업(globally integrated
    enterprises) 498
기업의 사회적 책임
    (CSR: corporate social

responsibility) 498
다국적기업(MNCs: multinational
    corporations) 477
상품주기이론(product cycle
    theory) 484
외국인직접투자/해외직접투자
    (FDI: foreign direct
    investment) 477

이전가격(transfer price) 495
전유성(專有性)이론
    (appropriability theory)
    484
지사공장증후군(branch factory
    syndrome) 485
초국적기업(TNCs: transnational
    corporations) 477

토론주제

1. 초국적기업TNCs은 무엇이며, 다른 기업들과 어떻게 구별되는가?
2. 왜 TNCs는 해외직접투자를 하는가? 다음 진술이 정확한지 아닌지 설명해 보시오. "대부분의 TNCs는 저임금 때문에 저개발국에 투자한다."
3. TNCs에 대한 반응은 지난 반세기 동안 어떻게 그리고 왜 변화해 왔는가?
4. FDI 거버넌스에 관한 국제협정은 어떻게 TNCs를 이롭게 하는가? 그러한 협정은 국가들을 어떻게 이롭게 할 것인가? 무엇이 그러한 협정이 실현되는 것을 가로막는가?
5. FDI의 양상과 TNCs의 조직에서 최근 나타난 변화들을 설명해 보시오. 이러한 변화들이 시사하는 바는 무엇인가?
6. 2007년에 시작된 금융위기의 심각성을 고려할 때, 그것이 향후 10년에 걸쳐 FDI와 TNCs에 미치는 결과는 무엇이라고 생각하는가? 자유주의 경제정책과 개방적인 국경은 퇴보할 것인가? 아니면 그 위기는 세계화의 힘들에게 일시적인 후퇴만을 의미하는가?

추천문헌

David C. Korten. *When Corporations Rule the World*. West Hartford, CT: Kumarian Press, 1996.

Raymond Vernon. *In the Hurricane's Eye: The Troubled Prospects of Multinational Enterprises*. Cambridge, MA: Harvard University Press, 1998.

Robert Gilpin. *The Challenge of Global Capitalism: The World Economy in the 21st Century*. Princeton, NJ: Princeton University Press, 2000.

Stephen H. Hymer. *The International Operations of National Firms: A Study of Direct Foreign Investment*. Cambridge, MA: MIT Press, 1976.

William Greider. *One World, Ready or Not: The Manic Logic of Global Capitalism*. New York: Simon & Schuster, 1997.

주

1) *Economist*, "Special Report: State Capitalism," January 21, 2012.

2) William Greider, *One World, Ready or Not: The Manic Logic of Global Capitalism* (New York: Simon & Schuster, 1997).

3) Robert Gilpin, *U.S. Power and the Multinational Corporation: The Political Economy of Foreign Direct Investment* (New York: Basic Books, 1975), p. 147.

4) Ibid., p. 260.

5) Joseph Nye, *Soft Power: The Means of Success in World Politics* (Cambridge, MA: Perseus Books Group, 2004).

6) John Stopford and Susan Strange, *Rival States, Rival Firms: Competition for World Market Shares* (Cambridge, England: Cambridge University Press, 1991).

7) David N. Balaam and Michael Veseth, *Introduction to International Political Economy*, 2nd ed. (Upper Saddle River, NJ: Prentice Hall, 2001), p. 361.

8) Kenichi Ohmae, *The Borderless World* (New York: Harper & Row, 1990).

9) David C. Korten, *When Corporations Rule the World* (West Hartford, CT: Kumarian Press, 1996).

10) Raymond Vernon, *In the Hurricane's Eye: The Troubled Prospects of Multinational Enterprises* (Cambridge, MA: Harvard University Press, 1998).

11) 이전가격에 대한 유용한 정보는 정치활동조직인 Tax Justice Network의 웹사이트(http://www.taxjustice.net/cms/front_content.php?idcat=139)를 참조하라.

12) Harold Sirkin, James Hemerling, and Arindam Bhattacharya, *Globality: Competing with Everyone from Everywhere for Everything* (New York: Business Plus, 2008). 상이한 시각은 Panjat Ghemawat, *World 3.0: Global Prosperity and How to Achieve It* (Boston: Harvard Business Review Press, 2011)에 제시되어 있다. 그는 지리와 문화는 여전히 중요하며, 세계화에 관한 일부 논객들이 암시하는 것보다 TNCs는 국내시장과 지역시장에 훨씬 더 연계되어 있다고 주장한다.

13) Samuel Palmisano, "The Globally Integrated Enterprise," *Foreign Affairs* (May–June 2006).

14) Nargiza Salidjanova, "Going Out: An Overview of China's Outward Foreign Direct Investment," *U.S.-China Economic Security Review Commission Research Report*, March 30, 2011.

15) *Economist*, "Special Report on Globalization," September 20, 2008.

16) Tim Weber, "Who's Afraid of Sovereign Wealth Funds?" *BBC News*, January 24, 2008.

식량과 기아: 시장실패와 불의

제2차 세계대전 이후 주로 개발도상국을 중심으로 기아가 광범위하게 횡행했던 시기가 있었다. 하지만 지난 반세기 동안 세계 식량문제의 원인은 농산품과 식량의 **공급과잉과 수요부족** 때문이라고 여겨졌다. 2008년 여름과 2011년 두 차례에 걸쳐 국제사회는 예기치 않게 낮은 재고 수준과 높은 식량 가격이 동시 발생한 상황에 맞닥뜨렸다. 높은 변동성이 식량시장에서의 새로운 특징이 되었다. 시시때때로 유엔UN은 식량의 국제정치경제의 새로운 시대가 시작되었음을 알리면서 새로운 '식량위기'가 다가오고 있다고 경고한다.

2005년 후반부터 식량가격이 지속적으로 오르면서 많은 농업인구가 이득을 보았으나 가난과 기아에 시달리는 사람의 숫자 역시 늘어났다. 유엔식량농업기구FAO: Food and Agriculture Organization는 세계 식량 재고량이 55일치로 역대 최저수준을 기록했다고 보고했다. 곧 멕시코, 인도네시아,

코트디부아르 등 많은 국가에서 높은 식량가격과 석유가격으로 인해 시위와 폭동이 일어났다. 아이티에서는 수상이 자리에서 물러났다. 일부 나라에서는 사재기 현상이 발생했다. 미국의 주요 식료품 가게에서는 쌀 구매를 제한했다. 일부 나라는 생산을 장려하기 위하여 새로운 농업보조금으로 위기에 대응했다. 러시아, 중국, 인도 등 적어도 47개국 이상이 자국 소비자를 기아로부터 보호하기 위해 농산품 수출을 금지하거나 무역관세율의 인하를 통해 수입을 장려했다. 2011년 유사한 식량가격의 폭등이 아프리카와 중동에서 아랍의 봄으로 불리는 정치적 소요의 발생에 일조했다. 미국, 러시아, 호주 및 그 밖의 나라에서 발생한 일련의 가뭄 역시 식량가격의 인상을 촉발했다.

이러한 최근의 국제 식량위기는 그 원인과 결과를 둘러싸고 격렬한 논쟁을 야기했다. 국가 공무원, 국제기구IOs, 언론 매체, 학자 등이 이 위기

에 대한 다양한 설명들을 내놓았다. 즉, 식량재고 수준의 감소에 일조한 미국 달러화의 약세, 특히 개발도상국에서 농산품의 생산을 저해하는 자연적 제약으로 작용했던 환경변화, 전세계적으로 기근과 기아에 대한 공포를 환기시킨 신흥국의 소득증가 및 인구증가, 식량소비에 가용한 농산물의 양을 감소시키는 바이오연료 생산의 필요성, 농산품에 대한 투기 등이 그것이다. 또한 세계 식량위기는 가능한 해결책들에 대한 논의를 촉발했는데, 다음과 같은 논의를 포함하였다. 즉, **유전자변형생물**GMOs: genetically modified organisms과 생산기술, 새로운 녹색혁명Green Revolution, 가장 빈곤한 국가들에 대한 식량원조를 확대하고자 하는 UN 세계식량프로그램WFP: World Food Program의 노력, 무역장벽의 축소, 많은 빈국에서 발생하고 있는 갈등과 전쟁을 극복하는 한편 식량분배를 개선하기 위한 조치, 식량체제를 민주화하고 지역 식량경제를 강화하기 위한 방책으로서 **식량주권**food sovereignty의 강조 등이 그것이다.

이 장에서는 2008년 봄부터 현재까지 계속되고 있는 새로운 세계 식량위기로 귀결된 '완벽한 폭풍Perfect storm[i]'에 관한 몇 가지 중요한 문제들에 대하여 답을 하고자 한다. 첫째, 2005년에서 2012년 사이 일어난 전세계적 수요공급 상황의 갑작스럽고도 엄청난 변화를 무엇으로 설명할 수 있는가? 둘째, 2005년 이전에 식량의 공급과잉과 **수요부족**이 주요 문제로 등장했던 시기는 언제인가? 그리고 공급과잉에도 불구하고 식량이 가장 필요한 사람들에게 주어지지 않은 이유는 무엇인

가? 셋째, 식량과 기아 문제에 좀 더 효과적으로 대처하지 못한 결과로서 기아와 기근이 국제정치경제의 주요 특징이 된 이유는 무엇인가? 이러한 문제들에 대한 답의 모색은 최근의 식량위기의 근원을 밝히는 데에 도움이 될 것이다. 식량위기는 전세계적 식량생산과 분배체계의 영구적인 특징 중 하나라는 것이 우리가 주장하는 바이다.

이와 같은 이 장의 논제들에 대하여 논의한 후, 전세계적 식량생산과 분배체계의 정치, 경제, 사회 구조적 요인들에 대해 약술할 것이다. 그 이후, 간략한 역사를 다루는 절에서 식량과 기아의 상황 및 정책의 최근 주요 발전에 대해 논의할 것이다. 다음으로, 세 가지 주요한 국제정치경제 시각(제1장을 참조)을 활용하여 전문가들과 정책관료들이 주장하는 최근의 세계 식량위기의 주요 원인에 대해 설명할 것이다. 이 위기를 해결하기 위한 항간의 제안들을 간략하게 살펴보고 전세계적 식량과 기아 문제의 관리를 위한 우리의 활동이 갖는 함의에 대한 논의로 이 장을 끝맺을 것이다.

우리는 이 장에서 다음 세 가지를 주장한다. 첫째, 반대 주장에도 불구하고, 분명히 현 세계 식량위기는 주로 소득과 인구 둘 다의 극적인 증가로 인해 농산물 공급이 상대적으로 부족하게 되었기 때문은 아니다. 실제로, 수요공급의 불균형은 단지 왜 위기가 감지되기 전 대략 3년간의 시기에 가격이 그렇게 많이 올랐는지, 또 왜 농산품 공급이 그렇게 갑자기 부족해졌는지에 대한 논점을 흐릴 뿐이다. 우리는 전세계적 식량과 기아문제의 근본이유가 빈곤, 잘못 관리된 식량분배체계, 사람의 건강과 환경 모두에게 유해한 고도로 가공된 식량의 생산을 장려하는 제도에 있다고 주장한다.

둘째, 다양한 거시경제적 조건에도 불구하고,

---

i 〈역자 주〉 여러가지 좋지 않은 여건이 동시에 결합해서 발생한 최악의 상황을 의미. 일반적으로 엄청난 규모의 사건을 지칭.

기아와 기근은 국제정치경제의 **불변하는 구조적** **특징**이다. 최근의 식량위기는 권력의 정치, 경제, 사회적 구조가 시장을 지배할 정도로 확대되었을 뿐이다. 가난한 사람들은 **지속적으로** 식량 부족에 시달리고 있고, 선진국 대부분의 사람들은 상대적으로 값싼 농산품과 식료품을 이용할 수 있다. 그러나 이러한 값싼 식료품은 지방, 당분, 염분 등의 함량이 높은 경향이 있고, 당뇨병과 비만과 같은 만성질병의 비율을 높이는 데 일조한다. 이러한 가공식품을 더욱 손쉽게 이용할 수 있게 되면서, 상대적으로 가난한 나라들은 점차 기아와 만성질병이라는 '이중의 짐'에 직면하게 된다.

셋째, 우리는 국가, 국제기구들, 다국적기업들, 국내집단 등 서로 다른 식량 행위자들이 갖고 있는 상충된 **이해관계와 가치**들로 인해 식량의 생산과 분배체계가 잘못 관리되고 있다고 주장한다. 이러한 행위자들은 네트워크를 형성하는데, 이 네트워크는 복잡한 경제개발 문제, 에너지와 환경문제, 안보문제 등으로부터 자유롭지 못하기 때문에 기아의 극복을 위한 효과적인 전세계적 차원의 식량정책의 수립이 거의 불가능하다.

식량과 기아의 국제정치경제

기아의 국제정치경제는 정치적, 경제적, 사회적 요인들의 조합이 어떻게 국가적, 세계적 식량과 기아문제에 영향을 주는가를 설명해 준다. 현실주의자들은 세계를 민족국가들이 자신들의 상대적 안정성을 증대시키기 위해서 권력과 부를 두고 경쟁해야만 하는 자력구제의 체계로 본다. 국가들은 자국의 국익을 위해 국내시장 및 국제시장을 통제한다. 미국, 캐나다, 프랑스, 호주, 브라질, 아르헨티나 등 막대한 잉여농산물을 생산할 능력이 있는 국가들은 흔히 식량수입에 의존하는 다른 나라들에게 잉여식량을 수출하여 이익을 얻는다. 잉여농산품 생산국들은 **수출보조금**과 다른 무역 강화 조치들의 시행을 통해 **국내시장**을 깨끗이 정리하고, 새로운 시장을 창출해서 외화를 벌어들인다.

다른 한편, 주요 농산품 **수입국**들은 생산 강화 및 보호무역주의 조치의 채택을 통해 자국의 식량 안정성을 높이려고 한다. 이러한 조치들은 때때로 오늘날 세계무역기구WTO: World Trade Organization의 도하라운드 같은 국제무역협상을 어렵게 한다(제6장 참조). 많은 국가들은 위기나 전쟁이 발생했을 때 식량수출국에 의존하게 되는 상황을 우려하는데, 이 상황에서 식량공급의 감소가 자국의 국가안보를 약화시킨다. 아시아와 아프리카의 많은 나라들은 한정된 양의 쌀을 수입할 수 있느냐 못하느냐 여부에 따라 건강한 식생활을 유지할 수도 있고, 영양실조 및 기아상태에 빠질 수도 있다.

많은 전문가들은 아처 다니엘스 미들랜드Archer Daniels Midland, 콘아그라ConAgra, 몬산토Monsanto 등과 같은 **초국적 농업기업**TNACs: Transnational Agribusiness Corporations이 식량체계를 돕기도 하고 저해하기도 한다는 데에 동의하고 있다. 대부분의 선진국들은 초국적 농업기업들의 활동을 심하게 제한하지 않았다. 유럽연합 같은 국제지역기구들은 생산 강화, 관세, 보조금 등으로 농민을 보호하고 있으며, 이는 전세계적 수요공급을 왜곡시켜서 국제 기아 현상에도 영향을 미치고 있다. 유엔의 식량농업기구FAO와 세계식량프로그램WFP 등과 같은 국제기구는 기아문제의 해결을 위해 충분한 노력을 하지 않고 있다는 비난을 받고 있다. 그러나 세계를 위한 빵Bread for World, **국경 없는 의사회**Médicines Sans Frontières 등의 많은 비정부기구들NGOs이 세계 곳곳에서 기아퇴치를 위해 효과적으로 일하고 있다. 마지막으로, 일부 국가의 국내수준에서의 식량정책, 생산, 분배에 있어서 전미 가족농협회U.S. National Family Farm와 같은 국내단체와 **공동체지원 농업**CSA: community-supported agriculture과 같은 대안적 시장 메카니즘이 중요한 역할을 하고 있다.

경제적 자유주의자들은 주요 곡물 생산국들의 농민, 특수이익집단, 농업기업 등이 종종 보조금, 무역관세, 수출보조금을 통해 농가소득을 증대시키기 위해 정책결정과정을 '장악'한다고 강조한다. 미국과 유럽연합의 정치인들은 이러한 지원 대책 덕분에 '자유 시장' 조건하에서보다 식량가격이 낮아진다는 점에 근거하여 이러한 대책들을 정당화한다. 그러나 이러한 농장 지원 대책들은 농산품의 낮은 '농장가farm-gate price'를 보상하여 과잉생산과 투기를 유발함으로써 시장의 자동적인 수요-공급 메커니즘을 왜곡시키는 결과를 낳을 수 있다.

1970년대부터 2008년 위기까지 정통 경제적 자유주의자들OELs은 세계 식량 및 기아 문제를 수요와 공급의 균형을 맞추는 시장의 힘이 제대로 작동하기 못했기 때문이라고 보았다. **만약** 시장이 탈정치화한다면 — 즉, 국가의 역할이 제한되고 시장이 정책산출을 결정한다면 — 전세계 모든 인구가 충분히 먹을 수 있는 양의 식량이 생산되고 교역을 통해 필요한 사람에게 분배될 것이다. 비정통 개입주의적 자유주의자들HILs의 경우 그림은 더욱 복잡하다. 그들은 농산물 교역에 있어서 유사 보호주의의 색채를 띠게 하는, 국내외의 상충하는 다양한 이해를 국가가 해결할 수 있는지에 대해 회의적인 입장이다. 특히 무역정책이 사회와 식량안보에 미치는 영향을 감안하여 자유무역보다는 농민을 지원하되 국제시장을 가장 적게 왜곡하는 정책이 선호된다.

마지막으로, 구조주의자들은 오늘날 세계 식량위기를 1950년대부터 시작된 식량문제의 연장선상에 있다고 보는 경향이 있다. 즉, 인구과잉이나 생산부족이 아니라 저소득과 가용농지의 부족이 기아의 주요 원인이었다는 것이다. 구조주의자들은 주요 생산국의 값싼 식량정책이 도시의 노동계급과 농촌의 소작농의 희생을 대가로 부자들이 이득을 누리게 한다고 비난한다. 많은 나라에서 관료들은 생산자의 인종, 종교, 계급, 역사, 그 밖의 정치적 이해관계 등과 같은 여러 요인에 근거하여 특정 농산품의 생산을 장려하고 있다. 에티오피아, 소말리아, 수단의 다르푸르 지역, 콩고, 케냐, 짐바브웨 등에서는 사회적, 정치적 요인으로 인해 의도된 영양부족에 시달리거나 심지어 굶어죽는 집단이 생겨나기도 했다. 그러나 일부 구조주의자들은 국제정치경제의 변화로부터 국내생산을 보호하는 한편, 자국 고유 농산품의 생산을 촉진하고 국가의 독립성을 강화하는 '다목적' 보호무역정책을 **옹호한다**. 특히 여전히 많은 인구가 농촌지역에 살고 있는 나라들에서 땅이 없는 농촌지역 노동자에게 자신이 소비할 식량을 생산할 수 있도록 토지를 나눠주는 농지개혁 역시 구조주의자들이 제시하는 기아문제 해결 방안 중 하나이다.

전세계적 식량 및 기아 문제의 간략한 역사

20세기 동안 대부분의 선진국은 수요가 늘어나지 않는 상황에서 생산보조금 및 새로운 농업생산기술로 인해 농산품의 과잉생산이 발생한 것을 목도했다. 미국, 캐나다, 유럽 공동체(현재 EU)를 포함하는 주요 곡물 재배 국가들의 농민들은 종종 낮은 식량가격과 낮은 농장수입에 대해 불만을 토로했다. 농민들은 농가소득을 비농업부문 노동자 수준으로 끌어올리기 위해 보조금과 보호무역 조치를 채택하라고 의회에 압력을 가했다. 나라에 따라 다르기는 하지만 농가프로그램은 밀, 옥수수, 대두, 설탕, 면화, 사료용 곡물, 일부 다른 농산물 등에 대한 지원을 포함했다. 많은 농민들은 정부 보조금, 직접적인 수입 지원, 정부 보조 대출, 환경보호정책, 시장으로부터 농산품을 제거하는 국가 농산품 비축 프로그램 등으로부터 혜택을 보았다.

농가집단, 농업기업, 입법자, 미국 농무부USDA: US Department of Agriculture 같은 행정기관 등을 포괄하는 농가 식량정책네트워크는 자유시장 하에서 보다 높은 수준의 농가소득을 유지하도록 하는 데에 관심이 있다. 그러나 납세자의 세금에 의해 운용되는 정책들은 고비용이며, 경제적으로 비효율적이었다. 잉여농산물로 인해 농산물 가격이 하락함에 따라 농가소득의 감소를 막으라는 국가에 대한 압력이 거세졌다. 전세계 주요 민주주의 국가의 입법자들은, 비록 그것이 비효율적인 보호주의정책을 취하는 것을 의미할지라도, 자국 농민을 불가피 도와줄 수밖에 없다고 느꼈다. 생산 잉여는 다양한 정치적, 경제적, 사회적 목표들을 달성하는데 도움이 되었다. 예를 들면, 1960년대와 1970년대의 잉여 옥수수, 버터, 치즈와 그 밖의 농산품들은 미국 정부보조 학교점심프로그램에서 중요한 부분을 차지했다. 국내적으로 '싼 식량' 정책은 밀, 옥수수, 사료용 곡물의 소비를 증가시켰고 농산물을 생산하는 농민들과 저소득층에게 정치적으로 인기가 있었다.

또한, 식량은 국력의 중요한 요소였다. 식량 수입국은 식량 수출국에게 취약했다. 미국은 다양한 외교정책 목표를 달성하기 위한 수단으로 식량을 이용했다. 대외 원조활동은 미국이 잉여농산물을 해외로 실어 나르는 데 도움이 되었다. 미국의 공법PL: Public Law 480과 '평화를 위한 식량' 프로그램은 반공국가이면서 미래에 잠재적으로 미국 농산품과 공산품의 판매를 위한 시장이 될 경제를 가진 나라들에 대한 식량원조를 용이하게 해주었다.

UN의 추정에 의하면, 20세기 후반기 내내 주로 최저개발국을 중심으로 평균 8억 인구가 단백결핍성 소아 영양실조증이나 전신 쇠약증 같은 영양실조와 연관된 질병과 싸우는 데 필요한 단백질과 열량을 충분히 공급받지 못했다. 기아는 흔히 개발도상국에서 나타나는 문제인 과잉인구와 불충분한 식량생산의 결합이 낳은 결과로 생각되었다. 해결책은 꽤나 단순한 것처럼 보였다. 식량 잉여국인 선진국이 저개발국LDCs으로 하여금 서양 산업 생산기술을 도입하여 더 많은 수출용 식량을 생산하도록 도와주는 것이었다. 이는 가난한 나라들이 국제시장에서 필요한 공산품을 살 수 있는 외화를 벌게 해주는 것이기도 하다. 이와 함께 선진국은 가난한 나라들에게 스스로 인구증가율을 낮출 것을 권장한다. 많은 관료들(특히, 거대 농산물 잉여국의 관료)은 해외 원조가 저개발국 정부들이 생산 부족 문제와 기간산업 문제를 극복하는 데 도움을 줄 것이라고 주장했다. 저개발국은 경제가 근대화되면서 기아문제를 궁극적으로 쉽게 극복할 수 있게 될 것이었다. 세계은행 및 다른 금융기관들은 서구를 모델로 하는 산업화를 추구하는 개발프로젝트를 지원했다. 1960년대에 포드

재단과 록펠러재단은 저개발국가들의 농산물 생산량 증가를 도와주고 다양한 새로운 종류의 밀(멕시코)과 쌀(필리핀)을 개발하는 **녹색혁명**Green Revolution 연구를 지원했다. 오늘날까지도, 많은 전문가들은 녹색혁명 덕분에 개발도상국의 수백만 인구가 기아를 면할 수 있었다고 주장한다.

그러나 이러한 조치 중 어떠한 것도 인도, 동남아시아와 동아시아의 일부 지역, 아프리카 등에서 일상적으로 발생하고 있는 영양실조와 기아문제를 깨끗이 해결해주지 못했다. 또한, 지나치게 많은 인구와 증가하는 출생률이 인도와 중국 같은 나라에서 대혼란을 야기할 것이라고 예견되었다. 생물학 교수인 하딘Garrett Hardin은 자신의 논문 "구명선 윤리Lifeboat Ethic"에서 선진국들이 과잉인구인 가난한 개발도상국들에게 기아에서 벗어날 수 있을 만큼 충분한 양의 자원을 이전할 가능성은 높지 않다고 주장했다.[1] 하딘은 만약 (상상의 구명선에 타고 있는) 선진국이 개발도상국의 증가하는 인구로 인해 늪에 빠지고 싶지 않다면, 개발도상국을 구하기 위한 식량원조나 다른 도움을 중단하는 것이 윤리적이라고 주장한다. 원조가 끊기면 생존이 불가능한 사람들에 대한 식량원조는 **비윤리적인** 폐해일 뿐이다.

많은 비평가들은 하딘의 비유가 잘못되었다고 주장했다. 비록 세계적으로 자원이 한정되어 있는 것은 사실이지만, 대다수 사람들이 죽어가는 상황에서 일부의 사람만이 안락하게 살 수 있을 만큼의 자원만 남아있는 상태에 도달한 것은 아니다. 비판자들은 묻는다. 선진국 사람들은 개발도상국 사람들보다 더 많은 호사를 누려야 하는가? '가진 자'가 '가지지 못한 자'와 나누어 가질 수는 없을까? 전세계 개발도상 지역의 많은 사람들이 영양실조와 기아 상태에 처해있는 상황에서 캐나다, 미국, EU와 같은 주요 농산물 생산국은 자국의 엄청난 잉여를 어떻게 합리화할 수 있는가?

세계 식량위기와 패러다임 전환

1972~1973년 세계 식량위기 동안 기아와 식량불안에 대한 또 다른 설명이 등장했다. 1972년 유엔 식량농업기구FAO는 세계 곡물비축량이 최저 기록 수준으로 떨어졌고, 식량수입에 의존하는 국가들이 수입할 수 있는 잉여식량이 더 이상 없다고 선언했다. 그 후 2년간 세계의 가장 가난한 지역 일부에서 기아가 증가했다. 소련의 밀 생산이 급감한 후 미국이 미·소 관계 개선을 위한 노력의 일환으로 소련에 수출하는 밀과 다른 곡물에 대해 보조금을 지급했고, 이것이 국제적으로 밀 가격의 인상과 미국의 밀 비축량 감소로 이어지면서 식량위기가 발생하였다.

1973년 미국은 달러화를 평가절하 하였는데, 이는 식단에 더 많은 밀을 포함시켜 자국 국민의 식단을 향상시키길 원했던 국가들로 하여금 미국 밀의 수입이 더욱 매력적으로 보이도록 하였다. 많은 주요 곡물회사들이 수입상들에게 이러한 곡물을 수출해서 이익을 보았다. 좀 더 가난한 나라들이 농산물 수입에 크게 의존하고 있었지만, 밀과 사료용 곡물은 구매여력이 있는 선진국으로 수출되었다. 식량원조의 반입에 의존하여 기본수요를 충족하고 있던 나라들은 치솟은 국제 농산물 가격을 감당할 수 없었다.

동시에 OPEC 석유카르텔은 미국에 대한 석유수출을 금지했고, 국제유가가 급등했다 (제19장 참조). 많은 비산유 저개발국들은 상승한 석유수입 비용 때문에 어쩔 수 없이 식량수입을 줄이기 위해 식량 자급자족 정책을 채택해야만 했다. 또한 식량수입에 의존하는 일부 빈국들은 일상적으로 발생하는 아시아의 장마와 아프리카 사헬Sahel 지역의 가뭄으로 인해 큰 피해를 입었다. 식량원조가 의도적으로 중단되자, 그 곳에서는 거의 백만 명이 굶어 죽었다.

1970년대 중반 라페Frances Moore Lappé, 콜린스 Joseph Collins, 조지Susan George, 텃지Collin Tudge를 비롯한 여러 사람들은 과잉인구가 기아문제의 근원이라는 하딘의 가정에 도전했다. **식량우선**Food First이라고 알려지게 된 것으로서, 기아는 생산감소와 과잉인구가 아니라 소득불평등과 식량체계에 있어서의 민주적 절차의 결핍으로 인해 발생한다는 주장이다.[2] 식량우선주의자들은 개발도상국의 인구증가율이 농경사회로부터 산업기반사회로 변해가면서 감소한다는 인구학자들의 말을 인용했다. **인구변천**이론demographic transition에 의하면, 평균수명이 길어지고 일인당 소득이 증가하게 되면 자연적으로 인구증가율은 감소한다. 경제발전과 개인소득의 증가에 따른 금전적 안정으로 인해 가난한 사람들은 더 많은 아이를 낳을 동기를 잃게 될 것이다.

이러한 식량우선주의자들은 또한 저개발국이 가뭄이나 심각한 식량부족 시 인구증가를 억제하기 위한 조치들을 채택한다고 강조했다. 중국의 경우를 제외하고 인구증가를 억제하기 위한 광범위한 사회적 개입 프로그램은 효과가 없었다. 더욱이 인도나 그 외의 지역에서 이러한 프로그램은 서구 제국주의의 한 예로 생각되었다. 왜냐하면 소득분배나 서구의 과소비에 초점을 맞추는 대신에 개발도상국의 과잉인구만 탓했기 때문이다. 또, 선진국의 굶주리는 사람들이 보여주듯이 인구

증가가 제한된다고 하더라도 그 사회의 가난한 사람들이 충분한 식량을 얻는 것이 보장되지는 **않는**다. 전세계적으로 일인당 하루에 2,700칼로리 이상을 공급할 수 있을 만큼의 식량이 생산되고 있는 것으로 추정된다. 개발도상국에게 부족한 것은 각 개인이 하루에 필요한 최소한도의 영양소와 열량을 공급받도록 보장하는 분배경로와 필요한 것을 생산하거나 구매할 수 있는 금전적 자원이다.

많은 식량우선주의자들은 전세계적 국제정치경제의 관점에서 기아와 식량안보에 주의를 기울인다. 그들은 전세계적 기아를 야기하는 가난과, 식량분배 문제의 해결을 어렵게 하는 정치적, 경제적, 사회적 요인들을 개략적으로 보여주었다. 식량우선주의자들과 구조주의 비평가들은 식량안보의 필요성에 대한 생각을 공유하고 있으며, 기아는 저개발국에 **고질적인 것이라기보다는 비대칭적인 국제적 상호의존성**에 의해 형성된 선진국과의 정치경제적 관계의 부산물이라고 주장한다. 사실, 세계의 개발도상 지역들은 식민지 시대 이전에는 식량을 자급자족하였다. 식민지화와 무역, 원조, 투자를 통한 선진국과의 교류가 국내경제를 '마비시켰다.' 서구 열강과의 전략적 관계로 인해 엄청난 양의 원조를 지원받아 가난과 기아를 극복한 한국과 대만 같은 개발도상국들은 이러한 규칙으로부터 예외인 경우에 해당한다.

기아의 근원에 대한 이와 같은 해석에 응답하여 전세계의 소농과 농민운동은 좀 더 자율적으로 지방과 지역의 식량체계를 형성할 수 있는 권한을 요구하고, 국제무역협정의 의무조건과 무관하게 정책을 수립하기 위해 결집하기 시작했다. 그들은 자신들과 지역사회를 위한 식량을 생산하는 데 사용할 더 많은 토지를 확보하기 위해 토지개

혁을 요구했다 (때로는 받아 들여졌다). 이러한 토지개혁 프로그램 중 상당수는 심각한 결함이 있었고 식량생산의 전반적인 감소로 이어졌지만, 특히 중남미 지역 등의 다른 많은 토지개혁 프로그램들은 농촌지역 빈민의 식량안보를 강화하는 데 성공했다. 훗날 이 운동은 이 장 뒷부분에서 다루고 있는 국제적 '식량주권' 운동과 합쳐졌다.

풍요 속의 기아

1970년대의 식량위기가 끝난 후에도 저개발국 사람들의 식량안보 상황은 개선되지 않았다. 방글라데시 내전 당시 엄청난 기아 사태가 발생하였다. 에티오피아와 캄보디아의 '킬링필드killing fields'를 비롯한 다른 전쟁에서는 의도적으로 식량이 무기처럼 사용되었다. 1980년대 대부분에 걸쳐 아프리카의 사헬 지역은 광범위한 기아와 굶주림을 겪었다. 그럼에도, 농산물 생산국들은 계속해서 식량원조를 줄이고 무역을 통해 제공했다.

유엔 식량농업기구나 유엔난민기구UNHCR: Office of UN High Commissioner for Refugees 등과 같은 국제 식량지원 단체들의 노력은 가장 황폐화된 국가들의 기아문제 해결에 전혀 성공하지 못했다. 1992년 미국은 내전으로 인해 기아에 허덕이는 수백만의 사람들에게 식량을 지원하기 위해 소말리아에 군대를 파병하는(유엔결의안에 기반) 새로운 선례를 남겼다. 그러나 매복공격에 의해 17명의 미군이 사망에 이르자 다국적군은 소말리아로부터 철수했다. 오늘날 소말리아는 기아와 기근뿐 아니라 불안과 전쟁으로 유명한 '실패한 국가'의 주요 예이다.

1990년대와 2000년대 초반 르완다, 수단, 앙골라, 에티오피아, 시에라리온, 라이베리아 등에서 내전은 기아로 인한 수백만 명의 죽음을 초래했다. 반면, 탄자니아, 나미비아, 보츠와나, 말라위, 모잠비크, 레소토, 스와질랜드, 잠비아, 짐바브웨 등은 가뭄 때문에 일상적으로 기아를 겪었다. 이들 국가 중 상당수는 HIV 전염병 문제도 극복해야만 했는데, 이 점이 해당 국가의 기아문제를 더욱 악화시켰다. 월드비전, 국경 없는 의사회, 옥스팜 등과 같은 민간단체들은 아프리카대륙에서의 기아와 굶주림의 확산을 막을 수 없었다. 1996년 유엔 식량농업기구는 로마에서 세계식량회의를 개최했으며, 동 회의에서 187개국이 20년 이내에 기아선상의 인구를 4억으로 반감시킬 것을 서약했다. 2012년 기준으로 라틴아메리카, 아시아와 아프리카의 15개국 이상이 이 목표를 달성했고 더 많은 나라들에서 유의미한 개선이 있었다. 그러나 2008년에 시작된 식량위기와 금융위기는 여전히 그동안 이루어진 개선을 위협하고 있다.

2008년 전세계적 식량위기의 국제정치경제

2008년 봄, 여러 요인들의 '완벽한 폭풍'으로 인해 가장 최근의 전세계적 식량위기가 발생하였으며, 이는 예기치 못한 생산량 감소와 비정상적으로 높은 농산물 및 식량가격을 초래했다. 다음은 전세계적 식량위기의 원인으로 가장 흔하게 거론되는 일곱 가지 요인들이다.

- 미국 농산물 비축량의 심각한 감소를 유발한 미국 달러화의 평가절하.

- 전세계적으로 농산물 생산량의 감소를 초래한 가뭄, 물 부족, 다른 유형의 기후변화 등을 비롯한 **자연자원의 제약**.
- 아시아와 라틴아메리카에서의 동물성 단백질(육류, 유제품, 달걀) 소비의 증가로 인해 사람이 소비하던 곡물을 동물사료로 사용하게 되었으며 물 사용이 급증했다. 소위 '육류화'라고 부른다.
- 특히 높은 수준의 농산물에 대한 **투기(투자)**는 농산물 가격 및 식량가격이 오르는 데 일조했다.
- 미국과 EU에서 **바이오연료**와 같은 새로운 기술의 사용이 증가하면서 식량이 개발도상 지역으로부터 다른 곳으로 가게 된다.
- 기아를 완화하기 위해 많은 개발도상국들이 **저가 식량 정책, 부적절한 개발 전략, 부적합한 기술** 등에 과도하게 의존.
- **전쟁, 질병, 부패**, 그 밖의 바람직하지 않은 정치적, 경제적 상황의 지속이 식량 생산 및 분배체계를 심각하게 약화시켰다.

이 절에서, 우리는 이러한 요인들이 어떻게 위기에 기여했는가와 더불어 다양한 전문가, 조직, 단체 등에서 제안하는 실현가능한 해결책을 세 가지 국제정치경제 시각을 이용하여 설명한다.

평가절하된 미국 달러화

평가절하된 미국달러는 2008년의 세계 식량위기의 주요 원인이라기보다는, 악화시킨 매개 변수이다. 약화된 미 달러는 미국 곡물을 보다 싸게 살 수 있게 해서 다른 나라로 하여금 더 많은 농산물을 구입하도록 만들었다. 미국 공급량이 최저 기록 수준으로 떨어지자 식량가격이 뛰고, 투기를 부추겨 농산물에 대한 투자거품의 가능성이 증대되었다.

그러나 소비자와 세계의 굶주린 사람들이 처한 곤경은 수십 년 간 낮은 농산물 가격에 직면했던 미국농민들에게는 축복으로 여겨졌다. 곡물 생산국의 농민들은 중국과 인도 같은 나라에서의 인구 증가와 소득증대와 연관된 미래 수요와 바이오 연료를 생산하기 위해 늘어난 수요를 충족하기 위해 곡물생산을 늘릴 수 있을 것으로 기대했다. 또한 농산물 수출의 확대가 미국의 무역수지를 개선시킬 것으로 기대되었다. 전직 미국 농무부 관료 루이스Robert Lewis는 세계의 늘어나는 인구를 먹여 살리려면, 미국의 **평균 소비량**을 기준으로 세계 곡물 생산량이 4배가 되어야 한다고 했다.[3] 루이스는 미국과 EU의 농민들이 계속해서 생산보조금을 받아야 한다고 권고했다. 왜냐하면 그들은 '경제적 악순환'에 빠져있었으며, 토지, 디젤유, 비료, 그 외 2008년 봄 치솟은 유가와 관련이 있는 다른 투입요소 등의 고정생산비용을 충당하려면 마땅히 밀 가격을 올려야만 했기 때문이다.

자연적인 한계, 인구증가, 맬더스식 악몽의 귀환

이러한 배경에도 불구하고, 많은 전문가들은 최근의 생산량 감소가 가뭄, 물 부족, 세계의 여러 다른 지역에서 나타나는 지구온난화 등이 복합적으로 작용한 탓이라고 했다. 일부는 중국과 인도와 같은 '신흥국'에서 더욱 자원집약적인 식량생산에 대한 요구가 증가된 탓이라고도 했다. 일부는 지구 기후변화와 지구의 온도상승이 밀, 쌀, 옥수수 등의 수확 감소를 초래한다고 이론화했다. 2005년 유엔 식량농업기구는 지구온난화로 인해 아프리카 지역의 가뭄과 사막화가 늘어나는 경향이 있으며,

2080년까지 농경지 11억 헥타르(26억 에이커)가 유실될 것이라고 경고했다.[4] 워싱턴 D.C.의 지구정책연구소장 브라운Lester Brown은 세계식량위기의 주요 원인은 물 부족이라고 보고하고 있다. 2005년부터 시작해서, 미국, 유럽연합, 러시아, 우크라이나, 아르헨티나 등에서의 가뭄과 예상치 못한 나쁜 기후로 인해 농산물 비축량은 역대 최저수준으로 떨어졌다. 지난 10년에 걸쳐, 호주는 극심한 가뭄에 시달리면서 평상시처럼 밀의 잉여생산을 기대하기 어렵게 되었다. 중국과 인도의 펀잡 주에서는 지하수위가 낮아지고 있다. 사하라와 미국 남서부의 대수층 역시 최저 수위를 기록하고 있다.[5]

브라운은 2050년까지 지구의 인구는 30억 명이 추가로 증가하여 적어도 90억 명에 이르게 될 것으로 예상한다. 인구증가율이 1970년 2퍼센트에서 2005년 1.2퍼센트로 떨어지고 있지만, 브라운은 지구의 인구가 농산물 공급량을 뛰어넘게 될 것이라고 예측한다. 아시아, 라틴아메리카, 아프리카 등의 좀 더 가난한 나라들(특히, 콩고민주주의 공화국, 르완다, 탄자니아)은 일 년에 약 7,400만 명(캐나다의 2배)씩 인구가 늘어날 것으로 예상된다. 농산물 생산 감소와 인구증가가 결합되면서 너무 입이 많아서 먹여 살릴 수 없다는 '맬더스 악몽'의 출현가능성이 제기된다.

앞서 지적한 바와 같이, 대부분의 구조주의자들은 세계가 모든 사람을 먹여 살리기에 충분한 식량을 가지고 있지 않다는 점에 동의하지 않는다. 식량우선주의자들인 라페, 콜린스, 로세트는 매년 7,400만 명의 먹여 살릴 입이 늘어나는 한편, 더 많은 사람들이 더 많은 육류를 구매하고 있고, 더 많은 식량이 바이오연료의 생산에 쓰이고 있다고 주장한다. 일부 비정통 개입주의적 자유주의자

들과 신중상주의자들도 비슷한 주장을 하고 있다. 그들은 중국과 인도가 공업부문을 빠르게 발전시키면서 곡물 생산량을 점차 줄여나가고 있고 콩, 식용 곡물, 고기, 비전통적인 농산품과 식량수요의 폭발적 증가에 부응하기 위해 점점 더 농산품 수입에 **의도적으로** 의존하고 있다고 주장한다. 많은 비정통 개입주의적 자유주의자들은 중국이나 인도 관료의 입장에서는 이것이 합리적인 경제 전략이라고 주장한다. 다른 전문가들은 새로운 생산기술이 추동한 제2의 녹색혁명과 연관된 시장의 힘이 인구증가와 소득증가에 보조를 맞춰 식량생산을 하는 데 도움이 될 것이라고 주장한다.

투기의 역할

투자자들이 농산품 재고를 구매할 때, 보통 투자자들의 경합 때문에 가격이 상승하게 되고 이는 더 높은 농산물 가격 및 식량가격으로 귀결된다. 세계식량위기 3년 전 동안, 거대 투자회사들은 급속히 성장하는 옥수수, 밀, 콩의 시장에 수십억 달러를 쏟아 붓기 시작했다. 많은 초국적 농업기업들은 미국, 브라질, 사하라이남의 아프리카, 아르헨티나, 심지어는 잉글랜드의 곡물 엘리베이터[ii], 에탄올 공장, 비료와 농지에 투자했다.[6] 이러한 상황전개는 원유, 천연가스, 금, 구리, 알루미늄, 아연, 그 밖의 자원을 포함하는 비농업품 투자에 대한 전세계적인 흐름의 일환이었다. 시장가격을 인상시킨 것은 중국, 인도, 사우디아라비아, 러시아 등의 산업화였다.[7] 또 다른 흥미로운 상황전개는 사우

---

ii 〈역자 주〉 소맥, 대두 등의 산적화물을 저장하는 거대한 곡물창고.

디아라비아, 중국, 한국, 쿠웨이트 등이 수단, 파키스탄, 캄보디아, 에티오피아, 콩고민주공화국 등에서 토지를 매입하고 농산품 생산에 투자하여 자국으로 역수출하는 것이었다.[8] 많은 구조주의 비평가들은 자국의 자원이 타국의 인구를 먹여 살리는 데에 이용되고 있는 반면 현지인들은 농업에서 소외되고 기아 상태로 방치되는 국가들에서 이러한 외국의 경영이 사회정치적 긴장에 상당부분 기여한다는 점에 주목했다.

정통 경제적 자유주의자들은 농산품 투기가 식량가격 상승의 주요원인이 **아니라고** 주장한다. 정통 경제적 자유주의자들은 시장이 단지 중국, 인도, 사우디아라비아에서의 기록적인 인구증가와 소득증가에 반응하고 있을 뿐이며, 그들 국가에서의 고소득은 더 고가의 단백질 식품에 대한 수요를 창출했을 뿐이라는 것이다. 투기는 농업기업을 비롯한 여타 초국적기업이 자신들이 원래 설립된 국가를 위해 소득을 벌어들이는 데에 도움이 되며, 이는 사람들에게 먹을 것을 주고 일자리를 제공하는 데에 도움이 된다. 또한 투기는 좋은 것일 수도 있는데, 식량가격을 높게 유지시킴으로써 러시아, 우크라이나, 카자흐스탄, 브라질 등과 같은 곳의 농민들이 생산량을 늘릴 동기를 갖도록 하기 때문이다. 미국과 유럽연합에서는 많은 농민들이 생산량을 제한하는 보호프로그램으로 되돌아가자는 주장조차 하고 있는 형편이다.

그러나, 많은 비정통 개입주의적 자유주의자들은 투기에 대해 회의적이다. 투기는 1990년대 말의 동남아시아의 산업 거품, 1990년대 말의 미국의 하이테크 거품, 최근 미국의 주택거품과 유사한 또 다른 경제적인 거품을 초래하는 데 일조했다. '인위적 가격상승'은 항상 가난한 사람들에게 가장 큰 피해를 입히며, 이는 투기가 갖는 긍정적 효과를 약화시킨다. 또 다른 우려사항은 국가와 지방의 분배정책에서 투기수익이 꼭 가난한 사람을 돕는 데에 쓰인다고 장담할 수 없다는 점이다. 마지막으로, 중국, 인도, 러시아, 멕시코에서 에너지와 원유에 대한 수요가 계속해서 증가한다면, 궁극적으로 식량과 에너지 사이에 범지구적 차원의 싸움이 일어날 정도까지 석유가격이 오르게 되는지도 모른다.

대부분의 구조주의자들은 정상적인 수요-공급의 조건 이상으로 식량가격이 급등하고 개발도상국들의 기아문제가 더욱 심각해질 것이라는 이유로 투기성 농산물 파생상품에 대해 비난한다. 농산품 투기가 초래하는 결과에 대한 최근의 두 연구는 "선물거래량의 증가로 인해 현물가격의 변동성이 커지며" 이는 "인플레이션을 촉발하는 효과를 낳는다"는 것을 보여주고 있다.[9] 농산품은 대체가능하다. 즉, 농산품은 많은 다른 생산품을 만드는 데에 사용될 수 있다. 예를 들어, 세계 곳곳에서 사람들이 굶어죽고 있음에도 불구하고 시장 메카니즘에 따라 옥수수는 가장 큰 이윤을 얻을 수 있는 에탄올 시장이나 동물사료 시장으로 몰린다. 투자자들이 에탄올이나 소고기에 대한 수요가 증가할 것이라고 예측하는 경우, 투기자들은 옥수수 가격을 끌어올릴 것이며, 이는 모든 식량가격의 상승으로 이어질 것이다. 투기는 2015년까지 기아를 절반으로 줄인다는 유엔새천년개발목표의 달성을 어렵게 만들었다.

바이오연료

전세계 **바이오연료**biofuel 생산의 90퍼센트는 사탕수수와 옥수수로부터 만들어지는 바이오-에탄올로이는 가솔린 첨가물로 사용되고 있다. 바이오연료의 나머지 10퍼센트는 유채씨앗, 콩, 야자수와 같은 식물의 기름으로 만들어지는 바이오-디젤이다. 2007년까지만 하더라도 정부관료, 농업기업, 농민들은 바이오연료의 가능성에 환호했다. 그들은 바이오연료가 원유수입에 대한 의존도를 낮추고, 시장이 커감에 따라 농산품 잉여문제를 해결해줄 거라는 희망을 품었다. 농민들은 자신의 농산품의 생산수준 및 가격수준을 그대로 유지할 수 있는 기회를 갖게 될 것이었고, 이는 돈이 많이 드는 국내보조금과 농업 보호무역을 유지할 것을 요구하는 정부에 대한 농민들의 압력을 약화시킬 것이었다.

2005년에서 2008년 사이 농산품 가격이 꾸준히 상승하자, 미국, EU, 브라질(다 합해서 전세계 바이오연료의 90퍼센트를 생산한다)은 바이오연료 생산을 강력하게 추진했다. 2010년 높은 유가와 특히 아르헨티나, 브라질, 캐나다, 중국, 미국 등의 새로운 법률과 명령 덕분에 세계 전체 바이오연료의 생산량은 17퍼센트 증가했다.[10] 오늘날 미국과 브라질은 각각 세계 전체 에탄올 생산량의 57퍼센트와 33퍼센트를 생산하는 에탄올 최대 생산국이다. 미국의 경우에는 옥수수가 주원료이고, 브라질의 경우에는 압도적으로 사탕수수가 주원료이다. 2007년, 미국하원은 2020년까지 35퍼센트의 바이오연료 공급을 의무화했다. 최근 아르헨티나, 브라질, 캐나다, 중국, EU 등은 바이오연료에 관한 지침을 수립하였다. 유럽의회는 2020년까지 육로수송 연료의 10퍼센트를 재생에너지원으로부터 생산할 것을 요구하고 있다. 세계에서 가장 큰 바이오디젤 생산자는 EU로, 2010년 세계 전체 바이오디젤 생산의 53퍼센트를 차지하고 있다. 국제에너지기구에 의하면, 바이오연료는 2050년까지 전세계 교통연료 수요의 4분의 1 이상을 담당하게 될 가능성이 있다.

오늘날 바이오연료는 여전히 현저히 정치화된 문제로 남아있다. 연구들은 바이오연료의 효율성과 바이오연료와 식량가격 상승의 관계에 대해 의문을 제기하고 있다. 두 명의 세계은행 관계자는 바이오연료가 단일요인으로는 곡물가격 상승의 가장 큰 원인이라고 주장하고 있으며, 한 기관의 보고서는 곡물가격 상승의 75퍼센트는 바이오연료에 원인이 있다고 하였다.[11] 심지어 전 미 농무부 수석경제전문가 콜린스Keith Collins는 에탄올은 옥수수 수요의 증가를 가속화시키는 "가속페달에 발을 올려놓은 셈"이었으며, 에탄올이 2000년에서 2006년 사이 약 50퍼센트 정도의 농산품 가격 상승을 이끌었다고 시사했다.[12]

많은 경제적 자유주의자들은 바이오연료와 기아의 연관성에 대해 확실한 입장을 정하지 못하고 있다. 식량위기가 시작되었을 당시 가스, 원유, 기타 에너지 가격 역시 최고치를 기록하고 있었다. 많은 비정통 개입주의적 자유주의자들은 바이오연료가 세제혜택, 특혜성 정부구매, 국가 지원의 연구기금 등의 정당한 근거를 제공한다고 믿는다. 브라질의 페트로브라스Petrobras와 같은 경우, 공-사 사업관계public-private business relationship는 소농들로부터 바이오디젤의 원료를 우선적으로 구입하게 했다. 일부 개발도상국의 경우, 자투리땅을 이용한 바이오디젤 연료원은 그럴듯한 생각이다. 예를 들어, 도로변에 폰가미아honge oil nuts, 선로를 따라서 자트로파jatropha를 재배할 수 있다. 말레이시아와 인도네시아는 유럽과 다른 시장에서의 바이오디젤의 증가하는 수요를 충당하기 위해서 빠른 속도로 야자수를 심고 있다. 야자수 기름을 이용한 바이오디젤 연료의 생산단가는 유채씨앗을 이용한 바이오디젤 생산단가의 3분의 1도 되지 않으며, 이는 콩, 옥수수, 기타 곡물 등을 이용한 생산단가보다 낮다. 척박한 기후를 가진 가난한 지역에서는 바이오연료가 생활 향상에 도움이 되는 대체 에너지원이다. 경제개발의 지속에 치중하고 있는 중국과 인도에서는 바이오연료가 온실가스 배출량의 순감소를 가져온다.

다른 사람들은 바이오연료의 효과성, 효율성, 가격 등에 대해 아직 충분히 알지 못한다고 주장한다.[13] 워싱턴 DC에 소재한 자유지상주의libertarianism 성향의 카토연구소Cato Institute를 비롯한 몇몇 전문가들은 바이오연료와 연관된 온실가스 배출에 대해 의구심을 갖고 있다. 콩과 다른 식물을 재배하여 바이오연료로 변환시키는 일은 바이오-에탄올과 바이오디젤이 생산하는 에너지보다 더 많은 에너지의 소모를 필요로 한다.[14] 바이오연료는 많은 열대우림을 파괴시킨다. 경제규모가 큰 나라에서 그 나라의 에너지 필요량을 충족시킬 수 있을 만큼 충분한 연료를 생산할 수 있는 마땅한 경작지가 없다면 문제가 될 수도 있다. 마지막으로, 바이오연료는 브라질의 리오그란데강, 중국의 황하, 인도의 펀잡지방 등의 물부족 문제의 주요 원인이 되고 있다.

중상주의자들과 경제적 자유주의자들의 (우연히) 같은 입장. 중상주의자들은 국가의 정치적, 경제적 이익에 미치는 영향에 기반하여 바이오연료를 지지하기도 하고 거부하기도 한다. 예를 들어, 미국에서는 2008년 에탄올 생산에 미국 전체 옥수수 생산량의 6퍼센트가 사용되었지만, 향후 5년 동안 곡물수확량의 4분의 1이 사용될 것으로 예견되었다. 콩이 미국 농경지의 40퍼센트를 차지하

게 되었다. 생산에서의 이러한 변화는 밀 생산량을 감소시켰고, 국제 밀 가격의 상승을 가져왔다. 미국이 전세계 밀의 4분의 1을 공급하고 있었기 때문에 UN세계식량기구를 비롯한 다양한 구호단체에 대한 미국의 식량기부는 감소했고, 최근에서야 겨우 다시 상승하기 시작했다.[15]

이러한 상황에 대응하여, 우크라이나, 아르헨티나, 카자흐스탄, 베트남 등을 비롯한 많은 나라들은 국내수요를 충당하기 위해 농산품 수출을 금지했다. 중국은 세계의 가장 큰 콩 수출국이었으나, 증가하는 돼지와 소의 수요를 충당하기 위해 중국은 사료용 콩의 주요 수입국이 되었다. 마찬가지로 국제 에탄올시장의 성장에 대응하여 중국 역시 옥수수 수출을 제한했고, 앞서 지적한 바와 같이 많은 아프리카국가들에서 농산품 생산에 많은 투자를 했다. 많은 중상주의-현실주의 국가 관료들은 이러한 정책적 움직임에 대해 우려를 표했다. 중국으로부터 콩 수입의 감소가 테러리스트 단체와 직접 연관된 더 가난한 개발도상국('실패한' 국가)에게 미칠 영향 때문이었다.

바이오연료 시장의 정치적, 경제적 안정성을 증진시키기 위해 일부 중상주의자들은 다른 나라들과 거버넌스 및 지속가능성의 표준을 확립하기를 원한다. EU는 바이오연료 관련 토지사용 필수조건에 대한 지속가능성 기준을 정하기 위한 유럽공동체 내 국가들의 노력을 조정하고 있고, G8은 바이오에너지, 에너지 안정성, 식량 안정성, 환경 지속가능성에 대한 국제 공조를 촉진하기 위해 글로벌 바이오에너지파트너십GBEP: Global Bioenergy Partnership을 창설했다. 국제 바이오연료 포럼은 브라질, 중국, 인도, 남아프리카공화국, 미국, EU의 생산자와 소비자들로 구성되어 있다. 2008년

OECD 로마식량정상회의는 농민들이 높은 식량 가격의 이익을 취할 수 있도록 보호무역정책의 축소를 주장했고, 바이오연료에 대한 명령들mandates을 모든 나라가 단계적으로 폐지할 것을 요구했다. 식량 정상회의 보고서의 구조주의적인 요소는 식량 안정성, 가난한 농민의 보호, 광역 기반의 농촌개발과 환경 지속가능성을 국가바이오연료정책의 주목표로 할 것을 요구했다는 것이다.[16]

글상자 18.1 '대체 바이오연료의 미래'에서 현재 연구자들이 진행 중인 재생가능한 바이오연료원과 관련된 2세대, 3세대 연구프로젝트에 대해 논의하겠다. 이 연구프로젝트의 목적 중 하나는 이를 개발도상국에 적용하는 데 있다.

바이오연료에 대한 합의된 새로운 국제기준이 없는데, 그 뿌리깊은 이유에는 상충하는 국내외 이해관계와 압력이 자리잡고 있다. 많은 국가들은 중앙정부의 농업지원대책이 규제 조치의 도입을 제약한다고 주장한다. 식량위기가 발생하기 직전, 잉여생산국의 대부분의 농민들은 바이오연료 생산에 사용되는 옥수수와 콩의 엄청난 수요와 관련이 있는 해당 곡물가격의 가격인상으로 흡족했다. 그러나 식량위기 기간 동안 소비자 단체들은 비축곡물 공급량 감소와 식량가격 급등에 대해 더욱 비판의 목소리를 높였다. 부시대통령과 미국하원은 미래의 바이오연료 생산과 연료혼합 수준에 대한 더욱 엄격한 기준을 마련했다. 미국의 각 주들은 각기 다른 정책을 추구했다. 캘리포니아 주지사 슈왈츠제네거는 행정명령을 통해 저탄소연료기준LCFS: Low Carbon Fuel Standard 또는 2020년까지 탄소집약적 바이오연료의 10퍼센트 감축목표를 수립했다. 부시 행정부는 그러한 조치에 반대했지만, 새로운 오바마 행정부 하의 미국환경보

호청은 그 조치를 받아 들였다.

구조주의자. 바이오연료에 대한 일부 중상주의자의 우려는, 바이오연료에 대한 지원의 증가가 결국 토지소유와 옥수수생산이 기업형 농장으로 집중되게 할 것이고 미국, 중국, 아르헨티나, 브라질의 곡창지대는 텅 비게 될 것이라고 걱정하는 구조주의자들의 주장과 어느 정도 일치한다.[17] 국내생산 감소와 농산물 수입에 대한 의존의 심화로 인해 식량안보가 위협받을 수 있다. 많은 구조주의자들은 또한 농업기업은 소농의 수를 감소시키며 이는 개인적, 국가적 차원에서 식량자급률을 떨어뜨릴 수 있다는 중상주의자들의 우려에 대해 의견을 같이한다. 브라질의 개발전략이 대표적인 예이다. 바이오연료용 및 수출용 콩 생산의 증가와 함께 신재생에너지원인 바이오연료의 개발 시도가 동시에 이뤄졌다.[18] 현재 후세프Rousseff 대통령의 농업정책(전 대통령 룰라Lula da Silva가 시작한 정책의 연속)은 소규모의 가족농보다 고도로 집중된 대규모 기업형 농장에게 특권을 준다. 결과적으로 많은 소작농들은 생계가 달린 땅으로부터 쫓겨나고 있다. 이들 대규모 농장이 척박한 목초지를 차지하고, 목축업자들은 점점 더 멀리 아마존 우림으로 쫓겨 나간다. 생태계는 파괴되고, 과도한 양의 용수, 살충제, 화학물질 등으로 땅과 강물이 오염되어 원주민의 삶을 위협한다. 브라질 등 여러 나라들은 가뭄과 다른 기후 관련 현상뿐 아니라 중동 지역의 긴장과 갈등에도 취약하다. 마지막으로, 옥수수에 대한 의존도가 높아짐에 따라 비료나 토지와 같은 부분에서도 새로운 투자 거품이 발생하며, 그 결과 투입비용 역시 증가한다.

마지막으로 바이오연료 생산을 개발도상국 전

글상자 18.1

대체 바이오연료의 미래

오늘날 많은 연구자들은 농산물 대신 지팽이풀[i], 쓰레기, 조류algae(藻類) 등으로부터 바이오부탄올과 합성디젤을 만들어내는 경우처럼 제2세대 바이오연료원의 개발을 진행하고 있다.[a] 세계 곳곳에서 실험이 이루어지고 있다. 보다 잘 알려진 연구로는 나무 조각, 톱밥, 그 외의 나무 폐기물, 오렌지 껍질, 지팽이풀 등과 같은 식량이 아닌 원료로부터 나오는 셀룰라이트 바이오매스를 에탄올 생산의 원료로 개발하는 것이 있다. 또 다른 실험들은 판타고니아Pantagonia의 열대우림에 사는 곰팡이 균을 포함한다. 모스크바 소재의 러시아 과학아카데미의 연구집단은 바이오디젤 연료 연구에 단세포 곰팡이 균을 사용했다. 그들은 곰팡이 균으로부터 많은 양의 지질lipids을 효율적으로 분리해냈다.

미국 콜로라도 주 골든Golden에 소재한 미국 천연재생에너지연구소U.S. natural renewable energy laboratory는 바이오디젤 연료에 관한 많은 연구를 진행하고 있는데, 다른 원료에 비해 50퍼센트 정도 더 많은 천연오일을 함유하고 있는 조류algae에 관한 실험을 포함하는 연구이다.[b] 이 조류들은 폐수 처리시설의 조류 연못에서 재배될 수 있다. 아직 생산과정이 상업화 단계에 이르지는 못했다. 하지만 많은 회사들이 바이오디젤의 생산을 상업화하는 것을 목표로 조류 바이오리액터(생물반응장치) 연구를 꾸준히 진행하고 있다. 농산물에 기반하는 바이오연료와는 달리 농지나 깨끗한 물을 필요로 하지 않기 때문에 조류 재배

는 식량생산의 감소를 가져오지 않는다. 최근 일부 연구자들은 사용한 원두커피 찌꺼기로부터 추출한 기름을 이용하여 바이오디젤 연료를 생산하는 데 성공했다. 사용한 원두커피 찌꺼기에서 추출한 기름은 전통적인 처리과정을 거쳐 바이오디젤로 만들어졌다. 이러한 방법에 의한 바이오디젤의 추정 생산단가는 갤런 당 1달러이다. 연구자들은 이 기술로 1년에 수억 갤런의 바이오디젤을 생산할 수 있을 것으로 추정한다.

바이오연료용 재생에너지원에 대한 수요를 창출하기 위해 미국 환경보호청EPA: Environmental Protection Agency은 최근 셀룰로오스 에탄올 생산목표를 대폭 낮추었다. 미국 환경보호청의 주요 주장은 2세대 바이오연료는 기술적으로 어려운 문제이며 상업화하기에는 너무 많은 비용이 든다는 것이다. 환경보호청의 새로운 목표치는 2007년의 에너지독립 안보법Energy Independence Security Act이 요구한 9억 5,000만 리터 대신에 2,500만 리터가 될 것이다.[c] 에코파사Ecofasa라는 스페인 기업은 일반적인 도시의 폐기물 쓰레기로부터 바이오디젤을 만들고 있다. 박테리아가 쓰레기를 처리하여 지방산을 산출하고, 이것이 나중에 바이오디젤을 만드는 데 사용된다. 란자테크Lanzatech라는 뉴질랜드 기업과 일하고 있는 과학자들은 제철소에서 나오는 일산화탄소와 같은 산업폐기물 가스를 에탄올을 생산하는 데에 사용하는 기술을 개발했다. 2011년 10월 버지니아 애틀랜틱 항공사Virginia Atlantic Airlines가 란자테크와 함께 제철소로부터 얻어진 폐기물 가스를 이용하여 항공 연료를 생산할 시범공장을 상하이에 건

---

i 〈역자 주〉 미국서부에서 나는 건초용 풀.

설한다는 기사가 신문의 헤드라인을 장식했다.[d]

미네소타의 과학자들은 물, 이산화탄소, 햇빛 등으로부터 직접 긴사슬 탄화수소long-chain hydro-carbons를 생산하는 쉬와넬라Shewanella 균과 시네초코쿠스Synechococcus 균의 합동 배양 기술을 개발했다.[e] 이 기술은 미국정부로부터 첨단연구사업청 에너지ARPA-E 연구비 지원을 받았다. 캘리포니아 와이니미 항Port Hueneme에 소재한 미 해군시설기술 서비스 센터가 미 해군 및 다른 군대를 위해 바이오디젤 기술의 개발에 관여하고 있다.

이러한 신기술의 주요 쟁점은 농산품과 식량을 생산하고 처리하는 데 에너지가 필요한 개발도상국에 신기술을 활용하는 문제이다. 쿠바는 이러한 문제를 해결하는 데 많은 시간과 비용을 들이고 있다.

참고문헌

a http://www.berkeleybiodiesel.org/efficiency-biodiesel-fuel.html.
b http://www.berkeleybiodiesel.org/current-research-biodiesel.html.
c Worldwatch Institute, "Biofuels Make a Comeback-Despite Tough Economy," August 30, 2011.
d http://www.ieabioenergy.com/IEABioenergy.aspx.
e http://www.license.umn.edu/Products/Co-cultured-Synechococcus-and-Shewanella-Produce-Hydrocarbons-without-Cellulosic-Feedstock__20100084.aspx.

체로 확대하려는 시도는 환경파괴를 증대시키고 개발도상국 내부의 소득격차와 남과 북(빈국과 부국) 간의 소득격차가 더욱 악화되게 할 것이라는 우려가 있다. 파텔Raj Patel 같은 비판자가 보기에는, 이러한 경향은 농업관련산업의 경제적 권력을 강화시키는 것이며, 또한 개발도상국에 대한 농업기업의 영향력을 극단적으로 강화시킨다.[19]

바이오연료 요인 하나가 2008년 식량위기에 얼마만큼 책임이 있는지는 불명확하다. 농산품을 소비식량이 아닌 다른 용도로 사용하도록 만듦으로써 바이오연료 생산은 투기와 마찬가지로 시장에 대한 압박요인으로 작용했다. 농산품이 부족하지 않았음에도 불구하고, 식량생산에 소비되는 농산품의 양이 증가했고, 식량가격과 기아에 시달리는 사람의 수 또한 급증했다. 식량가격이 떨어지자, 논쟁도 잦아들었다. 바이오연료에 대한 많은 찬성자와 반대자들은 비농산물로부터 바이오매스, 조류algae(藻類), 여타 에너지원에 이르는 것들을 바이오연료로 전환하는 새로운 기술의 개발을 기대하고 있다. 한편, 국가와 비국가행위자의 이해관계의 충돌이 심각한 상황임에도 불구하고, 국가들은 바이오연료의 생산을 규제하거나 국제기준에 동의하는 데 열의를 보이지 않고 있다.

유전자변형생물, 농업기업, 개발모델들

제2차 세계대전이 끝난 이후 서구의 많은 신자유주의적 성향의 개발 전문가들은 경제성장과 산업과 농업 간의 조화가 식량체계를 개편하고 기아문제를 해결할 것이라고 주장해왔다. 최근 유전자변형생물GMO은 널리 인기를 얻고 있지만 농업기업모델의 논쟁적인 요소가 되었다. 많은 전문가들은 1960년대의 제1차 녹색혁명이 아시아, 라틴 아메리카, 아프리카 일부에서 엄청난 혜택을 가져왔다고 믿는다.[20] 오늘날 북미로부터 많은 개발도상국으로 유전자변형생물GMO을 전파하고 있는 제2차 '유전자 혁명'으로부터 소비자들이 혜택을 누릴 수 있을 것으로 기대된다. 현재, 유전자변형식품은 29개국에서 생산되고 있고, 미국에서 가공되는 식품의 75~80퍼센트에 사용되고 있다. 유전자변형식품 옹호자들은 종종 즉각적인 혜택으로서 환경에 미치는 영향의 감소와 더불어 높아진 효율성과 영양가를 언급한다. 유전자변형작물에는 가뭄에 잘 견디도록 만들어져 사하라 이남의 아프리카처럼 건조한 지역에서도 잘 자랄 수 있게 된 식물들도 포함된다. 생장 조건이 좋지 않은 우간다 같은 나라들에서는 질병에 강한 옥수수처럼 유전자변형작물은 많은 수의 굶주린 우간다 사람들에게 식량을 공급하는데 필요한 것으로 보인다.[21]

인기 있는 농업기업 모델의 열렬한 지지자로 알렉스 에이버리Alex Avery와 데니스 에이버리Dennis Avery 두 사람을 들 수 있다. 그들 및 다른 경제적 자유주의자들은 환경적 제약 때문에, 증가하는 인구를 먹일 충분한 식량을 생산하는 유일한 방법은 초국적 농업기업으로 하여금 산업화 과정을 통해 생산을 강화하도록 허용하는 것이라고 믿는다.[22] 리카르도식의 신자유주의 무역이론들은 많은 개발도상국들이 바나나, 커피, 설탕, 차를 비롯해서 그들 지리에 맞는 농산품을 생산하는데 유전자변형생물이 도움이 된다는 생각을 지지한다. 농산품 수출은 외화를 획득하는 데에 도움이 되고, 이는 다시 식량부족 국가가 다른 나라에서 좀 더 효율적으로 생산된 옥수수, 밀, 쌀을 수입하는 데에 도움이 된다. 브라질의 대규모 콩 재배 농장과 필리핀의 양계농가의 증가는 어떻게 현대기술의 적용이 생산력을 강화하고 외화를 획득해서 수백만 명의 사람을 빈곤으로부터 탈출시키고 식량안보를 강화시키는지 보여주는 좋은 본보기이다.[23] 더구나, 식량원조는 국내시장 및 글로벌 시장을 쉽게 왜곡시키므로 인도주의적 구호 노력의 일환으로서 단기적 응급조치로만 사용되어야 한다. 특히 식량원조 등 장기간의 원조는 부패를 조장하며 국내 식량생산과 분배를 저해하는 경향이 있다. 특히, 개발도상국에서 그러하다.

유전자변형생물을 포함한 기업형 생산 방식은 노동집약적이기보다는 자본집약적인 농업체계를 요구한다. 이는 비효율성을 감소시켜 더 높은 수익률을 얻게 해준다. 노동자들은 흔히 초국적 농업기업이 해외투자를 통해 창출한 다른 고용기회를 얻을 수 있다. 유전자변형생물은 비료사용, 운송, 마케팅에 드는 비용을 절감하는 데 도움이 된다. 초국적 농업기업의 현지 농민과의 계약은 카길과 콘아그라 같은 '기업과 농민 간의 위험 회피의 형식'이며, 소규모 농민이 좀 더 안정적이고 정기적인 소득을 확보하는 데에 도움이 된다. 대부분의 유전자변형작물은 해충 혹은 제초제에 저항력이 있도록 변형된다. 제초제에 저항력이 있는 유전자변형생물이 농민의 화학품 사용을 감소시킬 수 있다는 주장이 있는 반면, 신기술의 광범위한 수용이 실제로는 제초제의 총사용량을 증가시켰다는 주장도 있다. 그렇지 않다는 보고들이 있음에도 불구하고, 과학자 앳킨슨William Atkinson은 유전자변형식품의 인간에 대한 부작용은 아직 증명되지 않았다고 주장한다.[24]

비정통 개입주의적 자유주의자들이 식량과 기아 쟁점을 변화시키다. 지난 10년 간 기업형 농업 개발 모델이 가져다준다고 상정된 혜택에 대해 비정통 개입주의적 자유주의자들은 정통 경제적 자유주의자들보다 훨씬 더 비판적이었다. 대부분의 비정통 개입주의적 자유주의자들은 국제농업지식과학기술평가IAASTD: International Assessment of Agricultural Knowledge, Science and Technology 단체에 의해 나온 최근의 UN보고서에 포함된 주요 주장들에 동의한다. 농업기업은 생태계 파괴에 일조하고 있고, 지구온난화를 심화시키고, 바이오연료에 지나치게 의존적이며, 빈부격차를 심화시키는 경향이 있다는 것이다.[25] 그러나 비정통 개입주의적 자유주의자들은 유전자변형생물에 대해서는 뒤섞인 시각을 갖고 있다. 일부는 소비할 농산물을 충분히 제공하는 데 필요하다고 본다. 예를 들어, 콜리어Paul Collier는 유전자변형생물 금지가 농업부문의 기술 도입을 지연시켜 결과적으로 산출물 감소와 식량가격 인상을 가져온다고 주장한다. 콜리어가 보기에 인구과잉과 환경변화에 직면한 상황에서 이보다 더 나은 대안은 없다.[26] 그러나, 또 다른 비정통 개입주의적 자유주의자들의 생각에는 유전자변형생물이 전통적인 종자에 비해 더 많은 식량을 생산한다는 주장은 너무 성급한 생각일 수 있다. 캔자스 대학교의 연구자들은 지난 3년 간 일련의 연구를 통해 "유전자변형생물이 산출량을 증가시킨다는 기술 옹호자들의 주장과는 대조적으로, 유전자변형 콩은 전통적인 콩에 비해 10퍼센트 정도 적은 식량을 생산한다"는 것을 발견했다.[27]

최근에 유전자변형생물 연구자들은 기아문제의 해결책을 과학에서 찾기보다는 식량분배 경로의 개선과 사회적 불평등을 다루는 데 집중하고 있다.[28] 그들은 변형된 농산물이 생물다양성을 파괴하고, 농업기업방식에 대한 의존도를 높이고, 빈곤을 증가시킨다고 주장하는 연구들을 언급한다. 많은 변형된 농산물들은 환경과 인간에 대한 안정성을 확실히 할 수 있을 만큼 종합적인 검증을 거치지 않았다. 사실, 제초제에 강하도록 유전자가 변형된 식물은 환경에 부정적인 영향을 끼친다. 농민들이 무분별하게 제초제를 농지에 살포해 토양오염과 수질오염의 가능성을 높이기 때문이다. 또한, 유전자변형작물 품종과 밀접한 관계가 있고 교배를 통해 제초제에 대한 내성을 갖게 된 식물을 의미하는 '슈퍼잡초'가 등장했다는 증거도 있다. 가장 널리 알려진 예는 흔한 잡초인 갓mustard이 유채화와의 교배를 통해 농민들이 갓을 제거하기 위해 사용해 온 그 제초제에 대한 내성을 키운 경우이다.

구조주의자들. 많은 구조주의자들은 개발도상국의 기아의 근원을 찾아 선진국의 식민지정책으로 거슬러 올라간다. 오늘날의 부유한 중심부 국가들은 원료와 노동력을 위해 세계의 주변부를 식민지화하고 착취하며 16세기 이래로 무역네트워크를 지배해왔다. 종속이론가들(제4장과 제6장 참조)은 1950년대와 1960년대에 들어 서양과의 관계가 늘어나면서, 지원의 초점은 도사 산업 부문 경제에 맞추어지고, 농업을 비롯한 가난한 지역들 enclaves은 더욱더 가난해지고 충분한 식량공급조차도 더욱더 받기 어려워졌다고 주장한다. 1960년대 중반 이후 주요 농산물 수출국들은 자국의 막대한 잉여농산물을 무역이나 원조프로그램을 통해 처리했다. 1970년대 중반 개발도상국들은 외국으로부터 돈을 빌려 자국의 산업개발 프로그램 비용으로 쓸 것이 권장되었다. 개발이 예상한 대로 되지 않는 경우 채무자들은 채무조정을 당하고, 브라질의 콩, 멕시코의 채소, 코스타리카의 쇠고기, 필리핀의 닭고기, 세네갈의 땅콩 등 높은 가치의 농산품에 대한 투자를 선호했던 국제통화기금IMF과 세계은행의 구조조정프로그램SAP: Structural Adjustment Program에 굴복해야하는 압력을 받았다. 이러한 농산품으로부터 벌어들이는 돈은 이들 국가의 채무를 상환하는 데에 쓰인다. 그러나 수출이 증가하면서 비용의 일부로서 이자의 지불도 증가했고, 농업에 대한 투자는 곤두박질쳤다. 한때 식량 수출국이었던 많은 국가들이 자국 국민을 먹이기 위해 수입식량에 의존해야만 했다. 값싼 수입농산물은 국내 농산물 가격도 떨어뜨렸고, 소규모 농민들을 농지에서 몰아내는 데 일조했고, 수입식량에 더욱 의존하게 만들었다. 벨로Walden Bello가 적절하게 지적했듯이 기업형 농업 모델이 대부분의 개발도상국에는 맞지 않을 뿐 아니라 현재의 식량위기를 '생산'하는 데에도 한 몫 했다는 것을 증명하고도 남았다.[29]

오늘날 많은 구조주의자들은 아프리카의 농업 체계가 식민지 시대에 시작되었던 것과 똑같은 전환과정을 겪고 있다고 우려한다. 최근 니제르, 탄자니아, 르완다를 비롯한 기타 여러 나라들에서 생산성은 향상되었으나, 식량가격 폭등과 맞물려 기아가 확산되었다. 많은 경우 기아는 어느 특정 식량위기에 따른 결과가 아니었다. 최근의 위기 기간과 그 이전, 카길, 아처 대니얼스 미들랜드, 테스코Tesco, 카르푸Carrefour 등과 같은 회사들과 계약을 맺은 현지 농업기업 생산자들은 커다란 이윤을 남겼다.[30] 많은 회사들은 수출시장에 집중했다. 많은 경우에 있어서 유전자변형생물이 농산품 생산을 증가시키는 데 중요한 역할을 했다. 한편, 현지 주민들은 대다수가 기준 이하의 식생활과 현지의 다른 기본적인 농산물로 근근이 버텼다.[31] 많은 경우 유전자변형생물은 국가재정의 잘못된 관리, 부정부패, 소득불균형, 통화가치 붕괴, 개인

저축의 감소 등에서도 역할을 했다.[32]

많은 구조주의자들은 비정통 개입주의적 자유주의자들보다 훨씬 더 신자유주의 무역정책과 해외원조정책에 대해 의구심을 품고 있다. 무역과 해외원조 두 가지 모두 급박한 기아 상황이 아니더라도 주요 곡물 수출국과 식량원조국에 더욱더 의존하게 만든다. 많은 초국적 농업기업들은 현지 생산 농산품으로부터 기업형 농업 생산 기술을 사용하는 몇 개의 생산자에 의해 종자가 소유, 경작, 판매되는 유전자변형 밀, 옥수수, 콩 등으로 저개발국 소비자의 입맛을 바꾸려는 노력의 일환으로 유전자변형생물을 채택한다. 전통적 농업과 달리 유전자변형생물 사업은 대형 농업회사들이 장악하고 있다. 이들 회사의 유전자변형농산물은 방글라데시, 중국, 인도, 인도네시아, 필리핀, 남아프리카, 베트남 등에서 영업하고 있는 신젠타Syngenta와 같은 회사의 지식재산으로 특허를 받았다. 이 회사들은 제조자로부터 구매하는 특별한 투입물에 대해 높은 가격을 매긴다.

또 다른 문제는 초국적 농업기업이 가난한 나라의 정부에게 유전자변형생물을 심으라고 하면 할수록 점점 더 많은 소규모 가족농이 사라진다는 점이다. 과거에 사탕수수, 기장, 병아리 콩으로 뒤덮였던 땅은 현재 밀, 쌀, 콩에게 자리를 내주었다. 생물다양성을 감소시키고 수확이 급감할 위험성은 늘어난다. 또한, 잉여농산물은 가장 필요한 사람에게 값싸게 팔리기보다는 무역시장으로 흘러 들어간다.

탈농민화de-peasantisation 현상은 멕시코, 필리핀, 브라질 등과 같은 나라들에서 일상적으로 일어난다. 많은 사람이 농업유산을 버리고 도시 빈민가로 떠나기를 강요당한다. 브라질은 2000년대 초에 500만 명의 농민을 잃었고, 필리핀은 곡물 생산자의 수

가 절반으로 줄어들었다.[33] 많은 가난한 나라들은 초국적 농업기업의 투자 기회 — 현지관료들의 입장에서는 자기 나라의 농업부문을 현대화할 기회 — 에 노출되어 있다. 역설적으로, 기아자의 수는 늘어나고 있고, 가난한 나라들은 식량불안에 더욱 시달리게 되고, 수입농산물에 더욱 의존하게 되었다.

마지막으로, 많은 구조주의 비판자들은 국가와 국제기구 관리들 모두 원조와 빈곤의 관계, 소농에 미치는 영향, 현지의 식량생산을 저해하고 해당 국가를 수입식량 또는 식량원조에 의존하게 하는 요인들에 대해 충분한 관심을 쏟지 않았다고 주장한다. 게이츠재단은 유엔 식량농업기구FAO 및 세계식량프로그램WFP과 협조하여 유전자변형생물에 대한 지지를 포함하는 제2의 녹색혁명을 아프리카에서 실현하려하고 있다. 시바Vandana Shiva에 의하면, 게이츠재단은 "개발도상국의 농민들에게 가장 큰 위협"이다. 이러한 프로그램이 농업기업을 촉진하는 것에 큰 관심을 갖고 있는 몬산토와 신젠타 같은 주요 초국적 농업기업들에게 이익이 되기 때문이다.[34]

전 미국대통령 클린턴은 2009년 유엔 식량농업기구에서 행한 연설에서 식량원조를 필요로 하는 국가에 현물원조를 함으로써 전세계의 식량원조를 "망쳤다"고 말했다.[35] 기아에 시달리는 국가의 농민들은 현지시장에 넘쳐나는 값싼 미국산 농산품과 경쟁할 수 없어서 농사를 접고 자신들의 땅에서 쫓겨났다. 이 연설 이후 유엔의 세계식량프로그램은 원조국들에게 현물보다는 돈으로 기부할 것을 권장하기 시작했다. 현지시장을 값싼 해외 농산품(유전자변형농산물 포함)으로 넘쳐나게 하는 대신에 기부금으로 현지식량을 구매하여 현지 생산을 훼손하지 않으면서 개발도상국을 지원하는 방향으로 전환했다.

마지막으로, 일부 비정통 개입주의적 자유주의자들과 많은 구조주의자들은 뚜렷이 구별되지만 서로 연관된 두 가지 활동분야에서 전세계적 식량생산과 분배의 국제정치경제로의 전환에 앞장서고 있다. 첫째는 많은 개발도상국에서의 식량안보의 목표와는 뚜렷이 다른 식량주권의 촉진이다. 식량안보가 식량에 대한 경제적인 접근이고 기본적인 영양기준을 충족시키기에 충분한 식량을 생산 또는 수입하는 거시수준의 정책을 강조한다면, 식량주권은 스스로의 식량을 생산할 수단에 대한 접근과 통제를 강조한다.[36] 이러한 수단은 토지에 대한 접근성과 대규모 농업기업 생산자에게 이익이 되는 기술보다는 소농들에게 이익이 되고 그들의 공동체를 먹일 수 있도록 돕는 기술에 대한 투자를 포함한다. 식량체계에서 통제와 의사결정은 국가적 또는 국제적인 것만큼이나 지역적이다.

기본적으로, 국제적 풀뿌리 농민운동 농민의 길 La Via Campesina은 지역수준과 국제수준 모두에서 식량생산의 투입과 분배에 대한 통제에 있어서 주요 변화에 대해 옹호, 저항, 시위하기 위해 지역과 국가의 소규모 농민조직을 단결시킨다.[37] 식량주권의 원칙이 무역에 반대하거나 기술에 반대하는 것은 아니다. 옹호자들은 무역과 더 많은 중간수준의 기술이 그 자체가 목적이라기보다는 소농과 기아인구의 이익을 위해 사용되어야 한다고 주장한다. 예를 들어, 농민의 길은 사람과 환경에 유해한 유전자변형생물과 관련된 농업과정을 거부한다. 유전자변형생물 반대운동은 통상 세계의 가난한 지역에서 라틴아메리카 대륙의 농민의 길과 비슷한 목표를 가지고 활동한다. 또한 식량주권은 글로벌 시장보다 해당 지역의 자급자족을 우선시한다. 국가들로 하여금 국내시장을 해외경쟁에 노출하고 농업보호를 제거하는 자유무역협정(WTO 하의 의무조항 포함)을 거부한다. 지역공동체와 국가는 식량과 농경정책을 수립하는 데 있어서 초국가적인 협정이나 제도의 구속으로부터 자유로워야한다. 흥미롭게도 미국의 새로운 농업법은 미국 슈퍼마켓의 진열장 위에 유전자변형식품을 진열하는 것을 몬산토 같은 기업이 차단하기 쉽게 해준다.[38]

기업형 농업화agro-industrialization와 관련하여 개발도상국들은 극복해야만 하는 많은 문제를 갖고 있기는 있지만, 선진국 지역에서도 같은 문제들이 많이 발생하고 있다. 선진국에서는 유전자변형생물과 식량생산에 대한 통제를 주요 식량회사와 초국적 농업기업으로부터 최소한 이 쟁점에 대해 목소리를 낼 수 있길 원하는 소농들에게 돌려주는 것과 관련한 제2의 활동분야가 점차적으로 활발해지고 있다. 1990년대 중반 이래로 세계화와 신자유주의정책에 대한 많은 비판자들은 식량문제와 기아문제를 식량과 환경의 지속가능성과 함께 평등과 사회정의의 문제를 포함하는 방향으로 확대하려고 노력해왔다. 다른 사람들은 생산의 효율성에 대한 가정과 산업적 생산이 환경에 미치는 영향에 대해 비판하는 등 농업기업의 실현가능성에 대해 계속해서 의문을 제기해왔다. 그러나 이러한 확대된 문제는 이민, 빈민과 노령인구의 식량확보, 심지어 식량 자체의 질 등과 관련된 많은 문제들을 포함하고 있다.[39]

더욱 지속가능한 식량체계와 더욱 튼튼한 식량안보에 대한 지지는 WTO나 미 농무부의 회의실에서가 아니라 지역에서 발견된다. 최근 대통령선거에서 캘리포니아 주 식품가공업자들에게 그들이 생산하는 식품에 유전자변형생물 포함 여부를 의무적으로 표시토록 하는 것에 대한 주민투표와 관련하여, 선거 일주일 전 여론조사에서 찬성의견이 앞서나가자 '거대 식품' 회사들은 이러한 조치에 반대하는데 수백만 달러를 쏟아부었다. 자기 집 텃밭이나 마을공동체 텃밭에서 자기 자신의 식량을 재배하기, 지역공동체 내에서 남는 식량을 기부하거나 나누기, 식품점에서 현지 유기농산물을 찾기, 직거래 장터를 이용하기, 제철 음식 먹기, 마을공동체 지원 농업 농장에 가입하기 등은 지역공동체 내에서 소비자가 생산자와 합류하여 정치개혁의 기초를 다지는 몇 가지 방법들이다.[40] 시카고에서 뉴욕까지, 상하이에서 멕시코시티까지, 도시들은 도시농업을 보급하기 위해 여러 다양한 프로그램을 진행하고 있고, 혁신적인 개발프로그램들은 전통적인 농업 방식으로 회귀하고 있으며, 기업화된 단일 작물이 지배하던 지역은 다양한 작물의 재배로 복귀하고 있다.[41] 많은 집단들이 먹거리의 준비와 식생활에 초점을 맞추고 있다. 유명한 느린 음식 운동Slow Food Movement이 1996년 이탈리아에서 시작되었으며, 그 후 150개국으로 전파되었다.[42] 이 운동의 목적은 지속가능한 식량의 생산과 소비를 촉진하고 농업생산의 세계화를 반대하는 데 있다.

많은 구조주의자들은 시장중심적 식량정책이 가장 굶주린 사람들의 이해를 위해 어느 정도로 기능할 수 있을지에 대해 의문을 제기했다. 최근 더 많은 전문가들이 시장만으로 기아문제가 해결될 수 있을 것 같지 않으며, 농촌지역 빈민은 시장에 대한 접근보다는 지역공동체를 위한 식량을 재배할 토지와 기술에 대한 접근이 필요하다는 생각을 받아들이고 있다. 이러한 노력들이 세계의 더 많은 극빈자들을 먹여 살리는 데 실제로 얼마나 많은 도움이 될지는 지켜보아야 하겠지만, 더 많은 사람들이 자신이 먹는 것과 누가 무엇을, 언제, 어떻게 먹는가를 결정하는 더 큰 정치-경제적 흐름의 관련성을 인지하고 있다.

중상주의자들. 중상주의자들은 기업형 농업모델과 무역, 원조, 유전자변형생물의 사용 등 그 모델의 구성요소들 중 일부가 국내적, 국제적 목표들에 도움이 되기도 하고 해롭기도 하다고 본다. 다른 기술들과 마찬가지로, 유전자변형생물이 국부나 국가안보 상황을 복잡하게 하는 데에 일조함에도 불구하고 일반적으로는 정치적으로 중립적인 것으로 간주된다. 예를 들어, 중상주의자들은 식량원조의 유용성과 기아와의 관련성에 관해 의견이 엇갈리고 있다. 일부는 냉전시기에 식량원조를 이용하여 공산주의의 확산을 막으려는 노력을 지지했다. 1980년대 초 레이건 대통령은 소련이 아프가니스탄을 침공하자 소련에 대한 곡물수출을 삭감했다. 미국과 그 동맹국에 협조하도록 하기 위해 식량원조와 선택적 무역조치들이 일본, 남한, 방글라데시를 비롯한 아시아 국가들에게 행해졌다. 원조는 또한 잉여 농산물 처리 기제로 기능하며 부농과 농업기업에게 이익이 되었다.

1980년대 후반까지 미국 국무부, 상무부, 국제개발처USAID 등의 관료들은 가난한 나라의 경제를 국제정치경제에 편입시키는 방편으로 기업형 농업모델을 적극적으로 장려했다. 해외원조에 대한 지지는 줄어들었으며, '원조 대신 무역'이 강조되었다. 저개발국들은 선진국으로부터 값싼 식량을 수입하는 동시에 공산품 수출을 촉진하여 경제성장을 추진할 것이 장려되었다. 1990년 소련이 붕괴한 이후 현실주의자들은 권의주의체제로 바뀔 가능성이 높은 국가의 시장개방정책, 세계화, 민주주의의 촉진 등 기업형 농업모델과 국가이익의 관계를 강조했다.

오늘날 많은 중상주의-현실주의자들은 경제개발을 통해 빈곤과 기아문제를 해결하려는 국제기구와 시민사회의 개발 노력에 대해 다양한 견해를 갖고 있다. 일부는 빈곤과 기아가 사회 안정을 저해하고 테러리스트 집단을 강화하는, 파키스탄과 아프가니스탄 같은 국가에 대한 식량원조와 농업지원을 늘리는 것이 선진국에게 이익일 수 있다고 주장한다. 또 다른 사람들은 이러한 조치들이 결과적으로 알카에다 및 다른 테러리스트 집단을 돕는 것으로 귀결될 수 있다고 우려한다. 예를 들어, 베네수엘라, 볼리비아, 에콰도르의 사회주의 지도자들은 기업형 농업 및 경제적 자유주의정책의 장려와 원조가 계속해서 광범위한 빈곤과 기아를 야기했고, 이것이 미국이 궁극적으로 의도한 바라고 주장한다.

9·11테러 이후 현실주의자들은 식량원조를 더욱 적극적으로 테러대응 수단으로 활용하고 있다. 수단, 소말리아, 북한, 이라크, 이란 등에서 식량은 안보목표였다. 다른 현실주의자들은 식량원조가 그와 같은 목표를 달성할 수 있을까에 의문을 제기한다. 많은 경우 원조물자는 정부시책을 지지하는 집단에게 주어지며, 가난하고 굶주린 사람들에게는 오히려 피해를 주고 있다. 에티오피아와 수단에서 식량원조를 안보활동에 맞추어 조정하는 것은 어렵다. 원조가 전략적 자원이라고 여겨질 경우, 반군에게 도난, 강탈당해 다른 나라의 기업이나 관료들에게 팔리기도 한다. 특히 식량가격이 오르는 위급한 시기 식량원조 수송선은 식량을 수송하는 도중에 다른 나라 항구로 종종 방향을 바꾼다.[43]

전쟁, 질병, 부패, 정부의 관리실패

많은 전문가들과 관료들은 2008년 세계식량위기를 일으킨 직접적 원인이거나 어떤 경우에는 적어도 악화시킨 요인으로 서로 연관된 네 가지 요인들을 지목하고 있다. 네 가지 모두 동시에 발현되는데 특히 대부분이 아프리카에 있는 최빈국에서 그렇다.

정통 경제적 자유주의자들은 다른 두 가지 조건보다 부정부패와 정부의 관리실패에 초점을 맞추고 있다. 이스털리William Easterly는 해외원조 및 부패한 사업가나 투자자와 결탁한 가난한 나라의 국가 관료들 두 가지 모두에 초점을 맞추고 있다.[44] 거대 관료제는 종종 가장 단순한 작업도 해낼 능력이 없는 사람에게 자리를 준다. 이러한 자리는 또한 엽관주의와 규제해야 할 사람에게 오히려 자금을 몰아주는 기회가 된다. 한 예가 나이지리아의 국가, 지역 수준의 농무부이다. 그들은 비료 수입품, 보조금, 식량분배 등 돈이 되는 프로그램 등에 있어서, 공공자금을 엘리트 및 그들의 친구들에게 몰아주었다.[45] 관료들과 관련 인사들은 고급 호텔에서 만나 유럽과 미국에서 수입된 고가의 음식을 먹는다.

이스털리에게 있어서 부정부패와 관리실패는 경제개발을 가로막는 심각한 장애물이다. 이스털리 및 다른 신자유주의적 성향의 전문가들은 이러한 국가의 경제개발이 기아문제를 상당 수준 해결할 것이라고 추정한다. 국제기구 하청업자에 관한 매력적인 설명인 『경제학자의 이야기The Economist's Tale』라는 제목의 책에서 그리피스Peter Griffiths는 부정부패와 관리실패가 기아에 미치는 영향이라는 측면에서 이스털리와 의견을 같이한다. 그러나 그는 완전히 반대의 결론에 도달한다.[46] 한 예로, 그리피스는 시에라리온에서 사람들이 흉년에 자급할 수 있는지의 여부를 확인하는 연구를 진행했다. 곧바로 그리피스는 쌀이 어디에 얼마나 비축되어 있는가는 고사하고, 쌀 가격을 파악하기조차 쉽지 않다는 것을 발견했다. 수입

된 쌀의 상당 부분은 곧바로 다시 역내의 다른 나라로 실려 나가서 국가나 국가의 사업적 동반자가 더 많은 이윤을 얻도록 했다. 그 당시 세네갈에는 쌀 가격과 쌀 비축수준을 결정하는 농산품 위원회와 쌀 위원회가 있었다. 세네갈의 각기 다른 지역은 각기 다른 품종의 쌀을 지역의 토종 작물과 함께 재배하고 있었는데, 그로 이해 국제기구나 비정부기구들이 공급과 수요의 심각성을 결정하기 어려웠다. 많은 경우, 과거 국제기구나 비정부기구의 사업은 처참하게 실패하였으며, 기아를 해결하고자 하는 다른 선의의 노력으로 대체되었다. 때때로 이러한 사업은 기아뿐만 아니라 교육과 보건에도 주의를 기울였다.

그리피스와 많은 구조주의자들은 부패가 지역 엘리트뿐 아니라 국제적 기업이나 선적 회사들에게 이익이 된다는 데에 대하여 비정통 개입주의적 자유주의자들이나 중상주의자들과 의견을 같이한다. 보다 중요하게는 경제성장과 국내외 경제의 규제철폐를 추진했던 레이건 행정부 시기의 신자유주의적 이데올로기 환경이 부정부패와 관리실패를 더욱 심화시켰다. 벨로는 이데올로기의 역할에 대해 같은 주장을 펼치고 있다. 그는 국가가 신자유주의정책을 펼치는 경우, 그 결과는 항상 국가가 물러나 있는 사이에 민간기업들이 다른 회사를 경쟁에서 몰아내는 것으로 귀결된다고 주장한다.[47]

장하준Ha-Joon Chang 같은 신중상주의자들은 경우에 따라서는 서비스 고객에게 서비스를 전달하고 관료주의 장벽의 우회 등 몇 가지 측면에서 부패가 개발도상국에게 도움이 된다고 주장한다.[48] 물론 약간의 부패가 관료제의 효율성을 개선하는 것보다 언제 더 나은지 정확히 알기는 어렵다.

질병 및 전쟁에 대하여 대부분의 학자들은 아

사까지는 아니더라도, 기아에는 직접적으로 책임이 있다는 것에 동의한다. 이 장의 역사 부분에서 기술했듯이 식량은 주기적으로 전략적 무기로 이용되었다. 『이코노미스트*The Economist*』지는 소말리아, 에티오피아, 케냐로 이루어진 아프리카의 뿔 지역에서 장기간의 가뭄과 내전, 민족분쟁이 동시에 발생하면서 1,750만 명의 사람이 굶어 죽어가고 있다고 보도했다.[49] 세계식량프로그램은 이곳 주민들에게 식량을 공급하려 하고 있지만, 에티오피아의 오가덴 지역에서의 전쟁은 식량원조조차 어렵게 만들고 있다. 식량 수송선단의 납치도 높은 식량가격을 어느 정도 설명한다.

1994년 르완다를 탈출해서 콩고에 있는 투치족 군대가 광물과 다른 천연자원에 대한 통제권을 두고 정부군과 전쟁을 하고 있으며, 수많은 사람들이 기아상태로 방치되어 난민캠프에서 피난처를 찾고 있는 중앙아프리카의 뚜렷한 특징은 전쟁이다. 케냐, 소말리아, 수단에서도 내전과 폭력사태가 일어나고 있다. 가장 악명 높은 경우는 수단의 다르푸르 지역이다. 지난 8년간 30만 명이 사망했다. 전쟁이 기아나 에이즈와 같은 다른 전신질환과 가지는 연관관계는 명확하다. 굶주린 사람들은 설령 약을 구할 수 있더라도, 약에 반응할 가능성이 낮다. 대부분의 전문가들은 이와 같은 사회와 정부가 붕괴할 때에 내전, 폭력, 기아, 다른 재난이 발생할 가능성이 가장 높다고 지적한다.

결론

기아와 식량문제의 국제정치경제는 적어도 이 교재의 주요 주제 일곱 가지를 다룬다 (제1장 참조).

제2차 세계대전 이후 기아와 식량문제는 주로 증가하는 수요를 공급이 따라 잡을 수 있는가의 문제로 여겨졌다. 1970년대 식량우선주의자들Food Firsters이 누가, 얼마나, 어떤 가격으로 먹는가를 결정하는 정치적, 경제적 요인들에 초점을 맞출 때까지 생산의 문제가 분배의 문제를 압도했다.

1980년대 초반부터 현재까지 관료들은 기아에 대해 경제적 자유시장 해결책을 강조해왔다. 식량 그 자체는 흔히 국가의 다양한 정치적, 경제적 목표를 달성하기 위해 이용되어 왔다. 전세계의 기아 인구의 수가 상대적으로 일정하게 유지되는 상황에서 국가들이 국제기구에게 더 많은 권한을 위임하려고 하지 않았기 때문에 더 많은 사람들이 굶지 않도록 도와주는 국제기구의 역할은 상대적으로 미약하고 효과가 없었다.

2005년부터 2012년까지 보통수준보다 심각했던 식량부족은 전세계적 식량위기에 일조했고, 식량과 기아정책과 관련된 몇 가지 쟁점을 명료화하는 데 도움이 되었다. 급격한 가격상승은 실제의 생산량 부족에 기인하기보다는 투기적 투자, 물 부족에 따른 생산에 미치는 압력 증가, 많은 신흥경제의 소득증가, 바이오연료의 생산과 끊이지 않는 전쟁, 기근, 질병 등과 같은 요인들의 완벽한 폭풍과 연관되어 있었다. 그러나 2012년 미국과 다른 나라의 기록적인 식량위기는 식량체계가 취약할수록 식량의 가격과 식량의 가용성에 대해 환경이 미치는 영향이 더욱 엄청나고 급격하며, 특히 세계의 최빈국의 경우 그러하다는 것을 보여주었다.

기아에 대한 해결책을 국가의 이해관계와 식량안보, 경제성장 등과 분리하여 생각하기는 어렵다. 식량은 말로만 권리로 인식된다. 간략히 말하면, 다양한 기아의 원인으로 인해 빈곤의 극복이나 분배의 효과를 포괄하는 하나의 해결책을 찾기 어렵기 때문에 정치가 시장의 힘에 대해 미치는 영향은 단지 허용되는 것을 넘어 꼭 필요한 것이기도 하다. 농산품으로 만들어진 바이오연료의 영향에 대한 결정, 식량생산에 대한 국가적 지원의 비용 및 이득, 유전자변형생물과 더 많은 전통작물의 병용 및 토양비옥도를 유지하는 방법의 사용, 작물과학의 현대적 접근에 수반하는 가뭄의

해소, 개발전략에서 무역의 역할 등이 다루어져야 할 정책적 쟁점들이다.

개발도상국과 선진국 둘 다에서 발생한 식량주권운동은 글로벌 금융위기가 지역수준에서 시장을 사회 안으로 다시 내재re-embed시키는 것과 식량과 기아문제를 적극적으로 해결하기 위해 많은 일을 하는 데 대한 관심을 창출했다는 증거이다. 이 일들은 모두를 위한 것이다.

주요 용어

공동체지원농업(CSA:
    community-supported
    agriculture) 507
녹색혁명(Green Revolution)
    509
농민의 길(La Via Campesina)
    523
바이오연료(biofuel) 514

식량우선(주의)(Food First)
    510
식량주권(food sovereignty)
    505
유전자변형생물(GMOs:
    genetically modified
    organisms) 505
인구변천(demographic

transition) 510
초국적 농업기업(TNACs:
    transnational agribusiness
    corporations) 506
탈농민화(de-peasantisation)
    522

토론주제

1. 전세계의 기아문제의 원인과 관련하여, 인구와 생산 부족이 빈곤과 정치적인 문제만큼이나 중요하다는 식량우선주의자들의 주장에 동의하는가? 설명해 보시오.

2. 정통 경제적 자유주의자들은 1990년대의 식량과 기아문제를 자신들의 방식으로 보았던 이유에 대해 자세히 설명하시오. 기아를 다루는 것에 있어서 이러한 생각과 정책이 전혀 성공적이지 않았다는 저자들의 주장에 동의하는가? 설명해 보시오.

3. 세계 식량위기와 현재의 글로벌 금융위기의 연관관계를 적어도 세 가지 논의해 보시오.

4. 기아, 에너지, 환경 문제의 연관관계를 적어도 세 가지 논의해 보시오 (제19장과 제20장을 읽었는가에 달려 있기는 하지만).

5. 기아문제를 해결하기 위해 현지시장을 통해 자족이나 자립, 식량주권을 촉진하려는 노력에 대해 당신은 낙관적으로 생각하는가, 혹은 비관적으로 생각하는가? 그 이유는?

추천문헌

Milan Brahmbhatt and Luc Christiaensen. "The Run on Rice." *World Policy Journal*, 25:2 (Summer 2008).

Robert Gottlieb and Anupama Joshi. *Food Justice*. Cambridge, Mass: MIT Press, 2010.

Peter Griffiths. *The Economist's Tale: A Consultant Encounters Hunger and the World Bank*. New York: Zed Books, 2003.

Frances Moore Lappe, Joseph Collins, and Peter Rosset. *World Hunger: Twelve Myths*, 2nd ed. New York: Grove Press, 1988.

Raj Patel. *Stuffed and Starved: The Hidden Battle for the World Food System*. New York: Melville House Publishing, 2008.

Hannah Wittman, Annette Aurelie Desmarais, and Nettie Wiebe, eds. *Food Sovereignty: Reconnecting Food, Nature and Community*. Fernwood/FoodFirst/Pambazuka Press, 2010.

주

1) Garrett Hardin, "Lifeboat Ethics: The Case Against Helping the Poor," *Psychology Today*, September 1974, pp. 38–43와 124–126.

2) Frances Moore Lappé, Joseph Collins, and Peter Rosset, *World Hunger: Twelve Myths*, 2nd ed. (New York: Grove Press, 1988).

3) Robert G. Lewis, "What Food Crisis?: Global Hunger and Farmers' Woes," *World Policy Journal*, 25:24 (Spring 2008), p. 34.

4) Shaena Montanari, "Global Climate Change Linked to Increasing World Hunger," *World Watch*, September/October 2005, p. 18 참조.

5) Lester Brown, "Voices of Concern," interview on Nova, PBS at www.pbs.org/wgbh/nova/worldbalance/voicbrow.html.

6) Diana B. Henriques, "Food Is Gold, and Investors Pour Billions into Farming," *New York Times*, June 5, 2008.

7) Clifford Krauss, "Commodities' Relentless Surge," *New York Times*, January 15, 2008 참조.

8) Thalif Green, "Land Grabs for Food Production Under Fire," October 23, 2009, at http//ipsnews.net/news.asp?idnews=48979.

9) Noemi Pace, Andrew Seal, and Anthony Costello, "Has Financial Speculation in Food Commodity Markets Increased Food Prices?" *Lancet*, No. 371 (May 17, 2008), p. 1650 참조.

10) Worldwatch Institute, "Biofuels Make a Comeback Despite Tough Economy," 2011 참조.

11) Milan Brahmbhatt and Luc Christiaensen, "The Run on Rice," *World Policy Journal*, 25:2 (Summer 2008), pp. 29–37.

12) Andrew Martin, "Food Report Criticizes Biofuel Policies," *New York Times*, May 30, 2008; and Peter Brabeck-Letmathe, "Biofuels Are Indefensible in Our Hungry World," *Wall Street Journal*, June 13, 2009 참조.

13) Susan S. Lang, "Cornell Ecologist's Study Finds That Producing Biofuels and Ethanol from Corn and Other Crops Is Not Worth the Energy," Cornell University News Service, July 5, 2005 참조.

14) 예컨대, Suzanne Hunter, "Biofuels, Neither Savior nor Scam: The Case for a Selective Strategy," *World Policy Journal*, 24 (Spring 2008), pp. 9–17 참조. 또한 http://www.berkeleybiodiesel.org/current-research-biodiesel.html 참조.

15) http://documents.wfp.org/stellent/groups/public/documents/research/wfp232961.pdf 참조.

16) 이 문제에 대한 간략한 개관은 Andrew Martin and Elisabeth Rosenthal, "U.N. Says Food Plan Could Cost $30 Billion a Year," *New York Times*, June 4, 2008 참조.

17) Elisabeth Rosenthal, "U.N. Says Biofuel Subsidies Raise Food Bill and Hunger," *New York Times*, October 8, 2008.

18) Clemens Hoges, "A 'Green Tsunami' in Brazil: The High Price of Clean, Cheap Ethanol," *Der Spiegel*, January 24, 2009.

19) Raj Patel, *Stuffed and Starved: The Hidden Battle*

for the World Food System (New York: Melville House Publishing, 2008).

20) Terri Raney and Pirabhu Pingali, "Sowing a Green Revolution," *Scientific American*, September 2007, pp. 104–111.

21) Jeremy Cooke, "Could GM Crops Help Feed Africa?" May 30, 2008, at http://news.bbc.co.uk/1/hi/world/africa/7428789.stm.

22) Alex Avery and Dennis Avery, "The Local Organic Food Paradigm," *Georgetown Journal of International Affairs*, 9 (Winter–Spring 2008), pp. 33–40.

23) Byeong-Seon Yoon, "Who Is Threatening Our Dinner Table? The Power of Transnational Agribusiness," *Monthly Review*, 58:7 (2006).

24) William Atkinson, "The High Tech Menu," in Andrew Heintzman and Evan Solomon, eds., *Feeding the Future* (Toronto, ON: House of Anasi Press), 2006.

25) See the International Assessment of Agricultural Knowledge, Science and Technology for Development 2008 report for a detailed discussion of hunger, agriculture, global warming, and the agroindustrial model at http://www.agassessment.org/.

26) Paul Collier, "The Politics of Hunger," *Foreign Affairs*, 87 (November–December, 2008).

27) Geoffrey Lean, "Exposed: The Great GM Myth," *Independent UK*, April 20, 2008.

28) 예컨대, Miguel Altieri, *Genetic Engineering in Agriculture*, 2nd ed. (Oakland, CA: Food First, 2004) 참조.

29) Walden Bello, "Manufacturing a Food Crisis," *The Nation*, June 2, 2008.

30) David Kesmodel, Lauren Etter, and Aaron O. Patrick, "Grain Companies' Profits Soar as Global Food Crisis Mounts," *Wall Street Journal*, April 30, 2008. 또한 Grain, "Making a Killing From Hunger," April 2008, at http://www.grain.org/articles/?id=39 참조.

31) Byeong-Seon Yoon, "Who Is Threatening our Dinner Table? The Power of Transnational Agribusiness," *Monthly Review* 58:6 (November 2006).

32) Sara Miller Llana, "Gap Between Rich and Poor Widens in Argentina," *Christian Science Monitor*, January 27, 2008 참조.

33) Marco Visscher, "Fatal Harvest," *Ode Magazine*, at http://www.odemagazine.com/doc/4/fatal_harvest/ 참조.

34) 반다나 시바(Vandana Shiva)의 이러한 언급은 2009년 2월 샌프란시스코에서 있었던 연설에서 말한 것이다 http://www.thebreakthrough.org/blog/2009/02/is_bill_gates_a_menace_to_poor.shtml 참조. 기아와 게이츠 재단의 제2차 녹색혁명에 대한 지원과의 관계에 대한 논의에 대해서는 Eric Holt-Gimenez, Miguel A Altieri, and Peter Rosset, "Ten Reasons Why the Rockefeller and Bill and Melinda Gates Foundations' Alliance for Another Green Revolution Will Not Solve the Problems of Poverty and Hunger in Sub-Saharan Africa," Food First Policy Brief No. 12, October 2006를 참조.

35) http://www.cbsnews.com/2100-202_162-4542268.html 참조.

36) 예컨대, Hannah Wittman, Annette Aurelie Desmarais, and Nettie Wiebe, *Food Sovereignty: Reconnecting Food, Nature and Community* (Oakland, Ca: Fernwood/Food First/Pambazuka Press, 2010) 참조.

37) 이 운동에 대한 개관은 Annette Aurelie Desmarais, *La Via Campesina: Globalization and the Power of Peasants* (Winnipeg, Manitoba: Fernwood Publishing, 2007).

38) Corey Hill, "A Farm Bill Only Monsanto Could Love" *Yes! Magazine*, October 5, 2012 참조.

39) 예컨대, Eric Schlosser, *Fast Food Nation: The Dark Side of the All-American Meal* (New York: Houghton Mifflin, 2001) and the documentary film, *Food Inc.*, directed by Robert Kenner, 2010 참조.

40) 예를 들어 Tanya Denckla Cobb, *Reclaiming Our Food: How the Grassroots Food Movement Is Changing the Way We Eat* (North Adams, MA: Storey Publishing, 2011) 참조.

41) Lester R. Brown, "Feeding Eight Billion People Well," in *Plan B 4.0: Mobilizing to Save Civilization* (New York: W.W. Norton & Co., 2009) 참조.

42) 예를 들어 Carlo Petrini, *Slow Food Nation: Why Our Food Should Be Good, Clean, and Fair* (New York: Rizzoli, 2009) 참조.

43) 예컨대, Laura Blue, "On the Front Lines of Hunger," *Time International*, June 30–July 7, 2008 참조.

44) William Easterly, *The White Man's Burden: Why the West's Efforts to Aid the Rest Have Done So Much Ill and So Little Good* (Cambridge: Cambridge University Press, 2006).

45) "Nigeria: Let Us Close Down Agriculture Ministry," January 22, 2009, at http://allafrica.com/stories/200901220209.html 참조.

46) Peter Griffiths, *The Economist's Tale: A Consultant Encounters Hunger and the World Bank* (New York: Zed Books, 2003) 참조.

47) Walden Bello, "Destroying African Agriculture," *Foreign Policy in Focus*, June 3, 2008 참조.

48) Ha-Joon Chang, *Bad Samaritans: The Myth of Free Trade and the Secret History of Capitalism* (New York: Bloomsbury Press, 2008), 특히 pp. 160–181.

49) "The Tragedy of the Decade?" *Economist*, October 30, 2008.

에너지 자원의 국제정치경제: 이행의 지연

당신은 중동의 주요 산유국에서 쿠데타가 발생하였기 때문에 자동차 휘발유 가격이 조만간 오를 것이라는 심야뉴스를 듣는다. 다음날 아침 일찍 서둘러 주유하러 차를 끌고 동네 주유소에 들르니 휘발유 가격은 이미 리터당 100원씩이나 올라 있다. 그리고 3일 뒤 또 150원이 오른다. 당신은 바가지 썼다고 생각하나? 당신은 의아할 것이다. "주유소 사장이 지난 밤에 비싸게 주고 휘발유를 사왔기 때문에 하룻밤 사이에 주유소 휘발유 가격이 오른 것인가? 아니면 지난 밤 뉴스를 본 후 주유소 사장이 더 많은 이윤을 챙기려고 자기 멋대로 휘발유 가격을 올렸나?"

환경보호에 관심이 많은 당신은 바이오디젤 연료를 사용하는 지프 자동차를 새로 구입한다. 하지만 자동차를 구입한지 채 6개월도 지나지 않아 바이오디젤이 원래 생각했던 것과 달리 그다지 효율적이지 못하다는 사실을 알게 된다. 지금 당신의 친구들은 식량으로 사용될 수 있는 옥수수나 다른 식물을 갖고 바이오디젤이 만들어지기 때문에 당신이 글로벌 기아의 확산에 일조하고 있다고 놀린다. 불행 중 다행으로 당신의 지프 자동차는 일반 디젤기름도 사용할 수는 있다.

당신은 친구를 만나 다음과 같이 묻지 않을 수 없다. "최근 석유공급 및 석유가격이 너무 불안정한데 너는 대체에너지가 아직까지도 개발되지 않은 것이 문제라고 생각하지 않니?" 정부관료와 주요 석유회사는 석유에 대한 의존으로부터 탈피하기를 원치 않는 것일까? 재생 불가능한 자원의 지속적인 사용이 지구환경문제의 원인이라는 사실에 대해 관심이 없어? 이산화탄소 배출량을 줄이기 위한 나의 노력이 소용이 있을까?

이와 같은 타당한 질문들에 답하려면 이러한 발전과 불일치가 어떻게 발생하는지에 대해 설명해 주는 매우 명확한 로드맵이 필요하다. 최근 몇 년 많은 평론가들은 오늘날 글로벌 에너지 시장의 수요와 공급의 변동성이 주유소 휘발유 가격의 급격한 인상의 원인이라고 지적해왔다.[1] 최근 2008년까지 글로벌 화석연료의 생산량이 감소하였다. 전문가들은 석유가 크게 부족하게 될 것이고 유가가 오를 것이라고 예측했다. 많은 나라와 석유회사들은 '에너지 독립'을 실현하기 위해 더 많은 자금을 화석연료 개발에 쏟아 부었다. 일부는 '석유에서 탈피하기' 위해 재생가능한 자원에 투자했다.

그러나 아주 최근 몇 년 동안 예상치 못한 원유(그리고 특히 천연가스) 생산량의 급격한 증가로 인해 세계 에너지 공급 상황이 완전히 뒤바뀌었다. 새로운 기술 덕분에 미국, 캐나다, 브라질, 멕시코를 비롯한 여러 국가의 해안으로부터 멀리 떨어져 있는 심해 깊은 바다 속에서 좀 더 쉽게 석유를 생산할 수 있게 되었다. **수압파쇄**Hydraulic fracturing(프래킹) 기술 덕분에 미국을 비롯한 여러 나라에서 액화천연가스LNG를[i] 생산하는 대규모 가스전이 개발되었다. 주요 석유회사, 연기금, 헤지펀드, 중소기업 등의 투자 역시 이 화석연료 생산의 급격한 증가에 일조했다. 그 결과, 금융위기를 야기했던 주택시장과 금융시장의 거품처럼 최근 에너지 투자 거품이 발생했다.

일부 전문가는 놀랍게도 미국이 2020년까지 세계 최대 화석연료 생산국이자 수출국이 되어 기존의 **석유수출국기구**OPEC: Organization of Petroleum Exporting Countries를 대신하여 세계 에너지 패권을 장악하게 될 것이라고 주장하였다.[2] 에너지 독립과 값싼 에너지 시대가 당장 코앞으로 다가

온 것 같다. 그러나 현재 천연가스의 가격하락 때문에 일부 회사들이 셰일가스 생산에 대한 투자를 철회하고 있다는 사실은 놀랄 일도 아니다. 또 다른 사람들은 장기적으로 지속가능한 에너지로의 이행을 늦추려고 한다. 아이러니하게도 — 그리고 꽤 예기치 않게 — 선진국의 일부 사람들은 천연가스 생산이 지역 환경과 지역사회의 사회구조에 미치는 부정적 영향에 대해 생각하기 시작했다. 많은 개발도상국의 경우처럼 한때 축복으로 생각되던 것이 **자원의 저주**resource curse가 되었다.

본 장은 이와 같이 뜻밖의 예기치 못한 상황을 야기하는 몇몇 요인에 대해 설명한다. 우리는 화석연료(석탄, 석유, 천연 가스)의 공급과 수요 및 신재생에너지원(태양광, 원자력, 풍력, 바이오매스)의 개발에 영향을 미치는 행위자와 조건들을 1970년대 초로 거슬러 올라가 연대순으로 살펴본다. 첫째, 우리는 서방국가의 경기침체를 야기하고 자원부족에 관한 국제에너지 패러다임의 변화를 초래한 석유수출국기구OPEC의 1973년 석유파동의 조건들에 대해 검토한다. 그 후 20년간 OPEC은 회원국의 국내적 목표를 추구하는데 석유생산 및 석유가격을 전략무기로 사용함으로써 석유수입국들로 하여금 스스로 에너지수급에 취약하다고 느끼게 하였다.

둘째, 우리는 세계 에너지와 전쟁, 환경 사이의 연관성을 살펴본다. 이란-이라크전쟁(1980년~1988년)과 걸프전(1990년~1991년)은 석유부족 현상을 야기함으로써 석유 수입국들로 하여금 더욱더 에너지 독립을 주요 국가목표로 삼도록 하였다. 1990년대에는 이산화탄소 배출 증가와 글로벌 기후변화, 기타 환경 문제 사이의 관계에 관한 우려가 더욱 고조되었다 (제20장 참조). 리우회의

---

i 〈역자 주〉 셰일가스(shale gas). 즉, 모래와 진흙이 퇴적돼 형성된 셰일층에 함유된 천연가스.

(1992년)와 교토의정서(1997년 체결)가 전 세계적으로 화석연료에 대한 의존을 줄일 필요성에 대한 관심을 제고하였으며, 재생가능한 자원의 사용을 증가시켰다.

셋째, 우리는 중동 및 카스피해 지역의 원유공급을 계속 유지하는 동시에 아프가니스탄과 이라크에서 테러와의 전쟁을 승리하고자 하였던 조지 W. 부시 행정부의 노력에 대해 살펴본다. 2006년 앨 고어Al Gore 전부통령은 〈불편한 진실*An Inconvenient Truth*〉이라는 매우 성공한 다큐멘터리 영화를 발표했다. 여기서 그는 화석연료에 대한 지나친 의존이 계속될 경우 돌이킬 수 없이 위험한 글로벌 기후변화가 초래될 것이라고 주장했다. 고어의 이러한 주장은 국가 에너지정책에 많은 영향을 미쳤지만, 여전히 일부 정치인과 기업 엘리트, 대중들은 그 뒤에 깔려있는 과학적인 주장을 완전히 수용하지는 않고 있다. 2007년 금융위기의 발생으로 인해 복잡한 에너지문제 및 환경문제에 대한 대응 노력은 뒤로 미뤄졌다. 한편, 일부 개발도상국은 계속해서 석유 '자원의 저주'와 관련이 있는 경제적 불평등, 정치 불안, 환경파괴 등을 경험하고 있다. 얄궂게도 일부 선진국 역시 지금 '악마의 배설물devil's excrement'[ii] 현상을 경험하고 있다.

넷째, 우리는 에너지 회사(공기업 및 민간기업)와 지난 수년 간 그 회사들에게 매우 넉넉한 보상을 해주고 있는 국가관료 사이의 공생관계에 대해 알아본다. 그들은 함께 결탁하여 원자재 투기와 화석연료 붐을 자극했다. 다섯째, 우리는 향후 있

을 수 있는 세 가지 글로벌 에너지정책 대안에 대해 살펴본다. 즉, 화석연료에 대한 대규모 투자, 자유시장의 해결에 의존, 재생가능한 새로운 에너지원으로의 적극적인 이행 등이 그것이다.

본 장에서는 서로 연관된 다양한 논제에 대해 살펴본다.

- 공급이 부족한 글로벌 시장에서 에너지 자급자족이 곧 에너지 독립을 의미하는 것은 아니다. 유가는 글로벌 시장 상황을 반영하기 때문에 단일 행위자는 동네 주유소의 휘발유 가격에 제한적으로만 영향을 끼친다.
- 국가소유 — 그리고 민간소유 — 석유회사들이 휘발유 소매가격 결정과정에서 중요한 역할을 한다.
- 많은 국가와 에너지회사들이 석유 및 천연가스 생산을 강화하였으며, 동시에 늘어나는 글로벌 수요를 충당하기 위한 신재생에너지의 생산 및 개발을 억제하였다.
- 국가는 글로벌 에너지 자원을 생산하고 처리하는 대기업을 규제해야 할 충분한 동기를 갖고 있다. 하지만 국가는 그렇게 하기보다는 흔히 이들 초국적기업과 공생관계를 형성하거나 서로 공조한다. 이들 초국적기업 대부분은 유가를 높게 유지하기를 원한다.
- 개발도상국의 경우, 석유생산의 증가가 노동계층과 가난한 사람들의 희생을 대가로 엘리트 및 주요 에너지 기업을 부자로 만드는 경향이 있다.
- 많은 나라의 독재자들은 화석연료의 생산 덕분에 군사력과 경제적 부를 유지할 수 있다.

---

ii 〈역자 주〉 석유를 의미한다. 1960년대 산유국 베네수엘라의 석유장관을 지낸 페레스 알폰소가 1973년 1차 석유파동 당시 향후 베네수엘라 국가경제의 파멸을 경고하면서 '석유는 악마의 배설물'이라고 했다.

OPEC의 지배

1910년대 이후 서양경제는 석유 에너지에 기반을 둔 산업체제였다. 좀 더 손쉽게 석탄을 사용할 수 있었지만, 석유가 좀 더 효율적이었고 환경과 관련한 외부효과가 상대적으로 적었다. 또한 미국은 1940년대까지 세계 최대 산유국이었음에도 불구하고 미국의 공급은 수요를 따라가지 못했다. 그래서 미국은 독일 및 일본과 전쟁을 치르는데 필요한 군사무기의 운용을 위해 석유수입국이 되었다. 제2차 세계대전 이후 유럽, 소련, 특히 일본의 산업을 회복시키는 데 있어 석유와 석탄에 대한 접근은 전략적으로 중요한 의미를 가졌다. 1960년대 초 무렵까지는 여전히 석탄이 글로벌 전체 에너지 소비의 51퍼센트를 차지하였고, 그에 비해 석유는 29퍼센트를 차지하는데 그쳤다. 하지만, 오늘날에는 전체 에너지소비의 30퍼센트가 석탄이고, 석유가 33퍼센트를 차지하고 있다. 지난 10년 동안 천연가스의 생산이 빠르게 늘어났다.

역사적으로 5개의 미국회사, 1개의 영국회사, 1개의 영국/네덜란드 회사 등 7개의 다국적 거대 석유회사 '일곱 자매seven sisters'가[iii] 석유의 생산과 정유, 판매, 가격 등을 완전히 지배하였다.[3] 원유생산국들은 이들 석유회사가 자신들을 착취한다고 느꼈으며, 그래서 1960년 대부분 중동국가인 주요 석유수출국들은 자신들의 공동이익을 증진시키고 자국의 영토 내에 있는 유전에 대

한 더 많은 관리권한을 얻고자 OPEC 카르텔cartel을 형성했다.[4] 1965년 리비아의 공급에 의존하는 작은 미국회사인 옥시텐탈페트롤리움Occidental Petroleum에 대해 리비아가 가격조정을 압박하면서 처음으로 원유생산 국가의 정부와 석유회사, 선진국 간 새로운 관계가 정립되었다. 그 후 점차적으로 원유생산국은 석유회사로부터 더 큰 양보를 이끌어 낼 수 있었다. 리비아는 유가의 상승이 원유생산국이 받는 로열티(유정 사용료) 상승으로 이어질 수 있다는 점을 확실하게 보여주었다.

1973년은 국제정치경제에서 에너지시장이 크게 바뀐 전환점에 해당한다. 많은 베이비붐 세대의 머릿속에는 석유파동을 둘러싼 사건이 여전히 잊히지 않고 남아 있다. 석유수출국기구OPEC의 회원국인 아랍국가들은 1973년 10월 전쟁에서 이스라엘을 지지한 미국과 네덜란드에 대해 석유금수조치를 성공적으로 시행했다. 거의 하룻밤 사이에 석유수출국기구의 '석유 무기'는 국제시장의 원유가격을 배럴당 2달러 90센트에서 11달러 65센트로 — 즉 400퍼센트 이상 — 오르게 했으며, 유가인상은 서양 선진국의 경기침체를 초래하여 사람들의 삶을 무척 어렵게 했다.

비석유생산 개발도상국들 역시 석유 수입 비용의 엄청난 증가에 직면했다. 거대 석유회사들은 로열티 비용과 높은 원유가격을 손쉽게 소비자에게 떠넘길 수 있었기 때문에 OPEC의 원유가격 인상에 동조했다. 카르텔에 참여한 국가 모두가 의도적으로 경쟁시장 조건에서 생산될 양보다 적은 생산량 할당에 합의했다. 선진국의 석유 수입 의존도가 증가하면서 1970년대 중반까지 OPEC이 유가, 생산수준, 유정 사용료 등을 좌지우지했다.

설상가상으로 1970년대의 첫 번째 대불황Great

---

iii 〈역자 주〉 엑슨모빌, 걸프오일, 텍사코, 세브런, 브리티시페트롤리엄, 로열더치셸 등 1970년대 OPEC이 등장하기 이전 국제 원유 시장을 주름잡은 7대 메이저 석유기업을 지칭한다. 요즘에는 이들 일곱자매 대신 새로운 일곱자매가 등장했다고 한다.

Recession은 선진국 경제만 약화시킨 것이 아니라 석유에 대한 수요도 감소시켰다. 흔히 회자되는 말은 "OPEC이 모든 이들을 선택의 여지가 없는 상황으로 몰아넣었다(이런 젠장!)"는 것이었지만, 그러나 OPEC 역시 취약한 상태에 놓이게 되었다. 첫째, 유가상승은 선진경제를 약화시켜 선진국들이 석유수입을 줄여야 했기 때문에 OPEC이 '혼자서 판돈을 싹쓸이 하는 행위'가 결코 OPEC 자신에게도 이익이 되진 못했다. 원유수입 대금으로 지불된 미국 달러가치의 하락은 사우디아라비아가 서양세계에 투자한 투자금의 가치 하락을 초래했다. 우리가 제7장에서 언급하고 있듯이 석유수입 대금으로 OPEC에 지불된 미국달러 대부분이 서양세계의 은행으로 되돌아왔으며, 그 돈은 다시 멕시코, 베네수엘라, 앙골라, 나이지리아, 북해 등지에서 화석연료 생산에 투자하는 석유회사 및 국가들에게 대출되었다. 이 과정을 흔히 **오일달러 재순환**petrodollar recycling이라고 한다. 당시에는 폭풍우 치는 북해와 꽁꽁 얼어붙은 알래스카 노스슬로프 지역에서 유전을 찾아내고 석유를 생산하는 것은 기술적으로 어렵고 비용이 많이 드는 일이었지만, 높은 유가와 불안정한 공급 때문에 정치적, 경제적으로 투자 동기는 충분하였다.

석유파동과 에너지 패러다임의 변화: 희소성과 취약성

1973~1974년 및 1979~1980년 OPEC의 대폭적인 유가인상은 일종의 지진과 같았다. 즉, 많은 민족국가와 국제기구에 충격을 주었고 향후 수년 동안 글로벌 풍경을 완전히 뒤바꿔놓았던 엄청난 일시적 충격이었다. 이러한 OPEC의 고유가 정책

이 낳은 한 가지 중요한 결과는 많은 정부관료 및 소비자가 국제에너지문제를 이해하는 방식에 있어 인식의 대전환이었다. 에너지에 관한 지배적 신념의 변화는 두 가지 중요한 사실을 포함한다.

첫째, 많은 선진국 및 개발도상국은 중동의 석유공급에 **의존**하게 되었고, 정치적으로 **취약**하게 되었다. 사실상 OPEC은 회원국의 경제적 부를 늘리는데 사용할 수 있을 뿐 아니라 지정학에 기초한 다양한 전략적 목표의 실현에 활용할 수 있는 전략무기를 갖고 있었다. 미국이 사우디아라비아와의 동맹으로부터 혜택을 누려왔다는 점이 문제를 더욱 복잡하게 만들었다. 왜냐하면 대규모 석유매장 및 자본보유를 바탕으로 사우디아라비아가 OPEC을 지배했기 때문이다. 이따금 사우디아라비아는 미국과 사우디아라비아 양국의 상호이익을 고려하여 기꺼이 생산을 조절하였다. 그러한 상호이익 중 하나는 사우디 왕가의 사우디아라비아 지배를 확고히 하는 것이었다.

둘째, 전쟁과 분쟁이 석유시장을 불안정하게 만들었다. OPEC과 패권적 리더인 사우디아라비아는 국제시장 상황의 안정화 목표와 OPEC회원국의 이익을 조화시킬 수 있는 수준에서 석유 생산쿼터 및 가격을 정했다. 그러나 전략무기로서 석유 이야기의 표면 아래 숨겨진 또 다른 이야기는 자원부족에 관한 이야기였다. 1970년대까지 석유 및 기타 화석연료의 공급은 무제한적일 것으로 가정되었다. 그러나 OPEC이 의도한 석유파동으로 인해 지구의 자원이 결코 무한정 존재하지 않는다는 사실을 깨닫게 되었다. 이러한 인식으로 인해 산업화가 지구 자원을 고갈시키고 지구행성의 대기와 토양, 수중 생태계 등을 파괴한다는 주장이 인기를 끌게 되었다. 석유생산이 28년 내에 완전히

고갈될 것이라는 예측과 함께 '성장에 한계'가 있다는 연구결과가 메도우Donnella Meadows 등 여러 사람에 의해 제시되었다.[5] 닉슨 대통령은 유전을 지키기 위한 목적으로 중동지역에 대한 침공 계획을 검토하였지만, 미국과 서유럽은 소련과 전쟁을 해야 하는 위험을 선택하는 대신에 자신들의 소비습관을 바꾸고 경기침체의 고통을 감내하는 길을 택했다.

OPEC의 영향력에 대하여 카터 행정부는 힘으로 맞서는 대신에 석유 및 에너지의 높은 비용에 대응하고 조정하기 위한 일련의 조치를 취했다. 1977년 4월 미국의 에너지정책에 관한 자신의 유명한 연설에서 카터 대통령은 미국의 자원절약 노력을 '전쟁과 도덕적으로 다름없는 것the moral equivalent of war'이라고 명명했다. (2000년대 후반까지 미국대통령들을 비롯한 세계 지도자들은 한결같이 에너지 독립을 주장하였다.) 대통령의 지원에 힘입어 미국의회는 주택의 단열을 강화하여 에너지소비를 줄인 사람들에게 세금감면의 혜택을 제공하였으며, 고속도로의 제한속도를 시속 55마일로 낮췄다. 미국은 또다시 석유파동이 발생하는 경우 비축한 석유를 시장에 방출하는 전략비축유 제도를 도입했다. 그러나 많은 현실주의자들은 카터대통령의 노력을 OPEC에 대한 '굴복'이며, 미국의 중동 및 다른 지역에서 지정학적 이익을 저해하는 조치라고 비난했다.

카터대통령은 소비습관 및 그러한 소비습관이 어떻게 에너지자원의 비효율적인 사용에 영향을 주는지의 문제를 최초로 제기한 미국 대통령이었다. 미국의 에너지종합계획에서 지속가능성과 효율성이 큰 역할을 차지하기 시작했다. 카터대통령의 또 다른 목표는 신재생에너지 자원의 개발에

있었다 (이 장 뒷부분에서 논의한다). 카터대통령 재임시절 미국의 많은 대학수업이 학생들에게 슈마허E. F. Schumacher의 저서 『작은 것이 아름답다 Small is Beautiful』를 필독서로 지정했다. 이 책에서 슈마허는 값싼 에너지에 기초하는 현대 경제는 결코 지속가능하지 않으며, 작고 적절한 기술이 에너지 부족 문제의 대처에 도움이 될 것이라고 주장했다.

1979년 이란의 근본주의자들이 미국이 지지하는 이란국왕을 권좌에서 쫓아내는데 성공하였을 때, 이란의 석유 생산 감소에 따른 지속적인 세계 석유시장의 공황이 국제경제를 혼란에 빠뜨렸다. 그리고 나서 1980년 이란-이라크전쟁의 발발은 또 한 번 석유시장을 불안정하게 만들었으며, 세계적으로 10퍼센트 생산 감소로 이어졌고, 유가는 원유 배럴당 42달러까지 치솟았다. 채 10년도 안 되는 기간 동안 전 세계 석유의존 국가들의 석유수입 비용은 거의 1,200퍼센트 이상 늘어났다. 이란-이라크전쟁의 발발은 얼마나 오랫동안 석유공급이 지속될 수 있을지에 대한 논의에 기름을 부었다.

이 기간 동안 국제 **현물시장**spot market에서 거래된 원유가격은 장기계약에서 정한 가격보다 훨씬 높았다. 이러한 상황의 주요 수혜자는 주요 석유회사였다. 장기계약 덕분에 석유회사는 상대적으로 싸고 안정적인 가격에 원유를 공급받을 수 있었으며, 값싸게 공급받은 원유를 현물시장에서 높은 가격으로 되팔았다. OPEC 회원국이 아닌 산유국도 자국이 원하는 만큼 많은 양의 석유를 마음껏 현물시장에 내다팔 수 있었고, 좋은 현물가격을 받을 수 있었기 때문에 또 다른 수혜자였다. 일부 OPEC 회원국은 수익이 높은 시장에서

원유를 팔기 위해 장기계약을 깨기 시작했다. 사우디아라비아가 다른 회원국들의 이탈을 막으려 했지만 불가항력이었다. OPEC 회원국들은 더 많은 재정수입을 기대하여 독단적으로 생산량을 늘렸으며, 그 결과 OPEC 회원국들은 1982년경 전체적으로 유가를 하락시켰다.

요약하면, 1970년대 OPEC의 단결된 행동은 소수 국가들이 희소자원을 장악하는 경우 그들이 갖는 경제적, 정치적 힘이 얼마나 막강한지를 확실하게 보여주었다. 그러나 카르텔의 유지와 관련한 많은 구조적 문제로 인해 OPEC의 영향력은 궁극적으로는 제한적이었다. 만약 사우디아라비아가 미국의 전략적 동반자가 아니었다면, 선진국은 훨씬 더 나쁜 에너지 시장상황에 직면했을지도 모른다. 점점 더 복잡해지고 있는 민족국가와 시장 사이의 상호의존성 때문에 어떤 나라(심지어 강력한 사우디아라비아조차)도 완전하게 유가를 통제하기는 쉽지 않은 상황이다.

1980년대 및 1990년대: 이란-이라크전쟁 및 걸프전쟁

계속해서 의존, 취약성, 부족 등이 1980년대 국제 글로벌 에너지정책의 특징이었다. 그러나 더욱 혼란스러워진 석유레짐 및 유가하락은 OPEC의 통제력 약화를 상징하는 듯 했다. 이란-이라크전쟁(1980년부터 1988년까지)과 걸프전(1990년부터 1991년까지) 등 일련의 전쟁으로 인해 국제 석유생산이 중단되었다. 이 분쟁들은 즉각적으로 1970년대 두 차례의 석유파동의 충격에 비견할 정도는 아니었지만, 석유수출국기구의 힘과 영향력을 크게 약화시켰다.

미국 레이건대통령 시절 OPEC이 점차적으로 유가에 대한 통제력을 잃게 된 데에는 몇 가지 이유가 있었다.

- OPEC이 유발한 경기침체 이후 원유수요의 감소.
- 새로운 석유생산국들이 석유시장에 더 많은 양의 석유를 내놓았고 그로 인해 장기적으로 공급과잉과 가격하락 압력 발생.
- OPEC의 생산국과 약속을 위반하면서 현물시장에 원유를 내놓는 국가간 경쟁의 심화.

1983년 석유생산이 더욱 늘어나면서, OPEC은 실제로 OPEC 역사상 처음으로 '기준 원유bench-mark crude' 가격을 인하했는데, 이는 그 동안 효과적이었고, 협력적이었으며, 유가를 좌지우지해왔던 카르텔의 약화로 이어졌다. 다른 OPEC 회원국에게 진절머리가 난 사우디아라비아는 1985년에 정해놓은 할당량 이상으로 원유를 생산하여 석유시장에 내다 팔았으며, 그 결과 배럴당 10달러 아래로 원유가격이 떨어졌다. 그 후 1980년대 후반 내내 지속된 낮은 유가로 인해 고유가가 지속될 것이라고 예상하여 고비용 석유생산에 투자하였던 나이지리아, 알제리 등과 같은 나라들이 큰 타격을 입게 되었다. 1988년 이란-이라크전쟁이 끝났을 때 '실질' 유가는 1974년 수준을 밑돌았다. 또한 낮은 유가는 석유소비자 입장에서는 큰 이득이었다. 즉, 일부 현실주의자들은 레이건대통령 첫 임기 4년 동안 미국경제가 좋았던 이유는 레이건대통령이 추진한 자유시장정책 때문이 아니라 국제유가의 하락 때문이었다고 주장한다.

낮고 안정적인 유가 덕분에 특히 아시아의 4마

리 호랑이 국가와[iv] 중국 등 많은 신흥경제국들은 성장할 수 있었으며, 북반구의 선진경제와 경쟁할 수 있었다. 그리고 낮은 유가는 원자력, 태양광, 풍력 등 대체에너지에 대한 수요를 잠재웠다. 당시 대체자원의 개발을 요구하는 정치적 압력은 산업화 및 세계화가 지구의 땅과 물, 공기를 병들게 한다는 증거에 기초하였다. 또한 주목할 만한 일은 『유엔 브룬트란트 보고서』의 발간이었다. 이 보고서는 전 세계의 경제발전을 지속가능한 환경과 연계시켰다. 선진국에서 실시한 여론조사에 따르면, 대부분의 사람들이 '낮은 유가'와 관련이 있는 산업화의 환경적 부작용에 대처하기 위한 목적의 세금인상에 찬성하였다.

1990년대: 이라크와 걸프전

이는 중동에서 군사적 충돌로 인해 1980년 8월 유가가 급등하였던 때의 재현이었다. 이번에는 이라크와 쿠웨이트 간의 분쟁이었다. 석유는 불화의 근원이자 동시에 전쟁을 치르는데 사용되는 수단이었다. 이라크의 사담 후세인 대통령은 OPEC이 정한 원유생산 할당량을 쿠웨이트가 속인 것 때문에 격분했다. 이라크는 쿠웨이트 때문에 이라크가 재정적으로 손해 본 원유 수출수익이 수십억 달러에 이르는 것으로 추산했다. 후세인 대통령은 쿠웨이트가 표리부동하게 두 나라 사이의 중립지역에서 약속한 양보다 더 많은 원유를 생산하였으며, 이란-이라크전쟁 당시 이라크에게 빌려준 돈의 상환을 도가 지나치게 재촉했다고 비난했

다. 일부 아랍국가들은 이라크가 이란의 유전이나 또는 쿠웨이트의 유전을 장악하게 되는 경우 지역 및 글로벌 강국으로서 이라크의 영향력이 대단히 커질 것이라고 우려했다. 이라크의 석유 매장량과 이웃국가 둘 중 하나의 석유 매장량이 합쳐졌다면 이라크가 세계 최대 산유국 사우디아라비아와 거의 비슷한 수준에서 세계 제2위 산유국이 되었을 것이다. 당시 UN의 대이라크 제재조치를 주도한 미국은 쿠웨이트를 해방시키기 위한 '사막의 폭풍' 작전에 군사력을 사용했다.[6)]

걸프전이 유가에 미친 영향은 오래 지속되지 않았다. 이라크가 쿠웨이트를 침공하자 유가는 두 배로 뛰었지만, 1991년 2월에 이라크가 전쟁에 패한 이후 이전의 낮은 수준으로 다시 떨어졌다. 사우디아라비아는 계속해서 OPEC의 핵심국가이었으며, 아울러 미국의 안보이익이 우선적으로 걸려있는 나라였다. 그러나 걸프전쟁은 사우디아라비아와 이라크의 관계를 소원하게 만들었으며 OPEC의 결속력을 약화시켰다. 많은 석유회사들이 새로운 유전개발을 위해 OPEC 회원국이 아닌 다른 나라에 엄청난 규모의 자금을 투자했는데, 이는 유가의 지속적인 하락 요인으로 작용하였고, 또 OPEC의 유가 결정 능력을 약화시킬 수 있는 원유 공급량의 증가로 이어졌다.

원자력과 같은 새로운 에너지원이 등장하면서 세계 전체 에너지 소비에서 석유가 차지하는 비중이 1973년 45퍼센트에서 1996년 35퍼센트로 줄어들었음에도 불구하고 석유는 여전히 세계 최대 에너지원이었다. 비록 단기적으로는 유가상승이 더러 있었던 것이 사실이지만, 1990년대 대부분의 기간 동안 유가는 비교적 낮은 수준을 유지했다. 1980년대에 비해 상대적으로 1990년대 유가

---

iv 〈역자 주〉 한국, 대만, 싱가포르, 홍콩을 지칭한다. 흔히 동아시아 신흥공업국가(NICs)라고도 불린다.

는 대략 10달러 정도 낮았다. OPEC 회원국들은 이를 크게 우려하였으며, 유가를 안정시키고 자국의 이익을 지키기 위해 다양한 전략을 채택했다. OPEC 회원국이 아닌 다른 나라의 석유생산량(러시아산 및 미국산 원유를 제외)이 1976년 하루 평균 900만 배럴에서 1995년 하루 평균 2,600만 배럴로 증가했다. 아시아 금융위기(제8장 참조)가 한창 진행 중이던 1998년에 유가는 배럴당 9달러 64센트까지 떨어졌다. 그런 후 얼마 지나지 않아 OPEC은 마침내 생산 할당량의 축소에 성공하여 극적으로 다시 유가를 배럴당 26달러수준으로 끌어올렸다.

1990년대는 대체적으로 석유의존 국가들과 OPEC 사이의 관계가 비교적 조용했던 것이 주요 특징이었다. 1990년 소련의 붕괴 및 걸프전 승리로 미국은 더욱더 자유롭게 중동 산유국의 발전에 영향을 끼칠 수 있게 되었다. 세계화가 한창 진행 중이었다. 클린턴 행정부 시절(1993~2001년) 규제완화와 시장개방은 미국 및 세계 다른 나라의 경제성장 증가로 이어졌다. '국제' 에너지 체제는 빠르게 규모면에서 범세계화 되었다. 낮은 유가 덕분에 미국의 산업이 번창할 수 있었지만, 동시에 석유에 대한 의존도 역시 높아졌다. 소비자는 값싼 에너지, 휘발유, 공산품 등이 주는 혜택을 누렸다.

이행의 지연: 2000년대 에너지 호황과 불안정한 시장

21세기에 접어들면서 전체 에너지 상황은 점점 나빠지기 시작하였으며 점차 불안정해졌다. 중국, 인도, 브라질, 사우디아라비아, 다른 신흥경제를 중심으로 세계 석유 소비의 엄청난 증가가 유가 상승으로 이어졌다 (표 19.1 참조). 또한 수요 증가 때문에 에너지시장에서 확실한 투자기회가 열릴 수 있다는 전망이 나돌았다. 2001년부터 2011년까지 중국의 석유소비는 하루 490만 배럴에서 890만 배럴로 거의 두 배 가량 늘어났다. 그리고 경제적 성공 덕분에 중국은 다른 나라에서 석유를 개발하거나 자국에서 대체에너지 자원에 투자하는데 필요한 돈을 보유하게 되었다. 이렇듯 천천히 신재생에너지의 가능성이 높아지고 있었지만 이러한 상황과 정반대로 대부분의 국가는 석유로부터 탈피, 에너지 독립의 실현, 환경의 지속가능성 증진 등의 목표를 실현하는 데는 그다지 성공하지 못했다.

석유와 아프가니스탄침공 및 이라크침공

2001년 9월 11일 테러공격이 있은 이후, 미국의 아프가니스탄침공 및 이라크침공 때문에 중동의 원유생산량이 감소할 것이라는 우려가 존재했다. 유가는 이라크전쟁이 시작되면서 엄청나게 치솟았으며 이후 지속적으로 상승했다. 사우디아라비아는 석유시장을 안정화시키려고 주기적으로 석유생산량을 늘렸다.

한편, 일부 구조주의자 및 현실주의자는 미국이 석유 이권을 증진하기 위해 아프가니스탄과 이라크에서 전쟁을 벌이는 것을 비난했다. "석유를 위한 유혈에 반대!No blood for oil!"가 2003년 수많은 반전시위에서 불러진 노래였다. 언론은 미군이 바그다드에 도착하였을 때 국립박물관이 약탈되는 와중에도 이라크의 유전시설의 보호에 나섰다는 사실을 대대적으로 보도했다. 이들 비평가 중

표 19.1	2011년 최대 석유 소비국가 및 수력 생산국가		
석유 소비		수력 (발전량)	
국가	일일소비량 (1만 배럴)	국가	1억 킬로와트시
미국	1,890	중국	6,870
중국	890	브라질	4,240
일본	450	캐나다	3,730
인도	340	미국	3,250
사우디아라비아	300	러시아연방	1,630
브라질	280	인도	1,310
러시아연방	270	노르웨이	1,200
독일	240	베네수엘라	830
캐나다	230	일본	820
한국	220	스웨덴	660

출처: U.S. Energy Information Administration, "International Energy Statistics," at http://www.eia.gov/cfapps/ipdbproject/IEDIndex3.cfm. (accessed December 18, 2012).

몇몇은 새로운 유전의 개발이 진행 중이고 유럽과 중앙아시아를 연결하는 송유관이 시작하는 카스피해 지역의 발전에 영향력을 행사할 수 있는 '발판'을 미국이 마련하고 싶어 한다고 주장했다. 클레어Michael Klare는 이 일을 위해서는 미군기지의 확보가 필요하다고 강조했다. 사우디아라비아가 자국의 영토에 미군기지의 설치를 거부하고 있는 상황에서 미국은 쿠웨이트, 오만, 바레인, 카타르, 터키 등에 이미 있던 미군기지와 함께 키르기스스탄, 우즈베키스탄, 아프가니스탄, 이라크, 파키스탄 등의 전진기지에 의존했다.[7]

2001년 부시George W. Bush 행정부가 출범한 후 미국은 교토의정서에 대한 지지를 철회하였으며 (제20장 참조), 이는 시급히 화석연료의 사용을 줄여 지구온난화를 지연시켜한다는 고어의 주장에 대한 반대를 의미했다. (10년 후 캐나다가 교토의정서에서 탈퇴하였고, 다른 주요 탄소배출국들 역시 탄소배출량 제한 약속의 준수를 거부했다.) 그럼에도 불구하고, 비록 일부 정부관료와 환경단체가 희망했던 수준에는 못 미치지만, 세계 곳곳에서 재생불가능한 화석연료로부터 재생가능한 청정에너지원으로의 이행을 위한 각종 지원이 확대되었다. 자신의 저서 『불편한 진실Inconvenient Truth』에서 지구온난화 및 기후변화를 뒷받침하는 과학적 증거를 설명하였던 고어의 노력은 동명의 제목을 가진 다큐멘터리 제작으로 이어졌으며, 2007년 고어는 '기후변화에 관한 정부 간 협의체IPCC'와 공동으로 노벨평화상을 수상했다.

2000년대 초 중국, 인도, 브라질 등과 같은 신흥시장에서 석유 수요증가로 인해 석유 수입 가격이 올라가자 미국, 캐나다, 러시아는 화석연료의 생산을 늘리고 새로운 유전을 개발할 동기를 갖게 되었다. 국가들은 OPEC 회원국이 아닌 산유국으로부터 좀 더 많은 원유를 수입하기 시작했다. 몇몇 나라들은 원자력 에너지의 개발을 갈망했지만, 오직 중국과 러시아만이 원자력 발전량을 크게 늘렸다. 전 세계적으로 2011년 소비된 원자력 발전량은 2001년의 원자력 발전량과 동일했다.

2004년과 2007년 사이 재생에너지에 대한 글로벌 투자는 4배 이상 늘어났으며, 전체 투자금의 82퍼센트가 태양광, 풍력, 바이오연료에 집중되었다.[8] 중국, 인도, 파키스탄, 필리핀 등 신흥경제는 늘어나는 인구와 중산층의 요구를 충족하기 위해 풍력, 태양광 등과 같은 신재생 에너지 자원의 생산을 촉진하기 위한 국가차원의 정책프로그램을 마련하였다. 중국의 태양광 집열판 산업과 풍력 터빈 산업은 중국내에 고부가가치 일자리를 창출하였으며, 매우 경쟁력 높은 저렴한 제품을 글로벌 시장에 수출했다.

악마의 배설물

뉴스매체와 다큐멘터리는 몇몇 국가에서 발견되는 또 다른 '불편한 진실'에 관심을 집중하기 시작했다. 석유는 축복이 아니라 '악마의 배설물'이 되었다.[9] 글상자 19.1 '나이지리아 자원의 저주'에서 논의하고 있듯이, 나이지리아는 '검은 황금' 석유가 부패와 폭력, 엄청난 환경파괴, 이웃국가와의 전쟁 등을 일으킨 '자원의 저주'로 바뀌어버린 나라의 대표적 사례이다. 나이지리아, 적도 기니, 앙골라 등은 석유로 인한 부정부패 문제가 특히 심각했다.[10] 나이지리아, 앙골라, 차드, 남수단과 같은 아프리카의 석유수출국은 석유가 풍부한 지역을 둘러싼 영토분쟁으로 인해 수십 년간 내전

또는 낮은 수준의 폭력 분쟁을 경험했다. 남과 북이 짧은 기간 동안 석유판매 이익을 나누기로 하였던 2005년 협상의 타결 덕분에 수단은 20년간의 전쟁을 끝낼 수 있었지만, 2011년 다시 충돌이 재발하였다. 이와 같은 상황에서 영업을 하는 석유회사들은 흔히 시위나 폭력의 대상이 된다.

2008년: 금융위기와 에너지 붐

금융위기는 미국과 유럽의 대대적인 경기침체를 야기하였으며, 경기침체로 인해 석유에 대한 수요가 줄어들 것이 명약관화했다. 금융위기는 수요 감소로 인한 점진적인 생산의 축소 대신에 에너지시장의 변동성을 높였다. 유가는 2002년 이후 꾸준히 오르다가, 2008년 7월에 갑자기 배럴당 147달러로 치솟았다. 이는 이라크전쟁이 시작되었을 무렵에 비해 거의 6배 이상 오른 것이다. 2008년 12월 유가는 배럴당 33달러로 바닥을 쳤다. 깜짝 놀란 OPEC 회원국들은 유가에 긍정적 영향을 미치기를 기대하면서 무척 적은 생산할당량에 동의했다. 1년 후 OPEC은 자신들이 생각하는 적정가격(소원하는 가격)인 배럴당 70달러에 석유가격을 안정시켰다. 그 후 2011년과 2012년 유가는 배럴당 약 85달러 내지 110달러 수준에서 안정되었다. 석유수출국들은 막대한 무역수지 흑자로 전환된 반면, 많은 석유수입국들은 수요를 충족하고 회복을 돕기 위해 더욱더 지출을 늘려야만 했다.

미국사람들이 새로운 차량을 구입하지 않게 되면서, 미국 자동차회사 GM과 크라이슬러가 파산을 신청했다. 항공사 역시 연료가격의 급격한 인상으로 타격을 입었다. 미국의 경우, 휘발유 가격

글상자 19.1

나이지리아 자원의 자주

나이지리아 동부의 작은 마을에서 자동차에 휘발유를 가득 채우려면 4,000나이라(약 미화 25달러)가 필요할 것이다. 그러나 나이지리아정부가 소비자 가격을 낮게 유지하기 위해 유가보조금을 지급하고 있다고 주장하고 있음에도 불구하고 휘발유가격은 하룻밤 사이에 두 배 이상 뛰어 1만나이라가 될 수도 있다. 1970년대 이후 나이지리아는 이러한 악몽 같은 사회적, 정치적, 경제적 문제에 시달렸다. 서아프리카에 위치한 이 나라는 '자원의 저주'에 걸린 나라들 중 하나로서, 이는 많은 현지주민이 축복받은 것이 분명하지만 동시에 '악마의 배설물'로부터 저주를 당하고 있는 역설적 상황을 의미한다.

국제통화기금IMF에 따르면 나이지리아경제는 석유부문에 크게 의존하고 있다. 즉, 석유부문이 수출소득의 95퍼센트 이상과 국가재정의 80퍼센트를 차지한다.[a] 나이지리아는 석유수출을 통해 1년 평균 500억 달러 이상을 벌어들이고 있지만 여전히 빈곤율이 70퍼센트에 이른다. 나이지리아는 엑슨 모빌, 세브론 텍사코, 쉘 등 다양한 거대 석유회사를 통해 원유를 해외에 수출하고 있다. 나이지리아는 전 세계 석유매장량의 약 3퍼센트를 보유하고 있다. 국제 투자자들이 많은 개발도상국에 투자를 하였던 1970년대 무렵 나이지리아는 석유생산을 시작했다. 1980년대 국제시장가격이 폭락하자 나이지리아의 부채규모가 늘어났으며, 투자가 둔화되었다. 그 이후 국가의 부는 석유시장의 상황에 따라 성쇠를 되풀이 했다. 전반적으로 '가진 사람들'과 가지지 '못한 사람들' 사이 부와 권력의 양극화는 계속해서 줄기차게 더욱 커지고 있다.

대부분의 시추가 니제르 델타 지역에서 이루어지고 있는데, 이로 인해 수많은 교통문제, 환경문제, 사회·정치적 문제가 발생하고 있다. 석유가 바다로 누출되어 니제르 델타 지역의 해안선 대부분이 오염되었다. 이러한 오염사태는 물고기, 새, 식물 등의 생명에 영향을 주었다. 쉘Shell은 이 오염을 제거하기 위한 대규모 캠페인을 시작하였지만 너무 미흡하고, 너무 늦은 상황인 것이 확실하다.

또한 옛 수도 라고스는 전 세계에서 가장 심각한 인구과밀과 빈곤에 시달리고 있는 도시 중 하나이다. 소득불평등, 기아, 질병, 형편없는 교육, 주택부족 등은 해결이 쉽지 않은 어려운 난제이다. 석유수출국의 주요 도시들이 그랬듯이 라고스는 석유가 가져다 준 경제적 부 덕분에 '좋은 시절 동안' 부동산 붐을 경험했다. 모순처럼 생각될지 모르지만, 라고스는 아프리카에서 물가가 가장 비싼 도시 중 하나이다. 비판자들은 정부가 잘 사는 사람들 위한 주택을 건설하기 위해 지역주민을 다른 곳으로 이주시켰다고 정부를 비판한다. 정부 내 만연한 부정부패, 자금세탁, 갈취 등은 이미 잘 알려진 사실이다. 경제적 자유주의자들은 국가가 더 많은 외국인 투자의 유입을 방해한다고 국가를 비난하는 경향이 있다. 많은 구조주의자들은 나이지리아의 물 공급, 도로, 통신 시스템 등을 개선하기 위한 노력을 지연시키거나 또는 노력이 부재하다는 이유로 국가를 비난한다. 법의 지배가 취약하다. 예를 들어, 어떤 동영상은 70여 명의 사람들이 몰래 불법으로 휘발유

를 도둑질한 후 목숨을 잃었던 사건의 장면을 보여주었다.[b]

나이지리아정부와 쉘 석유회사 모두, 이러한 문제점이 대다수 나이지리아인이 가난한 이유라고 주장한다. 한편, 나이지리아 곳곳의 수많은 혁명단체들은 공개적으로 석유시설을 공격하고 있으며, 인질의 몸값을 요구하기 위해 석유회사 임원을 납치하고 있다. 정부는 1997년 원주민 운동가 사로-위와Ken Saro-Wiwa를 재판을 통해 사형시키는 방식으로 맞서 싸웠다. 2009년 결국 쉘은 자사가 과거 사로-위와를 본보기로 삼으려고 군사정부와 협력하였다는 혐의를 인정하였으며, 사로-위와의 아들이 고소한 1,500만 달러 소송에 대해 타결했다.

참고문헌

[a] Azam Ahmed, "Wall St. Giants Seek Piece of Nigeria's Sovereign Fund," *New York Times*, October 25, 2011.

[b] See http://www.youtube.com/watch?v=zalqYjcjA2Y
http://www.youtube.com/watch?v=pLpDmh4BU8w&feature=related
http://www.youtube.com/watch?v=ZGMB9Z4t5Xc&feature=related
http://www.youtube.com/watch?v=AsuYhZq_1m0&list=LP4xx9qGwte6g&index=1&feature=plcp
http://www.youtube.com/watch?v=7OHeR7X2-G4&feature=BFa&list=LP4xx9qGwte6g
http://www.youtube.com/watch?v=ejym4mKelhM&feature=related

이 1갤런 당 4달러 이상 오르면서 재량소득이[v] 감소했다. 또한 유가의 급격한 상승은 상품 운송비용의 증가로 이어졌다. 이는 많은 농산품 가격의 인상과 식료품비의 증가를 의미했다 (제18장 참조). 마찬가지로 많은 가난한 나라에서는 수입식품의 가격이 두 배로 뛰었는데, 이는 국내불안을 야기하였고 이미 취약한 정부를 불안정하게 만들었다.

많은 선진국의 부동산시장이 침체에 빠졌으며, 따라서 민간투자는 석유부문과 천연가스 부문으로 쏠렸다. 새로운 기술이 셰일가스 추출 및 처리과정 전반을 훨씬 용이하게 해주었기 때문에 많은 투자자들은 재생가능한 자원에 투자했던 자금을 회수해서 셰일가스에 투자했다. 유가가 끊임없이 상승하자 석유생산국가와 세계 주요 석유 및 천연가스 생산회사들은 생산을 강화했다.

2008년 일부 사람들은 생산량이 **석유생산정점peak oil(피크오일)**에 도달했으며, 갈수록 산유국들은 생산량을 조절하여 공급부족을 유도할 것이고, 그로 인해 유가가 더욱 상승할 것이라고 예측했다. 1950년대에 쉘 석유회사에서 근무하였던 지구물리학자 허버트M. King Hubber는 어떤 특정 시점에 이르면 전 세계의 석유가 모두 고갈될 것이라는 논란이 많은 의견을 처음 제시했다. 오늘날 허버트 곡선이라고 부르는 것에 기초하여 그는 미국의 석유생산이 1965년에서 1970년 사이 정점에 도달할 것으로 예측했다. 1970년 이후 알래스카에서 유전이 발견되어 다소 생산량이 증가할 때까지 실제로 미국의 석유생산은 감소했다. 석유생산정점론 지지자는 아르헨티나, 호주, 콜롬비아, 쿠바, 이집트, 이란, 리비아, 러시아, 남아프리카공화국, 예멘 등의 석유생산이 이미 정점을 통과했을 수도 있다고 생각한다. 만약 충분한

---

v 〈역자 주〉 가처분소득에서 기본생활비를 뺀 소득.

대체에너지원을 사용할 수 없다면, 정점에 도달한 시점부터 석유생산은 점점 더 줄어들 것이고 가격은 치솟게 될 것이다. 석유생산정점론자들의 주장에 따르면 새로운 유전을 발견하고 처리하는 일은 더욱 어렵고, 더욱 비용이 많이 들게 될 것이다. 이것은 더 많은 국내분쟁을 초래하고 글로벌 안보 문제의 악화 및 불평등의 심화를 야기할 것이다.

석유생산정점에 대한 대응은 국가별로 다르고 국내 주체별로 다르다. 예를 들어, 구소련으로부터 석유수입이 어렵게 되자, 쿠바는 지난 15년 동안 어쩔 수 없이 석유생산쟁점 후기 사회를 실현해야만 했다.[11] 이제 석유기반 교통수단을 덜 이용하게 된 섬나라 쿠바는 농촌지역으로 인구를 이동시켜, 석유기반 비료와 휘발유를 엄청 잡아먹는 농기계를 사용하지 않는 소규모 유기농 농장을 다수 건설했다. 석유생산정점 문제에 대응하는 또 다른 사람들로는 '안전한 장소에 숨는head for the hills' 생존주의자들과 기후변화를 완화하기 위해 대체에너지를 사용하는 사람들이 있다. 어떤 사람들은 사회가 재지역화 되어야 하고, 협력해야만 하고, 느린 속도의 삶을 살아야만 하는 미래 석유생산정점 후기로의 이행에 열중하고 있다.[12]

선진국에서는 금융위기가 보다 더 큰 문제로 인식되어 상대적으로 석유생산정점의 문제가 덜 주목 받았다. 또한 시추 관련 기술의 발전이 화석연료 생산에 있어서 투자위험과 비용을 감소시켰으며, 새로운 기술이 석유부족 문제를 극복하는데 도움이 될 것이라고 보는 사람들은 자신감을 갖게 되었다. 새로운 기술 덕분에 석유탐사는 좀 더 과학적이고 신뢰할 수 있게 되었으며, 이는 일부 전문가로 하여금 그 어느 때보다 더 많은 석유매장량이 확인되었다고 주장하도록 만들었다.

석유에 의존하는 국가들이 화석연료 생산을 늘리거나 또는 수입석유에 대한 의존도를 줄이기 위한 대체에너지원을 개발하는데 더 많이 지출하자, 사우디아라비아는 불길한 징조를 감지하고 신재생에너지 기술에 대한 투자를 강화하였다. 실제로 걸프지역은 재빠르게 여러 가지 점에서 녹색기술의 핫스폿hot spot이 되었으며, 에너지 수출국의 지위를 계속 유지할 수 있기를 바랐다.[13] 미국, 중국, 인도, 동남아시아 등으로부터의 수요가 계속 증가할 것이 예상되었기 때문에 러시아지도자들은 자국의 회사를 서양세계에 대한 주요 에너지 공급자로서, OPEC을 언제라도 대체할 수 있는 신뢰할 수 있는 공급자로 보이게 하려고 했다. 이런 허세에도 불구하고 러시아는 글로벌 석유레짐에서 패권국의 역할을 할 수는 없었다. 왜냐하면 러시아는 2001년 세계 전체 석유매장량의 단지 5퍼센트만을 보유하고 있었기 때문이다.[14] 그해 러시아가 수출을 통해 벌어들인 외화의 거의 절반이 석유수출을 통해 벌어들인 수입이었는데, 미국은 미국 전체 석유수입의 단지 3퍼센트만 러시아로부터 수입했다. 반면 중국은 전체 석유수입의 60퍼센트를 중동으로부터 수입했다. 그럼에도 불구하고 러시아는 최근 몇 년 사이 좀 더 중요한 행위자가 되었으며, 글로벌 석유생산에서 러시아가 차지하는 점유율은 2000년 8.7퍼센트에서 2012년 11.7퍼센트로 늘어났다.

'드릴, 베이비, 드릴'[vi]: 화석연료 생산의 강화

2009년 미국대통령에 취임하기에 이전에 상원의원 오바마는 "(우리는) 미국을 외국석유에 대한 의존으로부터 해방시켜야 합니다. 우리는 미국의 전력공급 포트폴리오의 20퍼센트가 2020년까지 풍력, 태양광, 바이오매스, 지열에너지 등과 같은 재생에너지원에서 나오도록 하며, 미국의 연료공급의 1퍼센트를 에탄올과 바이오디젤 등과 같은 신재생에너지에서 충당하도록 하는 등 에너지 독립을 향해 나아가기 위한 각 단계를 구체적으로 실천해야만 합니다."라고 말했다.[15] 2008년 대선에서 오바마와 경쟁했던 매케인John McCain 상원의원은 에너지 독립의 필요성에 대해 오바마와 의견을 같이 하였다. 그러나 2012년 대선에서는 오바마와 오바마의 경쟁자 롬니Mitt Romney 두 사람 모두 재생가능한 자원에 대해 강조하지 않았다. 두 사람 모두 미국이 석유와 석탄과 같은 재생 불가능한 자원 및 일부 재생가능한 자원의 생산을 늘리도록 촉진하는 '위 모두 정답all of the above(이 장의 뒤에서 자세히 논의한다)'식[vii] 정책을 도입해야 한다는 데 동의했다. 석유생산정점과 무조건적 시추에 따르는 환경비용에 관한 우려가 슬그머니 사라져 버렸다. 대선후보들의 에너지정책이 양당 간 차이가 없이 초당적으로 바뀐 이유는 무엇인가?

2008년 대선과 2012년 대선 사이 두 가지 중요한 변화가 있었다. 첫째, 금융위기로 많은 사람들이 일자리를 잃었으며, 실업률이 치솟았다. 많은 정부 관료들은 이와 같은 문제들을 해결하기 위한 방법 중 하나가, 설령 화석연료에 대한 의존도가 높아지는 한이 있더라도, 석탄, 석유, 천연가스 등과 같은 화석연료의 생산을 늘리는 것이라고 믿었다. 둘째, 석유 및 천연가스의 추출 및 처리에 사용되는 기술 장비의 획기적인 개량이 있었다. 그 결과 엄청난 화석연료 생산 붐이 일어났고, 이로써 중국, 인도, 기타 신흥경제의 끝없이 늘어나는 에너지 수요에 응할 수 있었다. 또한 우리가 본 장의 뒷부분에서 논의하는 바와 같이 많은 사람들은 세계시장에서 화석연료와 연관된 이러한 변화가 에너지 부족 문제를 해결하고 기후변화에 대처하기 위한 신재생에너지의 사용 등에 있어 이룩한 진전을 위태롭게 한다고 주장한다.

미국, 캐나다, 브라질, 이라크, 북극, 멕시코만(2010년 영국 브리티시 페트롤리엄사의 원유 유출사건 발생 후 내려졌던 석유시추의 일시중지 조치가 해제되었을 때) 등의 새로운 지역에서 석유시추가 확산되었으며, 시장에 더 많은 석유를 공급했다. 한편, 중동 및 중국의 천연가스의 생산이 증가하였지만, 특히 미국의 생산이 무척 많이 증가했다. 인간과 환경에 재앙수준의 영향을 초래할 것으로 추정되는 상황에서 수압파쇄fracking, 즉 셰일암석에서 천연가스를 추출하는 방법이 엄청나게 많은 양의 천연가스를 생산하여 시장에 공급했기 때문에 2008년 수압파쇄가 주요 언론의 머리기사를 장식했다. 화학 처리된 높은 압력의 물이 땅속으로 수직 및 수평으로 뚫고 들어가서 다른 형태의 석유와 천연가스를 뽑아내기 위해 셰일암석 및 다른 암석을 파괴한다. 생성물을 수집하

vi 〈역자 주〉 "Drill, Baby, Drill"은 2008년 대선에서 공화당 부통령후보 사라 페일린이 사용한 선거구호이다. 다른 나라의 석유에 의존하지 말고 미국 국내에 매장되어있는 석유를 뽑아서 쓰자는 주장이다.

vii 〈역자 주〉 정답을 고르는 선다형 문제 중 맨 마지막 선택지에 '위 모두 정답'을 빗댄 표현이다.

여 모아서 지상으로 끌어올리고, 화학물질을 제거한다. 천연가스는 러시아, 캐나다, 이란, 알제리, 카타르 등과 같은 곳에서 꽤 오랫동안 생산되어왔다. 노스다코타, 텍사스, 펜실베니아, 뉴욕 주 등에서 대규모의 천연가스 유전이 개발되면서 미국은 러시아를 추월하여 천연가스 세계 최대 생산국이 되었다 (표 19.2 참조).

많은 전문가들은 미국의 천연가스 수압파쇄는 다음과 같은 잠재적 이익을 갖는다고 주장한다.

- 2020년까지 360만 개의 새로운 일자리 창출.
- 2020년까지 미국의 무역적자 60퍼센트 감소.
- 온실가스 감축.
- 미국 자동차용 휘발유의 대체.
- 교통, 운송, 난방, 냉방 비용의 절감.

- 기업의 석탄 및 원자력 에너지 사용 감소.
- 화학산업, 제약산업, 비료산업의 수혜.
- 미국의 에너지 독립 달성에 일조.

미국의 매장량이 얼마나 오랫동안 유지될 것인지에 대한 추정은 70년으로부터 75년까지 매우 다양하다. 그러나 2012년 미국 에너지 통계기관인 에너지정보국Energy Information Administration의 보고서는 2011년 원래 예상했던 것보다 40퍼센트 정도 적은 양의 천연가스가 매장되어있다고 추정했다.[16] 석유생산 및 천연가스 '붐'에 대한 주요 언론보도는 미국이 현재 세계 최대 석유수입국에서 아마도 2020년에는 세계 최대 석유수출국으로 바뀔 것이라고 전망한다. 또한 미국은 조만간 에너지 독립을 실현할 수 있을 것이다.[17] 아울러 미

표 19.2 // 2011년 석탄, 석유, 천연가스 최대생산국

석탄 생산		석유 생산		천연가스 생산	
나라	미국톤 (약907kg)	나라	백만 배럴, 일일 평균	나라	1조 입방피트
중국	3,829	사우디아라비아	11.2	미국	28.6
미국	1,094	러시아연방	10.2	러시아	23.7
인도	637	미국	10.1	이란	7.9
인도네시아	437	중국	4.3	알제리	6.7
호주	436	이란	4.2	캐나다	6.7
러시아연방	372	캐나다	3.6	노르웨이	5.1
남아프리카공화국	282	아랍에미리트	3.1	카타르	4.6
독일	209	멕시코	3.0	중국	3.6
폴란드	153	브라질	2.7	사우디아라비아	3.6
카자크스탄	128	쿠웨이트	2.7	인도네시아	3.3
콜롬비아	95	이라크	2.6	아랍에미리트	2.9

출처: U.S. Energy Information Administration, "International Energy Statistics," at http://www.eia.gov/cfapps/ipdbproject/IEDIndex3.cfm (accessed December 18, 2012).

국은 어쩌면 OPEC을 밀어내고 에너지 세계패권 국의 위치를 차지하게 될지도 모른다.[18]

엑슨모빌과 브리티시페트롤리엄 등 '빅 오일Big Oil' 거대석유회사는 아시아국가 및 라틴아메리카 국가에 미국이 LNG를 판매하는데 촉각을 곤두세 워왔다. 또한 에너지 효율을 높이기 위한 지속적 인 노력이 있어왔는데, 천연가스는 '지저분한 석 탄'이나 원자력보다 더 높은 변환효율을 갖는다. 2011년 미국정부는 자동차회사에게 2025년까지 갤런 당 54.5마일로 자동차의 연료 효율을 두 배 로 높일 것을 의무화하는 새로운 연비기준을 발표 했다. 또한 금융위기로 인해 미국인들은 어쩔 수 없이 자동차를 덜 구입하고 덜 몰고 다녔다. 1999 년부터 2010년까지 미국의 원유 및 석유제품의 수입이 전체 수입에서 차지하는 비중은 23퍼센트 에서 15퍼센트로 줄어들었다.

천연가스 및 석유의 생산 증가는 미국의 무역 과 국가안보에 많은 혜택을 준다. 다음이 그러한 잠재적 혜택이다.

- 중동 석유에 대한 미국의 의존 완화.
- 중동의 석유 자원에 대한 미국의 군사적 보호 필요성 감소.
- 휘발유와 디젤, 그 밖의 재생 불가능한 에너지 수출에 있어 러시아 추월.
- 미국의 LNG 생산회사 및 수출회사에게 연간 30억 달러 이상의 추가 수익.
- 화석연료를 협상의 지렛대로 사용 가능. (예 를 들어, 미국은 천연가스를 공급해주는 조건 으로 다른 나라로부터 양보를 얻어낸다.)[19]

반면, 최근의 석유 및 천연가스의 붐에 대해 비 판하는 사람들은 많은 문제가 있다고 주장한다.

- 오염된 물이 지역의 하천, 연못, 호수로 흘러 들어간다.[20]
- 수압파쇄에 사용되는 화학물질이 아이오와 캔 자스 주 땅 밑의 거대한 물 대수층으로 스며들 어갈 수 있다.
- 수압파쇄 천연가스 유전은 기존의 천연가스 유전에 비해 40~60퍼센트 더 많은 메탄가스 를 배출한다.
- 화석연료 회사는 예상만큼 많은 일자리를 창 출하지 않는다.
- 알래스카 앨버타에서 멕시코만까지 '타르 모 래'[viii] 석유를 운반하기 위한 키스톤XL 송유관 연장사업은[ix] 송유관 통과 지역의 생태계를 파괴하고 수자원을 오염시킬 것이다.
- 대부분의 천연가스 및 석유가 수출될 가능성 이 높으며, 이는 오히려 미국의 에너지 독립 을 약화시킬 것이다.
- 화석연료 사용의 증가는 재생가능한 자원에 대한 투자를 위축시킬 것이며, 온실 가스의 발생을 증가시키고, 피크오일의 도래를 앞당 길 것이다.

다음의 글상자는 수압파쇄가 지역경제와 생태 계에 미치는 영향에 대해 논의하고 있다.

---

viii 〈역자 주〉 점도가 높은 원유를 포함하고 있는 모래 또 는 사암의 총칭.

ix 〈역자 주〉 키스톤XL 사업은 원유 생산지인 캐나다 앨 버타 주와 정유 시설이 있는 미국 텍사스 주의 멕시코만 을 잇는 원유 수송 송유관을 건설하는 사업이다. 공화당 의 일자리 창출 효과 주장과 민주당의 환경오염 주장이 대립하면서 오랫동안 표류하였으며, 최근 2015년 11월 6일 오바마 대통령은 사업 승인 불허를 공식적으로 발표 했다.

글상자 19.2

수압파쇄: 미국의 자원의 저주?

천연가스산업은 수많은 보고서와 광고를 통해 자신들의 새로운 기술, 일자리 창출, '미국 미래 에너지 안보의 확보' 등을 자화자찬하고 있다. 그러나 또 다른 사람들은 수압파쇄에 대한 과대선전이 교활하다고 생각한다. 한 텔레비전 방송 장면은 어떤 한 남자가 수돗물에 불을 붙이는 모습을 보여준다. 또 다른 텔레비전 방송 장면은 수압파쇄 화학물질로 오염된 강물 때문에 자신들의 아름다운 농장을 포기해야 하는 유복한 은퇴부부를 보여준다.[a] 또 다른 뉴스보도는 자신들이 사는 집의 기초가 무너져내려 버린 리처드와 델마 페인 부부를 보여준다.

수압파쇄에 대한 가장 큰 비판 중 하나는 그것이 많은 유해 화학물질을 함유한 엄청나게 많은 양의 물을 사용한다는 점이다. 높은 압력이 가해지기 때문에 수압파쇄에 사용된 물은 주변 우물 및 저수지로 스며들 수 있다.[b] 수압파쇄가 천연가스의 사용을 엄청나게 증가시키기 때문에 — 그리고 그에 따라 엄청나게 많은 이산화탄소의 배출을 가져오기 때문에 — 수압파쇄는 북극의 빙하 해빙, 해안 홍수, 바다의 염분 변화 등과 같은 기후변화에 영향을 미친다.

추출과정에서는 천연가스 이외에도 비판자들이 지하수 오염의 원인이라고 말하는 발암성 화물물질로 오염된 물을 대량 방출하고, 해당 지역에 사는 사람들이 두통과 피부병을 앓게 하는 메탄가스를 배출한다.[c] 많은 경우 식수, 연못, 하천, 호수, 지하수층 등은 땅을 통해 오염되거나 또는 그곳에 버려진 오염물질에 의해 오염된다. 셰일가스 추출로 인해 지층이 붕괴된 결과, 리히터 규모 4.0 강도의 지진이 오하이오 주 영스타운 주변지역에서 발생했다.[d] 마지막으로, 셰일가스 개발지 부근 농촌 작은 마을들은 도로와 주거시설 같은 기반시설이 지역경제의 호황을 감당하기에는 턱없이 부족한 상황이기 때문에 그곳에 사는 주민들은 경기호황으로 갑자기 비싸진 식품가격 및 오른 주택가격으로 인해 고통을 겪고 있다.

2004년 환경보호청EPA은 수압파쇄가 인간에게 큰 위험이 없다는 조사결과를 발표했다. 그러나 1년 뒤, 그 조사결과에 대해 환경보호청의 엔지니어가 의문을 제기하였다. 그는 조사위원회에 참여한 업계인사가 조사위원회에 무척 큰 영향을 미쳤다고 비판하였다. 2005년 미국의회는 대규모 사업을 촉진하고 환경정책에 반대하기 위해 '식수안전법Safe Water Drinking Act' 적용대상에서 수압파쇄를 제외시키는 소위 '할리버튼 특혜법안 Halliburton Loophole'을[x] — 부통령 체니의 부탁을 받아 — 통과시켰다. 환경보호청은 방출 기준 및 폐수처리 관련 규칙을 새롭게 만들고 있다. 프랑스는 수압파쇄의 사용을 금지하였고, 남아프리공화국은 수압파쇄의 사용을 일시 정지시켰다.

참고문헌

수압파쇄에 대한 간략한 시각적 설명을 보려면 다음을 참조하라. "Chesapeake Energy Fracturing Hydraul-

---

x 〈역자 주〉 할리버튼 사는 세계 제2위 석유채굴기업이다. 할리버튼 사의 대표를 역임한 부시행정부의 딕 체니 부통령의 주도로 2005년 에너지 확보를 위해 환경파괴를 용인하는 법안이 통과되었다.

ic Method," at http://www.youtube.com/watch?v=
73mv-Wl5cgg.

a "The Fuss Over Fracking: The Dilemma of a New
Gas Boom," at http://www.time.com/time/video/
player/0,32068,876880045001_2062814,00.html.

b Abrahm Lustgarten, "New Study Predicts Frack
Fluids Can Migrate to Aquifers Within Years,"

ProPublica, May 1, 2012.

c Walter Brasch, "The Perils of Fracking," *Truthout*,
March 19, 2012, at http://www.counterpunch.
org/2012/03/19/the-perils-of-fracking.

d Steven Mufson, "Can the Shale Gas Boom Save
Ohio?" *Washington Post*, March 3, 2012.

에너지 독립의 허황된 꿈

그렇게 많은 석유와 천연가스가 생산되고 있는데
도 불구하고 주유소의 휘발유 가격이 여전히 높은
이유는 무엇일까? 마찬가지로 미국이 에너지 자
립을 이루지 못하는 이유는 무엇일까? 앞에서 언
급했듯이, 일부 전문가와 해설자는 미국이 곧 예
기치 않게 에너지 독립을 달성할 것으로 추측하고
있다. 1970년대에 두 차례의 석유파동을 겪은 사
람들에게, 또 선진국의 숨통을 쥐고 있는 OPEC
을 혐오하는 사람들에게 에너지안보는 매우 중요
한 문제이다.

어쩌면 미국이 에너지 생산의 '자급자족'을 실
현하였는지 모르지만, 많은 기자들은 "여전히 미
국의 소비자는 글로벌 유가상승에 취약하다"고 지
적해왔다.[21] 사실 만약 미국의 의도가 에너지 수
입 및 가격과 관련하여 세계 다른 나라와 분리되
는 것이라면, 자급자족은 에너지 독립이 아니다.
일부 중상주의자들은 확실히 진정한 독립을 환영
하겠지만, 대부분의 경제적 자유주의자는 그렇지
않을 것이다.

『뉴욕타임즈』기자 노리스Floyd Norris는 상황
을 정확히 이해하도록 도와준다.[22] 최근까지는 석
유시장과 천연가스시장 등 두 개의 서로 다른 시
장이 존재했다. 석유가 **글로벌** 시장에서 판매되

기 때문에 세계 거의 어느 곳에서든 발생한 수요
와 공급의 작은 변화가 쉽게 유가의 급등을 초래
할 수 있다. 미국의 경우 '상대적으로 자급자족'이
가능하지만, 군사용 비축물자와 같은 자원을 시장
으로부터 숨기는 일은 쉽지 않다. 예를 들어, 노르
웨이는 석유 순수출국일 뿐만 아니라 높은 휘발유
가격을 갖고 있는 나라이다.

천연가스 시장은 늘 좀 더 세계화되고 있다. 즉
접근, 처리, 운송비용 등 관련 사안에 따라 가격
은 지역마다 다르다. 이것이 국가와 기업이 세계
의 다른 부분에서 가격경쟁을 반영하여 천연가스
수출입을 조정하려고 했던 이유 중 하나이다. 예
를 들어, 미국 알래스카 주는 남쪽의 아래 48개
주로 보내는 대신에 아시아와 계약을 맺고 아시아
에 가스를 판매하기를 원한다. 카타르는 수출대상
국을 주로 아시아국가로 옮기고 있다. 후쿠시마
참사 이후 일본의 천연가스에 대한 수요가 급증했
다. 영국기업들은 미국산 천연가스 수입계약을 체
결하고 있다. 이러한 동향 모두가 천연가스 수출
이 에너지자립을 약화시킬 것이라고 걱정하는 사
람들의 마음을 불편하게 한다.

어떤 지도자도 주유소의 휘발유 가격을 떨어뜨
릴 수 있는 힘을 갖고 있지 못하다. 본 장의 뒷부
분에서 우리가 논의하고 있듯이 석유 상호의존성
및 세계화는 몇몇 나라들과 많은 거대 석유회사들

을 위해 잘 작동되고 있다. 그러나 구조주의자 및 다른 비판자들이 보기에는 산업사회는 여전히 화석연료에 대한 의존으로부터 확실하게 탈피하지 못하고 있다. 그들은 탐욕이 이성을 압도하고, 그 결과 글로벌 공공재를 훼손하고 공공기관 및 민간기관을 부패시킨다고 확신한다.

에너지의 제왕 석탄과 원자력

환경에 무해한 에너지는 없다. 석유 시추 및 천연가스 수압파쇄는 지구온난화를 심화시키는 온실가스의 배출을 증가시킨다. 석탄은 또한 온실가스의 주범인 메탄가스를 배출한다. 많은 사람들은 화석연료에 대한 지속적인 의존이 야기하는 환경 위험이 신재생에너지에 대한 지원을 정당화시켜 준다고 주장한다.

당분간 석탄은 풀기 어려운 난제이다. 석탄은 미국 전체 에너지의 21퍼센트, 전력생산의 44퍼센트를 차지한다. 중국에서는 석탄이 여전히 에너지의 제왕이다. 2011년 중국은 세계 전체 석탄의 절반을 생산 및 소비하였다 (표 19.2 참조). 갤루스즈카Peter Galuszka에 따르면 2035년까지 전 세계 석탄생산량이 50퍼센트 증가할 것이며, 그 결과 석탄이 석유를 제치고 지구상 최대연료로 등극할 것으로 예측된다.[23]

2012년 중반 현재 중국과 인도는 두 나라를 합쳐 818개의 신규 석탄 화력발전소의 건설을 발표하였다. 철강을 만드는데 필요한 코크스 석탄을 찾고 있는 브라질, 인도, 한국, 일본, 러시아 등의 기업들은 몽골, 모잠비크, 보츠와나 등의 오지에 투자하고 있다. 남아프리카공화국과 호주는 세계 최대 석탄 수출국이다.

미국에서는 석탄에 대한 수요를 천연가스가 대체하기 때문에, 외국에 좀 더 많은 석탄을 수출할 수 있다. 예를 들어, 미 연방정부는 몬태나 주와 와이오밍 주의 파우더강 유역 일대를 노천광산 회사들에게 임대했다. 이 회사들은 석탄을 워싱턴 주 해안까지 기차로 운송하여, 아시아로 수출해서 많은 이문을 남기고 팔려고 한다. 탄광이 많은 좋은 일자리를 창출하는 것도 아니고, 또 석탄운반 열차 길을 따라 석탄 먼지와 디젤이 분출되기 때문에 환경단체와 생태학자는 이 계획에 반대하고 있다.[24]

일부는 이른바 '청정 석탄'이 환경에 대한 압력을 줄여주기를 바란다. 그러나 석탄 **포집**sequestration은 아직 완전하지 못하다. 여기서 포집이라는 것은 석탄이 타면서 배출하는 이산화탄소 가스를 모아서 땅 속에 저장하는 과정을 의미한다. 최초의 대규모 포집 발전소가 아직 개발 중에 있다. 『사이언티픽 아메리칸Scientific American』의 기사에 따르면 중국은 전국에 걸쳐 몇 백 개의 포집 프로젝트를 갖고 있다.[25] 포집된 탄소 일부는 액체로 만들어서 바이오연료에 사용되는 미세해조류의 먹잇감으로 사용될 수 있다. 비평가들은 포집이 아직 검증된 기술이 아니며 또한 포집에 더하여 글로벌 탄소세나 배출권 거래제도가 동반되지 않는다면 (국가들에게 생산을 줄이고 대안에너지로 전환하도록 압력을 가하는 데) 별로 도움이 되지 못할 것이라고 주장한다. 지금 당장 문제가 아닐 수 없는데, 국가들이 온실가스와 지구기후변화 (제20장 참조) 문제를 다루려 하지 않기 때문이다.

미국에서 소비되는 전력의 21퍼센트, 세계 전력생산의 12퍼센트가 원자력 발전을 통해 생산되고 있다. 원자력 발전의 시대는 끝났다고 하는 주장에도 불구하고, 대부분의 전문가와 시사평론가는 그 주장이 과장되었다는 데 동의한다 (표 19.3).[26] 2012년 현재 중국은 26개의 새로운 원자력 발전소를 건설 중에 있으며, 2015년까지 원자력 발전소의 전력생산량을 두 배로 늘릴 수 있기를 원한다. 또 러시아는 10개의 새로운 원자로를 건설하고 있다. 미 상원의원 알렉산더Lamar Alexander(공화당, 테네시 주)는 미국이 향후 수 년 내에 100개의 새로운 원자로를 건설할 것을 제안했다. 한편 2012년 미국 원자력규제위원회Nuclear Regulatory Commission는 30년 만에 처음으로 미국 내에 새로운 원자로의 건설을 승인했다.

핵에너지 지지자는 에너지 수요가 계속 증가할 것이라는 주장과 더불어 원자력이 이산화탄소를 배출하지 않기 때문에 석탄이나 다른 화석연료에 비해 훨씬 깨끗한 청정에너지라고 강조한다. 많은 환경주의자들은 원자력이 청정에너지라는 주장에 대해 반박한다. 특히 높은 방사성 폐기물을 안전하게 폐기처리 하는 것과 관련한 문제를 제대로 해결할 수 있는 방안이 없다는 점을 지적한다. 쓰리마일 섬, 체르노빌, 2011년 지진과 쓰나미 이후 발생한 네 개의 후쿠시마 원자력 발전소의 폭발 등이 계속해서 세계 모든 사람들을 놀라게 하였다. 일본은 쓰나미 이후 54개의 원자력 발전소의 가동을 중단했고 (일부는 재가동했다), 독일은 2020년까지 모든 원자로를 영구히 폐쇄할 것을 약속했다. 현재 원자력 산업은 많은 전기를 필요로 하는 동력 작동식 펌프 및 밸브 대신에 중력, 증발, 대류 등에 의존하는 비상 냉각장치를 가진

표 19.3		10대 신재생에너지 생산국가			
태양열 에너지 발전[a]		원자력 에너지 발전[b]		풍력 발전[a]	
국가	킬로와트시 (1억)	국가	킬로와트시 (1억)	국가	킬로와트시 (1억)
독일	44.20	미국	8,070	미국	557
스페인	25.78	프랑스	4,080	독일	406
미국	24.50	일본	2,790	스페인	322
일본	22.51	러시아연방	1,550	중국	131
한국	2.85	한국	1,420	영국	71
라오스	1.93	독일	1,330	덴마크	69
이탈리아	1.93	캐나다	850	포르투갈	58
중국	1.72	우크라이나	840	프랑스	57
호주	1.60	중국	770	이탈리아	49
벨기에	0.42	스페인	590	네덜란드	43

[a] Wind Electricity/Solar Electricity, Energy Statistics Database, UN Data, http://data.un.org.
[b] World Nuclear Generation and Capacity, Nuclear Energy Institute, nei.org.

새로운 소형 원자로를 건설하는 계획을 추진하고 있다.

'빅 오일' 거대 에너지회사: 투기와 로비

많은 전문가들은 거대석유회사가 어떻게 투기를 통해 고유가와 높은 수익을 유지하는지, 정부 관료와 기업 엘리트의 유착관계가 어떤 식으로 입법에 영향을 미치고, 정부의 감독을 약화시키고, 시장에서의 경쟁을 억제하는지 등의 주제에 관해 글을 써왔다. '빅 오일Big Oil' 또는 글로벌 거대 에너지회사로는 엑슨모빌, 로얄더치셸, 브리티시페트롤리엄, 토탈 S.A., 코흐인더스트리, 쉐브론, 코노코필립스 등이 있다. 시장을 지배하고 있는 유틸리티(전력회사) 및 천연가스 회사로는 제너럴일렉트릭, 써턴, 퍼스트에너지, 에디슨전기협회 등이 있다. 석유에 대한 투자, 그리고 오늘날 천연가스에 대한 투자가 증가하고 있는 이유는 많다.

- 금융위기 동안 부동산 경기가 악화되자 많은 투자자들이 에너지 수요증가에 근거하여 에너지 부문으로 투자대상을 바꿨다.
- 에너지 시장이 갖는 변동성과 투기성으로 인해 큰 수익을 얻을 수 있다.
- 석유, 천연가스, 일부 신재생에너지 부문은 정부로부터 막대한 보조금을 받고 있다.
- 연방의회 및 주 의회는 '빅 오일' 거대 에너지회사들과 에너지프로젝트를 지원함으로써 정치적, 경제적 이득을 얻는다.

최근 거대 에너지회사들은 높은 수익을 올리고 있다. 2011년 오바마 대통령은 다음과 같이 언급했다. "미국 3대 석유회사들의 경우 미국 내에서 800억 달러 이상의 수익을 올렸습니다. 엑슨은 매시간마다 거의 470만 달러를 벌어들였습니다. 유가가 오르면 주유소의 휘발유 가격이 오르기 마련이고, 석유회사의 수익도 덩달아 커집니다."[27]

많은 비판자들은 대규모 투기성 거래 때문에 고유가가 지속되고 있으며 가격의 변동이 심하다고 주장한다. 석유에 대한 투기가 유동성(시장의 돈의 양)을 증가시키고, 위험을 분산시키고, 미래 유가변동에 대한 헷지(위험분산)를 보장하기 때문에 석유에 대한 투기가 좋은 것이라는 경제적 자유주의자들의 주장에 대해 케네디Joseph P. Kennedy는[xi] 반대한다. 그 대신 케네디는 진정한 투자가와 유가상승을 조장하기 위해 '선물' 시장에 투자하는 '완전한 투기꾼'을 구분하였다. 부동산 거품의 경우와 마찬가지로 석유 투기꾼들은 흔히 원유가격이 오르면 유가가 더 오르도록 석유를 매입한다. 그리고 나서 유가가 최고 정점에 이르렀을 때 사놓았던 석유를 팔아 엄청난 수익을 챙긴다. 케네디는 유가의 40퍼센트 또는 주유소 휘발유 가격의 1갤런 당 1달러가 투기로 인한 것이라고 추정한다. 한편, 석유상품시장의 전체 거래의 90퍼센트는 단지 서로 다른 투기자 간의 '서류'상의 거래일뿐이다.

폴린Robert Pollin과 하인츠James Heintz는 원자재 거래가 언젠가부터 늘 있어왔고, 항공사들은 석유 및 에너지 원자재에 대한 대규모 선물거래를 통해 미래의 공급 및 가격 변동에 따른 위험을 줄여왔

---

xi 〈역자 주〉 케네디 가의 일원으로 비영리조직인 시티즌 에너지의 창립자이다.

다고 지적한다.[28] 그러나 2011년 거래량은 2001
년 거래량보다 약 400퍼센트 많았고, 2009년 거
래량보다는 60퍼센트 많았다. 오늘날의 거래자는
골드만삭스와 UBS와 같은 은행들이 뒷받침해주
기에 더 많은 돈을 갖고 있다. 석유선물은 종종 주
식, 채권, 기타 파생상품 자산과 결합된다. 또한
원자재 선물거래는 다른 재화나 용역에 비해 상대
적으로 덜 규제받는다.

다국적 에너지회사와 개별 에너지회사가 미국
의 에너지정책에 영향을 미치는 또 다른 방법이
존재한다. 즉, 의회와 행정기관에 대한 로비 및 정
치자금의 기부를 통해 에너지정책에 영향을 미친
다. 1990년과 2010년 선거주기 사이 개인 또는
석유회사 및 천연가스회사와 연관된 정치행동위
원회가 선거후보 및 정당에게 총 2억 3,900만 달
러를 기부했다. 그 중 전체 기부금의 75퍼센트가
공화당에게 주어졌다. 2012년 대통령선거일 한
주 전 공화당 대선후보 롬니Mitt Romney는 셰브론
으로부터 250만 달러짜리 수표(선물!)를 받았다.
표 19.4는 미국 대형석유회사의 상대적으로 낮은
'연방법인세 실효세율'(명목법인세율은 35퍼센트)
을 보여주는데, 이는 의회가 '빅 오일' 거대 에너지
회사에게 세금감면의 특혜를 제공하고 있음을 말
해준다.

특히 에너지정책과 관련하여 높은 보수를 받는
로비스트들은 대체로 워싱턴DC에서 강력한 영향력
을 발휘한다. 석유업계가 에너지정책에 큰 영향을
미치는 경향이 있다. 거대 석유회사는 '드릴 베이비
드릴' 정책을 선호하며, 기후변화를 누그러뜨리기
위한 환경규제에 대해 비판한다. 거대석유회사들은
규제가 너무 성가시고, 석유탐사를 방해하고, 일자
리를 없애고, 또 별 효과도 없다고 주장한다.

표 19.4	2008~2010년 연방 법인세 실효세율
국가	**세율(%)**
데본에너지	5.5
체사피크에너지	8.1
엑슨모빌	14.2
마라톤오일	15.8
옥시덴탈석유	18.9
셰브론	24.8
코노코필립스	26.9

출처: *Corporate Taxpayers and Corporate Tax Dodgers*, 2008-2010, Citizens for Tax Justice; Institute on Taxation and Economic Policy (November 2011), at http://www.ctj.org/corporatetaxdodgers.

기업은 또한 관련 산업에 대한 의회 및 행정기
관의 감독을 폐지 또는 약화시키기 위해 영향을
미친다. 부시George W. Bush행정부 시절에 석유 및
가스산업은 북극국립야생보호구역에서의[xii] 시추
를 금지한 조치를 해제시킬 수 있을 만큼 충분한
지지를 확보하지 못했다. 그러나 부시대통령과 체
니부통령(둘 다 석유기업가)의 압력 때문에 의회
는 마침내 2008년 환경적으로 민감한 지역인 북
극국립야생보호구역에서의 해양시추 금지조치를
해제하는 법안을 통과시켰다. 미국환경보호청EPA
은 미국 내 정유공장에 대한 새로운 탄소배출 규
정을 도입하는데 늑장을 부려왔다. 환경단체 클
린에어워치Clean Air Watch의 오도넬Frank O'Donnell
대표는 선거가 있는 해 내내 "미국환경보호청은
강력한 규제기관이 아닌 것처럼 보이기 위해 규제
적 선별작업을 하는데 치중한다."[29]

---

xii 〈역자 주〉 알래스카 주 북동부 일대에 위치

국영석유회사

러시아와 베네수엘라 두 나라 모두 자국의 석유를 정치적 무기로 사용하려 했기 때문에 기존 체제에 반대하는 반항적 '석유국가petrostate'로 간주된다. 예를 들어, 2009년 1월 러시아는 상당히 많은 유럽국가로 가스를 공급하는 우크라이나 통과 가스관을 차단했다. 그러나 **국영석유회사**NOCs: national oil companies는 흔히 언론이 보도하는 유해한 역할 이상으로 에너지 국제정치경제에서 훨씬 더 복잡한 역할을 하고 있다. 가장 큰 20대 국영석유회사 중 15개는 100퍼센트 국가가 소유하고 있는데, 그 중 다수는 금융위기 동안 심각한 타격을 입었다. 석유매장량의 80퍼센트가 국가의 통제 하에 있다.[30]

사우디아라비아의 아람코, 중국의 CNOOC, 브라질의 페트로브라스, 앙골라의 소나골, 알제리의 소나트락 등과 같은 잘 알려진 국영석유회사는 언제든지 자본을 쉽게 조달할 수 있다. 일부 회사는 원유를 판매한 대금 중 국가에 세금을 납부하고 주주에게 배당금을 주고난 후 남은 수익을 사내에 적립한다. 이러한 회사들은 석유사업 자금을 자체적으로 조달할 수 있다. 하지만 국영이란석유회사, 멕시코의 페멕스, 나이지리아 국영석유공사 등과 같은 또 다른 국영석유회사들은 필요한 만큼 자본을 조달하는데 어려움을 겪고 있으며 유가변동에 상대적으로 취약하다. 이라크에서는 국영석유회사들이 현재 석유의 75퍼센트를 소유하고 있는데, 최근에는 정유공장을 개선하기 위해 외국인 석유투자자에게 더 나은 조건을 제시하였다.[31] 중동과 아프리카의 많은 '산유국'은 식료품, 가스, 기타 생필품 등에 대한 보조금 지급을 통해 급증하는 인구를 달래는데 석유수출 수익금을 사용해왔다. 흔히 국가발전전략에 있어서 에너지정책은 매우 중요한 역할을 한다. 또 다른 경우에는 — 특히 석유가 자원의 저주인 나라에서는 — 석유판매 수익이 흔히 정부의 금고로 들어가며, 교육과 사회서비스에 풍족하게 돈을 쓰는 대신에 지도자가 무기구매와 사치스러운 생활, 외국인 투자자에 대한 리베이트 자금 등에 사용하고 있다.

신재생에너지: 침체 대 활성화

최근 화석연료의 생산 강화는 청정에너지에 대한 열정에 찬물을 끼얹고 에너지 낭비 습관에서 국가들을 벗어나게 하려는 노력들을 좌절시켰다. 기후변화에 대해 회의론적 경향을 가진 〈폭스뉴스〉와 『월스트리트저널』 같은 언론매체들이 대중으로 하여금 재생에너지에 대해 나쁜 인식을 갖게 했으며, 이는 녹색 에너지자원에 대한 지지를 가로막았다. 또한 주류 언론매체는 태양열, 풍력, 지열, 바이오매스 에너지의[xiii] 성공 사례를 다루지 않았다 (표 19.3).

오바마 행정부의 7,870억 달러 경기부양책 중에서 900억 달러가 태양광, 바이오매스, 배터리, 그 밖의 다른 에너지 사업에 할당되었다. 이 법안은 미국 전력 송전망 현대화 사업에 110억 달러, 신재생에너지 사업에 투자하는 기업에 대한 인센티브로 14억 달러, 효율성 이니셔티브를 지원하는데 16억 달러를 배정하였다. 그럼에도 불구하고 2007년 금융위기와 천연가스 생산의 극적인 증가는 에너지 자원이 과연 부족한 것인지와 기후

---

xiii 〈역자 주〉 메탄·수소로 만든 합성연료.

변화에 화석연료가 정말 영향을 미치고 있는지에 대한 의구심과 더불어 재생가능자원의 개발에 대한 주장을 약화시켰다. 다음은 신재생에너지의 촉진에 반대하는 또 다른 주장들이다.

- 신재생에너지에 대한 의존 비중을 늘리기에 앞서 그보다 먼저 금융위기로부터 회복을 뒷받침하기 위한 화석연료 생산의 증가가 우선되어야 한다.
- 정부는 금융위기 상황에서 신재생에너지 사업에 계속해서 자금을 빌려 줄 여력이 없다.
- 신재생에너지로는 선진국과 개발도상국의 늘어나고 있는 에너지 수요를 충분히 충족할 수 없다.
- 신재생에너지의 효율성과 실용성은 한계에 이르렀다.
- 신재생에너지에 대한 기업 보조금이 효율적으로 사용되지 않는다.
- 신재생에너지에 대해 국가차원의 지원이 이뤄질 경우 세계무역기구WTO 내 미국의 이미지가 손상될 것이다.
- 국가가 에너지 산업의 '승자와 패자'를 결정해서는 안 된다.
- 대체에너지에 대한 지원이 캐나다 및 멕시코와의 무역에 피해를 입힌다.

제1기 오바마 행정부 동안 미국의 많은 보수단체들은 글로벌 기후문제를 해결해야할 필요성에 대해 의문을 제기하였다. 이는 부분적으로 보수단체들이 반과학적 복음주의 기독교관과 '큰 정부'에 반대하는 이데올로기를 갖고 있었기 때문이다. 보수적 싱크탱크 하트랜드연구소Heartland Institute는 — 기회변화 회의론자 및 대형석유회사가 자금을 지원하고 있는 연구소 — 과학적 발견을 가르치는 교사들을 단념시키기 위해 "기후변화에 관한 주제는 논란이 많고 불확실하다"는 메시지를 유치원부터 고등학교까지 널리 퍼뜨렸다.[32] 이 기관의 핵심 임무는 기존의 기후과학을 불신하는 것이다. 하트랜드연구소는 코흐 석유억만장자, 마이크로소프트, R.J. 레이놀드 담배회사 등 부자들의 개인적 인적네트워크로부터 자금을 지원받는다. 또한 하트랜드연구소는 유엔의 기후기구인 정부간기후변화협의체IPCC의 조사결과의 근거를 약화시키는 일을 담당하는 전문가팀을 보유하고 있다.

대부분의 거대 석유회사는 재생가능한 자원의 장려를 하지 못하도록 정치인에게 로비했다. 일부 비판자들은 신재생에너지는 적어도 30년 내지 그 이상 기간 동안 선진국과 개발도상국의 늘어나는 에너지 수요를 충족시킬 수 없다고 비판한다. 또 다른 사람들은 기술적인 문제 때문에 미국의 전력 송전망은 풍력에너지와 태양에너지와 같이 간헐적 에너지원을 처리하는 시설을 제대로 갖추고 있지 못하다고 주장한다. 독일은 소규모 신재생에너지 사업의 운영상 문제를 안고 있었으며, 중국은 태양열 집열판의 과잉생산 때문에 수천 명의 공장노동자를 해고해야만 했다. 빅터David Victor와 야노섹 Kassia Yanosek은 단순히 비용 효율성이 높지 않거나 정부보조금 없이는 지속가능하지 않기 때문에 바이오연료, 태양광, 풍력 등에 기초하는 대체에너지사업이 위기상태에 처해있다고 주장한다.[33]

또한 은행들은 갈수록 신재생에너지 기업에 대한 대출을 꺼리고 있다. 이러한 어려움을 우회하기 위한 방법으로 중국, 독일, 스페인, 인도, 이탈리아, 아부다비 정부의 경기부양책은 신재생에너지에 투자하고자 하는 기업에게 다양한 세제혜택을 제공했다. 카드웰Diane Cardwell은 미국의회가 청정에너지 사업에 대한 자금지원을 돕는 특별프로그램을 도입하였지만, 주정부 및 지방자치단체들이 이 프로그램과 관련된 '적격 에너지 절약 채권Qualified Energy Conservation Bonds' 제도를 사용하지 않는다고 지적한다. 분석가들과 은행간부들은 그와 같은 소규모 프로그램의 경우 문제해결에 큰 도움이 되지 못하며, 세제혜택이 크지 않고, 프로그램 요건들도 불분명하다고 말한다.[34]

마침내 오바마 대통령의 대선후보 경쟁자들이 잘못된 정부 투자의 사례로 태양에너지 회사인 솔린드라, 어번드 솔라, A123 시스템 등을 거론했던 당시인, 2011년과 2012년에 이들 회사의 파산이 언론의 머리기사를 장식했다. 또한 정부의 대출보증, 현금보조, 계약 등이 종종 골드만삭스와 같은 투자회사와 제너럴일렉트릭 같은 대기업들에게 큰 수익을 안겨주었다. 분명히 투자회사나 대기업에게는 정부 보조금이 필요치 않다.[35]

동전의 또 다른 면으로 많은 신재생사업이 아주 잘 진행되고 있다. 2009년 경기부양법은 필요한 자본을 창출함으로써 태양에너지 산업에 무척 큰 도움을 주었다. 예를 들어, 미 연방정부 에너지부의 대출보장제도가 많은 태양광사업 및 풍력사업에게 도움이 되었다. 2011년 이 대출보장제도의 운영비용은 수취된 대출수수료로 충당되었다. 신재생에너지를 지지하는 사람들은 신재생에너지가 여전히 많은 화석연료 생산자와 경쟁할 수 없는 '유치산업infant industry'이기 때문에 불리한 상황에 처해있다고 주장한다. 신재생에너지 지지자들은 거대 에너지회사들이 연구지원금과 세금공제, 자원추출의 비용을 낮출 수 있는 연방정부 소유 공유지 사용 등과 같은 수많은 종류의 정부 보조금을 계속해서 받고 있다고 지적한다.

많은 신재생에너지 찬성자들은 에너지 문제에서 벗어날 길이 없다고 생각한다. 일부는 정부가 석유산업을 보조하지 말고 현재 화석연료 산업이 받고 있는 일체의 세금면제를 없애야 하며, 또 대체에너지 연구 및 인프라 건설에 대한 자금을 마련하기 위해 매년 분기별로 평균 10억 달러 이상의 수익을 남기고 있는 모든 석유회사에게 수익의 1퍼센트를 내도록 강제해야 한다고 주장한다. 폴린과 하인즈 같은 또 다른 사람들은 우리가 신재생에너지 자원에 투자하는 기업에게 인센티브를 제공하는 방법의 하나로 이산화탄소 배출을 억제하기 위한 글로벌 '탄소배출총량거래제cap-and-trade' 협정에 합의할 필요가 있다고 주장한다. 또한 폴린과 하인츠는 정부가 자동차의 에너지 효율성을 높이고, 대중교통의 사용을 권장하고, 풍력과 태양광, 기타 녹색 조치를 권장하기를 바란다.[36]

로키마운틴연구소의 수석과학자 로빈스Amory Lovins는 석유의존과 유가변동, 중동주둔 미군의 안보 등에 들어가는 비용이 석유 및 천연가스가 가져다주는 혜택보다 크다고 확신한다.[37] 우리가 앞에서 설명하였듯이 석유와 마찬가지로 천연가스에도 많은 비용이 숨겨져 있다. 로빈스는 1973년 OPEC 석유파동과 같은 정도의 광범한 에너지 변화에 대해 상상한다. 이러한 변화에는 자동차의 효율성을 급격히 증대시키는 것, 건물과 공장의 효율성을 높이는 것, "전력시스템을 다양화, 분산화, 재생가능하게 만들기 위해 현대화하는 것 … 그렇게 함으로써 전력이 청정하고 안정적이고 안전하게 되도록 하는 것 등이 포함될 것이다."[38] 그는 또한 태양광 발전에 대한 독일의 노력을 칭찬한다.

에너지 정치에 민감한 사람들 대부분은 로빈스가 많은 정치적, 사회적 문제를 해결하기 위해 미래의 신재생에너지 기술에 너무 지나치게 의존하고 있다고 얘기할 것이다. 어떤 사람은 신재생에너지 기술이 형편없거나 또는 미래의 수요를 충족할만큼 충분한 에너지를 생산하지 못하는 것이 판명된 상황에서 과학자가 화석연료의 장점을 간과하는 이유가 무엇인지 반문할지도 모른다. 로빈스의 공헌을 지적하자면, 산업과 나라들이 기존 에너지정책의 근본적인 변화 없이, 단지 정책의 부분변경을 시도할 경우 무엇을 이룰 수 있는지에 대한 일종의 로드맵을 제시하고 있다는 점이다. 그렇게 하는 과정에서 그는 이 쟁점들에 관한 주요 글로벌 논쟁의 기초가 될 수 있는 좋은 질문을 제기하였다.

결론: 세 갈래의 나아갈 길

본 장의 맨 앞에서 설명하였던 딜레마에 대한 논의로 다시 돌아가자. 차에 주유하러 주유소에 갔을 때 치솟은 기름 값을 보더라도 대통령을 욕하지 마라. 또는 기름 값 인상에 대해 다른 어느 누구도 비난하지 마라. 즉, 어느 한 사람이 혼자 단독으로 유가를 통제할 수는 없다. 글로벌 에너지 시장은 확실하게 통합되어 있다. 미국은 전 세계 석유의 20퍼센트를 소비하지만, 전 세계 석유매장량의 겨우 2퍼센트 정도만 보유하고 있다.[39] 석유매장량이 많을수록 주유소 기름 값이 싸질 것이라고 가정한다면, 석유매장량을 늘리는 것이 도움이 될 수 있을지도 모른다. 그러나 석유회사는 다양한 방법을 사용하여 유가가 떨어지지 않도록 유지한다. 즉, 의회에 로비하고, 화석연료에 투기하고, 언론매체에 영향을 미치려고 한다.

때때로 거대 석유회사는 유가가 오르거나 급등하는 것에 대해 개의치 않는다. 유가 문제는 탄소배출 감축의 문제와 연결되는 경우 더욱 복잡해진다. 일부 사람들은 거대 석유회사가 해결책이라고 주장하며, 따라서 정부가 거대 석유회사를 너무 지나치게 규제하지 않는 것이 더 효과적일 것이라고 주장한다. 다른 사람들은 재생가능 자원의 촉진을 위해 좀 더 적극적으로 노력하지 않는다는 이유로 거대 석유회사와 정부를 비난한다.

많은 전문가 및 평론가들은 적어도 지난 십 년 동안 에너지에 관한 정책제안들이 일관성을 결여했다고 생각한다. 2012년 미국 대통령선거 당시 에너지정책 및 환경정책과 관련한 오바마대통령과 공화당 대선후보 롬니 둘 다의 주장은 거의 완전히 똑같았다. 또는 오바마가 선거전략상 의도적으로 그렇게 보이려고 했는지도 모른다. 아무튼 오바마와 롬니 두 대선후보 모두 화석연료 생산과 신재생에너지원 생산을 촉진하는 '위 모두 정답 all of the above' 접근방식의 지속을 공약했다. 예상대로 오바마와 롬니의 입장이 서로 가장 다르다고 할 수 있는 부분은 정부가 신재생에너지 산업에 얼마나 많은 지원을 해야 하는지의 문제와 생산자와 소비자 모두를 보호하기 위해서는 얼마나 강력한 규제가 요구되는지의 문제였다.

이러한 미국의 혼합적 접근방식은 캐나다, 호주, 중국, 인도, 브라질 등과 같은 주요 제조업 국가에서 지지를 얻고 있는 것 같다. 많은 개발도상국 역시 여전히 계속해서 화석연료 자원 생산에 많은 자금을 투자하고 있다. 지난 30년 동안 브라질과 같은 나라들은 바이오연료 산업을 발전시키기 위해 정부의 규제와 정부의 직접투자를 함께 사용했다. 즉, 브라질의 새로운 자동차의 70퍼센트는 사탕수수에서 추출한 에탄올을 사용한다.

롬니 및 보수적 정치지도자들을 지지하는 사람들은 이와 다른 제2의 경로를 선호한다. 즉, 아주 작은 규제만 존재하는 상황에서 자유시장이 글로벌 에너지 문제를 해결하는 방안을 모색하도록 내버려 두는 것이다. 너무 많은 규제가 혁신을 가로막는다. 해결방안은 필시 새로운 기술의 개발에 있다. 한 때 접근할 수 없었던 석유나 천연가스 매장물을 뽑아낼 수 있는 획기적인 발전에 주목하라. 이러한 제2의 경로에 반대하는 사람들은 이러한 기술이 단기적으로만 문제를 해결해줄 뿐이며 우리가 석유에서 탈피하지 않는 경우 발생 가능성이 높은 환경재앙을 해결해주지는 못한다고 지적한다.

미래를 향한 제3의 경로는 1990년대가 전성기였던 재생가능한 자원으로의 이행 운동에 다시 불을 붙일 것을 요구한다. 금융위기를 해결하기 위한 노력이 제조업 부흥과 값싼 화석연료의 사용에 초점을 맞추고 있기 때문에 시기적으로 중요한 이때 가치관의 근본적인 변화가 요구된다. 신재생에너지로 전환하지 않을 경우 초래될 결과는 끔찍하다. 이어지는 제20장이 다루고 있는 주제 중의 하나가 이러한 결과에 관한 것이다.

제3의 경로를 지지하는 사람들은 공화당만큼

이나 민주당도 에너지 이행에 대한 지지에 있어 미온적이라고 생각한다. 오바마 대통령을 비롯한 민주당 지도자들은 신재생에너지를 목적 달성을 위한 수단으로 생각하지 목적 자체로 생각하지는 않는다. 경제를 회복하고 에너지를 생산하는 것과 환경을 보존하는 것 사이에서 균형을 잡는다는 의미는 에너지정책이 환경보존의 논리에 따르도록 해야 한다는 의미는 아니다. 전 페루 외교관 드리베로Oswaldo DeRevero의 주장에 의하면, 세계 다른 나라들이 지구를 파괴하지 않으면서 에너지 집약적인 '캘리포니아' 모델에 기초하는 미국의 생활수준에 도달하기란 불가능하다.[40] 선진국의 많은 에너지 사용이 지속되는 상황에서 중국, 인도, 브라질 등 신흥국들의 에너지 대량소비는 우리 모두를 어려운 처지에 직면하게 할 것이다. 독일, 덴마크, 스웨덴, 그 밖의 몇몇 다른 국가들은 환경을 지나치게 손상시키지 않으면서도 경제성장을 하기 위해 노력하고 있다. 적어도 이들 국가는 법과 조세제도를 활용하여 그와 같은 아이디어를 기꺼이 시험해보고자 한다. 그러나 매번 더욱 심각해지는 가뭄, 북극 빙하의 해빙, 카트리나 또는 샌디와 같은 허리케인 때문에 대자연은 이렇게 마지막 당부를 할 것 같다. 각오를 단단히 하라!

주요 용어

국영석유회사(NOCs: national oil companies) 554

석유생산정점(peak oil, 피크오일) 543

석유수출국기구(OPEC: Organization of Petroleum Exporting Countries) 532

수압파쇄(hydraulic fracturing, 프래킹[fracking]) 532

오일달러 재순환(petrodollar recycling) 535

자원의 저주(resource curse) 532

카르텔(cartel) 534

포집(sequestration) 550

현물시장(spot market) 536

토론주제

1. 이 장에서 우리는 국제정치경제학이라는 명칭의 사용을 의도적으로 경제적 자유주의, 중상주의, 구조주의로 한정했다. 이 장의 한 절을 선택한 후 이들 세 가지 시각 중 어떤 시각이 해당 절의 서로 다른 주장들을 뒷받침하는지 논의해 보시오.

2. 과거 석유파동은 2008년 유가폭등과 어떻게 다른가? 각각의 경우 유가상승의 주요 원인은 무엇이고 또 그 결과는 어떠했는가?

3. 수압파쇄fracking가 무엇인지 설명하고, 이 주제에 관한 최근 신문기사에 나타난 보다 논쟁적인 측면에 대해 국제정치경제의 다양한 시각을 활용하여 논의해 보시오.

4. 많은 사람들은 미국이 곧 OPEC을 제치고 에너지 세계 패권대국이 될 것이라고 주장한다. 여러분은 그와 같은 주장에 동의하는가? 또는 동의하지 않는가? 이 문제와 관련하여 미국 대통령이나 연방 에너지부에 권고하고 싶은 것은 무엇인가? 설명해 보시오.

추천문헌

Gavin Bridge and Philippe Le Billon. *Oil*. Malden, MA: Polity Press, 2013.

Josh Fox, director. *Gasland*. New York: Docurama Films, 2010.

Jad Mouawad. "Fuel to Burn: Now What?" *New York Times*, April 11, 2012.

E. F. Schumacher. *Small Is Beautiful: Economics as If People Mattered*. New York: Harper & Row, 2010. Josh Tickell, director.

Josh Tickell, director. *Fuel*. Canoga Park, CA: Cinema Libre Studio, 2010.

Daniel Yergin. *The Quest: Energy, Security, and the Remaking of the Modern World*. New York: Free Press, 2011.

주

1) 다음을 참조하라. Daniel Yergin, "It's Still the One," *Foreign Policy* (September/October 2009); and Jad Mouawad, "Fuel to Burn: Now What?" *New York Times*, April 11, 2012.

2) Elisabeth Rosenthal, "U.S. Is Forecast to Be No. 1 Oil Producer," *New York Times*, November 13, 2012.

3) 중동에서 석유회사의 역할에 대한 자세한 논의는 다음을 참조하라. Daniel Yergin, *The Prize: The Epic Quest for Oil, Money, and Power*, 2nd ed. (New York: Simon & Schuster, 2011).

4) 1973년 OPEC의 회원국은 이란, 이라크, 쿠웨이트, 사우디아라비아, 베네수엘라, 아부다비, 알제리, 리비아, 카타르, 아랍에미리트, 나이지리아, 에콰도르, 인도네시아, 가봉 등이었다. 에콰도르와 가봉은 1990년대에 OPEC를 탈퇴했고, 앙골라는 2007년에 가입했으며, 인도네시아는 2009년 회원자격이 정지되었다. 모든 석유수출국들이 OPEC의 회원국은 아니다. 예를 들어, 러시아와 멕시코는 OPEC의 회원국이 아닌 석유수출국이다.

5) Donella Meadows, Dennis L. Meadows, Jorgen Randers, and William W. Brehens III, *The Limits to Growth: A Report for the Club of Rome Project*

on the Predicament of Mankind (New York: Universe Books, 1974).

6) 사막의 폭풍 작전에 대한 자세한 내용은 다음을 참조하라. Kendall W. Stiles, *Case Histories in International Politics*, 3rd ed. (New York: Pearson Longman, 2004), pp. 133–152.

7) 다음을 참조하라. Michael T. Klare, *Blood and Oil: The Dangers and Consequences of America's Growing Dependence on Oil* (New York: Metropolitan Books, 2004), pp. 152–175.

8) United Nations Environment Programme (UNEP), "Global Trends in Sustainable Energy Investment 2009," at http://www.unep.org/pdf/Global_trends_report_2009.pdf.

9) 1975년 베네수엘라 석유장관 알폰소(Juan Pablo Pérez Alfonzo)는 석유가 어떻게 하늘이 베네수엘라에 내려준 '만나'가 아니라 저주가 되었는지를 설명하는데 '악마의 배설물'이란 용어를 만들어냈다. 석유가 경제를 어떻게 왜곡시키는지에 대한 자세한 설명은 다음을 참조하라. Terry Lynn Karl, "Ensuring Fairness: The Case for a Transparent Fiscal Social Contract," in Macartan Humphreys, Joseph Stiglitz, and Jeffrey Sachs, eds., *Escaping the Resource Curse* (New York: Columbia University Press, 2007), pp. 256–285.

10) 다음을 참조하라. Jad Mouawad, "Oil Corruption in Equatorial Guinea," *New York Times*, August 19, 2009.

11) *The Power of the Community: How Cuba Survived Peak Oil*, Arthur Morgan Institute for Community Solutions, 2006 (DVD).

12) Rob Hopkins, *The Transition Handbook: From Oil Dependency to Local Resilience* (White River Junction, VT: Chelsea Green Publishing, 2008).

13) Elisabeth Rosenthal, "Gulf Oil States Seeking a Lead in Clean Energy," *New York Times*, January 12, 2009.

14) Shibley Telhami and Fiona Hill, "America's Vital Stakes in Saudi Arabia," *Foreign Affairs* 81 (November/December 2002), pp. 167–173.

15) http://www.ontheissues.org/2012/Barack_Obama_Energy_+_Oil.htm.

16) Ian Urbina, "New Report by Agency Lowers Estimates of Natural Gas in U.S.," *New York Times*, January 29, 2012.

17) Rich Miller, Asjyln Loder, and Jim Polson, "U.S. Closing in on Energy Independence," *Seattle Times*, February 8, 2012.

18) 다음을 참조하라. Maouwad, "Fuel To Burn."

19) 다음을 참조하라. Mark Scott, "The Big New Push to Export America's Gas Bounty," *New York Times*, October 24, 2012.

20) Richard H. Thaler, "Why Gas Prices Are Out of Any President's Control," *New York Times*, April 1, 2009.

21) Rich Miller et al., "U.S. Closing in on Energy Independence." See also Rosenthal, "U.S. Is Forecast to Be No. 1 Oil Producer."

22) 다음을 참조하라. Floyd Norris, "Why One Gas Is Cheap and One Isn't," *New York Times*, March 3, 2012.

23) Peter Galuszka, "With China and India Ravenous for Energy, Coal's Future Seems Assured," *New York Times*, November 13, 2012.

24) Michael Riordan, "The Cost of the Coal Boondoggle," *Seattle Times*, August 2, 2012; Scott Learn, "Coal Clash: The Powder River Basin, Where Coal Is King," *Oregonian*, June 30, 2012.

25) Coco Liu and Climatewire, "China Seeks Mastery of Carbon Capture and Storage," *Scientific American*, August 24, 2012.

26) Matthew Wald, "Nuclear Power's Death Somewhat Exaggerated," *New York Times*, April 11, 2012.

27) 다음으로부터 인용하였다. "Private Empire: Author Steve Coll on the State-Like Powers, Influence of Oil Giant ExxonMobil" (interview with Juan Gonzalez and Amy Goodman), at http://www.democracynow.org/2012/5/4/private_empire_author_steve_coll_on#transcript.

28) Robert Pollin and James Heintz, "How Wall Street Speculation Is Driving Up Gasoline Prices Today," PERI Research Brief (June 2011).

29) Elizabeth McGowan, "EPA Puts Greenhouse Gas Rules for Refineries on Backburner," *Inside Climate News*, March 8, 2012.

30) Valerie Marcel, "States of Play," *Foreign Policy* (September/October 2009).

31) Eric Nordland and Jad Mouawad, "Iraq Considers Giving Oil Investors Better Terms," *New York Times*, March 18, 2011.

32) Suzanne Goldenberg, "Leak Exposes How Heartland Institute Works to Undermine Climate Science," *Guardian*, February 14, 2012.

33) David Victor and Kasia Yanosek, "The Crisis in Clean Energy: Stark Realities of the Renewables Craze," *Foreign Affairs* (July/August 2011).

34) Diane Cardwell, "Few Seize on a U.S. Bond Program Backing Green Energy," *New York Times*, May 8,

2012.

35) 다음을 참조하라. Eric Lipton and Clifford Krauss, "Rich Subsidies Powering Solar and Wind Projects," *New York Times*, November 11, 2011.

36) Pollin and Heinz, "How Wall Street Speculation...."

37) Amory Lovins, "A Farewell of Fossil Fuels: Answering the Energy Challenge," *Foreign Affairs* 91 (March/

April 2012): pp. 134–146.

38) Ibid., p. 136.

39) Thaler, "Why Gas Prices Are Out of Any President's Control."

40) Oswaldo De Rivero, *The Myth of Development: Non-Viable Economies and the Crisis of Civilization*, 2nd ed. (London: Zed Books, 2010).

환경: 기후변화와 전세계적 재앙 모면

"산업문명의 몰락 이외에는 세계를 구제할 수 있는 방법이 없는 그런 시점에 도달할 지도 모른다."

스트롱Maurice Strong

이 책의 마지막 장은 첫 장보다 훨씬 더 암울하다. 제18장과 제19장은 식량과 에너지라는 상호연관된 주제를 다루었고, 이 장에서는 한편에서는 전세계적으로 보면 훨씬 더 심각하다고 주장하는 **기후변화**climate change를 비롯한 환경문제를 살펴보면서 끝을 맺는다. 이 주제(기후변화)는 지난 10년 동안 환경에 관한 논쟁을 지배해왔다. 기후변화는 환경정책 일반에 대한 오늘날의 전세계적인 정치경제적 논의에 있어서 가장 중요한 문제이다.

우리가 제19장에서 보았듯이, 기업 임원들 및 정부관료들은 이 세계가 우리가 살고 있거나 혹은 만들어가려고 하는 산업사회를 지속시킬 수 있을 만큼 충분한 식량과 에너지를 가지고 있지 못하다는 우려를 표한다. 그러나 오늘날 미항공우주국NASA 고다드 우주연구소의 기후전문가인 핸슨James Hanson은 의심할 여지없이 "(고온현상에 대한) 기후변화 이외의 다른 설명은 없다"고 주장하는데, 그에 따르면 원인은 인간에게 있다.[1] 기후변화에 관한 정부간패널IPCC: Intergovernmental Panel for Climate Change, 세계은행World Bank, 국제에너지기구IEA: International Energy Agency, 프라이스워터하우스쿠퍼스PricewaterhouseCoopers, 그 밖의 많은 공공 및 민간기구와 단체가 지구 평균기온이 21세기 말에는 섭씨 1.8도에서 4도 정도 증가할 것으로 예상된다고 결론내리기에 충분한, 의심할 여지 없는 증거가 축적되었다는 데 의견을 같이 한다.

지구 여러 곳에서의 온도상승과 온도하강 이외에, 기후변화가 초래하는 효과는 다음과 같다.

- 해수면 상승
- 더욱 극심하고 빈번한 허리케인, 토네이도, 태풍을 유발하는 해수온도 변동성 및 극심한

편차 및 엘니뇨El Niño
- 산호초와 식물성 플랑크톤을 파괴하는 바닷물 산성화
- 빙상 및 빙하의 해빙
- 북극곰과 다른 동물종의 멸종위험
- 개발도상국의 다양한 환경문제

2010년 여름, 미국, 유럽 대부분, 러시아가 고온을 기록했고, 5만 5,000명의 사람들이 공해와 스모그로 사망했다. 2012년, 이 지역들은 더욱 높은 온도를 기록했다. 지난 10년간, 강우량 감소와 가뭄이 유럽과 많은 개발도상국들의 재배환경과 미국 서부지역, 대평원 곡창지대의 농업생산을 위협했으며, 이는 모두 전세계의 식량안보에 악영향을 끼친다. 호주 역시 지난 10년간 극심한 가뭄에 시달렸다. 빙하 해빙과 해수면 상승이 방글라데시, 중국, 이집트, 태평양 도서 국가들의 연안지역의 지하수 공급에 피해를 주고 많은 난민을 발생시켰다는 국제적인 언론보도가 있었다. 홍수와 기온상승은 식품매개 질병과 모기매개 전염병의 발생 증가와 관련이 있다. 기후변화에 관한 정부간 패널IPCC은 카트리나(2005년 8월 대서양에서 시작해서 멕시코만으로 이동)와 샌디(2012년 10월 뉴저지 해안과 뉴욕을 강타)와 같은 대서양에서 더욱 빈번해지고 더욱 강력해지고 있는 열대폭풍의 발생에 인간이 일조하고 있을 가능성이 있다고 결론을 내리고 있다.

많은 전문가들과 정부 관료들이 보기에, 지구를 파괴시키고 인류를 멸종시켜가고 있는 '뜨거워지는 지구overheating the planet'에 대해 무엇인가를 할 수 있는 시간이 점점 줄어들고 있다. 서두에 인용한 전 유엔환경계획 책임자 스트롱의 말은 현 상황을 매일매일 마주하기에 더할 나위 없

이 적합한 사고방식인 듯이 보인다. 현재, 환경역설environmental paradox이 상황을 더욱 악화시키고 있다. 경기후퇴가 야기한 금융위기를 극복하기 위해서 많은 유럽국가들과 미국은 산업의 재활성화를 통한 경제성장을 추진하려고 하는데, 이는 지구온난화에 일조한다. 한편, 중국, 인도, 브라질 및 많은 개발도상국들은 최근의 경제적 성공을 유지하거나 더 많은 경제적 성공을 도모하고 있다. 그와 동시에 많은 이들 나라들은 자신들이 현재와 미래 세대들에게 환경훼손과 환경고갈을 남겨줄 것이 틀림없는 다양한 환경문제에 처해 있다는 것을 발견한다.

우리가 이 글을 쓰고 있는 현재, 긴박한 기후변화 문제를 다루는 일련의 국제회의 중 가장 최근 회의인 제18차 기후변화협약 당사국 총회COP 18가 카타르의 도하에서 막 끝났다. 그 주요 목표는 세계 온도가 섭씨 약 2도 이상[i] 상승하지 않도록 국가들 간에 온실가스 배출을 제한하는 새로운 협정을 확정하는 것이었다. 동 총회의 다른 목표는 선진국들이 온실가스를 2012년까지 1/3 이상 감축시키거나, 또는 1990년 배출수준의 5.2퍼센트 감축을 요구했던 1997년 합의된 교토의정서를 연장하는 것이었다.

그러나 지난 20년 동안, 수많은 약한 수준의 임시 합의들이 이루어져왔는데, 이 합의들에서는 온실가스를 어떻게 감소시킬 것인가에 대한 구체적인 방법은 향후의 당사국 총회에서 결정짓도록 남겨놓았다. 미국, EU, 중국, 브라질, 인도, 남아프리카 모두 측정가능한 감축목표와 다양한 조치들을 당사국 총회에서 협상테이블 위에 올렸다. 하지

---

i 〈역자 주〉 산업화시대 이전 대비.

만, 사실상 기후변화에 대해 무엇을 할 것인가의 문제는 몇 번이고 지속적으로 "연기되었다kicked down the road." 국가 및 지역의 충돌하는 이해관계, 기후변화의 심각성에 대한 의견의 차이, 여타 다양한 요인들 때문에 다른 중요한 환경문제는 고사하고, 기후변화를 다루는 것조차도 갈수록 어렵게 되었다.

이 장에서 우리는 세 가지 국제정치경제 시각을 이용하여 다양한 글로벌 환경문제 — 특히 기후변화의 문제에 주목하여 — 의 많은 원인을 규명하고 설명한다. 이 장은 크게 네 개의 부분으로 구성되어 있다. 첫째, 오늘날에 이르기까지의 주요 상황전개를 시대순으로 살펴본다. 둘째, 국가, 국제기구IOs, 비정부기구NGOs, 지식공동체epistemic communities, 심지어 주요 환경 '유명인사들personalities'에 이르기까지 점차로 넓어져가는 환경문제를 다루고 있는 간략한 역사를 살펴본다.

셋째, 우리는 기후변화의 해악에 대한 찬반의 증거와 기후변화 및 기타 연관된 문제들에 대한 관리가 왜 그토록 어려웠는가를 논의한다. 넷째, 우리는 환경문제에 대해 제안된 다양한 해결책을 탐색하는데, 개혁 노력에 대한 국가, 시장, 기술, 심지어 윤리적 가치의 역할에도 초점을 맞춘다.

이 장은 네 가지 중요한 주제를 제시한다. 첫째, 기후변화를 포함한 주요 환경문제는 이제 전세계적인 성격을 띤다. 이러한 변화의 결과는 환경문제의 관리가 점점 더 민주적이 되었다는 점이다. 즉, 더 많은 행위자들이 언제나 환경문제에 발언권을 가지게 된다. 반면 문제들을 협력적인 방식으로 해결하려면 화해시켜야 할 상충하는 이익이 더욱 많아졌다는 점은 부정적인 측면이다. 둘째, 환경이 국가 경제 및 안보에 미치는 영향때문에,

국가들 및 국제기구들은 기후변화와 기타 환경문제들을 다루어야 한다는 유례없는 규모의 전세계적 정치경제적 압력에 직면하고 있다. 셋째, 시장 중심의 해결책, 혹은 획일적인 해결책만으로는 대부분의 환경문제들, 특히 지구온난화와 관련된 문제를 효과적으로 해결하지 못할 것이다. 넷째, 근대산업사회와 국가 및 지방의 문화를 남아있는 지구환경의 보존 — 현 상황에서는 이산화탄소 배출 감소와 지구의 기온을 낮추는 조치들 — 과 결합시키는, 인간과 환경의 관계에 대한 대안적인 구성주의 패러다임(제5장 참조)이 필요하다.

주요 환경 및 기후변화 관련 사건 및 협약의 역사

1972 유엔이 스웨덴 스톡홀름에서 인간환경회의 Conference on Human Environment 주최.

동 회의는 인간환경행동계획Action Plan for Human Environment 선언. 유엔환경프로그램UNEP이 환경문제에 대해 개발도상국들을 돕기 위해 창설됨.

로마클럽 『성장의 한계Limits to Growth』 보고서를 발간.

1973 석유수출국기구OPEC의 유가 인상으로 에너지 부족과, 산업화가 환경에 미치는 영향에 대한 우려 발생.

1980 지미 카터 미국대통령이 『환경에 관한 지구 보고서 2000Global 2000 Report to the President』을 의뢰하였는데, 이 보고서는 계속되는 인구증가, 자연자원 고갈, 삼림파괴, 대기 및 수질 오염, 멸종 등을 예상. 사이

몬Julian Simon과 칸Herman Kahn이 『풍요로운 지구: 지구 보고서 2000에 대한 반박 The Resourceful Earth: A Response to Global 2000』으로 대응.

1987 부룬트란트 보고서The Brundtland Report는 발전과 환경훼손의 연관성을 논함.

UN이 후원한 몬트리올의정서가 효력을 발휘하는데, 동 의정서의 목적은 지구 오존층을 파괴하는 프레온가스의 억제.

1992 리우데자네이루Rio de Janeiro에서 지구정상회의Earth Summit 개최. 부의 생산 및 발전과 환경보존을 동시에 추구하는 '지속가능한 발전sustainable development'에 초점을 맞춤.

두 개의 협약이 체결. 즉, 후일 교토의정서의 바탕이 되는 생물학적 다양성에 대한 협정Convention on Biological Diversity과 기후변화협약FCCC: Framework Convention on Climate Change. 향후 20년간 환경변화에 대한 전세계적 협약을 논의하기 위해 18번의 당사국 총회COP: Convention of Parties를 열었음.

1997 지구 환경변화 제3차 당사국 총회에서 교토의정서가 협의됨.

교토의정서는 선진국들에게 온실가스 배출을 2012년까지 1/3 이상 혹은 1990년의 온실가스 배출수준보다 적어도 5.2퍼센트를 감축할 것을 요구. 두 가지 주요 제안은 탄소배출권거래제cap and trade system의 일환으로 탄소배출권emission credits과 탄소흡수원을 사용. 교토의정서는 2012년 재협상 예정.

2009 코펜하겐에서 열린 제15차 당사국 총회는 온실가스 배출, 삼림파괴, 검증, 빈국들의 환경 변화의 영향으로부터 보호 등에 관한 구속력 있는 협정에 도달하기 위한 과정을 재개한다는 약한 합의를 도출하는 데 성공.

2011 남아프리카공화국의 더반Durban에서 유엔 기후변화회의United Nations Climate Change Conference 개최. 2015년까지 결정, 2020년까지 효력 발휘될 법적 구속력이 있는 새로운 기후조약을 위한 협상 개시하기로 합의. 협상 당사자들은 또한 교토의정서의 2차 헌신 기간에 동의.

2012 카타르의 도하Doha에서 열린 제18차 당사국 총회는 기후변화에 관한 중요한 합의 없이 종료.

환경문제 범위의 확대: 간략한 역사

산업혁명기인 18세기부터 새로운 노동절약적인 도구들, 산업용 기계, 대량소비를 위한 제품들을 생산하기 위해 과학과 기술이 이용되었다. 마르크스Karl Marx를 비롯한 19세기 중반의 그와 동시대인들은 '악마의 맷돌satanic mills'[ii]이 노동에 미치는 악영향과 영국 대도시의 존재를 비판했다 (제4장 참조). 유럽의 제조업은 값싼 천연자원과 원재료가

---

ii 〈역자 주〉 영국의 시인 블레이크(William Blake)가 1808년 발표한 "밀튼(Milton, A Poem)"에서 처음 사용한 표현으로서 폴라니(Karl Polanyi)가 『거대한 변환(The Great Transformation)』에서 차용. 자본주의 시장경제를 지칭함.

그 동력이었다. 유럽대륙에서 공기, 물, 토양의 오염이 지역을 넘어 퍼져나갔다. 가솔린 엔진의 개발로 인해 석탄과 증기로부터 기름 및 석유 기반 에너지원으로 수요가 옮겨갔다. 자원은 풍부하고 상대적으로 저렴했다. 가장 큰 비용이 든 것은 운송이었다.

서구와 미국전역으로 산업화가 확산되면서, 산업오염은 점차로 여러 민족국가를 포괄하는 더 큰 국제적인 문제로 확대되었다. 예컨대, 1920년대에 미국과 캐나다는 콜럼비아 강을 따라 미국으로 흘러들어온 브리티시 콜럼비아의 납과 아연 제련의 잔류물 때문에 다투었다. 그러나 산업화된 세계의 환경문제는 대부분 민족국가에 한정된 문제들로 간주되었다.

환경문제의 규모가 전세계적이라는 것이 1960년대까지도 완전히 인정된 것은 아니었다. 미국에서 세계적인 자원고갈은, 동시에 발달한 학생운동과 환경운동의 이슈 중 하나로 자리잡았다. 전세계적으로 방출되는 오염물질의 절대적 양이 증가하면서, 과학적 지식과 공공의 인식도 확산되었다.[2] 1972년 로마클럽은 충격적인 연구보고서인 『성장의 한계The Limits to Growth』를 발표했는데, 이 연구는 만약 제2차 세계대전 이후 수준의 경제적 활동과 환경남용이 지속된다면, 전세계적 진보를 제한하는 것은 토지, 식량, 또는 여타 요인들이 아니라, **환경**이 될 것이라고 주장한다.[3] 1973년의 OPEC의 석유금수조치와 이에 따른 높은 유가로 인해 많은 민족국가들이 에너지 자원 부족을 중요한 문제로 인식하기 시작했다 (제19장 참조). 많은 선진국들 및 개발도상국들은 산업화와 경제성장을 지속시키기 위해 석유만이 아니라, 석유가 환경에 미치는 부정적인 효과도 중요하다는 것을 깨닫게 되었다.

한편 UN은 1972년 스웨덴 스톡홀름에서 인간환경회의Conference on Human Environment를 주재하면서 환경문제를 둘러싼 논의의 주요 행위자로 등장했다. 그 회의는 다양한 환경문제에 관한 정부 및 국제적인 행동에 대한 109개 조항의 권고를 담은 인간환경행동계획Action Plan for the Human Environment을 선언했다. 더 중요하게는 조약의 초안을 작성하고, 협력을 위한 장을 제공하고, 환경에 대한 과학적 평가를 위한 데이터베이스를 만들기 위해 **유엔환경프로그램**UNEP: United Nations Environment Program이라고 불리는 기구를 만들었다. 제3세계의 수도 — 케냐의 나이로비 — 에 본부를 둔 첫 번째 유엔 산하기구인 UNEP는 수년 동안 유엔 내에서 환경문제에 관한 조정을 하면서 자신을 중심으로 한 작은 기관들의 광범위한 네트워크를 만들었다. UNEP는 비정부기구를 포함한 기관들 및 기구들과 합작사업을 한다. UNEP는 항상 자금조달 문제에 시달리는데, 유엔의 다른 기관들보다 현저히 적은 지원을 받기 때문이다. 직원이 겨우 300명이기 때문에, UNEP는 더 큰 기관들을 조정할 권한을 가질 수 없다. UNEP는 또한 그 정책 시행을 국가정부에 의존해야만 하는데, 국가정부들은 UNEP를 좌절한 구식민국가들이 내는 또 다른 목소리일 뿐이라고 본다.

1980년부터 계속 환경문제는 점차로 정치적 관심 사안이었다. 1980년에 카터Jimmy Carter대통령은 『환경에 관한 지구 보고서 2000 The Global 2000 Report to the President』을 의뢰했는데, 이는 지속적인 인구증가, 천연자원의 고갈, 삼림파괴, 공기 및 수질오염, 멸종 등을 예측했다.[4] 영국의 총리인 대처Margaret Thatcher와 소련의 외상인 셰바르드나

제Eduard Schevardnadze는 환경을 세계안보와 연관시키는 연설을 했다. 셰바르드나제에 따르면 환경은 '핵과 우주nuclear-and-space의 위협만큼이나 긴박해져가고 있는', '제2전선second front'이다.[5] 기름 유출, 산성비, 핵반응기 사고, 가뭄, 삼림파괴, 기름·화학물질·독성폐기물 유출 등과 같은 악명 높은 생태적 관리(잘못된 관리)에 반응하여 환경문제에 대한 국가적, 국제적 관심이 새롭게 높아졌다.

그러나 미국 내에서 환경주의에 대한 반발은 갈수록 거세졌다. 석유공급이 점차적으로 늘어나면서 유가는 하락 내지 꾸준히 안정을 유지하였으며, 자원부족과 환경문제에 대한 관심이 감소하였다. 카터대통령의 지시로 작성된 1980년 보고서에 대한 반박으로, 사이먼Julian Simon과 칸Herman Kahn은 『풍요로운 지구: 지구 보고서 2000에 대한 반박The Resourceful Earth: A Response to Global 2000』을 작성했다.[6] 심지어 칸은 생태비관주의자들의 숙명론적 견해를 '전세계적 잠꼬대globaloney'라고 깎아내리기조차 했다. 레이건대통령과 아버지 부시대통령은 추가적인 연구가 필요하다고 주장하면서, 환경에 대한 위협을 경시했던 낙관주의자들의 의견에 동조했다. 또한 환경보호를 위해 제안된 많은 조치들이 지나치게 비용이 많이 들고, 기업에 불리하다고 주장했다. 미국관리들은 국제적 포럼에서의 민족국가들의 조율된 노력보다는 기술과 시장이 환경문제를 더 잘 해결할 수 있다는 신자유주의적 입장을 취했다.[7]

1987년 당시 다양한 시각이 존재했음에도 불구하고 유엔은 "우리 공동의 미래Our Common Future"라는 보고서의 발행을 통해 논쟁의 전면에 등장했는데, 이 보고서는 환경과 개발도상국의 생존 간의 연관관계에 초점을 맞추었다. 유엔위원회의 의장인 브룬트란트Gro Harlem Brundtland(훗날 노르웨이의 총리가 됨)의 이름을 따서 브룬트란트 보고서라고 불리기도 하는 이 보고서는 기아, 국가부채, 경제성장, 기타 이슈들이 환경문제에 연관되어 있다고 말한다. 같은 해에 외교관들은 유엔 후원 하에 오존층 파괴물질에 관한 몬트리올의정서 Montreal Protocol on Substances that Deplete the Ozone Layer에 서명했는데, 동 의정서는 국가들이 **프레온가스**CFC: Chlorofluorocarbon 생산을 2000년까지 절반으로 줄일 것을 요구했다. 이 의정서는 1985년 남극 상공 성층권의 오존층에 구멍이 발견된 것에 대한 반응으로 만들어졌다.

많은 산업제품 및 공정에서 사용되는 프레온가스는 **오존고갈**ozone depletion의 최대 원인으로 지목되고 있다. 프레온가스는 오랫동안 냉매, 에어로졸 추진체, 청소용 용해제, 거품생성에 필요한 발포제 등에 사용되었는데, 이러한 화합물의 염소 원자가 오존층을 파괴한다. 지구를 둘러싼 오존고갈은 세계 전체에 영향을 미친다. 흑색종 피부암과 백내장의 증가, 작물과 식물성 플랑크톤에 대한 피해 등이 그에 해당한다. 과학자들은 프레온가스가 완전히 금지된다 하더라도, 현재 대기 중의 프레온가스 농도로 볼 때 향후 100년간은 오존층 문제가 계속 지속될 것이라고 추정한다. **몬트리올의정서**Montreal Protocol는 추후 프레온가스 생산의 완전한 중지를 요구하는 방향으로 수정되었다. 오늘날까지 이 의정서는 환경에 관한 가장 성공적인 조약 중 하나로 간주된다. 이 의정서는 일곱 번 수정되었고, 197개의 UN 회원국들과 EU에 의해 비준되었다.

행위자 수의 증가

지난 300년 동안 환경문제가 지엽적이고 일시적인 문제에서 전세계적인 문제이자 아마도 영구적인 문제가 되면서, 환경문제의 관리와 연관된 행위자들의 숫자가 늘어났으며, 어떤 경우에는 이익, 관할구역, 유권자 등의 규모 역시 확대되었다. 민족국가, 비정부기구, 국제기구, 국제기업, 특정한 이슈와 연관된 수많은 개인들이 이러한 행위자에 해당한다.

다수의 행위자들과 그 행위자들 간의 상호연결성의 증가는 한편으로 전세계적 차원에서의 정책결정을 어떤 의미에서는 좀 더 민주적으로 만들지만, 다른 한편으로는 환경문제의 관리를 더욱 복잡하게 만들기도 한다.

민족국가들은 자신들의 제도 및 정치적·사회적·경제적 체제를 반영하는 방식으로 환경문제에 대처한다. 국가단위 환경규제는 많은 서유럽 국가들에 광범위하게 퍼져있다. 일부 EU국가에서는 '녹색당' 및 기타 정당들이 국가 환경정책들에 대해 규제하는 방향으로 영향을 미친다. 그러나 많은 개발도상국에서 환경문제를 둘러싸고 경제개발을 지지하는 사람들과 소득재분배, 보존, 지속가능한 개발의 조합을 선호하는 사람들 사이에 의견이 갈라졌다. 일군의 전문가들에 따르면, 1980년대 중반까지 110개의 개발도상국들과 30개의 선진국들이 환경부 혹은 환경기관을 만들었다.[8] 그러나 이러한 기관들이 종종 규제에 부합하지 않거나 또는 단순히 효과가 없었다는 증거가 많이 있다.

스프린츠Detlef Sprintz와 바토란타Tapani Vaahtoranta는 일부 국가가 어떤 경우에는 의도적으로 규제를 따르지 않는다는 이론을 제시한다. 환경정책에 대한 지지, 반대, 부분적 도입 등의 입장 차이에 따라 어떤 나라는 환경문제의 '지체국dragger'인 반면, 다른 나라는 '추진국pusher'이다.[9] 잠재적인 결과가 불확실하거나 측정할 수 없는 논쟁적인 이슈에 있어서 국가들은 지체국이 될 가능성이 높다. 이 장의 뒷부분에서 논의하는 바와 같이 기후변화의 문제에 있어서, 미국은 오랫동안 기후변화가 사실이라는 것을 입증하기 위해 제시된 많은 과학적 사실들에 대한 거부나 의도적인 경시를 비롯해서 갖은 이유를 들어 지체국의 입장을 취하는 경향이 있었다.

비정부기구는 점차로 환경과 기후변화 문제에 대한 정책 형성과 이행에서 더 큰 역할을 하고 있다. 어떤 비정부기구의 한 해 예산은 많은 국가들의 GDP를 초과한다. 가장 큰 비정부기구들은 국제 인도적 지원 분야에서 활동하는데, 개발, 물, 교육, 열대우림의 보존 등과 같은 다양한 환경문제를 다룬다. 엄밀히 말해 환경문제에만 집중하고 있는 비정부기구에는 세계야생생물기금WWF: World Wildlife fund, 그린피스 인터내셔날Greenpeace International, 내셔널지오그래픽 협회the National Geographic Society, 지구의 친구들Friends of the Earth, 내셔널오듀본 협회the National Audubon Society, 시에라클럽Sierra Club이 포함된다. 기후변화를 다루는 비정부기구로는 지구환경기금GEF: Global Environment Facility, 국제원조구호기구CARE: Cooperative for Assistance and Relief Everywhere, 세계야생동물기금WWF 등이 있다. 환경운동연합CAN: Climate Action Network은 인간이 유발한 기후변화를 생태학적으로 지속가능한 수준으로 제한하기 위해 정부와 개인들의 행동을 증진하는 90개 이상의 나라의 700

개 이상의 비정부기구들로 이루어진 광범위한 글로벌 네트워크이다.[10]

이러한 단체들 중 일부는 엄격하게 모금 및 환경과 연관된 프로젝트나 의식향상 운동에 초점을 맞추는 반면, 그린피스와 같은 단체들은 국가들의 환경입법 혹은 국제적인 환경입법에 영향을 미치는 것을 목표로 한다. 이 모든 집단들의 크기, 응집력, 효과 등은 나라마다 다르고, 환경문제의 정당성이 정치만이 아니라 대중문화와 종교에까지 파고드는 정도에 따라 다르다. 선진국의 많은 환경론자들에게 환경문제는 소비지향의 자본주의 사회의 소외된 개인주의를 공격하는 또 하나의 근거가 되었다.

협력증진 및 회원국에 대한 비용 부과를 통해 집단적인 방식으로 문제들을 해결한다는 점에서 국제기구들은 국가들이 무임승차의 문제를 극복하도록 도와준다 (제2장 참조). 환경문제가 처음 1960년대에 부각되기 시작할 때 하딘Garrett Hardin은 그의 논문 "**공유지의 비극**Tragedy of Commons"[11]에서 모든 사람에게 공유되지만 누구에게도 소유되지 않는 **집합재**collective goods – 특히 환경 – 보호의 어려움을 기술했다. 그의 주장은 재산권과 자유, 이 둘을 모두 가지고 있는 인간은 합리적으로 가능한 한 많이 (과잉)생산할 수밖에 없고, 가능한 한 많이 소비할 수밖에 없을 뿐만 아니라, 그렇게 하도록 허용되기 때문에 자연자원은 남용되기 쉽다는 것이다. 왜 지구의 자원이 남용되고 오염되는가에 대한 하딘의 비유는 대기오염이 지구의 모든 주민들에게 공유되듯이 기후변화와 자원남용에 대한 논쟁을 특징적으로 보여준다.

유엔의 목적 중의 하나가 발전임을 고려할 때 유엔은 다른 국제기구들보다 환경문제와 정책을 다루는 데 훨씬 적극적이었다. UN은 유엔환경계획UNEP 외에도 그 업무가 직·간접적으로 환경에 영향을 미치는 몇 개의 기관들을 산하에 가지고 있다. 이러한 기관들 중 몇 가지를 들자면, 개발도상국들의 기아와 빈곤문제를 감시하는 식량농업기구FAO: Food and Agriculture Organization, 남한·중국·스리랑카·쿠바의 인구조절 프로그램을 지원하는 유엔인구기금UN Population Fund, 다양한 유엔 인구회의들이 있다.

투자 및 무역정책과 환경의 연관성은 관세 및 무역에 관한 일반협정GATT: General Agreement on Tariffs and Trade과 세계무역기구WTO: World Trade Organization의 협상 주제 중 하나였다. WTO는 무역 관련 조치들과 환경을 조화시키기 위해 다자적 환경협약MEA: Multilateral Environment Agreements이라 불리는 일련의 조항들을 도입했다. 몇몇 경우에 개발도상국들은 GATT조항이나 WTO협정에서 제외되었으며, 그 덕분에 개발도상국이 보호주의적 조치들을 사용하지 않을 의무보다 국가적 환경목표(치)를 우선시할 수 있었다.[12] 낮은 환경기준은 종종 낮은 생산비용으로 이어지고, 개발도상국들은 세계시장에서 유리한 입장에 놓였다.

세계은행은 개발도상국들이 제안한 프로젝트들이 국제환경기준과 목표에 부합하도록 하기 위해 글로벌환경기금GEF: Global Environment Fund을 설립했다. 그러나 이 책의 다른 몇몇 장에서 지적한 바와 같이, 세계은행은 원조의 부족과 환경문제보다 경제성장을 강조하는 구조조정정책SAPs: Structural Adjustment Policies에 대한 지지 때문에 비판을 받아왔다.[13]

또한 많은 국제적인 기업들이 일반적인 환경행동에서뿐만 아니라 특히 기후변화 문제에서 중요한 역할을 한다. 환경에 관한 대규모 국제회의들은 환경문제에 대한 자신들의 지식을 회의 참석자들에게 제공하기를 바라는 대기업들을 유인하는데, 이 회의들은 기업가와 정책관료들의 별반 가능성 없어 보이는 동반자 관계에 다리를 놓는 역할을 한다. 최근까지 대기업들은 환경규칙과 규제를, 완곡하게 말해서 성가시고, 비효율을 초래하는 것으로 여겼다. 브리티시페트롤리움BP: British Petroleum, 엑슨모빌ExxonMobil, 쉘Shell 등과 같은 많은 석유회사들은 환경보호가 자신들의 기업목표 중 하나라고 주장해왔다. 기후변화에 대한 협상이 전세계적 차원에서 이루어질 때, 많은 기업들은 이러한 종류의 조치를 공식적으로 반대하면서, 현재의 재정적으로 어려운 상황에서는 부적절하다거나, 보다 적은 배출을 보장하는 좀 더 효율적인 생산기술과 공정 덕분에 그러한 조치들이 불필요하다고 주장한다.

과학과 논란의 여지가 있는 기후변화에 관한 사실들

전세계적 기후변화와 온실가스 배출이 점차적으로 환경에 관한 국제적 논쟁을 지배하는 가장 중요한 이슈로 자리 잡았다. 몇십 년 동안 과학자들은 온실가스가 지구대기 중의 열이 지구 밖으로 빠져나가지 못하도록 차단하는 것에 대해 연구해왔으나, 최근에서야 온실가스 증가로 인해 시간이 흐르면서 실제로 지구온도가 상승하고 있다는 것이 널리 받아들여지게 되었다. 특히 이산화탄소, 아산화질소, 메탄, 프레온가스CFCs, 오존, 기타 적외선흡수 가스 등 다양한 가스가 대기 중에서 자연적으로 발생한다. 이 장의 도입부에서 지적한 것처럼 과학자들은 화석연료(석탄, 석유, 천연가스)를 연소하는 과정과 농업용으로 토지를 불태우거나 개간하는 과정에서 발생하는 이산화탄소처럼 인간이 초래하는 온실가스가 전체 온실가스의 가장 많은 부분을 차지하며, 지구온난화의 주요 원인이라고 확신한다. 가장 정확한 추정치를 제공하고 있는 것으로 여겨지는 마우나 로아 연구소Mauna Loa laboratory에 의하면 대기 중의 이산화탄소 수준은 387ppm인데, 이는 산업혁명 이래 40퍼센트 증가한 수치이고, 지난 65만 년 이래 최고수준이다.[14]

2006년 10월 스턴 경Lord Nicholas Stern은 기후변화의 경제학에 관한 700단어의 보고서[15]를 발표하여 언론의 많은 주목을 받았다. 그는 다음과 같은 발견을 했다.

- 모든 나라가 기후변화의 영향을 받을 것이지만, 극빈국이 가장 먼저, 가장 큰 영향을 받을 것이다.
- 기후변화를 억제하지 않는다면 평균기온은 산업화 이전 수준보다 섭씨 5도 상승할 수 있다.
- 섭씨 3~4도 상승하면 추가로 수백만 명의 사람들이 홍수를 겪게 될 것이다. 금세기 중엽까지 해수면 상승, 극심한 홍수, 가뭄 등으로 인해 2억 명의 사람들이 살 곳을 영구적으로 잃게 될 수도 있다.
- 섭씨 2도 증가하면 생물종의 15~40퍼센트가 멸종위기에 처할 것이다.
- 삼림파괴가 교통부문보다 배기가스에 대해 더욱 책임이 크다.
- 기후변화는 여태까지 보지 못했던 가장 크고 광범위한 시장실패이다.

스턴은 다음과 같은 조치를 권고한다.

- 효과적인 대응을 위한 정책의 세 가지 요소. 즉, 탄소가격제, 기술정책, 에너지 효율.
- 사람들에게 자신들이 취한 행동의 사회적 총비용을 보여주기 위해 세금을 통한 탄소가격제, 배출권 거래, 규제를 도입.
- EU에서 시행하는 것처럼 배출권 거래 제도의 확대 및 연계.
- 기후변화가 발전정책에 완벽히 통합되도록 하고, 해외개발원조를 통한 지원을 증가시키겠다는 서약을 부유한 국가들이 준수.

보고서에서 스턴은 이 밖에도 대부분 개발도상국에 거주하는 3억 2,500만 명의 사람들이 지구온난화의 결과로 인해 심각하게 영향을 받고 있다고 주장한다. 스턴의 보고서는 또한 결론적으로 지구온난화가 위기이며, 지구온난화가 세계 경제 산출의 5~20퍼센트를 '영원히' 감소시킬 수 있지만, 그 위기를 미연에 방지하기 위해서는 세계 GDP의 단 1퍼센트면 된다고 추정하였다.

지구온난화 논쟁과 관련하여 가장 널리 알려진 인물은 미국의 전부통령 고어Al Gore다. 부통령 시절 고어는 환경문제에 대한 대중들의 인식을 확산시키는 데 매우 적극적이었다. 2006년 그는 환경운동 활동을 기록하고, 지구온난화의 증거를 개략적으로 설명하며, 재앙이 올 수도 있다는 위험을 경고한 영화에 출연했다. 〈불편한 진실An Inconvenient Truth〉[16]은 아카데미상을 수상했으며, 2007년 고어는 기후변화에 관한 정부간패널IPCC과 공동으로 노벨평화상을 수상했다.

환경문제에 있어서 최근 또 한 사람의 활동가는 프리드먼Thomas Friedman인데, 그는 세계화를 탐구한 책의 저자로 유명하며, 『뉴욕타임즈New York Times』 칼럼니스트이다. 최신작 『코드 그린: 뜨겁고, 평평하고, 붐비는 세계Hot, Flat and Crowded』에서 그는 미국이 놀랍게도 지구에서 가장 에너지를 많이 사용하는 나라로서 해야 할 역할을 하지 않는다고 주장한다.[17] 세계화, 9·11테러, 허리케인 카트리나 등은 전세계까지는 아니더라도 미국의 주류사회에 환경주의 및 에너지문제의 논란을 가져왔다. 그러나 대부분의 전문가들과 평론가들은 미국이 지구온난화에 맞서 싸우기 위해 필요한 녹색기술혁명을 촉진하기 위한 노력을 충분히 기울이지 않는다는 점에 동의한다. 흥미롭게도 프리드먼의 책을 비판하는 사람들은 신자유주의정책 및 비즈니스 관행의 증진과 미국이 특히 환경보호에 중요한 역할을 해야한다는 프리드먼의 주장 사이에는 모순이 있다고 지적한다.

기후변화 회의론자들

몇몇 전문가들은 지구온난화 및 기후변화의 정도에 대해 아직 회의적이다. 예를 들어, MIT의 대기과학과 교수 린젠Richard Lindzen은 대기 중의 이산화탄소 수준이 지난 세기의 전환[iii] 이후 30퍼센트 증가하기는 했지만, 이러한 사실이 "발생한 얼마 안 되는 온난화에 대해 불안해해야 한다든가, 여기에 인간이 책임이 있다는 것을 입증하는 것은 아니다"[18]라고 주장한다. 최근의 기후패턴은 단순히 자연발생적인 변동성을 나타낼 뿐이다. 1940년에서 1975년 사이의 비정상적으로 높은 수준의

---

iii 〈역자 주〉 19세기에서 20세기로의 전환을 말함.

화산활동은 비정상적인 양의 황산입자 배출을 설명하는 데 도움을 준다. 다른 사람들은 이산화탄소는 그 절반이 해양, 녹색식물, 삼림(소위 **탄소흡수원**carbon sink)에 의해 흡수되기 때문에 다른 온실가스에 비해 상대적으로 큰 영향을 미치지 않는다고 주장한다.

곁가지로 말하자면, 탄소흡수원은 사실 해양과 삼림이라는 또 다른 두 가지 주요 환경문제에 관한 보다 광범위한 논쟁의 일부이다. 삼림파괴는 이산화탄소 흡수를 돕는 식물이 감소한다는 것을 의미한다. 과학자들은 또한 삼림의 이산화탄소 흡수 능력이 온도에 의해 어떻게 영향을 받는지를 연구하고 있다. 삼림파괴는 삼림을 벌채하여 생산하는 목재의 수출을 통해 벌어들이는 수입에 크게 의존하는 개발도상국에서 압도적으로 많이 발생하고 있다. 대기에 대한 영향과 별도로, 삼림파괴는 식물과 동물 둘 다의 생물다양성을 해치며, 따라서 미래 의약품의 개발에도 해를 끼친다. 삼림파괴는 유역유출watershed runoffs의 증가로 이어지고, 이는 토양의 수분 흡수 능력을 감소시킴으로써 홍수의 영향을 더 심각하게 만들 뿐 아니라 소말리아와 수단과 같은 국가들을 사막화하는 것으로 알려져 있다.

과학자들은 또한 최근 해수온난화가 해양의 이산화탄소 흡수 능력을 감소시킨다고 결론지었다. 만약 온도가 지속적으로 증가한다면, 해양의 온실가스 흡수 능력도 감소할 것이며, 이는 현재 상황을 더욱 악화시킬 뿐이다. 그러나 해양이 온실가스 흡수 능력을 상실하지 않는다 하더라도 해양에 존재하는 이산화탄소의 수준 증가는 해양의 산성화로 이어지고, 이는 산호초 및 세계 각지의 많은 미묘한 생태계와 식량원을 위협한다. 산성화는 바다의 많은 생물체들이 외피를 제대로 형성하지 못하도록 한다. 이러한 생물체들이 생존하지 못하면, 바다의 먹이사슬에 엄청난 교란이 발생할 것이다. 산호초는 또한 폭풍이나 허리케인으로부터 육지를 보호하는 역할을 한다고 여겨진다.

수많은 기후변화 회의론자들은 자신들의 주장의 근거를 그들의 종교와/나 수학이나 과학적 분석에 대한 불신에 두고 있다.[19] 특히, 미국의 많은 회의론자들은 — 그들의 신학적 비판은 다양하게 다르지만 — '세속의(비기독교의)' 환경에 대한 주장에는 공히 반대하는 정통 기독교 종파의 교인들이다. 아직도 많은 우익정치보수주의자들은 기후변화가 존재한다는 명백한 '과학적 모델'조차도 믿지 않는다.

끝으로, 일부 회의론자들은 기후변화이론을 지지하는 기온 수치들이 상대적으로 따뜻한 도시 지역의 가까운 곳에서 측정되었기 때문에 수치가 왜곡되었다고 주장한다. 기온 수치가 왜곡된 것이 아니라 하더라도, 컴퓨터를 이용한 분석모델이 해양과 대기, 구름의 행태, 수증기의 역할 등의 복잡한 상호작용을 정확히 설명할 수는 없다. 이 비판자들은 바그다드에 눈이 내린 현상과 같은 최근의 사건들과 세계 연평균기온이 가끔씩 하락하는 것을 지적한다. 또 다른 회의론자들은 기후변화를 믿기는 하지만, 추운 지역에서의 경작 능력의 증가와 같이 온난한 기후가 가져다주는 혜택이 있을 수 있다고 주장한다. 어떤 사람들은 대기 중의 온실가스의 존재가 다음 빙하기를 피할 수 있게 할 것이라는 주장을 하기조차 한다.

기후변화의 전세계적 관리

리우기후회의

오늘날까지 여전히 과학공동체 내에 회의론이 존재함에도 불구하고, 지구온난화에 대처하기 위한 국제적 노력은 상당기간 지속되어왔다. 첫 번째 다자적 협상은 1992년 리우데자네이루Rio de Janeiro에서 열린 **지구정상회의**Earth Summit였다.[20] 공식 명칭은 환경 및 개발에 관한 UN회의UNCED: UN Conference on the Environment and Development였으며, 178개국에서 온 각국 대표단, 115개 국가의 정상, 1만 5,000명 이상의 환경 관련 비정부기구 대표자들이 모여서 우선적으로 **지속가능한 발전**sustainable development에 관심을 쏟았다. 지속가능한 발전이란 부의 창출과 환경보전이라는 두 가지 모순적으로 보이는 목표를 동시에 달성하는 방법이다. 아젠다 21Agenda 21은 국가, 국제기구, 비정부기구, 특수이익집단들이 다양한 환경문제와 연관된 다양한 새로운 목표를 달성하기 위한 계획을 담고 있다.

지구정상회의는 환경 및 발전에 대한 리우선언Rio Declaration on the Environment and Development, 생물학적 다양성에 대한 협정Convention on Biological Diversity, 무엇보다 중요하게 **유엔기후변화협약**UNFCCC: United Nations Framework Convention on Climate Change을 채택했는데, 이는 나중에 **교토의정서**Kyoto Protocol의 밑바탕이 되었다.

리우지구정상회담의 지적, 정치적 두뇌 중 한 명이 스트롱Maurice Strong이었다. 그는 세계 지도자들이 인정하는 인사로 지구상에서 가장 넓은 인맥을 가진 사람으로 알려진 환경극단주의자이자 공공연한 과잉인구 재앙론자였다. 스트롱은 국제적으로 광범한 고위층 네트워크를 보유하고 있었다. 캐나다의 사업가이자 유엔의 사무차장이며 외교관인 스트롱은 '글로벌 윤리'라는 새로운 개념을 발전시켰다.

교토의정서

지구정상회담의 유엔기후변화협약 가입국들이 많은 기대를 모았던 제3차 당사국 총회를 위해 1997년 12월 일본의 교토에 모였는데, 159개국에서 온 2,000명의 대표들은 기본협약을 강화시키는 데 그 목적이 있었다.[21] 이 회의 결과 교토의정서가 제정되었다. 교토의정서는 37개의 선진국(EU의 27개국 포함)에게 온실가스 배출을 2012년까지 1/3이상, 혹은 1990년 배출수준의 5.2퍼센트 감축시킬 것을 요구했다. 교토의정서의 잘 알려진 주요 제안으로는 **탄소배출권거래제**cap and trade 체제의 일환인 **탄소배출권**emission credits의 사용이었다. 이는 1990년 배출량을 기준으로 각 국가별로 온실가스 배출허용치를 할당하였다. 교토의정서는 탄소거래carbon trading, 탄소산정accounting methods, 탄소상쇄carbon offsets 등에 관한 운영규칙을 만들었다. 탄소상쇄는 재삼림화와 같은 프로그램으로 탄소배출권 구매를 대체할 수 있는 것이다. 한 국가 내에서 배출허용치의 배분에 관한 규칙은 개별국가의 결정에 맡겼다. 교토의정서 가입국 정부는 자신들의 허용치를 '허가'의 형태로 에너지 집약적 기업들에게 경매할 수 있었는데, 기업들은 그 허가를 국제시장에서 사거나, 팔거나, 교환할 수 있었다. 경제적 자유주의 옹호자들은 탄소배출권거래제가 배출권 가격을 시장이 정하도록 내버려두는 한편, 온실가스 전체 허용치를 결정하고, 이산화탄소 생산자들에게 부정적 외부효과negative externalities에 대한 비용을 지불하도록 함으로써 기후변화의 기저에 깔려있는 주요 문제 하나를 해결할 수 있다고 주장했다.

교토의정서가 즉각 부딪친 가장 심각한 문제 중 하나는 조약의 많은 세부사항들이 처음에는 제대로 규정되지 않았다는 점이다. 향후 당사국 총회에서 논의된 방안 중 하나는 미국이 자국의 배출가스 총량을 정하거나 또는 러시아 및 다른 나라들이 정해진 할당량보다 더 많이 감축하도록 미국이 비용을 지불하고 이들 나라로부터 배출권을 사는 방법을 통해 교토의정서를 준수하는 것이었다. 또한 미국·EU·캐나다·러시아·호주는 미국이나 러시아 같은 나라들이 화석연료 사용을 실제로 감축하지 않아도 되도록 이산화탄소를 흡수하는 삼림과 같은 탄소흡수원의 사용을 허용하는 등의 문제를 놓고 대립했다.

교토회의에서 개발도상국 전체가 커다란 주목을 받았다는 사실을 강조할 필요가 있다. 남반구의 모든 국가들이 교토의정서에 참여했다. 그러나 많은 개발도상국이 내는 비판의 목소리는 1970년대 초 선진국들을 비판했던 77그룹G77의 정서와 닮은 점이 있었다. 아프리카와 라틴아메리카의 많은 국가들은 자국의 탄소배출을 제한하는 조약을 지지하기는 했으나, 배출을 줄이는 데 도움이 될 지원을 선진국이 보장해주기를 원했다. 그 협정의 일부는 많은 개발도상국들에게 경제발전을 이룩한 후 탄소배출목표를 실현하도록 더 많은 시간적 여유를 주었다. 개발도상국들에게는 단지 자국에 맞는 목표수준을 채택할 것을 권고했을 뿐이다. 이후 20년 동안 중국이나 인도와 같은 개발도상국들이

얼마나 많이, 언제 기후협약을 따를 것인지 여부가 선진국들과 개발도상국들 간 긴장의 주요 원인이 되었다. 한편, 미국과 기타 선진국들은 협정을 지지하도록 요구하는 조건으로서 개발도상국들에게 추가로 금전적 지원을 제공하는 데 반대했다.

클린턴 행정부 시절 미국은 1998년 10월 교토의정서에 서명했다. 놀랍게도 미국상원은 이와 관련한 하나의 결의안을 95 대 0으로 통과시켰는데, 이 결의안은 미국을 비롯한 선진국들에 적용되는 것과 동일한 제한이 중국이나 인도 같은 개발도상국들에게도 적용되지 않는다면, 혹은 개발도상국들이 스스로 배출허가와 배출권을 교환하는 방식을 따르지 않는다면, 교토의정서를 비준하지 **않겠다**는 뜻을 당시 대통령이었던 클린턴에게 전달했다.

2001년 봄 새롭게 출범한 조지 W. 부시 행정부는 별안간 교토의정서에서 완전히 탈퇴했다. 부시 행정부는 새로운 조약이 미국에게 4,000억 달러의 비용과 490만 개의 일자리를 사라지게 한다고 주장했다. 미국관료들은 미국이 에너지 공급을 **늘려야** 하는 이유로 천연가스와 화석연료 부족을 거론했다. 미국행정부는 또한 전력발전소의 배출이 지구온난화에 기여했다든가 지구온난화 자체가 심각한 문제라는 데 대한 충분한 증거가 있다는 사실에 대해 계속 회의적인 입장을 취했다.

부시 행정부의 지구온난화에 대한 대응은 부시 행정부의 안보문제에 대한 대응을 그대로 반영하였다. 즉, 국제기구들에 대한 의심 및 교토의정서와 같은 국제협정이 국가주권을 제한한다는 비난을 결합한 '나홀로 가기go it alone'였다. 미국은 자국 기업들에게 청정 기술에 투자하도록 동기부여를 하여 온실가스를 18퍼센트 정도 감소시키겠다는 계획을 발표했다. 또한 부시 행정부는 700만

대의 자동차를 감차하거나 혹은 5억 입방 톤의 온실가스를 대기에서 제거한다고 알려진 다양한 효율성 증대 조치를 통한 자발적 준수를 장려했다. 한편, 보다 청정하고 지속가능한 에너지원을 찾는 소비자의 요구에 반응하여 하이브리드 자동차, 바이오디젤 기름, 대체에너지원 등이 조용히, 그러나 빠르게 등장하고 있다.

다섯 번의 당사국 총회와 상호 연관된 많은 문제들에 대한 논쟁을 거쳐 2002년에 약간의 양보가 이루어졌으며, 그 결과 좀 더 많은 나라들이 교토의정서를 비준했다. 세계에서 가장 인구가 많은 20개 나라들 중 절반과 당시 EU의 15개국 전부가 비준을 하였다. 러시아와 미국은 교토의정서를 비준하지 않았다. 2005년 1월 EU는 '배출권 거래제'의 첫 번째 단계를 실행에 옮겼다. 얼마 후 러시아가 결국 교토의정서를 비준했고, 미국이 비준하지 않은 상태에서 교토의정서는 발효되었다.

아이러니하게도 동시에 캐나다와 같은 나라들은 교토의정서에 대한 준수 의지와 능력이 '후퇴'하고 있었고, 교토의정서에서 정한 원래 배출목표의 수용을 거부했다. 호주는 2007년 후반에 결국 비준했고, 오직 미국만이 참여를 철회한 유일한 선진국으로 남았다. 그러나 미국과 다른 선진국들은 온실가스 배출을 줄이기 위한 의미있는 법률안을 통과시키지 못했고, 세계에서 1인당 오염도가 가장 높은 국가로 남았다 (표 20.1 참조). 예상한대로 주요 선진국들의 이러한 상황이 많은 다른 나라들로 하여금 배출목표를 달성하고자 하는 의지를 약화시켰는데, 이에 대해서는 뒤에서 다시 살펴보겠다.

표 20.1	주요 이산화탄소 배출국들(2010년)
국가	이산화탄소 배출 (1억 입방 톤)
중국	83.21
미국	56.10
인도	16.96
러시아 연방	16.34
일본	11.65
독일	79.40
한국	5.79
이란	5.60
캐나다	5.49
영국	5.32

출처: U.S. Energy Information Administration, "International Energy Statistics," at http://www.eia.gov/cfapps/ipdbproject/IEDIndex3.cfm?tid=90&pid=44&aid=8 (2012년 12월 18일 접속).

코펜하겐

2009년 12월의 코펜하겐회의가 열리기 전에는 교토의정서를 지지하는 세계의 지도자들 간에 심각한 기후변화를 피하기 위해서는 2050년까지 세계 배출량의 50퍼센트 감소(1990년 기준)가 필요하다는 데 대한 폭넓은 합의가 있는 듯 보였다. 그러나 이러한 목표는 미국, 중국, 다른 주요 배출국들이 탄소배출 목표치를 준수하겠다는 합의가 동반되지 않는다면 실현이 불가능한 목표였다. 새로운 협약에서는 개발도상국들 역시 자국의 배출한도를 정할 것이 요구되었고, 국제탄소통제체제를 준수할 것이 요구되었다. 더욱이 선진국들은 개발도상국들이 가스배출산업과 삼림파괴를 초래하는 경제발전전략으로부터 탈피하도록 개발도상국에게 원조를 제공할 필요가 있었다.

코펜하겐총회 이전에 중국은 검증가능한 배출한도를 정하려 하지 않았다. 2000년부터 2008년까지 중국의 온실가스 배출은 거의 120퍼센트 증가했는데, 미국과 비교하자면 미국은 같은 시기에 16퍼센트 증가함으로써 중국이 세계에서 온실가스의 배출량이 가장 많은 국가가 되었다.[22] 중국은 자체적으로 몇 가지 계획을 세웠는데, 엄격한 석유 절약 기준 및 에너지 효율적인 건축 법규 제정, 풍력에너지를 비롯한 다른 대체에너지원의 개발이 그것이었다. 인도는 이미 자체적으로 조치를 취했다.[23] 인도의 제안은 중국의 제안보다는 온건했는데, 인도의 배출량과 GDP가 중국의 대략 30퍼센트에 불과했기 때문이다. 인도는 또한 심각한 탄소배출 증가를 막으려는 노력을 강력히 지지했지만, 선진국들로부터 큰 재정적 지원을 받게 되면서 이러한 노력을 포기했다.

선진국들의 점증하는 탄소배출감축 압력에 대응하여, 중국, 인도, 남아프리카공화국, 브라질 등은 자신들의 집단이익을 대표하기 위해 베이식그룹Basic Group을 결성했다. 이들 국가는 대기 중의 대부분의 온실가스가 선진국들의 오랜 기간에 걸친 폐해가 축적된 결과라고 지적했다. 이들 국가는 또한 자신들의 온실가스 배출은 전체적으로 보면 심각하지만, 아직 인구 1인당 배출량은 미국을 비롯한 다른 선진국들보다 훨씬 적다고 주장한다. 이들 베이식그룹은 최소한 가까운 미래에 구속력 있는 협정이 체결될 가능성을 거부하였다. 결국, 이들 국가는, 선진국들은 과거에 환경의 제약 없이 경제를 발전시킬 시간을 많이 가졌으면서, 자신들에게는 탄소배출을 제한하는 불공정한 처사에 대해 반발했던 것이다.

세계에서 네 번째와 다섯 번째로 인구가 많으며 많은 온실가스를 배출하는 브라질과 인도네시아는 자국의 이산화탄소 배출은 중국이나 인도와 달리 삼림파괴와 같은 비산업적인 원인으로부터 발생한다고 주장했다. 이들 국가는 기꺼이 협조하고자 했지만, 단계적으로 삼림파괴 관행을 줄여나가기 위해서는 선진국들의 지원이 필요했다.

선진국들 사이에서 두 개의 다른 연합이 등장했는데, EU와 우산그룹Umbrella Group이 그것이다. 우산그룹의 공식적인 명단은 없지만, 미국, 캐나다, 호주, 영국, 일본 등이 참여하고 있다. 교토의정서에 제시된 목표를 달성하는데 어려움을 겪었던 일본마저 드디어 2009년에 처음으로 감축목표를 달성했다.[24] 우산그룹은 세계의 다른 나라들이 수용할만하다고 간주했던 조치들을 받아들이는 데 그다지 적극적이지 않았다.

코펜하겐총회 직전, 호주정부는 같은 기간 동안 5퍼센트를 감축시키게 될 탄소배출권거래제의 시행을 위한 법률안을 부결시켰다. 일본은 2020년까지 1990년 배출수준의 25퍼센트 감축을 제안했으나, 중국과 같은 나라들의 참여를 전제조건으로 내세웠다. 현실적으로 선진국들의 제안은 일반적으로 심각한 기후변화를 저지하기에 충분하다고 할 수 있는 수준에 미치지 못했다.[25]

코펜하겐총회 준비에 관한 언론의 보도는 글로벌 금융위기를 둘러싼 기사에 묻혀버렸는데, 이러한 상황 때문에 많은 나라들은 금융위기가 자국의 환경정책에 어떤 영향을 미칠 것인지에 대해 알 수 없었다. 많은 기업과 정부는 금융위기를 고려해서 자신들의 예산, 우선순위, 위험부담을 재평가해야 했다. 처음에 오바마 행정부는 녹색 미국경제를 증진하기 위한 발걸음을 떼었으나, 이는 전체의 10퍼센트가 녹색프로젝트에 할당되었던 경기부양책 하에서 그랬던 것이다. 금융위기는 선진국들이 자신의 경제에 환경이 미칠 악영향에 대해 비용을 지불할 의지 역시 약화시켰다.

코펜하겐에서의 2주 동안의 집중적인 협상 이후, 193개의 국가들이 또 한 번 허약한 협정을 도출했는데, 이는 대부분의 전문가들이 온실가스 배출, 삼림파괴, 검증, 빈국들을 기후변화의 영향으로부터 보호 등에 관한 많은 구속력 있는 협정에 이르기 위한 과정을 원칙적으로 겨우 **시작**한 것에 불과한 것이었다. 아래는 동 협정의 주요 내용인데, 법적으로 구속력이 **없다**.[26]

- 선진국들은 회의 이전에 했던 서약에 근거하여 개별적으로 또는 공동으로 배출량을 감소시킨다.
- 개발도상국들은 배출을 감시하고, '국제적인 협의 및 분석을 위한 제공' 목적의 데이터를 수집한다.
- 선진국들은 빈국들이 환경문제를 해결하도록 돕기 위해 2020년까지 매년 1,000억 달러를 모금한다.
- 국가들의 삼림보존을 돕기 위해 새로운 기금을 제공한다.
- 전세계의 기온 상승은 섭씨 2도 이내로 유지되어야 한다.

이 협정에 대한 비판은 대부분 협상에서 배제되었다고 느낀 EU 회원국들과 빈국들로부터 나왔다. 작은 도서국가들에게 섭씨 2도 목표는 여전히 너무 미온적인 목표이고, 그들 중 많은 나라들이 곧 완전히 사라지게 될 것이라고 비판했다. 많

은 전문가들과 평론가들은 이러한 노력들이 북반구의 부유한 국가들과 남반구의 가난한 개발도상국들 간의 빈부격차를 더욱더 벌어지게 했다고 주장했다.

이 협정이 구속력을 결여하도록 만드는 데 앞장선 베이식그룹 국가들은 이 협정에 찬성하였다. 한 때, 오바마대통령과 힐러리 클린턴국무장관은 다른 대표단들과의 모임을 '급조'해서 논의에 참여했는데, 이는 어떤 사람들이 이러한 종류의 문제를 해결하는데 반드시 필요하다고 말하는 지도력을 보여준 것이었다. 오바마대통령은 '아무도, 어떤 것도 약속하지 않는' 그리고 강제기제도 없는 자발적인 동의로 이루어진 체면치레일 뿐인 '코펜하겐협정'을 꿰어 맞춘 것이었다.[27]

이 때, 고어는 자신이 생각하기에 실행 및 강제가 더욱 간단한 **탄소세**carbon tax의 아이디어를 제안했다. 그는 탄소배출권거래제가 실제로 탄소세 체제와 다르지 않은데, 탄소세 체제에서는 온실가스 배출이 궁극적으로 높은 가격의 형태로 소비자에게 전가된다고 주장했다. 고어는 "당신의 소득이 아니라, 당신이 연소시키는 것에 과세tax what you burn, not what you earn"를 주창했으나, 또한 미국에서 탄소배출권거래제가 다른 나라들의 정책들과 조정하기에 훨씬 쉽다는 것을 인정했다.[28] 미국유권자들이 탄소세를 용인할지는 불분명하다. 탄소배출권거래제에 대한 비판자들은 또한 유럽에서 엄청나게 로비를 받은 정부가 궁극적으로 많은 허가를 거저 주었고, 이는 엄청난 액수의 잠재적인 돈(세금)을 거두어들이기를 거부한 것이었다고 지적했다.

더반Durban: 혼란SNAFU

2011년 말 남아프리카공화국의 더반에서 열린 유엔기후변화회의가 2020년까지는 효력이 발휘될 법적 구속력이 있는 기후협약을 2015년까지는 확정짓기 위하여 협상을 개시한다는 협정으로 종결되었다는 점은 놀랄 일이 아니다. 이 협정은 2012년에 종료된 교토의정서를 연장했는데, 교토의정서는 한 해 전에 코펜하겐에서 합의된 녹색기후기금Green Climate Fund의 초기 구상을 다루었다.[iv] 많은 환경단체들은 이 협정이 환경위기를 다루기에는 충분치 못하다고 말한다. 국제 지구의 친구들Friends of Earth International의 정책분석가인 호너 Kate Horner는 더반 당사국 총회를 "부유한 국가들이 자신들이 한 약속을 어기고 의무를 저버린 매우 긴 역사가 연장되었음을 보여주는 이정표"였다고 말한다.[29] 호너는 그 협정이 새로운 조약을 협상하고 비준하는 동안 5년 내지 10년 간 대응을 지연시킬 것이라고 예상했다. 그것은 또한 이 문제의 짐을 선진국들보다 그 문제의 유발에 기여한 바가 적은 개발도상국들에게 전가시키려는 시도이기도 하다. 다른 사람들은 유엔기후정상회담이 특히 아프리카에 타격을 많이 입힌다고 비판한다. 예전과 마찬가지로, 많은 사람들은 이 회담이 결과적으로 야심찬 목표, 형평, 정의가 결여된 매우 약한 협정을 생산했을 뿐이라고 믿었다.[30]

기후변화의 영향에 갈수록 점점 더 큰 피해를 입는 듯이 보이는 아프리카의 상황에 대해 많은 대표단들은 특히 더 많은 관심을 쏟아야만 했다. 인도는 겨우 미국의 1/10에 해당하는 온실가스를

배출하고, 물 공급은 히말라야의 빙하 용해로 위험한 상황에 처해있다. 인도에서는 많은 사람들의 목숨을 앗아가고, 가축과 농산품에 피해를 주는 몬순monsoon이 일상적으로 발생한다. 그럼에도, 부유한 나라들은 인도 및 기타 더 작은 나라들이 회담의 진행을 가로막는다고 비난했다. 한편, 많은 구조주의 비판자들은 미국이 자신이 했던 모든 약속에서 손을 빼려하고 있다고 주장하는데, 그 약속에는 기후변화 문제의 발생을 초래한 역사적 책임이 있는 다른 선진국들이 취한 것과 비견할 만한 행동을 하는 것도 포함된다. 미국은 또한 개발도상국들에 대한 더 이상의 장기 자금융자 논의를 하지 못하게 했다.

도하에서의 제18차 당사국 총회: 속임수

2012년 12월 카타르의 도하에서 열린 제18차 당사국 총회에 대해서는 기대도 낮았고, 일어난 것도 별로 없고, 국제적인 언론 역시 그다지 보도도 하지 않았다. 다시 한 번, 그 모임의 주요 목적은 세계 온실가스 감축, 지구 온도상승을 섭씨 2도 이하로 제한, 파국적인 기후변화 회피였다. 2014년에 배출목표 문제를 다루기로 합의한 것이 그 회의에서 나온 유일한 진전이었다.

언론인이자 활동가인 재거Bianca Jagger는 그 모임에 참석했고 협상에 관한 광범위한 기록을 남겼다.[31] 그녀와 다른 구조주의자들은 협상 당사자들이 기후변화 위기를 제대로 다루려는 정치적인 의지를 결여하고 있었고, 기후변화의 부정적인 효과를 지속적으로 감내해야 하는 많은 빈국들의 이익보다는 글로벌 기업들의 이익을 대변했다고 비난했다.[32] 총회를 보도했던 기자들은 대부

분의 경우 2012년 10월까지는 점증하는 기후변화의 증거와 효과를 지적했다. 11월은 20세기 평균온도보다 지구온도가 33개월 연속으로 높았던 달이다. 대기 중의 이산화탄소 농도는 1750년 이래 31퍼센트나 상승했다. 그리고 지금은 42만 년 만에 가장 높은 수준이다. 허리케인 카트리나가 2005년 1,836명, 허리케인 샌디가 100명, 태풍 보파가 700명 이상의 생명을 앗아갔다.

주목할 만한 것은 세계은행 보고서 "열을 낮추어라: 왜 세계의 온도가 섭씨 4도 상승하는 것을 피해야만 하는가Turn Down the Heat: Why a 4℃ Warmer World Must be Avoided"이다. 이 보고서는 새로 취임한 세계은행 총재 김용Jim Yong Kim 박사가 이사회 회의에 제출하고 기자들과 토론한 것을 담은 것이다.[33] 김용은 또한 교토의정서는 간신히 연명하고 있고, 더반에서 제시된 더반행동강령Durban Plan for Enhanced Action은 너무 미미하고 늦을 수 있다고 우려했다. 오늘날 많은 관료들은 '모두에게 적용가능하고, 공평하게 제도화되고, 과학에 응답하는' 법적 구속력이 있는 기후협정을 지속적으로 요구하고 있다. 그러나 그들 모두는 1992년에 분명하고 실행가능해 보였던 것들이 이제는 점차적으로 손아귀에서 벗어나고 있다는 것을 끊임없이 깨닫고 있다.

2009년 코펜하겐에서 설립된 녹색기후기금의 연장을 놓고 부국과 빈국이 대립하였다. 선진국들에 따르면 자신들은 향후 3년 동안 해마다 100억 달러를, 2020년까지는 해마다 1,000억 달러를 제공하게 되어있다는 것이다. 많은 개발도상국들은 2012년 이후부터 원조가 점차적으로 증가하여 2020년에는 원조액수가 연간 1,000억 달러에 이르게 된다고 그 협정을 해석했다. 미국과 유럽은 모두 금융위기로 인해 새로운 기금 조성이 현실적으로 어렵게 되었다고 주장했다.[34] 어떤 개발도상국들은 2013년에서 2015년 사이에 600억 달러를 요구했는데, 이 액수는 오바마대통령이 허리케인 샌디를 처리하기 위해 요청했던 액수와 동일한 액수이다. 일부 EU 회원국들은 2015년까지 총 83억 유로를 제공할 용의가 있었다. 그러나 많은 사람들은 협정으로 귀결될 수도 있었던 문건의 어휘를 트집 잡은 것에 대해 미국을 비난했다.

과거의 당사국 총회의 결과에 기반하여, 다음의 요인들이 새로운 기후변화 협정을 둘러싼 찬반 의견에서 중요한 역할을 했다.

- 지속적으로 충돌하는 국가이익과 가치.
- 새로운 협정을 지지하는 국내 및 국제지도자들에 대한 대중의 반대.
- 국가들이 협정을 연기하도록 압박했던 금융위기.
- 남극에 대한 접근, 캐나다의 오일샌드, 인도네시아의 더 많은 석탄광산 등을 위해 캠페인을 벌였던 석탄 및 석유 산업들과 같은 특수이익집단들.
- 기후변화에 대한 불신 내지는 회의적인 시각.
- 1950년대와 1960년대의 스트롱Maurice Strong과 같은 새로운 협정을 지지하는 눈에 띄는 지도자의 부재.

지구자원에 대한 압박이 증가할 가능성이 높은 정치경제적 환경에서 — 특히 현재의 전세계적 위기에 맞닥뜨려서 — 민족국가와 국제적인 기업들이 과다한 이산화탄소 배출 및 천연자원 소비를 요구하지 않겠다는 목표에 기꺼이 헌신할 것인가를 놓고 많은 사람들이 논쟁을 벌이고 있다. 신기술이 환경문제를 해결하는 데 도움이 될까 아니면 단지 문제를 더욱 악화시킬 뿐인가? 이는 보다 더 심각한 질문을 제기한다. 행위자들이 경제성장과 소비를 강조하는 정치·경제·사회적 가치를 더욱 친환경적인 가치들과 어떻게 조화시킬 수 있을까?

해결책: 녹색 국제정치경제?

환경문제에 대한 가장 널리 알려진 해결책들은 다음과 같다.

- 인구성장의 억제
- 신기술의 개발 및 신기술의 의존
- 시장에 의한 환경문제 해결
- 국가간 협정 및 글로벌 협정으로 이루어진 신세계질서의 창출

인구성장의 억제

많은 연구들은 (과잉)인구가 국내환경에 피해를 입힌다는 것을 입증하였다.[35] 하지만 현 시점에는 과잉인구 자체가 **글로벌** 문제라는 것을 확실하게 보여주는 결정적인 증거는 아직 없다 (제18장 참조). 세계인구는 실제로 제2차 세계대전 이후 현저히 늘어났고, 2050년에는 증가세를 멈출 것으로 기대되기는 하지만, 인구와 GDP 간의 아직 알려지지 않은 관계 때문에 환경정책으로서 인구억제의 효과를 이해하는 것 역시 어렵다. 자국 내 출산정책 때문에 중국은 인구와 GDP의 관계에 대한 흥미로운 사례를 제공한다. 중국인구가 2000년 이래 대략 4퍼센트 증가한 반면, 앞서 인용한 바와 같이 중국의 온실가스 배출은 같은 기간 동안 약 120퍼센트 가량 증가했다. 이는 인구보다 소득

이 환경파괴에 훨씬 강한 상관관계를 가지고 있음을 보여준다. 저개발국에서 모든 사람들의 소득수준이 1990년대 초 이래 증가해왔음을 보여주는 연구들은 개발도상국 소득을 계산할 때 인도와 중국을 포함시키는데, 이는 전체 개발도상국들을 대상으로 한 계산을 왜곡시킨다. 그러나 인구통계의 문제에 있어서 관료들은 이 두 나라를 가장 우려한다.[36]

인구증가를 억제하는 정책 없이도, 인구증가율을 설명하는 **인구변천**demographic transitions으로 인해 사람들의 소득과 생활수준이 상승함에 따라 자연적으로 인구증가율은 낮아질 수 있다. 이것이 사실이라고 가정한다면, 지구의 인구문제는 실제로 빈국과 부국 간의 빈부격차의 문제이며 개발도상국 내의 빈부격차 문제이다. 이러한 설명은 많은 구조주의자들의 정서를 반영한다. 달리 말하면 상대적으로 인구증가율이 낮은 지역은 상대적으로 소비 비율이 높고, 따라서 환경에 더욱 심각한 영향을 미친다. 상대적으로 인구증가율이 높은 개발도상국의 경우는 그 반대이다.

이는 현재 몇몇 나라의 과잉인구 문제에 대해 우리가 아무것도 할 필요가 없다는 것을 의미하는가? 단기적으로 많은 나라는 인구가 늘어나는 것이 사회적으로 부담이 되기 때문에 인구증가율을 낮추기 위해 노력을 기울이고 도움을 받아야 한다. 많은 나라들은 교육과 피임도구 공급을 통해 인구증가를 억제하려고 노력해왔다. 인문주의자 및 문화전문가들이 보기에는 민주주의원칙에 근거한 여권신장empowerment of women과 해당 사회의 정치적 권리의 보장이 빈곤과 과잉인구 문제의 해결에 가장 좋은 방법이다.

모든 경우 더 나은 소득분배는 인구증가율을 자

연적으로 떨어뜨릴 가능성이 높다. 그러나 핵심은 인구증가율 감소가 소득의 증가와 관련이 있는 경우, 인구통제만으로는 대부분의 환경문제를 해결할 수 없으며 오히려 악화시킬 수도 있다는 점이다. 따라서 대부분의 전문가들이 보기에는, 탄소배출을 막고 환경의 지속가능성을 높이기 위해서는 소비 패턴을 규제하는 다른 정책 및 조치가 필요하다.

신기술

신기술은 사람들의 소비 방식이 근본적으로 변화할 것이라는 희망을 가질 수 있도록 해주었다. 지구온난화가 환경에 대한 가장 큰 위협이 된 이후 재생에너지는 가장 인기 있는 기술혁신 분야가 되었다. '슈퍼 그리드Super grids', 즉 다량의 전기를 멀리까지 전송할 수 있는 첨단기술 전송망은 미국과 같은 나라의 낡은 전기 그리드 시스템을 대체할 가능성이 높으며, 이는 더욱 효율적인 에너지의 전송, 배분, 저장을 가능케 할 것이다. 슈퍼 그리드 시스템은 현재 유행하는 풍력이나 태양열과 같은 재생에너지에 더욱 적합하며, 그로 인해 재생에너지에 대한 더욱 많은 투자를 유도한다. 몇몇 자동차 회사들은 갤런 당 최대 48마일을 주행하는 하이브리드 자동차를 출시했다. 니산 리프Nissan Leaf는 충전가능 배터리로만 주행가능하다.

효율성 높은 재생에너지원으로서 바이오연료의 사용에 대한 연구 역시 많이 이루어지고 있는데, 이를 통해 에너지 생산을 위한 더욱 많은 비화석재생연료원이 만들어지고 있다 (제19장 참조). 현재 미국 매립지의 대략 20퍼센트에서는 쓰레기에서 발생하는 메탄가스를 매집하여 전기를 생산

하고 있다.[37] 미네소타 대학교는 두 개의 공생생물을 연구하고 있는데, 하나는 이산화탄소를 설탕으로 전환시키고, 다른 하나는 설탕을 경유로 변화시킨다. MIT 대학교는 태양열이나 풍력과 같은 에너지원으로부터 나오는 에너지가 끊이지 않고 지속적으로 일정하게 흐르도록 하는 액체배터리를 개발해왔다. 유나이티드 테크놀로지스United Technologies는 효소와 같은 낮은 에너지원을 발전소 굴뚝들로부터 이산화탄소를 흡수하는 데 사용할 방법을 연구해왔다.[38]

국가의 최신기술 이용은 탄소배출뿐만 아니라 더 많은 것에 영향을 미친다. 기술은 정치적·사회적으로 중립적이지 않다. 기술은 종종 위험한 화학물질과 잠재적으로 해로운 공정을 포함한다. 하지만, 또한 오염을 줄이고 다른 많은 관련 문제들을 해결하는 데 도움을 준다. 예를 들어, 바이오연료의 개발에 대해 비판하는 사람들은 전세계적으로 그토록 많은 사람들이 굶주리고 있는데(제18장 참조) 식량을 에너지 생산에 사용하는 것이 도덕적인지에 대해 의문을 제기했다. 특히 경제적 자유주의자들은 환경에 해롭기보다는 이로운 요인인 기술에 초점을 맞추고 싶어 하지만, 많은 기업들은 정부가 먼저 연구지원금이나 보조금을 제공하기 전까지는 기술에 투자하기를 꺼린다. 다른 경우와 마찬가지로, 정부개입에 대한 대중의 지지를 때때로 얻기 힘들 수 있다. 정부의 자금지원에도 불구하고 많은 새로운 기술들은 감당할 수 없을 만큼 엄청나게 많은 비용이 든다. 특히 더 오래되고, 더욱 즉각적으로 쓸 수 있는 기술의 경우 그렇다. 세계화와 기술 공유가 이러한 문제를 극복하는 데 도움을 주었으나, 많은 사람들은 또한 세계적으로 소비를 엄청나게 늘어나게 하고, 지구환경의 한계를 시험하

는 기제가 바로 세계화라고 믿는다.

　기술의 경우 적절성이 가장 중요하다. 많은 가난한 국가들은 자신들이 고급기술을 사용할 수 있는 처지가 되기 전까지는 고급기술을 필요로 하지도 않고, 원하지도 않는다. 많은 경우에 있어서 시장이 만들어내는 새로운 기술들은 많은 가난한 저개발국들에게 적합하지 않다. 개발도상국에서 이러한 기술을 사용할 수 있게 된 것은 개발도구로서 미소신용microcredit이 폭발적으로 증가한 덕분이다. 많은 미소금융microfinance 은행들은 대출고객을 위한 녹색 미소 프랜차이즈를 만들기 위해 마이크로에너지크레딧MicroEnergy Credits이나 킥스타트KickStart와 같은 기관들과 협력하여 활동한다. 예컨대, 킥스타트는 생산품이 매우 수익성이 좋고, 저렴하고, 운반가능하고, 저장가능하고, 이용하기 쉽고, 내구성이 있고, 흔한 재료로 만들어지고, 문화적으로 적절하고, 환경적으로 지속가능할 것을 요구한다.[39] 킥스타트의 직원들은 '현장에서' 활동하며, 상이한 문화적, 정치적 상황에서 가장 잘 작동하는 것이 무엇인지 판단할 수 있다.

　가장 낮은 기술수준의 해결책들이 실제로는 지구온난화에 가장 큰 잠재력을 가지고 있다고 간주된다. 탄소흡수원이 대략 탄소배출의 60퍼센트를 흡수한다는 점을 고려할 때 탄소흡수원 보존은 대기 중의 주요 탄소축적을 막는 데 중요한 요소로 보인다.[40] 탄소배출권거래제가 도입되면서 재삼림화 형태로 탄소상쇄를 판매하는 회사들이 창설되었다. 이 회사들은 또한 탄소배출권거래제의 규제대상이 아닌 것들에 의한 탄소배출을 상쇄시키는 일을 한다. 예를 들어, 어떤 여행사는 탄소발자국 없는 여행zero carbon footprint trips 상품을 판매하고 있다. 더 나아가, 재삼림화 장소 및 선택된 방법에 따라 재삼림화가 장기적으로 금전적 이득을 가져다 줄 가능성이 높다.

환경시장

경제적 자유주의 이념과 세계화의 인기에도 불구하고, 에너지문제와 환경문제의 심화는 시장의 문제해결 능력에 대해 많은 의문을 제기해왔다. 교토의정서는 결국 시장에 바탕을 둔 체제를 만들어냈다. 탄소배출권거래제의 효율성에 대한 논쟁이 제한적이라는 점을 감안할 때, 이 조약을 대체하는 새로운 조약 역시 이 체제를 계속해서 채택할 가능성이 높다. 환경문제의 민영화는 엄청난 규모의 부를 창출하는 동시에 온실가스 배출을 감소시키는 데 일조했다. 녹색·유기농 현지 생산물이 즉각적으로 크게 늘어났으며, 이제 많은 대규모 유통상인들이 친환경 제품을 공급하고 있다. 녹색 생산물의 가정 및 금융시장으로의 진출은 분명 옳은 방향으로 가는 한 걸음이다.

　더욱 많은 기업들이 환경을 지원하는 '공익public interest'처럼 순전히 경제적 목적 아닌 다른 목적을 고려하고 있다. '녹색상품', '공정무역' 품목은 사실 대규모 사업이 되었다. 마찬가지로, 친환경적 상품생산에 특화된 기업들은 커다란 투자 기회를 맞이했다. "대기업들이 지구를 구할 것인가?Will Big Business Save the Earth?"라는 논문에서 다이아몬드Jared Diamond는 미국 3대 기업들이 변화를 가져오는 방식을 기술하고 있다. 월마트Wal-Mart는 운송트럭들의 연료소비를 대폭 줄였고, 포장 쓰레기를 없애고, 지속불능한 자연산 어류와 같은 상품들의 판매를 점차적으로 중단했다. 코카콜라Coca Cola는 물 사용을 줄이고 콜라병 제작에 석유

글상자 20.1

혼합적 해결책: 마이크로에너지크레딧[a]

국제환경문제에 연관된 행위자들의 수가 증가함에 따라, 연관 행위자의 유형을 묘사하는 전통적 범주들이 경우에 따라서는 더 이상 적절하지 않게 되었다. 시애틀에 기반을 둔 '사회적기업' 마이크로에너지크레딧[MEC: MicroEnergy Credits]은 이러한 경향을 잘 보여주는 훌륭한 예이다. 그들은 저개발국이 당면한 몇 가지 문제에 대해 국제기구와 국가들 간에 맺은 협약을 활용하는 한편, 기업들과 비정부기구들 간의 동반자 관계의 촉진을 통해 접근한다.

이 장에서 설명한 것처럼 2005년에 교토의정서가 발효되자 교토의정서에 참여한 모든 선진국들은 탄소배출을 억제해야 했다. 선진국의 많은 기업들이 탄소배출을 줄이거나 국제시장에서 사용권을 구입하거나 둘 중 하나를 선택해야만 했다. 마이크로에너지크레딧은 선진국들의 갑작스런 탄소사용권 수요로부터 저개발국들이 이윤을 얻도록 돕기 위해 만들어진 것이다. 청정기술의 촉진을 통해 MEC는 저개발국의 탄소배출량을 감소시키고, 이러한 에너지 저축분을 국제시장에서 탄소사용권으로서 팔 수 있게 했다.

이렇듯 사용권을 늘리기 위해 기술을 이용하는 것은 널리 활용되는 방법이지만, MEC가 사용한 방법은 상당히 혁신적이다. 첫 번째 단계는 미소금융기관, 즉 가난한 사람들의 은행 필요에 전문화된 조직과 동반자 관계를 구축하는 것이다. 이러한 은행들은 저개발국에서의 미소신용 프로그램으로 널리 알려져 있는데, 어떤 곳에서는 사업가들이 적게는 25달러를 빌릴 수 있는 곳도 있다. MEC는 은행과 계약을 맺고, 미소대출 고객들을 위해 녹색기술을 개발하고 판매하는 것을 돕는다. 고객들은 이제 보다 더 에너지 효율적인 방식으로 사업을 하고/하거나 고객들이 주위의 사람들에게 청정에너지를 판매하도록 하는 장비들을 구입할 수 있다.

일단 은행이 이러한 기술을 사용할 수 있는 고객의 숫자를 확정하면, MEC는 결과적으로 감소되는 탄소배출을 결정하기 위해 감사를 시행한다. MEC는 은행으로부터 이러한 탄소사용권을 구입하고, 다양한 은행동업자들로부터 집약하고 포장해서 국제시장에서 팔 수 있도록 한다. 이러한 사용권을 실제로 팔기 위해서 MEC는 개발도상국들로부터 신용권 매매에 전문화된 대형 회사인 에코시큐리티스[EcoSecurities]와 파트너 관계를 맺었다. 에코시큐리티스는 이제 MEC로부터 탄소사용권을 구입해서 탄소시장에서 담보로 삼는다.

많은 다른 행위자들의 협력이 없었다면 이런 체제는 불가능했을 것이다. 이 예에서, 교토의정서의 세부사항은 국제기구인 UNEP를 통해 처리했다. 신용충당금은 (EU를 제외하고) 국가별로 분배되었다. MEC와 에코시큐리티스는 모두 형식적으로는 이윤을 추구하는 기업이며, 판매할 때마다 이윤의 일정부분을 가져간다. 그러나 많은 미소금융 은행들은 아직 개발도상국에서 사업을 하는 데 필요한 경상비를 충당하기 위해 기부금에 많이 의존하고 있다. 이러한 시스템 덕분에 MEC의 파트너 은행들은 이제 부가적인 소득 원천을 가지게 된 것이다. 이러한 행위자들의 합쳐진 노력이 저개발국의 탄소 발자국을 줄이는 결과만이 아니라 에너지에 대한 접근, 소득, 건강의 증진을 제공함으로써 빈곤상태에 있는 많은 사람들의 삶에 직접적으로 영향을 미치게 된 것이다.

---

a   조지나 알렌(Georgina Allen)이 MicroenergyCredits.com에 있는 정보를 이용하여 이 글상자에 있는 자료를 조사하고 초안을 작성했다.

대신 유기물질을 사용하고 있다. 쉐브론Chevron은 유출된 기름 수거, 재판 소송, 구형장비 개량 등의 형태로 지불하게 될 향후 잠재적 비용을 피하는 방법으로 청정관행cleaner practices을 사용하고 있다. [41]

비정부기구의 경우, 로빈스Lovins와 보이드Boyd는 비영리기관들이 대개 기후변화를 다루는 데 기업들도 커다란 역할을 할 수 있다는 사실을 간과했다고 주장한다. [42]

그렇다 하더라도, 자유시장은 여러 가지 이유로 환경문제에 대한 최종 해결책이 아니다. 오염의 경제적 비용은 계산하기 어려운 경우가 많다. 국가와 같은 권위체가 재산권을 부여하거나 위반자에게 처벌을 부과해야 한다. 환경문제를 상품화하는 것은 환경문제를 경제의 변덕에 맡기는 것이다. 우리가 제19장에서 보았듯이, 금융위기는 재생가능한 에너지에 대한 투자를 지연시켰다. 게다가, EU의 탄소배출권거래제는 허가를 투기의 대상으로 만들었는데, 우리가 금융위기로부터 알고 있듯이 이는 심각한 결과를 초래할 수 있다.

요약하면, 환경문제의 행위자로서의 기업의 역할은 시장이 궁극적으로 환경문제에 대한 최선의 방법을 제공할 것이라는 경제적 자유주의 국제정치경제의 시각과 일치한다. 일부 비정통 개입주의적 자유주의자들에 따르면, 친환경적이지 않은 제품들은 결국 소비자로부터 외면을 받게 될 것이다. 왜냐하면 그 진정한 비용이 가격에 반영되거나 소비자의 선호가 새로운 녹색제품을 좋아하는 방향으로 바뀔 것이기 때문이다. 중상주의자들은 환경적으로 피해가 가는 행동들을 법으로 금지하거나 환경에 해롭다고 알려진 물품들에 세금을 부과함으로써 국가가 환경문제를 다루는 데 좀 더 적극적인 역할을 해야 한다고 믿는 경향이 있다. 구조주의자들은 희귀 자원에 대한 엘리트의 통제라는 관점에서 환경파괴를 본다.

더 많은 국가 협정 및 글로벌 협정: 또 하나의 새로운 세계질서

오늘날 세계경제의 하이퍼자본주의hyper-capitalism적 성격을 감안할 때, 교토의정서가 시장에 기반한 해결책을 제시한 것은 놀랄 일이 아니다. 비판자들은 항상 자본주의와 자본주의가 환경에 미치는 영향에 대해 회의적이었다. 비록 포괄적인 후기자본주의체제가 등장한 것은 아니지만, 지속가능한 발전이라는 생각이 개발, 식량과 기아, 에너지, 환경 등 서로 연관된 문제들을 다루는 관료들과 비정부기구들 사이에 뿌리를 내리기 시작했다. [43]

지속가능한 발전의 가치에 대한 광범위한 동의에도 불구하고 실제로 그것을 달성하는 것은 또 다른 문제이다. 아직까지 환경주의를 장려하는 세계적인 정치경제체제를 발전시키지 못했다거나 혹은 교토의정서의 현실적인 후속협정의 협상에 실패했다고 해서 궁극적으로 실패한 것으로 간주할 수는 없다. 미국의 많은 도시들은 기후변화 완화조치나 자신들만의 환경조치를 채택하고 있다. [44] 중국에서 정부 프로젝트에 대한 많은 도시들의 반대시위는 중앙정부 및 지방정부가 환경과 토지사용정책에 있어서 해당 지역 현지 단체들에게 더 많은 역할을 부여하도록 압력을 가하는 데 목적을 두고 있다. 이는 국제기구들이 더 이상 민족국가의 처분에만 따르지 않는다는 것을 의미하는 것은 아니다. [45] 하지만, 국가들이 국제기구들로 하여금 국제기구를 만든 창조자들(민족국가)의 머리 위에서 활동할 수 있도록 더욱 많은 권한을 줄 것인지 여부는 앞으로 두고 볼 일이다.

그렇더라도, 국제기구가 아직까지 지구온난화에 대한 적절한 해결책을 제시하지 못하고 있는 것을 감안할 때 국제기구가 이 문제를 해결할 잠재력에 대해 많은 사람들은 비관적이다. 특히 세계경제에서 국가와 시장의 경쟁적인 성격을 고려할 때 더욱 그렇다. 그러나 다양한 서로 다른 개발단계에 있는 국가들에게 점점 더 많은 것들이 요구되고 있는 상황이기 때문에, 교토의정서를 대체하여 모든 것을 망라하는 조약을 만드는 것은 매우 복잡한 작업이다. 독일의 많은 과학자들과 다른 지역의 많은 전문가들은 교토의정서의 뒤를 이을 조약을 찾기보다는 기후변화를 다룰 다른 방법에 초점을 맞출 때라고 주장한다.[46]

대부분의 글로벌 협상에서와 마찬가지로 협정은 보통 지배적인 강대국들의 손에 달려있는데, 이 경우는 불가피하게 미국, EU, 일본, 캐나다, 호주 및 중국, 브라질, 인도, 기타 많은 신흥국들이 그러한 국가들이다. 이 상황에서, 시간이 없는 것은 아니지만, 이제 글로벌 위기가 일어나지 않도록 막는 것이 아니라, 올 것이 확실한 글로벌 위기에 적응하는 데 목표를 두고 있다.

결론: 되돌아 갈 수 없는 세계를 위한 계획

제2차 세계대전 이후 환경문제는 간헐적으로 협력하는 민족국가들이 다루던 문제로부터 그 성격이 바뀌었다. 1980년대의 가속화된 산업화 및 세계화와 더불어 환경문제들은 더욱 글로벌 문제가 되었고, 개발, 에너지, 안보와 연관되었다. 최근까지 국제환경문제들을 해결하기 위한 협력은 국가들이 국제협력을 위해 자국의 이익을 희생하기를 원치 않았기 때문에, 또는 북과 남의 대결적인 정치경제적인 관계 때문에 실패로 귀결되었다.

1990년대에 엄청난 규모의 과학적 데이터와 놀랄만한 기후변화에 관한 이야기들은 지구온난화가 과학적 사실임을 보여주었다. 반면, 세계화는 산업 생산과 세계소비를 증가시켰고, 유례없는 수준의 배기가스를 대기 중으로 배출시켰다. 이러한 상황 전개가 기후변화 문제와 석유를 대체할 대안에너지원의 개발이 시급하다는 생각을 갖게 했는데, 이는 행동에 대한 대중적 지지의 확대 함께 기후변화를 비롯한 환경문제의 영향에 대한 경각심을 확산시키는 데 일조했다. 많은 사람들은 이러한 사건들이 시작되면서 지구와 인류를 위협하는 더할 나위 없이 나쁜 상황이 만들어졌다고 주장한다.[47]

2007년 금융위기가 시작되면서 환경문제에 대한 대처는 재정적으로 더욱 어렵게 되었고, 사회적으로 적응하기 힘들게 되었다. 많은 민족국가들은 자신들의 국내적 필요와 이해관계를 환경문제 해결을 위해 다른 국가들, 국제기구, 비정부기구들과 협력하거나 조화를 이루는 데 지속적으로 큰 어려움을 겪는다. 이것은 세계가 교토의정서를 대체할 새로운 조약을 협상하는 데 믿을 수 없을 만큼 큰 어려움을 겪을 데서 잘 알 수 있다.

이러한 상황에서 정책입안자, 기업, 대중들의 마음속에는 여전히 누구에게 이득인가*cui bono*의 문제가 자리 잡고 있다. 도하협정은 이러한 행위자들이 아직 이 문제를 어떻게 해결할 것인가에 대해 선택의 여지가 있다고 가정한다. 국제기구들이 정책의 조정에 도움을 줄 수 있지만, 전반적인 효율성은 아직 많이 제한적이다. 공동체, 국가, 비정부기구, 기업이 모두 정부 및 개인의 선택에 영향을 미칠 수 있기 때문에, 우리는 국제기구를 변화의 주된 도구가 아닐뿐만 아니라 유일한 도구로 생각해서도 안된다고 주장한다. 긴박한 환경문제를 해결하기 위해서는 개방경제 하나만으로는 안되고 더욱 동적이고 복잡한 해결책이 요구된다.

우리는 이제 문제는 세계가 신세계질서, 즉 기후변화를 믿지 않는 사람들과 믿는 사람들 간의 지속되는 치킨게임과 관련된 위험으로부터 지구를 벗어나도록 하기 위해 남은 시간은 얼마인가를 고려하는 것이 아니라고 주장한다. 그 반대로 지구가 비교적 빠르게 위기를 향해 움직여가고 있다는 증거가 늘어나고 있다. 기후변화 위기는 효율성의 문제뿐만 아니라, 공평성, 사회정의, 공정성 등에 관한 많은 문제를 제기한다. 우선적으로 그것은 세계 전체에 대한 안보위협이다. 이에 대해 어떻게, 무엇을 할 것인가가 다음 당사국 총회의 주요 목표가 되어야 한다. 다루어야할 주요 쟁점 하나는 정치적·경제적·사회적 가치의 변화이다.

리우지구정상회의의 개회식에서, 스트롱Maurice Strong은 다음과 같은 말을 했다. "국가주권의 개념은 국제관계에서 불변의, 정말로 신성한 원칙이었다. 국가주권 원칙은 단지 천천히, 그리고 마지못해서 글로벌 환경협력이라는 새로운 요구에 의해 대체될 원칙이다. 개별 민족국가가 아무리 강력하다 하더라도, 일방적인 주권행사는 실현될 수 없다. 지구공동체는 환경안보를 보장받아야 한다."[48] 전세계적 위협이 매우 가까이 있다는 것을 생각할 때, 스트롱의 발언은 우리에게 얼마나 많은 세계화가 과연 일어났는가, 또는 국가들이 스스로 통제권을 가지고 있다고 생각하고 싶어하는 환경문제에 의해 자신들의 이해관계가 얼마나 위협을 받는지를 충분히 이해하지 못하는 것이 아닌가 하는 의문을 제기하도록 한다. 현실주의자들은 국가에게 때로는 협력이 이익을 달성하기 위한 가장 좋은 수단으로 간주되는 때가 있다고 경고한다.

혹자는 얼마나 많은 에너지가 아직 땅 속에 묻혀있는가와 연관된 추측 뒤의 자신만만함보다는, 기온이 얼마나 높은가, 얼마나 환경이 나쁜 상태인가에 대한 확실한 과학적 증거가 더욱 중시될 것이라고 생각할 수도 있다. 분명, 믿고 싶지 않은 것의 발생가능성을 부정하는 것이 그것에 주의를 기울이고 해결책을 찾기 위해 협력하는 것보다 정치적으로 용이하다. 그리고 공유지의 비극의 경우처럼, 상황은 그렇게 할 자유에 의해서 악화된다.

이런 의미에서, 글로벌 기후변화가 가져올 영향에 적응하기 위해 더 많은 것이 실천되지 않는다면 지구가 곧 겪게 될 재앙을 이 와중에 내내 알고 있다는 것은 비극일 것이다. 인류가 곧 지구에 살 수 없을지도 모른다는 그 많은 증거에도 불구하고 회의주의가 언제까지 합리적이거나 현실적일까? 케인즈와 다른 사람들이 지적하듯이, 종종 합리적 선택은 (항상) 사회의 모두에게 좋은 결과를 산출하지는 않는다. 이 상황에서 협력은 필요하고, 옳고, 정의롭다.

주요 용어

공유지의 비극(Tragedy of the Commons) 569

교토의정서(Kyoto Protocol) 573

기후변화(climate change) 562

몬트리올의정서(Montreal Protocol) 567

오존고갈(ozone depletion) 567

유엔기후변화협약(UNFCCC: United Nations Framework Convention on Climate Change) 573

유엔환경프로그램(UNEP: United Nations Environment Program) 566

인구변천(demographic transition) 580

지구정상회의(Earth Summit) 573

지속가능한 발전(sustainable development) 573

프레온가스(CFC: chlorofluorocarbon) 567

집합재(collective goods) 569

탄소배출권(emission credits) 573

탄소배출권거래제(cap and trade) 573

탄소세(carbon tax) 577

탄소흡수원(carbon sink) 572

토론주제

1. 공유지의 비극에 대해 논하시오. 우리의 환경에 대한 이해에 이 개념이 어떻게 도움이 되는가?

2. 저자들은 환경문제가 점차로 세계적인 규모가 되었다고 주장한다. 어떤 정치, 경제, 사회 요인들이 이러한 경향에 가장 크게 기여했는가? 설명하시오. (주의: 경제의 범주에는 무역, 금융만이 아니라 지식과 기술의 역할도 포함된다.)

3. 기후변화가 지구에 심각한 위협이 된다고 믿는가? 금융위기, 급속한 기술혁신, 세계적 소비의 극적인 증가, 국제안보가 지구온난화에 미치는 영향을 논하시오. 이러한 것들 각각은 환경주의에 이로운가, 해로운가? 설명해 보시오.

4. 기후변화에 대한 코펜하겐회의, 더반회의, 도하회의 등을 고려할 때, 당신은 민족국가가 지구의 환경문제를 해결할 능력이 있다고 생각하는가? 아니면 이러한 문제들을 다루는 데 유엔과 같은 국제기구들에 의지해야 한다고 생각하는가? 이 문제에 있어서 국가, 국제기구, 비정부기구의 효율성을 제고하거나 방해하는 것들은 무엇인가?

5. 개발도상국들은 세계 환경문제를 해결하는 데 책임이 있는가? 있다면 무엇인가? 그들의 참여가 불가피하게 경제적 성장을 희생하는 것을 의미하는가? 그들의 참여가 없으면 환경적 재앙이 오는가? 선진국들의 경우는 어떠한가?

추천문헌

Lester R. Brown. *Plan B 4.0: Mobilizing to Save Civilization*. New York: W. W. Norton, 2006.

Thomas Friedman. *Hot, Flat, and Crowded: Why We Need a Green Revolution and How It Can Renew America*. New York: Picador, 2009.

Paul Gilding. *The Great Disruption*. London: Bloomsbury Press, 2011.

Bill McKibben. "Global Warming's Terrifying New Math." *Rolling Stone*, August 2, 2012.

Detlef Sprinz and Tapani Vaahtoranta. "International Environmental Policy." *International Organization*, 48 (Winter 1994), pp. 77–106.

주

1) http://blogs.scientificamerican.com/observations/2012/10/30/did-climate-change-cause-hurricane-sandy/.
2) Rachael Carson, *Silent Spring* (Boston, MA: Houghton Mifflin, 1962).
3) Donella H. Meadows, Dennis L. Meadows, Jorgen Randers, and William W. Brehens III, *The Limits to Growth: A Report for the Club of Rome Project on the Predicament of Mankind* (New York: Universe Books, 1974).
4) Council on Environment Quality and Department of State, *The Global 2000 Report to the President: Entering the Twenty-First Century* (New York: Penguin Books, 1982).
5) Jessica Tuchman Matthews, "Environmental Policy," in Robert J. Art and Seyom Brown, eds., *United States Foreign Policy: The Search for a New Role* (New York: Macmillan, 1993), p. 234.
6) Julian Simon and Herman Kahn, eds., *The Resourceful Earth: A Response to Global 2000* (Oxford: Basic Blackwell, 1982).
7) World Resources Institute, "Climate Change: A Global Concern," *World Resources 1990–1991* (Washington, DC: World Resources Institute, 1990), p. 15, Table 2.2.
8) Matthews, "Environmental Policy," p. 239.
9) Detlef Sprinz and Tapani Vaahtoranta, "International Environmental Policy," *International Organization*, 48 (Winter 1994), pp. 77–106.
10) www.climateactionnetwork.org.
11) Garrett Hardin, "The Tragedy of the Commons," *Science*, 162 (December 1968), pp. 1243–1248.
12) 환경문제를 다루는 세계무역기구의 활동에 대한 자세한 설명에 대해서는 WTO 웹사이트 참조 (www.wto.org).
13) www.worldbank.org 참조.
14) Bianca Jagger, "COP18 Failed to Turn Down the Heat," *Common Dreams*, December 12, 2012.
15) *The Stern Review on the Economics of Climate Change*, October 2006.
16) *An Inconvenient Truth* (Los Angeles, CA: Lawrence Bender Productions, 2006).
17) Thomas Friedman, *Hot, Flat, and Crowded: Why We Need A Green Revolution* (New York: Farrar, Straus, and Giroux, 2008).
18) Richard Lindzen, "Climate of Fear," *Wall Street Journal*, April 12, 2006, p. 1.
19) James Broder, "Climate Change Doubt Is Tea Party Article of Faith," *New York Times*, October 20, 2010.
20) http://www.un.org/geninfo/bp/enviro.html 참조.
21) 교토의정서에 대한 자세한 내용은 "Kyoto Protocol to the United Nations Convention on Climate Change," at http://unfcc.int/resource/docs/convkp/kpeng.html 참조.
22) CIBC World Markets Inc, "StrategEcon—March 27, 2008," March 27, 2008, at http://research.cibcwm.com/economic_public/download/smar08.pdf.
23) "What India Has to Offer in Copenhagen," *Economist*, December 3, 2009.
24) John M. Broder, "5 Nations Forge Pact on Climate; Goals Go Unmet," *New York Times*, December 19, 2009.
25) 더 자세한 내용에 대해서는 Michael A. Levi, "Copenhagen's Inconvenient Truth: How to Salvage the Climate Conference," *Foreign Affairs*, 88 (September/October 2009), pp. 92–104 참조.

26) Broder, "5 Nations Forge Pact on Climate; Goals Go Unmet."

27) Bill McKibben, "Global Warming's Terrifying New Math," *Rolling Stone*, August 2, 2012.

28) John Broder, "From a Theory to a Consensus on Emissions," *New York Times*, May 16, 2009.

29) http://www.democracynow.org/2011/12/12/climate_activists_durban_deal_is_very 참조.

30) McKibben, "Global Warming's Terrifying New Math."

31) Jagger, "COP18 Filed to Turn Down the Heat" 참조.

32) Jagger, Ibid, and McKibben, "Global Warming's Terrifying New Math" 참조.

33) http://www.huffingtonpost.com/2012/11/18/world-bank-climate-change-report_n_2156082.html 참조.

34) John M. Broder, "At Climate Talks, a Struggle Over Aid for Poorer Nations," *New York Times*, December 12, 2012.

35) Ibid.

36) 예컨대, David Dollar, "Globalization, Poverty, and Inequality," in Michael Weinstein, ed., *Globalization: What's New?* (New York: Columbia University Press, 2005), pp. 96–128 참조.

37) Al Gore, *Our Choice: How We Can Solve the Climate Crisis* (Emnaus, PA: Melcher Media and Rodale, 2009).

38) Matthew Wald, "Energy Department Aid for Scientists on the Edge," *New York Times*, October 25, 2009.

39) KickStart의 웹사이트 참조 (http://www.kickstart.org/products/).

40) John Timmer, "Have We Started to Fill Our Carbon Sinks?" *ARS Technica*, November 18, 2009, at http://arstechnica.com/news/2009/11/have-we- started-to-fill-our-carbon-sinks.ars.

41) Jared Diamond, "Will Big Business Save the Earth?" *New York Times*, December 5, 2009.

42) L. Hunter Lovins and Boyd Cohn, *Climate Capitalism: Capitalism in the Age of Climate Change* (New York: Hill and Wang, 2011).

43) 예컨대, Paul Gilding, *The Great Disruption* (London: Bloomsbury Press, 2011) 참조.

44) Juliet Eilperin, "Cities, States Aren't Waiting for US Action on Climate," *Washington Post*, November 8, 2006 참조.

45) Keith Bradsher, "Saying No to Growth in China," *New York Times*, November 7, 2012 참조.

46) Diet Zeit 기사.

47) Gilding, "The Great Disruption" 참조.

48) http://unfcc.int/resource/docs/convkp/kpeng.html 참조.

용어해설

UN평화유지활동PKOs: Peacekeeping Operations 다양한 국가의 분쟁처리를 위해 여러 국가들에서 파견된 유엔이 지원하는 부대. 평화유지는 1950년대 초 주요 강대국들의 개입의 대안으로 도입되었는데, 강대국의 개입은 전쟁을 초래할 수 있었기 때문이다. 평화유지군은 개발도상국 — 특히 중동, 아프리카, 아시아 일부 지역 — 에서 활동한다.

가중다수결제QMV: qualified majority voting rule 2009년 리스본조약에 의해 도입된 가중다수결제는 2014년부터 유럽연합이사회의 의사결정은 적어도 유럽연합 회원국의 55퍼센트(27개 회원국 중 15개국)와 유럽연합 인구의 적어도 65퍼센트 대표자의 찬성을 필요로 한다는 것을 의미한다. 이론적으로 가중다수결제는 어느 한 국가 또는 소수의 국가가 EU의 법안통과를 방해하는 것을 차단하며, 그 결과 EU의 신속한 의사결정을 촉진한다.

가치하락depreciate 외환시장에서 한 통화의 가치가 다른 통화의 가치에 비해 떨어질 때를 묘사하는 용어. 용어해설 '통화가치상승appreciate'과 '평가절하devaluation' 참조. 화폐의 평가절하는 한 나라에 이득과 손해 둘 다를 초래할 수 있다.

강제실시compulsory license 정부가 지역 민간회사나 국가기관에 부여하여 특허권 보유자의 허가를 받거나 받지 않고 한 물품을 생산, 판매할 수 있도록 하는 허가.

걸프협력회의GCC: Gulf Cooperation Council 사우디아라비아, 아랍에미리트, 쿠웨이트, 오만, 바레인, 카타르 등으로 구성된 경제 및 안보그룹. 이들 6개국은 공통적으로 외국인 노동자에 크게 의존하고 있다. 즉, 외국인 노동자가 내외국인 노동자를 합친 전체 노동자 중에서 수적으로 큰 비중을 차지한다.

경제동맹economic union 관세동맹보다 한 단계 더 높은 수준의 경제통합 단계. 경제동맹은 일군의 국가들 간 무역과 금융에 관련한 관세 및 비관세 장벽을 모두 제거한다. 또한 경제동맹은 중앙 정치기관 또는 일련의 기관들에게 많은 정치적, 경제적 권한을 이양한다. 용어해설 '유럽연합EU' 참조.

경제적 민족주의economic nationalism 중상주의적 사고의 한 변형. 경제적 민족주의에 의하면, 국가는 국부와 국력을 위해 시장에 개입해야만 한다. 저명한 경제적 민족주의 옹호자로는 해밀턴Alexander Hamilton과 리스트Friedrich List를 들 수 있다.

경제적 자유주의economic liberalism 경제에서 국가의 역할이 최소화될 때 국가가 가장 잘 살게 된다고 주장하는 이데올로기이자 국제정치경제IPE학 시각. 경제적 자유주의는 한편으로 국가의 권력 남용에 대한 두려움과 다른 한편으로는 개인주의와 자유에 관한 계몽주의 철학으로부터 연유한다. 경제적 자유주의 관념은 1970년대 후반부터 인기를 누려왔고, 세계화에 관련된 정책을 뒷받침해왔다.

경제통합economic integration 일군의 민족국가들이 더욱 크고 긴밀하게 연결된 시장체제를 생성하기 위하여 보호무역 조치를 축소하고 그에 따라 자국의 산업을 좀 더 다른 생산자와의 경쟁에 노출하기로 합의해 가는 과정. 용어해설 '통합integration' 참조.

경화hard currency 그 가치가 확실한 통화로서, 외환시장에서 용이하게 거래될 수 있고, 따라서 국제 거래에서 널리 통용되는 통화. 오늘날 경화의 예로는 미국 달러화, 일본 엔화, 유로화, 스위스 프랑화 등이다. 용어해설 '연화soft currency' 참조.

고객확인규칙know-thy-customer 금융서비스 제공자들이 잠재적 고객들의 신분을 검증하고 그들의 이력을 조사하도록 함으로써 고객들이 돈세탁이나 기타 범죄활동에 관련되어 있는지 여부를 확인하도록 하는 금융심사 원칙.

고전적 중상주의classical mercantilism 역사상 특정 시기의 국가정책으로, 다른 나라의 희생을 대가로 자국의 부와 힘을 얻으려는 것을 목적으로 한다. 무역수지 흑자와 국내 생산자를 보호하기 위한 수출보조금, 수입장벽, 여타의 노력들이 고전적 중상주의 정책에 포함된다.

고전적 현실주의classical realism 국제정치에서 가장 중요한 행위자는 국가이며, 국가가 자국의 이익을 추구하고 타국을 향한 자국의 권력을 증대하려 하기 때문에 전쟁과 국제분쟁이 발생한다고 주장하는 이론.

고채무빈국 이니시어티브HIPC Initiative 1990년대 후반 고채무빈국의 채무를 탕감해 주기 위해 시작된 운동.

고채무빈국HIPCs: heavily indebted poor countries 대부분 아프리카에 위치한 세계에서 가장 가난한 41개국을 지칭함. 이들 나라는 고도의 빈곤과 HIV/에이즈 발병률로 고통 받고 있다.

곡물법Corn Laws 1815년부터 1846년까지 토지를 소유한 농민들의 이익을 반영한 것이었으며 영국의 농산물 수입을 제한했던 보호주의 무역장벽. 제조업 세력이 영국의회를 장악했을 때 곡물법은 폐지되었고, 그것은 자유무역에 관한 경제적 자유주의 관념의 등장을 알리는 신호가 되었다.

공공재public goods 일단 제공되면 모든 사람이 동시에 혜택을 보게 되는 재화나 서비스. 등대나 국가안보는 공공재의 고전적인 예이다.

공동농업정책CAP: Common Agricultural Policy 유럽연합이 회원국의 농민들을 돕기 위해 사용하는 농업 수출보조금, 관세, 소득지원과 같은 조치. 대규모 경작농민 및 농업기업 상당수가 이러한 조치에 찬성하는 반면, 소비자 단체들은 유럽연합 예산의 상당부분이 소요되고 영세 농민들을 시장에서 몰아낸다는 이유로 이러한 조치에 반대한다.

공동시장common market 관세동맹 수준을 넘어서는 유럽공동체(현재 EU)의 경제통합 수준. 용어해설 '관세동맹customs union' 참조. 공동시장은 자본, 노동, 상품, 서비스의 자유로운 이동을 촉진한다. 또한 1990년대까지 공동시장은 근본적으로 유럽공동체의 널리 알려진 명칭이었다.

공동체지원농업CSA: community supported agriculture 매주 혹은 격주 간 고객들에게 농산물을 판매하는 소규모 현지 식량 생산자, 판매자 또는 집단농장 등을 말함. 현지 식량 생산, 지속가능성, 현지 시장의 증진 등을 장려하려는 노력의 일환.

공유지의 비극Tragedy of the commons 하딘Garrett Hardin이 고안한 개념으로서 인간 본성, 합리성, 정치적 자유가 개인들이 공동의 자원을 남용하도록 만드는 상황을 묘사한다. 하딘은 지구의 자원을 구하기 위해서는 정부가 인구증가를 강력하게 제한해야 한다고 권고한다.

공정무역fair trade 종종 자유무역의 대안으로 제시되는 공정무역은 국내업자들을 위한 공정한 경쟁의 장을 만들기 위해 보호주의정책과 자유무역정책을 배합한다. 또한 공정무역운동은 개발도상국의 커피, 코코아, 목재와 같은 인증된 원자재 생산자에게 높은 가격을 쳐주기 위해 국제비정부조직INGO들이 주도하는 운동으로 정의된다.

관리무역체제managed trade system 보호무역을 요구하는 강력한 정치적 · 사회적 이해당사자들은 종종 완전한 자유무역과는 양립할 수 없는 정치풍토를 조정한다. 관리무역체제는 흔히 경제적 자유주의 정책과 대부분의 국가들이 집착하는 중상주의 무역정책 간 정치적 타협 또는 배합을 반영한다.

관리변동제Managed float 환율이 변동하기는 하지만 때때로 중앙은행들의 개입에 의해 영향을 받는 환율체제.

관세 및 무역에 관한 일반협정GATT: General Agreement on Tariffs and Trade 1947년 조인된 국제협정으로 회원국 간 무역장벽을 낮추기 위한 국제무역협상의 토대가 되었다. GATT 협상은 수년에 걸쳐 진행되었고, 공산품에 대한 무역장벽을 낮춘 케네디라운드와 도쿄라운드와 같이 '라운드'라고 명명되었다. 우루과이라운드는 서비스와 농산물에 대한 좀 더 자유로운 무역을 목표로 했다. 1995년 GATT는 WTO에 통합되었다.

관세동맹customs union 서로 간 무역장벽을 제거하고 역외국가에 대해서는 공동의 무역장벽제도를 채택한 국가집단. 로마조약은 유럽경제공동체의 형태로 관세동맹을 창출했다.

교역조건Terms of trade 한 국가의 수입가격 대비 수출가격의 비율. 시간이 지남에 따라 이 비율이 떨어진다면, 이는 그 국가가 주어진 일정량의 상품을 수입하려면 더 많은 수출이 필요하다는 것을 의미한다.

교토의정서Kyoto Protocol 1997년 일본 교토에서 합의된 의정서(비공식적 절차 및 규범이며 공식 조약은 아님)로서 모든 국가에 탄소배출 기준을 설정. 지구온난화 문제를 다루기 위해 국가들은 정해진 시간 안에 이 목표를 달성하기로 합의했다. 많은 국가들이 동 의정서에 서명하고 이행했으나, 미국은 비준하지 않았다. 중국, 인도, 및 다른 신흥국들은 의정서를 준수할 것이 요구되지는 않았으며, 권장사항이었는데, 이는 수많은 논쟁을 유발했다. 동 의정서는 2005년 발효됨.

구성주의constructivism 국제정치경제학의 학파로서, 국제구조 및 제도는 그것들의 기저를 이루는 가치, 믿음, 이익과 확연히 구별되는 본연의 인과력causal power을 갖고 있지 않다고 주장한다. 사회의 가치와 믿음을 반영하는 규칙과 규범을 지키는 한에 있어, 국가는 정치적 행위자일 뿐만 아니라 사회적 행위자이다. 이러한 가치는 고정된 것이 아니라 계속 진행 중인 사회적 구성의 결과이다.

구조조정정책SAPs: Structural Adjustment Policies 저발전국의 경제성장을 위한 토대를 마련하기 위해 국가의 영향력을 줄이고 자유시장 개혁을 도입하고자 하는 경제정책. 국제통화기금IMF은 종종 금융지원의 조건으로 구조조정정책을 받아들일 것을 요구한다.

구조주의structuralism **부르주아지**와 **프롤레타리아** 사이, **중심부**와 **주변부** 사이, 잘사는 **북반구**와 못사는 **남반구** 사이 등 모든 실체 사이의 정치경제적 상호연계성(구조적 관계)에 대해 설명하는 국제정치경제학의 관점. 무역과 해외원조, 직접투자를 포함하여 수많은 관계에 의해 이들 실체들은 서로 한데 묶이게 된다. 구조적 조건이 바뀔 수 있는지 여부를 둘러싸고, 그리고 어떻게 그렇게 될 수 있는지를 둘러싸고 다양한 논쟁이 벌어지고 있다. 용어해설 '마르크스주의' 참조.

국가대표기업national champions 정부가 장기적 발전 차원에서 보조금, 무역보호, 기타 다른 지원을 통해 의도적으로 육성하는 주요 국내기업 및 산업. 비록 일부 국가대표기업은 글로벌 차원에서 경쟁력을 갖게 되지만, 이들 기업들은 대체적으로 자국 내 경쟁에 머무는 경향이 크다.

국가미사일방어체계NMD: National Missile Defense 나라들(특히 미국과 러시아)이 자국을 향해 날아오는 탄도미사일을 중간에서 떨어뜨리기 위해 배치한 일종의 미사일방어체계이다. 미국의 레이건 행정부는 우주에 기반하는 방어미사일의 배치를 통한 미국 방어체계의 현대화를 제안했었다. 이러한 방어체계의 배치 비용과 이것이 다른 나라들을 얼마나 자극하는지 등의 이유로 NMD는 여전히 뜨거운 논란의 대상이 되고 있다. 용어해설 'ABM조약' 참조.

국가자본주의state capitalism 장기적 수익성과 혁신에 초점을 두고 독립적으로 운영되는 공기업에 대해 중요한 역할을 기대하는 경제체제. 전형적으로 이러한 체제는 에너지, 사회 공공기반시설, 자동차 제조, 기술적으로 정교한 산업부문 등에 막대한 투자를 한 국유회사를 보유하고 있다. 국가자본주의적인 것으로 묘사되는 나라로는 흔히 중국, 러시아, 터키, 브라질 등이 있다.

국내이주internal migration 흔히 한 지역에서 다른 지역으로 또는 농촌에서 도시로 개인 또는 집단이 한 국가 내에서 이주하는 것.

국부펀드SWFs: sovereign wealth funds 대규모 국제수지 흑자 국가들이 축적한 엄청난 액수의 자본. 정통 경제적 자유주의자들OELs 상당수는 이들 국가가 막대한 국부펀드를 미국에 투자하여 미국의 부채 상환 및 글로벌 금융위기의 방지에 일조해야 한다고 주장했다.

국영석유회사NOC: national oil companies 세계 석유 매장량의 대부분을 장악하고 있고 전세계 석유와 천연가스의 대부분을 생산하고 있는 대형 국영석유회사. 사우디아라비아의 사우디아람코와 이란의 국립이란석유회사 등과 같은 국영석유회사는 해당 국가 정부의 재정수입의 주요 수입원이다.

국제수지BoP: balance of payments 해당 연도에 한 국가의 모든 국제 경제 거래를 나타내는 재무제표. 한 국가로부터 자금이 얼마나 유출되었는지 또는 한 국가로 자금이 얼마나 유입되었는지는 매년 그 국가의 통화 가치, 이자율, 무역정책에 영향을 미친다. 이상적인 경우, 국가들은 그들이 소비하는 양만큼 돈을 벌어들일 것이다. 1980년대 이래로 국제통화기금IMF의 주요 역할 중 하나는 국제수지를 관리하는 것이었다.

국제정치경제 구조IPE structures 스트레인지Susan Strange가 제시한 행위자, 제도, 과정의 네트워크의 유형들. 이들 구조는 생산, 무역, 지식과 기술, 통화와 금융, 안보 등 글로벌 정치경제의 4개 토대 각각에 존재하는 사안과 문제를 다룬다.

국제정치경제IPE: international political economy 시장, 국가, 사회 사이의 역동적 상호작용에 대해 검토하고 이들 영역 간의 긴장과 갈등이 어떻게 민족국가 및 국내사회의 외부환경에 영향을 미치거나 반영하는지 탐구하는 사회과학의 학제적 학문분야.

국제통화기금IMF: International Monetary Fund '브레턴우즈'체제의 한 부분으로 창설된 IMF는 국제통화체제의 안정을 담당하는 조직으로 150개 이상의 회원국을 갖고 있다. 회원국에게 심각한 경상수지 적자가 발생하는 경우 IMF는 그 회원국에게 자금을 대출한다. 이러한 대출은 '대출조건conditionality'이라고 부르는 경제개혁의 실천을 의무적으로 요구했다.

국제형사재판소ICC: International Criminal Court 1990년대 이후 다수의 국제법정이 전쟁 및 분쟁 시에 자행된 인권탄압의 혐의가 있는 국가 및 개인행위를 재판하기 위해 설립되었다. 네덜란드 헤이그에서 국제형사재판소 회의가 개최되며, 발칸 반도, 르완다 및 라이베리아 등에서 자행된 범죄와 연관된 사건을 사법처리했다.

그라민은행Grameen Bank 1976년 유누스Mohammad Yunus가 방글라데시에 설립한 미소금융 은행. 가난한 나라에서 대체로 가난한 여성이 소규모사업을 할 수 있도록 돕는 방안으로 이러한 종류의 은행은 점차 인기를 얻고 있다.

그림자금융체제shadow banking system 단기금융시장의 뮤추얼펀드, 투자은행, 헤지펀드 등과 같은 일련의 금융중개회사들을 말하며, 이들은 정부의 규제를 거의 받지 않는 방식으로 채권자와 차입자 사이에서 자금을 유통시킨다. 그림자금융 상품은 모기지 저당증권, 특수목적 법인, 채무담보부 증권 CDOs 등이 포함된다. 증권 판매자들의 환매조건부 매매와 신용상품 투자 등 그림자금융체제에서의 위험성이 높고 규제되지 않는 활동들은 글로벌 금융위기에 기여한 것으로 믿어진다.

근대세계체제론MWS: Modern World System 부분적으로 마르크스주의-레닌주의 이념에 기반한 이론. 근대세계체제는 경제발전이 자본주의 중심부 국가와 덜 발달한 주변부 국가 사이의 관계에 의해 좌우된다고 보았다. 중심부의 역사적 임무는 주변부(종종 반주변부를 통해)를 발전시키는 것이지만, 이 발전은 본질적으로 착취의 성격을 띤다.

글라스노스트glasnost(개방) 1980년대 소련의 고르바초프Mikhail Gorbachev 대통령이 추진한 정책을 뜻하는 러시아 단어. 이 정책은 소련 내 정치개혁에 대한 논의의 허용과 관련이 있었다. 이 정책은 정치개혁 또는 '페레스트로이카perestroika'를 보완하기 위한 것이다.

글로벌 거버넌스global governance 기후변화, 환경파괴, 조직범죄 등과 같은 특정 문제영역에 있어서 국제협력 및 초국가적 문제의 관리에 영향을 미치는 규칙, 제도, 절차. 이 개념은 협력에 영향을 미치는 메커니즘에는 다수의 국가 및 민간 행위자가 참여하고 있으며 국제, 지역, 지방 수준에서의 다양한 거버넌스가 연관되어 있음을 강조한다.

글로벌 바이오에너지 파트너십GBEP: Global bioenergy partnership 세계식량농업기구FAO가 촉진하는 GBEP는 개발도상국에서 지속가능한 발전을 위한 바이오에너지의 사용을 촉진하고자 하는 공공단체, 민간단체, 시민사회단체 간의 협력활동이다.

글로벌 사이버 안보구조 Global Cyber Security Structure 새천년 시작 이후의 국제안보 구조를 지칭하는 용어. 한 예로 미국은 드론과 같은 사이버 기반 무기에 의존하고 적에 대한 사이버공격을 사용하거나 또는 사용 준비를 한다. 이 안보구조 내에서 국가는 점점 더 스스로와 자국민들을 컴퓨터 바이러스, 사이버 해킹, 신원 절도, 사이버 기반 간첩행위 등 잠재적으로 엄청난 파괴력을 가진 행위들로부터 보호하려 한다.

글로벌 상품사슬global commodity chains 다양한 상품을 생산하고, 유통시키며, 판매하는 회사들의 네트워크.

글로벌 시민사회global civil society 일반적으로 개발도상국의 정치적, 경제적, 사회적 여건 개선에 주력하는 비정부기구 및 사회운동을 지칭하는 또 다른 용어.

글로벌 기업globally integrated enterprise 점차 초국적 기업들은 해외사업의 하부부문 대부분을 실제로는 소유하고 있지 않다. 정보기술이 개선됨에 따라, 보잉과 IBM 등 일부 초국적기업은 핵심적인 기능을 외국 기업들에게 쉽게 아웃소싱 할 수 있다. 많은 초국적기업들은 지역 혹은 글로벌 사업기반을 수립하기 위해 초국적 하청 네트워크를 구축한다.

글로벌 가치사슬global value chains　제품순환이론을 보다 개선한 이론으로서 '한 제품의 구상에서부터 그 최종 사용 및 그 이상까지의 회사 및 노동자의 모든 활동'을 설명한다. 다양한 국가의 다른 회사들이 재화 및 서비스의 배달로 연결되는 일련의 관계(혹은 분업)로 연계되어 있다. 이러한 사슬에서 많은 서양의 회사들이 재원마련, 기초 연구, 디자인, 제품 브랜딩 및 마케팅 부분을 다룬다. 저발전 국가들은 저임금 생산으로부터 더 이윤이 많이 나는 활동으로, 가치사슬에서 상승하기를 원한다.

글로벌주의globalism　경제적 세계화를 뒷받침하는 기본이념. 경제적 자유주의, 통합, 세계화 등을 지지하는 사람들 사이에서 인기가 높다.

기업의 사회적 책임corporate social responsibility　공동체와 자연에 대한 존중을 드러내도록 행동하려는 초국적기업(그리고 국내기업)의 노력을 나타내는 용어. 나이키 같은 기업들은 이러한 사회적 책임 활동을 자주 하고 있는데, 그 이유는 그것이 나이키의 사업을 창출해주기 때문이다.

기후변화climate change　온실효과로 초래된 지구 대기 상온 온도의 상승. 2009년 12월 코펜하겐에서 열린 당사국 총회에서의 열띤 토론의 주제는 환경변화 중 인간과 자연이 초래한 것이 각각 어느 정도인가였다.

긴축austerity　특히 경기침체 시 정부의 예산적자를 줄이거나 채권자에게 채무를 상환하는데 필요한 자원을 마련하기 위한 대대적인 정부지출의 삭감. 긴축정책은 일반적으로 증세, 공공부문 노동자의 해고, 공공재, 사회복지프로그램, 연금에 대한 지출의 감소 등을 포함하며 이는 사회의 가장 가난한 사람들에게 가장 심각한 타격을 입힌다.

낙인찍기운동name-and-shame campaigns　국제적 관심을 환기함으로써 불법적이거나 비윤리적인 것으로 여겨지는 관행을 바꾸도록 기업들과 국가들에게 압력을 가하는 활동.

난민refugees　박해가 두려워서, 전쟁 또는 자연재해에 의한 파괴로 인해 모국으로 돌아갈 수 없는 실향민. 흔히 UN난민고등판무관과 같은 국제단체가 이들을 도와주고 재배치시킨다.

남북관계North-South　산업화된 선진국(북반구)과 저개발국(남반구) 사이의 관계. 이 개념은 종종 중심부-주변부 분석과 연관되어 있지만 단순히 상황을 묘사하는 수단일 수 있다.

내국민대우national treatment　GATT, GATS, TRIPS 협정의 주요 원칙으로, 협정 조인국은 세관을 통과한 재화와 서비스를 현지에서 생산된 유사한 재화와 서비스보다 불리하게 대우하지 않을 것을 규정한 원칙.

내재적 자유주의embedded liberalism　브레턴우즈경제체제 하에서 국가들은 국내경제의 관리에 대한 책임을 지지만, 경제적 자유주의 국제체제 내에서 무역장벽을 낮추고 금융 및 자본의 보다 자유로운 이동에 스스로를 개방해야 한다. 국가들이 점차 그들의 정책을 추진해가면서 이러한 '케인즈주의적 타협'은 행위자들의 생각, 제도적 절차, 그리고 사회 속에 뿌리내리게 되었다. '케인즈주의적 타협' 참조.

냉전Cold War　바루크Bernard Baruch가 1948년 처음 사용한 용어로, 미국과 소련 및 그들 각각의 동맹들 간의 군사적 충돌(즉, 열전)은 없지만, 군사적, 정치적 대결상태를 설명한 것이다. 많은 이론가들은 그 주요 이유가 핵무기의 사용과 연관된 파괴력 때문이었다고 본다. 그럼에도, 냉전기는 엄청난 긴장과 군사력 사용의 '위협'으로 특징지어진다.

녹색혁명Green Revolution 1960년대 인도, 필리핀, 기타 개발도상국에서 비료, 잡종 식물 및 씨앗, 그리고 현대적인 농업기술을 도입해서 식량생산을 증진시킨 과학프로그램 및 경제프로그램.

농민의 길 La Via Campesina 1993년에 창설, '농민의 길'은 농민들과 원주민들의 국제적인 사회운동으로서 토지 개혁과 토지 주권을 옹호하고 기업형 농업과 유전자 변형 작물의 사용에 반대한다.

농업기업화모델agro-industrial model 선진공업국가에서 가장 인기 있는 농업 생산 접근법이다. 이 접근법은 새로운 (첨단)기술과 비료의 사용을 통한 생산의 효율성을 강조하며, 상품생산을 증가시키기 위한 대규모 영농을 강조한다. 이 접근법의 유용성과 개발도상국에 미치는 영향을 둘러싸고 논란이 있다. 용어해설 '탈농민화De-peasantisation' 참조.

다국적기업MNC: multinational corporation 여러 국경을 넘나들면서 생산, 유통 및 판매 활동을 수행하는 국제기업(외국인직접투자 참조). 다국적기업의 중요한 요소는 그 기업이 몇몇 국가들에서 유형의 생산설비를 갖추고 있다는 점이다. 이것은 다국적기업과 국제기업을 구별해주는 요소인데, 국제기업은 어느 한 나라에서 생산하여 다른 나라들로 수출하는 기업이다. 용어해설 '초국적기업' 참조.

다극체제multipolar 2개 이상의 극이 존재하는 안보구조. '단극체제'와 '양극체제'와 비교.

단극체제unipolar 오로지 한 국가가 압도적인 군사적·경제적 권력을 가지고 있는 국제안보구조.

단일시장single market 1986년 유럽공동체의 회원국들은 관세동맹과 노동과 자본의 자유로운 이동을 허용하는 단일시장을 만들기로 하는 단일유럽법을 통과시켰다. 이 법은 또한 유럽공동체의 회원국들의 통합을 증진시키는 다른 조치와 함께 1993년 마스트리히트조약의 통과 및 유럽연합EU의 창

설을 이끌어냈다. 용어해설 '단일유럽법SEA'과 '마스트리히트조약' 참조.

단일유럽법Single European Act 유럽공동체 회원국들이 더 높은 수준의 통합단계인 정치동맹을 형성하기로 합의한 1986년 협정. 정책적 측면에서 단일유럽법은 통화정책 및 투자규제, 서비스, 이주, 노동, 외교정책 등에 있어서 광범위한 조정을 의미한다.

담론분석discourse analysis 구성주의자가 종종 사용하는 분석수단으로서, 국가수준이나 국제수준에서 주요 관리 혹은 행위자가 행한 연설과 저작에 나오는 언어와 수사적 표현의 변화를 추적한다. 담론분석의 초점은 관리들에게 맞춰지는데, 그들은 중요한 로비조직 또는 여론에 반향을 불러일으키는 담론을 사용하여 국익에 대해 말함으로써 국익을 존재하게 만든다.

대량살상무기WMD: weapons of mass destruction 대량으로 사람을 죽일 수 있는 잠재력을 가진 기술적으로 세련된 무기들로서 핵무기, 화학 무기, 생물학 무기들을 포함한다.

대안관광alternative tourism '해, 바다, 모래'라는 기본공식에 바탕을 둔 대중관광의 경험에 대한 하나의 대안. 환경을 보존하고 현지인들의 웰빙을 증진하는 자연지역으로의 책임 있는 여행을 의미하는 생태관광은 대안관광의 일례이다.

대출지원조건conditionality 단기자금 대출을 **경상수지** 개선을 위한 특정 조건들에 결부시키는 국제통화기금의 논쟁적인 정책. 일반적으로 IMF 대출은 경제적 자유주의 정책과 가치를 증진하는 국내적 경제개혁을 조건으로 한다. 용어해설 '구조조정정책' 참조.

동화assimilation 사람이 다른 문화의 관습과 가치를 수용하는 과정. 이주와 관련하여 동화는 한 사람이 원래 갖고 있는 문화가 이주 목적지 국가에서

지배적인 문화에 의해 대체되는 것을 의미한다.

두뇌유출brain drain 타국에서 경제적·사회적 기회를 얻기 위해 고학력·전문직 이주자들이 출생지를 이탈하는 현상. 이 현상은 특히 제3세계 국가들에게 중대한 영향을 미치는데, 이들 국가의 가장 숙련된 주민들이 흔히 제1세계로 이동한다.

디아스포라diaspora 다른 나라의 국적을 갖고 있음에도 불구하고 구성원이 모국, 역사, 민족정체성을 공유하고 있는 초국가적 공동체. 디아스포라는 특정한 민족국가와 결부되어 있을 수도 있고 단지 특정 민족정체성을 반영하고 있을 수도 있다.

레이거노믹스Reaganomics 레이건대통령은 1980년대에 경제적 자유주의 사고를 인기 있게 만드는 데 기여했다. 그는 자유무역을 촉진했고 경제에 대한 국가 개입을 제한했다. 그는 또 세금 인하가 경제를 성장시키고 공공부채를 감소시킬 것이라고 생각했다.

레이시법Lacey Act 1900년에 처음 제정되고 2008년에 개정된 미국환경보호법. 무엇보다도, 레이시법은 불법적으로 포획된 야생생물 또는 불법채취 목재와 식물의 수입, 수출 및 주 간interstate 교역을 금지한다.

레짐regime 어떤 한 글로벌 이슈와 관련하여 행위자의 기대와 행동을 조건 짓는 일련의 규칙, 규범, 제도, 의사결정 절차. 또한 레짐은 어떤 한 국가의 정부를 장악한 권력자 무리를 의미하기도 한다. 이 경우 한국어로는 '정권'이 적절한 번역일 수 있다. 예를 들면 'military regime'을 '군사정권'으로 번역할 수 있다.

리스본조약Treaty of Lisbon 2009년에 발효된 조약. 이 조약은 유럽연합의 의사결정과정을 개선하고, 유럽의회의 권한을 확대하고, 유럽연합이사회에 가중다수결을 도입하기 위해 로마조약과 마스트리히트조약을 개정하였다.

마낄라도라Maquiladoras 수출용 완제품을 생산하기 위해 해외에서 생산된 부품과 반제품을 사용하는 멕시코의 조립공장. 구조주의자들은 노동착취, 위험한 근로조건, 환경파괴를 이유로 마낄라도라에 대해 비판적이다.

마르크스주의Marxism 독일의 사회학자 마르크스Karl Marx, 1818~1883의 저작에서 유래한 이데올로기. 마르크스의 저작으로부터 많은 변종의 마르크스주의가 갈라져 나와 발전했다. 자본주의를 비판하는 (경제적 자유주의와 뚜렷이 구분되는) 마르크스주의는 자본주의가 몇 가지 특징적인 결함을 가지고 있다고 주장한다. 마르크스주의는 경제적 자유주의가 암시하는 협력적 관계가 아니라 정반대로 권력 측면(노동 대 자본)에서 경제관계를 바라보는 경향이 있다. 용어해설 '구조주의 structuralism' 참조.

마스트리히트조약Treaty of Maastricht 유럽공동체 회원국들은 '유럽연합'을 창설하기로 약속한 이 조약을 1993년 비준하였다. 이 조약은 좀 더 높은 수준의 경제통합뿐만 아니라 사회적·정치적 제도 및 정책에 대한 합의였다.

망명asylum 인종, 종교, 국적, 특정 사회집단의 멤버십, 정치적 견해를 근거로 박해를 받을 것을 우려하여 출생지로 돌아갈 수 없는 실향민의 도피. 망명신청자는 살고자 하는 나라의 법원에 신청을 함으로써 영주권을 얻으려고 하며, 흔히 이들은 이미 그 나라 영토 안에 들어와 있다.

먼델의 트릴레마Mundell Trilemma 노벨상 수상자인 먼델Robert Mundell의 이름을 딴 것임. 환율 안정, 자본 이동성, 국민경제의 독립성 등 세 가지의 목표를 동시에 달성하는 것이 불가능한 상이한 통화체제의 속성을 말함. 이 세 목표 중 두 가지는 항상 서로 보완적이지만 나머지 한 가지 목표에 모순된다. 각국은 자신의 역사, 국가이익, 국제정치경제 여건

등을 기초로 어느 두 목표를 추구할지 결정한다.

몬트리올의정서Montreal Protocol 공식명칭은 오존층을 고갈시키는 물질에 대한 몬트리올의정서. 대부분의 나라들이 참여하고 있으며 프레온가스와 오존층을 고갈시킨다고 알려진 기타 물질의 현저한 감축을 요구하는 국제적인 조약이다.

무역관련 지식재산권에 대한 협정TRIPS: Trade-Related Aspects of Intellectual Property Rights WTO의 일부인 국제 협약. 판권, 특허권, 상표권 및 기타 형태의 지식재산의 보호를 위한 최소 수준을 요구한다.

무역권trade bloc(**무역블록**) 무엇보다 우선적으로 지역무역협정에 의해 연합한 일군의 국가들. 용어해설 '유럽연합EU'과 '북미자유무역협정FTA' 참조.

무역전환효과trade diversion effect 낮은 역내 장벽 때문에 무역권에 참여한 국가들 사이에는 종종 무역이 강화되지만, 이는 일정부분 여전히 무역장벽이 존재하는 좀 더 효율적인 역외 국가로부터의 무역전환 덕분이다.

무인항공기UAVs: unmanned aerial vehicles 드론의 공식명칭으로서 오바마 행정부가 아프가니스탄과 파키스탄에서 테러리스트를 공격하고 공중 감시를 수행하기 위해서 광범위하게 사용한 원격조정 비행체.

무자헤딘Mujahideen 이슬람 자유의 전사를 의미하는 용어. 무자헤딘은 원래 1980년대 아프가니스탄에서 미국의 무기와 훈련의 도움을 받아 소련에 맞서 싸운 덕분에 유명해진 사람들을 지칭했다. 과거 미국의 대리인이었던 이들이 오늘날 미국을 공격대상으로 하는 테러조직의 근간을 형성함으로서 미국의 이러한 지원이 역류blowback를 초래한 원인으로 비판받고 있다.

문제화problematization 국가들과 초국가적 가치옹호 네트워크가 국제적으로 조율된 대응을 필요로 하는 어떤 문제를 만들어내는 과정. 몇몇 문제들은 정치엘리트, 강력한 로비조직, 사회집단에 의해 구성된다.

문화적 시민권cultural citizenship 시민권에 대한 한 가지 이해로서, 법적인 권리뿐만 아니라 소속감, 동화과정이 아닌 문화적 차이 등을 통해 성취된 자격으로 본다.

미소금융microcredit 저발전국가에서 (대체로 여성인) 사람들의 모임에 소규모 대출을 해주는 관행을 말함. 모임에 속한 사람들은 대출상환에 대한 위험부담을 공유한다. 미소금융은 실제로 돈을 필요로 하는 사람들의 손에 돈을 제공하여, 지속가능한 민간부문의 발전을 독려함으로서 빈곤을 직접적으로 극복할 수 있다는 희망을 예고해 왔다. 미소금융은 몇몇 산업화된 나라에도 좋은 본보기가 되었다.

민영화Privatization 고전적 사회주의에서 자본주의로 바뀌는 경제전환과정의 한 측면. 이 과정에서 국가소유 재산과 자산이 민간에게 양도된다. 용어해설 '시장사회주의' 참조.

바이오연료biofuels 당분이나 식물성 기름이 풍부한 식물로부터 만들어지는 석유 대체물. 정치인들은 잉여 농산물을 처리하고 농민들에게 자신들의 농업생산품의 생산과 가격을 유지시킬 기회를 제공함으로써 기름 수입에 대한 의존을 줄이기를 희망한다. 전문가들은 바이오연료의 효율성에 동의하지 않는다.

반주변부semiperiphery 중심부와 주변부 사이의 지역. 한국과 대만이 오늘날의 근대세계체제에서 반주변부로 간주될 수 있다.

발전국가developmental state 급속한 산업화를 촉진하기 위해 관료가 금융, 재정, 투자 정책을 사용하는 간섭주의적 정부를 뜻함. 발전국가는 민간부문의 투자에 지침을 주고, 국가발전을 가장 잘 도모할 것 같은 산업을 지원하고, 민간회사에 의한 수출을 장려한다. 이 용어는 주로 제2차 세계대전 이후 아시아 4개국(일본, 한국, 대만, 싱가포르)을 묘사하는 데 사용된다.

발전자본주의developmental capitalism 특히 수출확대를 통해 국가정책이 산업성장을 장려하였던 전후 일본의 정치경제체제를 설명하는 데 사용하는 용어. 특히 동남아시아국가를 비롯하여 많은 개발도상국들은 일본의 정책을 모방했다.

방어적 근대화defensive modernization 정부, 군대, 경제, 사법제도, 기타 기관 등의 개혁을 통해 외국을 따라잡으려는 노력. 19세기 동안 오스만제국은 점점 더 강해지는 유럽열강에 대항하기 위해 방어적 근대화를 추진했지만 큰 성공을 거두지는 못했다. 중동지역이 근대화의 역량이 부재한 이유는 종교와 국가분리의 실패, 정체된 문화, 정치적 자유의 부재 등과 같은 다양한 요인 때문이다.

변동환율제flexible-exchange-rate system 이론적으로 보면, 고정환율제는 국가들 간의 국제협정에 의해서 결정된다. 반면 변동환율제는 시장요인에 의해서 결정된다. 용어해설 '통화환율' 참조.

변증법적 과정dialectical process 두 조건 사이 혹은 두 상반되는 힘 사이의 모순이 새로운 무엇을 만들어 내는 과정. 정(正)과 이에 반대되는 반(反)이 결합하여 합(合)을 만들어 낸다. 이 생각은 마르크스Karl Marx와 그의 철학과 이상을 신봉하는 추종자들에 의해 널리 알려졌다.

보호무역주의protectionism 수입관세나 국내생산자를 도와주는 수출보조금처럼 무역을 제한하거나 또는 촉진하는 정책이다. 또한 보호란 한 국가가 자국을 약화시키려는 다른 국가의 시도를 방어하기 위해서는 불가피하게 다양한 조치를 사용해야

한다고 생각하는 태도를 의미한다.

본원적 축적primitive accumulation 자본주의의 초창기 발전의 뿌리를 이루는 것으로 여겨지는 마르크스주의의 한 개념. 본원적 축적 과정은 자산(특히 토지)을 강제적 혹은 폭력적으로 탈취하는 과정이다.

볼사파밀리아(Bolsa Familia) 널리 칭송되는 브라질의 빈곤퇴치 프로그램으로 2003년에 시작되었다. 브라질 연방정부는 자녀가 학교에 다니고 필요한 모든 예방접종을 받는 것을 조건으로 저소득층 가정에게 매달 현금을 지원한다.

볼커룰Volcker rule 볼커Paul Volcker 전 연방준비제도이사회 의장의 이름을 본 딴 것으로, 연방정부에 의해 보증되는 예금을 보유한 은행들이 자기 돈으로 하는 고위험 투자, 이른바 자기자본거래를 하지 못하도록 금지하는 2010년 도드-프랭크법의 한 조항이다. 볼커룰은 이러한 은행들이 헤지펀드와 사모펀드에 투자할 수 있는 금액을 제한하여 또 다른 금융위기의 발생을 예방하기 위한 것이다.

부당채무odious debt 이전 부패한 정부가 초래한 대외채무로, 새로운 정부는 은행과 투자자에게 막대한 돈을 지불해야 하는 상황에 처하게 됨으로써 종종 개발을 위한 노력을 할 수 없게 된다. 전문가들은 극빈국들이 발전의 기회를 가질 수 있도록 이러한 채무는 탕감되어야 한다고 주장한다.

부르주아bourgeoisie 마르크스주의Marxian 분석에서 부르주아는 생산수단을 소유한 사람들로 구성된 자본가 계급이다. 일상 언어로 이 용어는 종종 우월한 정치권력을 가진 사회의 부유한 문화적 엘리트를 지칭한다. 용어해설 '프롤레타리아' 참조.

부실 유가증권toxic securities 전세계 투자자들에게 '묶어' 판매한 위험한 서브프라임 주택담보채권과 같은 투자 패키지. 이것이 부동산시장의 붕괴와 글로벌 금융위기를 초래하였으며, 결과적으로 많은

은행이 자신의 '부실 유가증권'으로 인해 큰 손실을 입고 말았다. 의회는 투자자(또는 담보자)로부터 이 증권을 매입하는 '구조계획'을 서둘러 통과시켰다. 용어해설 '부실자산구제프로그램TARP' 참조.

부실자산구제프로그램TARP: Troubled Asset Relief Program 2008년 10월에 금융위기를 해결하기 위해서 조지 W. 부시 행정부가 제안하고 의회에서 승인된 7,000억 달러 규모의 경제회복 프로그램. 오바마 행정부는 이 프로그램을 계승하여 시행했으며, 미국의 대형은행들에게 2,500억 달러를 공급하여 대형은행 간에 또 소형은행들에게 자금 대출을 증가시키려고 했다.

북대서양조약기구NATO: North Atlantic Treaty Organization 1949년 소련의 잠재적 공격을 방어하기 위해 북미와 유럽의 국가들이 만든 군사동맹. 현재 이 집단안보기구의 회원국에는 미국, 캐나다, 터키 및 유럽연합 대부분의 국가들이 포함된다.

북미자유무역협정NAFTA: North American Free Trade Agreement 2005년 완전하게 발효된 미국, 캐나다, 멕시코 간의 자유무역지대. 북미자유무역협정 조약은 1992년에 체결되어 1994년 발표되었다. 이 조약은 회원국들이 얼마나 많은 이득을 얻는지에 관한 의견의 일치가 없을 정도로 여전히 논란의 대상이 되고 있다.

분석수준levels of analysis 개인수준, 국가/사회수준, 국가간수준, 글로벌수준 등 4가지 분석수준을 얘기할 수 있다. 정치학자 월츠Kenneth W. Waltz가 국제분쟁 및 전쟁의 다양한 원인과 설명에 대한 이해를 돕기 위해 이러한 분석수준 접근법을 처음으로 개발하였다.

분쟁해결심판제도DSP: Dispute Settlement Panel 공정한 무역전문가로 구성된 WTO의 심판제도로서 무역분쟁을 관할한다. 패널은 WTO 규칙을 어긴 회원국과 분쟁해결심판제도의 권고에 순응하지 않는 회원국에 대한 무역제재를 승인할 수 있다.

불량국가rogue states 다른 국가에 적대적이거나 또는 다른 국가와 협력하기를 거부하는 국가. 이란, 시리아, 북한 등이 종종 불량국가의 예로 언급된다. 이들 국가는 또한 테러세력을 도와주는 나라로 지목된다.

불법 이주자irregular migrants 적법한 법률서류를 갖추지 않은 채 외국에 거주하면서 일을 하는 이주자. 이러한 노동자들은 허가를 받지 않고 입국을 했을 수도, 또는 비자를 갖고 입국했으나 허가기간을 넘겨 머물고 있을 수도 있다.

브레턴우즈체제와 회의 Bretton Woods system and conference 미국 뉴햄프셔 주 브레턴우즈는 제2차 세계대전 연합국(미국, 영국, 프랑스, 캐나다, 소련, 그 밖의 많은 다른 약소국들)의 대표자들이 참여하여 1944년 7월 일련의 회의가 열린 곳이다. 브레턴우즈협정은 국제통화기금, 세계은행, (나중에) 관세 및 무역에 관한 일반협정이 주도하는 전후 국제자유경제질서를 새롭게 창출하고자 했다.

비공식적 경제informal economy 규제되지 않고 대체로 세금이 부과되지 않는 경제의 일부분. 예를 들어, 저발전국가에서 대부분의 노점상은 '비공식'으로 분류된다.

비관세장벽NTBs: nontariff barriers 수입을 제한하는 여러 방법들로서 보건 및 안전에 관한 정부기준, 국산물품 사용의무 규정, 허가 및 상표표시 요건을 포함한다. 이러한 조치들은 수입품들이 소비자의 요구를 맞추기 어렵게 만들거나 수입품 가격을 현저히 상승시킨다.

비교우위comparative advantage '비교우위의 법칙'을 참조.

비교우위의 법칙law of comparative advantage 리카르도David Ricardo에 의하면 비교우위에 관한 이론은 다른 나라보다 낮은 비용으로 생산할 수 있는 나라가 그 재화를 생산하여 수출하고, 다른 나라보다 낮은 비용으로 생산한 물건은 수입해야 한다는 것을 말한다.

비대칭정보asymmetric information 특히 농촌 신용시장에 존재하는 문제로서, 돈을 빌리는 사람은 알지만 돈을 빌려주는 사람은 모르는 상황을 의미한다. "누가 믿을만하고 누구는 믿을만하지 못한가?"와 같은 정보의 부족은 돈을 빌려주는 사람으로 하여금 높은 이자율을 적용하게 하는데, 높은 이자율은 일반적으로 대출을 억제한다.

비밀주의 관할권secrecy jurisdictions 스위스나 바하마처럼 강력한 금융비밀 보호법을 갖춘 나라들. 조세회피와 돈세탁을 하는 사람들은 이러한 비밀보장 장치를 이용하여 수십억 달러를 자국 정부로부터 숨긴다.

비정부기구NGOs: Nongovernmental organizations(**시민단체**) 냉전 종식 이후 세계정치경제에서 점점 더 큰 역할을 하고 있는 국내 및 국제의 자발적 조직. 많은 비정부기구는 국가가 하지 못하거나 하지 않는 서비스를 제공하는 역할을 한다. 비정부기구의 예로는 그린피스, 적십자사, 국경 없는 의사회 등이 있다. 용어해설 '글로벌 시민사회' 참조.

비정통 개입주의적 자유주의자HILs: Heterodox Interventionist Liberals 경제에 있어서 국가가 최소한의 개입에 머물지 않고 좀 더 많은 역할을 하는 것을 지지하는 사람들. 즉, 국가가 사회 대다수의 사람들을 위해 시장을 유지하고 시장을 좀 더 효율적이고 효과적이 되도록 만드는 역할을 담당하는 것을 지지한다.

비차별nondiscrimination 세계무역기구가 채택하고 있는 원칙의 하나로, 비차별의 원칙에 따라 서로 다른 나라에서 생산한 제품들을 (일단 수입되면 국내제품과) 동등하게 대우한다. 이 원칙 하에서 특정국의 제품이 차별받을 수 없다. 용어해설 '최혜국대우' 참조.

사회적 책임투자socially responsible investing 토지 수용, 석유 거래에 얽힌 부패, 테러자금 조달, 인권침해 또는 지속불가능한 환경정책에 관여하는 등 사회적으로 또는 환경적으로 비윤리적인 특정 회사와 국가들을 회피하려는 투자자들의 노력을 말한다. 이러한 투자 전략은 시장 효율성보다 정의의 문제를 우선시함으로써 경제적 자유주의 원칙에 도전한다.

산업정책industrial policy 사업투자와 사업개발을 안내하거나 지도하기 위한 경제정책. 이러한 정책들은 종종 기업 및 무역보호를 지원하는 내용을 포함한다.

상표권trademarks 한 회사가 그 제품과 서비스를 구별하기 위해 등록한 기호나 상징(로고나 이름 포함). 상표는 보통 10년간 부여되고 갱신 가능하다. 상표권의 예에는 나이키 로고, 상표명 크리넥스, MGM의 사자 포효 등이 있다.

상품주기이론product cycle theory or product life-cycle theory 하버드대 정치경제학자 버논Raymond Vernon이 만들어낸 용어로서, 제품 혁신과 기술 확산으로 인해 발생하는 생산 및 교역 패턴을 묘사한다.

상품화commodification 상품 또는 품목에 대해 가격이 설정됨으로써 매매할 수 있게 되는 과정. 폴라니Karl Polanyi와 다른 이들은 17, 18세기 영국에서 자본주의가 작동하도록 하기 위해 토지, 노동, 자본의 상품화가 필수적이었다고 주장한다. 오늘날 관광업의 맥락에서 상품화는 문화적 대상물과 문화적 가치가 관광객의 선호와 요구에 맞춰 상품으로 변환되는 과정을 일컫는다.

상호의존interdependence   무역, 원조, 투자를 통해 국가 간 및 여타 행위자 간의 상호연결이 가능하다는 것에 대한 생각. 상호의존은 국가들이 보다 더 협력하도록 만들지만 동시에 한 나라가 다른 나라들의 행위에 대해 취약해지고 민감해지게 만들기도 한다.

상호확증파괴MAD: Mutually Assured Destruction   냉전 당시 미국과 소련이 사용한 전략으로서 각 나라가 그렇게 함으로써 자멸할지라도 상대방을 파괴하기 위한 충분한 군사력을 갖는다. 이는 어떤 나라도 실제적으로 핵전쟁을 '승리'로 이끄는 것이 불가능하다는 것을 보장한다고 여겨진다.

새천년개발목표MDGs: Millennium Development Goals 극도의 기아와 빈곤의 근절, 초등교육의 의무화, 양성평등과 여성의 역량 강화, 아동사망률 감소, 산모건강의 증진의 달성뿐만 아니라 에이즈, 말라리아 및 기타 질병의 박멸, 환경적 지속가능성의 보장, 발전을 위한 글로벌 협력 개발 등 유엔이 지원하는 현지 국가 차원에서의 활동과 노력이다.

생각의 생애주기 Life cycle of ideas   국제정치경제에 대한 구성주의적 접근법의 일부로서, 생각과 규범이 어디에서 유래하고 어떻게 자연스럽게 받아들여지게 되었는가, 즉 국가들과 국제기구들이 그것들을 어떻게 해당 정책들의 자명한 이유로 받아들이게 되었는가에 대해 밝히는 것을 목적으로 한다. 연구자들은 종종 당시에는 비주류에 속했던 생각들을 널리 알린 사람들 또는 조직적인 운동들을 살펴보기 위해 역사를 거슬러 올라간다.

생태관광ecotourism   환경을 보존하고 현지인들의 웰빙을 증진하는 자연지역으로의 책임 있는 여행. 생태관광은 세계 여러 곳에서 이익이 나는 벤처사업이 되어가고 있다.

서구중독westoxication   중동지역의 사람들이 수입된 서양세계의 문화적 아이디어와 제도에 매료되는 과정. 반서방 지도자들과 일부 테러리스트들은 미국 및 다른 산업화된 국가의 가치와 제도에 대해 반대하는 이유로 서구중독을 종종 언급한다.

서브프라임 모기지대출subprime mortgage loans   미국 은행들이 1990년대 중반 이전에 그랬듯이 더 높은 대출기준을 충족시킬 필요가 없는 소비자들에게 제공한 주택대출. 상환능력에 대한 증명을 별로 요구하지 않고 신용 점수를 낮추는 등 보다 용이한 조건으로 인해 주택대출 자격을 얻은 사람들의 수가 크게 증가했다. 많은 전문가들에 의하면, 서브프라임 주택대출은 글로벌 금융위기에 직접적으로 일조했으며, 미국식 자본주의의 가장 나쁜 특징을 일부 보여준다.

서비스무역에 관한 일반협정GATS: General Agreement on Trade in Services   1995년 발효된 세계무역기구 협정의 하나로, 회원국 간 서비스무역을 자유화하고 보험·정보통신·은행·운송 등과 같은 부문에 종사하는 외국회사를 대우함에 있어 준수해야 할 규칙을 담고 있다.

석유수출국기구OPEC: Organization of Petroleum Exporting Countries   제3세계 석유수출국가의 이익을 도모하기 위해 1960년에 창설된 국제기구. 1973년 OPEC은 미국과 네덜란드에 대한 석유수출을 중단하였으며, 석유가격의 급등을 초래하고, 석유카르텔로서 OPEC의 새로운 정치경제적 힘을 만천하에 과시하였다.

석유식량프로그램Oil for Food Program   페르시아 걸프 전쟁(1990~1991) 이후 이라크에게 식량과 긴급 구호물품을 구매할 수 있는 돈을 마련할 수 있도록 하기 위해 국제시장에 이라크의 석유를 제한적으로 판매할 수 있도록 허용한다는 대이라크 제재 유엔프로그램이었다. 이것은 많은 이라크 관료 및 일부 유엔 관리들이 프로그램의 시행과정에서 부패혐의로 기소되었을 정도로 논란의 대상이 되었던 프로그램이다.

석탄포집sequestration 지하에 탄소를 저장하는 방법. 만약 완전하다면, 석탄 에너지원에 의해 대기 중으로 방출되는 탄소의 양을 줄이는 데 특히 도움이 될 수 있다.

성장거점growth pole 주변부 지역의 경제성장을 위한 중심 역할을 수행하도록 전략적으로 선택된 지점. 기반시설에 대한 투자, 자본, 노동을 끌어들이기 위한 인센티브를 통해 성장거점에 자원을 집중함으로써 정부는 경제발전을 자극한다.

세계은행World Bank 공식적으로는 국제부흥개발은행IBRD이라고 하는 세계은행World Bank은 150개 이상의 회원국을 보유한 국제기관이다. 1944년 브레턴우즈협정에 따라 창설된 세계은행은 원래 제2차 세계대전 이후 유럽의 재건을 돕는 역할을 했다. 오늘날 세계은행은 저개발국의 경제발전을 촉진하기 위해 저개발국에게 저금리 자금과 양허성 차관을 제공한다.

세계화globalization 경제적 자유주의 사상과 정책이 추동하는 글로벌 경제통합 및 경제성장의 과정. 또한 세계화는 경제적 상호의존성의 강화뿐만 아니라 서양(미국)의 문화적 영향력의 전세계적 확산을 암시한다.

세력균형balance of power 널리 알려진, 논쟁의 여지가 많은 현실주의 이론으로서 물질적, 비물질적 요소들에 기반한 특정한 정도의 권력을 국가가 가지고 있다고 본다. 이론상 국가는 공유하는 국가이익에 기반하여 — 충돌하는 이익을 가진 나라들에는 반대해서 — 군집(혹은 서로 간의 동맹)을 형성한다. 국가들 간의 평화는 보통 체제 내의 힘의 분포

의 '대략적인 균형'과 연관된다. 이러한 힘의 분포가 양극(2), 삼극(3), 혹은 다극(3이상) 구조를 초래한다. 다른 사람들은 하나의 패권국, 혹은 지배적인 권력이 안보구조에 질서를 부여할 때 — 단극체제 혹은 헤게모니라고 불린다 — 평화가 이루어진다고 주장한다. 용어해설 '양극체제'와 '헤게모니' 참조.

소프트파워soft power 문화, 가치, 이상과 같은 무형의 요소를 통해 국제문제에 영향을 미칠 수 있는 힘. 소프트파워는 하드파워에 비해 덜 직접적으로 영향을 미치지만 때로는 좀 더 효과적으로 영향을 미친다.

수압파쇄hydraulic fracturing 프래킹fracking이라고도 한다. 높은 압력의 유체를 지하암석에 주입하여 바위를 깨부순 후 천연가스를 배출시킨 후 이를 지상에서 포집한다.

수익누수revenue leakage 식료품, 호텔설비, 광고비용, 영업수익의 본국송금, 공항설비를 포함하는 관광객과 관광회사가 요구한 물품의 수입과 서비스로 인해 초래된 관광산업에서의 수익 손실.

수입대체산업화ISI: import-substituting industrialization 공산품의 수입을 제한함으로써 국내 산업을 진작시키려는 경제개발의 전략. 이 전략은 수출지향성장과 대조를 이룬다.

수입쿼터import quotas 어떤 품목에 대해 한 나라에 수입될 수 있는 양에 대한 제한. 수입량을 제한함으로서, 쿼터(할당제)는 경쟁을 제한하는 동시에 제품의 가격을 상승시키는 경향이 있다.

수출보조금export subsidies 결과적으로 수출제품의 가격을 감소시켜 잠재적인 해외구매자에게 더욱 매력적인 상품으로 만들기 위해 정부가 생산자에게 주는 정부지원금.

수출자율규제 또는 수출자율규제협정 Voluntary Export Restraint or Voluntary Export Agreement 어떤 한 국가가 어떤 특정 수출 품목의 수출량을 스스로 제한하기로 약속하는 협정. 수출국이 수입국의 요구를 준수하지 않을 경우 경제제재 또는 어떤 다른 형태의 보복이 따를 것이라는 암묵적 위협에 기초하여 수입국은 수출국에게 수출량을 '자율적으로' 제한하라고 요구한다.

수출지향성장export-oriented growth 수출을 부추겨 글로벌 시장에 통합되는 것에 중점을 두는 경제성장 전략. 중국과 같은 많은 신흥시장경제 사이에서 인기 있는 전략으로 '수입대체산업화' 전략과 대조를 이룬다.

순환 이주circular migration 두 개 혹은 그 이상의 지점을 오락가락하는 이주. 모국으로부터 타국으로 일시적으로 이주하고 다시 되돌아오는 식의 계속 진행되는 패턴의 일부.

슈퍼 301조 Super 301 1970년대 외국시장을 미국의 수출에 대해 개방하도록 만들어진 공격적인 미국의 무역정책.

시민권citizenship 특정 국가 혹은 정부에 대한 충성을 서약한 자와 관련되는 법적 용어. 최근의 논쟁은 이민자, 망명신청자, 다른 나라에서 살며 일하고자 하는 사람들에게 시민권을 주기 위한 요건은 무엇인가를 둘러싸고 일어난다.

시장사회주의market socialism 구소련 공산진영 국가들이 사회주의경제체제에 시장경제적 요소를 결합하려고 했던 노력을 설명하는 1990년대 유행했던 용어. 상대적으로 이에 성공한 나라로는 헝가리, 폴란드, 체코공화국 등을 들 수 있다. 많은 구 공산국가 및 심지어 여전히 공산국가인 개발도상국(예, 중국)조차 같은 목적으로 이를 추진하고 있다.

시장화marketization 고전적 사회주의에서 자본주의로 바뀌는 경제체제 전환과정의 한 측면. 특정 상품이 시장화 되면, 이 상품의 거래와 교환은 중앙의 계획화를 대신하여 수요와 공급의 원칙에 의해 결정된다.

식량안보Food security 국가안보의 한 요소. 국가의 식량공급의 안정에 관한 우려를 논의한다.

식량우선주의Food First 1970년 라페Frances Moore Lappe가 도입한 것으로서 기아는 소득 및 토지분배의 결합 때문에 발생하는 것이지 식량생산의 부족이나 과잉인구 때문이 아니라는 주장. 이 주장의 옹호자에 따르면, 기아는 저개발국의 **독특하고 고유한** 문제가 아니고, 선진국과의 정치, 경제적 관계의 **부산물**이다.

식량주권food sovereignty 개발도상국의 농민들이 자신의 토지, 씨앗, 물 등을 통제하고, 다양한 영양가 있는 식량을 키울 수 있는 권리를 강조한 개념. 현지 공동체가 초국가적인 농산업의 압력에 맞서 자신들의 식량체계, 농업생산, 소비 등을 통제하는 권리를 포함한다.

식민주의colonialism 힘이 약한 나라 또한 그 지역을 차지하거나 지배하였던 주요 유럽열강(그리고 훗날 미국, 독일, 일본)의 행위. 용어해설 '신제국주의neoimperialism' 참조.

신국제경제질서NIEO: New International Economic Order 국제경제질서를 근본적으로 개혁하기 위해 1970년대 초 개발도상국이 시작한 운동이다. 세계 자원문제에 대해 논의한 1974년 제6회 유엔특별총회에서 아시아 · 아프리카의 제3세계 국가 등 77그룹으로 불리는 국가에 의해 선진국이 주도하는 국제경제질서가 폐지되고 자원주권을 확립하는 것을 중심으로 하는 신국제경제질서의 수립에 관한 선언이 채택되었다.

신보수주의neoconservatives(네오콘neocons) 오늘날

보수주의적 경제관을 가진 사람에게 적용됨. 그러나 '네오콘'은 조지 W. 부시 행정부에서 미국이 필요하거나 정당하다고 여길 때는 언제든지 군대를 사용할 수 있다는 일방주의적인 관점을 가지는 정부관료를 지칭하기도 한다. 이 견해는 또한 미국이 자신이 원하는 대로 세계에 평화를 만들어야 한다는 생각했다.

신용부도스와프credit default swaps　미국에서 대형 은행들이 그들의 대출금을 상환하지 못할 가능성에 대비하여 투자자들이 사실상 보험을 구매하는 제도. 많은 투자자들은 대형 은행들이 실패할 가능성과 실패하지 않을 가능성 모두에 대해 돈을 걺으로써 스스로를 보호했다. 서브프라임 채무불이행과 파산이 증가했을 때, 대형 은행들과 AIG는 신용부도스와프에 의해 청구된 금액을 지불할 돈을 갖지 못했고, 그로 인해 미국의 금융위기가 가속화되었다.

신자유주의neoliberalism　스미스Adam Smith와 리카르도David Ricardo와 같은 고전적 자유주의자들이 옹호했던 경제정책으로의 회귀를 선호하는 관점. 신자유주의는 시장 탈규제, 국유기업 민영화, 최소한의 정부개입, 개방적 국제시장을 강조한다. 고전적 자유주의와 달리, 신자유주의는 하나의 정치경제학 시각이라기보다는 일차적으로 경제정책 아젠다이다.

신제국주의neoimperialism　자본주의에 대한 구조주의 해석의 일부. 중심부 국가가 전세계에 걸친 금융, 생산, 무역구조를 통해 주변부를 착취한다. 고전적 제국주의가 그 목적달성을 위해 폭력을 사용하는 반면, 신제국주의는 약한 국가를 복속시키고 지배하기 위해 비군사적 도구를 사용한다는 점을 강조한다. 용어해설 '제국주의' 참조.

신중상주의neomercantilism　제2차 세계대전 이후의 국제질서 속에서 진화된 중상주의의 변형. 오늘날 신중상주의는 무역흑자를 낳는 정책에 중점을 두기보다는 부를 창출하고 국가안보를 증진하기 위해 다양한 보호주의적 무역·금융·발전 정책을 포함한다.

신현실주의neorealism　무정부상태인 국제체제에서 국가는 자신의 생존과 안보를 보장하기 위해서는 예측 가능한 방식으로 행동할 수밖에 없다고 주장하는 국제관계이론.

신흥경제emerging economies　국가통제 정치경제체제로부터 좀 더 시장 지향적인 정책으로 전환에 성공한 나라. 중국, 인도, 인도네시아, 말레이시아, 필리핀, 한국, 태국, 아르헨티나, 브라질, 러시아 등이 이에 해당한다. 2000년대 말에 이르러서는 이들 나라 중 많은 나라가 다양한 국제기구 및 기관에서 점점 더 큰 역할을 담당하게 되었다.

실로비키Siloviki　비밀경찰, 정보기관, 법집행기관 경력을 가진 실로비키라고 하는 러시아 대통령 푸틴의 강력한 정치적 동맹자들. 이들 푸틴의 친구 및 정치적 동맹자들은 푸틴이 정치적 권력의 집중을 강화하고, 러시아의회 두마를 약화시키고, 독립언론과 시민사회를 억누르도록 도와준다.

아웃소싱outsourcing　회사가 재화와 서비스의 생산 공정의 일부를 다른 나라로 이전하는 것. 경제적 자유주의자들은 아웃소싱을 국제적 생산·무역이 세계화되는 과정의 일부로 생각한다.

악의 없는 중상주의benign mercantilism　위해한 국제 정치·경제적 힘에 맞서 국내경제를 보호하려는 방어적 전략을 쓰는 중상주의. 일국이 악의 없는 것으로 의도한 것을 다른 나라는 악의적인(적대적인) 것으로 해석할 수 있다.

악의적 중상주의자malevolent mercantilist　적 또는 잠재적인 적을 패퇴시키기 위해 의도적으로 유해한 정책을 사용하는 나라(또는 사람). 제2차 세계대전 이전의 독일과 일본과 관련된다.

안보공동체security community 많은 구성주의자들은 (현실주의자도 역시) 얼핏 보기에 적대적인 경쟁자들 간에도 자신들이 하나의 안보공동체의 일원이라는 공유된 이해가 있다면 종종 서로 협력한다는 사실을 발견한다. 안보공동체는 도덕적 기준을 공유하고 일정 정도의 상호신뢰를 갖고 있는 사람들의 집단이다. 유럽안보협력기구OSCE가 그 좋은 예로서, 1970년대 중반 유럽의 안보문제에 관하여 냉전의 적대자들이 협력할 수 있는 절차로서 창설되었다.

안보딜레마security dilemma 현실주의자들이 묘사하는 상황으로, 스스로를 보호하거나 방어능력을 증진하려는 한 나라의 노력이 다른 나라에겐 위협으로 간주되는 상황을 일컫는다.

양극체제bipolarity 두 개의 중심 권력에 의해 운영되는 국제안보구조 상황. 이론상, 각 지배국가 혹은 '축'과 그 '영향권' 하에 있는 국가들이 양자 간의 세력분포를 상대적으로 균등하게 유지하기 위해 경쟁한다. 용어해설 '냉전' 참조.

양적완화quantitative easing 미국연방준비제도나 영란은행 같은 중앙은행들은 정부채권, 모기지 증권, 여타 자산을 매입하는데 사용되는 신규 통화를 공급하는 양적완화를 시행한다. 그것은 양적완화를 통해 이자율을 낮춤으로써 민간기업들이 새로운 투자를 행하고 민간은행들이 더 많은 대출을 하도록 하기 위함이었다. 연방준비제도는 2008년부터 2012년 사이에 세 차례의 양적완화를 실시했다.

역내 무역권intraregional trade bloc 특정 지역의 국가들이 지역 내 다른 회원국과의 무역장벽을 제거하는 무역협정. 아시아·태평양경제협력포럼은 18개 아시아·태평양 국가들을 강제적이지 않은 협정에 통합시켜 2020년까지 회원국 간 무역장벽을 점진적으로 제거하는 것을 목적으로 한다.

연구개발R&D: research and development 국가가 신기술을 개발하고 신제품과 혁신적 공정을 만들어 내기 위해 취하는 행동. 이러한 행동은 정부보조 연구기관이나 민간기업에서 이루어지며 과학 발전을 위해서 중요하다.

연쇄 이주chain migration (이주목적지의) 새로운 공동체 또는 사회에 있는 가족구성원 또는 사회 연결망에 결합하기 위해 이주가 발생하는 과정.

연화soft currency 그 가치가 (아마도 높은 인플레이션 때문에) 불확실하며, 국제거래에서 널리 통용되지 않는 통화. 연화는 대개 그 통화를 발행하는 국가 안에서만 사용될 수 있는 반면, '경화'는 대부분의 국가들에서 교환되고 사용된다.

오바마독트린Obama doctrine 오바마 행정부의 비공식적 외교정책 독트린으로서 일방주의적 접근과 다자주의적 접근을 혼합하고, 지상전을 회피하며, 드론, 합동타격부대, 사이버 도구들에 의존한다. 전략적으로 이는 아시아-태평양 지역에 초점을 맞추고 동맹국들로부터 더 많은 안보 분담을 기대한다.

오일달러 재순환petrodollar recycling 1973년 이후 석유수출국들이 석유수입국에게 돈을 빌려주고, 석유생산자의 상품수입을 지원하고, 해외자산을 매입하는 등 글로벌 금융시스템을 통해 자국의 석유수출수익금을 재순환하는 체제.

오존고갈ozone depletion 1985년 남극 상공에서 오존층에 구멍이 발견되었다. 그 원인은 온실가스의 일종인 프레온가스인데, 많은 가정용 제품에 사용된다. 1987년 유엔몬트리올의정서에 의해서 금지되었다.

올리가르히Oligarchs 일반적으로 자기 자신의 이익을 실현하기 위해 정부를 장악하려고 하는 소수의 사람들의 집단을 의미하는 용어. 예를 들어, 1990년대 러시아에서 부유한 언론사 사장 및 석유회사

소유자들은 다양한 문제를 둘러싸고 국가관료에게 도전했다.

외국인직접투자(해외직접투자)FDI: foreign direct investment
어떤 기업(보통 초국적기업)이 다른 나라에 있는 생산, 유통 및 판매 설비에 행하는 투자. **직접**이라는 용어는 본국의 모기업이 투자유치국에 있는 자원에 대해 행사하는 통제력을 뜻한다.

외환위기currency crisis 어느 한 나라의 통화 가치가 금융 거품, 투기적 공격 또는 여타 국제금융 여건 등의 결과로서 단기간에 폭락하는 상황. 일부 경제사학자들은 외환위기는 자본주의에 만연한 현상이라고 주장한다.

우루과이라운드Uruguay Round 특히 서비스 및 농산물 관련 무역장벽을 낮추는 데 초점을 맞춘 관세 및 무역에 관한 일반협정(1986~1994)의 회원국들이 참여한 일련의 협상. 우루과이라운드는 최종적으로 세계무역기구의 설립으로 이어졌다.

워싱턴 컨센서스Washington Consensus 저개발국은 인플레이션을 낮추고, 재정적자를 줄이고, 민영화하고, 규제를 완화하고, 시장을 개방하기 위한 정책을 채택해야 한다는 관점으로 종종 미국 재무부, 세계은행, 국제통화기금, 세계무역기구의 정책제안에서 찾아볼 수 있다. 용어해설 '구조조정정책 SAP' 참조.

유럽경제공동체EEC: European Economic Community 1957년 로마조약에 의해 만들어졌으며 6개국이 — 프랑스, (서부)독일, 이탈리아, 벨기에, 네덜란드, 룩셈부르크 등 — 회원국으로 참여한 초기 유럽 '공동시장'이다. 회원국 사이의 무역장벽을 낮추고 회원국의 생산자를 보호하기 위해 역외 국가에 대해 공동관세를 적용했다. 1967년 EEC는 유럽석탄철강공동체European Coal and Steel Community 및 유럽원자력에너지위원회European Atomic Energy Commission

와 합쳐져서 유럽공동체European Community가 만들어졌다.

유럽사법재판소ECJ: European Court of Justice 유럽연합의 최고법원. 유럽연합 회원국마다 한 명의 대표자로 구성된다. 유럽사법재판소의 공식기능은 유럽연합 법률이 개별 회원국에 균일하게 적용되도록 하는 것이다.

유럽연합EU: European Union 1992년 마스트리히트 조약에 의거하여 유럽공동체European Community를 대체한 조직. 유럽연합EU이 공식적인 의미에서 아직 정치동맹에 이르지는 못했다는 사실에 주목하라. 현재 유럽연합은 회원국의 일부 권리를 그대로 존속시키고 있다. 동시에 일부 정책분야에서는 국가로부터 독립된 권위를 갖는 진정한 의미에서의 초국가적 기관이 유럽연합EU 안에 존재한다.

유럽연합각료이사회Council of the European Union 유럽연합의 핵심 입법기관. 각 유럽연합 회원국마다 한 명의 대표자로 구성된다. 여러 다른 국가 출신의 의원들은 각기 다른 이슈를 전문적으로 담당한다. 유럽연합이사회의 주요 기능은 유럽법을 제정하는 것인데, 이는 종종 유럽집행위원회 및 유럽의회와 협력이 요구되는 일이다. 유럽연합각료이사회의 의사결정 권한이 가장 큰 힘을 발휘하는 주요 영역은 외교정책, 재정정책, 경제정책 영역이다.

유럽의회EP: European Parliament 전통적 의회와는 다른 별개의 기관. 유럽연합 회원국에서 선출된 의원들은 자국 의원들 대신에 여러 다른 나라의 같은 정당 소속 의원들과 자리를 함께한다. 예를 들어, 유럽연합 여러 회원국의 사회당 의원들이 함께 의정활동을 펼치는데, 보수당, 기독민주당, 녹색당, 기타 정당 소속 의원들도 마찬가지이다. 유럽의회의 주요 정치적 기능은 첫째, 정책프로그램 및 유럽법률안의 초안을 작성하는 것이다. 둘째, 유럽법의 제정에 있어서 각료이사회와 협력하는 것이다.

셋째, 유럽연합의 예산안을 통과시키는 것인데, 이를 위해 각료이사회와 협상한다. 넷째, 유럽위원회 European Commission를 승인하고 통제하는 것이다.

유럽이사회European Council 유럽연합회원국의 국가원수 및 정부수반으로 구성된 기구. 외교관계, 분쟁해결, 유럽연합조약의 개정에 관한 전략적·정치적 결정을 내린다.

유럽자유무역지대EFTA: European Free Trade Area 1960년에 영국이 추진하였던 유럽자유무역지대는 유럽경제공동체에 속하지 않은 국가들로 이뤄졌다. 유럽자유무역지대의 회원국은 서로 간의 역내 무역장벽을 제거하였지만, 각자 제3국에 대해 관세를 부과할 수 있는 권리는 그대로 유지했다.

유럽중앙은행ECB: European Central Bank 1998년에 설립된 유럽중앙은행은 유럽경제통화동맹의 단일통화정책을 정하고 집행하기 위해 회원국 은행들과 긴밀하게 협력한다. 유럽중앙은행은 금융안정의 강화를 목적으로 외환거래를 감독하고 외환보유고를 관리한다.

유럽집행위원회European Commission 1967년에 처음 설립된 비선출직 기관. 각 회원국이 임명한 위원들로 구성되지만 위원들은 자신을 임명한 국가를 위해 일하지 않는다. 유럽집행위원회는 EU 회원국이 체결한 조약을 집행한다. 유럽집행위원회 위원들은 새로운 법률안을 발의하며 유럽공동체의 일상 업무를 처리한다.

유럽통화동맹EMU: European Monetary Union 경제통화동맹이라고도 한다. 다수의 유럽국가들이 2002년 도입된 공동화폐 유로를 채택하기로 약속한 협정. 이 책 출판 당시 유로존 회원국의 수는 17개 국가였다. 글로벌 경제위기는 많은 나라들로 하여금 EMU에 남기 위한 조건을 지킬 것인지에 관해 고민하게 만들었다.

유로존Euro Zone 유로화를 통화로 사용하는 유럽통화동맹의 17개 국가를 의미하는 또 다른 용어.

유물사관historical materialism 마르크스의 중심적인 생각으로서 사회, 정치적 제도가 관념만이 아니라, 경제의 물질적 기반 위에 건설된다는 생각.

유엔기후변화협약UNFCCC: United Nations Framework Convention on Climate Change 지구정상회의에서 체결된 환경조약으로서 추후 수정되어 교토의정서로 귀결된다.

유엔무역개발회의UNCTAD: United Nations Conference on Trade and Development 1964년 창설된 UNCTAD는 개발도상국을 위한 UN산하기구이다. 2년에 한번 열리는 이 회의는 선진국의 정치 및 경제적 이익을 대변하는 경제협력개발기구OECD의 영향력을 견제하도록 설계되었다.

유엔환경프로그램UNEP: United Nations Environment Program 이 유엔기구는 조약의 초안을 작성하고, 협력을 위한 장을 제공하고, 환경에 대한 과학적 평가를 위한 데이터베이스와 참고자료를 만든다. UNEP는 환경변화에 관한 정부간 패널을 만드는데 도움을 주었고, 교토의정서 등과 같은 조약내용에 대한 권고를 한다.

유전자변형생물GMOs: genetically modified organisms GMO라 불리기도 한다. 상업적 또는 과학적 이득을 위해 유전자 코드를 변형시킨 생물체. 예컨대, 좋은 영양 성분을 증가시키기 위한 작물의 유전자 변형이 있다. GMO의 비판자들은 자연의 생물다양성, 이에 수반하는 단일작물 농업기술, 제초제에 대한 과도한 의존 등을 우려한다.

유치산업infant industries 오래되고 보다 효율적인 외국의 산업과 비교할 때 불리한 위치에 처한 한 나라의 신생산업. 대부분의 중상주의자들과 심지어 몇몇 경제적 자유주의자들마저도 신생산업이 보다 발달된 산업과 공정히 경쟁할 수 있을 때까지 보호주의적 조치를 취하는 것은 정당하다고 주장한다.

음모론conspiracism 아랍지역 또는 아랍국가의 문제에 대한 서방과 이스라엘의 은밀한 조작을 비난하는, 이란 및 아랍국가에 널리 퍼져있는 정치문화. 일부 학자들은 이러한 사고방식이 서구와 이스라엘에 대해 영원히 의심하는 생각을 갖게 함으로써 극단주의를 부추긴다고 우려한다.

이민immigration 영구 거주자가 될 목적으로 다른 나라로 옮겨가는 것.

이윤의 역설profit paradox 사법당국이 수요가 많은 (예를 들면 마약) 어떤 품목의 거래를 금지하려고 시도할 때 공급의 감소는 단기적으로 가격을 상승시키지만, 그 품목을 불법적으로 공급하려는 사람들이 얻는 이윤을 키워준다. 이로써 다른 사람들도 불법적인 그 사업에 진입하도록 장려하게 된다. 이와 같이 범죄자들이 거래금지 조치를 우회하는 방법들을 찾아내게 되면 공급의 일시적인 감소는 역전된다.

이전가격transfer pricing 초국적기업들이 세금을 회피하기 위해 다른 나라에 있는 자회사들 간에 회계지표를 옮길 때 사용하는 기법.

이주migration 흔히 정치적 또는 종교적 자유, 경제적 기회, 가족과의 재결합 또는 특정 자원에 대한 접근을 쫓아서 개인 또는 집단이 한 장소에서 다른 장소로 이동하는 것.

이주근로자guest worker 비거주 외국노동자. 이주근로자들은 외국에 한시적으로 고용되지만 그들의 체류기간과 근로조건 모두 수용국이 규정한 바에 따른다. 수용국은 또한 그들이 영주권과 시민권을 취득하지 못하도록 한다.

이중부담double burden 중하위 소득 국가가 직면하고 있는 상황으로 인구 중에 심각한 영양실조와 비만이 동시에 존재하는 상황이다. 일부 가난한 사람들은 먹거리의 부족과 전염병에 시달리고 있는 반면, 다른 사람들은 지방과 높은 칼로리, 가공식품 등의 소비에 기인하는 과잉영양으로 인해 — 비만과 당뇨병과 같은 비만 관련 만성질환으로 인해 — 고통을 겪고 있다.

인격권publicity rights 유명한 사람의 이름, 이미지, 혹은 나타나는 특징. 일부 국가는 유명인들이 이들을 통제하는 것을 허용한다. 이 권리들은 물려받을 수도 있고 마케팅 목적으로 사용하려는 제3자에게 판매될 수 있다.

인구배당demographic dividend 인도와 터키 같은 나라에서 젊은 인구의 빠른 증가가 유발하는 미래의 경제성장.

인구변천demographic transition 출생률 감소로 인구 증가율이 감소하고 1인당 소득수준이 상승하는 지점. 인구 억제만으로 경제발전을 가져올 수 있고 전세계적 기아문제를 해결할 수 있다는 생각을 거부하는 사람들의 주장.

인소싱insourcing 생산시설을 해외로 옮겼던 회사가 본부를 두고 있는 나라의 자사 공장에서 제품생산을 재개하기로 결정했을 때, 우리는 이것을 인소싱이라고 부른다. 다시 말해, 회사가 모국에서 신규투자를 하고 근로자를 고용함으로써 제품생산과 조립을 위해 중국과 같은 외국의 하청업자를 더 이상 이용하지 않는 것이다.

인티파다intifada 이스라엘에 의한 요르단 강 서안 웨스트뱅크 및 가자지구 점령에 대한 팔레스타인 주민들의 '봉기'를 의미하는 아랍어 용어. 두 차례의 인티파다가 있었는데, 첫 번째는 1987년에 시작되었고, 두 번째는 2000년에 시작되었다.

자본주의capitalism 자본과 사회적 부를 소유한 사람들이 갖고 있는 정치이데올로기. 그러나 오늘날 일반적으로 자본주의는 사유재산과 자유시장을 기반으로 하는 시장지배체제 경제조직을 의미한다.

자본통제capital controls 하나 또는 하나 이상의 나라로 들어오고 나가는 돈 또는 국제 투자자금의 유입과 유출을 제한하거나 통제하고자 하는 정부의 규칙이나 규제. 자본통제의 목적은 국제적 자본이동의 질서를 유지하고 금융 및 외환이 불안정해지는 것을 방지하는 데 있다.

자원의 저주resource curse 이 현상은 천연자원이 상대적으로 풍부한 국가들이 어떻게 정부의 부실과 부패로 인해 여전히 저개발 상태에 머물고 있는지를 설명한다. 현지 석유에 대한 높은 수요에 기초하는 낙관론과 함께 — 예를 들어 나이지리아의 경우처럼 — 흔히 많은 사람들이 겪고 있는 비참한 현실이 존재한다.

자유무역free trade 경제적 자유주의자가 주창하는 가장 인기 있는 정책 중 하나이다. 정부의 경제개입이 효율성과 전체의 부를 훼손한다는 자유방임적 생각을 고수하는 자유무역은 국제경쟁으로부터 국내생산자를 보호하기 위해 고안된 보호무역 조치를 제거한다. 1947년 이래 자유무역은 국제무역 관련 기구들 대부분이 추구하는 주요 목표이다.

자전거론bicycle theory 자전거가 쓰러지지 않고 균형을 유지하려면 계속 움직여야하듯이 유럽연합은 정치적 결속을 유지하려면 (지역통합의 차원에서) 계속 진전을 이뤄야만 한다고 주장하는 이론. 또한 이 용어는 보호무역주의가 되살아나는(즉, 자전거가 쓰러지는) 위험을 피하려면 계속해서 무역장벽을 제거해야 한다는 맥락에서 무역정책에도 적용된다.

저작권copyrights 예술가 및 창작자들의 작품을 다른 사람들이 허가 없이 재생산하거나 출판하는 것을 방지하기 위해 정부가 부여한 권리. 이 법적 보호는 책, 영화, 텔레비전 프로그램, 음악, 잡지, 사진, 소프트웨어, 데이터베이스 등에 부여된다.

전략적 무역정책strategic trade policies 의도적으로 무역에 있어 비교우위를 창출하려는 국가적 노력의 일환으로, 제품의 연구개발이나 특정 산업에 보조금을 지급하여 '학습곡선'상 외국의 경쟁자들보다 생산효율성이 높은 지점에 도달하게 하는 것과 같은 방법에 의한다. 전략적 무역정책은 종종 국가의 산업정책, 즉 산업발전의 특정한 패턴을 증진하려고 국가가 경제에 개입하는 정책과 관련된다.

전략적 자원strategic resources 석유와 고무와 같이 그 수요와 공급이 한 나라의 국가안보에 중요한 영향을 미치는 자원. 대부분의 나라들은 자국에 부족한 자원을 타국에 지나치게 의존하게 되는 것을 두려워한다.

전문화specialization 스미스Adam Smith, 리카르도 David Ricardo, 그 밖의 경제적 자유주의자들의 주장에 따르면, 교역국들은 비교우위를 갖는 산업부문에 생산을 집중해야 한다. 경쟁이 치열한 세계화 시대에 지구상에 존재하는 서로 다른 국가와 지역은 전체 생산과정의 특정 부분에 전문화를 할 수밖에 없다. 이러한 전문화는 흔히 천혜의 유리함이라기보다는 국가의 정책에 의해 의도적으로 조성된 이점을 반영한다.

전시효과demonstration effect 관광객이 소유한 비싼 물건에 대한 욕망을 갖게 되지만 실제로 그것을 살 수 없기 때문에 생기는 열등감. 이러한 열등감은 특히 젊은 현지인들이 부유한 외국 관광객의 물건을 원하게 되고 그들의 가치, 생활양식, 행동을 모방하게 되는 관광업의 경우에 생겨난다.

전염contagion 통화, 자금, 원자재 시장, 시장심리 변동 등과 같은 국제적 연계를 통해 금융위기가 한

국민경제에서 또 다른 국민경제로 확산되는 것.

전유성이론appropriability theory　초국적기업은 기업 특유의 이점이 경쟁기업들에 의해서 사용되거나 습득되지 못하도록 하기 위해서 해외직접투자를 하게 된다는 이론.

전통지식traditional knowledge　원주민 공동체나 토착 공동체에 의해 축적된 지식으로서 식물, 식물사용, 농업, 토지사용, 민간전승, 그리고 영적인 문제들에 연관된 것. 원주민들은 추수 및 교배관습을 통해 다양한 종류의 식물 다양성을 발전시켜왔으며, 사실 북아메리카와 유럽의 주요 작물은 원래 이런 토착 공동체로부터 온 경우가 많다.

절약의 역설paradox of thrift　만약 어느 한 개인이 더 많은 소득을 저축한다면, 이성적으로 보면 그 사람은 경제적으로 더욱 안전해질지도 모른다. 그러나 만약 모든 사람이 이렇게 한다면, 그러한 행동은 경기침체를 초래할 수 있고 모든 사람이 경제적으로 덜 안전해진다. 절약의 역설은 규제되지 않는 경제에 내포된 잠재적인 문제점의 한 예다. 케인즈는 절약의 역설 문제를 극복하기 위해 경제에서 국가의 적극적인 역할을 옹호했다.

정실자본주의crony capitalism　아시아와 여타 국가들에서 부패를 조장하는 긴밀한 기업-정부 관계를 비판적으로 표현하는 용어. 종종 금융위기의 원인 또는 발전의 실패 원인으로 제시된다.

정착민 국가settler states　이민자에게 영주권자 및/또는 시민권자가 될 기회를 허락하는 미국과 호주와 같은 나라.

정통 경제적 자유주의자OELs: Orthodox Economic Liberals 경제적 자유주의의 사상, 가치, 정책적 처방을 철저하게 따르는 사람들. 이들 대부분은 가능한 한 국가 대신에 '개방' 또는 '자유' 시장이 사회·정치적 성과를 결정하도록 내버려두어야 한다는 것에

의견을 같이한다.

제국주의imperialism　홉슨J. A. Hobson, 레닌V. I. Lenin, 룩셈부르크R. Luxemburg 등의 저작과 관련이 있는 고전적 제국주의는 종종 선진국이 개발도상국가의 지역을 정복 및 식민지화 했던 역사적 시기와 연관이 있다. 오늘날 신제국주의는 종종 무역이나 해외직접투자를 통한 다른 나라에 대한 지배를 의미한다.

제로섬게임zero-sum game(영합게임)　어느 한 당사자가 얻는 이득과 다른 당사자들이 입는 손해가 일치하는 게임. 이 개념은 현실주의-중상주의 시각에 큰 역할을 한다.

제한-기회 딜레마restriction-opportunity dilemma　수요가 큰 어떤 물품(예를 들면, 마약과 총기)의 거래를 금지하려는 시도가 종종 역효과를 내는 상황을 말한다. 그 이유는 금지조치로 인하여 그 물품을 암시장을 통해 공급하는 것이 더 높은 수익을 가져다주기 때문이다.

조세회피처tax havens　강력한 금융비밀보호법을 갖춘 소규모의 국가 및 영역들을 말한다. 이 주권관할권들은 본국 정부로부터 자신의 소득을 감추려고 하는 조세회피 및 돈세탁 희망자들을 유인한다. 이들은 자신의 돈에 대한 세금을 지불하지 않고, (종종 합법적인) 소득원에 대한 조사가 개시되지 않도록 하기 위해 조세회피처를 이용한다.

종속이론dependency theory　산업화된 선진국(중심부)과 덜 발달된 국가들(주변부)과의 관계를 설명하는 이론으로서 덜 발전한 국가를 더 부유한 나라에 종속시키는 양자 간에 존재하는 수많은 연결고리를 강조한다. 이 연결고리에는 무역, 금융, 기술이 포함된다.

죄수의 딜레마prisoner' dilemma　프린스턴 수학교수 터커A. W. Tucker가 사회의 각 개인이 최선의 이익

을 선택하는 것이 반드시 집단 전체의 최선의 이익이 되지 않는 상황을 설명하기 위해 만든 용어이다. 모든 개인들이 어떤 한 이슈에 대해 협력하는 경우 그 사람들의 집단은 이득을 얻을 수 있을 것이다. 그러나 각 개인은 종종 자신의 상황을 최대한 이용해서 협력 대신 '배신defect'을 선택하고자 하는 유인동기를 갖는다.

주권sovereignty 어떤 사회 내에서 최고의 권위를 행사할 수 있는 능력. 현실주의적 중상주의자에게 있어서 주권은 외부세력의 간섭으로부터의 독립을 의미하기도 한다.

주권의 상업화commercialization of sovereignty 한 국가가 상업적인 특혜와 보호를 다른 나라의 시민과 기업들에게 돈을 받고 임대하게 되는 과정이다. 그 예에는 편의치적선제도를 제공하는 것과 조세회피처 역할을 하는 것 등이 포함된다.

주변부periphery 근대세계체제의 산업화되지 않은 지역인데, 농산품과 자연자원을 주로 생산한다. 용어해설 '중심부'와 '근대세계체제' 참조. 근대세계체제는 주변부(예컨대, 개발도상국) 국가들이 보통 중심부 국가들과의 상호작용 때문에 빈곤해진다고 가설을 세운다.

준비통화reserve currency 한 국가의 중앙은행이 외환보유고로 보유하고 있는 통화. 미국 달러화는 세계에서 가장 보편적인 준비통화이며, 많은 국제거래와 상품들은 미국 달러화로 그 가격이 매겨진다.

중상주의mercantilism 국부의 축적을 정부관료 및 사회의 주요 목표로 삼는 17세기 이데올로기. 오늘날에 있어서 중상주의는 국력과 안보의 강화를 위한 방법으로 국가경제에 대한 정부규제를 추구하는 경제철학 및 행위를 의미한다. 이러한 목표의 실현을 위해 (다른 나라의 비용으로 부를 축적하는) 수입제한정책 및 수출촉진정책이 사용된다. 용

어해설 '경제적 민족주의' 참조.

중심부core 근대세계체제론에서 글로벌 경제체제의 개발도상국을 지칭하기 위해 사용하는 용어로서 북이라고도 알려져 있다. 주변부 — 혹은 남 — 는 글로벌 경제체제의 덜 발달한 지역을 일컫는다. 용어해설 '근대세계체제' 참조.

중앙은행central bank 국가 최고의 금융기관. 중앙은행은 국내 금융기관을 규제하고 국내 이자율과 환율에 영향을 미친다. 영국의 중앙은행은 영국통화를 발행하는 영란은행Bank of England이다.

증권securities 시장에서 거래 가능한 증서로 구매자는 자산의 소유권을 얻거나 또는 기본자산으로부터 이자를 받는다. 증권은 시장에서 거래된다. 채권bonds은 정부나 민간기업이 미래의 정해진 시점에 채권의 원금 및 이자를 구매자에게 상환하기로 약속한 증권의 일종이다. 주택저당증권은 이 증권의 기초를 이루는 주택저당채권으로부터 수익을 약속받은 투자자가 매입한다. 기본적으로 증권의 구매자가 미래에 (이자와 함께) 빌린 돈을 상환할 것을 약속하는 발행자에게 돈을 빌려준다.

지구정상회의Earth Summit 1992년 리우데자네이루에서 열린 회의로 공식명칭은 환경과 발전에 관한 유엔회의이다. 동 회의는 환경보존과 경제개발에 초점을 맞추었으며, 생물다양성 조약과 온실가스 배출에 관한 협약을 시작했는데, 이는 교토의정서로 발전되었다.

지대국가rentier state 정부 재정수입의 상당부분을 석유 및 가스의 수출세에 의존하고 있는 나라. 이란, 이라크, 리비아, 알제리, 걸프협력회의 회원국 등의 경우 이러한 수익을 통해 창출된 경제적 부가 일반적으로 비교적 소수 엘리트의 손에 집중되어있다.

지대추구행위rent seeking 효율적인 생산을 통해서가 아니라 인위적인 희소성을 만들어냄으로써 개

인적인 이득을 취하려는 시도들. 많은 부패 행위들이 이 지대추구행위의 예로 간주될 수 있다.

지리적 표시|GIs: geographical indications   특정 지역에서 만들어진, 특정 지역과 연관된 특성을 가진 제품을 위해 무역관련 지식재산권에 관한 협정TRIPS에서 사용된 용어. 예로는 프랑스 코냑, 샴페인, 스카치 등이 있다.

지사공장증후군branch factory syndrome   많은 주요 초국적기업의 본사들이 다른 나라에 있는 자회사로 정보를 전달하면 그 정보를 경쟁기업에게 잃을까봐 두려워하는 현상. 그러므로 다른 나라로 이전되는 정보는 중요성이 떨어지는 경향이 있다.

지속가능한 발전sustainable development   환경을 훼손시키지 않는다는 목표와 부합하는 경제발전 유형. 이는 많은 사람들이 받아들이기 어려운 상충관계와 선택을 요구하기 때문에 이행을 둘러싸고 많은 논쟁이 있다.

지식공동체epistemic communities   특정한 국제문제에 전념하는 전문가들의 네트워크로서, 이들은 종종 정책입안자와 공중을 위해 해당 쟁점을 틀짓기하고 해결책을 제시한다. 예를 들어 한 지식공동체는 과학자, 비정부조직, 미디어와 함께 기후변화가 초래할 위협에 대해 환기시키고 그 해결방안을 촉구함으로써 글로벌 기후변화 이슈를 둘러싼 자원과 노력을 결집시켰다.

지식재산권IPRs: Intellectual Property Rights   발명품 및 표현된 아이디어를 통제하는 특허권, 판권, 상표권 등의 권리를 말함. 구조주의자들은 개발도상국들이 필요한 기술과 낮은 가격의 재화를 얻도록 하기 위해서 지식재산권을 폐지하거나 현저히 약화시켜야 한다고 주장한다.

지역무역협정RTAs: regional trade agreements   무역장벽을 낮추기 위해 어떤 지리적 영역 내에 위치한 국가들 간의 협정. 지역무역협정은 조율해야 할 이익이 상대적으로 적기 때문에 종종 글로벌 차원의 무역협정보다 체결이 용이하다. 몇몇 경제적 자유주의자들은 **글로벌** 차원의 자유무역을 저해할 수 있다는 이유로 지역무역협정에 반대한다.

지역주의regionalism   어떤 한 지리적 지역 내에서 무역자유화와 정치적 안정 등과 같은 특정 공동목표를 달성하기 위해 협력하는 민족국가들의 연합 움직임.

집합재collective goods   한 사회의 모든 사람들이나 재화의 소비자들에게 가용한 물질적, 비물질적 재화로서 누구에게도 거부될 수 없다. 집합재의 문제는 이러한 재화의 제공을 위해 누가 지불할 것인가의 문제를 제기한다. 어떤 사람이나 단체도 이 재화에 지불하지 않고, 따라서 다른 사람들이 지불할 때 '무임승차'를 누린다. 예로는 깨끗한 공기, 공원, 도로, 국방 등을 들 수 있다.

차이메리카Chimerica   중국과 미국 사이의 점점 더 커지고 있는 상호의존성을 설명하는 퍼거슨Niall Ferguson 교수의 용어. 중국은 대미수출에 기반하여 많은 외화를 벌어들이고 있으며, 이는 다시 늘어나는 미국의 부채를 상쇄할 수 있도록 미국기업과 미국국채에 대한 중국의 투자를 요구한다. 한편 중국은 자국이 갖고 있는 수많은 사회경제적 문제의 해결을 위해 불가피하게 국내경제에 더 많은 투자를 해야 하는 압력을 받고 있다.

차익거래arbitrage   어떤 상품을 가격이 더 높은 시장에 판매하기 위해 가격이 더 낮은 시장에서 구매하는 것. 시장 간의 가격 격차는 서로 다른 법, 세금 및 규제 때문에 자주 발생한다. 법적인 조치로 인해 이웃국가에서 더 저렴하게 얻을 수 있는 재화의 가격이 상승할 때, 밀수에 대한 유혹이 많아지고, 재화의 암시장 형성이 촉진된다.

초국가적 가치옹호 네트워크TANs: transnational advocacy networks   이주, 난민, 인권정책 등을 포함한 다양한 정치적·사회적 쟁점에 대하여 국가에 영향력을 행사하려는 활동가들의 국제네트워크.

초국가적 이주transnational migration   국경을 넘어가는 개인 또는 집단의 이동.

초국적 농업기업TNACs: transnational agribusiness corporations   초국적 농업기업은 세계 각지에서 제품과 식량의 생산, 처리, 판매 같은 다양한 활동을 한다. 그들은 종종 노동을 착취하고 자신들이 투자하는 국가의 정치경제적 상황에 부당하게 영향을 미친다고 비난받는다.

초국적기업TNC: transnational corporation   지역 또는 글로벌 시장에서 경쟁하고 그렇게 때문에 사업 영역이 특정 국가의 경계를 초월하는 대기업. 초국적기업의 핵심 특징은 높은 수준의 해외직접투자다. 용어해설 '다국적기업' 참조.

최상위 통화top currency   국제무역과 금융거래에서 중심적 역할을 하기 때문에 엄청난 수요가 있는 통화. 제2차 세계대전 이후 미국 달러가 최상위 통화의 역할을 하고 있다.

최혜국대우MFN: most favored nation   세계무역기구가 채택하고 있는 원칙의 하나로, 어떤 나라로부터 수입한 상품을 가장 우선시 되는 국가의 상품과 동일한 조건으로 인정한다는 원칙.

카르텔cartel   어떤 원자재나 특정 상품의 생산과 가격을 통제하기 위한 목적으로 협력하는 기업들이나 국가들의 집단. 1973년에 이스라엘의 아랍국가와의 6일간의 전쟁기간 동안 이스라엘을 지원하는 국가들을 처벌하기 위해 석유가격을 급격하게 올렸던 석유수출국기구OPEC는 석유 카르텔의 대표적 예이다.

케인즈이론Keynesian theory(**케인주주의**Keynesianism)   케인즈주의자는 존 메이너드 케인스John Maynard Keynes의 정치경제학 일반에 대해 찬성하는 사람이다. 이들은 국가가 국내문제(예를 들면 실업과 빈곤의 퇴치)와 국제문제(IMF와 세계은행에게 기대되는 역할과 같은 종류)에서 긍정적인 역할을 할 수 있다고 믿는다. 케인즈의 관점은 양차대전 사이 대공황의 재앙으로부터 영향을 받았다. 그의 생각은 브레턴우즈제도 및 정책에 반영되었으며, 글로벌 금융위기 때문에 다시 새롭게 관심을 끌고 있다.

케인즈주의적 타협 Keynesian compromise   브레턴우즈 체제의 한 측면. 국가들은 자국 국내경제에 개입할 능력을 유지하지만 국제경제 시장에 대한 개입을 제한하는 데 동의한다.

쾌락 주변부pleasure periphery   산업화된 세계의 중심국으로부터 온 관광객이 콜롬비아 열대우림에서의 하이킹과 태국에서의 성적 경험과 같은 즐거운 활동을 하고자 찾는 세계체제의 주변부에 위치한 지역들.

쿠이보노?Cui bono?   글자 그대로 "누가 이득인가?"라는 뜻의 말. 스트레인지Susan Strange 교수는 국제정치경제 문제를 분석할 때 출발점으로 이 질문을 활용하라고 우리에게 조언했다. 이득이 행동을 추동한다면 우리는 연구 대상인 행동과 제도적 과정이 누구에게 이익인지를 밝히기 위해 "돈을 쫓아야" 한다.

탄도탄요격미사일조약ABM: Anti-Ballistic Missile Treaty   미국과 소련이 각자 하나 이상의 미사일방어체계를 배치하지 않기로 1972년 미소 양국이 체결한 협정. 이 협정의 이론적 근거는 이 협정으로 인해 전략적 억지력과 상호확증파괴가 더욱 강화된다는 데 있다. 용어해설 '상호확증파괴Mutually Assured Destruction' 참조.

탄소배출권emission credits   교토의정서를 실행하는 방법으로서, 이산화탄소 생산 할당량을 사고파는 것을 허용. '교토의정서' 참조. 전문가들은 이 의정서를 지지하는데, 배출허가를 위한 시장을 형성하고, 기후변화의 해결책의 일부로 시장을 만들기 때문이다.

탄소배출권거래제cap and trade 2009년 코펜하겐에서 합의한 교토의정서에 참여한 몇몇 나라들이 제한한 논쟁의 여지가 있는 정책 제안으로서, 국가들이 탄소배출 할당량을 국제시장에서 서로 사거나, 팔거나, 교환하는 것을 허용한다. 국가들이 타국의 배출 할당의 일부를 구매하거나 교환하지 않고 배출 한계를 넘는 것은 허용되지 않는다. 어떤 사람은 배출총량거래제를 환경문제에 대한 시장기반 해결이라고 본다. '탄소배출총량거래제'로도 이 책에서는 해석하고 있다.

탄소세carbon tax 한 산업이나 국가가 배출한 탄소의 양에 세금을 부과함으로써, 탄소기반 에너지의 부정적 효과에 대해 대기 오염원들이 더 많이 지불하도록 함으로써 공기의 질을 개선한다는, 논란의 여지가 많은 정책이다.

탄소흡수원carbon sinks 일반적으로, 대기 중의 이산화탄소의 상당량을 흡수하는 삼림과 물을 지칭. 교토의정서 참가국에게 나무심기는 탄소배출을 상쇄하는 방법 중의 하나로 받아들여진다.

탈농민화de-peasantisation 농민들이나 소농들이 정부정책이나 농업기업 사업방식 때문에 농지에서 쫓겨나는 경우를 말한다. 다양한 종류의 교환관행들이 농민들에게 같은 효과를 가진다고 한다.

통합integration 민족국가들이 일부 정치적, 경제적 활동을 통합하거나 조율하기로 합의해 가는 과정. 경제적 자유주의는 통합이 효율성 및 생산성을 증진하기 때문에 통합에 찬성하는 경향이 있다.

통화환율currency exchange rates 어느 한 나라의 통화를 다른 나라의 통화(돈)로 바꿨을 때 구입할 수 있는 돈이나 재화의 양. 환율은 통화에 대한 수요와 공급의 결과로서 끊임없이 변하며, 각국에서 재화와 서비스의 가격을 책정하는 데 도움을 준다.

투기speculation 어느 외국 통화에 대한 투자로서, 그 통화의 가치가 상승할 것이라는 믿음에 기초한다. 이를 통해서 투기자는 그 통화를 매도함으로써 수익을 얻을 수 있다. 용어해설 '투기적 공격' 참조.

투기적 공격speculative attack 어느 한 통화에 대한 수요가 급속히 악화되는 것으로, 투기자들이 나중에 낮은 가격으로 되살 수 있기를 바라면서 해당 통화를 대량으로 매각하는 상황. 이로 인해서 종종 그 통화는 급격하게 평가절하됨으로써 그 통화를 보유한 사람들의 구매력을 약화시킨다.

투명성transparency 의사결정이 어떻게 이뤄지는지 알 수 있는 대중의 능력. 국제통화기금IMF 같은 국제금융기관의 경우, 일부는 더 높은 투명성이 투자자의 의사결정을 향상시키고 금융위기의 형성을 미연에 방지한다고 주장한다.

트로이카troika 유럽위원회, 유럽중앙은행, 국제통화기금의 대표자들로 구성된 집단. 그리스와 아일랜드처럼 경제적 어려움을 겪는 유로존 국가들에 대한 금융구제를 집행한다. 이 집단은 부채국가들과 금융구제 조건을 협상할 때 일반적으로 해당 국가의 정부에게 부채상환에 도움이 되는 수십억 유로를 지원받는 대가로 긴축조치 및 여타 고통스러운 경제개혁을 의무적으로 수행할 것을 요구한다.

특허권patents 정부가 발명품에 대해 일정기간, 일반적으로 신청한 날로부터 20년 동안 제작, 사용, 판매할 수 있는 권리를 한 발명품에 발부하고 수여하는 배타적인 권리. 이 권리는 연구 및 혁신을 장려하기 위해 주어진다. 많은 회사들은 만일 특허권이 없다면 그들은 자신들의 연구개발의 모든 혜택을 취득할 수 없을 것이라 주장한다.

틀짓기framing   구성주의자들이 사용하는 용어로, 글로벌 행위자가 어떤 글로벌 문제의 본질 — 문제의 원인이 무엇이고, 누가 관여되어 있으며, 그 결과는 무엇이며, 어떻게 해결할 것인가 — 과 문제에 대한 특정한 설명 혹은 전망을 홍보하려는 목적을 규정하는 과정을 말한다.

팍스아메리카나Pax Americana   제2차 세계대전 이후의 미국 패권시대. '팍스'는 '강요된 평화'를 의미하며, 제2차 세계대전 이후 미국에 의해 강요된 평화의 시대가 18세기 및 19세기 동안 영국이 지배했던 팍스브리태니커와 유사함을 의미한다. 오늘날 일부 비판자는 이 용어를 미국의 힘이 신제국주의와 다르지 않음을 표현하는 데 사용한다.

패권hegemony   지배력 또는 리더십으로, 특히 한 국가(패권국)가 여타 나라들을 상대로 행사함. 패권안정이론이 주장하는 바에 의하면, 한 국가가 패권국으로 행동하면서 다른 국가들을 지배하면서도 국제체제의 문제들을 해결하는 비용을 감당할 때에만 국제체제는 성장과 안정을 달성한다.

패권안정이론hegemonic stability theory   특별히 부유하고 강력한 어느 한 나라가 다른 나라들 또는 국제체제를 오랜 시간동안 지배하는 가운데 국제정치경제에서의 행태를 규제하는 일련의 규칙을 제정하고 집행하는 체제를 제시하는 이론.

페레스트로이카perestroika(개혁)   구조조정 또는 경제개혁을 뜻하는 러시아 단어. 특히 1980년대 중반 소련이 실시한 경제프로그램을 의미한다. 용어해설 '글라스노스트glasnost' 참조.

편의치적선제도flags of convenience   합법적인 기업들과 범죄자들이, (합법적이든 불법적이든) 그들 사업의 대부분을 다른 곳에서 수행할 것임에도 불구하고, 그들의 비행기와 선박을 어떤 한 나라에 등록할 수 있도록 허용하는 제도. 그 대가로 유치국들은 높은 등록수수료, 보수 또는 '보호세'를 받는 게 일반적이다.

평가절상appreciate   어느 한 통화의 가치가 다른 통화에 대비하여 상승하는 것을 나타내는 외환시장 용어. 통화들은 그 통화에 대한 수요가 증가할 때 평가절상되는 경향이 있다. 만약 한 국가의 통화가 너무 많이 절상되면, 그 국가의 수출을 감소시킬 것이다. 용어해설 '평가절하' 참조.

평가절하devaluation   또는 화폐 평가절하라고도 한다. 외국화폐의 가치에 비해 상대적으로 국내화폐의 가치가 감소하는 상황이다. 평가절하로 인해 수입상품의 가격이 올라가는 반면, 수출상품의 가격은 상대적으로 떨어진다.

포지티브섬게임positive-sum game(정합게임)   모든 (게임)참여자들이 동시에 이득을 얻게 되는 게임. '제로섬게임zero-sum game' 참조.

프래킹fracking   용어해설 '수압파쇄' 참조.

프레온가스CFCs: chlorofluorocarbons   프레온가스는 청소 용액. 냉매, 에어로졸 등에서 쓰이는 염소, 불소, 탄소 원자의 합성물. 프레온가스는 지구 오존을 고갈시키며 지구온난화의 원인으로 알려져 있다.

프로파간다propaganda   정치엘리트의 이익을 증진하고 대항 정치세력의 아이디어의 신뢰를 떨어뜨리고자 유통 및 전파되는 정보와 메시지.

프롤레타리아proletariat   마르크스주의 분석에서 자본을 소유하지 않고 부르주아에 의해 착취되는 노동자 계급.

피크오일peak oil(석유생산정점)   세계 석유생산량이 최대 정점에 도달한 이후에는 점차적으로 고갈될 것이라는 논란이 많은 주장. 전문가들은 만약 이미 피크오일에 이르지 않았다면 언제 피크오일이 도래할지를 놓고 의견이 분분하다. 또한 많은 전문가들은 글로벌 석유생산이 감소할 때 피크오일이 유가에 미치는 영향 및 사회에 미치는 영향을 둘러싸고도 갑론을박하고 있다.

하드파워hard power(경성권력) 군사력 또 어떤 경우에는 경제력. 하드파워는 국가가 직접적으로 다른 나라에 영향을 미치거나, 설득하거나, 강제하는 수단을 의미한다. 용어해설 '소프트파워' 참조.

합동특수작전사령부JSOC: Joint Special Operations Command 테러리스트 암살, 적 시설 파괴, 정찰 및 정보 수집 등의 비밀 작전을 세계 각지에서 수행하는 미국 특별작전 집단.

해외송금remittances 이민자가 본국에 있는 가족이나 친구에게 보내는 송금. 글로벌 경제위기로 인해 이주노동자가 본국의 가족이나 어머니에게 보내는 송금의 규모가 감소했다.

핵사용의 금기nuclear taboo 여론이 가한 도덕적 제약과 전세계적 반핵운동의 결과, 제2차 세계대전 이후 국가들 간 널리 공유된 규범으로 핵무기의 선제적 사용을 결코 고려해서는 안 된다는 묵계를 말한다.

허위의식false consciousness 자본주의가 정당하다는 노동자들의 믿음. 자본가들의 우월한 재정적 자원은 일반적으로 친자본주의 메시지 — 자유무역의 혜택, 부자에 대한 낮은 세금의 필요성, 노동조합의 문제점 등 — 가 노동자들이 선호하는 메시지들보다 더 강력할 것이라는 점을 의미한다. 마르크스주의자에 따르면, 자본가들은 노동자를 착취할 뿐만 아니라 그들의 신념을 조작해서 노동자들이 자신의 착취상황에 대해 무지하거나 무관심하게 만든다.

현물시장spot markets 석유수출국기구OPEC의 기존 가격구조 밖에서 원유를 판매하는 시장. 석유수출국기구OPEC 회원국들이 OPEC 카르텔의 석유생산 목표에 협조하지 않기로 결정하는 경우 이들 국가들은 자신에게서 석유를 사고자 하는 누구에게나 (현물로) 석유를 판매한다.

현실주의realism 국가안보의 강화를 위한 힘의 획득에 초점을 맞춘 국가행동에 관한 이론. 국익이 국가행동을 설명하는 핵심요인이다. 현실주의적 관점에서 국가는 개인과 마찬가지로 자신의 이익에 따라 행동하는 경향이 있다.

호혜reciprocity 세계무역기구가 채택하고 있는 원칙의 하나로, 호혜의 원칙에 따라 무역당사국들은 상호 무역장벽을 낮춤으로써 해외시장에 대한 접근기회를 넓혀준다.

환수claw back EU와 관련되며 어떤 총칭명이나 아이콘 — 예를 들어 샴페인 — 을 등록된 지리적 표시로 전환시키려는 노력.

환율foreign exchange rates 용어해설 '통화환율' 참조.

히드라효과hydra effect 어느 한 곳에서 이뤄진 불법 상품(예를 들면 마약)에 대한 단속이 그 상품을 다른 곳으로 이동시키는 현상을 말한다. 라틴아메리카에서 행하고 있는 미국의 마약퇴치 활동은 멕시코와 푸에르토리코에서 새로운 마약 조직들을 낳았다.

약어목록

APEC(Asia-Pacific Economic Cooperation) 아시아·태평양경제협력체

BoP(Balance of payments) 국제수지

BRICs(Brazil, Russia, India, and China) 브릭스(브라질, 러시아, 인도, 중국)

CAP(Common Agricultural Policy) 공동농업정책

COP(Conference of the Parties) 기후변화당사국총회

EC(European Community) 유럽공동체

ECB(European Central Bank) 유럽중앙은행

EEC(European Economic Community) 유럽경제공동체

EFTA(European Free Trade Association) 유럽자유무역연합

EMU(European Monetary Union) 유럽통화동맹

EU(European Union) 유럽연합

FAO(Food and Agriculture Organization) 식량농업기구

FDI(Foreign direct investment) 외국인직접투자

FTA(Free trade agreement) 자유무역협정

GATS(General Agreement on Trade in Services) 서비스무역에 관한 일반협정

GATT(General Agreement on Tariffs and Trade) 관세 및 무역에 관한 일반협정

GCC(Gulf Cooperation Council) 걸프협력회의

GDP(Gross domestic product) 국내총생산

GMO(Genetically modified organism) 유전자변형생물

GNI(Gross national income) 국민총소득

GNP(Gross national product) 국민총생산

HIPCs(Heavily indebted poor countries) 고채무빈국

HIL(Heterodox interventionist liberal) 비정통 개입주의적 자유주의

IBRD(International Bank for Reconstruction and Development; also World Bank) 국제부흥개발은행 또는 세계은행

ICC(International Criminal Court) 국제형사재판소

IMF(International Monetary Fund) 국제통화기금

IOs(International organizations) 국제기구

IPE(International political economy) 국제정치경제

IPRs(Intellectual property rights) 지식재산권

LDC(Less developed country) 저개발국

MAD(Mutually Assured Destruction) 상호확증파괴

MDGs(Millennium Development Goals) 새천년개발목표

MENA(Middle East and North Africa) 중동·북아프리카

MFN(Most favored nation) 최혜국대우

MNC(Multinational corporation) 다국적기업

MWS(Modern world system) 근대세계체제론

NAFTA(North American Free Trade Agreement) 북미자유무역협정

NATO(North Atlantic Treaty Organization) 북대서양조약기구

NGO(Nongovernmental organization) 비정부기구

NIC(Newly industrialized country) 신흥공업국

NIEO(New International Economic Order) 신국제경제질서

NTB(Nontariff barrier) 비관세장벽

OECD(Organization for Economic Cooperation and Development) 경제협력개발기구

OEL(Orthodox economic liberal) 정통 경제적 자유주의

OPEC(Organization of Petroleum Exporting Countries) 석유수출국기구

OWS(Occupy Wall Street) 월가점령운동

PPP(Purchasing power parity) 구매력평가지수

R&D(Research and Development) 연구개발

RTA(Regional trade agreement) 지역무역협정

SALT(Strategic Arms Limitation Treaty) 전략무기제한협정

SAP(Structural Adjustment Program) 구조조정프로그램

SWF(Sovereign wealth fund) 국부펀드

TAN(Transnational advocacy network) 초국가적 가치옹호 네트워크

TARP(Troubled Asset Relief Program) 부실자산구제프로그램

TNC(Transnational corporation) 초국적기업

TPP(Trans-Pacific Partnership) 환태평양경제동반자협정

TRIPS(Trade-Related Aspects of Intellectual Property Rights) 무역관련 지식재산권에 관한 협정

UNCTAD(United Nations Conference on Trade and Development) 유엔무역개발회의

UNEP(United Nations Environment Program) 유엔환경계획

USTR(U.S. Trade Representative) 미국무역대표부

VER(Voluntary export restraint) 수출자율규제

WIPO(World Intellectual Property Organization) 세계지식재산권기구

WMD(Weapons of mass destruction) 대량살상무기

WTO(World Trade Organization) 세계무역기구

찾아보기

저자소개

Bradford Dillman은 퓨젓사운드대학교 국제정치경제학과 교수이자 학장이다. 국제정치경제학, 중동, 글로벌 불법경제, 지식재산권 등에 대해 강의하고 있다. 저서로 『알제리아의 국가와 민간부문*State and Private Sector in Algeria*』(Westview Press, 2000)가 있으며 중동과 북아프리카에 관한 수많은 논문을 발표하고 책을 저술했다.

Cynthia Howson은 워싱턴대학교 타코마캠퍼스에서 정치학, 철학, 경제학을 강의하고 있다. 그녀는 경제발전, 젠더, 정치경제, 세계화 등 관련 과목을 가르치고 있다.

David Balaam은 퓨젓사운드대학교 국제정치경제학과 명예교수이다. 농업무역정책과 다양한 식량 및 기아문제에 관한 많은 논문을 발표했다. 현재 워싱턴대학교 타코마 캠퍼스에 출강하고 있다.

Emelie Peine은 퓨젓사운드대학교 국제정치경제학과 교수이다. 그녀는 국제정치경제와 식량 및 기아에 관한 과목을 강의하고 있다. 그녀는 브라질과 중국의 관계와 글로벌 식량레짐에서 다국적 농업회사의 역할 등에 관해 주로 연구하고 있다.

Leon Grunberg는 퓨젓사운드대학교 사회학과 교수이며 사회계층과 사회사상 고전 등에 관한 과목을 가르치고 있다. 세계화, 일과 조직의 변화하는 세계, 국가간 계층 양상 등에 관해 주로 연구하고 있다. 『난기류: 보잉과 미국 노동자와 관리자의 상태 *Turbulence: Boeing and the State of American Workers and Managers*』(Yale University Press, 2010)를 공동으로 저술했다.

Monica DeHart는 퓨젓사운드대학교 인류학과 조교수이며 남미의 글로벌 발전 및 초국가적 이민의 문화정치에 관해 가르치고 있다. 저서로는 『인종적 사업가: 남미의 정체성과 개발의 정치*Ethnic Entrepreneurs: Identity and Development*

Politics in Latin America』(Stanford University Press, 2010)가 있다.

Nick Kontogeorgopoulos는 퓨젓사운드대학교 국제정치경제학과 교수이며 국제정치경제학, 개발, 관광 등에 관한 과목을 가르치고 있다. 주로 동남아시아 생태관광 및 야생관광에 관한 책을 저술을 하고 있다.

Richard Anderson-Connolly는 퓨젓사운드대학교 사회학과 교수이며 방법론, 사회계층, 도시사회학 등을 가르치고 있다.

Sunil Kukreja는 퓨젓사운드대학교 교무부학장이자 사회학과 부교수이다. 개발사회학, 동남아 정치경제, 인종관계 등에 관해 주로 가르치고 연구하고 있다. 전문학술지 『현대사회학 국제논총*International Review of Modern Sociology*』의 편집장이다.

역자소개

민병오 (제1·12·13·14·19장 번역, mbo1996@hanmail.net)

연세대학교 정치외교학과 졸업
미국 켄터키대학교 정치학 석사
영국 글라스고대학교 정치학 박사

현 건국대학교 글로컬캠퍼스 초빙교수

더불어 민주당 민주정책연구원 상근부원장 / 국회정책연구위원 / 더불어 민주당
　　정책위원회 정책실장
연세대학교 국가관리연구원 연구교수 / 국제지역연구소 연구위원
켄터키대 정치학과, 연세대 정외과, 숙명여대 정외과, 인하대 아태물류학부 강사
　　역임

주요논저
『현대 미국의 이해』 (역서, 명인문화사)
『국제안보』 (역서, 명인문화사)
『세계화와 글로벌 이슈』 (공역, 명인문화사)
『정치학방법론』 (공역, 명인문화사)
『비교정부와 정치』 (공역, 명인문화사) 외 다수

김치욱 (제2·7·8·15·17장 번역, cwkim@ulsan.ac.kr)

서울대학교 외교학과 졸업
미국 텍사스오스틴대학교 정치학 석사 및 박사

현 울산대학교 국제관계학과 부교수

세종연구소 연구위원 / 서울대, 중앙대, 서강대, 이화여대 강사 역임

주요논저
『네트워크와 국가전략』 (공저, 사회평론아카데미)

『국제기구와 경제협력 개발』(공저, 오름) 외 다수

서재권 (제3·5·6·11·16장 번역, scholar.suh@gmail.com)

연세대학교 정치외교학과 졸업
연세대학교 정치학 석사
미국 캘리포니아대학교(UCLA) 정치학 박사

현 부산대학교 정치외교학과 부교수

미국 미주리 Truman 주립대학교 정치학과 조교수 역임

주요논저

"이주민의 정치적 권리와 정치참여"(공저, 국제정치논총)
"이주민에 대한 지역주민의 태도 결정요인"(공저, 지방정부연구)
"지방정부 사회복지비 지출의 정치제도적 결정요인"(의정연구)
"선거제도의 경제적 효과: 기업 거버넌스와 경쟁가격에 미치는 영향을 중심으로"
    (21세기정치학회보)
"Globalization, Democracy and State Autonomy: An Empirical Exploration of
    the Domestic Consequences of Globalization"(KJIS)
"투표용지의 순서효과와 기호효과"(공저, 한국정치학회보)
"Corporate governance under proportional electoral systems"(Public Choice)
"Determinants of Union Density under Democratization"(Korea Observer) 외
    다수

이병재 (제4·9·10·18·20장 번역, bjleemail@gmail.com)

연세대학교 정치외교학과 졸업
연세대학교 정치학 석사
미국 워싱턴대학교 정치학 석사
미국 텍사스오스틴대학교 정치학 박사

현 연세대학교 통일연구원 전문연구원

연세대, 숙명여대, 인하대 강사 역임

주요논저

"이행기 정의(transitional justice)와 인권: 인과효과분석을 위한 틀"(국제정치논총)
"Transnational Absentee Voting in the 2006 Mexican Presidential Election:
    The Roots of Participation"(공저, *Electoral Studies*)

"Assessing the Online Legislative Resources of the American States" (공저,
  Policy and Internet)
『사회변동이론의 새로운 흐름』(공역, 형성사)
『사회운동의 이념적 지향: 90년대에 보는 미국의 60년대』(공역, 형성사)

| 명인문화사 정치학 관련 서적 |

정치학 분야

정치학의 이해 Roskin 외 지음 / 김계동 옮김
정치학개론: 권력과 선택, 제15판 Shively 지음 / 김계동, 민병오 외 옮김
비교정부와 정치, 제10판 Hague, Harrop, McCormick 지음 / 김계동, 김욱, 민병오 외 옮김
정치학방법론 Burnham 외 지음 / 김계동 외 옮김
정치이론 Heywood 지음 / 권만학 옮김
정치 이데올로기: 이론과 실제 Baradat 지음 / 권만학 옮김
민주주의국가이론 Dryzek, Dunleavy 지음 / 김욱 옮김
사회주의 Peter Lamb 지음 / 김유원 옮김
신자유주의 Cahill, Konings 지음 / 최영미 옮김
정치사회학 Clemens 지음 / 박기덕 옮김
시민사회, 제3판 Michael Edwards 지음 / 서유경 옮김
복지국가: 이론, 사례, 정책 정진화 지음
포커스그룹: 응용조사 실행방법 Krueger, Casey 지음 / 민병오 외 옮김
문화로 읽는 세계 Gannon, Pillai 지음 / 남경희 외 옮김
거버넌스의 정치학: 한국정치의 새로운 패러다임 모색 김의영 지음
한국현대사의 재조명 한국전쟁학회 편
성공하는 리더십의 조건 Keohane 지음 / 심양섭 외 옮김
여성, 권력과 정치 Stevens 지음 / 김영신 옮김

국제관계 분야

국제관계와 세계정치 Heywood 지음 / 김계동 옮김
국제관계이론 Daddow 지음 / 이상현 옮김
국제개발: 사회경제이론, 유산, 전략 Lanoszka 지음 / 김태균 외 옮김
국제기구의 이해: 글로벌 거버넌스의 정치와 과정, 제3판 Karns, Mingst, Stiles 지음 / 김계동, 김현욱 외 옮김
현대외교정책론, 제4판 김계동, 김태효, 유진석 외 지음
외교: 원리와 실제 Berridge 지음 / 심양섭 옮김
세계화와 글로벌 이슈, 제6판 Snarr 외 지음 / 김계동, 민병오 외 옮김
세계화의 논쟁: 국제관계 접근에서의 찬성과 반대논리, 제2판 Haas, Hird 엮음 / 이상현 옮김
현대 한미관계의 이해 김계동, 김준형, 박태균 외 지음
현대 북러관계의 이해 박종수 지음
중국의 외교정책과 대외관계 Shambaugh 편저 / 김지용, 서윤정 옮김
글로벌 환경정치와 정책 Chasek 외 지음 / 이유진 옮김
핵무기의 정치 Futter 지음 / 고봉준 옮김
비핵화의 정치 전봉근 지음
비정부기구의 이해, 제2판 Lewis 외 지음 / 이유진 옮김
한국의 중견국 외교 손열, 김상배, 이승주 외 지음
자본주의 Coates 지음 / 심양섭 옮김

지역정치 분야

동아시아 국제관계 McDougall 지음 / 박기덕 옮김
동북아 정치: 변화와 지속 Lim 지음 / 김계동 옮김
일본정치론 이가라시 아키오 지음 / 김두승 옮김
현대 중국의 이해, 제3판 Brown 지음 / 김흥규 옮김
현대 미국의 이해 Duncan, Goddard 지음 / 민병오 옮김
현대 러시아의 이해 Bacan 지음 / 김진영 외 옮김
현대 일본의 이해 McCargo 지음 / 이승주, 한의석 옮김
현대 유럽의 이해 Outhwaite 지음 / 김계동 옮김
현대 동남아의 이해, 제2판 윤진표 지음
현대 아프리카의 이해 Graham 지음 / 김성수 옮김
현대동아시아의 이해 Kaup 편 / 민병오, 김영신 외 옮김
미국외교는 도덕적인가: 루스벨트부터 트럼프까지 Nye 지음 / 황재호 옮김
미국정치와 정부 Bowles, McMahon 지음 / 김욱 옮김
한국정치와 정부 김계동, 김욱, 박명호, 박재욱 외 지음
미국외교정책: 강대국의 패러독스 Hook 지음 / 이상현 옮김
세계질서의 미래 Acharya 지음 / 마상윤 옮김
일대일로의 국제정치 이승주 편
중일관계 Pugliese, Insisa 지음 / 최은봉 옮김

북한, 남북한 관계 분야

북한의 외교정책과 대외관계: 협상과 도전의 전략적 선택 김계동 지음
북한의 체제와 정책: 김정은시대의 변화와 지속 체제통합연구회 편
북한의 통치체제: 지배구조와 사회통제 안희창 지음
남북한 체제통합론: 이론·역사·경험·정책, 제2판 김계동 지음
한반도 평화: 분단과 통일의 현실 이해 김학성 지음
한국전쟁, 불가피한 선택이었나 김계동 지음
한반도 분단, 누구의 책임인가? 김계동 지음
한류, 통일의 바람 강동완, 박정란 지음

안보, 정보 분야

국가정보학개론: 제도, 활동, 분석 Acuff 외 지음 / 김계동 옮김
국제안보의 이해: 이론과 실제 Hough 외 지음 / 고봉준, 김지용 옮김
전쟁과 평화 Barash, Webel 지음 / 송승종, 유재현 옮김
국제안보: 쟁점과 해결 Morgan 지음 / 민병오 옮김
전쟁: 목적과 수단 Codevilla 외 지음 / 김양명 옮김
국가정보: 비밀에서 정책까지 Lowenthal 지음 / 김계동 옮김
국가정보의 이해: 소리없는 전쟁 Shulsky, Schmitt 지음 / 신유섭 옮김
테러리즘: 개념과 쟁점 Martin 지음 / 김계동 외 옮김